諸 子 集 成

（第三册）

老 子 注
老子本義
莊子集解
莊子集釋
列 子 注

中 華 書 局

老　　子　　注

王　弼注

老子目次

老子道德經上篇

華亭張氏原本
晉 王弼 注

一章

道可道。非常道。名可名。非常名。可道之道可名之名指事造形非其常也故不可道不可名也無名天地之始。有名萬物之母。凡有皆始於無故未形無名之時則為萬物之始及其有形有名之時則長之育之亭之毒之為其母也言道以無形無名始成萬物以始以成而不知其所以元之又元也故常無欲。以觀其妙。妙者微之極也萬物始於微而後成始於無而後生故常無欲空虛可以觀其始物之妙常有欲以觀其徼。徼歸終也凡有之為利必以無為用欲之所本適道而後濟故常有欲可以觀其終物之徼也此兩者同出而異名。同謂之元。元之又元。衆妙之門。兩者始與母也同出者同出於元也異名所施不可同也在首則謂之始在終則謂之母元者冥也默然無有也始母之所出也不可得而名故不可言同名曰元而言謂之元者取於不可得而謂之然也謂之然則不可以定乎一元而已則是名則失之遠矣故曰元之又元也衆妙皆從同而出故曰衆妙之門也

二章

天下皆知美之爲美。斯惡已。皆知善之爲善。斯不善已。故有無相生。難易相成。長短相較。高下相傾。音聲相和。前後

相隨。美者人心之所進樂也惡者人心之所惡疾也美惡猶喜怒也善不善猶是非也喜怒同根是非同門故不可得而偏舉也此六者皆陳自然不可偏舉之明數也是以聖人處無爲之事。自然已足為則敗也行不言之教。萬物作焉而不辭。生而不有爲而不恃。智慧自備為則僞也功成而弗居。因物而用功自彼成故不居也夫唯弗居。是以不去。使功在己則功不可久也

三章

不尚賢。使民不爭。不貴難得之貨。使民不爲盜。不見可欲。使民心不亂。賢猶能也尚者嘉之名也貴者隆之稱也唯能是任尚也曷為唯用是施貴之何為尚賢顯名榮過其任為而常校能相射貴貨過用貪者競趣穿窬探篋沒命而盜故可欲不見則心無所亂也是以聖人之治。虛其心。實其腹。心懷智而腹懷食虛有智而實無知也弱其志。強其骨。骨無知以幹志生事以亂心虛則志弱也常使民無知無欲。守其真也使夫智者不敢爲也。智者謂知為也爲無爲。則無不治。

四章

道沖而用之或不盈。淵兮似萬物之宗。挫其銳。解其紛。和其光。同其塵。湛兮似或存。吾不知誰之子。象帝之先。

夫執一家之量者不能全家執一國之量者不能成國窮力舉重不能為用故人雖知萬物治也治而不以二儀之道則不能贍也地雖形魄不法於天則不能全其寧天雖精象不法於道則不能保其精沖而用之用乃不能窮滿以造實實來則溢故沖而用之又復不盈其爲無窮亦已極矣形雖大不能累其體事雖殷不能充其量萬物舍此而求主主其安在乎不亦淵兮似萬物之宗乎銳挫而無損紛解而不勞和光而不汙其體同塵而不渝其真不亦湛兮似或存乎地守其形德不能過其載天慊其象德不能過其覆天地莫能及之不亦似帝之先乎帝天帝也

五章

天地不仁。以萬物爲芻狗。

天地任自然無爲無造萬物自相治理故不仁也仁者必造立施化有恩有爲造立施化則物失其真有恩有爲則物不具存物不具存則不足以備載矣地不為獸生芻而獸食芻不為人生狗而人食狗無爲於萬物而萬物各適其所用則莫不贍矣若慧由己樹未足任也

聖人不仁。以百姓爲芻狗。

聖人與天地合其德以百姓比芻狗也

天地之間。其猶橐籥乎。虛而不屈。動而愈出。

橐排橐也籥樂籥也橐籥之中空洞無情無為故虛而不得窮屈動而不可竭盡也天地之中蕩然任自然故不可得而窮猶若橐籥也

多言數窮。不如守中。

愈爲之則愈失之矣物樹其惡事錯其言不濟不言不理必窮之數也橐籥而守數中則無窮盡棄己任物則莫不理若橐籥有意於爲聲也則不足以共吹者之求也

六章

谷神不死。是謂元牝。元牝之門。是謂天地根。緜緜若存。用之不勤。谷神谷中央無谷也無形無影無逆無違處卑不動守靜不衰谷以之成而不見其形此至物也處卑而不可得名故謂天地之根緜緜若存用之不勤門元牝之所由也本其所由與極同體故謂之天地之根也欲言存邪則不見其形欲言亡邪萬物以之生故緜緜若存也無物不成用而不勞也故曰用而不勤也

七章

天長地久。天地所以能長且久者。以其不自生。自生則與物爭不自生則物歸也故能長生。是以聖人後其身而身先。外其身而身存。非以其無私邪。故能成其私。無私者無為於身也身先身存故曰能成其私也

八章

上善若水。水善利萬物而不爭。處衆人之所惡。人惡卑也故幾於道。道無水有故曰幾也居善地。心善淵。與善仁。言善信。正善治。事善能。動

善時。夫唯不爭故無尤。（言人皆應於治道也）

九章

持而盈之。不如其已。（持謂不失德也既不失其德又盈之勢必傾危故不知其已者謂乃更不如無德無功者也）揣而梲之。不可長保。（既揣末令尖又鋭之令利勢必摧衄故不可長保也）金玉滿堂。莫之能守。（不若其已）富貴而驕。自遺其咎。（不可長保也）功遂身退。天之道。（四時更運功成則移）

十章

載營魄抱一。能無離乎。（載猶處也營魄人之常居處也一人之真也言人能處常居之宅抱一清神能常無離乎則萬物自賓也）專氣致柔。能嬰兒乎。（專任也致極也言任自然之氣致至柔之和能若嬰兒之無所欲乎則物全而性得矣）滌除元覽。能無疵乎。（元物之極也言能滌除邪飾至於極覽能不以物介其明疵之其神乎則終與元同也）愛民治國。能無知乎。（任術以求成運數以求匿者智也元覽無疵猶絕聖也治國無以智猶棄智也能無以智乎則民不辟而國治之也）天門開闔。能無雌乎。（天門謂天下之所由從也開闔治亂之際也或開或闔經通於天下故曰天門開闔也雌應而不倡因而不為言天門開闔能為雌乎則物自賓而處自安矣）明白四達。能無為乎。（言至明四達無迷無惑能無以為乎則物化矣所謂道常無為侯王若能守則萬物自化生之不塞其原也畜之不禁其性也生而不有。爲而不恃。長而不宰。是謂元德。不塞其原則物自生何功之有不禁其性則物自濟何爲之恃物自長足不吾宰成有德無主非元而何凡言元德皆有德而不知其主出乎幽冥

十一章

三十輻共一轂。當其無。有車之用。轂所以能統三十輻者無也以其無能受物之故故能以實統衆也埏埴以爲器。當其無。有器之用。鑿戶牖以爲室。當其無。有室之用。故有之以爲利。無之以爲用。木埴壁所以成三者而皆以無爲用也言無者有之所以爲利皆賴無以爲用也

十二章

五色令人目盲。五音令人耳聾。五味令人口爽。馳騁畋獵。令人心發狂。爽差失也失口之用故謂之爽夫耳目口心皆順其性也不以順性命反以傷自然故曰盲聾爽狂也難得之貨。令人行妨。難得之貨塞人正路故令人行妨也是以聖人爲腹不爲目。故去彼取此。爲腹者以物養己爲目者以物役己故聖人不爲目也

十三章

寵辱若驚。貴大患若身。何謂寵辱若驚。寵爲下。得之若驚。失之若驚。是謂寵辱若驚。（寵必有辱榮必有患驚辱等榮患同也爲下得寵辱榮患若驚則不足以亂天下也）何謂貴大患若身。（大患榮寵之屬也生之厚必入死之地故謂之大患也人迷之於榮寵返之於身故曰大患若身也）吾所以有大患者。爲吾有身。（由有其身也）及吾無身。（歸之自然也）吾有何患。故貴以身爲天下。若可寄天下。（無以易其身故曰貴也如此乃可以託天下也）愛以身爲天下。若可託天下。（無物可以損其身故曰愛也如此乃可以寄天下也不以寵辱榮患損易其身然後乃可以天下付之也）

十四章

視之不見名曰夷。聽之不聞名曰希。搏之不得名曰微。此三者不可致詰。故混而爲一。（無狀無象無聲無響故能無所不通無所不往不得而知更以我耳目體不知爲名故不可致詰混而爲一也）其上不皦。其下不昧。繩繩不可名。復歸於無物。是謂無狀之狀無物之象。欲言無邪而物由以成欲言有邪而不見其形故曰無狀之狀無物之象也是謂惚恍。不可得而定也迎之不見其首隨之不見其後執古之道以御今之有。有有其事能知古始是謂道紀。無形無名者萬物之宗也雖今古不同時移俗易故莫不由乎此以成其治者也故可執古之道以御今之有上古雖遠其道存焉故雖在今可以知古始也

十五章

古之善爲士者。微妙元通。深不可識。夫唯不可識。故强爲之容。豫焉若冬涉川。冬之涉川豫然若欲度若不欲度其情不可得見之貌也猶兮若畏四鄰。四鄰合攻中央之主猶然不知所趣向者也上德之人其端兆不可覩德趣不可見亦猶此也儼兮其若容。渙兮若冰之將釋。敦兮其若樸。曠兮其若谷。混兮其若濁。凡此諸若皆言其容象不可得而形名也孰能濁以靜之徐淸。孰能安以久動之徐生。夫晦以理物則得明濁以靜物則得淸安以動物則得生此自然之道也孰能者言其難也徐者詳愼也保此道者不欲盈。盈必溢也夫唯不盈。故能蔽不新成。蔽覆蓋也

十六章

致虛極。守靜篤。言致虛物之極篤守靜物之眞正也 萬物並作。動作生長 吾以觀復。以虛靜觀其反復凡有起於虛動起於靜故萬物雖並動作卒復歸於虛靜是物之極篤也 夫物芸芸。各復歸其根。各返其所始也 歸根曰靜。是謂復命。復命曰常。歸根則靜故曰靜靜則復命故曰復命也復命則得性命之常故曰常也 知常曰明。不知常妄作凶。常之為物不偏不彰無皦昧之狀溫涼之象故曰知常曰明也唯此復乃能包通萬物無所不容失此以往則邪入乎分則物離其分故曰不知常則妄作凶也 知常容。無所不包通也 容乃公。無所不包通則乃至於蕩然公平也 公乃王。蕩然公平則乃至於無所不周普也 王乃天。無所不周普則乃至於同乎天也 天乃道。與天合德體道大通則乃至於極虛無也 道乃久。窮極虛無得道之常則乃至於不窮極也 沒身不殆。無之為物水火不能害金石不能殘用之於心則虎兕無所投其齒角兵戈無所容其鋒刃何危殆之有乎

十七章

太上。下知有之。太上謂大人也大人在上故曰太上大人在上居無為之事行不言之教萬物作焉而不為始故下知有之而已言從上也 其次親而譽之。不能以無為居事不言為教立善行施使下得親而譽之也 其次畏之。不復能以恩仁令物而賴威權也 其次侮之。不能法以正齊民而以智治國下知避之其令不從故曰侮之也 信不足。焉有不信焉。夫御體失性則疾病生輔物失眞則疵釁作信不足焉則有不信此自然之道也已處不足非

智之所齊也

悠兮其貴言。功成事遂。百姓皆謂我自然。自然其端兆不可得而見也其意趣不可得而覩也無物可以易其言言必有應故曰悠兮其貴言也居無為之事行不言之教不以形立物故功成事遂而百姓不知其所以然也

十八章

大道廢。有仁義。失無為之事更以施慧立善道進物也 慧智出。有大僞。行術用明以察姦僞趣覩形見物知避之故智慧出則大僞生也 六親不和。有孝慈。國家昏亂。有忠臣。甚美之名生於大惡所謂美惡同門六親父子兄弟夫婦也若六親自和國家自治則孝慈忠臣不知其所在矣魚相忘於江湖之道則相濡之德生也

十九章

絕聖棄智。民利百倍。絕仁棄義。民復孝慈。絕巧棄利。盜賊無有。此三者以爲文不足。故令有所屬。見素抱樸。少私寡欲。聖智才之善也仁義人之善也巧利用之善也而直云絕文甚不足不令之有所屬無以見其指故曰此三者以為文而未足故令人有所屬屬之於素樸寡欲

二十章

絕學無憂。唯之與阿。相去幾何。善之與惡。相去若何。人之所畏。不可不畏。下篇為學者日益為道者日損然則學求益所能而進其智者也若將無欲而足何求於益不知而中何求於進夫燕雀有匹鳩鴿有仇寒鄉之民必知旃裘自然已足益之則憂故續鳧之足何異截鶴之脛畏譽而進何異畏刑唯阿美惡相去何若故人之所畏吾亦畏焉未敢恃之以為用也荒兮其未央哉。歎與俗相返之遠也衆人熙熙。如享太牢。如春登臺。衆人迷於美進惑於榮利欲進心競故熙熙如享太牢如春登臺也我獨泊兮其未兆。如嬰兒之未孩。言我廓然無形之可名無兆之可舉如嬰兒之未能孩也儽儽兮若無所歸。若無所宅衆人皆有餘。而我獨若遺。衆人無不有懷有志盈溢胸心故曰皆有餘也我獨廓然無為無欲若遺失之也我愚人之心也哉。絕愚之人心無所別析意無所好欲猶然其情不可覩我頽然若此也沌沌兮。無所別析不可為明俗人昭昭。耀其光也我獨昏昏。俗人察察。分別別析也我獨悶悶。澹兮其若海。情不可覩飂兮若無止。無所繫縶衆人皆有以。以用也皆欲有所施用也而我獨頑似鄙。無所欲為悶悶昏昏若無所識故曰頑且鄙也我獨異於人。而貴食母。食母生之本也人者皆棄生民之本貴末飾之華故曰我獨欲異於人

二十一章

孔德之容。惟道是從。孔空也惟以空為德然後乃能動作從道道之為物。惟恍惟惚。恍惚無形不繫之歎惚兮恍兮。其中有象。恍兮惚兮。其中有物。以無形始物不繫成物萬物以始以成而不知其所以然故曰恍兮惚兮惚兮恍兮其中有象也窈兮冥兮。其中有精。窈冥深遠之歎深遠不可得而見然而萬物由之其可得見以定其真故曰窈兮冥兮其中有精也其精甚真。其中有信。信信驗也物反窈冥則真精之極得萬物之性定故曰其精甚真其中有信也自古及今。其名不去。至真之極不可得名無名則是其名也自古及今無不由此而成故曰自古及今其名不去也以閱衆甫。衆甫物之始也以無名說萬物始也吾何以知衆甫之狀哉。以此。此上之所云也言吾何以知萬物之始於無哉以此知之也

二十二章

曲則全。不自見其明則全也枉則直。不自是則其是彰也窪則盈。不自伐則其功有也敝則新。不自矜則其德長也少則得。多則惑。自然之道亦猶樹也轉多轉遠其根轉少轉得其本多則遠其真故曰惑也少則得其本故曰得也是以聖人抱一為天下式。一少之極也式猶則之也不自見。故明。不自是。故彰。不自伐。故有功。不自矜。故長。夫唯不爭。故天下莫能與之爭。古之所謂曲則

全者。豈虛言哉。誠全而歸之。

二十三章

希言自然。聽之不聞名曰希。下章言道之出言淡兮其無味也。視之不足見。聽之不足聞。然則無味不足聽之言。乃是自然之至言也。故飄風不終朝。驟雨不終日。孰爲此者。天地。天地尚不能久。而況於人乎。言暴疾美興不長也。故從事於道者。道者同於道。從事謂舉動從事於道者也。道以無形無爲成濟萬物。故從事於道者以無爲爲君。不言爲教。緜緜若存而物得其眞。與道同體。故曰同於道。德者同於德。得少也。少則得。故曰得也。行得則與得同體。故曰同於得也。失者同於失。失累多也。累多則失。故曰失也。行失則與失同體。故曰同於失也。同於道者。道亦樂得之。同於德者。德亦樂得之。同於失者。失亦樂得之。言隨行其所。故同而應之。「信不足焉。有不信焉。忠信不足於下。焉有不信焉。

二十四章

企者不立。物尚進則失安。故曰企者不立。跨者不行。自見者不明。自是者不彰。自伐者無功。自矜者不長。其在道也。曰餘食贅行。其唯於道而論之若郤至之行盛饌之餘也本雖美更可薉也本雖有功而自伐之故更為肬贅者也物或惡之故有道者不處。

二十五章

有物混成。先天地生。混然不可得而知而萬物由之以成故曰混成也不知其誰之子故先天地生寂兮寥兮。獨立不改。寂寥無形體也無物之匹故曰獨立也返化終始不失其常故曰不改也周行而不殆。可以為天下母。周行無所不至而免始能生全大形也故可以為天下母也吾不知其名。名以定形混成無形不可得而定故曰不知其名也字之曰道。夫名以定形字以稱可言道取於無物而不由也是混成之中可言之稱最大也強為之名曰大。吾所以字之曰道者取其可言之稱最大也責其字定之所由則繫於大大有繫則必有分有分則失其極矣故曰強為之名曰大大曰逝。逝行也不守一大體而已周行無所不至故曰逝也逝曰遠。遠曰反。遠極也周無所不窮極不偏於一逝故曰遠也不隨於所適其體獨立故曰反也故道大。天大。地大。王亦大。天地之性人為貴而王是人之主也雖不職大亦復為大與三匹故曰王亦大也域中有四大。四大道天地王也凡物有稱有名則非其極也言道則有所由有所由然後謂之為道然則是道稱中之大也不若無稱之大也無稱不可得而名曰域也道天地王皆在乎無稱之內故曰域中有四大者也而王居其一焉。處人主之大也人法地。地法天。天法道。道法自然。法謂法則也人不違地乃得全安法地也地不違天乃得全載法天也天不違道乃得全覆法道也道不違自然乃得其性法自然者在方而法方在圓而法圓於自然無所違也自然者無稱之言窮極之辭也用智不及無知而形魄不及精象精象不及無形有儀不及無儀故轉相法也道順自然天故資焉天法於道地故則焉地法於天人故象焉所以為主其一之者主也

二十六章

重爲輕根靜爲躁君。凡物輕不能載重小不能鎮大不行者使行不動者制動是以重必為輕根靜必為躁君也 是以聖人終日行不離輜重。以重為本故不離 雖有榮觀燕處超然。不以經心也 奈何萬乘之主而以身輕天下。輕則失本躁則失君。輕不鎮重也失本為喪身也失君為失君位也

二十七章

善行無轍迹。順自然而行不造不始故物得至而無轍迹也 善言無瑕讁。順物之性不別不析故無瑕讁可得其門也 善數不用籌策。因物之數不假形也 善閉無關楗而不可開善結無繩約而不可解。因物自然不設不施故不用關楗繩約而不可開解也此五者皆言不造不施因物之性不以形制物也 是以聖人常善救人故無棄人。聖人不立形名以檢於物不造進向以殊棄不肖輔萬物之自然而不為始故曰無棄人也不尚賢能則民不爭不貴難得之貨則民不為盜不見可欲則民心不亂常使民心無欲無惑則無棄人矣 常善

救物。故無棄物。是謂襲明。故善人者不善人之師。舉善以師不善故謂之師矣 不善人者善人之資。資取也善人以善齊不善以善棄不善也故不善人善人之所取也 不貴其師不愛其資。雖智大迷。雖有其智自任其智不因物於其道必失故曰雖智大迷 是謂要妙。

二十八章

知其雄。守其雌。爲天下谿。爲天下谿。常德不離。復歸於嬰兒。雄先之屬雌後之屬也知為天下之先也必後也是以聖人後其身而身先也谿不求物而物自歸之嬰兒不用智而合自然之智 知其白。守其黑。爲天下式。式模則也 爲天下式。常德不忒。忒差也 復歸於無極。不可窮也 知其榮。守其辱。爲天下谷。爲天下谷。常德乃足。復歸於樸。此三者言常反終後乃德全其所處也下章云反者道之動也功不可取常處其母也 樸散則爲器。聖人用之則爲官長。樸真也真散則百行出殊類生若器也聖人因其分散故為之立官長以善為師不善為資移風易俗復使歸於一也 故大制不割。大制者以天下之心為心故無割也

二十九章

將欲取天下而爲之。吾見其不得已。天下神器。神無形無方也器合成也無形以合故謂之神器也不可爲也。爲者敗之。執者失之。萬物以自然爲性故可因而不可爲也可通而不可執也物有常性而造爲之故必敗也物有往來而執之故必失矣故物或行或隨。或歔或吹。或強或羸。或挫或隳。是以聖人去甚去奢去泰。凡此諸或言物事逆順反覆不施爲執割也聖人達自然之至暢萬物之情故因而不爲順而不施除其所以迷去其所以惑故心不亂而物性自得之也

三十章

以道佐人主者。不以兵強天下。以道佐人主尙不可以兵強於天下況人主躬於道者乎其事好還。爲始者務欲立功生事而有道者務欲還反無爲故云其事好還也師之所處。荆棘生焉。大軍之後。必有凶年。言師凶害之物也無有所濟必有所傷賊害人民殘荒田畝故曰荊棘生焉善有果而已。不敢以取強。果猶濟也言善用師者趣以濟難而已矣不以兵力取強於天下也果而勿矜。果而勿伐。果而勿驕。吾不以師道爲尙不得已而用何矜驕之有也果而不得已。果而勿強。言用兵雖趣功果濟難然時故不得已當復用者但當以除暴亂不遂用果以爲強也物壯則老。是

謂不道。不道早已。壯武力暴興喻以兵强於天下者也飄風不終朝驟雨不終日故暴興必不道早已也

三十一章

夫佳兵者不祥之器。物或惡之。故有道者不處。君子居則貴左。用兵則貴右。兵者不祥之器。非君子之器。不得已而用之。恬淡爲上。勝而不美。而美之者。是樂殺人。夫樂殺人者。則不可以得志於天下矣。吉事尚左。凶事尚右。偏將軍居左。上將軍居右。言以喪禮處之。殺人之衆。以哀悲泣之。戰勝以喪禮處之。

三十二章

道常無名。樸雖小。天下莫能臣也。侯王若能守之。萬物將自賓。道無形不繫常不可名以無名為常故曰道常無名也樸之為物以無為心也亦無名故將得道莫若守樸夫智者可以能臣也勇者可以武使也巧者可以事役也力者可以重任也樸之為物憒然不偏近於

無有故曰莫能臣也抱樸無為不以物累其真不以欲害其神則物自賓而道自得也

天地相合，以降甘露，民莫之令而自均。言天地相合則甘露不求而自降我守其真性無為則民不令而自均也始制有名，名亦既有，夫亦將知止。知止可以不殆。始制謂樸散始為官長之時也始制官長不可不立名分以定尊卑故始制有名也過此以往將爭錐刀之末故曰名亦既有夫亦將知止也遂任名以號物則失治之母也故知止所以不殆也譬道之在天下，猶川谷之於江海。川谷之求江與海非江海召之不召不求而自歸者世行道於天下者不令而自均不求而自得故曰猶川谷之與江海也

三十三章

知人者智，自知者明。知人者智而已矣未若自知者超智之上也勝人者有力，自勝者強。勝人者有力而已矣未若自勝者無物以損其力用其智於人未若用其智於己也用其力於人未若用其力於己也明用於己則物無避焉力用於己則物無改焉知足者富。知足自不失故富也強行者有志。勤能行之其志必獲故曰強行者有志矣不失其所者久，以明自察量力而行不失其所必獲久長矣死而不亡者壽。雖死而以為生之道不亡乃得全其壽身沒而道猶存況身存而道不卒乎

三十四章

大道氾兮。其可左右。言道氾濫無所不適可左右上下周旋而用則無所不至也萬物恃之而生而不辭。功成不名有。衣養萬物而不爲主。常無欲。可名於小。萬物皆由道而生既生而不知其所由故天下常無欲之時萬物各得其所若道無施於物故名於小矣萬物歸焉。而不爲主。可名爲大。萬物皆歸之以生而力使不知其所由此不爲小故復可名於大矣以其終不自爲大。故能成其大。爲大於其細圖難於其易

三十五章

執大象。天下往。大象天象之母也不寒不溫不涼故能包統萬物無所犯傷主若執之則天下往也往而不害。安平太。無形無識不偏不彰故萬物得往而不害妨也樂與餌。過客止。道之出口。淡乎其無味。視之不足見。聽之不足聞。用之不足既。言道之深大人聞道之言乃更不如樂與餌應時感悅人心也樂與餌則能令過客止而道之出言淡然無味視之不足見則不足以悅其目聽之不足聞則不足以娛其耳若無所中然乃用之不可窮極也

三十六章

將欲歙之。必固張之。將欲弱之。必固强之。將欲廢之。必固

與之。將欲奪之。必固與之。是謂微明。將欲除强梁去暴亂當以此四者因物之性令其自戮不假刑爲大以除將物也故曰微明也足其張令之足而又求其張則衆所歙也與其張之不足而改其求張者愈益而己反危柔弱勝剛强。魚不可脫於淵。國之利器不可以示人。利器利國之器也唯因物之性不假刑以理物器不可覩而物各得其所則國之利器也示人者任刑也刑以利國則失矣魚脫於淵則必見失矣利國器而立刑以示人亦必失也

三十七章

道常無爲順自然也而無不爲。萬物無不由爲以治以成之也侯王若能守之。萬物將自化。化而欲作。吾將鎭之以無名之樸。化而欲作作欲成也吾將鎭之無名之樸不爲主也無名之樸。夫亦將無欲。無欲競也不欲以靜。天下將自定。

老子道德經下篇

華亭張氏原本
晉王弼注

三十八章

上德不德。是以有德。下德不失德。是以無德。上德無爲而無以爲。下德爲之而有以爲。上仁爲之而無以爲。上義爲之而有以爲。上禮爲之而莫之應。則攘臂而扔之。故失道而後德。失德而後仁。失仁而後義。失義而後禮。夫禮者。忠信之薄。而亂之首。前識者。道之華。而愚之始。是以大丈夫處其厚不居其薄。處其實不居其華。故去彼取此。德者得也常得而無喪利而無害故以德爲名焉何以得德由乎道也何以盡德以無爲用以無爲用則莫不載也故物無焉則無物不經有焉則不足以免其生是以天地雖廣以無爲心聖王雖大以虛爲主故曰以復而視則天地之心見至日而思之則先王之至覩也故滅其私而無其身則四海莫不瞻遠近莫不至殊其己而有其心則一體不能自全肌骨不能相容是以上德之人唯道是用不德其德無執無用故能有德而無不爲不求而得不爲而成故雖有德而無德名也下德求而得之爲而成之則立善以治物故德名有焉求而得之必有失焉爲而成之必有敗焉善名生則有不善應焉故下德爲之而有以爲也無以爲者無所偏爲也凡不能無爲而爲之者皆下德也仁義禮節是也將明德之上下輒舉下德以對上德至於無以為極下德下之量上仁是也足及於無以為而猶為之焉為之而無以為故有為為之患矣本在無為母在無名棄本捨母而適其子功雖大焉必有不濟名雖美焉僞亦必生不能不為而成不興而治則乃為之故有宏普博施仁愛之者而愛之無所偏私故上仁為之而無以為也愛不能兼則有抑抗正真而義理之者忿枉祐直助彼攻此物事而有以心為矣故上義為之而有以為也直不能篤則有游飾修文禮敬之者尚好修敬校責往來則不對之閒忿怒生焉故上德為之而莫之應則攘臂而扔之夫大之極也其唯道乎自此已往豈足尊哉故雖盛業大富而有萬物猶各得其德雖貴以無為用不能捨無以為體也不能捨無以為體則失其為大矣所謂失道而後德也以無為用德其母故能已不勞焉而物無不理下此已往則失用之母不能無為而貴博施不能博施而貴正直不能正直而貴飾敬所謂失德而後仁失仁而後義失義而後禮也夫禮也所始首於忠信不篤通簡不陽責備於表機微爭制夫仁義發於內為之猶僞況務外飾而可久乎故夫禮者忠信之薄而亂之首也前識者前人而識也即下德之倫也竭其聰明以為前識役其智力以營庶事雖德其情姦巧彌密雖豐其譽愈喪篤實勞而事昏務而治薉雖竭聖智而民愈害舍己任物則無為而泰守夫素樸則不順典制聽彼所獲棄此所守識道之華而愚之首故苟得其為功之母則萬物作焉而不辭也萬物存焉而不勞也用不以形御不以名故名仁義可顯禮敬可彰也夫載之以大道鎮之以無名則物無所尚志無所營各任其貞事用其誠則仁德厚焉行義正焉禮敬清焉棄其所載舍其所生用其成形役其聰明仁則誠焉義其競焉禮其爭焉故仁德之厚非用仁之所能也行義之正非用義之所成也禮敬之清非用禮之所濟也載之以道統之以母故顯之而無所尚彰之而無所競用夫無名故名以篤焉用夫無形故形以成焉守母以存其子崇本以舉其末則形名俱有而邪不生大美配天而華不作故母不可遠本不可失仁義母之所生非可以為母形器匠之所成非可以為匠也捨其母而用其子棄其本而適其末名則有所分形則有所止雖極其大必有不周雖盛其美必有患憂功在為之豈足處也

三十九章

昔之得一者，昔始也一數之始而物之極也各是一物之生所以為主也物皆各得此一以成既成而舍以居成居成則失其母故皆裂發歇竭滅蹶也

天得一

以清。地得一以寧。神得一以靈。谷得一以盈。萬物得一以生。侯王得一以爲天下貞。其致之。各以其一致此清寧靈盈生貞天無以清將恐裂。用一以致清耳非用清以清也守一則清不失用清則恐裂也故爲功之母不可舍也是以皆無用其功恐喪其本也地無以寧將恐發。神無以靈將恐歇。谷無以盈將恐竭。萬物無以生將恐滅。侯王無以貴高將恐蹶。故貴以賤爲本。高以下爲基。是以侯王自謂孤寡不穀。此非以賤爲本邪。非乎。故致數輿無輿。不欲琭琭如玉。珞珞如石。清不能爲清盈不能爲盈皆有其母以存其形故清不足貴盈不足多貴在其母而母無貴形貴乃以賤爲本高乃以下爲基故致數輿乃無輿也玉石琭琭珞珞體盡於形故不欲也

四十章

反者道之動。高以下爲基貴以賤爲本有以無爲用此其反也動皆知其所無則物通矣故曰反者道之動也弱者道之用。柔弱同通不可窮極天下萬物生於有。有生於無。天下之物皆以有爲生有之所始以無爲本將欲全有必反於無也

四十一章

上士聞道。勤而行之。有志也中士聞道。若存若亡。下士聞道大笑之。不笑不足以爲道。故建言有之。建猶立也明道若昧。光而不耀進道若退。後其身而身先外其身而身存夷道若纇。纇坳也大夷之道因物之性不執平以割物其平不見乃更反若纇坳也上德若谷。不德其德無所懷也大白若辱。知其白守其黑大白然後乃得廣德若不足。廣德不盈廓然無形不可滿也建德若偷。偷匹也建德者因物自然不立不施故若偷匹質眞若渝。質眞者不矜其眞故渝大方無隅。方而不割故無隅也大器晚成。大器成天下不持全別故必晚成也大音希聲。聽之不聞名曰希不可得聞之音也有聲則有分有分則不宮而商矣分則不能統衆故有聲者非大音也大象無形。有形則有分有分者不溫則炎不炎則寒故象而形者非大象道隱無名。夫唯道。善貸且成。凡此諸善皆是道之所成也在象則爲大象而大象無形在音則爲大音而大音希聲物以之成而不見其成形故隱而無名也貸之非唯供其乏而已一貸之則足以永終其德故曰善貸也成之不如機匠之裁無物而不濟其形故曰善成

四十二章

道生一。一生二。二生三。三生萬物。萬物負陰而抱陽。沖氣

以爲和。人之所惡。唯孤寡不穀。而王公以爲稱。故物或損之而益。或益之而損。（萬物萬形其歸一也何由致一由於無也由無乃一一可謂無已謂之一豈得無言乎有言有一非二如何有一有二遂生乎三從無之有數盡乎斯過此以往非道之流故萬物之生吾知其主雖有萬形沖氣一焉百姓有心異國殊風而得一者王侯主焉以一爲主一何可舍愈多愈遠損則近之損之至盡乃得其極旣謂之一猶乃至三況本不一而道可近乎損之而益豈虛言也）人之所教。我亦教之。（我之非強使人從之也而用夫自然舉其至理順之必吉違之必凶故人相教違之自取其凶也亦如我之教人勿違之也）強梁者不得其死。吾將以爲教父。（強梁則必不得其死人相教爲強梁則必如我之教人不當爲強梁也舉其強梁不得其死以教邪若云順吾教之必吉也故得其違教之徒適可以爲教父也）

四十三章

天下之至柔。馳騁天下之至堅。（氣無所不入水無所不出於經）無有入無閒。吾是以知無爲之有益。（虛無柔弱無所不通無有不可窮至柔不可折以此推之故知無爲之有益也）不言之教。無爲之益。天下希及之。

四十四章

名與身孰親。（尙名好高其身必疏）身與貨孰多。（貪貨無厭其身必少）得與亡孰病。（得多利而亡其身何者為病也）是故甚愛必大費。多藏必厚亡。（甚愛不與物通多藏不與物散求之者多攻之者衆為物所病故大費厚亡也）知足不辱。知止不殆。可以長久。

四十五章

大成若缺。其用不弊。（隨物而成不為一象故若缺也）大盈若沖。其用不窮。（大盈充足隨物而與無所愛矜故若沖也）大直若屈。（隨物而直直不在一故若屈也）大巧若拙。（大巧因自然以成器不造為異端故若拙也）大辯若訥。（大辯因物而言己無所造故若訥也）躁勝寒。靜勝熱。清靜為天下正。（躁罷然後勝寒靜無為以勝熱以此推之則清靜為天下正也靜則全物之眞躁則犯物之性故惟清靜乃得如上諸大也）

四十六章

天下有道。卻走馬以糞。（天下有道知足知止無求於外各修其內而已故卻走馬以治田糞也）天下無道。戎馬生於郊。（貪欲無厭不修其內各求於外故戎馬生於郊也）禍莫大於不知足。咎莫大於欲得。故知足之足常足矣。

四十七章

不出戶。知天下。不闚牖。見天道。事有宗而物有主途雖殊而同歸也慮雖百而其致一也道有大常理有大致執古之道可以御今雖處於今可以知古始故不出戶闚牖而可知也其出彌遠。其知彌少。無在於一而求之於衆也道視之不可見聽之不可聞搏之不可得如其知之不須出戶若其不知出愈遠愈迷也是以聖人不行而知。不見而名。得物之致故雖不行而慮可知也識物之宗故雖不見而是非之理可得而名也不爲而成。明物之性因之而已故雖不爲而使之成矣

四十八章

爲學日益。務欲進其所能益其所習爲道日損。務欲反虛無也損之又損。以至於無爲。無爲而無不爲。有爲則有所失故無爲乃無所不爲也取天下常以無事。動常因也及其有事。自已造也不足以取天下。失統本也

四十九章

聖人無常心。以百姓心爲心。動常因也善者吾善之。不善者吾亦善之。各因其用則善不失也德善。無棄人也信者吾信之。不信者吾亦信之。德信。聖人在天下。歙歙爲天下渾其心。各用聰明聖人皆孩之。皆使和而無欲如嬰兒也夫天地設位聖人成能人謀鬼謀百姓與能者能者與之資者取之能大則大資貴則貴物有其宗事有其主如此則可冕旒充目而不懼於欺黈纊塞耳而無戚於慢又何爲勞一身之聰明以察百姓之情哉夫以明察物物亦競以其明應之以不信察物物亦競以其不信應之夫天下之心不必同其所應不敢異則莫肯用其情矣甚矣害之大也莫大於用其明矣夫在智則人與之訟在力則人與之爭智不出於人而立乎訟地則窮矣力不出於人而立乎爭地則危矣未有能使人無用其智力乎已者也如此則已以一敵人而人以千萬敵已也若乃多其法網煩其刑罰塞其徑路攻其幽宅則萬物失其自然百姓喪其手足鳥亂於上魚亂於下是以聖人之於天下歙歙焉心無所主也爲天下渾心焉意無所適莫也無所察焉百姓何避無所求焉百姓何應無避無應則莫不用其情矣人無爲舍其所能而爲其所不能舍其所長而爲其所短如此則言者言其所知行者行其所能百姓各皆注其耳目焉吾皆孩之而已

五十章

出生入死。出生地入死地生之徒十有三。死之徒十有三。人之生。動之死地亦十有三。夫何故。以其生生之厚。蓋聞善攝生者。

陸行不遇兕虎，入軍不被甲兵。兕無所投其角，虎無所措其爪，兵無所容其刃。夫何故？以其無死地。十有三，猶云十分有三分。取其生道，全生之極，十分有三耳；取死之道，全死之極，亦十分有三耳。而民生生之厚，更之無生之地焉。善攝生者，無以生爲生，故無死地也。器之害者，莫甚乎戈兵；獸之害者，莫甚乎兕虎。而令兵戈無所容其鋒刃，虎兕無所措其爪角，斯誠不以欲累其身者也，何死地之有乎！夫蚖蟺以淵為淺，而鑿穴其中；鷹鸇以山為卑，而增巢其上。矰繳不能及，網罟不能到，可謂處於無死地矣。然而卒以甘餌，乃入於無生之地，豈非生生之厚乎？故物苟不以求離其本，不以欲渝其真，雖入軍而不害，陸行而不可犯也。赤子之可則而貴，信矣。

五十一章

道生之，德畜之，物形之，勢成之。物生而後畜，畜而後形，形而後成。何由而生？道也。何得而畜？德也。何由而形？物也。何使而成？勢也。唯因也，故能無物而不形；唯勢也，故能無物而不成。凡物之所以生，功之所以成，皆有所由。有所由焉，則莫不由乎道也。故推而極之，亦至道也。隨其所因，故各有稱焉。是以萬物莫不尊道而貴德。道者，物之所由也；德者，物之所得也。由之乃得，故曰不得不失。尊之則害，不得不貴也。道之尊，德之貴，夫莫之命而常自然。命並作爵。故道生之，德畜之，長之育之，亭之毒之，養之覆之。謂成其實，各得其庇蔭，不傷其體矣。生而不有，爲而不恃，為而不有。長而不宰，是

謂元德。有德而不知其主也出乎幽冥是以謂之元德也

五十二章

天下有始。以爲天下母。既得其母。以知其子。既知其子。復守其母。沒身不殆。母本也子末也得本以知末不舍本以逐末也塞其兌閉其門。兌事欲之所由生門事欲之所由從也終身不勤。無事永逸故終身不勤也開其兌濟其事。終身不救。不閉其原而濟其事故雖終身不救見小曰明。守柔曰強。爲治之功不在大見大不明見小乃明守强不强守柔乃强也用其光。顯道以去民迷復歸其明。不明察也無遺身殃。是爲習常。道之常也

五十三章

使我介然有知。行於大道。唯施是畏。言若使我可介然有知行大道於天下唯施爲之是畏也大道甚夷。而民好徑。言大道蕩然正平而民猶尚舍之而不由好從邪徑況復施爲以塞大道之中乎故曰大道甚夷而民好徑朝甚除。朝宮室也除潔好也田甚蕪。倉甚虛。朝甚除則田甚蕪倉甚虛設一而衆害生也服文綵。帶利劍。厭飲食。財貨

有餘。是謂盜夸。非道也哉。凡物不以其道得之則皆邪也邪則盜也夸而不以其道得之竊位也故舉非道以明非道則皆盜夸也

五十四章

善建者不拔。固其根而後營其末故不拔也善抱者不脫。不貪於多齊其所能故不脫也子孫以祭祀不輟。子孫傳此道以祭祀則不輟也修之於身其德乃眞。修之於家其德乃餘。以身及人也修之身則眞修之家則有餘修之不廢所施轉大修之於鄉其德乃長。修之於國其德乃豐。修之於天下其德乃普。故以身觀身。以家觀家。以鄉觀鄉。以國觀國。彼皆然也以天下觀天下。以天下百姓心觀天下之道也天下之道逆順吉凶亦皆如人之道也吾何以知天下然哉以此。此上之所云也言吾何以得知天下乎察己以知之不求於外也所謂不出戶以知天下者也

五十五章

含德之厚。比於赤子。蜂蠆虺蛇不螫。猛獸不據。攫鳥不搏。赤子無求無欲不犯衆物故毒蟲之物無犯之人也含德之厚者不犯於物故無物以損其全也骨弱筋柔而握固。以柔弱之故故握能周固未知

牝牡之合而全作。作長也無物以損其身故能全長也言含德之厚者無物可以損其德渝其真柔弱不爭而不摧折皆若此也 精之至也。終日號而不嗄。無爭欲之心故終日出聲而不嗄也 和之至也。知和曰常。物以和為常故知和則得常也 知常曰明。不皦不昧不溫不涼此常也無形不可得而見曰明也 益生曰祥。生不可益益之則天也 心使氣曰強。心宜無有使氣則強 物壯則老謂之不道。不道早已。

五十六章

知者不言。因自然也 言者不知。造事端也 塞其兌。閉其門。挫其銳。含守質也 解其分。除爭原也 和其光。無所特顯則物無所偏爭也 同其塵。無所特賤則物無所偏恥也 是謂元同。故不可得而親。不可得而疏。可得而親則可得而疏也 不可得而利。不可得而害。可得而利則可得而害也 不可得而貴。不可得而賤。可得而貴則可得而賤也 故為天下貴。無物可以加之也

五十七章

以正治國。以奇用兵。以無事取天下。以道治國則國平以正治國則奇正起也以無事則能取天下也上章云其取天下

者常以無事及其有事又不足以取天下也故以正治國則不足以取天下而以奇用兵也夫以道治國崇本以息末以正治國立辟以攻末本不立而末淺民無所及故必至於奇用兵也吾何以知其然哉。以此。天下多忌諱而民彌貧。民多利器。國家滋昏。利器凡所以利己之器也民强則國家弱人多伎巧。奇物滋起。民多智慧則巧僞生巧僞生則邪事起法令滋彰。盗賊多有。立正欲以息邪而奇兵用多忌諱欲以恥貧而民彌貧利器欲以强國者也而國愈昏多皆舍本以治末故以致此也故聖人云。我無爲而民自化。我好靜而民自正。我無事而民自富。我無欲而民自樸。上之所欲民從之速也我之所欲唯無欲而民亦無欲而自樸也此四者崇本以息末也

五十八章

其政悶悶。其民淳淳。言善治政者無形無名無事無政可舉悶悶然卒至於大治故曰其政悶悶也其民無所爭競寬大淳淳故曰其民淳淳也其政察察。其民缺缺。立刑名明賞罰以檢姦僞故曰察察也殊類分析民懷爭競故曰其民缺缺禍兮福之所倚。福兮禍之所伏。孰知其極。其無正。言誰知善治之極乎唯無可正舉無可形名悶悶然而天下大化是其極也正復爲奇。以正治國則便復以奇用兵矣故曰正復爲奇善復爲妖。立善以和萬物則便復有妖之患也人之迷。其日固久。言人之迷

惑失道固久矣不可便正善治以責 是以聖人方而不割。以方導物舍去其邪不以方割物所謂大方無隅 廉而不劌。廉清廉也劌傷也以清廉清民令去其邪令去其汙不以清廉劌傷於物也 直而不肆。以直導物令去其僻而不以直激拂於物也所謂大直若屈也 光而不燿。以光鑑其所以迷不以光照求其隱慝也所謂明道若昧也此皆崇本以息末不攻而使復之也

五十九章

治人事天莫若嗇。莫若猶莫過也嗇農夫農人之治田務去其殊類歸於齊一也全其自然不急其荒病除其所以荒病上承天命下綏百姓莫過於此 夫唯嗇。是謂早服。早服常也 早服謂之重積德。唯重積德不欲銳速然後乃能使早服其常故曰早服謂之重積德者也 重積德則無不克。無不克則莫知其極。道無窮也 莫知其極可以有國。以有窮而莅國非能有國也 有國之母可以長久。國之所以安謂之母重積德是唯圖其根然後營末乃得其終也 是謂深根固柢長生久視之道。

六十章

治大國若烹小鮮。不擾也躁則多害靜則全真故其國彌大而其主彌靜然後乃能廣得衆心矣 以道莅天下其鬼

不神。（治大國則若烹小鮮以道莅天下則其鬼不神也）非其鬼不神。其神不傷人。（神不害自然也物守自然則神無所加神無所加則不知神之為神也）非其神不傷人。聖人亦不傷人。（道洽則神不傷人神不傷人則不知神之為神道洽則聖人亦不傷人聖人不傷人則不知聖人之為聖也猶云不知神之為神亦不知聖人之為聖也夫恃威網以使物者治之衰也使不知神聖之為神聖道之極也）夫兩不相傷。故德交歸焉。（神不傷人聖人亦不傷人聖人不傷人神亦不傷人故曰兩不相傷也神聖合道交歸之也）

六十一章

大國者下流。（江海居大而處下則百川流之大國居大而處下則天下流之故曰大國下流也）天下之交。（天下所歸會也）天下之牝。（靜而不求物自歸之也）牝常以靜勝牡。以靜為下。（以其靜故能為下也牝雌也雄躁動貪欲雌常以靜故能勝雄也以其靜復能為下故物歸之也）故大國以下小國。（大國以下猶云以大國下小國）則取小國。（小國則附之）小國以下大國。則取大國。（大國納之也）故或下以取。或下而取。（言唯修卑下然後乃各得其所）大國不過欲兼畜人。小國不過欲入事人。夫兩者各得其所欲。大者宜為下。（小國修下自全而已不能令天下歸之大國修下則天下歸之故曰各得其所欲則大者宜為下也）

六十二章

道者萬物之奧。奧猶曖也可得庇蔭之辭善人之寶。寶以爲用也不善人之所保。保以全也美言可以市尊行可以加人。言道無所不先物無有貴於此也雖有珍寶璧馬無以匹之美言之則可以奪衆貨之賈故曰美言可以市也尊行之則千里之外應之故曰可以加於人也人之不善何棄之有。不善當保道以免放故立天子置三公。言以尊行道也雖有拱璧以先駟馬不如坐進此道。此道上之所云也言故立天子置三公尊其位重其人所以爲道也物無有貴於此者故雖有拱抱寶璧以先駟馬而進之不如坐而進此道也古之所以貴此道者何。不曰以求得有罪以免邪。故爲天下貴。以求則得求以免則得免無所而不施故爲天下貴也

六十三章

爲無爲事無事味無味。以無爲爲居以不言爲教以恬淡爲味治之極也大小多少報怨以德。小怨則不足以報大怨則天下之所欲誅順天下之所同者德也圖難於其易爲大於其細。天下難事必作於易。天下大事必作於細。是以聖人終不爲大故能成

其大。夫輕諾必寡信。多易必多難。是以聖人猶難之以聖人之才猶尚難於細易況非聖人之才而欲忽於此乎故曰猶難之也故終無難矣。

六十四章

其安易持。其未兆易謀。以其安不忘危持之不忘亡謀之無功之勢故曰易也其脆易泮。其微易散。雖失無入有以其微脆之故未足以興大功故易也此四者皆說慎終也不可以無之故而不持不可以微之故而弗散也無而弗持則生有焉微而不散則生大焉故慮終之患如始之禍則無敗事為之於未有。謂其安未兆也治之於未亂。謂微脆也合抱之木生於毫末。九層之臺起於累土。千里之行始於足下。為者敗之。執者失之。當以慎終除微慎微除亂而以施為治之形名執之反生事原巧辟滋作故敗失也是以聖人無為故無敗。無執故無失。民之從事。常於幾成而敗之。不慎終也慎終如始。則無敗事。是以聖人欲不欲。不貴難得之貨。好欲雖微爭尚為之興難得之貨雖細貪盜為之起也學不學。復衆人之所過。不學而能者自然也喻於不學者過也故學不學以復衆人之過以輔萬物之自然而不敢為。

六十五章

古之善爲道者。非以明民。將以愚之。（明謂多見巧詐蔽其樸也愚謂無知守真順自然也）民之難治。以其智多。（多智巧詐故難治也）故以智治國。國之賊。（智猶治也以智而治國所以謂之賊者故謂之智也民之難治以其多智也當務塞兌閉門令無知無欲而以智術動民邪心既動復以巧術防民之僞民知其術防隨而避之思惟密巧奸僞益滋故曰以智治國國之賊也）不以智治國。國之福。知此兩者亦稽式。常知稽式。是謂元德。元德深矣遠矣。（稽同也今古之所同則不可廢能知稽式是謂元德元德深矣遠矣）與物反矣。（反其真也）然後乃至大順。

六十六章

江海所以能爲百谷王者。以其善下之。故能爲百谷王。是以欲上民。必以言下之。欲先民。必以身後之。是以聖人處上而民不重。處前而民不害。是以天下樂推而不厭。以其不爭。故天下莫能與之爭。

六十七章

天下皆謂我道大似不肖。夫唯大。故似不肖。若肖久矣。其細也夫。久矣其細猶曰其細久矣肖則失其所以為大矣故曰若肖久矣其細也夫 我有三寶持而保之。一曰慈。二曰儉。三曰不敢爲天下先。慈故能勇。夫慈以陳則勝以守則固故能勇也 儉故能廣。節儉愛費天下不匱故能廣也 不敢爲天下先。故能成器長。唯後外其身為物所歸然後乃能立成器為天下利為物之長也 今舍慈且勇。且猶取也 舍儉且廣。舍後且先。死矣。夫慈以戰則勝。相慜而不避於難故勝也 以守則固。天將救之。以慈衛之。

六十八章

善爲士者不武。士卒之帥也武尚先陵人也 善戰者不怒。後而不先應而不唱故不在怒 善勝敵者不與。不與爭也 善用人者爲之下。是謂不爭之德。是謂用人之力。用人而不為之下則力不為用也 是謂配天古之極。

六十九章

用兵有言。吾不敢爲主而爲客。不敢進寸而退尺。是謂行無行。彼遂不止攘無臂。扔無敵。行謂行陳也言以謙退哀慈不敢為物先用戰猶行無行攘無臂執無兵扔無敵也言無有與之抗也執無兵。禍莫大於輕敵。輕敵幾喪吾寶。言吾哀慈謙退非欲以取强無敵於天下也不得已而卒至於無敵斯乃吾之所以為大禍也寶三寶也故曰幾亡吾寶故抗兵相加。哀者勝矣。抗舉也加當也哀者必相惜而不趣利避害故必勝

七十章

吾言甚易知。甚易行。天下莫能知。莫能行。可不出戶窺牖而知故曰甚易知也無為而成故曰甚易行也惑於躁欲故曰莫之能知也迷於榮利故曰莫之能行也言有宗。事有君。宗萬物之宗也君萬物之主也夫唯無知。是以不我知。以其言有宗事有君之故故有知之人不得不知之也知我者希。則我者貴。唯深故知之者希也知我益希我亦無匹故曰知我者希則我者貴也是以聖人被褐懷玉。被褐者同其塵懷玉者寶其真也聖人之所以難知以其同塵而不殊懷玉而不渝故難知而為貴也

七十一章

知不知上。不知知病。不知知之不足任則病也夫唯病病。是以不病。聖人不病。以其病病。是以不病。

七十二章

民不畏威。則大威至。無狎其所居。無厭其所生。清淨無爲謂之居謙後不盈謂之生離其清淨行其躁欲棄其謙後任其威權則物擾而民僻威不能復制民民不能堪其威則上下大潰矣天誅將至故曰民不畏威則大威至無狎其所居無厭其所生言威力不可任也夫唯不厭。不自厭也是以不厭。不自厭是以天下莫之厭是以聖人自知不自見。不自見其所知以耀光行威也自愛不自貴。自貴則物狎厭居生故去彼取此。

七十三章

勇於敢則殺。必不得其死也勇於不敢則活。必齊命也此兩者或利或害。俱勇而所施者異利害不同故曰或利或害也天之所惡。孰知其故。是以聖人猶難之。孰誰也言誰能知天下之所惡意故邪其唯聖人夫聖人之明猶難於勇敢況無聖人之明而欲行之也故曰猶難之也天之道。不爭而善勝。天唯不爭故天下莫能與之爭不言而善應。順則吉逆則凶不言而善應也不召而自來。處下則物自歸繟然而善謀。垂象而見吉凶先事而設誠安而不忘危未兆而謀之故曰繟然而善謀也天網恢恢。疏而不失。

七十四章

民不畏死。奈何以死懼之。若使民常畏死而爲奇者。吾得執而殺之。孰敢。詭異亂羣謂之奇也常有司殺者殺。夫代司殺者殺。是謂代大匠斲。夫代大匠斲者。希有不傷其手矣。爲逆順者之所惡忿也不仁者人之所疾也故曰常有司殺也

七十五章

民之饑。以其上食稅之多。是以饑。民之難治。以其上之有爲。是以難治。民之輕死。以其上求生之厚。是以輕死。夫唯無以生爲者。是賢於貴生。言民之所以僻治之所以亂皆由上不由其下也民從上也

七十六章

人之生也柔弱。其死也堅強。萬物草木之生也柔脆。其死也枯槁。故堅強者死之徒。柔弱者生之徒。是以兵強則不勝。強兵以暴於天下者物之所惡也故必不得勝木強則兵。物所加也強大處下。木之本也柔弱處上。枝條是也

七十七章

天之道。其猶張弓與。高者抑之。下者舉之。有餘者損之。不足者補之。天之道損有餘而補不足。人之道則不然。與天地合德乃能包之如天之道如人之量則各有其身不得相均如惟無身無私乎自然然後乃能與天地合德損不足以奉有餘。孰能有餘以奉天下。唯有道者。是以聖人為而不恃。功成而不處。其不欲見賢。言唯能處盈而全虛損有以補無和光同塵蕩而均者唯其道也是以聖人不欲示其賢以均天下

七十八章

天下莫柔弱於水。而攻堅強者莫之能勝。以其無以易之。（以用也其謂水也言用水之柔弱無物可以易之也）弱之勝強。柔之勝剛。天下莫不知。莫能行。是以聖人云。受國之垢。是謂社稷主。受國不祥。是爲天下王。正言若反。

七十九章

和大怨。必有餘怨。（不明理其契以致大怨已至而德和之其傷不復故有餘怨也）安可以爲善。是以聖人執左契。（左契防怨之所由生也）而不責於人。有德司契。（有德之人念思其契不令怨生而後責於人也）無德司徹。（徹司人之過也）天道無親。常與善人。

八十章

小國寡民。（國既小民又寡尚可使反古況國大民衆乎故擧小國而言也）使有什伯之器而不用。（言使民雖有什伯之器而無所用何患不足也）使民重死而不遠徙。（使民不用惟身是寶不貪貨賂故各安其居重死而不遠徙也）雖有舟輿。無所乘之。雖有甲兵。無所陳之。使人復結繩而用之。甘其食。美其服。安其居。樂其俗。鄰國相望。雞犬之聲相聞。民至老死不相往來。（無所欲求）

八十一章

信言不美。（實在質也）美言不信。（本在樸也）善者不辯。辯者不善。知者不博。（極在一也）博者不知。聖人不積。（無私自有唯善是與任物而已）既以爲人己愈有。（物所尊也）既以與人己愈多。（物所歸也）天之道。利而不害。（動常生成之也）聖人之道。爲而不爭。（順天之利不相傷也）

王弼老子道德經二卷眞得老子之學歟蓋嚴君平指歸之流也其言仁義與禮不能自用必待道以用之天地萬物各得於一豈特有功於老子哉凡百學者蓋不

可不知乎此也予於是知弼本深於老子而易則未矣其於易多假諸老子之旨而老子無資於易者其有餘不足之迹斷可見也嗚呼學其難哉弼知佳兵者不祥之器至於戰勝以喪禮處之非老子之言乃不知常善救人故無棄人常善救物故無棄物獨得諸河上公而古本無有也賴傳弈能辯之爾然弼題是書曰道德經不析乎道德而上下之猶近於古歟其文字則多誤謬殆有不可讀者令人惜之嘗謂弼之於老子張湛之於列子郭象之於莊子杜預之於左氏范甯之於穀梁毛萇之於詩郭璞之於爾雅完然成一家之學後世雖有作者未易加也予既繕寫弼書并以記之政和乙未十

月丁丑嵩山晁說之鄜畤記

克伏誦咸平聖語有曰老子道德經治世之要明皇解雖燦然可觀王弼所注言簡意深眞得老氏淸淨之旨克自此求弼所注甚力而近世希有蓋久而後得之往歲攝建寧學官嘗以刊行旣又得晁以道先生所題本不分道德而上下之亦無篇目克喜其近古繕寫藏之乾道庚寅分教京口復鏤板以傳若其字之謬訛前人已不能證克焉敢輒易姑俟夫知者三月二十四日左從事郎充鎭江府府學教授熊克謹記

經典釋文

老子道經音義

唐國子博士兼太子中允贈齊州刺史吳縣開國男陸德明撰

老子 姓李名耳河上公云名重耳字伯陽陳國苦縣厲鄉人史記云字聃又云仁里人又云陳國相人也 生而皓首 劉向列仙傳云受學於容成生殷時 爲周柱下史覩周之衰乃西出關 是周敬王時也 爲關令尹喜說道德二篇尙虛無無爲 劉向云西過流沙莫知所終 凡五千餘言河上公爲章句四卷 不詳名氏 文帝徵之不至自至河上責之河上公乃踊身空中文帝改容謝之於是授漢文以老子章句四篇言治身治國之要其後談論者莫不宗尙玄言唯王輔嗣妙得虛無之旨 今依王本博采衆家以明同異

道 生天地之先 德 道之用也 徼 小道也邊也微妙也古弔反 較 音角又校量深淺也 傾 高下不正貌去營反 隆

之稱尺證反一本作號一本作名也　曷何葛反何也爲　而常　校音教能相射食亦反　穿音川窬音俞又音豆

揣吐南反　聖人之治直吏反　弱其志心虛則志弱也本無爲字　強其良反又作彊　使夫音符知者音智

道沖直隆反　不盈本亦作滿　淵旮河上作平　挫子臥反　銳悅歲反　解其紛拂云反河上云芬

湛直減反　夫孰一家之量音亮　贍涉豔反　滿以造實七報反　又復扶又反不盈或作滿　不能累力僞反　萬物舍音捨又作捨　汙音烏　而不渝羊朱反　以萬物

爲芻楚俱反狗古口反　治直吏反　有爲于僞反下有為不為皆同　其猶橐他各反　籥音藥　掘求物反又求月反河上本作屈屈竭也顧作掘云猶竭也　動而愈出羊主反又羊朱反　排扶拜反　橐無底囊乃各反　空洞同貢反　多言數

窮王云理數也顧云勢數也

足以共音恭亦音拱　谷古木反中央無者也河上本作浴浴者養也　玄牝頻忍反舊音扶死反簡文扶緊反　中央無一本作空　私邪河上直云以其無私　處一本作居　惡烏路反注及下同　幾音機近也又一音祈

善治直吏反　揣初委反又丁果反志瑞反顧云治也簡文章樏反　而梲音銳梲字音菀奪反又徒活反河上作銳　末令力征反　尖子廉反

勢必摧粗雷反　衄女六反　滿堂本或作室　自遺唯季反以之反　咎求九反　功遂本又作成　四時

更音庚 能無離力智反 滌徒歷反 疵在斯反 邪似嗟反 物介音界 民治河上本又作活 以

求匿他得反 辟匹亦反 開闔戶臘反 不昌尺亮反 而處昌慮反 以知乎音智河上本又

直作智 恃河上本作侍 長丁丈反 三十輻音福車輻 共一轂古木反車轂 當丁浪反 無有車音居去於又反 鑿

埏始然反河上云和也宋衷注本云經同聲類云柔也字林云長也君連反又一曰柔挻方言云取也如淳作繫 埴市力反河上曰土也司馬云埴土可以為器釋名云埴職也杜預云埴黏土也

戶在各反 五色青赤白黑黃也 令力征反 盲陌庚反 五音宮商角徵羽也 聾力東反 五味酸鹹甜辛苦也 口

爽爽差也河上云亡也 騁勑領反 狂求匡反 令人行下孟反 妨音芳 去羌呂反 寵辱簡文云寵得也辱失也

若驚顧云若而也 貴重也河上云長也 大患若身河上云空也 何謂寵辱若驚河上本無若驚二字 身

爲于僞反 易以豉反 名武征反 曰夷顧云平也鍾會云滅也平也 曰希希疏也靜也 搏音博簡文補各反 曰微

細也 致詰起吉反 故混戶本反 不皦古曉反明式云胡老反 不昧悔對反 繩食陵反又民忍反梁帝云無涯際之貌顧云無窮不可序

或曰寬急河上本作繩 復音服 怳虛往反 治直吏反 強其丈反 豫如字本或作懊簡文與此同也 儼魚檢反 樸普角反又作朴

混胡本反 蔽必世反王云覆蓋也鍾婢世反梁武同也 蔽覆芳富反 生長丁丈反 卒子恤反又尊恤反 凡物本作夫

則物離力智反　其分扶問反　虎兕徐子反　無所容鋒刃芳逢反　大上音太王云太上謂大
人也顧云太古上德之人也　行施始豉反　次侮亡甫反　疵字斯反　釁許靳反　悠孫登張憑杜弼俱作由一本猶用也　有應
應對之應　知音智　慧　趣七喻反或音促　覿形見賢遍反　大惡烏路反　治直吏反　則濡而朱反又而注反
百倍蒲罪反　令力征反　所屬之欲反注同　見賢遍反　拕樸普角反　之善一本作傑　行下孟反
唯遺癸反舊云維水反　相去欺慮反　幾居豈反　燕於見反　雀將畧反　鳩九求反　鴿古合反　有仇音求　氈之然
反本作旃　裘音求　續鳧音符　截昨結反　鵠戶各反　衆人熙熙許其反　若亨普庚反殺羹也簡文許庚反河上公作饗用也
牢力刀反　廓苦郭反河上本作泊普白反　咳胡來反說文字本或作孩　儽儽兮力追反一本曰損益也敗也欺也說文音雷古本河上作乘乘兮
所別彼列反　析星歷反　所好呼報反　沌本又作忳徒損反又徒門反簡文音頓　俗人昭昭章遙反一本作照　悶
悶如字　澹兮其若海徒紺反古本河上作忽兮若海嚴遵作忽兮若晦　飂力幽反梁簡文作飄云敷遙反河上作淵兮　縶縶張立反一作執
毋如字　德之容鍾云法也簡文云狀也　怳況往反又呼廣反　窈烏了反　冥莫輕反　說一云悅　狀哉河上一本
直云吾何狀也　見賢遍反　枉音往　窪烏瓜反簡文烏麻反顧云洿也　蔽必世反　轉遠于萬反　自見賢遍反　彰音章

淡徒暫反一作憺 故飄毗遙反又扶遙反 驟狀救反 道者於道河上於道者絕句 企者苦賜反河上作跂
跨苦化反 餘食贅專稅反疣贅也簡文云之睿反河上云贅貪也 行下孟反注同 原至之行去逆反郤至晉大夫自伐事見左傳成公十六年
更爲肬音尤 惡烏路反 混成胡本反 先天悉薦反 宗本亦作寂 寞音莫河上云寥空無形也鍾會作飂云空疏無質也
而不殆田賴反危也 稱尺證反 強其丈反 亦復扶又反 重爲輕起政反 躁早報反 離
音利 輜側其反 重直用反 榮觀古亂反 宴處於見反簡文云謂靜思之所宴居也 萬乘之主繩證反謂天子也 輕
則失本河上作臣 躁則失君謂失君位 喪息浪反 善行下孟反 無徹梁云應車邊今作彳邊者古字少也 跡
河上作迹 無瑕下家反疵過也 讁直革反譴責也 不別彼列反 善數色主反簡文色具反河上作計 籌直由反 策初厄反
楗其偃反距門也 所好呼報反 裕羊注反 長丁丈反 谿苦奚反或作溪 不離力智反 模莫胡反 不
忒吐得反顧云差也爽也 樸普角反 官長丁丈反 百行下孟反 故爲于僞反 無割乾遏反 物
或歔音虛河上本作呴許具反 羸力爲反 或挫作臥反搦也簡文在臥反河上作載 隳許規反毀也 去羌呂反 其事好
呼報反 還音旋 治直吏反 凶年天應惡氣災害五穀盡傷人也 難乃旦反 當復扶又反 佳格牙反善也河上飾也 惡

烏路反恬揬嫌反本或作栝梁武音膾憺徒暫反本亦作惔音同又音談字同河上本作惔梁武云苦回反簡文恬惔樂五教反又音洛戰勝式證反天
下莫能臣也河上本作天下不敢侯王梁武作王侯隤徒回反長丁丈反立名分符問反錐
音佳治直吏反行下孟反道氾本又作汎周張並同衣於既反河上作愛也施始豉反故復扶又反以其
終不自爲大河上本云是以聖人終不為大也於易以豉反樂音岳餌而志反過古臥反道之出
尺類反淡徒暫反又徒覽反說音悅令力征反中丁仲反將欲翕簡文作歙又作洽河上本作噏也許及反顧云閉塞也去
羌呂反脫他活反吾將鎮之以無名之樸夫亦將無簡文作不欲河上本作吾將鎮之河上者非
老子所作也

老子德經音義

德者得也道生萬物有得有獲故名德經四十四章一本四十三章

應應對如字則攘若羊反臂必寐反而扔人證反又音仍引也因也字林云就也數也原也故去羌呂反無喪息浪反
心見賢遍反肌巳其反又音既無所偏音遍之量音亮毋莫后反舍本音捨博施始豉反
偏音篇抑於力反亢苦浪反忿枉紆放反尙好呼報反敬校音教爲贍涉豔反治

直吏反 穢於廢反 耽都南反 行下孟反 遠于万反一本作弃 裂力竭反 恐歇許謁反 將恐蹶蹇月反又

其月反又居衛反 數色主反 譽逸注反毀譽也 琭音祿 珞音洛又音歷 昧悔對反 夷道若纇雷對反簡文云疵也河上作類

一本作類 内如銳反又若對反 不見賢遍反 全別彼列反 有分符問反 炎于沾反 貸吐代反 恭

一作供 裁音才又才代反 所惡烏路反 稱尺證反 可舍音捨 愈遠于萬反 非強其丈反 騁

勑領反 折章舌反又常列反 名好呼報反 無厭於鹽反又於豔反 費芳貴反 藏才浪反 缺窺悅反 獘

婢世反 不爲于僞反 屈丘物反僞也 訥怒忽反 躁早報反 罷音皮 却除也 糞弗問反 禍莫

大於不知足河上本此句上有罪莫大於可欲一句 咎其九反 不窺起規反 羑牖二同由九反 搏許洛反 歙

歙許及反一本作惵惵河上本作惵顧云許葉反危懼貌簡文云河上公作怵 渾胡本反 注之樹反 咳胡來反本或作孩 晃音勉 旒音留說文作瑬

充如字 黈吐口反 纊苦放反 戚七歷反 於慢武晏反 其徑經定反 喪息浪反 所適丁歷反

舍音捨 兕徐履反 被皮彼反 投音頭 錯七路反 而令力征反 鋒芳逢反 累劣僞反 黿蚖

二並音元 蟺徒多反又音蟮又本作蟮 襲音習 鷹憶矜反 鸇之然反 埤音婢 矰竹能反 繳諸若反 網亡兩反 罟音古

卒 子戍反 餌 而志反 離 音利 稱 尺證反 長 張丈反 亭之 如字別也 毒之 徒篤反今作育余熟反 庇 必寐反又音秘亦作芘 蔭 於鴆反 復 扶又反又音服 其兌 徒外反簡文云言也河上本作銳銳自言也 見 賢遍反 小曰 音越 遺 唯季反 介 音界 好 呼報反 徑 經定反邪徑 復 扶又反 朝 直遙反 絜好 如字 蕪 音無 厭 於豔反 夸 口花反

盜夸非道也哉 河上本同 不拔 皮八反顧云私 齊 才細反 不輟 張劣反 孫傳 直專反 比 必履反 蜂 芳逢反 蠆 勑邁反 虺 虛鬼反 蛇 食奢反 螫 失亦反又呼各反河上云毒蟲不螫 攫 俱縛反 不搏 音博 筋 居勤反筋者俗 柔 而握 於學反 知牝 頻忍反 牡 牟后反 之合而全作 全如字河上作峻子和反本一作朘說文子和反又子壘反云

赤子陰也子垂反 終日號 戶毛反 不嗄 一邁反氣逆也又於介反而聲不嗄當作噫 則天 於驕反又於表反 強 其良反 壯 側諒反 挫 子臥反 銳 悅歲反 令 力征反 去 羌呂反 不劌 居衛反河上作害傷也 污 音烏 辟 匹亦反 激 經覓反又古堯反 拂 芳佛反 不燿 以照反 匿 女力反 莫如嗇 生力反河上云貪也 去 羌呂反 早復 音服

謂之重 直容反 柢 丁計反亦作蔕 烹 普庚反不當加火 小鮮 音仙 以道莅 力至反古無此字說文作埭 治 直吏反

牝 頻忍反 靜復 扶又反 以下 遐嫁反 則取 七榆反又七喻反 卑下 遐嫁反 過 古禾反又古臥反

奧於六反煖也河上烏報反　曖音愛暄也說文作㤇　庛必䊵反又本祕反　蔭於鴆反　尊行下孟反　有拱居勇反　璧并歷反

以先悉薦反　所以爲于僞反　不日于月反　淡徒暫反　於其易以豉反　必多難乃旦反　其脆七歲反河上本作膬昌睿反　易泮普半反　於累劣彼反　者敗必邁反　施始志反　辟匹亦反

好呼報反　令力征反　復以扶又反　稽式古兮反嚴河上作楷式　善下　言下遐嫁反　猒於豔反

夫音扶　唯大絕句　以陳直忍反　費芳味反　匱其貴反　器長張丈反　舍音捨　而不辟音避

於難乃旦反　卒尊忽反　帥所類反　爲于僞反　無行戶剛反　攘若羊反　扔音仍　幾音祈又音機

易以豉反　被音備　褐戶葛反　無狎戶甲反　無猒於豔反　離力智反　物擾而小反　辟匹亦反

不能復扶又反　潰戶對反　見賢遍反　故去羌呂反　之所惡烏路反　猶難乃旦反　繟音闡　坦吐但反梁王尚鍾會孫登張嗣本有此坦平大貌河上作墠墠寬也坦尺善反又上單反也　而見賢遍反　凶先悉薦反　恢苦回反　是

大匠斲陟角反　僻匹亦反　治直吏反　強其兩反舊其良反　柔脆七歲反　枯槁苦老反　與音餘

抑於力反　之量音亮　身去羌呂反　天下莫柔弱於水河上本作天下柔弱莫過於水　垢古口反

和大怨紆力反　契苦計反　不令力征反　伯絕句河上本　不貪貨賂音路　輿音餘河上曰車

使人復音服又扶又反　樂音路　人已基倚反　愈音與　而不爭爭闘之爭注同

老子本義

魏源著

老子本義目次

老子本義

魏源撰

論老子

一

文景曹參之學。豈深於嵇阮王何乎。而西漢西晉燕越焉。則晉人以莊爲老。而漢人以老爲老也。豈獨莊然。解老自韓非下千百家。老子不復生。誰定之。彼皆執其一言而閡諸五千言者也。取予翕闢。何與無爲淸靜。芻狗萬物。何與慈救慈衞。玄牝久視。何與後身外身。泥其一而誣其全。則五千言如耳目口鼻之不能相通。夫不得言之宗。事之君。而徒尋聲逐景於其末。豈易知易行。而卒莫之知且行。以至於今泯泯也。老子曰。有之以爲利。無之以爲用。非不知有無之不可離。然以有之爲利。天下知之。而無之爲用。天下不知。故恆託指於無名。藏用於不見。損之又損。以至於無爲。無爲之道。必自無欲始也。諸子不能無欲。而第慕其無爲。於是陰靜堅忍。適以深其機而濟其欲。莊周無欲矣。而不知其用之柔也。列子致柔矣。而不知無之不離乎有也。故莊列離用以爲體。而體非其體。申韓鬼谷范蠡離體以爲用。而用非其用。則盍返其本矣。本何也。卽所謂宗與君也。於萬物爲母。於人爲嬰兒。於天下爲百谷王。於世爲太古。於用爲雌爲下爲玄。故如蓋公黃石之徒。斂之一身。而微玅渾然。則在我之身已羲皇矣。卽推之世而去甚去奢。化嬴秦酷烈爲文景刑措。亦不啻後世羲皇矣。豈若刑名淸談長生之小用而小弊。大用而大弊邪。吾人視嬰乃如昨日也。萬物之於母無一日離也。百谷於其王未嘗一日離也。動極必靜。上極必下。曜極必晦。誠如此。則無一物不歸其本。無一日不有太古也。求吾本心於五千言而得。求五千言於吾本心而無不得。百變不離宗。又安事支離求之乎。反本則無欲。無欲則致柔。故無爲而無不爲。以是讀太古書。庶幾哉。庶幾哉。

二

老子道太古道。書太古書也。曷徵乎。徵諸柱下史也。國史掌三皇五帝之書。故左史在楚。能讀墳索。尼山適周。亦問老聃。今考老子書谷神不死章。列子引爲皇帝書。而或以五千言皆容成氏書。至經中稱古之所謂。稱建言有之。稱聖人云。稱用兵有言。故班固謂道家出古史官。莊周亦謂古之道術有在於是者。關尹老聃聞其風而悅之。斯述而不作之明徵哉。孔子觀周廟而嘉金人之銘。其言如出老氏之口。考皇覽金匱。則金人三緘銘。卽漢志黃帝六銘之一。爲黃老源流所自。藏室柱史多識擇取。學焉而得其性之所近。故其書如喪禮處戰勝之義。皆深知禮意。而又有失道德而後仁義而後禮之言。則知吏隱靜觀。深疾末世用禮之失。疾之甚則思古。益篤思之篤則求之益深。懷德抱道。白首而後著書。其意不返斯世於太古淳樸不止也。氣化遞嬗。如寒暑然。太古之不能不唐虞三代。唐虞三代之不能不後世。一家高曾祖父子姓有不能同。故忠質文皆遞以救弊。而弊極則將復返其初。孔子寧儉毋奢。爲禮之本。欲以忠質救文勝。是老子淳樸忠信之教。不可謂非其時。而啓西漢先機也。然删書斷自唐虞。而老子專述皇墳以上。夫相去太遠者。則勢常若相反。故論常過高。乃其學固然。非故激而出於此也。河上公曰。老子言我有三寶。一慈。二儉。三不敢爲天下先。慈非仁乎。儉非義乎。不敢先非禮乎。易曰。德言盛。禮言恭。又曰。昔吾有先正。其言明且清。老子有焉。然則太古之道徒無用於世乎。抑世可太古而人不之用乎。曰。聖人經世之書。而老子救世書也。使生成周比戶可封之時。則亦嘿爾已矣。自非然者。去甚去奢去泰之指。必有時而信於天下。夫治始黃帝。成於堯。備於三代。殲於秦。迨漢氣運再造。民脫水火。登衽席。亦不啻太古矣。則曹參文景。斵琱爲樸。網漏吞舟。而天下化之。蓋毒痡乎秦。酷劑峻攻乎項。一旦清涼和解之。漸進飲食而勿藥自愈。蓋病因藥發者。則不藥亦得中醫。與至人無病之說。勢易而道同也。孰謂末世與太古如夢覺不相入乎。今夫赤子乳哺時。知識未開。呵禁無用。此太古之無爲也。逮長天真未漓。則無竇以嗜欲。無芽其機智。此中古之無爲也。及有過而漸喻之。感悟之。無迫束以決裂。此末世之無爲也。時不同。無爲亦不同。而太古心未嘗一日廢。夫豈形如木偶而化馳若神哉。老氏書賅古今。通上下。上焉者羲皇關尹治之以明道。中焉者良參文景治之以濟世。下焉者明太祖誦民不畏死而心減。宋太祖聞佳兵不祥之戒而動色。是也。儒者自益亦然。深見深。淺見淺。余不能有得於道而使氣焉。故貪其對治而三復也。

三

嗚呼。道一而已。老氏出而二。諸子百家出而且百。天下果有不一之道乎。老氏徒惟關尹具體而微。無得而稱焉。

傳之列禦寇楊朱莊周。爲虛無之學。爲爲我之學。爲放曠之學。列子虛無。釋氏近之。然性沖恬遂。未嘗實我賤物。自高詆聖。誣愚自是。固亦無惡天下。楊朱而刑名宗之。莊周而晉人宗之。入主出奴。罔外二派。夫楊子爲我宗無爲也。莊子放蕩宗自然也。豈自然不可治身。無爲不可治天下哉。老之自然。從虛極靜篤中得其體之至嚴至密者以爲本。欲靜不欲躁。欲重不欲輕。欲嗇不欲豐。容勝苛。畏勝肆。要勝煩。故於事恆因而不倡。迫而後動。不先事而爲。夫是之謂自然也。豈漫蕩爲自然乎。其無爲。治天下。非治之而不治。乃不治以治之也。功惟不居。故不去。名爲不爭。故莫爭。圖難於易。故終無難。不貴難得之貨。而非棄有用於地也。兵不得已用之。未嘗不用兵也。去甚去奢去泰。非並常事去之也。治大國若烹小鮮。但不傷之。即所保全之也。以退爲進。以勝爲不美。以無用爲用。孰謂無爲不足治天下乎。老子言絕仁棄義。而不忍不敢。意未嘗不行其間。莊周乃以徜徉玩世。薄勢利。遂訶帝王。厭禮法。則盜聖人。至於魏晉之士。其無欲又不及周。且不知無爲治天下者果如何也。意糠粃一切。拱手不事事而治乎。卒之王綱解紐。而萬事瓦裂。刑名者流。因欲督責行之。萬物一付諸法。而已得清淨而治。於是不禁己欲而禁人之欲。不勇於不敢而勇於敢。不忍於不忍而忍於忍。煦煦孑孑之仁義退。而涼薄之道德進。豈盡老子道乎。豈盡非老子道乎。黃老靜觀萬物之變。而得其闔闢之樞。惟逆而忍之。靜勝動。牝制牡。柔勝剛。欲上先下。知雄守雌。外其身而身存。無私故能成其私。所謂反者道之動。弱者道之用也。後人以急功利之心。求無欲之體。不可得。而徒得其相反之機。以乘其心之過不及。欲不偏不弊得乎。老子兢兢乎不敢先人。不忍傷人。而學者徒得其過高過激。樂其易簡直捷。而內實決裂以從己。則所見之乖謬使然也。莊子天下篇自命天人。而處真人至人之上。韓非解老。而又斥恬澹之學恍惚之言爲無用之教。豈斤斤守老氏學者哉。漢人學黃老者。蓋公曹參汲黯爲用世之學。疏廣劉德爲知足之學。四皓爲隱退之學。子房猶龍。出入三者。體用從容。漢宣始承黃老。濟以申韓。其謂王伯雜用。亦謂黃老王而申韓伯也。惟孔明澹泊寧靜。法制嚴平。似黃老非黃老。手寫申韓教後主。而實非申韓。嗚呼。甘酸辛苦味不同。斷於適口。藥無偏勝。對症爲功。在人用之而已。內聖外王之學。闇而不明。百家又往而不返。五穀荑稗。同歸無成。悲夫。知以不忍不敢爲學。則仁義之實行其間焉可也。

四

老子與儒合乎。曰否否。天地之道。一陽一陰。而聖人之道。恆以扶陽抑陰爲事。其學無欲則剛。是以乾道純陽。剛健中正。而後足以綱維三才。主張皇極。老子主柔賓剛。而取牝取雌取母。取水之善下。其體用皆出於陰。陰之道雖柔。而其機則殺。故學之而善者則清淨慈祥。不善者則深刻堅忍。而兵謀權術宗之。雖非其本真。而亦勢所必至也。老子與佛合乎。曰否否。窈冥恍惚中有精有物。即所謂雌與母。在佛家謂之玩弄光景。不離識神。未得歸於真寂海。何則。老明生而釋明死也。老用世而佛出世也。老中國上古之道。而佛六合以外之教也。故近禪者惟列禦寇氏。而老子固與禪不相入也。宋以來禪悅之士。類多援老入佛。經云民不畏威。大威至矣。蘇子由乃謂人苟於死生得喪之妄見。坦然無所怖畏。則吾性中光明廣大之大威。赫然見於前矣。何異指鹿爲馬。種黍生稗。辱老誣老。援佛謗佛。合之兩傷。何如離之兩美乎。河上公注不見漢志。隋始有之。唐劉知幾即斥其妄。所分八十一章。與嚴君平道德指歸所分七十二章。王弼舊本所分七十九章。皆大同小異。又谷神子以曲則全章末十七字爲後章之首。唐君相以絕學無憂繫上章之末。訖元吳氏澄。近日姚氏鼐。又各以意合并之。而姚最舛矣。史遷統言著書五千餘言。而妄人或盡剪語詞以就五千之數。傅奕定本又多增浮文。王弼稱佳兵不祥章。多後人之言。傅奕謂常善救人四語。獨見諸河上之本。韓非最古。而所引恆遜於淮南。開元御注。而贅文臆加於食母。其他濟玄酒。和太羹者何可勝道。矧夫流沙西去之誕。燕齊迂怪之譚哉。著其是。舍其非。原其本。析其歧。庶竊比於述而好古者。

史記老子列傳

老子者楚苦縣厲鄉曲仁里人也。莊子稱孔子陽朱皆南之沛見老子。邊韶碑則稱老子楚相縣人。釋文引莊子注老子陳國相人。今屬苦縣。與沛相近。水經注陰溝篇。東南至沛爲渦水。渦水又東逕苦縣故城南。即春秋之相。王莽更之爲賴陵。又東逕賴鄉城南。又北逕老子廟東。又屈東逕相縣故城南。相縣虛荒。今屬苦縣故城。猶老子生於曲渦間云云。尤爲詳備。賴厲音之轉也。曲渦間即曲仁里也。名耳。字聃。姓李氏。姚鼐曰。此據後漢書桓帝紀注引史記原文如此也。俗本字伯陽。謚曰聃。蓋唐開元間自稱老子裔。而媚者遂移老子傳居首。又並史文改之也。釋文引史記曰字聃。河上公曰字伯陽。張守節正義云。聃耳漫無輪也。疑老子耳漫無輪。故名耳字聃云云。是唐初本猶未改也。孔子舉所嚴事之賢士大夫。皆稱氏字。晏平仲蘧伯玉老聃子產是也。匹夫無謚。聃又非謚法。其妄無疑。莊子稱老子居沛。夫沛者宋地。而宋國有老氏。然則老子其沛人子姓。子之轉爲李。猶姒之轉爲弋歟。彭城近沛。意聃常居之。故曰老彭。猶展禽稱柳下邪。然則邢昺疏稱老彭即老子。非無因也。周守藏室之史也。孔子適周。將問禮於老子。老子曰。子所言者。其人與骨皆已朽矣。獨其言在耳。且君子得其時則駕。不得其時則蓬累而行。吾聞之。良賈深藏若虛。君子盛德。容貌若愚。去子之驕氣與多欲。態色與淫志。是皆無益於子之身。吾所以告子。若是而已。孔子去。謂弟子曰。鳥吾知其能飛。魚吾知其能游。獸吾知其能走。走者可以爲罔。游者可以爲綸。飛者可以爲矰。至於龍。吾不能知其乘風雲而上天。吾今日見老子。其猶龍邪。朱子曰。或謂老彭即老子。余嘗亦疑此。以曾子問中言禮數段證之。即述而不作。信而好古。可見聃周之史官。掌國之典籍。三皇五帝之書。如五千言。亦或古有是語而老子傳之。列子引黃帝書。即谷神不死章也。陳澧曰。孔子問禮於老聃必是於問之之中。而寓規之之意。老子知之。故言去子之驕氣云云也。不然。孔子方虛心請教。何驕之有乎。老子修道德。其學以自隱無名爲務。居周久之。見周之衰。乃遂去。至關。關令尹喜曰。子將隱矣。強爲我著書。於是老子乃著書上下篇。言道德之意五千餘言而去。莫知其所終。漢書揚雄傳。言老聃著虛無之言兩篇。即史記所謂上下篇也。道藏稱漢景帝以老子意體宏深。改子爲經。勅朝野諷習。而唐明皇御注。又分道經德經之名。河上公八十一章注。則又各立篇名。皆臆造非古。故今惟分上篇下篇及第幾章。以復其舊。其字句之異。則釋文已謂老子本衆多乖。杜光庭謂後人或盡删語詞以就五千之數。今尤不可不審擇也。

或曰。老萊子亦楚人也。著書十五篇。言道家之用。與孔子同時云。蓋老子百有六十餘歲。或言二百餘歲。以其修導而養壽也。漢書藝文志。道家。老萊子十六篇。高士傳稱老萊子避楚王之聘。列女傳稱老萊子行年七十。爲嬰兒以娛親。而莊子則云老萊子出薪。遇仲尼謂曰。去汝躬矜。與汝容知。斯爲君子矣。而國策客謂黃齊亦云。公不聞老萊子之教孔子事君乎。示之以齒之堅也。六十而盡相靡也。與老子言行殊相涵。史記仲尼弟子列傳云。孔子之所嚴事。於周則老子。於楚則老萊子。則是判然二人。皆與孔子同時。左傳有萊駒。是萊氏而稱老。猶列禦寇師老商氏。皆有道壽考之士所稱也。

自孔子死之後。百二十九年。而史記周太史儋見秦獻公曰。始秦與周合而離。離五百歲而後合。合七十歲而伯王者出焉。或曰儋即老子。或曰非也。世莫知其然否。畢沅曰。古聃儋字通。說文聃。耳曼也。又云。瞻。耳垂也。又云。耽。耳大垂也。聲義相同。故並借用。南方有瞻耳之國。山海經呂覽並作儋耳。淮南子作耽耳。又呂覽老聃作老耽。皆其明證。鄭康成曰。老聃古壽考之號。斯爲通論矣。

老子隱君子也。老子之子名宗。宗爲魏將。封於段干。宗子注。注子宮。宮玄孫假。仕於漢孝文師。而假之子解。爲膠西王卬太傅。因家於齊焉。史記考證曰。漢武惑於神仙方士。故司馬遷作老子傳。著其鄉里。詳其子孫。以明老子亦人耳。非所謂乘雲氣。御飛龍。不可方物者也。故一則曰隱君子。再則曰隱君子。良史心苦矣。張守節注翻引神仙荒唐悠謬之論。所謂夏蟲不可語冰者乎。黃氏日鈔曰。道家謂黃帝上天。老子西出關。爲長生不死之證。然黃帝之墓。好道之漢武親經之。老聃之死。學道之莊周親載之。又何以稱焉。

世之學老子者。則絀儒學。儒學亦絀老子。道不同不相爲謀。豈謂是邪。李耳無爲自化。清靜自正。黃帝治效莫著於漢世。故史遷舉老子我無爲而民自化。我好靜而民自正之語。以明其宗指。而正其末流也。

莊子天下篇曰。以本爲精。以物爲粗。以有積爲不足。憺然獨與神明居。古之道術有在於是者。關尹老聃聞其風而說之。建之以常無有。主之以太一。以濡弱謙下爲表。以空虛不毀萬物爲實。關尹曰。在己無居。形物自著。其動若水。其靜若鏡。其應若響。芴乎若忘。寂乎若清。同焉者和。得焉者失。未嘗先人而常隨人。老聃曰。知其雄。

守其雌。爲天下谿。知其白。守其黑。爲天下式。人皆取先。己獨取後。曰受天下之垢。人皆取實。己獨取虛。無藏也故有餘。巋然而有餘。其行身也徐而不費。無爲也而笑巧。人皆求福。己獨曲全。曰苟免於咎。以深爲根。以約爲紀。曰堅則毀矣。銳則剉矣。常寬容於物。不削於人。可謂至極。關尹老聃乎。古之博大真人哉。

老子本義

上篇

道可道。非常道。名可名。非常名。無名。天地之始。有名。萬物之母。故常無欲。以觀其妙。常有欲。以觀其徼。此兩者同出而異名。同謂之玄。玄之又玄。衆妙之門。無名無欲四句。司馬溫公王安石蘇轍皆以有無爲讀。河上公諸家皆以名字欲字爲讀。丁氏易東曰。老子曰。道常無名。始制有名。則上二句以有無爲讀者非也。下二句或援莊子云。建之以常無有。正指老子此語。然老又云常無欲可名於小。是又不當以莊例老也。陳景元吳澄皆以此兩者同爲句。亦通。

至人無名。懷真韜晦。而未嘗語人。非祕而不宣也。道固未可以言語顯而名迹求者也。及迫關尹之請。不得已著書。故鄭重於發言之首。曰道至難言也。使可擬議而指名。則有一定之義。而非無往不在之真常矣。非真常者而執以爲道。則言仁而害仁。尙義而害義。襲禮而害禮。煦煦孑孑詐僞之習出。而所謂道者弊。而安可常乎。老子言道。必曰常。曰玄。蓋道無而已。真常者指其無之實。而元妙則贊其常之無也。老子見學術日歧。滯有溺迹。思以真常不弊之道救之。故首戒人執言說名迹以爲道。恐其無所嘗識。因以天地萬物之理指示之。猶恐其不親切也。復即人心無欲有欲時返觀之。又恐其歧有無爲二也。而後以同謂之玄渾徼於妙總括之。凡書中所言道體者。皆觀其妙也。凡言應事者。皆觀其徼也。惟夫心融神化。與道爲一。而至於玄之又玄。則衆徼之間。無非衆妙。凡言守雌。言不爭。言慈儉。言柔弱。種種衆妙。皆從此常無中出矣。故曰衆妙之門。蓋可道可名者。五千言之所具也。其不可言傳者。則在體道者之心得焉耳。全書大恉。總括於此。所謂言有宗事有君也。○吳氏澄曰。首章總言道德二字之形。無名者道也。有名者德也。老子之意。蓋以虛無爲天地之所由以爲天地者。莊子所謂建之以常無有也。以氣化爲萬物之所得以爲萬物者。莊子所謂主之以太一也。故其道其德。以虛無自然爲體。柔弱不盈爲用。觀妙之妙。道也。妙之一本者。衆妙之妙。德也。妙之散殊者。焦氏竑曰。欲。猶樂記感於物而動性之欲也之欲。徼。讀如邊徼之徼。言物之盡處也。晏子云。徼者德之歸。列子云。死者德之徼。皆指盡處而言。蓋無欲之爲無不待言。惟方其有欲之時。人皆指以爲有。然有欲必有盡。則復歸於無矣。斯與妙何以異哉。故曰此兩者同謂之玄。此蓋不得已爲未悟者言耳。故曰玄之又玄。衆妙之門。蘇氏轍曰。凡遠而無所至極者其色必玄。故老子嘗以玄寄極也。

右第一章

天下皆知美之爲美。斯惡已。兩已。蘇本作矣。皆知善之爲善。斯不善已。劉驥本。此句上亦有天下字。故有無相生。顧歡及龍興碑本無故字。傅奕本。六相字上並有之字。難易相成。長短相形。王弼本。形作較與傾韻不協。高下相傾。音聲相和。前後相隨。是以聖人處無爲之事。行不言之教。萬物作焉而不辭。陸希聲及御覽引皆無焉字。傅及碑本。作作而不爲始。畢沅謂辭始聲通。以此致異。生而不有。爲而不恃。功成而不居。夫惟不居。是以不去。傅奕兩居字並作處。河上公作弗居。末三句從淮南子。

此明首章常名無名之恉也。蓋至美無美。至善無善。苟美善而使天下皆知其爲美善。則將相與市之託之。而不可常矣。此亦猶有無難易長短高下音聲前後之類。然當其時。適其情。則天下謂之美善。不當其時。不適其情。則天下謂之惡與不善。聖人知有名者之不可常。是故終日爲而未嘗爲。終日言而未嘗言。豈自知其爲美爲善哉。斯則觀徼而得妙也。若然者。萬物之來。雖亦未嘗不因應。而生不有。爲不恃。終不居其名矣。夫有名之美善。每與所對者相與往來興廢。以其有居則有去也。苟在已無居。夫將安去。此乃無爲不言之美善。無與爲對。何至於美斯惡。善斯不善哉。斯眞所謂常善也。○作焉不辭。碑本作作而不爲始。義正相備。蓋萬物作焉而後應之不辭耳。此因應無爲之道也。吳氏澄釋爲言詞之詞。謂天何言哉。姚氏鼐謂作使也。以身爲萬物使而不辭其勞。皆非本意。

右第二章　姚氏鼐合此章與下章爲一。云萬物作焉以下。處無爲之事也。不尙賢以下。行不言之教也。今不取。

不尙賢。使民不爭。不貴難得之貨。使民不爲盜。不見可欲。使心不亂。傅奕本作使民心。淮南子。無民字。是以聖人之治。去聲。李道純本。無之治二字。傅奕本。之治下有也字。虛其心。實其腹。弱其志。彊其骨。常使顧歡本下有心字。無知如字。無欲。使夫音扶。知者不敢爲也。知去聲。王弼本作智者。焦竑云一本無敢字。傅奕本無也字。爲無爲。則無不治。治去聲。傅奕本。治作爲。又治下有矣字。河上王弼本無。

老子。救世之書也。故首二章統言宗恉。此遂以太古之治。矯末世之弊。夫世之不治。以有爲亂之也。有爲由於有欲。有欲由於有知。日啓其無涯之知。而後節其無涯之欲。是濫觴江河。而徐以一葦障之也。太上未嘗自謂有知。未嘗見有可欲。故其治世也亦然。所謂賢者。專指瑰材畸行而言。蓋君子好名。小人好利。賢與貨皆可欲之具。是故人以相賢爲尙。則民恥不若而至於爭。貨以難得爲貴。則民病其無而至於盜。皆由見可欲耳。治世人尙純樸。無事乎以賢知勝人。物取養人。無貴乎難得而無用。則賢與不賢同用。難得與易得等視。民不至見之以亂其心。而爭盜之原絕矣。夫民心之不虛者。以其有可尙可貴可欲之事也。志以不弱者。以其有爭盜悖亂之萌也。今既心無外慕而虛矣。則腹雖實而含哺鼓腹。自無所紛其心。志無忿競而弱矣。則骨雖強而精足筋完。自無所逞其力。蓋道以虛爲體。以弱爲用。無事乎實與強也。故可實者惟腹而已。可強者惟骨而已。以虛弱爲心志。而置強實於無用之地。則其心志常無知無欲矣。無知無欲則無爲。縱有聰明知識者出。欲有所作爲。而自不敢爲。無爲之爲。民返於樸而不自知。夫安有不治哉。張氏爾岐謂心腹志骨四者皆借喻也。聖人之治。於華鷸之事則務空之。於質樸之業則務充之。於爭競之端則務塞之。於自玄之實則務崇之。使民無知而不生分別之見。無欲而不起貪得之心。其說亦通。至後世養生家亦借四者爲說。則舛矣。

右第三章

道沖而用之。沖。說文作盅。傅奕本亦作盅。淮南子及諸家作沖。姚鼐曰。道盅句與宗爲韻。又弗盈。河上王弼本作或不盈。開元蘇轍本作似不盈。傅奕本作又不滿。此從淮南子。淵兮似萬物之宗。淵兮河上本作淵乎。釋文作淵音。寨音。古今字。此從王弼本。挫其銳。解其紛。紛。碑本作忿。釋文云。一本作芬。和其光。同其塵。湛兮似或存。碑本無兮字。或存作常存。河上王弼本作若存。此從傅奕本。吾不知其誰之子。象帝之先。陳象古本誰下無之字。

此章乃常無觀妙之事也。說文曰。盅。器虛也。道之體本至也。而用之有能不盈者乎。則淵然其深。物物而不物於物。似萬物之宗矣。夫人之用所以常失之盈者。恃己之銳而與人爲紛。以己之光而照人之塵也。挫其銳則紛自解矣。和其光則塵自同矣。是其用之能不盈也。湛兮若存。則其體仍盅矣。世或有斯人。則體用一源。復乎道之本然。象帝之先矣。而誰其能之哉。李氏約曰。象。似也。道性謙約。故不云定處其先而云似。蘇氏轍曰。銳挫紛解。則不流於妄。不搆於物。外患已去而光生焉。又從而和之。恐其與物異也。以塵之至雜而無所不同。則於萬物無所異矣。聖人之道如是而後全。則湛然常存矣。雖存而人莫之識。故似或存耳。源案末二語就體道之人言之。方平易親切。諸家皆謂推極。然問道爲誰氏之子。既太支離。而推道爲在帝之先。又太幻渺。故並不取。

右第四章

天地不仁。以萬物爲芻狗。聖人不仁。以百姓爲芻狗。天地之間。其猶橐籥乎。虛而不屈。王弼作掘。傅奕作詘。顧歡作掘。此從河上本。動而愈出。多言數窮。傅奕作言多。碑本作多聞。不如守中。谷神不死。是謂玄牝。谷。釋文云一本作浴。薛蕙曰牝讀若匕。與上句爲韻。下玄牝之門。特衍其詞與下句相叶耳。非玄牝之中更有門也。玄牝之門。是謂天地之根。諸本天地之根無之字。惟列子及傅奕本有之。綿綿若存。用之不勤。

此老子知己道不行。憫世亂之不救。而思遺世隱處。獨善其身之言也。聖人。斥當世之君。予聖自雄者。結芻爲狗。用之祭祀。既畢事則棄而賤之。老子見亂世民命如寄。故感而言曰。悲哉天地有時而不仁乎。乃視萬物如土苴而聽其生死也。聖人其不重仁乎。乃視斯民如草芥而無所顧惜也。諉之於天地。尊之爲聖人。蓋悲天憫人。無所歸咎之詞。然將諉之於天地。而天地不可諉也。夫天地無心而成化。猶橐籥然。中虛無物。氣機所至。動而愈出。所謂顯諸仁。藏諸用。鼓萬物而不與聖人同憂也。是聖人固宜有憂矣。天地無心而成化。聖人則有心而無爲。百姓萬物之責。在於聖人。則非天地之能芻狗之。而人之芻狗之矣。言至此而老子不欲長言矣。然則吾生天地間。既不能使民物各遂其性。而吾亦將自棄其性。一任天人之芻狗乎。近取諸身。則吾身一小天地也。返觀默識。吾有中而自守之。亦何爲嘵嘵多言。以其身深與天下事。而自取理數之窮乎。黃帝之書有之。其言谷者即中也。牝即谷也。不存之存。所以立體。無用之用。所以應物。誠能體此而守之。小則爲養生專氣之術。大則爲虛靈順應之道。何窮之有哉。蓋虛無因應。用之于世。則爲聖人無爲之治。既不得用。則徒言何益。適足招損耳。不如約其道而用之。返諸一身。徼妙渾然。而在我之天下已羲皇矣。此太上無言之教也。○外槖內籥。機而鼓之。致風之器也。屈。竭也。首以天地聖人並言。而繼但言天地。不及聖人者。是即老子不欲多言之故也。數窮。釋文謂理數勢數也。中者虛中。謂心也。谷牝皆中之喻。谷神喻其德。玄牝喻其功也。谷之於響。惟其無所不受。是以無時不至。是其神之存於中而長不死者也。天下之物。惟牝能受能生。若夫受而不見其所以受。生而不見其所以生。則尤玄妙不測之牝也。可以母萬物。而萬物皆從此門出。豈非天地根乎。是即首章所謂無名天地之始。有名萬物之母也。是常道也。綿綿若存。觀妙之事。用之不勤。觀徼之事也。吳氏澄曰。谷虛則神存於中。若存即神之存。勤。猶勞也。凡氣。逸用之則養而日增。勤用之則虛而多耗。神常存則氣不耗散也。

右第五章　河上公多言守中以上爲前章。姚氏鼐以多言守中合下谷神爲後章。蓋二句乃承上轉下之語。故上屬下屬皆可相通。而義終未備。惟永樂大典所載王弼本及吳澄本合爲一。今從之。案列子引谷神以下爲黃帝書。可見老子言方畢。因引古語以明之。其不得別爲一章無疑。此章自來解者皆首尾橫決。詞義間隔。其尤謬者。莫如以不仁芻狗。爲明因物無心之道。夫人與芻狗爲二物。若聖人之於百姓。同一人耳。安得而芻狗之乎。且三寶首慈。天將衞之。以慈救之。而惓惓致痛於佳兵不祥之戒。若以不仁爲教。豈一人之言而矛盾若此。且如其說與通章亦不相貫。而以槖籥爲守中之喻。以數窮爲多言之耗氣。皆支離之甚。王氏道有曰。後世不明於芻狗萬物之言。而因謂道德之禍。流爲刑名。此亦多言數窮之驗。老子著書而其言若此。夫非有大不得已於中者乎。斯論得之矣。

天地長久。碑本作天長地久。天地所以能長且久者。黃茂材本。地下有之字。程大昌本無者字。且字碑本無。當從之。以其不自生。故能長生。長生碑作長久。是以聖人後其身而身先。外其身而身存。非以其無私邪。傅奕非字作不。河上本無非邪二字。此從淮南子及王弼本。故能成其私。

上章谷神不死而爲天地根。此天地之所以長久也。天施地生。而不自私其生。故能長生。使天地而自私其身。則天地亦一物矣。何以能長且久哉。是以聖人處柔處下。本以先人而後其身也。而人愈貴之。寡欲無求。本以利人而外其身也。而人愈不害之。其後身外身。夫非心之無私邪。乃身以先且存焉而成其私。亦理勢之固然耳。程氏俱曰。天地人一源耳。天之所以爲天。地之所以爲地。人之所以爲人。固同。而天地之能長且久。人獨不然者何哉。天不知其爲天。地不知其爲地。今一受形而爲人。則認以爲己。曰人耳人耳。謂其有身不可以不愛也。而營分表之事。謂其養生不可以無物也。而騁無益之求。貴其身而身愈辱。厚其身而身愈傷。是世之喪生者非反以有其生爲累邪。黃老之指如此。豈養生家自私其身者所得託哉。李氏嘉謨曰。天不愛其施。地不愛其生。是謂不自生。不自生。萬物恃之以生。故能長生。此天施地生之道。所以未嘗一日息也。

右第六章

上善若水。水善利萬物而不爭。陳景元作又不爭。處衆人之所惡。故幾於道。處。傅奕本作居。宋徽宗本衆人下無之字。惡去聲。傅奕本道下有矣字。居善地。心善淵。與善仁。仁。傅奕作人。言善信。政善治。事善能。動善時。夫惟不爭。故無尤。傅奕尤下有矣字。

李氏贄曰。凡利物之謂善。而利物者又不能不爭。非上善也。惟水不然。衆人處上。彼獨處下。衆人處易。彼獨處險。衆人處潔。彼獨處穢。所處盡衆人之所惡。夫誰與之爭乎。此所以爲上善也。居善地以下。則言聖人利物而不爭之實。非仍指水也。呂氏惠卿曰。江海所以能爲百谷王者。以其善下之。所謂居善地也。七者皆出於不爭。而要以處善地爲本。蓋居善地則能處衆人之所惡。故不爭而天下莫能與爭矣。吳氏澄曰。所舉居善地以下數事。皆擇取衆人之所善者以爲善。非上善也。惟有此善而能不爭。如水之源處上而甘處於下。乃上善也。衆人惡處下則必好處上。欲上人者有爭心。有爭則有尤矣。不爭則何尤之有。〇蘇氏轍曰。一陰一陽之謂道。繼之者善也。天一生水。道運而爲善。猶氣運而爲水也。二者皆自無而之有。去道未遠。故可名之善。未有上於此者焉。道無所不在。水無所不利。避高趨下。未嘗有所逆。善地也。空處湛靜。深不可測。善淵也。挹而不竭。施不求報。善仁也。圓必旋。方必折。塞必止。決必流。善信也。洗滌羣穢。平準高下。善治也。以載則浮。以鑑則清。以攻則堅彊莫能敵。善能也。不舍晝夜。盈科後進。善時也。夫有不善而未免人非者。以其爭也。水惟兼此七善而不爭。故無尤矣。源案居善地以下諸解。或以水或以人皆可通。惟卽以此數者爲上善。則不若以不爭爲上善之說之得爲耳。

右第七章

持而盈之。不如其已。持。司馬本作恃。揣而銳之。不可長保。傅奕本。作揣而悅之。王弼亦作悅。此從淮南子。保。碑本作寶。金玉滿室。莫之能守。室。河上及諸本作堂。此從王弼傅奕本。富貴而驕。自遺其咎。驕。司馬本作憍。功成名遂身退。天之道。碑本作名成功遂身退。王弼作功遂身退。李約本名作事。此從淮南子所引。

持而盈之。謂盈而持之也。揣而銳之。謂銳而揣之也。知盈而持。知銳而揣。已爲不善。況盈不持而金玉滿堂者乎。將多藏厚亡。莫之能守矣。況銳而不揣而富貴益驕者乎。將未能驕物。先自遺咎矣。蓋滿而不溢。所以長守富。高而不危。所以長守貴。夫何以能不溢不危哉。法天之道而已。日中則昃。日滿則虧。四時之運。成功者退。天地尙然。而況於人乎。亢之爲言也。知進而不知退。知存而知不亡。知得而不知喪。是以動而有悔也。聖人成功而不有。安有盈。名遂而不居。安有銳。蓋隨事大小而能自全。故曰成曰遂也。若不知自足。則何時而爲成。何日而後遂邪。此言非必處山林。絕人事。然後可以入道。雖居功名富貴之域。皆可守而行之也。

右第八章

載營魄。營讀爲魂。抱一。傅奕作袌。古今字。能無離乎。河上公無乎字。專氣至柔。諸本作致。能如嬰兒乎。滌除玄覽。能無疵乎。愛民治國。能無爲乎。天門開闔。能爲雌乎。明白四達。能無以知乎。生之畜之。生而不有。爲而不恃。釋文云。河上本治又作活。知又作智。恃作侍。〇爲雌。河上公作無雌。〇河上王弼本無爲無知。前後互易。傅奕本。爲乎知乎上。有所以字。〇焦竑云。一本無生之畜之四字。長而不宰。是謂玄德。此章字句。並從淮南子。

載。猶處也。營魄。卽魂魄也。魄卽是一。載卽是抱。魂載魄。動守靜也。心之精爽。是謂魂魄。本非二物。然魂動而魄靜。苟心爲物役。離之爲二。則神不守舍。而血氣用事。惟抱之爲一。使形神相依。而動靜不失。則魂卽魄。魄卽魂。何耗何昏。乃可以長存。蓋非偶載之難。亦非抱一之難。而常不離之難也。修身養生。道皆如此。專。卽易其靜也專之專。言專一純固。無所發露。所謂純氣之守也。有一毫失之粗。則剛而不能柔。必如嬰兒之和氣內充。一而不雜。而後爲至柔也。至人外不爲魄所滯。內不爲氣所使。其自治可謂善矣。然猶恐有餘疵之存也。未學之疵。粗而易改。旣學之疵。微而難除。或守之徒滯而運用不靈。或執之未化而常存我見。是皆足爲病。而未盡合乎玄也。必加以滌除瑕垢之功。重以返觀內照之鑒。其果純合自然而無所疵已乎。焦氏竑曰。前三言者。老子示人可謂切矣。然智者除心不除事。昧者除事不除心。苟誤認前言。其不以譏斷爲學者幾希。故又示之曰。我所言載營魄者。非拱默之謂也。卽愛民治國而能無爲也。所謂爲無爲也。專氣致柔者。非鬱閉之謂也。卽天門開闔而能爲雌也。所謂雄守雌也。滌除玄覽者。非昧晦之謂也。卽明白四達而能無知也。所謂知不知也。夫愛民治國。天門開闔。明白四達。其於生之畜也。爲之長之。皆不廢矣。而無爲也。爲雌也。無知也。則生不有。爲不恃。長不宰者。非玄德而何。此關尹子所謂在己無居。形物自著。莊子所謂以虛空不毁萬物爲實者。夫豈棄人事之實而獨任虛無也哉。　蘇氏轍曰。聖人於道。旣以治身。又推其餘以治人。然皆以無心遇之。苟有其心。則愛民者適以害之。治國者適以亂之也。陽動陰靜。一開一闔。治亂廢興所從出。衆人當此際患得患失。每先事而徼福。聖人循理而知天命。則待倡而後和。所謂先天而天弗違。後天而奉天時者。言其先後適與天命會耳。故能爲雌者不失時也。李氏贄曰。抱玄守一。神不外馳。則中有主。而天門開闔常在我矣。彼世之不能自主者。有開則將。不待迫之而自起。有闔則逆。不能無事而常足。是內經也。安能抱一而不離乎。張氏爾岐曰。元覽卽觀妙觀徼之觀。天門開闔。指心之運動變化言。朱子曰。老子之學。以虛靜無爲沖退自守爲主。與莊生釋氏之旨。初不相蒙。而說者常欲合而一之。以爲神常載魄。而無所不之。此解老者之通蔽也。

右第九章

三十輻共一轂。當其無。有車之用。埏埴以爲器。當其無。有器之用。鑿戶牖以爲室。當其無。有室之用。故有之以爲利。無之以爲用。

輻。輪之轑也。轂，衆輪所湊之心。考工記云，轂也者所以爲利轉也。利轉者以無有爲用也。正同斯恉。埏，和也。埴，黏土也。和水土而燒爲匋也。凡室之前，東戸西牖，戸以出入，牖以通明也。無皆謂空虚之處也。吳氏澄曰，器以貯物，室以居人，車以載重致遠，皆所以爲天下利。利在有也。然車以轉軸爲用，器以容物爲用，室以出入通明爲用，皆在於空虚無礙之處。人之腹實而心虚，亦猶是也。呂氏惠卿曰，非有則無，無以致其用，非無則有，有以施其利。觀於車器居室，而其則不遠矣。至於身則不知吾之所以爲用者何邪。是故聖人入而未嘗有物，所以觀其妙，出而未嘗無物，所以觀其徼。故曰利用以安身，而入神以致用也。知兩者之合一而不可離，則至矣。薛氏蕙曰，章末雖並舉有無而言，顧其恉意，則即有而明無之爲貴也。蓋有之爲利，人莫不知，而無之爲用，則皆忽而不察，故借人所明數事以曉之。

右第十章

五色令人目盲。五音令人耳聾。五味令人口爽。令爽皆平聲。馳騁田獵，令人心發狂。難得之貨，令人行妨。是以聖人爲腹不爲目，故去彼取此。

爽，差也。謂失正味也。視久則眩，聽繁則惑，嘗多則厭，心不定故發狂，不知足以取辱，故行妨。李氏約曰，目無厭，腹知足，故聖人去取異焉。目外視，故云彼。腹內實，故云此。呂氏惠卿曰，腹無知，目有見者也。是以聖人去彼有見有欲之追求，而取此無知無欲之虚靜也。猶易艮其背，陰符機在於目之意也。葉氏思靖曰，凡所欲之外物，皆害身者也。聖人但爲實腹而養已，不爲悅目而徇物。然食味別聲被色，數者皆不可絕。惟雖動而不著于物，乃湛然無欲矣。凡染塵逐境，皆在於目，故始終言之。此顏子四勿所以先視，而剗除六根以眼色爲首也。前章言虚中之用，此則戒其勿爲外邪所實。

右第十一章

寵辱若驚，貴大患若身。何謂寵辱。此句他本亦有若驚二字。惟河上及開元本無之。寵爲下。三字，從王弼傅奕開元本。河上作何謂寵辱。辱爲下。陳景先李道純作何謂寵辱若驚。寵爲上。辱爲下。俱誤。得之若驚，失之若驚，是爲寵辱若驚。吳澄本無此六字。何謂貴大患若身。吾所以有大患者。一本無者字。惟吾有身。苟吾無身。苟字。諸本皆作及。此從傅奕本。吾有何患。故貴以身爲天下。則可寄於天下。愛以身爲天下。乃可託於天下矣。寄託下各本無於字。開元本兩可字皆作若字。傅奕本天下下各有者字。兩可字上皆作則字。天下末各有矣字。此四句並從淮南子及河上本。

寵。榮也。貴。重也。世人不知辱之爲辱而寵之。不知患之爲患而貴之。是榮其辱而貴其患也。若驚。甚言其寵也。若身。甚言其貴也。夫人莫不惡辱而畏患。今反謂其寵而貴之何哉。蓋世人相習於妄見。則不知反其本。相安於當境。則未觀其終。何謂人之寵其辱哉。正以可辱者卽人之所謂寵也。夫寵人者上人。寵於人者下人。爲人下。非辱而何。而世人反榮之。得之則驚喜。失之則驚憂焉。是豈非惟辱是寵乎。寵辱之寵以己言。寵爲下之寵以人言也。何謂人之貴其患若身哉。正以可患者皆人之所謂必不可無者也。人惟自私其身。有欲則有患。苟能外其身後其身。何患得患失之有。然則凡養身之可欲者。非大患而何。而人專重之。一若與生俱生而不肯暫舍焉。是豈非貴大患若身乎。是皆不知自重自愛之道故也。倚人之寵以爲重。而適以自輕。若果能自重。則雖榮以天下。而不肯輕以身處之矣。徇外之求以自奉。而適以自苦。若誠能自愛。雖付以天下而惜以身任之矣。如此則若以身寄託於天地之間。蓋有天下而不與焉者。直若寄焉而已。淮南子引老子此語。而證以太王避邠。杖策而去於岐山之下。是也。夫不能寵者復何辱之有。身外無所貴者。夫何患之自取哉。此章謬解不一。大抵以驚寵爲當然。以忘身爲幻泡。以寄託爲可付重任。今悉不取。而擇其稍合者於後。○吳氏澄曰。人以爲榮者。自知道者反觀之。則辱也。有何可愛。而愛之者於此而驚焉。人以爲大利者。自知道者反觀之。則大患也。是豈足貴。而貴之者於此而身殉焉。是故被寵至卑下耳。而得失動心。身外之物至輕耳。而若與身俱有。則惑之甚也。呂氏惠卿曰。寵者畜於人者也。下道也。寵而有其寵則辱矣。吾之所以有辱者。以吾有驚。既驚其得。復驚其失。若吾無驚。吾有何辱。吾之所以有大患者。爲吾有身。故吉亦我所患。凶亦我所患。若吾無身。吾有何患。

右第十三章

視之不見名曰夷。聽之不聞名曰希。搏之不得名曰微。此三者一本無此字。不可致詰。故混而爲一。蘇轍本。故下有復字。其上不皦。其下不昧。傅奕本作其上之。其下之。繩繩兮不可名王弼無兮字。復歸於無物。蘇轍本。物作象。是謂無狀之狀。無象之象。是謂忽恍。碑本無是謂忽恍四字。迎之不見其首。隨之不見其後。執古之道以御今之有。能知古始。是謂道紀。

吳氏澄曰。此章專言德迹之呈露者。曰夷曰希曰微曰一。皆指德而言也。德在有無之間。故雖若有名而不可名。無物指道而言。反還其初。則歸於無物之道。莊子所謂德同至於初是也。道紀者德也。呂氏惠卿曰。無前後則無古今矣。無古今則長於上古而不爲老者。吾得之以日用矣。知今之所從來。則知古之所自始。所謂無端之紀也。道不可執。得此則可執之以爲德矣。執德之謂道紀也。

右第十三章 姚氏鼐以此連下章爲一章。

古之善爲士者。傅奕本作爲道。微妙玄通。深不可識。夫惟不可識。故強爲之容。傅奕本容下有日字。豫若冬涉川。猶若畏四鄰。儼若客。渙若冰將釋。諸本豫猶儼渙下多有兮字。陸希聲無之。王弼豫兮作與焉。儼兮下有其字。客作容。冰下有之字。釋文云。豫或作輿。碑本釋作汋。下三句作渾若樸。曠若谷。混若濁。敦兮其若樸。曠兮其若谷。渾兮其若濁。孰能濁以止靜之徐清。孰能安以久動之徐生。傅奕本靜上有澄字。徐上各有而字。陸希聲無久字。司馬無動字。今從河上本以止與久爲韻。保此道者不欲盈。高誘淮南子注曰保本作服。夫惟不盈。故能敝而不新成。傅奕作自以能敝而不成。碑本作能敝復成。王弼作蔽。或又作弊。此從淮南子引。

此章不言聖人至人而言善爲士者。是專示人入道之要。而強爲之容也。蟲盡而微。微至而妙。妙極而玄。則無所不通而深不可識矣。戒而後動曰豫。其所欲行。迫而後動。不得已也。疑而不行曰猶。其所不欲。遲而難之。如有所畏也。儼若客不敢肆也。此三者皆有道者不敢爲天下先。其容若此。然其豫猶儼恪者。初非有所執而不化也。渙若冰之將釋。油然無形而物莫之覺矣。夫奚滯之有乎。故又以下三者形容之。爲道至於融釋。則反本完眞。乃能存天性之全而不離於人僞。故若樸也。性全而不自有其全。無所不受。故若谷。水性本淸而不自潔於物。故若濁。夫七者有道之容。而即求道之要。豫猶儼恪者。所以入德也。既渙然冰釋。乃能希夫敦樸曠渾之全。所以成德也。道至於濁。則和光同塵。與物一體。此忘我之極而最難者也。故即承濁問曰。孰能濁以止乎。濁者動之時也。動久而靜。吾恐其又察察以爲清矣。因又承靜問曰。孰能安以久乎。安者靜之時也。靜繼以動。吾恐其又紛紛而生起矣。是皆知道而不能自保者也。所以不能保。皆由其易盈。是以分別與躁動乘之。而不能止且久。惟不以善自盈。則能安其敝而不求新成。斯則其能濁也。安以久也。如此則微妙玄通之道斯可保矣。蓋敦樸曠渾者濁之容。豫猶儼恪者安之容。皆以沖得之。以盈失之者也。老子之大成若缺。其用不敝。大盈若沖。其用不窮。保此道之謂也。

右第十四章

致虛極。守靜篤。萬物並作。吾以觀其復。靜。傅奕並作靖。吾以下。河上有是字。觀下。王弼無其字。此從淮南子。夫物芸芸。各歸其根。夫物。釋文云。一作凡物。傅奕芸芸作䰟䰟。王弼各下有復字。莊子作萬物云云。各復其根。歸根曰靜。靜曰復命。靜曰。王弼作是謂。復命曰常。知常曰明。不知常妄作凶。知常容。容乃公。公乃王。王乃天。碑本作公能生。生能天。天乃道。道乃久。歿身不殆。

此極言體常之要。其入手在於觀復。觀復即觀徼也。夫物芸芸五句。上即物理之自然。以推動常歸靜之旨。自知常曰明以下。乃言學道者觀復之明。以明致虛守靜之效也。致者至其極也。虛者無欲也。無欲則靜。蓋外物不入則內心不出也。篤固也。學道而至於虛。虛而至其極。則其守靜也篤矣。故下文專即至靜而言之。致虛而未知實之即虛。守靜而未知動之即靜者。觀無於無而未於有觀無故耳。凡有起於虛。動起於靜。故萬物雖並動。卒復歸於虛靜。是物之極篤也。第衆人之於物。息而後見其復。衰而後見其歸根。惟知道者虛靜之至。則見其所以作。與其所以芸芸。其所以作者。乃其所以復也。知作者之皆妄。而靜者之爲常。則執性命以命羣物。常有而常無。常作而常靜。知幾之謂明矣。何有妄作之凶乎。夫知非聞見測度之謂也。能渾一於物我之間。外無不容。而內無或私者。庶乎真知之矣。是故言其大則內聖而外王。言其化則合天而盡道。盡道者無他焉。常而已矣。久而不殆者。常之謂也。○蘇氏轍曰。致虛未極。則有未亡也。守靜不篤。則動未亡也。丘山雖去。而微塵未盡。未爲極與篤也。不極不篤。而責虛靜之用難矣。虛極靜篤。以觀萬物之變。而後不爲變之所亂。知作之未有不復也。苟吾方且與萬物皆作。則不足以知之矣。萬物皆作於性。皆復於性。猶華葉之生於根而歸於根。性命者萬物之根也。苟未能自復其性。雖止動息念以求靜。非靜也。惟歸根以復於命。而後湛然常存矣。不以復性爲明。則皆世俗之智。雖自謂明。非明也。故緣物而動。無作而非妄。雖或得於一時。而失之遠矣。方迷於妄。則自是而非彼。物皆吾敵。苟知其皆妄。則雖讐仇將哀而憐之。何所不容哉。則彼我之情盡。尙誰私乎。無所不公。則天下將往而歸之矣。

右第十五章

太上下知有之。其次親之譽之。其次畏之。其次侮之。下知。吳澄作不知。王弼作其次親而譽之。開元御注作其次畏之侮之。陳象古作畏之而侮之。信不足。有不信。二句末。王弼皆有焉字。傅奕上句有焉字。陸希聲本無。猶兮其貴言。王弼作悠兮。釋文云。一作由兮。陸希聲無兮字。碑本作其猶貴言。傅奕貴言下有哉字。巧成事遂。一作名遂。百姓皆謂我自然。傅奕作皆曰。司馬本無皆字。大道廢。有仁義。智慧出。有大僞。傅奕廢下出下並有焉字。六親不和。有孝慈。國家昏亂。有忠臣。傅奕本。作孝子貞臣。絕仁棄義。民復孝慈。絕聖棄智。民利百倍。各本絕聖棄智二句。在絕仁二句之上。此從永樂大典王弼本及吳澄本。絕巧棄利。盜賊無有。此三者以爲文不足。傅奕作以爲文而未足也。李約亦作未足。故令有所屬。見素袌樸。少私寡欲。袌今作抱。古今字。

陸氏希聲曰。太古有德之君。無爲無迹。故下民知有之而已。德既下衰。仁義爲治。天下被其仁。故親之。懷其義故譽之。及仁義不足以治其治。則以刑法爲政。故下畏之。及刑法不足以服其意。則以權譎爲事。故下侮之。此皆由誠信遞降。故漸有不信。若夫在上者行不言之教。而及其成功。百姓各遂其性。皆曰我自然而然。則親譽畏侮之心不生於世矣。吳氏澄曰。猶兮其貴言。使民陰受其賜。皆謂我自然如此。不知其爲帝力。此則太上不知有之之事也。夫不知有之者大道。親譽之者仁義。畏之者智慧。侮之者大僞。是自大道一降再降。共有此數等。然大道廢而後有仁義。則其變猶緩。智慧出而後有大僞。則其變爲甚亟。六親不和二語。亦大道廢有仁義之事而推言之耳。以上言世變之降。以見趨末之由。以後言治化之復。以示返本之漸。聖智。智慧也。巧利。大僞也。絕棄帝者仁義。以返於皇之大道。則民復其初。父慈子孝。如淳古時矣。絕棄王者聖智。以及於帝之仁義。則民利其利。百倍於王之時矣。絕棄伯者巧利。以及於王之聖智。則雖未及帝之時。而思慮深遠。政教修明。亦無有爲盜賊者矣。此三者指仁義聖智巧利三事也。屬。與莊子屬其性乎仁義之屬同。猶云附著也。皇之大道。實有餘。文不足。自皇而降。漸漸趨文。故遞以前此之文爲不足。而各附著於所尙。是以屢變而趨於末。而豈知大道之民。見素抱樸而已矣。如此則少私寡欲。何以文爲。上云六親不和有孝慈。而又言民復孝慈者。蓋人孝慈則無孝慈之名。此名實文質之辨也。以是推之。則眞仁義者無仁義之迹。眞聖智者無聖智之名。亦若是而已。見素抱樸。少私寡欲。則我無爲而民自化。我無欲而民自樸。此聖智之大。仁義之至。巧利之極也。〇李氏嘉謨曰。道散則降而生非。僞勝則反而貴道。降者道之微。反者衰之極也。方道之未散。仁義潛乎其中。不可分別指數。及其煦煦孑孑。而人以煦煦孑孑懷其德。則大道之公者散矣。又不幸有小智小慧者。竊仁義之似而行之。則僞自此滋。亂自此始。是之謂降而生非。及其末流。人僞既多。無非非者羣非之中稍有自異。於是從而貴之。故六親不和。然後知有孝慈。國家昏亂。然後知有忠臣。是謂反而貴道。方其散。則見其似而忘其全。及其衰。則蕩然無餘而貴其似。此其所以每況而愈下也。故老子教以絕利一源。返本救末之要。蓋仁者不自以爲仁。義者不自以爲義。使仁義而可絕。皆非仁義也。大巧不見其巧。美利不言所利。使巧利而可絕。皆非巧利也。聖人用其實不取其文。故其見於外者無其形。衆人竊其似以亂其眞。故令見於外者有所屬。聖人惡僞之足以亂眞。故欲絕其本源。以救末流之弊。使天下之人。不復假仁義而棄孝慈之實。懷利心而竊聖智之行。用盜賊而棄巧利之便。惟以樸素先民。而不欲以私欲示民。民見其如此。故不敢以文欺物。而亦不以文自欺。

右第十六章　河上公以我自然以上爲一章。大道廢四句爲一章。絕仁棄義至末爲一章。今攷其詞義相承。別無更端。故永樂大典王弼本合後兩段爲一章。得之矣。吳澄本並通三章爲一。於義尤備。故從之。

至唐張君相以下章絕學無憂句。附此章之末而姚氏鼐從之。則文義音韻俱不協。今不取。

絕學無憂。唯之與阿。相去幾何。善之與惡。相去何若。善。傅奕作美。何若。王弼作若何。人之所畏。不可不畏。荒兮其未央哉。荒兮句。碑本作莽其未央。傅奕無哉字。衆人熙熙。如享太牢。如登春臺。如字傅奕皆作若。陸希聲王眞本春在登下。此從王弼本。我獨泊兮其未兆。如嬰兒之未孩。泊一作怕。傅奕作魄。碑本我魄未兆。釋文泊作廓。孩作咳。乘乘兮若無所歸。傅奕作儡儡兮其不足。以無所歸。陸希聲作儽儽兮若不足。似無所歸。此從河上本。衆人皆有餘。而我獨若遺。傅奕無而字。我愚人之心也哉。沌沌兮。俗人昭昭。我獨若昏。俗人察察。我獨悶悶。沌沌河上作純純。釋文云。或作忳忳。俗人。河上作衆人。察察悶悶。傅奕作督督閔閔。又昭督上並有皆字。釋文云。昭一作照。若昏。王弼作昏昏。忽兮若晦。王弼作澹兮其若晦。河上作忽兮若海。唐易州石刻作忽若晦。案劉熙釋名云。海者晦也。飄兮若無所止。飄。河上作漂。王弼作飂。釋文云。梁簡文作飂。又或作飃。明焦竑本作寂。若無作止。衆人皆有以。我獨頑似鄙。河上王弼本。我上有而字。似作且。我獨異於人。而貴食母。傅奕作我獨欲異於人。開元本作貴求食於母。自注云。舊無求於二字。予所加也。晁說之稱明皇本作兒貴求食於母。恐誤。

上章言治國之道。惟絕聖智巧。利則無弊。所以言無爲之用。此章言修己之道。惟絕世俗末學則無憂。所以明無欲之體也。唯之與阿。至荒兮未央七句。言世人爲學多憂之事也。衆人熙熙至我獨若遺八句。言己之無所欲於外也。我愚人之心至頑似鄙十句。言己之不求知於內也。末句正與章首句相應。蓋所絕者世俗之學。而所貴者食母之學也。蓋憂生於畏。彼世之爲學者。但以爲善勝於惡。揚揚自得。而以吾觀之。正猶唯之與阿耳。何者。論斯人之本心。豈眞樂唯而苦阿。樂善而苦惡。二者之閒。相去幾何。徒以人皆唯阿之。慢人而取辱。畏惡之失譽而招刑。是以亦不得不畏彼而爲此耳。迫於無可奈何而爲之。且抱此憂以畢生。而荒兮安有窮極乎。然在世人之心。豈眞知其多憂。彼固將以求樂。方熙熙然徇物有餘也。且世人之心又豈自以無知。方且自以爲昭察。而視我爲沌愚昏悶頑鄙也。然則豈我獨甘爲其賤而異於人情乎。我固自有我之所貴。但與人不同耳。德者萬物之母。道又德之母。衆人逐物役智。以資其視聽思慮。則養其子而已。我獨遺而去之。味道德以自養。然則絕憂畏之學者。正所以貴食母之學也。而揚子雲謂人而絕學。雖無憂如禽。何豈知所以絕學之意者哉。澹泊然情欲未萌。如嬰兒未能咳笑之時。初不知外物之可樂也。乘乘然寄寓於物而不著於物也。衆人皆有求贏餘之心。我獨遺棄之。豈眞愚而如此沌沌然哉。蓋道以不足爲樂而無有餘之心。是以人若昭察而我若昏悶也。如此則此心茫茫所向。如乘舟大海之中。漂浮而無繫著。即乘乘若無所歸之意。有以。有爲也。頑似鄙者。若遠鄙之民不識都邑也。食母見禮記內則篇。即乳母也。貴食母者。即嬰兒未咳之義也。

右第十七章　姚鼐本以首句屬上章。又以此章通下章爲一章。曰唯之與阿以下。求道者之狀。孔德之容以下。得道者之實。今不取。

孔德之容。惟道是從。是從。傅奕作之從。道之爲物。惟怳惟忽。忽兮怳兮。其中有象。怳兮忽兮。其中有物。窈兮冥兮。其中有精。忽怳四句。河上本上下互易。王弼作恍惚。河上作怳忽。傅奕作芒芴。窈又作幽。開元本。無前三其字。河上王弼本。三其上各有兮字。顧歡本。作惚恍中有物。恍惚中有象。窈冥中有精。此數句。從文選注及明焦竑本。其精甚眞。碑本無此句。其中有信。自古及今。其名不去。以閱衆甫。傅奕古今二字互倒。吾何以知衆甫之然哉。以此。傅奕何以作奚以。王弼然哉作狀哉。李約本無哉字。釋文云。一作吾何狀也。

孔。大也。從。自也。言盛德之容。皆自道中出也。怳忽似有似無。窈冥則全不可見。此皆言道之無也。有物有象者。德之容猶其粗者。德則有物有象之本。尤其精也。莊子云。以德爲本。以本爲精。是言德出乎道也。信。驗也。甫者。稱謂之直詞。衆甫猶言衆有。廣雅云。甫。衆也。〇王氏道曰。孔德之容。即前章泊兮未兆以下是也。盛德之容。皆從道出。此聖人所以貴食母也。下乃反復形容道體之妙。物即象也。眞即精也。信即眞也。變文協韻耳。衆甫。天地萬物自道出皆者是也。衆甫與化遷流。而道則終古自若。故曰自古及今。其名不去。以閱衆甫。吾何以知衆甫爲道所閱哉。正以體道至眞至信。無可變壞。故常主萬象。如傳舍之閱過客然也。李氏嘉謨曰。有中之有。衆皆以爲有。而不知盡妄也。無中之有。人所不知。而不知其有至眞也。惟其眞而不假。故不以有而存。不以無而亡。是謂有信。終古不變不易。聖人所以能觀羣有之始。而知羣有之所由然。以其體於至無。故能觀衆有也。源案焦氏竑。以甫爲始。謂觀其徼則後際空。閱衆始則前際空。萬物並作而觀其復。則當虛空。姚氏鼐又謂衆甫聖賢也。同有此道。可以知先聖後聖之狀如一矣。二說並通。然非本旨。

右第十八章

曲則全。枉則直。（直。傅奕及碑本作正。）窪則盈。（河上作窪。顧歡作洼。）敝則新。（王弼作蔽。河上作弊。）少則得。多則惑。是以聖人抱一爲天下式。（傅奕無是以二字。抱一下有以字。）不自見故明。不自恃故彰。不自伐故有功。不自矜故長。夫惟不爭。故天下莫能與之爭。（河上作夫惟不矜。故天下莫之爭。）古之所謂曲則全者。豈虛言哉。（傅奕虛言下有也字。）誠全而歸之。

莊子天下篇。稱老子之學。人皆求福。己獨曲全。故此以曲則全一語始終之者。蓋不欲直。不欲盈。不欲新且多。皆不求全之推也。曲者一曲也。抱一故爲曲。然而全德在此矣。不云少則多而析爲兩言者。以啓下文抱一之旨也。一者少之極。然抱之以爲天下式。則其得多矣。彼喪生由其多方。而亡羊苦於歧路。皆多則惑者。下章以爲天下式爲天下谿爲天下谷並言。蓋式者車所俯憑。物卑而人敬之。故以喻聖人沖虛之德也。夫目至明而不自見。使目而自見則不明矣。人之不自是自矜自伐。亦猶是也。能是者無他爲。抱一則無我。無我則不爭。夫惟不爭。故天下樂推而曲全之耳。曲則全。蓋古有是語。而老子述之。故又申之曰此豈虛語哉。夫固誠然之理之效也。蓋正言若反。天下莫不知而莫能行。孰是執信不惑者乎。其丁寧之意至矣。○蘇氏轍曰。直而非理則非直。循理雖枉。天下之至直也。衆所歸者下雖欲不盈不可得也。昭晳非道。悶悶者雖敝。而日新之所自出也。道一而已。得其一本則無所不得。若多而逐於末則惑矣。抱一者復性者也。曲全枉直窪盈敝新。皆抱一之餘也。故以抱一終之。不自見。不自是。不自矜伐。皆不爭之餘也。故以不爭終之。○呂氏惠卿曰。天下之物惟水爲幾於道。涓源濫觴。而卒會乎海。是曲則全也。避礙萬折而必東。是枉則直也。善下而百谷歸之。是窪則盈也。受天下之垢而莫清焉。是敝則新也。惟抱一者足以語此。故曰少得而多惑。蓋可曲可枉。可窪可敝。無往而非一也。

右第十九章　晁氏說之曰。嚴君平老子指歸。谷神子注。頗與諸本章句不同。如以曲則全章。末十七字屬下章之類。姚氏鼐通下希言自然跂者不立爲一章。曰全言然三字爲韻。吾誠有全德而天下歸之。則希言而自然矣。飄風疾雨以下。釋枉則直窪則盈之意。信不足以下。皆內不足而故爲有餘。多則惑者也。說頗牽強。今不取。

希言自然。飄風不終朝。驟雨不終日。孰爲此者天地。傳奕希作稀。終朝作崇朝。天地下有也字。天地尚不能久。而況於人乎。故從事於道者同於道。德者同於德。失者同於失。道者同於道下。傳奕多從事於德者從事於失者二句。河上王弼諸本重出道者二字。並非是。此從淮南子。同於道者道亦得之。同於德者德亦得之。同於失者失亦得之。此三句。河上王弼本。得上並有樂字。河上本作同於失者失亦樂失之。傳奕無三同字。信不足有不信。二句。王弼本有兩焉字。傳奕惟上句有焉字。跂者不立。跂。王弼作企。跨者不行。自見者不明。自是者不彰。自伐者無功。自矜者不長。其於道也。王弼作其在道也。曰餘食贅行。物或惡之。一本或作故。故有道者不處。傳奕處字下有也字。

上章言有道者所抱之事。此章言與道相反之失。義互相發。觀自見自是自伐自矜四語。與上章重出。而一正言。一反言是也。希言而玄同。自然者也。風之飄。雨之驟。立之企。行之跨。食之餘。形之贅。皆非自然者也。蓋時然後言。人不厭其言。如是雨之應會而至。不疾不徐。若非自然而強談詭辯以驚世。此猶飄風暴雨。徒盛於暫時而已。道者德者失者。統言世上從事於學之人。有此三等也。全其自然之謂道。有得於自然之謂德。失其自然之謂失。同。猶尚書與治同道與亂同事之同。得之猶從之。言爲道爲德爲失。初非生而分別。但人之從事於學者。所得各有不齊。是以各以類別耳。道本自然。人每以造作失之。無非自取。故王弼有云。以無爲爲君。不言爲教。而物得其真。與道同體。故曰同於道。累少則得。行得則與德同體。故曰同於德。累多則失。行失則與失同體。故曰同於失。其說近之。而諸家解者皆以此爲至人玄同應物之旨。牽強不倫。惟傳奕古本文義可徵耳。同於失者所謂信不足也。失亦得之。所謂有不信也。己之誠信不足。而後人不信。人不信而後嘵嘵以言惑人。其尚能希言自然乎。吳氏澄曰。自希言至有不信。既以言明道之得失矣。自跂者不立以下。又以人之行立譬前事。蓋立與行亦因其自然。或於自然之外而求益。跂焉跨焉。增高繼長。何異飄風驟雨之不能常久乎。彼內挾其自見自是之心。而外誇其自矜自伐之習者。若律諸自然之道。何異食之餘。形之贅。同爲加多於當分之外哉。幽顯之間。當有物惡之矣。物兼人鬼神而言。司馬光曰。行形古字通用。棄餘之食。適使人厭。附贅之形。適使人醜。呂氏惠卿曰。夫道處衆人之所惡。而曰物或惡之。故有道不處。何也。蓋卑虛柔弱者。衆人之所惡而棄之者也。高亢剛強。衆人之所惡而爭之者。是以不處。則或處或不處。其爲不爭一也。

右第二十章　河上公本。分信不足以上爲一章。以下爲一章。諸家因之。惟吳氏澄本合爲一章。今從吳本。

有物混成。先天地生。寂兮寥兮。寥。鍾會作飂。傅奕作寞。獨立而不改。王弼無而字。周行而不殆。可以爲天下母。吾不知其名。字之曰道。字之上。傅奕有故強二字。強爲之名曰大。司馬程俱本作強名之。大曰逝。逝曰遠。遠曰反。反。河上及傅奕作返。此從王弼。故天大地大。道大王亦大。王字。傅奕作人字。河上王弼諸本。道大在天大地大之上。域中有四大。而王處其一焉。河上王弼處字作居。此從淮南子。人法地。地法天。天法道。道法自然。李約以人法地地句。法天天句。法道道句。法自然句。

有物即前章道之爲物也。混渾同。先天地生。所謂無名天地之始也。寂兮無聲。寥兮無形也。體獨立而用周流。是則有名萬物之母也。名不可得。字之曰道。字者代名之謂。道者取於無物不由也。道不足以盡之。故又強名之曰大。乃自大而求之。則逝且遠矣。自遠而求之。則反而近矣。言其遠大則天地莫能盡。言其反則又具之人身而各足。蓋天得一以清。地得一以寧。侯王得一以爲天下貞。是以人與三才參其大。惟其同法乎道故也。末四語以人法爲主。蓋人性之大與天地參。前章言知常容。容乃公。公乃王。王乃天。天乃道。是王者人道之盡。而與天地同者也。言王者何以全其大乎。亦法天之無不覆。法地之無不載。法道之無不生成而已。道本自然。法道者亦法其自然而已。自然者性之謂也。人而復性。則道之量無不全矣。非謂人與天地輾轉相法。而以道爲天地之父。自然之子。並王爲域中五大也。

重爲輕根。靜爲躁君。靜。傅奕作靖。是以君子終日行。君子。王弼作聖人。不離輜重。雖有榮觀。燕處超然。燕。王弼作宴。奈何萬乘之主。傅奕作如之何。而以身輕天下。輕則失根。躁則失君。失根。釋文作失本。河上公作失臣。此從永樂大典王弼本。

根本必重於枝葉。君上必靜於臣下。故取以喻也。躁者動之甚也。車行日五十里。師行日三十里。以輜重在後。不敢遠離。是輕之本乎重也。雖有榮華游觀之地。而不及超然燕處。是動以靜爲主也。故君子於天下事必持重而主靜。韓非子云。制在己曰重。不離位曰靜。重則能使輕。靜則能制躁。此之謂也。李氏贄曰。有輜重則雖終日行而不爲輕。何則。以重爲之根也。有燕處則雖有榮觀而不爲躁。何則。以靜爲之君也。故輕則失重根。躁則失靜君。呂氏惠卿曰。凡物輕者先感。重者後應。故本能制末。靜者御物。躁者御於物。故靜能君躁。雖行動居處之間。猶不能離此理。況任重道遠以觀天下者。而可不靜且重乎。蓋感而後應。不得已而後動。則重矣。爲而無爲則靜。苟其動常在於不得已之際而不能無爲。則是以身輕天下而不重。不重則躁而不能靜矣。○李氏嘉謨曰。行必輜重。喻聖人終日無所不至。而不離其本也。榮觀燕處。喻聖人凡事無不爲而常無爲也。彼爲天下主。而徒以身馳驅於其末。則一物足以役之矣。又何足以宰制天下邪。吳氏澄曰。以身輕天下。謂以身輕動於天下之上也。輜重燕處。姑指一端而言。凡人之治心治身。與夫下勢當作國勢之居重御輕。兵法之以靜制動。皆不出此。

右第二十一章

善行無轍迹。善言無瑕讁。善計不用籌策。善閉無關楗而不可開。善結無繩約而不可解。傅奕本。善行善言善計善閉善結下。各有者字。又作善數者無籌策。陸希聲策作算。傅奕楗作鍵。兩而不可作故不可。淮南子閉結下有者字。開解下有也字。是以聖人常善救人。故人無棄人。常善救物。故物無棄物。他本兩故字下。無人物二字。此從淮南子故人故物。傅奕本同。是謂襲明。是以聖人下四句。傅奕謂河上本有之。古本無。按淮南引老子曰。人無棄人。物無棄物。是謂襲明。則知非河上所增出也。故善人不善人之師。不善人善人之資。不貴其師。不愛其資。雖知大迷。是謂要妙。

善人不善人下。傅奕各有者字。

善言善行。所以爲計爲閉爲結之具。而善計善閉善結。乃所以爲善救之具。是常善救人。卽以上五者救之也。於此則天下無不救之人。而無棄人矣。蓋潛移默運。銷之於未然。轉之於不覺。救人而無救之之迹。豈非重襲不露之天明乎。後章言是謂微明。襲明猶微明也。又云是謂襲常。襲明猶襲常也。蓋知常曰明也。夫世不藏其明者。救一人則已欲居其功。而好爲人師。人有可棄。輒顯刑其罪而幸爲己利。是皆不善救人。所以多棄人也。如有道者之天明。既藏而不露。則不好爲人師。不欲以善自名也。不利他人以爲己資。不欲名人之爲不善也。如此則已雖大智。而渾然無所分別。不啻大迷。故人之視之者。亦忘乎彼之爲善。已之爲不善。此所以爲其轉移而不自知。是真聖人襲明之妙用。至要不煩。而至妙不測者也。吳氏澄曰。善行。善言。善計。善閉。善結。善救人。善救物。此七者。聖人不可名之善也。善人不善人二者。此常人兩可名之善不善也。不彰其不可名之名者。是謂襲明。不分其兩可名之名者。是謂要妙。蓋善行者以不行爲行。善言者以不言爲言。善計善閉善結者以不用爲用。則聖人之救人救物。亦以不救爲救。既以不救爲救。則無救之之迹。常若什襲掩蔽而衆莫能知者。故曰襲明。非若世俗以能爲其事爲善。有迹可見。有名可稱。而與不善爲對也。是故有此之善。則必形彼之不善。而師資起矣。其去聖人善救之妙用遠矣。李氏贄曰。自謂有法可以救人。是棄人也。聖人無救。是以善救。然則無關者善閉。無約者善結。無策者善計。無謫善言。無迹善行可知矣。蘇氏轍曰。乘理而行。故無迹。時然後言。故言滿天下無口過。萬物之數陳於前。不計而知。安用籌算。全德之人。其於萬物如母之於子。雖縱之而不去。故無關而能閉。無繩而能約。彼挾策以計。設關持繩以御物。則力之所及者少矣。聖人之於天下。非特容之。又兼救之。我不棄人。而人安得不歸我乎。源案蘇解襲明爲傳襲之襲。與釋氏傳燈同旨。今不取。

右第二十三章

知其雄。守其雌。爲天下谿。爲天下谿。常德不離。復歸於嬰兒。知其白。守其黑。爲天下式。爲天下式。常德不忒。復歸於無極。吳澄本。知其雄至嬰兒二十三字。在知其白至無極二十三字之上。

知其榮。守其辱。爲天下谷。爲天下谷。常德乃足。復歸於樸。樸散則爲器。聖人用之則爲官長。故大制無割。無割。河上王弼作不割。此從淮南子。

李氏嘉謨曰。雄動而倡。雌靜而處。動必歸靜。故爲天下谿。白者欲其有知。黑者欲其無知。有知以無知爲貴。故爲天下式。榮者我加於人。辱者人加於我。我加於人而人能受。則益在人。人加於我而我能受。則益在我。故爲天下谷。然道之常。豈有所謂雌雄白黑榮辱者哉。曰知曰守者。謂常德也。道散而爲德。以德自處。而必知所守。以復歸於嬰兒。無極與樸者。謂復歸於真常也。真常者道也。是故樸散爲器。聖人以道制器。猶不失於道。故用之爲官長焉。源案守雌。不求勝也。守黑。不分別也。守辱。無歆豔也。樸不可以一器名。及太樸既散。而後形而上之道。爲形而下之器矣。以道制器。則器反爲樸。蓋無爲而爲。自然而然。其視天下之理。如庖丁之視牛。恢恢乎其有餘刃。是雖宰制而未嘗割裂其樸也。道可君器。器不可宰道。此言官長。猶後章言不敢爲天下先。故能爲成器長。皆言聖人執本御末之道也。上三節。言其自末而返本。此二句。言其由本而爲末。然樸雖散而不失其本。則已散如未散。聖人雖用而不離其體。則已用如未用。是則不制之制。斯爲大制。不用之用。斯爲大用也。○王氏道曰。此言聖人以無御有。徼妙同玄之道。知彼守此者。知其子以守其母。知之以爲用。守之以爲主宰。雌雄以剛柔言。白黑以明晦言。榮辱以貴賤言。嬰兒言其知也。無極言其虛也。樸言其質也。皆指常德而言。變文協韻。反復吟咏。與詩體相似。非守雌爲谿之外。復有常德不離之功。常德之外。復有嬰兒可歸也。下二者做此。蓋天下事非柔晦與賤所能獨濟者。則剛明與貴。固有時而用也。然剛不生於剛而生於柔。明不生於明而生於晦。貴不生於貴而生於賤。是剛明與貴。物之末也。去道遠者也。柔晦與賤。物之末也。去道近者也。此聖人所以既知其子。復守其母也。守之則天下之母在此矣。其子焉往。所以爲谿爲式爲谷。而天下歸之。正以此真常之德。能不離其根也。嬰兒無極樸。實人所固有之道。故以復歸言之。樸可制爲器。而器不可爲樸。官長可統羣有司。而羣有司不可爲官長。聖人爲母不爲子。猶之爲樸不爲器。爲官長不爲羣有司。正其本而已。其本不離。則雖至剛以決天下之事。至明以燭天下之情。至貴以涖天下之賤。然爲而不恃。長而不宰。功成而不居。夫何割之有哉。不然。逐子忌母。紛紛然與物相刃相劘。而莫之能止。則身之不暇治。而況天下歸乎。

右第二十四章

將欲取天下而爲之。之下。傅奕有者字。吾見其不得已。天下神器不可爲也。天下上。傅奕有夫字。永樂大典本器下有也字。爲者敗之。執者失之。碑本。兩者字俱作故字。故物或行或隨。故字。蘇轍作凡物。或呴或吹。呴。釋文及王弼作歔。一作噓。傅奕作噤。或強或羸。羸。王弼作挫。傅奕作剉。或載或隳。載。傅奕作培。碑本作接。隳。傅奕作墮。是以聖人去甚去奢去泰。是以聖人。司馬本作故聖人。

焦氏竑曰。取。如左傳取我田疇而伍之。史記取高皇帝約束而紛更之之取。源案已語詞。爲謂作爲也。執。謂把持也。譬如陶器。不因其自然而強欲其成。必致窳敗。譬如執寶。把持不肯釋手。惟恐其失。而反或墮墜。而況天下之器神器乎。神器者。天命人心。去就靡常。不可人力爭。故神之也。行者不期物之隨。而或自隨之。是不爲者未嘗不得。呴本期物之受。或反不受而吹之。是爲者反未必得也。或強以自固。而有時自羸。或載之甚安。而不意忽隳。是執之者未必不失也。是以聖人之待物。則去其已甚而不敢過求。持己。則去其奢泰而不敢過望。是以爭競與盛滿之患。不生於心。未嘗謀物而物自歸之。未嘗留物而物自不去也。薛氏蕙曰。物各有自然之性。豈可作爲以害之。是以聖人去甚去奢去泰。惟因其自然而已。聖人所謂甚奢泰者。非謂後世夸淫踰侈之事。凡增有爲於易簡之外者皆是也。漢書黃霸傳。凡治道。去其太甚者耳。其言本此。而意實不同。事有太過者去之。小而無害。則不必改作。此漢人之意也。物有固然。不可強爲。事有適當。不可復過。此老子之本意也。陸氏佃曰。去甚。慈也。去奢。儉也。去泰。不敢爲天下先也。三者聖人之所以有天下也。呂氏惠卿曰。老子言取天下常以無事。無事者因萬物之自然而不敢爲。故能得天下之心而使之不去。非有以爲之也。惟道可以御器。天下之器神器也。非神道無以御之。神無思也。無爲也。而爲之。則御非其道矣。聖人去甚去奢去泰。凡所以輔萬物之自然而不敢爲也。

右第二十五章

以道佐人主者。不以兵強天下。其事好還。師之所處。荊棘生焉。大軍之後。

必有凶年。大軍二句。碑本無。善者果而已。不敢以取強。傅奕善上有故字。已下有矣字。取強下有焉字。王弼本。者作有。果而勿矜。果而勿伐。果而勿驕。果而不得已。是謂果而勿強。諸本無是謂二字。傅奕無謂字。物壯則老。是謂不道。不道早已。兩不道。傅奕及碑本作非道。夫佳兵者不祥。物或惡之。故有道者不處也。不祥下。他本有之器二字。傅本佳作美。不處下無也字。君子居則貴左。用兵則貴右。君子上。傅奕有是以字。兵者不祥之器。非君子之器。不得已而用之。恬憺爲上。勝而不美。而美之者是樂殺人。夫樂殺人者。則不可以得志於天下矣。恬憺爲上以下六句。傅奕本以恬憺爲上。故不美也。若美必樂之。樂之者是樂殺人也。夫樂殺人者。不可以得志於天下矣。釋文云。恬或作栝。憺或作惔。又作恢。碑本得志作得意。無矣字。吉事尚左。凶事尚右。是以偏將軍居左。上將軍居右。言以喪禮處之。吉事上。傅奕有故字。偏將軍上。王弼河上無是以二字。兩居字。傅並作處。各本作言居上勢。則以喪禮處之。王弼河上無居上勢則四字。今從之。殺人衆多。以悲哀泣之。衆多。河上王弼作之衆。傅奕衆多下有則字。悲哀王弼作哀悲。戰勝則以喪禮處之。戰勝下。傅奕有者則二字。處之吳澄作主之。晁氏說之曰。王弼老子注。謂兵者不祥之器以下至末。皆非老子本文。王氏道曰。自兵者不祥之器以下。似經注相間。疑古之義疏。混入經文者。姚氏鼐曰。物壯則老十二字。當爲衍文。以在下篇心使氣曰強之下。故謂者誤入此勿強句下也。源案王弼此章句已闕。晁氏生宋初。故猶及見之。但文句相沿已久。今並仍其舊。

天道好還。則以兵強天下。非知道者也。以道佐人主者尚不可。而況人主躬於道者乎。下奪民力。故荆棘生。上違天時。故有凶年。所謂善者。即有道者也。矜者自恃。伐者夸大。驕者恣肆。三病一源。知其不可而能自克者。非果斷不能也。故歷言當果之數事以曉之。五而字當讀若於字。古而如通用。聲近義同。人皆果於彼。我獨果於此也。物壯則老。此天道也。而違之者是不道矣。宜其暴興者必早已也。古佳字無訓美者。或謂當是惟字之省。源按王石臞言。夫佳乃夫惟之誤。惟字爛脫左忄。後寫誤而爲佳。其說良是。然漢人已有佳兵不祥之語。則作佳兵亦古本也。或謂當用廣雅佳勞也之訓。義皆可通。然傅奕本直作美兵。則是以佳爲嘉之借文。與下文一意也。左爲陽爲生。右爲陰爲死。故吉凶異尚。恬者不懽愉。憺者不醲厚。謂非其心之所喜好也。〇李氏嘉謨曰。

殺人之父。人亦殺其父。殺人之兄。人亦殺其兄。是謂好還。兵幸而勝。其殺氣之應。地不能使之生。天不能使之和。則其不勝者可知矣。故善戰者因其不得已。果於一決。而不以是取強。果者不久之謂也。內持不得已之心。而外爲一戰之決。故未嘗矜。未嘗伐。未嘗驕。未嘗強。皆生於不得已也。若得已而不已。兵老而氣衰。猶人壯之必老也。人之不道。尙猶不盡年而死。況於兵之老乎。然則仁者無敵之道可知已。蓋不樂殺人而後可言兵。孫吳之論兵。審虛實。辨奇正。其言詳矣。然虛實奇正之本。孫吳未必知之。老氏云。恬惔爲上。勝而不美。是固不欲戰之意。然卽以兵法論之。恬惔則靜。靜者勝之本也。狂躁則動。動者敗之基也。孟子曰。不嗜殺人者能一之。自古至今。天道有或爽者哉。

右第二十六章　舊分不道早已以上爲一章。以下爲一章。今從吳澄姚鼐本合之。

道常無名。樸雖小。天下莫能臣。焦竑云。一本無樸雖小三字。臣下。王弼有也字。河上作不敢臣。此從傅奕本。侯王若能守。字下一本有之字。萬物將自賓。侯王。梁武傅奕作王侯。萬物。焦竑云。一作天下。天地相合以降甘露。人莫之令而自均。傅奕人作民。均下有焉字。始制有名。名亦既有。夫亦將知止。知止所以不殆。譬道之在天下。猶川谷之於江海。傅奕無道字。於作與。又末有也字。

道。卽所謂常道也。道以無名爲常。故但可名以無名之樸而已。樸之爲物。未琱未琢。其體希微而不可見。故無名。然天地之始。萬物恃之以生。則天下孰敢臣其所自生。與其所自始者哉。侯王若能守。是見小曰明者也。知子守母者也。守之以主萬物。而萬物有不賓者乎。譬猶陰陽交和。成雨露以生萬物。雖無人使令之而自溥偏。侯王執道紀。莫之令而萬物自賓。亦猶是耳。夫侯王之守樸。守其無名者而已。守其無名。始可以制有名。制者。裁其樸而分之。禮樂政刑。皆自取也。然苟逐末而忘本。將愈遠而失宗。是故無過恃。無多求。仍貴其止。止者鎮之以無名之樸而已。由無名以制有名。故器以生。復以有名守無名。故樸不散。夫何不知常妄作凶之有。是故道之在天下。猶水之在江海。自本而末。末而不離其本也。爲侯王者。可不守樸以御物乎。吳氏澄曰。始者道也。有名者德也。道之無名而爲德。則名亦既有矣。故人之用此名者。當知止於德。不可徇末而愈遠也。將者辭之不迫者也。蘇氏轍曰。樸。性也。其道常無名。故其爲物舒之無所不在。而斂之不容豪末。此所以雖小而不可臣也。故匹夫之賤。守之則足以陶鑄堯舜而侯王之尊不能守則萬物不賓矣。沖氣升降相合爲一。以降甘露。胞然被於萬物而無不均徧。聖人體至道以應諸有。亦猶是也。此所以能賓萬物也。聖人散樸爲器。因器制名。豈其徇名而忘樸。逐末而喪本哉。蓋亦知復於性。是以乘萬變而不殆也。李氏嘉謨曰。天地有合。以降甘露。而生萬物。由是觀之。天地雖判不必離。雖道散爲物。物各有名。而道未嘗棄物也。惟物不自棄於道。則其立於天地之間而不殆者。以道猶生之也。故人能知止於樸。則物不以道散而虧。道不以物生而散。猶川谷之氣。未嘗不通於江海。江海之氣。未嘗不通於川谷。本與末未嘗一日而不循環也。彼徇末而離本者。烏足以知之。

右第二十七章

知人者智。自知者明。勝人者有力。自勝者強。知足者富。強行者有志。傅奕本。每句末有也字。葉夢得本。力上無有字。不失其所者久。死而不亡者壽。邵若愚本。所下有止字。

呂氏惠卿曰。知常曰明。則明者固智之所自出也。不能自反。非所以知常。能知常則於知人乎何有。守柔曰強。則強者固力之所自出也。不能自克。非所以守柔。能守柔則於勝人乎何有。有自知之明則知萬物皆備於我。而無待於外慕。故富矣。有自勝之強。則於道勤而行之。不阻奪於外變。故有志矣。知其足於己而強行之。則能存其所存。而不爲物之所遷。故曰久。能存其所存。則雖死而未嘗亡也。故曰壽。張氏爾岐曰。智力明強。各以內外對言。久與壽。以不變於生不亡於死對言。不失其所。死而不亡。皆守常道之效也。李氏嘉謨曰。精神在外爲智力。在內爲明強。人所以不能入道者。以自見不明而爲物所勝也。若內明則自不騖外。不騖外則漸能勝物。積日既深。自然入道。知足而智益明。強行而力愈固。修悟兩全。漸反其性。虛中證實。所得不移。是之謂不失其所。等視死生。有如旦暮。無古無今。浩然常在。是之謂壽。吳氏澄曰。老子之道。以昧爲明。以弱爲強。而此章貴明強者何也。曰老子內非不明。外若昧耳。內非不強。外示弱耳。其昧其弱。治外之藥。其明其強。守內之方。其實一事也。

右第二十八章

大道氾兮。其可左右。萬物恃之以生而不辭。氾。傅奕作汎。以生。河上王弼作而生。功成不名有。衣養萬物而不爲主。不名有。傅奕作而不屑。衣養作衣被。河上作愛養。此從王弼本。常無欲。可名於小。萬物歸焉而不知主。可名於大。可名於小。可名於大。傅奕句末各有矣字。歸焉作歸之。不知主。王弼作不爲主。可名於大作可名爲大。是以聖人終不自爲大。故能成其大。傅奕作是以聖能成其大也。以其不自大。故能成其大。河上作終不爲大。王弼作以其終不自爲大。

萬物恃之以生而不辭。此指道之費者而言。所謂用之廣也。功成不名有。此指道之隱者而言。所謂體之微也。惟其體之微。故有衣養萬物之功而不名有。返之於無形無名。斂之不盈毫末矣。惟其用之廣。故萬物恃之以生者。咸歸往而浩浩。不知其專主。極之並育不害。其量可彌六合矣。然則常無欲可名於小者。樸之小而可以觀妙也。體也。萬物歸往可名於大者。萬物將自賓而可以觀徼也。用也。方其小則不見其朕。及其大則物莫能外。是以體道之聖人亦然。終守其樸之小。不肯自大。而萬物皆歸之。以是知大道非可以人力爲者也。〇蘇氏轍曰。氾兮無可無不可者大道也。世有生物而不辭者。則將名之以爲己有。世有避功而不有者。則必辭之而不生。生而不辭。成而不有者。惟道而已。大而有爲大之心。則小矣。呂氏惠卿曰。惟其功成不居。故不爲主而常無欲。無欲則妙之至者也。可名於小矣。惟其萬物恃之以生。故皆歸焉而不知主。則容之至者也。可名於大矣。夫既小而可名於大。既大而可名於小。則是不可名大名小也。此道所以隱於無名也。而聖人以無名體之。終不自大而大莫加焉。蓋惟其可左可右。是以非小非大。惟其非小非大。故能成其大。

右第二十九章

執大象。天下往。大象下。傅奕有者字。往而不害安平泰。平泰。河上作太平。樂與餌。過客止。道之出口。淡乎其無味。視之不足見。聽之不足聞。用之不可既。出口。碑本作出言。淡乎。傅奕作淡兮。不可既。王弼作不足既。傅奕聽之用之下。皆作不可。此從河上本。

吳氏澄曰。大象喻道。下章大象無形。道隱無名是也。林氏希逸曰。大象者無象之象。天下往者執此而往。行之於天下也。呂氏惠卿曰。平者安之至。泰者平之至。安平泰者安其夷泰也。李氏嘉謨曰。愚者往而不返。有道者往而不害。往而不返者。舍道而從物也。往而不害者。與道俱也。既與道俱。往不離道。則無所不安。無所不平。無所不泰。其於形器。猶逆旅之寄寓耳。苟以樂餌之故。留戀而不去。未有不爲患者。故聖人執大象而往。雖從於物。常與道俱。味無味之味。視無色之色。聽無聲之聲。故能用無用之用。即於形器之間。全收道用。此其所以安平泰也。源案執大象天下往者。如文中子如有用我。執此以往之意。蓋聖人有大象。東西南北。無不可執此以往。所謂抱一以爲天下式也。隨其所往。安於平泰而不害。此道之用不可既也。然大象無象。出聲色臭味之外。非若美樂厚餌之物。有味可味。有聲色可觀聽也。乃淡乎希微而無用之用。其用不窮。蓋惟無濃釅之趣者。故亦無傾危之患。若夫有宴安之適者。則必有酖毒之害矣。即以樂與餌譬之。如雅樂於鄭聲。五穀之與肥甘。淡者和心而養人。濃者蕩神而爽口。是有可欲即有所害。其用必窮。無可欲亦無所害。其用不既。故無味之味。是爲至味。終身甘之而不厭。希聲之聲。是爲大音。終身聽之而不煩。無象之象。是爲大象。終身執以用之而無害。推之蠻貊而可行。放乎四海而皆準。所謂天下可往者。此之謂也。

右第三十章

將欲歙之。必固張之。釋文。歙作翕。或又作給。王弼作翕。河上作翕。將欲弱之。必固強之。將欲廢之。必固興之。將欲奪之。必固與之。是謂微明。柔勝剛。弱勝強。柔勝二句。王弼河上作柔弱勝剛強。傅奕兩勝上各有之字。魚不可脫於深淵。脫。傅奕作悅。各本無深字。邦之利器不可以借人。各家邦作國。避漢諱改也。此章皆從韓非子。惟末句借字。各家皆作示。此從說苑君道篇所引。

此言君子待小人之術也。柔勝剛。弱勝強。是其本旨。魚與利器。皆喻也。蓋將欲如彼者。殺機也。必固如此者。密用也。魚不可脫於淵。喻必然之密用不可失。失則非柔弱矣。利器不可示人。以喻將然之殺機不可露。露則不善用其剛強矣。水最柔弱。人之有道。如魚之有水。兵器最鋒利。事之有機。如國之有利器。柔弱者其體。剛明者其用。然魚無一時可離於水。此聖人柔道藏身之固。而守以終身者也。利器有用有不用。此聖人智勇深沈之機。而愼於臨時者也。非明不能見。非微明不能守。故切譬以明之。蓋惡不積不足以滅身。聖人待小人。常因天道之自然。而不費人力。若太王事獯鬻。文王事昆夷。句踐事吳。以及張良之待秦項。漢文帝之待佗濞。亦皆是也。是故有權宜以待小人。如有網罟以待禽獸。亦自然之理。如必以徑情直行爲得。則是伏羲不應作網罟。行軍不應好謀而成也。尺蠖屈以求伸。龍蛇蟄以存身。天之道。人之理。物之勢。未有不如此者。與易之消息盈虛一理也。或曰。示人當從說苑作借人。蓋予奪翕張之術。聖人以除暴銷惡。而小人亦借之以行其私。陰符經云。其盜機也。天下莫能見莫能知。君子得之固躬。小人得之輕命。此不可借人之謂也。王氏弼曰。將欲除強梁去暴亂。當以此四者因物之性。令其自戮。不大假刑爲之力也。故曰微明。足其張。令其足而又求其張。則衆所歙也。苟其張之未足而紿之。則其機未極而已反危。蘇氏轍曰。未嘗與之而遽奪。則勢有所不極。理有所不足。勢未極則取之難。理不足則物不服。此其極深研幾。與管仲孫武無異。蓋聖人乘理而世俗用智也。乘理如醫藥巧於應病。用智如商賈巧於射利。是故天下之剛強相傾相軋。而吾獨以柔弱待之。及其大者傷。小者死。而吾以不校坐待其斃。聖人豈有意爲此以勝物哉。知勢之自然。而居其自然耳。魚之爲物。非爲爪牙之利足以勝物也。然方託於深淵。雖強有力者莫能制之。聖人居柔弱。而剛強莫爲傷。亦猶是也。非徒莫能傷。又將以全制其後。此不亦天下之利器也哉。彼衆人烏得而知之。王氏道曰。造化有消息盈虛之運。人事有吉凶倚伏之理。故物之將欲如彼者。必其已嘗如此者也。將然者未形。已然者可見。能據其已然而逆睹其將然。非微明不能。然微而明可也。明其微不可也。是故韜此理以自養。深靜斂退。優柔自得。如魚之不脫於淵是也。炫此理以示人。啓釁招尤。借寇誨盜。如以邦之利器示人則非也。莊子胠篋篇。實明此意。蓋聖人用之。則爲大道。奸雄竊之。則爲縱橫捭闔之術。其言有甚於兵刃也。故聖人不以利器示之。吳氏澄曰。老子言反者道之動。又謂玄德深矣遠矣。於物反矣。其道大抵與世俗之見相反。故借此數者相反之事爲譬。而歸於柔勝剛弱勝強之旨。孫吳申韓之徒。用其權術陷人於死而不知。論者以爲皆原於老氏之意。遂謂天下誰敢受老氏之與者哉。是亦立言之弊。故邦之利器不可以示人。老子已自言之矣。

右第三十一章

道常無爲而無不爲。侯王若能守。萬物將自化。爲與化韻。化讀如訛也。侯王。傅奕作王侯。若能守。河上王弼作能守之。化而欲作。吾將鎭之以無名之樸。鎭下。焦竑無之字。無名之樸。夫亦將無欲。各本無夫字。釋文作不欲此從王弼本。無欲以靜。天下將自正。靜。傅奕作靖。正或作定。

蘇氏轍曰。道常者。無所不爲而無爲之之意耳。聖人以無爲化物。萬物化之。始於無爲。而漸至於作。譬如嬰兒之長。人僞日滋。故三代之衰。人情之變。日以滋甚。方其欲作。而上之人與天下皆靡。故其變至有不可勝言者。苟其方作而不爲之動。終以無名之樸鎭之。庶幾可得而止也。呂氏惠卿曰。老子眞人也。宜不弊弊焉以天下萬物爲事。而於侯王如此諄諄何也。道以修之身爲眞。以修之天下爲普。使侯王者知而守之。則修之天下。不亦普乎。夫不嗇其道而欲與天下同之。則莫先於侯王者矣。此老子之仁也。源案化而欲作以下。說者多失之。蓋欲作者欲生萠動也。夫萬物自化。則任其自生自息而已。自生自息而氣運日趨於文。將復有欲心萠作於其間。苟無以鎭之。則太古降爲三代。三代降爲後世。其誰止之。然鎭之亦豈能有所爲。亦鎭之以無名之樸而已。無名之樸者。以靜鎭動。以質止文。以淳化巧。使其欲心雖將作焉而不得。將釋然自反而無欲矣。無欲則靜。靜則正而返於無名之樸矣。所謂我無欲而民自樸。我好靜而民自正。無名之樸。重言協韻以起下文耳。夫亦將無欲。猶前章夫亦將知止。皆詞之不迫者也。諸家或無夫字。或作不欲。故其說謂聖人並此無名之樸。亦不欲存之於心。夫苟爲聖人所不欲。尙何謂無名之樸乎。此皆禪家隨手掃除之機。非黃老淸靜自然之旨也。惟姚氏有云。夫亦將無欲。言使夫人皆無欲也。斯言得之矣。

右第三十一章

上德不德。是以有德。下德不失德。是以無德。上德無爲而無不爲。下德爲之而有以爲。上德句。河上作無爲而無以爲。下德句。傅奕作爲之而無以爲。此從韓非子。上仁爲之而無以爲。上義爲之而有以爲。上禮爲之而莫之應。則攘臂而扔之。扔仍同。諸本或作仍。故失道而後德。失德而後仁。失仁而後義。失義而後禮。韓非子四而後下。俱有失字。夫禮者。謙按汪仲伊云。夫字單以虛詞發端。老子無此句法。上下篇但云夫惟。不單云夫也。夫乃失之誤。失禮者句。與前識句對文見義。於上文失仁失義。亦意脈相貫。汪君言是也。忠信之薄而亂之首也。前識者。道之華而愚之始也。兩也字。王弼本有。是以大丈夫處其厚不處其薄。居其實不居其華。故去彼取此。王弼作處其厚不居其薄。處其實不居其華。傅奕四句並作處。此從河上本。

無以爲。以用也。攘。古讓字。扔。古通作仍字。言再推讓而就之也。仁義禮智皆下德。故皆言上而不言下。蓋推極言之以明其分際也。上德近乎道。故無爲而無不爲。上仁近乎德。故爲之而無以爲。至義則雖其上者亦真下德矣。故爲之而有以爲。禮則又德之下者。故爲之莫應。又推讓而就之。此不失德而無德之極也。吳氏澄曰。老子上篇首章分言道德而未明言之。下篇首章乃分言道德仁義禮智。皆宗旨所在也。蓋吾儒以道德爲統名。分言之則爲仁義禮智。皆得於天爲性之固有。初無精粗之別也。老子則以道爲無名。德爲有名。自德而爲仁義禮智。每降愈下。故此章以德之近道者爲上德。仁之近德者爲上仁。義之近仁者爲上義。禮之近義者爲上禮。又於禮之後言前識。以智爲下也。其以厚薄華實爲言。蓋道猶木之實。生理在中。胚胎未露。既生之後。則德其根。仁其幹。義其枝。禮其葉。而智其華也。道實智華。實實而華虛。德根禮葉。根厚而葉薄。故曰禮者忠信之薄。前識者道之華。而大丈夫寧守此道德之厚實。而去彼禮智之華薄也。王氏弼曰。上德之人。惟道是用。不德其德。無執無用。故雖德而無德名也。下德主善名以治物。故德名有焉。善名生而有不善應。故不失德而無德也。無以爲者無所偏爲也。夫大之極者其爲道乎。失道而後德。極下德之量。至於上仁而止。雖以無爲爲用。不能以無爲爲體也。以無爲爲用。猶得其母。故已不勞而物自理。下此以往。則不能無爲而貴博施。不能博施而貴正直。不能正直而貴飾敬。夫仁義發於內。而爲之猶僞。況務外飾而可久乎。夫仁德之厚。非用仁之所能也。義行之正。非用義之所成也。禮敬之清。非用禮之所濟也。苟得其爲功之母。載之以大道。鎮之以無名。則志無所營。事用其誠。仁義禮敬皆道也。苟舍母而用其子。棄本而適其末。名則有所分。形則有所止。雖極其大。必有不周。雖盛其美。必有憂患。太上所不取矣。蘇氏轍曰。德有上下。而仁義有上無下何也。下德在仁義之間。而仁義之下者不足復言故也。忠信之人。可以學禮。禮立而忠信之美發越於外。其中竭而無餘。故在上者爲之而下不應。至於攘臂而強之。強之而又不應。將刑罰生而兵甲起。則徒作而無術矣。是忠信之薄而亂之首也。焦氏竑曰。首亂始愚。極言禮智流弊所至耳。莊子舉老子此語而論之曰。匿而不可不爲者事也。遠而不可不居者義也。親而不可不廣者仁也。節而不可不積者禮也。中而不可不高者德也。一而不可不易者道也。是數者雖有上下先後之異。而以聖人用之皆道也。如此則豈復有彼此去取邪。

右第三十三章

昔之得一者天得一以清。地得一以寧。神得一以靈。谷得一以盈。萬物得一以生。侯王得一以爲天下貞。傅奕作王侯。其致之。一也。河上王弼無之也二字。天無以清將恐裂。地無以寧將恐發。神無以靈將恐歇。谷無以盈將恐竭。萬物無以生將恐滅。嚴君平無萬物得一以生。萬物無以生將恐滅。十四字。侯王無以貞而貴高。將恐蹶。河上無貞而二字。故貴必以賤爲本。高必以下爲基。他本無兩必字。此從淮南子及河上本。是以侯王自稱孤寡不穀。此其以賤爲本邪非乎。自稱下。河上有曰字。傅奕作自謂。此其作是其。非乎作非歟。王弼作此非。故致數輿無輿。輿。河上作車。傅奕作至譽無譽。此從淮南子及王弼。不欲琭琭如玉。落落如石。琭琭。傅奕作碌碌。兩如字並作若字。落落。王弼作珞珞。此從河上本。反者道之動。弱者道之用。天下萬物生於有。有生於無。天下萬物。傅奕作天下之物。

吳氏澄曰。一者冲虛之德。前後所謂抱一。所謂混爲一。所謂道生一。皆指此。莊子又謂之太一。此自然之德。其用則虛而不盈。後而不先。柔而不剛。弱而不強。書中固屢言之。而此章盡發其蘊。得者謂得此一以爲德也。天地谷神四者。名異實同。裂。破裂也。發。發泄震動也。歇。銷而不靈。竭。枯而不盈。滅。息而不生。蹶。顛仆也。貞與楨同。貞者事之幹。爲天下貞。猶言爲民極也。老子著書。將以導世。故下文專爲侯王言之。先言賤爲本。下爲基。而後但言賤爲本者。省文也。上文得一。已專言用弱矣。而末後以反與弱對言者。蓋反推所以弱之原。弱指所以反之實。凡言反者即欲用弱。言弱者即是與羣動諸有相反。非弱之外又有所謂反也。道之靜本無。故動則常與相反。無之體虛。故其用常以弱爲事。蓋物生於氣。氣生於道。氣形有而道則無。此有無所以相反也。王氏弼曰清不能爲清。盈不能爲盈。皆有其母。乃存無形。故清不足貴。盈不足多。貴在其母。而母無貴形。是貴乃本乎賤。故致數輿乃無輿也。玉石琭琭珞珞。體盡於形。故不欲也。夫高以下爲基。貴以爲賤本。有以無爲用。此其反也。動皆知其所無。則物通矣。故云反者道之動也。李氏嘉謨曰。所謂一者何也。知天之所以清。即知地之所以寧。知神之所以靈。即知谷之所以盈。知萬物之所以生。即知侯王之所以爲天下貞。蓋極其致皆有生於無也。是未嘗不一也。若不知一則必自異。自異則必絕物。侯王絕物。物亦絕之矣。李氏贄曰。侯王不知致一之道。與庶人等。故不免以貴自高。高者必蹶。下其基也。下則能賤矣。何則。致一之理。庶人非賤。侯王非貴。今夫輪輻蓋軫衡軛會而成車。人但知其爲車。而不知其爲數者所會而成。初無所謂車也。由是推之。侯王庶人。人但見其有貴有賤有高有下。而不知其致之一也。彼據其所見之形迹。貴而不能賤者。則亦琭琭落落如玉石而已。然則欲知反而弱者無他。致一以極乎無而已。陳氏懿典曰。致也故其至也。數車無車。自有而數至於無。謙之至也。琭琭落落。皆堅確而不能柔弱之意。謙之反也。源案莊子稱老子之學。建之以常無有。主之以太一。以濡弱謙下爲表。此章所謂得一者。即沖虛不盈之德。爲其近乎無也。又以侯王自稱孤寡不穀明之。爲其近乎一也。夫天地萬物。皆有生於無。故天不自知其清。地不自知其寧。神不自知其靈。谷不自知其盈。萬物不自知其生。則侯王亦不自知其貴高明矣。不自知其清寧者。無心而運。無爲而成也。不自知其爲靈與盈者。寂而虛也。不自知爲生者。自然也。不自知爲貴高者。賤下也。寂故靈虛故盈。無心無爲故清寧。自然故不期生而生。自賤自下故爲天下貞。此則得一之所致也。夫貴高與賤下相反。而一之者何哉。蓋所謂侯王者。亦人見之爲侯王耳。若推其極致。則積衆賤而成貴。分數之初。無貴之可言。積衆下而成高。分數之初。無高之可言。如會衆材而成車。分數之本。無車之可言。至於無貴賤高下之可言。則豈但以賤爲本下爲基而已邪。蓋并我而無之矣。無我則無物。無我無物。則無高無下。無貴無賤。如此則高與下一也。貴與賤一也。彼與我一也。無往而不無。則無往而不一。何怪其與玉石之硜硜堅強自異於物者相反哉。然則人之見其相反者。道之動也。人所見其弱者。乃道之用也。蓋動本於靜。有本於無。不獨車之體生於無。即天地谷神萬物之體亦生於無。無與有相反。故體道者亦與徇有者相反。徇有者強而體無者弱。不能體其無。雖欲守柔而不能也。故有我無我之間。此得一不得一之所由別也。

右第三十四章　河上本。分琭琭落落以上爲一章。反者四句爲一章。今案後章言能受國之垢。是爲社稷主。能受國之不祥。是爲天下王。即繼之以正言若反。此章言侯王稱孤寡不穀。即繼之反者道之動。此語意相承之明證。而數輿無輿。即有生於無之旨。必合爲一章而後義備。至吳氏澄以末四句屬下二章爲一章。義雖可通。文殊不屬。姚氏鼐又以此章及下章爲一章。又移後章道生一至沖氣以爲和二十五字於此章之首。而移此章貴以賤爲本至非乎二十九字於後章人之所惡之上。謂皆錯簡。則臆斷無稽。且不明道德之本旨耳。

上士聞道。勤而行之。中士聞道。若存若亡。下士聞道。大笑之。不笑不足以爲道。故建言有之。傅奕本勤在而下。大笑上有而字。建言有之下有曰字。明道若昧。進道若退。夷道若纇。傅奕進道句在夷道句下。又下辱作黷。纇。河上作類。上德若谷。大白若辱。廣德若不足。建德若偷。質眞若渝。大方無隅。廣德吳澄作廣得。偷讀如輸。與渝隅爲韻。傅奕偷作媮。渝作輸。古皆通用。春秋渝平爲輸平是也。質眞作質直。大器晚成。大音希聲。大音。傅奕作大言。大象無形。道德無名。夫唯道。善貸且成。

吳氏澄曰。此詳言上章反者道之動也。道與物相反。故知之者尠。非上士不能信也。建言有之以下十二事。皆道之與物相反者也。源案明道三句。言其體道也。上德五句。言其成德也。大方四句。又廣喻以贊之。類說文云絲節。左傳刑之頗纇。注謂不平也。王弼謂大夷之道。因物之性。不執平以割物是也。地方不中矩安有隅天容不可繪安有形。非全道者爲能若此邪。陸氏希聲曰。形而上者謂之道。形而下者謂之器。道也者通乎形外者也。上士知微知彰。故聞道而信。則勤行之。中士在微彰之際。故聞道而疑信相半。下士知彰而不知微。止乎形內。故聞道大笑。笑之則非之矣。古之善爲道者。微妙玄通。深不可識。苟不爲下士所笑。則不足以爲道矣。李氏嘉謨曰。上士之勤。非強勤也。有見而勤。下士之笑。非故笑也。無見而笑。上不至於勤。下不至於笑。不能無見而又不能信其所見。雖欲不若存若亡不可得也。明道者自明。非光之明。外不得而見。故若昧。進道者自進。非力之進。外不得而知。故若退。大白不污其性。苟性不污。和其塵可也。故若辱。廣德必有見於大。苟見於大。雖欲使之止。不可得也。故若不足。建德者內立自性。則接物必簡。故若惰。質真者不徇於外。則惟吾所之。故若變。夫然則非廉隅可得而察也。非成不成可得而盡也。非聲音可得而知也。非形器可得而執也。彼中下之士。方役其所見。而議吾之迹。以實昧實退實纇實辱實渝。其不侮笑者幾希矣。呂氏惠卿曰。謂之明而若昧。謂之進而若退。謂之夷而若纇。以至音而希聲。象而無形。名與實常若相反者也。然則道之實蓋隱於無矣。惟其如此。故既以爲人。已愈有。既以與人。已愈多。推其有餘以貸物之不足。而無不賴之以曲成也。

右第三十五章 吳澄本連上文反者道之動。及下文道生一以下。混爲一章。今不取。

道生一。一生二。二生三。三生萬物。萬物負陰而抱陽。沖氣以爲和。淮南子作背陰而抱陽。人之所惡。惟孤寡不穀。而王公以爲稱。傅奕作人之所患。而王公以自稱也。故物或損之而益。或益之而損。一本下句無或字。人之所教。我亦教之。強梁者不得其死。吾將以爲教父。傅奕作人之所以教我。亦我之所以教人。又教父作學父。王弼作人之所教。我亦義教之。天下之至柔。馳騁天下之至堅。無有入於無間。王弼無於字。傅奕作出於無有。入於無間。吾是以知無爲之有益也。不言之教。無爲之益。天下希及之。吾是以句。一本無吾字。傅奕無也字。末句有矣字。此四句並從淮南子。

吳氏澄曰。此詳言弱者道之用也。萬物之生以此。沖氣則既生之後。亦必以沖氣爲用。乃爲不失其所以生之本。沖氣虛而不盈。故曰弱。此言道所以弱而動之由也。王公稱孤寡不穀。此言人之能體道者也。弱者損之也。強者益之也。以強梁勝人之益。而有不得其死之損。則所謂益之而損者非歟。以至柔無有之攖。而有馳騁能入之益。所謂損之而益者非歟。然則宜弱不宜強。強梁之爲教父。不待言而明。是真不言之教矣。至柔無有之馳騁能入。其有益如此。是真無爲之益矣。視彼以有言爲教。有爲爲益者。豈可同日語哉。故曰希及之。張氏爾岐曰。此章首承上章夫惟道善貸且成而言。道生一。一生二。無名。天地之始也。二生三。三生萬物。有名。萬物之母也。一謂氣。二謂陰與陽。三謂陰與陽會和之氣。即所謂沖氣也。萬物負陰而抱陽。沖氣以爲和。即申說三生萬物也。蘇氏轍曰。夫道非一非二。及其與物爲偶。道一而物不一。故以一名道。世之人不知萬物之所自生。莫不賤寡小而貴重大。然王公之尊而自稱孤寡不穀。古之道者蓋已知之矣。焦氏竑曰。凡動物背止於後。陰靜也。耳目口鼻居前。陽動也。植物背寒向煖亦然。故曰萬物負陰而抱陽。而沖氣則運於其間也。木絕水曰梁。負棟曰梁。皆取其力之強。金人銘曰。強梁者不得其死。蓋古有是語。而老子取之。故曰我亦教之也。母主養。父主教。故言生則曰食母。言教則曰教父。馳騁。役使也。不曰剛強而曰至堅。變文叶韻也。王氏弼曰。水無不可往。氣無所不入。柔弱虛無。無所不通。至柔不可折。無形不可窮。以此推之。故知無爲之益也。李氏嘉謨曰。方其爲道。則一亦未生。安得有二。及其有陽即有陰。有陰陽則又有陰陽之交。而無不有矣。萬物抱陽。一也。負陰。二也。陰陽交而沖氣爲和。三也。萬物孰不具此三者乎。由其本生於道。故末而不失其本。孤寡不穀。王公自稱。蓋損之生益也。強梁不得其死。蓋益之生損也。夫惟損益同源。故損則必益。益則必損。聖人以孤寡不穀爲稱。蓋欲人之強梁之取死也。皆所以爲教也。物本非物。堅者僞體也。雖至堅之極。必歸於無。以天下之至柔。能馳騁天下之至堅。況損之又損以至於無。則無之真豈不足以破有之僞乎。故無有能入無間也。無爲之爲。其爲以道。不言之教。其教以天。故未有及之者矣。源案此章原弱所以爲道之用者。全在沖氣爲和一言。蓋沖和之氣未有不柔弱者。故人之生也柔弱。而死也堅強。草木之生也柔弱。其死也枯槁。凡乖戾不和之氣則堅強矣。故萬物之生。必常不失此沖和之氣。而後得天之生道。反是則死道矣。前章弱者道之用。而申之以天下萬物生於有。有生於無。此章正承其指。故書中凡言含德之厚。則比於赤子。專氣至柔。則必如嬰兒。皆體道貴弱之旨。乃張爾岐疑其有脫文。姚氏鼐直指爲錯簡。皆不識夫言之宗事之君者也。

右第三十六章　河上分天下至柔以下別爲一章。今按上文損益分挈。末語不言無爲分承。文義顯然。與谿合之是也。又按侯王孤寡不穀正與得一章首尾相應。尤可證此與上章皆發明得一章之旨也。

名與身孰親。身與貨孰多。得與亡孰病。是故甚愛必大費。河上無是故二字。王弼有。多藏必厚亡。知足不辱。知止不殆。可以長久。身親爲韻。貨多爲韻。藏亡爲韻。足辱爲韻。止殆久爲韻。首二句名在身上貨在身下者。協韻耳。

司馬溫公曰。得名貨而亡身。與得身而亡名貨。二者孰病。王氏弼曰。得名利而亡其身。何者爲病也。甚愛不與物通。多藏不與物散。則求之者多。攻之者至矣。故大費厚亡也。薛氏蕙曰。知足者。樂今有之已多。無求者也。無求奚辱。知止者。懼後進之有損。知幾者也。知幾不殆。張氏爾岐曰。貪夫徇財。烈士徇名。知有名利。不知有身。抑思身與名貨孰親孰多乎。以彼易此。孰得孰失。必有能辨之者。故甚愛啓爭。多藏誨盜。至是而始悟名之爲身累也。貨之爲身賊也。得之不償所亡也。亦已晚矣。惟君子能早知之。易止易足。斯不殆而可長久耳。源案甚愛以下。卽承得與亡而通言人世得失之理也。呂惠卿以甚愛多藏分屬名貨。以大費厚亡指身而言。皆失之鑿矣。

右第三十七章

大成若缺。其用不敝。河上王弼作蔽。大盈若沖。其用不窮。大直若屈。大巧若拙。大辯若訥。躁勝寒。靜勝熱。清靜爲天下正。傅奕本盈作滿。沖作盅。屈作詘。靜作靖。末句淸靜上有知字。下有以字。

吳氏澄曰。以成爲成。以盈爲盈。以直爲直。以巧辯爲巧辯。小矣。若缺則非成。若沖則非盈。若屈則非直。若拙若訥則非巧辯。乃爲成盈直巧辯之大者也。大抵相反而相爲用。前章屢見。皆此意也。陽之躁勝陰之寒。陰之靜勝陽之熱。亦相反而相爲用也。正猶正長之正。猶言爲天下君也。夫爲天下之君者亦多事矣。然弊弊然有爲者。反不若清靜者之無爲而無不爲。故能爲天下正。反者道之動如此。人之徇有而忘本者可以悟矣。蘇氏轍曰。直而不屈。其屈必折。循理而行。雖屈亦直。巧而不拙。其巧必勞。付物自然。雖拙而巧。辯而不訥。其辯必窮。因理而言。雖訥而辯。葉氏夢得曰。寒暑者天地之氣也。有人於此。躁猶可以勝寒。靜猶可以勝熱。而況自然無為之清靜。其尚不足以制天下之動而貞夫一者乎。則缺勝成。沖勝盈。屈勝直。拙訥勝巧辯。從可知矣。世人不察此。力求勝物而愈莫能勝。清靜正天下。以不勝勝之也。

右第三十八章　姚鼐移靜勝寒三句於以正治國章之首。或又謂此三句當屬下章。蓋正糞爲韻。而有道卻走馬。即清靜治天下之效也。姑存其疑。

天下有道。卻走馬以糞。糞。傅奕作播。古字通。張衡四京賦。卻走馬以糞車。張協七命亦用糞車。朱子及吳澄並稱之。謂車郊協韻。然韓非子淮南子鹽鐵論引此並無車字。河上王弼諸本皆同。故仍其舊。天下無道。戎馬生於郊。罪莫大於可欲。王弼本無罪莫大句。禍莫大於不知足。咎莫大於欲得。傅奕本。咎莫大作莫憯。吳澄此句在禍莫大句之上。故知足之足常足矣。司馬本無之足二字。又無矣字。韓非子作知足之爲足矣。

王氏弼曰。天下有道。知足知止。無求於外。各修其內而已。故卻走馬以糞田也。貪欲無厭。不修其內。各求於外。故戎馬起於郊也。李氏嘉謨曰。有道則能使兵爲民。無道則能使民爲兵。可欲者愛也。不知足者取也。欲得者有也。由愛生取。由取生有。遂爲無窮之咎。觀不知足者雖足而不足。則知足之足常足也可知矣。

右第三十九章

不出戶。知天下。不窺牖。見天道。淮南子戶牖下有兩以字。韓非子作不出於戶。可以知天下。不窺於牖可以見天道。傅奕本同。但無兩於字。其出彌遠。其知彌少。傅奕彌作镾。少作尟。諸本無者字。此從韓非淮南子。是以聖人不行而知。不見而名。不爲而成。不行而知。知或作至。韓非子作知。

呂氏惠卿曰。天下之所以爲天下。天道之所以爲天道者。果何邪。得其所以然者。則不出戶窺牖而知見之矣。知必待出而後知之。則足力目力所及幾何。聖人知天下之所以爲天下。故不行而知。見天道之所以爲天道。故不見而名。夫何故。以其備於我故也。知之於所不行。名之於所不見。則不爲而成矣。李氏嘉謨曰。出而求天地者。求其形也。天地不可以形盡。而可以理盡。故其用彌遠。其知彌尟。若知其理之在此。雖閉戶可也。聖人知不在形。故不必形。名不在迹。故不必見。成不在事。故不必爲。吳氏澄曰。其出彌遠。其知彌少。不復言見與闚者知天下則知天道也。不爲而成。言上二句之效。

右第四十章

爲學日益。爲道日損。兩日上。傅奕各有者字。損之又損。以至於無爲。又損下。河上有之字。無爲而無不爲矣。傅奕作無爲則無不爲。故取天下者。王弼無故者二字。傅奕作將欲取天下者。常以無事。及其有事。不足以取天下。不足。河上作不可。傅奕作又不足以取天下矣。

李氏嘉謨曰。爲學所以求知。故日益。爲道所以去妄。故日損。損不極則知不全。故日損者所以爲日益也。若損之又損。妄去真全。則無爲矣。至於無爲。則凡有爲未嘗不無。雖取天下而有之。尙猶不見其事。若以有爲取之。取一物尙不可得。況於取天下乎。焦氏竑曰。取猶攝化也。無事卽無爲也。無爲自化。淸靜自正。故曰取天下常以無事。爲者敗之。執者失之。故曰有事不足以取天下。吳氏澄曰。因言無爲無不爲之旨。故云卽古之取天下者。祇是無爲盛德。而人自歸之。必用智力而有作爲。何足以取天下哉。羅什曰。損之者無粗而不遣。遣之至於忘惡。然後無細而不去。去之至於忘善。惡者非也。善者是也。旣損其非。又損其是。情欲旣斷。是非俱忘。德與道合。至於無爲矣。已雖無爲。任萬物之自爲。故無不爲也。

右第四十一章

聖人無常心。以百姓心爲心。善者吾善之。不善者吾亦善之。德善矣。信者吾信之。不信者吾亦信之。德信矣。王弼德善德信下無矣字。一本德作得。聖人在天下。聖人下。一本有之字。惵惵爲天下渾其心。王弼作歙歙。河上作怵怵。釋文作惵惵。一本惵惵下有焉字。渾其心。傅奕作渾渾焉。百姓皆注其耳目。聖人皆孩之。孩。釋文作咳。

呂氏惠卿曰。聖人先得我心之盡者也。故無常心而以百姓心爲心。猶之鑑無常形。以所應之形爲形也。聖人之視己心如此。則其視百姓心亦若是而已。則善不善信不信。亦何常哉。故善信者吾善信之。不善不信者吾亦善信之。知其心之善不善信不信無常。而以德善之。以德信之故也。物得以生之謂德。則德者物性之所自出。而無不善不信。明矣。是以聖人之於百姓。慄慄焉而已。爲之渾其心。渾其心者。使善信者不以自異。而不善不信者不以自棄故也。百姓皆注其耳目。惟聖人之爲視聽。聖人皆遇之以慈。待之以厚。雖不善不信。猶善而信之。知其心之無常猶己而已矣。蘇氏轍曰。如使善善而棄不善。信信而棄不信。豈所謂常善救人。故無棄人哉。天下善惡信僞。方各自是以相非。聖人慄慄然憂之。故渾其善惡信僞。而皆以一待之。彼注其耳目以觀聖人之予奪。而吾一遇以嬰兒。於善無所喜。於惡無所疾。夫是以善者不矜。惡者不愠。而釋然皆化其爭矣。陳氏懿典曰。慄慄。不自安之意。聖人無自矜自是之心。故常有不自安之意。渾其心者。渾然不分其善不善也。

右第四十二章

出生入死。生之徒十有三。死之徒十有三。人之生。動之死地十有三。第三句韓非傅奕皆作民之生。生而動。動皆之死地。河上本作亦十有三。夫何故。以其生生之厚。厚下傅奕有也字。蓋聞善攝生者。陸行不避兕虎。入軍不被甲兵。被或作避。兕無所投其角。虎無所措其爪。兵無所容其刃。夫何故。以其無死地。傅奕夫何故下。亦有也字。無死地下。有焉字。

天下惟生死二者。出乎生則入乎死矣。二者聽人之自擇。而人之生也動之死地。皆去生而就死者也。王氏弼曰。十有三。猶云十分有三分也。取生之道。全生之極。十分有三耳。取死之道。全死之極。亦十分有三耳。而民生生之厚。反亦無生之地焉。善攝生者。無以生爲生。故無死地也。器之害者莫甚於戈兵。獸之害者莫甚於兕虎。而令無所容其鋒刃。措其爪角。斯誠不以欲累其身者也。何死地之有乎。夫蚖蟺穴於淵。鷹鸇巢於山。矰繳不能及。網罟不能施。可謂處於無死地矣。而卒以甘餌。乃入於無生之地。豈非生生之厚乎。故物苟不以求離其本。不以欲渝其真。則如赤子之毒蟲不螫。猛獸不搏也。吳氏澄曰。出則生。入則死。出謂自無而見於有。入謂自有而歸於無。莊子云。萬物皆出於機。入於機。又曰。其出不訢。其入不距。又云。有乎出。有乎入。皆以出爲生。入爲死。

凡人不以憂思嗜欲損其內。不以風寒暑溼侵其外。及入世能遠刑誅兵爭壓溺之禍。此三者皆生之徒也。其反是者。逸貴之人內傷。勞賤之人外傷。麤悍之人不終其正命。此三者皆死之徒也。陳氏懿典曰。無死地者。蓋知道者必達於理。達於理者必明於權。明於權者不以物害己。非謂其薄之也。言察於安危。謹於禍福。莫之能害也。源案生之徒三句。諸說皆鑿。惟王氏近之而語未明。蓋徒之爲言類也。生之徒。死之徒。猶云取生之道。取死之道。此二者統言天地間人物生死常然之理也。而人之生於天地間者。往往舍其取生之道。動輒由其取死之道。此乃專言斯人不能全生之通弊也。故下句始言人之生。而上二句不言者。明其泛言物理而未切人身也。下句不復云動之死地之徒者。明其總承上文。而非並舉三事也。夫人之生既動皆之死地。而但云十有三者。因上文兩十有三而重言之。則總數之實動之死地十有九矣。太上詞不迫切。故留言外之旨。待人自領耳。若夫後其身而身先。外其身而身存。入世出世。超然無死地者。則天下一人而已。韓非子所引民之生。生而動。動而皆之死地。雖未必原文。然義亦昭然。諸家乃謂求生而反之死者。爲鍊形衞生之徒。並上兩者爲三事。則鑿而難通矣。其論無死地者。亦多釋氏法身不壞之旨。與黃老不倫。故並不取焉。

右第四十三章

道生之。德畜之。物形之。勢成之。是以萬物莫不尊道而貴德。道之尊。德之貴。夫莫之命而常自然。各本或無夫字。傅奕及開元本。命作爵。故道生之。畜之。長之。育之。亭之。毒之。亭毒。河上作成熟。畢沅曰。亭成毒熟。聲義相近。養之。覆之。養。傅奕作蓋。生而不有。爲而不恃。長而不宰。是謂玄德。

王氏弼曰。物生而後畜。畜而後形。形而後成。何由而生。道也。何得而畜。德也。物之所以形。勢之所以成。有所本。道者物之所由也。德者物之所得也。由之乃得。故不得不尊。失之則害。故不得不貴也。李氏嘉謨曰。物自有形以至於成勢。莫不以道德爲主。然道雖尊。德雖貴。而不自尊其尊。不自貴其貴。其施於物。非有心以命於物也。莫之使令而自然生。自然畜。凡所以長育成熟養覆。莫非自然者。由其自然。故未嘗望物之報。生不辭勞。施不求報。是謂玄德。陸氏希聲曰。稟其精謂之生。含其熟謂之畜。遂其形謂之長。字其材謂之育。權其成謂之亭。量其用謂之毒。保其和謂之養。護其傷謂之覆。此之謂大道。旣生之而不執有。旣爲之而不矜恃。旣長之而不宰制。此之謂玄德。營魄章言人同於道德。此章言道德同於人。是以其詞同而理通也。源案釋文云。亭。別也。平也。均也。調也。易師卦馬氏注。毒。治也。蓋生之畜之者如春。長之育之而物以形者如夏。亭之毒之而勢以成者如秋冬。勢旣成則養之覆之而已。諸家解莫之命爲爵命。獨李氏謂道無心命物。於義爲優。呂氏惠卿曰。無名之始。道也。一而未形。物得以生者德也。及其爲物。則特形之而已。非其所以生且畜也。巳有形矣。則幼壯老死。皆其勢之必然者。然則勢出於形。形出於德。德出於道。道德。本也。形勢。末也。本尊而末卑。本貴而末賤。此所以能以無爲之柔弱。而勝有形之剛強。而王侯所以賓化萬物者。在此而不在彼也。然則分言之曰道生德畜。物形勢成。至其本而言之。則生畜長育。成熟養覆。莫非道也。而道終無名焉。故不有不恃不宰。是謂玄德。張氏爾岐曰。物之形。形此道德之所生畜而已。勢之成。成此道德之所生畜而已。是以萬物莫不尊道而貴德。斯豈有所待而然哉。故道之於物。生之畜之不已也。而又長育亭毒養覆之。其爲功於物如此。然皆自然而然。生之不有也。爲之不恃也。長之不宰也。此豈可得而測乎。

右第四十四章

天下有始。以爲天下母。傅奕作可以爲。旣得其母。以知其子。河上得作知。以作復。旣知其子。復守其母。沒身不殆。塞其兌。兌。釋文云作銳。閉其門。終身不勤。開其兌。濟其事。終身不救。見小曰明。守柔曰強。兩曰字。河上皆作日。此從淮南子。用其光。句上淮南子有是謂二字。復歸其明。無遺身殃。是謂襲常。王弼襲作習。葉夢得常作裳。皆音近而譌。

王氏弼曰。母本也。子末也。得本以知末。則不舍本以逐末也。兌者事欲之所由生也。門者事欲之所由從也。無事永逸。故終身不勤。不閉其源。故終身不救。爲治之功不在大。見大不明。見小乃明。守強不強。守柔乃強也。焦氏竑曰。兌口也。人之有口。家之有門。皆喻物所從出。塞而閉之。藏有於無。守母者也。光者明之用。明者光之體。

襲常猶言襲明。密而不露也。張氏爾岐曰。此章言體道之事。始與母。指道也。子。萬物也。知小守柔即守母也。小柔即希夷微之意。形容道妙之辭。視之而不可見者小也。能見此不可見。是曰明。守之而無可守者柔也。能守此無可守。是曰強。暫用其外見之光。後斂歸其本然之明。無外馳不返以遺身殃。是與常道合一者也。呂氏惠卿曰。聞道易。得道難。得道易。守道難。今我既得其母。以與心契。則非特聞之而已。故知天下之物。皆我之所出矣。非物之所出。而我常守之不失。則天下孰能以其所出而害其所自出哉。此所以歿身不殆也。塞兌閉門。守其母之謂也。心動於內而吾縱焉。是之謂有兌。有兌則心出而交物。塞之則心不出矣。物引於物而吾納焉。是之謂有門。有門則物入而擾心。閉之則物不入矣。內不出。外不入。雖萬物紛紜於前而不知。夫何勤之有哉。夫惟守其母則寂然不動者也。寂然不動者。常見其心於動之微。故明矣。見而常守之。則以無形之至柔。而物莫之能勝。故強矣。既用其光以見於動之微。復歸其明以返於寂然。終身未嘗開兌濟事以陷於不救。何殃之有。

右第四十五章　姚氏鼐以下章使我介然有知十四字於此章之末。曰施者不塞兌而遺身殃者也。故可畏也。介然有知。則知其子以守其母矣。

使我介然有知。行於大道。惟施是畏。大道甚夷。而民好徑。陳景元作民甚好徑。朝甚除。田甚蕪。倉甚虛。服文采。帶利劍。厭飲食。資貨有餘。傅奕作財貨。是謂盜夸。非道哉。

盜夸。韓非子作盜竽。案古韻虞麻通用。則竽夸皆協韻。說文竽夸皆亏聲。蓋篆文于作亏。是以形近致誤。畢氏沅謂古從于字皆訓大。故爾雅之訏字。毛詩之攸芋。皆為大義。隸文艸竹不分。韓非竽應作芋。而韓非明云一竽唱。衆芋和。則本不作芋明甚。特夸義於通章為貫。故從河上王弼諸本。

吳氏澄曰。我者。代衆人自我也。介然。與孟子介然用之而成路同。謂倏然之頃也。施。猶論語無施勞。孟子施施從外來之施。謂矜夸自大也。老子之學。最忌夸張。此章言不知道之人。惟務自矜。使倏然有所知而行之於大道。則必尊以施為畏而不敢為矣。夫謙謙斂退者。大道也。其道甚平易。而人不肯行之。皇皇夸張者。小徑也。與道相反。而人皆好焉。朝甚除以下。言夸張之事也。故曰盜夸非道哉。陳氏懿典曰。謹畏不敢者為大道。則驕矜炫耀者為非道。明矣。謙之為道。卑不可踰。而人不肯由也。是以外雖炫飾。而內實空虛。如朝廷雖甚美。而田疇倉廩。實荒蕪虛耗也。猶且采服劍佩以爲飾。飲食饜以自奉。多積無用之貨。夸爲富強。此猶盜賊之人自夸其所有。其去惟施是畏之大道。不亦遠乎。呂氏惠卿曰。舍道而由徑。則亡本而徇末。譬夫人以食爲本。而食必出於田。田治而倉實。倉實而食足。食足而財豐。財豐而廷治。以知其本之所自出也。今不行大道則已。不得其本而徒馳騖於其末。其與飾庭除而空倉晦。恣衣食而後貨財者。奚以異哉。李氏嘉謨曰。行於大道。則蕩然廣大。心逸日休。故甚夷也。爭於小徑。則矜智欺人。心勞日拙。故成於盜也。世人不知此。廷甚除治。其外飾者則備矣。然田甚蕪而心不治。倉甚虛而行不修。方且盛服佩以炫人。後貨財而無用。去道何其遠哉。源窠道以不盈爲大。不盈者專務於內。有若無。實若虛也。今施且夸爲。則專務於外。無而爲有。虛而爲盈。無有窮極矣。夫民有生則有欲。則無不以相尙爲高。此最難克之心。而有無窮之弊。豈不甚可畏哉。而民以不施之道斂約而難行。顧乃見小欲速以爭騖捷徑。豈知不矜不伐而人莫能尙之。其道甚平。何難行之有。謂之民則蚩然無知。不知大道。則愈夸而愈小。蓋好大道者其見大。好小徑者其見小。見大則常若不足。見小則常若有餘。若是者爲士則必徇名而荒德。爲庶人則必後末而耗本。爲國家者則必至飾外而虛內。雖淺深廣狹不同。而其爲以己徇人則一而已。特其顯者。莫若國家之後弊爲尤易見。甚矣人心之難克。而施之可畏如此。朝甚除以下。蓋極言以曉愚迷。固非謂施之可畏。惟此一端。亦非僅借爲喻也。諸家或以知行連讀。或訓施曰施爲。而韓非子又作盜竽。胥非本旨。

右第四十六章

善建者不拔。善抱者不脫。子孫祭祀不輟。韓非子無所者字。又作子孫以其世世祭祀不輟。王弼本。孫下亦有以字。修之身。其德乃眞。修之家。其德乃餘。修之鄉。其德乃長。修之邦。其德乃豐。修之天下。其德乃普。拔脫輟爲韻。身眞爲韻。家餘爲韻。鄉長爲韻。邦豐爲韻。下普爲韻。皆古音也。諸本避漢諱改邦作國。今從韓非子。又河上王弼本。五修之下俱有於字。此從韓非淮南及傅奕本。趙立堅五乃字並作能字。又乃餘作能有餘。故以身觀身。以家觀家。以鄉觀鄉。以邦觀邦。以天下觀天下。吾何以知天下之然哉。以此。傅奕何以作奚以。王弼然哉上無之字。韓非哉作也。

天下之物。建於外者。外物得而拔之。抱於外者。外物得而脫之。恃外有之固者其固終不可恃也。若夫建德而抱一者。建之於心。抱之於內。初無建抱之形。苟我不自拔且脫。誰得而拔脫之乎。蓋非徒固之於一時。並且固之於後世。世人之建抱者。以智術邀結。則假於外者非已有。聖人惟修其一身之德。則足於內者無所假於外。以故真也。取人人所同具者而獨全之。夫誰不在所建所抱之中乎。推而及之家國天下。亦不過此德之所餘。以長之豐之普之而已。一德之外無餘事。一真之外無餘修也。夫何故。一人之身。一家一鄉一國一天下之身是也。千萬人之性情。一身之性情是也。苟吾身之德既修。則以我之身。觀人之身。彼此無異。是故家國天下之人雖不一。而彼家之身。猶此家之身。觀於吾一家之人而足矣。彼國之身。猶此國之身。觀於一國之人而足矣。即今之天下。亦古之天下。後之天下。亦今之天下。同此身即同此德。其同然之理。豈能外此而別有所知哉。不外吾身而得之矣。古之謂藏天下於天下者。用此道也。以是知含修而言建抱者。非善建善抱者也。離身而言修者。非真修也。修之身。德乃真。盡之矣。呂氏惠卿曰。世之所謂修德者。或修之於家國天下。而不知其本真乃在吾身也。德之真者既修諸身。則推之而已。莊周以爲道之真以治身。其緒餘以爲國家。其土苴以治天下。其說出於此。觀諸吾身。其所餘者已足而無待於外。則以觀家國天下。亦若是而已矣。

右第四十七章　姚鼐以善建三句別爲一章。

含德之厚。比於赤子。傅奕作含德之厚者。比之於赤子也。毒蟲不螫。猛獸不據。攫鳥不搏。傅奕作蜂蠆不螫。王弼作蜂蠆蛇蝎不螫。骨弱筋柔而握固。握。葉夢得作握。未知牝牡之合而峻作。峻。王弼作全。傅奕作朘。此從河上本。精之至也。終日號而不嗄。和之至也。號而不嗄。釋文作聲不嗄。云聲當作噫。傅奕作號而嗌不嗄。彭耜云。莊子有嗌不嗄之語。故後人據增嗌字。玉篇引老子作號而不嚘。又一本作不啞。陸希聲本。兩至下無也字。知和曰常。知常曰明。益生曰祥。心使氣曰強。日強。傅奕作則強。物壯則老。是謂不道。是謂。王弼作謂之。傅奕作非道。不道早已。

常德不離。復歸於嬰兒。則其含德也厚矣。德者柔弱沖和之德也。不螫不據不搏。蓋全天之人。物無害者也。握固。謂以四指握拇指也。峻。釋文云。赤子陰也。嗄。聲嘶也。又啼極無聲曰嗄。祥。吉凶之候也。形未完而氣自專。情未感而精自應。則常全其本然之氣而不益生也。聲久費而和不傷。則任其自然之真。而不以心使氣也。益生由於多欲。多欲則起居動作縱於外。飲食男女恣於內。異於精之至者矣。心使氣由於多忿。多忿則乖張決驟。而內不能自主。張衇僨興。而外不能自制。異於和之至者矣。物壯則老。爲其強梁而違道也。苟守柔知和。常如赤子。則既不壯。惡乎老。既不老。惡乎已。蘇氏轍曰。老子之言道德。每以嬰兒況之者。皆言其體也。夫嬰兒物來則不知應。誠未可以言用。然汩然無欲。其體則至矣。夫人有心而後有形。有形而後有敵。則傷之者至矣。無心之赤子。物無與敵。曷由傷之。無執而自握。無欲而自作。是其精有餘而非心也。心動則氣傷。氣傷則號而啞。今終日號而泰然。是其心不動而氣和也。和者不以外傷內也。知和曰常。得本以應物者也。苟益生使氣。不能聽其自然。日入於剛強而老從之。則失其赤子之性矣。呂氏惠卿曰。人之生初。德性至厚。比其長也。耳目交於外。心識受於內。而益生者日益多。則其厚者薄矣。爲道者損其所益生。修性反德。德至同於初。故曰含德之厚。比於赤子。夫赤子之爲物。特以其受沖氣之和。積而未散。而猶遇物不傷。況夫充純氣之守。而其道大同於物者。夫孰能害之。故致道之極而復命曰常。含德之厚而知和亦曰常也。

右第四十八章

知者不言。言者不知。塞其兌。閉其門。挫其銳。解其紛。紛。王弼作分。別本作忿。和其光。同其塵。是謂玄同。故不可得而親。不可得而疏。不可得而利。不可得而害。不可得而貴。不可得而賤。傅奕無故字。又不可而疏害賤三句上。有三亦字。害。王弼作劌。開元本作穢。故爲天下貴。

人之相接。或以言親。或以貌疏。塞兌閉門。無可欣厭。則不可得而親疏矣。銳以爭利。紛以取害。挫銳解紛。則不求利而害亦不至矣。光貴塵賤。和而同之。則不自貴而人亦不得賤之矣。貴在於我而不在人。則常物物而不物於物。故爲天下之至貴。塞兌閉門。言其愛身存我也。挫銳解紛。和光同塵。言其處世應物也。忘物我。混內外。則玄同乎道矣。未能玄同者。同乎此則異乎彼。同乎始未必不異乎卒。當其同也。則親之利之貴之。及其異也。則疏之害之賤之。玄同之人。無所爲同也。安有所謂異。政不得而親疏利害貴賤之也。蘇氏轍曰。凡物可得而親。則亦可得而疏。可得而貴。則亦可得而賤。體道者均覆萬物。孰爲親疏。等觀順逆。孰爲利害。不知榮辱。孰爲貴賤。情計之所不及。此所以爲天下貴也。李氏嘉謨曰。塞兌以謹其出。閉門以閑其入。挫銳以治其內。解紛以理其外。和光以抑其在己。同塵以隨其在物。如此則無出無入。無內無外。無我無物。是謂玄同。既得其同。則謂之親而遠。謂之疎而近。謂之利而不喜。謂之害而不懼。謂之貴而不高。謂之賤而不一。故凡物不足以擬之也。

右第四十九章

以正治國。以奇用兵。以無事取天下。吾何以知天下之然哉。天下多忌諱。而民彌貧。民多利器。國家滋昏。人多技巧。奇物滋起。法令滋章。盜賊多有。正傅奕作政。無事焦竑云一作無爲。河上王弼作吾何知其然哉以此。傅奕作吾奚以知天下其然哉以此夫。此從焦竑本。人多技巧二句。傅奕作民多智慧。而衺事滋起。故聖人云。我無爲而民自化。我好靜而民自正。我無事而民自富。我無欲而民自樸。此下傅奕有我無情而民自淸句。其政悶悶。其民淳淳。其政察察。其民缺缺。悶悶。傅奕作閔閔。淳淳一作惷惷。河上作醇醇。一本缺缺作缼缼。此並從淮南子及王弼。古譌與訛通。故爲化二字並讀如訛。王風爰兔篇爲吪同韻。靜與正韻。事與富韻。欲與樸韻。悶與淳韻。察與缺韻。禍兮福所倚。福兮禍所伏。韓非子所倚所伏上並有之字。孰知其極。其無正邪。河上無邪字。傅奕作衺。正復爲奇。善復爲訞。王弼作妖。傅奕作訞。民之迷。其日故久矣。傅奕人之迷也其日故以久矣。一本無矣字。是以聖人方而不割。廉而不劌。劌。河上作害。薛本作穢。此從淮南子。直而不肆。光而不燿。燿。王弼作耀。

王氏弼曰。取天下者常以無事。及其有事。不足以取天下。故以正治國。則不足以取天下。而適致以奇用兵也。夫以道治國。崇本以息末。以正治國。立辟以攻末。本不立而末淺。民無所及。故多忌諱。欲以耻民。而民彌貧。利器欲以強國。而國愈昏。民多智慧則巧僞生。巧僞生則邪事起。以至法令滋章。盜賊多有。皆舍本治末。故致此。是正者欲以息邪而奇兵用也。聖人無爲無欲。而民從之速。皆崇本以息末耳。孰知其極其無正者。言孰能知善治之所極乎。惟無可正舉。無可形名。悶悶然而天下化。是其極也。以正治國。則便復以奇用兵矣。是立善以治物。使復有訞之患也。蓋人之迷惑失道已久。不可便正治以責之。是故以方導物。令去其邪。而不以方割物。以廉淸民。令去其汚。而不以廉傷人。以直導物。令去其僻。而不以直激沸於物。以光鑑其所以迷。而不以光照求其隱慝。所謂大方無隅。大直若屈。明道若昧。皆崇本以息末。不攻而使復之也。吳氏澄曰。以正治國者。法制禁令正其不正。管商是也。以奇用兵者。譎而不正。孫吳是也。奇者僅能用兵而不能治國。正者但知治國而不可以取天下。惟以無爲治天下。不期服人而人自無不從之也。夫以正治國之效何如哉。忌諱謂禁網嚴密也。利便於民之器。如權衡度量舟車網罟之屬也。技巧者造作利器之工。所謂奇技淫巧者也。八句所言二事。蓋多忌諱由於法令之彰。所以民貧於下而或爲盜賊也。多利器由於技巧之多。所以政昏於上而奇衺盛行也。夫整齊法利。通工足用。皆務富強。以正治國之要務。而其效如此。以之治國猶不足也。然則所謂無事可以取天下者何哉。無爲好靜無欲。皆無事也。既無所事。何心致天下之嚮附。而民自然化且正。自然富且樸。其效如此。是以之取天下而有餘也。由是二者觀之。則無事者之政。若悶悶無可害。而民自化之。乃不澆漓而淳淳。以正治國之政。若察察有可觀。而下貧上昏。物僞人亂。而缺缺然或得或失。相反如此。則人之行事。所謂禍者其終未必非福。所謂福者其終未必非禍。孰則知其終之所極何如哉。蓋正與不正對。正一反則為不正之奇。正善而奇不善。斯訞禍生焉。不知無所謂正則無所謂善。而亦不至反而爲奇之訞也。常人迷昧。久已不知此理。故但知以正治國之爲善。而不知無所謂正之爲正也。知此者其惟有道乎。有道者以無事爲事。則以不方爲方。不廉爲廉。不直爲直。不光爲光。是以其遇物也。圭角鋒稜。渾然不露。容隱韜晦。與物無傷。則有其善而無其弊耳。雖未嘗以此取天下。而天下可取之理在其中矣。呂氏惠卿曰。以智治國國之賊。不以智治國國之福。則有事之不足以取天下明矣。何以知無事之足以取天下。以有事之不足取天下而知之也。自以爲正而民愈貧。國愈昏。俗愈偸。此法令所以滋彰而盜賊多也。凡以有事取天下之過也。若夫聖人無爲而民自化。則無忌諱之弊。上好靜而民自正。則無法令盜賊之害。上無事而民自富。則無利器之滋昏。上無欲而民自樸。則無技巧奇衺之尙矣。是故以無事取天下。則其政悶悶。不以察察爲快。其民亦淳淳。而不澆於薄也。以智治國。以有事取天下。則其政察察而反乎悶悶。故其民亦缺缺而不全於樸也。察察缺缺。故避禍而未必免。求福而未必得。以爲正且善者。有時而爲奇且訞。禍福奇正善訞。究未知孰在者。徒令智多而難治耳。民自有知以來。迷而固執已久。奈何重之以察察之政。使不得反樸而全其性乎。故聖人反之。以無爲爲本。

右第五十章。河上本其政悶悶以下別爲一章。吳澄本合之。王弼注以正復爲奇承首句言。是亦不以爲二事也。

治人事天莫若嗇。陸希聲本作治民。韓非王弼作莫如。夫惟嗇是以蚤服。諸本作是謂。此從韓非子。蚤服。焦竑云。一本作早復。蚤服是謂重積德。重積德則無不克。無不克則莫知其極。莫知其極。可以有國。黃茂材莫知其極無疊句。有國之母。可以長久。是謂深根固柢長生久視之道。韓非子作深其根。固其柢。河上柢作蔕。

朱子曰。老子之學。謙沖儉嗇。全不肯役精神。早服是謂重積德者。言早已有所積。復養以嗇。是又加積之也。若待其已損而後養。則養之方足以補其所損。不得謂之重積矣。所以貴早服者。早覺其未損而嗇之也。姚氏鼐曰。服者。事也。嗇者時暇而力有餘。故能於事物未至而早從事以多積其德。逮事之至而無不克矣。李氏嘉謨曰。外以治人。內以事天。皆莫若嗇。嗇者無所不嗇之謂也。謹於內。閑於外。內心不馳。外欲不動。故能早服而德日以積。積於不積則無不勝。無不勝則無不治。雖有國可也。人知其有國而不知其可以有國者。由其有本。本積既厚。則安知其極。此所以長久不殆也。呂氏惠卿曰。人之生也固足於德。誠能嗇而早服之。則德日以充。非重積德而何。德之至者物莫能傷。天下莫能勝。夫安往不克哉。無不克而莫知其極。則能物物而不物於物者也。不可以有國乎。既得其母。以知其子。既知其子。復守其母。歿身不殆。可以長久矣。精神者生之根柢。嗇而藏之。衞而保之。則根柢深固而生長矣。生長則視久矣。蘇氏轍曰。凡物方則割。廉者劌。直則肆。光則耀。聖人有其能而不盡其用。嗇者有而不用也。斂藏其用。至於沒身而終不試。則德重積矣。德積既厚。雖天下之剛強無不能克。則物莫測其量矣。如此而後可以有國。以其能守母也。孟子云。存其心。養其性。所以事天。然則以嗇治人。則可以有國者是也。以嗇事天。則深根固蔕者是也。古之至人。保其性命之常。不以外耗內。則根深而不可拔。蔕固而不可脫。雖長生久視可也。源案此章解者多齟齬。惟蘇氏以可以有國以上爲治人。深根固柢爲事天。於義較愜。蓋老子之書。上之可以明道。中之可以治身。推之可以治人。其言常通於是三者。此章首以治人事天莫若嗇爲主。下文卽承嗇而反復引申之。自早服重積德至莫知其極。皆發明嗇義。兼治人事天而言也。隨舉有國以明治人之用。並及深根固柢以言事天之要。蓋道之嗇。而至於早服無間。德之積而至於莫知其極。則斂舒咸宜。體用兼妙。以之有國則可以長久。以之固己則可以長生。惟其治人事天。無所不可。故曰莫如嗇也。至蘇氏釋早服而以服人爲言。吳氏釋有國謂喻人之保有此身。則皆偏義。無取焉爾。

右第五十一章

治大國者若烹小鮮。以道蒞天下者。其鬼不神。各本無兩者字。 非其鬼不神也。其神不傷人。非其神不傷人也。各本無也字。 聖人亦不傷民。各本作亦不傷之。傅奕作亦不傷人。 夫兩不相傷。則德交歸焉。各本則作故。此章字句皆從韓非子。

韓非解老篇曰。凡法令更則利害易。利害易則民變業。故事大衆而數搖之則少成功。藏大器而數徙之則多敗傷。烹小鮮而數撓之則賊其澤。治大國而數變法則民苦之。是以有道之君貴淸靜而重變法也。人處疾則貴醫。有禍則畏鬼。聖人在上則民少欲。民少欲則血氣治而舉動理。舉動理則少禍害。夫內無痤疽之害。外無刑罰法誅之禍者。其輕恬鬼也甚。故曰以道蒞天下者。其鬼不神。言治世鬼神不與人相害也。疾人之謂鬼傷人。上刑戮民之謂上傷民。民不犯法而上不行刑之謂上不傷人。故曰聖人亦不傷民。上不與民相害。鬼不與人相傷。是兩不相傷也。則德盡在於民矣。故曰德歸焉。言其德幽明上下交盛。而俱歸之於民也。王氏弼曰。躁則多害。靜則全真。故其國彌大。其主彌靜。然後能廣得衆心矣。若烹小鮮。不擾也。物守自然。則神無所加。神無所加。則不知神之爲神也。道治則聖人亦不傷人。聖不傷人。則不知聖之爲聖也。夫恃威網以治物者治之衰。使不知神聖之爲神聖。則道之極矣。神聖兩不相傷。是神聖合道。交歸之民也。

右第五十二章

大國者下流。天下之交。句 天下之牝。常以靜勝牡。句 牝以靜爲下。舊牝牡二字連文。故焦竑謂一本作天下之交牝。無中間天下之三字。又一本無以靜爲下四字。吳澄則謂下牝字疑衍。案吳說得之而未盡。蓋下牝字當在牡字之下。乃倒文。非衍文也。陳象古讀牝常以靜勝斷句。牡以靜爲下斷句。亦非。首句傅奕作大國者天下之下流。五句作以其靜故爲下也。司馬本作以其靜爲之下。故大國以下小國。則取小國。小國以下大國。則取大國。傅奕兩則取下各有於字。河上本一作則聚於大國。或下而聚。或下以取。或下而取。大國不過欲兼畜人。小國不過欲入事人。夫兩者各得其所欲。兩者上各本有夫字。故大者宜爲下。一本無故字。一本作爲之下。此章字句從王弼河上本。惟移牝字耳。

吳氏澄曰。大國非在人下而能下人。猶江海善下而爲衆水之交會也。小國本居人下而能下人。猶牝不先動以求牡。而能以居下之靜俟致居上者之動求也。故下文即承二喻而分言之。大國不恃其尊則小國樂附。小國能安其卑則得大國歡心。是大國能謙下以取小國之附。小國以屈下而取大國之容也。然小者素在人下。不患乎不能下。故末專曰大者宜爲下。源案章首但言大國天下之交。而不云小國天下之牝者。蓋牝之爲小不待言。而大者則未必知法水之善下。故始終皆舉大爲言也。人各有欲。而不知所以得遂其欲之道。如大國之所欲者不過兼畜乎人耳。小國之所欲者。不過見容於人耳。此天下之常情。而今皆以能下得之。則下之爲用也至矣。故凡天下之物雖大者必宜下。林氏希逸曰。此章全意歸重末語。蓋兼畜乎人。入事乎人。兩者皆非自下不可。惟能自下則兩得其欲。然則知道者常以謙下爲宜矣。意謂強者須能弱。有者須能無。始爲知道也。全書多此旨。而說者多以喻處爲實義。惟黃茂材謂此章全是借喻明道之言者得之。但未知推之他章耳。

右第五十三章

道者萬物之奧。善人之寶。不善人之所保。傅奕奧下有也字。寶上有所字。谷神子本保上有不字。美言可以市。尊行可以加人。淮南子作美言可以市尊。美行可以加人。傅奕作尊言可以加於人。人之不善。何棄之有。故立天子。置三公。雖有拱璧以先駟馬。不如坐進此道。傅奕作進此道也。古之所以貴此道者何。一本無何字。傅奕作何也。不曰求以得。有罪以免邪。故爲天下貴。陳象古不曰作不日。王弼作以求得。一本作有罪可以免。

此章皆言道之極貴。欲人知貴而求之也。夫尊行之可加於人。而致使居天子三公之位。則尊貴孰甚焉。美言可市。而至於百朋之錫。不若一言之贈。則寶貴孰甚焉。然則古人所以尊貴寶貴此道者何故邪。豈不以其爲善人之寶而求則得之。爲不善人之所保而有罪以免邪。其爲天下至貴。不亦宜乎。吳氏澄曰。室西南隅之奧尊者所處。故以譬道之最貴也。有道之人。命以君師之位。使爲天子三公。皆以道貴也。朝聘之享。駟馬陳於庭。先執拱璧以將命。其禮重矣。然猶不如跪而進此道之貴也。李氏嘉謨曰。賢者以道爲寶。故樂得其得。不賢者非道莫保。故樂免其罪。由其根於人心之自然。無使之者。故言行依於道。則其美可市。其尊可加乎人。苟非人心之自然。則言而不從。行而不應矣。安能若此乎。由人各根於道。故不幸而陷於不善。聖人亦何忍棄之。是以立天子。置三公。非苟富貴之也。蓋不欲遂棄人於不善。還以斯道善之而已。呂氏惠卿曰。萬物之生。未有一物不具此道者也。惟善人知其善之所自出。則得之而有無窮之富。不善人自知其不善。則雖有萬惡。亦可渙然而釋矣。夫言美可市。行尊可加。則人固無善不善。皆知美所美而尊所尊也。況有道之於人。如天地之無不覆載。非特可市可加而已。則於人之不善。何棄之有哉。

右第五十四章

爲無爲。事無事。味無味。大小多少。報怨以德。圖難於其易。爲大於其細。焦竑云。一本無兩其字。傅奕兩於上各有乎字。天下難事必作於易。天下大事必作於細。此句下。韓非子繼以故聖人蚤從事焉。是以聖人終不爲大。故能成其大。夫輕諾必寡信。多易必多難。輕諾多易下。傅奕有兩者字。是以聖人猶難之。程俱作由難之。故終無難。句下傅奕有矣字。其安易持。其未兆易謀。其脆易泮。諸本作判。河上作破。案泮判通用。破散不韻。此從王弼本。其微易散。爲之於未有。治之於未亂。傅奕作爲之乎其未有。治之乎其未亂。合抱之木。生於毫末。九成之臺。起於累土。千里之行。始於足下。焦竑云。九成一作九層。千里之行。一作百仞之高。爲者敗之。執者失之。是以聖人無爲故無敗。河上無是以。一本無聖人。無執故無失。民之從事。常於幾成而失之。愼終如始。則無敗事。傅奕幾成上有其字。無敗事下有矣字。

是以聖人欲不欲。不貴難得之貨。學不學。復衆人之所過。韓非子復下有歸字。傅奕復上有以字。

以恃萬物之自然而不敢爲。恃。諸本作輔。此從韓非子。

此章皆明無爲而無不爲之旨。無事無味之下。卽次以大小多少。報怨以德者。以明我所謂無爲者。非徒輐斷之見。託諸空言而已。必實能等觀大小化怨爲德。難平之情。一切順受。驗之於此。而後眞能事無事之事。味無味之味。爲之未有。治之未亂之後。復繼以無爲無執者。以明我所謂爲。非謂曲謹周密。小察機警也。其爲無爲。執無執。益出於衆人之所不覺。而未嘗造作有心也。味無味。則其欲也不欲矣。事無事。則其學也不學矣。恃待也。待其自然而不敢以有爲造作之。所謂無爲自化。淸靜自正也。吳氏澄曰。凡以無爲而爲者。老氏宗旨也。無事無味。皆演無爲之旨。所以得遂其無爲者。能圖其難於易之時。爲其大於細之時也。天下之事。始易而終難。始細而終大。故圖之爲之於其始。則不勞心力。自能無爲。若不早圖而亟爲之。以至易者漸難。細者漸大。心力俱困。無爲其可得乎。聖人終不爲大。故能成其大者。承上文事之大小而言心之大小也。始小之時。心固不敢自以爲大。卽已大而此心亦終不改。始終皆能自小。所以能成其大也。輕諾寡信多易多難四語。承上文事之難易而言心之難易也。始多易者。終必多難。是以聖人雖當始易之時。而心猶難之。始終皆不敢易。所以終無難也。其安易持六者。言圖之於其易也。合抱之木三者。言爲之於其細也。民之從事四句。又承上文終無難與終不爲之意而言也。始雖以爲難。至終而不以爲難。始雖不敢以爲大。至終而自以爲大。則事幾成而敗於終者有矣。故必愼終如始。乃可終無敗也。章首言爲無爲。章末言自然而不敢爲。此一章之意相終始也。王氏道曰。人皆有所爲。聖人亦人耳。獨無所爲乎。但衆人所爲者有爲之事。聖人所爲者無爲之道。此其所以異也。事所爲之條件也。味。所爲之理趣也。劉氏槪曰。欲衆人之所不欲。故曰欲不欲。不欲衆人之所欲。故曰不貴難得之貨。學衆人之所不學。故曰學不學。不學衆人之所學。故曰復衆人之所過。王氏雱曰。以輔萬物之自然而不敢爲。將各安於性命之常。而事物無所兆矣。更何脆之可泮。微之可散哉。蘇氏轍曰。世人莫不畏大而侮小難多而易少。至於難而後圖。大而後爲。則事常不濟矣。聖人齊大小。一多少。無所不畏。無所不難。安有不濟者哉。方其未有。持而謀之足矣。及其將然。非泮而散之不可也。故爲之於未有者上也。治之於未亂者次也。聖人待之以無爲。守之以無執。故能使福自生。使禍自亡。譬如種苗。深耕而厚耘之。及秋自穫。譬如被盜。危坐而熟視之。盜將自卻。世人不知物之自然。以謂非爲不成。非執不留。故常與禍爭勝。與福生贅。即或方事之微。猶有不知而聽其自然者。及見其幾成。而心存乎得喪。則未有不以爲敗之者矣。聖人知有爲之害。不以人助天。始終皆因其自然。故無不成者耳。呂氏惠卿曰。有爲則有事。有事則有味。爲而不爲。則事亦無事。雖反復尋繹而何味之可言乎。人所最難忘者怨。而吾一以德報之。則其他尙何足嬰其心哉。天下之事大作於細。難作於易。苟有所作。吾必於易與細而先見之。旣則見圖而爲之。所謂知幾其神者也。是以終不爲大。故能成其大。蓋彼方防大於其細。而安有爲大於其大也。聖人猶難之。故終無難。以難之於其易。而不難之於其難也。持於安。謀於未兆。則是爲之於未有也。破其脆。散其微。則是治之於未亂也。苟已有而爲之。則欲其成而反敗。已亂而治之。則執愈固而反失。聖人以不爲爲之則無爲。以不治治之則無執。民之從事。常在於旣有之後。故至於幾成而敗之。以不知其本故也。苟知大生於小。高起於下。遠由於近而愼之。則何敗失之有。李氏嘉謨曰。自易而往。則難者亦易。自細而行。則大者亦細。是以聖人終不爲大。而大必歸之者。由其無心也。聖人於事未至。已常若難之者。不以我必於物也。故常安其所安。而無不安。則其持無所持而易持矣。即或偶有不安之萠動。即自其未兆而謀之。自其脆微而破散之。故無有撓其安者。由持其安於未有。治其不安於未亂。譬如木之自生。土之漸高。行之日遠。於無爲之中。自然而爲。於無積之中。自然而積。故累日益去。善日益積。而聖人未嘗知也。世之爲道所以難成而易壞者。由其有意於爲之執之。方其始若無所容其勤。及其終又不免於怠。皆爲之執之之咎也。使其始終不爲且執。則求其勤且不可得。而況於怠歟。焦氏竑曰。無爲無事無味者。道也。是道也。不可力得。至易矣。不可目窺。至細矣。雖至易而至難者待此以解。雖至細而至大者待此以成。豈可以其易與細而忽之哉。學道者亦或有見於此。而又以爲大之心奪之。故易與細不常爲我有。唯聖人自始至終。爲無爲。事無事。味無味。而不以世俗所謂大者分其心。故事之難者大者。遇之寂然了無留礙。而道自此全矣。此所謂成其大者也。嗟夫。此非大丈夫見理明。用心剛者。安能見。安能守。而可與輕諾多易之流道哉。

右第五十五章 河上本。分其安易持以下爲一章。與證本合之是矣。而任隱顯倍其文。且不注明所以移置之意。一若原本如是者。殊不可訓。至姚氏鼐則又割取民之從事十九字。出之章末。別爲一章。皆莫知其何意也。

古之善爲道者。非以明民。將以愚之。民之難治。以其智多。傅奕作以其多智也。故以智治國。國之賊。不以智治國。國之福。賊下福下。傅奕各有也字。知此兩者亦楷式。句上傅奕有常字。下有也字。楷式王弼作稽式。常知楷式。是謂玄德。玄德深矣遠矣。與物反矣。乃至於大順。河上本乃上有然後二字。

王氏弼曰。愚謂無知守眞順自然也。智多謂多見巧詐蔽其樸也。以智術動民。邪心既動。復以巧術防民之僞。民知其術防隨而避之。思惟巧密。奸僞日滋。故曰以智治國國之賊也。呂氏惠卿曰。古之善爲道者。俗人昭昭。我獨若昏。俗人察察。我獨悶悶。其在己若此。則其推之於民也亦若是而已。李氏嘉謨曰。民之愚而自以爲智。徇溺於物欲而不知反。吾方示之以無爲。鎮之以素樸。猶且未悟。而況欲以智示之歟。是賊之也。倘行其所無事。而不開民之機心。機心不生。則純白備。謂之國福。不亦信乎。涑水司馬氏曰。物情莫不貴智。而有德者獨賤之。雖反於物。乃順於道。是智之所順者小。而德之所順者大也。源案此章惟知此兩者亦楷式句。諸說皆未明。蓋古之善爲士者。雖微妙玄通。深不可識。而至於智之爲害。不智之爲福。則顯然明白而易知。但能深信固守。而不以智汩其眞。則雖其體用之大全未易窺。亦可以得爲治之端。而不至有失矣。故曰知此兩者亦楷式也。然誠能常常知之以爲楷式。則智故日去。淳樸日全。其政悶悶。其民淳淳。豈但不賊已哉。雖謂之玄德亦可矣。蓋德謂之玄。則深遠與俗相反。聞者或大笑之。次亦若存若亡。今此獨能不疑其相反。而深信其可法。則雖反於世俗。乃順於大道也。順於道非玄德而何。而知之者何少哉。

右第五十六章

江海所以能爲百谷王者。以其善下之。故能爲百谷王。是以欲上民。必以言下之。欲先民。必以身後之。是以聖人處上而民不重。處前而民不害。是以天下樂推而不厭。以其不爭。故天下莫能與之爭。天下皆謂我道大似不肖。傅奕我作吾。又無道字。夫惟大。故似不肖。若肖久矣其細也夫。一本無也夫二字。○此章字句皆從王弼本。若他本皆以聖人字在欲上民之上。是所以言聖人者不無語弊也。或作以其言下之。以其身後之。是因上文以其善下之句法而誤也。或四民字並作人。則是物我相較而非君民相臨之定分也。或作居前而人不能害。是與下文莫能與爭之意相複。此二句傅奕作處之上處之前。河上作處民上處民前。亦皆不若弼本之協。

惟下乃大。老氏宗旨也。天下歸往之謂王。百川歸會之謂海。人知王之至尊。而不知所以尊者。由其至大。所以能成其大者。由其能下而無不容也。汝惟不矜。天下莫與汝爭能。汝惟不伐。天下莫與汝爭功。使天下忘其上且先。而爭樂推之使上。推之使先。斯道也可謂大矣。而天下顧謂其與常情不相肖似。夫大則不肖。肖則不大。江海肖乎百川。豈復成其爲江海。王者之道而肖乎一物。尙何以爲天下王哉。上章言與物相反。乃所以爲順。此章言與俗不相似。乃所以爲大。蓋一意也。金人銘云。君子知天下之不可上也。故下之。知衆人之不可先也。故後之。揚雄所謂自下者人高之。自後者人先之。董思靖所謂德下之則位上矣。德後之則身先矣。蘇子由所謂有道者未嘗欲上人先人也。但既下之後之。則其道不得不上且先耳。皆得老氏之意矣。○呂氏惠卿曰。有天下者。以位言之。則固上乎人也。然以孤寡不穀爲稱。而受國之垢與不祥。是何其言之下乎。論其序則固先乎人也。然迫而後動。感而後應。不得已而後起。是何其身之後乎。夫如是則處上而人以戴之爲輕矣。居前而人以從之爲利矣。上下相忘。此天下所以樂推而不厭。蓋吾之所取者。非民之所爭也。無爲之爲。天下且不見其朕。而謂之不肖。況孰與之爭乎。

右第五十七章　河上以天下皆謂我道大似不肖三句屬下章。姚氏鼐以此三句別出之爲一章。今案其文義與下章不相屬。而與此章相爲首尾。故合幷之。

吾有三寶。持而寶之。一作我有三寶。寶而持之。河上寶作保。此從韓非子。一曰慈。二曰儉。三曰不敢爲天下先。慈故能勇。儉故能廣。不敢爲天下先。故能成器長。韓非作故能爲成事長。今舍其王弼無三其字。慈且勇。舍其儉且廣。舍其後且先。死矣。死矣傅奕作是謂入死門。夫慈以戰則勝。以戰則勝。韓非作於戰。傅奕作以陣則正。以守則固。天將救之。以慈衞之。傅奕下有古之二字。善爲士者不武。善戰者不怒。善勝敵者不與。一本無敵字。傅奕與作爭。河上作不與爭。善用人者爲之下。是謂不爭之德。是謂用人之力。是謂配天古之極。用兵有言。傅奕作用兵者有言曰。吾不敢爲主而爲客。不敢進寸而退尺。是謂行無行。攘無臂。執無兵。扔一作仍。此從王弼。無敵。一本二句上下互易。此從傅奕。蓋行兵爲韻。臂敵爲韻。且下句卽承無敵而言也。禍莫大於無敵。無敵幾亡吾寶。各本皆作輕敵幾喪吾寶。此從王弼及傅奕。故抗兵相加。傅奕作相若。又下有則字。哀者勝矣。

此章明德之用也。蓋道以虛無爲體。其運而爲德。則以慈儉謙退爲用。然德爲萬物之母。則慈乃善之長也。與慈相反者莫如兵。故專以兵明慈之爲用。而儉與不敢先皆在其中也。首言我有三寶。寶而持之。末言幾喪吾寶。首尾相應以致其丁寧。欲人寶之而勿失也。老子著書。明道救時。見天下方務於剛強。而剛強莫勝於爭戰。今將救其弊而亟以慈儉謙退。則天下必以爲不適於用。故卽其所明者以喻之。言吾之道無施而不可。雖用之以戰守。亦無不勝且固者。蓋慈則必儉。慈則必不敢爲先。是卽兵家以退爲進以弱爲強之道。其證以用兵之言者。使卽兵以知柔退。卽柔退以反於仁慈。非爲談兵而設。故卽繼之以禍莫大於無敵。無敵幾亡吾寶也。三寶首慈。哀者慈心之所發。故天衞之而必勝。若佳兵者不祥。未有能久勝者也。由慈而發者爲哀之。則不由慈而發者爲佳兵矣。請本皆分爲數章。是以旨意不明。而昧者遂至以老子爲談兵之書。其失甚矣。韓非子解老曰。慈母之於弱子也。務致其福而除其禍。則思慮熟。思慮熟則事理得。事理得則必成功。必成功則其行之也不疑。不疑之謂勇。冬日之閉凍不固。則春夏之長草木也不茂。天地不能長侈長費。而況於人乎。是以智士儉用其財則家富。聖人愛寶其神則精盛。人君重戰其卒則民衆。民衆則國廣。故曰儉故能廣。葉氏夢得曰。我自處也易。物無不濟也難。故即三者推慈以爲先。而復申之以爲戰則勝。守則固。是今之所急也。天若救斯民。必使有爲慈者出而衞之。此老氏之所怛然有期於天下者歟。焦氏竑曰。不武不怒。而遂云配天古之極者。何也。蓋至爭者惟兵。故借之以明不爭之德也。用兵有言。古兵家有此言也。扔仍同。詩云仍執醜虜是也。王氏弼曰。士者卒之帥也。不武不怒者。後而不先。應而不唱也。不與者不與爭也。用人而不爲之下。則不盡力也。言以哀慈謙退。用之以戰。猶不須行列。不必攘臂。不用兵刃。而敵自無與之抗也。雖然。吾哀慈謙退。非欲以取強無敵於天下也。不得已而卒至於無敵。斯乃吾之所以爲大禍也。幾亡吾寶。謂三寶也。舉兵相當。哀者必相恤而不趨利避害。故必勝也。源案軍惟死戰以拒敵。故有行列攘臂執兵之事。苟無敵之可扔。則亦無列足整無臂足攘。無兵足執矣。蓋以後爲先。以退爲進。常致人而不致於人。則是操全勝之術。不勞力而坐致之。是謂扔無敵也。雖然。所謂無敵者豈吾之所樂哉。蓋兵至無敵於天下。則殺人必多。乃禍莫大焉者也。前徒倒戈。血流漂杵。王者之師。而君子尚不忍言之。豈非幾亡吾寶之謂乎。是故吾之用兵。不得已而用之。以不祥視之。以喪禮處之。皆哀之至也。惟哀而後可以言勝。所謂慈則戰勝而守固。天將救之。以慈衞之者也。諸本皆作禍莫大於輕敵。輕敵幾喪吾寶。夫輕敵必敗。身且不存。奚但寶之幾喪。是直一孫吳制勝之術耳。何足語太上慈哀之教邪。〇蘇氏轍曰。勇廣先。三者人之所共疾。爲衆所疾。故常近於死。以慈衞物。則物愛之如父母。雖爲之效死而不辭。故可以戰。可以守。天之將救斯人也。則開其心志。無所不慈。無所不慈。則物皆爲之衞矣。故兩敵相加。而吾出於不得已。則有哀心。哀心見而天人助之。雖欲不勝不可得也。呂氏惠卿曰。所謂三寶。皆人之所難持者也。惟無我不爭者能持之。然惟慈故儉。惟儉故不敢爲天下先。則慈者三寶之所自出也。夫道之動常在於迫。而其用常主於不爭。其施之於用兵之際。宜若有所不行者也。不知主逆而客順。主勞而客逸。進驕而退卑。進躁而退靜。以順待逆。逸待勞。卑待驕。靜待躁。皆非所敵。然則道之爲常。主於不爲。雖兵亦猶是矣。

右第五十八章　河上分善爲士者以下爲第二章。用兵有言以下爲第三章。吳澄姚鼐皆合爲一。今從之。但章首我有三寶。章末幾亡吾寶。首尾相應。詞旨顯然。河上本連上章末。天下皆謂我大似不肖數句。屬此章首。殊不相洽。吳本因而未改。今用姚說正之。

吾言甚易知。甚易行。天下莫能知。莫能行。二句。傅奕作而人莫之能知。莫之能行。言有宗。事有君。傅奕作事有王。夫惟無知。是以不我知也。河上本。無也字。此二句。皆從淮南子。知我者希。則我者貴。傅奕作則我貴矣。是以聖人被褐一作披褐。懷玉。知不知上。傅奕作尙矣。不知知病。傅奕作病矣。夫惟病病。是以不病。聖人之病病也。以其病病。是以不病。韓非作是以無病也。傅奕作是以不吾病。

此嘆世人之不知至道而自知其知也。老子教人。柔弱謙下而已。其言至簡至易。初無難行。而世降俗下。天下莫有知其可貴而行之者。夫何故。蓋吾所言柔弱退下之事。固自有統會宗主之旨存焉。世人不知吾之宗主。而但見其外所言不過柔弱謙下之事。是以視爲卑卑無甚高論。而莫之貴耳。故深嘆之也。蓋大道於俗不肖。而玄德與物相反。知者自然希少。此道之所以貴乎俗而不可不知者也。使道亦俗情俗見無異。則無足寶重矣。人既莫知。則我有三寶。惟我能持而行之。若被褐懷玉而人莫知之也。夫中所懷之貴者。以其知夫言之宗。事之君。外所被之賤者。以其知而不知。若愚若晦。斯乃上德若辱者也。人既不知。則必反自以爲知。衒玉求售。必非至寶。以瑜爲瑕。以規爲瑱。雖聖人與居。不能藥而救之也。非病而何。使其一旦自知其病而病之。則所以去病者即在此矣。前半段言人知道者之難。後半段嘆人妄知者之多也。蓋昧於道眞者。由惑於俗見。以人身言之。則不知者其病之見證。而自以其妄見爲知者。則其致病之根源也。故後以病喻之。

右第五十九章　河上分爲二章。諸家因之。今案知不知以下。正足前半之意。使非後半分明指出。則知希我貴之說。未免有弊矣。

民不畏威。大威至矣。大威上。傅奕有則字。王弼有則無矣。無狹其所居。狹。河上作狎。司馬作安。無厭其所生。夫惟不厭。吳澄作不狎。傅奕兩不厭作無厭。是以不厭。是以聖人自知不自見。自愛不自貴。自知自愛下。傅奕有兩而字。故去彼取此。

焦氏竑曰。威畏古通用。人不畏其所當畏。則大可畏者至矣。下文皆畏其所當畏之事。呂氏惠卿曰。民不純於道而惟知識之尙。故生生厚。生生厚故輕死。輕死故不畏威。民至於不畏威。則無所不爲。此天之所由以明威而大降其虐也。李氏嘉謨曰。知道者之遇物。隨所遇而安。故不狎其所居。不厭其所生。我惟不自厭。故生亦莫吾厭。由其自知而不自見其所知。自愛而不自貴其所愛故也。使有自見自貴之心。則必狹其所居。厭其所生。而不能一日安矣。陳氏懿典曰。天下有亡生趨死之道。是大威也。不畏則入畏矣。故身之所居者。必不敢狹小之而有過分之望。身所賴以爲生者。必盡心力而不敢厭怠以爲勞也。夫惟安居而不厭其生。是以安身而不厭其道。自知不自見者。自檢飭盡分。而不夸張其所有也。自知則知所愛矣。不自見則無所矜貴矣。故去彼之狹且厭。而取己之所安也。老子書大抵戒人之夸大外慕也。源案人不知威之可畏者。由於有欲之可貪。而外之有所貪。由於內之有所厭。所居以境言。如貧富貴賤窮通之類。所生以身之受用者言。如勞逸榮辱苦樂之類。凡人以所生所居不若人爲恥。是故居貧不居富則狹之。居賤不居貴則狹之。居闇約不居聲華顯望則狹之。狹之則必厭之。厭之則必歆之。厭勞則慕逸。厭辱則思榮。厭憂患則思安樂。歆之一念熾於前。而不知可畏之大威已隨其後。蓋患得患失。無所不至。則求榮者適足以取辱。求生者反以之死。自厭而後天人亦厭之矣。若夫不狹則不厭。我不自厭。誰得而厭之。夫民之與聖人其高下固不可相提而論。然其理未嘗不同。狹其所居必自大。聖人隨遇而安。則以自知爲至足。未嘗急於自見以夸其大也。厭其所生者。必求所以貴其生。聖人寶真抱樸。則以不殆辱爲自愛。未嘗别求所貴以厚其生也。夫是以無所歆者自無所厭。無所厭者自無所畏。所無者所去也。所有者所取也。諸家釋此。多涉禪宗。吳澄改不厭爲不狎。說雖明切。又與聖人自知不自見二語不貫。胥未得本旨也。

右第六十章

勇於敢則殺。勇於不敢則活。此兩者或利或害。天之所惡。孰知其故。是以聖人猶難之。天之道不爭而善勝。不言而善應。不召而自來。繟然而善謀。繟。河上作墠。梁武作坦。繟墠坦三字通用。傅奕作默。則與不言複矣。天網恢恢。疏而不失。河上作勿失。民不畏死。傅奕民下有常字。奈何以死懼之。傅奕作如之何其以死懼之。若使民常畏死而爲奇者。吾得執而殺之。傅奕無執字。一本得作豈。孰敢。常有司殺者殺。而代司殺者殺。是代大匠斲。夫代大匠斲者。希不傷其手矣。常有司殺者六句。河上王弼開元陳象古諸本各不同。此本前四句從傅奕。末兩句從淮南子。

王氏弼曰。兩者俱勇。因所施者異。而利害遂不同。故曰或利或害也。言誰能知天所惡之意何故邪。其唯聖人乎。聖人之明。猶難於勇敢。況無聖人之明而欲行之也。李氏贄曰。勝以不爭。應以不言。召以不召。謀以不計。正天之疏而不失處。若爭而後勝。雖疏必有失矣。張氏束曰。夫人之生。徇欲趨利而死者大半矣。則其於死實未嘗知所畏矣。而世之馭物者。欲物之畏。不過示之以死。亦惑矣。苟畏死邪。則吾取爲奇者而殺之。宜民之不復爲奇也。天下未嘗無刑。而爲奇者不止。則死之不足懼物明矣。萬物自生自死。冥冥中有司之者。苟不循其常理而操刑政死生之柄。驅一世使從我。未有不反自害者也。張氏爾岐曰。司殺者法也。聖人立法本乎天討。不可以私意輕重於其間。此爲當時廢法任情者警也。蘇氏轍曰。勇於敢則死。勇於不敢則生。此物理之常也。然而敢者或以得生。不敢者或不免死。世常僥倖其或然。而忽其常理。夫天道之遠。其有一或然者。孰知其好惡之所從來哉。故雖聖人猶以常爲正。其於勇敢。未嘗不難之。世以耳目觀天。見其一曲而不睹其大全。有以善而得禍。惡而得福者。未有不疑天網之疏而多失也。惟能要其始終而盡其變化。然後知其恢恢廣大。雖疏而不失也。政煩刑重。民無所措手足。則常不畏死。雖以死懼之無益也。民安於政。故樂生畏死。然後執其詭異亂羣者而殺之。孰敢不服哉。司殺者天也。方世之治。而有詭異亂羣之人。恣行於其間。則天之所棄也。而吾殺之。則是天殺之而非我也。非天之所殺而吾自殺之。是代司殺者殺也。代大匠斲則傷其手矣。代司殺者殺則及其身矣。源案此老子憫時救世之心也。見當世勇於用刑。故戒之曰。人之用勇不可不慎也。有勇於敢者。則常主於必殺。有勇於不敢者。則常主於活人。此兩者其用勇則同。而一利一害分焉。不可不審也。何則。人之勇於敢殺者。豈不自以爲順天之所惡。故毅然行之而無難。然天意深矣遠矣。孰知其果爲天所惡之人乎。是以雖奉天討之聖人。而於刑誅之際。猶兢兢然不敢輕易之。何者。蓋天之生萬物。猶父母之生衆子。生之而不欲殺之者。其本心。及其自趨於死。雖欲宥之而不可得。則亦傾者覆之。此所以恢恢疏闊而自無漏網之人也。何待人之代執其咎哉。是以聖人誅罰。一聽諸天之自然。而未嘗以己意與之。則雖極好生之德。而未嘗失有罪之誅。是以網漏吞舟之魚。而爲奇者吾奉天討以殺之。孰敢不畏。所謂刑一人而天下懲。誅四罪而天下服。蓋我不敢者。人亦不敢之也。苟其不然。天以恢恢之網。而吾以察察之網乘之。法網愈密。掛網愈衆。而人之不畏死者愈甚。何則。我敢者人亦敢之也。奉天者聽命。而代天者專權。敢與不敢。或利或害。可不慎乎。明太祖讀民不畏死奈何以死懼之之語。惻然有感。乃罷極刑而囚役之。不逾年而心減。仁人之言。其利溥哉。

右第六十一章　舊分二章。吳氏澄曰。此當爲一章。前言天之不可知而不輕殺。後言民之不可懼而不輕殺。故前舉天之疎而不失者以示敎。後舉人之欲代天殺者以示戒也。

民之饑。傅奕下有者字。以其上食稅之多。傅奕下有也字。是以饑。民之難治。傅奕下有者字。以其上之有爲。傅奕下有也字。是以難治。民之輕死。傅奕下有者字。以其生生之厚也。傅奕作以其上求生之厚也。是以輕死。夫惟一本無夫字。無以生爲者。傅奕生爲下有貴字。是賢於貴生焉。各本無焉字。傅奕焉作也。此二句從淮南子。

此承上章民不畏死。奈何以死懼之而申言也。稅。租也。王氏弼曰。此言民之所以僻。治之所以亂。皆由上不由下也。民從上也。呂氏惠卿曰。聖人在上。無事而民自富。無欲而民自樸。無爲而民自化。好靜而民自立。則至於有爲而難治者無有也。尙安有生生之厚而至於輕死者乎。張氏爾岐曰。夫惟無以生爲者。在上則不多取多事以病其下。在下不敢扞網爲奸以累其上。是賢於貴生矣。源案我自厚其生。則人亦各欲厚其生。人各欲厚其生而不得。夫安得不輕死乎。則是民之輕棄其生。由於生生之厚。而民之厚生。由於上之自厚其生。有以誘之而又奪之也。則無以生爲者。其賢於貴生可知矣。末語老氏宗旨。故因言俗弊而遂及之。而其意則深遠矣。

右第大十二章

人之生也柔弱。其死也堅強。草木之生也柔弱。其死也枯槁。草木王弼河上有萬物二字。柔弱一作柔脆。故堅強者死之徒。柔弱者生之徒。傅奕兩徒下有也字。是以兵強傅奕下有者字。則不勝。木強則兵。河上作木強則共。此從王弼勝兵爲韻。言木強被伐也。強大傅奕作堅強。又下有故字。處下。柔弱處上。

呂氏惠卿曰。道之爲物無形而不爭。則天下之至柔。而人莫之喻也。故以有形喻之。人與草木之形體。皆以堅強而死。柔弱而生。況欲體無形之道者。而不致其柔弱。其可得乎。是柔弱勝剛強之理。非但兵驕則敗。木強則伐爲然也。天以清虛在上。地以堅實在下。臣以有爲事上。君以無爲任下。凡物之理莫不然也。然則體道之貴柔明矣。蘇氏轍曰。沖氣在焉。則體無堅強之病。至理在焉。則事無堅強之累。物之常理。精者在上。粗者在下。其精必柔弱。其粗必強大也。吳氏澄曰。末二句即承上兩句而言之。蓋兵強者爲人所勝。是不若以弱勝者之處人上也。木強者近根之榦。是不若枝條之處上也。推此則知矜己凌人者必蹶。其貴高而柔弱者爲衆所推戴矣。李氏嘉謨曰。柔弱雖非即道。而近於無爲。剛強雖未離乎道。而涉於有爲。無爲則去道不遠。有爲則吉凶悔吝隨之。益遠於道矣。源案老子書將終。故對舉柔弱剛強之得失。而下三章皆申之。

右第六十三章

天之道其猶張弓乎。乎傅奕作者歟。高者抑之。下者舉之。有餘者損之。不足者補之。一作與之。天之道損有餘而補不足。人之道則不然。損不足而奉有餘。孰能以有餘奉天下。惟有道者。二句。各本大同小異。傅奕作孰能損有餘而奉不足於天下者。其唯有道者乎。是以聖人爲而不恃。功成而不處。傅奕作不居。其不欲見賢邪。王弼無邪字。

此承上章柔弱處下強大處上之意。而舉天道以申之也。老子云。將欲翕之。必固張之。則張者是剛強之意也。天之道惡盈而好謙。猶弓之張者。不久則廢弛。弛者有時而張。是故凡高者必至於自抑。而自下者必舉。有餘者必至於自損。而自屈者必伸。天之於物每每然也。人則不然。損天下之不足。而奉一己之有餘。失天意矣。有道之聖人。雖有至賢之行。而不欲以自見。此爲道曰損。必至於損之又損也。蘇氏轍曰。張弓上筋。弛弓上角。故以況天之抑高舉下。天無私。故均。人有私。故不均。有道者贍足萬物而辭。既以爲人己愈有。既以與人己愈多。非有道者無以堪此。爲而恃。成而處。則賢見於世。賢見於世。則是以有餘自奉也。呂氏惠卿曰。天之道非故以抑高而舉下也。無爲則無私。無私則均。是故任物之自然。有餘者不得不抑而損。不足者不得不舉而益。所謂滿招損。謙受益。時乃天道也。人之道不能無爲。不能無爲則不能無求。不能無求則至於損人以益己矣。惟有道者知未始有物。凡有爲之功名。皆我所餘。而天下之所不足。而爭之者。故損之以奉天下而不有也。吳氏澄曰。抑之舉之二句。言張弓。損之補之二句。言天道。陸氏希聲曰。陽升極天則降。陰降極地則升。此則抑高舉下。張弓之象也。天道盈虚。一章七閏。損日之有餘。補月之不足。人道則不然。損不足之民而奉有餘之君。孰能法天道以爲人道者乎。在易損下益上曰損。損上益下曰益。以下爲本也。

右第六十四章

天下莫柔弱於水。河上作柔弱莫過於水。而攻堅強者莫之能先。王弼先作勝。其無以易之。傅奕作以其無以易之也。柔之勝剛。弱之勝強。一本上有故字。中無兩之字。天下莫不知。莫能行。傅奕作莫不知而莫之能行。是以聖人云。河上作故聖人云。傅奕作故聖人之言云。能受國之垢。是爲社稷主。能受國之不祥。是爲天下王。各本無兩能字。傅奕王上有兩之字。河上是爲作是謂。此並從淮南子。正言若反。傅奕有也字。

柔弱勝剛強。老子屢言之。而人多易視之者。故知之而莫能行。乃於書之將終。復舉而言曰。吾之此言。慎毋視爲易易也。蓋凡有血氣。皆有爭心。平日非不知柔弱之爲善。及至垢辱橫逆之加。不覺勃然。其剛強之忿發而不能堪矣。夫山藪藏疾。川澤納汚。國君含垢。今挾其才力而常爲名尸智主。事任謀府。爭心所累。是惡能保其爲侯王乎。此言若反乎俗情。而實合乎正道。俗以受垢受不祥爲殃故也。下章和大怨有餘怨。亦承此意而申之耳。

右第六十五章　吳氏澄姚氏鼐以正言若反四字。屬下章之首。謂反與善韻。今此四字。正承上文望人云二字而言也。故不取。

和大怨。傅奕下有者必二字。有餘怨。安可以爲善。是以聖人執左契而不責於人。故有德司契。有德上河上王弼無故字。此從傅奕本。無德司徹。天道無親。常與善人。

承上章受垢受不祥。而申言無我不爭之難也。蓋柔弱施於平時易。施於臨事難。以受睚眦之小怨易。以受橫逆之大怨難。學道者苟於大怨强自和之。而尚有藏怒宿怨之存於中。卽使終不發作。而纖芥未去。與邱山同。安可遽語上善若水之道哉。蓋所謂德善者。善者吾善之。不善者吾亦善之。則聖人之執左契者是已。劵契有二。我執其左。但有執右以來責取者。吾卽以財物與之。而未嘗有所責取於人。聖人之於物。順應無心。來無不受。亦若是而已。來者不見其爲怨。與者不自以爲德。德怨兩泯。物我渾化。是則眞能體無我不爭之德者矣。彼和怨者烏足以言之。蓋德之未至。如彼主徹法者然。令八家合作。計畝均分。自以爲至平。而不知多寡必較。錙銖不讓。强以齊人之不齊。而適使之爭耳。和大怨者但知情怒理遣。不至已甚。而是非之見終明。物我之情不化。何以異是哉。然則善人不常受天下之虧乎。曰善人雖常受虧於人。而天不虧之也。皇天無親。惟德是輔。德無常師。主善爲師。安有善人不矜勝而天遂不助之者哉。然則柔之勝剛。弱之勝强。昭然明矣。但非定識不能知。非定力不能守耳。故曰無以易之也。

右第六十六章

小國寡民。使有什伯人之器而不用。傅奕作使民有什伯之器而不用也。此從河上。使民重死而不遠徙。葉夢得無此八字。雖有舟車。王弼作輿。無所乘之。雖有甲兵。無所陳之。使民復結繩而用之。史記傅奕下有至治之極民各六字。甘其食。美其服。安其民。樂其俗。傅奕作安其俗樂其業。按俗與服韻。傅本非也。今鄰國相望。雞犬之音傅奕作聲。相聞。民至老死不相往來。傅奕民上有使字。相下有與字。○又諸民字或避唐諱改作人

蘇氏轍曰。老子生於衰周。文勝俗弊。將以無爲救之。故於書之將終。言其所志。願得小國寡民以試焉而不可得耳。內足則外無所慕。故以其所有爲美。以其所處爲樂。而不復求也。姚氏鼐曰。上古建國多而小。後世建國少而大。國大人衆。雖欲返上古之治而不可得也。故老子欲小其國而寡其民。吳氏澄曰。舟車甲兵。非一人可獨用。謂什伯人之器也。民淳事簡。則書契亦可不用。不但不用什伯之器而已。以所產之衣食爲甘且美。以居之土俗爲安且樂。則不肯遠徙矣。雖至近而老死不相往來。則又不但不遠徙而已也。王氏雱曰。國小民寡。則

人淳厚。國大民衆。則利害相摩。巧僞日生。觀都邑與聚落之民。質詐殊俗。則其驗也。無道之世。末勝本衰。利欲在乎厚生。而貪求生於外慕。於是車轍足迹交乎四方矣。考論語孟子之終篇。皆稱堯舜禹湯聖人之事。蓋以舉其書而加之政。亦若是也。老子抱太上之德。以處末世。故其志亦如此耳。呂氏惠卿曰。莊周稱至德之世。而歷數之曰。昔者大庭氏容成氏。以至於祝融伏犧神農氏。當是時也。民結繩而用之。甘其食。美其服。安其居。樂其俗。鄰國相望。雞犬之音相聞。民至老死而不相往來。則若此者非特老子之言也。古固有是道也。然書起於唐虞。而老子欲反太古之治。世之去太古遠矣。其遂可盡復乎。曰未可也。未可而言之。何也。夫衰周文弊。淳質亡喪盡矣。非大道不足使人反性命之情。言道而不及其世。不足以知大道之已試。此其所以必反太古之治也。禮至於兼三王。樂至於備六代。而不以玄水措醴酒之下。嘒管加疏越之上者。使人知禮樂之不得已者如彼。而所當反本者如此也。故聞古有什器不用。舟車甲兵不陳。則舉大事用大衆。非得已也。聞其民結繩而治。老死不相往來。則煩文倦令。輪蹄輻輳。非得已也。其尙肯煩事爲以深治人之過乎。欲天下不安平泰。不可得也。苟殁而不言。猶屛玄水。徹疏越。其孰知禮之儉樂之節。爲反本復始之意乎。漢承秦後。卒以無爲淸靜幾致刑措。然則至人之言。豈小補哉。

右第六十七章

信言不美。美言不信。善者不辯。辯者不善。傅奕作善言辯言。知者不博。博者不知。聖人不積。傅奕作無積。既以爲人。己愈有。既以與人。己愈多。天之道。利而不害。聖人之道。爲而不爭。

王氏雱曰。信言不美。實在質也。善者不辯。本在樸也。知者不博。極在一也。己愈有者。物所尊也。己愈多者。物所歸也。利而不害。動常生成之也。吳氏澄曰。此書卒章其言如此。故其和平簡約。不辯不博。蓋實善實知。故皆眞實之言。而不虛飾以爲美也。不積謂虛而無有也。虛而無有。故所應不窮。以積爲有。則所應有限。豈能愈有愈多哉。莊子稱老子之學。云以有積爲不足。無藏也故有餘。此之謂也。利者害之對。爲者爭之端。以不利利之。是以不害。以不爲爲之。是以不爭。不爭者無我也。無我者以其爲而無爲也。焦氏竑曰。老子之書。使人得以受而味焉。則近乎美。窮萬物之理而無不至。則近乎辯且博。然不知其信而不美。善而不辯。知而不博者存。何也。則以五千言所言。皆不積之道也。不積者心無所係。則言而無言矣。故非不爲人也。而未嘗分己之有。非不予人也。而未嘗損己之多。斯何惡於辯且博哉。苟第執其意見以與天下爭。則多言數窮者流。非天道也。學者於此了心而忘言焉。則於全書思過半矣。

右第六十八章　姚氏鼐分信言不美六句爲一章。聖人不積三句爲一章。天之道三句爲一章。今不取。

附錄

說苑曰。常樅有疾。老子往問焉。曰先生疾甚矣無遺可以語弟子者乎。常樅曰。子雖不問。吾將語子。過故鄉而下車。子知之乎。老子曰。非謂其不忘故邪。過喬木而趨。子知之乎。老子曰。非謂敬其老邪。張其口而示老子曰。吾舌存乎。老子曰。然。吾齒存乎。老子曰。巳矣。子知之乎。老子曰。豈非柔存而剛亡邪。常樅曰。嘻。天下之事盡於此矣。吾何以復語子哉。高士傳作商容。世說註云。商容老子師。

莊子曰。老聃死。秦失弔之。三號而出。弟子曰。非夫子之友邪。曰然。然則弔焉若此可乎。曰然。始也吾以爲其人也。而今非也。向吾入而弔焉。有老者哭之如哭其子。少者哭之如哭其母。彼其所以會之。必有不蘄言而言。不蘄哭而哭者。是遁天倍情。忘其所受。古者謂之遁天之刑。適來。夫子時也。適去。夫子順也。安時而處順。哀樂不能入也。古者謂是帝之縣解。指窮於爲薪。火傳也。不知其盡也。

史記孔子世家曰。魯南宮敬叔言魯君曰。請與孔子適周。魯君與之一乘車兩馬。一豎子。俱適周。問禮。蓋見老子云。辭去。而老子送之曰。吾聞富貴者送人以財。仁人者送人以言。吾不能富貴。竊仁人之號。送子以言。曰聰明深察。而近於死者。好議人者也。博辯廣大。危其身者。發人之惡者也。爲人子者毋以有己。爲人臣者毋以有己。孔子自周反於魯。弟子稍益進焉。

史記孔子弟子列傳曰。孔子之所嚴事。於周則老子。於衛蘧伯玉。於齊晏平仲。於楚老萊子。於鄭子產。於魯孟公綽。

禮記曾子問曰。曾子問曰。古者師行。必以遷廟主行乎。孔子曰。天子巡守。以遷廟主行。載於齊車。言必有尊也。今也取七廟之主以行。則失之矣。當七廟五廟無虛主。虛主者。惟天子崩。諸侯薨。與去其國。與祫祭於主。爲無主耳。吾聞諸老聃曰。天子崩。諸侯薨。則祝取羣廟之主而藏諸祖廟。禮也。卒哭成事而後主各反其廟。君去其國。太宰取羣廟之主以從。禮也。祫祭於祖。則祝迎四廟之主。主出廟入廟必蹕。老聃云。

又曰。葬引至於堩。日有食之。則有變乎。且不乎。孔子曰。昔者吾從老聃。助葬於巷黨。及堩。日有食之。老聃曰。丘止柩就道右。止哭以聽變。既明反而後行。曰禮也。反葬而丘問之曰。夫柩不可以反者也。日有食之。不知其已之遲速。則豈如行哉。老聃曰。諸侯朝天子。見日而行。逮日而舍奠。大夫士使。見日而行。逮日而舍。夫柩不早出。不莫宿。見星而行者。唯罪人與奔父母之喪者乎。日有食之。安知其不見星也。且君子行禮。不以人之親痁患。吾聞諸老聃云。

又曰。子夏問曰。三年之喪卒哭。金革之事無辟也者。禮與。初有司與。孔子曰。夏后氏三年之喪。既殯而致事。殷人既葬而致事。記曰。君子不奪人之親。亦不可奪親也。此之謂乎。子夏曰。金革之事無辟也。是非歟。孔子曰吾聞諸老聃曰。昔者魯公伯禽有爲爲之也。今以三年之喪從其利者。吾弗知也。

莊子曰。孔子西藏書於周室。子路謀曰。由聞周之徵史有老聃者。免而歸居。夫子欲藏書。則試往因焉。孔子曰。善。往見老聃。

又曰。孔子行年五十有一。而不聞道。乃南之沛見老聃。老聃曰。子來乎。吾聞子北方之賢者也。子亦得道乎。

又曰。老子見孔子徒弟子五人。問曰。前爲誰。對曰。子路勇且多力。其次子貢爲智。曾子爲孝。顏回爲仁。子張爲武。老子歎曰。吾聞南方有鳥。名爲鳳。鳳之所居也。積石千里。河水出下。鳳鳥居止。天爲生食。其樹名瓊。枝高百仞。以璆琳琅玕爲實。天又爲生離朱。一人三頭遞起。以伺琅玕。鳳鳥之文。戴聖嬰仁。左智右賢。御覽引

又曰。孔子讀春秋。老聃踞竈觚而聽。御覽引

呂氏春秋曰。荆人有遺弓者。而不肯索。曰荆人遺之。荆人得之。又何索焉。孔子聞之曰。去其荆而可矣。老聃聞之曰。去其人而可矣。

說苑敬慎篇曰。老子曰。得其所利。必慮其所害。樂其所成。必顧其所敗。人爲善者。天報以福。人爲不善者。天報以禍也。故曰禍兮福所倚。福兮禍所伏也。戒之慎之。君子不務。何以備之。夫上知天。則不失時。下知地。則不失財。日夜慎之。則無災害。

荀子曰。孔子觀周。入后稷之廟。右陛之前。有金人焉。參緘其口而銘其背。曰。古之慎言人也。戒之哉。戒之哉。無多言。多言多敗。無多事。多事多患。安樂必戒。無行所悔。勿謂何傷。其禍將長。勿謂何害。其禍將大。勿謂何殘。其禍將

然。勿謂不聞。神將伺人。熖熖不絕。炎炎若何。涓涓不壅。終爲江河。綿綿不絕。或爲綱羅。毫末不札。將尋斧柯。誠能愼之。福之根也。曰是何傷。禍之門也。彊梁者不得其死。好勝者必遇其敵。盜憎主人。民怨其上。君子知天下之不可上也。故下之。知衆人之不可先也。故後之。温恭愼德。使人慕之。執雌守下。人莫踰之。人皆趨彼。我獨守此。人皆惑之。我獨不徙。內藏我智。不示人技。我雖尊高。人弗我害。誰能於此。江海雖左。長於百川。以其卑也。天道無親。常與善人。戒之哉。孔子既讀斯文也。顧謂弟子曰。小子識之。此言實而中。情而信。

王應麟曰。皇覽云。武王問師尙父曰。五帝之誡。可得聞乎。尙父曰。黃帝之誡曰。吾之居民上也。搖搖恐夕不至朝。故爲金人三緘其口曰。古之愼言。案藝文志道家有黃帝銘六篇。蔡邕銘論。黃帝有巾机之法。皇覽撰集於魏文帝時。漢七略之書猶存。金人銘。蓋六篇之一也。何孟春曰。銘詞中如綿綿不絕。或成網羅。毫末不札。將尋斧柯四語。則汲冢周書亦有之。盜憎主人。民怨其上。則左傳伯宗之妻亦述之。可見其爲古語矣。至其大旨。則與老子書合。如云誠能愼之。福之根。謂是何傷。禍之門者。卽老子所謂禍兮福所倚。福兮禍所伏也。其云彊梁者不得其死。卽老子所謂堅彊者死之徒也。其云知天下之不可上。故下之。知衆人之不可先。故後之者。卽老子所謂欲上民。必以言下之。欲先民。必以身後之也。然老子欲上欲先之心。則視此爲私矣。其云執雌守下。人莫踰之者。卽老子所謂後其身而身先。外其身而身存。其云人皆趨彼。我獨守此者。卽老子所謂知其雄。守其雌。知其榮。守其辱也。其云人皆惑之。我獨不徙者。卽老子所謂處衆人之所惡。衆人皆有餘。而我獨若遺也。其云內藏我智。不示人技者。卽老子所謂和其光。同其塵。衆人昭昭。我獨昏昏。衆人察察。我獨悶悶也。其曰江海雖左。長於百川。以其卑也。卽老子所謂江海所以爲百谷王者。以其善下之。故能爲百谷王。故君子居則貴左也。其云天道無親。常與善人者。則老子亦有是語也。可見周柱史之書。不爲無本。而黃老並稱之由。亦可以此徵其源流矣。

跋

桐廬袁昶

壺公師作勸學篇。極詆老子。意謂此後世張禹孔光胡廣禍道之徒所託足。陽盜仁人之名。而陰賓賊亂天下。俾道揆法守。隳壞於冥冥之中。故疾之已甚耳。孔子惡鄉愿。然鄉愿之曲學阿世。上之如李斯公孫宏。或荀卿之叛徒。或自詭於儒術。其始皆有所挾。下之若近世不學無術和光同塵之鄉愿。唯阿浮澆害世敎。當入之佞幸傳中。皆不得自託於老。老子正言若反。以正治國。以奇用兵。以深根寧極爲體。以藏器待時爲用。雖異於六藝正學乎。然誼指深遠。莫有能得其懸解者。劉知幾僞河上公注其傳者。若嚴君平王弼傅奕之徒。皆无繇觀其深。古今心知其意者。史公評論六家要指。蘭臺敍次道家者流。寥寥數言耳。西漢開國風氣。老詘儒。孝武太初以後。六經漸明。儒詘老。偏得冊之道者。太宗孝文帝留侯蓋公世祖光武帝以致治。汲黯以直言。兩疏以知幾。不得之者。揚雄本詞章家。非道家。了不得其作用。墨墨處世而已。似之而非也。伊尹太公管仲計然皆道家。善能因旤而爲福。轉敗而爲功。金版六弢。有取人國治天下之術。爲儒家拘牽。所不肯言。外修清靜沖慎之本政。中含堅忍蟄伏凝固縱橫之用。斂之深深。息之綿綿。審幾一發。當者百碎。迴眎宰制之主。專氣致柔。冲兮萬物之宗。固返一不見其有爲之轍迹也。故未流爲法家爲陰符兵家。然形骸之外。去之抑遠。老子之道。常居陰而治陽。處靜而觀動。養晦而治明。體柔以御剛。與莊列之澡練神明。彫搖出世者。指絕殊異。故曰人君南面之術也。箋注無慮數十百家。明祖注本未見。然明祖用老而流爲申韓之毒。正誤解聖人不仁芻狗萬物句耳。罕有擘其深者。惟邵堯夫言老子得易之體。朱子語類論老子。若因者君之綱等數條。具見本原。爲能明其道術。與莊釋若冰炭之不相入。吳草廬張蒿庵亦有微指。近儒俞曲園解老長於訓詁句讀。道咸間迺有邵陽魏氏爲之本誼。裁覈諸家。下以已意。左右采獲。所得較多。予既因楊仁山之請。刊焦氏老子翼於經藏中。冀復倩方君孝闓迻錄魏氏注。已亥春刊始竣。不佞北來匆匆。未及詳斠譌敓。自惟陸湛避世。居官錄錄。未得一效面折廷諍之用。焉敢謬宗苦縣。違壺公師之正論。第悼注家心知其意者寶尠。是注頗有疏導濬滌之功。不可沒也。乃書其校刻緣起云爾。庚子四月晦。

此篇因難已失。庚子冬重入京。始于燬宅瓦礫中尋得兩紙。係先人手點改者。今謹補刊。并依原點加大圈焉。
壬寅十月不孝燊肅敬識。

莊 子 集 解

王先謙著

序

夫古之作者。豈必依林草。羣鳥魚哉。余觀莊生甘曳尾之辱。卻爲犧之聘。可謂塵埃富貴者也。然而貸粟有請。內交於監河。係履而行。通謁於梁魏。說劍趙王之殿。意猶存乎捄世。遭惠施三日大索。其心迹不能見諒於同聲之友。況餘子乎。吾以是知莊生非果能迴避以全其道者也。且其說曰。天下有道。聖人成焉。天下无道。聖人生焉。又曰。周將處乎材不材之間。夫其不材。以尊生也。而其材者。特藉空文以自見。老子云。美言不信。生言美矣。其不信又已自道之。故以櫛飾鞭筴爲伯樂罪。而撽髑髏未嘗不用馬捶。其死棺槨天地。而以墨子薄葬爲大觳。心追容成大庭結繩無文字之世。而恆假至論以修心。此豈欲後之人行其言者哉。嫉時焉耳。是故君德天殺。輕用民死。刺暴主也。俗好道諛。嚴於親而尊於君。憤濁世也。登無道之廷。口堯而心桀。出無道之野。貌夷而行跖。則又奚取夫空名之仁義。與無定之是非。其志已傷。其詞過激。設易天下爲有道。生殆將不出於此。後世浮慕之以成俗。此讀生書者之咎。咎豈在書哉。余治此有年。領其要。得一二語焉。曰。喜怒哀樂。不入於胸次。竊嘗持此以爲衛生之經。而果有益也。噫。是則吾師也。夫舊注備矣。輒芟取衆長。間下已意。輯爲八卷。命之曰集解。世有達者。冀共明之。宣統元年七月。

莊子集解目錄

莊子集解卷一

長沙　王先謙　益吾

內篇　逍遙遊第一　言逍遙乎物外，任天而遊無窮也。

北冥有魚，釋文本一作溟，北海也。其名爲鯤。釋魚：鯤，魚子。方以智云：鯤本小魚，莊子用爲大魚之名。鯤之大，不知其幾千里也。化而爲鳥，其名爲鵬。鵬之背，不知其幾千里也。怒而飛，其翼若垂天之雲。是鳥也，海運則將徙於南冥。玉篇：運，行也。案：行於海上，故曰海運。下云「水擊」是也。南冥者，天池也。成元英云：大海洪川，原夫造化，非人所作，故曰天池。案：言物之大者，任天而遊。齊諧者，志怪者也。司馬彪云：齊諧，人姓名。簡文云：書名。諧之言曰：「鵬之徙於南冥也，水擊三千里，崔譔云：將飛舉翼，擊水踉蹡。摶扶搖而上者九萬里，崔云：拊翼徘徊而上。爾雅：扶搖謂之飆。郭注：暴風從下上。去以六月息者也。」成云：六月，半歲，至天池而息。引齊諧一證。野馬也，司馬云：野馬，春月澤中游氣也。成云：青春之時，陽氣發動，遙望藪澤，猶如奔馬，故謂之野馬。塵埃也，成云：揚土曰塵，塵之細者曰埃。生物之以息相吹也。成云：天地之間，生物氣息，更相吹動。案：漢書揚雄傳注：息，出入氣也。言物之微者，亦任天而遊。入此義，見物無大小，皆任天而動，鵬下不言，於此點出。天之蒼蒼，其正色邪？其遠而無所至極邪？其視下也，亦若是則已矣。其謂鵬。是謂人視天，鳥在九萬里上，率數約略如此，故曰則已矣，非謂遂止也。借人視天，喻鵬視下，極言摶上之高。且夫水之積也不厚，則其負大舟也無力。覆杯水於坳堂之上，支遁云：謂堂有坳垤形也。則芥爲之舟，李頤云：芥，小草。置杯焉則膠，崔云：著地。水淺而舟大也。風之積也不厚，則其負大翼也無力。故九萬里則風斯在下矣，而後乃今培風；王念孫曰：培，馮也。周禮馮相氏注：馮，乘也。鵬在風上，故言馮。培、馮聲近義通。漢書周緤傳，緤封鄘城侯，顏注：呂忱云：鄘音陪。楚漢春秋作馮城侯，是培、馮音近之證。背負青天而莫之夭閼者，司馬云：夭，折也。閼，止也。言無有折止使不行者。而後乃今將圖南。

譯向南行借水喻風唯力厚故能負而行明物非以息相吹不能遊也 蜩與學鳩笑之曰。釋文學本又作鷽本或作鸒音預司馬云學鳩小鳩俞樾云文選江淹詩鸒斯高下飛李注引莊子此文說之又引司馬云鸒鳩小鳥是司馬注作鸒不作鷽 我決起而飛。李云決疾貌 槍榆枋。支云槍突也李云猶集也榆枋二木名枋音方李云檀木 時則不至而控於地而已矣。王念孫云則猶或也司馬云控投也 奚以之九萬里而南爲。借蜩鳩之笑爲惠施寫照 適莽蒼者三湌而反。釋文蒼七蕩反或如字崔云草野之色三湌猶言竟日 腹猶果然。適百里者宿春糧。隔宿擣米儲食 適千里者三月聚糧。之二蟲謂蜩鳩 又何知。借人爲二蟲設喻 小知不及大知。釋文音智本亦作智下大知同 小年不及大年。上語明顯設喻騈列以掩其迹 奚以知其然也。朝菌不知晦朔。列子湯問篇朽壤之上有菌芝者生於朝死於晦晦謂夜釋文朔旦也 惠蛄不知春秋。此小年也。釋文惠本作蟪司馬云惠蛄寒蟬也一名蝭蟧春生夏死夏生秋死 楚之南有冥靈者。以五百歲爲春。五百歲爲秋。上古有大椿者。以八千歲爲春。八千歲爲秋。楚之南下全引列子湯問篇楚彼作荆 而彭祖乃今以久特聞。李云彭祖名鏗堯封臣彭城歷虞夏至商年七百歲故以久壽見聞 衆人匹之。言壽者必舉彭祖爲比 不亦悲乎。此段從小年句演出 湯之問棘也是已。湯問篇殷湯問於夏革張湛注湯大夫棘革古同聲通用 窮髮之北有冥海者。天池也。有魚焉。其廣數千里。未有知其修者。其名爲鯤。有鳥焉。其名爲鵬。背若泰山。翼若垂天之雲。湯問篇終髮北之北有溟海者天池也有魚焉其廣數千里其長稱焉其名爲鯤有鳥焉其名爲鵬翼若垂天之雲其體稱焉按列子不言鯤化爲鵬又此下至而彼且奚適也皆列子所無而其文若相屬爲義漆園引古在有意無意之間所謂洸洋自恣以適己者此類是也 摶扶搖羊角而上者九萬里。司馬云風曲上行若羊角 絕雲氣。負青天。然後圖南。且適南冥也。引湯問再證 斥鴳笑之曰。司馬云斥小澤鴳雀也斥本作尺古字通夏侯湛抵疑尺鷃不能陵桑榆文選七啓注鷃雀飛不過一尺言其劣弱也案雀飛何止一尺下文明言數仞矣 彼且奚適也。彼鴳 我騰躍而上。不過數仞而下。翱翔蓬蒿之間。此亦飛之至也。而彼且

奚適也。又借斥鴳之笑爲惠施寫照 此小大之辯也。點明

故夫知效一官。行比一鄉。李云比合也 德合一君而徵一國者。郭慶藩云而讀爲能能而古字通用官鄉君國相對知行德能亦相對司馬云徵信也 其自視也亦若此矣。此謂斥鴳方說到人暗指惠施一輩人 而宋榮子猶然笑之。司馬李云榮子宋國人崔云賢者謂猶以爲笑 且舉世譽之而不加勸。舉世非之而不加沮。郭象云審自得也 定乎內外之分。郭云內我而外物 辯乎榮辱之境。郭云榮己而辱人 斯已矣。成云榮子智德止盡於斯 彼其於世。未數數然也。言不數數見如此者也 雖然。猶有未樹也。司馬云樹立也至德未立案言宋榮子不足慕 夫列子御風而行。成云列禦寇鄭人與鄭繻公同時案列子黃帝篇列子師老商氏友伯高子盡二子之道乘風而歸下又云隨風東西猶木葉幹殼竟不知風乘我邪我乘風乎 泠然善也。郭云泠然輕妙之貌 旬有五日而後反。彼於致福者。未數數然也。成云致得也得食仙之福案言得此福者亦不數數見也 此雖免乎行。猶有所待者也。雖免步行猶必待風列子亦不足慕 若夫乘天地之正。而御六氣之辯。司馬云六氣陰陽風雨晦明郭慶藩云辯讀爲變與正對文辯變古字通 以遊無窮者。彼且惡乎待哉。無所待而遊於無窮方是逍遙遊一篇綱要 故曰。至人無己。神人無功。聖人無名。釋文己音紀成云至言其體神言其用聖言其名其實一也案不立功名不以己與故爲獨絕此莊子自爲說法下又列四事以明之

堯讓天下於許由。司馬云潁川陽城人 曰。日月出矣。而爝火不息。字林爝炬火也 其於光也。不亦難乎。時雨降矣。而猶浸灌。其於澤也。不亦勞乎。夫子立而天下治。而我猶尸之。成云尸主也 吾自視缺然。請致天下。許由曰。子治天下。天下既已治也。而我猶代子。吾將爲名乎。名者實之賓也。吾將爲賓乎。鷦鷯巢於深林。不過一枝。李云鷦鷯小鳥郭璞云桃雀 偃鼠飲河。不過滿腹。李頤云偃鼠鼴鼠也李楨云偃或作鼴俗作鼹本草陶注一名鼢鼠常穿耕地中行討掘即得說文鼢下云地

行鼠伯勞所化也李說譔 歸休乎君。予無所用天下爲。庖人雖不治庖。尸祝不越樽俎而代之矣。釋文傳鬼神言曰祝案引不受天下之許由爲已寫照言非此不能獨全其天

肩吾問於連叔 成云並古之懷道者 曰。吾聞言於接輿。釋文皇甫謐云接輿躬耕楚王遣使以黃金百鎰車二駟聘之不應 大而無當。釋文丁浪反案當底也 往而不返。吾驚怖其言。猶河漢而無極也。成云猶上天河漢迢遞清高尋其源流略無窮極 大有逕庭。宣穎云逕門外路庭堂外地大有謂相遠之甚 不近人情焉。連叔曰。其言謂何哉。曰。藐姑射之山。釋文藐音邈簡文云遠也姑射山名在北海中 有神人居焉。肌膚若冰雪。淖約若處子。李云淖約好貌釋文處子在室女 不食五穀。吸風飲露。乘雲氣。御飛龍。而遊乎四海之外。乘雲氣三句又見齊物論篇御飛龍作騎日月 其神凝。三字喫緊非遊物外者不能凝於神 使物不疵癘而年穀熟。司馬云疵毀也癘音癩惡病列子黃帝篇姑射山在海中山上有神人焉吸風飲露不食五穀心如淵泉形如處女不施不惠而物自足不聚不斂而已無愆陰陽常調日月常明四時常若風雨常均字育常時年穀常豐而土無札傷人無夭惡物無疵癘漆園本此爲說 吾是以狂而不信也。狂李又九況反案音讀如誑言以爲誑 連叔曰。然。瞽者無以與乎文章之觀。聾者無以與乎鐘鼓之聲。豈惟形骸有聾盲哉。夫知亦有之。是其言也。猶時女也。司馬云猶處女也案時是也云是其言也猶是若處女者也此人也此德也云云極擬議之詞 之人也。之德也。將磅礴萬物以爲一。世蘄乎亂。孰弊弊焉以天下爲事。李云磅礴猶旁礴李楨云亦作旁魄廣被意也言其德行廣被萬物以爲一世求治豈肯有勞天下之迹老子曰我無爲而民自化亂治也簡文云弊弊經營貌案蘄同期 之人也。物莫之傷。大浸稽天而不溺。司馬云稽至也 大旱金石流土山焦而不熱。是其塵垢粃穅。說文粃作秕釋文秕穅猶繁碎案言於煩碎之事物直以塵垢視之 將猶陶鑄堯舜者也。孰肯以物爲事。又引不以天下爲事之神人以明其自全之道 宋人資章甫適諸越。李云資貨也章甫殷冠也以冠爲貨司馬云諸於也 越人短髮文身。無所用

之。為無所用天下設喻 堯治天下之民，平海內之政，往見四子藐姑射之山，司馬、李云：四子，王倪、齧缺、被衣、許由。李楨云：四子本無其人，徵名以實之，則鑿矣。 汾水之陽，窅然喪其天下焉。汾水之陽，堯都。宣云：窅然，深遠貌。案：言堯亦自失其有天下之尊，下此更不足言矣。

惠子謂莊子曰：司馬云：姓惠，名施，為梁相。 魏王貽我大瓠之種，瓠，瓜也，即今葫蘆瓜。 我樹之成而實五石。以盛水漿，其堅不能自舉也。成云：樹植實子也，虛脆不堅，故不能自勝舉。 剖之以為瓢，則瓠落無所容。簡文云：瓠落猶廓落也。成云：平淺不容多物。 非不呺然大也，釋文：呺，本亦作号。李云：虛大貌。俞樾云：呺俗字，當作枵，虛也。 吾為其無用而掊之。莊子曰：夫子固拙於用大矣。宋人有善為不龜手之藥者，向秀云：龜，拘坼也。釋文：徐音舉倫反。李楨云：此以龜為皸之叚借。元應音義皸下引通俗文：手足坼裂曰皸。經文或作龜坼，下引此文為證。 世世以洴澼絖為事。成云：洴，浮；澼，漂；絖，絮也。李云：漂絮水上。盧文弨云：洴澼，擊絮之聲。 客聞之，請買其方百金。李云：金方寸重一斤為一金，百金，百斤也。 聚族而謀曰：我世世為洴澼絖，不過數金。今一朝而鬻技百金，請與之。客得之，以說吳王。越有難，吳王使之將。冬與越人水戰，大敗越人，裂地而封之。能不龜手一也，或以封，或不免於洴澼絖，則所用之異也。今子有五石之瓠，何不慮以為大樽而浮於江湖，司馬云：慮猶結綴也。樽如酒器，縛之於身，浮於江湖，可以自渡。案：所謂腰舟。 而憂其瓠落無所容？則夫子猶有蓬之心也夫！向云：蓬者短不暢，曲士之謂。案：言惠施以有用為無用，不得用之道也。

惠子謂莊子曰：吾有大樹，人謂之樗。其大本擁腫而不中繩墨，其小枝卷曲而不中規矩。立之塗，匠者不顧。今子之言，大而無用，眾所同去也。猶言棄而不取。 莊子曰：子獨不見狸狌乎？成云：狌，野貓。 卑身而伏，以候敖者；司馬云：遨翔之物，雞鼠之屬。 東西跳梁，成云：跳梁猶走梁不辟高下。辟音避 中於機辟。辟所以陷物鹽鐵論刑法篇辟陷設而當其蹊與此同義亦作臂楚詞哀時命篇外迫脅於機臂今機臂卽機辟也玉篇王注以爲弩身 死於網罟。今夫斄牛。司馬云旄牛 其大若垂天之雲。成云山中遠望如天際之雲 此能爲大矣。而不能執鼠。今子有大樹。患其無用。何不樹之於無何有之鄉。廣莫之野。釋文云莫大也 彷徨乎無爲其側。釋文彷徨猶翱翔 逍遙乎寢臥其下。郭慶藩云逍遙依說文當作消搖又引王晉夜云消搖者調暢悅豫之意 不夭斤斧。物無害者。無所可用。言無處可用之人間世篇是不材之木也無所可用又云予求無所可用久矣又山木篇無所可用文意並與此同 安所困苦哉。又言狸狌之不得其死斄牛之大而無用不如樗樹之善全以曉惠施蓋惠施用世莊子逃世惠以莊言爲無用不知莊之遊於無窮所謂大知小知之異也

內篇齊物論第二 天下之物之言皆可齊一視之不必致辯守道而已蘇輿云天下之至紛莫如物論是非太明足以累心故視天下之言如天籟之旋怒旋已如鷇音之自然而一無與於我然後忘彼是渾成毀平尊隸均物我外形骸遺生死求其眞宰照以本明遊心於無窮皆莊生最微之思理然其爲書辯多而情激豈眞忘是非者哉不過空存其理而已

南郭子綦隱机而坐。司馬云居南郭因爲號釋文隱馮也李本机作几案事又見徐无鬼篇郭作伯机作几 仰天而嘘。荅焉似喪其耦。向云嘘息也釋文荅解體貌本又作嗒耦本亦作偶俞云偶當讀爲寓寓寄也卽下文所謂吾喪我也案徐无鬼篇嘘下無此句 顏成子游立侍乎前。李云子綦弟子姓顏名偃謚成字游案徐无鬼篇作顏成子入見 曰。何居乎。徐无鬼篇作夫子物之尤也 形固可使如槁木。而心固可使如死灰乎。文子道原篇引老子曰形若槁木心若死灰徐无鬼篇與此二句同木作骸知北遊篇形若槁骸心若死灰庚桑楚篇亦有二句槁骸作槁木之枝達生篇亦云吾執臂也若槁木之枝是此槁木卽槁木之枝槁骸亦槁枝也以下異而同 今之隱机者。非昔之隱机者也。子綦曰。偃。不亦善乎而問之也。今者吾喪我。汝知之乎。汝聞人籟而未聞地籟。女聞地籟而未聞天籟夫。郭云籟簫也 子游曰。敢問其方。成云方術也 子綦曰。夫大塊噫氣。俞云塊出或體大塊地成云噫而出氣 其名爲風。是唯无作。作則萬竅怒呺。而獨不聞之翏翏乎。之猶其下同釋文翏翏長風聲李本作飂 山林之畏

佳。卽嵔崔猶崔巍大木百圍之竅穴。似鼻、似口、似耳、似枅、似圈、似臼、似洼者、似污者。字林云枅柱上方木成云圈獸之闌圈宣云洼深池污窊也三象身三象物二象地皆狀木之竅形激者、謞者、叱者、吸者、叫者、譹者、宎者、咬者。宣云激如水激聲謞如箭去聲叱出而聲粗吸入而聲細叫高而聲揚譹下而聲濁宎深而聲畱咬鳴而聲清皆狀竅聲釋文謞音孝司馬云譹哭聲案交交黃鳥三家詩作咬咬前者唱于而隨者唱喁。李云于喁聲之相和成云皆風吹樹動前後相隨之聲泠風得小和。飄風則大和。李云泠小風也爾雅回風爲飄和明臥反厲風濟則衆竅爲虛。向云厲烈也濟止也風止則萬竅寂然而獨不見之調調之刁刁乎。郭云調調刁刁皆動搖貌

子游曰。地籟則衆竅是已。人籟則比竹是已。以竹相比而吹之敢問天籟。子綦曰。夫吹萬不同而使其自已也。咸其自取。怒者其誰邪。宣云待風鳴者地籟而風之使竅自鳴者卽天籟也引子綦言畢案此文以吹引言風所吹萬有不同而使之鳴者仍使其自止也且每竅各成一聲是鳴者仍皆其自取也然則萬竅怒呺有使之怒者而怒者果誰邪悟其爲誰則衆聲之鳴皆不能無所待而成形者更可知矣又何所謂得喪乎怒者其誰使人言下自領下文所謂眞君也

大知閑閑。小知閒閒。釋文知音智下同成云閑閑寬裕也俞云廣雅釋詁閒覗也閒閒謂好覗察人此智識之異大言炎炎。小言詹詹。炎炎有氣燄成云詹詹詞費也此識論之異其寐也魂交。其覺也形開。此寐覺之異與接爲搆。成云搆合也日以心鬭。宣云心計相角縵者、窖者、密者。簡文云縵寬司馬云窖深也宣云密謹也成云略而言之有此三別此交接之異小恐惴惴。大恐縵縵。李云惴惴小心貌宣云縵縵迷漫失精此恐悸之異其發若機栝。其司是非之謂也。釋文機弩牙栝箭栝成云司主也案發言卽有是非榮辱之主也其畱如詛盟。其守勝之謂也。畱不發若詛盟然守已以勝人此語默之異其殺若秋冬。以言其日消也。宣云琢削使天眞日喪其溺之所爲之。不可使復之也。溺沈溺宣云爲之之之猶往言一往不可復返其厭也如緘。以言其老洫也。宣云厭然閉藏緘祕固洫深也老而愈深近死之心。莫使復陽也。宣云陰鷙無復生意喜怒哀樂。慮歎變慹。

宣云慮多思歎多悲變多反覆慹多怖音執姚佚啓態。成云姚則輕浮躁動佚則奢華縱放啓則情欲開張態則嬌婬妖冶案姚同佻動止交接性情容貌皆天所賦以上言人樂出虛。無聲而有聲宣云本虛器樂由此作蒸成菌。無形而有形皆氣所使以上言物日夜相代乎前。而莫知其所萌。日與夜代於何萌生上句又見德充符篇已乎已乎。旦暮得此。其所由以生乎。既無可推求不如其已乎然俯仰旦暮間自悟眞理此者生之根也非彼無我。宣云彼即上之此也非我无所取。成云若非自然誰能生我若無有我誰稟自然乎是亦近矣。成云我即自然自然即我其理非遠而不知其所爲使。宣云究竟使然者誰邪案與上怒者其誰邪相應必有眞宰。而特不得其眹。崔云特辭也李云眹兆也案云若有眞爲主宰者使然而其眹迹不可得見可形已信。而不見其形。可運動者已信能之而不見運動我之形有情而無形。與我有相維繫之情而形不可見百骸。成云百骨節九竅。眼耳鼻口七竅與下二漏而九六藏。李楨云難經三十九難五藏心肝脾肺腎也亦有六藏者腎有兩藏也左腎右命門命門者謂精神之所舍也其氣與腎通故言藏有六也賅而存焉。成云賅備吾誰與爲親。成云豈有親疏汝皆說之乎。其有私焉。將皆親而愛悅之乎或有私於身中之一物乎如是皆有爲臣妾乎。其臣妾不足以相治也。其遞相爲君臣乎。其有眞君存焉。成云臣妾士女之賤職案謂役使之也言皆悅不可有私不可既如是矣或皆有之而賤爲役使之臣妾乎然無主不足以相治也其或遞代爲君臣乎然有眞君在焉即上眞宰也此語點醒如求得其情與不得。無益損乎其眞。一受其成形。不亡以待盡。與物相刃相靡。其行盡如馳。而莫之能止。不亦悲乎。成云刃逆靡順也眞君所在求得不加益不得不加損惟人自受形以來守之不死坐待氣盡徒與外物相攖視歲月之行盡如馳而莫之能止可不悲乎案一受其成形不亡以待盡又見田子方篇亡作化終身役役。而不見其成功。苶然疲役。而不知其所歸。可不哀邪。所有皆幻妄故無成功疲於所役而不知如何歸宿盧文弨云苶當作苶司馬作薾簡文云疲困貌人謂之不死奚益。其形化。其心與之然。可不謂大哀乎。宣云縱生何用及形化而心亦與之化靈氣蕩然矣人之生也。固若是芒乎。其我獨芒而人亦有不芒者乎。成云芒闇昧也夫隨其成心而師之。誰獨且無師乎。奚必知代而心自取者有之。愚者與有焉。心之所志隨而成之以心爲師人人皆有奚必知相代之理而心能自得師者有之即愚者莫不有焉未成乎心而有是非。是今日適越而昔至也。未成凝一之心妄起意見以爲若者是道若者非道猶未行而自夸已至此是非與下是非無涉天下篇今日適越而昔來惠施與辯者之言也此引爲喻是以無有爲有。無有爲有。雖有神禹且不能知。吾獨且奈何哉。無而爲有雖禹之智不能解悟自夸自欺吾末如之何矣此段反復喚醒世人

夫言非吹也。應上吹言者有言。其所言者特未定也。果有言邪。其未嘗有言邪。其以爲異於鷇音。亦有辯乎。其無辯乎。人言非風吹比人甫有言未定足據也果據以爲言邪抑以爲无此言邪抑以爲與初生鳥音果有別乎無別乎其言之輕重尙不定道惡乎隱而有眞僞。言惡乎隱而有是非。隱蔽也道何以蔽而至於有眞有僞言何以蔽而至於有是有非道惡乎往而不存。言惡乎存而不可。宣云觸處皆道本不須言一言一道亦不須辯道隱於小成。小成謂各執所成以爲道不知道之大也宣云偏見之人乃致道隱成引老子云大道廢有仁義言隱於榮華。成云榮華浮辯之詞華美之言也只爲滯於華辯所以蔽隱至言老子云信言不美美言不信故有儒墨之是非。以是其所非。而非其所是。成云昔有鄭人名緩學於求氏之地三年藝成而化爲儒儒者祖述堯舜憲章文武行仁義之道辯尊卑之位故謂之儒緩弟名翟緩化其弟遂成於墨墨者禹道也尙賢崇禮儉以兼愛摩頂放踵以救蒼生此謂之墨也緩翟二人親則兄弟各執一教更相是非緩恨其弟感激而死然彼我是非其來久矣爭競之甚起自二賢故指此二賢爲亂羣之帥是知道喪言隱方督是非案儒墨事見列禦寇篇欲是其所非而非其所是。則莫若以明。郭嵩燾云彼是有對待之形而是非兩立則所持之是非非是非也彼是之見存也案莫若以明者言莫若即以本然之明照之物无非彼。物无非是。有對立皆有彼此自彼則不見。自知則知之。觀人則昧返觀即明故曰彼出於是。是亦因彼。彼是方生之說也。有此而後有彼因彼而亦有此乃彼此初生之說也雖然。方生方死。方死方生。然其說隨生隨滅隨滅隨生浮游無定郭以此言死生之變非是方可方不可。方不可方可。言可即有以爲不可者言不可即有以爲可者可不可即是非也因是因非。因非因是。有因而是者即有因而非者有因而非者

即有因而是者既有彼此則是非之生無窮 是以聖人不由。宣云不由是非之途 而照之於天。成云天自然也案照明也但明之於自然之天無所用其是非 亦因是也。是此也因此是非無窮故不由之蘇輿云猶言職是故也 是亦彼也。彼亦是也。是此也郭云此亦爲彼所彼彼亦自以爲此 彼亦一是非。此亦一是非。成云此既自是彼亦自是此既非彼彼亦非此故各有一是各有一非也 果且有彼是乎哉。果且无彼是乎哉。分則有彼此合則無彼此 彼是莫得其偶。謂之道樞。成云偶對樞要也體夫彼此俱空是非兩幻凝神獨見而無對於天下者可得會其玄極得道樞要 樞始得其環中。以應无窮。郭嵩燾云是非兩化而道存焉故曰道樞握道之樞以游乎環中中空也是非反復相尋無窮若循環然游乎空中不爲是非所役而後可以應無窮唐釋湛然止觀輔行傳宏決引莊子古注云以圓環內空體無際故曰環中案則陽篇亦云冉相氏得其環中以隨成 是亦一无窮。非亦一无窮也。郭云天下莫不自是而莫不相非故一是一非兩行無窮 故曰莫若以明。惟本明之照可以應無窮此言有彼此而是非生非以明不能見道

以指喻指之非指。不若以非指喻指之非指也。以馬喻馬之非馬。不若以非馬喻馬之非馬也。天地一指也。萬物一馬也。爲下文物謂之而然立一影子近取諸身則指是遠取諸物則馬是今日指非指馬非馬人必不信以指與馬喻之不能明也以非指非馬者喻之則指之非指馬之非馬可以悟矣故天地雖大特一指耳萬物雖紛特一馬耳 可乎可。不可乎不可。郭云可乎已者卽謂之可不可於已者卽謂之不可 道行之而成。宣云道路也案行之而成孟子所云用之而成路也爲下句取譬與理道無涉 物謂之而然。凡物稱之而名立非先固有此名也故指馬可曰非指馬非指馬者亦可曰指馬 惡乎然。然於然。惡乎不然。不然於不然。何以謂之然有然者卽從而皆然之何以謂之不然有不然者卽從而皆不然之隨人爲是非也 物固有所然。物固有所可。无物不然。無物不可。論物之初固有然有可如指爲指馬爲馬是也論物之後起則不正之名多矣若變易名稱無不然無不可如指非指馬非馬何不可聽人謂之惡乎然以下又見寓言篇此是非可否並舉以寓言篇證之不然於不然下似應更有惡乎可可於可惡乎不可不可於不可四句而今本奪之 故爲是舉莛與楹。厲與西施。恢恑憰怪。道通爲一。釋文爲于僞反成云爲是故略舉數事俞云說文莛莖也漢書東方朔傳以莛撞鐘司馬云楹屋柱也厲病癩莛楹以大小言厲西施以美醜言成云恢寬大之名恑奇變之稱憰矯詐之名怪妖異之稱案自知道者觀之皆可通而爲一不必異視

其分也成也。分一物以成數物 其成也毀也。成云於此爲成於彼爲毀如散毛成氈伐木爲舍等也 凡物无成與毀。復通爲一。如此成卽毀毀卽成故無論成毀復可通而爲一不必異視 唯達者知通爲一。爲是不用。而寓諸庸。唯達道者能一視之爲是不用已見而寓諸尋常之理 庸也者用也。宣云無用之用 用也者通也。無用而有用者以能觀其通 通也者得也。觀其通則自得 適得而幾已。適然自得則幾於道矣 因是已。因任也任天之謂也 已而不知其然謂之道。宣云已者既通爲一不知其然未嘗有心也謂之道所謂適得而幾也案此言非齊是非不能得道以下又反言以明 勞神明爲一。而不知其同也。謂之朝三。若勞神明以求一而不知其本同也是囿於目前之一隅與朝三之說何異乎 何謂朝三。狙公賦芧。曰朝三而暮四。衆狙皆怒。曰然則朝四而暮三。衆狙皆悅。名實未虧而喜怒爲用。亦因是也。列子黃帝篇宋有狙公者愛狙養之成羣能解狙之意狙亦得公之心損其家口充狙之欲俄而匱焉將限其食恐衆狙之不馴於己也先誑之曰與若芧朝三而暮四足乎衆狙皆起而怒俄而曰朝四而暮三足乎衆狙皆伏而喜物之以能鄙相籠皆猶此也聖人以智籠羣愚亦猶狙公之以智籠衆狙也名實不虧使其喜怒哉張湛注好養猨猴者因謂之狙公芧音序栗也案淼園引之言名實兩無虧損而喜怒爲其所用順其天性而已亦因任之義也 是以聖人和之以是非。而休乎天鈞。是之謂兩行。釋文鈞本又作均成云均自然均平之理案言聖人和通是非共休息於自然均平之地物與我各得其所是兩行也案寓言篇亦云始卒若環莫得其倫是謂天均天均者天倪也此作鈞用通借字 古之人其知有所至矣。成云至造極之名 惡乎至。有以爲未始有物者。至矣盡矣。不可以加矣。郭云此忘天地遺萬物外不察乎宇宙內不覺其一身故能曠然無累與物俱往而無所不應 其次以爲有物矣。以上又見庚桑楚篇 而未始有封也。封界域也其次見爲有物尙無彼此 其次以爲有封焉。而未始有是非也。雖見有彼此尙無是非 是非之彰也。道之所以虧也。見是非則道之渾然者傷矣 道之所以虧。愛之所以成。私愛以是非而成 果且有成與虧乎哉。果且無成與虧乎哉。成云果決定也道無增減物有虧成是以物愛既成謂道爲損而道實無虧也故假設論端以明其義 有成與虧。故昭氏之鼓琴也。無成與虧。故昭氏之不鼓琴也。宣云故古也成云姓昭名文古善琴者鼓商則喪角揮宮則失徵未若置而不鼓五音自全亦猶存情所以乖道忘智所以合眞者也　昭文之鼓琴也。師曠之枝策也。成云枝柱也策打鼓枝亦言擊節枝曠妙解音律晉平公樂師案枝策者拄其策而不擊　惠子之據梧也。司馬云梧琴也成云檢典籍無惠子善琴之文據梧者止是以梧几而據之談說案今從成說德充符篇莊謂惠子云今子外乎子之神勞乎子之精倚樹而吟據槁梧而瞑案據梧而瞑善辯者有不辯之時枝策者有不擊之時上昭文鼓琴亦兼承不鼓意　三子之知幾乎。皆其盛者也。故載之末年。翟云書之於今也案言昭善鼓琴曠知音律惠談名理三子之智其庶幾乎皆其最盛美者也故記載之傳於後世　唯其好之。以異於彼。其好之也。欲以明之彼。宣云惟自以爲異於人且欲以曉於人成云彼衆人也案唯其好之四語專承善辯者言　非所明而明之。故以堅白之昧終。非人所必明而強欲共明之如堅石白馬之辯欲衆共明而終於昧故曰以堅白之昧終堅白又見德充符天下天地秋水四篇成云公孫龍趙人當六國時弟子孔穿之徒堅執此論橫行天下服衆人之口不服衆人之心　而其子又以文之綸終。終身無成。郭云昭文之子又乃終文之緒成云昭文之子倚其父業卒其年命竟無所成案終文之緒猶禮中庸云纘太王王季文王之緒也所謂無成者不過成其一枝而去道遠仍是無成　若是而可謂成乎。雖我亦成也。成云我衆人也若三子異於衆人遂自以爲成而衆人異於三子亦可謂之成也　若是而不可謂成乎。物與我無成也。若是而不可謂成乎則天下之無成者多矣當知以我逐物皆是無成也　是故滑疑之耀。聖人之所圖也。爲是不用而寓諸庸。此之謂以明。司馬云滑疑亂也案雖亂道而足以眩耀世人故曰滑疑之耀聖人必謀去之爲其有害大道也爲是不用己智而寓諸尋常之理此之謂以本然之明照之以上言求道則不容有物得物之一端以爲道不可謂成

今且有言於此。不知其與是類乎。其與是不類乎。類與不類。相與爲類。則與彼无以異矣。如人皆執彼此之見今且有言如此不知其與我類乎與我不類乎若務求勝彼而引不類者爲類則與彼之不類有異乎宣云是我也　雖然。請嘗言之。成云嘗試也　有始也者。有未始有始也者。成云未始猶未曾也案事端未露　有未始夫未始有始也者。並無事端僅具事理　有有也者。有无也者。言之有無　有未始有无也者。言未曾出　有未始夫未始

有无也者。並出言之心亦未曾萌 俄而有无矣。而未知有无之果孰有孰无也。忽而有有言者有無言者然有言者或情已竭無者或意未盡是有者爲無無者爲有故曰未知有無之果孰有孰無也 今我則已有謂矣。既顯有言矣 而未知吾所謂之果有謂乎。其果無謂乎。未知吾所言之果爲有言乎其果爲無言乎合於道爲言不合則有言與無言等 天下莫大於秋毫之末。而太山爲小。莫壽於殤子。而彭祖爲夭。天地與我並生。而萬物與我爲一。釋文殤子短命者也或云年十九以下爲殤司馬云兔毫在秋而成成云秋時獸生毫毛其末至微故謂秋毫之末也人生在於襁褓而亡謂之殤子物之生也形氣不同有小有大有夭有壽若以性分言之無不自足故以性足爲大天下莫大於豪末莫小於太山太山爲小則天下無大豪末爲大則天下無小小大既爾夭壽亦然是以兩儀雖大各足之性乃均萬物雖多自得之義唯一案此漆園所謂齊彭殤也但如前人所說則誠虛誕妄作矣其意蓋謂太山豪末皆區中之一物既有相千萬於太山之大者則太山不過與豪末等故曰莫大於豪末而太山爲小彭祖殤子皆區中之一人彭祖七八百年而亡則彭祖不過與殤子等故曰莫大於殤子而彭祖爲夭我能與天地無極則天地與我並生我不必與萬物相競則萬物與我爲一也漆園道術精妙喚醒世迷欲其直指最初各葆眞性俗子徒就文章求之止益其妄耳 既已爲一矣。且得有言乎。何所容其言 既已謂之一矣。且得无言乎。謂之一即是言 一與言爲二。二與一爲三。自此以往。巧歷不能得。而況其凡乎。成云夫以言言一而一非言也一既一矣言又言焉有一有言二名斯起復將後時之二名對前時之妙一有一有二不謂之三乎從三以往雖有善巧算歷之人亦不能紀得其數而況凡夫之類乎 故自无適有以至於三。而況自有適有乎。成云自從也適往也至理無言言則名起從無言以之有言纔言則至於三況從有言適有言枝流分派其可窮乎 无適焉。因是已。若其無適惟有因任而已此舉物之大小人之壽夭並齊之得因任之妙 夫道未始有封。成云道無不在有何封域 言未始有常。郭云彼此言之故是非無定 爲是而有畛也。爲言無常而後有畛域 請言其畛。有左有右。或袒左或袒右 有倫有義。郭云物物有理事事有宜釋文崔本作有論有議俞云崔本是下文云存而不論論而不議又曰故分也者有不分也辯也者有不辯也彼所謂分辯即此有分有辯然則彼所謂論議即此有論有議矣案上言有畛倫義非畛也當從俞說 有分有辯。分者異視辯者剖別 有競有爭。競者對競爭者羣爭 此之謂八德。德之言得也各據所得而後有言此八類也 六合之外。聖人存而不論。成云六合天地四方妙理希夷超六合之外所以存而不論六合之內。聖人論而不議。成云六合之內謂蒼生所稟之性分聖人隨其機感陳而應之既曰憑虛亦無可詳議春秋經世先王之志。聖人議而不辯。成云春秋者時代先王三皇五帝志記也祖述軒頊憲章堯舜記錄時代以爲典謨聖人議論利益當時終不取是辯非滯於陳迹案春秋經世謂有年時以經緯世事非孔子所作春秋也故分也者。有不分也。辯也者。有不辯也。以不分爲分不辯爲辯曰。何也。聖人懷之。存之於心衆人辯之以相示也。相夸示故曰辯也者。有不見也。不見道之大而後辯起夫大道不稱。宣云無可名大辯不言。使其自悟不以言屈大仁不仁。成云亭毒羣品汎愛無心譬彼青春非爲仁也大廉不嗛。釋文嗛徐音謙成云知萬境虛幻無一可貪物我俱空何所遜讓大勇不忮。宣云無客氣害人之心道昭而不道。以道炫物必非眞道言辯而不及。宣云不勝辯仁常而不成。郭云有常愛必不周廉清而不信。宣云外示皦然則中不可知勇忮而不成。成云舍慈而勇忮逆物情衆共疾之必無成遂五者园而幾向方矣。釋文园崔音圓司馬云圓也成云幾近也宣云五者本渾然圓通今滯於迹而近向方不可行也故知止其所不知。至矣。成云智不逮不強知知止其分學之造極也孰知不言之辯。不道之道。不道卽上不稱若有能知。此之謂天府。宣云渾然之中無所不藏注焉而不滿。酌焉而不竭。而不知其所由來。郭云至理之來自然無迹此之謂葆光。成云葆蔽也韜蔽而其光彌明言藉言以顯者非道反復以明之

故昔者堯問於舜曰。我欲伐宗膾胥敖。崔云宗一膾二胥敖三國案人間世篇堯攻叢枝胥敖國爲虛厲是未從舜言矣南面而不釋然。成云釋然怡悅貌也案釋同懌語又見庚桑楚篇其故何也。舜曰。夫三子者。成云三國君猶存乎蓬艾之閒。存猶在也成云蓬艾賤草若不釋然何哉。昔者十日並出。淮南子堯時十日並出使羿射落其九故援以爲喻萬物皆照。而況德之進乎日者乎。成云進過也欲奪蓬艾之願而伐使從我於至道豈宏哉堯舜一證齧缺問乎王倪曰。釋文倪徐五嵇反李音義高士傳云王倪堯時賢人也天地篇云齧缺之師子知物之所同是乎。曰。吾惡乎知之。郭云所同未必是所異不獨非彼我莫能相正故無

所用其知 子知子之所不知邪。成云子既不知物之同是頗自知己之不知乎 曰。吾惡乎知之。郭云若自知其所不知即爲有知有知則不能在羣才之自當 然則物无知邪。汝既无知然則物皆無知邪 曰吾惡乎知之。成云豈獨不知我亦乃不知物物我都忘故無所措其知也 雖然嘗試言之。庸詎知吾所謂知之非不知邪。庸詎知吾所謂不知之非知邪。李云庸用也詎何也案小知仍未爲知則不知未必非 且吾嘗試問乎女。民溼寢則腰疾偏死。司馬云偏枯 鰌然乎哉。案言物則不然成云泥鰌 木處則惴慄恂懼。釋文恂徐音峻恐貌班固作眴 猨猴然乎哉。三者孰知正處。民鰌猨孰知所處爲正 民食芻豢。芻野蔬豢家畜孟子芻豢之悅我口 麋鹿食薦。說文薦獸之所食 蝍且甘帶。釋文蝍且字或作蛆廣雅云蜈公也崔云帶蛇也 鴟鴉耆鼠。鴟鴉二鳥耆釋文字或作嗜 四者孰知正味。民獸蟲鳥孰知所食之味爲正 猨猵狙以爲雌。釋文猵徐敷面反郭李音偏司馬云猵狙一名獦牂似猨而狗頭憙與雌猨交 麋與鹿交。鰌與魚游。毛嬙麗姬。人之所美也。魚見之深入。鳥見之高飛。麋鹿見之決驟。崔云決驟疾走不顧 四者孰知天下之正色哉。自我觀之。仁義之端。是非之塗。樊然殽亂。吾惡能知其辯。釋文樊音煩說文殽雜錯也成云行仁履義損益不同或於我爲利於彼爲害或於彼爲是於我爲非何能知其分別 齧缺曰。子不知利害。則至人固不知利害乎。王倪曰。至人神矣。成云至者妙極之體神者不測之用 大澤焚而不能熱。河漢沍而不能寒。向云沍凍也 疾雷破山。風振海。而不能驚。若然者。乘雲氣。郭云寄物而行非爲動也 騎日月。郭云有晝夜而無死生 而遊乎四海之外。三句與逍遙遊篇同騎日月作御飛龍 死生無變於己。郭云與變爲體故死生若一 而況利害之端乎。齧缺王倪二證

瞿鵲子問於長梧子曰。吾聞諸夫子。長梧子李云居長梧下因以爲名崔云名丘俞云瞿鵲必七十子之後人夫子謂孔子下文丘也何足以知之即孔子名因瞿鵲述孔子之言而折之崔說非也下文丘也與汝皆夢也予謂女夢亦夢也予者長梧子自謂既云丘與女皆夢又云予亦夢則安得即以丘爲長梧之名乎 聖人不從事於

務。郭云務自來而理自應非從而事之也不就利。不違害。成云違避也不喜求。不緣道。郭云獨至无謂有謂。謂言也或問而不答即是答也有謂无謂。有言而欲無言而遊乎塵垢之外。夫子以爲孟浪之言。向云孟浪音漫瀾無所趨舍之謂宣云無畔岸貌李云猶較略也成云猶率略也案率略即較略謂言其大略而我以爲妙道之行也。吾子以爲奚若。長梧子曰。是黃帝之所聽熒也。黃元作皇釋文本又作黃盧文弨云黃皇通用今本作黃成云聽熒疑惑不明之貌而丘也何足以知之。且汝亦大早計。釋文大音泰成云方聞此言便謂妙道無異下云云也見卵而求時夜。崔云時夜司夜謂雞見彈而求鴞炙。司馬云鴞小鳩可炙毛詩草木疏云大如班鳩綠色其肉甚美成云即鵩鳥賈誼所賦案二句又見人間世篇予嘗爲女妄言之。女亦以妄聽之。奚。成云何如旁日月。釋文旁薄葬反司馬云依也郭云以死生爲晝夜之喻挾宇宙。尸子云天地四方曰宇古往今來曰宙說文舟輿所極覆曰宙成云挾懷藏也郭云以萬物爲一體之譬爲其脗合。脗司馬云合也向音脣云若兩脣之相合也成云無分別貌置其滑涽。成云置任也滑亂也向本作汩涽闇也以隸相尊。成云隸賤稱皁僕之類案此貴賤一視眾人役役。聖人愚芚。徐芚徒奔反司馬云渾沌不分察成云忘知廢照芚然若愚參萬歲而一成純。參糅萬歲千殊萬異渾然汩然不以介懷抱一而成精純也萬物盡然而以是相蘊。釋文蘊積也案言於萬物無所不然但以一是相蘊積予惡乎知說生之非惑邪。說音悅予惡乎知惡死之非弱喪而不知歸者邪。喪失也弱齡失其故居安於他土麗之姬。艾封人之子也。成云艾封人艾地守封疆者晉國之始得之。涕泣沾襟。及其至於王所。崔云六國諸侯僭稱王因謂晉獻公爲王也與王同筐牀。釋文筐本亦作匡崔云方也食芻豢。而後悔其泣也。又借喻予惡乎知夫死者不悔其始之蘄生乎。郭云蘄求也夢飲酒者。旦而哭泣。夢哭泣者。旦而田獵。方其夢也。不知其夢也。夢之中又占其夢焉。覺而後知其夢也。覺夢之異且有大覺。而後知此其大夢也。死爲大覺則生是大夢而愚者自以爲覺。竊竊然知之。自謂知之君乎牧乎。固哉。其孰眞爲君上之貴乎孰眞爲牧圉之賤乎可謂固陋哉丘也與女皆夢也。予謂女夢亦夢也。是其言也。其名爲弔詭。釋文弔音的至也詭異也蘇輿云言衆人聞此言以爲弔詭遇大聖則知其解矣萬世之後。而一遇大聖。知其解者。是旦暮遇之也。解人難得萬世一遇猶旦暮然既使我與若辯矣。若勝我。我不若勝。若果是也。我果非也邪。我勝若。若不吾勝。我果是也。而果非也邪。若而皆汝也其或是也。其或非也邪。有是有非其俱是也。其俱非也邪。我與若不能相知也。則人固受其黮闇。吾誰使正之。使我各執偏見不能相知則旁人亦因之不明是受其黮闇也我欲正之將誰使乎黮闇不明之貌使同乎若者正之。既與若同矣。惡能正之。使同乎我者正之。既同乎我矣。惡能正之。使異乎我與若者正之。既異乎我與若矣。惡能正之。使同乎我與若者正之。既同乎我與若矣。惡能正之。然則我與若與人俱不能相知也。而待彼也邪。同彼我不信同我彼不服別立是非彼我皆疑隨人是非更無定論不能相知更何待邪極言辯之無益化聲之相待。若其不相待。郭嵩燾云言隨物而變謂之化聲若與也是與不是然與不然在人者也待人之爲是爲然而是之然之與其無待於人而自是自然一皆無與於其心如下文所云也和之以天倪。因之以曼衍。所以窮年也。成云天自然也倪分也曼衍猶變化因任也窮盡也和以自然之分任其無極之化盡天年之性命案此二十五字在後亦無辯下今從宣本移正又寓言篇亦云巵言日出和以天倪因以曼衍所以窮年何謂和之以天倪。曰。是不是。然不然。是若果是也。則是之異乎不是也亦无辯。然若果然也。則然之異乎不然也亦无辯。成云是非然否出自妄情以理推求舉體虛幻所是則不是所然則不然何以知其然邪是若定是是則異非然若定然然則異否而今此謂之是彼謂之非彼之所然此以爲否故知是非然否理在不殊彼我更對妄爲分別故無辯也矣忘年忘義。成云年者生之所稟既同於生死所以忘年義者裁於是非既一於是非所以忘義振於无竟。故寓諸无竟。成云振暢竟窮寓寄也案理暢於無窮斯意寄於無窮不須辯言也瞿鵲長梧三證罔兩問景曰：郭云：罔兩，景外之微陰也。釋文：景，本或作影，俗。曩子行，今子止；曩子坐，今子起；何其無特操與？成云：獨立志操。景曰：吾有待而然者邪？吾所待又有待而然者邪？影不能自立，須待形；形不自主，又待眞宰。吾待蛇蚹蜩翼邪？言吾之待，如之。釋文：蚹音附。司馬云：蛇腹下齟齬可以行者也。成云：若使待翼而飛，待足而走，禽獸甚多，何獨蛇蚹可譬？蚹，蛇蛻皮；翼，蜩甲也。蛇蛻舊皮，蜩新出甲，不知所以，莫辯所然。獨化而生，蓋無待也。是知形影之義，與蚹甲無異也。案：言吾之所待，其蛇蚹邪？蜩翼邪？謂二物有一定之形，此尚不甚相合也。以上與寓言篇同，而繁簡互異。惡識所以然？惡識所以不然？成云：待與不待，然與不然，天機自張，莫知其宰。罔兩景四證。

昔者莊周夢爲胡蝶，栩栩然胡蝶也。成云：栩栩，忻暢貌。自喻適志與！李云：喻，快也。自快適其志。與音餘。不知周也。俄然覺，則蘧蘧然周也。成云：蘧蘧，驚動之貌。不知周之夢爲胡蝶與，胡蝶之夢爲周與？周與胡蝶，則必有分矣。此之謂物化。周蝶必有分，而其入夢方覺，不知周蝶之分也。謂周爲蝶可，謂蝶爲周亦可，此則一而化矣。現身說法，五證齊物極境。

內篇　養生主第三

順事而不滯於物，冥情而不攖其天，此莊子養生之宗主也。

吾生也有涯，而知也无涯。生有窮盡，知無畔岸。以有涯隨無涯，殆已；向云：殆，窮困。已而爲知者，殆而已矣。已，止也。事過恩畱，其殆更甚。言以物爲事，無益於性命。爲善无近名，爲惡无近刑。王夫之云：聲色之類，不可名爲善者，即惡也。二語淺說。緣督以爲經，李頤云：緣，順；督，中；經，常也。李楨云：人身惟脊居中，督脈並脊而上，故訓中。王夫之云：身後之中脈曰督。緣督者，以淸微纖妙之氣循虛而行，自順以適得其中。傈說。可以保身，可以全生，全其有生之理。可以養親，以受於親者歸之於親，養之至也。可以盡年。天所與之年，任其自盡，勿夭折之，則有盡者無盡。從正意說入，一篇綱要。下設五喻以明之。

庖丁爲文惠君解牛，釋文：丁，其名。崔、司馬云：文惠君，梁惠王。成云：解，宰割。手之所觸，肩之所倚，足之所履，膝之所踦。蘇輿云說文踦一足也膝舉則足單故曰踦 砉然嚮然。奏刀騞然。司馬云砉皮骨相離聲崔云砉音畫騞音近獲聲大於砉也成云砉然嚮應進奏鸞刀騞然大解 莫不中音。釋文中丁仲反下同 合於桑林之舞。司馬云桑林湯樂名崔云宋舞樂名釋文左傳舞師題以旌夏是也 乃中經首之會。向司馬云經首咸池樂章也卽堯樂宣云會節也 文惠君曰譆。李云歎聲 善哉。技蓋至此乎。庖丁釋刀對曰。臣之所好者道也。進乎技矣。成云進過也 始臣之解牛之時。所見无非牛者。三年之後。未嘗見全牛也。成云操刀既久頓見理間纔覩有牛已知空卻亦猶服道日久智照漸明所見塵境無非虛幻 方今之時。臣以神遇。向云暗與理會 而不以目視。官知止而神欲行。成云官主司也寮官承上專以目言目方覩其迹神已析其形 依乎天理。成云依天然之理 批大郤。字林批擊也成云大郤間郤交際之處郭音郤 導大窾。郭慶藩云窾當爲款漢書司馬遷傳注款空也謂骨節空處 因其固然。技經肯綮之未嘗。俞云技蓋枝之誤枝枝脈經經脈枝經猶言經路素問王注引靈樞經云經爲脈裏支而橫者爲絡支枝通作經絡相連處必有礙於游刃庖丁因其固然故無礙釋文肯著骨肉司馬云綮猶結處也音啓言枝經肯綮皆刃所未到嘗試也 而況大軱乎。軱音孤崔云槃結骨 良庖歲更刀。割也。族庖月更刀。折也。崔云族衆也俞云謂折骨非刀折左傳曰無折骨 今臣之刀十九年矣。所解數千牛矣。而刀刃若新發於硎。釋文硎磨石 彼節者有閒。節骨節 而刀刃者无厚。以无厚入有閒。恢恢乎其於遊刃必有餘地矣。是以十九年而刀刃若新發於硎。雖然。每至於族。郭云交錯聚結爲族 吾見其難爲。怵然爲戒。視爲止。郭云不屬目他物 行爲遲。郭云徐其手 動刀甚微。謋然已解。謋與磔同解脫貌 如土委地。提刀而立。爲之四顧。爲之躊躇滿志。郭云逸足容豫自得之謂案田子方篇亦云方將躊躇方將四顧 善刀而藏之。釋文善猶拭 文惠君曰。善哉。吾聞庖丁之言。得養生焉。牛雖多不以傷刃物雖雜不以累心皆得養之道也一喻公文軒見右師而驚曰。司馬云公文姓軒名宋人簡文云右師官名 是何人也。惡乎介也。介一足 天與。其人與。司馬云爲天命與抑人事也 曰。天也。非人也。天之生是使獨也。司馬云獨一足案此與德充符篇三兀者不同介者人生兀者人患 人之貌有與也。郭云兩足並行 以是知其天也。非人也。形殘而神全也知天則處順二喻

澤雉十步一啄。百步一飲。不蘄畜乎樊中。蘄同期猶言不期而遇下同李云樊藩也所以籠鳥 神雖王。不善也。釋文王于況反不善謂不自得爲在澤則適在樊則拘人束縛於榮華必失所養三喻

老聃死。司馬云老子案老子不知其年此借爲說 秦失弔之。釋文失音逸 三號而出。弟子曰。非夫子之友邪。曰。然。然則弔焉若此。可乎。曰。然。始也吾以爲其人也。謂眞人不死 而今非也。向吾入而弔焉。有老者哭之。如哭其子。少者哭之。如哭其母。彼其所以會之。必有不蘄言而言。不蘄哭而哭者。所謂不言而信不比而周也會交際言譯譽言老子誠能動物我之不哭自有說也 是遁天倍情。忘其所受。釋文遁又作遯是謂老聃情乃惠子所謂情見德充符篇受者受其成形 古者謂之遁天之刑。語又見列御寇篇德充符以孔子爲天刑之則知遁天刑是贅語舊解並誤 適來。夫子時也。適去。夫子順也。安時而處順。哀樂不能入也。古者謂是帝之縣解。釋文縣音玄成云帝天也案大宗師篇云得者時也失者順也安時而處順哀樂不能入也此古之所謂縣解也與此文大同來去得失皆謂生死德充符郭注亦云生爲我時死爲我順時爲我聚順爲我散也天生人而情賦焉縣也冥情任運是天之縣解也言夫子已死吾又何哀四喻

指窮於爲薪。以指析木爲薪薪有窮時 火傳也。不知其盡也。形雖往而神常存養生之究竟薪有窮火無盡五喻

內篇 人間世第四

人間世謂當世也事暴君處汙世出與人接無爭其名而晦其德此善全之道末引接輿歌云來世不可待也往世不可追也此漆園所以寄慨而以人間世名其篇也

顏回見仲尼。請行。曰。奚之。曰。將之衛。曰。奚爲焉。曰。回聞衛君。釋文司馬云衛莊公蒯聵案左

傳莊公以魯哀十五年冬入國時顏回已死此是出公輒也姚鼐云衛君託詞以指時王糜爛其民者其年壯。其行獨。宣云自用輕用其國。役民無時而不見其過。郭云莫敢諫輕用民死。視用兵易死者以國量乎澤若蕉。國中民死之多若以比量澤地如以火烈而焚之之慘也郭嵩燾云蕉與焦通左成九年傳蕉萃班固賓戲作焦瘁廣雅蕉黑也民其無如矣。無所歸往回嘗聞之夫子曰。治國去之。宣云無所事亂國就之。宣云欲相救醫門多疾。入喻願以所聞思其則。崔李云則法也庶幾其國有瘳乎。李云瘳愈也仲尼曰。譆。若殆往而刑耳。成云若汝也往恐被戮夫道不欲雜。雜則多。多則擾。擾則憂。憂而不救。成云道在純粹雜則事緒繁多事多則心擾亂擾則憂患起藥病既乖彼此俱困已尚不立焉能救物古之至人。先存諸己而後存諸人。成云存立也所存於己者未定。何暇至於暴人之所行。至猶逮及也暴人謂衛君且若亦知夫德之所蕩而知之所爲出乎哉。德蕩乎名。知出乎爭。成云德所以流蕩喪眞者矜名故也智所以橫出逾分者爭善故也名也者。相軋也。知也者。爭之器也。二者凶器。非所以盡行也。成云軋傷也案言皆凶禍之器非所以盡乎行世之道蘇輿云瘳國美名也醫疾多智也持是心以往爭軋萌矣故曰凶器此段言之下復探言雖無用智爭名之心而持仁義繩墨之言以諷人主尙不可游亂世而免於菑況懷凶器以往乎且德厚信矼。未達人氣。名聞不爭。未達人心。簡文云矼慤實貌案雖慤厚不用智而未孚乎人之意氣雖不爭名而未通乎人之心志人必疑之而強以仁義繩墨之言術暴人之前者。是以人惡有其美也。釋文強其兩反術同述郭嵩燾云祭義而術省之鄭注術當作述案人若如此則是自有其美人必惡之命之曰菑人。菑人者。人必反菑之。若殆爲人菑夫。成云命名也釋文菑音災且苟爲悅賢而惡不肖。惡用而求有以異。下而汝也且衛君苟好善惡惡則朝多正人何用汝之求有以自異乎若唯无詔。王公必將乘人而鬭其捷。成云詔言也王公衛君言汝唯無言衛君必將乘汝之隙而以捷辯相鬭而目將熒之。而色將平之。口將營之。容將形之。心且成之。是以火救火。以水救水。名之曰益多。順始无窮。郭慶藩云熒營之借字說文營惑也从目熒省聲成云形見也言汝目將爲所眩汝色將自降口將自救容將益恭心且舍己之是以成彼之非彼惡既多汝又從而益之始既如此後且順之無盡 若殆以不信厚言。宣云未信而深諫案此若字訓如 必死於暴人之前矣。且昔者桀殺關龍逢。紂殺王子比干。是皆修其身以下傴拊人之民。李云傴拊謂憐愛之宣云人謂君 以下拂其上者也。故其君因其修以擠之。是好名者也。因其好修名之心而陷之一證 昔者堯攻叢枝胥敖。禹攻有扈。三國名 國爲虛厲。宣云地爲丘墟人爲厲鬼 身爲刑戮。其用兵不止。其求實無已。求實貪利三國如此故堯禹攻滅之 是皆求名實者也。再證蘇輿云龍比修德而桀紂以爲好名因而擠之桀紂惡直臣之有其美而自恥爲辟王是亦好名也叢枝胥敖有扈用兵不止以求實也堯禹因而攻滅之亦未始非求實也故曰是皆求名實者也 而獨不聞之乎。名實者。聖人之所不能勝也。而況若乎。夫子又舉所聞告之言人主據高位之名有威權之實雖以聖人爲之臣亦不能不爲所屈況汝乎 雖然。若必有以也。嘗以語我來。以者挾持之具嘗試也 顏回曰。端而虛。端肅而謙虛 勉而一。黽勉而純一 則可乎。曰。惡。惡可。上惡驚歎詞下惡可不可也 夫以陽爲充孔揚。衞君陽剛之氣充滿於內甚揚於外 采色不定。容外見者無常 常人之所不違。平人莫之敢違 因案人之所感。以求容與其心。成云案抑也容與猶快樂人以箴規感動乃因而挫抑之以求放縱其心意 名之曰日漸之德不成。而況大德乎。雖日日漸漬之以德不能有成而況進於大德乎 將執而不化。宣云自以爲是 外合而內不訾。宣云外即相合而內無自訾之心姚鼐云訾量也聞君子之言外若不違而內不度量其義 其庸詎可乎。然則我內直而外曲。成而上比。然則下顏子又言也 內直者。與天爲徒。與天爲徒者。知天子之與己。皆天之所子。而獨以己言蘄乎而人善之。蘄乎而人不善之邪。成云內心誠直共自然之理而爲徒類宣云天子人君郭云人無貴賤得生一也故善與不善付之公當一無所求於人也 若然者。人謂之童子。是之謂與天爲徒。依乎天理純一無私若嬰兒也 外曲者。與人之爲徒也。擎跽曲拳。宣云擎執笏跽長跪曲拳鞠躬 人臣之禮也。人皆爲之。吾敢不爲邪。爲人之所爲者。人亦无疵焉。是之謂與人爲徒。成而上比者。與古爲徒。成云忠諫之事乃成於今君臣之義上比於古 其言雖教。讁之實也。所陳之言雖是古教即有諷責之實也 古之有也。非吾有也。若然者。雖直而不病。郭云寄直於古無以病我 是之謂與古爲徒。若是則可乎。仲尼曰。惡。惡可。大多政。釋文大音泰郭云當理無二而張三條以政之所謂大多政也案政正同 法而不諜。俞云四字爲句列禦寇篇形諜成光釋文諜便僻也此諜義同言有法度而不便僻 雖固亦无罪。雖未宏大可免罪咎 雖然。止是耳矣。夫胡可以及化。不足化人 猶師心者也。成云師其有心 顏回曰。吾无以進矣。敢問其方。仲尼曰。齊。吾將語若。釋文齊本亦作齋 有而爲之。其易邪。郭云有其心而爲之誠未易也 易之者。皞天不宜。成云爾雅夏日皞天言其氣皓汗也案與虛白自然之理不合蘇輿云易之者仍師心也失其初心是謂違天於義亦通 顏回曰。回之家貧。唯不飲酒。不茹葷者數月矣。如此。則可以爲齊乎。成云葷辛菜 曰。是祭祀之齊。非心齊也。回曰。敢問心齊。仲尼曰。一若志。宣云不雜也 无聽之以耳。而聽之以心。成云耳根虛寂凝神心符 无聽之以心。而聽之以氣。成云心有知覺猶起攀緣氣無情慮虛柔任物故去彼知覺取此虛柔遣之又遣漸階玄妙 聽止於耳。宣云止於形骸俞云當作耳止於聽傳寫誤倒也此申說無聽之以耳之義言耳之爲用止於聽而已故無聽之以耳也 心止於符。俞云此申說無聽之以心之義言心之用止於符而已故無聽之以心也符之言合與物合也與物合則非虛而待物之謂矣 氣也者。虛而待物者也。俞云此中說氣宣云氣無端即虛也 唯道集虛。虛者。心齊也。成云唯此眞道集在虛心故虛者心齊妙道也 顏回曰。回之未始得使。未得使心齊之教 實自回也。自見有回 得使之也。未始有回也。既得教令遂忘物我 可謂虛乎。夫子曰。盡矣。成云心齊之妙盡矣 吾語若。若能入遊其樊而无感其名。按入衛能遊其藩內而無以虛名相感動 入則鳴。不入則止。入吾言則言不入則姑止 无門无毒。宣云不開一隙不發一藥郭云使物自若無門者也付天下之自安無毒者也李楨云門毒與門不同類說文毒厚也害人之草往往而生義亦不合毒蓋壿之借字說文壿下云保也亦曰高土也讀若毒與郭注自安義合張行孚說文發疑云壿者累土爲臺以傳信即呂覽所謂爲高保禱於王路寘鼓其上遠近相聞是也禱是壿之譌壿者保衞之所故借其義爲保衞周易以此毒天下而民從之老子亭之毒之與此無門無毒三毒字皆是此義廣雅毒安也亦即此訓楨案壿爲毒本字正與門同類所以門毒對文讀都皓切音之轉也案宣說望文生義不如李訓最合門者可以沿爲行路毒者可以望爲標的无門无毒使人无可窺尋指目之意一宅而寓於不得已。則幾矣。成云宅居處也處心至一之道不得已而應之非預謀也則庶幾矣絕迹易。无行地難。宣云人之處世不行易行而不著迹難爲人使易以僞。爲天使難以僞。成云人情驅使淺而易欺天然驅用爲而難矯聞以有翼飛者矣。未聞以无翼飛者也。聞以有知知者矣。未聞以无知知者也。釋文上音智下如字宣云以神運以寂照瞻彼闋者。虛室生白。司馬云闋空也室喻心心能空虛則純白獨生也成云彼前境也觀察萬有悉皆空寂故能虛其心室乃照真源吉祥止止。成云吉祥善福止在凝靜之心亦能致善應也俞云止止連文於義無取淮南俶真訓虛室生白吉祥止也疑此文下止字亦也字之誤列子天瑞篇盧重元注云虛室生白吉祥止耳亦可證止止連文之誤案下止字或之之誤夫且不止。是之謂坐馳。若精神外騖而不安息是形坐而心馳也夫徇耳目內通。而外於心知。鬼神將來舍。而況人乎。李云徇使也宣云耳目在外而徇之於內心智在內而黜之於外成云虛懷任物鬼神將冥附而舍止人倫歸依固其宜矣是萬物之化也。禹舜之所紐也。伏羲几蘧之所行終。而況散焉者乎。此禹舜應物之綱紐上古帝王之所行止而況凡散之人有不爲所化乎成云凡蘧三皇以前無文字之　蘇輿云言知此可爲帝王可以宰　而況爲支離之散人乎於義亦通

葉子高將使於齊。問於仲尼曰。王使諸梁也甚重。成云委寄甚重齊之待使者。蓋將甚敬而不急。宣云貌敬而緩於應事匹夫猶未可動。而況諸侯乎。吾甚慄之。慄懼也子常語諸梁也。曰。凡事若小若大。寡不道以懽成。事無大小鮮不由道而以懽然成遂者事若不成。則必有人道之患。王必降罪事若成。則必有陰陽之患。宣云喜懼交戰陰陽二氣將受傷而疾作若成若不成而

後无患者唯有德者能之。成云任成敗於前塗不以憂喜累心者唯盛德之人以上述子言蘇輿云謂事無成敗而卒可無患者惟盛德爲能案成說頗似張浚苻離之敗未可爲訓蘇說是也 吾食也執粗而不臧。宣云甘守粗糲不求精善 爨无欲清之人。成云淸涼也然火不多無熱可避 今吾朝受命而夕飲冰。我其內熱與。憂灼之故 吾未至乎事之情。宣云未到行事實處 而既有陰陽之患矣。事若不成。必有人道之患。是兩也。爲人臣者不足以任之。子其有以語我來。仲尼曰天下有大戒二。成云戒法也 其一命也。其一義也。子之愛親。命也。不可解於心。受之於天自然固結 臣之事君。義也。無適而非君也。無所逃於天地之閒。是之謂大戒。成云天下未有無君之國 是以夫事其親者。不擇地而安之。不論境地何若惟求安適其親 孝之至也。夫事其君者。不擇事而安之。成云事無夷險安之若命 忠之盛也。自事其心者。哀樂不易施乎前。王念孫云施讀爲移此猶言不移易晏子春秋外篇君臣易施荀子儒效篇哀虛之相易也漢書衞綰傳人之所施易義皆同正言之則爲易施倒言之則爲施易也宣云事心如事君父之無所擇雖哀樂之境不同而不爲移易於其前 知其不可奈何而安之若命。德之至也。爲人臣子者。固有所不得已。行事之情而忘其身。情實也 何暇至於悅生而惡死。宣云何陰陽之患 夫子其行可矣。丘請復以所聞。更以前聞〇〇 凡交交鄰 近則必相靡以信。宣云相親順以信行 遠則必忠之以言。宣云相孚契以言語 言必或傳之。宣云必託使傳 夫傳兩喜兩怒之言。天下之難者也。宣云兩國君之喜怒 夫兩喜必多溢美之言。兩怒必多溢惡之言。郭云溢過也喜怒之言常過其當 凡溢之類妄。成云類似也似使人妄構 妄則其信之也莫。成云莫致疑貌 莫則傳言者殃。故法言曰。引古格言揚子法言名因此 傳其常情。宣云但傳其平實者 无傳其溢言。郭云雖聞臨時之過言而勿傳 則幾乎全。宣云庶可自全案引法言畢 且以巧鬭力者。始平陽。常卒乎陰。大至則多奇巧。釋文大音泰本亦作泰案鬬力屬陽求勝則終於陰謀欲勝之至則奇譎百出矣 以禮飲酒者。始乎治。常卒乎亂。大至則多奇樂。禮飲象治既醉則終於迷亂昏醉之至則樂無不極矣 凡事亦然。始乎諒。常卒乎鄙。宣云諒信鄙詐俞云諒與鄙文不相對諒蓋諸之誤諸讀爲都釋地宋有孟諸史記夏本紀作明都是其例始乎都常卒乎鄙都鄙正相對因字通作諸又誤而爲諒遂失其恉矣淮南詮言訓故始於都者常大於鄙即本莊子可據以訂正彼文大字乃卒字之誤說見王氏雜志 其作始也簡。其將畢也必巨。夫言者風波也。如風之來如波之起 行者實喪也。郭嵩燾云實者有而存之喪者縱而舍之實喪猶得失也 風波易以動。實喪易以危。得失無定故曰易以危 故忿設無由。巧言偏辭。忿怒之設端無他由也常由巧言過實偏辭失中之故 獸死不擇音。氣息茀然。於是並生心厲。獸困而就死鳴不擇音而忿氣有餘於其時且生於心而爲惡厲欲噬人也以獸之心厲譬下人有不肖之心 剋核大至。則必有不肖之心應之。而不知其然也。剋求精核太過則人以不肖之心起而相應不知其然而然 苟爲不知其然也。孰知其所終。宣云必罹禍 故法言曰。无遷令。成云君命實傳無得遷改 无勸成。成云弗勞勸獎强令成就再引法言畢 過度益也。若過於本度則是增益語言 遷令勸成殆事。事必危殆 美成在久。惡成不及改。成而善不在一時成而惡必有不及改者 可不愼與。且夫乘物以遊心。託不得已以養中。至矣。宣云隨物以遊寄吾心託於不得已而應而毫無造端以養吾心不動之中此道之極則也 何作爲報也。郭云任齊所報何必爲齊作意於其間 莫若爲致命。此其難者。但致君命而不以己與即此爲難若人道之患非患也 顏闔將傅衞靈公太子。釋文顏闔魯賢人太子蒯聵 而問於蘧伯玉曰。有人於此。其德天殺。天性嗜殺 與之爲无方。則危吾國。宣云縱其敗度必覆邦家 與之爲有方。則危吾身。制以法度先將害己 其知適足以知人之過。而不知其所以過。釋文其知音智但知責人不見己過 若然者。吾奈之何。蘧伯玉曰。善哉問乎。戒之愼之。正汝身也哉。先求身之無過 形莫若就。心莫若和。宣云外示親附之形內寓和順之意 雖然。之二者有患。宣云：猶未盡善。就不欲入，和不欲出。附不欲深，必防其縱；順不欲顯，必範其趨。形就而入，且為顛為滅，為崩為蹶。顛墜滅絕，崩壞蹶仆也。心和而出，且為聲為名，為妖為孽。郭云：自顯和之，且有含垢之聲；濟彼之名，彼且惡其勝己，妄生妖孽。彼且為嬰兒，亦與之為嬰兒；喻無知識。彼且為无町畦，亦與之為无町畦；無界限，喻小有踰越。彼且為无崖，亦與之為无崖。不立崖岸。達之，入於無疵。順其意而通之，以入於無疵病。汝不知夫螳蜋乎？怒其臂以當車轍，不知其不勝任也，是其才之美者也。戒之，慎之！積伐而美者以犯之，幾矣。而，汝也。伐，誇功也。美不可恃。積汝之美，伐汝之美以犯太子，近似螳蜋矣。一喻。汝不知夫養虎者乎？不敢以生物與之，為其殺之之怒也；不敢以全物與之，為其決之之怒也。成云：以死物投虎，亦先為分決，不使用力。時其飢飽，達其怒心。虎之與人異類而媚養己者，順也；故其殺者，逆也。虎逆之則殺人，養之則媚人。喻教人不可怒之。再喻。夫愛馬者，以筐盛矢，以蜄盛溺。成云：蜄，大蛤也。愛馬之至者。適有蚉虻僕緣，王念孫云：僕，附也。言蚉虻附緣於馬體也。詩景命有僕，毛傳：僕，附也。而拊之不時，成云：拊，拍也。不時，掩馬不意。則缺銜毀首碎胸。成云：銜，勒也。馬驚至此。意有所至而愛有所亡，可不慎邪！亡猶失也。欲為馬除蚉虻，意有偏至，反以愛馬之故而致亡失，故當慎也。三喻。

匠石之齊，至乎曲轅，見櫟社樹。石，匠名。之，往也。司馬云：曲轅，曲道。成云：如轘轅之道也。社，土神。櫟樹，社木。其大蔽數千牛，絜之百圍，文選注引司馬云：絜，帀也。李云：徑尺為圍，蓋十丈。其高臨山，十仞而後有枝，其可以為舟者旁十數。俞云：旁、方古通，方且也。言可為舟者且十數。觀者如市，匠伯不顧，遂行不輟。遂，竟也。文選注引司馬云：匠石字伯。弟子厭觀之，厭，飽也。走及匠石，曰：「自吾執斧斤以隨夫子，未嘗見材如此其美也。先生不肯視，行不輟，何邪？」曰：「已矣，勿言之矣！散木也。以為舟則沈，釋重。以為棺槨

則速腐•多敗以爲器則速毁•疏脆以爲門戶則液樠•李頤云廣韻樠松心又木名也松心有脂液樠正取此義以爲柱

則蠹。蟲蝕是不材之木也。无所可用。已見逍遙遊諸篇故能若是之壽•匠石歸•櫟社見

夢曰。女將惡乎比予哉。若將比予於文木邪。郭云凡可用之木爲文木可成章也夫柤梨橘柚果

蓏之屬。成云蓏瓜瓠之類實熟則剝•剝則辱。大枝折。小枝泄。俞云泄當讀爲抴荀子非相篇接人則用抴楊注抴牽引也小枝抴

謂見牽引也此以其能苦其生者也•故不終其天年而中道夭•自掊擊於世俗者

也。掊擊由其自取成云掊打物莫不若是。且予求无所可用久矣。幾死。幾伐而死乃今得之。郭云數有睥睨已者

唯今匠石明之爲予大用。成云方得全身爲我大用使予也而有用。且得有此大也邪•且也若與予也

皆物也•奈何哉其相物也•而幾死之散人•又惡知散木。而汝幾近也匠石覺而診

其夢。王念孫云診讀爲眕爾雅眕告也告其夢於弟子弟子曰。趣取无用。則爲社何邪。旣急取無用以全身何必爲社木以自榮曰。密。

猶言祕之姚鼐云密默字通田子方篇仲尼曰默女無言達生篇公密而不應若無言•彼亦直寄焉。以爲不知己者詬厲也。彼亦特寄

於社以聽不知已者詬病之而不辭也司馬云厲病也不爲社者。且幾有翦乎。如不爲社木且幾有翦伐之者謂或析爲薪木且也彼其所保

與衆異。保於山野究與俗衆異非城狐社鼠之比以義譽之。不亦遠乎。宣云義常理案彼非託社神以自榮而以常理稱之於情事遠也南伯子

綦遊乎商之丘。李云卽南郭也伯長也司馬云商之丘今梁國睢陽縣見大木焉。有異。結駟千乘。隱將芘其所

藾。向云藾蔭也崔云隱傷於熱也成云駟馬曰乘言連結千乘熱時可庇於其蔭子綦曰。此何木也哉。此必有異材夫。言必可爲材也仰

而視其細枝。則拳曲而不可以爲棟梁。俯而見其大根。則軸解而不可爲

棺槨。成云軸如車軸之轉謂轉心木也案解者文理解散不密緻咶其葉。則口爛而爲傷•嗅之。則使人狂酲三日

而不已。李云狂如酲也病酒曰酲 子綦曰。此果不材之木也。以至於此其大也。成云不材爲全生之大材無用乃濟物之妙用故能不夭斧斤而庇蔭千乘也 嗟夫。神人以此不材。由木悟人宣云神人亦以不見其材故無用於世而夭獨全也 宋有荆氏者。宜楸柏桑。司馬云荆氏地名宣此三木 其拱把而上者。求狙猴之杙者斬之。司馬云兩手曰拱一手曰把宣云杙繫獼也 三圍四圍。求高名之麗者斬之。崔云環八尺爲一圍郭慶藩云名大也(詳天下名山三百下)成云麗屋樑也 七圍八圍。貴人富商之家求樿傍者斬之。釋文樿本亦作檀成云棺之全一邊而不兩合者謂之樿傍其木極大當斬取大板 故未終其天年。而中道已夭於斧斤。此材之患也。故解之以牛之白顙者。與豚之亢鼻者。與人有痔病者。不可以適河。郭云解巫祝解除也成云顙額也亢高也三者不可往靈河而設祭古者將人沈河以祭西門豹爲鄴令方斷之即其類是也 此皆巫祝以知之矣。以已同郭云巫祝於此亦知不材者全也 所以爲不祥也。此乃神人之所以爲大祥也。宣云可全生則祥莫大焉

支離疏者。司馬云支離形體不全貌疏其名 頤隱於臍。肩高於頂。司馬云言脊曲頭縮也淮南曰脊管高於頂也 會撮指天。司馬云會撮髻也古者髻在項中脊曲頭低故髻指天崔云會撮項椎也李楨云崔說是大宗師篇句贅指天李云句贅項椎也其形如贅亦與崔說證合素問刺熱篇項上三椎陷者中也王注此舉數脊椎大法也沈彤釋骨云項大椎以下二十一椎通曰脊骨曰脊椎難經四十五難云骨會大杼張注大杼穴名在項後第一椎兩旁諸骨自此繫架往下支生故骨會於大杼會撮正從骨會取義又在大椎之間故曰項椎也初學記十九引撮作檇玉篇檇木檇節也與脊節正相似从木作檇於義爲長 五管在上。李云管腧也五藏之腧並在人背李楨云頤肩屬外說會撮五管屬內說 兩髀爲脅。司馬云脊曲髀豎故與脅肋相並 挫鍼治繲。足以餬口。司馬云挫鍼縫衣也繲浣衣也 鼓筴播精。足以食十人。司馬云鼓簸也小箕曰筴簡米曰精成云播揚土 上徵武士。則支離攘臂而遊於其閒。郭云恃其無用故不自竄匿 上有大役。則支離以有常疾不受功。宣云不任功作 上與病者粟。則受三鐘與十束薪。司馬云六斛四斗曰鐘 夫支離其形

者。猶足以養其身。終其天年。又況支離其德者乎。成云忘形者猶足免害況忘德者乎

孔子適楚。楚狂接輿遊其門曰。鳳兮鳳兮。何如德之衰也。成云何如猶如何 來世不可待。往世不可追也。郭云當盡臨時之宜耳 天下有道。聖人成焉。宣云成其功蘇輿云莊引數語見所遇非時苟生當有道固樂用世不僅自全其生矣 天下無道。聖人生焉。宣云全其生 方今之時。僅免刑焉。福輕乎羽。莫之知載。易取不取 禍重乎地。莫之知避。當避不避 已乎已乎。臨人以德。宣云亟當止者示人以德之事 殆乎殆乎。畫地而趨。宣云最可危者拘守自苦之人 迷陽迷陽。謂棘刺也生於山野踐之傷足至今吾楚輿夫遇之猶呼迷陽踢也迷音讀如麻 无傷吾行。吾行卻曲。宣云卻步委曲不敢直道 无傷吾足。

山木自寇也。膏火自煎也。司馬云木爲斧柄還自伐膏起火還自消 桂可食。故伐之。漆可用。故割之。成云桂心辛香故遭斫伐漆供器用所以割之俱爲才能夭於斤斧 人皆知有用之用。而莫知无用之用也。喻意點睛結局與上接輿歌不連歌有韻此無韻

莊子集解卷二

內篇德充符第五 德充於內自有形外之符驗也

魯有兀者王駘。李云刖足曰兀 從之遊者。與仲尼相若。郭云弟子多少敵孔子 常季問於仲尼曰。王駘。兀者也。從之遊者。與夫子中分魯。釋文常季或云孔子弟子或云魯賢人 立不教。坐不議。虛而往。實而歸。弟子皆有所得 固有不言之教。无形而心成者邪。宣云默化也 是何人也。仲尼曰。夫子。聖人也。丘也直後而未往耳。直特也未及往從 丘將以爲師。而況不如丘者乎。奚假魯國。何但假借魯之一邦 丘將引天下而與從之。常季曰。彼兀者也。而王先生。言居然王先生也 其與庸亦遠矣。固當與庸人相遠 若然者。其用心也獨若之何。仲尼曰。死生亦大矣。而不得與之變。其人與變俱故死生不變 雖天地覆墜。亦將不與之遺。成云遺失也言不隨之而遺失 審乎无假而不與物遷。郭慶藩云假是瑕之誤淮南精神訓正作審乎無瑕謂審乎已之無可瑕疵斯任物自遷而無役於物也左傳傳瑕鄭世家作甫假禮檀弓公肩假漢書人表作公肩瑕瑕假形近易致互誤 命物之化而守其宗也。宣云主宰物化執其樞紐 常季曰。何謂也。仲尼曰。自其異者視之。肝膽楚越也。本一身而世俗異視之 自其同者視之。萬物皆一也。皆天地間一物 夫若然者。且不知耳目之所宜。耳目之宜於聲色彼若冥然無所知 而游心於德之和。郭云放心於道德之間而曠然無不適也 物視其所一。而不見其所喪。宣云視萬物爲一致無有得喪 視喪其足猶遺土也。常季曰。彼爲己。言駘但能修己耳 以其知得其心。以其眞知得還吾心理 以其心得其常心。又以吾心理悟得古今常然之心理 物何爲最之哉。最聚也人何爲羣聚而從之哉仲尼曰：人莫鑑於流水，而鑑於止水，唯止能止衆止。成云鑑照也。宣云水不求鑑，而人自來鑑，唯自止故能止衆之求止者。受命於地，唯松柏獨也在，句冬夏青青；受命於天，唯舜獨也正。郭云：下首唯有松柏，上首唯有聖人，故凡不正者皆來求正。若物皆青全，則無貴於松柏；人各自正，則無羨於大聖而趨之。成云：人頭在上，去上則死；木頭在下，去下則死。是以呼人爲上首，呼木爲下首。故上首食傍首，傍首食下首，下首草木，傍首蟲獸。幸能正生，以正衆生。宣云：舜能正己之性，而物性自皆受正。夫保始之徵，保守本始之性命，於何徵驗。不懼之實。勇士一人，雄入於九軍。崔云：天子六軍，諸侯三軍，通爲九軍。將求名而能自要者，而猶若此，將求功名而能自必者，猶可如此。而況官天地，府萬物，成云：綱維二儀，苞藏宇宙。直寓六骸，宣云：直猶特，以六骸爲吾寄寓。成云：六骸，身首四肢也。象耳目，宣云：以耳目爲吾迹象。一知之所知，上知謂智，下知謂境，純一無二。而心未嘗死者乎！宣云：得其常心，不以死生變。彼且擇日而登假，假，徐音遐。宣云：曲禮「天王登假」，此借言遺世獨立。擇日，猶言指日。案言若黃帝之遊於太清。人則從是也。宣云：人自不能舍之。彼且何肯以物爲事乎！因常季疑駘有動衆之意，故答之。

申徒嘉，兀者也，而與鄭子產同師於伯昏无人。雜篇作瞀人。子產謂申徒嘉曰：「我先出則子止，子先出則我止。」郭云：羞與刖者並行。其明日，又與合堂同席而坐。子產謂申徒嘉曰：「我先出則子止，子先出則我止。今我將出，子可以止乎，其未邪？郭云：質而問之，欲使必不並己。且子見執政而不違，子齊執政乎？」執政，子產自稱。違，避也。齊，同也。斥其不遜讓。申徒嘉曰：「先生之門，固有執政焉如此哉？言伯昏先生之門，以道德相高，固有以執政自多如此者哉。子而說子之執政而後人者也。子乃悅愛子之執政，而致居人後者也。聞之曰：『鑑明則塵垢不止，止則不明也。止猶集也。明鏡無塵，親賢無過。久與賢人處則无過。』今子之所取大者，先生也，而猶出言若是，不亦過乎！」宣云：取大，求廣見識。案取大，猶言引重。子產曰：「子既若是矣，既已殘形。猶與堯爭善。宣云堯乃善之至者故以爲言 計子之德。不足以自反邪。宣云計子之素行必有過而後致兀尙不足自反邪 申徒嘉曰。自狀其過以不當亡者衆。不狀其過以不當存者寡。狀猶顯白也自顯言其罪過以爲不至亡足者多矣不顯言其罪過而自反以爲不當存足者少也 知不可奈何而安之若命。惟有德者能之。宣云以兀爲自然之命而不介意非有德者不能 遊於羿之彀中。中央者。中地也。然而不中者。命也。上二中如字下二中竹仲反以羿彀喻刑網言同居刑網之中孰能自信無過其不爲刑罰所加亦命之偶值耳 人以其全足笑吾不全足者多矣。我怫然而怒。而適先生之所。則廢然而反。郭云廢向者之怒而復常 不知先生之洗我以善邪。以善道淨我心累 吾與夫子遊十九年矣。而未嘗知吾兀者也。未聞先生以殘形見擯 今子與我遊於形骸之內。以道德相友 而子索我於形骸之外。以形迹相繩 不亦過乎。子產蹵然改容更貌曰。子无乃稱。蹵然起謝乃者猶言如此子無乃稱謂子毋如此言也大宗師篇不知其所以乃亦謂不知其所以如此也

魯有兀者叔山无趾。李云叔山氏宣云無足趾遂爲號 踵見仲尼。崔云無趾故踵行 仲尼曰。子不謹。前既犯患若是矣。雖今來何及矣。无趾曰。吾唯不知務而輕用吾身。吾是以亡足。今吾來也。猶有尊足者存。宣云有尊於足者不在形骸 吾是以務全之也。夫天无不覆。地无不載。吾以夫子爲天地。安知夫子之猶若是也。孔子曰。丘則陋矣。夫子胡不入乎。請講以所聞。无趾出。宣云徑去 孔子曰。弟子勉之。夫无趾兀者也。猶務學以復補前行之惡。而況全德之人乎。前惡虧德求學以補之況無惡行而全德者乎 无趾語老聃曰。孔丘之於至人。其未邪。彼何賓賓以學子爲。俞云賓賓猶頻頻也賓聲頻聲之字古相通廣雅釋訓頻頻比也郭云怪其方復學於老聃

彼且蘄以諔詭幻怪之名聞。不知至人之以是爲己桎梏邪。李云諔詭奇異也案呂覽傷樂篇作俶詭木在足曰桎在手曰梏蘄期同言彼期以異人之名聞於天下不知至人之於名視猶己之桎梏邪 老聃曰。胡不直使彼以死生爲一條。以可不可爲一貫者。解其桎梏。其可乎。言生死是非可通爲一何不使以死生是非爲一條貫者解其迷惑庶幾可乎 无趾曰。天刑之。安可解。言其根器如此天然刑戮不可解也

魯哀公問於仲尼曰。衞有惡人焉。曰哀駘它。釋文惡醜李云哀駘醜貌它其名 丈夫與之處者。思而不能去也。婦人見之。請於父母曰。與爲人妻。寧爲夫子妾者。十數而未止也。未嘗有聞其唱者也。常和而已矣。未嘗先人感而後應 无君人之位以濟乎人之死。宣云濟猶拯也 无聚祿以望人之腹。李楨云說文望月滿也腹滿爲飽猶月滿爲望故以擬之 又以惡駭天下。非以美動人 和而不唱。未嘗招引人 知不出乎四域。知名不出四境之遠 且而雌雄合乎前。宣云婦人丈夫皆來親之 是必有異乎人者也。寡人召而觀之。果以惡駭天下。與寡人處。不至以月數。而寡人有意乎其爲人也。郭云未經月已覺其有遠處 不至乎期年。而寡人信之。國无宰。寡人傳國焉。成云國无長宰傳以國政釋文傳文專反 悶然而後應。悶然不合於其意而後應焉 氾而若辭。氾然不係於其心而若辭焉 寡人醜乎。李云醜慚也 卒授之國。无幾何也。去寡人而行。成云俄頃之間逃遁而去 寡人卹焉。若有亡也。宣云卹憂貌 若無與樂是國也。是何人者也。仲尼曰。丘也嘗使於楚矣。適見㹠子食於其死母者。釋文㹠本又作豚郭注食乳也 少焉眴若。皆棄之而走。釋文眴本亦作瞬司馬云驚貌俞云眴若猶眴然徐无鬼篇衆狙恂然棄而走眴恂並姰之叚借說文姰驚辭也始就其母食少焉覺其死皆驚走也 不見己焉爾。不得類焉爾。郭云生者以才德爲類死而才德去矣故生者以失類而走也案言㹠子以母

之不顧見已而驚疑又不得其生之氣類而捨去也所愛其母者。非愛其形也。愛使其形者也。成云使其形者精神也戰而死者。其人之葬也不以翣資。郭云翣者武所資也戰而死者無武也翣將安施成云翣者武飾之具武王爲之或云周公作也其形似方扇使車兩邊軍將行師陷陣而死及其葬日不用翣資是知翣者武之所資無武則翣無所資以喻無神則形無所愛也李云資送也刖者之屨。无爲愛之。釋文爲于僞反郭云愛屨者爲足故耳皆无其本矣。翣本於武屨本於足爲天子之諸御。不爪翦。不穿耳。御女不加修飾使其質全娶妻者。止於外。不得復使。匹夫取妻休止於外官不役之使其形逸形全猶足以爲爾。上二事皆全其形而況全德之人乎。宣云德全則有本人豈能不愛乎今哀駘它未言而信。无功而親。使人授己國。唯恐其不受也。是必才全而德不形者也。哀公曰。何謂才全。仲尼曰。死生存亡。窮達貧富。賢與不肖。毀譽。饑渴寒暑。是事之變。命之行也。成云並事物之變化天命之流行日夜相代乎前。語又見齊物論篇而知不能規乎其始者也。宣云雖有智者不能諳所自始故不足以滑和。不可入於靈府。成云滑亂也郭云靈府精神之宅宣云惟其如是故當任其自然不足以滑吾之天和不可以擾吾之靈府使之和豫通而不失於兌。使日夜无郤。而與物爲春。李云兌悅也郤間也宣云使和豫之氣流通不失吾怡悅之性日夜無一息間隙隨物所在同遊於春和之中是接而生時於心者也。宣云是四時不在天地而吾心之春無有間斷乃接續而生時於心也是之謂才全。何謂德不形。曰。平者。水停之盛也。郭云天下之平莫盛於停水其可以爲法也。郭云無情至平故天下取正焉內保之而外不蕩也。蕩動也內保其明外不動於物德者。成和之修也。宣云修太和之道既成乃名爲德也德不形者。物不能離也。含德之厚人樂親之哀公異日以告閔子。曰。始也吾以南面而君天下。執民之紀而憂其死。成云執持綱紀憂於兆庶飲食教誨恐其夭死吾自以爲至通矣。今吾聞至人之言。宣云孔子之言哀駘它者恐吾無其實。輕用吾身而亡其國。吾與孔丘。非君臣也。德友而已矣。

闉跂支離无脤。成云闉曲也謂學曲企踵而行脤脣也謂支體坼裂傴僂殘病復無脣也釋文脤徐市軫反又音脣 說衞靈公。靈公說之。而視全人。其脰肩肩。上說言說下說音悅其下同釋文脰頸也李云肩肩羸小貌李楨云攷工梓人文數目顧脰注云顧長脰貌與肩肩義合知肩是省借本字當作顧案衞君悅之顧視全人之脰反覺其羸小也 甕㼜大癭說齊桓公。桓公說之。而視全人。其脰肩肩。說文癭瘤也李云甕㼜大癭貌

故德有所長而形有所忘。總上形宜忘德不宜忘反是乃眞忘也 人不忘其所忘。而忘其所不忘。此謂誠忘。故聖人有所遊。遊心於虛 而知為孽。智慧運動而生支孽 約為膠。禮信約束而相膠固 德為接。廣樹德意以相交接 工為商。工巧化居以通商賈 聖人不謀。惡用知。心無圖謀故不用智 不斲。惡用膠。質不彫琢何須約束 无喪。惡用德。德之言得也本無喪失何用以德相招引 不貨。惡用商。不貴貨物無須通商 四者天鬻也。天鬻者天食也。釋文鬻養也知約德工四者天所以養人也天養者天所以食之也 既受食於天。又惡用人。既受食於天矣則當全其自然不用以人為雜之 有人之形。无人之情。屏絕情感 有人之形。故羣於人。成云和光混迹 无人之情。故是非不得於身。絕是非之端 眇乎小哉。所以屬於人也。謷乎大哉。獨成其天。崔云類同於人所以為小情合於天所以為大成云謷高大貌也

惠子謂莊子曰。人故无情乎。莊子曰。然。惠子曰。人而无情。何以謂之人。莊子曰。道與之貌。天與之形。成云虛通之道為之相貌自然之理遺其形質 惡得不謂之人。惠子曰。既謂之人。惡得无情。莊子曰。是非吾所謂情也。宣云言惠子先誤認情字案郭以是非承上言非 吾所謂无情者。言人之不以好惡內傷其身。常因自然而不益生也。宣云本生之理不以人為加益之 惠子曰。不益生。

何以有其身。成云若不資益生道何以有其身乎 莊子曰。道與之貌。天與之形。无以好惡內傷其身。有其身者如此 今子外乎子之神。勞乎子之精。倚樹而吟。據槁梧而瞑。成云槁梧夾膝几也言惠子疏外神識勞苦精靈故行則倚樹而吟詠坐則隱几而談說形勞心倦疲怠而瞑 天選子之形。選解如孟子選擇而使子之選 子以堅白鳴。言子以此自鳴與公孫龍堅白之論何異齊物論所謂以堅白之昧終也解見前

內篇 大宗師第六

本篇云人猶效之效之言師也又云吾師乎吾師乎以道爲師也宗者主也

知天之所爲。知人之所爲者。至矣。知天之所爲者。天而生也。凡物皆自然而生則當順其自然 知人之所爲者。以其知之所知。以養其知之所不知。終其天年而不中道夭者。是知之盛也。兩其知音智不強知則智得所養郭云知人之所爲者有分故任而不強也知人之所知者有極故用而不蕩也故所知不以無涯自困 雖然。有患。成云知雖盛美猶有患累不若忘知而任獨也 夫知有所待而後當。其所待者特未定也。成云知必對境非境不當境既生滅不定知亦待奪無常唯當境知兩忘然後無患 庸詎知吾所謂天之非人乎。所謂人之非天乎。成云知能運用無非自然是知天之與人理歸無二故謂天即人謂人即天所謂吾者莊生自稱此則泯合天人混同物我也 且有眞人而後有眞知。郭云有眞人而後天下之知皆得其眞而不可亂 何謂眞人。古之眞人。不逆寡。虛懷任物雖寡少不逆忤 不雄成。不以成功自雄 不謨士。成云虛夷而士衆自歸非謀謨招致 若然者。過而弗悔。當而不自得也。成云天時已過曾無悔吝之心分命偶當不以自得爲美 若然者。登高不慄。入水不濡。入火不熱。是知之能登假於道也若此。危難生死不以介懷其能登至於道非世之所爲知也 古之眞人。其寢不夢。成云絕思想故寢寐寂泊 其覺無憂。郭云隨所寓而安 其食不甘。成云不耽滋味 其息深深。李云內息之貌 眞人之息以踵。成云踵足根宣云呼吸通於湧泉 衆人之息以喉。宣云止於厭會之際 屈服者。其嗌言若哇。屈服謂議論爲人所屈嗌喉咽

也。嗌聲之未出言聲之已出吞吐之際知欲哇然以狀無養之人其耆欲深者。其天機淺。情欲深重機神淺鈍古之眞人。不知說生。不知惡死。郭云與化爲體其出不訢。其入不距。釋文距本又作拒李云欣出則營生拒入則惡死翛然而往。翛然而來而已矣。成云翛然無係皃不忘其所始。不求其所終。宣云知生之源任死之歸受而喜之。宣云受生之後常自得忘而復之。宣云忘其死而復歸於天是之謂不以心捐道。不以人助天。是之謂眞人。郭云物之感人無窮人之逐欲無節則天理滅矣眞人知用心則背道助天則傷生故不爲也俞云据郭注捐疑偝之譌若然者。其心志。宣云志當作忘無思其容寂。宣云無爲其顙頯。宣云顙額也頯大朴貌宣云悽上聲悽然似秋。煖然似春。郭云殺物非爲威生物非爲仁喜怒通四時。宣云喜怒皆無心如四時之運與物有宜而莫知其極。隨事合宜而莫窺其際故聖人之用兵也。亡國而不失人心。兪云亡敵國而得其人心利澤施於萬物。不爲愛人。由仁義行非行仁義故樂通物。非聖人也。不求通物而物情自通爲聖人有親。非仁也。至仁則無私親天時。非賢也。宣云擇時而動有計較成敗之心利害不通。非君子也。利害不觀其通故有趨避行名失己。非士也。成云必所行求名而失己性非有道之士亡身不眞。非役人也。宣云徒棄其身而無當眞性爲世所役非能役人若狐不偕、成云姓狐字不偕堯時賢人不受堯讓投河而死務光、成云夏時人餌藥養性好鼓琴湯讓天下不受負石自沈於蓼水伯夷、叔齊、箕子、胥餘、司馬云胥餘箕子名尸子曰箕子胥餘漆身爲厲被髮佯狂紀他、成云湯時逸人聞湯讓務光恐及乎己遂將弟子蹈於窾水而死申徒狄聞之因以蹈河申徒狄。釋文殷時人負石自沈於河是役人之役。適人之適。而不自適其適者也。郭云斯皆舍己效人徇彼傷我者宣云爲人用快人意與眞性何益古之眞人。其狀義而不朋。郭云與物同宜而非朋黨俞云郭注非也此言其狀非言其德義讀爲峨天道篇而狀義然即峨然也朋讀爲崩易朋來无咎漢書五行志引作崩來无咎是也義而不朋言其狀峨然高大而不崩壞也若不足而不承。宣云卑以自牧而非居人下與乎其觚而不堅也。王云觚特立不羣也崔云觚棱也李楨云觚是孤借字釋地觚竹釋文本又作孤此孤觚通作之證孤特者方而有棱故字亦借觚爲之與乎其觚與張乎其虛對文與當是趣之借字說文趣安行也寒不堅謂不固執張乎其虛而不華也。

成云張廣大貌寥廓然清虛而不浮華邴邴乎其似喜乎。向云邴邴喜貌。郭云至人無喜暢然和適故似喜也崔乎其不得已乎。向云崔動貌。成云迫而後動非關先唱故不得已而應之也滀乎進我色也。簡文云滀聚也。宣云水聚則有光澤言和澤之色令人可親與乎止我德也。與相接意。宣云寬閒之德使我歸止厲乎其似世乎。崔本厲作廣當從之。俞云世乃泰之借字。廣與泰義相應。郭慶藩云厲廣古通借。泰字作大。世大古亦通借謷乎其未可制也。成云謷然高遠超於世表不可禁制連乎其似好閉也。李云連綿長貌。郭云綿邈深遠莫見其門。成云默如關閉不聞見也。釋文好呼報反悗乎忘其言也。釋文悗亡本反。成云悗無心貌。以上言眞人德行下明其利物爲政之方以刑爲體。郭云刑者治之體非我爲以禮爲翼。郭云禮者世所以自行非我制以知爲時。郭云知者時之動非我唱以德爲循。郭云德者自彼所循非我作以刑爲體者。綽乎其殺也。郭云任治之自殺故雖殺而寬以禮爲翼者。所以行於世也。郭云順世所行故無不行以知爲時者。不得已於事也。知以應時不得已於世事隨宜付之以德爲循者。言其與有足者至於丘也。宣云德之所在人人可至我特循之耳如丘之所在有足者皆可至我特與同登耳非自立異案無意於行自然而至故曰與有足者至也而人眞以爲勤行者也。宣云人視眞人爲勤行不怠豈知其毫末以我與乎故其好之也一。其弗好之也一。成云既忘懷於美惡亦遣蕩於愛憎故好與弗好出自凡情而聖智虛融未嘗不一其一也一。其不一也一。成云其一聖智也其不一凡情也凡聖不二故不一皆一之其一。與天爲徒。其不一。與人爲徒。成云同天人齊萬致與天而爲類也彼彼而我我與人而爲徒也天與人不相勝也。是之謂眞人。成云雖天無彼我人有是非確然論之咸歸空寂若使天勝人劣豈謂齊乎此又混一天人冥同勝負體此趣者可謂眞人死生。命也。其有夜旦之常。天也。人之有所不得與。皆物之情也。死生與夜旦等皆由天命不可更以人與此物之情實無足係戀也彼特以天爲父。而身猶愛之。而況其卓乎。身知愛天而況卓然出於天者乎人特以有君爲愈乎已。宣云勢分勝乎己而身猶死之。宣云效忠而況其眞乎。身知愛君而況確然切於君者乎泉涸。魚相與處於陸。相呴以溼。相濡以沫。不如相忘於江湖。喻貪生懼死不如相忘於自然泉涸四語又見天運篇與其譽堯而非桀，不如兩忘而化其道。宣云：此道字輕，謂是非之道。言譽堯非桀，不如兩忘其道。好生惡死，不如兩忘其累。案二語又見外物篇，下二字作閉其所譽。夫大塊載我以形，勞我以生，佚我以老，息我以死。故善吾生者，乃所以善吾死也。宣云：綂任自然，所以善吾生也，如是則死亦不苦矣。案六語又見後列子天瑞篇。人胥知生之樂，未知生之苦；知老之憊，未知老之逸；知死之惡，未知死之息也。夫藏舟於壑，藏山於澤，島也。謂之固矣。然而夜半有力者負之而走，昧者不知也。舟可負，山可移。宣云：造化默運，而藏者猶謂在其故處。藏大小有宜，猶有所遯。若夫藏天下於天下而不得所遯，是恆物之大情也。藏無大小，各有所宜，然無不變之理。宣云：遯生於藏之過，若悟天下之理非我所得私，而因而付之天下，則此理隨在與我共之，又烏所遯哉！此物理之實也。案恆物之大情，猶言常物之通理。特犯人之形而猶喜之，若人之形者，萬化而未始有極也，其為樂可勝計邪！犯與範同，見範人形猶喜之，若人之生無窮，孰不自喜其身者！故聖人將遊於物之所不得遯而皆存。宣云：聖人全體造化，形有生死，而此理已與天地同流，故曰皆存。善妖善老，善始善終，人猶效之，又況萬物之所係而一化之所待乎！釋文：妖本又作夭。成云：壽夭老少，都不介懷，雖未能忘生死，但復無所嫌惡，猶足為物師傅，人放效之，況混同萬物，冥一變化，為物宗匠，不亦宜乎！夫道，有情有信，无為无形；宣云：情者，靜之動也；信者，動之符也。成云：恬然寂寞，無為也；視之不見，無形也。可傳而不可受，郭云：古今傳而宅之，莫能受而有之。可得而不可見；成云：方寸獨悟，可得也；離於形色，不可見也。自本自根，宣云：道為事物根本，更無有為道之根本者，自本自根耳。未有天地，自古以固存；成云：老子云，有物混成，先天地生。神鬼神帝，下文堪坏、馮夷等，鬼也；豨韋、伏羲等，帝也。其神皆道神之。生天生地；成云：老子云，天得一以清，地得一以寧。在太極之先而不為高，在六極之下而不為深，陰陽未判，是為太極；天地四方，謂之六極。成云：道在太極之先，不為高遠；在六合之下，不為深邃。先天地生而不為久，長於上古而不為老。釋文：長，丁丈反。案此語又見後。豨韋氏得之，以挈天地；豨韋，即豕韋，蓋古帝王也。成云：挈，又作契，言能混同萬物，符合二儀。伏戲氏得之，以襲氣母；成云：襲，合也。氣母，元氣之母。為得至道，故能畫八卦演六爻調陰陽合元氣 維斗得之。終古不忒。成云北斗爲衆星綱維故曰維斗得至道故維持天地歷終始無差忒 日月得之。終古不息。堪坏得之。以襲崐崘。釋文堪坏作邳司馬云堪坏神名人面獸形淮南作欽負成云崐崘山神名襲入也 馮夷得之。以遊大川。司馬云淸泠傳曰馮夷華陰潼鄉隄首（成疏有里字）人也服八石得水仙是爲河伯一云八月庚子浴於河溺死 肩吾得之。以處大山。司馬云山神不死至孔子時成云得道處東岳爲太山之神 黃帝得之。以登雲天。崔云黃帝得道而上天也 顓頊得之。以處玄宮。李云顓頊高陽氏玄宮北方宮也月令曰其帝顓頊其神玄冥成云得道爲北方之帝玄者北方之色故處於玄宮 禺強得之。立乎北極。釋文海外經云北方禺強黑身手足乘兩龍郭璞以爲水神人面鳥身簡文云北海神也一名禺京是黃帝之孫也 西王母得之。坐乎少廣。莫知其始。莫知其終。釋文山海經西王母狀如人狗尾蓬頭戴勝善嘯居海水之涯漢武內傳云西王母與上元夫人降帝美容貌神仙人也崔云少廣山名御云西方空界之名 彭祖得之。上及有虞。下及五伯。崔云彭祖壽七百歲或以爲仙不死成云上自有虞下及殷周凡八百年 傅說得之。以相武丁。奄有天下。乘東維。騎箕尾。而比於列星。司馬云東維箕斗之間天漢津之東維也星經傳說一星在尾上崔云傅說死其精神乘東維託龍尾乃列宿釋文崔本此下更有其生無父母死登假三年而形遯此言神之無能名者也案下引七事以明之

南伯子葵問乎女偊曰。子之年長矣。而色若孺子。何也。李云葵當爲綦聲之誤也釋文偊徐音禹一云是婦人也 曰。吾聞道矣。南伯子葵曰。道可得學邪。曰。惡。惡可。子非其人也。夫卜梁倚有聖人之才。而无聖人之道。我有聖人之道。而無聖人之才。李云卜梁姓倚名宣云倚聰明似子貢偊忘聰明似顏子也 吾欲以教之。庶幾其果爲聖人乎。不然。以聖人之道。告聖人之才。亦易矣。吾猶守而告之。守而不去與爲諄復 參日而後能外天下。成云心既虛寂萬境皆空 已外天下矣。吾又守之。七日而後能外物。郭云物者朝夕所需切己難忘成云天下疏遠易忘資身之物親近難忘守經七日然後遺之 已外物矣。吾又守之。九日而後能外生。成云隳體離形坐忘我喪 已外生矣。而後能朝徹。成云死生一觀物我兼忘豁然如朝

陽初啓故謂之朝徹宣云朝徹如平旦之清明 朝徹而後能見獨。見一而已 見獨而後能无古今。成云任造物之日新隨變化而俱往故無古今之異 无古今而後能入於不死不生。宣云生死一也至此則道在我矣 殺生者不死。生生者不生。蘇輿云殺生二語申釋上文絕貪生之妄覬故曰殺生安時命之自然故曰生生死生順受是不死不生也 爲物无不將也。无不迎也。成云將送也道之爲物拯濟無方迎無窮之生送無量之死 无不毁也。无不成也。成云不送而送無不毁滅不迎而迎無不生成 其名爲攖寧。攖寧也者。攖而後成者也。郭嵩燾云孟子趙注攖迫也物我生死之見迫於中將迎成毁之機迫於外而一無所動其心乃謂之攖寧置身紛紜蕃變交爭互觸之地而心固寧焉則幾於成矣故曰攖而後成

南伯子葵曰。子獨惡乎聞之。曰。聞諸副墨之子。成云副貳也宣云文字是翰墨爲之然文字非道不過傳道之助故謂之副墨又對初作之文字言則後之文字皆其孳生者故曰副墨之子 副墨之子聞諸洛誦之孫。成云羅洛誦之案謂連絡誦之猶言反復讀之也洛絡同音借字對古先讀書者言故曰洛誦之孫古書先口授而後著之竹帛故云然 洛誦之孫聞之瞻明。見解洞徹 瞻明聞之聶許。聶許小語猶囁嚅 聶許聞之需役。成云需須役行也須勤行勿怠者 需役聞之於謳。釋文於音烏王云謳歌謠也宣云詠歎歌吟寄趣之深 於謳聞之玄冥。宣云玄冥寂寞之地 玄冥聞之參寥。宣云參悟空虛 參寥聞之疑始。宣云至於無端倪乃聞道也疑始者似有始而未嘗有始

子祀子輿子犂子來四人相與語曰。崔云淮南子祀作子永行年五十四而病傴僂顧千里云淮南精神篇作子求非求永字經傳多互誤抱朴子博喻篇子永歎天倫之偉寨据此下祀輿字當互易 孰能以无爲首。以生爲脊。以死爲尻。孰知生死存亡之一體者。吾與之友矣。成云人起自虛無故以無爲首從無生有生則居次故以生爲脊死最居後故以死爲尻死生雖異同乎一體能達斯趣所遇皆適豈有存亡欣惡於其間誰能知是我與爲友也 四人相視而笑。莫逆於心。遂相與爲友。俄而子輿有病。子祀往問之。曰。偉哉。夫造物者將以予爲此拘拘也。成云子輿自歎司馬云拘拘體拘攣也 曲僂發背。成云傴僂曲腰背骨發露 上有五管。五藏之管向上 頤隱於齊。同臍 肩高於頂。句贅指天。李云句贅頂椎其形似贅言其上向 陰陽之氣

有沴。郭云沴陵亂也同戾其心閒而無事。宣云不以病攖心跰䠱而鑑於井。成云跰䠱曳病貌曳疾力行照臨於井曰。嗟乎。夫造物者又將以予爲此拘拘也。重歎之子祀曰。汝惡之乎。曰。亡。无同予何惡。浸假而化予之左臂以爲雞。予因以求時夜。司夜也雞疑是卵字之譌時夜即雞也既化爲雞何又云因以求雞惟雞出於卵鴞出於彈故因卵以求時夜因彈以求鴞炙耳齊物論云見卵而求時夜見彈而求鴞炙與此文大同亦其明證矣浸假而化予之右臂以爲彈。予因以求鴞炙。浸假而化予之尻以爲輪。以神爲馬。予因以乘之。豈更駕哉。郭云無往不因無因不可且夫得者時也。失者順也。安時而處順。哀樂不能入也。此古之所謂縣解也。成云得者生也失者死也案養生主篇適來夫子時也適去夫子順也安時而處順哀樂不能入也古者謂是帝之縣解與此文證合而不能自解者。物有結之。郭云一不能自解則衆物共結之矣且夫物不勝天久矣。吾又何惡焉。俄而子來有病。喘喘然將死。其妻子環而泣之。成云喘喘氣息急也子犁往問之。曰。叱。避。叱令其妻子避无怛化。釋文怛驚也勿驚將化人倚其戶與之語曰。偉哉造物。又將奚以汝爲。爲何物將奚以汝適。適往也以汝爲鼠肝乎。以汝爲蟲臂乎。王云取微蔑至賤子來曰。父母於子。東西南北。唯命之從。陰陽於人。不翅於父母。成云陰陽造化何啻二親乎彼近吾死而我不聽。我則悍矣。彼何罪焉。彼陰陽悍不順宣云近迫也夫大塊載我以形。勞我以生。佚我以老。息我以死。故善吾生者。乃所以善吾死也。六語又見大宗師篇今之大冶鑄金。金踊躍曰。我必且爲鏌鋣。大冶必以爲不祥之金。大冶鑄金匠今一犯人之形。而曰人耳人耳。夫造化者必以爲不祥之人。犯同範偶成爲人遂欣愛鄭重以爲異於衆物則造化亦必以爲不祥今一以天地爲大鑪。以造化爲大冶。惡

乎往而不可哉。鼠肝蟲臂何關念慮成然寐。蘧然覺•成然爲人寐也蘧然長逝覺也

子桑戶孟子反子琴張•三人相與友。曰。孰能相與於无相與•相爲於无相爲。成云如百體各有司存更相御用無心於相與無意於相爲而相濟之功成矣故於無與而相與周旋無爲而相爲交友者其意亦然孰能登天游霧•宣云超於物外撓挑无極。李云撓挑猶宛轉也宛轉玄曠之中相忘以生•无所終窮。宣云不悅生不惡死三人相視而笑。莫逆於心。遂相與友•莫然有閒。崔云莫然定也閒頃也而子桑戶死•未葬•孔子聞之•使子貢往侍事焉。成云供給喪事或編曲。李云曲蠶薄或鼓琴•相和而歌曰。嗟來桑戶乎•嗟來桑戶乎•而已反其眞。而汝而我猶爲人猗。成云猗相和聲子貢趨而進曰。敢問臨尸而歌。禮乎•二人相視而笑曰。是惡知禮意。是謂子貢子貢反•以告孔子曰。彼何人者邪。修行无有。無自修之行而外其形骸。臨尸而歌。顏色不變。无以命之。崔云命名也彼何人者邪。孔子曰•彼游方之外者也。而丘游方之內者也。成云方區域也外內不相及。而丘使女往弔之。丘則陋矣。彼方且與造物者爲人。王引之云爲人猶言爲偶中庸仁者人也鄭注讀如相人偶之人以人意相存偶之言公食大夫禮注每曲揖及當碑揖相人偶是人與偶同義淮南原道篇與造化者爲人義同齊俗篇上與神明爲友下與造化爲人尤其明證而遊乎天地之一氣。彼以生爲附贅縣疣。成云氣聚而生譬疣贅附縣非所樂以死爲決𤴯潰癰。釋文𤴯胡亂反宣云疽屬成云氣散而死若𤴯癰決潰非所惜夫若然者。又惡知死生先後之所在。宣云一氣循環假於異物。託於同體。宣云卽圓覺經地風水火四大合而成體之說蓋視生偶然耳忘其肝膽。遺其耳目。宣云外身也視死偶然耳反覆終始。不知端倪。往來生死莫知其極芒然彷徨乎塵垢之外。逍遙乎无爲之業。成云芒然無知貌放任於塵累之表逸豫於清曠之鄉彼又惡能憒憒然爲世俗

之禮。以觀衆人之耳目哉。成云憒憒煩亂釋文觀示也 子貢曰。然則夫子何方之依。成云方內方外未知夫子依從何道 孔子曰。丘。天之戮民也。成云聖迹禮儀乃桎梏形性夫子既依方內是自然之理刑戮之人也故德充篇云天刑之安可解乎 雖然。吾與汝共之。宣云己之所得不欲隱 子貢曰。敢問其方。孔子曰。魚相造乎水。人相造乎道。造詣也造乎水者魚之樂造乎道者人之樂 相造乎水者。穿池而養給。相造乎道者。无事而生定。釋文池本亦作地案兩本並通魚得水則養給人得道則性定生性字通 故曰。魚相忘乎江湖。人相忘乎道術。宣云愈大則愈適豈但養給生定而已 子貢曰。敢問畸人。司馬云畸不耦也郭云問向所謂方外而不偶於俗者安在 曰。畸人者。畸於人而侔於天。司馬云侔等也成云率其本性與自然之理同 故曰。天之小人。人之君子。宣云拘拘禮法不知性命之情而人稱為有禮 人之君子。天之小人也。案各本皆同疑複語無義當作天之君子人之小人也成云子反琴張不偶於俗乃曰畸人實天之君子案不偶於俗即謂不偕於禮則人皆不然之故曰天之君子人之小人也文義甚明蘇輿云以人之小人斷定畸人則琴張孟孫輩皆非所取莊生豈眞不知禮者哉

顏回問仲尼曰。孟孫才名才 其母死。哭泣無涕。中心不戚。居喪不哀。无是三者。以善處喪蓋魯國。固有无其實而得其名者乎。回壹怪之。郭陸成本喪字絕句李楨云文義未完蓋魯國三字當屬上句與應帝王篇功蓋天下義同釋言弇蓋也釋名蓋加也並有高出其上之意言才以善處喪名蓋魯國也 仲尼曰。夫孟孫氏盡之矣。進於知矣。成云進過也宣云其盡道過於知喪禮者 唯簡之而不得。宣云簡者略於事世俗相因不得獨簡故未免哭泣居喪之事 夫已有所簡矣。宣云然已無涕不戚不哀是已有所簡矣蘇輿云二語泛言不屬孟孫氏說姚云常人束於生死之情以為哀痛簡之而不得不知於性命之眞已有所簡矣似較宣說為優 孟孫氏不知所以生。不知所以死。宣云生死付之自然此其進於知也 不知就先。不知就後。成云先生後死既一於死生故無去無就 若化為物。以待其所不知之化已乎。宣云順其所以化以待其將來所不可知之化如此而已案死為鬼物化也鼠肝蟲臂所不知之化也 且方將化。

惡知不化哉。方將不化。惡知已化哉。宣云四語正不知之化總非我所能與吾特與汝其夢未始覺者邪。宣云未能若孟孫之進於知也且彼有駭形而無損心。彼孟孫氏雖有駭變之形而不以損累其心有旦宅而無情死。成云旦日新也宅者神之舍也以形之改變爲宅舍之日新耳姚云情實也言本非實有死者孟孫氏特覺。人哭亦哭。是自其所以乃。乃猶言如此人哭亦哭已無容心蘇輿云孟孫氏特覺句絕言我汝皆夢而孟孫獨覺人哭亦哭是其隨人發哀且也相與吾之耳矣。庸詎知吾所謂吾之乎。人每見吾暫有身則相與吾之豈知吾所謂吾之果爲吾乎果非吾乎且汝夢爲鳥而厲乎天。厲戾同聲通用至也夢爲魚而沒於淵。不識今之言者。其覺者乎。夢者乎。未知魚鳥是覺邪夢邪抑今人之言魚鳥者是覺邪夢邪造適不及笑。獻笑不及排。宣云人但知笑爲適意不知當其忽造適意之境心先喻之不及笑也及忽發爲笑又是天機自動亦不及推排而爲之是適與笑不自主也安排而去化。乃入於寥天一。宣云由此觀之凡事皆非己所及排冥冥中有排之者今但當安於所排而忘去死化之悲乃入於空虛之天之至一者耳

意而子見許由。許由曰。堯何以資汝。成云意而古之賢人郭云資者給濟之謂意而子曰。堯謂我汝必躬服仁義而明言是非。成云必須己身服行亦復明言示物許由曰。而奚爲來軹。而汝也軹同只夫堯既已黥汝以仁義。而劓汝以是非矣。宣云如加之以刑戮汝將何以遊夫遙蕩恣睢轉徙之塗乎。成云恣睢縱任也轉徙變化也案言汝既爲堯所誤何以遊乎逍遙放蕩縱任變化之境乎意而子曰。雖然。吾願遊於其藩。宣云言雖不能遵塗願涉其藩籬許由曰。不然。夫盲者无以與乎眉目顏色之好。瞽者无以與乎青黃黼黻之觀。意而子曰。夫无莊之失其美。成云无莊古之美人爲聞道故不復莊飾而自忘其美色據梁之失其力。成云據梁古之多力人爲聞道守雌故失其力黃帝之亡其知。成云黃帝有聖知亦爲聞道故能亡遺其知皆在鑪捶之閒耳。釋文捶本又作錘成云鑪竈也錘鍛也三人以聞道契眞如器物假鑪冶打鍛以成用耳庸詎知夫造物者之不息我黥而補我劓。使我乘

成以隨先生邪。宣云乘猶載也黥劓則體不備息之補之復完成矣天今使我遇先生安知不使我載一成體以相隨邪許由曰。噫。未可知也。我爲汝言其大略。吾師乎。吾師乎。整萬物而不爲義。澤及萬世而不爲仁。司馬云整碎也盧文弨云說文作整亦作整䪡省作整成云素秋霜降碎落萬物非有心斷割而爲義青春和氣生育萬物非有情恩愛而爲仁長於上古而不爲老。成云萬象之前先有此道而日新不窮寒暑又見前覆載天地刻彫衆形而不爲巧。成云天覆地載以道爲原衆形彫刻咸資造化同稟自然故巧名斯滅此所遊已。宣云應上遊

顏回曰。回益矣。仲尼曰。何謂也。曰。回忘仁義矣。曰。可矣。猶未也。他日復見。曰。回益矣。曰。何謂也。曰。回忘禮樂矣。曰。可矣。猶未也。他日復見。曰。回益矣。曰。何謂也。曰。回坐忘矣。司馬云坐而自忘其身仲尼蹵然曰。何謂坐忘。顏回曰。墮肢體。黜聰明。成云墮毀廢黜退除離形去知。宣云總上二句同於大通。成云冥同大道此謂坐忘。仲尼曰。同則无好也。宣云無私心化則无常也。宣云無滯理而果其賢乎。丘也請從而後也。爾誠賢乎吾亦願學極贊以進回

子輿與子桑友。而霖雨十日。雨三日以往爲霖子輿曰。子桑殆病矣。裹飯而往食之。至子桑之門。則若歌若哭。鼓琴曰。父邪。母邪。天乎。人乎。有不任其聲而趨舉其詩焉。崔云不任其聲憊也成云趨卒疾也子輿入曰。子之歌詩。何故若是。成云歌詩似有怨望故齎怪問其所由曰。吾思乎使我至此極者而弗得也。父母豈欲吾貧哉。天无私覆。地无私載。天地豈私貧我哉。求其爲之者而不得也。然而至此極者。命也夫。知命所爲順之而已

內篇應帝王第七郭云無心而任乎自化者應爲帝王也

齧缺問於王倪。四問而四不知。見齊物論齧缺因躍而大喜。行以告蒲衣子。釋文尸子云蒲衣八歲舜讓以天下崔云即被衣王倪之師也淮南子曰齧缺問道於被衣蒲衣子曰。而乃今知之乎。而汝有虞氏不及泰氏。成云泰氏即太昊伏羲也有虞氏其猶藏仁以要人。亦得人矣。而未始出於非人。崔云懷仁心以結人也宣云非人者物也有心要人猶繫於物是未能超出於物之外泰氏其臥徐徐。其覺于于。司馬云徐徐安穩貌于于無所知貌一以己爲馬。一以己爲牛。成云或馬或牛隨人呼召其知情信。成云率其眞知情無虛矯其德甚眞。郭云任其自得故無僞而未始入於非人。宣云渾同自然毫無物累未始陷入於物之中

肩吾見狂接輿。狂接輿曰。日中始何以語女。李云日中始人姓名賢者也崔本無日字云中始賢人也俞云日猶言日者也義見左文七年襄二十六年昭七年十九年傳肩吾曰。告我君人者以己出經式義度。司馬云出行也王念孫云經式義度皆謂法也義讀爲儀古字通人孰敢不聽而化諸。狂接輿曰。是欺德也。成云以己制物物喪其眞是欺誑之德非實道其於治天下也。猶涉海鑿河涉海而鑿爲河而使蚉負山也。夫聖人之治也。治外乎。用法是治外也正而後行。正其性而後行化確乎能其事者而已矣。李云確堅也宣云不強人以性之所難爲且鳥高飛以避矰弋之害。鼷鼠深穴乎神丘之下。以避熏鑿之患。成云矰網鼷鼠小鼠神丘社壇宣云物尚有知如此而曾二蟲之无知。會是人之無知不如二蟲乎

天根遊於殷陽。崔云地名至蓼水之上。李云蓼水水名適遭无名人而問焉。曰。請問爲天下。无名人曰。去。汝鄙人也。何問之不豫也。俞云釋詁豫厭也楚詞惜誦行婞直而不豫兮王注豫厭也此怪天根之多問猶云何不憚煩

也予方將與造物者爲人。人偶也詳大宗師篇厭則又乘夫莽眇之鳥。成云莽眇深遠案謂清虛之氣若鳥然以出六極之外。成云六極猶六合而遊无何有之鄉。說見逍遙遊篇以處壙埌之野。崔云壙埌猶曠蕩也汝又何帠以治天下感予之心爲。帠徐音藝未詳何字崔本作爲當從之又復問无名人曰。汝遊心於淡。合氣於漠。順物自然而无容私焉。宣云不用我智而天下治矣。

陽子居見老聃曰。成云姓陽字子居案即楊朱見寓言篇注有人於此。嚮疾強梁。嚮往敏疾強幹果決物徹疏明。事物洞徹疏通明達學道不勌。如是者可比明王乎。老聃曰。是於聖人也。胥易技係。勞形怵心者也。言此其學聖人如胥之易如技之係徒役其形心者也郭慶藩云胥徒民給繇役者易治也胥易謂胥徒供役治事技係若王制凡執技以事上者不貳事不移官是爲技所係也且曰虎豹之文來田。以文致獵猨狙之便。捷也執斄之狗來藉。司馬云藉繫也案猨狗以能致繫二語亦見天地篇如是者可比明王乎。陽子居蹵然曰。敢問明王之治。老聃曰。明王之治。功蓋天下而似不自己。成云聖人功成不居似非己爲之化貸萬物而民弗恃。宣云貸施也成云百姓謂不賴君之能有莫舉名。宣云似有而無能名使物自喜。成云物各自得立乎不測。宣云所存者神而遊於无有者也。宣云行所無事

鄭有神巫曰季咸。列子黃帝篇云有神巫自齊來處於鄭命曰季咸知人之生死存亡。禍福壽夭。期以歲月旬日若神。或歲或月或旬日無不神驗鄭人見之。皆棄而走。宣云惟恐言其不吉列子見之而心醉。向云迷惑於其道也歸以告壺子。列子作壺邱子司馬云名林鄭人列子師曰。始吾以夫子之道爲至矣。則又有至焉者矣。郭云謂季咸之至又過於夫子壺子曰。吾與汝既其文。未既其實。而固得道與。成云與授既盡也吾比授汝始盡文言於其妙理全未造實汝固執文字謂言得道邪案列子既其文作無其文張湛注引向秀云實由文顯道以事彰有道而無事猶有雌無雄耳今吾與汝雖深淺不同無文相發故未盡我道之實也此言聖人

之唱必有感而後和衆雌而无雄。而又奚卵焉。郭云喻列子未懷道而以道與世亢。必信。而汝也信讀曰伸言汝之道尙淺而乃與世亢以求必伸列子亢作抗夫故使人得而相女。故使人得而窺測之嘗試與來。以予示之。明日。列子與之見壺子。出而謂列子曰。譆。子之先生死矣。弗活矣。不以旬數矣。吾見怪焉。見溼灰焉。宣云言無氣燄列子入。泣涕沾襟。以告壺子。壺子曰。鄉吾示之以地文。列子注引向云塊然若土也萌乎不震不正。俞云列子作罪乎不誫不止當從之罪讀爲嶭說文作㠧云山貌震卽誫之異文不誫不止者不動不止也故以嶭乎形容之言與山同也今罪誤作萌止誤作正失其義矣據釋文崔本作不誫不止與列子同可據以訂正案列子注引向云不動亦不自止與枯木同其不華死灰均其寂魄此至人無感之時也是殆見吾杜德機也。成云杜塞也列子機作幾下同注引向云德幾不發故曰杜嘗又與來。嘗亦試也明日。又與之見壺子。出而謂列子曰。幸矣。子之先生遇我也有瘳矣。全然有生矣。列子全作灰吾見其杜權矣。宣云杜閉中覺有權變列子入。以告壺子。壺子曰。鄉吾示之以天壤。列子注引向云天壤之中覆載之功見矣比地之文不猶外乎案郭注地之作之地外作卵是誤字昔人謂郭竊向注殆不然此類得毋近是乎名實不入。列子注引向云任自然而覆載則名實皆爲棄物案郭注則下作天機玄應而名利之飾皆爲棄物矣而機發於踵。宣云一段生機自踵而發是殆見吾善者機也。宣云善卽生意嘗又與來。明日。又與之見壺子。出而謂列子曰。子之先生不齊。釋文側皆反本又作齋下同吾无得而相焉。試齊。且復相之。列子入。以告壺子。壺子曰。吾鄉示之以太沖莫勝。列子勝作眹當從之注引向云居太沖之極浩然泊心玄同萬方莫見其迹案郭注莫見其迹作故勝負莫得厝其閒也是殆見吾衡氣機也。宣云衡平也列子注引向云無往不平混然一之案郭注同鯢桓之審爲淵。止水之審爲淵。流水之審爲淵。淵有九名。此處三焉。列子鯢桓之審作鯢旋之潘郭注以爲當作蟠云鯢大魚桓盤桓也蟠洄流也言大魚盤桓其水蟠洄而成深泉淵有九名者謂鯢桓止水流水濫水（爾雅水涌出也）沃水（水泉從上溜下）氿水（水泉從旁出）雍水（河水決出還復入也）汧水（水流行也）肥水（水所出異爲肥）是爲九淵皆列子之文成云水體無心動止隨物或鯨鯢盤桓或凝湛止住或波流湍激雖多種不同而玄默無心一也嘗又與來。明日。又與之見壺子。立未定。自失而走。壺子曰。追之。列子追之不及。反以報壺子。曰。已滅矣。已失矣。吾弗及也。壺子曰。鄉吾示之以未始出吾宗。深根冥極不出見吾之宗主吾與之虛而委蛇。成云委蛇隨順貌郭云無心而隨物化案列子委蛇作猗移義同不知其誰何。向云汎然無所係案郭注同因以爲弟靡。釋文弟音穨弟靡不窮之貌盧文弨云正字通弟作第後來字書亦因之而於古無有也類篇弟字下有徒回反一音云弟靡不窮皃正本此列子作茅靡因以爲波流。崔本作波隨云常隨從之王念孫云崔本是也蛇何靡隨爲韻蛇古音徒禾反靡古音摩隨古亦音徒何反故逃也。成云因任前機會無執滯千變萬化非相者所知故季咸逃逸也案列子注引向云至人其動也天其靜也地其行也水流其湛也淵嘿淵嘿之與水流天行之與地止其於不爲而自然一也今季咸見其尸居而坐忘卽謂之將死見其神動而天隨卽謂之有生苟無心而應感則與變升降以世爲量然後足爲物主而順時無極耳豈相者之所覺哉然後列子自以爲未始學而歸。成云始覺壺丘道深自知未學三年不出。爲其妻爨。向云遺恥辱食豕如食人。釋文食音祀郭云忘貴賤也於事无與親。不近世事彫琢復朴。成云彫琢華飾之務悉皆屏除復於朴素塊然獨以其形立。塊然無偶紛而封哉。釋文紛而崔云亂貌哉崔本作戎云封戎散亂也李楨云崔本是也列子作份然而封戎六句人親朴立戎終各自爲韻一以是終。宣云道無復加也引季咸壺子事明帝王當虛已無爲立於不測不可使天下得相其端以開機智其取意微眇無倫以上引五事爲證

无爲名尸。成云尸主也無爲名譽之主无爲謀府。無爲謀慮之府无爲事任。郭云付物使各自任无爲知主。釋文知音智成云不運智以主物體盡无窮。體悟眞源冥會無窮而遊无朕。崔云朕兆也成云朕迹也晦迹韜光故無朕盡其所受於天而无見得。全所受於天而無自以爲得之見亦虛而已。郭云不虛則不能任羣實至人之用心若鏡。郭云鑒物而無情不將不迎。應而不藏。成云將送也物感斯應應不以心旣無將迎豈有情於隱匿哉故能勝物而不傷。成云用心不勞故無損害此段正文

南海之帝爲儵。北海之帝爲忽。中央之帝爲渾沌。簡文云儵忽取神速爲名渾沌以合和爲貌儵忽譬有爲合和

聲無竅。崔云：渾沌無孔竅也。儵與忽時相與遇於渾沌之地，渾沌待之甚善。儵與忽謀報渾沌之德，曰：「人皆有七竅，以視聽食息，此獨无有，嘗試鑿之。」日鑿一竅，七日而渾沌死。郭云：爲者敗之。此段喻意。

莊子集解卷三

外篇 駢拇第八 蘇輿云駢拇下四篇多釋老子之義周雖悅老風自命固絕高觀天下篇可見四篇於申老外別無精義蓋學莊者緣老爲之且文氣直衍無所發明亦不類內篇狂猝僞詭王氏夫之姚氏鼐皆疑外篇不出莊子最爲有見即如此篇首云淫僻於仁義之行末復以淫僻仁義平列蹖駁顯然且云余媿乎道德莊子焉肯爲此謙語乎

駢拇枝指。出乎性哉。而侈於德。李云駢併也成云足大拇指與第二指相連枝指手有六指也崔云侈過也案生而有之故曰出乎性德之言得也所得比人爲過附贅縣疣。出乎形哉。而侈於性。附贅縣疣見大宗師篇形既成而後附故曰出乎形然過於自然之性多方乎仁義而用之者。列於五藏哉。而非道德之正也。成云方道術也案多術以施用仁義者以五性爲人所同有而列於五藏以配五行然非道德之本然是故駢於足者。連无用之肉也。枝於手者。樹无用之指也。樹立多方駢枝於五藏之情者。情實淫僻於仁義之行。淫過也過詭於正故曰淫僻而多方於聰明之用也。是故駢於明者。亂五色。淫文章。青黃黼黻之煌煌。非乎。而離朱是已。言自離朱諸人始也成云斧形謂之黼兩已相背謂之黻五色青黃赤白黑也青與赤爲文赤與白爲章煌煌眩目貌司馬云離朱黃帝時人百步見秋毫之末一云見千里鍼鋒孟子作離婁多於聰者。亂五聲。淫六律。金石絲竹黃鐘大呂之聲。非乎。而師曠是已。釋文師曠晉大夫善音律能致鬼神史記云冀州南和人生而無目郭云生而有耳目者所因常在於希離慕曠則離曠雖聰明乃亂耳目之至也枝於仁者。擢德塞性。以收名聲。使天下簧鼓以奉不及之法。非乎。而曾史是已。枝於仁者謂標舉仁義如枝生一指曾史性優於仁義而性不長者爭慕之天下喧擾如簧如鼓以奉不能及之法式也曾史曾參史鰌王念孫云塞與擢義不相類塞當爲搴形近而誤擢搴皆謂拔取之也廣雅搴取也拔也方言作攓云取也南楚曰攓說文作攑云拔取也淮南俶眞篇俗世之學擢德攓性內愁五藏外勞耳目乃始招蟯振繾物之毫芒搖消掉捎仁義禮樂暴行越智於天下以招號名聲於世又曰今萬物之來擢拔吾性攓取吾情皆其證駢於辯者。纍瓦結繩竄句。游心於堅白同異之閒。而敝跬譽无用之言。非乎。而楊墨是已。崔云聚無用之語如瓦之纍繩之結也一云瓦當作丸案竄易文句遊蕩心思於堅白同異之閒也郭嵩燾云敝謂勞敝也跬譽猶云咫言半步爲跬司馬法一舉足曰跬跬三尺也跬譽者邀一時之近譽勞敝於有近譽無實用之言故謂之駢於辯楊朱墨翟稟性多辯故特舉之故此皆多駢旁枝之道。非天下之至正也。彼正正者。不失其性命之情。俞云上正字乃至字之誤故合者不爲駢。而枝者不爲跂。釋文跂其知反宣本作歧案跂歧同長者不爲有餘。短者不爲不足。是故鳧脛雖短。續之則憂。鶴脛雖長。斷之則悲。成云鳧小鴨故性長非所斷。性短非所續。无所去憂也。宣云率其本然自無憂何待去意仁義其非人情乎。彼仁人何其多憂也。蘇輿云仁人宣本作仁義是郭注云恐仁義非人情而憂之者眞可謂多憂也似所見本亦作仁義此言仁義束縛使人失其常性而多憂患在宥篇愁其五藏以爲仁義即此旨此緣下仁人而誤

且夫駢於拇者。決之則泣。枝於手者。齕之則啼。二者或有餘於數。或不足於數。其於憂一也。駢者數不足枝者數有餘今世之仁人。蒿目而憂世之患。司馬云蒿目亂也俞云蒿是矔之叚字玉篇矔目明又望也是矔爲望視之貌仁人之憂天下必爲矔然遠望故云然矔與蒿古音相近故得通用詩白鳥翯翯孟子作鶴鶴文選景福殿賦作睢睢蒿之通矔猶翯之通鶴與睢矣不仁之人。決性命之情而饕富貴。決潰也如水之決隄而出情實饕貪也故意仁義其非人情乎。自三代以下者天下蘇輿云自三代以下者莊子有此文法胠篋在宥篇屢見何其囂囂也。成云囂囂猶讙聒且夫待鉤繩規矩而正者。是削其性。成云鉤曲繩直規圓矩方皆損害本性待繩約膠漆而固者。是侵其德也。成云約束縛也侵傷其德屈折禮樂。呴俞仁義。以慰天下之心者。此失其常然也。禮樂周旋是屈折也呴俞猶煦嫗假仁義也天下有常然。常然者。曲者不以鉤。直者不以繩。圓者不以規。方者不以矩。附離不以膠漆。約束不以纆索。釋文廣雅纆索也故天下誘然皆生。而不知其所以生。宣云誘然若有導以生者

同焉皆得。而不知其所以得。故古今不二。不可虧也。（古今無二理不可以人爲損之）則仁義又奚連連如膠漆纆索而遊乎道德之閒爲哉。使天下惑也。（連連相續貌此尊道德而斥仁義）夫小惑易方。（迷於所向）大惑易性。（失其眞性）何以知其然邪。自虞氏招仁義以撓天下也。（俞云招舉也釋文撓亂也）天下莫不奔命於仁義。（奔馳以從之）是非以仁義易其性與。（郭云雖虞氏無易之情而天下之性固已易矣）故嘗試論之。自三代以下者。天下莫不以物易其性矣。小人則以身殉利。士則以身殉名。（以名利易性）大夫則以身殉家。聖人則以身殉天下。（以家天下易性）故此數子者。（蘇輿云數子猶言此數等人）事業不同。名聲異號。其於傷性以身爲殉一也。臧與穀二人。相與牧羊而俱亡其羊。（釋文張揖云壻婢之子謂之臧崔本穀作穀云孺子曰穀）問臧奚事。則挾筴讀書。問穀奚事。則博塞以遊。二人者。事業不同。其於亡羊均也。（釋文筴字又作策李云竹簡也塞博之類也案策當讀如左傳繞朝贈策之策驅羊鞭也）伯夷死名於首陽之下。盜跖死利於東陵之上。（成云跖柳下惠從弟徒九千常爲巨盜東陵山名又云即太山在齊州界去東平十五里跖死其上）二人者。所死不同。其於殘生傷性均也。奚必伯夷之是。而盜跖之非乎。天下盡殉也。彼其所殉。仁義也。則俗謂之君子。其所殉貨財也。則俗謂之小人。其殉一也。則有君子焉。有小人焉。（則有之則與而同義）若其殘生損性。則盜跖亦伯夷已。（跖與夷同）又惡取君子小人於其閒哉。（宣云稱名何取相異）且夫屬其性乎仁義者。雖通如曾史。非吾所謂臧也。（釋文屬謂係屬成云臧善也）屬其性於五味。雖通如俞兒。非吾所謂臧也。（釋文司馬云俞兒古之善識味人也崔云尸子曰膳俞兒和之以薑桂爲人主上食淮南云俞兒狄牙嘗淄澠之水而別之一云俞兒黃帝時人狄牙則易牙齊桓公時識味人也一云俞兒亦齊人 屬其性乎五聲。雖通如師曠。非吾所謂聰也。屬其性乎五色。雖通如離朱。非吾所謂明也。吾所謂臧者。非仁義之謂也。臧於其德而已矣。善在自得 吾所謂臧者。非所謂仁義之謂也。宣云此句疑言味而訛 任其性命之情而已矣。吾所謂聰者。非謂其聞彼也。自聞而已矣。吾所謂明者。非謂其見彼也。自見而已矣。成云心神馳奔耳目竭喪此乃愚闇豈曰聰明若聽耳之所聞視目之所見保分任眞不蕩於外者卽物皆聰明也 夫不自見而見彼。不自得而得彼者。是得人之得。而不自得其得。適人之適。而不自適其適者也。郭云此舍己效人者也雖效之若人而己已亡矣 夫適人之適。而不自適其適。雖盜跖與伯夷。是同爲淫僻也。郭云苟以失性爲淫僻雖所失之塗異其於失之一也案大宗師篇狐不偕務光伯夷叔齊箕子胥餘紀他申屠狄是役人之役適人之適而不自適其適者也莊子以全生爲大故於伯夷一流人深致不滿但務光申徒狄諸人情事未詳當時或有可以不死之道至夷齊箕子所係至重不可一概而論此所見與聖人異也 余愧乎道德。宣云謙詞 是以上不敢爲仁義之操。而下不敢爲淫僻之行也。宣云莊子將仁義淫僻例視何有上下之目此上下二字就俗見言之案三代以來視道德甚尊而論仁義不分析韓非子混義於仁此文亦以仁義併入仁人內言之自孔孟書外罕能推見仁義之分者遂園固別有微恉世儒亦無復探求昌黎原道一篇開宗明義獨舉仁義道德四字開示學人所以能拔出唐賢而上契古聖也

外篇 馬蹄第九

蘇輿云老子云無爲自化淸靜自正通篇皆申此旨而終始以馬作喻亦莊子內篇所未有也

馬。蹄可以踐霜雪。毛可以禦風寒。齕草飲水。翹足而陸。釋文崔本足作尾司馬云陸跳也字書作踛踛馬健也郭慶藩云崔足作尾文選江賦注引亦作尾陸作踛云踛音六廣韻踛力竹切翹踛也 此馬之眞性也。雖有義臺路寢。無所用之。雖極居處之壯麗非馬性所適也釋文義徐音儀路正也大也崔云路寢正室俞云義儀古通儀臺猶言容臺淮南覽冥篇容臺振而掩覆高注容臺行禮容之臺 及至伯樂曰。我善治馬。燒之剔之刻之雒之。釋文伯樂姓孫名陽善馭馬司馬云燒鐵以爍之剔謂翦其毛郭嵩燾云雒同烙謂印烙 連之以羈馵。編之

以阜棧。釋文廣雅羈勒也馽丁邑反崔云絆前後足也文選馬汧督誄注引司馬云阜櫪也棧若欐牀施之溼地也 馬之死者十二三矣。飢之渴之。馳之驟之。整之齊之。前有橛飾之患。而後有鞭筴之威。而馬之死者已過半矣。司馬云橛銜也飾謂加飾於馬鑣也成云帶皮曰鞭無皮曰筴 陶者曰。我善治埴。圓者中規。方者中矩。釋文陶窯也崔云埴土也 匠人曰。我善治木。曲者中鉤。直者應繩。夫埴木之性。豈欲中規矩鉤繩哉。然且世世稱之曰。伯樂善治馬。而陶匠善治埴木。此亦治天下者之過也。其過與治天下者等 吾意善治天下者不然。彼民有常性。織而衣。耕而食。是謂同德。成云物各自足故同德 一而不黨。命曰天放。成云黨偏命名天自然也宣云渾一無偏任天自在蘇輿云與天爲一泯善惡之黨於義亦通 故至德之世。其行填填。其視顛顛。崔云填填重遲顛顛專一也 當是時也。山无蹊隧。澤无舟梁。成云蹊徑隧道郭云不求非望故止於一家而足 萬物羣生。連屬其鄉。宣云各就所居爲連屬 禽獸成羣。草木遂長。郭云足性而止無吞夷之欲故物全 是故禽獸可係羈而遊。烏鵲之巢可攀援而闚。郭云與物無害故物馴 夫至德之世。同與禽獸居。族與萬物並。族聚也 惡乎知君子小人哉。同乎无知。其德不離。同乎无欲。是謂素樸。素樸而民性得矣。郭云知則離道以善欲則離性以飾 及至聖人。蹩躠爲仁。踶跂爲義。而天下始疑矣。李云蹩躠踶跂皆用心爲仁義之貌 澶漫爲樂。摘僻爲禮。而天下始分矣。李言澶漫猶縱逸也郭嵩燾云摘僻當作摘擗楚詞王注擗析也摘者摘取之擗者分析之謂煩碎也 故純樸不殘。孰爲犧尊。白玉不毀。孰爲珪璋。成云純樸不殘全木未彫也犧尊酒器刻爲牛首以祭宗廟也上銳下方曰珪半珪曰璋 道德不廢。安取仁義。老子云大道廢有仁義 性情不離。安用禮樂。成云禮以檢跡樂以和心情苟不散安用和心性苟不離何勞檢跡 五色不亂。孰爲文采。五聲不亂。孰應六律。郭云此皆變樸爲華蘗本崇末於其天素有殘廢矣夫殘樸以爲器。工匠之罪也。毁道德以爲仁義。聖人之過也。成云以仁義之迹毁無爲之道夫馬陸居則食草飲水。喜則交頸相靡。靡與摩同怒則分背相踶。宣云馬之踶必向後故曰分背馬知已此矣。馬所知止此矣李音智非夫加之以衡扼。釋文衡轅前橫木縛軛者扼又馬頸者也齊之以月題。司馬云馬額上當顱如月形者也而馬知介倪、闉扼、鷙曼、李云介倪猶睥睨也闉曲也鷙抵也曼突也司馬云言曲頸於扼以抵突也詭銜竊轡。成云詭銜吐出其勒竊轡盜脫籠頭故馬之知而態至盜者。充其所知而態至於盜伯樂之罪也。夫赫胥氏之時。民居不知所爲。行不知所之。含哺而熙。鼓腹而遊。民能以此矣。司馬云赫胥上古帝王也案熙與嬉同以已通作及至聖人。屈折禮樂。以匡天下之形。縣企仁義。以慰天下之心。匡正也縣企縣舉而企及之使人共慕也而民乃始踶跂好知。踶跂自矜好智行詐爭歸於利。不可止也。此亦聖人之過也。

外篇胠篋第十

將爲胠篋探囊發匱之盜而爲守備。司馬云從旁開爲胠蘇輿云說文匱匣也俗加木作櫃則必攝緘縢。固扃鐍。此世俗之所謂知也。釋文廣雅云緘縢皆繩也李云扃關鐍紐也知音智然而巨盜至。則負匱揭篋擔囊而趨。唯恐緘縢扃鐍之不固也。釋文三蒼云揭舉也然則鄉之所謂知者。不乃爲大盜積者也。也與邪同故嘗試論之。世俗之所謂知者。有不爲大盜積者乎。所謂聖者。有不爲大盜守者乎。何以知其然邪。昔者齊國鄰邑相望。雞狗之音相聞。罔罟之所布。耒耨之所刺。李云耒犂耨鋤也方二千餘里。闔四竟之內。成云闔合也所以立宗廟社稷。治邑屋州閭鄉曲者。曷嘗不法聖人哉。成云司馬法六尺爲步步百爲畝畝百爲夫夫三爲屋屋三爲井井四爲邑又云五家爲比五比爲閭五閭爲族五族爲黨五黨爲州五州爲鄉鄭元云二十五家爲閭二千五百家爲州萬二千五百家爲鄉 然而田成子一旦殺齊君而盜其國。所盜者豈獨其國邪。並與其聖知之法而盜之。故田成子有乎盜賊之名。而身處堯舜之安。小國不敢非。大國不敢誅。十二世有齊國。（釋文自陳恆殺簡公之時數至莊子著書之日其後人爲齊君者已歷十二世姚云自田常至王建十世上合桓子無宇釐子乞爲十二世田氏自桓子始大故合言十二世）則是不乃竊齊國。並與其聖知之法。以守其盜賊之身乎。嘗試論之。世俗之所謂至知者。有不爲大盜積者乎。所謂至聖者。有不爲大盜守者乎。何以知其然邪。昔者龍逢斬。比干剖。萇弘胣。（崔云讀若拖或作施字施裂也淮南子曰萇弘鈹裂而死）子胥靡。（釋文靡碎也反崔云爛之於江中）故四子之賢。而身不免乎戮。（郭云言暴亂之君亦得據君人之威以戮賢人而莫之敢亢者皆聖法之由也向無聖法則桀紂焉得守斯位而放其毒使天下側目哉蘇輿云聖法寄於刑賞而桀紂用法以戮賢）故盜跖之徒。問於跖曰。盜亦有道乎。跖曰。何適而无有道邪。（成云何往非道）夫妄意室中之藏。（成云起妄心揣量商度有無必中）聖也。入先。勇也。出後。義也。知可否。知也。分均。仁也。五者不備。而能成大盜者。天下未之有也。由是觀之。善人不得聖人之道不立。跖不得聖人之道不行。天下之善人少而不善人多。則聖人之利天下也少。而害天下也多。故曰脣竭則齒寒。（俞云此竭字當讀爲竭其尾之竭說文豕下云竭其尾故謂之豕脣竭謂反舉其脣以向上）魯酒薄而邯鄲圍。（釋文許愼注淮南云楚會諸侯魯趙俱獻酒於楚王魯酒薄而趙酒厚楚之主酒吏求酒於趙趙不與吏怒乃以趙厚酒易魯薄酒奏之楚王以趙酒薄故圍邯鄲也）聖人生而大盜起。掊擊聖人。縱舍盜賊。而天下始治矣。夫川竭而谷虛。丘夷而淵實。聖人已死。則大盜不起。天下平而无故矣。聖人不死。大盜不止。雖重聖人而治天下，則是重利盜跖也。爲之斗斛以量之，則並與斗斛而竊之；爲之權衡以稱之，則並與權衡而竊之；爲之符璽以信之，則並與符璽而竊之；爲之仁義以矯之，則並與仁義而竊之。何以知其然邪？彼竊鉤者誅，成云：鉤，腰帶鉤也。竊國者爲諸侯，諸侯之門而仁義存焉。王引之云：存焉當作焉存。焉，於是也。言仁義於是乎存也。古書如此句法甚多。（不備錄）此四句誅侯爲韻，門存爲韻，其韻皆在句末。史記游俠傳作竊鉤者誅，竊國者侯，侯之門仁義存，是其明證也。則是非竊仁義聖知邪？故逐於大盜，揭諸侯，成云：逐，隨也。宣云：揭，舉也。竊仁義並斗斛權衡符璽之利者，雖有軒冕之賞弗能勸，止之斧鉞之威弗能禁。此重利盜跖而使不可禁者，是乃聖人之過也。故曰：魚不可脫於淵，國之利器不可以示人。彼聖人者，天下之利器也，非所以明天下也。明，示也。故絕聖棄知，大盜乃止；擿玉毀珠，釋文：擿，義與擲同。小盜不起；焚符破璽，而民朴鄙；掊斗折衡，而民不爭；殫殘天下之聖法，而民始可與論議。釋文：殫，盡也。擢亂六律，鑠絕竽瑟，成云：擢，拔也。釋文：鑠絕，燒斷之也。塞瞽曠之耳，而天下始人含其聰矣；滅文章，散五采，膠離朱之目，而天下始人含其明矣；毀絕鉤繩而棄規矩，攦工倕之指，李云：攦，折也。而天下始人有其巧矣。成云：人師分內，咸有其巧，譬猶蜘網蜣丸，豈關工匠。故曰：大巧若拙。削曾史之行，鉗楊墨之口，攘棄仁義，而天下之德始玄同矣。成云：物不喪真，人皆自得，率性全理，故與玄道混同。彼人含其明，則天下不鑠矣；崔云：不消壞也。人含其聰，則天下不累矣；成云：累，憂患也。人含其知，則天下不惑矣；人含其德，則天下不僻矣。彼曾史楊墨師曠工倕離朱。皆外立其德。自炫所得 而以爚亂天下者也。釋文三蒼云爚火光消也 法之所无用也。宣云以正法言之皆當去 子獨不知至德之世乎。昔者容成氏。大庭氏。伯皇氏。中央氏。栗陸氏。驪畜氏。軒轅氏。赫胥氏。尊盧氏。祝融氏。伏羲氏。神農氏。司馬云此十二氏皆古帝王 當是時也。民結繩而用之。甘其食。美其服。樂其俗。安其居。鄰國相望。雞狗之音相聞。民至老死而不相往來。若此之時。則至治已。今遂至使民延頸舉踵曰。某所有賢者。贏糧而趣之。崔云贏裹也 則內棄其親。而外去其主之事。內棄其親若吳起外去其主若虞卿 足跡接乎諸侯之境。車軌結乎千里之外。軌車轍迹結交也 則是上好知之過也。上誠好知而无道。好知以擾物無道以靖之 則天下大亂矣。何以知其然邪。夫弓弩畢弋機變之知多。則鳥亂於上矣。李云兔網曰畢繳射曰弋弩牙曰機郭嵩燾云說文率捕鳥畢也詩畢之羅之鳥罟亦謂之畢李說非 鉤餌罔罟罾笱之知多。則魚亂於水矣。王念孫云鉤當作釣釣即鉤也釋文釣鉤也今正文作鉤後人妄改說詳讀書雜志 削格羅落罝罘之知多。則獸亂於澤矣。李云削格所以施羅網也郭嵩燾云說文繫傳云長枝爲格削格謂刮削之削格羅落皆所以遮要禽獸漢書鼂錯傳爲中周虎落顏注謂遮落之釋文罝本又作罦爾雅兔罟謂之罝罬謂之罦罦覆車也郭璞云今翻車 知詐漸毒頡滑堅白解垢同異之變多。則俗惑於辯矣。郭慶藩云荀子非十二子篇知而險議兵篇是漸之也正論篇上幽險則下漸詐矣知詐漸毒四字義同皆謂欺詐也釋文頡滑不正之語解垢詭曲之辭案頡黠借字 故天下每每大亂。李云每每猶昏昏也 罪在於好知。故天下皆知求其所不知。而莫知求其所已知者。皆知非其所不善。而莫知非其所已善者。是以大亂。故上悖日月之明。下爍山川之精。中墮四時之施。成云爍銷也墮壞也 惴耎之蟲。釋文惴耎謂無足蟲 肖翹之物。

（李云翻飛之物）莫不失其性。甚矣夫好知之亂天下也。自三代以下者是已。舍夫種種之民。而悅夫役役之佞。（李云種種謹慤貌役役鬼黠貌）釋夫恬淡无為。而悅夫啍啍之意。啍啍已亂天下矣。（郭云啍啍以己誨人也）

在宥第十一（外篇）

聞在宥天下。不聞治天下也。（文選謝靈運從宋公戲馬臺詩注引司馬云在察也宥寬也蘇輿云在不當訓察察之則囿治之矣在存也存諸心而不露是善非惡之迹以使民相安於渾沌正胠篋篇含字之旨）在之也者。恐天下之淫其性也。（淫過也）宥之也者。恐天下之遷其德也。（遷而他效）天下不淫其性。不遷其德。有治天下者哉。（宣云又何須更治之）昔堯之治天下也。使天下欣欣焉人樂其性。是不恬也。（成云恬靜也）桀之治天下也。使天下瘁瘁焉人苦其性。是不愉也。（成云愉樂也）夫不恬不愉。非德也。非德也而可長久者。天下无之。人大喜邪。毗於陽。大怒邪。毗於陰。（俞云喜屬陽怒屬陰毗陽毗陰言傷陰陽之和也淮南原道訓人大怒破陰大喜墜陽與此義同）陰陽並毗。四時不至。寒暑之和不成。其反傷人之形乎。（成云人多疾病豈非反傷形乎）使人喜怒失位。居處無常。思慮不自得。中道不成章。於是乎天下始喬詰卓鷙。（崔云喬詰意不平卓鷙行不平也）而後有盜跖曾史之行。故舉天下以賞其善者不足。舉天下以罰其惡者不給。（郭云慕賞乃善故賞不能供畏罰乃止故罰不能勝）故天下之大不足以賞罰。自三代以下者。匈匈焉終以賞罰為事。彼何暇安其性命之情哉。（成云匈匈讙譁也）而且說明邪。是淫於色也。說聰邪。是淫於聲也。（說音悅下同）說仁邪。是亂於德也。說義邪。是悖於理也。說禮邪。是相於技也。說樂邪。是相於淫也。釋文：相，助也。成云：說禮乃助華浮技能，說樂更助宮商淫聲。王夫之云：與之偕而自失曰相。說聖邪。是相於藝也。說知邪。是相於疵也。成云：說聖迹助世間之藝術，愛智計益是非之疵病也。天下將安其性命之情，之八者存可也，亡可也。天下將不安其性命之情，之八者乃始臠卷獊囊而亂天下也。司馬云：臠卷，不申舒之狀。崔本獊作戕，云：戕囊，猶搶攘。而天下乃始尊之惜之，甚矣天下之惑也。豈直過也而去之邪。宣云：豈但過時便任其去乎。乃齊戒以言之，跪坐以進之，鼓歌以儛之。宣云：乃奕世欣奉，不能已如此。吾若是何哉。故君子不得已而臨莅天下，莫若无為。无為也而後安其性命之情。故貴以身於為天下，則可以託天下。愛以身於為天下，則可以寄天下。宣云：貴愛其身於為天下，內重而見外之輕，此所以於天下無為，乃可以為天下之君也。蘇輿云：身下兩於字當衍。四語見老子。故君子苟能无解其五藏。釋文：解，散也。案：駢拇篇多方乎仁義而用之者，列於五藏。无擢其聰明。擢，猶拔也。謂顯拔之，言以聰明自詡也。尸居而龍見，淵默而雷聲。不動而如神，不言而名章。二語又見天運篇。神動而天隨。精神方動，天機自赴。從容無為而萬物炊累焉。司馬云：炊累，猶動升也。向、郭云：如塵埃之自動。案：陽春和煦，如萬物層累而炊熱之。吾又何暇治天下哉。

崔瞿問於老聃曰。不治天下，安藏人心。藏是臧之誤，古字止作臧。安臧人心，言人心無由善。老聃曰。汝慎無攖人心。成云：攖，撓。人心排下而進上。宣云：排抑則降下，稍進則亢上。上下囚殺。宣云：上下之間，係之若囚，傷之若殺。蘇輿云：其亢上也如殺，其排下也如囚；殺則驕，囚則僨。淖約柔乎剛彊。成云：淖約，柔弱也。郭云：能淖約，則剛彊者柔矣。廉劌彫琢。其熱焦火，其寒凝冰。廉棱劌利，彫琢刻削也。言尖利刻削之人，其心燥急則熱如焦火，戰惕則寒如凝冰。其疾俛仰之閒而再撫四海之外。撫，臨也。喻其疾速。其居也淵而靜。（宣云：言其深伏。）其動也縣而天。（宣云：言其飛揚。）僨驕而不可係者。（僨驕不可禁係。）其唯人心乎。昔者黃帝始以仁義攖人之心。堯舜於是乎股无胈。脛无毛。以養天下之形。（李云：股白肉。）愁其五藏以爲仁義。矜其血氣以規法度。（郭慶藩云：釋言：矜，苦也。矜其血氣，猶孟子言苦其心志。）然猶有不勝也。堯於是放讙兜於崇山。投三苗於三峗。流共工於幽都。此不勝天下也夫。（釋文：峗本亦作危。案：古注夫字下屬，今以屬上。）施及三王而天下大駭矣。（宣云：不安其性。）下有桀跖。上有曾史。（成云：桀跖行小人之行，爲下；曾史行君子之行，爲上。）而儒墨畢起。（同時並起。）於是乎喜怒相疑。愚知相欺。善否相非。誕信相譏。而天下衰矣。大德不同。（德本玄同，而此有不同之迹。）而性命爛漫矣。（成云：爛漫，散亂。）天下好知。而百姓求竭矣。（上窮其智，百姓不能供其求。）於是乎釿鋸制焉。（釋文：釿音斤，本亦作斤。）繩墨殺焉。椎鑿決焉。（工匠以繩墨正木，人君以禮法正人；工匠以斤鋸椎鑿殘木，人君以刑法殘人。）天下脊脊大亂。（釋文：脊脊，相殘藉也。案：與藉藉同。）罪在攖人心。故賢者伏處大山嵁巖之下。（俞云：嵁當爲湛。文選封禪文李注：湛，深也。山以大言，巖以深言。）而萬乘之君憂慄乎廟堂之上。今世殊死者相枕也。桁楊者相推也。刑戮者相望也。（釋文：廣雅：殊，斷也。崔云：械夾頸及脛者皆曰桁楊。案：相枕，謂已死者相推，相望言其多。）而儒墨乃始離跂攘臂乎桎梏之間。意。（同噫。）甚矣哉。其无愧而不知恥也甚矣。吾未知聖知之不爲桁楊椄槢也。仁義之不爲桎梏鑿枘也。（司馬云：椄槢，械楔。成云：鑿，孔也；以物內孔中曰枘。桁楊以椄槢爲管，桎梏以鑿枘爲用。）焉知曾史之不爲桀跖嚆矢也。（向云：嚆矢，矢之鳴者。字林云：嚆，大呼。郭云：言曾史爲桀跖之利用也。）故曰。絕聖棄知而天下大治。

黃帝立爲天子十九年。令行天下。聞廣成子在於空同之上。故往見之。

釋文廣成子或云即老子爾雅云北戴斗極爲空同曰。我聞吾子達於至道。敢問至道之精。吾欲取天地之精。以佐五穀。以養民人。成云欲取陰陽精氣助成五穀吾又欲官陰陽以遂羣生。成云欲象陰陽設官分職遂順也

廣成子曰。而所欲問者。物之質也。成云而汝也下同所問粗淺不過形質而所欲官者。物之殘也。宣云猶言朴散之餘自而治天下。雲氣不待族而雨。司馬云族聚也未聚而雨言澤少草木不待黄而落。司馬云殺氣多日月之光益以荒矣。宣云天地之氣渴喪如此而佞人之心翦翦者。又奚足以語至道。成云汝是諂佞之人心甚狹劣李云翦翦淺短貌案翦與譾同

黄帝退。捐天下。築特室。席白茅。示潔淨閒居三月。復往邀之。邀求請也廣成子南首而卧。黄帝順下風。膝行而進。再拜稽首而問曰。聞吾子達於至道。敢問治身奈何而可以長久。廣成子蹶然而起。蹶然疾起貌曰。善哉問乎。來。吾語女至道。至道之精。窈窈冥冥。至道之極。昏昏默默。无視无聽。抱神以靜。形將自正。必靜必清。无勞女形。无搖女精。乃可以長生。宣云此言安外以養內也目无所見。耳无所聞。心无所知。女神將守形。形乃長生。慎女內。絶思慮閉女外。止動作多知爲敗。宣云內外交引病在於知故總言之我爲女遂於大明之上矣。至彼至陽之原也。爲女入於窈冥之門矣。至彼至陰之原也。遂徑達也至人智照如日月故名大明有感而動故曰遂於大明之上無感之時深根凝湛故曰入於窈冥之門天地有官。宣云兩儀分職陰陽有藏。宣云互爲其根慎守女身。物將自壯。宣云物即道也守身則道得其養將自成也我守其一以處其和。宣云二氣之和也故我修身千二百歲矣。吾形未嘗衰。宣云形神相守長久之道黄帝再拜稽首曰。廣成子之謂天矣。宣云與天合德廣成子曰。來。吾語女。彼其物无窮

而人皆以爲有終。道如循環然而人以爲沒則已焉 彼其物无測而人皆以爲有極。道本無盡而人以爲有盡 得吾道者。上爲皇而下爲王。失吾道者。上見光而下爲土。雖見光明已爲土壤 今夫百昌。百物昌盛謂之百昌 皆生於土而反於土。宣云人不知道與物何異 故余將去女。入无窮之門。以遊无極之野。成云反歸冥寂之本入無窮之門應變天地之閒遊無極之野 吾與日月參光。吾與天地爲常。成云參同也 當我緍乎。遠我昏乎。釋文緍泯合也郭嵩燾云緍昏字通緍亦昏也當我鄉我而來遠我背我而去任人之向背一以無心應之 人其盡死。而我獨存乎。宣云與道不息

雲將東遊。初學記一引司馬云雲將雲之主帥 過扶搖之枝。李云扶搖神木也生東海 而適遭鴻蒙。司馬云自然元氣也 鴻蒙方將拊髀雀躍而遊。成云拊拍也雀躍跳躍也 雲將見之。倘然止。贄然立。李云倘自失貌贄不動貌 曰。叟何人邪。叟何爲此。司馬云叟長者稱 鴻蒙拊髀雀躍不輟。對雲將曰。遊。雲將曰。朕願有問也。鴻蒙仰而視雲將曰。吁。雲將曰。天氣不合。地氣鬱結。六氣不調。成云陰陽風雨晦明 四時不節。今我願合六氣之精以育羣生。成云欲合六氣精華以養萬物 爲之奈何。鴻蒙拊髀雀躍掉頭曰。吾弗知。吾弗知。雲將不得問。又三年。東遊過有宋之野。而適遭鴻蒙。雲將大喜。行趨而進曰。天忘朕邪。天忘朕邪。尊之曰天如黃帝之稱廣成子 再拜稽首。願聞於鴻蒙。鴻蒙曰。浮游不知所求。猖狂不知所往。自得所求自適所往 遊者鞅掌。有鞅在掌言出遊也 以觀无妄。宣云真機之自動者吾但從而寓目焉 朕又何知。雲將曰。朕也自以爲猖狂。而百姓隨予所往。朕也不得已於民。宣云謝之不去 今則民之放也。郭云爲民所放效 願聞一言。

鴻蒙曰。亂天之經。逆物之情。玄天弗成。（成云、亂天常道、逆物真性、自然之化不成。）解獸之羣。而鳥皆夜鳴。（獸散其羣、鳥鳴於夜。）災及草木。禍及止蟲。（釋文、止本亦作昆。蘇輿云、止、豸同。）意治人之過也。（釋文、意本又作噫、下同。郭云、有治之迹、亂之所由生也。）雲將曰。然則吾奈何。鴻蒙曰。意毒哉。（宣云、言害已深。）僊僊乎歸矣。（成云、僊僊、輕舉貌、勸令歸。）雲將曰。吾遇天難。願聞一言。鴻蒙曰。意心養。（唯心當養。）汝徒處无為。而物自化。（成云、徒、但也。）墮爾形體。吐爾聰明。（成云、身心兩忘。）倫與物忘。（人倫庶物、皆泯其迹。）大同乎涬溟。（司馬云、涬溟、自然氣也。宣云、與浩氣同體。）解心釋神。莫然无魂。（宣云、解其黏、釋其縛。成云、魂好知為、莫然無知、同死灰枯木。）萬物云云。（成云、云云、眾多也。蘇輿云、案云云、老子作芸芸、自然貌。）各復其根。（宣云、皆得其无妄之真本。）各復其根而不知。渾渾沌沌。終身不離。（宣云、不開其知識。）若彼知之。乃是離之。（成云、用知乃離自然之性。）无問其名。无闚其情。（宣云、物本無名、我不必問、本無情、不必闚。）物故自生。（成云、任於獨化、物得生理也。）雲將曰。天降朕以德。示朕以默。躬身求之。乃今也得。再拜稽首。起辭而行。

世俗之人。皆喜人之同乎己。而惡人之異於己也。同於己而欲之。異於己而不欲者。以出乎眾為心也。（宣云、言己超出於眾、眾皆當從己也。）夫以出於眾為心者。曷嘗出乎眾哉。（非果能超出於眾也。）因眾以寧所聞。不如眾技眾矣。（並無獨見、但因聞眾論、遂執一而安之、則反不如能集眾技者之信為眾矣。）而欲為人之國者。此攬乎三王之利。而不見其患者也。（宣云、然且欲以己見治人之國者、此徒以聖知仁義為利、而不見其害也。）此以人之國僥倖也。幾何僥倖而不喪人之國乎。其存人之國也。無萬分之一。其喪人之國也。一不成而萬有餘喪矣。（一事不成、萬事隨之。）悲夫。有土者之不知也。夫有土者。有大物也。有大物者。不可以物物。（郭云、不能用物而為物用、即是物耳、豈能物物哉。不能物物則不足以有大物矣蘇輿云言有土者自以爲若有物存則爲物所物矣惟物而不物故能以一身物萬物下文獨有卽無物之旨 而不物故能物物。宣云不見有物則超乎物外故能主宰乎物也 明乎物物者之非物也。豈獨治天下百姓而已哉。出入六合。遊乎九州。獨往獨來。是謂獨有。獨有之人。是謂至貴。成云人欲出衆而已獨遊衆無此能是名獨有獨有之人百姓荷戴以斯爲主可謂至尊至貴也

大人之教。若形之於影。聲之於響。有問而應之。盡其所懷。爲天下配。成云配匹也先感爲主應者爲匹 處乎无響。郭云寂以待物 行乎无方。郭云隨物轉化 挈汝適復之。撓撓以遊无端。俞云釋詁適往也適復猶往復撓撓亂也惟大人能提挈世俗往復撓亂之人與之共遊於無端 出入無旁。宣云旁去聲 與日无始。成云與日俱新故無終始 頌論形軀。合乎大同。論其形貌合乎人羣不自立異 大同而无己。无己。惡乎得有有。郭云天下之難無者己也己既無矣則羣有不足復有之 覩有者。昔之君子。宣云三代所謂明聖 覩無者。天地之友。

賤而不可不任者。物也。卑而不可不因者。民也。民物雖卑賤惟當因而任之反其性則亂 匿而不可不爲者。事也。郭云事藏於彼而各自爲故不可自爲但當因任耳 麤而不可不陳者。法也。成云法言教也理妙法麤故順陳說 遠而不可不居者。義也。成云義雖去道疏遠苟其合理應須取斷 親而不可不廣者。仁也。成云親偏愛狹周廣乃大仁也 節而不可不積者。禮也。成云積厚也節文也 中而不可不高者。德也。修德之人與世中和自然高遠 一而不可不易者。道也。成云妙本一氣通生萬物甚自簡易其唯道乎 神而不可不爲者。天也。故聖人觀於天而不助。成云聖人觀自然妙理大順羣物而不助其性分 成於德而不累。出於道而不謀。郭云不謀而一所以爲易 會於仁而不恃。所爲自與仁會不恃賴之 薄於義而不積。應於禮而不諱。俞云諱讀爲違廣雅釋詁諱避也國語韋注違避也二字聲近義通不諱卽不違 接於事而

不辭。齊於法而不亂。成云因於物性以法齊之故不亂 恃於民而不輕。郭云恃其自爲不輕用也 因於物而不去。郭云因而任之不去其本 物者莫足爲也，而不可不爲。成云素無之不可强爲性中有者不可不爲 不明於天者，不純於德。成云闇自然之理則澆薄之德不純 不通於道者，无自而可。成云體道面牆無從而可 不明於道者，悲夫。何謂道。有天道，有人道。无爲而尊者，天道也。有爲而累者，人道也。主者，天道也。臣者，人道也。相去遠矣，不可不察也。宣云此段意膚文雜與本篇義不甚切不似莊子之筆或後人續貂耳案宣疑是也然郭象有注則晉世傳本已然

外篇 天地第十二

天地雖大，其化均也。郭云均於不爲而自化也 萬物雖多，其治一也。郭云一以自得爲治 人卒雖衆，其主君也。君原於德而成於天。本於有德而成於自然 故曰，玄古之君天下，无爲也，天德而已矣。成云玄遠也玄古聖君無爲而治天下自然之德而已矣蘇輿云玄字句絕與下文玄德之玄同義 以道觀言而天下之君正，郭云無爲者自然爲君郭嵩燾云言者名也正其君之名而天下聽命焉故曰名之必可言也衷諸道而已矣 以道觀分而君臣之義明，郭云各當其分無爲位上有爲位下也 以道觀能而天下之官治，郭云官各當其所能則治 以道汎觀而萬物之應備。宣云泛應不窮 故通於天地者，德也。郭云萬物莫不皆得則天地通 行於萬物者，道也。成云至理無塞恣物往來同行故曰道宣云道蓋義字之訛 上治人者，事也。成云事事有宜而天下治 能有所藝者，技也。郭云技者萬物之末用也 技兼於事，事兼於義，義兼於德，德兼於道，道兼於天。郭云天道順則本末俱暢 故曰，古之畜天下者，畜養 无欲而天下足，无爲而萬物化，淵靜而百姓定。成云老子曰我好靜而民自正 記曰，釋文書名老子所作 通於一而萬事畢，成云一道也事從理生理必包事本能攝末故知一萬事畢語在西升經 无心得而鬼神服。以無心得者無不服也

夫子曰。司馬云莊子也一云老子也宣云孔子也下言夫子問於老聃可知 夫道。覆載萬物者也。洋洋乎大哉。君子
不可以不刳心焉。成云刳去也洗也法道之無爲洗去有心之累 无爲爲之之謂天。上爲去聲成云率性而動天機自張 无爲言
之之謂德。成云應答無方物來斯應 愛人利物之謂仁。成云心無偏執惜其性命 不同同之之謂大。郭云萬物萬形各止其分
不引彼以同我乃成大耳 行不崖異之謂寬。宣云和光同塵 有萬不同之謂富。故執德之謂紀。成云能持以前之德
行者可謂羣物之綱紀蘇輿云故字疑衍 德成之謂立。成云德行既成方可立功濟物 循於道之謂備。成云循順也順於虛通德行方足 不以物
挫志之謂完。成云一毀譽混榮辱不以物虧其德完全 君子明於此十者。則韜乎其事心之大也。成云韜包容也
俞云事心猶立心也禮郊特牲鄭注事猶立也呂覽論人篇事心乎自然之塗亦以事心連文 沛乎其爲萬物逝也。成云逝往也爲羣生所歸往 若然者。藏
金於山。藏珠於淵。不利貨財。不近貴富。宣云不以物累身 不樂壽。不哀夭。不榮通。不
醜窮。壽夭俱忘窮通不足言矣 不拘一世之利以爲已私分。郭云皆委之萬物 不以王天下爲已處顯。
郭云忽然不覺榮之在身 顯則明。萬物一府。成云忘於物我 死生同狀。成云冥於變化

夫子曰。夫道。淵乎其居也。漻乎其清也。釋文廣雅云漻清貌 金石不得无以鳴。金石不得其和不鳴
亦道之見端也 故金石有聲。不考不鳴。感而後應 萬物孰能定之。推此而言萬物應感無方孰能定之 夫王德之人。
素逝而恥通於事。抱朴以往羞通於庶務蘇輿云素逝即山木篇晏然體逝之意通於事與通於神對文恥字疑誤 立之本原而知通於
神。故其德廣。本原既立智可通神故德能廣被 其心之出。有物採之。非感不應 故形非道不生。生非德
不明。成云道能通生萬物故非道不生德能鑒照本原故非德不明老經云道生之德畜之也 存形窮生。立德明道。非王德者邪。蕩蕩
乎忽然出。勃然動。而萬物從之乎。此謂王德之人。郭云忽勃皆無心而應之貌 視乎冥冥。聽

乎无聲。宣云道不在形聲故冥冥之中。獨見曉焉。无聲之中。獨聞和焉。宣云道又非寂滅故故深之又深而能物焉。宣云至不測矣而物由此出神之又神。而能精焉。至無方矣而精不可掩故其與萬物接也。至无而供其求。並有而求無不給時騁而要其宿。行遠而其歸可會大小長短修遠。宣云修遠當作遠近大而小長而短遠而近黃帝遊乎赤水之北。登乎崑崙之丘。而南望還歸。遺其玄珠。文選廣絕交論注引司馬云赤水假名玄珠喻道也宣云赤者南方明色其北則玄境也南乃明察之方已踰玄境不能久守而復望明處則玄亡也使知索之而不得。釋文知音智使離朱索之而不得。使喫詬索之而不得也。郭嵩燾云廣韻喫同噭噭聲也詬怒也怒亦聲也集韻云喫詬力諍者是也知以神索之離朱索之形影喫詬索之聲聞是以愈索愈遠象罔者若有形若無形故眸而得之乃使象罔。象罔得之。黃帝曰。異哉。象罔乃可以得之乎。宣云似有象而實無蓋無心之謂

堯之師曰許由。許由之師曰齧缺。齧缺之師曰王倪。王倪之師曰被衣。

堯問於許由曰。齧缺可以配天乎。吾藉王倪以要之。堯欲讓天下於齧缺因王倪要致之許由曰。殆哉圾乎天下。圾同岌危也齧缺之爲人也。聰明叡知。給數以敏。其性過人。釋文數音朔成云叡聖給捷敏速也而又乃以人受天。宣云非純乎天者彼審乎禁過。而不知過之所由生。郭云過生於聰知又役知以禁之其知彌甚矣與之配天乎。彼且乘人而無天。若令爲天子彼且專任人而無復自然之性方且本身而異形。宣云顯分人己方且尊知而火馳。宣云貪智巧而急用之方且爲緒使。宣云爲細事所役方且爲物絯。釋文廣雅云絯束也公才反宣云爲物所拘方且四顧而物應。宣云顧盼接不暇方且應衆宜。事事求合方且與物化而未始有恒。宣云屢爲物變而不能定夫何足以配天乎。雖然。有族有祖。宣云凡聚族必有宗祖可以爲衆父。而不可以爲

衆父父。宣云衆父父者乃族之祖也萬化之大宗也齧缺亦可爲衆人之父但不能爲衆父之父耳 治亂之率也。率主也用智理物治之主亦亂之主 北面之禍也。南面之賊也。宣云不可爲人臣亦不可爲人君案借此言以警堯非齧缺眞如此也

堯觀乎華。司馬云華地名 華封人曰。嘻。聖人。請祝聖人。使聖人壽。堯曰。辭。使聖人富。堯曰。辭。使聖人多男子。堯曰。辭。封人曰。壽富多男子。人之所欲也。女獨不欲。何邪。堯曰。多男子則多懼。富則多事。壽則多辱。是三者。非所以養德也。故辭。封人曰。始也我以女爲聖人邪。今然君子也。宣云今如此但可爲君子 天生萬民。必授之職。多男子而授之職。則何懼之有。富而使人分之。則何事之有。夫聖人鶉居而鷇食。宣云鶉無常居言不求安鷇待母食言不求飽 鳥行而无彰。成云與物俱冥如鳥之飛行無蹤跡可見 天下有道。則與物皆昌。天下无道。則修德就閒。千歲厭世。去而上僊。乘彼白雲。至於帝鄉。三患莫至。成云三患前富壽多男子也 身常无殃。則何辱之有。封人去之。堯隨之曰。請問。封人曰。退已。

堯治天下。伯成子高立爲諸侯。釋文通變經云老子從此天地開闢以來吾身一千二百變後世得道伯成子高是也 堯授舜。舜授禹。伯成子高辭爲諸侯而耕。禹往見之。則耕在野。禹趨就下風。立而問焉。曰。昔堯治天下。吾子立爲諸侯。堯授舜。舜授予。而吾子辭爲諸侯而耕。敢問其故何也。子高曰。昔堯治天下。不賞而民勸。不罰而民畏。今子賞罰而民且不仁。德自此衰。刑自此立。後世之亂。自此始矣。夫子闔行邪。无落

吾事。俋俋乎耕而不顧。釋文闔本亦作壼落猶廢也字林云俋俋勇壯貌

泰初有无。无並不得謂之無有无名。可謂之無而不能名一之所起。有一而未形。宣云太極尚未著物得以生謂之德。宣云物得此未形之一以生則性中各有一太極故謂之德未形者有分。且然无閒。謂之命。宣云雖分陰陽猶且陽變陰合流行無閒乃天之所以爲命也留動而生物。宣云動卽造化之流行少留於此卽生一物物成生理。謂之形。宣云物受之而成生理謂之形形體保神。各有儀則。謂之性。成云體質宣云形載神而保合之視聽言動各有當然之則乃所謂性也上所謂得以生謂之德者此也言性在形之後者性須形載之故曰形體保神性修反德。宣云性修則復其所得於未形之一德至同於初。宣云德之至則同於泰初此極詣也同乃虛。虛乃大。宣云形容同於初之妙境合喙鳴。宣云渾合衆口蓋忘言也喙鳴合。與天地爲合。宣云旣忘言則與天地一體矣其合緡緡。釋文緡武巾反若愚若昏。郭云坐忘而自合耳是謂玄德。同乎大順。郭云德玄而所順者大矣

夫子問於老聃曰。有人治道若相放。可不可。然不然。郭云若相放效強以不可爲可不然爲然辯者有言曰。離堅白若縣㝢。成云堅白公孫龍守白論也孔穿之徒堅執此論當時獨步天下無敵今辯者云我能離析堅白之論不以爲辯如縣日月於區㝢也若是則可謂聖人乎。老聃曰。是胥易技係勞形怵心者也。解見應帝王篇執留之狗成思。猿狙之便、自山林來。釋文執留本又作貍一本作狸司馬云貍竹鼠也一云執留之狗謂有能故被留係成愁思也案說文鼮竹鼠也埤雅一名竹鼪郭璞山海經注其音如留牛亦引此文執留之狗爲證據此知留是留牛非竹鼮特竹鼮之音似留牛耳留牛卽犛牛留犛雙聲字蓋犛牛身大能逍遙遊篇所謂若垂天之雲者此狗獨能執之故謂之執留之狗言狗以有能被係而成愁思猿狙以便捷亦自山林而來見拘縶也應帝王篇引老子語云猨狙之便執斄之狗來藉與此文微異而恉大同尤留斄同字之明證矣丘。予告若。而所不能聞與而所不能言。謂道也若而皆汝凡有首有趾无心无耳者衆。宣云具體爲人而無知無聞者皆是有形者與无形无狀而皆存者盡无。有形人也無形無狀道也能人與道俱存者無之其動止也。其死生也。其廢起也。此又非

其所以也。動靜死生興廢皆非道之所在 有治在人。蘇輿云言道無可名徒有治化之迹在人耳 忘乎物。忘乎天。其名爲忘己。忘物矣並其自然之天而亦忘之是之謂忘己 忘己之人。是之謂入於天。宣云與天爲一

將閭葂見季徹曰。釋文將閭一本作蔣葂亦作菟音免姓將閭名葂或云姓蔣名閭葂也季徹人姓名蓋季氏之族 魯君謂葂也曰。請受教。辭不獲。既已告矣。未知中否。請嘗薦之。嘗試薦進也吾進告徹 吾謂魯君曰。必服恭儉。若彼服之 拔出公忠之屬。屬類 而无阿私。行政無私曲 民孰敢不輯。輯和 季徹局局然笑曰。若夫子之言。於帝王之德。猶螳蜋之怒臂以當車軼。則必不勝任矣。釋文局局大笑貌軼音轍 且若是。則其自爲處危。非自安之道 其觀臺多物。觀臺君所居地物事也言君所自此多事 將往投迹者衆。舉足投迹者衆君且不勝其煩非帝王修德安人之道 將閭葂覤覤然驚曰。葂也汒若於夫子之所言矣。釋文覤覤驚懼貌許逆反寨尣若猶茫然 雖然。願先生之言其風也。俞云風讀爲凡猶云言其大凡也風本從凡聲故得通用 季徹曰。大聖之治天下也。搖蕩民心。使之成教易俗。宣云搖蕩猶言鼓舞 舉滅其賊心。而皆進其獨志。成云舉皆也宣云除其害道之心進其得一之志 若性之自爲。而民不知其所由然。若然者。豈兄堯舜之教民。溟涬然弟之哉。郭云溟涬甚貴之謂宣云言不肯讓堯舜居先而已後之 欲同乎德而心居矣。宣云欲同天下於一德而心安處於不用矣

子貢南遊於楚。反於晉。過漢陰。見一丈人。方將爲圃畦。李云菜蔬曰圃埒中曰畦 鑿隧而入井。成云隧地道 抱甕而出灌。搰搰然用力甚多。而見功寡。郭云搰搰用力貌 子貢曰。有械於此。一日浸百畦。用力甚寡而見功多。夫子不欲乎。爲圃者卬而視之曰。奈何。成云聞其方法 曰。鑿木爲機。後重前輕。挈水若抽。李云抽引也 數如泆湯。釋文數所角反泆本或作溢李云疾速如

湯沸溢 其名爲槔。釋文本又作橋司馬李云桔槔也 爲圃者忿然作色而笑曰。吾聞之吾師。有機械者必有機事。有機事者必有機心。機心存於胸中。則純白不備。純白不備。則神生不定。神生不定者。道之所不載也。生性同言不可載道 吾非不知。羞而不爲也。子貢瞞然慚。釋文瞞李天典反慙貌司馬本作憮 俯而不對。有閒。爲圃者曰。子奚爲者邪。曰。孔丘之徒也。爲圃者曰。子非夫博學以擬聖。於于以蓋衆。郭嵩燾云應帝王篇其覺于于說文于於也象氣之舒是於于字同於于猶于于也 獨弦哀歌以賣名聲於天下者乎。汝方將忘汝神氣。墮汝形骸。而庶幾乎。猶云其庶乎而殆也 而身之不能治。而何暇治天下乎。子往矣。无乏吾事。釋文乏廢也

子貢卑陬失色。頊頊然不自得。行三十里而後愈。李云卑陬愧懼貌頊頊自失貌 其弟子曰。向之人何爲者邪。夫子何故見之變容失色。終日不自反邪。成云反復也崇朝神氣不復 曰。始以爲天下一人耳。昔以爲天下止一人耳意尊孔子 不知復有夫人也。不知復有此輩人也 吾聞之夫子。事求可。功求成。用力少。見功多者。聖人之道。今徒不然。徒輩也言此輩人 執道者德全。德全者形全。形全者神全。神全者聖人之道也。託生與民並行。宣云寄生於世與民大同 而不知其所之。汒乎淳備哉。弘乎言不能測其所至 功利機巧必忘夫人之心。宣云夫人之心必無此四累 若夫人者。非其志不之。非其心不爲。之往也心志有所專執 雖以天下譽之。得其所謂。稱爲全德 謷然不顧。謷然猶傲然 以天下非之。失其所謂。成云謷名喪失 儻然不受。成云儻然無心貌 天下之非譽。无益損焉。是謂全德之人哉。郭云此宋榮子之徒未足以爲全德子貢之迷沒於此人即若列子之心醉於季咸也 我之謂風波之

民。成云水性雖澄逢風波起我心不定類彼波瀾反於魯。以告孔子。孔子曰。彼假修渾沌氏之術者也。郭云以其背今向古羞爲世事故知其非眞渾沌也宣云假修言假人事以修之案二說並通識其一不知其二。郭云徒識修古抱灌之朴不知因時任物之易治其內而不治其外。成云守道抱素治內也不能隨時應變不治外也夫明白入素。无爲復朴。成云心智明白會於質素之本無爲虛淡復於淳朴之原體性抱神。以遊世俗之間者。汝將固驚邪。郭云此眞渾沌也故與世同波而不自失則雖遊於世俗而泯然無迹豈必使汝驚哉俞云固讀爲胡胡固皆從古聲故得通用汝將胡驚邪言汝與眞渾沌遇則何驚也郭注正得其意且渾沌氏之術。予與汝何足以識之哉。郭云渾沌玄同孰識之哉

諄芒將東之大壑。海也適遇苑風於東海之濱。苑風曰。子將奚之。曰。將之大壑。曰。奚爲焉。曰。夫大壑之爲物也。注焉而不滿。酌焉而不竭。吾將遊焉。成云大海宏深以譬至理雖寄往滄溟實遊心大道也苑風曰。夫子无意於橫目之民乎。成云五行之內惟民橫目願聞聖治。諄芒曰。聖治乎。官施而不失其宜。司馬云施政布教各得其宜拔舉而不失其能。畢見其情事。而行其所爲。宣云盡見情理順而行之行言自爲而天下化。躬行其言皆以自爲而人化之手撓顧指。四方之民。莫不俱至。言以手麾以顧指而民畢從司馬云撓動也郭慶藩云顧指謂顧其人而指使之左思吳都賦搴旗若顧指劉逵注謂顧指如意此之謂聖治。願聞德人。曰。德人者。居无思。行无慮。不藏是非美惡。宣云心中過而不留四海之內共利之之謂悅。共給之之謂安。民與上共悅安爲謂字同怊乎若嬰兒之失其母也。儻乎若行而失其道也。釋文字林云怊悵也案儻心無主也民仰賴之如此財用有餘而不知其所自來。飲食取足而不知其所從。成云寡欲止分故財用有餘不貪滋味故飲食取足此謂德人之容。郭云德者神人迹也故曰容願聞神人。曰。上神

乘光與形滅亡。上品神人乘光照物不見其形迹 此謂照曠。成云智周萬物明逾三景無幽不燭豈非曠遠姚云晉人諱昭皆書作照右軍法帖皆然不知者乃因照字作解非也 致命盡情。宣云致天命盡實理 天地樂而萬事銷亡。宣云與天地同樂而物累皆捐 萬物復情。齊其情實 此之謂混冥。混同於玄冥

門无鬼。司馬本作無畏云門姓無畏字 與赤張滿稽。宣云赤張姓滿稽名 觀於武王之師。謂孟津之役 赤張滿稽曰。不及有虞氏乎。故離此患也。不及有虞之揖讓故遭離征伐之患 門无鬼曰。天下均治而有虞氏治之邪。其亂而後治之與。言天下皆治而有虞氏又從而治之邪其必有亂而後治之與 赤張滿稽曰。天下均治之爲願。而何計以有虞氏爲。郭云均治則願各足矣復何爲計有虞氏之德而推以爲君 有虞氏之藥瘍也。李云瘍頭創也王引之云藥古讀曜與療聲近義通方言療治也郭云天下皆患創亂故求虞氏藥之 禿而施髢。病而求醫。宣云不禿何用髢不病何用醫 孝子操藥以修慈父。修治也 其色燋然。聖人羞之。宣云言不如養親使不病也 至治之世。不尚賢。不使能。上如標枝。如樹枝無心而在上 民如野鹿。郭云放而自得 端正而不知以爲義。自然合宜 相愛而不知以爲仁。實而不知以爲忠。當而不知以爲信。成云任眞當理 蠢動而相使。不以爲賜。互相役使故不謝 是故行而无迹。事而无傳。成云率性而動故無迹可記迹既昧矣事亦滅焉姚本无傳爲一節從之

孝子不諛其親。忠臣不諂其君。臣子之盛也。親之所言而然。所行而善。則世俗謂之不肖子。君之所言而然。所行而善。則世俗謂之不肖臣。而未知此其必然邪。宣云明於責臣子之諂諛卻不知人情皆必然 世俗之所謂然而然之。所謂善而善之。則不謂之道諛之人也。則與而同義郭慶藩云道即諂也漁父篇希意道言謂之諂荀子不苟篇非諂諛也賈子先醒篇君好諂諛而惡至言韓詩外傳並作道諛道諂一聲之轉宣

云世俗明道諛而不謂之道諛 然則俗固嚴於親而尊於君邪。宣云道諛君親則責之道諛世俗則安之豈世俗更嚴更尊邪 謂已道人。則勃然作色。謂已諛人。則怫然作色。而終身道人也。終身諛人也。宣云惡其名而甘蹈其實 合譬飾辭聚衆也。宣云廣合譬喻使人易曉修飾辭令使人動聽所謂招人附己也 是始終本末不相坐。宣云蹈其實不坐其罪故曰不相坐 垂衣裳。設采色。動容貌。以媚一世。而不自謂道諛。指人君 與夫人之爲徒。通是非。而不自謂衆人。宣云與衆人爲徒同是非之習而又自謂獨異於衆 愚之至也。知其愚者。非大愚也。知其惑者。非大惑也。大惑者。終身不解。大愚者。終身不靈。司馬云靈曉也 三人行而一人惑。所適者。猶可致也。成云適往也致至也 惑者少也。二人惑則勞而不至。惑者勝也。而今也以天下惑。予雖有祈嚮。祈求也 不可得也。不亦悲乎。大聲不入於里耳。司馬云大聲謂咸池六音之樂 折楊皇荂。成云蓋古之俗中小曲釋文荂本又作華音花 則嗑然而笑。李云嗑笑聲 是故高言不止於衆人之心。宣云不相入也成云超出俗表謂之高言 至言不出。俗言勝也。成云出顯也 以二缶鍾惑。而所適不得矣。釋文缶應作垂鍾應作踵言垂腳空中必不得有之適也司馬本作二垂鍾云鍾注意也郭嵩燾云說文缶瓦器也所以盛酒漿鍾酒器也小爾雅釜二有半謂之藪藪二有半謂之缶缶二謂之鍾缶鍾皆量器缶受四斛鍾受八斛以二缶鍾惑不辨缶鍾所受多寡也持以爲量茫乎無所適從矣上文一人惑二人惑據人言此以二缶鍾惑據事言案郭注云各自信據故不知所之所見蓋與今本同自陸氏易缶鍾爲垂踵成疏因之說究未安俞氏易二缶鍾爲一企踵改字更多不如郭注望文生義之爲勝也 而今也以天下惑。予雖有祈嚮。其庸可得邪。知其不可得也而強之。又一惑也。故莫若釋之而不推。宣云不必推究 不推。誰其比憂。成云比與也案自寬之詞 厲之人。夜半生其子。遽取火而視之。汲汲然惟恐其似己也。宣云厲癩也醜人惟恐子之相似今知天下之惑而我乃欲強所不可得而又成一惑猶不懼其相似邪故莫若釋之而遠於憂蓋惟恐同蹈於惑也 百年之木。破爲犧尊。淮南俶眞篇高注犧尊猶疏鏤之尊青黃而文之。其斷在溝中。斷棄之木比犧尊於溝中之斷。則美惡有間矣。其於失性一也。跖與曾史。行義有間矣。然其失性均也。且夫失性有五。一曰五色亂目。使目不明。二曰五聲亂耳。使耳不聰。三曰五臭薰鼻。困惾中顙。成云五臭謂羶薰香鯹腐惾塞也言鼻耽五臭故壅塞不通而中傷顙額外書呼香爲臭故易云其臭如蘭道經謂五香故西升經云香味是冤也釋文惾子公反郭音俊四曰五味濁口。使口厲爽。郭慶藩云大雅思齊箋厲病也廣雅爽傷也言病傷滋味五曰趣舍滑心。使性飛揚。成云趣取滑亂也此五者。皆生之害也。而楊墨乃始離跂自以爲得。非吾所謂得也。離跂離人獨立夫得者困。成云旣爲其性則遭困苦可以爲得乎。則鳩鴞之在於籠也。亦可以爲得矣。且夫趣舍聲色以柴其內。如柴之塞皮弁鷸冠。搢笏紳修以約其外。成云皮弁以皮爲冠鷸鳥翠羽飾冠搢插也笏猶珪紳大帶修長也內支盈於柴柵。成云柵籠也支柱充塞於內故以柴柵擬也外重纆繳。釋文重直龍反成云纆繳繩也睆睆然在纆繳之中。成云睆睆視貌而自以爲得。則是罪人支臂歷指。司馬云支臂反縛也宣云歷指關指而虎豹在於囊檻。亦可以爲得矣。

莊子集解卷四

外篇 天道第十三

天道運而无所積。故萬物成。釋文積謂積滯不通 帝道運而无所積。故天下歸。宣云神與化俱 聖道運而无所積。故海內服。宣云至誠無息 明於天。通於聖。六通四辟於帝王之德者。其自爲也。昧然无不靜者矣。釋文六通陰陽風雨晦明四辟四方開也成云六通謂四方上下四辟謂四時任物自動故曰自爲晦迹韜光其猶昧闇動不傷寂故無不靜也 聖人之靜也。非曰靜也善、故靜也。非以靜爲善而學之 萬物无足以鐃心者、故靜也。鐃撓借字 水靜則明燭鬚眉。平中準。大匠取法焉。其平與準相中故匠人取法焉謂之水平中竹仲反 水靜猶明。而況精神。其明更可知 聖人之心。靜乎天地之鑑也。萬物之鏡也。果能靜雖天地之精萬物之理皆莫能逃 夫虛靜恬淡。寂漠无爲者。天地之平。而道德之至。故帝王聖人休焉。宣云息心於此 休則虛。虛則實。實則倫矣。休其心則與虛合德與虛合德則萬理俱涵萬理俱涵則無不井然有倫 虛則靜。靜則動。動則得矣。必虛方能靜靜則可以動動則得其宜矣 靜則无爲。无爲也則任事者責矣。靜觀無爲不擾羣下則任事者各自責矣 无爲則俞俞。俞俞者。憂患不能處。年壽長矣。釋文廣雅云俞俞喜也宣云外患不能居於其心故神疎而長 夫虛靜恬淡。寂寞无爲者。萬物之本也。明此以南鄉。堯之爲君也。明此以北面。舜之爲臣也。以此處上。帝王天子之德也。以此處下。玄聖素王之道也。成云有其道而無其爵者所謂玄聖素王自貴者也即老君尼父是也姚云素王十二經是後人語 以此退居而閒游。江海山林之士服。成云巢許之流 以此進爲而撫世，則功大名顯而天下一也。郭云：無爲之體大矣，天下何所不無爲哉！故主上不爲冢宰之任，則伊呂靜而司尹矣；冢宰不爲百官之所執，則百官靜而御事矣；百官不爲萬民之所務，則萬民靜而安其業矣；萬民不易彼我之所能，則天下之彼我靜而自得矣。故自天子以下至於庶人，孰能有爲而成哉？是以彌無爲而彌尊也。成云：進爲謂顯迹出仕也，伊望之倫。靜而聖，動而王，无爲也而尊，樸素而天下莫能與之爭美。雖大樸而自然至美。夫明白於天地之德者，此之謂大本大宗，與天和者也。郭云：天地以無爲爲德，故明其宗本，則與天無逆。所以均調天下，與人和者也。郭云：順天所以應人，故天和至而人和盡也。成云：均，平；調，順也。與人和者，謂之人樂；與天和者，謂之天樂。成云：俯同塵俗，仰合自然。莊子曰：吾師乎！吾師乎！韲萬物而不爲戾，澤及萬世而不爲仁，長於上古而不爲壽，覆載天地、刻雕衆形而不爲巧。郭云：壽者期之遠耳，無期故無所稱壽。案：六語又見大宗師篇，彼文戾作義，義者秋殺，有似暴戾也；壽作老，義同。此之謂天樂。故曰：知天樂者，其生也天行，其死也物化。成云：其生也同天道之四時，其死也混萬物之變化。靜而與陰同德，動而與陽同波。四語又見刻意篇。故知天樂者，无天怨，无人非，无物累，无鬼責。四語亦見刻意篇，怨彼文作災。故曰：其動也天，其靜也地，動靜雖殊，無心則一。一心定而王天下，其鬼不祟，李云：祟，禍也。其魂不疲，語亦見刻意篇。一心定而萬物服，言以虛靜推於天地，通於萬物，此之謂天樂。天樂者，聖人之心，以畜天下也。畜，養也。

夫帝王之德，以天地爲宗，以道德爲主，以无爲爲常。无爲也，則用天下而有餘；有爲也，則爲天下用而不足。故古之人貴夫无爲也。上无爲也，下亦无爲也，是下與上同德，下與上同德則不臣。成云：上下無爲，則臣僭君德。下有爲也，上亦有爲也，是上與下同道，上與下同道則不主。上必无爲而用天下，下必有爲爲天下用。此不易之道也。此論有積理非空談 故古之王天下者。知雖落天地。不自慮也。知音智落音絡成云三皇五帝淳古之君知照籠落二儀而垂拱無爲委之臣下故不自慮也 辯雖彫萬物。不自說也。成云宏辯如流彫飾萬物終不自言 能雖窮海內。不自爲也。成云才能雖冠海內夫何爲哉故老子云是謂用人之力 天不產而萬物化。地不長而萬物育。帝王无爲而天下功。王念孫云爾雅功成也中庸無爲而成 故曰。莫神於天。莫富於地。莫大於帝王。故曰帝王之德配天地。此乘天地。馳萬物。而用人羣之道也。

本在於上。末在於下。要在於主。詳在於臣。三軍五兵之運。德之末也。成云五兵一弓二殳三矛四戈五戟運動也 賞罰利害。五刑之辟。教之末也。成云辟法也 禮法度數。形名比詳。釋文比較詳審 治之末也。鐘鼓之音。羽毛之容。樂之末也。哭泣衰絰。隆殺之服。成云隆殺者言五等喪服各有差降此是教跡外儀 哀之末也。此五末者。須精神之運。心術之動。然後從之者也。末學者。古人有之。而非所以先也。成云古人中古人也先本也 君先而臣從。父先而子從。兄先而弟從。長先而少從。男先而女從。夫先而婦從。夫尊卑先後。天地之行也。故聖人取象焉。天尊地卑。神明之位也。春夏先。秋冬後。四時之序也。萬物化作。萌區有狀。成云萌兆區分各有形狀 盛衰之殺。變化之流也。成云盛衰之等殺乃變化之流行也 夫天地至神。而有尊卑先後之序。而況人道乎。宗廟尚親。朝廷尚尊。鄉黨尚齒。行事尚賢。大道之序也。成云理之必然 語道而非其序者。非其道也。語道而非其道者。安取道。成云既失其序不堪治物 是故古之明大道者。先明天而道德次之。成云自然是道德之本故道德次之 道德已明。而仁義次之。宣云：仁義是道德之緒。仁義已明。而分守次之。上下有分，庶職有守。分守已明。而形名次之。宣云：物象名稱。形名已明。而因任次之。因材授任。因任已明。而原省次之。原恕省察。原省已明。而是非次之。原省已明，是非乃定。是非已明。而賞罰次之。郭云：至治之道，本在於天，而末極於斯。賞罰已明。而愚知處宜。各有所處之宜。貴賤履位。各安其位。仁賢不肖襲情。襲，因；情，實也。各因其實。必分其能。分別也。必由其名。宣云：循名責實。以此事上。以此畜下。以此治物。以此修身。知謀不用。必歸其天。宣云：復於虛靜無為。此之謂太平。治之至也。故書曰。古書也。有形有名。形名者。古人有之。而非所以先也。古之語大道者。五變而形名可舉。九變而賞罰可言也。自明天以下至形名五變，其說至賞罰九變，其說。驟而語形名。不知其本也。驟而語賞罰。不知其始也。倒道而言。迕道而說者。釋文：迕音悟。司馬云：橫也。案言語不循次序。人之所治也。但可爲受治之小人。安能治人。驟而語形名賞罰。此有知治之具。非知治之道。可用於天下。不足以用天下。此之謂辯士一曲之人也。成云：此苟飾華辭之士，一節曲見偏執之人。禮法度數形名比詳。古人有之。此下之所以事上。非上之所以畜下也。上所重在養人。

昔者舜問於堯曰。天王之用心何如。堯曰。吾不敖无告。不以頑民之無可教告而慢之。不廢窮民。成云：拯恤貧民，此心不替。苦死者。嘉孺子而哀婦人。苦，悲憫；嘉，喜愛。孺子，稚子；哀，憐也。此吾所以用心也。舜曰。美則美矣。而未大也。堯曰。然則何如。舜曰。天德而出寧。郭云：與天合德，則雖出而靜。日月照而四時行。若晝夜之有經。雲行而雨施矣。郭云：此皆不爲而自然。成云：經，常也。堯曰。膠膠擾擾乎。膠膠固而不解，擾擾紛而不寧，因舜言發悟，自覺多事。子天之合也。我人之合也。成云：言子德遠合上天，我心近符人事。夫天地者。古之所大也。而黃帝堯舜之所共美也。故古之王天下者。奚爲哉。天地而已矣。

孔子西藏書於周室。司馬云：藏其所著書也。姚云：此亦漢人語。藏書者，謂聖人知有秦火而預藏之，所謂藏之名山。子路謀曰。由聞周之徵藏史。司馬云：徵藏，藏名。一云：徵，典也，史藏府之史。有老聃者。免而歸居。釋文：見周之末不可復匡，所以辭去。夫子欲藏書。則試往因焉。因之以藏書也。孔子曰。善。往見老聃。而老聃不許。不許其藏。於是繙十二經以說。釋文：說者云：詩、書、易、禮、樂、春秋六經，加六緯，合爲十二經也。一說云：易上下經並十翼爲十二。又一云：春秋十二公經也。老聃中其說。案：文中，丁仲反。成云：許其有理也。宣云：語未盡也。案：下云太謾，是不許。成說未晰。中其說者，當是觀其說甫及半，故下云然。曰。太謾。成云：嫌其繁謾太多。宣云：謾，欺也。音滿，平聲。案：繁則近謾，恐多無實之詞。願聞其要。孔子曰。要在仁義。老聃曰。請問仁義人之性邪。孔子曰。然。君子不仁則不成。不義則不生。成：生，皆以道言。仁義。眞人之性也。又將奚爲矣。舍是奚爲。老聃曰。請問何謂仁義。孔子曰。中心物愷。宣云：與物同樂。兼愛无私。此仁義之情也。情，實。老聃曰。意。噫同。幾乎後言。近乎後世儒之言。夫兼愛不亦迂乎。无私焉。乃私也。蘇輿云：未忘无私之成心，是亦私也。與下篇莊子答商太宰蕩語相發。夫子若欲使天下无失其牧乎。司馬云：牧，養也。則天地固有常矣。日月固有明矣。星辰固有列矣。禽獸固有羣矣。樹木固有立矣。夫子亦放德而行。宣云：放，同倣。循道而趨。已至矣。又何偈偈乎揭仁義。若擊鼓而求亡子焉。釋文：偈偈，用力貌。成云：亡子，逃人也。案：揭，舉也。語又見天運篇。意。噫同。夫子亂人之性也。郭云：事至而愛，當義而止，斯忘仁義者也。常念之，則亂眞矣。宣云：夫子所謂義之與比，孟子所云由仁義行，即此意。

士成綺見老子而問曰。吾聞夫子聖人也。吾固不辭遠道而來願見。百舍重趼而不敢息。司馬云百舍百日止宿淮南修務訓高注趼足生胝也今吾觀子非聖人也。鼠壤有餘蔬而棄妹之者。不仁也。郭云言其不惜物也成云鼠壤鼠穴土中妹猶昧也案成綺就所見言之謂可留其有餘而任其狼藉散棄佯若不知是不仁也生熟不盡於前。成云生謂粟帛熟謂飲食至充足也而積斂无崖。聚斂無限止老子漠然不應。成云鄙之不足荅也士成綺明日復見。曰。昔者吾有刺於子。今吾心正卻矣。心正而卻退非復從前鄙見何故也。老子曰。夫巧知神聖之人。吾自以爲脫焉。言子侵我聖人吾久自以爲脫免其名皆我所不居昔者子呼我牛也而謂之牛。呼我馬也而謂之馬。子呼馬牛我即自謂苟有其實。人與之名而弗受。再受其殃。有其實而不受其名是再受殃累也吾服也恆服。郭云服者容行之謂也不以毀譽自殃故能不變其容吾非以服有服。郭云有爲爲之則不能恆服士成綺雁行避影。宣云側身貌履行。蘇輿云古者入室脫履而行席上履行言失其常莊子正緳係履而見魏王則因履穿係之以麻而不得脫故王訝其憊遂進而問修身若何。老子曰。而汝容崖然。岸然自異而目衝然。直視而顙頯然。釋文頯去軌反本又作頍成云顙頯高亢顯露華飾而口闞然。郭云虓豁貌而狀義然。義讀爲峨詳大宗師篇似繫馬而止也。宣云志在馳驁動而持。宣云欲動而强持發也機。宣云發如機迅察而審。察事審詳知巧而覩於泰。智巧而見於驕泰之色凡以爲不信。郭嵩燾云凡此皆與自然之性不相應是之謂不信也邊竟有人焉。其名爲竊。司馬云言遠方嘗有是人竊賊也

夫子曰。成云莊子師老子故稱夫子夫道。於大不終。於小不遺。宣云大包無竆小入無閒故萬物備。廣廣乎其无不容也。廣廣猶曠曠見漢書武五子傳淵乎其不可測也。形德仁義。神之末也。成云精神之末迹非至人孰能定之。宣云世俗鮮不爲所搖奪夫至人有世。謂有天下不亦大乎。而不足以爲之累。天

下奮棅而不與之偕。說文柄或从棅。言天下奮爭威柄，獨不並逐。審乎无假而不與利遷，任其眞而不遷於利。極物之眞，能守其本，成云：窮理盡性，動不傷寂。故外天地，遺萬物，而神未嘗有所困也。通乎道，合乎德，退仁義，賓禮樂，俞云：賓讀爲擯，謂擯斥禮樂也。古賓擯字通。至人之心有所定矣。

世之所貴道者書也，書不過語，語有貴也。語之所貴者意也，意有所隨。意之所隨者，不可以言傳也，而世因貴言傳書。世雖貴之，我猶不足貴也，爲其貴非其貴也。郭云：其貴恆在意言之表。故視而可見者，形與色也；聽而可聞者，名與聲也。悲夫，世人以形色名聲爲足以得彼之情。夫形色名聲果不足以得彼之情，宣云：彼謂道情實也。則知者不言，言者不知，而世豈識之哉。桓公讀書於堂上，輪扁斲輪於堂下，司馬云：斲輪人名扁。釋椎鑿而上，問桓公曰：敢問公之所讀者何言邪。公曰：聖人之言也。曰：聖人在乎。公曰：已死矣。曰：然則君之所讀者，古人之糟魄已夫。司馬云：糟爛爲魄，本又作粕。桓公曰：寡人讀書，輪人安得議乎。有說則可，无說則死。輪扁曰：臣也以臣之事觀之。斲輪，徐則甘而不固，疾則苦而不入。司馬云：甘緩也，苦急也。不徐不疾，得之於手而應於心，口不能言，有數存焉於其間。李云：數，術也。臣不能以喻臣之子，臣之子亦不能受之於臣，是以行年七十而老斲輪。成云：喻，曉也。故知物各有性，不可倣效。古之人與其不可傳也死矣，宣云：意者。然則君之所讀者，古人之糟魄已夫。

外篇 天運第十四

天其運乎。郭云不運而自行地其處乎。郭云不處而自止日月其爭於所乎。郭云不爭而自代謝孰主張是。孰維綱是。孰居无事推而行是。三句分承天地日月意者其有機緘而不得已邪。成云機關緘閉也謂有主司關閉事不得已意者其運轉而不能自止邪。雲者爲雨乎。雨者爲雲乎。孰隆施是。宣云隆興也謂雲施謂雨孰居无事淫樂而勸是。宣云雲雨乃陰陽交和之氣所成故以爲造化之淫樂風起北方。一西一東。有上彷徨。司馬本作旁皇云飄風也孰噓吸是。孰居无事而披拂是。敢問何故。巫咸祒曰。李云巫咸殷相祒寄名也宣云祒蓋招之訛託言巫咸相招致荅耳古來止有巫咸無巫咸祒也・來。吾語女。天有六極五常。司馬云六極四方上下成云五常謂五行帝王順之則治。逆之則凶。九洛之事。治成德備。監照下土。楊愼云九洛九疇洛書天下戴之。此謂上皇。郭嵩燾云言天之運自然而已帝王順其自然以道應之

商太宰蕩問仁於莊子。司馬云商宋也太宰官蕩名莊子曰。虎狼仁也。曰。何謂也。莊子曰。父子相親。何爲不仁。曰。請問至仁。莊子曰。至仁无親。太宰曰。蕩聞之。无親則不愛。不愛則不孝。謂至仁不孝。可乎。莊子曰。不然。夫至仁尙矣。孝固不足以言之。孝不過仁之一端此非過孝之言也。不及孝之言也。如子所言以親愛爲至仁非過孝之言不及孝之言也夫南行者至於郢。北面而不見冥山。司馬云冥山北海山名是何也。則去之遠也。喩以親愛爲至仁之言故曰。以敬孝易。以愛孝難。以愛孝易。以忘親難。忘親易。使親忘我難。使親忘我易。兼忘天下難。兼忘天下易。使天下兼忘我難。夫德遺堯舜。而不爲

也。有堯舜之德而不刻意效法堯舜此我忘天下 利澤施於萬世。天下莫知也。天下忘我 豈直太息而言仁孝乎哉。仁孝不足言 夫孝悌仁義忠信貞廉。此皆自勉以役其德者也。宣云爲修德之名所役 不足多也。故曰。至貴國爵并焉。至富國財并焉。釋文并棄除也宣云至貴在我何有於爵至富在我何有於財棄此讀并爲屏 至願名譽并焉。至願莫知性適而名譽不足言 是以道不渝。成云道德湻厚不隨物變

北門成問於黃帝曰。成云北門姓成名黃帝臣 帝張咸池之樂於洞庭之野。吾始聞之懼。復聞之怠。卒聞之而惑。成云怠謂懼心退息 蕩蕩默默。乃不自得。宣云神不能定口不能言失其常也 帝曰。汝殆其然哉。宣云言固宜如此 吾奏之以人。徵之以天。宣云律與上天氣候相律 行之以禮義。宣云禮節之義宜之 建之以太清。宣云取穹氣之元爲主宰 夫至樂者。先應之以人事。順之以天理。行之以五德。應之以自然。然後調理四時。太和萬物。姚云徐笠山以夫至此三十五字爲郭注誤入正文蓋本之穎濱宣本亦無此三十五字云俗本雜入 四時迭起。宣云五聲配四時而賡奏 萬物循生。宣云衆器象萬物而遞作 一盛一衰。文武倫經。成云倫理經常也夏盛冬衰春文秋武生殺之理天道之常 一清一濁。陰陽調和。流光其聲。宣云清濁相得如二氣和合當其交動光輝盈溢也 蟄蟲始作。吾驚之以雷霆。其卒无尾。其始無首。一死一生。一僨一起。所常无窮。而一不可待。郭嵩燾云雷霆之起莫知其所自起莫知其所自竟其所自起首也生之端也其所自竟尾也死之歸也死生者萬物之大常與天爲無窮而忽一至焉則亦物之所不能待也以喻樂之變化動於自然俞云一不可待者皆不可待也一有皆義見大戴記盧注荀子楊注郭云以變化爲常則所常者無窮 女故懼也。吾又奏之以陰陽之和。燭之以日月之明。郭云所謂用天之道 其聲能短能長。能柔能剛。變化齊一。不主故常。在谷滿谷。在阬滿阬。郭云至樂之道無不周也 塗卻守神。釋文卻與隙義同成云塗塞也閉心知之孔隙守凝一之精神 以物爲量。即上在谷二句意 其聲揮綽。郭云所謂

闡諧。成云：揮動綽寬也。如雷霆之震動，其聲寬廣。其名高明。成云：高如上天，明如日月，聲既廣大，名亦高明。是故鬼神守其幽，成云：各得其所而不相撓。老經云：以道莅天下，其鬼不神也。日月星辰行其紀。郭云：不失其度。吾止之於有窮，流之於无止。蘇輿云：有窮者吾與之爲有窮，无止者吾與之爲無止。止、流一順其自然也。予欲慮之而不能知也，望之而不能見也，逐之而不能及也。儻然立於四虛之道，成云：儻然無心貌。立於四方空大之道。倚於槁梧而吟。見齊物論。目知窮乎所欲見，力屈乎所欲逐，吾既不及已夫！形充空虛，乃至委蛇。汝委蛇，故怠。蘇輿云：汝隨樂之委蛇而委蛇，故怠。吾又奏之以无怠之聲，調之以自然之命，成云：凡百蒼生，以自然爲其性命，奏此樂者，調造化之心靈，和自然之性命。故若混逐叢生，林樂而无形；郭嵩燾云：說文：叢木曰林。林樂者，相與羣樂之，五音繁會，不辨聲之所出，故曰無形。布揮而不曳，布散揮霍，若曳而愈長，而未嘗曳也。幽昏而无聲。言其聲淡。動於无方，居於窈冥；或謂之死，或謂之生；或謂之實，或謂之榮；行流散徙，不主常聲。郭云：隨物變化。世疑之，稽於聖人。稽，考也。觀於聖人，則知至樂之妙不必疑也。聖也者，達於情而遂於命也。成云：通有物之情，順自然之命，故謂之聖。天機不張而五官皆備，此之謂天樂，郭云：忘樂而樂足，非張而後備。无言而心說。郭云：心說在適，不在言也。故有焱氏爲之頌曰：成云：焱氏，神農也。釋文：焱，本亦作炎。聽之不聞其聲，視之不見其形，充滿天地，苞裹六極。頌樂如此。汝欲聽之而无接焉，而故惑也。而，亦汝。樂也者，始於懼，懼故祟；樂未大和，聽之悚懼，如有禍祟。吾又次之以怠，怠故遁；其聲遁滅，似不欲聽而怠。卒之於惑，惑故愚；愚故道，成云：心無分別，有同闇惑，蕩蕩默默，類彼愚迷，雅符眞道。道可載而與之俱也。蘇輿云：以混沌爲道，故由怠而幾於愚，則道可得而接爲矣。此章注重在此。

孔子西遊於衛。成云：自魯適衛，故曰西遊。顏淵問師金曰：李云：師，魯太師。金，其名。以夫子之行爲奚如？

師金曰。惜乎。而夫子其窮哉。顏淵曰。何也。師金曰。夫芻狗之未陳也。李云，結芻為狗巫祝用之。盛以篋衍。李云，衍，笥也。巾以文繡。尸祝齊戒以將之。及其已陳也。行者踐其首脊。蘇者取而爨之而已。李云，蘇，草也。取草者得以炊也。將復取而盛以篋衍。巾以文繡。遊居寢臥其下。彼不得夢。必且數眯焉。釋文，字林云，眯，物入眼為病也。司馬云，厭也。成云，假令不致惡夢，必當數數遭魘。今而夫子亦取先王已陳芻狗。俞云，此取字讀為聚。見易萃象傳釋文，漢書五行志顏注。聚弟子游居寢臥其下。故伐樹於宋。削迹於衛。窮於商周。是非其夢邪。圍於陳蔡之間。七日不火食。死生相與鄰。是非其眯邪。夫水行莫如用舟。而陸行莫如用車。以舟之可行於水也。而求推之於陸。則沒世不行尋常。八尺曰尋，倍尋曰常。古今非水陸與。周魯非舟車與。今蘄行周於魯。是猶推舟於陸也。勞而無功。身必有殃。彼未知夫无方之傳。司馬云，方，常也。郭嵩燾云，呂覽必己篇高注，傳猶轉也。言無方之轉動。應物而不窮者也。且子獨不見夫桔槔者乎。引之則俯。舍之則仰。彼。人之所引。非引人也。故俯仰而不得罪於人。故夫三皇五帝之禮義法度。不矜於同。而矜於治。成云，矜，美也。禮樂威儀不相沿襲。郭云，期合時宜，應治體而已。故譬三皇五帝之禮義法度。其猶柤梨橘柚邪。其味相反。而皆可於口。故禮義法度者。應時而變者也。今取猨狙而衣以周公之服。彼必齕齧挽裂。盡去而後慊。釋文，李云，慊，足也。本亦作嗛。觀古今之異。猶猨狙之異乎周公也。故西施病心而矉其里。矉於其里字同顰。其里之醜人見而美之。歸亦捧心而矉其里。其里之富人見之。堅閉門而不出。貧人見之。挈妻子而去之走。彼知矉美。而不知矉之所以美。惜乎。而夫子其窮哉。

孔子行年五十有一。而不聞道。乃南之沛。見老聃。司馬云老子陳國相人相今屬苦縣與沛相近 老聃曰。子來乎。吾聞子北方之賢者也。子亦得道乎。孔子曰。未得也。老子曰。子惡乎求之哉。曰。吾求之於度數。宣云制度名數 五年而未得也。老子曰。子又惡乎求之哉。曰。吾求之於陰陽。十有二年而未得。老子曰。然。使道而可獻。則人莫不獻之於其君。使道而可進。則人莫不進之於其親。使道而可以告人。則人莫不告其兄弟。使道而可以與人。則人莫不與其子孫。然而不可者。无佗也。中无主而不止。中心無主則道過而不留 外无正而不行。俞云正乃匹之誤禮緇衣唯君子能好其正鄭注正當爲匹字之誤也是其例矣此二句與宣三年公羊傳自內出者無匹不行自外至者無主不止文義相似自外至者無主不止故此言中無主而不止也自內出者無匹不行故此言外無匹而不行也則陽篇自外入者有主而不執由中出者有正而不距正亦當爲匹誤與此同 由中出者不受於外。宣云非時世之所宜故不受 聖人不出。宣云不以施於人 由外入者无主於中。宣云非吾心之精微故無主 聖人不隱。不以藏於心也中得吾心之精微外合時世之變通乃內外同歸體用一致聖人之所以合道也 名。公器也。不可多取。仁義。先王之蘧廬也。司馬云蘧廬猶傳舍也 止可以一宿。而不可以久處。覯而多責。宣云數相見必受譴 古之至人。假道於仁。託宿於義。以遊逍遙之虛。食於苟簡之田。立於不貸之圃。成云苟且簡略也貸施與也知止知足食於苟簡之田不損己物立於不貸之圃而言田圃者明是聖人養生之地 逍遙。无爲也。苟簡。易養也。不貸。无出也。宣云不費 古者謂是采眞之遊。宣云不爲形迹所役姚本以上爲一節 以富爲是者。

不能讓祿，以顯爲是者，不能讓名；親權者，不能與人柄。操之則慄，成云：恐失所以戰慄。舍之則悲，宣云：貪戀。而一无所鑒，宣云：於理一無所見。以闚其所不休者，宣云：但明於逐物不止。是天之戮民也。成云：雖楚戮未加，而情性已困。姚本以上爲一節。怨恩取與諫教生殺，八者，正之器也，宣云：正人之具。唯循大變无所湮者爲能用之。宣云：惟與變化相循，無所湮滯者，乃合時宜也。故曰：正者，正也。宣云：因其所當正而正之。其心以爲不然者，天門弗開矣。成云：其心之不能如是者，天機之門壅而弗開。天門，心也。

孔子見老聃而語仁義。老聃曰：夫播穅眯目，則天地四方易位矣；蚊虻噆膚，則通昔不寐矣。司馬云：噆，齧也。郭云：外物加之雖小，而傷性已大也。案：昔，夜也。夕、昔古通。夫仁義憯然，乃憤吾心，亂莫大焉。憯同慘。宣云：使人亂心，更甚於眯目噆膚也。吾子使天下无失其朴，郭云：質全而仁義著。吾子亦放風而動，總德而立矣，放同倣。宣云：同歸於自然。又奚傑然若負建鼓而求亡子者邪？成云：傑然，用力貌。案：天道篇引老子之言亦云：又何偈偈乎揭仁義，若擊鼓而求亡子焉。與此意同，謂驚駭天下也。夫鵠不日浴而白，烏不日黔而黑。宣云：喻本質自然如此。黑白之朴，不足以爲辯；宣云：出於本質者，不足分別妍媸。名譽之觀，不足以爲廣。名譽之觀美，亦不能於本性有所增廣。泉涸，魚相與處於陸，相呴以溼，相濡以沫，不若相忘於江湖。宣云：喻小惠相及，不如相忘於渾純，各得之爲樂，又烏取乎仁義之區區哉。案：泉涸四語，又見大宗師篇。

孔子見老聃歸，三日不談。宣云：不自得也。弟子問曰：夫子見老聃，亦將何歸哉？宣云：何以歸正之。孔子曰：吾乃今於是乎見龍。龍，合而成體，散而成章，乘乎雲氣而養乎陰陽。予口張而不能嗋，予又何規老聃哉！子貢曰：然則人固有尸居而龍見。雷聲而淵默。二語又見在宥篇 發動如天地者乎。賜亦可得而觀乎。遂以孔子聲見老聃。宣云稱孔子爲先容 老聃方將倨堂而應微曰。踞於堂上其應聲微 予年運而往矣。運行往邁也言行年已邁子將何以戒我乎。子貢曰。夫三王五帝之治天下不同。其係聲名一也。而先生獨以爲非聖人。如何哉。成云謂排三王爲非聖釋文三王本或作三皇依注作王是也餘皆作三皇 老聃曰。小子少進。子何以謂不同。對曰。堯授舜。舜授禹。禹用力而湯用兵。文王順紂而不敢逆。武王逆紂而不肯順。故曰不同。老聃曰。小子少進。余語汝三皇五帝之治天下。黃帝之治天下。使民心一。民有其親死不哭而民不非也。成云三皇行道人心淳一不獨親其親不獨子其子故親死不哭而世俗不非必欲非之則強哭者衆 堯之治天下。使民心親。民有爲其親殺其殺。而民不非也。宣云欲隆其親餘皆降殺則知覺稍開矣 舜之治天下。使民心競。民孕婦十月生子。子生五月而能言。成云古者懷孕之婦十四月而誕育生子生子兩歲始能言今與古乖異 不至乎孩而始誰。成云未解孩笑已別是非郭云誰者別人之意 則人始有夭矣。宣云元氣早凋 禹之治天下。使民心變。人有心而兵有順。宣云人有心機且以殺伐爲應天順人 殺盜非殺。宣云謂爲當然 人自爲種而天下耳。自然黨類而成天下 是以天下大駭。儒墨皆起。成云驚駭天下致使儒崇堯舜以飾非墨遵禹道而自是 其作始有倫。而今乎婦女。其作始尚有倫理而今所行丈夫而有婦女之道 何言哉。余語汝三皇五帝之治天下。名曰治之。而亂莫甚焉。三皇之知。此三皇當作三王否則不可通 上悖日月之明。下睽山川之精。中墮四時之施。其知憯於蠣蠆之尾。王引之云蠣蠆皆蝎之異名廣雅蠆蝲蠍也（今本脫蝲字衆經音義五引作蠆蝲蠍也集韻引蝲蠆也）蝲音盧達反蠆蝲皆毒螫傷人之名蠆之言蛆（音哲）蝲之言瘌廣雅釋詁云毒蛆瘌痛也是其義矣蝲與厲古同聲厲蝲實一字史記秦本紀厲共公始皇紀作刺譏公刺之通作厲猶聖之通作厲矣鮮規之獸。鮮規未詳蓋嗤人之獸莫得安其性命之情者。而猶自以爲聖人。不可恥乎。其无恥也。子貢蹵蹵然立不安。

孔子謂老明曰。丘治詩書禮樂易春秋六經。自以爲久矣。孰知其故矣。孰同熟以奸者七十二君。釋文三蒼云奸犯也論先王之道。而明周召之迹。一君无所鉤用。釋文鉤取也甚矣夫人之難說也。道之難明邪。老子曰。幸矣子之不遇治世之君也。夫六經。先王之陳迹也。豈其所以迹哉。今子之所言。猶迹也。夫迹。履之所出。而迹豈履哉。夫白鶂之相視。眸子不運而風化。司馬云風化相待風氣而化生也又曰相視而成陰陽宣云不運定睛注視案風讀如馬牛其風之風謂雌雄相誘也化者感而成孕蟲雄鳴於上風。雌應於下風而風化。宣云傳聲而孕類自爲雌雄。故風化。釋文山海經亶爰之山有獸焉其狀如狸而有髮其名曰師類帶山有鳥其狀如鳳五采文其名曰奇類皆自牝牡性不可易。命不可變。宣云其眞常者時不可止。道不可壅。宣云其變化者苟得其道。无自而不可。郭云雖化者無方而皆可失焉者。无自而可。郭云所在皆不可孔子不出三月。復見曰。丘得之矣。烏鵲孺。李云孺孚乳而生魚傅沫。司馬云傅口中沫相與而生子細要者化。列子釋文引司馬云稺蜂細要者取桑蟲祝之使似己子有弟而兄啼。恐失父母之愛也推極物性之不同久矣夫丘不與化爲人。不能與造化爲一人不與化爲人。安能化之。老子曰。可。丘得之矣。

外篇 刻意第十五

刻意尚行。其意峻刻其行高尚離世異俗。高論怨誹。李云非世無道怨己不遇爲亢而已矣。此山谷之士。非世之人。宣云非猶輕枯槁赴淵者之所好也。司馬云枯槁若鮑焦介推赴淵若申徒狄語仁義忠信恭儉推讓。爲修而已矣。自修其身 此平世之士。教誨之人。成云此平時治世之士施教誨物之人若宣尼之居洙泗子夏之在西河 遊居學者之所好也。語大功。立大名。禮君臣。正上下。爲治而已矣。此朝廷之士。尊主強國之人。致功并兼者之所好也。并兼敵國 就藪澤。處閒曠。釣魚閒處。無爲而已矣。宣云無爲猶言閒散 此江海之士。避世之人。閒暇者之所好也。吹呴呼吸。吐故納新。熊經鳥申。成云吹冷呼而吐故呴暖吸而納新如熊攀樹而自懸類鳥飛空而伸腳 爲壽而已矣。此道引之士。李云導氣令和引體令柔 養形之人。彭祖壽考者之所好也。若夫不刻意而高。无仁義而修。无功名而治。无江海而閒。不道引而壽。无不忘也。无不有也。郭云忘故能有 澹然无極。而衆美從之。宣云不立一極而美無不全 此天地之道。聖人之德也。故曰夫恬惔同淡 寂寞。虛无无爲。此天地之平而道德之質也。釋文質正也宣云本也 故曰。聖人休。休焉則平易矣。釋文休息也俞云此本作故曰聖人休焉休則平易矣休焉二字傳寫誤倒天道篇故帝王聖人休焉休則虛與此文法相似可據以訂正案郭注成疏陸釋皆止一休字俞說是也此後來刊本之誤 平易則恬惔矣。平易恬惔。則憂患不能入。邪氣不能襲。故其德全而神不虧。故曰。聖人之生也天行。郭云任自然而運動 其死也物化。郭云蛻然無所係 靜而與陰同德。動而與陽同波。郭云動靜無心而付之陰陽也案四語又見天道篇 不爲福先。不爲禍始。感而後應。迫而後動。不得已而後起。去知與故。管子心術篇去智與故此用其語淮南主術篇高注故巧也 循天之理。成云循順也 故无天災。无物累。无人非。无鬼責。四語亦見天道篇災彼文作怨 其生若浮。其死若休。不思慮。不豫謀。光矣而不燿。信矣而不期。宣云無心於取必 其寢不夢。其覺無憂。其神純粹。其魂不罷。此語亦見天道篇 虛无恬惔乃合天德。故曰。悲樂者德之邪。喜怒者道之過。好惡者德之失。故心不憂樂。德之至也。（郭云：至德常適，故情無所槩。）一而不變。靜之至也。（郭云：靜而一者不可變也。）无所於忤。虛之至也。（郭云：其心豁然確盡，乃無纖介之違。）不與物交。惔之至也。（郭云：物自來耳，至惔者無交物之情。案：惔同淡。）无所於逆。粹之至也。（郭云：若雜乎濁欲，則有所不順。）故曰。形勞而不休則弊。精用而不已則勞。勞則竭。水之性。不雜則清。莫動則平。鬱閉而不流。亦不能清。（宣云：又將腐濁。）天德之象也。（宣云：靜而日運。）故曰。純粹而不雜。靜一而不變。惔而无為。動而以天行。（郭云：若夫逐欲而動，人行也。）此養神之道也。

夫有干越之劍者。（司馬云：干，吳也。吳越出善劍。）柙而藏之。不敢用也。寶之至也。精神四達並流。无所不極。上際於天。下蟠於地。化育萬物。不可為象。（宣云：不可得而迹象之。）其名為同帝。（宣云：與天帝同用。）純素之道。惟神是守。守而勿失。與神為一。一之精通。合於天倫。（合於自然之理。）野語有之曰。眾人重利。廉士重名。賢人尚志。聖人貴精。故素也者。謂其无所與雜也。純也者。謂其不虧其神也。能體純素。謂之真人。（成云：體，悟解也。妙契純素之理，則所在皆真道也。）

繕性第十六

外篇

繕性於俗。俗學以求復其初。（崔云：繕，治也。郭云：已治性於俗矣，而欲以俗學復性命之本。案：宣本刪一俗字，據郭注明有兩俗字也。然疑衍一字。蘇輿云：案當衍一俗字。學與思對文，言性與欲皆已為俗所汨，雖學思交致，只益其蒙，宣以俗學、俗思句斷，似失之。）滑欲於俗思。以求致其明。謂之蔽蒙之民。古之治道者。以恬養知。（釋文：知音智。宣云：定能生慧。）知生而无以知為也。謂之以知養恬智生而不任智，是以智養其恬靜。知與恬交相養，而和理出其性。知恬交養而道德自其性出矣。夫德，和也；道，理也。宣云：道德止是和順，理猶順也。德无不容，仁也；道无不理，義也。道德生仁義。義明而物親，忠也。宣云：是爲實有道德。中純實而反乎情，樂也。成云：雖復涉於物境，而恆歸於眞情，所造和適，故謂之樂。信行容體而順乎文，禮也。實行於容體而順乎自然之節文，即是禮也。禮樂偏行，則天下亂矣。釋文：偏音遍。郭云：以一體之所履，一志之所樂，行之天下，則一方得而萬方失也。俞云：據郭注，是爲一偏之偏，故郭云然。釋文音誤。案：本當作偏，唐時誤徧，故陸隨文作音，義不可通，宣本已改偏。彼正而蒙己德，德則不冒，冒則物必失其性也。彼自正而蒙彼我之德，是德與德相感，不以己之德強人而冒覆之也。若強天下而冒覆之，是以我正彼，則物之失其性者必多也。古之人在混芒之中，混混芒芒和分之時也。與一世而得澹漠焉。成云：恬澹寂漠，無爲之道也。當是時也，陰陽和靜，鬼神不擾，四時得節，萬物不傷，羣生不夭，人雖有知，无所用之，此之謂至一。當是時也，莫之爲而常自然。無所矯飾。逮德下衰，及燧人、伏羲始爲天下，是故順而不一。成云：燧人變生爲熟，伏羲畫八卦以制文字，作結繩而爲罔罟，智詐萌矣，嗜欲漸焉，順黎庶之心而不能混同至一也。德又下衰，及神農、黃帝始爲天下，是故安而不順。成云：神農有共工之伐，黃帝致蚩尤之戰，苟且欲安天下，未能大順羣生也。德又下衰，及唐、虞始爲天下，興治化之流，宣云：失其源也。澆湻散朴，釋文：澆本亦作燒。成云：唐虞設五典而綱紀五行，置百官而平章百姓，五行自茲而荒殆，百姓因此而澆訛，毀湻素而散樸質也。離道以善，險德以行，險，危也。離於道以企善，危其德以制行，若務光、申徒狄之類是也。然後去性而從於心。宣云：舍天性，用人心。心與心識知而不足以定天下，宣云：人益巧僞。俞云：詩「不識不知」，識知二字連文，言必不識不知而後可定天下。諸家從識字斷句，非。然後附之以文，益之以博。文滅質，博溺心，然後民始惑亂，无以反其性情而復其初。由是觀之，世喪道矣，道喪世矣。宣云：以非道爲道。世與道交相喪也。道之人何由興乎世，世亦何由與乎道哉。道无以興乎世。世无以興乎道。雖聖人不在山林之中，其德隱矣。成云使聖人降迹塵俗混同群生韜藏聖德莫能見用雖居朝市無異山林 隱故不自隱。宣云遭道隱之世不必自隱而已隱也 古之所謂隱士者。非伏其身而弗見也。非閉其言而不出也。非藏其知而不發也。時命大謬也。當時命而大行乎天下。則反一无迹。復於至一之世而不見其迹 不當時命而大窮乎天下。則深根寧極而待。深固自然之根保寧至善之極以待時也 此存身之道也。古之行身者。不以辯飾知。成云古人之行任其身者不以浮辯飾小智 不以知窮天下。成云不縱知以困蒼生 不以知窮德。成云知止其分不以無涯而累其自得 危然處其所而反其性。郭云危然獨正貌 已又何爲哉。道固不小行。德固不小識。小識傷德。成云小識小知虧損深玄之德 小行傷道。故曰正已而已矣。樂全之謂得志。樂全其性即是得志 古之所謂得志者。非軒冕之謂也。謂其无以益其樂而已矣。郭云全其內而足 今之所謂得志者。軒冕之謂也。軒冕在身。非性命也。物之儻來寄者也。成云儻者意外忽來 寄之。其來不可圉。圉禦也 其去不可止。故不爲軒冕肆志。肆志放縱其志 不爲窮約趨俗。不貶志以徇俗 其樂彼與此同。視軒冕與窮約無異 故无憂而已矣。故能處貴而無憂 今寄去則不樂。今人所同 由是觀之。雖樂未嘗不荒也。樂軒冕者志荒於外 故曰。喪已於物。失性於俗者。謂之倒置之民。向云以外易內可謂倒置

外篇　秋水第十七

秋水時至。百川灌河。李云水生於春壯於秋 涇流之大。司馬云涇、通也崔本作徑云直度曰徑 兩涘渚崖之間。

釋文涘涯也水中可居曰渚崖字又作涯亦作厓不辯牛馬。成云隔水遠看不辨牛之與馬於是焉河伯欣然自喜。以天下之美爲盡在己。釋文河伯姓馮名夷見大宗師篇順流而東行。至於北海。東面而視。不見水端。成云北海今萊州是於是焉河伯始旋其面目。望洋向若而歎釋文望作盳云盳洋猶望羊仰視貌司馬云若海神曰。野語有之曰。聞道百。以爲莫己若者。我之謂也。李云聞道百萬分之一也郭嵩燾云百者多詞也郭慶藩云百古讀若博與若韻且夫我嘗聞少仲尼之聞。而輕伯夷之義者。始吾弗信。今我睹子之難窮也。吾非至於子之門。則殆矣。吾長見笑於大方之家。司馬云大方大道也北海若曰。井鼃不可以語於海者。拘於虛也。王引之云鼃本作魚後人改之也御覽時序部鱗介部蟲豸部引此並云井魚不可以語於海則舊本作魚可知且釋文於此不出鼃字直至下文埳井之鼃始云鼃本又作蛙戶蝸反引司馬注云鼃水蟲形似蝦蟇則此處作魚不作鼃明矣若作鼃則戶蝸之音水蟲之注當先見於此不應至下文始見也再淮南原道篇夫井魚不可與語大拘於隘也梁張綰文井魚之不識巨海夏蟲之不見冬冰水經贛水注云聊記奇文以廣井魚之聽皆用莊子之文則莊子之作井魚益明矣井九三井谷射鮒鄭注曰所生魚無大魚但多鮒魚耳（見劉逵吳都賦注）困學紀聞十引御覽所載莊子曰用意如井魚者吾爲鉤繳以投之呂覽諭大篇井中之無大魚也此皆井魚之證後人以此篇有埳井鼃之語而荀子正論篇亦云坎井之鼃不可與語東海之樂遂改井魚爲井鼃而不知井自有魚無煩改作鼃也自有此改世動稱井鼃夏蟲不復知有井魚之喻矣王念孫云墟與虛同故釋文云虛本亦作墟廣雅墟尻也（尻古居字）文選西征賦注引聲類曰墟故所居也經傳言邱墟者皆謂故所居之地言井魚拘於所居不知海之大也以喻河伯居於涯涘崔注拘於井中之空也訓虛爲空虛夏蟲不可以語於冰者。篤於時也。郭慶藩云司馬訓篤爲厚迂曲難通釋詁篤固也論語篤信好學謂信之固也禮儒行篤行而不倦謂所行之固也凡鄙陋不達謂之固夏蟲爲時所蔽故曰篤於時篤字與上下文拘束同義曲士不可以語於道者。束於教也。司馬云曲士鄉曲之士今爾出於崖涘。觀於大海。乃知爾醜。爾將可與語大理矣。郭云以其知分故可與言理也天下之水。莫大於海。萬川歸之。不知何時止。而不盈。尾閭泄之。不知何時已。而不虛。文選養生論注引司馬云尾閭水之往海外出者也一名沃焦在東大海之中尾者在百川之下故稱尾閭者聚也水聚族之處故稱閭也在扶桑之東有一石方圓四

（萬里厚四萬里海水注者無不燋盡故曰沃燋案沃燋亦作沃焦見山海經今寰球周遍可釋此說之疑矣）春秋不變。水旱不知。此其過江河之流。不可爲量數。而吾未嘗以此自多者。自以比形於天地。而受氣於陰陽。吾在天地之間。猶小石小木之在大山也。方存乎見少。又奚以自多。計四海之在天地之間也。不似礨空之在大澤乎。（釋文礨崔音壘空音孔壘孔小穴也李云小封也一云蟻冢也）計中國之在海內。不似稊米之在大倉乎。（釋文郭注爾雅稊似稗大音泰）號物之數謂之萬。人處一焉。人卒九州。穀食之所生。舟車之所通。人處一焉。（宣云卒盡也郭嵩燾云人卒九州言極九州之人數卒者盡詞九州之大人數之繁其在天之中要亦萬物之一而已）此其比萬物也。不似豪末之在於馬體乎。五帝之所連。（宣云連續也）三王之所爭。仁人之所憂。任士之所勞。盡此矣。伯夷辭之以爲名。仲尼語之以爲博。此其自多也。不似爾向之自多於水乎。河伯曰。然則吾大天地而小毫末可乎。北海若曰。否。夫物量无窮。（宣云各有局量）時无止。（宣云各據瞬息）分无常。（成云所稟分命隨時變易）終始无故。（宣云變化日新）是故大知觀於遠近。（知同智遠近並觀不侚一隅之見）故小而不寡。大而不多。知量无窮。（不以大小爲多寡知量之各足也）證曏今故。（郭云曏明也今故猶古今）故遙而不悶。（望古雖遙我自无悶不必與古爲徒也）掇而不跂。（近可掇取我亦不跂而求之）知時无止。（證明今古之大道不以人世壽大爲大期知時之無止也）察乎盈虛。故得而不喜。失而不憂。知分之无常也。（知天道有盈虛則得失無常何足介意）明乎坦塗。（郭云死生者日新之正道也）故生而不說。（音悅）死而不禍。（不以爲禍敗）知終始之不可故也。（郭云明終始之日新則知故之不可執而留矣）計人之所知。不若其所不知。（知者有窮而不知者何限）其生之時。不若未生之時。（生有盡而天地無窮）以其至小。求窮其至大之域。是故迷亂而不能自得也。成云：無窮之域，求周有限之智，已喪。由此觀之，又何以知毫末之足以定至細之倪。又何以知天地之足以窮至大之域。毫末非小，天地非大。河伯曰：世之議者皆曰：至精无形，至大不可圍。是信情乎。成云：信，實也。北海若曰：夫自細視大者不盡。宣云：處小而視大，有所不及徧，故覺不可圍。自大視細者不明。宣云：處大而視小，有所不及審，故覺無形。夫精，小之微也。垺，大之殷也。宣云：垺音孚，郭也。殷，盛也。故異便。宣云：故一覺不可圍，是小者以大為不便，而自便其小；一覺無形，是大者以小為不便，而自便其大也。此勢之有也。此勢所有，不足致辨。夫精粗者，期於有形者也。宣云：尚在有迹處求道。無形者，數之所不能分也。謂精。不可圍者，數之所不能窮也。謂粗。可以言論者，物之粗也。曰粗則論可以言論。可以意致者，物之精也。曰精則論可以意致。言之所不能論，意之所不能察致者，不期精粗焉。不期於精粗者在意言之表，即道妙也。是故大人之行，不出乎害人，不多仁恩。固不害人，亦不以仁恩自多。動不為利，不賤門隸。固不為利，亦不以求利之守門僕隸為賤。貨財弗爭，不多辭讓。不爭貨財，亦不以辭讓之德為高。事焉不借人，不多食乎力，不賤貪污。事不借力於人而自食其力，但期取足，亦不以人之貪得者為賤。行殊乎俗，不多辟異。行不隨俗，亦不以乖僻立異為多。為在從眾，不賤佞諂。為順眾情，亦未嘗以佞諂者為賤。世之爵祿不足以為勸，戮恥不足以為辱。知是非之不可為分，細大之不可為倪。是非之迹不可分，細大之端不可見，惟大人知之。聞曰：成云：寓諸他人，故稱聞曰。道人不聞，至德不得，郭云：得者生於失也，物各無失，則得名去也。大人无己。郭云：任物而物性自通，則功名歸物矣，故不聞。案：語又見山木篇，道作至。約分之至也。約己歸於其分而已。河伯曰：若物之外，若物之內，惡至而倪貴賤？惡至而倪小大？問既不期精粗，此物性之內外，何由而有貴賤小大之端倪。北海若曰：以道觀之，物无貴賤；以物觀之，自貴而相賤。物情彼此皆然故言相 以俗觀之。貴賤不在己。世俗以外來之榮戮爲貴賤 以差觀之。等差之數 因其所大而大之。成云以自足爲大 則萬物莫不大。因其所小而小之。成云以無餘爲小 則萬物莫不小。知天地之爲稊米也。知豪末之爲丘山也。則差數等矣。以功觀之。兩須之事功也 因其所有而有之。則萬物莫不有。因其所无而无之。則萬物莫不无。蘇輿云物情以得用爲有以相勝爲無猶矢人謂可無函函人謂可無矢也然以矢爲有則函敵矢亦可爲有以函爲無則矢爲函拒亦可謂無 知東西之相反。而不可以相无。則功分定矣。東西本相反然非東無以定西故就相反而相須言之則功分可定 以趣觀之。衆人之趣向 因其所然而然之。則萬物莫不然。因其所非而非之。則萬物莫不非。隨人之是非爲是非 知堯桀之自然而相非。則趣操睹矣。堯非桀桀亦非堯附堯桀者亦各執一是非則趣操之無定可覩矣 昔者堯舜讓而帝。之噲讓而絕。司馬云燕王噲用蘇代之說效堯舜讓位與相子之三年而國亂 湯武爭而王。白公爭而滅。釋文白公名勝楚平王之孫作亂而死事見左哀十六年傳 由此觀之。爭讓之禮。堯桀之行。貴賤有時。未可以爲常也。宣云貴賤以此小大可知 梁麗可以衝城。而不可以窒穴。言殊器也。崔云梁麗屋棟也郭慶藩云列子湯問篇雍門鬻歌餘音繞梁欐三日不絕梁欐即梁麗也上林賦連捲欐佹注欐佹支柱也欐者附著佹者交午廣韻麗著也玉篇麗偶也柱偶曰麗梁棟相附著亦曰麗即謂椽柱之屬爲梁麗必材之大者故可用以衝城不當泥視釋文窒塞也 騏驥驊騮。一日而馳千里。捕鼠不如狸狌。言殊技也。鴟鵂夜撮蚤。釋文淮南子鴟夜聚蚤察分毫末許慎云鴟夜聚食蚤蝨不失也司馬本作蚤云鴟鵂鶹夜取蚤食王引之云正文鵂字涉釋文內鴟鵂鶹而衍埤雅引此已誤釋文鴟尺夷反崔云鴟鵂鶹而不爲鵂字作音則正文內無鵂字明矣淮南主術篇亦云鴟夜撮蚤察聚亦撮也崔本撮作最古書聚最多通作故又爲聚 察毫末。晝出瞋目而不見丘山。言殊性也。釋文瞋本或作瞑蘇輿云作瞋是言鴟夜察蚤之毫末及晝則雖瞋目而不見丘山矣徐无鬼篇鴟目有所適亦謂適夜而不適晝也 故曰。蓋師是而无非。師治而无亂乎。恒言如此 是未明天地之理萬物之情者也。是猶師天而无地。師陰而无陽。其不可行明矣。然且語而不舍。非愚則誣也。宣云愚者不知誣則知而妄言帝王殊禪。成云或宗族相承或讓與他姓故言殊禪三代殊繼。成云或父子相繼或與兵征誅故言殊繼差其時。逆其俗者。謂之篡夫。時俗既非而差逆之如子之白公則世以爲篡夫當其時。順其俗者。謂之義徒。時俗可行而順舉之者則世以爲義徒可見貴賤有時默默乎河伯。戒勿多言女惡知貴賤之門。大小之家。

河伯曰。然則我何爲乎。何不爲乎。吾辭受趣舍。吾終奈何。北海若曰。以道觀之。何貴何賤。是謂反衍。郭云貴賤之道反覆相尋崔云無所貴賤乃反爲美也本亦作畔衍李云猶漫衍合爲一家无拘而志。而爾也下同貴賤無定不必拘視與道大蹇。拘滯則道難行何少何多。是謂謝施。謝天之施而已无一而行。與道參差。執一而行則與道不齊合嚴乎若國之有君。其无私德。不私惠於物而物皆被德繇繇乎若祭之有社。其无私福。繇繇與由由同自得之貌如羣奉一社咸以爲神之福我也泛泛乎若四方之无窮。其无所畛域。泛泛如水之無畔岸兼懷萬物。其孰承翼。是謂无方。萬物皆我懷之其孰承我而孰助我是謂無所偏向萬物一齊。孰短孰長。宣云所以無方道无終始。物有死生。不恃其成。宣云有生死則物之成不足恃一虛一滿。不位乎其形。宣云虛滿遞乘則形無定位年不可舉。時不可止。宣云往者莫存逝者莫挽消息盈虛。終則有始。是所以語大義之方。論萬物之理也。物之生也。若驟若馳。言其速无動而不變。无時而不移。何爲乎。何不爲乎。夫固將自化。成云安而任之必自變化何勞措意爲與不爲

河伯曰。然則何貴於道邪。宣云既無爲不爲之分何貴學道

北海若曰。知道者必達於理。達於理者必明於權。明於權者不以物害己。至德者火弗能熱。水弗能溺。寒暑弗能害。禽獸弗能賊。非謂其薄之也。薄迫也非

謂其迫近之而不害也 言察乎安危。寧於禍福。成云寧安禍窮塞福通達也 謹於去就。莫之能害也。故曰天在內。宣云天機藏於不見 人在外。宣云人事著於作爲 德在乎天。德以自然者爲尙 知天人之行。本乎天。位乎得。惟知天人之行者本乎自然而處乎自得 蹢躅而屈伸。成云蹢躅進退不定之貌隨時屈伸曾無定執 反要而語極。宣云乃學之要而道之極也 曰。何謂天。何謂人。北海若曰。牛馬四足。是謂天。落馬首。穿牛鼻。是謂人。落同絡 故曰无以人滅天。无以故滅命。无以得殉名。勿以人事毁天然勿以造作傷性命勿以有限之得殉無窮之名 謹守而勿失。是謂反其眞。郭云眞在性分之內

夔憐蚿。蚿憐蛇。蛇憐風。風憐目。目憐心。司馬云蚿馬蚿蟲也廣雅云蛆渠馬蚿夔一足蚿多足蛇無足風無形目形綴於此而明流於彼心則質幽爲神遊外成云憐是愛尙之名 夔謂蚿曰。吾以一足趻踔而行。成云趻踔跳躑也 予无如矣。成云簡易無如我者 今子之使萬足。獨奈何。以爲煩勞也 蚿曰。不然。子不見夫唾者乎。噴則大者如珠。小者如霧。雜而下者。不可勝數也。今予動吾天機。而不知其所以然。蚿謂蛇曰。吾以衆足行。而不及子之无足。不及其速 何也。蛇曰。夫天機之所動。何可易邪。吾安用足哉。蛇謂風曰。予動吾脊脅而行。則有似也。似有足 今子蓬蓬然起於北海。蓬蓬然入於南海。而似无有。何也。風曰。然。予蓬蓬然起於北海而入於南海也。然而指我則勝我。鰌我亦勝我。釋文鰌本又作遒郭嵩燾云荀子彊國篇大燕鰌吾後楊注鰌蹴也言蹴踏於後也成云人以手指撝風風不能折指以足蹴踏風風亦不能折足此小不勝也 雖然。夫折大木。蜚大屋者。唯我能也。故以衆小不勝爲大勝也。爲大勝者。唯聖人能之。能爲大勝者衆小不勝無所容其計較非知道之聖人不能如此宣云目心之用更神當身可自喻之故省文

孔子遊於匡。宋人圍之數帀。而絃歌不惙。釋文司馬云宋當作衛衛人誤圍孔子以爲陽虎虎嘗暴於匡人也惙本又作輟子路入見曰。何夫子之娛也。孔子曰。來吾語女。我諱窮久矣。而不免。命也。成云諱忌也求通久矣。而不得。時也。當堯舜而天下无窮人。非知得也。賢士盡升庸非其智得也當桀紂而天下无通人。非知失也。賢人皆隱遁非其智失也時勢適然。夫水行不避蛟龍者。漁父之勇也。陸行不避兕虎者。獵夫之勇也。白刃交於前。視死若生者。烈士之勇也。知窮之有命。知通之有時。臨大難而不懼者。聖人之勇也。由處矣。且安息吾命有所制矣。制之於天无幾何。將甲者進。辭曰。釋文將本亦作持以爲陽虎也。故圍之。今非也。請辭而退。謝過解去

公孫龍問於魏牟曰。司馬云龍趙人牟魏之公子姚云公孫龍與莊生時不相及此其弟子所記耳龍少學先生之道。長而明仁義之行。合同異。離堅白。然不然。可不可。困百家之知。窮衆口之辯。吾自以爲至達已。今吾聞莊子之言。汒焉異之。不知論之不及與。知之弗若與。今吾无所開吾喙。敢問其方。公子牟隱机太息。仰天而笑曰。子獨不聞夫埳井之鼃乎。埳郭音陷成云埳井猶淺井謂東海之鱉曰。吾樂與。自言甚樂出跳梁乎井幹之上。幹當從木作榦釋文司馬云井欄也褚詮之音西京賦作韓音入休乎缺甃之崖。李云甃如闌以塼爲之著井底也成云休息乎破塼之涯赴水則接腋持頤。宣云水承兩腋而浮兩頤蹶泥則沒足滅跗。成云跗脚趺也還虷蟹與科斗。莫吾能若也。宣云還回顧也釋文虷音寒井中赤蟲一名蜎爾雅云蜎蠉郭注云井中小蛣蟩赤蟲也科斗蝦蟇子也案言環顧此輩無如其樂且夫擅一壑之水。而跨跱埳井之樂。此

亦至矣。夫子奚不時來入觀乎。東海之鱉左足未入。而右膝已縶矣。司馬云縶拘也三蒼云絆也案井小不容 於是逡巡而卻。從容而退 告之海曰。以海之大告之 夫千里之遠。不足以舉其大。千仞之高。不足以極其深。禹之時。十年九潦。而水弗爲加益。湯之時。八年七旱。而崖不爲加損。夫不爲頃久推移。成云頃少時久多時 不以多少進退者。進退謂損益 此亦東海之大樂也。於是埳井之鼃聞之。適適然驚。成云適適驚怖之容 規規然自失也。規規小貌下同 且夫知不知是非之竟。上知音智下知知字下同 而猶欲觀於莊子之言。成云觀察至理之言 是猶使蚊負山。商蚷馳河也。成云商蚷馬蚿也亦名商蚷亦名且渠 必不勝任矣。且夫知不知論極妙之言。而自適一時之利者。是非埳井之鼃與。且彼方跐黃泉而登大皇。釋文廣雅云跐蹋也成云大皇天也 无南无北。奭然四解。淪於不測。釋文奭音釋成云奭然無礙 无東无西。始於玄冥。反於大通。王念孫云無東無西常作無西無東與通爲韻成云始於玄極而其道杳冥反於域中而大通於物也 子乃規規然而求之以察。索之以辯。郭云遊無窮者非察辯所得 是直用管闚天。用錐指地也。不亦小乎。子往矣。且子獨不聞壽陵餘子之學行於邯鄲與。司馬云未應丁夫爲餘子成云壽陵燕邑邯鄲趙都其俗能行故燕國少年遠來學步 未得國能。又失其故行矣。直匍匐而歸耳。成云未得趙國之能更失壽陵之故以手據地匍匐而還 今子不去。將忘子之故。失子之業。公孫龍口呿而不合。司馬云呿開也 舌舉而不下。乃逸而走。

莊子釣於濮水。成云濮水名屬東郡今濮州濮陽縣是 楚王使大夫二人往先焉。司馬云威王也 曰。願以境內累矣。欲以國事相累 莊子持竿不顧。曰。吾聞楚有神龜。死已三千歲矣。王巾笥而藏之廟堂之上。此龜者，寧其死爲留骨而貴乎？寧其生而曳尾於塗中乎？二大夫曰：寧生而曳尾塗中。莊子曰：往矣！吾將曳尾於塗中。

惠子相梁，成云：惠施，宋人，爲梁惠王相。莊子往見之。或謂惠子曰：莊子來，欲代子相。於是惠子恐，搜於國中三日三夜。莊子往見之，曰：南方有鳥，其名爲鵷鶵，李云：鸞鳳之屬。子知之乎？夫鵷鶵發於南海而飛於北海，非梧桐不止，非練實不食，成云：練實，竹實。非醴泉不飲。於是鴟得腐鼠，鵷鶵過之，仰而視之曰：嚇！司馬云：嚇，怒其聲，恐其奪己也。詩箋：以口拒人曰嚇。今子欲以子之梁國而嚇我邪？姚云：記此語者，莊徒之陋。

莊子與惠子遊於濠梁之上。成云：濠，水名，在淮南鍾離郡，有莊子墓在焉，亦有莊惠遊之所，石絕水爲梁。莊子曰：鯈魚出遊從容，釋文：李音由，白魚也。盧文弨云：鯈當作儵。姚云：儵即至樂篇食之鰌鮍鯈字耳，而經籍多誤作鯈。是魚之樂也。惠子曰：子非魚，安知魚之樂？莊子曰：子非我，安知我不知魚之樂？惠子曰：我非子，固不知子矣；子固非魚矣，子之不知魚之樂全矣。宣云：與魚全無相知之理。莊子曰：請循其本。成云：謂尋其源。子曰汝安知魚樂云者，既已知吾知之而問我。郭云：循子安知之云，已知吾之所知矣，而方復問我。我知之濠上也。宣云：我遊濠上而樂，則知魚遊濠下亦樂也。

莊子集解卷五

外篇　至樂第十八

天下有至樂无有哉。有可以活身者无有哉。今奚爲奚據。奚避奚處。奚就奚去。奚樂奚惡。宣云：言至樂活身之理俱有，不知人之取舍何如耳。　夫天下之所尊者，富貴壽善也。善者所遇順善。所樂者，身安厚味美服好色音聲也。所下者，貧賤夭惡也。夭短折，惡惡疾。　所苦者，身不得安逸。口不得厚味。形不得美服。目不得好色。耳不得音聲。若不得者，則大憂以懼。其爲形也亦愚哉。爲，于僞反，下同。　夫富者，苦身疾作。勤力。　多積財而不得盡用。其爲形也亦外矣。郭云：內其形者知足而已。　夫貴者，夜以繼日，思慮善否。宣云：爲固位計。　其爲形也亦疏矣。郭云：親其形者自得於身中而已。　人之生也，與憂俱生。壽者惛惛，久憂不死。何苦也。宣本何下有之字，云：猶其也。姚氏章句本亦同，云：之，是也。言何若是苦也。　其爲形也亦遠矣。烈士爲天下見善矣。人皆稱善。　未足以活身。吾未知善之誠善邪，誠不善邪。若以爲善矣，不足活身。以爲不善矣，足以活人。行其言足以活人。　故曰：忠諫不聽，蹲循勿爭。郭慶藩云：蹲循即逡巡。廣雅：逡巡，卻退也。管子戒篇作逡遁，小問篇作遵循，晏子問篇作逡循，漢書萬章傳同，皆字異義同。　故夫子胥爭之以殘其形，不爭，名亦不成。宣云：意在以爭成忠諫之名。　誠有善无有哉。成云：善不善誠未可定。　今俗之所爲，與其所樂，吾又未知樂之果樂邪，果不樂邪。吾觀夫俗之所樂，舉羣趣者，誙誙然如將不得已。舉世羣趨，如不得已。李云：誙誙，趨死貌。案：蘇輿云：樂舉，謂數數稱道之也。

於義亦通而皆曰。樂者吾未之樂也。亦未之不樂也。樂不樂吾未親歷其境果有樂无有哉。樂之有無吾弗知吾以无爲誠樂矣。又俗之所大苦也。我以恬靜無爲爲誠樂而世俗又不以爲然故曰。至樂无樂。至譽无譽。天下是非果未可定也。雖然。无爲可以定是非。成云忘是非而是非定至樂活身。唯无爲幾存。存是二者唯無爲近之請嘗試言之。天无爲以之清。地无爲以之寧。郭云皆自清寧耳非爲之所得故兩无爲相合。萬物皆化。兩儀相合萬物化生姚云江南本作萬物皆化生芒乎芴乎。李芒音荒芴音忽荒忽猶怳惚也而无從出乎。成云尋其從出莫知所由芴乎芒乎。而无有象乎。萬物職職。成云職職繁多貌皆從无爲殖。故曰。天地无爲也。而无不爲也。人也孰能得无爲哉。宣云人能無爲則同乎天地矣

莊子妻死。惠子弔之。莊子則方箕踞鼓盆而歌。釋文盆瓦缶惠子曰。與人居長子。成云共妻居處長養子孫老身死。不哭亦足矣。又鼓盆而歌。不亦甚乎。莊子曰。不然。是其始死也。我獨何能无概然。司馬云概感也案古概慨通作察其始而本无生。非徒无生也。而本无形。非徒无形也。而本无氣。雜乎芒芴之間。變而有氣。氣變而有形。形變而有生。今又變而之死。是相與爲春秋冬夏四時行也。人且偃然寢於巨室。而我噭噭然隨而哭之。自以爲不通乎命。故止也。

支離叔與滑介叔。李云支離忘形滑介忘智言二子乃識化也觀於冥伯之丘。李云丘名喻杳冥也崑崙之虛。黃帝之所休。俄而柳生其左肘。瘤作柳聲轉借字其意蹶蹶然惡之。成云蹶蹶驚動貌支離叔曰。子惡之乎。滑介叔曰。亡。成云亡無也予何惡。生者假借也。假之而生。生者塵垢也。死

生爲晝夜。且吾與子觀化而化及我。我又何惡焉。

莊子之楚。見空髑髏。髐然有形。宣云髐音囂空枯貌 撽以馬捶。釋文撽苦弔反說文作毄云旁擊也 因而問之曰。夫子貪生失理而爲此乎。將子有亡國之事。斧鉞之誅。而爲此乎。將子有不善之行。愧遺父母妻子之醜。而爲此乎。將子有凍餒之患而爲此乎。將子之春秋故及此乎。於是語卒。援髑髏枕而臥。夜半。髑髏見夢曰。子之談者似辯士。姚云張君房本子上有向字 視子所言。皆生人之累也。死則无此矣。子欲聞死之說乎。莊子曰。然。髑髏曰。死无君於上。无臣於下。亦无四時之事。從然以天地爲春秋。釋文從李徐子用反縱逸也 雖南面王。樂不能過也。莊子不信曰。吾使司命復生子形。爲子骨肉肌膚。反子父母妻子。閭里知識。謂朋友 子欲之乎。髑髏深矉蹙頞曰。矉同顰皆愁貌釋文頞於葛反 吾安能棄南面王樂。而復爲人間之勞乎。

顏淵東之齊。孔子有憂色。子貢下席而問曰。小子敢問。回東之齊。夫子有憂色。何邪。孔子曰。善哉汝問。昔者管子有言。丘甚善之。曰。褚小者不可以懷大。綆短者不可以汲深。成云此言出管子書郭慶藩云玉篇褚裝衣也字或作衿衆經音義引通俗文曰裝衣曰衿說文繫傳褚衣之橐也集韻囊也左成三年傳鄭賈人有將寘於褚中以出蓋褚可以裝物亦可以裝人 夫若是者。以爲命有所成。而形有所適也。夫不可損益。吾恐回與齊侯言堯舜黃帝之道。而重以燧人神農之言。彼將內求於己而不得。不得則惑。人惑則死。成云不得解則心生疑惑於是忿其勝己必殺顏子 且女獨不聞邪。昔者海鳥止於魯郊。魯侯御而觴之于廟。司馬云國語爰居止魯東門之外三日臧文仲使國人祭之不云魯侯也爰居一名雜縣舉頭高八尺爾雅樊光注形似鳳皇案御迎也 奏九韶以爲樂。具太牢以爲膳。鳥乃眩視憂悲。不敢食一臠。不敢飲一杯。三日而死。此以己養養鳥也。非以鳥養養鳥也。夫以鳥養養鳥者。宜棲之深林。遊之壇陸。釋文壇司馬本作澶音但云水沙澶也成云壇陸湖渚也 浮之江湖。食之鰌鰷。成云鰌泥鰌鰷白魚子 隨行列而止。委蛇而處。委蛇自得昔者海鳥至此達生篇亦引之 彼唯人言之惡聞。奚以夫譊譊爲乎。成云譊諠聒也 咸池九韶之樂。張之洞庭之野。鳥聞之而飛。獸聞之而走。魚聞之而下入。人卒聞之。相與還而觀之。卒猝同還繞唯人好觀樂 魚處水而生。人處水而死。故必相與異。句 其好惡故異也。故猶本 故先聖不一其能。不同其事。成云聖人因循物性使人如器不一其能各稱其情不同其事 名止於實。成云因實立名名以召實故名止於實不用實外求名 義設於適。成云隨宜施設適性而已 是之謂條達而福持。如是之道可謂條理通達而福德扶持者

列子行食於道。天瑞篇行作適衞 從見百歲髑髏。天瑞篇從下有者字 攓蓬而指之曰。成云攓拔也天瑞篇作攓蓬而指顧謂弟子百豐曰 唯予與汝知而未嘗死。未嘗生也。而汝也天瑞篇汝作彼死生倒換 若果養乎。予果歡乎。俞云詩二子乘舟中心養養傳訓養爲憂與下句歡對文釋文元嘉本若果作汝過予過作予過案天瑞篇作此過養乎此過歡乎與元嘉本兩過字合而文義亦未愜疑有誤

種有幾。成云陰陽造物轉變無窮論其種類不可勝計 得水則爲㡭。釋文此古絕字徐音絕今讀音繼司馬本作繼本或作斷又作續斷盧文弨云古絕字當作𢇍此㡭乃繼字成云潤氣生物從無生有故更相繼續也案釋草藚牛脣郭注引毛詩傳曰水舄也如續斷寸寸有節拔之可復說文藚水舄也郝懿行云今驗馬舄生水中者華如車前而大拔之節節復生據此即莊子所謂㡭也拔之寸節復生故以㡭爲名其或作斷又作續斷者㡭或誤斷後人又妄加續字耳藚如續斷與生山谷之續斷判然二物節節復生無根著土故名水舄與本文得水爲㡭合天瑞篇上有若鼃爲鶉句未得其解 得水

土之際。則爲鼃蠙之衣。司馬云言物根在水土際布在水中就水上（列注誤土）視不見按（列注作鈔）之可得如張綿（列注誤縣）在水中楚人謂之鼃蠙之衣成云青苔也在水中若張綿俗謂之蝦蟆衣也案此言水與土相際而生非謂水上之物釋草芣苢馬舃馬舃車前郭注今車前草大葉長穗好生道傍江東呼爲蝦蟆衣則蝦蟆衣非青苔亦非如司馬所云也釋草又云蕍蕮郭注今澤蕮案卽澤瀉也本草云一名水瀉（卽水舃）陶注葉狹而長叢生淺水中蘇頌圖經葉似牛舌草獨莖而長秋開白花作叢似穀精草秋末采根暴乾案此得水土之交故有根可采也文選注引韓詩章句曰芣苢澤瀉也陸璣疏云馬舃幽州謂之牛舌草蓋葉旣相似而水舃澤舃芣苢之名稱又復互混故蝦蟆衣之名亦遂移於道邊之陵舃而習焉不察也　生於陵屯。則爲陵舃。司馬云言物因水成而陸產生於陵屯化作車前改名陵舃也一名澤舃隨燥溼變也（此語亦名稱互混之證）案列子張湛注陵屯高燥處也蓋總謂無水之處詩芣苢釋文引陸璣云牛舌又名當道韓詩說云直曰車前瞿曰芣苡乃就直道而生及生道兩旁析言之直道卽當道皆與此生於陵屯合　陵舃得鬱棲。則爲烏足。司馬云鬱棲蟲名烏足草名生水邊也言鬱棲在陵舃之中則化爲烏足也李云鬱棲糞壤也言陵舃在糞則化爲烏足也案鬱棲是糞壤非蟲名詳見下　烏足之根爲蠐螬。司馬本作蠐螬云蝎也案蟦蠐螬蠐螬二物釋蟲蟦蠐螬郭注在糞土中又云蝤蠐蝎郭注在木中今雖通名爲蝎所在異詩領如蝤蠐蔡邕青衣賦作領如蠐螬明蝤蠐蠐螬同字說文蝤蝤齏也蝎蝤齏也又云齏齏蠀也蠀齏蠀也據此知司馬本誤混爲一惟說文無蟦字蟦疑糞之音轉字烏足係陵舃在糞壤所化其根在糞土中而出爲蠐螬益明矣本草蟦蠐生河內平澤及人家積糞草中反行者良陶注蠐亦作蟦方言蟦螬謂之蟦蠐蟦蠐雙聲　其葉爲胡蝶。大者如足大指以臂行乃駛於脚從夏入秋化爲蟬論衡無形篇蠐螬化爲復育復育化而爲蟬是也　胡蝶胥也化而爲蟲。釋文胡蝶一名胥俞云胥也當連下化而爲蟲讀之與下鴝掇千日爲鳥兩文相對千日爲鳥言其久也胥也化而爲蟲言其速也天瑞篇　生於竈下。其狀若脫。脫同蛻　其名爲鴝掇。天瑞篇鴝作鴝同　鴝掇千日。爲鳥。張注千日而死　其名曰乾餘骨。天瑞篇爲上有化而二字　乾餘骨之沫爲斯彌。李云沫口中汁　斯彌爲食醯。頤輅成云酢甕中蠛蠓亦爲醯雞也　生乎食醯。黃軦天瑞篇生上再有食醯頤輅四字　生乎九猷。天瑞篇生上再有食醯黃軦四字　瞀芮生乎腐蠸。成云腐蠸螢火蟲亦言是粉鼠蟲釋文音權郭音歡爾雅云一名守瓜一云粉鼠也案天瑞篇此上有九猷生乎瞀芮句張注蠸音權謂瓜中黃甲蟲也　羊奚比乎不箰。久竹生青寧。釋文羊奚比乎不箰句久竹生青寧句司馬云羊奚草名根似蕪菁與久竹比合而爲物皆生於非類也青寧蟲名是司馬以久竹屬上讀張湛讀與陸同羊奚句注此異類而相親比久竹句注因於林藪而生並無確解未知孰是又天瑞篇此上有羊肝化爲地皋至醯雞生乎酒二十二句莊子刪之　青寧生程。成云赤蟲名　程生馬。馬生人。人又反入於機。俞云又當作久字之譌也久老也天瑞篇作人久入於機萬物皆出於機。皆入於機。

達生第十九 外節

達生之情者。情實也不務生之所无以爲。宣云爲無益之養者生之所無以爲也達命之情者。不務知之所無奈何。宣云數之不可強者知之所無奈何也養形必先之以物。成云謂資貨衣食物有餘而形不養者。有之矣。宣云究竟物不足以養形有生必先无離形。形不離而生亡者。有之矣。宣云究竟形不足以存生生之來不能卻。其去不能止。悲夫。世之人以爲養形足以存生。而養形果不足以存生。則世奚足爲哉。雖不足爲而不可不爲者。其爲不免矣。成云分外之事不足爲分內之事不可不爲夫欲免爲形者。莫如棄世。棄世則无累。无累則正平。宣云遊於坦塗正平則與彼更生。宣云與彼造化同其循環推移更生則幾矣。宣云近道事奚足棄而生奚足遺。成云人世虛無何足捐棄生涯空幻何足遺忘棄事則形不勞。遺生則精不虧。夫形全精復。與天爲一。宣云合造化之自然天地者。萬物之父母也。合則成體。散則成始。宣云散於此者爲成於彼之始形精不虧。是謂能移。移造化之權精而又精。反以相天。宣云養精之至化育賴其參贊

子列子問關尹曰。李云關尹關令尹喜也成云姓尹名喜字公度爲函谷關令故曰關令尹眞人是老子弟子懷道抱德故列子詢之至人潛行不窒。成云潛伏行世不爲物境障礙案列子黃帝篇作不空蹈火不熱。行乎萬物之上而不慄。成云冥於寒暑故火不能災一於高卑故心不恐懼請問何以至於此。關尹曰。是純氣之守也。非知巧果敢之列。成云是保守純和之氣非心智巧詐勇決果敢而得之居。吾語女。凡有貌象聲色者。皆物也。物與物何以相遠。郭云唯無心者獨遠夫奚

足以至乎先。是色而已。郭云同是形色之物耳未足以相先也姚云江南本色上有形字 則物之造乎不形。而止乎无所化。列子張湛注有既無始則所造者無形矣形既無終則所止者無化矣 夫得是而窮之者。宣云言究心於此 物焉得而止焉。成云非物所制案黃帝篇無物字而止誤爲正曰 彼將處乎不淫之度。郭云止於所受之分案黃帝篇淫誤深 而藏乎无端之紀。郭云冥然與變化日新 遊乎萬物之所終始。郭云終始者物之極 壹其性。郭云飾則二矣 養其氣。郭云不以心使之 合其德。郭云不以物離性案黃帝篇合作含 以通乎物之所造。成云物之所造自然也既一性合德與物相應故能達至道之原通自然之本 夫若是者。其天守全。其神无郤。同隙 物奚自入焉。外患不能入也 夫醉者之墜車。雖疾不死。骨節與人同。而犯害與人異。其神全也。乘亦不知也。墜亦不知也。死生驚懼不入乎其胸中。是故遻物而不慴。釋文音悟爾雅云遻忤也郭注云謂干觸慴懼也盧云今本作遌 彼得全於酒而猶若是。而況得全於天乎。聖人藏於天。故莫之能傷也。引列子畢 復讎者不折鏌干。鏌邪干將 雖有忮心者。不怨飄瓦。是以天下平均。故无攻戰之亂。无殺戮之刑者。由此道也。不開人之天。而開天之天。郭云不慮而知開天也知而後感開人也然則開天者性之動開人者知之用 開天者德生。郭云性動者遇物而當足則忘餘斯德生也 開人者賊生。郭云知用者從感而求勌而不已斯賊生也 不厭其天。不忽於人。常守天德不厭天也智能燭物不忽人也 民幾乎以其眞。幾近也成云率土盡眞蒼生無僞 仲尼適楚。出於林中。見痀僂者承蜩。猶掇之也。成云痀僂老人曲腰之貌承蜩以竿取蟬掇拾也郭慶藩云承讀爲拯謂引取之也說文作拼列子黃帝篇使弟子並流而承之釋文承音拯案黃帝篇僂作瘻借字 仲尼曰。子巧乎。有道邪。曰。我有道也。五六月累丸。司馬云五六月黏蟬時也累丸謂累之於竿頭案黃帝篇累丸作纍垸 二而不墜。則失者錙銖。蓋所失二三 累三而不墜。則失者十一。累五而不墜。猶掇之也。吾處身也若厥株拘。釋文厥本或作橛案斷木爲杙也株木根也言身若橛株之拘黃帝篇作橛株駒借字 吾執臂也若槁木之枝。郭云不動之至 雖天地之大。萬物之多。而唯蜩翼之知。吾不反不側。不以萬物易蜩之翼。何爲而不得。孔子顧謂弟子曰。用志不分。乃凝於神。黃帝篇凝作疑是也下文津人操舟若神見者驚猶鬼神及器之所以疑神並與此疑於神同意 其痀僂丈人之謂乎。

顏淵問仲尼曰。吾嘗濟乎觴深之淵。成云淵名在宋國 津人操舟若神。吾問焉。曰。操舟可學邪。曰。可。善游者數能。善浮水者數習則能黃帝篇上有能游者可教也句 若乃夫沒人。則未嘗見舟而便操之也。沒人能沒水者雖向未見舟入舟便能操之黃帝篇便作謖注謖起也 吾問焉而不吾告。敢問何謂也。仲尼曰。善游者數能。忘水也。黃帝篇善上有能游者可教也輕水也二句 若乃夫沒人之未嘗見舟而便操之也。彼視淵若陵。無覆溺之懼 視舟之覆。猶其車卻也。郭云視舟之覆於淵猶車之卻退於坂也 覆卻萬方陳乎前。而不得入其舍。黃帝篇萬下有物字是也覆卻萬物句方陳乎前而不得入其舍句俞云方竝也方之本義爲兩舟相並故方有竝義方陳乎前謂萬物竝陳乎前也張注神明之居故謂之舍 惡往而不暇。宣云神定則隨在暇豫 以瓦注者巧。李云注擊也成云用瓦器賤物而戲賭射者既心無矜惜故巧而中案黃帝篇注作摳張注摳探也以手藏物探而取之 以鉤注者憚。成云以鉤帶賭者其物稍貴恐不中故心怖懼而不著案張注鉤銀銅爲之 以黃金注者殙。釋文一作痻說文殙瞀也元嘉本作惛案黃帝篇作惽郭云所要愈重則其心愈矜 其巧一也。而有所矜。則重外也。凡外重者內拙。

田開之見周威公。釋文崔本作周威公竈俞云史記西周桓公之子威公名不傳崔本可補史闕 威公曰。吾聞祝腎學生。司馬云學養生之道 吾子與祝腎游。亦何聞焉。田開之曰。開之操拔篲以侍門庭。成云拔篲掃帚也 亦何聞於夫子。威公曰。田子无讓。寡人願聞之。開之曰。聞之夫子曰。善養生者。若牧羊然，視其後者而鞭之。郭嵩燾云：鞭其後，則前者于于然行矣。案意謂謹持其終。威公曰：何謂也？田開之曰：魯有單豹者，巖居而水飲，不與民共利，行年七十而猶有嬰兒之色，不幸遇餓虎，餓虎殺而食之。蘇輿云：此言不戒畏塗。有張毅者，高門縣薄，宣云：高門大家，縣簾薄以蔽門，小家也。无不走也。呂覽必己篇：張毅好恭，門閭帷薄聚居衆無不趨，高住過之必趨。淮南人閒訓：張毅好恭，過宮室廊廟必趨，見門閭聚衆必下，廝徒馬圉皆與抗禮，然不終其壽，內熱而死。俞云：走是趣之壞字。莊子文不備，故學者莫得其解。行年四十而有內熱之病以死。此言勞形無益。豹養其內而虎食其外，毅養其外而病攻其內，此二子者，皆不鞭其後者也。

仲尼曰：无入而藏，无出而陽，宣云：恐其過靜過動。柴立其中央。宣云：如槁木之無心，而立於動靜之中。三者若得，其名必極。宣云：可稱至人。夫畏塗者，十殺一人，則父子兄弟相戒也，必盛卒徒而後敢出焉，不亦知乎！人之所取畏者，蘇輿云：取即最字。衽席之上，飲食之閒，而不知爲之戒者，過也。郭云：十殺一耳，便大畏之；至於色欲之害，動皆之死地而莫不冒之，斯過之甚也。

祝宗人元端以臨牢筴，說彘曰：成云：祝，祝史。元端，衣冠。筴，圈也。未祭之閑，臨圈說彘，其文在下也。汝奚惡死？吾將三月豢汝，十日戒，三日齊，藉白茅，加汝肩尻乎彫俎之上，則汝爲之乎？釋文：豢音患。司馬云：養也。爲彘謀，曰不如食以糠糟而錯之牢筴之中，錯，置也。又爲彘設想如此。自爲謀，則苟生有軒冕之尊，死得於腞楯之上、司馬云：腞猶篆也。楯猶案也。王念孫云：腞讀爲輇，謂載柩車也。雜記載以輲車，鄭注：輲讀爲輇。釋文：輇，市專反，又市轉反。士喪禮注：載柩車，周禮謂之蜃車，雜記謂之團，或作輇，或作槫，聲讀皆相附。此作腞，聲義亦同也。楯讀爲輴，亦載柩車也。輴楯古通。雜記注載柩以楯，是其證也。聚僂之中，釋文：一說僂當作蔞，力久反，謂殯於菆塗蔞翣之中。王念孫云：聚僂，柩車飾也。衆飾所聚，故曰聚；其形中高而四下，故言僂也。釋名：輿棺之車，其蓋曰柳。柳，聚也，衆飾所聚，亦其形僂也。檀弓設蔞翣，荀子禮論作縷翣，呂覽節喪篇作僂翣。柳、蔞、僂、縷並字異而義同則爲之。不顧後患也 爲彘謀則去之。自爲謀則取之。所異彘者何也。

桓公田於澤。管仲御。見鬼焉。公撫管仲之手曰。仲父何見。對曰。臣无所見。公反。誒詒爲病。數日不出。釋文誒於代反郭音熙詒土代反郭音怡李音臺云誒詒失魂魄也 齊士有皇子告敖者。曰。公則自傷。鬼惡能傷公。司馬云皇姓告敖字 夫忿滀之氣。散而不反。則爲不足。李云忿滿也滀結聚也精神有逆則陰陽結於內魂魄散於外故曰不足 上而不下。則使人善怒。下而不上。則使人善忘。李云陽散陰凝故怒陰發陽伏故忘也 不上不下。中身當心。則爲病。李云上下不和則陰陽爭而攻心心精神主故病也 桓公曰。然則有鬼乎。曰。有。沈有履。竈有髻。釋文司馬本作沈有漏云沈水汙泥也漏神名髻竈神著赤衣狀如美女 戶內之煩壤。雷霆處之。成云門戶內糞壤之中其間有鬼名曰雷霆 東北方之下者。倍阿鮭蠪躍之。釋文蠪音龍司馬云倍阿神名鮭蠪狀如小兒長一尺四寸黑衣赤幘大冠帶劍持戟 西北方之下者。則泆陽處之。司馬云泆陽豹頭馬尾一作狗頭一云神名也 水有罔象。司馬本作無傷云狀如小兒赤黑色赤爪大耳長臂一云水神名 丘有峷。釋文本又作莘司馬云狀如狗有角文身五采 山有夔。成云如鼓一足 野有彷徨。釋文本亦作方皇司馬云方皇狀如蛇兩頭五采文 澤有委蛇。公曰。請問委蛇之狀何如。皇子曰。委蛇。其大如轂。其長如轅。紫衣而朱冠。其爲物也。惡聞雷車之聲。則捧其首而立。見之者殆乎霸。桓公囅然而笑曰。此寡人之所見者也。釋文朱冠司馬本作俞冠云俞國之冠也其制似螺 於是正衣冠與之坐。不終日而不知病之去也。郭云此言憂來而累生者不明也患去而性得者達理也

紀渻子爲王養鬬雞。釋文紀渻人姓名一本作消列子黃帝篇作周宣王 十日而問雞已乎。黃帝篇雞下有可鬬二字此奪 曰。未也。方虛憍而恃氣。張注無實而自矜者 十日又問。曰。未也。猶應嚮景。李云應嚮鳴顧景行 十日又問。

曰。未也。猶疾視而盛氣。張注常求敵而必己之勝 十日又問。曰。幾矣。雞雖有鳴者。已无變矣。張注彼命敵而我不應忘勝負矣 望之似木雞矣。其德全矣。宣云精神凝寂 異雞无敢應者。反走矣。郭云養之以至於全者猶無敵況自全乎 案黃帝篇矣作耳

孔子觀於呂梁。司馬云河水有石絕處也今西河離石縣西有此縣絕世謂之黃梁淮南子曰古者龍門未鑿河出孟門之上也成云或言蒲州二百里有龍門河水所經瀑布而下亦名呂梁或言宋國彭城縣之呂梁 縣水三十仞。流沫四十里。黿鼉魚鼈之所不能游也。見一丈夫游之。以為有苦而欲死也。有憂患而自沈 使弟子並流而拯之。並傍同黃帝篇作承古通用字 數百步而出。被髮行歌。而游於塘下。黃帝篇作棠行 孔子從而問焉。曰。吾以子為鬼。察子則人也。請問蹈水有道乎。曰。亡。音無 吾无道。吾始乎故。長乎性。成乎命。與齊俱入。司馬云齊回水如磨齊也郭慶藩云齊物之中央漢書郊祀志齊所以為齊以天齊也蘇林注當天中央齊也王念孫云人臍居腹之中故謂之臍臍者齊也宣云水旋入處似臍案黃帝篇作齎誤 與汨偕出。司馬云汨涌波 從水之道而不為私焉。郭云任水而不任己 此吾所以蹈之也。孔子曰。何謂始乎故。長乎性。成乎命。曰吾生於陵。而安於陵。故也。長於水。而安於水。性也。不知吾所以然而然。命也。郭云言人有偏能得其所能而任之則天下無難矣用夫無難以涉夫生生之道何往而不通也

梓慶削木為鐻。李云魯大匠梓官名慶名俞云左襄四年傳匠慶即此人司馬云鐻樂器也似夾鍾釋文音據 鐻成。見者驚猶鬼神。魯侯見而問焉。曰。子何術以為焉。對曰。臣工人何術之有。雖然。有一焉。臣將為鐻。未嘗敢以耗氣也。李云氣耗則心動心動則神不專也 必齊以靜心。齊三日。而不敢懷慶賞爵祿。宣云忘利 齊五日。不敢懷非譽巧拙。宣云忘名 齊七日。輒然忘吾有四枝形體也。

釋文輒然不動貌宣云忘我當是時也。无公朝。宣云忘勢若非爲公家創之其巧專而外骨消。釋文骨本亦作滑成云滑亂也宣云外而滑心之事盡消然後入山林。觀天性。宣云察木之生質形軀至矣。木質極合然後成見鐻。見俗作現如全鐻在目然後加手焉。從而施工不然則已。否則舍去則以天合天。以吾之天遇木之天器之所以疑神者。其是與。此言順其性則工巧若神乘其性則心勞自拙

東野稷以御見莊公。荀子哀公篇作東野畢莊公作定公進退中繩。左右旋中規。如繩直如規圓莊公以爲文弗過也。司馬云謂過織組之文察卽詩云執轡如組也使之鉤百而反。成云任馬旋回如鉤之曲百度反之皆復其跡顏闔遇之。哀公篇作顏淵則魯定公是也入見曰。稷之馬將敗。公密而不應。宣云密默也少焉果敗而反。公曰。子何以知之。曰。其馬力竭矣。而猶求焉。故曰敗。過耗則敗無物不然

工倕旋而蓋規矩。宣云蓋猶過也謂掩過之但以手運旋而巧過於規矩精之至也指與物化。而不以心稽。成云手隨物化因物施巧心不稽留也故其靈臺一而不桎。宣云靈臺神舍也神凝而無拘束之苦忘足。屨之適也。忘腰。帶之適也。知忘是非。心之適也。不內變。不外從。事會之適也。內不變志外不從物隨所會而皆適始乎適而未嘗不適者。忘適之適也。本性適而無往不適者是自適其適不因物而後適乃並其適而亦忘之也

有孫休者。成云魯人踵門而詫子扁慶子曰。李云扁姓慶子字休居鄉不見謂不修。臨難不見謂不勇。然而田原不遇歲。事君不遇世。賓於鄉里。賓擯同逐於州部。則胡罪乎天哉。休惡遇此命也。惡音烏不解何以遇此命扁子曰。子獨不聞夫至人之自行邪。忘其肝膽。遺其耳目。墮身體黜聰明芒然彷徨乎塵垢之外。芒然無知貌塵垢謂俗累逍遙乎无事之業。是謂爲而不恃。長而不

宰。宣云率性而不恃能長物而不居功案語出老子 今汝飾知以驚愚。修身以明汙。昭昭乎若揭日月而行也。炫己以表異於人三語又見山木篇 汝得全而形軀。具而九竅。而爾同 无中道夭於聾盲跛蹇而比於人數。亦幸矣。又何暇乎天之怨哉。子往矣。孫子出。扁子入。坐有間。仰天而歎。弟子問曰。先生何爲歎乎。扁子曰。向者休來。吾告之以至人之德。吾恐其驚而遂至於惑也。弟子曰。不然。孫子之所言是邪。先生之所言非邪。非固不能惑是。孫子所言非邪。先生所言是邪。彼固惑而來矣。又奚罪焉。扁子曰。不然。昔者有鳥。止於魯郊。魯君說之。爲具太牢以饗之。奏九韶以樂之。鳥乃始憂悲眩視。不敢飲食。此之謂以己養養鳥也。若夫以鳥養養鳥者。宜棲之深林。浮之江湖。食之以委蛇。則平陸而已矣。釋文委蛇李云大鳥吞蛇司馬云委蛇泥鰌俞云養鳥者未聞必食以蛇泥鰌亦臆說至樂篇夫以鳥養養鳥者宜棲之深林游之壇陸浮之江湖食之鰌鰷隨行列而止委蛇而處然則此文亦當云食之以鰌鰷委蛇而處傳寫有闕文耳且云委蛇而處方與下文則平陸而已矣文義相屬若無而處二字下句便不貫矣 今休。款啟寡聞之民也。李云款空啟開也如空之開所見小也 吾告以至人之德。譬之若載鼷以車馬。樂鴳以鐘鼓也。彼又奚能无驚乎哉。郭云此章言善養生者各任性分之適而至矣

外篇 山木第二十

蘇輿云此亦莊徒所記旨同於人間世處濁世避患害之術也

莊子行於山中。見大木枝葉盛茂。伐木者止其旁而不取也。問其故。曰。无所可用。莊子曰。此木以不材得終其天年。夫子出於山。釋文夫子謂莊子 舍於故

人之家。故人喜。命豎子殺雁而烹之。釋文烹普彭反煑也王念孫云呂覽必己篇作令豎子爲殺雁饗之据此烹當作亨卽饗也古書享作饗亨亦作亨故釋文誤讀爲烹今本遂改亨爲烹因元文作亨故陸音普彭反若作烹則無須音注矣案雁卽鵝說文鵝雁也 豎子請曰。其一能鳴。其一不能鳴。請奚殺。主人曰。殺不能鳴者。明日。弟子問於莊子曰。昨日山中之木。以不材得終其天年。今主人之雁。以不材死。先生將何處。莊子笑曰。周將處乎材與不材之間。材與不材之間。似之而非也。宣云處世亦可謂近似然而非也 故未免乎累。若夫乘道德而浮游則不然。心乎道德則不必言材與不材矣 无譽无訾。成云訾毀 一龍一蛇。或龍見或蛇蟄 與時俱化。而无肯專爲。成云何肯偏滯而專爲一物 一上一下。以和爲量。俞云此本作一下一上上與量爲韻今作一上一下失其韻矣古書往往倒文協韻後人不知而誤改者甚多此與秋水篇无東无西同 浮游乎萬物之祖。宣云未始有物之先 物物而不物於物。視外物爲世之一物而我不爲外物之所物 則胡可得而累邪。此黃帝神農之法則也。若夫萬物之神。人倫之傳。人類之相傳 則不然。合則離。成則毀。有合成卽有離毀 廉則挫。有廉隅則被挫傷釋文亦作剉卽嶢嶢易缺之義 尊則議。俞云議讀爲俄詩賓之初筵箋俄傾貌謂崇高必傾側古書俄字或以議爲之或以儀爲之或以義爲之管子法禁篇法制不議則民不相私議亦俄也謂法制不傾衺也 有爲則虧。賢則謀。成云賢以志高爲人所謀 不肖則欺。以上言世事如此 胡可得而必乎哉。不能免累 悲夫。弟子志之。其唯道德之鄉乎。釋文鄉如字亦音許亮反

市南宜僚見魯侯。釋文左傳市南有熊宜僚楚人也俞云淮南主術訓高注宜遼姓也名熊疑名姓字互誤 魯侯有憂色。市南子曰。君有憂色。何也。魯侯曰。吾學先王之道。修先君之業。吾敬鬼尊賢。親而行之。无須臾離居。釋文崔本無離字俞云崔本是也呂覽慎人篇胼胝不居高注訓居爲止無須臾居者無須臾止也 然不免於患。吾是以憂。

市南子曰。君之除患之術淺矣。夫豐狐文豹。棲於山林。伏於巖穴。靜也。夜行晝居。戒也。雖飢渴隱約。隱約猶藏也猶且胥疏於江湖之上而求食焉。定也。司馬云胥須也蘇輿云且當作旦案狐豹求食何必待旦蘇說是也成云旦明也則字訛已久宣云疏遠也言獸雖潛藏猶且須遠於江湖無人之地而求飲食此其處所一定也然且不免於罔羅機辟之患。是何罪之有哉。其皮爲之災也。今魯國獨非君之皮邪。吾願君刳形去皮。洒心去欲。而遊於无人之野。南越有邑焉。名爲建德之國。其民愚而朴。少私而寡欲。知作而不知藏。與而不求其報。不知義之所適。不知禮之所將。猖狂妄行。成云猖狂無心妄行混跡也乃蹈乎大方。其生可樂。其死可葬。郭云言可終始處之吾願君去國捐俗。與道相輔而行。君曰。彼其道遠而險。又有江山。我无舟車。奈何。市南子曰。君无形倨。司馬云無倨傲其形无留居。司馬云無留安其居以爲舟車。君曰。彼其道幽遠而无人。吾誰與爲鄰。吾无糧。我无食。釋文我一本作餓安得而至焉。市南子曰。少君之費。寡君之欲。雖无糧而乃足。郭云所謂知足則無所不足也君其涉於江而浮於海。望之而不見其崖。愈往而不知其所窮。宣云獨往深造如此送君者皆自崖而反。宣云人不相及君自此遠矣。郭云超然獨立於萬物之上也故有人者累。郭云有之以爲己私也見有於人者憂。郭云爲人所役用也故堯非有人。宣云有天下而不與非見有於人也。宣云忘帝力於何有吾願去君之累。除君之憂。而獨與道遊於大莫之國。大莫猶廣莫方舟而濟於河。有虛船來觸舟。雖有惼心之人不怒。釋文惼爾雅云急也有一人在其上。則呼張歙之。其口開翕一呼而不聞。再呼而不聞。於是三呼邪，則必以惡聲隨之。向也不怒而今也怒，向也虛而今也實。以此故也。人能虛己以遊世，其孰能害之！

北宮奢為衛靈公賦斂以為鐘，奢，衛大夫。賦斂，蓋謂募施。為壇乎國門之外，宣云：為壇而登，因鑄於其所。三月而成上下之縣。司馬云：八音備為縣，而聲高下。宣云：時不久而斂之多。王子慶忌見而問焉，曰：「子何術之設？」俞云：慶忌，周之王子而仕衛者，與王孫賈同。奢曰：「一之閒，无敢設也。心在一鐘之間，非敢更設術也。奢聞之：『既彫既琢，復歸於朴。』言末俗彫琢之後，宜反於朴，惟誠可以動之。侗乎其无識，釋文：侗，無知貌。案：言它無所識，唯冀其成。儻乎其怠疑；儻乎無所向，如怠如疑，又濯其不誠。萃乎芒乎，其送往而迎來；萃，聚也。芒，不辨也。送往迎來，言其多。來者勿禁，往者勿止；聽人自顧。從其彊梁，從讀曰縱。不顧者聽之。隨其曲傅，釋文：傅音附。司馬云：曲附已者，隨之。本或作傅，張戀反。因其自窮，彊勉自盡者因之。郭嵩燾云：如左昭傳賦晉國一鼓鐵以鑄刑鼎，名為賦斂而聽民之自致，故曰因其自窮。故朝夕賦斂而毫毛不挫，如未挫人毫毛者。而況有大塗者乎！」況處天下大通之塗者乎？謂道也。

孔子圍於陳蔡之閒，七日不火食。大公任往弔之。李云：大公，大夫稱；任，其名。俞云：廣韻一東公字注：世本有大公潁叔。然則大公乃複姓，非大夫稱。曰：「子幾死乎？」曰：「然。」「子惡死乎？」曰：「然。」任曰：「予嘗言不死之道。宣云：嘗，試也。言不至犯患而死之道。東海有鳥焉，其名曰意怠。其為鳥也，翂翂翐翐，釋文：翂音紛，翐音秩。司馬云：舒遲貌。一云：飛不高貌。而似无能；引援而飛，迫脅而棲；李云：不敢獨棲，迫脅在處鳥中，纔足容身而宿，避害之至也。進不敢為前，退不敢為後；食不敢先嘗，必取其緒。王念孫云：緒，餘也。讓王篇其緒餘以為國家，司馬注：緒，殘也。謂殘餘也。是故其行列不斥，蘇輿云：言為衆鳥所容。而外人卒不得害，是以免於患。直木先伐，甘井先竭。郭云：才之患也。子其意者飾知以驚愚，修身以明汙，昭昭乎若揭日月而行。三語已見達生篇 故不免也。昔吾聞之大成之人曰：成云大成之人即老子也 自伐者无功，伐夸 功成者墮，名成者虧。郭云恃功名以爲己成者未之嘗全 孰能去功與名而還與衆人！宣云反同於衆 道流而不明居，道流行於天下而不顯然居之 得行而不名處；得猶德也德行而不以自名自處 純純常常，宣云純一其心平常其行 乃比於狂；成云既不矜飾更類於狂人 削迹捐勢，不爲功名。是故无責於人，人亦无責焉。至人不聞，語見秋水篇至作道 子何喜哉？何太自喜 孔子曰：善哉！辭其交遊，去其弟子，逃於大澤，衣裘褐，食杼栗，不取美服珍味 入獸不亂羣，入鳥不亂行。鳥獸不惡，而況人乎！

孔子問子桑雽曰：釋文雽音戶又作雩音于俞云疑即大宗師之子桑戶 吾再逐於魯，伐樹於宋，削迹於衞，窮於商周，圍於陳蔡之間。吾犯此數患，親交益疏，徒友益散，何與？子桑雽曰：子獨不聞假人之亡與？李云假國名 林回棄千金之璧，負赤子而趨。林回人姓名即假人之亡者國亡民散負子而逃 或曰：爲其布與？赤子之布寡矣；布謂財貨 爲其累與？赤子之累多矣。棄千金之璧，負赤子而趨，何也？林回曰：彼以利合，彼謂璧 此以天屬也。夫以利合者，迫窮禍患害相棄也；以天屬者，迫窮禍患害相收也。夫相收之與相棄亦遠矣。且君子之交淡若水，小人之交甘若醴；君子淡以親，小人甘以絕。彼无故以合者，則无故以離。宣云言非天屬 孔子曰：敬聞命矣！徐行翔佯而歸，絕學捐書，弟子无挹於前，宣云無可挹取於前 其愛益加進。真意相感 異日，桑雽又曰：舜之將死，真泠禹曰。釋文真司馬本作直云泠曉也泠或爲命王引之云直當爲卤卤籀文乃字形似直故譌作直又譌作真真泠禹當爲乃命禹也 汝戒之哉。形莫若緣。情莫若率。成云緣順也形必順物情必率中 緣則不離。率則不勞。宣云不離於物則不勞於安排 不離不勞。則不求文以待形。宣云天然真率何求於禮文以待形 不求文以待形。固不待物。宣云又何求於外物

莊子衣大布而補之。正緳係履。而過魏王。司馬云緳帶也王惠王郭嵩燾云帶之名緳別無證据正帶係履不得爲憊說文絜麻一耑也與緳通言整齊麻之一耑以束其履而係之履無絇係之以麻故曰憊 魏王曰。何先生之憊邪。莊子曰。貧也。非憊也。士有道德不能行。憊也。衣弊履穿。貧也。非憊也。此所謂非遭時也。宣云非猶不 王獨不見夫騰猿乎。其得枏梓豫章也。攬蔓其枝。成云攬蔓猶把捉 而王長其閒。王長猶言自大 雖羿蓬蒙不能眄睨也。李云眄或作睥案言不能害之 及其得柘棘枳枸之閒也。成云並有刺之惡木 危行側視。振動悼慄。此筋骨非有加急而不柔也。處勢不便。未足以逞其能也。今處昏上亂相之閒。而欲无憊。奚可得邪。此比干之見剖心。徵也夫。處亂世不安於憊必遭戮辱比干之見剖心其明徵也

孔子窮於陳蔡之閒。七日不火食。左據槁木。右擊槁枝。而歌猋氏之風。猋氏即焱氏已見天運篇 有其具而无其數。宣云有枝擊木而無節奏 有其聲而无宮角。宣云有歌聲而無音律 木聲與人聲。犂然有當於人心。宣云犂然猶釋然如犂田者其土釋然也 顏回端拱還目而窺之。還目回目 仲尼恐其廣己而造大也。愛己而造哀也。造至也自廣而至於自大自愛而至於自傷皆非所以處窮 曰。回。无受天損易。郭云唯安之故易 无受人益難。成云儻來而寄推之即難 无始而非卒也。郭云於今爲始者於昨爲卒則所謂始者即是卒矣言變化之無窮 人與天一

也。郭云皆自然 夫今之歌者其誰乎。郭云任其自爾歌者非我也 回曰。敢問无受天損易。仲尼曰。飢溺寒暑窮桎不行。天地之行也。運物之泄也。飢渴也寒暑也窮困桎梏而不行也皆天地之行而運動萬物之所發見也司馬云泄發也 言與之偕逝之謂也。宣云惟順化與之偕往而已矣 爲人臣者。不敢去之。宣云臣受君命理不敢逃 執臣之道猶若是。而況乎所以待天乎。順受以待天則損不能損矣故曰易 何謂无受人益難。仲尼曰。始用四達。宣云始用初進也初進之時卽四達而無不利 爵祿並至而不窮。宣云人益如此 物之所利。乃非己也。宣云此物之利於己性分無與 吾命有在外者也。宣云此吾氣數之命偶有通於外者也 君子不爲盜。賢人不爲竊。吾若取之何哉。宣云虛叨爵祿無異盜竊此君子賢人所不爲吾獨取之何哉 故曰。鳥莫知於鷾鴯。釋文知音智或曰鷾鴯燕也 目之所不宜處。不給視。見不宜處者不給於視卽已棄去不待回翔也 雖落其實。棄之而走。銜實落地亦不收取 其畏人也。而襲諸人間。成云襲入也案其畏人也如此而入居於人室 社稷存焉爾。徒以所託在此無異國之有社稷人不能離爾君子居人國亦當知社稷存焉盡心所事至爵祿之益我性不加當思危邦不入亂邦不居而知之者鮮故曰難 何謂无始而非卒。仲尼曰。化其萬物而不知其禪之者。天化生萬物日新不窮而不知誰爲禪代之者 焉知其所終。焉知其所始。故無始非卒 正而待之而已耳。守正而俟之而已 何謂天與人一邪。仲尼曰。有人天也。有天亦天也。宣云人與天皆天爲之天卽理也 人之不能有天性也。宣云人或不能全有其天以性分有所加損故也 聖人晏然體逝而終矣。宣云天者日逝而不停聖人安然體其日逝者而終其身又惡有以己與天抗者邪此所以人與天一也

莊周遊乎雕陵之樊。司馬云雕陵陵名樊藩也 覩一異鵲。自南方來者。翼廣七尺。目大運寸。王念孫云運與廣對文廣爲橫則運爲從目大運寸猶言目大徑寸耳越語廣運百里韋注東西爲廣南北爲運是運爲從也 感周之顙而集於栗林。成云感觸也

莊周曰。此何鳥哉。翼殷不逝。翼大而不飛去 目大不覩。感人顙 蹇裳躩步。執彈而留之。司馬云躩疾行留伺便也 覩一蟬方得美蔭而忘其身。螳蜋執翳而搏之。據葉自翳若執之然 見得而忘其形。志形之為鵲所見 異鵲從而利之。見利而忘其真。宣云失其真性故不逝不覩 莊周怵然曰。噫。物固相累。郭云相為利者恆相為累 二類相召也。宣云蟬召螳蜋螳蜋召鵲皆自招害 捐彈而反走。虞人逐而誶之。成云虞人掌栗園者疑其盜栗故逐而誶問之 莊周反入。三月不庭。釋文三月一本作三日司馬云不出坐庭中三月王念孫云下文言頃間則三日是也如司馬說庭上須加出字而義始明下文甚不庭若解為甚不出庭尤不成語庭當讀為逞不逞不快也逞字古讀若呈聲與庭相近故通作庭 藺且從而問之。司馬云莊子弟子 夫子何為頃間甚不庭乎。莊周曰。吾守形而忘身。守物形而忘己身 觀於濁水而迷於清淵。知物類之逐利而不悟己之當避嫌 且吾聞諸夫子曰。入其俗。從其俗。成云夫子謂老聃言俗有禁令從而行之 今吾遊於雕陵而忘吾身。與蟬類 異鵲感吾顙。遊於栗林而忘真。與鵲類 栗林虞人以吾為戮。戮辱也 吾所以不庭也。

陽子之宋。司馬云陽子楊朱案據寓言篇引列子 宿於逆旅。逆旅有妾二人。其一人美。其一人惡。惡者貴而美者賤。陽子問其故。逆旅小子對曰。其美者自美。自美而驕亢 吾不知其美也。其惡者自惡。自惡而卑下 吾不知其惡也。陽子曰。弟子記之。行賢而去自賢之行。二行去聲 安往而不愛哉。

外篇　田子方第二十一

田子方侍坐於魏文侯。數稱谿工。釋文李云田子方魏文侯師名無擇谿工賢人司馬本作雞 文侯曰。谿工子之師邪。子方曰。非也。无擇之里人也。稱道數當。成云稱說言道頻當於理故无擇稱之。文侯曰。然則子无師邪。子方曰。有。曰。子之師誰邪。子方曰。東郭順子。文侯曰。然則夫子何故未嘗稱之。子方曰。其爲人也眞。人貌而天虛。俞云淮南俶眞訓虛室生白注虛心也此謂人貌而天心古以虛屬下讀非緣而葆眞。俞云緣順也順而葆眞清而容物對文清而容物。清而不刻物无道。正容以悟之。使人之意也消。郭云曠然清虛正己而已而物邪自消无擇何足以稱之。子方出。文侯儻然終日不言。成云儻然自失貌召前立臣。前侍立共聞之臣而語之曰。遠矣全德之君子。謂順子也始吾以聖知之言仁義之行爲至矣。吾聞子方之師。吾形解而不欲動。口鉗而不欲言。吾所學者直土梗耳。直特也司馬云土梗土人也遭雨則壞宣云喻其至粗天眞之外皆土梗也夫魏眞爲我累耳。郭云知至貴者以人爵爲累

溫伯雪子適齊。成云姓溫名伯字雪子楚之懷道人舍於魯。魯人有請見之者。溫伯雪子曰。不可。吾聞中國之君子。明乎禮義而陋於知人心。成云陋拙也宣云習於末學而昧於本體吾不欲見也。至於齊。反舍於魯。是人也又請見。溫伯雪子曰。往也蘄見我。今也又蘄見我。是必有以振我也。蘄求也振我猶言起予出而見客。入而歎。明日見客。又入而歎。其僕曰。每見之客也。蘇輿云之客猶是客必入而歎。何邪。曰。吾固告子矣。中國之民。明乎禮義而陋乎知人心。昔之見我者。進退一成規。一成矩。從容一若龍。一若虎。成云槃辟揖讓前卻方圓逶迤若龍槃辟若虎其諫我也似子。其道我也似父。是以歎也。成云匡諫我如子之事父訓導我似父之教子遠近尊卑自有情義既非天性何事殷勤是知聖迹之弊遂有斯矯是以歎之也仲尼見之而不言。子路曰。吾子欲見溫伯雪

子久矣。見之而不言。何邪。仲尼曰。若夫人者。目擊而道存矣。亦不可以容聲矣。宣云目觸之而知道在其身復何所容其言說邪

顏淵問於仲尼曰。夫子步亦步。夫子趨亦趨。夫子馳亦馳。夫子奔逸絕塵。而回瞠若乎後矣。釋文瞠直視貌 夫子曰。回。何謂邪。曰。夫子步亦步也。夫子言亦言也。夫子趨亦趨也。夫子辯亦辯也。夫子馳亦馳也。夫子言道。回亦言道也。及奔逸絕塵。而回瞠若乎後者。夫子不言而信。成云不言而為衆所信 不比而周。不與人親比而情意自然周徧 无器而民滔乎前。釋文謂無人君之器而民滔聚其前 而不知所以然而已矣。仲尼曰。惡。歎詞 可不察與。夫哀莫大於心死。而人死亦次之。宣云心死則滯於迹不能與造化同體其可哀甚於人死也 日出東方。而入於西極。宣云以日喻化宰 萬物莫不比方。宣云從日為方向 有目有趾者。待是而後成功。待晝 是出則存。是入則亡。日出則有世事日入則無世事 萬物亦然。有待也而死。有待也而生。宣云待造化之往來為生死如依日之出入為存亡 吾一受其成形。而不化以待盡。語又見齊物論彼化作亡 效物而動。物動而我亦動似效之也 日夜无隙。而不知其所終。日夜代嬗初無間隙而不知其所終極 薰然其成形。成云薰然自動貌 知命不能規乎其前。宣云雖知命者不能豫規乎其前 丘以是日徂。惟覺日之云逝 吾終身與汝交一臂而失之。雖吾汝終身相與不曾把一臂而失之言其暫也 可不哀與。女殆著乎吾所以著也。言汝殆止見乎吾所以見也如言辯之迹 彼已盡矣。彼所著者已盡為陳迹矣 而女求之以為有。而汝執之以為有倘切切求之 是求馬於唐肆也。李云唐亭也宣云唐中路肆市肆也馬豈停於唐肆而求之於是哉因同以馬喻亦御馬言 吾服女也甚忘。女服吾也亦甚忘。郭云服思存之謂甚忘謂過去之速也宣云吾與汝皆無可執過去都即成忘 雖然。

女奚患焉。雖忘乎故吾。吾有不忘者存。宣云故吾去而新吾又來無頃刻留亦無頃刻息則時時有不忘者存焉雖奔逸絕塵何必有瞠若乎後之慮哉

孔子見老聃。老聃新沐。方將被髮而乾。慹然似非人。釋文慹乃牒反又丁立反司馬云不動貌郭云寂泊之至 孔子便而待之。少焉見。曰。丘也眩與。其信然與。向者先生形體掘若槁木。掘同倔 似遺物離人而立於獨也。老聃曰。吾遊心於物之初。宣云物之初無物之際也遊心於無物之際遇道之眞也 孔子曰。何謂邪。曰。心困焉而不能知。口辟焉而不能言。司馬云辟卷不開也 嘗爲女議乎其將。嘗試也將者且然而未必之詞 至陰肅肅。至陽赫赫。肅肅出乎天。赫赫發乎地。宣云陰陽互爲其根 兩者交通成和。而物生焉。或爲之紀。而莫見其形。孰維綱是 消息滿虛。一晦一明。日改月化。日有所爲。而莫見其功。成云陰消陽息夏滿冬虛夜晦晝明日遷月變新新不已故曰有所爲 生有所乎萌。死有所乎歸。始終相反乎无端。而莫知其所窮。郭云所謂迎之不見其首隨之不見其後蘇輿云終始二句即所謂方生方死方死方生也 非是也且孰爲之宗。成云若非是虛通生化之道誰爲萬物之宗本乎 孔子曰。請問遊是。成云請問遊心是道其術如何必得遊是復有何功力也 老聃曰。夫得是至美至樂也。得至美而遊乎至樂。謂之至人。孔子曰。願聞其方。曰。草食之獸。不疾易藪。水生之蟲。不疾易水。行小變而不失其大常也。成云疾患易移也夫食草之獸不患移易藪澤水生之蟲不患移易池沼但有草有水則不失大常從東從西特小變耳亦猶人處大道之中隨變任化未始非我此則不失大常生死之變蓋亦小耳 喜怒哀樂不入於胸次。李云次中也郭云知其小變而不失大常故 夫天下也者。萬物之所一也。宣云萬化不踰眞宰 得其所一而同焉。宣云與眞一合德 則四肢百體將爲塵垢。而死生終始將爲晝夜。

而莫之能滑。滑亂也 而況得喪禍福之所介乎。宣云介際也 棄隸者若棄泥塗。知身貴於隸也。隸屬也謂官屬 貴在於我而不失於變。不以變而失我之貴 且萬化而未始有極也。萬化無極我亦與之爲無極 夫孰足以患心。宣云則逍遙之矣 已爲道者解乎此。宣云惟既履道者知之

孔子曰。夫子德配天地。而猶假至言以修心。古之君子。孰能脫焉。成云然則古之君子誰能遺於言說而免於修爲乎 老聃曰。不然。夫水之於汋也。无爲而才自然矣。說文井一有水一無水謂之瀱汋引釋水文郭注云山海經天井夏有水冬無水即此類蓋汋乃水之自然湧出無所作爲唯其才之自然也 至人之於德也。不修而物不能離焉。不言修而體物不遺 若天之自高。地之自厚。日月之自明。夫何修焉。孔子出。以告顏回曰。丘之於道也。其猶醯雞與。郭云醯雞甕中之蠛蠓也 微夫子之發吾覆也。覆謂有所蔽而不見 吾不知天地之大全也。宣云天地之大全即萬物之所一也

莊子見魯哀公。成云莊子與魏惠王齊威王同時去魯哀公一百二十年如此云見魯哀公蓋寓言耳 哀公曰。魯多儒士。少爲先生方者。成云方術也言魯地鮮莊子無爲之學 莊子曰。魯少儒。哀公曰。舉魯國而儒服。何謂少乎。莊子曰。周聞之。儒者冠圜冠者知天時。履句屨者知地形。李云句方也 緩佩玦者事至而斷。成云緩者五色條繩穿玉玦以飾佩也玦抉也 君子有其道者。未必爲其服也。爲其服者。未必知其道也。公固以爲不然。何不號於國中曰。无此道而爲此服者。其罪死。於是哀公號之五日。而魯國无敢儒服者。獨有一丈夫。儒服而立乎公門。公卽召而問以國事。千轉萬變而不窮。莊子曰。以魯國而儒者一人耳。可謂

多乎。

百里奚爵祿不入於心。故飯牛而牛肥。使秦穆公忘其賤。與之政也。有虞氏死生不入於心。完虞浚井是也故足以動人。宣云成邑成都師錫帝禪宋元君將畫圖。衆史皆至受。司馬云受命揖而立。舐筆和墨。在外者半。宣云此不能畫者有一史後至者。儃儃然不趨。徐音但李云儃儃舒閑之貌受揖不立。因之舍。公使人視之。則解衣般礴。司馬云般礴謂箕坐也臝。司馬云將畫故解衣見形君曰。可矣。是眞畫者也。郭云內足者神閑而意定

文王觀於臧。成云臧近渭水地名見一丈夫釣。而其釣莫釣。無心施餌意不在魚非持其釣。非執釣爲事有釣者也。別有所釣常釣也。非偶如此文王欲舉而授之政。而恐大臣父兄之弗安也。父兄親族欲終而釋之。釋弗舉而不忍百姓之无天也。於是旦而屬之夫夫。司馬云夫夫大夫也曰。昔者寡人夢。郭慶藩云昔夕古通昔者卽夕者也或竟作夕者晏子春秋下篇夕者嘗與二日鬬是也或作昔者雜下篇有梟昔者鳴是也（說苑辨物篇同）或爲夜者外篇寡人夜者聞西方有男子哭是也（晝亦作晝者雜上篇晝者進膳）見良人黑色而頾。良人猶言善人頾鬚同乘駁馬而偏朱蹄。駁雜色一蹄赤號曰。號謂命令寓而政於臧丈人。寓寄而托庶幾乎民有瘳乎。諸大夫蹴然曰。先君王也。謂季歷俞云先君下奪命字下文先君之命王可證文王曰。然則卜之。諸大夫曰。先君之命。王其无它。可無它疑又何卜焉。遂迎臧丈人而授之政。典法无更。典常也偏令无出。無偏私之政令三年。文王觀於國。則列士壞植散羣。不復植黨俞云左宣二年傳華元爲植杜注植將主也列士必先有主而後有徒衆故欲散其羣必先壞其植也長官者不成德。同歸於善不獨成其德斔斛不敢入於四竟。釋文斔音庚李云六斛四斗曰斔案言他處之斔斛恐大小異式不入於竟列士壞植散羣。則

尙同也。長官者不成德，則同務也。斔斛不敢入於四竟，則諸侯无二心也。文王於是焉以爲大師，北面而問曰：「政可以及天下乎？」臧丈人昧然而不應，泛然而辭，朝令而夜遁，終身无聞。顏淵問於仲尼曰：「文王其猶未邪？宣云：德未足以信人邪。又何以夢爲乎？」仲尼曰：「默，汝无言！夫文王盡之也，郭云：任諸大夫而不自任，斯盡之也。而又何論刺焉！彼直以循斯須也。」成云：循，順也。斯須，猶須臾。郭云：斯須者，百姓之情，當悟未悟之頃，故文王循而發之，以合衆情也。

列御寇爲伯昏无人射，列子黃帝篇无作瞀。引之盈貫，司馬云：貫，鏑也。案：張湛注：盡弦窮鏑。措杯水其肘上，郭云：左手如拒石，右手如附枝，右手放發而左手不知，故可措之杯水也。發之，適矢復沓，成云：沓，重也。案：適，黃帝篇作鏑，字同。言矢已發而其次適矢復重入扣也。方矢復寓。方沓矢，復寄杯於肘矣。當是時，猶象人也。凝然不動，猶木土偶人。伯昏无人曰：「是射之射，非不射之射也。張注：雖盡射之理，而不能不以矜物。不射之射者，忘其能否，雖不射而同乎射也。嘗與汝登高山，嘗，試也。黃帝篇誤當。履危石，臨百仞之淵，若能射乎？」汝能以不射射乎。於是无人遂登高山，履危石，臨百仞之淵，背逡巡，足二分垂在外，成云：仍背彌卻行，足垂二分在外空。揖御寇而進之。御寇伏地，汗流至踵。伯昏无人曰：「夫至人者，上闚青天，下潛黃泉，郭慶藩云：潛與闚對文，當訓爲測。爾雅：潛，測也。揮斥八極，神氣不變。郭云：揮斥，猶縱放也。今汝怵然有恂目之志，釋文：爾雅：恂，慄也。李又作眴，音荀。案：張注引何承天纂云：吳人呼瞬目爲恂（字疑作眴）。目謂心懼而目眩也。爾於中也殆矣夫！」郭云：有懼則所喪多矣。

肩吾問於孫叔敖曰：「子三爲令尹而不榮華，三去之而无憂色。吾始也疑子，今視子之鼻間栩栩然，成云：栩栩，歡暢貌。子之用心獨奈何？」孫叔敖曰：「吾何以過人哉。吾以其來不可卻也，其去不可止也。吾以爲得失之非我也，而无憂色而已矣。我何以過人哉。且不知其在彼乎，其在我乎。宣云：不知可貴者在令尹乎，在我乎。其在彼也亡乎我，宣云：若在令尹，與我無與。在我也亡乎彼。宣云：若在我，與令尹無與。方將躊躇，方將四顧。養生主篇亦云爲之四顧，爲之躊躇滿志。何暇至乎人貴人賤哉。仲尼聞之曰：古之眞人，知者不得說，美人不得濫，盜人不得劫，伏戲黃帝不得友。成云：智人不得辨說，美色不得淫濫，盜賊不能劫剝，三皇五帝何足交友也。死生亦大矣，而无變乎己，況爵祿乎。若然者，其神經乎大山而无介，成云：介，礙也。入乎淵泉而不濡，處卑細而不憊，宣云：貧賤不得而病。充滿天地，既以與人己愈有。神明充滿天地，盡以濟人而己愈有也。

楚王與凡君坐，少焉，楚王左右曰凡亡者三。釋文：司馬云：凡，國名，在汲郡共縣。案左傳，凡，周公之後也。隱七年有凡伯。成云：楚文王共凡僖侯同坐。未知所出。郭云：言有三亡徵也。俞云：楚子左右言凡亡者三人也。郭注非。凡君曰：凡之亡也，不足以喪吾存。夫凡之亡也不足以喪吾存，則楚之存不足以存存。由是觀之，則凡未始亡而楚未始存也。

莊子集解卷六

外篇 知北遊第二十二

知北遊於元水之上。登隱弅之丘。釋文弅音紛李云隱出弅起丘貌 而適遭无爲謂焉。成云此章並假立姓名寓言明理 知謂无爲謂曰。予欲有問乎若。汝也 何思何慮則知道。何處何服則安道。居處服習 何從何道則得道。從隨從道由也 三問而无爲謂不答也。非不答。不知答也。宣云本無名言 知不得問。反於白水之南。登狐闋之丘。而覩狂屈焉。知以之言也問乎狂屈。之此也 狂屈曰。唉。釋文李音熙云應聲 予知之。將語若。汝 中欲言而忘其所欲言。知不得問。反於帝宮。見黃帝而問焉。黃帝曰。无思无慮始知道。无處无服始安道。无從无道始得道。宣云皆言自然乃合道也 知問黃帝曰。我與若知之。彼與彼不知也。無爲謂與狂屈 其孰是邪。黃帝曰。彼无爲謂眞是也。狂屈似之。我與汝終不近也。夫知者不言。言者不知。故聖人行不言之教。成云引老子經爲證 道不可致。郭云道在自然非可言致 德不可至。郭云不失德故稱德稱德則不至也 仁可爲也。義可虧也。爲仁可也虧仁以爲義亦可也 禮相僞也。禮文而僞 故曰。失道而後德。失德而後仁。失仁而後義。失義而後禮。禮者道之華而亂之首也。故曰。爲道者日損。郭云損華僞也 損之又損之。以至於无爲。无爲而无不爲也。郭云華去而朴全則雖爲而非爲也成云引老經重明其旨 今已爲物也。宣云朴散爲器 欲復歸根。宣云欲反於道 不亦難乎。其易也。其唯大人乎。生也死之徒。死也生之始。孰知其紀。宣云死生循環無窮 人之生。氣之聚也。聚則爲生。散則爲死。若死生爲徒。宣云死生爲一氣 吾又何患。故萬物一也。宣云萬物之生死總一氣也 是其所美者爲神奇。其所惡者爲臭腐。宣云以生爲神奇而美之以死爲臭腐而惡之 臭腐復化爲神奇。神奇復化爲臭腐。故曰。通天下一氣耳。郭云死生彼我豈殊哉 聖人故貴一。宣云以上皆言道也 知謂黃帝曰。吾問无爲謂。无爲謂不應我。非不我應。不知應我也。吾問狂屈。狂屈中欲告我。而不我告。非不我告。中欲告而忘之也。今予問乎若。若知之。奚故不近。黃帝曰。彼其眞是也。以其不知也。此其似之也。以其忘之也。宣云近於無知 予與若終不近也。以其知之也。宣云道本不容言 狂屈聞之。以黃帝爲知言。宣云無爲謂終於無言

天地有大美而不言。宣云利及萬物不言所利 四時有明法而不議。宣云氣候明分不須擬議 萬物有成理而不說。宣云各有成性不煩詞說 聖人者。原天地之美。而達萬物之理。原本也以覆載爲心其本原與天地同又萬物各有生成之理因而達之 是故至人无爲。大聖不作。觀於天地之謂也。以天地爲法 今彼神明至精。與彼百化。上彼彼天地下彼彼物姚本今作舍云從劉得一本改 物已死生方圓。莫知其根也。物自變異莫知根原 扁然而萬物。自古以固存。扁然猶翩然自古以來永永固存 六合爲巨。未離其內。秋豪爲小。待之成體。宣云大無外小無間 天下莫不沈浮。終身不故。成云浮沈升降新新相續 陰陽四時。運行各得其序。郭云不待爲之 惛然若亡而存。成云惛然如昧似無而有 油然不形而神。油然而興不見形迹化馳若神 萬物畜而不知。萬物彼畜養而不自知

此之謂本根。可以觀於天矣。達其本根可與觀自然之天矣

齧缺問道乎被衣。釋文被音披本亦作披 被衣曰：若正汝形，一汝視，天和將至；宣云體靜神凝則和氣自復 攝汝知，一汝度，神將來舍。俞云淮南道德篇文子道原篇並作正汝度此文一當作正度猶形也案言心歛形正神明自歸 德將為汝美，道將為汝居。自然道德在身 汝瞳焉如新出之犢而无求其故。成云瞳焉無知直視之貌案初生之犢天性純一故以為況 言未卒，齧缺睡寐。被衣大說，行歌而去之。釋文體向所說謂其視聽以寐耳受道速故被衣喜也 曰：形若槁骸，心若死灰，成云形同槁木之骸案徐無鬼篇亦作槁骸齊物論作槁木庚桑楚作槁木之枝人百骸猶木衆枝是槁骸即槁枝矣 眞其實知，不以故自持。郭云與變俱也 媒媒晦晦，釋文媒音妹案陸讀為昧也 无心而不可與謀。宣云彼既無心我不容有言 彼何人哉。郭云獨化者也

舜問乎丞曰：李云丞舜師一云古有四輔前疑後丞蓋官名 道可得而有乎？曰：汝身非汝有也，汝何得有夫道。舜曰：吾身非吾有也，孰有之哉？曰：是天地之委形也。俞云齊策高注委付也左成二年傳杜注委屬也天地之委形謂天地所付屬之形也下並同 生非汝有，是天地之委和也；性命非汝有，是天地之委順也；孫子非汝有，是天地之委蛻也。宣云形形相禪故曰蛻 故行不知所往，處不知所持，食不知所味。一生之中行則有往而究不知所往處則有持而究不知所持食則有味而究不知所味 天地之強陽氣也，宣云就氣之健動言之 又胡可得而有邪！

孔子問於老聃曰：今日晏閒，敢問至道。老聃曰：汝齊戒，疏瀹而心，釋文瀹音藥成云疏瀹猶洒濯 澡雪而精神，成云澡雪猶精潔 掊擊而知。釋文知音智成云打破聖智 夫道，窅然難言哉！將為汝言其崖略。崖猶邊際也 夫昭昭生於冥冥，有倫生於无形，有倫序之事皆自無形生之 精神生於道，形本生於精，宣云本質榦 而萬物以形相生，故九竅者胎生，人獸 八竅者卵生。禽魚 其來

无迹。其往无崖。无門无房。宣云無門不知所出無房不知所歸 四達之皇皇也。宣云大通溥博 邀於此者。成云此謂道俞云說文無徼字彳部徼循也即今徼字又曰循行順也然則徼亦順也徼於此猶言順於此郭訓徼為遇非 四肢彊。思慮恂達。成云恂通也 耳目聰明。其用心不勞。其應物无方。天不得不高。地不得不廣。日月不得不行。萬物不得不昌。此其道與。郭云此皆不得不然而自然耳非道能使然也 且夫博之不必知。辯之不必慧。聖人以斷之矣。以已同成云博讀經典不必知真宏辯飾詞不必慧照故老經云善者不辯辯者不善知者不博博者不知斯則聖人斷棄之矣 若夫益之而不加益。損之而不加損者。聖人之所保也。保其分定 淵淵乎其若海。魏魏乎其終則復始也。釋文魏魏魚威反讀作巍巍 運量萬物而不匱。則君子之道。彼其外與。萬物皆往資焉而不匱。此其道與。蘇輿云運量萬物猶有治化之迹故曰外萬物往資猶易資生資始之資此天地自然之功用也故曰道 中國有人焉。非陰非陽。宣云渾乎陰陽之際 處於天地之閒。直且為人。稟兩閒之氣特姑且為人耳 將反於宗。終將反其本宗 自本觀之。生者。喑醷物也。李云喑音飲醷音意喑醷聚氣貌案言自其本宗觀之生者特一聚氣之物也 雖有壽夭。相去幾何。同在百年之中 須臾之說也。奚足以為堯桀之是非。共此須臾何分堯桀

果蓏有理。釋文蓏徐力果反宣云木實草實種類不亂各有倫理 人倫雖難。所以相齒。人之倫雖難齊其所以生者自相齒次 聖人遭之而不違。宣云順應 過之而不守。與為推移 調而應之。德也。調和而應之即是上德 偶而應之。道也。偶然無心而應之即契聖道 帝之所興。王之所起也。郭云如斯而已

人生天地之閒。若白駒之過郤。釋文本亦作隙隙孔也 忽然而已。為時甚暫 注然勃然。莫不出焉。宣云與起而生 油然漻然。莫不入焉。釋文漻音流宣云歸虛而死 已化而生。又化而死。生物哀之。

人類悲之。宣云對死者曰生物，別於物曰人類 解其天弢。墮其天袠。釋文弢字林云弓衣也墮許規反成云袠束囊也案喻形骸束縛死則解墮 紛乎宛乎。成云紛綸宛轉並釋散之貌 魂魄將往。逝也 乃身從之。乃大歸乎。

不形之形。宣云不形者形所自出 形之不形。宣云形者不形所爲 是人之所同知也。非將至之所務也。宣云非將至於道者之所務也 此衆人之所同論也。彼至則不論。論則不至。成云彼至聖之人忘言得理故無所論說若論說之則不至於道 明見无值。雖明見之而無所值 辯不若默。道不可聞。聞不若塞。不如塞耳 此之謂大得。成云能知此意可謂深得於大理矣

東郭子問於莊子曰。所謂道。惡乎在。莊子曰。无所不在。東郭子曰。期而後可。郭云欲令莊子指名所在 莊子曰。在螻蟻。曰。何其下邪。曰。在稊稗。曰。何其愈下邪。曰。在瓦甓。曰。何其愈甚邪。曰。在屎溺。東郭子不應。莊子曰。夫子之問也。固不足質。成云質實也固答子之問猶未逮眞也 正獲之問於監市履狶也。每下愈況。李云正亭卒也獲其名也監市市魁也狶大豕也履踐也市魁履豕履其股腳狶難肥處故知豕肥耳問道亦況下賤則知道也成云正官號今之市令也宣云況顯譬也 汝唯莫必。无乎逃物。言汝莫期必道在何處無乎逃於物之外也 至道若是。大言亦然。成云至道理也大言教也 周徧咸。三者異名同實。其指一也。周徧咸三字一恉 嘗相與游乎无何有之宮。同合而論。无所終窮乎。宣云遊心於虛際則見道之同合而無窮極也 嘗相與无爲乎。澹而靜乎。漠而清乎。郭慶藩云漠亦清也釋詁漠察清也樊注漠然清貌 調而閒乎。和調而閒逸也 寥已吾志。寥然虛寂者吾之志 无往焉而不知其所至。本無所往而已不知其所至極 去而來而不知其所止。去而復來而又不知其所住止 吾已往來焉而不知其所終。倏往倏來初無終極 彷徨乎馮閎。郭云馮閎者虛廓之謂 大知入焉而不知其

所窮。大聖智者入焉恣變化之所如物物者與物无際。物物者道也物在即道在故與物無涯際而物有際者。所謂物際者也。成云一物則各有涯際特謂之物際耳烏可言道不際之際。道本不際而見於物際際之不際者也。見於物際而仍是不際也謂盈虛衰殺。彼爲盈虛非盈虛。彼爲衰殺非衰殺。彼彼道也成云富貴爲盈貧賤爲虛老病爲衰殺彼爲本末非本末。彼爲積散非積散也。成云終始爲本末生來爲積死去爲散

婀荷甘與神農同學於老龍吉。神農隱几闔戶晝瞑。婀荷甘日中奓戶而入。釋文奓音奢司馬云開也曰。老龍死矣。神農隱几擁杖而起。嚗然放杖而笑。上言隱几此隱几二字衍釋文嚗音剝李云放杖聲曰。天知予僻陋慢訑。成云老龍有自然之德故呼曰天釋文訑郭音但故棄予而死。已矣。夫子无所發予之狂言而死矣夫。成云狂言猶至言也非世人之所解故名至言爲狂也弇堈弔聞之。李云弇堈體道人弔其名宣云弇堈來弔也曰。夫體道者。天下之君子所繫焉。郭云言體道者人之宗主也今於道。秋豪之端。萬分未得處一焉。宣云今謂神農析秋豪之端爲萬分猶未得處一極言其少也而猶知藏其狂言而死。宣云知老龍也又況夫體道者乎。宣云道本不在言視之無形。聽之无聲。於人之論者。謂之冥冥。宣云論者終不能明道所以論道而非道也。郭云冥冥而猶非道明道之無名也

於是泰清問乎无窮曰。子知道乎。无窮曰。吾不知。又問乎无爲。无爲曰。吾知道。曰。子之知道。亦有數乎。曰。有。曰。其數若何。无爲曰。吾知道之可以貴。可以賤。可以約。可以散。此吾所以知道之數也。成云貴爲帝王賤爲僕隸約聚爲生分散爲死數乃無極泰清以之言也問乎无始。之猶是曰。若是。則无窮之弗知與无爲之知。孰是而孰非

乎。无始曰。不知深矣。知之淺矣。弗知內矣。知之外矣。於是泰清中而歎曰。釋文崔本中作仰 弗知乃知乎。知乃不知乎。孰知不知之知。无始曰。道不可聞。聞而非也。道不可見。見而非也。道不可言。言而非也。知形形之不形乎。道不當名。上云不形之形形之不形知形形之不形則知道不當指名也 无始曰。有問道而應之者。不知道也。雖問道者。亦未聞道。應者固非問者亦未是 道无問。問无應。郭云絕學去教而歸於自然之意也 无問問之。是問窮也。本無可問而強問是問窮也 无應應之。是无內也。無可應而強應是徇外也故曰無內 以无內待問窮。若是者。外不觀乎宇宙。內不知乎太初。不知事理在六合不知道本在己身 是以不過乎崑崙。不遊乎太虛。何以超崑崙而遊太虛乎

光曜問乎无有曰。夫子有乎。其无有乎。光曜不得問。俞云淮南道應訓此句上有无有弗應也五字當從之此脫則義不備 而孰視其狀貌。孰同熟 窅然空然。終日視之而不見。聽之而不聞。搏之而不得也。光曜曰。至矣。其孰能至此乎。予能有无矣。而未能无无也。宣云有曜無質是能有無矣未能若竟無之爲愈也 及爲无有矣。何從至此哉。宣云及爲無而猶未免於有矣何從至乎無無之境哉

大馬之捶鉤者。成云大馬楚之大司馬也捶打鍛也鉤腰帶也 年八十矣。而不失豪芒。司馬郭云玷捶鉤之輕重不失豪芒 大馬曰。子巧與。有道與。曰。臣有守也。王念孫云守即道字達生篇仲尼曰子巧乎有道邪曰我有道也是其證道字古讀若守故與守通九經楚詞老莊諸子用韻之文道字皆讀若守說文道從辵首聲今本無聲字者二徐不曉古音而刪之 臣之年二十而好捶鉤。於物无視也。非鉤无察也。蘇輿云此即不以萬物易蜩翼之旨 是用之者。假不用者也。以長得其用。成云所以至老長得捶鉤之用者假賴於不用心視察他物故也 而況乎无不用者乎。不用者且然乃並此不用而亦無之所謂無無也 物孰不資焉。故萬物皆資其用也

冉求問於仲尼曰。未有天地可知邪。仲尼曰。可。古猶今也。郭云言天地常存乃無未有之時冉求失問而退。成云失其問意明日復見曰。昔者吾問未有天地可知乎。夫子曰。可。古猶今也。昔者吾昭然。今日吾昧然。敢問何謂也。仲尼曰。昔之昭然也。神者先受之。郭云虛心以待命斯神受也今之昧然也。且又為不神者求邪。不神者迹象也滯於迹象故復求解悟无古无今。无始无終。皆一氣之化未有子孫而有子孫可乎。宣云子孫可自無而有天地不可自無而有乎冉求未對。仲尼曰。已矣。未應矣。成云未對之閒仲尼止令無應不以生生死。不以死死生。死者自死其生也非以生此死者也生者自生其死也非以死此生者也死生有待邪。皆有所一體。死生不相待各有成體有先天地生者物邪。物物者猶之物物者非物。物物者道也不得謂之物物出不得先物也。萬物並出物不得先物猶其有物也。猶然萬物皆有也猶其有物也无已。猶然萬物皆有而且至於無已以有物物者在也聖人之愛人也。終无已者。亦乃取於是者也。聖人以愛人為心終無窮已者亦取法天地之道也

顏淵問乎仲尼曰。回嘗聞諸夫子曰。无有所將。无有所迎。成云將送也聖人如鏡不送不迎回敢問其遊。宣云遊心何處仲尼曰。古之人外化而內不化。宣云與物偕逝天君不動今之人內化而外不化。心神搖徙凝滯於物與物化者。一不化者也。郭云常無心故一不化惟一不化乃能與物化耳安化安不化。成云安任也聖人無心隨物流轉化與不化皆安任之安與之相靡。成云靡順也案任與之相靡順必與之莫多。成云雖與物相順而亦各止其分彼我無損狶韋氏之囿。黃帝之圃。有虞氏之宮。湯武之室。世愈降則所處愈隘聖人順時而安之君子之人。若儒墨者師。故以是非相韲也。而況今之人乎。釋文韲子兮反和也郭云儒墨之師天下之難和者而無心者猶故和之而況其凡乎案言君子於今世之人

皆能隨而化之聖人處物。不傷物。宜云無心是非不傷物者。物亦不能傷也。唯无所傷者。爲能與人相將迎。無將迎可將迎亦可山林與。皐壤與。使我欣欣然而樂與。皐壤平原樂未畢也。哀又繼之。成云情隨事遷哀樂斯變是知世之哀樂不足計也哀樂之來。吾不能禦。其去。弗能止。悲夫。世人直爲物逆旅耳。郭云不能坐忘自得而爲哀樂所寄耳案爲外物客舍也夫知遇而不知所不遇。遇有窮知亦有窮知能能而不能所不能。知以能爲能而不知以不能爲能无知无能者。固人之所不免也。宜云知能無涯則有所不知有所不能此人之常也夫務免乎人之所不免者。宜云乃欲勞心推測以冀盡知盡能豈不亦悲哉。成云愚惑之甚至言去言。至爲去爲。成云至理之言無言可言至理之爲無爲可爲齊知之所知。則淺矣。宜云必欲以知之所知齊之使皆無不知豈見道者之爲哉

雜篇 庚桑楚第二十三

老聃之役。司馬云役學徒弟子有庚桑楚者。俞云列子仲尼篇老聃之弟子有亢倉子者張湛注音庚桑賈逵姓氏英覽云吳郡有庚桑姓稱爲七族然則庚桑子吳人與偏得老聃之道。以北居畏壘之山。李云畏壘山名也或云在魯又云在梁州其臣之畫然知者去之。其妾之挈然仁者遠之。其地之人敬愛庚桑願爲臣妾然其中有畫然好明察爲知者有挈然自標舉爲仁者庚桑皆遠去之擁腫之與居。司馬云擁腫醜貌鞅掌之爲使。鞅掌勞苦奔走之人居三年。畏壘大壤。釋文壤本亦作穰廣雅穰豐也盧云列子天瑞篇亦以壤爲穰畏壘之民相與言曰。庚桑子之始來。吾洒然異之。崔李云洒然驚貌今吾日計之而不足。向云無旦夕小利也歲計之而有餘。向云順時而大穰也庶幾其聖人乎。子胡不相與尸而祝之。社而稷之乎。尸主也言欲奉以爲君庚桑子聞之。南面而不釋然。語又見齊物論弟子異之。庚桑子曰。弟子何異於予。夫春氣發而百草生。正得秋而萬寳成。俞云得字疑涉下文而衍易說卦兌正秋也萬物之所說也疏正秋而萬

物皆說成也即本此文正秋而萬寶成文義已足不必加得字夫春與秋。豈无得而然哉。天道已行矣。釋文天作大案時與道爲運行有得而不覺也吾聞至人。尸居環堵之室。宣云隱居不耀而百姓猖狂。不知所如往。宣云如相忘於天地今以畏壘之細民。而竊竊欲俎豆予于賢人之閒。我其杓之人邪。郭云不欲爲物標杓吾是以不釋於老聃之言。成云老子云功成弗居長而不宰楚既虔稟師訓畏壘反此故不釋然弟子曰。不然。夫尋常之溝。巨魚无所還其體。而鯢鰌爲之制。成云八尺曰尋倍尋曰常鯢小魚釋文制折也謂小魚得曲折也案制折古通用字步仞之丘陵。巨獸无所隱其軀。而蘗狐爲之祥。釋文六尺爲步七尺曰仞廣一步高一仞也崔云祥善也蘗狐以小丘爲善也且夫尊賢授能。先善與利。利祿先與善人自古堯舜以然。以已同而況畏壘之民乎。夫子亦聽矣。庚桑子曰。小子來。夫函車之獸。李云函獸大容車介而離山。俞云方言獸無偶曰介則不免於罔罟之患。吞舟之魚。碭而失水。釋文碭徒浪反謂碭溢而失水也則蟻能苦之。故鳥獸不厭高。魚鼈不厭深。郭云去利遠害乃全夫全其形生之人。藏其身也。不厭深眇而已矣。與物同且夫二子者。謂上堯舜又何足以稱揚哉。是其於辯也。宣云凡事分辯如尊賢授能先善與利之爲將妄鑿垣牆而殖蓬蒿也。郭云將令後世妄行穿鑿而殖穢亂也簡髮而櫛。成云簡擇數米而炊。言其瑣屑竊竊乎又何足以濟世哉。舉賢則民相軋。軋相傾也任知則民相盜。宣云盜詐也之數物者。不足以厚民。民之於利甚勤。子有殺父。臣有殺君。釋文殺音試本又作弒正晝爲盜。日中穴阫。釋文向音裴云阫牆也言無所畏忌吾語女。大亂之本。必生於堯舜之閒。其末存乎千世之後。千世之後。其必有人與人相食者也。語又見徐无鬼篇南榮趎蹵然正坐曰。釋文趎昌于反向音疇李云庚桑弟子人表作疇淮南作幬盧云今淮南作疇若趎之年者已長矣。將惡乎託業以及此言邪。惡音烏成云惡託何學方逮斯言庚桑子曰。全汝形。抱汝生。俞云釋名抱保也相親保也是抱保義通抱汝生即保汝生也无使汝思慮營營。若此三年。則可以及此言矣。南榮趎曰。目之與形。吾不知其異也。而盲者不能自見。耳之與形。吾不知其異也。而聾者不能自聞。心之與形。吾不知其異也。而狂者不能自得。形同用異形之與形亦辟矣。郭嵩燾云禮記大學注辟猶喻也言形之與形易喻也案言我形之與人形亦易喻矣而物或閒之邪。宣云物物欲欲相求而不能相得。常有不能相喻者故疑或閒隔之今謂趎曰。全汝形。抱汝生。勿使汝思慮營營。趎勉聞道達耳矣。釋文崔向云僅達於耳未徹入於心也庚桑子曰。辭盡矣。曰。引古語奔蜂不能化藿蠋。司馬云奔蜂小蜂也一云土蜂藿蠋豆藿中大青蟲也成云細腰土蜂能化桑蟲爲己子而藿蠋不能化也越雞不能伏鵠卵。魯雞固能矣。釋文向云越雞小雞或云荊雞魯雞大雞也今蜀雞鵠本亦作鶴同雞之與雞。其德非不同也。有能有不能者。其才固有巨小也。今吾才小。不足以化子。子胡不南見老子。南榮趎贏糧七日七夜至老子之所。釋文方言贏儋也齊楚陳宋之間謂之贏老子曰。子自楚之所來乎。南榮趎曰。唯。老子曰。子何與人偕來之眾也。南榮趎懼然顧其後。懼然猶瞿然老子曰。子不知吾所謂乎。南榮趎俯而慚。仰而歎曰。今者吾忘吾答。因失吾問。老子曰。何謂也。南榮趎曰。不知乎。人謂我朱愚。郭嵩燾云左襄四年傳杜注短小曰朱儒朱愚蓋智術短小之謂蘇輿云案朱愚猶顓愚朱顓雙聲字知乎。反愁我軀。不仁則害人。仁則反愁我身。不義則傷彼。義則反愁我己。我安逃此而可。此三言者。趎之所患也。願因楚而問之。老子曰。向吾見若眉睫之閒。吾因以得汝矣。已得汝心今汝又言而信之。知我言驗若規規然若喪父母。李云規規細小貌揭竿而求諸海也。向云言以短小之物欲測深大之域女亡人哉。宣云如流亡之人惘惘乎汝欲反汝情性而无由入。可憐哉。宣云失其所歸南榮趎請入就舍。召其所好。去其所惡。宣云召清虛去物欲十日自愁。宣云未卽能之故復愁復見老子。老子曰。汝自洒濯。盪滌孰哉鬱鬱乎。宣云如熱物之氣蒸鬱於中然而其中津津乎猶有惡也。宣云所惡猶未盡去夫外韄者不可繁而捉。將內揵。內韄者不可繆而捉。將外揵。釋文韄音獲李云韄縛也向云揵閉也案此言外韄者耳目爲物所縛不可以其繁擾而捉搤之將必內閉其心以息耳目之紛內韄者心思爲欲所縛不可以其繆亂而捉搤之將必外閉其耳目以絕心思之緣外內韄者。道德不能持。若外內物欲膠縛者雖有道德不能扶持而況放道而行者乎。向云放依也

南榮趎曰。里人有病。里人問之。病者能言其病。然其病病者。猶未病也。問病者卽病病者也若趎之聞大道。譬猶飲藥以加病也。趎願聞衞生之經而已矣。經常也宣云且求全生自養而已老子曰。衞生之經。能抱一乎。成云守眞不二也能勿失乎。成云還自得也能无卜筮而知吉凶乎。王念孫云吉凶當爲凶吉一失吉爲韻管子心術篇能專乎能一乎能无卜筮而知凶吉乎是其證（內業篇凶吉亦誤爲吉凶惟心術篇不誤）能止乎。成云不逐分外能已乎。成云已過不追能舍諸人而求諸己乎。成云舍棄效彼之心追求己身之道能翛然乎。成云往來無係止能侗然乎。宣云無知能兒子乎。宣云元氣自然兒子終日嘷而嗌不嗄。和之至也。釋文嘷本又作號司馬云嗌咽也嗄於邁反本又作嚘徐音憂司馬云楚人謂嗁極無聲曰嗄俞云作嚘是也老子終日號而不嚘傳奕本作㰹卽嚘之異文楊子太元經夷次三日柔嬰兒於號三日不嚘二宋陸王本同蓋以嚘與柔爲韻可知楊所見老莊皆作嚘也終日握而手不掜。共其德也。釋文廣雅云掜捉也宣云共同拱案赤子終日拳握而不必捉物以拱握其手乃德性固然也終日視而目不瞚。釋文瞚字又作瞬同音舜動也偏不在外也。宣云無所偏向於外視猶不視行不知所之。居不知所爲。與物委蛇而

同其波。與物順行而同其波蕩以上皆就赤子言是衞生之經已。南榮趎曰：然則是至人之德已乎？此問卽至人之德否曰：非也。是乃所謂冰解凍釋者能乎。者猶之言是特所謂解釋胸中凝滯之能乎夫至人者，相與交食乎地而交樂乎天，俞云徐無鬼篇曰吾與之邀樂於天吾與之邀食於地與此文異義同交卽邀也古字止作徼左文二年傳寡君願徼福於周公魯公與此邀食邀樂語意相似作邀者後起字作交者叚借字詩桑扈匪交匪傲漢書五行志作匪徼匪傲卽其例矣不以人物利害相攖，釋文廣雅云攖亂也不相與爲怪，不立異不相與爲謀，不苟同不相與爲事，不輕交接翛然而往，侗然而來。解具上是謂衞生之經已。曰：然則是至乎？已造極乎曰：未也。吾固告汝曰：能兒子乎？兒子動不知所爲，行不知所之，身若槁木之枝而心若死灰矣。二語見齊物論又見徐无鬼知北遊二篇本作骸若是者，禍亦不至，福亦不來。禍福无有，惡有人災也！釋文惡音烏郭云禍福生於失得人災由於愛惡宣云答以未也而告之無進詣蓋至道不外上所云但有心以此爲至卽非道矣老子所以奪之

宇泰定者，發乎天光。郭云德宇泰然而定則其所發者天光耳非人耀發乎天光者，人見其人。宣云自人視之亦人耳人有修者，乃今有恆；宣云修卽泰定恆純常也有恆者，人舍之，天助之。人來依止天亦佑助人之所舍，謂之天民；無位而尊天之所助，謂之天子。

學者，學其所不能學也；行者，行其所不能行也；辯者，辯其所不能辯也。宣云三者皆不知止知止乎其所不能知，至矣。成云所不能知者不強知之此學之至妙若有不卽是者，天鈞敗之。成云若不以分內爲是者斯敗自然之性

備物以將形，具衆理以順形藏不虞以生心，宣云退藏於不思慮之地以活其心敬中以達彼，敬愼其內智以達於外若

是而萬惡至者。宣云謂災患成云若文王之拘羑里孔子之厄匡人皆天也。而非人也。宣云非我致之不足以滑成。不足以亂我之大成不可內於靈臺。不可令人而擾吾之心郭云靈臺心也靈臺者。有持而不知其所持。而不可持者也。心不可動於物貴能持之但當自然而持而不可有意執持之也不見其誠己而發。每發而不當。未見其誠身而妄發雖發必不當業入而不舍。每更爲失。成云業事也寀外事入擾於心而不舍去雖更變而亦失姚云上已此也不見其誠則皆妄心耳如此而發固無當處若能入矣而不能久居反更易爲失是知及而仁不能守者也於義亦通

爲不善乎顯明之中者。人得而誅之。爲不善乎幽閒之中者。鬼得而誅之。明乎人。明乎鬼者。然後能獨行。郭云幽顯無愧於心故獨行而不懼

券內者行乎无名。宣云券契也得契合乎內成云無名道也履道者雖行而無名迹券外者志乎期費。俞云荀子書每用綦字王霸篇楊注綦極也亦或作期期費猶言極費費謂財用寀券外者志乎期費言契合乎外者志欲窮極其財用也行乎无名者。唯庸有光。平常而有光輝志乎期費者。唯賈人也。與賈人何異人見其跂。猶之魁然。人見其跂想分外比之於市魁然

與物窮者。物入焉。郭注窮謂終始宣云我與物相終始則物亦來就與物且者。其身之不能容。焉能容人。俞云且苟且也詩東門之枌穀且于差韓詩且作且云苟且也是重言爲苟且單言爲且上文終始是窮極之義苟且與窮極義正相反不能容人者无親。无親者盡人。郭云盡是他人兵莫憯於志。鏌鋣爲下。說文憯毒也字或作憯憯毒莫甚於心而兵次之寇莫大於陰陽。无所逃於天地之閒。成云寇敵也非陰陽賊之。心則使之也。郭云心使氣則陰陽徵（俗作癥）結於五藏而所在皆陰陽也故不可逃

道通其分也。宣云凡分必有畛域道無畛域故通乎其所分也其成也毀也。此有所成則彼有所毀故道無成毀之分所惡乎分者。其分也以備。分皆求備故惡分所以惡乎備者。其有以備。其備有者仍求備不已故惡備故出而不反見

其鬼。情識外馳而不知反止見其爲鬼耳 出而得是謂得死。外馳而邀有得彼自以爲得也不知是得死耳 滅而有實，鬼之一也。其性既滅雖有形骸之實自謂生存吾以爲鬼之一也 以有形者象无形者而定矣。人有形實當作無形實觀則天君泰定矣

出无本，道之流行無本根 入无竅。道之斂藏無竅隙 有實而无乎處，道有實在而不見其處所 有長而无乎本剽，釋文剽本亦作摽崔云末也案木枝之遠揚者謂之摽故以訓末言道之源流甚長而不見其本末 有所出而无竅者有實。有實而无乎處者，宇也。有所出而無竅隙者自非無實雖有實而終無處所者處乎四方上下之宇也 有長而无本剽者，宙也。雖有長而不見本末者以古往今來之宙爲之本末也 有乎生，有乎死，有乎出，有乎入，人物有生死陰陽有出入 入出而無見其形，是謂天門。郭云天門者萬物之都名謂之天門猶言衆妙之門 天門者，无有也，萬物出乎无有。郭云以無爲門 有不能以有爲有，有之未生非有之所能有 必出乎无有，無能生有 而无有一无有。聖人藏乎是。宣云並無有二字亦無之乃衆妙所在也故聖人藏焉

古之人，其知有所至矣。惡乎至？有以爲未始有物者，至矣盡矣，弗可以加矣。其次以爲有物矣，以上又見齊物論篇 將以生爲喪也，以死爲反也，成云俗人以生爲得以死爲喪今欲反於迷精故以生爲喪以其無也以死爲反反於空寂雖未盡於衆妙猶可齊於死生 是以分已。以同已郭云雖欲均之然已分矣成云猶見生死之異 其次曰始无有，既而有生，生俄而死。以无有爲首，以生爲體，以死爲尻。孰知有无死生之一守者，吾與之爲友。言又次一等人亦知有無生死之爲一而守之不疑孰能知此理者吾亦與爲友 是三者雖異，郭云或有而無之或有而一之或分而齊之故謂三也此三者雖盡與不盡俱能無是非於胸中 公族也。楚公族未受姓如王子王孫 昭景也，著戴也，宣云此二族著其所戴之先人爲氏 甲氏也，著封也，甲中之譌宣改今從之云此一族是著其所封之邑爲氏 非一也。亦如上三者同一原也

有生，黬也，釋文徐於減反字林云釜底黑也宣云有生皆出於闇移如釜底一抹皆黑無彼此分別也 披然曰移是。今忽然披曉於人曰汝當移而從是此由我而

生是非也。嘗言移是。試言之非所言也。宣云本不足言雖然。不可知者也。然世人亦不知此也臘者之有膍胲。可散而不可散也。成云臘大祭膍牛百葉胲備也亦言是牛蹄也臘祭之時牲牢甚備至於四肢五藏並皆陳設祭事既訖方復散之則以散爲可若其祭未了則不合散又以散爲不可觀室者。周於寢廟。又適其偃焉。釋文司馬郭云偃屏側也桂馥云屏當爲屏急就篇屏廁清圂糞土壤顏注屏僻偃之名也郭慶藩云偃當作匽周禮宮人爲其井匽鄭司農云匽路廁也燕策宋王鑄諸侯之象使侍屏匽屏匽即屏廁也爲是舉移是。請嘗言移是。微物之散否有時一室之觀覽必悉爲此而舉及移是則請試言移是是以生爲本。以知爲師。此以我之生爲根本以我之心知爲師因以乘是非。因此相乘而起是非果有名實。因以己爲質。使人以己爲節。因以死償節。郭云質主也案果有名實可爭因以己身爲主使人皆從己以爲節義因共以死守之所謂殺身以成名也若然者。以用爲知。以不用爲愚。以徹爲名。以窮爲辱。若然者非特死生我不自主即知愚榮辱亦皆不自主其舉而用則我是賢知也棄而不用則我是庸愚也徹而上達則我爲榮名也窮而在下則我爲恥辱也移是今之人也。惟以權力移此今之人也是蜩與學鳩同於同也。逍遙遊篇言蜩與鷽鳩笑大鵬是二蟲同一無知也今人如此不與二蟲等論乎蹍市人之足。則辭以放驁。釋文蹍女展反廣雅云履也宣云辭謝以放肆自引罪兄則以嫗。宣云蹍兄足則不必辭謝引罪但煦嫗憐之而已大親則已矣。成云若父蹋子足則閔然而已不復詞費宣云可知道以相忘爲至也故曰。至禮有不人。郭云視人若己至義不物。郭云若得其宜則物皆我也至知不謀。成云率性而照至仁无親。郭云辟之五藏未曾相親而仁已至矣至信辟金。宣云不須以金爲質

徹志之勃。宣云徹毀勃亂也解心之謬。成云謬繫縛也去德之累。達道之塞。達通也富貴顯嚴名利六者。嚴威勃志也。容動色理氣意六者。謬心也。容貌動作顏色詞理氣息情意也惡欲喜怒哀樂六者。累德也。去就取與知能六者。塞道也。知音智此四六者不盪胸中則正。郭云盪動也正則靜。靜則明。明則虛。虛則无爲而无不爲也。

道者。德之欽也。道無可見見其德之流行則共仰爲有道之人故曰道者德之欽 生者。德之光也。成云天地之大德日生故生化萬物者盛德之光華也 性者。生之質也。成云質本也自然之性是稟生之本 性之動。謂之爲。郭云以性自動故稱爲耳此乃眞爲非有爲也 爲之僞。謂之失。成云感物而動性之欲僞情分外有爲謂之喪道

知者。接也。接物而知之謂之知 知者。謨也。知音智謨謀也見事而慮之故因謨見智 知者之所不知。猶睨也。雖智者有所不知如目斜視一方故不能徧是以用智而偏不如寂照

動以不得已之謂德。迫而後動乃見盛德 動无非我之謂治。舍我逐物則亂反是則治 名相反而實相順也。務名則僞而亂終至相反求實則眞而治終無不順

羿工乎中微而拙於使人无已譽。中微則人譽己是工拙常相因也惟大道能無名 聖人工乎天而拙乎人。郭云任其自然天也有心爲之人也 夫工乎天而俍乎人者。唯全人能之。釋文俍音良成云俍善也全人神人也案聖人謂堯舜以下全人謂伏羲以上 唯蟲能蟲。唯蟲能天。成云鳥飛獸走能蟲也蛛網蜣丸能天也皆稟之造物豈仿效之所能致案言蟲之能亦不齊 全人惡天。惡人之天。而況吾天乎人乎。人言全人惡天非惡天也特惡人之天耳謂己不順性而僞爲也若直以人爲天而使天下皆從已則更非矣

一雀適羿。適遇也 羿必得之威也。成云所獲者少所逃者多以威御世其義亦爾 以天下爲之籠。則雀無所逃。成云大道曠蕩無不制圍故以天下爲之籠則雀無逃處是知以威取物深乖大造 是故湯以胞人籠伊尹。秦穆公以五羊之皮籠百里奚。胞同庖伊尹以割烹要湯百里奚自鬻於秦養牲者五羊之皮食牛以要秦穆公二事皆孟子所斥 是故非以其所好籠之而可得者。无有也。

介者拸畫。外非譽也。郭云介刖也崔云拸畫不拘法度也俞云漢書司馬相如傳注拸自放縱也與此拸字義同穀梁桓六年傳以其畫我公羊傳作化我何注行過無禮謂

之化畫義蓋同人旣刖足不自顧惜非譽皆所不計故不拘法度 胥靡登高而不懼。遺死生也。胥靡役作之人傳說胥靡是也 夫復謵不餽而忘人。釋文餽元嘉本作愧郭嵩燾云說文讋失氣言也謵言讋謵也復謵謂人語言慴伏以下我以物與人曰餽以言語餉人亦曰餽不餽謂不報謝外非譽遺死生忘已者也復謵不餽忘人者也案復謵不餽諸解皆非郭說爲近下文所謂敬之而不喜也此處疑有奪文不敢強說 忘人。因以爲天人矣。能忘人卽可以爲天人以其近自然也 故敬之而不喜。侮之而不怒者。唯同乎天和者爲然。成云忘其逆順

出怒不怒。則怒出於不怒矣。出於人所怒之事而我不怒則有時而怒仍自不怒出此孟子所謂文王一怒武王一怒也 出爲无爲。則爲出於无爲矣。出於人所爲之地而我不爲則有時而爲仍自無爲出中庸所謂無爲而成孔子所謂無爲而治也 欲靜則平氣。欲神則順心。郭云平氣則靜理足順心則神功至 有爲也欲當。則緣於不得已。郭云緣於不得已則所爲皆當成云不得止者感而後應分內之事也 不得已之類。聖人之道。郭云聖人以斯爲道豈求無爲於恍惚之外哉

雜篇 徐无鬼第二十四

徐无鬼因女商見魏武侯。釋文徐无鬼魏隱士司馬本作緡山人徐无鬼成云女姓商名魏宰臣武侯名擊 武侯勞之曰。先生病矣。若於山林之勞。故乃肯見於寡人。徐无鬼曰。我則勞於君。君有何勞於我。君將盈耆欲。長好惡。釋文長丁丈反 則性命之情病矣。情實 君將黜耆欲。掔好惡。釋文掔苦田反又口閑反崔云引去也 則耳目病矣。我將勞君。君有何勞於我。武侯超然不對。司馬云超然猶悵然 少焉。徐无鬼曰。嘗語君。吾相狗也。嘗試 下之質執飽而止。材質下者甚飽而止 是狸德也。俞云廣雅釋獸狸貓也秋水篇曰騏驥驊騮捕鼠不如狸狌此本書以狸爲貓之證御覽引尸子曰使牛捕鼠不如貓狌之捷莊子言狸狌尸子言貓狌其義一也狗取飽而止與貓同故云是狸德 中之質若視日。宣云凝然上視 上之質若亡其一。釋文一身也精神不動若無其身 吾相狗又不若吾相馬也。

吾相馬。直者中繩。成云謂馬前齒曲者中鉤。成云謂馬項方者中矩。成云謂馬頭圓者中規。成云謂馬眼是國馬也。國君得之爲上品而未若天下馬也。天下馬有成材。釋文自然已足不須教習若卹若失。釋文失音逸司馬本作佚李云卹失皆驚悚若飛也成云眼自顧視既似憂虞蹄足緩疏又如奔佚若喪其一。成云觀其神彩若忘己身若是者。超軼絕塵。不知其所。所謂止所武侯大悅而笑。徐无鬼出。女商曰。先生獨何以說吾君乎。說同悅下同吾所以說吾君者。橫說之則以詩書禮樂。從說之則以金板六弢。釋文司馬崔云金版六弢皆周書篇名或曰祕讖也本又作六韜謂太公六韜文武虎豹龍犬也版本又作板成云橫遠也從近也武侯好武而惡文故以兵法爲從六經爲橫也奉事而大有功者。不可爲數。而吾君未嘗啓齒。笑也今先生何以說吾君。使吾君說若此乎。徐无鬼曰。吾直告之吾相狗馬耳。直特也女商曰。若是乎。成云怪其術淺曰。子不聞夫越之流人乎。蓋當日相傳越之流人有是言也去國數日。見其所知而喜。去國旬月。或旬或月見其所嘗見於國中者喜。及期年也。見似人者而喜矣。似鄉里人也不亦去人滋久。思人滋深乎。滋愈夫逃虛空者。司馬云故壞冢處爲空虛也案謂墟旁有空處也故下云位其空藜藋柱乎鼪鼬之逕。其地但有鼪鼬往來逕路藜藋森立如柱極言其荒穢也藜蒿也爾雅拜商藋郭注商藋似藜踉位其空。踉蹌而處其空地聞人足音。跫然而喜矣。成云跫行聲而況乎兄弟親戚之謦欬其側者乎。李云謦欬喻言笑也案喻武侯有狗馬之好驟聞而喜不異流人之見鄉人逃者之聞骨肉言笑也久矣夫。莫以真人之言。謦欬吾君之側乎。正人之言則莫以進君側也徐无鬼見武侯。武侯曰。先生居山林。食芧栗。郭慶藩云芧卽櫟也一名栩一名柔一名杼其實謂之皁亦謂之橡今書傳橡皆作橡芧柔杼三字通此篇芧栗山木篇作杼栗厭蔥韭。厭足以賓寡人。賓同擯久矣夫。今老邪。其欲干酒肉之味邪。李云干求也其寡人亦有社稷之福邪。李云謂善言嘉謀可以利社稷也。徐无鬼曰。无鬼生於貧賤。未嘗敢飲食君之酒肉。將來勞君也。君曰。何哉。奚勞寡人。曰。勞君之神與形。成云形勞神倦故慰之。武侯曰。何謂邪。徐无鬼曰。天地之養也一。宣云天地之生人皆同。登高不可以爲長。居下不可以爲短。高下貴賤也。君獨爲萬乘之主。以苦一國之民。以養耳目鼻口。夫神者不自許也。宣云心神當有不自得處。夫神者好和而惡姦。宣云和同物姦自私。夫姦。病也。故勞之。唯君所病之何也。宣云何故自蹈此病。武侯曰。欲見先生久矣。吾欲愛民而爲義偃兵。可乎。偃息兵戈是爲裁制之義。徐无鬼曰。不可。愛民。害民之始也。名爲愛民而實役之是愛即害之始也。爲義偃兵。造兵之本也。號稱偃兵敵國覦伺是偃即造之本也。君自此爲之。則殆不成。自名入實近於不成。凡成美。惡器也。凡欲成美名者惡其潛於器也。君雖爲仁義。幾且僞哉。雖欲成仁成義不且潛於名器而爲僞哉。形固造形。無形之形可以造衆形。成固有伐。其名之成則有功自夸。變固外戰。其事之變則日與外戰。君必无盛鶴列於麗譙之閒。无徒驥於錙壇之宮。李云鶴列謂兵如鶴之列麗譙樓觀名案徒驥猶言步騎錙壇宮名蓋魏有此宮麗譙之間錙壇之宮非可列兵走馬之地喻令毋驕心兵也。无藏逆於得。順得可也毋非理安取而藏逆於得。无以巧勝人。无以謀勝人。无以戰勝人。三者皆藏逆於得之事。夫殺人之士民。兼人之土地。以養吾私與吾神者。養吾私謂與吾心神。其戰不知孰善。無所謂善。勝之惡乎在。無所謂勝。君若勿已矣。若有不已於斯民之故。修胸中之誠。以應天地之情而勿攖。在吾修己之誠以順應天地而勿有所攖擾。夫民死已脫矣。君將惡乎用夫偃兵哉。如是則民已脫於死亡矣何用偃兵。黃帝將見大隗乎具茨之山。釋文大隗神名司馬云具茨在滎陽密縣東今名泰隗山。方明爲御。昌寓驂乘。張若謂朋前馬。司馬云先馬導 昆閽滑稽後車。至於襄城之野，成云汝州有襄城縣在大隗山南 七聖皆迷，无所問塗。適遇牧馬童子，問塗焉，曰：「若知具茨之山乎？」曰：「然。」「若知大隗之所存乎？」曰：「然。」黃帝曰：「異哉小童！非徒知具茨之山，又知大隗之所存。請問爲天下。」小童曰：「夫爲天下者，亦若此而已矣。亦若此遊於襄城之野而已 又奚事焉。不必更求多事 予少而自遊於六合之內，予適有瞀病。釋文音莫豆反李云風眩貌 有長者教予曰：『若乘日之車。司馬云以日爲車也郭云日出而遊日入而息 而遊於襄城之野。』今予病少痊，予又且復遊於六合之外。夫爲天下，亦若此而已。予又奚事焉。」言非我所事也 黃帝曰：「夫爲天下者，則誠非吾子之事。雖然，請問爲天下。」小童辭。黃帝又問。小童曰：「夫爲天下者，亦奚以異乎牧馬者哉！亦去其害馬者而已矣。」見害於馬者去之使馬得全其天也 黃帝再拜稽首，稱天師而退。已見大隗矣

知士无思慮之變則不樂，辯士无談說之序則不樂，察士无淩誶之事則不樂，俞云禮鄉飲酒鄭注察猶察察嚴殺之貌老子俗人察察河上公注察察急且疾也察有嚴急之意故以淩誶爲樂李云淩謂相淩轢廣雅誶問也 皆囿於物者也。務自見其能此爲物事所囿也 招世之士興朝，招致世人相與共濟此務與其朝者也 中民之士榮官，士僅中庸持祿保位此但榮其官者也 筋力之士矜難，筋力強壯遇難則矜 勇敢之士奮患，性情勇敢見患則奮 兵革之士樂戰，久於兵革以戰爲樂 枯槁之士宿名，山林枯槁留戀名高 法律之士廣治，講求法律思廣治術 禮教之士敬容，束身禮教敬飾容儀 仁義之士貴際。施用仁義貴在交際 農夫无草萊之事則不比，商賈无市井之事則不比。成云出和樂古者因井爲市故謂之市井

庶人有旦暮之業則勸。庶人偶有旦暮與共之事相聚爲業則競勸 百工有器械之巧則壯。器械巧便工良費少其氣自壯 錢財不積則貪者憂。權勢不尤則夸者悲。尤異於衆夸矜驕也 勢物之徒樂變。遭時有所用。不能无爲也。物事也逞勢生事之徒喜樂禍變遭時而後有所用其人不能安靜 此皆順比於歲。不物於易者也。順歲時相追逐無一息之停各自囿於一物不能相易 馳其形性。二者並馳 潛之萬物。宣云潛汨沒也 終身不反。悲夫。

莊子曰。射者非前期而中。謂之善射。成云期準的也射無期準而誤中一物即以爲善射 天下皆羿也。可乎。惠子曰。可。莊子曰。天下非有公是也。而各是其所是。天下皆堯也。可乎。成云各私其是故無公是郭云若謂謬中者羿也則私自是者亦可謂堯矣莊子以此明妄中者非羿而自是者非堯 惠子曰。可。宣云惠子亦自是者故以爲可 莊子曰。儒墨楊秉四。與夫子爲五。果孰是邪。成云儒姓鄭名緩墨名翟楊名朱秉者公孫龍字增惠施爲五各相是非用誰爲是若天下皆堯何爲五復相非乎 或者若魯遽者邪。李云姓魯名遽周初人案下引魯事 其弟子曰。我得夫子之道矣。吾能冬爨鼎而夏造冰矣。成云冬取千年燥灰以擁火須臾出火可以爨鼎盛夏以瓦瓶盛水湯中煮之縣瓶井中須臾成冰也 魯遽曰。是直以陽召陽。以陰召陰。成云千年灰陽也火又陽也此以陽召陽井中陰也水又陰也此以陰召陰 非吾所謂道也。吾示子乎吾道。於是爲之調瑟。廢一於堂。廢一於室。鼓宮宮動。鼓角角動。音律同矣。宣云舉宮角以該五音弟子言氣之相召者遽示以音之相動者廢置也置一瑟於堂置一瑟於室相去異地鼓之而宮角相應律無不同此遽自謂是道者也 夫或改調一弦。於五音无當也。鼓之二十五弦皆動。未始異於聲。而音之君已。宣云莊子駁魯遽之道未足爲異也言無論二瑟五音相應姑就一瑟言之當其本調既成五音各有定弦今或改調一弦而爲變調則於本調之五音移動而無當也宜不相應矣乃鼓之而二十五弦亦隨之而變無不相應此豈於五音之外有異聲哉蓋五音可旋相爲宮今所改一弦便是變調之宮如君主然則餘弦自隨之而動也夫一瑟之閒又是變調無不相應如此則二瑟五音之上其相應尤理之常然何足異乎今遽以此誇其弟子自謂積微不知五音之相動與二氣之相召有以異乎可見在人則見以為非在己則見以爲是究之相等耳且若是者邪。宣云惠與四人各是所是究無公是毋乃如魯遽邪惠子曰。今夫儒墨楊秉。且方與我以辯。五家相與辯論相拂以辭。相鎮以聲。以言辭相拂拭以聲譽相鎮定而未始吾非也。則奚若矣。宣云言四家皆不以我爲非則何如矣郭云未始吾非者各自是也惠子便欲以此爲至莊子曰。齊人蹢子於宋者。其命閽也不以完。宣云蹢與擲同齊人殘其子足使蹢躅於宋命爲彼閽人蓋爲閽不以完人也郭云此齊人之不慈然亦自以爲是故爲之其求鈃鍾也以束縛。釋文字林云鈃似小鍾而長頸又云似壺而大郭云乃反以愛鍾器爲是束縛恐其破傷姚云鈃上求字衍其求唐子也而未始出域。有遺類矣夫。郭云唐失也失亡其子而不能遠索遺其氣類而未始自非人之自是有斯謬矣俞云夫字上屬與左襄二十四年傳有令德也夫有令名也夫句法相似今從之楚人寄而蹢閽者。俞云蹢當讀爲謫方言謫怒也廣雅謫責也楚人寄而謫閽者謂寄居人家而怒謫其閽者也案自來注家就本文解釋與下文連篇一事萬無可通之理此蹢字緣上蹢字而誤今斷從俞說夜半於无人之時。而與舟人鬭。未始離於岑。而足以造於怨也。郭云岑岸也齊楚二人所行若此未嘗自以爲非今五子自是豈異斯哉宣云離同麗案夜半無人之時舟未著岸而與舟人鬭將有性命之虞與寄而謫閽之事皆足以造怨也

莊子送葬。過惠子之墓。顧謂從者曰。郢人堊慢其鼻端若蠅翼。使匠石斲之。匠石運斤成風。聽而斲之。釋文慢本亦作漫郢人漢書音義作獿人服虔曰獿人古之善塗墍者施廣領大袖以仰塗而領袖不汚有小飛泥誤著其鼻因令匠石揮斤而斲之獿音鐃韋昭乃回反成云堊白善土也漫汙也案聽而斲之祇是放手爲之之義當局本極審諦旁人見若不甚經心故云聽耳而郭象以爲暝目恣手失之遠矣石匠人名盡堊而鼻不傷。郢人立不失容。宋元君聞之。召匠石曰。嘗試爲寡人爲之。匠石曰。臣則嘗能斲之。雖然。臣之質死久矣。宣云質施技之地謂郢人也自夫子之死也。吾无以爲質矣。吾无與言之矣。夫子謂惠莊惠行事不同而相投契惠死而莊無可與縱言之人是以歎也

管仲有病。桓公問之曰。仲父之病病矣。列子力命篇作疾矣言病甚也可不謂云。力命篇作可不諱云言不可復

詳而不言也謂字誤 至於大病。則寡人惡乎屬國而可。管仲曰。公誰欲與。公曰。鮑叔牙。曰。不可。其爲人。絜廉善士也。其於不己若者不比之。不似己清潔者不與爲友嫉惡太嚴也力命篇作不比之人不以人比數也下文又字蓋人字之誤 又一聞人之過。終身不忘。念舊惡 使之治國。上且鉤乎君。釋文鉤反也亦作拘宣云亦逆意 下且逆乎民。其得罪於君也。將弗久矣。公曰。然則孰可。對曰。勿已。則隰朋可。其爲人也。上忘而下畔。力命篇畔上有不字是此脫宣云上忘者不自矜其能故在己上者與之相忘下不畔者汎愛衆故在己下者不忍畔之張湛注居高而自忘則不憂下之離畔 愧不若黃帝。而哀不己若者。張注慚其道之不及聖矜其民之不逮己故能無棄人也 以德分人謂之聖。以財分人謂之賢。以賢臨人。未有得人者也。臨人而自賢人所不與也 以賢下人。未有不得人者也。張注與物升降者物必歸 其於國有不聞也。其於家有不見也。宣云不事察察 勿已。則隰朋可。

吳王浮於江。登乎狙之山。衆狙見之。恂然棄而走。逃於深蓁。成云恂怖懼蓁棘叢 有一狙焉。委蛇攫搔。見巧乎王。釋文搔本又作搔素報反徐本作搔七活反司馬本作條成云委蛇從容攫搔騰擲也 王射之。敏給搏捷矢。俞云敏給二字同義後漢酈炎注言論給捷李注給敏也敏給當以狙言謂狙性敏給能搏接矢也舊注以敏給屬王射言非捷接古字通 王命相者趨射。狙執死。司馬云相佐王獵者也執死見執而死也 王顧謂其友顏不疑曰。之狙也。伐其巧。恃其便。捷也 以敖予。敖傲同 以至此殛也。殛死也 戒之哉。嗟乎。无以汝色驕人哉。色猶言意態 顏不疑歸而師董梧。釋文董梧有道者也 以助其色。釋文助本亦作鋤成云除去也 去樂辭顯。屏去聲樂辭謝榮顯 三年而國人稱之。

南伯子綦隱几而坐。仰天而噓。南伯即南郭伯郭聲近通用字事又見齊物論篇几作机 顏成子入見曰。夫子。

物之尤也。宜云言其出類拔萃案齊物論篇作何居乎 形固可使若槁骸。心固可使若死灰乎。齊物論篇作槁木庚桑楚篇作槁木之枝此與知北遊作槁骸猶言槁枝也以下異 曰。吾嘗居山穴之中矣。當是時也。田禾一覩我。而齊國之衆三賀之。釋文齊君尊德故國人慶之盧云田禾即齊太公和 我必先之。彼故知之。我必賣之。彼故鬻之。我名先著彼乃知之是我賣而彼鬻之也 若我而不有之。自有其名 彼惡得而知之。若我而不賣之。彼惡得而鬻之。嗟乎。我悲人之自喪者。宜云逐外喪眞 吾又悲夫悲人者。宜云又自喪也 吾又悲夫悲人之悲者。宜云亦自喪也 其後而日遠矣。宜云衆心盡遣乃有此槁木死灰之象

仲尼之楚。楚王觴之。孫叔敖執爵而立。市南宜僚受酒而祭曰。古之人乎。於此言已。釋文左傳孫叔敖是楚莊王相孔子未生哀公十六年仲尼卒後白公爲亂宜僚未嘗仕楚又宜十二年傳楚有熊相宜僚與叔敖同時去孔子甚遠蓋寄言也成云古人飲必先祭宜僚釃酒祭故祝聖人宜云燕會之際正乞言憲道時也蓋二子導孔子使言 曰。丘也聞不言之言矣。未之嘗言。於此乎言之。前此未嘗言不言之言乃今言之 市南宜僚弄丸而兩家之難解。司馬云宜僚楚勇士也善弄丸白公將作亂殺子西子期石乞曰市南有熊宜僚者若得之可以當五百人往告不許承之以劍不動弄丸如故曰吾亦不泄子白公遂殺子西子期歎息兩家而已宜僚不預其患案言難解非也或記載有異 孫叔敖甘寢秉羽而郢人投兵。司馬云叔敖安寢恬臥養德於廟堂之上折衝於千里之外敵國不敢犯郢人投兵無所攻伐郢楚都也釋文羽雩舞者之所執案淮南主術訓昔孫叔敖恬臥而郢人無所害其鋒與此文意同（害王氏雜志、正作用） 丘願有喙三尺。能言之具願有之而已引孔子語畢 彼之謂不道之道。彼謂宜僚叔敖難解兵投不煩論說是不言之道也 故德總乎道之所一。無論行德若何期於合道一而已矣 而言休乎知之所不知。至矣。上知音智止其分即至矣 道之所一者。德不能同也。宜云非見德者所能同 知之所不能知者。辯不能舉也。宜云非善辯者所能舉 名若儒墨而凶矣。宜云以名相標凶德也 故海不辭東流。大之至也。聖人幷包天地。澤及天

下。而不知其誰氏。是故生无爵。郭云有而無之死无謚。成云生既以功推物故死亦無可謚實不聚。郭云令萬物各知足名不立。此之謂大人。狗不以善吠爲良。人不以善言爲賢。而況爲大乎。郭云大愈不可爲而得夫爲大不足以爲大。而況爲德乎。郭云唯自然乃德耳夫大備矣。莫若天地。然奚求焉而大備矣。天地何求自無不備知大備者。无求无失无棄。不以物易己也。宣云已貴於物故也反己而不窮。自然不窮循古而不摩。順古道而行無須摩飾大人之誠。實也

子綦有八子。陳諸前。召九方歅曰。爲我相吾子。孰爲祥。九方歅曰。梱也爲祥。子綦瞿然喜曰。奚若。曰。梱也將與國君同食以終其身。子綦索然出涕曰。索然涕下連綿之貌吾子何爲以至於是極也。哀其不幸九方歅曰。夫與國君同食。澤及三族。而況父母乎。今夫子聞之而泣。是禦福也。釋文禦距也子則祥矣。父則不祥。子綦曰。歅。汝何足以識之。而梱祥邪。盡於酒肉。入於鼻口矣。言汝何謂梱祥邪夫所謂祥者特鼻入酒肉之香口入酒肉之味二者盡之矣而何足以知其所自來。其所自來皆曆取於民者吾未嘗爲牧而牂生於奧。未嘗好田而鶉生於宎。若勿怪何邪。釋文爾雅云牂牝羊也奧西南隅未地也宎字又作㝔司馬云東北隅也一云東南隅盧云釋宮東南隅謂之㝔東北隅乃宦也案牂所自來牧也鶉所自來田也未田牧而有牂鶉雖非如國君之取於民亦必有由而至汝未嘗一怪問何邪吾所與吾子遊者。遊於天地。逍遙遊也吾與之邀樂於天。吾與之邀食於地。邀同徼義具庚桑楚篇彼邀作交吾不與之爲事。不與之爲謀。不與之爲怪。庚桑楚篇大同吾與之乘天地之誠而不以物與之相攖。上文修胸中之誠以應天地之情而勿攖與此義相應吾與之一委蛇而不與之爲事所宜。吾一與之順應而不必擇事所宜者爲之凡此皆與吾子修道之實也今

也。然有世俗之償焉。吾子不爲世俗酒肉之人而今也居然有世俗酒食之報可怪也 凡有怪徵者。必有怪行。宣云此常事也 殆乎非我與吾子之罪。幾天與之也。吾是以泣也。宣云今無怪行而有怪徵殆非我與吾子之罪幾於天危我家乎是以泣也 无幾何而使梱之於燕。盜得之於道。全而鬻之則難。不若刖之則易。郭云全恐其逃不若刖之易售也 於是乎刖而鬻之於齊。適當渠公之街。然身食肉而終。宣云渠公蓋齊所封國如楚葉公之類適當君門之街爲閽者故日與國君同食也

齧缺遇許由。曰。子將奚之。曰。將逃堯。曰。奚謂邪。曰。夫堯畜畜然仁。王云畜畜愛䘏勤勞之貌 吾恐其爲天下笑。後世其人與人相食與。釋文言相驅走於仁義不復營農飢則相食案語又見庚桑楚篇 夫民不難聚也。愛之則親。利之則至。譽之則勸。致其所惡則散。愛利出乎仁義。捐仁義者寡。利仁義者衆。夫仁義之行。唯且无誠。郭云仁義既行將僞以爲之 且假乎禽貪者。且以利器假禽貪者宣云如禽者之貪得猶貪漁也即重利盜跖意 是以一人之斷制利天下。譬之猶一覕也。釋文司馬云覕暫見貌又甫莅反又普結反宣云一人之斷制所見有限猶目之一瞥豈能盡萬物之情乎 夫堯知賢人之利天下也。而不知其賊天下也。夫唯外乎賢者知之矣。宣云惟不矜賢者始知有心之賊天下

有暖姝者。釋文暖柔貌姝妖貌 有濡需者。釋文濡需謂偷安須臾之頃 有卷婁者。釋文卷婁猶拘攣也 所謂暖姝者。學一先生之言。則暖暖姝姝而私自說也。說同悅 自以爲足矣。而未知未始有物也。成云不知所學未有一物可稱 是以謂暖姝者也。濡需者。豕蝨是也。擇疏鬣成云疏長之毛鬣 自以爲廣宮大囿。奎蹏曲隈。乳閒股脚。自以爲安室利處。釋文奎本亦作睽郭慶藩云曲隈蓋謂髀內淮南覽冥訓高注隈曲深處

左傳二十五年傳杜注隈隱蔽之處是知言隈者皆在內曲深之謂 不知屠者之一旦鼓臂布草操煙火。而已與豕俱焦也。此以域進。此以域退。進退滯於境域 此其所謂濡需者也。卷婁者舜也。羊肉不慕蟻。蟻慕羊肉。羊肉羶也。舜有羶行。百姓悅之。故三徙成都。至鄧之虛。而十有萬家。釋文向云鄧邑名虛本又作墟 堯聞舜之賢。舉之童土之地。向云童土地無草木也 曰冀得其來之澤。云望得舜來而施澤也 舜舉乎童土之地。年齒長矣。聰明衰矣。而不得休歸。所謂卷婁者也。是以神人惡衆至。超世之神人則不顧衆附 衆至則不比。衆至則不與親比 不比則不利也。宣云不與親比則人亦不以爲利而就之 故无所甚親。无所甚疏。抱德煬和。釋文煬徐餘亮反李云煬炙也爲和氣所炙 以順天下。此謂眞人。於蟻棄知。於魚得計。於羊棄意。郭嵩燾云蟻之附羶也有利而趨之即其知也羊之羶也與以可歆之利即其意也蟻無知而有知羊無意而有意當兩棄之魚相忘於江湖人相忘於道德何羶之可慕哉故曰於魚得計

以目視目。不外視 以耳聽耳。不外聽 以心復心。不外用 若然者。其平也繩。成云無心而正物 其變也循。循順也與變推移

古之眞人。以天待之。成云用自然之道虛其心以待物宣云之當作人是 不以人入天。成云不以人事變天然之知 古之眞人。姚云覆言眞人以美之

得之也生。失之也死。得之也死。失之也生。得自然則生失自然則死得外榮則死失外榮則生 藥也。其實堇也。司馬云烏頭 桔梗也。雞廱也。司馬云即雞頭一名芡 豕零也。司馬云一名豬苓 是時爲帝者也。藥有君臣此數者視時所宜迭相爲君 何可勝言。

句踐也。以甲楯三千，棲於會稽。唯種也能知亡之所以存。宣云：明於謀國。唯種也不知身之所以愁。暗於全身。故曰，鴟目有所適，成云：適，夜不適晝。鶴脛有所節，解之也悲。以長為節，去之則悲。故曰，風之過河也有損焉，日之過河也有損焉。宣云：吹曬能令水耗。請只風與日相與守河，而河以為未始其攖也，恃源而往者也。試請風日常守河上，而河以為未始攖而損之，何也？以河源長遠，有所恃而往也。釋文：恃，本亦作持。故水之守土也審，影之守人也審，物之守物也審。物各守其類，言皆止而不移。故目之於明也殆，耳之於聰也殆，心之於殉也殆。用有時而竭。凡能其於府也殆。凡藏府之有能者亦皆危殆。殆之成也不給改。不能自反，及殆之已成，雖欲改而不給矣。禍之長也茲萃。禍患之長，多聚於人身。其反也緣功，其反於自然，皆緣功力。其果也待久。其果決自反，亦待積久。而人以為己寶，而人以耳目心藏府為身之寶，務竭其用而不悟其日損。不亦悲乎！故有亡國戮民无已，所以亡國戮民相續於世。不知問是也。皆由於此不一審問也。姚云：是者，源也。故足之於地也踐，雖踐，恃其所不蹍而後善博也。踐、蹍皆履也。博，廣遠也。言足得地踐之，雖地任其踐，恃有不蹍者在，而後能善致其博遠也。人之於知也少，雖少，恃其所不知而後知天之所謂也。人之於知每苦其少，然知雖少，恃有不知者在，而後知天道之自然。不知即真知也。知大一，知大陰，知大目，知大均，知大方，知大信，知大定，至矣。宣云：知此方為真知，他何足云。大一通之，成云：大一，天也。能通生萬物，故曰通。大陰解之，成云：大陰，地也。宣云：解紛擾。大目視之，務見其大。大均緣之，成云：緣，順也。郭云：順其本性，令各自得，則大均也。大方體之，郭云：體之使各得其分，則萬方俱得所以為大方也。大信稽之，成云：稽，至也。循而任之，各至其實，斯大信也。大定持之。郭云：真不撓，則自定，故持之以大定。

盡有天，成云：上七大，未有不由自然者。循有照，成云：順其自然，智自明照。冥有樞，窈冥不言，中自有樞機。始有彼。大始之中，而彼我之端已見。

則其解之也似不解之者。郭云解之無功故似不解其知之也似不知之也。成云能忘其知故似不知也不知而後知之。不知而後爲眞知其問之也不可以有崖。問道無方而不可以無崖。爲道固有方頡滑有實。向云頡滑謂錯亂也案物物各有實理古今不代。郭云各自有故不可相代而不可以虧。郭云宜各盡其分則可不謂有大揚搉乎。成云其道廣大豈不謂顯揚妙理而搉實論之乎闔不亦問是已。奚惑然爲。宣云闔同曷案言曷不推問此理爲惑然爲乎姚讀盡有天循句有照冥句有樞始句有彼則句釋云天循者常無以知其妙也照冥者常有以知其徼也天循爲體故有樞始照冥爲用故有彼則言因彼爲則無常則也此非必其人也人盡有之特知解者鮮耳而又不可以知解求也故問者難而又不可不問此理眞實不虛壹不問而終身惑乎今併取之以不惑解惑。復於不惑。是尚大不惑。今以我之不惑解人之惑以反於不惑是尚爲大不惑也

莊子集解卷七

雜篇 則陽第二十五

則陽游於楚。成云姓彭名陽字則陽魯人 夷節言之於王。王未之見。夷節歸。成云夷姓名節楚臣王楚文王也 彭陽見王果曰。夫子何不譚我於王。司馬云王果楚賢人李云譚說也 王果曰。我不若公閱休。釋文公閱休隱士也 彭陽曰。公閱休奚爲者邪。曰。冬則擉鼈於江。司馬云擉刺也 夏則休乎山樊。有過而問者。曰。此予宅也。釋文廣雅云樊邊也司馬云以隱居山陰自顯郭云言此者也抑彭陽之進趣 夫夷節已不能。而況我乎。吾又不若夷節。爲人又不相似 夫夷節之爲人也。无德而有知。同智 不自許以之神其交。不以氣誼自許與惟以推薦神其交結之術 固顛冥乎富貴之地。固顛倒冥蒙於富貴之地 非相助以德。相助消也。非能以德相助相助以消德也 夫凍者假衣於春。凍者逢春不啻假之以衣 暍者反冬乎冷風。釋文字林云暍傷暑也若得冷風則不啻反爲冬時 夫楚王之爲人也。形尊而嚴。其於罪也。无赦如虎。暴戾如此 非夫佞人正德。其孰能撓焉。王云佞人以才辯奪之正德以至道服之否則不撓屈也 故聖人。上文正德此文聖人皆謂公閱休 其窮也使家人忘其貧。其達也使王公忘其爵祿而化卑。郭云失其所以爲高 其於物也。與之爲娛矣。其於人也。樂物之通而保己焉。成云混迹人間而無壖塞雖復誼物而不喪我 故或不言而飲人以和。郭云人各自得斯飲和矣豈待言哉 與人並立而使人化。郭云望其風而靡 父子之宜。彼其乎歸居。彼其猶詩云彼其之子也歸居猶言安居易云父父子子而家道正正家而天下定即其義也 而一閒其所施。既歸隱不出則所施於物者爲之一閒也釋文閒音閑 其於人心者。若是其遠也。其清

高遠於人心 故曰待公閱休。郭云欲其釋楚王而從閱休將以靜泰之風鎮其動心也

聖人達綢繆。周盡一體矣。聖人自愛其身由中達外周至無閒 而不知其然。性也。不知其然而然出於性也 復命搖作。而以天爲師。人則從而命之也。作動也或有搖動皆復其本命而以己之天爲師人不過從而命之 憂乎知而所行恆。无幾時其有止也。若之何。知貴能行事以知爲憂而所行無幾時甫行又止吾將若之何哉言行不可有止

生而美者。人與之鑑。人告以美不啻予以鏡也 不告則不知其美於人也。若知之。若不知之。若聞之。若不聞之。其可喜也終无已。人之好之亦无已。性也。以上借美爲喻 聖人之愛人也。人與之名。奉以至仁之名 不告則不知其愛人也。若知之。若不知之。若聞之。若不聞之。其愛人也終无已。人之安之亦无已。性也。循性而行貴在無已

舊國舊都。望之暢然。宣云以故鄉喻本性 雖使丘陵草木之緡。郭云緡合也姚云緡乃芒昧不分明之意在宥篇當我緡乎同此解 入之者十九。猶之暢然。俞云入謂入於丘陵草木掩蔽之中也入之者十九則其出外而可望見者十之一耳而猶覺暢然喜悅況見所嘗見聞所嘗聞者乎 況見見聞聞者也。以十仞之臺縣衆閒者也。俞云猶以十仞之臺懸衆人耳目之閒無不共見共聞其暢然更可知

冉相氏得其環中以隨成。俞云路史循蜚紀有冉相氏郭云居空以隨物而物自成案齊物論篇樞始得其環中以應無窮 與物无終无始。无幾无時。日。成云無始無過去無終無未來無幾無時無見在案日字當屬上讀 與物化者。一不化者也。郭云與物化故常無我常無我故常不化也案語又見知北遊篇 闔嘗舍之。闔同曷成云與化俱往曷嘗暫舍也 夫師天而不得師天。與物皆殉。其以爲事也若之何。夫欲師天之自然而卒不得以致與物皆殉其以應物爲事也究如何 夫聖人未始有天。未始有人。未始有始。未始有物。宣云無心若此 與世偕行而不替。所行之備而不洫。王云洫敗壞也案與物偕行而無所替廢所行

皆備而無所敗壞所謂無爲而無不爲也其合之也若之何。其無心而合道也又如何兩言若之何欲人之自審擇

湯得其司御門尹登恆爲之傅之。宣云司御門尹官名向云登恆人名成云殷湯忘物得良臣爲師傅端拱而不爲也案司御門尹當是兩官疑御下或有奪文故郭云委之百官而不與也不止一師故下云從師而不囿從師而不囿。得其隨成。宣云從師而不囿於師得環中隨成之道爲之司其名之名。成云推功司御名不在己嬴法得其兩見。成云嬴然無心也見顯也案無師法而君臣兩顯所謂以其君顯也仲尼之盡慮爲之傅之。郭云仲尼曰天下何思何慮慮已盡矣宣云當以仲尼爲師而化之

容成氏曰。除日无歲。郭云今所以有歲而存日者爲有死生故也若無死無生則歲日之計除案淮南本經訓高注容成氏黃帝時造曆日者无內无外。成云內我也外物也爲計死生故有內外歲日既遣物我何施姚云除日無歲積少以爲多也無內無外積微以成著也此古之格言

魏瑩與田侯牟約。司馬云瑩惠王牟齊威王田侯牟背之。魏瑩怒。將使人刺之。犀首聞而恥之曰。君爲萬乘之君也。而以匹夫從讎。釋文犀首魏官名司馬云若今虎牙將軍公孫衍爲此官衍請受甲二十萬。爲君攻之。虜其人民。係其牛馬。使其君內熱發於背。然後拔其國。忌也出走。田忌也然後抶其背。折其脊。釋文三蒼云抶擊也季子聞而恥之曰。釋文季子魏臣築十仞之城。城者既十仞矣。則又壞之。俞云下十乃七之誤七仞去十仞不遠城基已厚若既十仞直謂之已成可耳此與下文兵不起七年是王之基對文爲喻十當作七無疑此胥靡之所苦也。成云胥靡徒役人也今兵不起七年矣。此王之基也。衍亂人。不可聽也。宣云胥靡尙惜已築之城犀首乃欲傾可王之基此亂人也華子聞而醜之曰。釋文華子亦魏臣善言伐齊者。亂人也。成云善巧善言勿伐者。亦亂人也。謂伐之與不伐亂人也者。又亂人也。成云此華子自道之詞宣云猶未免營心於事也王曰。然則若何。曰。君求其道而已矣。宣云道與太虛同體王業且不足言況騁怒乎惠子聞之而見戴

晉人。釋文晉人梁國賢人惠施薦之魏王戴晉人曰。有所謂蝸者。君知之乎。釋文蝸音瓜李云有兩角俗謂之蝸牛三蒼云小牛螺也俗名黃犢曰。然。有國於蝸之左角者。曰觸氏。有國於蝸之右角者。曰蠻氏。時相與爭地而戰。伏尸數萬。逐北旬有五日而後反。君曰。噫。其虛言與。曰。臣請爲君實之。君以意在四方上下有窮乎。蘇輿云在猶察也君曰。无窮。曰。知遊心於无窮。而反在通達之國。若存若亡乎。郭云人迹所及爲通達謂今四海之內也成云語其大小可謂如有如無君曰。然。曰。通達之中有魏。於魏中有梁。成云昔在河東國號爲魏爲秦所逼徙都於梁於梁中有王。王與蠻氏有辯乎。君曰。无辯。客出而君惝然若有亡也。釋文惝惘也如有所失客出。惠子見。上言客出此客出二字當衍君曰。客。大人也。聖人不足以當之。成云晉人所談其理宏博堯舜聖人之行不足以當之惠子曰。夫吹筦也。猶有嗃也。釋文嗃許交反管聲也吹劍首者。吷而已矣。釋文吷音血又呼悅反司馬云劍首謂劍環頭小孔也吷然如風過堯舜。人之所譽也。道堯舜於戴晉人之前。譬猶一吷也。

孔子之楚。舍於蟻丘之漿。李云蟻丘山名賣漿家其鄰有夫妻臣妾登極者。司馬云極屋棟也升之以觀子路曰。是稯稯何爲者邪。釋文稯亦本作總成云衆聚也仲尼曰。是聖人僕也。成云古者淑人君子均號聖人故孔子名宜僚爲聖人言衆多者是市南宜僚之僕隸也是自埋於民。郭云與民同自藏於畔。王云隱藏於壟畔其聲銷。其志无窮。志在大道其口雖言。其心未嘗言。心恒凝寂方且與世違。而心不屑與之俱。成云心迹俱異是陸沈者也。宣云無水而自沈也是其市南宜僚邪。子路請往召之。孔子曰。已矣。彼知丘之著於己也。成云著明識也知丘之適楚也。以丘爲必使楚王之召己也。彼且以丘爲佞人也。

夫若然者。其於佞人也羞聞其言。而況親見其身乎。（必不相見）而何以為存。（宣云言必避去）

子路往視之。其室虛矣。

長梧封人問子牢曰。（釋文長梧地名封人守封疆之人司馬云子牢即琴牢孔子弟子）君為政焉勿鹵莽。治民焉勿滅裂。（司馬云鹵莽猶麤粗也謂淺耕稀種也滅裂斷其草也盧云麤千奴反粗才古反二字古多連用繁露俞序篇始於麤粗終於精微論衡正說篇略正題目麤粗之說以照篇中微妙之文其他以麤粗連用者亦多猶麤粗也有欲改為粗疏者故正之）昔予為禾。耕而鹵莽之。則其實亦鹵莽而報予。芸而滅裂之。其實亦滅裂而報予。予來年變齊。（來年猶言次年變齊者更變而整齊之）深其耕而熟耰之。（司馬云耰鋤也）其禾蘩以滋。予終年厭飧。（厭足）莊子聞之曰。今人之治其形。理其心。多有似封人之所謂。遁其天。離其性。滅其情。亡其神。以眾為。（無所不營）故鹵莽其性者。欲惡之孽為性。萑葦蒹葭。（案言所欲所惡叢生而傷正性是吾性之萑葦蒹葭也）始萌以扶吾形。尋擢吾性。（俞云尋與始相對為義漢書郊祀志寖尋於泰山矣晉灼注尋遂往之意也言欲惡之事其始萌若足以扶助吾形寖尋既久則引誘吾心拔擢吾性也）並潰漏發。不擇所出。（並潰奔潰也漏發穿孔而出也言情欲之害奔潰偏發不擇處所精神既敗形氣隨之也）漂疽疥癰。內熱溲膏是也。（釋文漂本亦作瘭瘭疽謂病瘡膿出溲膏謂虛勞人尿上生肥白沫也）

柏矩學於老聃。（釋文柏矩有道人）曰。請之天下遊。老聃曰。已矣。天下猶是也。又請之。老聃曰。汝將何始。曰。始於齊。至齊。見辜人焉。推而強之。解朝服而幕之。（成云推而強之令其正臥司馬云幕覆也俞云周官掌戮殺王之親者辜之鄭注辜之言枯也謂磔之漢景帝紀改磔曰棄市顏注磔謂張其尸也是古人辜磔人者必張尸於市故柏矩如此）號天而哭之曰。子乎子乎。天下有大菑。子獨先離之。（大菑謂被殺也）曰莫為盜。莫為殺人。（宣云又言不是爲盜乎不是爲殺人乎 榮辱立。然後覩所病。郭云各自得則無榮辱得失紛紜故榮辱立榮辱立則夸其所謂辱而跂其所謂榮矣奔馳乎夸跂之間非病如何 貨財聚。然後覩所爭。郭云若以知足爲富將何爭乎 今立人之所病。聚人之所爭。窮困人之身。使无休時。欲无至此得乎。郭云上有所好則下不能安其本分 古之君人者。以得爲在民。以失爲在己。以正爲在民。以枉爲在己。成云引過責躬 故一形有失其形者。退而自責。一形人也成云一物失所翻其形性自責若殷湯自翦千里來霖是也 今則不然。匿爲物而愚不識。隱匿爲事而責不識此物者爲愚 大爲難而罪不敢。大爲艱難而以不敢爲者爲罪 重爲任而罰不勝。宣云過重其任而於不勝者加罰 遠其塗而誅不至。宣云遠其程塗而於不至者加誅 民知力竭。則以僞繼之。郭云將以避誅罰也 日出多僞。士民安得不僞。宣云蓋上行下效耳 夫力不足則僞。知不足則欺。財不足則盜。盜竊之行。於誰責而可乎。郭云當責上也

蘧伯玉行年六十而六十化。宣云不固於故也 未嘗不始於是之而卒詘之以非也。成云一歲之中是非常出故始時之是終詘爲非 未知今之所謂是之非五十九年非也。與寓言篇孔子同 萬物有乎生而莫見其根。有乎出而莫見其門。人皆尊其知之所知。而莫知恃其知之所不知而後知。可不謂大疑乎。上兩其知音智下如字郭云我所不知物有知之者矣故用物之知則無所不知獨任我知知甚寡矣今不恃物以知而自尊知則物不告我非大疑如何宣云知之所不知上所言莫見者是 已乎已乎。且無所逃。宣云不知之理古今誰能逃之 此所謂然與。然乎。釋文然乎言未然案此與論語其然豈其然乎意同

仲尼問於大史大弢伯常騫狶韋曰。大弢三人史官名 夫衞靈公飲酒湛樂。不聽國家之政。田獵畢弋。不應諸侯之際。司馬云際謂盟會之事 其所以爲靈公者何邪。郭云靈有二義

大弢曰。是因是也。（成云亂而不損曰靈無道之謚故曰是因是也）伯常騫曰。夫靈公有妻三人。同濫而浴。（釋文濫浴器）史鰌奉御而進所。（至其所）搏幣而扶翼。（成云公見史魚深懷愧悚假進人捽捉幣帛令扶將羽翼慰而送之）其慢若彼之甚也。見賢人若此其肅也。是其所以爲靈公也。（成云又謚法德之精明曰靈）狶韋曰。夫靈公也死。卜葬於故墓不吉。卜葬於沙丘而吉。掘之數仞。得石槨焉。洗而視之。有銘焉。曰。不馮其子。靈公奪而里之。（釋文里居處也郭嵩燾云古之葬者謂子孫無能馮依以保其墓靈公得而奪之）夫靈公之爲靈也久矣。之二人何足以識之。（蘇輿云狶韋歸之前定言命言神者之所祖也）

少知問於大公調曰。何謂丘里之言。（李云四井爲邑四邑爲丘五家爲鄰五鄰爲里）大公調曰。丘里者。合十姓百名而以爲風俗也。合異以爲同。（宣云合十百爲丘里）散同以爲異。（宣云散丘里爲十百）今指馬之百體而不得馬。而馬係於前者。立其百體而謂之馬也。（宣云可見合異爲同方能見道天下理皆如此）是故丘山積卑而爲高。江河合水而爲大。（俞云水乃小之誤高卑小大相對爲文）大人合并而爲公。（郭云無私於天下則天下之風一也）是以自外入者。有主而不執。（宣云心爲天下大本故自外入者有存主而無偏執）由中出者。有正而不距。（宣云行爲天下達道故由中出者得正理而物不能距案正作匹說見天運篇注）四時殊氣。天不賜。故歲成。（宣云賜則私也）五官殊職。君不私。故國治。（郭云殊職自有其才故任之耳非私而與之）文武大人不賜。故德備。（郭云文者自文武者自武非大人所賜也若由賜而能則有時而闕矣豈唯文武凡性皆然案宣本武下有殊材二字文似有闕而郭本已無釋文成疏皆然自係後人增竄）萬物殊理。道不私。故无名。（宣云道渾同不得而名）无名故无爲。无爲而无不爲。（郭云名止於實故無爲實各自爲故無不爲）時有終始。世有變化。禍福湻湻。至有所拂者而有所宜。（王云湻湻流行貌宣云禍福渾然自爲倚伏失意中藏有好處）自殉殊面。（成云殉逐也面向也彼此是非紛然固執故各逐已見而所向不同 有所正者有所差。郭嵩燾云強之以異趣名爲正之而實已兩差 比於大澤。百材皆度。百木隨川而下皆於水次受量度無棄材比譬也 觀於大山。木石同壇。木石同生於大山之基址成云壇基也 此之謂丘里之言。少知曰。然則謂之道足乎。大公調曰。不然。今計物之數。不止於萬。而期曰萬物者。成云期限也 以數之多者。號而讀之也。李云讀猶語也 是故天地者。形之大者也。陰陽者。氣之大者也。道者爲之公。宣云道者天地陰陽所公共不可指之爲形不可指之爲氣是其大更爲無偶也 因其大而號以讀之。則可也。宣云譬物之萬不可數而約略號之便於稱謂道之大更無可指稱亦借一道字約略號之耳豈眞有一事一物可名爲道哉 已有之矣。乃將得比哉。宣云既有道之名即不可與無名比 則若以斯辯。譬猶狗馬。其不及遠矣。宣云如子云謂之道則是道猶狗之名狗馬之名馬同於一物其不及道遠矣 少知曰。四方之內。六合之裏。萬物之所生惡起。宣云疑不可名爲道則萬物以何爲本 太公調曰。陰陽相照。相蓋相治。俞云蓋當讀爲害釋言蓋割裂也釋文蓋舍人本作害是蓋害古字通陰陽或相害或相治猶下云四時相生相殺也 四時相代。相生相殺。欲惡去就。於是橋起。宣云橋同矯下同成云起貌也 雌雄片合。於是庸有。釋文片音判成云庸常也 安危相易。禍福相生。緩急相摩。聚散以成。緩急謂壽夭聚散謂生死 此名實之可紀。精微之可志也。隨序之相理。橋運之相使。成云四序相隨更相治理五行運動遞相驅使 窮則反。終則始。此物之所有。言之所盡。知之所至。極物而已。極於可見之物而已 覩道之人。不隨其所廢。不原其所起。宣云知其無端任其自然隨猶追尋也 此議之所止。宣云烏可妄言萬物起於何處哉 少知曰。季眞之莫爲。接子之或使。二家之議。孰正於其情。孰偏於其理。成云季眞接子齊賢人俱遊稷下莫無也使爲也季眞以無爲爲道接子謂道有爲使物之功各執一家未爲通論故問以定臧否俞云禮祭義鄭注孟子公孫丑趙注並云或有也此文或與莫對莫無也或有也易益上九莫益之或擊之亦以莫或相對郭慶藩云接子漢書人表作捷子接捷古字通史記孟子荀卿列傳索隱接子古著書者之名號〕太公調曰：「雞鳴狗吠，是人之所知；雖有大知，〔同智〕不能以言讀其所自化，〔宣云：若究其一鳴一吠天然之故，雖智者不能解說其自化之妙。〕又不能以意其所將爲。〔宣云：又不能意度其所將欲爲之機。〕斯而析之，〔宣云：斯，劃也。詩「斧以斯之」。〕精至於无倫，大至於不可圍。〔精細倫比也。宣云：微物鳴吠，尙不能明其所以然，則小至莫破，大至莫載，烏可言讀意測邪！〕或之使，莫之爲，未免於物而終以爲過。〔宣云：二說猶未免物累，終是立言之過。〕或使則實，〔成云：滯有爲也。〕莫爲則虛。〔成云：溺無故也。〕有名有實，是物之居；〔宣云：說實則是物之所居也，此或使之說之過。〕无名无實，在物之虛。〔宣云：說虛則是全空，此莫爲之說之過。〕可言可意，言而愈疏。〔以爲可以言詮，可以意測，不知言則去道愈遠。〕未生不可忌，〔物之未生，不可忌禁而使之不生。〕已死不可阻。〔釋文：本亦作徂。案：其已死也，不可遏阻而令其不死。〕死生非遠也，理不可覩。〔死生止在目前，而其理莫能覩。〕或之使，莫之爲，疑之所假。〔二說爲後世獻疑者之所借端。〕吾觀之本，其往无窮；吾求之末，其來无止。〔宣云：欲究其始，則往者已無窮，不知所始；欲究其終，則來者方無止，不知其終。〕无窮无止，言之无也，與物同理；〔郭云：物理無窮，故知言無窮，然後與物同理也。〕或使莫爲，言之本也，與物終始。〔曰或使，曰莫爲，言者以二說爲本也，然終始滯於物。〕道不可有，有不可无。〔成云：至道不絕，非有非無，故執有執無，二俱不可。〕道之爲名，所假而行。〔郭云：物所由而行，故假名之曰道。〕或使莫爲，在物一曲，夫胡爲於大方？〔二說僅居物之一偏，何足語於大方之家。〕言而足，則終日言而盡道；〔郭云：求道於言意之表則足。〕言而不足，則終日言而盡物。〔郭云：不能忘言而存意則不足。〕道物之極，言默不足以載；〔窮道與物之極，言與默莫能載。〕非言非默，議其有極。」〔宣云：期乎言默，可以求道，此至論也。〕

雜篇 外物第二十六

外物不可必，〔凡物之自外至者，其利害皆不可必。〕故龍逢誅，比干戮，箕子狂，〔宣云：箕子不可爲。〕惡來死，桀紂亡。宣云：惡不可爲。人主莫不欲其臣之忠。而忠未必信。故伍員流於江。成云：忠諫夫差，夫差殺之，取馬皮作袋，爲鴟鳥之形，盛其屍，浮之江水。萇弘死於蜀。藏其血三年。化而爲碧。成云：萇弘放歸蜀，自恨忠而遭譖，刳腸而死。蜀人感之，以匱盛其血，三年而化爲碧玉。釋文：見呂氏春秋。人親莫不欲其子之孝。而孝未必愛。故孝已憂而曾參悲。成云：孝已，殷高宗之子，遭後母之難，憂苦而死。曾參至孝，父母憎之，常遭父母打，鄰乎死地，故悲泣也。李云：曾參至孝，爲父所憎，嘗見絕糧而後蘇。

木與木相摩則然。俞云：淮南原道訓亦云「兩木相摩而然」，但兩木相摩，未見其然。下句作「金與火」，疑此亦當作「木與火」。下文多言火，益知此文當爲木與火矣。蓋金木二物皆畏火，故舉以爲言，見火之爲害大也。金與火相守則流。陰陽錯行。則天地大絯。釋文：音駭。宣云：駭，動也。於是乎有雷有霆。水中有火。乃焚大槐。司馬云：水中有火，謂電也。焚，謂霹靂時燒大樹也。有甚憂兩陷而无所逃。人亦有甚憂者，利害是也。害固害，利亦害也，故常兩陷而無所逃。螴蜳不得成。釋文：螴蜳，郭音陳惇。成云：猶怵惕也。案：言人視外物過重，雖怵惕怕懼，卒無所成。心若縣於天地之間。釋文：縣音玄。言馳情外物，極乎宇宙。慰暋沈屯。作慰，作暋，作沈，作屯。李云：暋，悶也。利害相摩。生火甚多。與物之生火同，郭云內熱故也。衆人焚和。衆皆溺於利害，是自焚其心中太和之氣也。月固不勝火。人心之清明，譬猶月也，豈能勝此火乎。於是乎有僓然而道盡。釋文：僓音頹。宣云：於是乎頹然壞天理，盡而生機熄矣。

莊周家貧。故往貸粟於監河侯。釋文：說苑作魏文侯。監河侯曰。諾。我將得邑金。將貸子三百金。可乎。成云：待我歲終，得百姓租賦封邑之物，乃貸子銅鐵之類，皆名爲金，非黃金也。莊周忿然作色曰。周昨來。有中道而呼者。周顧視車轍中有鮒魚焉。周問之曰。鮒魚來。子何爲者邪。對曰。我東海之波臣也。君豈有斗升之水而活我哉。周曰。諾。我且南遊吳越之王。激西江之水而迎子。可乎。成云：西江，蜀江也。鮒魚忿然作色曰。吾失我常與。我无所處。吾得斗升之水然活耳。君乃言此。曾不如早索我於枯魚之肆。」任公子李云任國名爲大鉤巨緇。司馬云大黑綸也五十犗以爲餌。釋文犗犍牛也蹲乎會稽。投竿東海。旦旦而釣。期年不得魚。已而大魚食之。牽巨鉤。錎沒而下。釋文錎字林云猶陷字騖揚而奮鬐。白波若山。海水震蕩。聲侔鬼神。憚赫千里。郭慶藩云憚者感感之名賈子解縣篇陛下感憚大信（同伸）與此同案赫亦怒也皆以魚言任公子得若魚。若是也離而腊之。自制河以東。蒼梧以北。制同淛浙江也古折制字[illegible]司馬云今在會稽錢塘蒼梧山名在嶺南莫不厭若魚者。厭飽食已而後世輇才諷說之徒。皆驚而相告也。釋文李云輇量人也本或作軨軨小也本又或作輕夫揭竿累。司馬云累綸也趣灌瀆。守鯢鮒。李云皆小魚其於得大魚難矣。飾小說以干縣令。其於大達亦遠矣。成云干求也縣高也令謂令問宣云縣令猶賞格也是以未嘗聞任氏之風俗。其不可與經於世亦遠矣。

儒以詩禮發冢。求詩禮發古冢大儒臚傳曰。釋文上傳語告下曰臚「東方作矣。司馬云謂日出事之何若。」小儒曰。「未解裙襦。口中有珠。詩固有之曰。青青之麥。生於陵陂。生不布施。死何含珠爲。」司馬云此逸詩刺死人也接其鬢。成云接撮也壓其顪。釋文字林云擪一指按也顪許穢反司馬云頤下毛儒以金椎控其頤。徐別其頰。无傷口中珠。成云田恆資仁義以竊齊儒生誦詩禮以發冢由是觀之聖迹不足賴蘇輿云苟無詩禮何至啓奸此莊子一偏之論猶謂堯舜以仁義斂民其流至於人與人相食而田恆又因之以盜齊耳

老萊子之弟子出薪。遇仲尼。反以告。曰。「有人於彼。修上而趨下。郭云長上而促下末僂而後耳。成云肩背傴僂司馬云耳卻後視若營四海。成云瞻視高遠似營天下不知其誰氏之子。」老萊子曰。

是丘也。召而來。仲尼至。曰。丘。去汝躬矜與汝容知。宣云躬矜矜持之行容知智慧之貌 斯爲君子矣。仲尼揖而退。蹙然改容而問曰。業可得進乎。老萊子曰。夫不忍一世之傷。而驁萬世之患。釋文驁本亦作敖同案言孔子不忍一世之傷而傲然貽萬世之患 抑固窶邪。抑子胸中固素無蓄備而爲窶人邪 亡其略弗及邪。郭慶藩云亡讀如無亡其轉語也史記范雎蔡澤傳亡其言臣者賤不可用乎呂覽愛類篇亡其不得宋且不義猶攻之乎韓策又亡其行子之術而廢子之謁乎是凡言亡其皆轉語詞也案古言亡其若今之言無亦言無亦子智略弗及此邪 惠以歡爲驁。終身之醜。中民之行進焉耳。夫以施仁惠爲事者博衆人之歡欣長一己之驕傲此之謂以歡爲驁乃終身之醜意惟庸人之行或及此爲耳宣云中民庸人也蘇輿云中民亦見徐無鬼篇 相引以名。相結以隱。俞云隱訓爲私呂覽圜道篇高注隱私也文選赭白馬賦恩隱同渥李善引國語注曰隱私也相結以隱謂相結以私恩 與其譽堯而非桀。不如兩忘而閉其所譽。善惡兩忘閉塞之使無可譽則所非者亦止語又見齊物論篇下四字作廢其道 反无非傷也。動无非邪也。成云反於物性無不傷損擾動心靈皆非正法 聖人躊躇以興事。以每成功。成云躊躇從容也聖人無心應機而動與物情故其功每就蘇輿云每與敏同言興事不迫而成功自速 奈何哉其載焉終矜爾。奈何哉子載此仁義之迹終於自矜爾乎

宋元君夜半而夢人被髮闚阿門。釋文李云元公也案宋元公名佐平公之子阿門司馬云阿屋曲簷也 曰。予自宰路之淵。李云淵名 予爲清江使河伯之所。漁者余且得予。俞云史記龜筴傳作豫且 元君覺。使人占之。曰。此神龜也。君曰。漁者有余且乎。左右曰。有。君曰。令余且會朝。明日。余且朝。君曰。漁何得。對曰。且之網得白龜焉。其圓五尺。君曰。獻若之龜。龜至。君再欲殺之。再欲活之。心疑。卜之。曰。殺龜以卜吉。卜詞 乃刳龜。七十二鑽而无遺筴。每占必鑽龜凡七十二次皆驗 仲尼曰。神龜能見夢於元君。而不能避余且之網。知能七十二鑽而无遺筴。知同智下同 不能避刳腸之患。如

是則知有所困。神有所不及也。雖有至知。萬人謀之。蘇輿云言一物之智不敵萬人之謀山木篇賢則謀不肖則欺言賢則爲人所謀與此謀義同魚不畏網。而畏鵜鶘。姚云網之害大於鵜鶘人之用小智者猶魚之不知畏網也去小知而大知明。郭云小知自私大知任物去善而自善矣。成云遣矜尚之小心合自然之大善

嬰兒生无石師而能言。與能言者處也。釋文石本又作碩案石碩古字通用宣云無知者有自然之能也

惠子謂莊子曰。子言无用。莊子曰。知无用而始可與言用矣。夫地非不廣且大也。人之所用。容足耳。然則廁足而墊之。致黃泉。人尚有用乎。釋文廁音側墊下也掘也致至也本亦作至案言地廣大無用者多然使側足之外掘之至於黃泉則有用者尚有用乎惠子曰。无用。莊子曰。然則无用之爲用也亦明矣。

莊子曰。人有能遊。且得不遊乎。人有能自適者何所不自適乎人而不能遊。且得遊乎。人而不能自適何所得自適乎夫流遁之志。決絕之行。浮游隱遁決絕棄世噫其非至知厚德之任與。真智大德之所任殆不如此覆墜而不反。火馳而不顧。火馳猶後世言火速火急也雖遇覆墜猶疾馳而不返顧此果於用世者蘇輿云火馳亦見天地篇雖相與爲君臣。時也。時之適然易世而无以相賤。世代變易二者相等故曰至人不留行焉。至人於此絕無流滯夫尊古而卑今。學者之流也。且以狶韋氏之流。觀今之世。夫孰能不波。且以淳古之風視今之世夫孰能不動於中波動也唯至人乃能遊於世而不僻。與世同遊而不僻處與遊遁決絕者異順人而不失己。與覆墜火馳者異彼教不學。承意不彼。彼尊古卑今之教我固不必學之亦承其意而不必與彼分別也

目徹爲明。耳徹爲聰。鼻徹爲顫。成云顫辛臭之事也口徹爲甘。心徹爲知。知徹爲德

下知音智徹通也凡道不欲壅。壅則哽。哽而不止則跈。道乃人所共由不欲壅滯壅滯則必至哽塞哽塞而不止則妄行而相騰踐矣郭云跈騰踐也跈則衆害生。郭云生起也物之有知者恃息。宣云息所以通一身之氣其不殷。非天之罪。殷正也其或不正非天之過天之穿之。日夜无降。成云降止也自然之理穿通萬物自晝及夜未嘗止息人則顧塞其竇。成云竇孔也流俗之人反於天理壅塞根竅滯溺不通胞有重閬。釋文胞腹中胎郭云閬空曠也成云人腹內空虛故容藏胃藏胃空虛故通氣液心有天遊。宣云心必有閒處以適天機室无空虛。則婦姑勃谿。司馬云勃谿反戾也宣云勃谿逼塞相乘也謂室無餘地則尊卑逼塞相乘踐也心無天遊。則六鑿相攘。宣云六鑿六根之鑿性者也無閒適處則六根用事而奪性大林丘山之善於人也。亦神者不勝。宣云夫心有天遊則方寸之內逍遥無際何假肩曠之處而後適哉今人見大林丘山之曠而喜以爲善者亦由平日胸次逼狹神明不勝故也

德溢乎名。名溢乎暴。郭嵩燾云德所以弁溢名爲之也名所以弁溢表暴以成之也荀子富國篇聲名足以暴炙之謀稽乎誸。郭云誸急也急而後考其謀知出乎爭。宣云爭而後騁智柴生乎守。柴猶獨也有守而後獨立不懼達生篇云柴立其中央官事果乎衆宜。官之設事必衆皆宜之而後果行春雨日時。草木怒生。日疑日之誤銚鎒於是乎始修。成云銚耜之類也鎒鋤也草木之到植者過半。而不知其然。釋文植立也司馬云鋤拔反之更生曰到植盧云到古倒字成云鋤罷到生時節使然故制法立教必須順時

靜然可以補病。宣云靜則神氣來復故可以補病眥㨔可以休老。釋文㨔本亦作揻郭嵩燾云廣韻揻案也摩也謂以兩手按摩目眥宣云此蓋養生之術可以沐浴老容寧可以止遽。宣云寧定則心閑泰可以止迫遽也雖然。若是勞者之務也。宣云姑教勞者以自息之方耳非佚者之所未嘗過而問焉。宣云未能佚者不事此案非字當衍聖人之所以駴天下。神人未嘗過而問焉。聖人如黃帝堯舜神人如廣成大隗賢人所以駴世。聖人未嘗過而問焉。務光申徒狄之輩蓋賢人也君子所以駴國。賢人未嘗過而問焉。君子駴國蓋田恆之徒小人所以合時君子未嘗過而問焉。

演門有親死者，釋文演門宋城門名 以善毁爵爲官師。宋君旌其孝行 其黨人毁而死者半。郭云慕賞而孝去眞遠矣斯尙賢之過也黨鄉黨 堯與許由天下，許由逃之；湯與務光天下，務光怒之；紀他聞之，帥弟子而踆於窾水，諸侯弔之，三年，申徒狄因以踣河。釋文踆字林云古蹲字司馬云窾水名成云他恐及己與弟子蹲踞水旁諸侯聞之重其廉素時往弔慰恐其沈沒狄聞斯事慕其高名遂赴河自溺而死

荃者所以在魚，得魚而忘荃；釋文荃崔音孫香草也可以餌魚或云積柴水中使魚依而食焉一云魚笱也盧云如或所云是潛也見詩周頌案成本作筌 在者生致之 蹄者所以在兔，得兔而忘蹄；釋文蹄兔罥也係其脚故曰蹄 言者所以在意，得意而忘言。吾安得忘言之人而與之言哉。

雜篇 寓言第二十七

寓言十九，宣云寄寓之言十居其九案意在此而言寄於彼 重言十七，宣云引重之言十居其七 卮言日出，釋文卮字又作巵音支字略云圓酒器也王云卮器滿卽傾空則仰隨物而變非執一守故者也施之於言故隨人從變已無常主也郭云日出謂日新 和以天倪。成云和合也天倪自然之分也案謂止能應以自然 寓言十九，藉外論之。郭云言出於己俗多不受故借外耳肩吾連叔之類 親父不爲其子媒。親父譽之，不若非其父者也；成云媒媾合也父談其子人多不信他人譽之信者多矣 非吾罪也，人之罪也。非吾故爲支離之過乃人妄起疑謗之過也 與己同則應，不與己同則反，同於己爲是之，異於己爲非之。人情專以同異爲是非故須寓言 重言十七，姚云莊生書凡託爲人言者十有其九就寓言中其託爲神農黃帝堯舜孔顏之類言足爲世重者又十有其七 所以已言也，已止也止天下淆亂之言 是爲耆艾。此爲長老之言則稱引之釋詁耆艾長也 年先矣，而无經緯本末以期年耆者，是非先也。處事貴有經緯立言貴有本末所重乎耆艾者作高而有道者也若年居先矣而胸無經緯本末徒稱年耆者是烏得爲先乎蘇輿云期猶限也言他無以先人徒以年爲限則陽篇計物之數不止於萬而期曰萬物與此期字義同 人而无以先人，

无人道也。宣云不能盡人之道 人而无人道。是之謂陳人。郭云直是陳久之人耳宣云猶老朽也 卮言日出。和以天倪。因以曼衍。所以窮年。因其事理而曼衍之日出不窮聊以盡我之年歲耳齊物論云和之以天倪因之以曼衍所以窮年也 不言則齊。齊與言不齊。言與齊不齊也。故曰无言。蘇輿云不言而道存物論齊矣言則有正有差齊與言言與齊終無可齊之日故曰莫若無言 言无言。郭云言彼所言故雖有言而我仍無言也 終身言。未嘗言。終身不言。未嘗不言。有自也而可。有自也而不可。有自也而然。有自也而不然。郭云自由也由彼我之情偏故有可不可然不然 惡乎然。然於然。惡乎不然。不然於不然。惡乎可。可於可。惡乎不可。不可於不可。物固有所然。物固有所可。无物不然。无物不可。以上又見齊物論篇 非卮言日出。和以天倪。孰得其久。非此無言之言孰能傳久 萬物皆種也。以不同形相禪。宣云皆有種類各以其形禪於無窮 始卒若環。莫得其倫。郭云倫理也案如環無端莫得其理 是謂天均。天均者。天倪也。成云均齊也是謂天然齊等之道卽以齊均之道亦名自然之分也案齊物論亦云是以聖人和之以是非而休乎天均是之謂兩行

莊子謂惠子曰。孔子行年六十而六十化。始時所是。卒而非之。未知今之所謂是之非五十九年非也。與則陽篇稱蘧伯玉同 惠子曰。孔子勤志服知也。宣云疑孔子勤勞心志從事於多知未得爲化也 莊子曰。孔子謝之矣。而其未之嘗言。宣云言孔子已謝去勤勞之迹而進於道但口未之言耳 孔子云。宣云引孔子雅言 夫受才乎大本。復靈以生。大本天也人受才於天而復其性靈以生 鳴而當律。聲爲律 言而當法。言而世爲天下法 利義陳乎前。而好惡是非。直服人之口而已矣。使人乃以心服。而不敢蘁立。定天下之定。釋文蘁音悟逆也案言但取服人口而已而能使人心服自不敢迕如此者斯足以立定天下之定理也子言如此 已乎已乎。吾

且不得及彼乎。成云此莊子歎美宣尼之詞姚云勤志服知孔子所言以教弟子者然非孔子所以爲孔子故曰謝之若所未嘗言者乃所爲孔子云也何也蓋有大本存焉受才於大本復靈以反其生孔子所以爲孔子也還其大而已矣若夫當律當法而明是非此德之小者豈孔子之謂哉義亦可采

曾子再仕而心再化。宣云化變也曰吾及親仕三釜而心樂。成云六斗四升曰釜後仕三千鍾而不洎。成云六斛四斗曰鍾洎及也寨不及親吾心悲。弟子問於仲尼曰若參者可謂无所縣其罪乎。郭云縣係也宣云爲親而仕心無係祿之罪曰既已縣矣。宣云已縣係於祿養矣夫无所縣者可以有哀乎。成云孝子事親務在於適無論祿之厚薄盡於色養而已故有傭賃而稱孝子三仕猶爲不孝既心存哀樂得無係祿之罪乎夫唯無係者故當無哀樂也彼視三釜三千鍾如觀雀蚊虻相過乎前也。彼謂無係者俞云雀字衍釋文云元嘉本作如鸛蚊無虻字是陸所見本未衍雀字故但言元嘉本無虻字不言其無雀字也惟鸛與蚊虻一鳥一蟲取喻不倫王云鸛蚊取大小相縣以喻三釜三千鍾之多少夫至人之視物一映而已豈屑屑於三釜三千鍾之多少而必分別其爲鸛爲蚊乎釋文又云鸛本亦作觀疑是古本如此其文云彼視三釜三千鍾如觀蚊虻相過乎前也淮南俶真篇毀譽之於己猶蚊虻之一過也義與此同因觀誤作鸛則鸛蚊虻三字不倫乃有删一虻字使鸛與蚊二文相稱者元嘉本是也又有增一雀字使鸛雀與蚊虻二文相稱者今本是也皆非莊子之舊矣

顏成子游謂東郭子綦曰。成云居在郭東曰東郭猶是齊物篇中南郭子綦也自吾聞子之言一年而野。成云野質樸也聞道一年學心未執稍能樸素去浮華耳二年而從。成云順於俗也三年而通。成云不滯境也四年而物。成云與物同也五年而來。成云爲衆歸也六年而鬼入。成云神會物理七年而天成。成云合自然成八年而不知死不知生。成云不覺死生聚散之異九年而大妙。成云妙精微也知照宏博故稱大也

生有爲死也。郭云生而有爲則喪其生勸公。宣云設爲勸人之語如下二句以其死也有自也。郭云自由也由有爲故死由私其生故有爲而生陽也无自也。宣云死爲陰生爲陽郭云生之陽以其絕迹無爲而然非有由也而果然乎。而汝也言汝果能無爲乎惡乎其所適。惡乎其所不適。成云所在皆適天有歷數。氣數有定地有人據。各據其所吾惡乎求之。成云吾於何處分外求之莫

知其所終。若之何其无命也。成云時來運去非命如何言有命也 莫知其所始。若之何其有命也。成云死去生來猶春秋冬夏豈其命乎言無命也 有以相應也。若之何其无鬼邪。郭云理必有應若有神靈以致之也 无以相應也。若之何其有鬼邪。相應之理有時而不靈

衆罔兩問於景曰。影外微陰甚多故曰衆罔兩 若向也俯。而今也仰。若汝 向也括。而今也被髮。括束髮 向也坐。而今也起。向也行。而今也止。何也。景曰。搜搜也。釋文搜本又作叟成云叟叟無心運動之貌 奚稍問也。宣云何奉爾而問 予有而不知其所以。予雖居然有之矣而不知所以然 予蜩甲也。蛇蛻也。似之而非也。宣云甲蛻猶有一定之形故似之而非案以上與齊物論同而繁簡異 火與日。吾屯也。釋文屯聚也宣云得火日則屯聚而顯 陰與夜。吾代也。司馬云代謂使得休息也 彼吾所以有待邪。彼謂形 而況乎以有待者乎。謂形待天機而動也齊物篇云吾所待又有待而然者邪 彼來則我與之來。彼往則我與之往。彼強陽則我與之強陽。宣云強陽謂健動也 強陽者又何以有問乎。有卽上文予有之有也言彼健動者又何能以予問乎

陽子居南之沛。列子黃帝篇作楊朱 老聃西遊於秦。邀於郊。邀約也宣云子居邀老子於沛郊 至於梁而遇老子。宣云梁沛郊地名 老子中道仰天而歎曰。始以汝爲可教。今不可也。陽子居不答。至舍。進盥漱巾櫛。黃帝篇盥作綰 脫屨戶外。膝行而前曰。向者弟子欲請夫子。夫子行不閒。是以不敢。今閒矣。請問其過。老子曰。而睢睢盱盱。郭云跋扈之貌人將畏而疏遠 而誰與居。誰與汝居處乎 大白若辱。盛德若不足。辱汙也此道德經文 陽子居蹵然變容曰。敬聞命矣。其往也。舍者迎將其家。張湛注客舍家也 公執席。妻執巾櫛。舍者避席。成云先坐者避席而走 煬

者避竈。成云，然火者不敢當竈。其反也，舍者與之爭席矣。郭云，去其夸矜故也。

莊子集解卷八

雜篇　讓王第二十八　讓王下四篇古今學者多以爲僞作

堯以天下讓許由。許由不受。又讓於子州支父。李云：支父字也，卽支伯也。子州支父曰。以我爲天子。猶之可也。雖然。我適有幽憂之病。王云：謂其病深固也。方且治之。未暇治天下也。夫天下至重也。而不以害其生。又況他物乎。唯无以天下爲者。可以託天下也。

舜讓天下於子州支伯。子州支伯曰。予適有幽憂之病。方且治之。未暇治天下也。故天下大器也。而不以易生。此有道者之所以異乎俗者也。

舜以天下讓善卷。善卷曰。余立於宇宙之中。冬日衣皮毛。夏日衣葛絺。春耕種。形足以勞動。秋收斂。身足以休息。日出而作。日入而息。逍遙於天地之間。而心意自得。吾何以天下爲哉。悲夫。子之不知余也。遂不受。於是去而入深山。莫知其處。

舜以天下讓其友石戶之農。石戶之農曰。釋文：石戶本亦作后。石戶，地名。成云：戶字亦有作后者。曰捲捲乎后之爲人。葆力之士也。釋文：捲音權，郭音眷，用力貌。案：戶亦作后，此后乃自稱。言我捲捲勤苦，是葆力之士，未暇治天下也。以舜之德爲未至也。於是夫負妻戴。攜子以入於海。終身不反也。

大王亶父居邠。狄人攻之。事之以皮帛而不受。事之以犬馬而不受。事之以珠玉而不受。狄人之所求者土地也。大王亶父曰。與人之兄居。而殺其弟。與人之父居。而殺其子。吾不忍也。子皆勉居矣。爲吾臣。與爲狄人臣。奚以異。且吾聞之。不以所用養害所養。成云用養土地所養百姓 因杖筴而去之。民相連而從之。司馬云連讀曰輦 遂成國於岐山之下。夫大王亶父可謂能尊生矣。以生命爲貴 能尊生者。雖貴富。不以養傷身。雖貧賤。不以利累形。有養者不以嗜養傷身無利者不以求財累形 今世之人。居高官尊爵者。皆重失之。唯恐失之 見利輕亡其身。豈不惑哉。

越人三世弒其君。王子搜患之。逃乎丹穴。釋文李云搜王子名淮南子作翳爾雅云南戴日爲丹穴成云丹穴南山洞也俞云翳前經三世弒君事史記越世家索隱以搜爲翳之子無顓據竹書紀年翳爲其子所弒越人殺其子立無余又見弒而立無顓是無顓以前三世皆不善終則王子搜是無顓是無顓之異名無疑矣淮南子蓋傳聞之誤當據索隱訂正 而越國无君。求王子搜不得。從之丹穴。王子搜不肯出。越人薰之以艾。乘以王輿。王子搜援綏登車。仰天而呼曰。君乎君乎。獨不可以舍我乎。王子搜非惡爲君也。惡爲君之患也。若王子搜者。可謂不以國傷生矣。此固越人之所欲得爲君也。

韓魏相與爭侵地。子華子見昭僖侯。昭僖侯有憂色。司馬云子華子魏人昭僖韓侯俞云呂覽貴生篇引子華子曰全生爲上虧生次之死次之迫生爲下又誣徒篇引子華子曰王者樂其所以王亡者樂其所以亡高注並云子華子古體道人知度審爲兩篇注同韓有昭侯有僖王無昭僖侯 子華子曰。今使天下書銘於君之前。成云銘書記也 書之言曰。左手攫之則右手廢。釋文司馬云廢病也一云攫者援書銘廢者斷右手右手攫之則左手廢，然而攫之者必有天下。君能攫之乎？昭僖侯曰：寡人不攫也。子華子曰：甚善！自是觀之，兩臂重於天下也，身亦重於兩臂。韓之輕於天下亦遠矣，今之所爭者，其輕於韓又遠。君固愁身傷生以憂戚不得也！憂其不得。僖侯曰：善哉！教寡人者衆矣，未嘗得聞此言也。子華子可謂知輕重矣。僖上脫昭字。

魯君聞顔闔得道之人也，使人以幣先焉。顔闔守陋閭，苴布之衣而自飯牛。李云：苴，有子麻也。魯君之使者至，顔闔自對之。使者曰：此顔闔之家與？顔闔對曰：此闔之家也。使者致幣，顔闔曰：恐聽者謬而遺使者罪，不若審之。俞云：聽下者字衍，呂覽貴生篇無。使者還，反審之，復來求之，則不得已。已，避去。故若顔闔者，眞惡富貴也。故曰：道之眞以治身，其緒餘以爲國家，其土苴以治天下。司馬云：土苴，如糞草也。由此觀之，帝王之功，聖人之餘事也，非所以完身養生也。今世俗之君子，多危身棄生以殉物，豈不悲哉！凡聖人之動作也，必察其所以之與其所以爲。王云：所以之者，謂德所加之方也；所爲者，謂所以待物也。今且有人於此，以隨侯之珠彈千仞之雀，世必笑之。是何也？則其所用者重而所要者輕也。夫生者豈特隨侯之重哉！俞云：貴生篇侯下有珠字，當據補。

子列子窮，容貌有飢色。客有言之於鄭子陽者曰：列御寇蓋有道之士也，居君之國而窮，君無乃爲不好士乎？釋文：子陽，鄭相。鄭子陽即令官遺之粟。成云：主倉之官子列子見使者。再拜而辭。使者去。子列子入。其妻望之而拊心曰。妾聞爲有道者之妻子。皆得佚樂。今有飢色。君過而遺先生食。（言相君過聽有此嘉惠）先生不受。豈不命邪。子列子笑謂之曰。君非自知我也。以人之言而遺我粟。至其罪我也。又且以人之言。此吾所以不受也。其卒。民果作難而殺子陽。（俞云：子陽事見呂覽適威篇、淮南氾論訓。至史記鄭世家則云繻公二十五年鄭繻公殺其相子陽，二十七年子陽之黨共弑繻公駘，又與諸書不同）

楚昭王失國。屠羊說走而從於昭王。昭王反國。將賞從者。及屠羊說。屠羊說曰。大王失國。說失屠羊。大王反國。說亦反屠羊。臣之爵祿已復矣。又何賞之言。王曰。強之。（強令受賞）屠羊說曰。大王失國。非臣之罪。故不敢伏其誅。大王反國。非臣之功。故不敢當其賞。王曰。見之。屠羊說曰。楚國之法。必有重賞大功而後得見。今臣之知不足以存國。（知音智）而勇不足以死寇。吳軍入郢。說畏難而避寇。非故隨大王也。今大王欲廢法毀約而見說。（約與百姓共守法之約）此非臣之所以聞於天下也。王謂司馬子綦曰。屠羊說居處卑賤。而陳義甚高。子綦爲我延之以三旌之位。（釋文：三旌，三公位也。司馬本作三珪，云謂諸侯之三卿皆執珪也。宣云：車服各有旌別，故曰三旌。俞云：爲上綦字衍。案綦或當作其）屠羊說曰。夫三旌之位。吾知其貴於屠羊之肆也。萬鍾之祿。吾知其富於屠羊之利也。然豈可以食爵祿而使吾君有妄施之名乎。說不敢當。願復反吾屠羊之肆。遂不受也。（遂竟也）

原憲居魯。環堵之室。茨以生草。成云以草蓋屋謂之茨蓬戶不完。釋文繼蓬爲戶桑以爲樞而甕牖。司馬云屈桑條爲戶樞破甕爲牖二室。司馬云夫妻各一室褐以爲塞。司馬云以褐衣塞牖上漏下溼。匡坐而弦。司馬云匡正也釋文弦謂弦歌子貢乘大馬。中紺而表素。李云紺爲中衣加素爲表軒車不容巷。往見原憲。原憲華冠縰履。釋文以華木皮爲冠郭慶藩云上林賦華楓枰櫨張揖曰華皮可以爲索卽樺也說文樺木也以其皮裹松脂讀若華李云縰履謂履無跟也三蒼解詁縰作躧云躧也聲類或作屣通俗文履不著跟曰屣杖藜而應門。子貢曰。嘻。先生何病。原憲應之曰。憲聞之。无財謂之貧。學而不能行謂之病。今憲貧也。非病也。子貢逡巡而有愧色。原憲笑曰。夫希世而行。司馬云希望也所行常顧世譽而動比周而友。成云周旋親比以結朋黨學以爲人。教以爲己。釋文學當爲己教當爲人今不然也仁義之慝。司馬云依託仁義爲姦惡輿馬之飾。憲不忍爲也。

曾子居衞。縕袍无表。顏色腫噲。司馬云腫噲剝錯也郭慶藩云疑噲當爲癐病甚也手足胼胝。三日不舉火。十年不製衣。正冠而纓絕。捉衿而肘見。納屨而踵決。曳縰而歌商頌。聲滿天地。若出金石。天子不得臣。諸侯不得友。故養志者忘形。成云賢人君子不以形挫志養形者忘利。成云攝衞之士不以利傷生致道者忘心矣。成云得道之人忘心知之術

孔子謂顏回曰。回來。家貧居卑。胡不仕乎。顏回對曰。不願仕。回有郭外之田五十畝。足以給飦粥。釋文飦或作饘廣雅云糜也郭內之田十畝。足以爲絲麻。鼓琴足以自娛。所學夫子之道者。足以自樂也。回不願仕。孔子愀然變容曰。善哉回之意。丘聞之。知足者。不以利自累也。審自得者。失之而不懼。之卽謂利行修於

內者无位而不怍。丘誦之久矣。今於回而後見之。是丘之得也。喜得此人也

中山公子牟謂瞻子曰。司馬云魏之公子封中山名牟　釋文瞻子賢人也淮南作詹　身在江海之上。心居乎魏闕之下。釋文魏淮南作巍司馬本同云巍讀曰魏象魏觀闕人君門也許慎云天子兩觀也　奈何。瞻子曰。重生。重生則利輕。宣云重生猶尊生

中山公子牟曰。雖知之。未能自勝也。瞻子曰。不能自勝則從。神无惡乎。釋文不能自勝則從絕句一讀至神字絕句成云若不勝於情欲則宜從順心神亦不勞妄生嫌惡也俞云從字絕句是也呂覽審爲篇作不能自勝則縱之文子下德篇淮南道應篇並作從之且疊從之二字則從神之不當連讀明矣

不能自勝而強不從者。此之謂重傷。重傷之人。无壽類矣。釋文重直用反俞云重傷猶再傷也不能自勝則已傷矣又強制之而不使縱是再傷也呂覽高注重讀復重之重是也釋文非

魏牟。萬乘之公子也。其隱巖穴也。難爲於布衣之士。雖未至乎道。可謂有其意矣。孔子窮於陳蔡之閒。七日不火食。藜羹不糝。成云藜菜之羹不加米糝　顏色甚憊。而弦歌於室。顏回擇菜。子路子貢相與言曰。夫子再逐於魯。削迹於衞。伐樹於宋。窮於商周。圍於陳蔡。殺夫子者无罪。藉夫子者无禁。釋文藉陵藉也　弦歌鼓琴。未嘗絕音。君子之无恥也若此乎。顏回无以應。入告孔子。孔子推琴喟然而歎曰。由與賜。細人也。召而來。吾語之。子路子貢入。子路曰。如此者可謂窮矣。孔子曰。是何言也。君子通於道之謂通。窮於道之謂窮。今丘抱仁義之道。以遭亂世之患。其何窮之爲。郭慶藩云呂覽慎人篇爲作謂是也古爲謂字通　故內省而不窮於道。臨難而不失其德。天寒既至。俞云呂覽慎人篇天作大此誤　霜露既降。吾是以知松柏之茂也。陳蔡之隘。釋文隘音厄　於丘其幸乎。孔子削然反琴

而弦歌。成云削然取琴聲 子路扢然執干而舞。李云扢然奮舞貌 子貢曰。吾不知天之高也。地之下也。古之得道者。窮亦樂。通亦樂。所樂非窮通也。道德於此。則窮通為寒暑風雨之序矣。俞云德當作得呂覽慎人篇作道得於此則窮達一也為寒暑風雨之序矣疑此文窮通下亦當有一也二字而今奪之案成云得道之人處窮通而常樂是成所見本德作得與呂覽同 故許由娛於穎陽。而共伯得乎共首。司馬云共伯名和修其行好賢人諸侯皆以為賢周厲王之難天子曠絕諸侯皆請以為天子共伯不聽（據路史當補弗獲免三字）即干王位十四年大旱屋焚卜於太陽兆曰厲王為祟召公乃立宣王共伯復歸於宗逍遙得意共山之首共丘山今在河南共縣西

舜以天下讓其友北人无擇。北人无擇曰。異哉后之為人也。居於畎畝之中。而遊堯之門。不若是而已。言不惟若此 又欲以其辱行漫我。漫汙我也 吾羞見之。因自投清泠之淵。釋文山海經云在江南一云在南陽郡西崿山下

湯將伐桀。因卞隨而謀。卞隨曰。非吾事也。湯曰。孰可。曰。吾不知也。湯又因瞀光而謀。瞀光曰。非吾事也。湯曰。孰可。曰。吾不知也。湯曰。伊尹何如。曰。強力忍垢。吾不知其他也。湯遂與伊尹謀伐桀。剋之。以讓卞隨。卞隨辭曰。后之伐桀也謀乎我。必以我為賊也。勝桀而讓我。必以我為貪也。吾生乎亂世。而无道之人再來漫我。以其辱行。吾不忍數聞也。乃自投稠水而死。釋文司馬本稠作洞云洞水在潁川一云在苑陽郡界 湯又讓瞀光曰。知者謀之。武者遂之。仁者居之。古之道也。吾子胡不立乎。瞀光辭曰。廢上。非義也。殺民。非仁也。人犯其難。我享其利。非廉也。吾聞之曰。非其義者。不受其祿。无道之世。不踐其土。況尊我乎。

吾不忍久見也。乃負石而自沈於廬水。釋文司馬本作盧水在遼東西界一云在北平郡界

昔周之興。有士二人處於孤竹。曰伯夷叔齊。二人相謂曰。吾聞西方有人。似有道者。試往觀焉。至於岐陽。武王聞之。使叔旦往見之。與盟曰。加富二等。成云加祿二級就官一列。血牲而埋之。二人相視而笑曰。嘻。異哉。此非吾所謂道也。昔者神農之有天下也。時祀盡敬而不祈喜。俞云喜當作禧釋詁禧福也不祈喜不祈福也呂覽誠廉篇作時祀盡敬而不祈福與此字異義同其於人也。忠信盡治而无求焉。樂與政為政。樂與治為治。不以人之壞自成也。不以人之卑自高也。不以遭時自利也。今周見殷之亂而遽為政。上謀而下行貨。王念孫云下字誤加上與尚同呂覽誠廉篇正作上謀而行貨阻兵而保威。割牲而盟以為信。揚行以說衆。殺伐以要利。是推亂以易暴也。吾聞古之士。遭治世不避其任。遇亂世不為苟存。今天下闇。周德衰。其竝乎周以塗吾身也。其猶與其竝依塗汙也不如避之以絜吾行。二子北至於首陽之山。遂餓而死焉。若伯夷叔齊者。其於富貴也。苟可得已。則必不賴。特也高節戾行。獨樂其志。不事於世。此二士之節也。

雜篇 盜跖第二十九

孔子與柳下季為友。柳下季之弟。名曰盜跖。盜跖從卒九千人。橫行天下。侵暴諸侯。釋文李奇注漢書云跖秦之大盜也俞云史記伯夷傳正義云跖者黃帝時大盜之名是跖之為何時人竟無定說孔子與柳下惠不同時柳下惠與盜跖亦不同時讀者勿以寓言篇

寶也 穴室樞戶。司馬云：破人戶樞而取物也。驅人牛馬。取人婦女。貪得忘親。不顧父母兄弟。不祭先祖。所過之邑。大國守城。小國入保。釋文：禮記鄭注：小城曰保。萬民苦之。孔子謂柳下季曰。夫為人父者。必能詔其子。為人兄者。必能教其弟。若父不能詔其子。兄不能教其弟。則无貴父子兄弟之親矣。今先生。世之才士也。弟為盜跖。為天下害。而弗能教也。丘竊為先生羞之。丘請為先生往說之。柳下季曰。先生言為人父者。必能詔其子。為人兄者。必能教其弟。若子不聽父之詔。弟不受兄之教。雖今先生之辯。將奈之何哉。且跖之為人也。心如涌泉。意如飄風。強足以距敵。辯足以飾非。順其心則喜。逆其心則怒。易辱人以言。先生必无往。孔子不聽。顏回為御。子貢為右。往見盜跖。盜跖乃方休卒徒太山之陽。膾人肝而餔之。釋文：餔，字林云：日申時食也。孔子下車而前。見謁者曰。魯人孔丘。聞將軍高義。敬再拜謁者。謁者入通。盜跖聞之大怒。目如明星。髮上指冠。曰。此夫魯國之巧偽人孔丘非邪。為我告之。爾作言造語。妄稱文武。成云：言憲章文武。冠枝木之冠。司馬云：冠多華飾，如木之枝繁。帶死牛之脅。司馬云：取牛皮為大革帶。多辭繆說。不耕而食。不織而衣。搖脣鼓舌。擅生是非。以迷天下之主。使天下學士不反其本。妄作孝弟。而僥倖於封侯富貴者也。子之罪大極重。俞云：極當作殛。釋言：殛，誅也。言罪大而誅重也。極殛古字通。書洪範、多士、左僖二十八年傳、昭七年傳釋文並曰：殛本作極。疾走歸。不然。我將以子肝益晝餔之膳。孔子復通曰。丘得幸於季。願望履幕下。釋文司馬本幕作綦，云：言視不敢望跖而望履結而還也。謁者復通。盜跖曰：使來前。孔子趨而進，避席反走，再拜盜跖。盜跖大怒，兩展其足，案劍瞋目，聲如乳虎，曰：丘來前！若所言順吾意則生，逆吾心則死。孔子曰：丘聞之，凡天下有三德：生而長大，美好无雙，少長貴賤見而皆說之，此上德也；知維天地，釋文：知音智。能辯諸物，此中德也；勇悍果敢，聚衆率兵，此下德也。凡人有此一德者，足以南面稱孤矣。今將軍兼此三者，身長八尺二寸，面目有光，脣如激丹，司馬云：明也。齒如齊貝，音中黃鐘，而名曰盜跖，丘竊爲將軍恥不取焉。將軍有意聽臣，臣請南使吳越，北使齊魯，東使宋衞，西使晉楚，使爲將軍造大城數百里，立數十萬戶之邑，尊將軍爲諸侯，與天下更始，罷兵休卒，收養昆弟，共祭先祖。共讀曰供。此聖人才士之行，而天下之願也。盜跖大怒曰：丘來前！夫可規以利而可諫以言者，皆愚陋恆民之謂耳。今長大美好，人見而悅之者，此吾父母之遺德也。丘雖不吾譽，吾獨不自知邪？且吾聞之，好面譽人者，亦好背而毁之。今丘告我以大城衆民，是欲規我以利而恆民畜我也，安可久長也！城之大者，莫大乎天下矣。堯舜有天下，子孫无置錐之地；朱均不嗣。湯武立而天下，後世絕滅；成云：湯武子孫咸遭篡弒。非以其利大故邪？且吾聞之，古者禽獸多而人少，於是民皆巢居以避之，晝拾橡栗，暮栖木上，故命之曰有巢氏之民。古者民不知衣服，夏多積薪，冬則煬之，故命之曰知生之民。神農之世，臥則居居，成云：居居，安靜之容。起則于于。郭慶藩云：于于，廣大之意。方言：于，大也。禮檀弓：于則于。正義亦訓于爲廣大。于于，重言。民知其母，不知其父，與麋鹿共處，耕而食，織而衣，无有相害之心，此至德之隆也。然而黃帝不能致德，與蚩尤戰於涿鹿之野，流血百里。堯舜作，立羣臣，湯放其主，武王殺紂。自是之後，以強陵弱，以衆暴寡。湯武以來，皆亂人之徒也。今子修文武之道，掌天下之辯，以教後世，成云：辯說仁義，爲後世之教。縫衣淺帶，釋文：縫作摓。郭慶藩云：列子黃帝篇注引向秀云：摓衣，儒服，寬而長大。釋文：摓又作縫。縫衣，大衣也。或作逢。禮儒行：逢掖之衣。鄭注：逢，猶大也。釋文：淺帶，縫帶使淺狹。矯言僞行，以迷惑天下之主，而欲求富貴焉。盜莫大於子。天下何故不謂子爲盜丘，而乃謂我爲盜跖？子以甘辭說子路而使從之，使子路去其危冠，解其長劍，而受教於子，天下皆曰孔丘能止暴禁非。其卒之也，子路欲殺衛君而事不成，身菹於衛東門之上，是子教之不至也。子自謂才士聖人邪？則再逐於魯，削迹於衛，窮於齊，圍於陳蔡，不容身於天下。子教子路菹此患，疑有奪文。上无以爲身，下无以爲人，子之道豈足貴邪？世之所高，莫若黃帝，黃帝尚不能全德，而戰涿鹿之野，流血百里。堯不慈，舜不孝，成云：堯不授丹朱，舜爲父所疾。禹偏枯，成云：治水勤勞致疾。湯放其主，武王伐紂，文王拘羑里。句應在武王上，而誤倒。此六子者，世之所高也，孰論之，孰同熟，猶言精熟討論之。皆以利惑其真而強反其情性，其行乃甚可羞也。世之所謂賢士，伯夷叔齊。伯夷叔齊辭孤竹之君。而餓死於首陽之山。骨肉不葬。鮑焦飾行非世。抱木而死。成云：鮑焦周時隱者，飾行非世，荷擔采樵，拾橡充食，子貢遇之曰：吾聞非其政者不履其地，汙其君者不受其利，今子履其地，食其利，其可乎？焦曰：吾聞廉士重進而輕退，賢人易愧而輕死，遂抱木立枯焉。 申徒狄諫而不聽。負石自投於河。爲魚鼈所食。成云：諫而不聽，未詳所據。 介子推至忠也。自割其股以食文公。文公後背之。子推怒而去。抱木而燔死。尾生與女子期於梁下。女子不來。水至不去。抱梁柱而死。此六子者。无異於磔犬流豕。操瓢而乞者。李云：言人不得其死，猶豬狗乞兒流轉溝中者也。 皆離名輕死。釋文：離，力智反。 不念本養壽命者也。不念本在養生，壽由天命者也。 世之所謂忠臣者。莫若王子比干伍子胥。子胥沈江。比干剖心。此二子者。世謂忠臣也。然卒爲天下笑。成云：爲達道者所嗤。 自上觀之。至於子胥比干。二子以身殉國，在諸人中猶爲最上。 皆不足貴也。丘之所以說我者。若告我以鬼事。則我不能知也。若告我以人事者。不過此矣。皆吾所聞知也。今吾告子以人之情。目欲視色。耳欲聽聲。口欲察味。志氣欲盈。人上壽百歲。中壽八十。下壽六十。除病瘦死喪憂患。王念孫云：瘦當爲瘐，字之誤也。病瘐一類，死喪一類，憂患一類。瘐字或作瘉。 其中開口而笑者。一月之中。不過四五日而已矣。天與地无窮。人死者有時。操有時之具。而託於无窮之間。忽然无異騏驥之馳過隙也。不能說其志意。養其壽命者。皆非通道者也。丘之所言。皆吾之所棄也。亟去走歸。无復言之。子之道狂狂汲汲。成云：狂狂，失信也。汲汲，不足也。 詐巧虛僞事也。非可以全真也。奚足論哉。孔子再拜趨走。出門上車。執轡三失。目芒然无見。

色若死灰。據軾低頭。不能出氣。歸到魯東門外。適遇柳下季。柳下季曰。今者闕然數日不見。車馬有行色。得微往見跖邪。成云微無也 孔子仰天而歎曰。然。柳下季曰。跖得无逆汝意若前乎。卽篇首柳下所云也 孔子曰。然。丘所謂无病而自灸也。疾走料虎頭。釋文料音聊成云料觸 編虎須。幾不免虎口哉。

子張問於滿苟得曰。盍不爲行。何不行義乎 无行則不信。不信則不任。不任則不利。故觀之名。計之利。而義真是也。若無所行則人不見信不見信則無人任用不見任用則無利祿故觀之於名計之於利惟行義真是也 若棄名利。反之於心。則夫士之爲行。不可一日不爲乎。上篇殉名利言也若棄名利而反之我心士之爲行亦不可一日不爲義也 滿苟得曰。无恥者富。多信者顯。成云多信猶多言也無恥貪殘則富多言夸伐則顯 故觀之名。計之利。而信真是也。若棄名利。反之於心。則夫士之爲行。抱其天乎。觀之於名計之於利惟信真是也若棄名利而反之吾心則士之爲行惟抱其自然之道而可乎 子張曰。昔者桀紂貴爲天子。富有天下。今謂臧聚曰。司馬云臧聚謂臧獲盜濫竊聚之人 汝行如桀紂。則有怍色。有不服之心者。小人所賤也。仲尼墨翟。窮爲匹夫。今謂宰相曰。子行如仲尼墨翟。則變容易色。稱不足者。士誠貴也。故勢爲天子。未必貴也。窮爲匹夫。未必賤也。貴賤之分。在行之美惡。滿苟得曰。小盜者拘。大盜者爲諸侯。諸侯之門。義士存焉。四語又見胠篋篇義士作仁義 昔者桓公小白殺兄入嫂。司馬云以嫂爲室家 而管仲爲臣。田成子常。常卽恆 殺君竊國。而孔子受幣。論則賤之。行則下之。則是言行之情悖戰於胸中也。言行相反而交戰 不亦拂乎。

成云拂戾也 故書曰。孰惡孰美。成者爲首。不成者爲尾。宣云言貴於成事不在矯飾 子張曰。子不爲行。即將疏戚无倫。貴賤无義。長幼无序。五紀六位。將何以爲別乎。俞云五紀即五倫六位即六紀白虎通六紀謂諸父兄弟族人諸舅師長朋友也不曰五倫而曰五紀不曰六紀而曰六位古人之語異耳 滿苟得曰。堯殺長子。崔云堯殺長子考監明 舜流母弟。釋文弟謂象也流放也孟子曰封之也或曰放焉 疏戚有倫乎。湯放桀。武王伐紂。貴賤有義乎。王季爲適。周公殺兄。長幼有序乎。儒者僞辭。墨者兼愛。五紀六位。將有別乎。且子正爲名。我正爲利。名利之實。不順於理。不監於道。成云監明也見也名利二途既乖至理豈明見於元道 吾日與子訟於无約。成云訟謂論說也 曰。宣云以下無約之言 小人殉財。君子殉名。其所以變其情。易其性。則異矣。乃至於棄其所爲。成云捨己 而殉其所不爲。成云逐物 則一也。故曰。无爲小人。反殉而天。反己而求汝自然之道 无爲君子。從天之理。若枉若直。相而天極。無問枉直視汝自然以爲極 面觀四方。與時消息。成云觀照四方隨四時而消息 若是若非。執而圓機。成云圓機猶環中也執環中之道以應是非 獨成而意。與道徘徊。成云徘徊猶轉變意用於獨化之心以成其意故能冥其虛通之理轉變無窮者也 无轉而行。无成而義。將失而所爲。王念孫云轉讀爲專山木篇一龍一蛇與時俱化而無肯專爲即此所謂無專而行也承上文言當隨時順道而不可專行仁義若專而行成而義則將失其所爲矣秋水篇無一而行與道參差一亦專也無專而行猶言無一而行也 无赴而富。无殉而成。將棄而天。成云無奔赴於富貴無殉逐於成功背於天然之性也 比干剖心。子胥抉眼。忠之禍也。直躬證父。尾生溺死。信之患也。鮑子立乾。申子不自理。廉之害也。釋文作勝子自理云本又作申子自理成云謂申屠狄抱甕之河也一本作申子不自理謂申生也案申生不得云廉之害作申子自理者是 孔子不見母。匡子不見父。義之失也。釋文孔子事李云未聞司馬云匡子名章齊人諫其父爲父所逐終身不見父案此事見孟子盧云疑父母二字當互易案盧說又非義之失 此上世之所傳。下世之所語。以爲士者正其言。必其行。故服其殃。離其患也。」

无足問於知和曰。人卒未有不興名就利者。彼富則人歸之。歸則下之。下則貴之。夫見下貴者。所以長生安體樂意之道也。今子獨无意焉。知不足邪。意知而力不能行邪。故推正不忘邪。意同抑，古抑意字通，言抑或知而不能行，故推求正道，念念不忘，而外富貴邪。

知和曰。今夫此人以爲與己同時而生。同鄉而處者。以爲夫絕俗過世之士焉。是專无主正。所以覽古今之時。是非之分也。此人即上興名就利之人，彼以爲與己同時同鄉而有絕俗過世之士，是其專於無爲，主於正道，足以覽古今之時是非之分也，胡不效之。與俗化世。去至重。棄至尊。以爲其所爲也。此其所以論長生安體樂意之道。不亦遠乎。乃混同於俗，化合於世，其去絕俗過世之士遠矣。去至重之生，棄至尊之道，以爲其所謂富貴者，此其所以論長生之道，不亦遠於事情乎。慘怛之疾。恬愉之安。不監於體。疾而悲，安而樂，體之眞適與否不見於此也。怵惕之恐。欣懽之喜。不監於心。恐而懼，喜而快，心之眞適與否不見於此也。知爲爲而不知所以爲。是以貴爲天子。富有天下。而不免於患也。成云：爲爲者，有爲也；所以爲者，無爲也。知爲之有爲，不知其出於無爲，故雖富貴而不免憂患。

无足曰。夫富之於人。无所不利。窮美究埶。釋文：音勢，本亦作勢。至人之所不得逮。賢人之所不能及。賢過也。俠人之勇力而不爲威強。俠同挾。秉人之知謀以爲明察。因人之德以爲賢良。非享國而嚴若君父。且夫聲色滋味權勢之於人。心不待學而樂之。體不待象而安之。夫欲惡避就。固不待師。此人之性也。天下雖非我。孰能辭之。言天下與我同欲。

知和曰。知者之爲。故動以百姓。不違其度。知者之爲，天下必以百姓而動，百姓亦不違背其法度。是以足而不爭。

无以爲。故不求。知足故不爭无爲故無外求 不足。故求之。爭四處而不自以爲貪。成云四處猶四方也 有餘。故辭之。棄天下而不自以爲廉。此聖凡之分 廉貪之實。非以迫外也。反監之度。廉貪之實非外有所迫也反視其度量何若而已知之矣 勢爲天子。而不以貴驕人。富有天下。而不以財戲人。計其患。慮其反。詩衞風不思其反 以爲害於性。故辭而不受也。非以要名譽也。堯舜爲帝而雍。黎民時雍 非仁天下也。不以美害生也。堨美利以奉一已是自害其生也 善卷許由得帝而不受。非虛辭讓也。不以事害已。此皆就其利。辭其害。而天下稱賢焉。則可以有之。彼非以興名譽也。可以有此賢名而居之非彼之欲興賢名也 无足曰。必持其名。苦體絕甘。約養以持生。則亦久病長阨而不死者也。言必欲謹持其名苦身體絕甘美約奉養以持生則與久病長阨而不死者同究何益乎 知和曰。平爲福。有餘爲害者。物莫不然。而財其甚者也。今富人耳營鐘鼓筦籥之聲。口嗛於芻豢醪醴之味。說文嗛口有所快也 以感其意。遺忘其業。可謂亂矣。侅溺於馮氣。若負重行而上也。可謂苦矣。釋文徐音礙五代反又戶該反飲食至咽爲侅王念孫云左昭五年傳注馮盛也馮氣猶盛氣案貪欲既多侅塞沈溺於盛氣如負重上行其苦甚矣 貪財而取慰。貪權而取竭。郭慶藩云淮南繆稱訓高注慰病也與竭對文皆疾也 靜居則溺。體澤則馮。平居則酣溺體澤則馮怒 可謂疾矣。爲欲富就利。故滿若堵耳而不知避。且馮而不舍。可謂辱矣。財積而无用。服膺而不舍。滿心戚醮。成云戚醮猶煩惱也 求益而不止。可謂憂矣。內則疑劫請之賊。外則畏寇盜之害。內周樓疏。李云重樓內帀疏窗外遍謂設備守具 外不敢獨行。可謂畏矣。此六者。天下之至害也。皆遺忘而不知察。及其患至。求盡性竭財。嗜財若天性財卽性也故曰盡性竭財單以反一日之无故而不可得也。郭嵩燾云單亶古字通亶訓但單亦訓但故觀之名則不見求之利則不得。繚意體而爭此不亦惑乎。繚曲也言曲意屈體而爭之

雜篇 說劍第三十

昔趙文王喜劍。釋文司馬云惠文王也名何武靈王子後莊子三百五十年偽紀云周赧王十七年趙惠文王之元年　一云案長歷推惠文王與莊子相值恐彪之言誤劍士夾門而客三千餘人。日夜相擊於前。死傷者歲百餘人。好之不厭。如是三年。國衰。諸侯謀之。太子悝患之。俞云惠文王後爲孝成王丹則此太子蓋不立募左右曰。孰能說王之意止劍士者。賜之千金。左右曰。莊子當能。太子乃使人以千金奉莊子。莊子弗受。與使者俱往。見太子曰。太子何以教周。賜周千金。太子曰。聞夫子明聖。謹奉千金以幣從者。夫子弗受。悝尚何敢言。莊子曰。聞太子所欲用周者。欲絕王之喜好也。使臣上說大王而逆王意。下不當太子。則身刑而死。周尚安所事金乎。使臣上說大王。下當太子。趙國何求而不得也。太子曰。然。吾王所見。唯劍士也。莊子曰。諾。周善爲劍。太子曰。然吾王所見劍士。皆蓬頭突鬢垂冠。釋文將欲鬬故冠低傾也曼胡之纓。司馬云謂麤纓無文理也短後之衣。釋文爲便於事也瞋目而語難。釋文難如字艱難也勇士憤怒積於心胸言不流利也王乃說之。今夫子必儒服而見王。事必大逆。莊子曰。請治劍服。治劍服三日。乃見太子。太子乃與見王。王脫白刃待之。莊子入殿門不趨。見王不拜。王曰。子欲何以教寡人。使太子先。成云使太子先言於我曰。臣聞大王

喜劍。故以劍見王。王曰。子之劍何能禁制。曰。臣之劍十步一人。千里不留行。俞云十步之內輒殺一人則歷千里之遠所殺多矣而劍鋒不缺所當無撓極言劍之利也行以劍言非以人言 王大悅之曰。天下無敵矣。莊子曰。夫爲劍者。示之以虛。開之以利。後之以發。先之以至。願得試之。成云忘己虛心開通利物感而後應幾照物先莊子之用劍也 王曰。夫子休。就舍待命。令設戲請夫子。王乃校劍士七日。死傷者六十餘人。得五六人。使奉劍於殿下。乃召莊子。王曰。今日試使士敦劍。郭嵩燾云魯頌敦商之旅箋敦治也 莊子曰。望之久矣。王曰。夫子所御杖長短何如。成云御用也案杖持也 曰。臣之所奉皆可。然臣有三劍。唯王所用。請先言而後試。王曰。願聞三劍。曰。有天子劍。有諸侯劍。有庶人劍。王曰。天子之劍何如。曰。天子之劍。以燕谿石城爲鋒。齊岱爲鍔。釋文燕谿地名在燕國司馬云鍔劍刃一云劍棱也成云石城塞外山此地居北以爲劍鋒齊國岱岳在東爲劍刃也 晉魏爲脊。周宋爲鐔。成云鐔環也晉魏近乎趙地故以爲脊周宋近南故以爲環也 韓魏爲夾。司馬云夾把也一本作鋏同一云鐔從棱向背鋏從棱向刃也 包以四夷。裹以四時。成云懷四夷以道德順四時以生化 繞以渤海。帶以常山。遠統北海近帶北岳二句應在包以四夷上 制以五行。論以刑德。刑罰德賞也皆以劍言古人有劍論 開以陰陽。持以春夏。行以秋冬。春秋長養則持而不御秋冬肅殺故行用之 此劍直之无前。直當也 舉之无上。案之无下。運之无旁。上決浮雲。下絕地紀。此劍一用。匡諸侯。天下服矣。此天子之劍也。文王芒然自失。曰。諸侯之劍何如。曰。諸侯之劍。以知勇士爲鋒。以清廉士爲鍔。以賢良士爲脊。以忠聖士爲鐔。以豪桀士爲夾。此劍值之亦无前。舉之亦无上。案之亦无下。運之亦无旁。上法圓天。以順三光。下法方地。以順四時。中和民意。以安四鄉。（成云：四鄉猶四方）此劍一用。如雷霆之震也。四封之內。無不賓服而聽從君命者矣。此諸侯之劍也。王曰。庶人之劍何如。曰。庶人之劍。蓬頭突鬢垂冠。曼胡之纓。短後之衣。瞋目而語難。相擊於前。上斬頸領。下決肝肺。此庶人之劍。无異於鬬雞。一旦命已絕矣。无所用於國事。今大王有天子之位。而好庶人之劍。臣竊爲大王薄之。王乃牽而上殿。宰人上食。王三環之。（成云：繞食三周不能安坐）莊子曰。大王安坐定氣。劍事已畢奏矣。於是文王不出宮三月。劍士皆服斃其處也。（司馬云：忿不見禮皆自殺也）

漁父第三十一（雜篇）

孔子遊乎緇帷之林。（司馬云：黑林名也）休坐乎杏壇之上。（司馬云：澤中高處也）弟子讀書。孔子弦歌鼓琴。奏曲未半。有漁父者。下船而來。須眉交白。被髮揄袂。行原以上。距陸而止。左手據膝。右手持頤以聽。曲終而招子貢子路。二人俱對。客指孔子曰。彼何爲者也。子路對曰。魯之君子也。客問其族。子路對曰。族孔氏。客曰。孔氏者何治也。（治何術業）子路未應。子貢對曰。孔氏者。性服忠信。身行仁義。飾禮樂。選人倫。（鑒而擇之）上以忠於世主。下以化於齊民。（李云：齊等也。許慎云：齊等之民）將以利天下。此孔氏之所治也。又問曰。有土之君與。子貢曰。非也。侯王之佐與。子貢曰。非也。客乃笑而還行。言曰。仁則仁矣。恐不免其身。苦心勞形。以危其真。嗚乎。遠哉其分於道也。（成云分離於元道釋文又作介司馬云離也）子貢還報孔子。孔子推琴而起曰。其聖人與。乃下求之至於澤畔。方將杖拏而引其船。（司馬云拏撓也音餘）顧見孔子。還鄉而立。（釋文鄉或作嚮）孔子反走。再拜而進。客曰。子將何求。孔子曰。曩者先生有緒言而去。（俞云緒餘也未畢而去故曰緒言）丘不肖。未知所謂。竊待於下風。幸聞咳唾之音。以卒相丘也。（成云助我不逮）客曰。嘻。甚矣子之好學也。孔子再拜而起曰。丘少而修學。以至於今。六十九歲矣。无所得聞至教。敢不虛心。客曰。同類相從。同聲相應。固天之理也。吾請釋吾之所有。而經子之所以。（司馬云經理也下同）子之所以者。人事也。天子諸侯大夫庶人。此四者自正。（各守其位）治之美也。四者離位而亂莫大焉。官治其職。人憂其事。乃无所陵。（成云陵亂也）故田荒室露。衣食不足。徵賦不屬。妻妾不和。長少无序。庶人之憂也。能不勝任。官事不治。行不清白。羣下荒怠。功美不有。（無功於國無譽於民）爵祿不持。（不能保持其爵祿）大夫之憂也。廷无忠臣。國家昏亂。工技不巧。貢職不美。春秋後倫。（釋文朝覲不及等比也）不順天子。諸侯之憂也。陰陽不和。寒暑不時。以傷庶物。諸侯暴亂。擅相攘伐。以殘民人。禮樂不節。財用窮匱。人倫不飭。百姓淫亂。天子有司之憂也。今子既上无君侯有司之勢。而下无大臣職事之官。而擅飾禮樂。選人倫以化齊民。不泰多事乎。且人有八疵。事有四

患。不可不察也。非其事而事之。謂之摠。成云摠濫也 莫之顧而進之。謂之佞。成云人不采顧
強進忠言 希意道言。謂之諂。成云希望意氣導達其言 不擇是非而言。謂之諛。成云苟且順物不簡是非 好言人之
惡。謂之讒。析交離親。謂之賊。稱譽詐僞以敗惡人。謂之慝。詐僞則稱譽之惡其人則毁敗之是爲奸慝姚
云張本惡作德謂顛倒是非以敗人之德意更警 不擇善否。兩容頰適。偷拔其所欲。謂之險。釋文兩容頰適者善惡皆容顏貌調適也
頰或作顏宣云偷拔謂潛引人心中之欲 此八疵者。外以亂人。內以傷身。君子不友。明君不臣。所謂四
患者。好經大事。變更易常。以挂功名。謂之叨。變易常節以倖功名是叨濫也 專知擅事。侵人自
用。謂之貪。專知自謂予知也 見過不更。聞諫愈甚。謂之很。人同於己則可。不同於己。
雖善不善。謂之矜。此四患也。能去八疵。无行四患。而始可教已。孔子愀然
而歎。再拜而起。曰。丘再逐於魯。削迹於衞。伐樹於宋。圍於陳蔡。丘不知所
失。而離此四謗者。何也。客悽然變容曰。甚矣子之難悟也。人有畏影惡迹
而去之走者。舉足愈數而迹愈多。走愈疾而影不離身。自以爲尚遲。疾走
不休。絕力而死。不知處陰以休影。處靜以息迹。愚亦甚矣。子審仁義之閒。
察同異之際。觀動靜之變。適受與之度。理好惡之情。和喜怒之節。而幾於
不免矣。子審度於接物者知此而猶幾於不免 謹修而身。愼守其眞。還以物與人。則无所累矣。外物不與人爭
自無患累也 今不修之身而求之人。不亦外乎。孔子愀然曰。請問何謂眞。客曰。眞
者。精誠之至也。不精不誠。不能動人。故強哭者。雖悲不哀。強怒者。雖嚴不

威強親者。雖笑不和。眞悲。无聲而哀。眞怒。未發而威。眞親。未笑而和。眞在內者。神動於外。是所以貴眞也。其用於人理也。理倫也 事親則慈孝。事君則忠貞。飲酒則歡樂。處喪則悲哀。忠貞以功爲主。飲酒以樂爲主。處喪以哀爲主。事親以適爲主。功成之美。无一其迹矣。成功可見者甚多故不一其事迹 事親以適。不論所以矣。以用也啜菽飲水亦可盡歡故不問所以 飲酒以樂。不選其具矣。不在具殽 處喪以哀。无問其禮矣。臨喪盡哀 禮者。世俗之所爲也。於是觀禮 眞者。所以受於天也。自然不可易也。故聖人法天貴眞。不拘於俗。愚者反此。不能法天而恤於人。惟人事是憂 不知貴眞。祿祿而受變於俗。故不足。釋文祿司馬本作錄案祿祿猶錄錄也漢書蕭曹贊作錄錄顏注猶鹿鹿言在凡庶之中 惜哉。子之早湛於人僞。湛與沈同 而晚聞大道也。孔子又再拜而起。曰。今者丘得遇也。若天幸然。先生不羞而比之服役。若僕從然 而身敎之。敢問舍所在。請因受業而卒學大道。客曰。吾聞之。可與往者。與之至於妙道。成云從迷適悟爲往妙道眞本也 不可與往者。不知其道。愼勿與之。身乃无咎。子勉之。吾去子矣。吾去子矣。乃刺船而去。延緣葦閒。顏淵還車。子路授綏。孔子不顧。待水波定。釋文船行故水波去遠則波定 不聞拏音。而後敢乘。子路旁車而問曰。旁同傍 由得爲役久矣。未嘗見夫子遇人如此其威也。宣云威敬畏 萬乘之主。千乘之君。見夫子未嘗不分庭伉禮。夫子猶有倨敖之容。今漁者杖拏逆立。而夫子曲要磬折。言拜而應。成云受言必拜而應 得无太甚乎。門人皆怪夫子矣。

漁人何以得此乎。孔子伏軾而歎曰。甚矣由之難化也。湛於禮義有閒矣。宣云言已久 而樸鄙之心至今未去。進。吾語汝。夫遇長不敬。失禮也。見賢不尊。不仁也。彼非至人。不能下人。成云若非至德之人則不能使人謙下 下人不精。不得其真。上文云真者精誠之至也 故長傷身。惜哉。不仁之於人也。禍莫大焉。而由獨擅之。擅者專有之 且道者。萬物之所由也。庶物失之者死。得之者生。為事逆之則敗。順之則成。故道之所在。聖人尊之。今漁父之道。可謂有矣。吾敢不敬乎。

雜篇 列禦寇第三十二

列禦寇之齊。中道而反。遇伯昏瞀人。見列子黃帝篇 伯昏瞀人曰。奚方而反。李云方道也 曰。吾驚焉。曰。惡乎驚。曰。吾嘗食於十𩟄。司馬云𩟄讀曰漿十家並賣漿也案黃帝篇作漿 而五𩟄先饋。釋文饋遺也謂十家中五家先見遺案張湛注人皆敬下之也 伯昏瞀人曰。若是則汝何為驚已。曰。夫內誠不解。郭云外自矜飾案語氣不了張注引下有內不釋然也五字 形諜成光。郭云舉動便辟而成光儀也釋文諜徒協反郭云便辟也說文云閒也 以外鎮人心。張注外以矜嚴服物內實不足 使人輕乎貴老。釋文謂重禦寇過於老人 而䵢其所患。釋文䵢子兮反亂也蘇輿云下所謂任事效功即所患也言將以己所患者攪亂之也莊子中其字多如此用下云盡胡嘗視其良亦儒緩自謂宣云䵢有饟意一說䵢與齎同猶致也並通 夫𩟄特為食羹之貨。多餘之贏。黃帝篇多上有無字張注一本無無字案無者與莊本同有無字理較圓 其為利也薄。其為權也輕。而猶若是。而況於萬乘之主乎。身勞於國。而知盡於事。黃帝篇無乎字二語屬齊君說 彼將任我以事。而效我以功。成云驗我以功績 吾是以驚。言往見齊君彼將任事而課功責望甚重將有患亂故以賣𩟄之事推之驚而走也 伯昏瞀人曰。善哉觀乎。善其能觀察人情 汝處已。人將保汝矣。司馬云保附也案言汝且處乎家人將附汝矣无幾何而往。則戶外之屨滿矣。成云既及升堂請益者多伯昏瞀人北面而立。敦杖蹙之乎頤。司馬云敦豎也成云以杖柱頤聽其言說立有閒。不言而出。成云忘言而歸賓者以告列子。釋文賓本亦作儐謂通客之人列子提屨跣而走。暨乎門。曰。先生既來。曾不發藥乎。釋文司馬本發作廢郭慶藩云發廢古同聲通用案黃帝篇作廢張注廢置也會無善言以當藥石也曰。已矣。吾固告汝曰。人將保汝。果保汝矣。非汝能使人保汝。而汝不能使人无保汝也。而焉用之感豫出異也。黃帝篇之下多感也二字異下無也字張注云汝用何術能感物如此乎案本文而焉用之其義自明黃帝篇當釋作汝焉用此感也張說非感豫出異者先物施惠豫出以感人是自異也必且有感。搖而本才。又无謂也。黃帝篇必且作且必感下有也字才作身案本才卽本質也與孟子非才之罪也義同釋文一本才作性意亦同也言必有惠以感人則此心逐物搖汝本質究何謂乎與汝遊者。又莫汝告也。宣云無忠告彼所小言。盡人毒也。張注小言細巧易以感人故爲人毒害也莫覺莫悟。何相孰也。郭嵩燾云漢書賈誼傳日夜念此至孰也顏注孰審也言既無覺悟又何人相審諦乎巧者勞而知者憂。无能者无所求。飽食而敖遊。汎若不繫之舟。虛而敖遊者也。成云物必以智巧困弊惟聖人汎然無係譬彼虛舟任運逍遙案巧者以下莊子所增

鄭人緩也呻吟裘氏之地。司馬云緩人名也釋文裘氏地名郭云呻吟吟詠之謂祇三年而緩爲儒。郭云祇適也河潤九里。澤及三族。宣云喻學問既成必及人使其弟墨。緩使弟學墨弟名見下儒墨相與辯。其父助翟。成云儒憲章文武祖述堯舜甚固吝好多言墨遵禹道勤儉好施儒墨途別各執是非父黨小兒途助翟也十年而緩自殺。其父夢之曰。使而子爲墨者予也。闔胡嘗視其良。既爲秋柏之實矣。闔同盍何不也胡亦何也闔胡連文如古書句猶惟獨之例自有複語耳嘗試也釋文良或作垠音浪冢也案緩見夢其父言弟之爲墨是我之力何不試視我冢上所種秋柏已結實矣冤魂告語深致其怨夫造物者之報人也。不報其人而報其人之天。郭云自此以下莊子詞也成云造物者無物也能造化萬物故謂之造物物之智能稟乎造化非由從師而學也故假於學習輔道自然報其天性不報人功也翟有墨性不從緩得緩

言我教不亦繆乎彼故使彼。有墨性故使墨夫人以已爲有以異於人以賤其親。夫人猶言此人成云言緩自恃已有學植之功異於常人故輕賤其親而役於父也齊人之井飲者相捽也。故曰。今之世皆緩也。齊人穿鑿得井行李汲而飲之井主護水至捽飲者之頭不知泉之天然也喻緩不知翟天然之墨而忿之（此注兼采陸成）自是。有德者以不知也。而況有道者乎。釋文知音智案以已字同德之爲言得也言知得之爲德而自是其德已爲不智況於有道之人而可不因任其天乎古者謂之遁天之刑。上文云巧者勞而知者憂是爲天所刑也德充符篇云天刑之安可解不以有道自命則可逃遁天之刑矣語又見養生主篇

聖人安其所安。不安其所不安。成云安任也任羣生之性不引物從已性之無者不強安之此所以爲聖人也衆人安其所不安。不安其所安。捨已以徇物安其所不安也不安其素分不安其所安也

莊子曰。知道易。勿言難。成云運知則易忘言則難知而不言。所以之天也。之往也成云詣於自然之境知而言之。所以之人也。古之人。天而不人。成云復古眞人知道之士天然淯素無復人情

朱泙漫學屠龍於支離益。司馬云朱泙漫支離益皆人姓名單千金之家。單同殫盡也三年技成而无所用其巧。宣云無龍可屠也是以君子不貴絕藝而貴中庸之道

聖人以必不必。故无兵。郭云理雖必然猶不必之斯至順矣兵其安有衆人以不必必之。故多矣。宣云以理之不必然者而各必其所偏見則乖爭生矣順於兵。故行有求。宣云徇於兵爭故動則求濟所欲兵恃之則亡。雖有兵不可恃

小夫之知。釋文音智下爲知同不離苞苴竿牘。宣云裹曰苞藉曰苴詩鄭箋以果實相遺者必苞苴之司馬云竿牘謂竹簡爲書以相問遺敝精神乎蹇淺。而欲兼濟道物。太一形虛。若是者。迷惑於宇宙。形累不知太初。勞於蹇難淺薄之事而欲導羣物以成兼濟之功虛形器以合太一之理若是者已爲宇宙之羣形物累所迷惑安能知太初妙理邪彼至人者。歸精神乎无始。而

甘冥乎无何有之鄉。郭云無始妙本也無何有之鄉道境也俞云釋文冥本亦作瞑又音眠是也瞑眠古今字文選養生論達且不瞑李注瞑古眠字是也甘瞑即甘眠徐无鬼篇孫叔敖甘寢秉羽甘眠與甘寢義同淮南俶眞訓甘瞑於溷澖之域即本此文 水流乎无形。發泄乎太清。宣云出於虛歸於虛寥以喻至人之自然流行也 悲哉乎汝爲知。在毫毛而不知大寧。汝謂上小夫大寧無爲泰定之宇言人見小而遺大也

宋人有曹商者。爲宋王使秦。其往也。得車數乘。王說之。秦王 益車百乘。反於宋。見莊子曰。夫處窮閭阨巷。阨同隘 困窘織屨。槁項黃馘者。司馬云槁項項槁立也黃馘面黃熟也 商之所短也。一悟萬乘之主。而從車百乘者。商之所長也。莊子曰。秦王有病召醫。破癰潰痤者。得車一乘。舐痔者。得車五乘。所治愈下。得車愈多。子豈治其痔邪。何得車之多也。子行矣。

魯哀公問於顏闔曰。吾以仲尼爲貞幹。國其有瘳乎。宣云貞同楨 曰。殆哉圾乎。郭云圾危也 仲尼方且飾羽而畫。宣云羽有自然之文采飾而畫之則務人巧 從事華辭。以支爲旨。以支辭爲正旨 忍性以視民。而不知不信。視示同楷其聰明是不知也習於矯僞是不信也忍飾性以示民而此不知不信之道使民受之於其心主之於其神此豈足以上民乎 受乎心。宰乎神。夫何足以上民。彼宜女與。予頤與。誤而可矣。彼謂仲尼女謂哀公頤養也言彼或宜於公與抑彼待我而養與有此誤舉猶之可矣 今使民離實學僞。非所以視民也。爲後世慮。不若休之。勿用爲是 難治也。難於圖治

施於人而不忘。非天布也。施於人則欲勿忘有心見德非上天布施之大道 商賈不齒。雖以事齒之。神者勿齒。世之賤商賈者以其有市易之情也故抑之不與士民齒雖或因事齒之而其心之神理仍有不齒之見今以德相布與商賈何異神者二字與下文神者徵之義同莊子多用此等句法

爲外刑者，金與木也。郭云：金謂刀鋸斧鉞，木謂棰楚桎梏。爲內刑者，動與過也。郭云：靜而當，則內無刑。宵人之離外刑者，金木訊之；宵，小，古字通用。離，同罹，下同。訊，問也。離內刑者，陰陽食之。成云：若不止分，則內結寒暑，陰陽殘食之也。夫免乎外內之刑者，唯眞人能之。成云：心若死灰，內不滑靈府；形同槁木，外不挂桎梏，唯眞人哉。

孔子曰：凡人心險於山川，難於知天。天猶有春秋冬夏旦暮之期，人者厚貌深情。故有貌愿而益，釋文：愿，謹慤也。俞云：益當作溢。溢之言驕溢也，荀子不苟篇以驕溢人是也。愿與溢，義正相反。有長若不肖，成云：心實長者，形如不肖。有順懁而達，柔順慣急而內通事理。有堅而縵，外堅強而內緩弱。有緩而釬。釋文：釬，胡旦反，又音干，急也。案：外舒遲而內悍急。故其就義若渴者，其去義若熱。宣云：進銳而退速。故君子遠使之而觀其忠，遠則多欺。近使之而觀其敬，近則多狎。煩使之而觀其能，宣云：煩則難理。卒然問焉而觀其知，宣云：猝則難辨。急與之期而觀其信，宣云：急則易爽。委之以財而觀其仁，告之以危而觀其節，宣云：財易起貪，危易改節。醉之以酒而觀其側，釋文：側，不正也，或作則。俞云：上文皆舉美德言之，此獨觀其不正，則不倫矣。其云或作則，當從之。國語周書：威儀有則。周書官人篇：醉之酒以觀其恭。語意相近。大戴禮文王官人篇作醉之酒以觀其不失也。不失，即謂不失法則也。郭嵩燾云：飲酒孔嘉，維其令儀，所謂則也。雜之以處而觀其色。男女參居，而觀其色之邪正。九徵至，不肖人得矣。以九事徵驗，雖至不肖之人，亦得其情矣。

正考父一命而傴，再命而僂，三命而俯，循牆而走，孰敢不軌。成云：正考父，孔子十代祖，宋大夫也。士一命，大夫再命，卿三命。傴僂循牆，並敬容，極恭卑退若此，誰敢將不軌之事而侮之也。如而夫者，郭云：而夫，謂凡夫也。一命而呂鉅，郭嵩燾云：方言：呂，長也。說文：鉅，大剛也。亦通作巨，大也。呂鉅，謂自高大，蓋矜張之意。再命而於車上儛，三命而名諸父，孰協唐許。釋文：協，同也。唐，唐堯。許，許由，皆崇讓者也。言誰比同於唐許也。

賊莫大乎德有心而心有睫。宣云德而有心已非自然心中又有多竅如有睫然賊何如之 及其有睫也而內視。及其有睫則方寸之內審視多端 內視而敗矣。多紛擾之害

凶德有五。中德爲首。謂耳目口鼻心而心爲首 何爲中德。中德也者。有以自好也。而吡其所不爲者也。郭云吡訾也成云心所好者自以爲是所不爲者訾而非之以心中自是爲得故曰中德

窮有八極。達有三必。形有六府。美髯長大。壯麗勇敢。八者俱過人也。因以是窮。宣云自恃故也 緣循成云循順也緣物順他不能自立也 偃佒釋文偃佒守分歸一也郭嵩燾云尋釋文意偃佒卽偃仰猶言俛仰從人也 困畏。宣云困畏怯弱也 不若人。三者俱通達。不若人與上俱過人對文三者皆自處於不若人然必通達 知慧外通。逐外者其神勞下文所云其功外也 勇動多怨。莊往者仇隙衆 仁義多責。言仁義者責望厚 達生之情者傀。達於知者肖。郭云傀然大恬解之貌也王念孫云郭以傀爲大是也肖當訓小方言肖小也廣韻同肖與傀正相反言任天則大任智則小也 達大命者隨。大命謂天命之精微達之則委隨於自然而已 達小命者遭。小命謂人各有命達之則安於所遭亦無怨懟

人有見宋王者。錫車十乘。以其十乘驕穉莊子。李云自驕而穉莊子也郭慶藩云穉亦驕也管子軍令篇工以雕文刻鏤相穉尹知章注穉驕也 莊子曰。河上有家貧恃緯蕭而食者。郭慶藩云北堂書鈔儀部御覽七百並引司馬云蕭蒿也織緝蒿爲薄簾也 其子沒於淵。得千金之珠。其父謂其子曰。取石來鍛之。釋文謂椎破之 夫千金之珠。必在九重之淵。而驪龍頷下。子能得珠者。必遭其睡也。使驪龍而寤。子尚奚微之有哉。宣云言殘食無餘也 今宋國之深。非直九重之淵也。宋王之猛。非直驪龍也。子能得車者。必遭其睡也。使宋王而寤。子爲韲粉夫。

或聘於莊子。莊子應其使曰。子見夫犧牛乎。成云犧養也君王預前三月養牛祭宗廟曰犧 衣以文繡。食以芻叔。釋文叔大豆也 及其牽而入於太廟。雖欲爲孤犢。其可得乎。

莊子將死。弟子欲厚葬之。莊子曰。吾以天地爲棺槨。以日月爲連璧。星辰爲珠璣。萬物爲齎送。吾葬具豈不備邪。何以加此。弟子曰。吾恐烏鳶之食夫子也。莊子曰。在上爲烏鳶食。在下爲螻蟻食。奪彼與此。何其偏也。

以不平平。其平也不平。以偏見平天下其平仍是不平 以不徵徵。其徵也不徵。郭云徵應也成云聖人無心有感則應此眞應也若有心應物不能應也 明者唯爲之使。成云自炫其明以應務爲物驅使何能役人 神者徵之。宣云在神理者則無往而不應 夫明之不勝神也久矣。而愚者恃其所見專用己智 入於人。宣云溺於人事 其功外也。其功力皆徇外矣 不亦悲乎。

天下第三十三 雜篇

天下之治方術者多矣。成云方道也 皆以其有爲不可加矣。宣云其有謂所學 古之所謂道術者。果惡乎在。曰。无乎不在。曰。神何由降。明何由出。既無不在則神聖明王何由降出獨與衆異宣云又設問也 聖有所生。王有所成。皆原於一。下文所云內聖外王之道宣云又荅 不離於宗。謂之天人。不離若孔子言顏氏之不違宗主也謂自然 不離於精。謂之神人。成云淸粹不雜謂之神妙 不離於眞。謂之至人。成云凝然不假謂之至極 以天爲宗。以德爲本。以道爲門。兆於變化。變化不測隨物見端 謂之聖人。成云以上四人止是一耳隨其功用故有四名 以仁爲恩。以義爲理。以禮爲行。以樂爲和。薰然慈仁。謂之君子。宣云君子是道之緒餘 以法為分，以名為表。宣云以法度為分別以名號為表率 以參為驗。釋文參本又作操宣云以所操文書為徵驗 以稽為決。宣云以稽考所操而決事 其數一二三四是也。宣云分明不爽如是 百官以此相齒。宣云此又一等人相齒謂以此為序也官職是名法之迹 以事為常，事謂日用 以衣食為主，蕃息畜藏，老弱孤寡為意，皆有以養。蕃息謂物產畜藏謂貨財兼養及無告之人 民之理也。宣云又一等人 古之人其備乎。配神明，醇天地，育萬物，和天下，澤及百姓，明於本數，係於末度。郭云本數明故末不離 六通四辟。釋文本又作闢 小大精粗，其運无乎不在。其明而在數度者，舊法世傳之史尚多有之。宣云言史所由傳 其在於詩書禮樂者，鄒魯之士搢紳先生多能明之。士儒者搢紳先生服官者成云搢笏也亦插也紳大帶宣云大經所由傳 詩以道志，書以道事，禮以道行，樂以道和，易以道陰陽，春秋以道名分。釋文道音導 其數散於天下而設於中國者，設施也 百家之學時或稱而道之。宣云百家所由傳 天下大亂，賢聖不明，成云韜光晦迹 道德不一。成云法教多端 天下多得一察焉以自好。一察猶言一隙之明 譬如耳目鼻口，皆有所明，不能相通。猶百家眾技也，皆有所長，時有所用。雖然，不該不徧，一曲之士也。判天地之美，析萬物之理，郭云各用其一曲故析判 察古人之全，寡能備於天地之美，稱神明之容。釋文稱尺證反成云觀察古昔全德之人猶鮮能備兩儀之亭毒稱神明之容貌況一曲者乎 是故內聖外王之道，闇而不明，鬱而不發，天下之人各為其所欲焉以自為方。道術 悲夫，百家往而不反，必不合矣。後世之學者，不幸不見天地之純，古人之大體，道術將為天下裂。

不侈於後世，不靡於萬物，不暉於數度，宣云不示奢侈不事靡費不務光華 以繩墨自矯，成云矯厲也用仁義為繩

墨以厲其志行 而備世之急。郭云勤而儉則財有餘故急自備 古之道術有在於是者。墨翟禽滑釐聞其風而說之。釋文墨翟宋大夫禽滑釐翟弟子不順五帝三王之樂嫌其奢 爲之大過。已之大循。循順也其爲之大過特已之大順而已不堪教世也 墨作爲非樂。命之曰節用。生不歌。死无服。成云非樂節用墨子書二篇名生不歌故非樂死無服故節用謂無衣衾棺槨等資葬之服 墨子汎愛兼利而非鬬。釋文化同已儉爲汎愛兼利郭云令百姓皆勤儉各有餘故以鬬爲非 其道不怒。成云克己故不怨怒於物 又好學而博不異。郭云既自以爲是則欲令萬物皆同乎己 不與先王同。不以先王爲然 毀古之禮樂。郭云嫌其侈靡 黃帝有咸池。堯有大章。舜有大韶。禹有大夏。湯有大濩。文王有辟雍之樂。武王周公作武。古之喪禮。貴賤有儀。上下有等。天子棺槨七重。諸侯五重。大夫三重。士再重。今墨子獨生不歌。死不服。桐棺三寸而无槨。以爲法式。以此教人。恐不愛人。以此自行。固不愛己。宣云既拂人之性亦自處於薄 未敗墨子道。今墨之道尚未敗也 雖然。歌而非歌。哭而非哭。樂而非樂。是果類乎。是果與人情類乎 其生也勤。其死也薄。其道大觳。郭嵩燾云釋詁觳盡也管子地員篇又次曰五觳觳者薄也 使人憂。使人悲。其行難爲也。恐其不可以爲聖人之道。反天下之心。天下不堪。墨子雖能獨任。自爲之 奈天下何。離於天下。其去王也遠矣。宣云非王者之道 墨子稱道曰。稱其道之所由 昔者禹之湮洪水決江河而通四夷九州也。名山三百。俞云山當作川字之誤也此文專以川言不當言支川而不及名川呂覽始覽篇淮南地形訓並曰名川六百 支川三千。小者无數。禹親自操橐耜。而九雜天下之川。釋文橐舊古考反崔郭音託則應作橐司馬云盛土器也耜音似三蒼云耒頭鐵也崔云棰也司馬云盛水器也九本亦作鳩聚也郭嵩燾云雜匯諸川之水使同歸於大川故曰九雜 腓无胈。脛无毛。沐甚雨。櫛疾風。置萬國。奠定萬國 禹大聖也。

而形勞天下也如此。使後世之墨者。多以裘褐爲衣。以跂蹻爲服。成云後世墨者翟之弟子 裘褐粗衣木日跂草日蹻 日夜不休。以自苦爲極。日。不能如此。非禹之道也。不足謂墨。墨戒其徒如此 相里勤之弟子。五侯之徒。南方之墨者。成云姓相里名勤南方之墨師五侯並學墨人韓非顯學篇有相里氏之墨有相夫氏之墨有鄧陵氏之墨 苦獲已齒鄧陵子之屬。俱誦墨經。李云苦獲已齒二人姓字也案鄧陵疑卽鄉陵形近致誤 而倍譎不同。相謂別墨。倍譎倍異譎詭也自謂墨之別派 以堅白同異之辯相訾。宣云非彼說 以觭偶不仵之辭相應。宣云是一說觭同奇釋文仵同也案奇偶本不同強以相應則無不可同 以巨子爲聖人。宣云巨子墨之高弟釋文若儒家之碩儒 皆願爲之尸。成云以爲師主 冀得爲其後世。宣云思繼其統 至今不決。宣云其敎不絕 墨翟禽滑釐之意則是。其行則非也。成云意在救世所以是也爲之太過所以非也 將使後世之墨者。必自苦以腓无胈。脛无毛。相進而已矣。相進猶相競 亂之上也。治之下也。宣云亂天下之罪多救天下之功少 雖然。墨子眞天下之好也。眞天下能好人者也俞云卽孟子墨子兼愛意 將求之不得也。將求救天下之術而不得邪古邪也字通用俞云卽心誠求之之意 雖枯槁不舍也。雖枯槁其身不忍舍去也俞云卽孟子摩頂放踵爲之意 才士也夫。可謂竭才之士也夫

不累於俗。不爲物累 不飾於物。不自矯飾 不苟於人。無所苟且 不忮於衆。無所忌害 願天下之安寧。以活民命。以天下生民爲重 人我之養畢足而止。不必求有餘也 以此白心。宣云暴白其志之無他 古之道術有在於是者。宋鈃尹文聞其風而悅之。成云宋尹並齊宣王時人同遊稷下（案見漢書藝文志名家）宋著書一篇尹著書二篇咸師於黔而爲之名也性與敎合故聞風悅愛 作爲華山之冠以自表。郭云華山上下均平 接萬物以別宥爲始。釋文始首也崔云別善惡宥不及 語心之容。命之曰心之行。成云命名也發語吐詞每令心容萬物卽名此容受而爲心行案言我心如此推心而行亦如此 以聏合驩。釋文

聏崔音而郭音餌司馬云色厚貌崔郭王云和也聏和萬物物合則歡矣以調海內。強以其道調之請欲置之以爲主。請欲時君皆置此心以爲主見侮不辱。不自謂辱救民之鬭。禁攻寢兵。救世之戰。寢息也以此周行天下。上說下教。雖天下不取。不取其說強聒而不舍者也。故曰上下見厭而強見也。上時君下謀臣雖然。其爲人太多。其自爲太少。曰。其言若此請欲固置五升之飯足矣。先生恐不得飽。弟子雖飢。不忘天下。成云宋尹稱黔首爲先生自謂爲弟子先物後己故也案宋尹見爲置餐者言請欲先生惟置五升之飯足矣日夜不休。曰。我必得活哉。圖傲乎救世之士哉。宣云又言我必得以自活哉圖活民命傲救世之士耳曰。君子不爲苛察。不以身假物。以爲无益於天下者。明之不如已也。又言君子不宜苛察故侮厭弗顧不假外物以爲身故飢飽弗計人皆自炫其明然計較太多雖有益於世而莫之爲故宋尹以爲彼之無益於天下者明之不如已也以禁攻寢兵爲外。宣云外以此救世以情欲寡淺爲內。宣云內以此克己其小大精粗。其行適至是而止。其行止於是則其道術之大小精粗亦不過如是

公而不當。崔本作黨云至公無黨也盧云作不黨是易而无私。成云平易決然无主。宣云決去係累而無偏主趣物而不兩。宣云隨物而趨不生兩意不顧於慮。不謀於知。無旁顧無巧謀於物无擇。與之俱往。古之道術有在於是者。彭蒙、田駢、愼到。聞其風而說之。成云並齊之隱士俱遊稷下各著書數篇俞云據下文彭蒙當是田駢之師意林引尹文子有彭蒙曰雉兔在野衆皆逐之分未定也雞豕滿市莫有志者分定故也齊萬物以爲首。宣云以此爲第一事曰。天能覆之而不能載之。地能載之而不能覆之。大道能包之而不能辯之。知萬物皆有所可。有所不可。故曰。選則不徧。必有未應選教則不至。必有未受教道則无遺者矣。唯道兼包之所謂齊也是故愼到。俞云史記孟荀列傳愼到趙人著十二論漢書藝文志法家有愼子四十二篇名列先申韓申韓稱之棄知去己。成云息慮棄知忘身去己而緣不得已。泠汰於

物。以爲道理。傳文泠汰猶沙汰也泠音零案言到雖棄知去己而因必不得已始沙汰人物一番守此以爲道理 曰。知不知。將薄知而後鄰傷之者也。其言曰凡知人之道當如不知將薄有所知而已近於傷之者也此到之棄知成云鄰近也 謑髁无任。而笑天下之尙賢也。釋文謑髁訛倪不正貌案其用人雖謑髁不正無可任使而以天下尙賢爲笑 縱脫无行。而非天下之大聖。其在己縱恣脫略無行可稱而以天下大聖爲非卑之無高論 椎拍輐斷。與物宛轉。郭云猶有椎拍故未泯合釋文輐圓也案郭釋椎拍謂知椎之拍凡物稍未合以椎重拍之無不合矣是椎拍之義言強不合者使合也輐斷謂雖斷而甚圓不見抉裂之迹皆與物宛轉之意也此到之去己 舍是與非。苟可以免。宣云不執是非庶無累也 不師知慮。不知前後。釋文上知音智案不師人之智慮不問事之前後 魏然而已矣。大公平易故能魏然 推而後行。曳而後往。若飄風之還。宣云迴還無方 若羽之旋。宣云羽自空而下旋轉不定 若磨石之隧。磨文石作隧道喩其○○ 全而无非。故能自全而不見非責 動靜无過。未嘗有罪。靜無過動亦無過罪何由至 是何故。假設疑問言何故能如此 夫无知之物。无建己之患。无用知之累。動靜不離於理。是以終身无譽。无知之物木石是也言譬彼無知之物不建己以爲標準故不來指目之患不用智以相推與故不受嫉忌之累移之則動置之則靜恆不離於物理明白易見是以終其身無譽之者無譽則亦無咎矣 故曰。至於若无知之物而已。到之言推極於此 无用賢聖。夫塊不失道。何用賢聖爲哉彼土塊亦不失爲道也 豪桀相與笑之曰。愼到之道。非生人之行。而至死人之理。適得怪焉。其能事之豪桀則相與笑之曰愼子之道非是生人之行而至於有死人之理適足得世之怪詫焉而已 田駢亦然。其言相同舉到以包駢 學於彭蒙。得不教焉。不教之教觀其所行學焉而心自得也舉蒙之弟與師而蒙可知 彭蒙之師曰。古之道人。至於莫之是莫之非而已矣。與愼到言至於若無知之物無異 其風窢然。惡可而言。向郭云窢逆風聲言古道人之風教窢然迅過惡可言傳 常反人不見觀。常反人之意識不見爲人所觀矣下文云以反人爲實 而不免於魭斷。即不得已而用斷抉亦椎與物宛轉不免於愼到之輐斷輐魭音義同也 其所謂道非道。而所言之韙。不免於非。郭云韙是也案謂彭師之言是中有非於道則未見也 彭蒙田駢慎到不知道。故此三人者直謂之不知道 雖然。概乎皆嘗有聞者也。然論其梗概皆嘗有舊聞如棄知去己必非無所師承乃其緒論去之彌遠耳

以本為精。以物為粗。成云本無也物有也用無為妙道為精用有為事物為粗 以有積為不足。郭云寄之天下皆有餘也 澹然獨與神明居。宣云此虛玄無為之教 古之道術有在於是者。關尹老聃聞其風而悅之。釋文關尹關令尹喜也或云尹喜字公度老聃即老子也為喜著書十九篇成云周平王時函谷關令故謂之關尹俞云漢志道家有關尹子九篇注云名喜為關吏或以尹喜為姓名失之又漢志無老子十九篇之書呂覽不二篇關尹貴清高注關尹關正也名喜能相風角知將有神人而老子到喜說之請著上至經五千言上至經之名他書未見也 建之以常无有。主之以太一。成云建立言教以凝常無物為宗悟其恉歸以虛通太一為主 以濡弱謙下為表。以空虛不毀萬物為實。成云表外也以柔弱謙和為權智外行以空惠圓明為實智內德 關尹曰。在己无居。形物自著。宣云己無私主隨物同著 其動若水。其靜若鏡。其應若響。宣云皆無心故 芴乎若亡。寂乎若清。同焉者和。得焉者失。宣云同物則和自得則失 未嘗先人而常隨人。成云和而不唱 老聃曰。知其雄。守其雌。宣云能而處於不能 為天下谿。宣云處下待輸有而不積 知其白。守其辱。潔而不為自潔 為天下谷。宣云居虛受感應而不藏 人皆取先。己獨取後。曰受天下之垢。人皆取實。己獨取虛。无藏也故有餘。巋然而有餘。郭云獨立自足之謂宣云疊一語甚言之 其行身也。徐而不費。宣云不先故徐不先則少事少事故不費 无為也而笑巧。無為似拙而可以笑彼巧者 人皆求福。己獨曲全。曰苟免於咎。人求福不已己獨委曲以保安全曰苟免咎禍而已 以深為根。以約為紀。成云以深玄為德之本根以儉約為行之綱紀 曰堅則毀矣。銳則挫矣。常寬容於物。不削於人。成云知足守分故不侵削於人 可謂至極。姚本可謂作雖未云從李氏本改 關尹老聃乎。古之博大真人哉。

芴漠无形。變化无常。死與生與。天地並與。齊物論篇云天地與我並生神明往與。芒乎何之。忽乎何適。神明往而不知所適萬物畢羅。宣云無不包也莫足以歸。無可爲我歸宿者古之道術有在於是者。莊周聞其風而悅之。以謬悠之說。釋文謂若忘於情實者也荒唐之言。荒大也唐空也无端崖之辭。無端可尋無崖可見時恣縱而不儻。恣縱謂縱談恣論不儻成云不偏黨非也釋文作而儻無不字近之謂忽然而至也不以觭見之也。成云觭不偶也宣云言不以一端自見以天下爲沈濁。不可與莊語。莊語猶正論以卮言爲曼衍。以重言爲眞。以寓言爲廣。因世人不可與莊語故以此三言爲說已見寓言篇曼衍因其事理而推衍之所謂卮言日出因以曼衍也重言述尊老之言使人聽之而以爲眞故曰所以已言也寓言以廣人之意所謂藉外論之也獨與天地精神往來。以精神與天地往來寄於至高之境姚云莊以關尹老聃不過如篇首所云不離於眞之至人猶未至極若莊生之獨與天地精神往來則所謂不離於宗謂之天人者而不敖倪於萬物。未嘗鄙棄萬物存驕亢之見敖倪與傲睨字同不譴是非。以與世俗處。不責人之是非以與世俗混處成云譴責也其書雖瓌瑋。而連犿无傷也。釋文瓌瑋奇特也犿本亦作抃同芳袁反又敷晚反李云宛轉貌一云相從貌謂與物相從不違故無傷也其辭雖參差。而諔詭可觀。成云參差者或虛或實不一其言也諔詭言滑稽也彼其充實不可以已。夫其詞理充實不能自已上與造物者遊。而下與外死生无終始者爲友。其於本也。宏大而辟。同闢深閎而肆。宣云放縱也其於宗也。可謂稠適而上遂矣。釋文稠音調本亦作調案遂竟也達也言其於所宗主也可謂調適而上達者矣蘇輿云此即篇首所謂不離於宗者雖然。其應於化而解於物也。其理不竭。其來不蛻。芒乎昧乎。未之盡者。然其因應於變化而冥解於物情也其用不竭其來不遺芒昧如不可見未有然盡其妙者

惠施多方。方術也其書五車。言其多其道舛駁。郭慶藩云司馬本舛作踳文選魏都賦注引司馬云踳讀曰舛駁色雜不同也又引司馬此注一作舛馳法言敘曰諸子各以其知舛馳淮南俶眞訓二者代謝舛馳氾論訓見閎舛馳於外說山訓分流舛馳玉篇引作舛馳義亦同也其言也不中。中竹仲反歷物之意

日。其歷指專物之意有曰至大无外。謂之大一。至小无內。謂之小一。杜撰小一以配大一。无厚不可積
也。其大千里。司馬云苟其可積何但千里乎天與地卑。山與澤平。天地一致山澤均平日方中方睨。物方生
方死。成云睨側視也居西者呼爲中處東者呼爲側則無中側也猶生死也生者以死爲死死者以生爲死日既中側不殊物亦死生無異也大同而與小同異。此之
謂小同異。謂之大同而與小同有異是同異雜也然止謂之小同異萬物畢同畢異。此之謂大同異。如寒暑晝夜是萬物畢同畢異也方
謂之大同異南方无窮而有窮。宣云謂之南已有分際舉一以反三也今日適越而昔來。宣云知有越時心已先到案此語又見齊物論篇彼
來作至連環可解也。成云環之相貫貫於空虛不貫於環是以兩環貫空不相涉入各自通轉故可解也我知天下之中央。燕之北。越
之南是也。此擬議地球中懸陸路可達故燕北即是越南與鄒衍瀛海之談又別氾愛萬物。天地一體也。宣云天地非大我非小惠施
以此爲大觀於天下。而曉辯者。天下之辯者。相與樂之。惠自以爲於天下之理獨觀其大以此曉示辯人辯人亦
樂之也卵有毛。宣云卵無毛則鳥何自有也雞三足。司馬云雞兩足所以行而非動也故行由足發動由神御今雞雖兩足須神而行故曰三足也郢有天下。宣云
稱王自大犬可以爲羊。宣云犬羊之名皆人所命若先名犬爲羊則爲羊矣馬有卵。成云胎卵溼化人情分別以道觀者未始不同鳥卵既有毛獸胎何妨名卵丁子
有尾。成云楚人呼蝦蟆爲丁子蝦蟆無尾人所共知以道觀之無體非無非無尙得稱無何妨非有可名尾也案蝦蟆初生無足有尾聞雷後足出而尾脫矣火不熱。宣云人皆火食是不熱
山出口。宣云空谷傳聲輪不蹍地。輪轉不停蹍地則何以轉目不見。宣云見則何以不自照指不至。至不絕。有所指則有所遺故曰指
不至下至字疑耳之誤數語皆就人身言耳雖有絕響之時然天下古今究無不傳之事物是不絕也至字緣上而誤遂不可通矣龜長於蛇。成云夫長短相形無長非短謂蛇長龜短乃物之滯情今
欲遣此迷惑故云龜長於蛇俞云卽莫大於秋豪之末而泰山爲小意矩不方。宣云天下自有方非以矩規不可以爲圓。宣云天下自有圓非以規鑿不圍
枘。成云鑿孔也枘者內孔中之木宣云枘自入之耳鑿未嘗圍之飛鳥之景未嘗動也。鳥飛多以晝故云影未嘗動司馬引墨子云影不徙也鏃矢之疾。
而若不行不止之時。鏃矢行止人爲之也專以鏃矢言是有不行不止之時矣狗非犬。成云狗犬同實異名名實合則彼所謂狗此所謂犬也名實離則彼所謂狗異

於犬也。墨子曰：狗，犬也；然狗非犬也。黃馬驪牛三。宣云：二色與體爲三。白狗黑。宣云：白黑人所名，烏知白之不當爲黑乎。孤駒未嘗有母。李云：駒生有母，言孤則無母，孤稱立則母名去也，故孤駒未嘗有母。一尺之捶，日取其半，萬世不竭。司馬云：捶，杖也。若其可析，則常有兩；若其不可析，其一常存，故曰萬世不竭。辯者以此與惠施相應，終身无窮。桓團公孫龍辯者之徒。成云：桓、公孫並趙人，辯士，客遊平原君之門，而公孫龍著守白論，見行於世。飾人之心，易人之意。成云：彫飾人心，改易人意。能勝人之口，不能服人之心，辯者之囿也。宣云：辯者迷於其中而不能出。惠施日以其知同智與人之辯，及其同遊之人所辯論。特與天下之辯者爲怪。成云：特，獨也。字亦有作將者，案爲怪，謂騁其論異。此其柢也。俞云：柢與氐通。史記秦始皇紀「大氐盡畔秦吏」，正義：「氐猶略也。」此其柢也，猶云此其略也。然惠施之口談，自以爲最賢。自以爲解理最賢於衆。曰：天地其壯乎！司馬云：惠唯以天地爲壯於己也。施存雄而无術。司馬云：施意在勝人，而無道理之術。南方有倚人焉，曰黃繚。釋文：倚本或作畸，同。李云：異也。成云：姓黃名繚，不偶於俗。問天地所以不墜不陷，風雨雷霆之故。惠施不辭而應，不慮而對。成云：不辭謝而應機，不思慮而對答。徧爲萬物說。成云：徧爲陳說萬物根由。說而不休，多而无已，猶以爲寡，益之以怪。成云：加奇怪以騁其能。以反人爲實，而欲以勝人爲名，是以與衆不適也。成云：不能和適。弱於德，強於物，內弱外強。其塗隩矣。隩，曲而隱也，非大道。由天地之道，觀惠施之能，其猶一蚉一蝱之勞者也，其於物也何庸！成云：庸，用也。夫充一尚可，宣云：內聖外王皆原於一，充之而可，何須逐物邪。曰愈貴道，幾矣！曰，詞也。言愈自貴重，不須多言，於道亦庶幾矣。惠施不能以此自寧，自安定其心。放於萬物而不厭，成云：散亂精神。卒以善辯爲名。惜乎！惠施之才，駘蕩而不得，釋文：駘，李音殆，放也。宣云：不得，無所得。逐萬物而不反，是窮響以聲，形與影競走也。聞響大而高聲，不知聲宏而響愈振；見影來而疾走，不知形捷而影競隨之也。悲夫！

莊　子　集　釋

郭慶藩著

莊子集釋序

郭君子瀞爲莊子集釋成以授先謙讀之而其年適有東夷之亂作而歎曰莊子其有不得已於中乎夫其遭世否塞拯之末由神彷徨乎馮閎驗小大之無垠究天地之終始懼然而爲是言也騶衍曰儒者所謂中國於天下乃八十一分居其一分耳赤縣神州外自有九州裨海環之大瀛海環其外惠施曰我知天下之中央燕之北越之南是也而莊子稱之亦言儵與忽鑿混沌死其說若豫睹將來而推厥終極亦異人矣哉子貢爲挈水之槔而漢陰丈人笑之今之機械機事倍於槔者相萬也使莊子見之奈何蠻觸氏爭地於蝸角伏尸數萬逐北旬日今之蠻觸氏不知其幾也而莊子奈何是故以黃帝爲君而有蚩尤以堯爲君而有叢枝宗膾胥敖黃帝堯非好事也然而欲虛其國刑其人其不能以虛靜治決矣彼莊子者求其術而不得將遂獨立於寥闊之野以幸全其身而樂其生烏足及天下且其書嘗暴著於後矣晉演爲元學無解於胡羯之氛唐尊爲真經無救於安史之禍徒以藥世主經後儈末俗利欲庶有一二之助焉而其文又絕奇郭君愛翫之不已因有集釋之作附之以文益之以博使莊子見之得毋曰此猶吾之糟粕乎雖然無迹奚以測履無糟粕奚以觀於古實矣郭君於是書爲副墨之子將翠天下爲洛誦之孫已夫光緒二十年歲次甲午冬十二月長沙愚弟王先謙謹撰

莊子序

夫莊子者可謂知本矣故未始藏其狂言言雖無會而獨應者也夫應而非會則雖當無用言非物事則雖高不行與夫寂然不動不得已而後起者固有閒矣斯可謂知無心者也夫心無爲則隨感而應應隨其時言唯謹爾故與化爲體流萬代而冥物豈曾設對獨遘而游談乎方外哉此其所以不經而爲百家之冠也然莊生雖未體之言則至矣通天地之統序萬物之性達死生之變而明內聖外王之道上知造物無物下知有物之自造也其言宏綽其旨玄妙至至之道融微旨雅泰然遣放放而不敖故曰不知義之所適猖狂妄行而蹈其大方含哺而熙乎澹泊鼓腹而游乎混芒至人極乎無親孝慈終於兼忘禮樂復乎已能忠信發乎天光用其光則其朴自成是以神器獨化於玄冥之境而源流深長也故其長波之所蕩高風之所扇暢乎物宜適乎民願弘其鄙解其懸灑落之功未加而矜夸所以散故觀其書超然自以爲已當經崐崘涉太虛而游惚怳之庭矣雖復貪婪之人進躁之士暫而攬其餘芳味其溢流彷彿其音影猶足曠然有忘形自得之懷況探其遠情而玩永年者乎遂綿邈清遐去離塵埃而返冥極者也河南郭象子玄撰

莊子序

夫莊子者所以申道德之深根述重玄之妙旨暢无爲之恬淡明獨化之窅冥鉗揵九流括囊百氏諒區中之至教實象外之微言者也其人姓莊名周字子休生宋國睢陽蒙縣師長桑公子受號南華仙人當戰國之初降衰周之末歎蒼生之業薄傷道德之陵夷乃慷慨發憤爰著斯論其言大而博其旨深而遠非下士之所聞豈淺識之能究所言子者是有德之嘉號古人稱師曰子亦言子是書名非但三篇之總名亦是百家之通題所言內篇者內以待外立名篇以編簡爲義古者殺青爲簡以韋爲編編簡成篇猶今連紙成卷也故元愷云大事書之於策小事簡牘而已內則談於理本外則語其事迹事雖彰著非理不通理既幽微非事莫顯欲先明妙理故前標內篇內篇理深故每於文外別立篇目郭象仍於題下即注解之逍遙齊物之類是也自外篇以去則取篇首二字爲其題目駢拇馬蹄之類是也所言逍遙遊者古今解釋不同今汎舉紘綱略爲三釋所言三者

第一顧桐柏云逍者銷也遙者遠也銷盡有爲累遠見無爲理以斯而遊故曰逍遙

第二支道林云物物而不物於物故逍然不我待玄感不疾而速故遙然靡所不爲以斯而遊天下故曰逍遙遊

第三穆夜云逍遙者蓋是放狂自得之名也至德內充无時不適忘懷應物何往不通以斯而遊天下故曰逍遙遊內篇明於理本外篇語其事迹雜篇雜明於理事內篇雖明理本不无時迹外篇雖明事迹甚有妙理但立教分篇據多論耳所以逍遙建初者言達道之士智德明敏所造皆適遇物逍遙故以逍遙命物夫無待聖人照機若鏡既明權實之二智故能大齊於萬境故以齊物次之既指馬蹄天地混同庶物心靈凝澹可以攝衛養生故以養生主次之既善惡兩忘境智俱妙隨變任化可以處涉人閒故以人閒世次之內德圓滿故能支離其德外以接物既而隨物昇降內外冥契故以德充符次之止水流鑑接物无心忘德忘形契外會內之極可以匠成庶品故以大宗師次之古之真聖知天知人與造化同功即寂即應既而驅馭羣品故以應帝王次之駢拇以下皆

以篇首二字爲題既無別義今不復次篇也而自古高士晉漢逸人皆莫不耽翫爲之義訓雖注述無可閒然並有美辭咸能索隱玄英不揆庸昧少而習焉研精覃思三十矣依子玄所注三十篇輒爲疏解揔三十卷雖復詞情疏拙亦頗有心跡指歸不敢貽厥後人聊自記其遺忘耳唐西華法師成玄英撰

莊子集釋目次

內篇

外篇

莊子集釋

湘陰郭慶藩子瀞輯

內篇逍遙遊第一

〔釋文〕內者對外立名說文篇書也字從竹從艸者草名耳非也

【注】夫小大雖殊而放於自得之場則物任其性事稱其能各當其分逍遙一也豈容勝負於其閒哉 慶藩案劉義慶世說新語文學類云莊子逍遙篇舊是難處諸名賢所可鑽味而不能拔理於郭向之外支道林在白馬寺中將馮太常共語因及逍遙支卓然標新理於二家之表立異義於衆賢之外皆是諸名賢尋味之所不得後遂用支理劉孝標注云向子期郭子玄逍遙義曰夫大鵬之上九萬尺鷃之起榆枋小大雖差各任其性苟當其分逍遙一也然物之芸芸同資有待得其所待然後逍遙耳唯聖人與物冥而循大變爲能無待而常通豈獨自通而已又從有待者不失其所待不失則同於大通矣支氏逍遙論曰夫逍遙者明至人之心也莊生建言大道而寄指鵬鷃鵬以營生之路曠故失適於體外鷃以在近而笑遠有矜伐於心內至人乘天正而高興遊無窮於放浪物物而不物於物則遙然不我得玄感不爲不疾而速則逍然靡不適此所以爲逍遙也若夫有欲當其所足足於所足快然有似天眞猶饑者一飽渴者一盈豈忘烝嘗於糗糧絕觴爵於醪醴哉苟非至足豈所以逍遙乎此向郭之注所未盡〔釋文〕逍音銷亦作消遙如字亦作搖 慶藩案逍遙二字說文不收作消搖者是也禮檀弓消搖於門漢書司馬相如傳消搖乎襄羊京山引太玄翕首雖欲消搖天不之茲漢開母石闕則文耀以消搖文選宋玉九辯聊消搖以相羊後漢東平憲王蒼傳消搖相羊字並從水作消從手作搖唐釋湛然止觀輔行傳宏決引王瞀夜云消搖者調暢逸豫之意夫至理內足無時不適止懷應物何往不通以斯而遊天下故曰消搖又曰理無幽隱消然而當形無鉅細搖然而通故曰消搖解消搖義視諸儒爲長遊如字亦作游逍遙遊者篇名義取閒放不拘怡適自得 慶藩案家世父侍郎公曰天下篇莊子自言其道術充實不可以已上與造物者遊首篇曰逍遙遊者莊子用其無端崖之詞以自喻也注謂小大雖殊逍遙一也似失莊子之恉 又案文選潘安仁秋興賦注引司馬彪云言逍遙無爲者能遊大道也釋文闕 夫小大音符之場直良反事稱尺證反各當丁浪反其分符問反

北冥有魚。其名爲鯤。鯤之大不知其幾千里也。【疏】溟猶海也取其溟漠無涯故爲之溟東方朔十洲記云溟海無風而洪波百丈巨海之內有此大魚欲明物性自然故標爲章首玄中記云東方有大魚焉行者一日過魚頭七日過魚尾產三日碧海爲之變紅故知大物生於大處豈獨北溟而已〔釋文〕北冥本亦作溟覓經反北海也嵇康云取其溟漠無涯也梁簡文帝云窅冥無極故謂之冥東方朔十洲記云水黑色謂之冥海無風洪波百丈 慶藩案慧琳一切經音義三十一大乘入楞伽經卷二引司馬云溟謂南北極也去日月遠故以溟爲名也釋

文闕

鯤徐音昆李侯溫反大魚名也崔譔云鯤當爲鯨簡文同　慶藩案方以智曰鯤本小魚之名莊子用爲大魚之名其說是也爾雅釋魚鯤魚子凡魚之子名鯤魯語魚禁鯤鮞韋昭注鯤魚子也張衡東京賦櫟鯤鮞薛綜注鯤魚子也說文無鯤篆段玉裁曰魚子未生者曰鯤鯤卽卵字許愼作卝古音讀如關亦讀如昆禮內則濡魚卵醬鄭讀卵若鯤凡未出者曰卵已出者曰子鯤卽魚卵故叔重以卝字包之莊子謂絕大之魚爲鯤此則齊物之寓言所謂汪洋自恣以適己者也釋文引李頤云鯤大魚名也崔譔簡文並云鯤當爲鯨皆失之　其幾居豈反下同化而爲鳥。其名爲鵬。【注】鵬鯤之實吾所未詳也夫莊子之大意在乎逍遙遊放無爲而自得故極小大之致以明性分之適達觀之士宜要其會歸而遺其所寄不足事事曲與生說自不害其宏旨皆可略之耳【疏】夫四序風馳三光電卷是以負山岳而捨故揚舟壑以趨新故化魚爲鳥欲明變化之大理也

〔釋文〕鵬步登反徐音朋郭甫登反崔音鳳云鵬卽古鳳字非來儀之鳳也說文云朋及鵬皆古文鳳字也朋鳥象形鳳飛羣鳥從以萬數故以朋爲朋黨字字林云鵬朋黨也古以爲鳳字　盧文弨曰以朋舊作以鵬今案文義改正　慶藩案廣川書跋寶龢鐘銘通雅四十五並引司馬云鵬者鳳也釋文闕　夫莊音符發句之端皆同　性分符問反下皆同　達觀古亂反　宜要一遙反

鵬之背，不知其幾千里也。怒而飛。其翼若垂天之雲。【疏】魚論其大以表頭尾難知鳥言其背亦示修短叵測故下文云未有知其修者也鼓怒翅翼奮迅毛衣既欲摶風方將擊水遂乃斷絕雲氣背負青天騫翥翱翔凌摩霄漢垂陰布影若天涯之降行雲也

〔釋文〕垂天之雲司馬彪云若雲垂天旁崔云垂猶邊也其大如天一面雲也

是鳥也，海運則將徙於南冥。南冥者，天池也。【注】非冥海不足以運其身非九萬里不足以負其翼此豈好奇哉直以大物必自生於大處大處亦必自生此大物理固自然不患其失又何厝心於其閒哉【疏】運轉也是指斥也卽此鵬鳥其形重大若不海中運轉無以自致高昇皆不得不然非樂然也且形既遷革情亦隨變昔日爲魚涵泳北海今時作鳥騰翥南溟雖復昇沈性殊逍遙一也亦猶死生聚散所遇斯適千變萬化未始非吾所以化魚爲鳥自北徂南者鳥是凌虛之物南卽啓明之方魚乃滯溺之蟲北蓋幽冥之地欲表向明背暗捨滯求進故舉南北鳥魚以示爲道之徑耳而大海洪川原夫造化非人所作故曰天池也

〔釋文〕海運　司馬云運轉也向秀云非海不行故曰海運簡文云運徙也　慶藩案玉篇運行也渾天儀云天運如車轂謂天之行不息也此運字亦當訓行莊子言鵬之運行不息於海則將徙天池而休息矣（說文徙遂也段注作行作止而竟止則遂其所矣）下文引齊諧六月息之言可證郭氏謂非冥海不足以運其身釋文引司馬向秀之說皆失之　豈好呼報反下皆同　大處昌慮反下同　何厝七故反本又作措

盧文弨曰案說文厝厲石也措置也俗多通用今莊子注作措與說文合齊諧者。志怪者也。諧之言曰。鵬之徙於南冥也。水擊三千里。摶扶搖而上者九萬里。〔注〕夫翼大則難舉故摶扶搖而後能上九萬里乃足自勝耳既有斯翼豈得決然而起數仞而下哉此皆不得不然非樂然也〔疏〕姓齊名諧人姓名也亦言書名也齊國有此俳諧之書也誌記也擊打也摶鬭也扶搖旋風也齊諧所著之書多記怪異之事莊子引以爲證明己所說不虛大鵬既將適南溟不可決然而起所以舉擊兩翅動蕩三千踉蹌而行方能離水然後繚戾宛轉鼓怒徘徊風氣相扶搖動而上塗經九萬時隔半年從容志滿方言憩止適足而已豈措情乎哉〔釋文〕齊諧戶皆反司馬及崔並云人姓名簡文云書　俞樾曰按下文諧之言曰則當作人名爲允若是書名不得但稱諧志怪志記也怪異也水擊崔云將飛舉翼擊水踉蹌也踉音亮蹌音七亮反摶徒端反司馬云摶飛而上也一音博崔云拊翼徘徊而上也　盧文弨曰當云本一作摶音博陸氏於攷工記之摶埴亦云劉音博不分別字體非　慶藩案慧琳一切經音義七十二引司馬云擊猶動也釋文闕又文選江文通雜體詩注引司馬云摶圜也扶搖上行風也圜飛而上行者若扶搖也范彥龍古意贈王中書詩注引司馬曰摶圜也圜飛而上若扶搖也張景陽七命注御覽九及九百二十七初學記一竝引司馬曰扶搖上行風也諸書所引互有異同與釋文亦小異　又案說文摶以手圜之也古借作專漢書天文志騎氣卑而布卒氣摶如淳注摶專也集韻摶擅也（擅亦有專義）又曰聚也摶扶搖而上言專聚風力而高舉也釋文所引未得摶字之義扶搖徐音遙風名也司馬云上行風謂之扶搖爾雅云扶搖謂之飈郭璞云暴風從下上也　盧文弨曰扶下上倒今據爾雅注改正而上時掌反註同自勝音升下同決然喜缺反下同數仞色主反下同非樂音嶽又五孝反

去以六月息者也。〔注〕夫大鳥一去半歲至天池而息小鳥一飛半朝搶榆枋而止此比所能則有閒矣其於適性一也家世父曰去以六月息猶言乘長風也與下時則不至而控於地對文莊文多不能專於字句求之一〔釋文〕搶七羊反枋音方

野馬也。塵埃也。生物之以息相吹也。〔注〕此皆鵬之所馮以飛者耳野馬者游氣也〔疏〕爾雅云邑外曰郊郊外曰牧牧外曰野此言青春之時陽氣發動遙望藪澤之中猶如奔馬故謂之野馬也揚土曰塵塵之細者曰埃天地之間生物氣息更相吹動以舉於鵬者也夫四生雜沓萬物參差形性不同資待宜異故鵬鼓垂天之翼託風氣以逍遙蜩張決起之翅搶榆枋而自得斯皆率性而動稟之造化非有情於遐邇豈措意於驕矜體斯趣者於何而語夸企乎〔釋文〕野馬司馬云春月澤中游氣也崔云天地間氣如野馬馳也塵埃音哀崔云天地間氣蓊鬱似塵埃揚也相吹如字崔本作炊　慶藩案吹炊二字古通用集韻炊累動物炊也荀子仲尼篇可炊而僨也本書在宥篇從容無爲而萬而升累焉注並云炊與吹同　又案莊生既言鵬之飛與息各適其性又申言野馬塵埃皆生物之以息相吹蓋喻鵬之純任自然亦猶野馬塵埃之累動而升無成心也郭氏謂鵬之所馮以飛者疑誤所馮皮冰反本亦作

憑盧文弨曰今注作憑改正 天之蒼蒼。其正色邪。其遠而無所至極邪。其視下也。亦若是，則已矣。注 今觀天之蒼蒼，竟未知便是天之正色邪，天之為遠而無極邪，鵬之自上以視地，亦若人之自此視天，則止而圖南矣，言鵬不知道里之遠近，趣足以自勝而逝。疏 仰視圓穹甚為迢遞碧空高遠算數無窮蒼蒼茫昧豈天正色然鵬處中天人居下地而鵬之俯視不異人之仰觀人既不辨天之正色鵬亦詎知地之遠近自勝取足適至南溟鵬之圖度止在於是矣〔釋文〕色邪餘嗟反助句不定之辭後放此 盧文弨曰舊也嗟反今據易釋文正 且夫水之積也不厚。則其負大舟也無力。覆杯水於坳堂之上。則芥為之舟。置杯焉則膠。水淺而舟大也。注 此皆明鵬之所以高飛者翼大故耳夫質小者所資不待大則質大者所用不得小矣故理有至分物有定極各足稱事其濟一也若乃失乎忘生之主而營生於至當之外事不任力動不稱情則雖垂天之翼不能無窮決起之飛不能無困矣疏 且者假借是聊略之辭夫者開發在語之端緒積聚也厚深也杯小器也坳汚陷也謂堂庭坳陷之地也芥草也膠黏也此起譬也夫翻覆一杯之水於坳汚堂地之間將草葉為舟則浮汎靡滯若還用杯為舟理必不可何者水淺舟大則黏地不行故也是以大舟必須深水小芥不待洪流苟其大小得宜則物皆逍遙〔釋文〕且夫音符 覆芳服反 杯崔本作盃 坳堂於交反又烏了反李又伊九反崔云堂道謂之坳司馬云塗地令平支遁云謂有坳垤形也 芥吉邁反徐古邁反一音古黠反李云小草也 則膠徐李古孝反一音如字崔云膠著地也李云黏也 稱事尺證反後同 其濟子細反本又作齊如字 之生本亦作主字 至當丁浪反後皆同 風之積也不厚。則其負大翼也無力。故九萬里，則風斯在下矣。疏 此合喻也夫水不深厚則大舟不可載浮風不崇高大翼無由淩霄漢以小鳥半朝決起搶榆之上大鵬九萬飄風鼓扇其下也 而後乃今培風。背負青天。而莫之夭閼者。而後乃今將圖南。注 夫所以乃今將圖南者非其好高而慕遠也風不積則夭閼不通故耳此大鵬之逍遙也 疏 培重也夭折也閼塞也初鵬扶搖故能昇翥重積風吹然後飛行既而上負青天下乘風脊一淩霄漢六月方止網羅不逮畢弋無侵折塞之禍於何而至良由資待合宜自致得所逍遙南海不亦宜乎〔釋文〕而後乃今 培音裴重也徐扶杯反又父宰反三音扶北反本或作陪 盧文弨曰今本三作一非 風絕句 慶藩案王念孫曰培之言馮也馮乘也（見周官馮相氏注）風在鵬下故言負鵬在風上故言馮必九萬里而後在風之上在風之上而後能馮風故曰而後乃今培風若訓培爲重則與上文了不相涉矣馮與培聲相近故義亦相通漢書周緤傳更封緤爲鄜城侯顏師古曰鄜吕忱音陪而楚漢春秋作馮城侯陪馮聲相近是其證也（馮字古音在蒸部陪字古音在之部之部之音與蒸部相近故陪馮聲亦相近說文曰陪滿也王注離騷曰馮滿也陪馮聲相近故皆訓爲滿文穎注漢書文帝紀曰陪輔也張晏注百官公卿表曰馮輔也說文曰倗輔也陪馮倗聲並相近故皆訓爲輔說文曰倗從人朋聲讀若陪位鄘從邑崩聲讀若陪漢書王尊傳南山羣盜傰宗等蘇林曰傰音朋晉灼曰音倍墨子尚賢篇守城則倍畔非命篇倍作崩皆其例也今案說文培益也培風者以風益大翼之力助其高飛也陸氏訓重未明當從王氏爲允）背負青天 一讀以背字屬上句 夭 於表反司馬云折也 閼 徐於葛反一音謁司馬云止也李云塞也　慶藩案文選劉孝標辨命論注引司馬云夭折閼止也言無有夭止使不通者也視釋文所引爲詳

蜩與學鳩笑之曰。我決起而飛。搶榆枋。時則不至。而控於地而已矣。奚以之九萬里而南爲。【注】苟足於其性則雖大鵬無以自貴於小鳥小鳥無羨於天池而榮願有餘矣故小大雖殊逍遙一也【疏】蜩蟬也生七八月紫青色一名蛁蟟鷽鳩鶻鳩也即今之班鳩是也決卒疾之貌搶集也亦突也枋檀木也控投也引也窮也奚何也之適也蜩鳩聞鵬鳥之宏大資風水以高飛故嗤彼形大而劬勞欣我質小而逸豫且騰躍不過數仞突榆檀而栖集時困不到前林投地息而更起逍遙適性樂在其中何須時經六月途遙九萬跋涉辛苦南適胡爲以小笑大夸企自息而不逍遙者未之有也〔釋文〕蜩 音條司馬云蟬 學鳩 如字一音於角反本又作鷽音同本或作鸒音預崔讀云學爲滑滑鳩一名滑雕司馬云學鳩小鳩也李云鶻鳩也毛詩草木疏云鶻鳩班鳩也簡文云月令云鳴鳩拂其羽是也　慶藩案俞樾曰釋文曰學本或作鸒音預據文選江文通雜體詩鸒斯蒿下飛李善注即以莊子此文說之又引司馬云鸒鳩小鳥毛萇詩傳曰鸒斯鵯居鵯居鵯烏也音豫然則李氏所據本固作鸒不作學也今釋文引司馬云學鳩小鳩也此經後人竄改非其原文矣今案釋文學亦或作鸒說文鷽雗鷽山鵲知來事鳥或作雤爾雅釋鳥鷽山鵲作學者蓋鷽叚借字鳩爲五鳩之總名鷽鳩當是兩物釋文引諸說似未分曉 我 決 向徐喜缺反李呼穴反李頤云疾貌 搶 七良反司馬李云猶集也崔云著也支遁云搶突也　俞樾曰王氏引之經傳釋詞曰則猶或也引史記陳丞相世家則恐後悔爲證此文則字亦當訓爲或 榆 徐音踰木名也 枋 徐音方李云檀木也崔云本也或曰木名盧文弨曰今本作崔云木也與下複係字誤 控 苦貢反司馬云投也又云引也崔云叩也　俞樾曰而字下當有圖字上文而後乃今將圖南此即承上文而言也文選注引此正作以之九萬里而圖南爲 奚

適莽蒼者。三飡而反。腹猶果然。適百里者宿舂糧。適千里者三月聚糧。【注】所適彌遠則聚糧彌多故其翼彌大則積氣彌厚也【疏】適往也莽蒼郊野之色遙望之不甚分明也果然飽貌也往於郊野來去三食路既非遙腹猶充飽百里之行路程稍遠舂擣糧食爲一宿之借適於千里之途路既超遙聚積三月之糧方充往來之食故郭注云所適彌遠則聚糧彌多故其翼彌大則積氣彌厚者也〔釋文〕

莽莫浪反或莫郎反　蒼七蕩反或如字司馬云莽蒼近郊之色也李云近野也支遁云冢間也崔云草野之色　三湌七丹反　果然徐如字又苦火反衆家皆云飽貌　舂束容反　糧音良　之二蟲又何知。【注】二蟲謂鵬蜩也。對大於小，所以均異趣也。夫趣之所以異，豈知異而異哉？皆不知所以然而自然耳。自然耳，不為也。此逍遙之大意。【疏】郭注云二蟲鵬蜩也對大於小所以均異趣也且大鵬搏風九萬小鳥決起榆枋雖復遠近不同適性均也咸不知道里之遠近各取足而自勝天機自張不知所以既無意於高卑豈有情於優劣逍遙之致其在茲乎而呼鵬為蟲者大戴禮云東方鱗蟲三百六十應龍為其長南方羽蟲三百六十鳳皇為其長西方毛蟲三百六十麒麟為其長北方甲蟲三百六十靈龜為其長中央蠃蟲三百六十聖人為其長通而為語故名鵬為蟲也　俞樾曰二蟲即承上文蜩鳩之笑而言謂蜩鳩至小不足以知鵬之大也郭注云二蟲謂鵬蜩也失之

小知不及大知。小年不及大年。【注】物各有性，性各有極，皆如年知，豈跂尚之所及哉！自此已下至于列子，歷舉年知之大小，各信其一方，未有足以相傾者也。然後統以無待之人，遺彼忘我，冥此群異，異方同得而我無功名。是故統小大者，無小無大者也；苟有乎大小，則雖大鵬之與斥鴳，宰官之與御風，同為物累耳。齊死生者，無死無生者也；苟有乎死生，則雖大椿之與蟪蛄，彭祖之與朝菌，均於短折耳。故遊於無小無大者，無窮者也；冥乎不死不生者，無極者也。若夫逍遙而繫於有方，則雖放之使遊而有所窮矣，未能無待也。【疏】夫物受氣不同稟分各異智則有明有暗年則或短或長故舉朝菌冥靈宰官榮子皆如年知豈企尚之所及哉故知物性不同不可強相希效也〔釋文〕小知音智本亦作智下大知並注同下年知放此　跂尚丘豉反後同　累物劣僞反下皆同

奚以知其然也。【疏】奚何也然如此也此何以知年知不相及若此之縣解耶假設其問以生後答

朝菌不知晦朔，蟪蛄不知春秋，此小年也。【疏】此答前問也朝菌者謂天時滯雨於糞堆之上熱蒸而生陰濕則生見日便死亦謂之大芝生於朝而死於暮故曰朝菌月終謂之晦月旦謂之朔假令逢陰數日便萎終不涉三旬故不知晦朔也蟪蛄夏蟬也生於麥梗亦謂之麥節夏生秋死故不知春秋也菌則朝生暮死蟬則夏長秋殂斯言齡命短促故謂之小年也〔釋文〕朝菌徐其隕反司馬云大芝也天陰生糞上見日則死一名日及故不知月之終始也崔云糞上芝朝生暮死晦者不及朔朔者不及晦支遁云一名舜英朝生暮落潘尼云木槿也簡文云歘生之芝也歘音況物反　盧文弨曰案菌芝類故字從艸支遁潘尼以木槿當之說殊謬　慶藩案慧琳一切經音義八十四集古今佛道論衡卷三引司馬云朝菌大芝也江東呼為土菌一曰道廚又御覽九百九十八引司馬云朝菌大芝也天陰時生糞上見陽則萎故不知月之始終與釋文所引小異　又案王引之曰案淮南

道應篇引此朝菌作朝秀（今本淮南作朝菌乃後人據莊子改之文選辯命論注及太平御覽蟲豸部六引淮南並作朝秀今據改）高注曰朝秀朝生暮死之蟲也生水上狀似蠶蛾一名孳母據此則朝秀與蟪蛄皆蟲名也朝菌朝秀語之轉耳非謂芝菌亦非謂木槿也上文云之二蟲又何知謂蜩與學鳩此云不知晦朔亦必謂朝菌之蟲蟲者微有知之物故以知不知言之若草木無知之物何須言不知乎今案王說是也廣雅正作朝蜏以其爲蟲故字從虫耳　晦朔晦冥也朔旦也　盧文弨曰此以一日之蚤莫言不若以一月之終始言蓋朝生者不及暮然固知朝矣暮生者不及朝然固知暮矣故晦朔不當從日爲解　惠本亦作蟪同　盧文弨曰今本作蟪係說文新附字　蛄音姑司馬云惠蛄寒蟬也一名蝭蟧春生夏死夏生秋死崔云蛁蟟也或曰山蟬秋鳴者不及春春鳴者不及秋廣雅云蟪蛄蛁蟧也案即楚辭所云寒螿者也蝭音提蟧音勞又音遼蛁音彫螿音將　慶藩案御覽九百四十九引司馬云惠蛄亦名蝭蟧春生夏死夏生秋死故不知歲有春秋也與釋文所引小異

楚之南有冥靈者，以五百歲爲春，五百歲爲秋；上古有大椿者，以八千歲爲春，八千歲爲秋。【疏】冥靈大椿並木名也以葉生爲春以葉落爲秋冥靈生於楚之南以二千歲爲一年也而言上古者伏羲時也大椿之木長於上古以三萬二千歲爲一年也冥靈五百歲而花生大椿八千歲而葉落並以春秋賒永故謂之大年也〔釋文〕冥本或作榠同　靈李頤云冥靈木名也江南生以葉生爲春葉落爲秋此木以二千歲爲一年　盧文弨曰案說文云以五百歲爲春以五百歲爲秋言春秋則包乎冬夏矣則當云以千歲爲一年下大椿亦當云此木萬六千歲爲一年不當云三萬二千歲　慶藩案齊民要術靈作泠引司馬云木生江南千歲爲一年釋文偏引　大椿丑倫反司馬云木一名橓橓木槿也崔音橓華同李云生江南一云生北戶南此木三萬二千歲爲一年　慶藩案齊民要術引司馬云木槿也以萬六千歲爲一年一名蕣椿與釋文所引小異

而彭祖乃今以久特聞，衆人匹之，不亦悲乎。【注】夫年知不相及若此之懸也，比於衆人之所悲，亦可悲矣。而衆人未嘗悲此者，以其性各有極也，苟知其極，則毫分不可相跂，天下又何所悲乎哉！夫物未嘗以大欲小，而必以小羨大，故舉小大之殊各有定分，非羨欲所及，則羨欲之累可以絕矣。夫悲生於累，累絕則悲去，悲去而性命不安者，未之有也。【疏】彭祖者姓籛名鏗帝顓頊之玄孫也善養性能調鼎進雉羹於堯堯封於彭城其道可祖故謂之彭祖歷夏經殷至周年八百歲矣特獨也以其年長壽所以聲獨聞於世而世人比匹彭祖深可悲傷而不悲者爲彭祖稟性遐壽非我氣類置之言外不敢嗟傷故知生也有涯豈唯彭祖去己一毫不可企及於是均椿菌混彭殤各止其分而性命安矣〔釋文〕彭祖李云名鏗堯臣封於彭城歷虞夏至商年七百歲故以久壽見聞世本云姓籛名鏗在商爲守藏史在周爲柱下史年八百歲籛音翦一云即老子也崔云堯臣仕殷世其人甫壽七百年王逸注楚辭天問云彭鏗即彭祖事帝堯彭祖至七百歲猶曰悔不壽恨杖晚而唾遠云帝嚳之元孫　盧文弨曰玉篇籛子踐切姓也與此正合是古讀皆然或據廣韻改作音箋非是

慶藩案神仙傳曰彭祖諱鏗帝顓頊之元孫至殷末年七百六十七歲而不衰老遂往流沙之西非壽終也今案史記楚世家顓頊生稱稱生卷章卷章生重黎重黎爲帝嚳所殺以其弟吳回後重黎爲火正吳回生陸終陸終生彭祖以世系推之彭祖乃顓頊元孫陸終之子禮所謂來孫也成疏繇神仙傳作顓頊之元孫誤釋文引王逸楚辭章句以爲帝嚳之元孫亦非（帝嚳爲顓頊之姪名夋彭祖乃顓頊子稱之元孫帝嚳之姪元孫也）特聞如字崔本作待問　之懸音玄　豪分方云反又符問反　湯之問棘也是已。【注】湯之問棘亦云物各有極任之則條暢故莊子以所問爲是也【疏】湯是帝嚳之後契之苗裔姓子名履字天乙母氏扶都見白氣貫月感而生湯豐下兌上身長九尺仕夏爲諸侯有聖德諸侯歸之遭桀無道囚於夏臺後得免乃與諸侯同盟於景亳之地會桀於昆吾之墟大戰於鳴條之野桀奔於南巢湯既克桀讓天下於務光務光不受湯即位乃都於亳後改爲商殷開基之主也棘者湯時賢人亦云湯之博士列子謂之夏革革棘聲類蓋字之誤也而棘既是賢人湯師事之故湯問於棘詢其至道云物性不同各有素分循而直往因而任之殷湯請益深有玄趣莊子許其所問故云是已【釋文】棘李云湯時賢人又云是棘子崔云齊諧之徒識冥靈大椿者名也簡文云一曰湯廣大也棘狹小也　俞樾曰李云湯時賢人是簡文云湯大也棘狹小也以湯棘爲寓名殆未讀列子者（此篇全本列子上文所說鯤鵬及冥靈大椿皆湯問篇文）　慶藩案列子湯問篇殷湯問夏革張注夏革即夏棘字子棘湯時賢大夫革棘古同聲通用論語棘子成漢書古今人表作革子成詩匪棘其欲禮坊記引作匪革其猶漢書表襃侯革朱史記索隱革音棘皆其證　窮髮之北。有冥海者。天池也。有魚焉。其廣數千里。未有知其修者。其名爲鯤。【疏】脩長也地以草爲毛髮北方寒沍之地草木不生故名窮髮所謂不毛之地鯤魚廣闊數千未有知其長者明其大也然冥海鯤鵬前文已出如今重顯者正言前引齊諧足爲典實今牽列子再證非虛鄭重殷勤以成其義者也【釋文】窮髮李云髮猶毛也司馬云北極之下無毛之地也崔云北方無毛地也案毛草也地理書云山以草木爲髮　慶藩案窮髮之北列子作窮髮北之北北史蠕蠕傳蠕蠕者匈奴之裔根本莫尋翦之窮髮之野逐之無人之鄉窮髮言極荒遠之地也　其廣古曠反　數千色主反下同　有鳥焉。其名爲鵬。背若太山。翼若垂天之雲。摶扶搖羊角而上者九萬里。絕雲氣。負青天。然後圖南。【疏】鵬背宏巨狀若嵩華旋風曲戾猶如羊角既而淩摩蒼昊遏絕雲霄鼓怒放暢圖度南海故㮚寇湯問篇云世豈知有此物哉大禹行而見之伯益知而名之夷堅聞而誌之是也【釋文】羊角司馬云風曲上行若羊角　而上時掌反下同　且適南冥也。斥鴳笑之曰。彼且奚適也。我騰躍而上不過數仞而下。翱翔蓬蒿之閒。此亦飛之至也。而彼且奚適也。此小大之辯也。【注】各以得性爲至自盡爲極也向言二蟲殊翼故所至不同或翺翔天池或畢志榆枋直各稱體而足不知所以然也今言小大之辯各有自然之素既非跂慕之所及亦各安其天性不悲所以異故再出之【疏】且將也亦語助也斥小澤也鴳雀也八尺曰仞翺翔猶嬉戲也而鴳雀小鳥縱任斥澤之中騰舉踴躍自得蓬蒿之內故能嗤九萬之遠適欣數仞之近飛斯蓋辯小大之性殊論各足之不二也〔釋文〕且適如字舊子餘反下同 斥如字司馬云小澤也本亦作尺崔本同簡文云作尺非 鴳於諫反字亦作鷃司馬云鴳鴳雀也 慶藩案斥鴳釋文引崔本作尺鴳是也說文鴳雇也（鴳爲舍人李巡孫炎爾雅注皆云鳸一名鴳鴳雀也郭注同）斥尺古字通文選曹植七啓注鷃雀飛不過一尺言其劣弱也正釋尺字之義淮南高注斥澤之鷃爲飛不出頃畝喻弱也文選宋玉對楚王問尺澤之鯢注尺澤言小也夏侯湛抵疑尺鷃不能陵桑榆字正作尺一切經音義尺鷃下云鷃長惟尺即以尺名釋文引簡文云作尺非失之 騰躍曲若反 翺翔五刀反 蓬蒿好刀反

故夫知效一官。行比一鄉。德合一君。而徵一國者。其自視也亦若此矣。【注】亦猶鳥之自得於一方也【疏】故是仍前之語夫是生後之詞國是五等之邦鄉是萬二千五百家也自有智數功效堪蒞一官自有名譽著聞比周鄉黨自有道德宏博可使南面徵成邦國安育黎元此三者稟分不同優劣斯異其於各足未始不齊視己所能亦猶鳥之自得於一方〔釋文〕知效音智下戶教反 行下孟反 比毗至反徐扶至反李云合也 而徵如字司馬云信也崔支云成也 慶藩案而徵一國釋文及郭注無訓成疏讀而爲轉語非也而字當讀爲能能而古聲近通用也官鄉君國相對知仁德能亦相對則而字非轉語詞明矣淮南原道篇而以少正多高注而能也呂覽去私不屈諸篇注皆曰而能也墨子尚同篇故古者聖王唯而審以尚同以爲正長又曰天下所以治者何也唯而以尚同一義爲政故也非命篇不而矯其耳目之欲楚辭九章世孰云而知之齊策子孰而與我赴諸侯乎而並與能同堯典柔遠能邇漢督郵班碑作而邇皋陶謨能哲而惠衛尉衡方碑作能悊能惠史記夏本紀作能智能惠禮運正義曰劉向說苑能字皆作而是其例

而宋榮子猶然笑之。【注】未能齊故有笑【疏】子者有德之稱姓榮氏宋人也猶然如是榮子雖能忘有未能遣無故笑宰官之徒滯於爵祿虛淡之人猶懷嗤笑見如是所以不齊前既以小笑大示大者不夸今則以大笑小小者不企而性命不安者理未之聞也〔釋文〕宋榮子司馬李云宋國人也崔云賢者也 猶然笑之崔李云猶笑貌案謂猶以爲笑

且舉世而譽之而不加勸。舉世非之而不加沮。【注】審自得也【疏】舉皆也勸勵勉也沮怨喪也榮子率性懷道謷然超俗假令世皆譽讚亦不增其勸獎率土非毀亦不加其沮喪審自得也〔釋文〕譽之音餘 加沮慈呂反敗也

定乎內外之分。【注】內我而外物【疏】榮子知內既非我外亦非物內外雙遣物我兩忘故於內外之分定而不惑也

辯乎榮辱之境。【注】榮己而辱人【疏】忘勸沮於非譽混窮通於榮辱故能返照明乎心智玄鑒辯於物境不復內我而外物榮己而辱人也〔釋文〕

之竟居領反　慶藩案釋文作竟古竟境字通斯已矣。注亦不能復過此疏斯此也已止也宋榮子智德止盡於斯也〔釋文〕能復扶又反彼其於世。未數數然也。注足於身故閒於世也疏數數猶汲汲也宋榮子率性虛淡任理直前未嘗運智推求役心爲道栖身物外故不汲汲然者也〔釋文〕數數音朔下同徐所祿反一音桑鏤反司馬云猶汲汲也崔云迫促意也簡文所喻反謂計數　故閒音閑本亦作閑雖然。猶有未樹也。注唯能自是耳未能無所不可也疏樹立也榮子捨有證無溺在偏滯故於無待之心未立逍遙之趣智尙虧也〔釋文〕未樹　司馬云樹立也未立至德也夫列子御風而行。泠然善也。注泠然輕妙之貌疏姓列名禦寇鄭人也與鄭繻公同時師於壺丘子林著書八卷得風仙之道乘風遊行泠然輕舉所以稱善也〔釋文〕列子　李云鄭人名禦寇得風仙乘風而行與鄭穆公同時　泠音零　慶藩案初學記一太平御覽九引司馬云列子鄭人列禦寇也泠然涼貌也文選江文通雜體詩注引同釋文闕旬有五日而後反。注苟有待焉則雖御風而行不能以一時而周也疏旬十日也既得風仙遊行天下每經一十五日回反歸家未能無所不乘故不可一時周也彼於致福者。未數數然也。注自然御風行耳非數數然求之也疏致得也彼列禦寇得於風仙之福者蓋由炎涼無心虛懷任運非關役情取捨汲汲求之欲明爲道之要要在忘心若運役智慮去之遠矣　家世父曰未數數然也猶戴記之云天下一人而已致福謂備致自然之休御風而行猶待天機之動焉郭象云自然御風行非數數然求之誤此雖免乎行。猶有所待者也。注非風則不得行斯必有待也唯無所不乘者無待耳疏乘風輕舉雖免步行非風不進猶有須待自宰官已下及宋榮禦寇歷舉智德優劣不同既未洞忘咸歸有待唯當順萬物之性遊變化之塗而能無所不成者方盡逍遙之妙致者也若夫乘天地之正。而御六氣之辯。以遊无窮者。彼且惡乎待哉。注天地者萬物之總名也天地以萬物爲體而萬物必以自然爲正自然者不爲而自然者也故大鵬之能高斥鴳之能下椿木之能長朝菌之能短凡此皆自然之所能非爲之所能也不爲而自能所以爲正也故乘天地之正者即是順萬物之性也御六氣之辯者即是遊變化之塗也如斯以往則何往而有窮哉所遇斯乘又將惡乎待哉此乃至德之人玄同彼我者之逍遙也苟有待焉則雖列子之輕妙猶不能以無風而行故必得其所待然後逍遙耳而況大鵬乎夫唯與物冥而循大變者爲能無待而常通，豈自通而已哉！又順有待者，使不失其所待，所待不失，則同於大通矣。故有待無待，吾所不能齊也；至於各安其性，天機自張，受而不知，則吾所不能殊也。夫無待猶不足以殊有待，況有待者之巨細乎！【疏】天地者，萬物之總名；萬物者，自然之別稱。六氣者，李頤云平旦朝霞、日午正陽、日入飛泉、夜半沆瀣並天地二氣為六氣也。又杜預云，六氣者，陰陽風雨晦明也。又支道林云，六氣，天地四時也。辯者，變也。惡乎，猶於何也。言無待聖人虛懷體道，故能乘兩儀之正理，順萬物之自然，御六氣以逍遙，混羣靈以變化。苟無物而不順，亦何往而不通哉！明徹於無窮，將於何而有待者也！〔釋文〕六氣司馬云：陰陽風雨晦明也。李云：平旦為朝霞，日中為正陽，日入為飛泉，夜半為沆瀣，天玄地黃為六氣。王逸注楚辭云：陵陽子明經言，春食朝霞，朝霞者，日欲出時黃氣也；秋食淪陰，淪陰者，日沒已後赤黃氣也；冬食沆瀣，沆瀣者，北方夜半氣也；夏食正陽，正陽者，南方日中氣也；並天玄地黃之氣，是為六氣。沆音戶黨反。瀣音下界反。支云：天地四時之氣。　慶藩案釋文引諸家訓六氣各有不同。司馬以陰陽風雨晦冥為六氣，其說最古。李氏以平旦日中日入夜半並天元地黃為六氣，頗近牽強。王逸支遁以天地四時為六氣，夫天地之氣大莫與京，四時皆承天地之氣以為氣，似不得以四時與天地並列為六。王應麟云，六氣，少陰君火，太陰溼土，少陽相火，陽明燥金，太陽寒水，厥陰風木，而火獨有二。天以六為節，故氣以六朞為一備。左傳述醫和之言，天有六氣（注云：陰陽風雨晦冥也。）降生五味，即素問五六之數。（全祖望云：天五地五，見於大易；天六地五，見於國語；漢志云，五六天地之中合。然左氏之說又與素問不同。）沈括筆談，六氣，方家以配六神，所謂青龍者，東方厥陰之氣也。其他取象皆如是。唯北方有二，曰元武，太陽寒水之氣也；曰螣蛇，少陽相火之氣也。其在人為腎，腎有二，左太陽寒水，右少陽相火，此坎離之交也。中央太陽土為句陳，配脾也。六氣之說，聚訟棼如，莫衷一是。愚謂有二說焉：一，洪範雨暘燠寒風時為六氣也。雨，木也；暘，金也；燠，火也；寒，水也；風，土也。是為五氣，五氣得時，是為五行之和氣，合之則為六氣。氣有和有乖，乖則變也，變則宜有以御之，故曰御六氣之變。一，六氣即六情也。漢書翼奉傳，奉又引師說六情云：北方之情，好也，好行貪狼，申子主之；東方之情，怒也，怒行陰賊，亥卯主之；南方之情，惡也，惡行廉貞，寅午主之；西方之情，喜也，喜行寬大，巳酉主之；上方之情，樂也，樂行姦邪，辰未主之；下方之情，哀也，哀行公正，戌丑主之。此二說似亦可備參證。之辯如字，變也。崔本作和。　慶藩案辯與正對文，辯讀為變。廣雅：辯，變也。易坤文言猶辯之不早辯也，荀本作變。辯變古通用。崔訓和，失之。惡乎音烏。注同。

故曰：至人无己。【注】無己，故順物，順物而至矣。〔釋文〕无己音紀。注同。　盧文弨曰：今本无作無，下並同。而王于況反。本亦作至。

神人无功。【注】夫物未嘗有謝生於自然者，而必欣賴於針石，故理至則迹滅矣。今順而不助，與至理為一，故無功。〔釋文〕於針之鴆反，或之林反。

聖人无名。【注】聖人者，物得性之名耳，未足以名其所以得也。【疏】至言其體，神言其用，聖言其名。故就體語至，就用語神，就名語聖，其實一也。詣於靈極，故謂之至；陰陽不測，故謂之神；正名百物，故謂之聖也。一人之上，其有此三，欲顯功用名殊，故有三人之別。此三人者，則是前文乘天地之正，御六氣之辯人也。欲結

此人無待之德彰其體用乃言故曰耳　慶藩案文選任彥昇到大司馬記室牋注引司馬云神人無功言修自然不立功也聖人無名不立名也釋文闕

堯讓天下於許由。【疏】堯者帝嚳之子姓伊祁字放勛母慶都感赤龍而生身長一丈兌上而豐下眉有八彩足履翼星有聖德年十五封唐侯二十一代兄登帝位都平陽號曰陶唐在位七十二年乃授舜年百二十八歲崩葬於陽城謚曰堯依謚法翼善傳聖曰堯言其有傳舜之功也許由隱者也姓許名由字仲武潁川陽城人也隱於箕山師於齧缺依山而食就河而飲堯知其賢讓以帝位許由聞之乃臨河洗耳巢父飲犢牽而避之曰惡吾水也死後堯封其墓謚曰箕公卽堯之師也　〔釋文〕堯唐帝也　許由隱人也隱於箕山司馬云潁川陽城人簡文云陽城槐里人李云字仲武

曰。日月出矣。而爝火不息。其於光也。不亦難乎。時雨降矣。而猶浸灌。其於澤也。不亦勞乎。【疏】爝火猶炬火也亦小火也神農時十五日一雨謂之時雨也且以日月照燭詎假炬火之光時雨滂沲無勞浸灌之澤堯既撝謙克讓退已進人所以致此之辭感推仲武也〔釋文〕爝本亦作燋音爵郭祖繳反司馬云謂小火也字林云爝炬火也子召反燋所以然持火者子約反　慶藩案說文爝苣火祓也呂不韋曰湯時伊尹爝以爟火釁以犧猳（案苣束葦燒之也祓除惡之祭也）燋所以然持火也段玉裁注持火者人所持之火也禮少儀執燭抱燋凡執之曰燭未爇曰燋燋卽燭也細繹許說則燋本爲未爇之燭未爇則不得云不息釋文引司馬氏李氏本亦作燋非（廣韻燋傷火也與焦𪓐別一義）　浸子鴆反　灌古亂反　慶藩案正韻浸瀆也又漸也陰符經云天地之道浸故陰陽勝易之臨曰剛浸而長浸者漸也博雅灌聚也又溉也浸灌蓋浸潤漸瀆之謂

夫子立而天下治。而我猶尸之。吾自視缺然。請致天下。【疏】治正也尸主也致與也堯既師於許由故謂之爲夫子若仲武立爲天子寓內必致太平而我猶爲物主自視缺然不足請將帝位讓與賢人

〔釋文〕天下治直吏反下已治注天下治而治者也既治而治實而治者得以治者皆同

許由曰。子治天下。天下既已治也。【注】夫能令天下治不治天下者也故堯以不治治之非治之而治者也今許由方明既治則無所代之而治實由堯故有子治之言宜忘言以尋其所況而或者遂云治之而治者堯也不治而堯得以治者許由也斯失之遠矣夫治之由乎不治爲之出乎無爲也取於堯而足豈借之許由哉若謂拱默乎山林之中而後得稱無爲者此莊老之談所以見棄於當塗者自必於有爲之域而不反者斯之由也【疏】治謂理也既盡也言堯治天下久以昇平四海八荒盡皆清謐何勞讓我過爲辭費然睹莊文則貶堯而推許尋郭注乃劣許而優堯者何耶欲明放勛大聖仲武大賢賢聖二塗相去遠矣故堯負扆汾陽而喪天下許由不夷其俗而獨立高山圓照偏溺斷可知矣是以莊子援禪讓之迹故有爝火之談郭生察無待之心更

致不治之說可謂探微索隱了文合義宜尋其旨況無所稍嫌也〔釋文〕能令力呈反下同

而我猶代子•吾將為名乎•名者實之賓也。吾將為賓乎。【注】夫自任者對物而順物者與物無對故堯無對於天下而許由與稷契為匹矣何以言其然邪夫與物冥者故羣物之所不能離也是以無心玄應唯感之從汎乎若不繫之舟東西之非已也故無行而不與百姓共者亦無往而不為天下之君矣以此為君若天之自高實君之德也若獨亢然立乎高山之頂非夫人有情於自守守一家之偏尚何得專此此故俗中之一物而為堯之外臣耳若以外臣代乎內主斯有為君之名而無任君之實也【疏】許由偃蹇箕山逍遙潁水膻腥榮利厭穢聲名而堯殷勤致請猶希代已許由若高九五將為萬乘之名然實以生名名從實起實則是內是主名便是外是賓捨主取賓喪內求外既非隱者所尚故云吾將為賓也〔釋文〕稷契息列反皆唐虞臣也稷周之始祖名棄契殷之始祖名　能離力智反　玄應應對之應　汎芳劍反　非夫音扶下明夫同

鷦鷯巢於深林。不過一枝。偃鼠飲河。不過滿腹。【注】性各有極苟足其極則餘天下之財也【疏】鷦鷯巧婦鳥也一名工雀一名女匠亦名桃蟲好深處而巧為巢也偃鼠形大小如牛赤黑色獐腳腳有三甲耳似象耳尾端白好入河飲水而鳥巢一枝之外不假茂林獸飲滿腹之餘無勞浩汗況許由安茲蓬蓽不顧金闕樂彼疏食詎勞玉食也〔釋文〕鷦子遙反鷯音遼李云鷦鷯小鳥也郭璞云鷦鷯桃雀　偃鼠如字李云鼴鼠也說文鼢鼠一曰偃鼠鼢音扶問反盧文弨曰舊無音字今案凡不見正文及注之字而加音者例有音字今依前後例增　慶藩案李楨曰偃鼠李云鼴鼠也案說文鼢下云地行鼠伯勞所化也一曰偃鼠偃或作鼴俗作鼴玉篇鼴大鼠也廣雅鼴鼠鼢鼠本艸鼴鼠在土中行陶注俗一名隱鼠一名鼢鼠常穿耕地中行討掘即得說文鼴下云鼴小鼠也爾雅鼴鼠有螫毒者公羊成七年傳注云鼴鼠鼠中之微者博物志鼴鼠鼠之類最小者食物當時不覺痛或名甘鼠據此如偃鼠鼴鼠判然為二李說誤

歸休乎君。予无所用天下為。【注】均之無用而堯獨有之明夫懷豁者無方故天下樂推而不厭【疏】予我也許由寡欲清廉不受堯讓故謂堯云君宜速還黃屋歸反紫微禪讓之辭宜其休息四海之尊於我無用九五之貴予何用為〔釋文〕歸休乎君絕句一讀至乎字絕句君別讀　懷豁呼活反　樂推音洛　不厭於豔反

庖人雖不治庖。尸祝不越樽俎而代之矣。【注】庖人尸祝各安其所司鳥獸萬物各足於所受帝堯許由各靜其所遇此乃天下之至實也各得其實又何所為乎哉自得而已矣故堯許之行雖

異其於逍遙一也。【疏】庖人謂掌庖廚之人，則今之太官供膳是也。尸者太廟中神主也。祝者則今太常太祝是也。執祭版對尸而祝之，故謂之尸祝也。樽，酒器也。俎，肉器也。而庖人尸祝者，各有司存，假令膳夫懈怠，不肯治庖，尸祝之人終不越局濫職，棄於樽俎而代之宰烹，亦猶帝堯禪讓，不治天下，許由亦不去彼山林，就茲帝位，故注云帝堯許由各靜於所遇也已。〔釋文〕庖人鮑交反，徐扶交反。掌廚人也。周禮有庖人職。　慶藩案說文：庖，廚也。禮王制三爲充君之庖注：庖，今之廚也。周禮庖人注：庖之爲言苞也，苞裹肉曰苞苴。（裹之曰苞，藉之曰苴。）釋文一本庖下無人字，非是。　尸祝之六反。傳鬼神辭曰祝。　樽子存反。本亦作罇。　盧文弨曰：案罇乃正體。　俎徐側呂反。

肩吾問於連叔曰：吾聞言於接輿，【疏】肩吾連叔，並古之懷道人也。接輿者，姓陸，名通，字接輿，楚之賢人隱者也，與孔子同時，而佯狂不仕，常以躬耕爲務。楚王知其賢，聘以黃金百鎰，車駟二乘，並不受。於是夫負妻戴，以遊山海，莫知所終。肩吾聞接輿之言，過無準的，故問連叔，詢其義旨。而言吾聞言於接輿者，聞接輿之言也。莊生寄三賢以明堯之一聖，所聞之狀，具列於下文也。〔釋文〕肩吾李云：賢人也。司馬云：神名。　連叔李云：懷道人也。　接輿本又作與，同音餘。接輿，楚人也，姓陸，名通。皇甫謐曰：接輿躬耕，楚王遣使以黃金百鎰車二駟聘之，不應。

大而无當，往而不返。吾驚怖其言，猶河漢而无極也；【疏】所聞接輿之言，怖弘而無的當，一往而陳梗概，曾無反覆可尋。吾竊聞之，驚疑怖恐，猶如上天河漢，迢遞清高，尋其源流，略無窮極也。〔釋文〕無當丁浪反。司馬云：言語宏大，無隱當也。　驚怖普布反。廣雅云：懼也。

大有逕庭，不近人情焉。【疏】逕庭，猶過差，亦是直往不顧之貌也。謂接輿之言，不偶於俗，多有過差，不附世情，故大言不合於里耳也。〔釋文〕大有音泰，徐勑佐反。　逕徐古定反。司馬本作莛。　庭勑定反。李云：逕庭，謂激過也。　慶藩案文選劉孝標辨命論注引司馬云：極崖也。言廣若河漢，無有崖也。逕庭，激過之辭也。釋文闕。　不近附近之近。

連叔曰：其言謂何哉？【疏】陸通之說，其若何此，則反質肩吾所聞意謂。

曰：藐姑射之山，有神人居焉，肌膚若冰雪，綽約若處子，【注】此皆寄言耳。夫神人即今所謂聖人也。夫聖人雖在廟堂之上，然其心無異於山林之中，世豈識之哉！徒見其戴黃屋，佩玉璽，便謂足以纓紱其心矣；見其歷山川，同民事，便謂足以憔悴其神矣；豈知至至者之不虧哉！今言王德之人而寄之此山，將明世所無由識，故乃託之於絕垠之外，而推之於視聽之表耳。處子者，不以外傷內。【疏】藐，遠也。山海經云：姑射山在寰海之外，有神聖之人，戢機應物。時須揖讓，即爲堯舜；時須干戈，即爲湯武。綽約，柔弱也。處子，未嫁女也。言聖人動寂相應，則空有並照，雖居廊廟，無異山林，和光同塵，在染不染。冰雪取其絜淨，綽約譬以柔和，處子不爲物傷，姑射語其絕遠。此明堯之盛德，窈冥玄妙，故託之絕垠之外，推之視聽之表。斯蓋寓言耳，亦何必有姑射之實乎，宜忘言以尋其所況。此即肩吾述己昔聞以答連叔之辭者也。〔釋文〕藐音邈又妙紹反簡文云遠也 姑射徐音夜又食亦反李實夜反山名在北海中 李楨曰姑射山釋文云在北海中下文姑射在汾水之陽考山海經本有兩姑射東山經盧其之山又南三百八十里曰姑射之山無草木多水又南水行三百里流沙百里曰北姑射之山無草木多水又南三百里曰南姑射之山無草木多水海內北經列姑射在海河洲中姑射國在海中屬列姑射西南山環之列子黃帝篇列姑射在海河洲中與海內北經同（下文山上有神人云云大致與莊子同足證音義云姑射在北海中不誤）唐殷敬順列子釋文引山海經曰姑射國在海中西南山環之從國南水行百里曰姑射之山又西南行三百八十里曰姑射山郭云河水所經海上也言遙望諸姑射山行列在海河之閒也與今本山海經不同隋書地理志臨汾有姑射山此即東山經之姑射莊子所謂姑射之山汾水之陽是也據秦氏恩復列子補注云臨汾姑射即今平陽府西之九孔山前後左右並無所謂南北姑射者證之殷氏釋文則東山經北姑射南姑射兩條當在海內北經西南山環之之下蓋必有諸姑射環列而後可以列姑射名之也且殷所據山海經爲唐時本度古本元如此不知何時脫寫屬入東山經姑射山一條之後遂成今本賴有列子釋文可以正山海經之誤而莊子兩言姑射一在北海一在臨汾亦免混合爲一（畢氏沅注山海經引莊子誤混爲一）雖其文並屬寓言而山名所在既皆確有可據要無妨辨證及之耳 肌居其反 慶藩案冰古凝字肌膚若冰雪即詩所謂膚如凝脂也（風俗通義引詩云既白且滑）說文冰正字凝俗字爾雅冰脂也孫炎本作凝冰脂以滑白言冰雪以絜白言也 淖郭昌略反又徒學反字林文卓反蘇林漢書音火也 約如字李云淖約柔弱貌司馬云好貌 處子在室女也 黃屋車蓋以黃爲裏一云冕裏黃也 璽音徙 纓字或作嬰 紱方物反字或作綿盧文弨曰今注本作纓綿案說文綿亂系也此纓綿當作嬰拂解不當以爲冠紱紱亦俗字說文本作市重文作韍 憔悴在遙反下在醉反 至至者本亦作至足者 王德于況反本亦作至 絕垠音銀又五根反本又作限

不食五穀。吸風飲露。【注】俱食五穀而獨爲神人明神人者非五穀所爲而特稟自然之妙氣【疏】五穀者黍稷麻菽麥也言神聖之人降生應物挺純粹之精靈稟陰陽之秀氣雖順物以資待非五穀之所爲託風露以清虛豈四時之能變也 〔釋文〕吸許及反

乘雲氣。御飛龍。而遊乎四海之外。【疏】智照靈通無心順物故曰乘雲氣不疾而速變現無常故曰御飛龍寄生萬物之上而神超六合之表故曰遊乎四海之外也

其神凝。使物不疵癘而年穀熟。吾以是狂而不信也。【注】夫體神居靈而窮理極妙者雖靜默閒堂之裏而玄同四海之表故乘兩儀而御六氣同人羣而驅萬物苟無物而不順則浮雲斯乘矣無形而不載則飛龍斯御矣遺身而自得雖淡然而不待坐忘行忘忘而爲之故行若曳枯木止若聚死灰是以云其神凝也其神凝則不凝者自得矣世皆齊其所見而斷之豈嘗信此哉【疏】凝靜也疵癘疾病也五穀熟謂有年也聖人形同枯木心若死灰本跡一時動寂俱妙凝照潛通虛懷利物遂

使四時序順五穀豐登人無災害物無夭枉聖人之處世有此功能肩吾未悟至言謂爲狂而不信〔釋文〕神凝魚升反疵在斯反病也司馬云毀也一音子爾反癘音厲李音賴惡病也本或作厲狂求匡反李云癡也李又九況反聞音問澹然徒暫反恬靜也皆齊才細反又如字而斷丁亂反

連叔曰：然。瞽者无以與乎文章之觀。聾者无以與乎鐘鼓之聲。豈唯形骸有聾盲哉。夫知亦有之。【注】不知至言之極妙而以爲狂而不信此知之聾盲也【疏】瞽者謂眼無眹縫冥冥如鼓皮也聾者耳病也盲者眼根敗也夫目視耳聽蓋有物之常情也既聾既瞽不可示之以聲色也亦猶至言妙道唯懸解者能知愚惑之徒終身未悟良由智障盲闇不能照察豈唯形質獨有之耶是以聞接輿之言謂爲狂而不信自此以下是連叔答肩吾之辭也〔釋文〕瞽音古盲者無目如鼓皮也與乎徐音豫下同之觀古亂反聾鹿工反不聞也之聲崔向司馬本此下更有眇者無以與乎眉目之好夫刖者不自爲假文屨

夫知音智注知之同是其言也。猶時女也。【注】謂此接輿之所言者自然爲物所求但知之聾盲者謂無此理【疏】是者指斥之言也時女少年處室之女也指此接輿之言猶如窈窕之女綽約凝潔爲君子所求但知之聾盲者謂無此理也〔釋文〕時女司馬云猶處女也向云時女虛靜柔順和而不喧未嘗求人而爲人所求也慶藩案時是也猶時女也謂猶是女也猶時二字連讀易女子貞不字女即處女也司馬訓時女猶處女疑誤詩大雅綿篇曰止曰時箋曰時是也是其證

之人也。之德也。將旁礴萬物以爲一世蘄乎亂。孰弊弊焉以天下爲事。【注】夫聖人之心極兩儀之至會窮萬物之妙數故能體化合變無往不可旁礴萬物無物不然世以亂故求我我無心也我苟無心亦何爲不應世哉然則體玄而極妙者其所以會通萬物之性而陶鑄天下之化以成堯舜之名者常以不爲爲之耳孰弊弊焉勞神苦思以事爲事然後能乎【疏】之是語助亦歎美也旁礴猶混同也蘄求也孰誰也之人者歎堯是聖人之德者歎堯之盛德也言聖人德合二儀道齊群品混同萬物制馭百靈世道荒淫蒼生離亂故求大聖君臨安撫而虛舟懸鏡應感無心誰肯勞形弊智經營區宇以事爲事然後能事故老子云爲無爲事無事又云取天下常以無事及其有事不足以取天下也〔釋文〕旁薄剛反李鋪剛反字又作磅同礴蒲博反李普各反司馬云旁礴猶混同也　李楨曰漢司馬相如傳旁魄四塞注旁魄廣被也魄與礴通揚雄傳旁薄群生注旁薄猶言蕩薄也蕩薄即廣被之意旁礴萬物承上之德也三字言其德將廣被萬物以爲一世蘄乎亂亂治也猶虞書亂而敬之亂舉世望治德握其符神人無功豈肯有勞天下之跡老子云我無爲而民自化此之謂也世蘄徐音祈李云求也盧文弨曰舊蘄作蘄譌今從宋本正弊弊李扶世反徐扶計反簡文云弊弊經營貌司馬本作蔽蔽不應應對之應苦思息嗣

反之人也。物莫之傷。【注】夫安於所傷則傷不能傷傷不能傷而物亦不傷之也大浸稽天而不溺。大旱金石流。土山焦。而不熱。【注】無往而不安則所在皆適死生無變於己況溺熱之間哉故至人之不嬰乎禍難非避之也推理直前而自然與吉會【疏】稽至也夫達於生死則無死無生宜於水火則不溺不熱假令陽九流金之災百六滔天之禍紛紜自彼於我何爲故郭注云死生無變於己何況溺熱之間也哉〔釋文〕大浸子鴆反稽天音雞徐李音啓司馬云至也不溺奴歷反或奴學反禍難乃旦反非避音辟是其塵垢粃穅。將猶陶鑄堯舜者也。孰肯以物爲事。【注】堯舜者世事之名耳爲名者非名也故夫堯舜者豈直堯舜而已哉必有神人之實焉今所稱堯舜者徒名其塵垢粃穅耳【疏】散爲塵膩爲垢穀不熟爲粃穀皮曰穅皆猥物也鑄金曰鎔範土曰陶謚法翼善傳聖曰堯仁聖盛明曰舜夫堯至本妙絕形名混迹同塵物甘其德故立名謚以彰聖體然名者粗法不異粃糠謚者世事何殊塵垢既而矯諂佞妄將彼塵垢鍛鑄爲堯用此粃糠埏埴作舜豈知妙體胡可言耶是以誰肯以物爲事者也〔釋文〕塵垢古口反塵垢猶染汙粃本又作秕徐甫姊反又悲矣反盧文弨曰案說文作秕穅字亦作糠音康粃穅猶煩碎盧文弨曰舊本穅作康今依注本改穅亦俗字似當云音康字亦作康爲是疑後人亂之而又妄改也康已從米何必又贅米旁陶徒刀反李移昭反本亦作匋音同鑄之樹反宋人資章甫。而適諸越。越人斷髮文身。無所用之。【疏】此起譬也資貨也越國逼近江湖斷髮文身以避蛟龍之難也章甫冠名也故孔子生於魯衣縫掖長於宋冠章甫而宋實微子之裔越乃太伯之苗二國賀遷往來乃以章甫爲貨且章甫本充首飾必須雲鬟承冠越人斷髮文身資貨便成無用亦如榮華本猶蹭著富貴起自驕矜堯既體道洞忘故能無用天下故郭注云夫堯之無所用天下爲亦猶越人無所用章甫耳〔釋文〕宋人宋今梁國睢陽縣殷後微子所封資章甫李云資貨也章甫殷冠也以冠爲貨越今會稽山陰縣慶藩案文選張景陽雜詩注引司馬云資取也章甫冠名也（嵇叔夜與山巨源絕交書注引同）諸於也釋文闕李楨曰諸越猶云於越春秋定五年經於越入吳杜注於發聲也公羊傳於越者未能以其名通也何休注越人自名於越此作諸者廣雅釋言諸於也禮記射義注諸猶於也是疊韻假借斷丁管反李徒短反司馬本作敦云敦斷也堯治天下之民。平海內之政。往見四子藐姑射之山。汾水之陽。窅然喪其天下焉。【注】夫堯之無用天下爲亦猶越人之無所用章甫耳然遺天下者固天下之所宗天下雖宗堯而堯未嘗有天下也故窅然喪之而嘗遊心於絕冥之境雖寄坐萬物之上而未始不逍遙也四子者蓋寄言以明堯之不一於堯耳夫堯實冥矣其迹則堯也自迹觀冥內外異域未足怪也世徒見堯之爲堯豈識其冥哉故將求四子於海外而據堯於所見因謂與物同波者失其所以逍遙也然未知至遠之迹順者更近而至高之所會者反下也若乃厲然以獨高爲至而不夷乎俗累斯山谷之士非無待者也奚足以語至極而遊無窮哉【疏】治言緝理政言風教此合喻也汾水出自太原西入於河水北曰陽則今之晉州平陽縣在汾水北昔堯都也窅然者寂寥是深遠之名喪之言忘是遺蕩之義而四子者四德也一本二迹三非本非迹四非非本迹也言堯反照心源洞見道境超茲四句故言往見四子也夫聖人無心有感斯應故能緝理萬邦和平九土雖復凝神四子端拱而坐汾陽統御萬機窅然而喪天下斯蓋即本即迹即體即用空有雙照動寂一時是以姑射不異汾陽山林豈殊黃屋世人齊其所見曷嘗信此耶而馬彪將四子爲齧缺便未達於遠理劉璋推汾水於射山更迷惑於近事今所解釋稍異於斯故郭注云四子者蓋寄言明堯之不一於堯耳世徒見堯之迹豈識其眞哉〔釋文〕四子 司馬李云王倪齧缺被衣許由 汾水 徐扶云反郭方聞反案汾水出太原今莊生寓言也司馬崔本作盆水 李楨曰東山經之姑射是否爲冀州域內之山經文究無可攷隋志以屬之臨汾或後世據此篇汾水之陽一語以名其地之山亦未可知上文所稱姑射遠在北海中故曰藐藐者遠也汾陽堯所居若有姑射何爲亦云藐哉蓋堯之心未嘗有天下其心即姑射神人之心其身亦如姑射神人之身雖垂衣廟堂如逍遙海外是以彼山藐遠無殊近在帝都（四子本無其人徵名以實之則鑿矣）注疏推闡並極精妙余前辨證一條謂山名不可混合爲一然恐有失莊生系旨故復論及之汾水司馬崔本並作盆水古讀汾如盆非別一水說見錢氏大昕養新錄 窅然 徐烏了反郭武駢反李云窅然猶悵然盧文弨曰郭必以爲窅字故如此音 喪其 息浪反注同 絕冥 亡丁反 之竟 音境本亦作境 盧文弨曰今注作境

惠子謂莊子曰。魏王貽我大瓠之種。【疏】姓惠名施宋人也爲梁國相謂語也貽遺也瓠匏之類也魏王即梁惠王也昔居安邑國號爲魏後爲強秦所逼徙於大梁復改爲梁僭號稱王也惠子所以起此大匏之譬以譏莊子之書雖復詞旨恢宏而不切機務故致此詞而更相激發者也〔釋文〕惠子 司馬云姓惠名施爲梁相 魏王 司馬云梁惠王也案魏自河東遷大梁故謂之魏或謂之梁也 貽 徐音怡郭與志反遺也 大瓠 徐音護 之種 章勇反 我樹之成而實五石。以盛水漿。其堅不能自舉也。【疏】樹者藝植之謂也實者子也惠施既得瓠種藝之成就生子甚大容受五石仍持此瓠以盛水漿虛脆不堅故不能自勝舉也〔釋文〕而實五石 司馬云實中容五石 以盛 音成 剖之以爲瓢。則瓠落無所容。非不呺然大也。吾爲其無用而掊之。【疏】剖分割之也瓢勺也瓠落平淺也呺然虛大也掊打破也用而盛水虛脆不能自勝分剖爲瓢平淺不容多物衆謂無用打破棄之刺莊子之言不救時要有同此言應須屑剖也〔釋文〕剖之普口反　爲瓢毗遙反徐扶堯反　則瓠戶郭反司馬音護下同　落簡文云瓠落猶廓落也司馬云瓠布護也落零落也言其形平而淺受水則零落而不容也　呺然本亦作号徐許憍反李云号然虛大貌崔作詩簡文同　吾爲于僞反　掊之徐方垢反司馬云擊破也　慶藩案文選謝靈運之郡初發都詩注引司馬云瓠布護落零落也枵然大貌掊謂擊破之也喻莊子之言大也若巨瓠之無施也較釋文引爲詳　俞樾曰說文号痛聲也呺說文所無蓋皆号之俗體施之於此義不可通文選謝靈運初發都詩李善注引此文作枵當從之爾雅釋天元枵虛也虛則有大義故曰枵然大也釋文引李云号然虛大貌是固以枵字之義說之

莊子曰。夫子固拙於用大矣。宋人有善爲不龜手之藥者。世世以洴澼絖爲事。【注】其藥能令手不拘坼故常漂絮於水中也。【疏】洴浮澼漂也絖絮也世世年也宋人隆冬涉水漂絮以作牽離手指生瘡拘坼有同龜背故世世相承家傳此藥令其手不拘坼常得漂絮水中保斯事業永無虧替又云澼擗也絖纊也謂擗纊於水中之故也〔釋文〕龜手愧悲反徐舉倫反李居危反向云拘坼也司馬云文坼如龜文也又云如龜攣縮也　俞樾曰釋文引司馬云文坼如龜文也又云如龜攣縮也義皆未安向云如拘坼也郭注亦云能令手不拘坼然則龜字宜卽讀如拘蓋龜有丘音後漢西域傳龜茲讀曰丘慈是也古丘音與區同故亦得讀如拘矣拘拘攣也不者不拘攣也龜文之說雖非攣縮之說則是但不必以如龜爲說耳　李楨曰龜手釋文云徐舉倫反蓋以龜爲皸之叚借按龜皸雙聲衆經音義卷十一皸居雲去雲二反通俗文手足坼裂曰皸經文或作龜坼下引莊此文及郭注爲證是元應以龜皸音義互通集韻十八諄皸區倫切皴也漢書趙充國傳將軍士寒手足皸瘃文穎曰皸坼裂也瘃寒創也唐書李甘傳凍膚皸瘃不龜手猶言不皸手耳皸說文作皸鈕氏樹玉鄭氏珍以皸下或體皸爲皸字不足據　洴徐扶經反　澼普歷反徐敷歷反郭李恪歷反擗聲　盧文弨曰案今本書作擗聲疑洴澼是擊絮之聲洴澼二字本雙聲蓋亦象其聲也　絖音曠小爾雅云絮細者謂之絖李云洴澼絖者漂絮於水上絖絮也　能令力呈反　不拘紀于反依字宜作跔紀于求于二反周書云天寒足跔是也　坼勑白反　盧文弨曰坼俗本多從手非　漂匹妙反韋昭云以水擊絮爲漂說文作潎豐市反又匹例反　盧文弨曰潎舊譌作澈今改正　絮胥慮反

客聞之。請買其方百金。【疏】金方一寸重一斤爲一金也他國遊客偶爾聞之請買手瘡一術遂費百金之價者也〔釋文〕百金李云金方寸重一斤爲一金百金百斤也

聚族而謀曰。我世世爲洴澼絖。不過數金。今一朝而鬻技百金。請與之。【疏】鬻賣也估價既高聚族謀議世世洴澼爲利蓋寡一朝賣術資貨極多異口同音僉曰請與〔釋文〕數金色主反　鬻音育司馬云賣也　技本或作伎竭彼反

客得之。以說吳王。越有難。吳王使之將。冬。與越人水戰。大敗越人。裂地而封之。【疏】吳越比鄰地帶江海兵戈相接必用舟船戰士隆冬手多拘坼而客素稟雄才天生睿智既得方術遂說吳王越國兵難侵吳吳王使爲將帥賴此

名藥而兵手不拘坼旌旗才舉越人亂轍獲此大捷獻凱而旋勳庸克著胙之茆土〔釋文〕以說始銳反又如字　有難乃旦反　之將子匠反　大敗必邁反　能不龜手一也，或以封，或不免於洴澼絖，則所用之異也。疏或不定也方藥無工而用者有殊故行客得之以封侯宋人用之以洴澼此則所用工拙之異　今子有五石之瓠，何不慮以爲大樽而浮乎江湖，而憂其瓠落無所容？則夫子猶有蓬之心也夫！注蓬非直達者也此章言物各有宜苟得其宜安往而不逍遙也疏慮者繩絡之也樽者漆之如酒罇以繩結縛用渡江湖南人所謂腰舟者也蓬草名拳曲不直也夫歎也言大瓠浮汎江湖可以舟船漁獵至教與行世境可以濟渡羣迷而惠生既有蓬心未能直達元理故妄起拾擊之譬譏刺莊子之書爲用失宜深可歎之　〔釋文〕不慮以爲大樽本亦作尊司馬云樽如酒器縛之於身浮於江湖可以自渡慮猶結綴也案所謂腰舟　盧文弨曰縛舊作縳今從宋本正　蓬之心郭云蓬生非直達者向云蓬者短不暢曲士之謂　盧文弨曰士舊譌士今改正　惠子謂莊子曰：吾有大樹，人謂之樗。疏樗栲漆之類嗅之甚臭惡木者也世間名字例皆虛假相與嗅之未知的當故言人謂之樗也〔釋文〕樗勑魚反木名　其大本擁腫而不中繩墨，其小枝卷曲而不中規矩，立之塗，匠者不顧。疏擁腫槃瘿也卷曲不端直也規圓而矩方塗道也樗栲之樹不材之木根本擁腫枝幹攣卷繩墨不加方圓無取立之行路之旁匠人曾不顧盼也〔釋文〕擁腫章勇反李云擁腫猶盤瘿　不中丁仲反下同　卷曲本又作拳同音權徐紀阮反李巨圓反　今子之言，大而无用，衆所同去也。疏樹既擁腫不材匠人不顧言迹迂誕無用衆所不歸此合喻者也〔釋文〕同去如字李羌呂反　慶藩案大而無用猶言迂遠無當於事情也禮文王世子況于其身以善其君乎鄭注曰于讀爲迂迂猶廣也大也是大與迂同義老子道德經云天下皆謂道大似不肖亦此大字之義　莊子曰：子獨不見狸狌乎？卑身而伏，以候敖者；東西跳梁，不辟高下；中於機辟，死於罔罟。疏狌野貓也跳梁猶走躑也辟法也謂機關之類也罔罟罝罘也子獨不見狸狌捕鼠之狀乎卑伏其身伺候傲慢之鼠東西跳躑不避高下之地而中於機關之法身死罔罟之中皆以利惑其小不謀大故也亦猶擎跪曲拳執持聖迹僞情矯性以要時利前雖遂意後必危亡而商鞅蘇張即是其事此何異乎捕鼠狸狌死於網罟也〔釋文〕狸力之反　狌徐音姓郭音生又音星司馬云狖也狖音由救反　敖者徐李五到反罔云伺彼怠敖謂承夫間殆也本又作傲同司馬音遨謂伺遨翔之物而食之雞鼠之屬也　跳音條　不辟音避今本多作避下放此　機辟毗赤反司馬云罔也　盧文弨曰案當作毗亦反　慶藩案辟疑爲檗之借字爾雅檗謂之罿罿罬也罬謂之罦罦罻車也郭璞曰今之翻車也有兩轅中施罥以捕鳥司馬曰辟罔也謨辟若訓罔則下文死於罔罟爲贅矣楚辭九章設張辟以娛君今王逸注辟法也言讒人設張峻法以娛樂君（王念孫曰楚辭九章以張辟連讀非以設張連讀張讀弧張之張周官冥氏掌弧張鄭注弧張罿罦之屬所以扃絹禽獸）頗費解義墨子非儒篇盜賊將作若機辟將發也鹽鐵論刑法篇曰辟陷設而當其蹊皆當作蹊（楚辭哀時命外迫脅於機臂今機臂與機辟同玉篇王注以爲弩身亦失之）罟徐音古

今夫斄牛。其大若垂天之雲。此能爲大矣。而不能執鼠。【疏】斄牛猶旄牛也出西南夷其形甚大山中遠望如天際之雲藪澤之中逍遙養性跳梁投鼠不及野貍亦猶莊子之言不狎流俗可以理國治身且長且久者也〔釋文〕斄牛郭呂之反徐李音來又音釐司馬云旄牛

今子有大樹。患其无用。何不樹之於无何有之鄉。廣莫之野。【疏】無何有猶無有也莫無也謂寬曠無人之處不問何物悉皆無有故曰無何有之鄉也〔釋文〕无何有之鄉廣莫之野謂寂絕無爲之地也簡文云莫大也

彷徨乎无爲其側。逍遙乎寢臥其下。【疏】彷徨縱任之名逍遙自得之稱亦是異言一致互其文耳不材之木枝葉茂盛婆娑蔭映蔽日來風故行李經過徘徊憩息徙倚顧步寢臥其下亦猶莊子之言無爲虛澹可以逍遙適性蔭庇蒼生也〔釋文〕彷薄剛反又音房徨音皇彷徨猶翱翔也崔本作方羊簡文同廣雅云彷徉徙倚也

不夭斤斧。物无害者。无所可用。安所困苦哉。【注】夫小大之物苟失其極則利害之理均用得其所則物皆逍遙也【疏】擁腫不材拳曲無取匠人不顧斤斧無加夭折之災何從而至故得終其天年盡其生理無用之用何所困苦哉亦猶莊子之言乖俗會道可以攝衛可以全眞既不夭枉於世途詎肯困苦於生分也

內篇齊物論第二【注】夫自是而非彼美己而惡人物莫不皆然然故是非雖異而彼我均也〔釋文〕齊物論力頓反李如字而惡烏路反

南郭子綦隱机而坐。仰天而噓。荅焉似喪其耦。【注】同天人均彼我故外無與爲歡而荅焉解體若失其配匹【疏】楚昭王之庶弟楚莊王之司馬字子綦古人淳質多以居處爲號居於南郭故號南郭亦猶市南宜僚東郭順子之類其人懷道抱德虛心忘淡故莊子羨其清高而託爲論首隱憑也噓嘆也荅焉解釋貌耦匹也爲身與神爲匹物與我耦也子綦憑几坐忘凝神遐想仰天而歎妙悟自然離形去智荅焉墮體身心俱遣物我無忘故若喪其匹耦也〔釋文〕南郭子綦音其司馬云居南郭因爲號隱於靳反憑也机音紀李本作几盧文弨曰案今本作几而噓音虛吐氣爲噓向云息也荅焉本又作嗒同吐荅反又都納反注同解體貌盧文弨曰今本作嗒案解體即趙岐孟子注所

云解罷枝也。慶藩案慧琳一切經音義八十八終南山龍田寺釋法琳本傳卷四引司馬云苔焉云失其所故有似喪耦也，釋文闕。其耦本亦作偶，五口反，匹也，對也。司馬云：耦，身也，身與神爲耦。俞樾曰：喪其耦，即下文所謂吾喪我也。郭注曰若失其配匹，未合喪我之義。司馬云耦身也，此說得之，然云身與神爲耦則非也。耦當讀爲寓。寓，寄也。神寄於身，故謂身爲寓。顏成子游立侍乎前。

曰：何居乎？形固可使如槁木，而心固可使如死灰乎？【注】死灰槁木，取其宊莫無情耳。夫任自然而忘是非者，其體中獨任天眞而已，又何所有哉！故止若立枯木，動若運槁枝，坐若死灰，行若遊塵。動止之容，吾所不能一也；其於無心而自得，吾所不能二也。【疏】姓顏，名偃，字子游。居，安處也。方欲請益，故起而立侍。如何安處，神識凝寂，頓異從來，遂使形將槁木而不殊，心與死灰而無別，必有妙術，請示所由。〔釋文〕顏成子游李云：子綦弟子也，姓顏，名偃，謚成，字子游。何居如字，又音姬。司馬云：猶故也。槁木古老反，注同。宊音寂，本亦作寂。盧文弨曰：宊舊譌家，今案大宗師云其容宊，釋文云本亦作寂，崔本作宗，據改正。方言云：宊，安靜也。漢人碑版多作此字，老子銘顧虛無之淸宊，張公神碑疊界宊靜，成皋令任伯嗣碑官朝宊靜，巴郡太守張納碑四竟宊謐，博陵太守孔彪碑宊兮冥冥，皆如此作。今注作寂寞。莫本亦作漠。

今之隱机者，非昔之隱机者也。【注】子游嘗見隱机者，而未有若子綦也。【疏】子游昔見坐忘，未盡元妙；今逢隱機，實異曩時。怪其寂泊無情，故發驚疑之旨。

子綦曰：偃，不亦善乎，而問之也！今者吾喪我，汝知之乎？【注】吾喪我，我自忘矣；我自忘矣，天下有何物足識哉！故都忘外內，然後超然俱得。【疏】而，猶汝也。喪，猶忘也。許其所問，故言不亦善乎。而子綦境智兩忘，物我雙絕，子游不悟，而以驚疑，故示隱几之能，汝頗知不？

女聞人籟而未聞地籟，女聞地籟而未聞天籟夫！【注】籟，簫也。夫簫管參差，宮商異律，故有短長高下萬殊之聲。聲雖萬殊，而所稟之度一也，然則優劣無所錯其閒矣。況之風物，異音同是，而咸自取焉，則天地之籟見矣。【疏】人籟，簫也，長一尺二寸，十六管，象鳳翅，舜作也。夫簫管參差，所受各足，況之風物，咸稟自然，故寄此二賢以明三籟之義。〔釋文〕女聞音汝，下皆同。本亦作汝。盧文弨曰：上汝知何以不一律作女。人籟力帶反，簫也。籟夫音扶。參初林反。差初宜反。所錯七故反。見矣賢遍反。

子游曰：敢問其方。【疏】方，道術也。雖聞其名，未解其義，故請三籟，其術如何。

子綦曰：夫大塊噫氣，其名爲風。【注】大塊者，無物也。夫噫氣者，豈有物哉？氣塊然而自噫耳。物之生也，莫不塊然而自生，則塊然之體大矣故遂以大塊爲名【疏】大塊者造物之名亦自然之稱也言自然之理通生萬物不知所以然而然大塊之中噫而出氣仍名此氣而爲風也〔釋文〕大塊苦怪反李苦對反說文同云俗凷字也徐口回反徐李又胡罪反郭又苦猥反司馬云大朴之貌衆家或作大槐班固同淮南子作大昧解者或以爲無或以爲元氣或以爲混成或以爲天誤也　慶藩案慧琳一切經音義九十五正誣經卷五引司馬云大塊謂天也與釋文所引異　俞樾曰大塊者地也塊乃凷之或體說文土部凷墣也蓋即中庸所謂一撮土之多者積而至於廣大則成地矣故以地爲大塊也司馬云大朴之貌郭注曰大塊者無物也並失其義此本說地籟然則大塊者非地而何　噫乙戒反注同一音蔭

是唯无作，作則萬竅怒呺。【注】言風唯無作作則萬竅皆怒動而爲聲也【疏】是者指此風也作起也言此大風唯當不起若其動作則萬殊之穴皆鼓怒呺叫也〔釋文〕萬竅苦弔反　怒呺胡刀反徐又許口反又胡到反

而獨不聞之翏翏乎。【注】長風之聲〔釋文〕翏翏良救反又六收反長風聲也李本作飂音同又力竹反

山林之畏佳。【注】大風之所扇動也【疏】翏翏長風之聲畏佳扇動之貌而翏翏清吹擊蕩山林遂使樹木枝條畏佳扇動世皆共覩汝獨不聞之邪下文云〔釋文〕畏於鬼反郭烏罪反崔本作㟪　佳醉癸反徐子唯反郭祖罪反李諸鬼反李頤云畏佳山阜貌　盧文弨曰佳舊本作佳今莊子衆家本皆作佳韻會支韻內引此似亦可讀追此所音唯皆从聲然實與佳本音皆相近故從衆家本改正

大木百圍之竅穴。似鼻。似口。似耳。似枅。似圈。似臼。似洼者。似污者。【注】此略舉衆竅之所似【疏】竅穴樹孔也枅柱頭木也今之斗栱是也圈畜獸闌也木既百圍穴亦奇衆故或似人之口鼻或似獸之闌圈或似人之耳孔或似舍之枅楢或洼曲而擁腫或污下而不平形勢無窮略陳此八事亦由世閒萬物種類不同或醜或妍蓋稟之造化〔釋文〕之竅崔本作竅　似鼻似口司馬云言風吹竅穴動作或似人鼻或似人口　似枅音雞又音肩字林云柱上方木也簡文云欂櫨也　似圈起權反郭音權杯圈也徐其阮反言如羊豕之闌圈也　似臼其九反　似洼者烏攜反李於花反又烏乖反郭烏蛙反司馬云若洼曲　污者音烏司馬云若污下

激者。謞者。叱者。吸者。叫者。譹者。宎者。咬者。【注】此略舉異竅之聲殊【疏】激者如水湍激聲也謞者如箭鏃頭孔聲叱者咄聲也吸者如呼吸聲也叫者如叫呼聲也譹者哭聲也宎者深也若深谷然咬者哀切聲也略舉樹穴即有八種風吹木竅還作八聲亦由人稟分不同種種差異率性而動莫不均齊假令小大夭壽未足以相傾〔釋文〕激者經歷反如水激也李古弔反司馬云聲若激喚也李又驅弔反　慶藩案慧琳一切經音義六十八阿毘達磨大婆沙論卷四引司馬云流急曰激也七十八音經律異相卷十四九十高僧傳十三引並同又文選盧子諒時與詩注元應衆經音義十四引亦同與釋文所引異　謞者音孝李虛交反簡文云若箭去之聲司馬云若讙謞聲　盧文弨曰舊音孝謞今注本音孝從之　叱者昌實反徐音七司馬云若叱咄聲　吸者許及反司馬云若嘘吸聲也　叫者古弔反郭古幼反李居曜反司馬云若叫呼聲也　譹者

音豪郭又戶報反司馬云若譹哭聲盧文弨曰舊脫者字今增與衆句一例　宎者徐於堯反一音杳又於弔反司馬云深者也若深宎宎然　咬者於交反或音狡司馬云聲哀切咬咬然又許拜反　前者唱于。而隨者唱喁。泠風則小和。飄風則大和。注 夫聲之宮商雖千變萬化唱和大小莫不稱其所受而各當其分。疏 泠小風也飄大風也于喁皆是風吹樹動前後相隨之聲也故泠淸風和聲即小暴疾飄風和聲即大各稱所受會無勝劣以況萬物稟氣自然　〔釋文〕唱于如字　唱喁五恭反徐又音愚又五斗反李云于喁聲之相和也　泠風音零李云泠泠小風也　小和胡臥反下及注皆同　飄風鼻遙反又符遙反李敷遙反司馬云疾風也爾雅云回風爲飄　不稱尺證反　其分符問反下不出者同　厲風濟則衆竅爲虛。注 濟止也烈風作則衆竅實及其止則衆竅虛虛實雖異其於各得則同。疏 厲大也烈也濟止也言大風止則衆竅虛及其動則衆竅實虛實雖異各得則同耳況四序盈虛二儀生殺旣無心於亭毒豈有意於虔劉　〔釋文〕厲風司馬云大風向郭云烈風　濟子細反向云止也　慶藩案厲風濟濟者止也詩鄘風載馳篇旋濟毛傳曰濟止也風止則萬竅寂然故曰衆竅爲虛　而獨不見之調調之刁刁乎。注 調調刁刁動搖貌也言物聲旣異而形之動搖亦又不同也動雖不同其得齊一耳豈調調獨是而刁刁獨非乎疏 而彸也調調刁刁動搖之貌也言物形旣異動亦不同雖有調刁之殊而終無是非之異況盈虛聚散生死窮通物理自然不得不爾豈有是非臧否於其間哉　〔釋文〕調調音條　刁刁徐都堯反向云調調刁刁皆動搖貌盧文弨曰舊俱作刁俗今改依正體　動搖如字又羊照反　子游曰。地籟則衆竅是已。人籟則比竹是已。敢問天籟。疏 地籟則竅穴之徒人籟則簫管之類並皆眼見此則可知惟天籟深玄卒難頓悟敢陳庸昧請決所疑　〔釋文〕比竹毗志反又必履反李扶必反注同　子綦曰。夫吹萬不同。而使其自已也。注 此天籟也夫天籟者豈復別有一物哉即衆竅比竹之屬接乎有生之類會而共成一天耳無旣無矣則不能生有有之未生又不能爲生然則生生者誰哉塊然而自生耳自生耳非我生也我旣不能生物物亦不能生我則我自然矣自已而然則謂之天然天然耳非爲也故以天言之所以明其自然也豈蒼蒼之謂哉而或者謂天籟役物使從己也夫天且不能自有況能有物哉故天者萬物之總名也莫適爲天誰主役物乎故物各自生而無所出焉此天道也。疏 夫天者萬物之總名自然之別稱豈蒼蒼之謂哉故夫天籟者豈別有一物邪即比竹衆竅接乎有生之類是爾壽夫生生者誰乎蓋無物也故外不待乎物內不資乎我塊然而生獨化者也是以郭注云自已而然則謂之天然故以天然言之者所以明其自然也而言吹萬不同且風唯一體竅則萬殊雖復大小不同而各稱所受咸率自知豈賴他哉此天籟也故知春生夏長目視耳聽近取諸身遠託諸物皆不知其所以悉莫辨其所然使其自已當分各足率性而動不由心智所謂亭之毒之此天籟之大意者也　慶藩案文選謝宣城九日從宋公戲馬臺集送孔令詩注引司馬云吹萬言天氣吹煦生養萬物形氣不同已止也使各得其性而止謝靈運道路憶山中詩注江文通雜體詩注引同釋文闕〔釋文〕豈復扶又反　莫適丁歷反

咸其自取。怒者其誰邪。【注】物皆自得之耳誰主怒之使然哉此重明天籟也。【疏】自取由自得也言風竅不同形聲乃異至於各自取足未始不齊而怒動為聲誰使之然也欲明羣生糺紛萬象參差分內自取未嘗不足或飛或走誰使其然故知鼓之怒之莫知其宰此則重明天籟之義者也　〔釋文〕此重直用反

大知閑閑。小知閒閒。【注】此蓋知之不同。【疏】閑閑寬裕也閒閒分別也夫智惠寬大之人率性虛淡無是無非小知狹劣之人性靈褊促有取有捨故閒隔而分別無是無非故閑暇而寬裕也〔釋文〕大知音智下及注同　閑閑李云無所容貌簡文云廣博之貌　閒閒古閑反有所閒別也　俞樾曰廣雅釋詁閒覗也小知閒閒當從此義謂好覗察人也釋文曰有所閒別非是

大言炎炎。小言詹詹。【注】此蓋言語之異。【疏】炎炎猛烈也詹詹詞費也夫詮理大言由猛火炎燎原野清蕩無遺儒墨小言滯於競辯徒有詞費無益教方〔釋文〕炎炎于廉于凡二反又音談李作淡徒濫反李頤云同是非也簡文云美盛貌　詹詹音占李頤云小辯之貌崔本作閻

其寐也魂交。其覺也形開。【注】此蓋寤寐之異。【疏】凡鄙之人心靈馳躁耽滯前境無得暫停故其夢寐也魂神妄緣而交接其覺悟也則形質開朗而取染也〔釋文〕魂交司馬云精神交錯也　其覺古孝反　形開司馬云目開意悟也

與接為構。日以心鬭。縵者。窖者。密者。【注】此蓋交接之異。【疏】構合也窖深也今穴地藏穀是也密隱也交接世事構合根塵妄心既重渴日不足故惜彼寸陰心與日鬭也其運心逐境情性萬殊略而言之有此三別也〔釋文〕與接為構司馬云人道交接構結驩愛也　縵者末旦反簡文云寬心也　窖者古孝反司馬云深也李云穴也案穴地藏穀曰窖簡文云深心也

小恐惴惴。大恐縵縵。【注】此蓋恐悸之異。【疏】惴惴怵惕也縵縵沮喪也夫境有違從而心恒憂度慮其不遂恐懼交懷是以小恐惴慄而怵惕大恐寬暇而沮喪也〔釋文〕小恐曲勇反下及注同　惴惴之瑞反李云小心貌爾雅云懼也　縵縵李云齊死生貌　悸其季反

其發若機栝。其司是非之謂也。【疏】機弩牙也栝箭栝也司主也言發心逐境速如箭栝役情拒害猛若弩牙唯主意是非更無他謂也〔釋文〕機栝古活反機弩牙栝箭栝　慶藩案文選鮑明遠苦熱行注引司馬云言生死是非臧否交校則禍敗之來若機栝之發釋文闕　又案機謂弩牙（見易繫辭鄭注）釋名曰弩弩鉤弦者曰牙牙外曰郭郭下曰

縣刀合名之則曰機栝言如機之巧也（機栝與樞機義各不同樞爲戶樞機爲門橛廣雅柴也柴與梱同說文梱門橛也王引之曰樞爲戶樞所以利轉機爲門梱所以止扉故以樞機並言謂開闔有節也書傳機與栝並言弩牙也）其留如詛盟。其守勝之謂也。注此蓋動止之異疏詛祝也盟誓也言役意是非由如視詛盟心取境不異誓盟堅守確乎情在勝物〔釋文〕詛側據反盟音明徐武耕反郭武病反其殺若秋冬。以言其日消也。注其衰殺日消有如此者疏夫素秋搖落玄冬肅殺物景貿遷驟如交臂愚惑之類豈能覺耶唯爭虛妄是非詎知日新消毀人之衰老其狀例然〔釋文〕其殺色界反徐色例反注同其溺之所爲之。不可使復之也。注其溺而遂往有如此者疏耽溺於境其來已久所爲之事背道乖眞欲使復命還源無由可致〔釋文〕其溺奴狄反郭奴徼反其厭也如緘。以言其老洫也。注其厭沒於欲老而愈洫有如此者疏厭沒溺也顚倒之流厭沒於欲惑情堅固有類緘繩豈唯壯年縱恣抑乃老而愈洫〔釋文〕其厭於葉反徐於冉反又於感反如緘徐古咸反老洫本亦作溢同音逸郭許鵙反又已質反近死之心。莫使復陽也。注其利患輕禍陰結遂志有如此者疏莫無也陽生也耽溺之心隣乎死地欲使反於生道無由得之〔釋文〕近死附近之近復陽陽謂生也家世父曰日以心鬭百變不窮司是非者有萬應之機守勝者有一成之見或久倦思反而殺如秋令或沈迷不悟而竊爲之亦有傑緘其機無復生人之氣者人心之相搆各視所藏之機以探而取之

喜怒哀樂。慮嘆變慹。姚佚啓態。注此蓋性情之異者疏凡品愚迷則執違順順則喜樂違則哀怒然哀樂則重喜怒則輕故喜則心生懽悅樂則形於舞忭怒則當時嗔恨哀則舉體悲號慮則抑度未來嘆則咨嗟已往變則改易舊事慹則屈服不伸姚則輕浮躁動佚則奢華縱放啓則開張情慾態則嬌淫妖冶衆生心識變轉無窮略而言之有此十二審而察之物情斯見矣〔釋文〕哀樂音洛慹之涉反司馬云不動貌姚郭音遙徐李勑弔反佚音逸態勑代反李又奴載反

樂出虛。蒸成菌。注此蓋事變之異也自此以上略舉天籟之無方自此以下明無方之自然也物各自然不知所以然而然則形雖彌異其然彌同也疏夫簫管內虛故能出於雅樂濕暑氣蒸故能生成朝菌亦猶二儀萬物虛假不眞從無生有例如菌樂浮幻若是喜怒何施〔釋文〕蒸之膺反成菌其隕反向云結也以上時掌反

日夜相代乎前。而莫知其所萌。注日夜相代代故以新也夫天地萬物變化日新與時俱往何物萌之哉自然而然耳疏日晝月夜輪轉循環更相遞代互爲前後推求根緒莫知其狀者也〔釋文〕萌武耕反

已乎已乎。旦暮得此。其所由以生乎。注言

其自生【疏】已止也推求日夜前後難知起心慮度不如止息又重推旦暮覆察昏明亦莫覩其所由固不知其端緒欲明世間萬法虛妄不眞推求生死即體皆寂故老經云迎之不見其首隨之而不見其後理由若此〔釋文〕旦暮本又作莫音同非彼无我。非我无所取。是亦近矣。【注】彼自然也自然生我我自然生故自然者即我之自然豈遠之哉【疏】彼自然也取稟受也若非自然誰能生我若無有我誰稟自然乎然我則自然自然則我其理非遠故曰是亦近矣而不知其所爲使。【注】凡物云云皆自爾耳非相爲使也故任之而理自至矣【疏】言我稟受自然其理已具足行手捉耳聽目視功能御用各有司存亭之毒之非相爲使無勞措意直置任之〔釋文〕相爲于僞反下未爲同若有眞宰。而特不得其眹。【注】萬物萬情趣舍不同若有眞宰使之然也起索眞宰之眹迹而亦終不得則明物皆自然無使物然也【疏】夫肢體不同而御用各異似有眞性竟無宰主眹迹攸肇從何而有〔釋文〕而特崔云特辭也其眹李除忍反兆也趣舍七喻反字或作取下音捨或音赦下皆倣此起索所百反可行己信。【注】今夫行者信己可得行也【疏】信己而用可意而行天機自張率性而動自濟自足豈假物哉而不見其形。【注】不見所以得行之形【疏】物皆信己而行不見信可行之貌者也有情而无形。【注】情當其物故形不別見也【疏】有可行之情智無信己之形質〔釋文〕情當丁浪反下皆同別見賢遍反百骸。九竅。六藏。賅而存焉。【注】付之自然而莫不皆存也【疏】百骸百骨節也九竅謂眼耳鼻舌口及下二漏也六藏大腑也謂大腸小腸膀胱三焦也藏謂五藏肝心脾肺腎也賅備也言體骨在外藏腑在內竅通內外備此三事以成一身故言存〔釋文〕百骸戶皆反六藏才浪反案心肺肝脾腎謂之五藏大小腸膀胱三焦謂之六府身別有九藏氣天地人天以候頭角之氣人候耳目之氣地候口齒之氣三部各有天地人三三而九神藏五形藏四故九今此云六藏未見所出李楨曰釋文云此云六藏未見所出成疏遂穿鑿以六爲六腑藏謂五藏致與上百官九竅訓不一例按難經三十九難五藏亦有六藏者謂腎有兩藏也其左爲腎右爲命門命門者謂精神之所舍也其氣與腎通故言藏有六也賅徐古來反司馬云備也小爾雅同說文云兼也吾誰與爲親。【注】直自存耳汝皆說之乎。其有私焉。【注】皆說之則是有所私也有私則不能賅而存矣故不說而自存不爲而自生也【疏】言夫六根九竅俱是一身豈有親疏私存愛悅若有心愛悅便是有私身而私之理在不可莫不任置自有司存於身既然在物亦爾〔釋文〕皆說音悅注同今本多即作悅字後皆倣此如是皆有爲臣妾乎。【注】若皆私之則志過其分上下相冒而莫爲臣妾矣臣妾之才而不安臣妾之任則失矣故知君臣上下手足外內乃天理自然豈眞人之所爲哉【疏】臣妾者士女之賤職也且人之一身亦有君臣之別至如見色則目爲君而耳爲臣行步則足爲君手爲臣也斯乃出自天理豈人之所爲乎非關係意親疏故爲君臣也郭注云時之所賢者爲君才不應世者爲臣治國治身內外無異

其臣妾不足以相治乎。【注】夫臣妾但各當其分耳未爲不足以相治也相治者若手足耳目四肢百體各有所司而更相御用也【疏】夫臣妾御用各有職司知手執腳行當分自足豈爲手之不足而腳爲行乎蓋天機自張無心相爲而治理之也舉此手足諸事可知也〔釋文〕而更音庚

其遞相爲君臣乎。【注】夫時之所賢者爲君才不應世者爲臣若天之自高地之自卑首自在上足自居下豈有遞哉雖無錯於當而必自當也【疏】夫首自在上足自居下目能視色耳能聽聲而用捨有時故有貴賤豈措情於上下而遞代爲君臣乎但任置無心而必自當也〔釋文〕其遞音弟徐又音第不應應對之應無錯七素反下同

其有眞君存焉。【注】任之而自爾則非僞也【疏】直置忘懷無勞措意此即眞君妙道存乎其中矣又解眞君即前之眞宰也言取捨之心青黃等色本無自性緣合而成不自不他非無非有故假設疑問以明無有眞君也

如求得其情與不得，無益損乎其眞。【注】凡得眞性用其自爲者雖復皁隸猶不顧毀譽而自安其業故知與不知皆自若也若乃開希幸之路以下冒上物喪其眞人忘其本則毀譽之間俯仰失錯也【疏】夫心境相感欲染斯興是以求得稱情即謂之爲益如其不得即謂之爲損斯言凡情迷執有得喪以攖心道智觀之無損益於其眞性者也　家世父曰彼我相形而有是非而是非之成於心者先入而爲之主是之非之隨人以爲役皆臣妾也而百骸九竅六藏悉攝而從之夫此攝而從之以聽役於人與其心之主宰果有辨乎果無辨乎心之主宰有是非於人何與求得人之情而是之非之無能爲益不得無能爲損而既攝一是非之形役心以從之終其身守而不化夫是之謂成心成心者臣妾之所以聽役也〔釋文〕雖復扶又反下同　毀譽音餘　物喪息浪反

一受其成形，不忘以待盡。【注】言性各有分故知者守知以待終而愚者抱愚以至死豈有能中易其性者也【疏】夫稟受形性各有涯量不可改愚以爲智安得易醜以爲妍是故形性一成終不中途亡失適可守其分內待盡天年矣

與物相刃相靡，其行盡如馳，而莫之能止，不亦悲乎。【注】羣品云云逆順相交各信其偏見而恣其所行莫能自反此皆衆人之所悲者亦可悲矣而衆人未嘗以此爲悲者性然故也物各性然又何物足悲哉【疏】刃逆也靡順也羣品云云銳情逐境境既有逆

有順心便執是執非行有終年速如馳驟唯知貪境會無止息格量物理深可悲傷終身役役而不見其成功。注 夫物情無極知足者鮮故得止不止復逐於彼皆疲役終身未厭其志死而後已故其成功者無時可見也疏 夫物浮競知足者稀故得此不休復逐於彼所以終身疲役役沒命貪殘持影繫風功成何日〔釋文〕者鮮 息淺反 苶然疲役而不知其所歸可不哀邪。注 凡物各以所好役其形骸至於疲困苶然不知所以好此之歸趣云何也疏 苶然疲頓貌也而所好情篤勞役心靈形魂既弊苶然困苦直以信心好此貪競責其意謂亦不知所歸愚癡之甚深可哀歎〔釋文〕苶然乃結反徐李乃協反崔音捻云忘貌簡文云疲病困之狀盧文弨曰苶當作茶字小變耳今注本乃作薾說文引詩彼薾維何音義與此異 慶藩案苶司馬作薾文選謝靈運過始寧墅詩注引司馬云薾極貌也釋文闕 所好呼報反下同 人謂之不死奚益。注 言其實與死同疏 奚何也耽滯如斯困而不已有損行業無益神氣可謂雖生之日猶死之年也 其形化其心與之然可不謂大哀乎。注 言其心形並馳困而不反比於凡人所哀則此真哀之大也然凡人未嘗以此為哀則凡所哀者不足哀也疏 然猶如此也念念遷移新新流謝其化而為老心識隨而昏昧形神俱變故謂與之然世之悲哀莫此甚也 人之生也固若是芒乎其我獨芒而人亦有不芒者乎。注 凡此上事皆不知其所以然而然故曰芒也今夫知者皆不知所以知而自知矣生者不知所以生而自生矣萬物雖異至於生不由知則未有不同者也故天下莫不芒也疏 芒闇昧也言凡人在生芒昧如是舉世皆惑豈有一人不昧者而莊子體道真人智用明達俯同塵俗故云而我獨芒郭注稽乖今不依用〔釋文〕芒乎 莫剛反又音亡芒芒昧也簡文云芒同也 夫隨其成心而師之誰獨且無師乎。注 夫心之足以制一身之用者謂之成心人自師其成心則人各自有師矣人各自有師故付之而自當疏 夫域情滯著執一家之偏見者謂之成心夫隨順封執之心師之以為準的世皆如此故誰獨無師乎 奚必知代而心自取者有之愚者與有焉。注 夫以成代不成非知也心自得耳故愚者亦師其成心未肯用其所謂短而舍其所謂長者也疏 愚惑之類堅執是非何必知他理長代已之短唯欲斥他為短自取為長如此之人處處皆有愚癡之輩先豫其中〔釋文〕與有音豫 家世父曰說文代更也今日以為是明日以為非而一成乎心是非迭出而不窮故曰知代心以為是則取所謂是者而是之心以爲非則取所謂非者而非之故曰心自取而舍音捨字亦作捨下同未成乎心而有是非。是今日適越而昔至也。【注】今日適越昨日何由至哉未成乎心是非何由生哉明夫是非者羣品之所不能無故至人兩順之【疏】吳越路遙必須積旬方達今朝發途昨日何由至哉欲明是非彼我生自妄心言心必也未生是非從何而有故先分別而後是非先造途而後至越〔釋文〕昔至崔云昔夕也向云昔者昨日之謂也　家世父曰是非者人我相接而成者也而必其心先有一是非之準而後以爲是而是之以爲非而非之人之心萬應焉而無窮則是非亦與爲無窮是非因人心而生物論之所以不齊也　是以無有爲有。無有爲有。雖有神禹且不能知。吾獨且奈何哉。【注】理無是非而惑者以爲有此以有無爲有也惑心已成雖聖人不能解故付之自若而不強知也【疏】夏禹字文命鯀子啓父也謚法泉源流通曰禹又云受禪成功曰禹理無是非而惑者爲有此用無有爲有也遂執日久惑心已成雖有大禹神人亦不令其解悟莊生深懷慈救獨奈之何故付之自若不強知之者也〔釋文〕不強其丈反　夫言非吹也。言者有言。【疏】夫名言之與風吹皆是聲法而言者必有詮辯故曰有言〔釋文〕吹也如字又叱瑞反崔云吹猶籟也　其所言者特未定也。【注】我以爲是而彼以爲非彼之所是我又非之故未定也未定也者由彼我之情偏【疏】雖有此言異於風吹而咸言我是僉曰彼非既彼我情偏故獨未定者也　果有言邪。【注】以爲有言邪然未足以有所定　其未嘗有言邪。【注】以爲無言邪則據己已有言【疏】果決定也此以爲是彼以爲非此以爲非而彼以爲是既而是非不定言何所詮故不足稱定有言也然彼此偏見各執是非據己所言故不可以爲無言也　其以爲異於鷇音。亦有辯乎。其無辯乎。【注】夫言與鷇音其致一也有辯無辯誠未可定也天下之情不必同而所言不能異故是非紛紜莫知所定【疏】辯別也鳥子欲出卵中而鳴謂之鷇音也言亦帶鷇曰鷇夫彼此偏執不定是非亦何異鷇鳥之音有聲無辯故將言說異於鷇音者恐未足以爲別者也〔釋文〕鷇苦豆反李音彀司馬云鳥子欲出者也　道惡乎隱而有眞僞。【疏】惡乎謂於何也虛通至道非眞非僞於何逃匿而眞僞生焉〔釋文〕惡乎音烏下皆同　眞僞一本作眞詭崔本作眞然　言惡乎隱而有是非。【注】道焉不在言何隱蔽而有眞僞是非之名紛然而起【疏】至教至言非非非是於何隱蔽有是有非者哉〔釋文〕道焉於虔反　道惡乎往而不存。【注】皆存【疏】存在也陶鑄生靈周行不殆道無不偏，于何不在乎！所以在僞在眞而非眞非僞也。言惡乎存而不可？【注】皆可。【疏】玄道眞言，隨物生殺，何往不可而言隱邪！故可是可非，而非非非是者也。道隱於小成，【疏】小成者，謂仁義五德，小道而有所成得者，謂之小成也。世薄時澆，唯行仁義，不能行於大道，故言道隱於小成，而道不可隱也。故老君云，大道廢，有仁義。言隱於榮華。【注】夫小成榮華，自隱於道，而道不可隱。則眞僞是非者，行於榮華而止於實當，見於小成而滅於大全也。【疏】榮華者，謂浮辯之辭，華美之言也。只爲滯於華辯，所以蔽隱至言。所以老君經云，信言不美，美言不信。〔釋文〕實當丁浪反。後可以意求，不復重出。見於賢遍反。故有儒墨之是非，【疏】昔有鄭人名緩，學於求氏之地，三年藝成而化爲儒。儒者，祖述堯舜，憲章文武，行仁義之道，辯尊卑之位，故謂之儒也。緩弟名翟，緩化其弟，遂成於墨。墨者，禹道也。尚賢宗禮儉，以兼愛，摩頂放踵以救蒼生，此謂之墨也。而緩翟二人，親則兄弟，各執一教，更相是非。緩恨其弟，感激而死。然彼我是非，其來久矣，爭競之甚，起自二賢，故指此二賢爲亂羣之帥。是知道喪言隱，方督是非。以是其所非而非其所是。【注】儒墨更相是非，而天下皆儒墨也。故百家並起，各私所見，而未始出其方也。【疏】天下莫不自以爲是，以彼爲非，彼亦與汝爲非自以爲是。故各用己是是彼非，各用己非非彼是。〔釋文〕更相音庚。欲是其所非而非其所是，則莫若以明。【疏】夫有是有非者，儒墨之所是也；無是無非者，儒墨之所非也。今欲是儒墨之所非而非儒墨之所是者，乃欲明無是無非也。欲明無是無非，則莫若還以儒墨反覆相明。反覆相明，則所是者非是而所非者非非矣。非非則無非，非是則無是。【疏】世皆以他爲非，用己爲是。今欲翻非作是，翻是作非者，無過還用彼我，反覆相明。則所非者非非則無非，所是者非是則無是。無是則無非，故知是非皆虛妄耳。家世父曰：郭象云，有是有非者，儒墨之所是也；無是無非者，儒墨之所非也；今欲是儒墨之所非，而非儒墨之所是，莫若還以儒墨反覆相明，則所是者非是，而所非者非非矣。今觀墨子之書及孟子之闢楊墨，儒墨互相是非，各據所見以求勝。墨者是之，儒者非焉，是非所由成。彼是之所由分也。彼是有對待之形，而是非兩立，則所持之是非非是非也，彼是之見存也。莫若以明者，還以彼是之所明，互取以相證也。郭注誤。〔釋文〕反覆芳服反。下同。物无非彼，物无非是。【注】物皆自是，故無非是；物皆相彼，故無非彼。無非彼，則天下無是矣；無非是，則天下無彼矣。無彼無是，所以玄同也。【疏】注曰：物皆自是，故無非是；物皆相彼，故無非彼。無非彼也，則天下無是矣；無非是也，則天下無彼矣。無彼無是，所以玄同。此注理盡，無勞別釋。自彼則不見，自知則知之。【疏】自爲彼所彼，此則不自見，自知已爲是，便則知之；物之有偏也，例皆如是。若審能見他見自，故無是無非也。故曰彼出於是。是亦因彼。注 夫物之偏也，皆不見彼之所見而獨自知其所知，自知其所知則自以爲是，自以爲是則以彼爲非矣，故曰彼出於是，是亦因彼，彼是相因而生者也。疏 夫彼對於此，是待於非，文家之大體也。今言彼出於是者，言約理微，舉彼角勢也。欲示舉彼明此，舉是明非也。而彼此是非，相因而有，推求分析，即體皆空也。彼是方生之說也。雖然，方生方死，方死方生；方可方不可，方不可方可；因是因非，因非因是。注 夫死生之變，猶春秋冬夏四時行耳。故死生之狀雖異，其於各安所遇一也。今生者方自謂生爲生，而死者方自謂生爲死，則無生矣。生者方自謂死爲死，而死者方自謂死爲生，則無死矣。無生無死，無可無不可，故儒墨之辨，吾所不能同也；至於各冥其分，吾所不能異也。疏 方，方將也。言彼此是非，無異生死之說也。夫生死交謝，由寒暑之遞遷。而生者以生爲生，而死者將生爲死，亦如是者以是爲是，而非者以是爲非。故知因是而非，因非而是。因非而是，則無是矣；因是而非，則無非矣。是以無是無非，無生無死，無可無不可，何彼此之論乎！是以聖人不由，而照之於天，亦因是也。注 夫懷豁者因天下之是非而自無是非也。故不由是非之塗而是非無患不當者，直明其天然而無所奪故也。疏 天，自然也。聖人達悟，不由是得非，直置虛凝，照以自然之智。只因此是非而得無非無是，終不奪有而別證無。是亦彼也，注 我亦爲彼所彼。彼亦是也。注 彼亦自以爲是。疏 我自以爲是，亦爲彼之所非；我以彼爲非，而彼亦以自爲是也。彼亦一是非，此亦一是非。注 此亦自是而非彼，彼亦自是而非此，此與彼各有一是一非於體中也。疏 此既自是彼，彼亦自是此，此既非彼，彼亦非此，故各有一是，各有一非也。果且有彼是乎哉？果且无彼是乎哉？注 今欲謂彼爲彼，而彼復自是；欲謂是爲是，而是復爲彼所彼；故彼是有無，未果定也。疏 夫彼此是非，相待而立，反覆推討，舉體浮虛。自以爲是，此則不無；爲彼所彼，此則不有。有無彼此，未可決定。〔釋文〕彼復扶又反，下同。彼是莫得其偶，謂之道樞。注 偶，對也。彼是相對，而聖人兩順之。故無心者與物冥而未嘗有對於天下也。此居其樞要而會其玄極，以應夫無方也。疏 偶，對也。樞，要也。體夫彼此俱空，是非兩幻，凝神獨見而無對於天下者，可謂會其玄極，得道樞要也。前則假問有無待奪不定，此則重明彼此當體自空，前淺後深，所以爲次也。〔釋

文〕道樞尺朱反樞要也以應應對之應前注同後可以意求不復重音

樞始得其環中，以應无窮。【注】夫是非反覆相尋無窮故謂之環環中空矣今以是非爲環而得其中者無是無非也無是無非故能應夫是非是非無窮故應亦無窮【疏】夫絕待獨化道之本始爲學之要故謂之樞環者假有二竅中者眞空一道環中空矣以明無是無非是非無窮故應亦無窮也　家世父曰是非兩化而道存焉故曰道樞握道之樞以游乎環中中空也是非反復相尋無窮若循環然游乎空中不爲是非所役而後可以應無窮　慶藩案唐釋湛然止觀輔行傳宏決引莊子古注云以圓環內空體無際故曰環中

是亦一无窮，非亦一无窮也。【注】天下莫不自是而莫不相非故一是一非兩行無窮唯涉空得中者曠然無懷乘之以游也【疏】夫物莫不自是故是亦一無窮莫不相非故非亦一無窮唯彼我兩忘是非雙遣而得環中之道者故能大順蒼生乘之遊也

故曰莫若以明。以指喻指之非指，不若以非指喻指之非指也；以馬喻馬之非馬，不若以非馬喻馬之非馬也。【疏】指手指也馬戲籌也喻比也言人是非各執彼我異情故用己指比他指即用他指爲非指復將他指比汝指汝指於他指復爲非指矣指義旣爾馬亦如之所以諸法之中獨奉指者欲明近取諸身切要無過於指遠託諸物勝負莫先於馬故舉二事以況是非

天地一指也，萬物一馬也。【注】夫自是而非彼彼我之常情也故以我指喻彼指則彼指於我指獨爲非指矣此以指喻指之非指也若復以彼指還喻我指則我指於彼指復爲非指矣此亦非指喻指之非指也將明無是無非莫若反覆相喻反覆相喻則彼之與我旣同於自是又均於相非均於相非則天下無是同於自是則天下無非何以明其然邪是若果是則天下不得彼有非之者也非若果非亦不得復有是之者也今是非無主紛然淆亂明此區區者各信其偏見而同於一致耳仰觀俯察莫不皆然是以至人知天地一指也萬物一馬也故浩然大寧而天地萬物各當其分同於自得而無是無非也【疏】天下雖大一指可以蔽之萬物雖多一馬可以理盡何以知其然邪今以彼我是非反覆相喻則所是者非是所非者非非故知二儀萬物無是無非者也　〔釋文〕天地一指也萬物一馬也崔云指百體之一體馬萬物之一物　浩然戶老反

可乎可。【注】可於己者即謂之可不可乎不可。【注】不可於己者即謂之不可【疏】夫理無是非而物有違順

故順其意者則謂之可乖其情者則謂之不可違順既空故知可不可皆妄也　道行之而成。【注】無不成也【疏】大道曠蕩亭毒含靈周行萬物無不成就故在可成於可而不當於可在不可成不可亦不當於不可也　物謂之而然。【注】無不然也【疏】物情顛倒不達違從虛計是非妄爲然不　惡乎然。然於然。惡乎不然。不然於不然。【疏】心境兩空物我雙幻於何而有然法遂執爲然於何不然爲不然也　物固有所然。物固有所可。【注】各然其所然各可其所可【疏】物情執滯觸境皆迷必固爲有然必固謂有可豈知可則不可然則不然邪　无物不然。无物不可。【疏】羣品云云各私所見皆然其所然可其所可〔釋文〕無物不然無物不可　崔本此下更有可於可而不可於不可不可於不可而可於可也　故爲是舉莛與楹。厲與西施。恢恑憰怪。道通爲一。【注】夫莛橫而楹縱厲醜而西施好所謂齊者豈必齊形狀同規矩哉故舉縱橫好醜恢恑憰怪各然其所然各可其所可則理雖萬殊而性同得故曰道通爲一也【疏】爲是義故略舉八事以破之莛屋梁也楹舍柱也厲病醜人也西施吳王美姬也恢者寬大之名恑者奇變之稱憰者矯詐之心怪者妖異之物夫縱橫美惡物見所以萬殊恢憰奇異世情用之爲顛倒故有是非可不可迷執其分今以玄道觀之本來無二是以妍醜之狀萬殊自得之情惟一故曰道通爲一也〔釋文〕故爲　于僞反下爲是皆同　莛　徐音庭李音挺司馬云屋梁也　楹　音盈司馬云屋柱也　俞樾曰司馬以莛爲屋梁楹爲屋柱故郭云莛橫而楹縱案說文莛莖也屋梁之說初非本義漢書東方朔傳以莛撞鐘文選答客難篇莛作筳李注引說苑曰建天下之鳴鐘撞之以筳豈能發其音聲哉筳與莛通是古書言莛者謂其小也莛楹以大小言厲西施以好醜言舊說非是　厲　如字惡也李音賴司馬云病癩　西施　司馬云夏姬也案句踐所獻吳王美女也　恢　徐苦回反大也郭苦虺反簡文本作弔盧文弨曰案弔音的下恑字與詭同弔詭見下文　恑　九委反徐九彼反李云戾也　憰怪　音決李云憰乖也怪異也　家世父曰可不可然不然達者委而不用而即寓用於不用之中故通爲一　楹縱　本亦作從同將容反　其分也成也。【注】夫物或此以爲散而彼以爲成【疏】夫物或於此爲散於彼爲成欲明聚散無恆不可定執此則於不二之理更舉論端者也〔釋文〕其分　如字　其成也毀也。【注】我之所謂成而彼或謂之毀【疏】或於此爲成於彼爲毀物之涉用有此不同則散毛成氈伐木爲舍等也　凡物无成與毀。復通爲一。【注】夫成毀者生於自見而不見彼也故無成與毀猶無是與非也【疏】夫成毀是非生於偏滯者也既成毀不定是非無主故無成毀通而一之〔釋文〕復通　扶又反　唯達者知通爲一。爲是不用。而寓諸庸。【疏】寓寄也庸用也唯當達道之夫凝神玄鑒故能去彼二偏通而爲一爲是義故成功不處用而忘用寄用羣材也庸也者用也用也者通也通也者得也。注夫達者無滯於一方故忽然自忘而寄當於自用自用者莫不條暢而自得也疏夫有夫至功而推功於物馳馭億兆而寄用羣材者其惟聖人乎是以應感無心靈通不滯可謂冥眞體道得玄珠於赤水者也適得而幾矣。注幾盡也至理盡於自得也疏幾盡也夫得者內不資於我外不資於物無思無爲絕學絕待適爾而得蓋無所由與理相應故能盡妙也〔釋文〕幾矣 音機盡也下同徐具衣反 因是已。注達者因而不作疏夫達道之士無作無心故能因是非而無是非循彼我而無彼我我因循而已豈措情哉已而不知其然。謂之道。注夫達者之因是豈知因爲善而因之哉不知所以因而自因耳故謂之道也疏已而者仍前生後之辭也夫至人無心有感斯應譬彼明鏡方茲虛谷因循萬物影響蒼生不知所以然不知所以應豈有情於臧否而係於利害者乎以法因人可謂自然之道也〔釋文〕謂之道 向郭絕句崔讀謂之道勞云因自然是道之功也 勞神明爲一。而不知其同也。疏夫玄道妙一常湛凝然非由心智謀度而後不二而愚者勞役神明邂逅言辯而求一者與彼不一無以異矣不足類也不知至理理自混同豈俟措心方稱不二耶 謂之朝三。疏此起譬也 家世父曰謂之朝三明以朝三爲義也蓋賦芧在朝故以得四而喜得三而怒皆所見惟目前之一隅也是以謂之因也疏謂混同萬物以爲其一因以爲一者無異衆狙之惑解因是也一語大謬 何謂朝三。狙公賦芧曰。朝三而暮四。衆狙皆怒。曰。然則朝四而暮三。衆狙皆悅。名實未虧而喜怒爲用。亦因是也。注夫達者之於一豈勞神哉若勞神明於爲一不足賴也與彼不一者無以異矣亦同衆狙之惑因所好而自是也。疏此解譬也狙獼猴也賦付與也芧橡子也似栗而小也列子曰宋有養狙老翁善解其意戲狙曰吾與汝芧朝三而暮四足乎衆狙皆起而怒又曰我與汝朝四而暮三足乎衆狙皆伏而喜焉朝三暮四朝四暮三其於七數並皆是一名既不虧實亦無損而一喜一怒爲用愚迷此亦同其所好自以爲是亦猶勞役心慮辯飾言詞混同萬物以爲其一因以爲一者亦何異衆狙之惑耶〔釋文〕狙公 七徐反又緇慮反司馬云狙公典狙官也崔云養猨狙者也李云老狙也廣雅云狙獼猴 賦芧 音序徐食汝反李音予司馬云橡子也 朝三暮四 司馬云朝三升暮四升也 所好 呼報反下文皆同 是以聖人和之以是非而休乎天鈞。注莫之偏任故付之自均而止也疏天均者自然均平之理也夫達道聖人虛懷不執故能和是於無是同非於無非所以息智乎均平之鄉休心乎自然之境也〔釋文〕天鈞 本又作均崔云鈞陶鈞也 是之謂兩行。注任天下之是非疏

不離是非而得無是非故謂之兩行

古之人其知有所至矣。【疏】至造極之名也淳古聖人運智虛妙雖復和光混俗而智則無知動不乖寂常眞妙本所至之義列在下文也惡乎至。【疏】假設疑問於何而造極耶有以爲未始有物者至矣盡矣不可以加矣。【注】此忘天地遺萬物外不察乎宇宙內不覺其一身故能曠然無累與物俱往而無所不應也。【疏】未始猶未曾世所有法悉皆非有唯物與我內外咸空四句皆非蕩然虛靜理盡於此不復可加答於前問意以明至極者也其次以爲有物矣而未始有封也。【注】雖未都忘猶能忘其彼此。【疏】初學大賢鄰乎聖境雖復見空有之異而未曾封執其次以爲有封焉而未始有是非也。【注】雖未能忘彼此猶能忘彼此之是非也。【疏】通欲難除滯物之情已有別惑易遣是非之見猶忘也是非之彰也道之所以虧也。【注】無是非乃全也。【疏】夫有非有是流俗之鄙情無是無非達人之通鑒故知彼我彰而至道隱是非息而妙理全矣道之所以虧愛之所以成。【注】道虧則情有所偏而愛有所成未能忘愛釋私玄同彼我也。【疏】虛玄之道既以虧損愛染之情於是乎成著矣果且有成與虧乎哉。果且无成與虧乎哉。【注】有之與無斯不能知乃至。【疏】果決定也夫道無增減物有虧成是以物愛既成謂道爲損而道實無虧也故假設論端以明其義有無既不決定虧成理非實錄有成與虧故昭氏之鼓琴也。無成與虧故昭氏之不鼓琴也。【注】夫聲不可勝舉也故吹管操絃雖有繁手遺聲多矣而執籥鳴絃者欲以彰聲也彰聲而聲遺不彰聲而聲全故欲成而虧之者昭文之鼓琴也不成而無虧者昭文之不鼓琴也。【疏】姓昭名文古之善鼓琴者也夫昭氏鼓琴雖云巧妙而鼓商則喪角揮宮則失徵未若置而不鼓則五音自全亦由有成有虧存情所以乖道無成無虧忘智所以合眞者也〔釋文〕可勝音升操絃七刀反執籥羊灼反昭文司馬云古善琴者昭文之鼓琴也師曠之枝策也惠子之據梧也。三子之知幾乎。【注】幾盡也夫三子者皆欲辯非己所明以明之故知盡慮窮形勞神倦或枝策假寐或據梧而瞑。【疏】師曠字子野晉平公樂師甚知音律支柱也策打鼓枝也亦言擊節枝也梧琴也今謂不爾昭文已能鼓琴何容二人共同一伎況檢典籍無惠子善琴之文而言據梧者只是以梧几而據之談說猶隱几者也幾盡也昭文善能鼓琴師曠妙知音律惠施好談名理而三子之性稟自天然各以己能明示於世世既不悟已又疲怠逡使柱策假寐或復凭几而瞑三子之能咸盡於此〔釋文〕枝策司馬云枝柱也策杖也崔云舉杖以擊節據梧音吾司馬云梧琴也崔云琴瑟也之知音智而瞑亡千反皆其盛者也。故載之末年。【注】賴其盛故能久不爾早困也【疏】惠施之徒皆少年盛壯故能運載形智至于衰末之年是非少盛久當困苦也〔釋文〕故載之末年崔云書之於今也唯其好之也。以異於彼。【注】言此三子唯獨好其所明自以殊於衆人【疏】三子各以己之所好耽而翫之方欲矜其所能獨異於物其好之也。欲以明之。【注】明示衆人欲使同乎我之所好【疏】所以疲倦形神好之不已者欲將己之道術明示衆人也彼非所明而明之。故以堅白之昧終。【注】是猶對牛鼓簧耳彼竟不明故己之道術終於昧然也【疏】彼衆人也所明道術也白卽公孫龍守白馬論也姓公孫名龍趙人當六國時弟子孔穿之徒堅執此論橫行天下服衆人之口不服衆人之心言物稟性不同所好各異故知三子道異非衆人所明非明而強示之彼此終成暗昧亦何異乎堅執守白之論眩惑世間雖宏辯如流終有言而無理也〔釋文〕堅白司馬云謂堅石白馬之辯也又云公孫龍有淬劍之法謂之堅白崔同又云或曰設矛伐之說爲堅辯白馬之名爲白　盧文弨曰伐卽盾也亦作瞂又作𥏫音皆同鼓簧音黃而其子又以文之綸終。終身无成。【注】昭文之子又乃終文之緒亦卒不成【疏】綸緒也言昭文之子亦乃荷其父業終其綸緒卒其年命竟無所成況在它人如何放哉〔釋文〕之綸音倫崔云琴瑟絃也　俞樾曰釋文綸音倫崔云琴瑟絃也然以文之絃終其義未安郭注曰昭文之子又乃終文之緒則是訓綸爲緒今以文義求之上文曰彼非所明而明之故以堅白之昧終之昧與之綸必相對爲文周易繫辭傳故能彌綸天地之道京房注曰綸知也淮南子說山篇以小明大以近論遠高誘注曰論知也古字綸與論通淮南與明對言則綸亦明也以文之綸終謂以文之所知者終卽是以文之明終蓋彼非所明而明之故以堅白之昧終而昭文之子又以文之明終則仍是非所明而明矣故下曰終身無成也郭注尙未達其恉若是而可謂成乎。雖我亦成也。【注】此三子雖求明於彼彼竟不明所以終身無成若三子而可謂成則雖我之不成亦可謂成也【疏】我衆人也若三子異於衆人遂自以爲成而衆人異於三子亦可謂之成也若是而不可謂成乎。物與我無成也。【注】物皆自明而不明彼若彼不明卽謂不成則萬物皆相與無成矣故聖人不顯此以耀彼不捨己而逐物從而任之各宜其所能故曲成而不遺也今三子欲以己之所好明示於彼不亦妄乎【疏】若三子之與衆物相與而不謂之成乎故知衆人之與三子彼此共無成矣是故滑疑之耀。聖人之所圖也。為是不用。而寓諸庸。此之謂以明。【注】夫聖人無我者也故滑疑之耀則圖而域之恢恑憰怪則通而一之使羣異各安其所安衆人不失其所是則己不用於物而萬物之用用矣物皆自用則孰是孰非哉故雖放蕩之變屈奇之異曲而從之寄之自用則用雖萬殊歷然自明【疏】夫聖人者與天地合其德與日月齊其明故能晦迹同凡韜光接物終不眩耀羣品亂惑蒼生亦不矜己以率人而各域限於分內忘懷大順於萬物為是寄於羣才而此運心斯可謂聖明真知也〔釋文〕滑疑古沒反司馬云亂也　屈奇求物反

今且有言於此。不知其與是類乎。其與是不類乎。類與不類。相與為類。則與彼无以異矣。【注】今以言無是非則不知其與言有者類乎不類乎欲謂之類則我以無為是而彼以無為非斯不類矣然此雖是非不同亦固未免於有是非也則與彼類矣故曰類與不類又相與為類則與彼無以異也然則將大不類莫若無心既遣是非又遣其遣遣之又遣之以至於無遣然後無遣無不遣而是非自去矣【疏】類者輩徒相似之類也但羣生愚迷滯是滯非今論乃欲反彼世情破茲迷執故假且說無是無非則用為真道是故復言相與為類此則遣於無是無非也既而遣之又遣方至重玄也

雖然。請嘗言之。【注】至理無言言則與類故試寄言之【疏】嘗試也夫至理雖復無言而非言無以詮理故試寄言彷象其義

有始也者。【注】有始則有終【疏】此假設疑問以明至道無始無終此遣於始終也

有未始有始也者。【注】謂無終始而一死生【疏】未始猶未曾也此又假問有未曾有始終不此遣於無始終也

有未始有夫未始有始也者。【注】夫一之者未若不一而自齊斯又忘其一也【疏】此又假問有未曾有始也者斯則遣於無始無終也

有有也者。【注】有有則美惡是非具也【疏】夫萬象森羅悉皆虛幻故標此有明卽以有體空此句遣有也

有无也者。【注】有無而未知無無也則是非好惡猶未離懷【疏】假問有此無不今明非但有卽不有亦乃無卽不無此句遣於無也〔釋文〕好惡並如字　未離力智反

有未始有无也者。【注】知無無矣而猶未能無知【疏】假問有未曾有無不此句遣非

有未始有夫未始有无也者。【疏】假問有未曾未曾有無不此句遣非非無也而自淺之深從麤入妙始乎有有終乎非無是知離百非超四句明矣前言始終此則明時今言有無此則辯法唯時與法皆虛靜者

也

俄而有无矣。而未知有无之果孰有孰无也。注此都忘其知也爾乃俄然始了無耳了無則天地萬物彼我是非豁然確斯也疏前從有無之迹入非非有無之本今從非非有無之體出有無之用而言俄者明即體即用俄爾之間蓋非賒遠也夫玄道窈冥眞宗微妙故俄而用則非有無而有無用而體則有無非有無也是以有無不定體用無恆詎能決定無耶詎能決定有耶此又就有無之用明非有非無之體者也〔釋文〕俄而徐音峨確斯苦角反斯又作㴲音賜李思利反盧文弨曰斯訓盡與㴲賜義同

今我則已有謂矣。注謂無是非即復有謂〔釋文〕即復扶又反而未知吾所謂之其果有謂乎。其果无謂乎。注又不知謂之有無爾乃蕩然無纖芥於胷中也疏謂言也莊生復無言也理出有言之教即前請嘗言之類是也既寄此言以詮於理未知斯言定有言耶定無言耶欲明理家非默非言教亦非無非有恐學者滯於文字故致此辭〔釋文〕纖芥古邁反又音界盧文弨曰今本介作芥

天下莫大於秋豪之末。而太山爲小。莫壽於殤子。而彭祖爲夭。天地與我並生。而萬物與我爲一。注夫以形相對則大山大於秋毫也若各據其性分物冥其極則形大未爲有餘形小不爲不足苟足於其性則秋豪不獨小其小而大山不獨大其大矣若以性足爲大則天下之足未有過於秋豪也其性足者爲大則雖大山亦可稱小矣故曰天下莫大於秋豪之末而大山爲小則天下無大矣秋豪爲大則天下無小也無小無大無壽無夭是以蟪蛄不羨大椿而欣然自得斥鷃不貴天池而榮願以足苟足於天然而安其性命故雖天地未足爲壽而與我並生萬物未足爲異而與我同得則天地之生又何不並萬物之得又何不一哉疏秋時獸生豪毛其末至微故謂秋豪之末也人生在於襁褓而亡謂之殤子太大也夫物之生也形氣不同有小有大有夭有壽若以性分言之無不自足是故以性足爲大天下莫大於豪末無餘爲小天下莫小於大山大山爲小則天下無大豪末爲大則天下無小小大既爾夭壽亦然是以兩儀雖大各是之性乃均萬物雖多自得之義唯一前明不終不始非有非無此明非小非大無夭無壽耳〔釋文〕秋豪如字依字應作毫司馬云兔毫在秋而成王逸注楚辭云銳毛也案毛至秋而耎細故以喻小也大山音泰殤子短命者也或云年十九以下爲殤

既已爲一矣。且得有言乎。注萬物萬形同於自得其得一也已自一矣理無所言既已謂之

一矣。且得无言乎。【注】夫名謂生於不明者也物或不能自明其一而以此逐彼故謂一以正之既謂之一即是有言矣【疏】夫玄道冥寂理絕形聲誘引迷途稱謂斯起故一雖玄統而猶是名教既謂之一豈曰無言乎一與言爲二。二與一爲三。自此以往。巧歷不能得。而況其凡乎。【注】夫以言言一而一非言也則一言爲二矣一既一矣言又二之有一有二得不謂之三乎夫以一言言一猶乃成三況尋其支流凡物殊稱雖有善數莫之能紀也故一之者與彼未殊而忘一者無言而自一【疏】夫妙一之理理非所言是知以言言一而一非言也且一既一矣言又言焉有一有言二名斯起覆將後時之二名對前時之妙一有一有二得不謂之三乎從三以往假有善巧算歷之人亦不能紀得其數而況凡夫之類乎〔釋文〕殊稱尺證反善數色主反故自无適有。以至於三。而況自有適有乎。【注】夫一無言也而有言則至三況尋其末數其可窮乎【疏】自從也適往也夫至理無言言則名起故從無言以往有言纔言則至乎三況從有言往有言枝流分派其可窮乎此明一切萬法本無名字從無生有遂至於斯矣无適焉。因是已。【注】各止於其所能乃最是也【疏】夫諸法空幻何獨名言是知無即非無有即非有有無名數當體皆寂既不從無以適有豈復自有以適有耶故無所措意於往來因循物性而已矣

夫道未始有封。【注】冥然無不在也【疏】夫道無不在所在皆無蕩然無際有何封域也〔釋文〕夫道未始有封崔云齊物七章此連上章而班固說在外篇言未始有常。【注】彼此言之故是非無定【疏】道理虛通既無限域故言教隨物亦無常定也爲是而有畛也。【注】道無封故萬物得恣其分域【疏】畛界畔也理無崖域教隨物變是爲義故畛分不同〔釋文〕爲是于僞反有畛徐之忍反郭李音眞謂封域畛陌也請言其畛。【疏】畛假設問旨發起後文也有左有右。【注】各異便也【疏】左陽也右陰也理雖凝寂教必隨機畛域不同昇沈各異故有東西左右春秋生殺〔釋文〕有左有右崔本作宥在宥也盧文弨曰舊作崔本作有誤案下云在宥也則當作宥明甚今改正異便婢面反有倫有義。【注】物物有理事事有宜【疏】倫理也義宜也羣物糾紛有理存焉萬事參差各隨宜便者也〔釋文〕有倫有義崔本作有論有議俞樾曰釋文云崔本作有論有議當從之下文云六合之外聖人存而不論六合之內聖人論而不議又曰故分也者有不分也辯也者有不辯也彼所謂分辯即此有分有辯然則彼所謂論議即此有論有議矣有分有辯。【注】羣分而類別也【疏】辯別也飛走雖衆各有羣分物性萬殊自隨類別矣〔釋文〕有分如字注同類別彼列反下皆同有競

有爭。【注】並逐曰競對辯曰爭【疏】夫物性昏愚彼我封執既而並逐勝負對辯是非也〔釋文〕有爭爭鬭之爭注同此之謂八德。【注】略而判之有此八德【疏】德者功用之名也羣生功用轉變無窮略而陳之有此八種斯則釋前有畛之義也六合之外。聖人存而不論。【注】夫六合之外謂萬物性分之表耳夫物之性表雖有理存焉而非性分之內則未嘗以感聖人也故聖人未嘗論之則是引萬物使學其所不能也故不論其外而八畛同於自得也【疏】六合者謂天地四方也六合之外謂衆生性分之表重玄至道之鄉也夫玄宗罔象出四句之端妙理希夷超六合之外既非神口所辯所以存而不論也六合之內。聖人論而不議。【注】陳其性而安之【疏】六合之內謂蒼生所稟之性分夫云云取捨皆起妄情尋責根源並同虛有聖人隨其機感陳而應之既曰馮虛亦無可詳議故下文云我亦妄說之春秋經世。先王之志。聖人議而不辯。【注】順其成迹而凝乎至當之極不執其所是以非衆人也【疏】春秋者時代也經者典誥也先王者三皇五帝也誌記也夫祖述軒頊憲章堯舜記錄時代以爲典謨軌轍蒼生流傳人世而聖人議論利益當時終不執是辯非滯於陳迹故分也者。有不分也。辯也者。有不辯也。【注】夫物物自分事事自別而欲由己以分別之者不見彼之自別也【疏】夫理無分別而物有是非故於無封無域之中而起有分有辯之見者此乃一曲之士偏滯之人亦何能剖析於精微分辯於事物者也〔釋文〕故分如字下及注同曰。何也。【疏】假問質疑發生義旨聖人懷之。【注】以不辯爲懷耳聖人無懷【疏】夫達理聖人冥心會道故能懷藏物我包括是非枯木死灰會無分別矣衆人辯之以相示也。故曰。辯也者。有不見也。【注】不見彼之自辯故辯己所知以示之【疏】衆多之人即衆生之別稱也凡庸迷執未解虛忘故辯所知示見於物豈唯不見彼之自別亦乃不鑒己之妙道故云有不見也夫大道不稱。【注】付之自稱無所稱謂【疏】大道虛廓妙絕形名既非色聲故不可稱謂體道之人消聲色爾也〔釋文〕不稱尺證反注同大辯不言。【注】已自別也【疏】妙悟眞宗無可稱說故辯彫萬物而言無所言大仁不仁。【注】無愛而自存也【疏】亭毒羣品汎愛無心譬彼青春非爲仁也大廉不嗛。【注】夫至足者物之去來非我也故無所容其嗛盈【疏】夫玄悟之人鑒達空有知萬境虛幻無一可貪物我俱空何所遜讓〔釋文〕不嗛郭欺簟反徐音謙大勇不忮。【注】無往而不順故能無險而不往【疏】忮逆也內蘊慈悲外宏接物故能俯順塵俗惠救蒼生虛己逗機終無迕逆〔釋文〕不忮徐之跂反又音跂李之移反害也李云健也　道昭而不道。【注】以此明彼彼此俱失矣【疏】明己功名炫燿於物此乃淫僞不是眞道〔釋文〕道昭音照　言辯而不及。【注】不能及其自分【疏】不能玄默唯滯名言華詞浮辯不達深理　仁常而不成。【注】物無常愛而常愛必不周【疏】不能忘愛釋知玄同彼我而恒懷恩惠每挾親情欲効成功無時可見　廉清而不信。【注】皦然廉清貪名者耳非眞廉也【疏】皎然異俗卓爾不羣意在聲名非實廉也　勇忮而不成。【注】忮逆之勇天下共疾之無敢舉足之地也【疏】捨慈而勇忮逆物情衆共疾之必無成遂也　五者园而幾向方矣。【注】此五者皆以有為傷當者也不能止乎本性而求外無己夫外不可求而求之譬猶以圓學方以魚慕鳥耳雖希翼鸞鳳擬規日月此愈近彼愈遠實學彌得而性彌失故齊物而偏尚之累去矣【疏】园圓也幾近也五者即已前道昭等也夫學道之人直須韜晦而乃矜炫己之能顯燿於物其於道也不亦遠乎猶如慕方而學园圓愛飛而好游泳雖希翼鸞鳳終無鶱翥之能擬規日月詎有幾方之效故也〔釋文〕园崔音刓徐五丸反司馬云圓也郭音圓　而幾徐其衣反　向方本亦作嚮音同下皆放此　近彼附近之近　遠實于萬反

故知止其所不知。至矣。【注】所知不知者皆性分之外也故止於所知之內而至也【疏】夫境有大小智有明闇智不逮者不須強知故知止其分學之造極也　孰知不言之辯。不道之道。若有能知。此之謂天府。【注】浩然都任之也【疏】孰誰也天自然也誰知言不言之言道不道之道以此積辯用茲遍物者可謂合於自然之府藏也　注焉而不滿。酌焉而不竭。【注】至人之心若鏡應而不藏故曠然無盈虛之變也〔釋文〕注焉徐之喻反　而不知其所由來。【注】至理之來自然無迹【疏】夫巨海深宏莫測涯際百川注之而不滿尾閭泄之而不竭體道大聖其義亦然萬機頓起而不撓其神千難殊對而不忤其慮故能囊括羣有府藏含靈又譬懸鏡高堂物來斯照能照之智不知其所由來可謂即照而忘忘而能照者也　此之謂葆光。【注】任其自明故其光不弊也【疏】葆蔽也至忘而照即照而忘故能韜蔽其光其光彌朗此結以前天府之義〔釋文〕葆光音保崔云若有若无謂之葆光

故昔者堯問於舜曰。我欲伐宗膾胥敖。南面而不釋然。其故何也。【注】於安任之道未宏故聽朝而不怡也將寄明齊一之理於大聖故發自怪之問以起對也【疏】釋然怡悅貌也宗膾胥敖是堯時小蕃三國號也南面君位也舜者顓頊六世孫也父曰瞽瞍母曰

攑登感大虹而生舜舜生於姚墟因卽姓姚住於嬀水亦曰嬀氏目有重瞳子因字重華以仁孝著於鄉黨堯聞其賢妻以二女封邑於虞年三十總百揆三十三受堯禪卽位之後都於蒲阪在位四十年讓禹後崩葬於蒼梧之野而三國貢賦既愆所以應須問罪謀事未定故聽朝不怡欲明齊物之一理故寄問答於二聖〔釋文〕宗膾 徐古外反 胥 息徐反華胥國 敖 徐五高反司馬云宗膾胥敖三國名也崔云宗一也膾二也胥敖三也 聽朝 直遙反

舜曰。夫三子者。猶存乎蓬艾之間。【注】夫物之所安無陋也則蓬艾乃三子之妙處也〔釋文〕妙處 昌慮反 若不釋然何哉。【疏】三子卽三國之君也言蓬艾賤草斥鴳足以逍遙況蕃國雖卑三子足以存養乃不釋然有何意謂也 昔者十日並出。萬物皆照。【注】夫重明登天六合俱照無有蓬艾而不光被也〔釋文〕重明 直龍反 光被 皮寄反 而況德之進乎日者乎。【注】夫日月雖無私於照猶有所不及德則無不得也而今欲奪蓬艾之願而伐使從己於至道豈宏哉故不釋然神解耳若乃物暢其性各安其所安無遠邇幽深付之自若皆得其極則彼無不當而我無不怡也【疏】進過也淮南子云昔堯時十日並出焦禾稼殺草木封豨長蛇皆爲民害於是堯使羿上射十日遂落其九下殺長蛇以除民害夫十日登天六合俱照覆盆隱處猶有不明而聖德所臨無幽不燭運茲二智過彼三光乃欲興動干戈伐令從己於安任之道豈曰宏通者耶 家世父曰伐國者是非之見之積而成者也而於此有不釋然左右倫義分辯競爭八德交戰於中而不知夫三子者蓬艾之閒無爲辯而分之萬物受日之照而不能遯其形而於此累十日焉皆求得萬物而照之則萬物之神必蔽日之照無心者也德之求辯乎是非方且以有心出之又進乎日之照矣人何所措手足乎 慶藩案文選謝靈運出游京口北固應詔詩注引司馬云言陽光麗天則無不翳釋文闕〔釋文〕神解 音蟹

齧缺問乎王倪曰。子知物之所同是乎。【疏】齧缺許由之師王倪弟子竝堯時賢人也託此二人明其齊一言物情顚倒執見不同悉皆自是非他頗知此情是否〔釋文〕齧 五結反 缺 丘悅反 王倪 徐五稽反李音詣高士傳云王倪堯時賢人也天地篇云齧缺之師 曰。吾惡乎知之。【注】所同未必是所異不獨非故彼我莫能相正故無所用其知【疏】王倪答齧缺云彼此各有是非遂成無主我若用知知彼我知還是是非故我於何知之言無所用其知也〔釋文〕惡乎 音烏下皆同 子知子之所不知邪。【疏】子既不知物之同是頗自知己之不知乎此從麤入妙次第窮質假託師資以顯深趣 曰。吾惡乎知之。【注】若自知其所不知卽爲有知有知則不能任羣才之自當【疏】若以知知不知不知還是知故重言於何知之還以不知答也 然則物无知邪。【疏】重責云汝既自無知物豈無知者邪 曰。吾惡

乎知之【注】都不知乃曠然無不任矣【疏】豈獨不知我亦乃不知物唯物與我內外都忘故無所措其知也 雖然。嘗試言之。【注】以其不知故未敢正言試言之耳【疏】然乎猶雖然也既其無知理無所說不可的當故嘗試之也 庸詎知吾所謂知之。非不知邪。【注】魚游於水水物所同咸謂之知然自爲觀之則向所謂知者復爲不知矣夫蛣蜣之知在於轉丸而笑蛣蜣者乃以蘇合爲貴故所同之知未可正據【疏】夫物或此知而彼不知彼知而此不知魚鳥水陸即其義也故知即不知不知即知凡庸之人詎知此理耶 〔釋文〕庸詎徐本作巨其庶反郭音鉅李云庸用也詎何也猶言何用也服虔云詎猶未也 復爲扶又反 蛣丘一反 蜣丘良反爾雅云蛣蜣蜣蜋也 庸詎知吾所謂不知之。非知邪。【注】所謂不知者直是不同耳亦自一家之知【疏】所謂不知者彼此不相通耳非謂不知也 慶藩案文選潘安仁秋興賦注引司馬云庸猶何用也釋文闕 又案庸詎猶言何遽也詎遽距鉅巨通用或作渠史記甘茂傳何遽叱乎淮南人間篇此何遽不能爲福乎韓子難篇衞奚距然哉荀子正論篇是定鉅知見侮之爲不辱哉王制篇豈渠得免夫累乎皆其證 且吾嘗試問乎女。【注】己不知其正故試問女【疏】理既無言不敢正據聊復反質試問乎女 〔釋文〕乎女音汝注及下同 己不知音紀 民溼寢則腰疾偏死。鰌然乎哉。木處則惴慄恂懼。猨猴然乎哉。三者孰知正處。【注】此略舉三者以明萬物之異便【疏】惴慄恂懼是恐迫之別名然乎哉謂不如此也言人溼地臥寢則病腰跨偏枯而死泥鰌豈如此乎人於樹上居處則迫怖不安猨猴跳躑會無所畏物性不同便宜各異故舉此三者以明萬物誰知正定處所乎是知蘧戶金閨榮辱安在 〔釋文〕偏死司馬云偏枯死也 鰌徐音秋司馬云魚名 惴之瑞反 慄音栗 恂郭音荀徐音峻恐貌崔云戰也班固作眴也 猨音猿 猴音侯 異便婢面反 民食芻豢。麋鹿食薦。蝍蛆甘帶。鴟鴉耆鼠。四者孰知正味。【注】此略舉四者以明美惡之無主【疏】芻草也是牛羊之類豢養也是犬豕之徒皆以所食爲名也麋與鹿而食長薦茂草鴟鳶鵶鳥便嗜腐鼠蝍蛆食蛇略舉四者定與誰爲滋味乎故知盛饌疏食其致一者也 〔釋文〕芻初俱反小爾雅云秆謂之芻秆音古但反 豢徐音患又胡滿反司馬云牛羊曰芻犬豕曰豢以所食得名也 麋音眉 薦牋練反司馬云美草也崔云甘草也郭璞云三蒼云六畜所食曰薦 慶藩案說文薦獸之所食艸從廌從艸古者神人以廌遺黃帝帝曰何食曰食薦漢書趙充國傳今虜亡其美地薦艸三蒼郭注云六畜所食曰薦管子八觀篇薦艸多衍則六畜易繁也 蝍音即 且字或作蛆子徐反李云蝍且蟲名也廣雅云蜈公也爾雅云蒺蔾蝍蛆郭璞注云似蝗大腹長角能食蛇腦蒺音疾蔾音黎 帶如字崔云蛇也司馬云小蛇也蝍蛆好食其眼 鴟尺夷反 鴉

本亦作鴟於加反崔云烏也耆市志反字或作嗜崔本作甘美惡烏路反

猨猵狙以爲雌。麋與鹿交。鰌與魚游。毛嬙麗姬。人之所美也。魚見之深入。鳥見之高飛。麋鹿見之決驟。四者孰知天下之正色哉。【注】此略舉四者以明天下所好之不同也不同者而非之則無以知所同之必是【疏】猨猴狙以爲雌雄麋鹿更相接泥鰌與魚游戲毛嬙越王嬖妾麗姬晉國之寵嬪此二人者姝妍冠世人謂之美也然魚見怖而深入鳥見驚而高飛麋鹿走而不顧舉此四者誰知宇內定是美色耶故知凡夫愚迷妄生憎愛以理觀察孰是非哉決卒疾貌也〔釋文〕猵篇面反徐敷面反又敷畏反郭李音偏狙七餘反司馬云狙一名獦牂似猨而狗頭憙與雌猨交也崔云猵狙一名獦牂其雄憙與猨雌爲牝牡向云猵狙以猨爲雌也獦音葛爲雌音妻一音如字　慶藩案御覽九百十引司馬云猵狙似猨而狗頭食獼猴好與雌狙接與釋文所引異毛嬙徐在良反司馬云毛嬙古美人一云越王美姬也麗姬力知反下同麗姬晉獻公之嬖以爲夫人崔本作西施決喜缺反李云疾貌崔云疾足不顧爲決徐古惠反郭音古穴反驟士救反又在遘反　慶藩案決驟即決趮也（說文廣雅並云驟趮疾也）易繫辭下傳爲決躁（躁與趮同）正義作決驟云取其剽勁也其正字當作駃趣說文駃馬行貌又云駃踶也淮南脩務篇敕蹻駃高注云駃趣亦與駃同廣雅云駃奔也史記張儀傳探前駃蹄間三尋索隱曰言馬之走勢疾也與崔氏訓疾走不顧義同所好呼報反

自我觀之。仁義之端。是非之塗。樊然殽亂。吾惡能知其辯。【注】夫利於彼者或害於此而天下之彼我無窮則是非之竟無常故唯莫之辯而任其自是然後蕩然俱得【疏】夫物乃衆而未嘗非我故行仁履義損益不同或於我爲利於彼爲害或於彼爲是則於我爲非是以從彼我而互觀之是非之路仁義之緒樊亂糾紛若殽饌之雜亂既無定法吾何能知其分別耶〔釋文〕樊然音煩殽亂徐戶交反郭作散悉且反

慶藩案殽郭本作散非也說文殽雜錯也散雜肉也（雜乃雜之譌辯見說文攷正）義不相通隸書殽或作殽（見漢殽阬君神祠碑）與散相似散或作殽（見李翕析橋郙閣頌）與殽亦相似殽散以形相似而譌太元元鎣晝夜殽者其禍福雜今本殽譌散淮南原道篇不與物殽粹之至也精神篇不與物殽而天下自服今本皆譌作散（高注曰散雜亂之訓故散皆當作殽）之竟音境今本多作境下放此

齧缺曰。子不知利害。則至人固不知利害乎。【注】未能妙其不知故猶嫌至人當知之斯懸之未解也【疏】齧缺曰未悟彼此之不知更起利害之疑請云子是至人應知利害必其不辯迷暗若夜遊重爲此難冀圖後荅之矣〔釋文〕未解音蟹

王倪曰。至人神矣。【注】無心而無不順【疏】至者妙極之體神者不測之用夫聖人虛己應物無方知而不知辯而不辯豈得以名言心慮億度至人耶

大澤焚而不能熱。

河漢沍而不能寒，疾雷破山、風振海而不能驚。【注】夫神全形具而體與物冥者，雖涉至變而未始非我，故蕩然無蔕介於胸中也。【疏】沍，凍也。原澤焚燎，河漢冰凝，雷霆奮發而破山，飄風濤蕩而振海，而至人神凝未兆，體與物冥，水火既不爲災，風雷詎能驚駭。〔釋文〕沍戶故反，徐又戶各反，李戶格反。向云：凍也。崔云：沍猶涸也。家世父曰：大浸稽天而不溺，大旱金石流土山焦而不熱，能不以物爲是，而天地造化自存於吾心，則外境不足以相累。莊子之自期許如此，故屢及之。蔕敕邁反，又音豸。介古邁反，又音界。若然者，乘雲氣，【注】寄物而行，非我動也。【疏】猶如此也。虛淡無心，方之雲氣，蔭芘羣品，順物而行。騎日月，【注】有晝夜而無死生也。【疏】昏明代序，有晝夜之可分；處順安時，無死生之能異。而控馭羣物，運載含靈，故有乘騎之名也耳。而遊乎四海之外。【注】夫唯無其知而任天下之自爲，故馳萬物而不窮也。【疏】動寂相即，眞應一時，端坐寰宇之中，而心遊四海之外矣。死生无變於己，【注】與變爲體，故死生若一。而況利害之端乎！【注】況利害於死生，愈不足以介意。【疏】夫利害者，生涯之損益耳。既死生爲晝夜，乘變化以遨遊，況利害於死生，會何足以介意矣。

瞿鵲子問乎長梧子曰：吾聞諸夫子，聖人不從事於務，【注】務自來而理自應耳，非從而事之也。【疏】務，猶事也。諸，於也。瞿鵲是長梧弟子，故謂師爲夫子。夫體道聖人，忘懷冥物，雖涉事有而不以爲務，混迹塵俗，泊爾無心，豈措意存情從於事物！瞿鵲既欲請益，是以述昔之所聞者也。〔釋文〕瞿鵲其俱反。長梧子李云：居長梧下，因以爲名。崔云：名丘。僞文云：長梧封人也。夫子向云：瞿鵲之師。俞樾曰：瞿鵲子必七十子之後人，所稱聞之夫子，謂聞之孔子也。下文長梧子曰，是黃帝之所聽熒也，而丘也何足以知之，丘即是孔子名，因瞿鵲子述孔子之言，故曰丘也何足以知之也。而讀者不達其意，誤以丘也爲長梧子自稱其名，故釋文云長梧子崔云名丘，此大不然。下文云丘也與女皆夢也，予謂女夢亦夢也。夫予者，長梧子自謂也。既云丘與女皆夢，又云予亦夢，則安得即以丘爲長梧子之名乎？不就利，不違害，【注】任而直前，無所避就。【疏】違，避也。體窮通之關命，達利害之有時，故推理直前而無所避就也。不喜求，【注】求之不喜，直取不怒。【疏】妙悟從遠也，故物求之而不忻喜矣。不緣道，【注】獨至者也。【疏】夫聖智凝湛，照物無情，不將不迎，無生無滅，固不以攀緣之心行乎虛通至道者也。无謂有謂，有謂无謂，【注】凡有稱謂者皆非吾所謂也，彼各自謂耳，故無彼有謂而有此無謂也。【疏】謂，言教也。夫體道至人，虛夷寂絕，從本降迹，感而遂通，故能理而教，無謂而有謂；教而理，有謂而無謂者也。〔釋文〕稱謂尺證反，下放此。而遊乎塵垢之外。【注】凡非真性，皆塵垢也。【疏】和光同塵，處染不染，故雖在囂俗之中，而心自遊於塵垢之外。

者矣〔釋文〕而遊 崔本作而施 夫子以爲孟浪之言。而我以爲妙道之行也。吾子以爲奚若。【疏】孟浪猶率略也奚何也若如也如何所謂不緣道等乃窮理盡性瞿鵲將爲妙道之行長梧用作率略之談未知其理如何以何爲是〔釋文〕孟 如字徐武黨反 浪 如字徐力蕩反又或武葬反 向云孟浪音漫瀾無所趣舍之謂李云猶較略也崔云不精要之貌 慶藩案文選左太沖吳都賦注引司馬云孟浪鄙野之語釋文闕 又案孟浪猶莫絡不委細之意（見劉逵注文選左思吳都賦）莫絡一作摹略墨子小取篇摹略萬物之然摹略者總括之詞莫絡摹略孟浪皆一聲之轉也 之行 如字又下孟反 長梧子曰。是皇帝之所聽熒也。而丘也何足以知之。【疏】聽熒疑惑不明之貌也夫至道深玄非名言而可究雖復三皇五帝乃是聖人而詮辯至理不盡其妙聽熒至竟疑惑不明我是何人猶能曉了本亦有作黃字者則是軒轅〔釋文〕皇帝 本又作黃帝 盧文弨曰皇黃通用今本作黃帝 聽 敕定反 熒 音瑩磨之瑩本亦作瑩於迥反向司馬云聽熒疑惑也李云不光明貌崔云小明不大了也向崔本作䗅榮 盧文弨曰字彙補云䗅字見釋典中隨函云䗅與輝同 且女亦大早計。見卵而求時夜。見彈而求鴞炙。【注】夫物有自然理有至極循而直往則冥然自合非所言也故言之者孟浪而聞之者聽熒雖復黃帝猶不能使萬物無懷而聽熒至竟故聖人付當於塵垢之外而玄合乎視聽之表照之以天而不逆計放之自爾而不推明也今瞿鵲子方聞孟浪之言而便以爲妙道之行斯亦無異見卵而責司晨之功見彈而求鴞炙之實也夫不能安時處順而探變求化當生而慮死執是以辯非皆逆計之徒也【疏】鴞即鵬鳥賈誼之所賦者也大小如雌雞而似斑鳩青綠色其肉甚美堪作羹炙出江南然卵有生雞之用而卵時未能司晨彈有得鴞之功而彈時未堪爲炙亦猶敎能詮於妙理而敎時非理今瞿鵲纔聞言說將爲妙道此計用之太早〔釋文〕且女 音汝下同 亦大 音泰徐李敕佐反注同 時夜 崔云時夜司夜謂雞也 見彈 徒旦反 鴞 于驕反司馬云小鳩可炙毛詩草木疏云大如斑鳩綠色其肉甚美 雖復 扶又反下皆同下章注亦準此 予嘗爲女妄言之。【注】言之則孟浪也故試妄言之〔釋文〕嘗爲 于僞反 女以妄聽之奚。【注】若正聽妄言復爲太早計也故亦妄聽之何【疏】予我也奚何也夫至理無言言則孟浪我試爲汝妄說汝亦妄聽何如亦言奚者即何之聲也 旁日月。挾宇宙。【注】以死生爲晝夜旁日月之喻也以萬物爲一體挾宇宙之譬也【疏】旁依附也挾懷藏也天地四方曰宇往來古今曰宙契理聖人忘物忘我既而囊括萬有冥一死生故郭注云以死生爲晝夜旁日月之喻也以萬物爲一體挾宇宙之喻也〔釋文〕旁日月　薄葬反徐扶葬反司馬云依也崔本作謗　盧文弨曰官校本改謗爲傍未必是　家世父曰郭象以女以妄聽之奚斷句熟玩文義奚旁日月挾宇宙自爲句言操何術以超出天地之表　慶藩案旁當爲放之借字放依也論語里仁篇放於利而行鄭孔注並曰放依也墨子法儀篇放依以從事放亦依也亦通作方詩維鳩方之言鶴有巢而鳩依之也（見王氏經義述聞）又通作傍旁日月謂依日月也應從司馬訓依之義爲正崔本作謗者非也　挾　戶牒反崔本作扶　宇宙　治救反尸子云天地四方曰宇往古來今曰宙說文云舟輿所極覆曰宙　爲其脗合。置其滑涽。以隸相尊。注以有所賤故尊卑生焉而滑涽紛亂莫之能正各自是於一方矣故爲脗然自合之道莫若置之勿言委之自爾也脗然無波際之謂也疏脗無分別之貌也置任也滑亂也涽闇也隸阜僕之類也蓋賤稱也夫物情顛倒妄執尊卑今聖人欲祛此惑無脗然合同之道者莫若滑亂昏雜隨而任之以隸相尊一於貴賤也〔釋文〕脗　本或作脗郭音泯徐武軫反李武粉反无波際之貌司馬云合也向音脣云若兩脣之相合也　盧文弨曰今注本波作彼似誤　滑　徐古沒反亂也向本作汨音同崔戶八反云栝口本也　涽　徐音昏向云汨涽未定之謂崔本作緡武巾反云緡也　盧文弨曰舊作滑宋本從氏並注中昏涽並從氏今從之　衆人役役。注馳騖於是非之境也。聖人愚芚。注芚然無知而直往之貌。疏役役馳動之容也愚芚無知之貌凡俗之人馳逐前境勞役而不息體道之士忘知廢照芚然而若愚也〔釋文〕芚　徐徒奔反郭治本反司馬云渾沌不分察也崔文厚貌也或云束也李丑倫反　參萬歲而一成純。注純者不雜者也夫舉萬歲而參其變而衆人謂之雜矣故役役然勞形怵心而去彼就此唯大聖無執故芚然直往而與變化爲一一變化而常遊於獨者也故雖參糅億載千殊萬異道行之而成則古今一成也物謂之而然則萬物一然也無物不然無時不成斯可謂純也。疏夫聖人者與二儀合其德萬物同其體故能隨變任化與世相宜雖復代歷古今時經夷險參雜塵俗千殊萬異而淡然自若不以介懷抱一精純而常居妙極也　家世父曰衆人役役較量今日又較量明日今日見爲是明日又見爲非今日見爲非明日又見爲是聖人愚芚爲是不用而寓諸庸參萬歲以極其量一者渾然無彼此之別成者舶然無然可之差純者泊然無是非之辯聖人以此隨萬物之變而相蘊於無窮斯爲參萬歲而一成純〔釋文〕怵心　勑律反　參糅　如救反　萬物盡然。注無物不然　而以是相蘊。注蘊積也積是於萬歲則萬歲一是也積然於萬物則萬物盡然也故不知死生先後之所在彼我勝負之所如也。疏蘊積也夫物情封執爲日已久是以橫論萬物莫不我然彼不然堅說古今悉皆自是他不是雖復萬物之多古今之遠是非蘊積未有休時聖人順世汙隆動而常寂參糅億載而純一凝然也〔釋文〕相蘊本亦作緼徐於憤反郭於本反李於問反積也予惡乎知說生之非惑邪。注死生一也而獨說生欲與變化相背故未知其非惑也疏夫鑪錘萬物未始不均變化死生其理唯一而獨悅生惡死非惑如何〔釋文〕予惡音烏下惡乎皆同說音悅注同相背音佩予惡乎知惡死之非弱喪而不知歸者邪。注少而失其故居名爲弱喪夫弱喪者遂安於所在而不知歸於故鄉也焉知生之非夫弱喪焉知死之非夫還歸而惡之哉疏弱者弱齡喪之言失謂少年遭亂喪失桑梓遂安他土而不知歸謂之弱失從無出有謂之爲生自有還無謂之爲死遂其戀生惡死豈非弱喪不知歸邪〔釋文〕惡死烏路反注同弱喪息浪反注同少而詩照反焉知於虔反下同麗之姬。艾封人之子也。晉國之始得之也。涕泣沾襟。及其至於王所。與王同筐牀。食芻豢。而後悔其泣也。注一生之內情變若此當此之日則不知彼況夫死生之變惡能相知哉疏昔秦穆公與晉獻公共伐麗戎之國得美女一玉環二秦取環而晉取女即麗戎國艾地守封疆人之女也晉正也初去麗戎離別親戚懷土之戀故涕泣沾襟後至晉邦寵愛隆重與獻公同方牀而燕處進牢饌以盈廚情好既移所以悔其先泣一生之內情變若此況死生之異何能知哉莊子寓言故稱獻公爲王耳〔釋文〕至於王所崔云六國時諸侯僭稱王因此謂獻公爲王也筐本亦作匡徐起狂反牀徐音床司馬云筐牀安牀也崔云筐方也一云正牀也予惡乎知夫死者不悔其始之蘄生乎。注蘄求也疏蘄求也麗姬至晉悔其先泣爲知死者之不卻悔初始在生之日求生之意也〔釋文〕蘄音祈求也夢飲酒者。旦而哭泣。夢哭泣者。旦而田獵。注此寤寐之事變也事苟變情亦異則死生之願不得同矣故生時樂生則死時樂死矣死生雖異其於各得所願一也則何係哉疏夫死生之變猶覺夢之異耳夫覺夢之事既殊故死生之情亦別而世有覺凶而夢吉亦何妨死樂而生憂邪是知寤寐之間未足可係也〔釋文〕樂生音洛下同方其夢也。不知其夢也。注由此觀之當死之時亦不知其死而自適其志也疏方將爲夢之時不知夢之是夢亦猶方將處死之日不知死之爲死各適其志何所戀哉夢之中。又占其夢焉。注夫夢者乃復夢中占其夢則無以異於寤者也覺而後知其夢也。注當所遇無不足也何爲方生而憂死哉疏夫人在睡夢之中謂是眞實亦復占候夢想思度吉凶既覺以後方知是夢是故生時樂生死時樂

死何爲當生而憂死哉〔釋文〕覺而音教下及注皆同

且有大覺而後知此其大夢也。注夫大覺者聖人也大覺者乃知夫患慮在懷者皆未寤也疏夫擾擾生民芸芸羣品馳騖有爲之境昏迷大夢之中唯有體道聖人朗然獨覺知夫患慮在懷者皆未寤也

而愚者自以爲覺。竊竊然知之。君乎牧乎。固哉。注夫愚者大夢而自以爲寤故竊竊然以所好爲君上而所惡爲牧圉欣然信一家之偏見可謂固陋矣疏夫物情愚惑暗若夜遊昏在夢中自以爲覺竊竊然議專所知情之好者爲君上情之惡者同牧圉以此爲情懷可謂固陋牛曰牧馬曰圉也〔釋文〕竊竊司馬云猶察察也牧乎崔本作跂乎云踶跂強羊貌所好呼報反注同所惡烏路反

丘也與女皆夢也。注未能忘言而神解故非大覺也疏丘是長梧名也夫照達眞原猶稱爲夢況愚徒竊竊豈有覺哉〔釋文〕神解音蟹徐戶解反

予謂女夢。亦夢也。注即復夢中之占夢也夫自以爲夢猶未寤也況竊竊然自以爲覺哉疏夫迷情無覺論夢還在夢中聲說非眞妙辯猶居言內是故夢中占夢夢所以皆空言內試言言所以虛假此託夢中之占夢亦結孟浪之譚耳

是其言也。其名爲弔詭。注夫非常之談故非常人之所知故謂之弔當卓詭而不識其懸解疏夫舉世皆夢此乃玄談非常之言不顧於俗弔當卓詭駭異物情自非情通豈識深遠哉〔釋文〕弔如字又音的至也盧文弨曰舊脫又字今補詭九委反異也

萬世之後。而一遇大聖。知其解者。是旦暮遇之也。注言能蜕然無係而玄同死生者至希也疏且世萬年而一逢大聖知三界悉空四生非有彼我言說皆在夢中如此解人甚爲希遇論其賒促是旦暮逢之三十年爲一世也〔釋文〕其解音蟹徐戶解反蜕然音帨又始銳反

既使我與若辯矣。若勝我。我不若勝。若果是也。我果非也邪。疏若而皆汝也若不勝汝也耶假問之詞也夫是非彼我舉體不眞倒置之徒妄爲臧否假使我與汝對爭汝勝我不勝汝勝定是我不勝定非耶固不可也

我勝若。若不吾勝。我果是也。而果非也邪。注若而皆汝也疏假令我勝於汝汝不及我我決是也汝定非也各據偏執未足可依也

其或是也。其或非也邪。疏或不定也我之與汝或是或非彼此言之勝負不定故或是則非是或非則非非也

其俱是也。其俱非也邪。疏俱是則無非俱非則無是故是非彼我出自妄情也

我與若不能相知也。則人固受其黮闇。吾誰使正之。注不知而後推不見而

後辯辯之而不足以自信以其與物對也辯對終日黮闇至竟莫能正之故當付之自正耳【疏】彼我二人各執偏見咸謂自是故不能相知必也相知已之所非者他家之是也假令別有一人遣定臧否此人還有彼此亦不離是非各據妄情總成闇惑心必懷愛此見所以黮闇不明三人各執使誰正之黮闇不明之謂也〔釋文〕黮闇 貪闇反李云黮闇不明貌

使同乎若者正之。既與若同矣。惡能正之。【疏】既將汝同見則與汝不殊與汝不殊何能正定此覆釋第一句〔釋文〕惡能 音烏下皆同

使同乎我者正之。既同乎我矣。惡能正之。【注】同故是之未足信也【疏】注云同故是之耳未足信也此覆釋第二句也

使異乎我與若者正之。既異乎我與若矣。惡能正之。【注】異故相非耳亦不足據【疏】既異我汝故別起是非別起是非亦何足可據此覆解第三句

使同乎我與若者正之。既同乎我與若矣。惡能正之。【注】是若果是則天下不得復有非之者也非若信非則亦無緣復有是之者也今是其所同而非其所異異同既具而是非無主故夫是非者生於好辯而休乎天均付之兩行而息乎自正也【疏】彼此曲從是非兩順不異我汝亦何能正之此解第四句

然則我與若與人俱不能相知也。而待彼也邪。【注】各自正耳待彼不足以正此則天下莫能相正也故付之自正而至矣【疏】我與汝及人固受黮闇之人總有三人各執一見咸言我是故俱不相知三人既不能定豈復更須一人若別待一人亦與前何異彼也耶言其不待之也

何謂和之以天倪。【注】天倪者自然之分也【疏】天自然也倪分也夫彼我妄執是非無主所以三人四句不能正之故假設論端託為問荅和以自然之分令歸無是無非天倪之義次列於下文〔釋文〕和之 如字崔胡臥反 天倪 李音崖徐音詣郭音五底反李云分也崔云或作霓音同際也班固曰天研 盧文弨曰舊本崖譌崔今據大宗師篇改正倪音近研故計倪亦作計研

曰是不是。然不然。是若果是也。則是之異乎不是也。亦无辯。然若果然也。則然之異乎不然也。亦无辯。【注】是非然否彼我更對故無辯無辯故和之以天倪安其自然之分而已不待彼以正之【疏】辯別也夫是非然否出自妄情以理推求舉體虛幻所是則不是然則不然何以知其然耶是若定是是則異非然若定然然則異否而今此謂之是彼謂之非彼之所然此以為否故知是非然否理在不殊彼我更對妄為分別故無辯也矣

化聲之相待。若其不相待。【注】是非

之辯爲化聲夫化聲之相待俱不足以相正故若不相待也【疏】夫是非彼我相待而成以理推尋待亦非實故變化聲說有此待名名既不眞待便虛待待卽非待故知不相待者也　家世父曰言隨物而變謂之化聲是與不是然與不然在人者也待人之爲是爲然而是之然之與其無待於人而自是自然一皆無與於其心是謂和之以天倪　和之以天倪。因之以曼衍。所以窮年也。【注】和之以自然之分任其無極之化尋斯以往則是非之境自泯而性命之致自窮也【疏】曼衍猶變化也因任也窮盡也和以自然之分所以無是無非任其無極之化故能不滯不著既而處順安時盡天年之性命也〔釋文〕曼　徐音萬郭武半反　衍　徐以戰反司馬云曼衍無極也　忘年忘義。振於无竟。故寓諸无竟。【注】夫忘年故玄同死生忘義故彌貫是非是非死生蕩而爲一斯至理也至理暢於無極故寄之者不得有窮也【疏】振暢也竟窮也寓寄也夫年者生之所稟也既同於生死所以忘年也義者裁於是非也既一於是非所以忘義也此則遣前知是非無窮之義也既而生死是非蕩而爲一故能暢妙理洞照無窮寄言無窮亦無無窮之可暢斯又遣於無極者也〔釋文〕振　如字崔云止也又之忍反　无竟　如字極也崔作境　罔兩問景曰。曩子行。今子止。曩子坐。今子起。何其无特操與。【注】罔兩景外之微陰也【疏】罔兩景外之微陰也曩昔也特向也獨也莊子寓言以暢玄理故寄景與罔兩明於獨化之義而罔兩問景云汝向行今止昔坐今起然則子行止坐起制在於形唯欲隨逐於他都無獨立志操者何耶〔釋文〕罔兩　郭云景外之微陰也向云景之景也崔本作罔浪云有無之狀　慶藩案罔兩司馬作罔浪文選班孟堅幽通賦注引司馬云罔浪景外重陰也釋文引崔本作罔浪云有無之狀與司馬訓異義　景　映永反又如字本或作影俗也　曩　徐乃蕩反李云曩者也　無特　本或作持崔云特辭也向云無特者行止無常也　操與　音餘　景曰。吾有待而然者邪。【注】言天機自爾坐起無待無待而獨得者孰知其故而責其所以哉【疏】夫物之形質咸稟自然事似有因理在無待而形影非遠倚有天機故曰萬類參差無非獨化者也　吾所待。又有待而然者邪。【注】若責其所待而尋其所由則尋責無極而至於無待而獨化之理明矣【疏】影之所待卽是形也若使影待於形形待造物請問造物復何待乎斯則待待無窮卒乎無待也　吾待蛇蚹蜩翼邪。【注】若待蛇蚹蜩翼則無特操之所由未爲難識也今所以不識正由不待斯類而獨化故耳【疏】昔諸講人及郭生注意皆云蛇蚹是腹下齟齬蜩翼者是蜩翅也言蛇待蚹而行蜩待翼而飛影待形而有也蓋不然乎若使待翼而飛待足而走飛禽走獸其類無窮何勞獨舉蛇蚹頗引爲譬卽今解蚹者蛇蛻皮也蜩翼者蜩甲也言蛇蛻舊皮蜩新出甲不知所以莫辯其然獨化而生蓋無待也而蛇蚹二蟲猶蛻皮甲稱異諸物所以引之故外篇云吾待蛇蚹蜩甲耶是知形影之義與蚹甲無異者也　〔釋文〕蛇蚹　音附徐又音敷司馬云謂蛇腹下齟齬可以行者也齟音士女反齬音魚蜩徐音女反蜩條　惡識所以然。惡識所以不然。【注】世或謂罔兩待景景待形形待造物者請問夫造物者有耶無耶無也則胡能造物哉有也則不足以物衆形故明衆形之自物而後始可與言造物耳是以涉有物之域雖復罔兩未有不獨化於玄冥者也故造物者無主而物各自造物各自造而無所待焉此天地之正也故彼我相因形景俱生雖復玄合而非待也明斯理也將使萬物各反所宗於體中而不待乎外外無所謝而內無所矜是以誘然皆生而不知所以生同焉皆得而不知所以得也今罔兩之因景猶云俱生而非待也則萬物雖聚而共成乎天而皆歷然莫不獨見矣故罔兩非景之所制而景非形之所使形非無之所化也則化與不化然與不然從人之與由己莫不自爾吾安識其所以哉故任而不助則本末內外暢然俱得泯然無迹若乃責此近因而忘其自爾宗物於外喪主於內而愛尙生矣雖欲推而齊之然其所尙已存乎胷中何夷之得有哉【疏】夫待與不待然與不然天機自張莫知其宰豈措情於尋責而思慮於心識者乎　〔釋文〕喪　息浪反

昔者莊周夢爲胡蝶栩栩然胡蝶也自喻適志與。【注】自快得意悅豫而行【疏】栩栩忻暢貌也喻曉也夫生滅交謝寒暑遞遷蓋天地之常萬物之理也而莊生暉明鏡以照燭汎上善以遨遊故能託夢覺於死生寄自他於物化是以夢爲胡蝶栩栩而適其心覺乃莊周蘧蘧而暢其志者也　〔釋文〕胡蝶　徐徒協反司馬崔云蛺蝶也　栩　徐況羽反喜貌崔本作翩　自喻　李云喻快也　志與　音餘下同崔云與哉　不知周也。【注】方其夢爲胡蝶而不知周則與殊死不異也然所在無不適志則當生而係生者必當死而戀死矣由此觀之知夫在生而哀死者誤也【疏】方爲胡蝶曉了分明快意適情悅豫之甚只言是蝶宜識莊周死不知生其義亦爾　俄然覺則蘧蘧然周也。【注】自周而言故稱覺耳未必非夢也【疏】蘧蘧驚動之貌也俄頃之間夢罷而覺驚怪思省方是莊周故注云自周而言故稱覺耳未必非夢也　〔釋文〕然覺　古孝反　蘧蘧　徐音渠又其慮反李云有形貌崔作據據引大宗師云據然覺　不知周之夢爲胡蝶與。胡蝶之夢爲

周與。【注】今之不知胡蝶無異於夢之不知周也而各適一時之志則無以明胡蝶之不夢爲周矣世有假寐而夢經百年者則無以明今之百年非假寐之夢者也【疏】昔夢爲蝶甚有暢情今作莊周亦言適志是以覺夢既無的當莊蝶豈辯眞虛者哉 周與胡蝶，則必有分矣。【注】夫覺夢之分無異於死生之辯也今所以自喻適志由其分定非由無分也【疏】既覺既夢有蝶有莊乃曰浮虛亦不無崖分也 此之謂物化。【注】夫時不暫停而今不遂存故昨日之夢於今化矣死生之變豈異於此而勞心於其間哉方爲此則不知彼夢爲胡蝶是也取之於人則一生之中今不知後麗姬是也而愚者竊竊然自以爲知生之可樂死之可苦未聞物化之謂也【疏】夫新新變化物物遷流譬彼窮指方茲交臂是以周蝶覺夢俄頃之間後不知前此不知彼而何爲當生慮死妄起憂悲故知生死往來物理之變化也〔釋文〕可樂音洛

內篇養生主第三

【注】夫生以養存則養生者理之極也若乃養過其極以養傷生非養生之主也〔釋文〕養生以此爲主也

吾生也有涯。【注】所稟之分各有極也【疏】涯分也夫生也受形之載稟之自然愚智脩短各有涯分而知止守分不蕩於外者養生之妙也然黔首之類莫不稱吾則凡稱吾者皆有極者也〔釋文〕有涯本亦作崖魚佳反 而知也无涯。【注】夫舉重攜輕而神氣自若此力之所限也而尚名好勝者雖復絕膂猶未足以慊其願此知之無涯也故知之爲名生於失當而滅於冥極冥極者任其至分而無毫銖之加是故雖負萬鈞苟當其所能則忽然不知重之在身雖應萬機泯然不覺事之在己此養生之主也【疏】所稟形性各有限極而分別之智徇物無涯遂使心困形勞未慊其願不能止分非養生之主也〔釋文〕而知音智注下同 好勝呼報反下升證反 雖復扶又反下皆同 絕膂音旅 以慊苦簟反足也 盧文弨曰古與慊恨之慊同一聲並不以音愜者爲足之正詁 以有涯隨无涯，殆已。【注】以有限之性尋無極之知安得而不困哉【疏】夫生也有限知也無涯是以用有限之生逐無涯之知故形勞神弊而危殆者也〔釋文〕殆已向云疲困之謂 已而爲知者，殆而已矣。【注】已

因於知而不知止又爲知以救之斯養而傷之者真大殆也【疏】無涯之知已用於前有爲之學救之於後欲不危殆其可得乎　家世父曰營營以求知而極乎無涯終乎殆矣而此營營之知存於心足以累性而害心冥然而物化寂然而神凝使其知不生於心成性存存泯知以全生故曰已而爲知者殆而已矣

爲善无近名。爲惡无近刑。【注】忘善惡而居中任萬物之自爲悶然與至當爲一故刑名遠已而全理在身也【疏】夫有爲俗學抑乃多徒要切而言莫先善惡故爲善也無不近乎名譽爲惡也無不鄰乎刑戮是知俗智俗學未足以救前知適有疲役心靈更增危殆〔釋文〕无近附近之近下同　慶藩案文選嵆叔夜幽憤詩注引司馬云勿修名也被褐懷玉穢惡其身以無隨於形也釋文闕　家世父曰船山云聲色之類不可名之爲善者即惡也　悶然亡本反又音門　遠己于萬反

緣督以爲經。【注】順中以爲常也【疏】緣順也督中也經常也夫善惡兩忘刑名雙遣故能順一中之道處真常之德虛夷任物與世推遷養生之妙在乎茲矣〔釋文〕緣督以爲經　李云緣順也督中也經常也郭崔同　慶藩案文選左太沖魏都賦注引司馬云緣順也督中也順守道中以爲常也釋文闕　李楨曰素問骨空論督脈者起於少腹以下骨中央靈樞本輸篇七次脈頸中央之脈督脈也人身惟脊居中督脈並脊裏而上故訓中督爲奇經之一脈莊子正是叚脈爲喻故下爲保身全生等語　家世父曰船山云奇經八脈以任督主呼吸之息身前之中脈曰任身後之中脈曰督督者居靜而不倚於左右有脈之位而無形質緣督者以清微纖妙之氣循虛而行止於所不可行而行自順以適得其中

可以保身。可以全生。可以養親【注】養親以適〔釋文〕以養羊尚反注同

可以盡年。【注】苟得中而冥度則事事無不可也夫養生非求過分蓋全理盡年而已矣【疏】夫惟妙捨二偏而處於中一者故能保守身形全其生道外可以孝養父母大順人倫內可以攝衛生靈盡其天命

庖丁爲文惠君解牛。手之所觸。肩之所倚。足之所履。膝之所踦。砉然嚮然。奏刀騞然。【疏】庖丁謂掌廚丁役之人今之供膳是也亦言丁名也文惠君即梁惠王也解宰割之也踦下角刺也言庖丁善能宰牛見其間理故以其手搏觸以肩倚著用腳蹋履用膝刺築遂使皮肉離析砉然嚮應進奏鸞刀騞然大解此蓋寄庖丁以明養生之術者也〔釋文〕庖丁　崔本作胞同白交反庖人丁其名也管子有屠牛坦一朝解九牛刀可剃毛　盧文弨曰禮記祭統煇胞亦與庖同　爲于僞反　文惠君崔司馬云梁惠王也　所倚徐於綺反向偃彼反徐又於倚反李音妖　所踦徐居彼反向魚彼反李云刺也　砉然向呼鵙反徐許鵙反崔音畫又古鵙反李又呼歷反司馬云皮骨相離聲　盧文弨曰舊鵙皆從貝非今正從狊下並同　嚮然許丈反郭許亮反本或無然字　奏如字崔云闕也　騞呼獲反徐許獲反向他亦反又音麥崔云音近獲聲大於砉也

莫不中音。合於桑林之舞。乃中經首之會。【注】言其因便施巧無不閑解盡理之甚既適牛

理又合音節。疏 桑林殷湯樂名也經首咸池樂章名則堯樂也庖丁神彩從容妙盡牛理既而改割聲響雅合宮商所以音中桑林韻符經首也〔釋文〕中音 丁仲反下皆同 桑林 司馬云湯樂名崔云宋舞樂名案即左傳舞師題以旌夏是也 經首 向司馬云咸池樂章也崔云樂章名也或云奏樂名 因便 婢面反 閑解 音蟹 文惠君曰。譆。善哉。技蓋至此乎。疏 譆歎聲也惠君既見庖丁因便施巧奏音節遠合樂章故美其技術一至於此者也〔釋文〕譆 徐音熙李云歎聲也 技 具綺反下同 庖丁釋刀對曰。臣之所好者。道也。進乎技矣。注 直寄道理於技耳所好者非技也 疏 捨釋鸞刀對荅養生之道故倚技術進獻於君又解進遁也所好者養生之道遁於解牛之技耳〔釋文〕所好 呼報反注同 始臣之解牛之時。所見无非牛者。注 未能見其理閒 疏 始學屠宰未見閒理所覩惟牛亦猶初學養生未照真境是以觸途皆礙 三年之後。未嘗見全牛也。注 但見其理閒也 疏 操刀既久頓見理閒所以纔覩有牛已知空卻亦猶服道日久智照漸明所見塵境無非虛幻 方今之時。臣以神遇。而不以目視。注 闇與理會 疏 遇會也經乎一十九年合陰陽之妙數率精神以會理豈假目以看之亦猶學道之人妙契至極推心靈以虛照豈用眼以取塵也〔釋文〕神遇 向云暗與理會謂之神遇 官知止而神欲行。注 司察之官廢縱心而順理 疏 官者主司之謂也謂目主於色耳司於聲之類是也既而神遇不用目視故眼等主司悉皆停廢從心所欲順理而行善養生者其義亦然〔釋文〕官知止 如字崔云官知謂有所掌在也向音智專所司察而後動謂之官智 而神欲行 如字向云從手放意無心而得謂之神欲 依乎天理。注 不橫截也 疏 依天然之腠理終不橫截以傷牛亦猶養生之妙道依自然之涯分必不貪生以夭折也 批大郤。注 有際之處因而批之令離 疏 閒郤交際之處用刀而批戾之令其筋骨各相離異亦猶學道之人生死窮通之際用心觀照令其解脫〔釋文〕批 備結反一音普迷反字林云擊也父迷父節二反 大郤 徐去逆反郭音卻崔李云閒也 盧文弨曰從谷從卩舊從谷從阝非今改正 令離 力呈反下同 令 下力智反 導大窾。注 節解窾空就導令殊 疏 窾空也骨節空處豈導令殊亦猶學人以有資空將空導有〔釋文〕道 音導注同 大窾 徐苦管反又苦禾反崔郭司馬云空也向音空 盧文弨曰今本道作導窾與科通故亦同音 慶藩案說文無窾字當作款史記太史公自序實不中其身者謂之窾漢書司馬遷傳窾正作款服虔注款空也爾雅釋器鼎款足者謂之鬲注款空也淮南說山見款木浮而知爲舟高注款空也管子國蓄大國內款楊注內款內空也是其證 節解 戶賣反 因其固然。注 刀不妄加 疏 因其空卻之處然後運刀亦因其眼見耳聞必不妄加分別也 技經肯綮之未嘗。注 技之妙也常遊刃於空未嘗經槩於微礙也〔釋文〕技經 本或

作猗其綺反徐音技　俞樾曰郭注以技經爲技之所經殊不成義技經肯綮四字必當平列釋文曰肯說文作肎字林同著骨肉也一曰骨無肉也綮司馬云猶結處也是肯綮並就牛身言技經亦當同之技疑枝字之誤素問三部九候論治其經絡王注引靈樞經曰經脈爲裏支而橫者爲絡古字支與枝通枝謂枝脈經謂經脈枝經猶言經絡也經絡相連之處亦必有礙於游刃庖丁惟因其固然故未嘗礙也　李楨曰俞氏改技爲枝訓爲經絡說信塙矣未嘗二字須補訓義依俞說嘗當訓試說文試用也言於經絡肎綮之微礙未肎以刀刃嘗試之所謂因其固然者　肯徐苦等反說文作肎字林同口乃反云著骨肉也一曰骨無肉也崔云許叔重曰骨間肉肯肯著也綮苦挺反崔向徐並音啓李烏係反又一音罄司馬云猶結處也　經槩古代反　微礙五代反　而況大軱乎。注軱戾大骨衂刀刃也。疏肯綮肉著骨處也軱大骨也夫伎術之妙遊刃於空微礙尚未曾經大骨理當不犯況養生運智妙體眞空細惑尚不染心麤塵豈能累德〔釋文〕大軱音孤向郭云軱戾大骨也崔云槃結骨　衂刀女六反

良庖歲更刀。割也。注不中其理閒也。疏良善之庖猶未中理經乎一歲更易其刀況小學之人未體眞道證空捨有易奪之心者矣〔釋文〕良庖司馬云良善也　割也　司馬云以刀割肉故歲歲更作崔云歲一易刀猶堪割也　族庖月更刀。折也。注中骨而折刀也。疏況凡鄙之夫心靈闇塞觸境皆礙必損智傷神〔釋文〕族庖　司馬云族雜也崔云族衆也　俞樾曰郭注曰中骨而折刀也此於文義未合上文云良庖歲更刀割也割以用刀言則折亦以用刀言折謂折骨非謂刀折也哀元年左傳曰無折骨

今臣之刀十九年矣。所解數千牛矣。而刀刃若新發於硎。注硎砥石也。疏硎砥礪石也十陰數也九陽數也故十九年極陰陽之妙也是以年經十九牛解數千遊空涉虛不損鋒刃故其刀銳利猶若新磨者也況善養生人智窮空有和光處世妙盡陰陽雖復千變萬化而自新其德參涉萬境而常湛凝然矣〔釋文〕硎音刑磨石也崔本作形云新所受形也　砥石音脂又之履反尚書傳云砥細於礪皆磨石也　彼節者有閒。而刀刃者无厚。以无厚入有閒。恢恢乎其於遊刃必有餘地矣。疏彼牛骨節素有閒卻而刀刃鋒銳薄而不厚用無厚之刃入有閒之牛故遊刃恢恢必寬大有餘矣況養生之士體道之人運至忘之妙智遊虛空之物境是以安排造適閒暇有餘境智相冥不一不異　是以十九年而刀刃若新發於硎。疏重疊前文結成其義

雖然。每至於族。吾見其難爲。注交錯聚結爲族。怵然爲戒。視爲止。注不復屬目於他物也。〔釋文〕爲戒于僞反下皆同　屬目意欲反　行爲遲。注徐其手也。疏節骨交聚磐結之處名爲族也雖復游刃於空善見其卻每至交錯之處未嘗不輕意艱難爲其怵惕戒愼專視徐手況體道之人雖復達彼虛幻至於境智交涉必須戒愼艱難不得輕染根塵動傷於寂者也　動刀甚微。謋然已解。注得其宜則

用力少，〔釋文〕謋然化百反，徐又許百反。已解音蟹，下皆同。如土委地。【注】理解而無刀迹，若聚土也。【疏】謋化百反謋然骨肉離之聲也運動鸞刀甚自微妙依於天理所以不難如土委地有何蹤跡況運用神智明照精微涉於塵境會無罣礙境智冥合能所泯然。提刀而立，為之四顧，為之躊躇滿志，【注】逸足容豫自得之謂。【疏】解牛事訖閑放從容提挈鸞刀彷徨徙倚既而風韻清遠所以高視四方志氣盈滿為之躊躇自得養生會理其義亦然。〔釋文〕提刀徐徒稽反。躊直留反。躇直於反。善刀而藏之。【注】拭刀而弢之也。【疏】善能保愛故拭而弢之況養攝生人光而不耀。〔釋文〕善刀善猶拭也。拭音式。弢之他刀反。盧文弨曰：弢從叏得聲，舊本山下又譌，今改正。文惠君曰：「善哉！吾聞庖丁之言，得養生焉。」【注】以刀可養，故知生亦可養。【疏】魏侯聞庖丁之言，遂悟養生之道也。美其神妙，故歎以善哉。公文軒見右師而驚曰：「是何人也？惡乎介也？【注】介，偏刖之名。【疏】姓公文，名軒，宋人也。右師，官名也。介，刖也。公文見右師刖足，故驚問所由，於何犯忤而致此殘刖於足者也。〔釋文〕公文軒司馬云：姓公文氏，名軒，宋人也。右師司馬云：宋人也。簡文云：官名。惡乎音烏。介音戒，一音兀。司馬云：刖也。向郭云：偏刖也。崔本作兀，又作踂，云：斷足也。家世父曰：善養生者養以神，神全則生全，形雖介可也。樊中之雉，神固王矣，而固不得其養，則神者淡然泊然、怡然澳然，無為為之優遊自得之神也，可以外形骸，齊生死，而何有於介哉！偏刖音月，又五刮反。天與，其人與？」【注】知之所無奈何，天也；犯其所知，人也。【疏】為稟自天然，少茲一足；為犯於人事，故被虧殘。此是公文致問之辭故也。〔釋文〕天與其人與並音餘。又皆如字。司馬云：為天命，為人事也。曰：「天也，非人也。天之生是使獨也，【注】偏刖曰獨。夫師一家之知而不能兩存其足，則是知之無所奈何。若以右師之知而必求兩全，則心神內困而形骸外弊矣，豈直偏刖而已哉！【疏】夫智之明闇，形之虧全，並稟自天然，非關人事。假使犯於王憲致此形殘，亦是天生頑愚，謀身不足；直知由人以虧其形，不知由天以暗其智。是知有與獨無非命也。〔釋文〕使獨司馬云：一足曰獨。之知音智，下之知同。人之貌有與也。【注】兩足共行曰有與。有與之貌，未有疑其非命也。以是知其天也，非人也。」【注】以有與者命也，故知獨者亦非我也。是以達生之情者，不務生之所無以為；達命之情者，不務命之所無奈何也。全其自然而已。【疏】與，共也。凡人之貌，皆有兩足共行，稟之造物。故知我之一腳，遺此形殘，亦無非命也。欲明窮通否泰，愚智虧全，定乎冥兆，非由巧拙，達斯理趣者，方可全生。澤雉十步一啄，百步一飲。不蘄畜乎樊中。【注】蘄求也樊所以籠雉也夫俯仰乎天地之間逍遙乎自得之場固養生之妙處也又何求於入籠而服養哉【疏】蘄求也樊中雉籠也夫澤中之雉任於野性飲啄自在放曠逍遙豈欲入樊籠而求服養譬養生之人蕭然嘉遁唯適情於林籟豈企羨於榮華又解澤似雉而非澤尾長而雉尾短澤雉之類是也〔釋文〕一啄陟角反不蘄音祈求也樊中音煩李云藩也所以籠雉也向郭同崔以為園中也妙處昌慮反神雖王。不善也。【注】夫始乎適而未嘗不適者忘適也雉心神長王志氣盈豫而自放於清曠之地忽然不覺善為之善也【疏】雉居山澤飲啄自在心神長王志氣盈豫當此時也忽然不覺善之為善既遭樊籠性情不適方思昔日甚為清暢鳥既如此人亦宜然欲明至適忘適至善忘善〔釋文〕雖王于況反注同長王丁亮反又直良反

老聃死。秦失弔之。三號而出。【注】人弔亦弔人號亦號【疏】老君即老子也姓李名耳字伯陽外字老聃大聖人也降生陳國苦縣當周平王時去周西度流沙適之罽賓而內外經書竟無其迹而此獨云死者欲明死生之理泯一凡聖之道均齊此蓋莊生寓言耳而老君為大道之祖為天地萬物之宗豈有生死哉故託此言聖人亦有死生以明死生之理也故老君降生行教昇天備載諸經不具言也秦失者姓秦名失懷道之士不知何許人也既死且弔奚洎三號而俯迹同凡事終而出也〔釋文〕老聃吐藍反司馬云老子也秦失本又作佚各依字讀亦皆音逸三號戶羔反注同弟子曰。非夫子之友邪。【注】怪其不倚戶觀化乃至三號也【疏】秦失老君俱遊方外既號且弔豈曰情高故門人驚疑起非友之問〔釋文〕倚戶於綺反曰然。【疏】然猶是也秦失荅弟子云是我方外之友然則弔焉若此可乎。【疏】方外之人行方內之禮號弔如此於理可乎未解和光更致斯問者也曰然。【注】至人無情與衆號耳故若斯可也【疏】然猶可也動寂相即內外冥符故若斯可也始也吾以為其人也。而今非也。【疏】秦失初始入弔謂哭者是方外門人及見哀痛過知非老君弟子也向吾入而弔焉。有老者哭之。如哭其子。少者哭之。如哭其母。彼其所以會之。必有不蘄言而言。不蘄哭而哭者。【注】嫌其先物施惠不在理上往故致此甚愛也【疏】蘄求也彼衆人也夫聖人虛懷物感斯應哀憐兆庶愍念蒼生不待勤求為其演說故其死也衆來聚會號哭悲痛如於母子斯乃凡情執滯妄見死生感於聖恩致此哀悼以此而測故知非老君門人也〔釋文〕少者詩照反先物悉薦反又如字理上往一本往作住是遯天倍情。忘其所受。【注】天性所受各有本分不可逃亦不可加【疏】是指斥哭人也倍加也言逃遯天然之性加添流俗之情妄見死之

可哀故忘失所受之分也〔釋文〕遯天徒遜反又作遁倍情音裴加也又布對反本又作背古者謂之遁天之刑。【注】感物太深不止於當遁天者也將馳騖於憂樂之境雖楚戮未加而性情已困庸非刑哉【疏】夫逃遁天理倍加俗情哀樂經懷心靈困苦有同捶楚寧非刑戮古之達人有如此議。〔釋文〕大深音泰憂樂音洛下文注同適來，夫子時也。【注】時自生也適去，夫子順也。【注】理當死也【疏】夫子者是老君也秦失歎老君大聖妙達本源故適爾生來皆應時而降誕蕭然死去亦順理而返真耳安時而處順，哀樂不能入也。【注】夫哀樂生於失得者也今玄通合變之士無時而不安無順而不處冥然與造化為一則無往而非我矣將何得何失孰死孰生哉故任其所受而哀樂無所錯其閒矣【疏】安於生時則不厭於生處於死順則不惡於死千變萬化未始非吾所適斯適故憂樂無錯其懷矣〔釋文〕所錯七路反

古者謂是帝之縣解。【注】以有係者為縣則無係者縣解也縣解而性命之情得矣此養生之要也【疏】帝者天也為生死所係者為縣則無死無生者縣解也夫死生不能係憂樂不能入者而遠古聖人謂是天然之解脫也且老君大聖冥一死生豈復逃遁天刑馳鶩憂樂子玄此注失之遠矣若然者何謂安時處順帝之縣解乎文勢前後自相鉾楯是知遁天之刑屬在哀慟之徒非關老君也〔釋文〕縣音玄解音蟹注同崔云以生為縣以死為解

指窮於為薪，火傳也。【注】窮盡也為薪猶前薪也前薪以指指盡前薪之理故火傳而不滅心得納養之中故命續而不絕明夫養生乃生之所以生也【疏】窮盡也薪柴樵也為前也言人然火用手前之能盡然火之理者前薪雖盡後薪以續前後相繼故火不滅也亦猶善養生者隨變任化與物俱遷故吾新吾會無係戀未始非我故續而不絕者也〔釋文〕指窮於為薪如字絕句為猶前也火傳也直專反注同傳者相傳繼續也崔云薪火爝火也傳延也　俞樾曰郭注曰為薪猶前薪也前薪以指指盡前薪之理故火傳不滅此說殊未明了且為之訓前亦未知何義郭注非也廣雅釋詁取為也然則為亦猶取也指窮於為薪者指窮於取薪也以指取薪而然之則有所不給矣若爇火之自傳則忽然而不知其薪之盡也郭得其讀未得其義釋文引崔云薪火爝火也則並失其讀矣　家世父曰薪盡而火傳有不盡者存也太虛來往之氣人得之以生猶薪之傳火也其來也無與拒其去也無與留極乎薪而止矣而薪自火也火自傳也取以為無盡也執薪以求火執火以求傳奚當哉之中丁仲反不知其盡也。【注】夫時不再來今不一停故人之生也一息一得耳向息非今息故納養而命續前火非後火故為薪而火傳火傳而命續由夫養得其極也世豈知其盡而更生哉【疏】夫迷忘之徒役情執固豈知新新不住念念遷

疏昨日之我於今已盡今日之我更生於後耶舊來分此一篇爲七章明義甚其文勢過爲繁冗今將爲每合於第一指窮合於老君總成五章無所猜嫌也

內篇人間世第四

【注】與人羣者不得離人然人間之變故世世異宜唯無心而不自用者爲能隨變所適而不荷其累也【釋文】人間世此人間見事世所常行者也　慶藩案潘安仁秋興賦注引司馬云言處人間之宜居亂世之理與人羣者不得離人然人間之事故與世異宜唯無心而不自用者爲能唯變所適而何足累釋文闕　離人力智反　不荷胡我反又音何　其累力僞反

顏回見仲尼，請行。【疏】姓顏名回字子淵魯人也孔子三千門人之中總四科入室弟子也仲尼者姓孔名丘字仲尼亦魯人殷湯之後生衰周之世有聖德即顏回之師也其根由事迹備在儒史今既解釋莊子意在玄虛故不復委碎載之耳然人間事緒亂紛實難接物利他理在不易故寄顏孔以顯化導之方託此聖賢以明心齋之術也孔聖顏賢耳　【釋文】顏回孔子弟子姓顏名回字子淵魯人也曰：「奚之？」【疏】奚何也適也責問顏回欲往何處耳曰：「將之衛。」【疏】衛即殷紂之都又是康叔之封今汲郡衛州是也此則顏答孔問欲行之所也曰：「奚爲焉？」【疏】欲往衛國何所云爲重責顏生行李意謂矣曰：「回聞衛君，其年壯，其行獨；【注】不與民同欲也。【疏】衛君即靈公之子蒯聵也荒淫昏亂縱情無道其年少壯而威猛可畏獨行凶暴而不順物心顏子述己所聞以荅尼父　【釋文】衛君　司馬云衛莊公蒯聵也案左傳衛莊公以魯哀十五年冬始入國時顏回已死不得爲莊公蓋是出公輒也　其行下孟反　獨　崔云自專也向云與人異也郭云不與人同欲　輕用其國；【注】夫君人者動必乘人一怒則伏尸流血一喜則軒冕塞路故君人者之用國不可輕之也【疏】夫民爲邦本本固則邦寧不能愛重黎元方欲輕蔑其用欲不顧覆其可得乎　而不見其過；【注】莫敢諫也【疏】強足以距諫辨足以飾非故百姓惶懼而吞聲有過而無敢諫者也　輕用民死，【注】輕用之於死地【疏】不凝動靜泰然自安乃輕用國民投諸死地也　死者以國量乎澤若蕉，【注】舉國而輸之死地不可稱數視之若草芥也【疏】蕉草芥也或征戰屢興或賦稅煩重而死者其數極多語其多少以國爲量若舉爲數造次難悉縱恣一身不恤百姓視於國民如藪澤之中草芥者也　【釋文】國量　音亮李力章反　若蕉　似遙反徐在堯反向云草芥也崔云芟刈也其澤如見芟夷言野無青草　盧文弨曰蕉亦同樵故可謂芟夷　家世父曰蕉與焦通風俗通水草交厝名之爲澤若焦者水竭草枯如火爇然即詩如惔如焚之意左傳成九年雖有姬姜無棄蕉萃班固賓戲朝而榮華夕而焦瘁蕉焦字通博雅蕉黑也亦通焦陸氏音義引向云艸芥也崔云芟刈也並譏　稱數　所主反　民其无如矣。【注】無所依歸【疏】君上無道臣子飢荒非但無可柰何亦乃無所歸往也　回嘗聞之夫子曰。治國去之。亂國就之。醫門多疾。願以所聞思其則。庶幾其國有瘳乎。【疏】庶幾也幾近也瘳愈也治邦寧謐不假匡扶亂國孤危應須規諫顔生今將化衞是以述昔所聞思其稟受法言冀其近於善道譬彼醫門多能救疾方茲賢士必能拯難荒淫之疾庶其瘳愈者也〔釋文〕治國直吏反醫門於其反思其則絕句崔李云則法也有瘳丑由反李云愈也

仲尼曰。譆。若殆往而刑耳。【注】其道不足以救彼患【疏】譆怪笑聲也若汝也殆近也孔子哂其術淺未足化他汝若往於衞必遭刑戮者也〔釋文〕譆音熙又於其反

夫道不欲雜。【注】宜正得其人雜則多。多則擾。擾則憂。憂而不救。【注】若夫不得其人則雖百醫守病適足致疑而不能一愈也【疏】夫靈通之道唯在純粹必其喧雜則事緒繁多事多則中心擾亂心中擾亂則憂患斯起藥病既乖彼此俱困己尚不立焉能救物哉

古之至人。先存諸己。而後存諸人。【注】有其具然後可以接物也【疏】諸於也存立也古昔至德之人虛懷而遊世閒必先安立己道然後拯救他人未有己身不存而能接物者也援引古人以爲鑒誡

所存於己者未定。何暇至於暴人之所行。【注】不虛心以應物而役思以犯難故知其所存於己者未定也夫唯外其知以養眞寄妙當於羣才功名歸物而患慮遠身然後可以至於暴人之所行也【疏】夫唯虛心以應務忘智以養眞寄當於羣才歸功於萬物者方可處涉人閒挺機行化也今顔回存立己身猶未安定是非喜怒勃戰胷中有何庸暇輒至於衞欲諫暴君此行未可也〔釋文〕役思息嗣反遠身于萬反

且若亦知夫德之所蕩。而知之所爲出乎哉。德蕩乎名。知出乎爭。【注】德之所以流蕩者矜名故也知之所以橫出者爭善故也雖復桀跖其所矜惜無非名善也【疏】汝頗知德蕩智出所由乎哉夫德之所以流蕩喪眞爲矜名故也智之所以橫出逾分者爭善故也夫唯善惡兩忘名實雙遣者故能萬德不蕩至智不出者也〔釋文〕而知音智下及注同所爲于僞反爭善此及下爭名二字依字讀雖復扶又反下皆同桀跖之石反桀夏王也跖盜跖也

名也者相札也。知也者爭之器也。二者凶器。非所以盡行也。【注】夫名智者世之所用也而名起則相札智用則爭興故遺名知而後行可盡也【疏】札傷也夫矜名則更相毀損顯智則爭競路興故二者並凶禍之器盡不可行於世〔釋文〕相札徐於八反又側列反李云折也崔云夭也亦作軋崔又云或作禮相賓禮也　盧文弨曰今本作軋　慶藩案相札猶言相甲

也。廣雅：「札，甲也。」今本札譌作禮。又「車禍，焦札也」，太平御覽引作離禮，鈔本引作鷸禮。古禮字作礼，與札相似，札譌爲礼，後人又改爲禮耳。（今本廣雅作鷸秖，亦札之譌。）崔譔札或作禮，亦沿札礼形似而誤。（淮南說林篇「鳥力勝日而服於鵻禮」，禮亦爲札之譌。）

且德厚信矼，未達人氣，名聞不爭，未達人心。【疏】矼，確實也。假且道德純厚，信行確實，芳名令聞，不與物爭，而衛君素性頑愚凶悖，少鑒既未達顏回之意氣，豈識匡扶之心乎！〔釋文〕信矼 徐古江反，崔音控。簡文云：慤實貌。而強以仁義繩墨之言術暴人之前者，是以人惡有其美也。【注】夫投人夜光，鮮不按劍者，未達故也。今回之德信，與其不爭之名，彼所未達也，而強以仁義準繩於彼，彼將謂回欲毀人以自成也。是故至人不役志以經世，而虛心以應物，誠信著於天地，不爭暢於萬物，然後萬物歸懷，天地不逆，故德音發而天下響會，景行彰而六合俱應，而後始可以經寒暑，涉治亂，而不與逆鱗迕也。【疏】繩墨之言，即五德聖智也。回之德性，衛君未達，而強用仁義之術行於暴人之前，所述先王美言，必遭衛君憎惡，故不可也。〔釋文〕而強 其兩反，注同。盧文弨曰：今本作彊，書內並同，不重出。家世父曰：祭義「結諸心，形諸色，而術省之」，鄭注：術當作述。術暴人之前，猶言述諸暴人之前。人惡有 烏路反，下惡不肖及注同。崔本有作育，云：賣也。俞樾曰：釋文惡音烏路反，非也。美惡相對爲文，當讀如本字。有者，育字之誤。釋文云：崔本作育，云：賣也。說文貝部：賣，衒也，讀若育。此育字即賣之段字，經傳每以鬻爲之，鬻亦音育也。以人惡育其美，謂以人之惡鬻己之美也。鮮不 息淺反。涉治 直吏反。迕 音誤。命之曰菑人。菑人者，人必反菑之。【注】適不信受，則謂與己爭名而反害之。【疏】命，名也。衛侯不達汝心，謂汝菑害於己，既遭疑貳，必被反菑故也。〔釋文〕菑 音災，下皆同。若殆爲人菑夫。且苟爲悅賢而惡不肖，惡用而求有以異？【注】苟能悅賢惡愚，聞義而服，便爲明君也。苟爲明君，則不若無賢臣，汝往亦不足復奇。如其不爾，往必受害。故以有心而往，無往而可；無心而應，其應自來，則無往而不可也。【疏】殆，近也。夫，歎也。汝若往衛，必近危亡，爲暴人所災害，深可歎也。且衛侯苟能悅愛賢人，憎惡不肖，故當朝多君子，屛黜小人，已有忠臣，何求於汝！汝至於彼，亦何異彼人！既與無異，去便無益。〔釋文〕菑夫 音扶。不肖 音笑，徐蘇叫反，似也。惡用 音烏。若唯无詔，王公必將乘人而鬭其捷。【注】汝唯有寂然不言耳，言則王公必乘人以君人之勢，而角其捷辯以距諫飾非也。【疏】詔，言也。王公，衛侯也。汝若行衛，唯當默爾不言，若有箴規，必遭戮辱。且衛侯恃千乘之勢，用五等之威，飾非距諫鬪其捷衒汝既恐怖何暇匡扶也〔釋文〕若唯郭如字一音唯癸反無詔絕句詔告也言也崔本作詻音額云逆擊曰詻王公必將乘人絕句而鬪其捷在接反崔讀若唯無詻王公絕句必將乘人而鬪絕句捷作接其接引續也

而目將熒之。注 其言辯捷使人眼眩也 疏 熒眩也衞侯雖荒淫暴虐而甚俊辯聰明加持人君之威陵藉忠諫之士故顏回心生惶怖眼目眩惑者也〔釋文〕熒之戶扃反向崔本作營音熒　慶藩案營熒字古通用皆營之借字也說文營惑也從目熒省聲玉篇營唯並胡亭二切字或作熒通作營又通作縈史記孔子世家匹夫而熒惑諸侯熒司馬貞本作營漢書吳王濞傳淮南王安傳營惑史記並作熒惑否象傳不可熒以祿虞翻本榮作營謂不可惑以祿也漢書禮樂志瑩亂富貴之耳目漢紀瑩作縈皆其證眼眩玄遍反

而色將平之。注 不能復自異於彼也 疏 縱有諫心不敢顯異顏色靡順與彼和平

口將營之。注 自救解不暇 疏 衞侯位望既高威嚴可畏顏生恐禍及己憂懼百端所以口舌自營略無容暇

容將形之。疏 形見也既懼災害故委順面從擎跽曲拳形迹斯見也〔釋文〕容將形之謂擎跽也

心且成之。注 乃且釋己以從彼也 疏 豈直外形從順亦乃內心和同不能進善而更成彼惡故也

是以火救火，以水救水。名之曰益多。注 適不能救，乃更足以成彼之威 疏 以用也夫用火救火猛燎更增用水救水波浪彌甚故顏子之行適足成衞侯之暴不能匡勸可謂益多也

順始无窮。注 尋常守故未肯變也 若殆以不信厚言，必死於暴人之前矣。注 未信而諫，雖厚言爲害 疏 汝之忠厚之言近不信用則雖誠心獻替而必遭刑戮於暴虐君人之前矣

且昔者桀殺關龍逢，紂殺王子比干。是皆修其身以下傴拊人之民，以下拂其上者也。注 龍逢比干居下而任上之憂，非其事者也。疏 謚法賊民多殺曰桀殘義損善曰紂姓關字龍逢夏桀之賢臣盡誠而遭斬首比干殷紂之庶叔忠諫而被割心傴拊猶愛養也拂逆戾也此二子者並古昔良佐修飾其身仗行忠節以臣下之位憂君上之民臣有德而君無道拂戾其君咸遭戮辱援古證今足爲龜鏡是知顏回化衞理未可行也〔釋文〕關龍逢夏桀之賢臣王子比干殷紂之叔父以下遐嫁反傴紆甫反拊徐向音撫李云傴拊謂憐愛之也崔云猶嘔呴謂養也拂其符弗反崔云違也又芳弗反

故其君因其修以擠之，是好名者也。注 不欲令臣有勝君之名也 疏 擠墜也陷也毒也夏桀殷紂無道之君自不揣量猶貪令譽故因賢臣之修飾肆其鴆毒而陷之意在爭名逐利遂至於此故也〔釋文〕以擠徐子計反又子禮反司馬云毒也一云陷也方言云滅也俗文云排也是好呼報反欲令力呈反

昔者堯攻叢枝胥敖，禹攻有扈，國

爲虛厲。身爲刑戮。其用兵不止。其求實无已。是皆求名實者也。而獨不聞之乎。【注】夫暴君非徒求恣其欲復乃求名但所求者非其道耳【疏】堯禹二君已具前解叢枝胥敖有扈並是國名有扈者今雍州鄠縣是也宅無人曰虛鬼無後曰厲言此三國之君悉皆無道好起兵戈征伐他國豈唯貪求實利亦乃規覓虛名遂使境土丘虛人民絕滅身遭刑戮宗廟顛殞貪名求實一至如斯今古共知汝獨不聞也〔釋文〕叢支才公反盧文弨曰今本作枝有扈音戶司馬云國名在始平郡案即今京兆鄠縣也虛厲如字又音墟李云居宅無人曰虛死而無後爲厲慶藩案虛厲即虛戾也墨子魯問篇是以國爲虛戾趙策齊爲虛戾均作戾戾厲古音義通詩小雅節南山篇降此大戾大雅瞻卬篇戾作厲小宛翰飛戾天文選西都賦引韓詩作厲孟子滕文公篇狼戾鹽鐵論未通篇作梁厲皆其證

名實者。聖人之所不能勝也。而況若乎。【注】惜名貪欲之君雖復堯禹不能勝化也故與衆攻之而汝乃欲空手而往化之以道哉【疏】夫庸人暴主貪利求名雖堯禹聖君不能懷之以德猶興兵衆問罪夷凶況顏子匹夫空手行化不然之理亦在無疑故也

雖然。若必有以也。嘗以語我來。【疏】嘗試也汝之化道雖復未宏既欲請行必有所以試陳汝意告語我來〔釋文〕語我魚據反下同盧文弨曰舊作魚豫反譌今改正

顏回曰。端而虛。【注】正其形而虛其心也【疏】端正其形盡人臣之敬虛豁心慮竭匡諫之誠既承高命敢述所以耳

勉而一。【注】言遜而不二也【疏】勉厲身心盡誠奉國言行忠謹纔無差二

則可乎。【疏】如前二術可以行不

曰惡。惡可。【注】言未可也【疏】惡惡猶於何也於何而可言未可也〔釋文〕惡惡皆音烏下同

夫以陽爲充孔揚。【注】言衛君亢陽之性充張於內而甚揚於外強禦之至也【疏】陽剛猛也充滿也孔甚也言衛君以剛猛之性滿實內心強暴之甚彰揚外迹

采色不定。【注】喜怒無常【疏】順心則喜違意則嗔神采氣色曾無定準

常人之所不違。【注】莫之敢逆【疏】衛君爲性暴虐威猛尋常諫士賢人詎能逆往

因案人之所感。以求容與其心。【注】夫頑強之甚人以快事感己己陵藉而乃抑挫之以求從容自放而遂其侈心也【疏】案抑也容與猶放縱也人以快善之事箴規感動君乃因其忠諫而抑挫之以求快樂縱容遂其荒淫之意也〔釋文〕挫之子臥反從容七容反

名之曰日漸之德不成。而況大德乎。【注】言乃少多無回降之勝也【疏】衛侯無道其來已久日將漸漬之德尚不能成況乎鴻範聖明如何可望也

將執而不化。【注】故守其本意也【疏】飾非闇主不能從人諫如流固執本心誰肯變惡爲善者也

外合

而內不訾其庸詎可乎。【注】外合而內不訾即向之端虛而勉一耳言此未足以化之【疏】外形擎跽以盡足恭內心順從不敢訾毀以此請行行何利益化衞之道庸詎可乎斯則斥前端虛之術未宜行用之矣〔釋文〕不訾向徐音紫崔云毀也然則我內直而外曲。成而上比。【注】顏回更說此三條也【疏】前陳二事已被詆訶今設三條庶其允合此標題目下釋其義蓋生述己以簡宣尼是也〔釋文〕而上時掌反下同內直者與天爲徒。與天爲徒者。知天子之與己皆天之所子。而獨以己言蘄乎而人善之。蘄乎而人不善之邪。【注】物無貴賤得生一也故善與不善付之公當耳一無所求於人也【疏】此下釋義蘄求也言我內心質素誠直共自然之理而爲徒類是知帝王與我皆稟天然故能忘貴賤於君臣遣善惡於榮辱復矜名以避惡求善於他人乎具此虛懷庶其合理〔釋文〕蘄乎音祈若然者。人謂之童子。是之謂與天爲徒。【注】依乎天理推己性命若嬰兒之直往也【疏】然如此也童子嬰兒也若如向說推理直前行比嬰兒故人謂之童子結成前義故是之謂與天爲徒也外曲者。與人之爲徒也。擎跽曲拳。人臣之禮也。人皆爲之。吾敢不爲邪。爲人之所爲者。人亦无疵焉。【疏】夫外形委曲隨順世間者將人倫爲徒類也擎手跽足磬折曲躬俯仰拜伏者人臣之禮也而和同塵垢汚隆任物人皆行此我獨不爲邪是以爲人所爲故人無怨疾也〔釋文〕擎徐其驚反跽徐其里反說文云長跪也曲拳音權无疵才斯反是之謂與人爲徒。【注】外形委曲隨人事之所當爲者也【疏】此結成也成而上比者。與古爲徒。【注】成於今而比於古也【疏】忠諫之事乃成於今君臣之義上比於古故與古之忠臣比干等類是其義也其言雖教。讁之實也。【注】雖是常教實有諷責之旨【疏】讁責也所陳之言雖是教迹論其意旨實有諷責之心也〔釋文〕讁之直革反諷責非鳳反古之有也。非吾有也。【疏】夐古以來有此忠諫非我今日獨起箴規者也若然者。雖直而不病。【注】寄直於古故無以病我也【疏】若忠諫之道自古有之我今誠直亦幸無憂累是之謂與古爲徒。【疏】此結前也若是則可乎。【疏】呈此三條未知可不仲尼曰。惡。惡可。大多政法而不諜。【注】當理無二而張三條以政之與事不冥也【疏】諜條理也當也法苟當理不俟多端政設三條大傷繁宂於理不當亦不安恬故於何而可也〔

【釋文】大多音泰徐勑佐反崔本作太 不諜徐徒協反向吐頰反李云安也崔云閑諜也 俞樾曰政字絕句大多政者郭注所謂當理無二而張三條以政之也法而不諜四字爲句列禦寇篇形諜成光釋文曰諜便僻也此諜字義與彼同謂有法度而不便僻也李訓安崔訓閑諜並失其義

雖固亦无罪。【注】雖未宏大亦且不見咎責【疏】設此三條雖復固陋既未行李亦幸無咎責者也

雖然。止是耳矣。夫胡可以及化。【注】罪則無矣化則未也【疏】胡何也顏回化衛止有是法纔可獨善未及齊時故何可以及化也又解若止而勿行於理便是如其適衛必自遭殆也

猶師心者也。【注】挾三術以適彼非無心而付之天下也【疏】夫聖人虛己應時無心營彼明鏡方茲虛谷今顏回預作言教方思慮可不既非忘淡薄故知師其有心也〔釋文〕挾三戶牒反

顏回曰。吾无以進矣。敢問其方。【疏】顏生三術一朝頓盡化衛之道進趣無方更請聖師庶聞妙法

仲尼曰。齋。吾將語若。有而爲之。其易邪。【注】夫有其心而爲之者誠未易也【疏】顏回殷勤致請尼父爲說心齊但能虛忘吾當告汝必有其心爲作便乖心齊之妙故有心而索玄道誠未易者也〔釋文〕曰齋本亦作齋同側皆反下同 盧文弨曰今本作齋 其易以豉反後皆同向崔云輕易也

易之者皞天不宜。【注】以有爲爲易未見其宜也【疏】爾雅云夏日皓天言其氣皓汗也以有爲之心而行道爲易者皞天之下不見其宜言不宜以有爲心齋也〔釋文〕皞天徐胡老反向云皞天自然也 盧文弨曰舊本皞從白今從注本從日

顏回曰。回之家貧。唯不飲酒不茹葷者數月矣。如此則可以爲齋乎。【疏】茹食也葷辛菜也齋齊也謂心跡俱不染塵境也顏子家貧儒史具悉無酒可飲無葷可茹箪瓢蔬素已經數月請若此得爲齋不〔釋文〕不茹徐音汝食也 葷徐許云反 數月色主反

曰。是祭祀之齋。非心齋也。【疏】尼父荅言此是祭祀神君獻宗廟俗中致齋之法非所謂心齋者也

回曰。敢問心齋。【疏】向說家貧事當祭祀心齋之術請示其方

仲尼曰。若一志。【注】去異端而任獨者也乎【疏】志一汝心無復異端凝寂虛忘冥符獨化此下荅於顏子廣示心齋之術者也〔釋文〕去異起呂反下同

无聽之以耳而聽之以心。【疏】耳根虛寂不凝宮商反聽無聲凝神心符

无聽之以心而聽之以氣。【疏】心有知覺猶起攀緣氣無情慮虛柔任物故去彼知覺取此虛柔遣之又遣漸階玄妙也乎

聽止於耳。【疏】不著聲塵止於聽此釋無聽之以耳也

心止於符。【疏】符合也心起緣慮必與境合庶令凝寂不復與境相符此釋無聽之以心者也

氣也者。虛而待物者也。【注】遣耳目去心意而符氣性之自得此虛以待物者也【疏】如氣柔弱

虛空其心寂泊忘懷方能應物此解而聽之以氣也　俞樾曰上文云無聽之以耳而聽之以心無聽之以心而聽之以氣此文聽止於耳當作耳止於聽傳寫誤倒也乃申說無聽之以耳之義言耳之爲用止於聽而已故無聽之以耳也心止於符乃申說無聽之以心之義言心之用止於符而已故無聽之以心也符之言合也言與物合也與物合則非虛而待物之謂矣氣也者虛而待物者也乃申說氣字明當聽之以氣也郭注曰遺耳目去心意等語誤以符氣二字連讀不特失其義且不成句矣

唯道集虛。虛者心齋也。【注】虛其心則至道集於懷也。【疏】唯此眞道集在虛心故如虛心者心齊妙道也

顏回曰回之未始得使。實自回也。【注】未始使心齋故有其身【疏】未稟心齋之敎猶懷封滯之心旣不能隳體以忘身尙謂顏回之實有也〔釋文〕未始得使　絕句崔讀至實字絕句

得使之也。未始有回也。【注】旣得心齋之使則無其身【疏】旣得夫子之敎使其人以虛齊遂能物我洞忘未嘗之可有也

可謂虛乎。夫子曰盡矣。【疏】夫子向說心齊之妙妙盡於斯

吾語若。若能入遊其樊而無感其名。【注】放心自得之場當於實而止【疏】夫子語顏生化衞之要愼莫據其猛要且復遊入蕃傍亦宜晦迹消聲不可以名智感物樊蕃也

入則鳴。不入則止。【注】譬之宮商應而無心故曰鳴也夫無心而應者任彼耳不強應也【疏】若已道狎衞侯則可鳴聲匡救如其諫不入耳則宜緘口忘言強顯忠貞必遭禍害〔釋文〕不強　其丈反

無門無毒。【注】使物自若無門者也付天下之自安無毒者也毒治也【疏】毒治也如水如鏡應感虛懷巳不預作也〔釋文〕無毒　如字治也崔本作每云貪也　家世父曰說文毒厚也老子亭之毒之無門者入焉不測其方無毒者游焉不泥其迹應乎自然之符斯能入遊其藩而無感其名　李楨曰門毒對文毒與門不同類說文毒厚也害人之艸往往而生義亦不合毒乃壔之叚借許壔下云保也亦曰高土也讀若毒與此注自安義合張行孚說文發疑曰壔者累土爲臺以傳信卽呂氏春秋所謂爲高保禱於王路寘鼓其上遠近相聞是也禱當爲壔之譌壔是保衞之所故借其義爲保衞易經莊老三毒字正是此義（老子亭之毒之周易以此毒天下而民從之毒字並是叚借）廣雅所以有毒安也一訓按禱爲毒本字正與門同類所以門毒對文讀都皓切音之轉也

一宅而寓於不得已。【注】不得已者理之必然者也體至一之宅而會乎必然之符者也【疏】宅居處也處心至一之道不得止而應之機感冥會非預謀也〔釋文〕而寓　崔本作如愚

則幾矣。【注】理盡於斯【疏】幾盡也應物理盡於斯也

絕迹易。无行地難。【注】不行則易欲行而不踐地不可能也無爲則易欲爲而不傷性不可得也【疏】夫端居絕迹理在不難行不踐地故當不易亦猶無爲虛寂應感則易有爲思慮涉物則難其理必然故舉斯譬矣〔釋文〕絕迹易无　絕句向崔皆以无字屬下

句　盧文弨曰此讀謬甚何不依注

為人使易以僞。為天使難以僞。注 視聽之所得者粗故易欺也至於自然之報細故難僞也則失真少者不全亦少失真多者不全亦多失得之報未有不當其分者也而欲違天為僞不亦難乎 疏 夫人情驅使其法粗淺而所以易欺天然馭用斯理微細是故難矯故知人間涉物必須率性任真也 〔釋文〕者粗音麤

聞以有翼飛者矣。未聞以无翼飛者也。聞以有知知者矣。未聞以无知知者也。注 言必有其具乃能其事今無至虛之宅無由有化物之實也 疏 夫鳥無六翮必不可以搏空人無二知亦未能以接物也 〔釋文〕有知知者 上音智下如字下句同

瞻彼闋者。虛室生白。注 夫視有若無虛室者也虛室而純白獨生矣 疏 瞻觀照也彼前境也闋空也觀察萬有悉皆空寂故能虛其心室乃照真源而智惠明白隨用而生白道也 〔釋文〕闋者 徐苦穴反司馬云空也 虛室生白 崔云白者日光所照也司馬云室比喻心心能空虛則純白獨生也

吉祥止止。注 夫吉祥之所集者至虛至靜也 疏 吉者福善之事祥者嘉慶之徵止者凝靜之智言吉祥善福止凝靜之心亦能致吉祥之善應也 俞樾曰止止連文於義無取淮南子俶真篇作虛室生白吉祥止也疑此文下止字亦也字之誤唐盧重元注列子天瑞篇曰虛室生白吉祥止耳亦可證止止連文之誤

夫且不止。是之謂坐馳。注 若夫不止於當不會於極此為以應坐之日而馳騖不息也故外敵未至而內已困矣豈能化物哉 疏 苟不能形同槁木心若死灰則雖容儀端拱而精神馳騖不調形坐而心馳者也

夫徇耳目內通。而外於心知。鬼神將來舍。而況人乎。注 夫使耳目閉而自然得者心知之用外矣故將任性直通無往不冥尚無幽昧之責而況人間之累乎 疏 徇使也夫能令根竅內通不緣於物境精神安靜志外於心知者斯則外遣於形內忘於智則隳體黜聰虛懷任物鬼神冥附而舍止不亦當乎人倫鑽仰而歸依固其宜矣故外篇云無鬼責無人非也 〔釋文〕夫徇 辭俊反徐辭倫反李云使也 心知 音智注同

是萬物之化也。禹舜之所紐也。伏戲几蘧之所行終。而況散焉者乎。注 言物無貴賤未有不由心知耳目以自通者也故世之所謂知者豈欲知而知哉所謂見者豈為見而見哉若夫知見可以欲而為得者則欲賢可以得賢為聖可以得聖乎固不可矣而世不知知之自知因欲為知以知之不

見見之自見因欲爲見以見之不知生之自生又將爲生以生之故見目而求離朱之明見耳而責師曠之聰故心神奔馳於內耳目竭喪於外處身不適而與物不冥矣不冥矣而能合乎人間之變應乎世世之節者未之有也。【疏】是指斥之名也此近指以前心齋等法能造化萬物孕育蒼生也伏牛乘馬號曰伏戲姓風即太昊几蘧者三皇已前無文字之君也言此心齋之道夏禹虞舜以爲應物綱紐伏戲几蘧行之以終其身而況世間凡鄙疏散之人軌轍此道而欲化物〔釋文〕所紐　徐女酒反崔云系而行之曰紐簡文云紐本也　伏戲　本又作羲亦作犧同許宜反即大皞三皇之始也　几蘧　其居反向云古之帝王也李云上古帝王　散焉　悉旦反李云放也崔云德不及聖王爲散　之聰　一本作聰　竭喪　息浪反

葉公子高將使於齊。問於仲尼曰。王使諸梁也甚重。【注】重其使欲有所求也。【疏】楚莊王之玄孫尹成子名諸梁字子高食采於葉僭號稱公王者春秋實爲楚子而僭稱王齊即姜姓太公之裔其先禹之四岳或封於呂故謂太公爲呂望周武王封太公於營丘是爲齊國齊楚二國結好往來玉帛使乎相繼不絕或急難而求救或問罪而請兵情事不輕委寄甚重是故諸梁憂慮詢道仲尼也〔釋文〕葉公　音攝　子高　楚大夫爲葉縣尹僭稱公姓沈名諸梁字子高　將使　所吏反注及下待使同　齊之待使者。蓋將甚敬而不急。【注】恐直空報其敬而不肯急應其求也。【疏】齊侯踐爾往來心無眞實至於迎待楚使甚自殷勤所請事情未達依允奉命既重預有此憂　匹夫猶未可動。而況諸侯乎。吾甚慄之。【疏】匹夫鄙志尚不可動況夫五等如何可動以此而量甚爲憂慄之也〔釋文〕慄之　音栗李云懼也　子常語諸梁也。曰。凡事若小若大。寡不道以懽成。【注】夫事無大小少有不言以成爲懽者耳此仲尼之所曾告諸梁者也。【疏】子者仲尼寡之言少夫經營事緒抑乃多端雖復大小不同而莫不以成遂爲懽適也故諸梁引前所稟用發后機也〔釋文〕常語　魚據反下同　盧文弨曰今本書常作嘗　事若不成。則必有人道之患。【注】夫以成爲懽者不成則怒矣此楚王之所不能免也。【疏】情若乖阻事不成遂則有人倫之道刑罰之憂　事若成。則必有陰陽之患。【注】人患雖去然喜懼戰於胷中固已結冰炭於五藏矣。【疏】喜則陽舒憂則陰慘事既成遂中情允愜變昔日之憂爲今時之喜喜懼交集於一心陰陽勃戰於五藏冰炭聚結非患如何故下文云〔釋文〕藏矣　才浪反　若成若不成而後无患者。唯有德者能之。【注】成敗若任之於彼而莫足以患心者唯有德者乎。【疏】安得喪於靈府任成敗於前塗不以憂喜累心

者其唯盛德爲吾食也執粗而不臧。爨无欲清之人。【注】對火而不思涼明其所饌儉薄也【疏】臧善也清涼也承命嚴重心懷怖懼執用粗飡不暇精膳所饌既其儉薄爨人不欲思涼燃火不多無熱可避之也〔釋文〕執衆家本並然簡文作熱 粗音麤又才古反 而不臧作郎反善也絕句一音才郎反句至爨字 爨七亂反 无欲清七性反字宜從冫從冫者假借也清涼也 之人言爨火爲食而不思清涼明火微而食宜儉薄 所饌士戀反 今吾朝受命而夕飲冰。我其內熱與。【注】所饌儉薄而內熱飲冰者誠憂事之難非美食之爲也【疏】諸梁晨朝受詔暮夕飲冰足明怖懼憂愁內心燻灼詢道情切達照此懷也〔釋文〕內熱與音餘下慎與同向云食美食者必內熱 吾未至乎事之情。而既有陰陽之患矣。事若不成。必有人道之患。是兩也。【注】事未成則唯恐不成耳若果不成則恐懼結於內而刑網羅於外也【疏】夫情事未決成敗不知而憂喜存懷是陰陽之患也事若乖舛必不成遂則有人臣之道刑網斯及有此二患何處逃愆〔釋文〕則恐懼丘勇反 爲人臣者。不足以任之。子其有以語我來。【疏】忝爲人臣濫充末使位高德薄不足任之子既聖人情兼利物必有所以幸來告示〔釋文〕以任而林反一音而鴆反 仲尼曰。天下有大戒二。其一命也。其一義也。【疏】戒法也寰宇之內教法極多要切而論莫過二事二事義旨具列下文 子之愛親命也。不可解於心。【注】自然結固不可解也【疏】夫孝子事親盡於愛敬此之性命出自天然中心率由故不可解 臣之事君義也。無適而非君也。無所逃於天地之閒。【注】千人聚不以一人爲主不亂則散故多賢不可以多君無賢不可以無君此天人之道必至之宜【疏】夫君臣上下理固必然故忠臣事君死成其節此乃分義相投非關天性然六合雖寬未有無君之國若有罪責亦何處逃愆是以奉命即行無勞進退 是之謂大戒。【注】若君可逃而親可解則不足戒也【疏】結成以前君親大戒義矣 是以夫事其親者。不擇地而安之。孝之至也。【疏】夫孝子養親務在順適登仕求祿不擇高卑所遇而安方名至孝也 夫事其君者。不擇事而安之。忠之盛也。【疏】夫禮親事主志盡忠貞事無夷險安之若命豈得揀擇利害然後奉行能如此者是忠臣之盛美也 自事其心者。哀樂不易施乎前。知其不可奈何。而安之若命。德之至也。【注】知不可奈何者命也而安之則無哀無樂何易施之有哉故冥然以所遇為命而不施心於其間泯然與至當為一而無休戚於其中雖事凡人猶無往而不適而況於君親哉【疏】夫為道之士而自安其心智者體違順之不殊達得喪之為一故能涉哀樂之前境不輕易施知窮達之必然豈人情之能制是以安心順命不乖天理自非至人玄德孰能如茲也〔釋文〕哀樂音洛注下同施乎如字崔以豉反云移也　慶藩案施讀為移不易施猶言不移易也晏子春秋外篇君臣易施荀子儒效篇哀虛之相施易也漢書衞綰傳人之所施易施並讀為移正言之則為易施倒言之則為施易也（本王氏讀書雜志）為人臣子者。固有所不得已。行事之情而忘其身。【注】事有必至理固常通故任之則事濟事濟而身不存者未之有也又何用心於其身哉【疏】夫臣子事於君父必須致命盡情有事即行無容偷擇忘身整務固是其宜苟不得止應須任命也何暇至於悅生而惡死。夫子其行可矣。【注】理無不通故當任所遇而直前耳若乃信道不篤而悅惡存懷不能與至當俱往而謀生慮死吾未見能成其事者也【疏】既曰行人無容悅惡奉事君命但當適齊有何閑暇謀生慮死也〔釋文〕而惡烏路反下皆同丘請復以所聞。凡交近則必相靡以信。【注】近者得接故以其信驗親相靡服也〔釋文〕復以扶又反下注同遠則必忠之以言。【注】遙以言傳意也【疏】凡交遊鄰近則以信情靡順相去遙遠則以言表忠誠此仲尼引己所聞勸戒諸梁也〔釋文〕傳意丈專反下文並注同言必或傳之。夫傳兩喜兩怒之言。天下之難者也。【注】夫喜怒之言若過其實傳之者宜使兩不失中故未易也【疏】以言表意或使人傳彼此相投作相喜怒為此使乎人間未易〔釋文〕兩怒如字注同本又作怒下同未易以豉反下文注皆同夫兩喜必多溢美之言。兩怒必多溢惡之言。【注】溢過也喜怒之言常過其當也【疏】溢過也彼此兩人互相喜怒若其順情則美惡之言必當過者也凡溢之類妄。【注】嫌非彼言似傳者妄作【疏】類似也夫溢當之言體非真實聽者既疑似使人妄構也妄則其信之也莫。【注】莫然疑之也【疏】莫致疑貌也既似傳者妄作遂生不信之心莫然疑之也莫則傳言者殃。【注】就傳過言似於誕妄受者有疑則傳言者橫以輕重為罪也【疏】受者生疑心懷不信傳語使乎殃過斯及故法言曰。傳其常情。无傳其溢言。則幾乎全。

【注】雖聞臨時之過言而勿傳也，必稱其常情而要其誠致，則近於全也。【疏】夫處涉人間，爲使實難，必須探察常情，必使賓主折中，不得傳一時喜怒，致兩言。雖聞能如是者，近獲全身。夫子引先聖之格言，爲當來之軌轍也。〔釋文〕而要一遙反　則近附近之近

且以巧鬭力者，始乎陽，【注】本共好戲。〔釋文〕共好呼報反　常卒乎陰，【注】欲勝情至，潛興害彼者也。【疏】陽，喜也。陰，怒也。夫較力相戲，非無機巧，初始戲謔，則情在喜歡，逮乎終卒，則心生忿怒，好勝之情，潛似相害。世間喜怒，情變例然，此舉鬭力以譬之也。家世父曰：凡顯見謂之陽，隱伏謂之陰。鬭巧者必多陰謀，極其心思之用以求相勝也。大至則多奇巧。【注】不復循理。【疏】忿怒之至，欲勝之甚，則情多奇譎，巧詐百端也。〔釋文〕大至音泰，本亦作泰，徐敕佐反，下同。盧文弨曰：今本書作泰。　奇巧如字，又苦孝反。

以禮飲酒者，始乎治，【注】尊卑有別，旅酬有次。〔釋文〕乎治直吏反　有別彼列反　常卒乎亂，【注】湛湎淫液也。【疏】治，理也。夫賓主獻酬，自有倫理，倒辨之後，無復尊卑，初正卒亂，物皆如此，舉飲酒以爲譬。〔釋文〕湛直林反，又荅南反　湎面善反　淫液以隻反　大至則多奇樂。【注】淫荒縱橫，無所不至。【疏】宴賞既酬，荒淫斯甚，當歌屢舞，無復節文，多方奇異，歡樂何極也。

凡事亦然。始乎諒，常卒乎鄙。其作始也簡，其將畢也必巨。【注】夫煩生於簡，事起於微，此必至之勢也。【疏】凡情常事，亦復如然，莫不始則誠信，終則鄙惡，初起簡少，後必巨大。是以煩生於簡，事起於微，此合喻也。　俞樾曰：諒與鄙文不相對。上文云使乎陽，常卒乎陰，始乎治，常卒乎亂，陰陽治亂皆相對，而諒鄙不相對。諒疑諸字之誤，諸讀爲都。爾雅釋地宋有孟諸，史記夏本紀作明都，是其例也。始乎都，常卒乎鄙，都鄙正相對。因字通作諸，又誤作諒，遂失其恉矣。淮南子詮言篇曰故始於都者常大於鄙，卽本莊子，可據以訂正。彼文大字乃卒字之誤，說見王氏念孫讀書雜志。

夫言者，風波也；行者，實喪也。【注】夫言者風波也，故行之則實喪矣。【疏】夫水因風而起波，譬心因言而喜怒也。故因此風波之言而行喜怒者，則喪於實理者也。　慶藩案：波當讀爲播。鄭注禹貢云：播，散也。波與播古字通。言風播則易動也。風播與實喪對文，則不可作波浪訓矣。（外物篇司馬波臣注云：波蕩之臣。波蕩卽播蕩也。）僖二十三年左傳波及晉國，波亦當爲播，謂播散及晉國也。（本王引之經義述聞。）禹貢滎波既豬，馬鄭王本並作發播。（索隱云是播溢之義。）皆其證。〔釋文〕實喪息浪反，注下同。　家世父曰：實喪猶言得失。實者有而存之，喪者忽而忘之。俛得而俛失者，行之大患也，故曰危。郭象注行之則實喪矣，遺風波而弗行則實不喪矣，恐誤。

風波易以動，實喪易以危。【注】故遺風波而弗行，則實不喪矣。夫事得其實，則危可安而蕩可定。【疏】風鼓水波，易爲動蕩；譬言喪實理，危殆不難也。

故忿設无由，巧言偏辭。【注】夫忿怒之作，無他由

也常由巧言過實偏辭失當耳【疏】夫施謾忿怒更無所由每為浮僞巧言偏辭諂佞之故也〔釋文〕偏辭音篇崔本作諞音辯　獸死不擇音，氣息茀然，於是並生心厲。【注】譬之野獸蹴之窮地音急情盡則和聲不至而氣息不理茀然暴怒俱生疵疵以相對之【疏】夫野獸困窘迴之窮地性命將死鳴不擇音氣息茀鬱心生疵疾忽然暴怒搏噬於人此是起譬也〔釋文〕氣息並如字向本作譺器云譺馬氏作息器氣也崔本作譺嗌云喘息嗌不調也又作篳字　慶藩案釋文氣一本作器氣器古通用氣正字器借字也大戴記文王官人篇其氣寬以柔周書氣作器是其證　茀然徐符弗反郭敷末反李音怫崔音勃　心厲如字李音賴　蹴之子六反　疵疑賣反又音詣疵士賣反又齊計反上若作疵此則才本又作疵音尤疵知反　盧文弨曰蓋讀與睚眦同　剋核大至，則必有不肖之心應之，而不知其然也。【注】夫寬以容物物必歸焉剋核太精則鄙吝心生而不自覺也故大人蕩然放物於自得之場不苦人之能不竭人之歡故四海之交可全矣【疏】夫剋切責核逼迫太甚則不善之心欻然自應情事相感物理自然是知躁則失君寬則得衆也〔釋文〕剋核幸格反　苟為不知其然也，孰知其所終。【注】苟不自覺安能知禍福之所齊詣也【疏】夫急躁忤物必拒之理數自相召不知所以且當時以不肖應之則誰知終後之禍者耶　慶藩案文選鮑明遠擬古詩注引司馬云誰知禍之所終者也釋文闕〔釋文〕所齊如字又才計反　故法言曰：无遷令，【注】傳彼實也【疏】承君令命以實傳之不得以臨時喜怒輒為遷改者也　无勸成，【注】任其自成【疏】直陳君令任彼事情無勞勸獎強令成就也　過度益也。【注】益則非任實者【疏】安於天命率性任情無勞添益語言過於本度也　遷令勸成殆事。【注】此事之危殆者【疏】故改其君命強勸彼我其於情事大成危殆　美成在久，【注】美成者任其時化譬之種植不可一朝成【疏】心之所美率意而成不由勸獎故能長久　家世父曰美者久於其道而後化成一日之成不足恃也惡者一成而遂不及改美惡幾微之辨而難易形焉是以就美而去惡者人之常情也而勢常不相及有反施之而習而安焉者矣注意似隔　惡成不及改，【注】彼之所惡而勸強成之則悔敗尋至【疏】心之所惡強勸而成不及多時尋當改悔〔釋文〕所惡烏路反　勸強其丈反下欲強同　可不慎與！【疏】處涉人世銜命使乎先聖法言深宜戒慎　且夫乘物以遊心，【注】寄物以為意也【疏】大獨化之士混跡人閒乘有物以遨遊運虛心以順世則何殆之有哉　託不得已以養中，至矣。【注】任理之必然者中庸之符全矣斯接物之至者也【疏】不得已者理之必然也寄必然之事養中和之心斯眞理之造極應物之至妙者乎何作爲報也。【注】當任齊所報之實何爲爲齊作意於其間哉【疏】率己運命推理而行何須預生抑度爲齊作報故也〔釋文〕爲爲上如字下于僞反莫若爲致命。此其難者。【注】直爲致命最易而以喜怒施心故難也【疏】直致率情任於天命甚自簡易豈有難耶此其難者言不難

顏闔將傅衞靈公太子。【疏】姓顏名闔魯之賢人也太子蒯聵也顏闔自魯適衞將欲爲太子之師傅也〔釋文〕顏闔胡臘反向崔本作盍魯之賢人隱者盧文弨曰今本盍作盍衞靈公左傳云名元太子音泰司馬云蒯聵也而問於蘧伯玉曰。有人於此。其德天殺。【疏】姓蘧名瑗字伯玉衞之賢大夫蒯聵稟天然之凶德持殺戮以快心旣是衞國之人故言有人於此將爲儲君之傅故詢道於哲人〔釋文〕蘧其居反伯玉名瑗衞大夫天殺如字謂如天殺物也徐所列反與之爲无方。則危吾國。與之爲有方。則危吾身。【注】夫小人之性。引之軌制則憎己。縱其無度則亂邦。【疏】方猶法稟性凶頑不履仁義與之方法而軌制憎己所以危身縱之無度而荒淫顛蹶所以亡國〔釋文〕无方李云方道也其知適足以知人之過。而不知其所以過。【注】不知民過之由己故罪責於民而不自攻。【疏】己之無道會不悛革百姓有罪誅戮極深唯見黔首之愆不知過之由己旣知如風靡草是知責在於君〔釋文〕其知音智若然者。吾柰之何。【疏】然猶如是將柰之何詢道蘧瑗故陳其所以

蘧伯玉曰。善哉問乎。戒之愼之。正女身也哉。【注】反覆與會俱所以爲正身。【疏】戒勗也己身不可率耳防愼儲君勿輕犯觸身履正道隨順機宜前歎其能問後則示其方法也〔釋文〕正女音汝下同反覆芳服反形莫若就。心莫若和。【注】形不乖迕和而不同。【疏】身形從就不乖君臣之禮心智和順跡混而事濟之也雖然。之二者有患。【疏】前之二條略標方術旣未盡善猶有其患累也就不欲入。【注】就者形順入者遂與同。【疏】郭注云就者形順入者遂與同也和不欲出。【注】和者以義濟出者自顯伐也。【疏】心智和順方便接引推功儲君不顯己能斯不出也形就而入。且爲顛爲滅。爲崩爲蹶。【注】若遂與同則是顛危而不扶持與彼俱亡矣故當摸格天地但不立小異耳【疏】顛覆也滅絕也崩壞也蹶敗也形容從就同入彼惡則是顛危而不扶持故致顛覆滅絕崩蹶敗壞與彼俱亡也矣〔釋文〕爲蹶徐其月反郭音厥李舉衞反摸格莫胡反盧文弨曰今本摸從木作模心和而出。且爲聲

爲名。爲妖爲孽。注 自顯和之且有含垢之聲濟彼之名彼將惡其勝己妄生妖孽故當悶然若晦玄同光塵然後不可得而親不可得而疏不可得而利不可得而害 疏 變物爲妖孽灾也雖復和光同塵而自顯出己智不能韜光晦跡故有濟彼之名嚚頑惡其勝己謂其妄生妖孽故以事而害之 家世父曰和如五味之相濟甘辛並用混合無形若表而出之則非和矣時其喜怒因其緩急以調伏其機而不與爲迎拒有迎拒斯有出入和不欲出爲無拒也〔釋文〕孽彥列反 將惡烏路反 悶然音門

彼且爲嬰兒。亦與之爲嬰兒。彼且爲无町畦。亦與之爲无町畦。彼且爲无崖。亦與之爲无崖。達之入於无疵。注 不小立圭角以逆其鱗也 疏 町畔也畦埒也與共也入會也夫處世接物其道實難不可遂與和同亦無容頓生乖忤或同嬰兒之愚鄙且復無知或類田野之無畦略無界畔縱奢侈之貪求任凶猛之殺戮然後道之以德齊之以禮達斯趣者方會無累之道也〔釋文〕嬰兒 李云喻無意也崔云喻驕遊也 无町 徒頂反 畦 戶圭反李云町畦畔埒也無畔埒無威儀也崔云喻守節 无崖 司馬云不顧法也 无疵 似移反病也

汝不知夫螳蜋乎。怒其臂以當車轍。不知其不勝任也。是其才之美者也。注 夫螳蜋之怒臂非不美也以當車轍顧非敵耳今知之所無奈何而欲強當其任即螳蜋之怒臂也 疏 螳蜋有斧蟲也夫螳蜋鼓怒其臂以當軒車之轍雖復自恃才能之美善而必不勝舉其職任喻顏闔欲以己之才能以當儲君之勢何異乎螳蜋怒臂之當車轍也〔釋文〕不勝 音升 慶藩案御覽九百四十六引司馬云非不有美才顧不勝任耳釋文闕

戒之愼之。積伐而美者以犯之。幾矣。注 積汝之才伐汝之美以犯此人危殆之道 疏 積蘊蓄也而汝也幾危也既傅儲君應須戒愼今乃蘊蓄才能自矜汝美犯觸威勢必致危亡

汝不知夫養虎者乎。不敢以生物與之。爲其殺之之怒也。注 恐其因有殺心而遂怒也 疏 汝頗知世有養虎之法乎豬羊之類不可生供猛獸恐其因殺而生嗔怒也 家世父曰幾矣言其怒視螳蜋幾近之也此不自量其才者也虎之怒也而可使馴馬之艮也而使缺銜毀首碎胸以怒無他勿與攖之而已螳蜋之攖車轍奚所利而爲之哉〔釋文〕爲其 于僞反下同

不敢以全物與之。爲其決之之怒也。注 方使虎自齧分之則因用力而怒矣 疏 汝頗知假令以死物投獸猶須先爲分決若使虎自齧分恐因用力而怒之也〔釋文〕分之 如字

時其飢飽。達其怒心。注 知其所以怒而順之 疏 知飢飽之時達喜怒之節遜於物理豈復危亡

虎之與人異類而媚養己者順也。故其殺者逆也。【注】順理則異類生愛逆節則至親交兵【疏】夫順則悅媚虎狼可以馴狎逆則殺害至親所以交兵媚己之道既同涉物之方無別也　家世父曰達其怒心自有作用所謂順者非務徇其欲也無使殺焉而不爭之以為怒也無使決焉而不縱之以為怒也苟無攖其怒而已其心常有所自達焉則順矣　夫愛馬者。以筐盛矢。以蜄盛溺。【注】矢溺至賤而以寶器盛之愛馬之至者也【疏】蜄大蛤也愛馬之屎意在貴重屎溺至賤以大蜄盛之情有所蹴遂至於是也〔釋文〕盛矢音成下及注同矢或作屎同　以蜄徐市軫反蛤類　溺奴弔反　適有蚉䖟僕緣。【注】僕僕然羣著焉〔釋文〕蚉音文本或作蟁同　䖟孟庚反　僕緣普木反徐敷木反向云僕僕然蚉䖟緣馬稠概之貌崔音如字云僕御　王念孫曰案向崔二說皆非也僕之言附也言蚉䖟附緣於馬體也僕與附聲近而義同大雅既醉篇景命有僕毛傳曰僕附也鄭箋曰天之大命又附著於女文選子虛賦注引廣雅曰僕謂附著於人（案今廣雅無此語廣雅疑廣倉之譌）羣著直略反　而拊之不時。【注】雖救其患而掩馬之不意〔釋文〕而拊李音撫又音付一音附崔本作府音附　則缺銜毀首碎胷。【注】掩其不備故驚而至此【疏】僕聚也拊拍也銜勒也適有蚉䖟羣聚緣馬主既愛惜卒然拊之意在除害不定時節掩馬不意忽然驚駭於是馬缺銜勒挽破轡頭人遭蹋蹋毀首碎胷者也　意有所至，而愛有所亡。可不慎邪。【注】意至除患率然拊之以致毀碎失其所以愛矣故當世接物逆順之際不可不慎也【疏】亡猶失也意之所在在乎愛馬既以毀損即失其所愛人間涉物其義亦然機感參差即遭禍害拊馬之喻深宜慎之也　家世父曰人與人相接而成世而美惡生焉從違判焉順逆形焉如是而大患因之以生謂人之不足與處也而烏知己之不足與處人也處己以無用斯得之矣德蕩乎名知出乎爭為此一篇之主腦篇尾五段去名與爭乃可出入於人間世〔釋文〕率然踈律反本或作卒七忽反　匠石之齊。至於曲轅。見櫟社樹。【疏】之適也曲轅地名也其道屈曲猶如嵩山之西有轘轅之道即斯類也櫟木名也社土神也祀封土曰社社吐也言能吐生萬物故謂之社也匠是工人之通稱石乃巧者之私名其人自魯適齊途經曲道覩茲異木擁腫不材欲明處涉人閒必須以無用為用也〔釋文〕曲轅音袁司馬云曲轅曲道也崔云道名　櫟力狄反李云木名一云栎也　盧文弨曰栎衆本作栥譌今從宋本正　其大蔽數千牛。絜之百圍。【疏】絜約束也櫟社之樹特高常木枝葉覆蔭蔽數千牛以繩束之圍麤百尺江南莊本多言其大蔽牛無數千字此本應錯且商丘之木既結駟千乘曲轅之樹豈蔽一牛以此格量數千之本是也〔釋文〕蔽牛必世反李云牛住其旁而不見　絜向徐戶結反徐又虎結反約束也　慶藩案文選與長沙過秦論注引司馬云絜匝也釋文闕　百圍李云徑尺為圍蓋十丈也　其高臨山十仞而後有枝。其可以爲舟者。旁十數。【疏】七尺曰仞此樹直竦嶔岑七十餘尺然後挺生枝榦蔽日捎雲堪爲舩者旁有數十木之大蓋其狀如是也〔釋文〕十仞小爾雅云四尺曰仞案七尺曰仞崔本作千仞或云八尺曰仞　旁十數所具反崔云旁旁枝也　俞樾曰旁讀爲方古字通用尚書皋陶謨篇方施象刑惟明新序節士篇方作旁甫刑篇方告無辜於上論衡變動篇方作旁並其證也在宥篇出入無旁郎出入無方此本書叚旁爲方之證詩正月篇民今方殆鄭箋云方且也其可以爲舟者方十數言可以爲舟者且十數也釋文引崔曰旁旁枝也蓋不知旁爲方叚字故誤訓而誤以爲實義矣

觀者如市。匠伯不顧。遂行不輟。【疏】輟止也木大異常看者甚衆唯有匠石知其不材行塗直過曾不留視也〔釋文〕觀者古奐反又音官　匠伯伯匠石字也崔本亦作石　慶藩案文選何平叔景福殿賦注王子淵洞簫賦注嵇叔夜琴賦注司馬紹統贈山濤詩注張景陽七命注並引司馬云匠石字伯釋文闕　不輟丁劣反

弟子厭觀之。走及匠石。曰。自吾執斧斤。以隨夫子。未嘗見材如此其美也。先生不肯視。行不輟。何邪。【疏】門人驚櫟社之盛美乃住立以視看自負笈以從師未見材有若此怪大也匠之不顧走及遂以諮詢〔釋文〕厭於豔反又於贍反

曰。已矣。勿言之矣。【疏】已止也匠石知大木之不材非世俗之所用嫌弟子之辭費訶令止而勿言也

散木也。以爲舟則沈。以爲棺槨則速腐。【疏】櫟木體重爲舩即沈近土多敗爲棺槨速折疏散之樹終於天年亦是不材之木故致閑散也〔釋文〕散木悉但反徐悉且反下同　則速如字向崔本作數向所祿反下同　腐扶甫反

以爲器則速毀。【疏】人間器物貴在牢固櫟既疏脆早毀何疑也

以爲門戶則液樠。以爲柱則蠹。【疏】樠脂汗出也蠹木內蟲也爲門戶則液樠而脂出爲樑柱則蠹而不牢〔釋文〕液音亦　樠亡言反向李莫干反郭武半反司馬云液津液也樠謂脂出樠樠然也崔云黑液出也　李楨曰廣韻二十二元樠松心又木名也說文樠松心木段注云疑有奪誤當作松心也一曰木名也陸所据是說文古本挩松心有脂液樠正取此義謂脂出如松心也此莊子字法之妙疏與釋文義俱不明又廣韻釋樠曰松脂段云即樠爲松脂之誤余疑樠爲樠之或體　蠹丁故反

是不材之木也。無所可用。故能若是之壽。【注】不在可用之數故曰散木【疏】閑散疏脆故不材之木涉用無堪所以免早夭

匠石歸。櫟社見夢曰。女將惡乎比予哉。若將比予於文木邪。【注】凡可用之木爲文木【疏】惡乎猶於何也若汝也予我也可用之木爲文木也匠石歸寢櫟社感夢聞於匠石汝將何物比並我哉爲當將我作不材散木耶爲當比予於有用文章之木耶〔釋文〕見夢胡薦反　女將音汝　惡乎音烏下同

夫柤梨橘柚果蓏之屬。【疏】夫在樹曰果柤梨之類在地曰蓏瓜瓠之徒汝豈比

我於此之擊者耶〔釋文〕柤側加反　橘均必反　柚由救反徐以救反　果蓏徐力果反

實熟則剝。剝則辱。大枝折。小枝泄。此以其能苦其生者也。故不終其天年而中道夭。自掊擊於世俗者也。物莫不若是。【注】物皆以自用傷【疏】夫果蓏之類其味堪食子實既熟即遭剝落於是大枝折損小枝發泄此豈不爲滋味能美所以用苦其生毀辱之言即斯之謂且春生秋落乃盡天年中塗打擊名爲橫夭而有識無情世俗人物皆以有用傷夭其生故此結言莫不如是掊打也〔釋文〕泄徐思列反崔云泄洩同　俞樾曰洩字之義於此無取殆非也泄當讀爲抴荀子非相篇接人則用抴楊注抴牽引也小枝抴謂見牽引也詩七月篇取彼斧斨以伐遠揚即此所云大枝折也又曰猗彼女桑即此所云小枝抴也鄭箋云女桑少枝少枝即小枝矣猗乃掎之叚字說文手部掎偏引也是與抴同義　苦其如字崔本作柎　掊普口反徐方垢反

且予求无所可用久矣。幾死。乃今得之。【注】數有睥睨己者唯今匠石明之耳〔釋文〕幾死音祈又音機下同　數有音朔　睥普係反　睨五係反

爲予大用。【注】積無用乃爲濟生之大用【疏】不材無用必獲全生櫟社求之其來久矣而庸拙之匠疑是文木頻去顧盼欲見誅翦懼夭斧斤鄰乎死地今逢匠伯鄙我不材方得全生爲我大用幾近也

使予也而有用。且得有此大也邪。【注】若有用必見伐【疏】向使我是文木而有材用必遭翦截夭折斧斤豈得此長大而壽年乎

且也。若與予也。皆物也。柰何哉其相物也。【疏】汝之與我皆造化之一物也與物豈能相知柰何哉假問之辭

而幾死之散人。又惡知散木。【注】以戲匠石【疏】匠石以不材爲散櫟社以材能爲無用故謂石爲散人也炫材能於世俗故鄰於夭折我以疏散而無用故得全生汝是近死之散人安知我是散木耶託於夢中以戲匠石也〔釋文〕而幾死之絕句向同一讀連下散人爲句崔同

匠石覺而診其夢。【疏】診占也匠石既覺思量睡中占候其夢說向弟子也〔釋文〕覺古孝反　而診徐直信反司馬向云診占夢也王念孫曰向秀司馬彪並云診占夢也案下文皆匠石與弟子論櫟社之事無占夢之事診當讀爲眕爾雅云眕告也郭注引曲禮曰眕於鬼神眕與診古字通此謂匠石覺而告其夢於弟子非謂占夢也

弟子曰。趣取無用。則爲社何邪。【注】猶嫌其以爲社自榮不趣取於無用而已【疏】櫟木意趣取於無用爲用全其生者則何爲爲社以自榮乎門人未解故起斯問也

曰。密。若無言。彼亦直寄焉。【注】社自來寄耳非此木求之爲社也【疏】若汝也彼謂社也汝但慎密莫輕出言彼社之神自來寄託非關此木櫟爲社也

以爲不知己者詬厲也。【注】言此木乃以社爲不知己而見辱病者也

豈榮之哉【疏】詬辱也思此社神爲不知我以無用爲用貴在全生乃横來寄託深見詬病翻爲羞恥豈榮之哉〔釋文〕詬李云呼豆反徐音垢厲如字司馬云詬厲辱也厲病也不爲社者。且幾有翦乎。【注】木自以無用爲用則雖不爲社亦終不近於翦伐之害【疏】木以疏散不材故得全其生道假令不爲社樹豈近於翦伐之害乎〔釋文〕且幾音機或音祈翦乎子淺反崔本作前于慶藩案乎崔本作于于即乎也論語爲政篇書云孝乎惟孝皇侃本及漢石經並作于呂覽審應篇然則先王聖于高注于乎也皆其例不近附近之近下同且也。彼其所保與衆異。【注】彼以無保爲保而衆以有保爲保【疏】疏散之樹以無用保生文木之徒以才能折夭所以爲其異之者也而以義譽之，不亦遠乎。【注】利人長物禁民爲非社之義也夫無用者泊然不爲而羣才自用自用者各得其敍而不與焉此以無用之所以全生也汝以社譽之無緣近也乎【疏】夫散木不材稟之造物賴其無用所以全生而社神寄託以成詬厲更以社義讚譽失之彌遠〔釋文〕義譽音餘注同盧文弨曰今本書譽作喻長物丁兩反泊然步各反不與音餘

南伯子綦遊乎商之丘。見大木焉。有異。結駟千乘。隱將芘其所藾。【注】其枝所陰可以隱芘千乘者也【疏】伯長也其道甚尊堪爲物長故爲之伯即南郭子綦也商丘地名在梁宋之域駟馬曰乘藾陰也子綦於宋國之中徑於商丘之地遇見大木異於尋常樹木祖長枝葉茂盛垂陰布影蔭覆極多連結車乘可芘駟千四馬也〔釋文〕南伯李云即南郭也伯長也商之丘司馬云今梁國睢陽縣是也千乘繩證反隱崔云傷於熱也將芘本亦作庇徐甫至反又悲位反崔本作比云芘也所藾音賴崔本作賴向云蔭也可以蔭芘千乘也李同所陰於鴆反子綦曰。此何木也哉。此必有異材【疏】子綦既覩此木不識其名擬有異能故致斯大夫。仰而視其細枝，則拳曲而不可以爲棟梁；俯而見其大根，則軸解而不可以爲棺槨。【疏】軸解者如車軸之轉謂轉心木也周身爲棺棺完也周棺爲槨夫梁棟須直拳曲所以不堪棺槨藉牢解散所以不固也〔釋文〕異材夫音符仰而向崔本作從而則拳本亦作卷音權軸直竹反解李云如衣軸之直解也咶其葉，則口爛而爲傷；嗅之，則使人狂酲。三日而不已。【疏】以舌咶葉則脣口爛傷用鼻嗅之則醉悶不止酲酒病也〔釋文〕咶食紙反嗅崔作齅許救反盧文弨曰舊作崔云齅云字譌今改正狂酲音呈李云狂如酲也病酒曰酲子綦曰。此果不材之木也。以至於此其大也。【疏】擁腫不材可謂全生之大才衆諸無用乃是濟

物之妙用故能不夭斤斧而蔭庇千乘也矣嗟乎神人以此不材。注夫王不材於百官故百官御其事而明者爲之視聰者爲之聽知者爲之謀勇者爲之扞夫何爲哉玄默而已而羣材不失其當則不材乃材之所至賴也故天下樂推而不厭乘萬物而無害也疏夫至人神矣陰陽所以不測混跡人間和光所以不耀故能深根固蒂長生之久視舟船庶物蔭翳黔黎彼櫟社方茲異木是以嗟歎神人用不材者大材也

〔釋文〕爲之于僞反下爲之皆同宋有荆氏者。宜楸柏桑。疏荆氏地名也宋國有荆氏之地宜此楸柏桑之三木悉皆端直堪爲材用此略擧文木有材所以夭折對前散木無用所以全生也〔釋文〕荆氏司馬云地名也一日里名宜秋柏桑崔云荆氏之地宜此三木李云三木文木也盧文弨曰今本書秋作楸其拱把而上者。求狙猴之杙者斬之。疏兩手曰拱一手曰把狙猴獼猴也杙橜也亦杆也拱把之木其材非大適可斬爲杆橜以繫扞獼猴也〔釋文〕拱恭勇反把百雅反徐甫雅反司馬云兩手曰拱一手曰把而上時掌反狙七餘反猴音侯之杙以職反又羊植反郭且羊反司馬作朳音八李云欲以棲獸狙猴也崔本作柭音跋云橛也三圍四圍。求高名之麗者斬之。疏麗屋棟也亦曰小船也高名榮顯也三尺四尺之圍其木稍大求榮華高屋顯好名船者輒取之也〔釋文〕三圍崔云圍環八尺爲一圍之麗如字又音禮司馬云小船也又屋欐也　慶藩案名大也請求高大之麗者用三圍四圍之木也（謂大爲名說見天下名山三百下）七圍八圍。貴人富商之家。求樿傍者斬之。疏樿傍棺材也亦言棺之全一邊而不兩合者謂之樿傍七八尺圍其木極大富貴之屋商賈之家求大板爲棺材者當斬取之也〔釋文〕求樿本亦作擅音膳　盧文弨曰舊本樿從示譌注同今改正　傍薄剛反崔云樿傍棺也司馬云棺之全一邊者謂之樿傍故未終其天年而中道之夭於斧斤。此材之患也。注有材者未能無惜也疏爲有用故不盡造化之年而中途夭於工人之手斯皆以其才能爲之患害也故解以之牛之白顙者。與豚之亢鼻者。與人有痔病者。不可以適河。注巫祝解除棄此三者必妙選騂具然后敢用疏顙額也亢高也痔下漏病也巫祝陳芻狗以祠祭選牛豕以解除必須精簡純色擇其好者展如在之誠敬庶冥感於鬼神今乃有高鼻折額之豚白額不騂之犢痔漏穢病之人三者既不清潔故不可往於靈河而設祭奠者也古者將人沈河以祭河伯西門豹爲鄴令方斷之卽其類是也〔釋文〕故解徐古賣反又佳買反注同向古蟹反顙息黨反司馬云額也亢鼻徐古莽反司馬云高也額折故鼻高崔云仰也痔徐直里反司馬云隱創也盧文弨曰舊脫云字今增適河司馬云謂沈人於河祭也騂具恤營反此皆巫祝以知之

矣。【注】巫祝於此亦知不材者全也。所以為不祥也。此乃神人之所以為大祥也。【注】夫全生者天下之所謂祥也巫祝以不材為不祥而弗用也彼乃以不祥全生乃大祥也神人者無心而順物者也故天下所謂大祥神人不逆【疏】女曰巫男曰覡祝者執板讀祭文者也祥善也巫師祝史解除之時知此三者不堪享祭故棄而不用以為不善之物也然神聖之人知侔造化知不材無用故得全生是知白顙亢鼻之言痔病不祥之說適是小巫之鄙情豈曰大人之適智故才不全者神人所以為吉祥大善之事也

支離疏者，頤隱於臍，肩高於頂，【疏】四支離折百體寬疏遂使頤頰隱在臍間肩膊高於頂上形容如此故以支離名之【釋文】支離疏司馬云形體支離不全貌疏其名也　頤以之反　於頂如字本作項亦如字司馬云言脊曲頭縮也淮南曰脊管高於頂也

會撮指天，五管在上，兩髀為脅。【疏】會撮高豎貌五管五臟腧也五臟之腧並在人背古人頭髻皆近頂後今支離殘病傴僂低頭一使臟腧頭髻悉皆向上兩腳髀股攣縮而迫於脇肋也【釋文】會古外反徐古活反向音活　撮子外反向徐子活反崔云會撮項椎也　指天司馬云會撮髻也古者髻在項中脊曲頭低故髻指天也向云兩肩竦而上會撮然也　李楨曰崔云會撮項椎也說是（大宗師篇句贅指天李云句贅項椎也其形如贅證知崔說是）素問刺熱篇項上三椎陷者中也王注此舉數脊椎大法也沈氏彤釋骨曰項大椎以下二十一椎通曰脊骨曰脊椎崔知會撮是此者難經四十五難骨會大杼張注大杼穴名在項後第一椎兩旁諸骨自此繫架往下支生故骨會於大杼據此知會撮正從骨會取義又在大椎之間故曰項椎也撮唐徐堅初學記卷十九引作𣝭玉篇𣝭木𣝭節也與脊節正相似從木作𣝭於義為長按頤肩屬外說會撮五管屬內說頤隱故肩高項椎指天故臟腧在上各相因而致者也（靈樞背腧篇肺腧在三椎之間心腧在五椎之間肝腧在九椎之間脾腧在十一椎之間腎腧在十四椎之間）司馬訓髻是別一義詩小雅臺笠緇撮傳云緇撮緇布冠也正義曰言撮是小撮持其髻而已据此則以會撮為髻當亦是小撮持其髮故名之會與髺通說文髺骨擿之可以會髮者衛風會弁如星許氏引作髺周禮會五采玉璂注故書會作髺又士喪禮髺弁用桑疏云以髺為髺取以髮會聚之意會與髺亦通集韻有髺字音撮髻也當是俗因會撮造為頭髻專字　慶藩案釋文引崔云會撮項椎也字當作𣝭玉篇𣝭木椎也徂活切撮𣝭聲近尸子行險以撮撮乘栽器音與鑽同周禮喪大記君殯用輴攢注輴乘柩之車攢猶菆也尸子所謂撮即禮之攢　管崔本作筦　在上李云管腧也五藏之腧皆在上也　兩髀本又作脾同音陛徐又甫婢反崔云僂人腹在髀裹也　為脅許劫反司馬云脊曲髀豎故與脇並也

挫鍼治繲，足以餬口。【疏】挫鍼縫衣也治繲洗浣也餬飼也庸役身力以餬其口命也【釋文】挫徐子臥反郭祖禾反崔云案也　鍼執金反司馬云挫鍼縫衣也　治繲佳賣反司馬云浣衣也向同崔作𦇯音綫　餬口徐音胡李云食也崔云字或作互或作餬

鼓筴播精，足以食十人。【疏】筴小箕也精米也言其掃市場鼓箕筴播揚土簡精麤也又解鼓筴謂布蓍數卦兆也播精謂精判吉凶辨精靈也或播市以供家口或

賁卜以活身命所得之物可以養十人也〔釋文〕鼓筴初革反徐又音頰司馬云鼓簸也小箕曰筴崔云鼓筴揲蓍鑽龜也播精如字一音所字則當作數精司馬云簡米曰精崔云播精卜卦占兆也鼓筴播精言賁卜取（釋文音取字當作糈精字古無取音與糈字形相似而誤）慶藩案精當爲糈之誤郭璞注南山經曰糈先呂反今江東音說文糈糧也以食音飼上徵武士。則支離攘臂而遊於其閒。【注】持其無用故不自竄匿【疏】邊蕃有事徵求勇夫殘病之人不堪征討自得無懼攘臂遨遊恃其無用故不竄匿〔釋文〕攘如羊反臂於其閒如字司馬云閒裏也崔本作攘臂於其開云開門中也竄匿女力反上有大役。則支離以有常疾。不受功。【注】不任徭役故也【疏】國家有重大徭役爲有痼疾故不受其功程者也上與病者粟。則受三鍾。與十束薪。【注】役則不與賜則受之【疏】六石四斗曰鍾君上憂憐鰥寡矜恤貧病形殘既重受物還多故郭注云役則不預賜則受之者也〔釋文〕三鍾司馬云六斛四斗曰鍾盧文弨曰舊本六譌斛今改正不與音豫夫支離其形者。猶足以養其身。終其天年。又況支離其德者乎。【注】神人無用於物而物各得自用歸功名於羣才與物冥而無跡故免人閒之害處常美之實此支離其德者也【疏】夫支離其形猶忘形也支離其德猶忘德也而況支離殘病適是忘形既非聖人故未能忘德夫忘德者智周萬物而反智於愚明並三光而歸明於昧故能成功不居爲而不恃推功名於羣才與物冥而無跡斯忘德者也夫忘形者猶足以養身終年免乎人閒之害何況忘德者耶其勝劣淺深故不可同年而語矣是知支離其德者其唯聖人乎

孔子適楚。楚狂接輿遊其門曰。鳳兮鳳兮。何如德之衰也。【注】當順時直前盡乎會通之宜耳世之盛衰蔑然不足覺故曰何如【疏】何如猶如何也適之也時孔子自魯之楚舍於賓館楚有賢人姓陸名通字接輿知孔子歷聘行歌譏刺鳳兮鳳兮故哀歎聖人比於來儀應瑞之鳥也有道即見無道當隱如何懷此聖德往適衰亂之邦者耶來世不可待。往世不可追也。【注】趣當盡臨時之宜耳【疏】當來之世有懷道之君可應聘者時命如馳故不可待適往之時堯舜之主變化已久亦不可尋趣合當時之宜無勞瞻前顧後也天下有道。聖人成焉。天下無道。聖人生焉。【注】付之自爾而理自生成生成非我也豈爲治亂易節哉治者自求成故遺成而不敗亂者自求生故忘生而不死【疏】有道之君休明之世聖人宏道施教成就天下時逢暗主命屬荒季適可全生遠害韜光晦迹〔釋文〕豈爲于僞反治亂直吏反下同方今之時。僅免刑焉。【注】不瞻前顧後而盡當今

之會冥然與時世為一而後妙當可全刑名可免【疏】方猶當今衰亂之時正屬衰周之世危行言遜僅可免於刑戮方欲執迹應聘不亦妄乎此接輿之詞譏誚孔子也〔釋文〕僅音覲

福輕乎羽。莫之知載。【注】足能行而放之手能執而任之聽耳之所聞視目之所見知止其所不知能止其所不能用其自用為其自為恣其性內而無纖芥於分外此無為之至易也無為而性命不全者未之有也性命全而非福者理未聞也故夫福者即向之所謂全耳非假物也豈有寄鴻毛之重哉率性而動動不過分天下之至易者也舉其自舉載其自載天下之至輕者也然知以無涯傷性心以欲惡蕩真故乃釋此無為之至易而行彼有為之至難棄夫自舉之至輕而取夫載彼之至重此世之常患也〔釋文〕至易以豉反下同知以音智欲惡烏路反

禍重乎地。莫之知避。【注】舉其性內則雖負萬鈞而不覺其重也外物寄之雖重不盈錙銖有不勝任者矣為內福也故福至輕為外禍也故禍至重禍至重而莫之知避此世之大迷也【疏】夫視聽知能若有涯分止於分內可以全生求其分外必遭夭折全生所以為福夭折所以為禍而分內之福輕於鴻毛貪競之徒不知載之在己分外之禍重於厚地執迷之徒不知避之去身此蓋流俗之常患者也故寄孔陸以彰其累也〔釋文〕知避舊本作寘云置也不勝音升

已乎已乎。臨人以德。殆乎殆乎。畫地而趨。【注】夫畫地而使人循之其跡不可掩矣有其己而臨物與物不冥矣故大人不明我以耀彼而任彼之自明不德我以臨人而付人之自得故能彌貫萬物而玄同彼我泯然與天下為一而內外同福也【疏】已止也殆危也仲尼生衰周之末當澆季之時執持聖跡歷國應聘頻遭斥逐屢被誣詞故重言已乎不如止而勿行也若用五德臨於百姓捨己效物必致危己猶如畫地作跡使人走逐徒費巧勞無由得掩以己率物其義亦然也〔釋文〕畫地音獲

迷陽迷陽。无傷吾行。【注】迷陽猶亡陽也亡陽任獨不蕩於外則吾行全矣天下皆全其吾則凡稱吾者莫不皆全也【疏】迷亡也陽明也動也陸通勸尼父令其晦跡韜光宜放獨任之無為忘遣應物之明智既而止於分內無傷吾全生之行也〔釋文〕迷陽司馬云迷陽伏陽也言詐狂

吾行郤曲。无傷吾足。【注】曲成其行自足矣【疏】郤空也曲從順也虛空其心隨順物性則凡稱吾者自足也〔釋文〕郤曲去逆反字書作卻廣雅云卻曲也盧文

燾曰案今說文廣雅俱作迟　慶藩案卻釋文引字書作迟是也說文迟曲行也從辵只聲廣雅迟曲也集韻作迟云物曲也一曰曲受也玉篇音邱戟反說文又云𠃊（讀若隱）匿也象迟曲隱蔽形字本從𠃊作迟今作迟

山木自寇也。膏火自煎也。【疏】寇伐也山中之木楸梓之徒為有材用橫遭寇伐膏能明照以充鐙炬為其有用故彼煎燒豈獨膏木在人亦然　〔釋文〕山木自寇也膏火自煎　子然反　也　司馬云木生斧柄還自伐膏起火還自消崔云山有木故火焚也　桂可食。故伐之。漆可用。故割之。【疏】桂心辛香故遭斫伐漆供器用所以割之俱為才能夭於斤斧　人皆知有用之用。而莫知无用之用也。【注】有用則與彼為功無用則自全其生夫割肌膚以為天下者天下之所知也使百姓不失其自全而彼我俱適者悗然不覺妙之在身也【疏】楸柏橘柚膏火桂漆斯有用也曲轅之樹商丘之木白額之牛亢鼻之豕斯無用也而世人皆炫己才能為有用之用而不知支離其德為無用之用也故郭注云有用則與彼為功無用則自全乎其生也

〔釋文〕悗然　亡本反

內篇　德充符第五【注】德充於內應物於外外內玄合信若符命而遺其形骸也〔釋文〕崔云此遺形棄知以德實之驗也

魯有兀者王駘。【疏】姓王名駘魯人也刖一足曰兀形雖殘兀而心實虛忘故冠德充符而為篇首也　〔釋文〕兀者　五忽反又音界李云刖足曰兀案篆書兀介字相似　王駘　音臺徐又音殆人姓名也　從之遊者。與仲尼相若。【注】弟子多少敵孔子【疏】若如也陪從王駘遊行稟學門人多少似於仲尼者也　〔釋文〕從之　如字李才用反下同　相若　若如也弟子如夫子多少也　常季問於仲尼曰。王駘。兀者也。從之遊者。與夫子中分魯。【疏】姓常名季魯之賢人也王駘遊行外忘形骸內德充實所以從遊學者數滿三千與孔子之徒中分魯國常季未達其趣是以生疑　〔釋文〕常季　或云孔子弟子　立不教。坐不議。虛而往。實而歸。【注】各自得而足也【疏】弟子雖多曾無講說立不教授坐無議論請益則虛心而往得理則實腹而歸又解未學無德亦為虛往也　〔釋文〕立不教坐不議　司馬云立不教授坐不議論　固有不言之教。無形而心成者邪。【注】怪其殘形而心乃充足也夫心之全也遺身形忘五藏忽然獨往而天下莫能離【疏】教授門人曾不言議殘兀如是無復形容而玄道至德內心成滿必固有此衆乃從之　〔釋文〕五藏　才浪反後同　是何人也。【疏】常季怪其殘兀而聚衆極多欲顯德充之美故發斯問也　仲尼曰。夫子聖人也。丘也

直後而未往耳。丘將以爲師。而況不若丘者乎。【疏】宣尼呼王駘爲夫子答常季云王駘是體道聖人也汝自不識人所以致疑丘直爲參差在後未得往事丘將尊爲師傅諮詢問道何況晚學之類不如丘者乎請益服膺固其宜矣〔釋文〕丘也直後而未往耳　李云自在衆人後未得往師之耳　慶藩案直之爲言特也呂氏春秋忠廉篇特王子慶忌爲之飾而不殺耳高注特猶直也鄘風柏舟實維我特韓子特作直史記叔孫通傳吾直戲耳漢書直作特　奚假魯國。丘將引天下而與從之。【注】夫神全心具則體與物冥與物冥者天下之所不能遠奚但一國而已哉【疏】奚何也何但假藉魯之一邦耶丘將誘引宇內稟承盛德猶恐未盡其道也〔釋文〕能遠　于萬反　常季曰。彼兀者也。而王先生。其與庸亦遠矣。【疏】王盛也庸常也先生孔子也彼王駘者是殘兀之人門徒侍從盛於尼父以斯疑怪應異常流與凡常之人固當遠矣〔釋文〕而王　于況反李云勝也崔云君長也　其與庸亦遠矣　與凡庸異也崔云庸常人也　若然者其用心也。獨若之何。【疏】然猶如是也王駘盛德如是爲物所歸未審運智用心獨若何術常季不安發此疑也　仲尼曰。死生亦大矣。【注】人雖日變然死生之變變之大者也　而不得與之變。【注】彼與變俱故死生不變於彼【疏】夫山舟潛遁薪指還流雖復萬境皆然而死生最大但王駘心冥造物與變化而遷移迹混人閒將死生而俱往故變所不能變者也　雖天地覆墜。亦將不與之遺。【注】斯順之也【疏】遺失也雖復圓天顛覆方地墜陷既冥於安危故未嘗喪我也〔釋文〕雖天地覆　芳服反　墜　本又作隊直類反李云天地猶不能變已況生死也　審乎无假。【注】明性命之固當　慶藩案无假當是无瑕之誤謂審乎己之無可瑕疵斯任物自遷而無役於物也淮南精神篇正作審乎無瑕瑕假皆從叚聲致易互譌漢書鄭世家使人誘劫鄭大夫甫假左傳作傅瑕禮檀弓肩假漢書古今人表作公肩瑕卽其證也　而不與物遷。【注】任物之自遷【疏】靈心安審妙體眞元既與道相應故不爲物所遷變者也　命物之化。【注】以化爲命而無乖迕〔釋文〕怪迕　五故反本亦作遻下同　而守其宗也。【注】不離至當之極【疏】達於分命冥於外物唯命唯物與化俱行動不乖寂故恆住其宗本者也〔釋文〕不離　力智反　常季曰。何謂也。【疏】方深難悟更請決疑　仲尼曰。自其異者視之。肝膽楚越也。【注】恬苦之性殊則美惡之情背【疏】萬物云云悉歸空寂倒置之類妄執是非於重玄道中橫起分別何異乎肝膽生本同一體也楚越迢遞相去數千而於一體之中起數千之遠異見之徒例皆如是也〔釋文〕肝膽　丁覽反　美惡　烏路反下皆同　情背　音佩　自其同者視之。萬物皆一也。【注】雖所美不同而同有所美各美其所美則萬物一美也各是其所是則天下一是也夫因其所異而異之則天下莫不異而浩然大觀者官天地府萬物知異之不足異故因其所同而同之則天下莫不皆同又知同之不足有故因其所無而無之則是非美惡莫不皆無矣夫是我而非彼美己而惡人自中知以下至於昆蟲莫不皆然然此明乎我而不明乎彼者爾若夫玄通泯合之士因天下以明天下天下無曰我非也即明天下之無非無曰彼是也即明天下之無是無是無非混而爲一故能乘變任化迕物而不慴【疏】若夫玄通之士浩然大觀二儀萬物一指一馬故能忘懷任物大順羣生然同者見其同異者見其異至論衆妙之境非異亦非同也〔釋文〕中知音智　不慴之涉反　夫若然者且不知耳目之所宜。【注】宜生於不宜者也無美無惡則無不宜無不宜故忘其宜也【疏】耳目之宜宜於聲色者也且凡情分別耽滯聲色故有宜與不宜可與不可而王駘混同萬物冥一死生豈於根塵之間而懷美惡之見耶　而遊心乎德之和。【注】都忘宜故無不任也都任之而不得者未之有也無不得而不和者亦未聞也故放心於道德之間蕩然無不當而曠然無不適也【疏】既而混同萬物不知耳目之宜故能遊道德之鄉放任乎至道之境者也　物視其所一。而不見其所喪。視喪其足。猶遺土也。【注】體夫極數之妙心故能無物而不同無物而不同則死生變化無往而非我矣故生爲我時死爲我順時爲我聚順爲我散聚散雖異而我皆我之則生故我耳未始有得死亦我也未始有喪夫死生之變猶以爲一既覩其一則蜕然無係玄同彼我以死生爲寤寐以形骸爲逆旅去生如脫屣斷足如遺土吾未見足以纓茀其心也【疏】物視猶視物也王駘一於死生均於彼我生爲我時不見其得死爲我順不見其喪觀視萬物混而一之故雖兀足視之如遺土者也〔釋文〕所喪息浪反下及注同　蜕然始鋭反又音悅　脫屨九具反本亦作屣所買反盧文弨曰今本書作屣　斷足丁管反　常季曰。彼爲己。以其知【注】嫌王駘未能忘知而自存【疏】彼王駘也謂王駘修善修己猶用心知嫌其未能忘知而任獨者也〔釋文〕爲己于僞反　得其心。以其心【注】嫌未能遺心而自得【疏】嫌王駘不能忘懷任致猶用心以得心也夫得心者無思無慮忘知忘覺死灰槁木泊爾無情措之於方寸之間起之於視聽之表同二儀之覆載順三光以照燭含蘊而不撓其神履窮塞而不忤其慮不得爲得而得在於無得斯得之矣若以心知之術而得之者非眞得也　得其常心。物何爲最之哉。【注】夫得其常心平往者也嫌其不得平往而與物遇故常使物就之【疏】最聚也若能虛忘平淡得眞常之心者固當和光匿耀不殊於俗豈可獨異於物使衆歸之者也〔釋文〕最之　徂會反徐采會反下注同司馬云聚也　家世父曰知者外發心者內存以其知得其心猶外以葆中也心者不息之眞機常心者無妄之本體以其心得其常心即體以證道也說文最犯而取也猶言物莫能犯之郭象斷句誤　慶藩案說文冣積也從冂（莫狄切）取取亦聲徐鍇曰古以聚物之聚爲冣世人多見最少見冣故書傳冣字皆作最　仲尼曰。人莫鑑於流水。而鑑於止水。【注】夫止水之致鑑者非爲止以求鑑也故王駘之聚衆衆自歸之豈引物使從己耶【疏】鑑照也夫止水所以留鑑者爲其澄清故也王駘所以聚衆者爲其凝寂故也止水本無情於鑑物物自照之王駘豈有意於招攜而衆自來歸湊者也〔釋文〕鑑　古暫反　流水　崔本作沬水云沬或作流　慶藩案流水與止水相對爲文崔本作沬非也隸書流或作涿（見魯相史晨饗孔廟後碑）與沬形相似故崔氏誤以爲沬淮南說山篇人莫鑑於沬雨高注沬雨或作流潦則沬爲流字之譌益碻　唯止能止衆止。【注】動而爲之則不能居衆物之止【疏】唯獨也唯止是水本凝湛能止是留停鑑人衆止是物來臨照亦猶王駘忘懷虛寂故能容止羣生由是功能所以爲衆歸聚也　受命於地。唯松柏獨也在。冬夏青青。【注】夫松柏特稟自然之鍾氣故能爲衆木之傑耳非能爲而得之也【疏】凡厥草木皆稟厚地至於稟質堅勁隆冬不凋者在松柏通年四序常保青全受氣自爾非關指意王駘聚衆其義亦然也　受命於天。唯舜獨也正。【注】言特受自然之正氣者至希也下首則唯有松柏上首則唯有聖人故凡不正者皆來求正耳若物皆有青全則無貴於松柏人各自正則無羨於大聖而趣之【疏】人稟三才受命蒼昊圓首方足其類極多至如挺氣正眞獨有虞舜豈由役意直置自然王駘合道其義亦爾郭注曰下首唯有松柏上首唯有聖人者但人頭在上去上則死木頭在下去下則死是以呼人爲上首呼木爲下首故上首食傍首傍首食下首下首草木也傍首蟲獸也　幸能正生。以正衆生。【注】幸自能正耳非爲正以正之【疏】受氣上玄能正生道也非由用意幸率自然既能正已復能正物正已正物自利利他內外行圓名爲大聖虞舜既爾王駘亦然而舜受禪人故爲標的也　夫保始之徵。不懼之實。勇士一人。雄入於九軍。將求名而能自要者。而猶若是。【注】非能遺名而無不任【疏】徵成也信也天子六軍諸侯三軍故九軍也或有一人稟氣勇武保守始之心信成合終之節內懷不懼之志外顯勇猛之姿既而直入九軍以求名位尚能伏心要譽忘死忘生何況王駘體道之狀列在下文也〔釋文〕保始之徵 李云徵成也終始可保成也 九軍 崔本云天子六軍諸侯三軍通爲九軍也簡文云兵書以攻九天收九地故謂之九軍 自要 一遙反 而況官天地府萬物。注冥然無不體也疏綱維二儀曰官天地苞藏宇宙曰府萬物夫勇士入軍直要名位猶能不顧身命忘於生死而況官府兩儀混同萬物視死如生不亦宜乎 直寓六骸。注所謂逆旅疏寓寄也六骸謂身首四肢也王駘體一身非實達萬有皆眞故能混塵穢於俗中寄精神於形內直置暫遇而已豈係之耶〔釋文〕六骸 崔云手足首身也 象耳目。注人用耳目亦用耳目非須耳目疏象似也和光同塵似用耳目非須也 一知之所知。而心未嘗死者乎。注知與變化俱則無往而不冥此知之一者也心與死生順則無時而非生此心之未嘗死也疏一知智也所知境也能知之智照所知之境境知冥會能無所差故知與不知通而爲一雖復迹理物化而心未嘗見死者也豈容有全兀於其間哉 彼且擇日而登假。人則從是也。注以不失會爲擇耳斯人無擇也任其天行而自動者也故假借之人由此而最之耳疏彼王駘者豈復簡擇良日而登昇玄道蓋不然乎直置虛淡忘懷而會之也至人無心止水鑒鑑而世閒虛假之人由是而從之也〔釋文〕彼且 如字徐子余反下同 假人 古雅反借也徐音遐讀連上句人字向下 慶藩案登假即登格也假格古通用詩奏格或作奏假是其證爾雅格陟登升也既言登又曰格者古人自有複語耳楚辭離騷陟陞皇之赫戲兮陟亦陞也 彼且何肎以物爲事乎。注其恬漠故全也疏唯彼王駘冥眞合道虛假之物自來歸之彼且何會以爲己務 申徒嘉兀者也。而與鄭子產同師於伯昏无人。疏姓申徒名嘉鄭之賢人兀者也姓公孫名僑字子產鄭之賢大夫也伯昏無人師者之嘉號也伯長也昏闇也德居物長韜光若闇洞忘物我故曰伯昏無人子產申徒俱學玄道雖復出處殊隔而同師伯昏故寄此三人以彰德充之義也〔釋文〕申徒嘉 李云申徒氏嘉名 无人 雜篇作瞀人 子產謂申徒嘉曰。我先出則子止。子先出則我止。注羞與刖者並行疏子產執政當塗榮華富貴申徒稟形殘兀無復容儀子產雖學伯昏未能忘遣猶存寵辱恥見形殘故預相檢約令其必不並己也〔釋文〕刖者 音月又五刮反 其明日。又與合堂同席而坐。子產謂申徒嘉曰。我先出則子止。子先出則我止。今我將出。子可以止乎。其未邪。注質而問之欲使必不並己疏子產存榮辱之意申徒忘貴賤之心前雖有言都不采領所以居則共堂坐還同席公孫見其如此故質而問之且子見執政而不違。子齊執政乎。【注】常以執政自多故直云子齊執政便謂足以明其不遜【疏】違避也夫出處異塗貴賤殊致我秉執朝政便爲貴大汝乃卑賤形殘應殊敬我不能遜讓翻欲齊已也申徒嘉曰。先生之門。固有執政焉如此哉。【注】此論德之處非計位也【疏】先生伯昏也先生道門深明衆妙混同榮辱齊一死生定以執政自多必如此耶〔釋文〕之處昌慮反子而說子之執政。而後人者也。【注】笑其矜說在位欲處物先【疏】說猶悅愛榮華矜誇政事推人於後欲處物先意見如斯何名學道〔釋文〕而說音悅注同聞之曰。鑑明則塵垢不止。止則不明也。久與賢人處。則無過。今子之所取大者。先生也。而猶出言若是。不亦過乎。【注】事明師而鄙吝之心猶未去乃真過也【疏】鑑鏡也夫鏡明則塵垢不止止則非明照也亦猶久與賢人居則無過若有過則非賢哲今子之所取可重可大者先生之道也而先生之道退己虛忘子乃自矜深乖妙旨而出言如是豈非過乎子產曰。子既若是矣。【注】若是形殘猶與堯爭善。計子之德。不足以自反邪。【注】言不自顧省而欲輕蔑在位與有德者並計子之德故不足以補形殘之過【疏】反猶復也言申徒形殘如是而不自知乃欲將我並驅可謂與堯爭善子雖有德何足在言以德補殘猶未平復也〔釋文〕爭善如字申徒嘉曰。自狀其過。以不當亡者衆。【注】多自陳其過狀以己爲不當亡者衆也不狀其過。以不當存者寡。【注】默然知過自以爲應死者少也【疏】夫自顯其狀推罪於他謂己無愆不合當亡如此之人世間甚多不顯過狀將罪歸己謂己之過不合存生如此之人世間寡少鄭子產奢侈矜伐於義亦然者也知不可柰何。而安之若命。唯有德者能之。【疏】若順也夫素質形殘稟之天命雖有知計無如之何唯當安而順之則所造皆適自非盛德其孰能然〔釋文〕知不可如字又音智遊於羿之彀中。中央者中地也。然而不中者命也。【注】羿古之善射者弓矢所及爲彀中夫利害相攻則天下皆羿也自不遺身忘知與物同波者皆遊於羿之彀中耳雖張毅之出單豹之處猶未免於中地則中與不中唯在命耳而區區者各有所遇而不知命之自爾故免乎弓矢之害者自以爲巧欣然多已及至不免則自恨其謬而志傷神辱斯未能達命之情者也夫我之生也非我之所生也則一生之內百年之中其坐起行止動靜趣舍情性知能凡所有者凡所無者凡所為者凡所遇者皆非我也理自爾耳而橫生休戚乎其中斯又逆自然而失者也【疏】羿堯時善射者也其矢所及謂之彀中言羿善射矢不虛發彀中之地必被殘傷無問鳥獸罕獲免者偶然得免乃關天命免與不免非由工拙自不遺形忘智皆遊於羿之彀中是知申徒兀足忽遭羿之一箭子產形全中地偶然獲免郎非人事故不足自多矣〔釋文〕羿音詣徐胡係反善射人唐夏有之一云有窮之君篡夏者也彀音遘張弓也家世父曰玉篇彀張弓弩漢書周亞夫傳彀弓弩待滿遊於羿之彀中觸處皆危機也而恢恢乎有中地以自處不中則上弦下弛中承箭皆反有激而傷者矣均之遊也中與不中偶值之數也不可奈何而安之則命也言亡足之非其罪中如字央於良反舊於倉反郭云弓矢所及為彀中中地丁仲反下不中注同中地中與不中同單豹音善人以其全足笑吾不全足者多矣。

【注】皆不知命而有斯笑我怫然而怒。【注】見其不知命而怒斯又不知命也【疏】怫然暴戾之心也人不知天命妄計虧全況己形好嗤彼殘兀知此之人其流甚衆忿其無知怫然暴怒嗔忿他人斯又未知命也〔釋文〕怫然扶弗反而適先王之所則廢然而反。【注】見至人之知命遺形故廢向者之怒而復常【疏】往伯昏之所稟不言之教則廢向者之怒而復於常性也不知先生之洗我以善邪。【注】不知先生洗我以善道故耶我為能自反耶斯自忘形而遺累矣【疏】既適師門入於虛室廢棄忿怒反覆尋常不知師以善水洗滌我心為是我之性情自反覆進退尋責莫測所由斯又忘於學心遺其係累吾與夫子遊十九年矣而未嘗知吾兀者也。【注】忘形故也【疏】我與伯昏遊於道德故能窮陰陽之妙要極至理之精微既其遺智忘形豈覺我之殘兀〔釋文〕知吾介本又作兀兩通今子與我遊於形骸之內而子索我於形骸之外不亦過乎。【注】形骸外矣其德內也今子與我德遊耳非與我形交也而索我外好豈不過哉【疏】郭注云形骸外矣其德內也今子與我德遊耳非與我形交也而索我外交豈不過哉此注意更不勞別釋也〔釋文〕子索色百反注同子產蹵然改容更貌曰子无乃稱。【注】已悟則厭其多言也【疏】蹵然驚慚貌也子產未能忘懷遺欲多在物先既被譏嫌方懷驚悚改矜誇之貌更醜惡之容悟知已至不用稱說者也〔釋文〕蹵子六反乃稱如字舉也又尺證反魯有兀者叔山无趾踵見仲尼。【注】踵頻也【疏】叔山

字也踵頻也殘兀之人居於魯國雖遭刖足猶有學心所以接踵頻來尋師訪道既無足趾因以爲其名也〔釋文〕叔山无趾音止李云叔山氏無足趾盧文弨曰字疑氏踵朱勇反向踵郭云頻也崔云無趾故踵行見賢遍反 仲尼曰。子不謹。前既犯患若是矣。雖今來何及矣。【疏】子之修身不能謹慎犯於憲網前已遭官患艱辛形殘若此今來請益何所逮耶〔釋文〕子不謹前絕句一讀以謹字絕句 無趾曰。吾唯不知務。而輕用吾身。吾是以亡足。【注】人之生也理自生矣直莫之爲而任其自生斯重其身而知務者也若乃忘其自生謹而矜之斯輕用其身而不知務也故五藏相攻於內而手足殘傷於外也 今吾來也。猶有尊足者存。【注】刖一足未足以虧其德明夫形骸者逆旅也 吾是以務全之也。【注】去其矜謹任其自生斯務全也【疏】無趾交遊恭謹重德輕身唯欲務借聲名不知務全生道所以觸犯憲章遭斯殘兀形雖虧損其德猶存是故頻煩追討務全道德以德比形故言尊足者存存者在也〔釋文〕去其羌呂反 夫天無不覆。地無不載。【注】天不爲覆故能常覆地不爲載故能常載使天地而爲覆載則有時而息矣使舟能沉而爲人浮則有時而沒矣故物爲焉則未足以終其生也〔釋文〕不爲於僞反下不爲而爲皆同 吾以夫子爲天地。安知夫子之猶若是也。【注】責其不謹不及天地也【疏】夫天地亭毒覆載無偏而聖人德合二儀固當宏誓不棄寧知夫子尚不捨形殘善救之心豈其如是也 孔子曰。丘則陋矣。【疏】仲尼所陳不過聖迹無趾請學務其全生答淺問深足成鄙陋也 夫子胡不入乎。請講以所聞。無趾出。【注】聞所聞而出全其無爲也【疏】夫子無趾也胡何也仲尼自覺鄙陋情實多慚故屈無趾令其入室語說所聞方內之道既而蓬廬久處芻狗再陳無趾惡聞故默然而出也 孔子曰。弟子勉之。夫無趾兀者也。猶務學以復補前行之惡。而況全德之人乎。【注】全德者生便忘生【疏】勉勵勵也夫無趾殘兀尚實全生補其虧殘悔其前行況賢人君子形德兩全生便忘生德充於內者也門人之類宜勗之焉〔釋文〕前行下孟反 無趾語老聃曰。孔丘之於至人。其未邪。彼何賓賓以學子爲。【注】怪其方復學於老聃【疏】賓賓恭勤貌也夫玄德之人窮理極妙忘言絕學率性生知而仲尼執滯文字專行聖跡賓賓勤敬問禮老君以挨格量故知其未如至人也學子何爲者也〔釋文〕

語老魚據反　賓賓司馬云恭貌張云猶賢賢也崔云有所親疏也簡文云好名貌　俞樾曰賓賓之義釋文所引皆望文生義未達古訓賓賓猶頻頻也漢書司馬相如傳仁頻并閭顏注曰頻字或作賓是其例也詩桑柔篇國步斯頻說文目部作國步斯矉書禹貢篇海濱廣斥漢書地理志作海瀕廣潟是皆賓聲頻聲相通之證廣雅釋訓頻頻比也楊子法言學行篇頻頻之黨甚於鷃斯皆可說此賓賓之義　彼且蘄以諔詭幻怪之名聞。不知至人之以是爲己桎梏邪。【注】夫無心者人學亦學。然古之學者爲己，今之學者爲人，其弊也遂至乎爲人之所爲矣。夫師人以自得者，率其常然者也；舍己效人而逐物於外者，求乎非常之名者也。夫非常之名，乃常之所生。故學者非爲幻怪也，幻怪之生必由於學；禮者非爲華藻也，而華藻之興必由於禮。斯必然之理，至人之所無柰何，故以爲己之桎梏也。【疏】蘄，求也。諔詭，猶奇譎也。在手曰桎，在足曰梏，即今之杻械也。彼之仲尼行於聖跡，所學奇譎怪異之事，唯求虛妄幻化之名，不知方外體道至人用此聲教爲已枷鎖也。〔釋文〕且蘄音祈　諔尺叔反　詭九委反李云諔詭奇異也　俞樾曰諔與詭語意不倫諔詭當讀爲弔詭齊物論篇其名爲弔詭正與此同弔作諔者古字通用哀十六年左傳昊天不弔周官大祝職先鄭注引閔天不淑是其證矣　慶藩案諔詭亦作俶詭（見呂覽侈樂篇）諔猶俶也薛綜注西京賦曰詭異也高誘注淮南本經篇曰詭文奇異之文也　幻滑辯反亦作𢆯　盧文弨曰舊本幻作𢆯案說文作𢆯從反予　桎之實反郭眞一反木在足也　梏古毒反木在手也　爲己于僞反下者爲人同　舍己音捨　老聃曰。胡不直使彼以死生爲一條。以可不可爲一貫者。解其桎梏。其可乎。【注】欲以直理冥之，冀其無跡。【疏】無趾前見仲尼談講之日，何不使孔丘忘於仁義，混同生死，齊一是非，條貫既融，則是帝之縣解，豈非釋其枷鎖，解其杻械也。〔釋文〕一貫古亂反

無趾曰。天刑之。安可解。【注】今仲尼非不冥也。顧自然之理，行則影從，言則嚮隨。夫順物則名跡斯立，而順物者非爲名也。非爲名則至矣，而終不免乎名，則孰能解之哉！故名者影嚮也，影嚮者形聲之桎梏也。明斯理也，則名跡可遺；名跡可遺，則尚彼可絕；尚彼可絕，則性命可全矣。【疏】仲尼憲章文武，祖述堯舜，刪詩書，定禮樂，窮陳蔡，圍商周，執於仁義，遭斯戮恥，亦猶行則影從，言則嚮隨，自然之勢，必至之宜也。是以陳迹既興，涎聲斯起，欲不困弊，其可得乎！故天然刑戮不可解也。〔釋文〕嚮隨許丈反本又作向下同

魯哀公問於仲尼曰。衛有惡人焉。曰哀駘它。【注】惡，醜也。【疏】惡，醜也。言衛國有人，形容醜陋，內德充滿，爲物所歸，而哀駘是醜貌，因以爲名。〔釋文〕惡人

惡貌哀駘音臺徐徒何反李云哀醜也又音殆它駘醜貌它其名丈夫與之處者，思而不能去也。婦人見之，請於父母曰：與爲人妻，寧爲夫子妾者，十數而未止也。【疏】妻者齊也言其位齊於夫妾者接也適可接事君子哀駘才全德滿爲物歸依大順羣生物忘其醜遂使丈夫與同處戀仰不能捨去婦人美其才德競請爲其媵妾十數未止明其慕義者多不爲人妻彰其道能感物也未嘗有聞其唱者也，常和人而已矣。【疏】滅跡匿端謙居物後直置應和而已未嘗誘引先唱〔釋文〕常和戶臥反下同无君人之位以濟乎人之死。【注】明物不由權勢而往。【疏】夫人君者必能赦過宥罪恤死護生駘它窮爲匹夫位非南面無權無勢可以濟人明其懷人不由威力无聚祿以望人之腹。【注】明非求食而往。【疏】夫儲積倉廩招迎士衆歸聚本希飽腹而駘它既無聚祿何以致人明其慕義非由食往也　李楨曰望人之望當讀如易月幾望之望說文朢月滿也與望各字腹滿則飽猶月滿爲朢故以擬之與逍遙遊篇腹猶果然同一字法段望爲朢不見其妙又以惡駭天下。【注】明不以形美故往。【疏】駘它形容異常鄙陋論其醜惡驚駭天下明其聚衆非由色往〔釋文〕惡駭胡楷反崔本作駴和而不唱。【注】非招而致之。【疏】譬谿谷之響直而無心既不以言說招攜非由先物而唱者也知不出乎四域。【注】不役思於分外。【疏】域分也忘心遺智率性任眞未曾役思運懷緣於四方分外也〔釋文〕役思息嗣反且而雌雄合乎前。【注】夫才全者與物無害，故入獸不亂羣，入鳥不亂行，而爲萬物之林藪。【疏】雌雄禽獸之類也夫才全之士與物同波人無害物之心物無畏人之慮故鳥與獸且羣聚於前也〔釋文〕雌雄合乎前李云禽獸屬也亂行戶剛反是必有異乎人者也。【疏】一無權勢二無利祿三無色貌四無言說五無知慮夫聚人物必不徒然今駘它爲衆歸依不由前之五事以此而驗固異於常人者也寡人召而觀之，果以惡駭天下。與寡人處，不至以月數，而寡人有意乎其爲人也。【注】未經月已覺其有遠處。【疏】既聞有異故命召看之形容醜陋果驚駭於天下共其同處不過二旬觀其爲人寥其意趣心神凝淡似覺深遠也不至乎期年，而寡人信之。國无宰，寡人傳國焉。【注】委之以國政。【疏】日月既久情親彌深是以共處一年情相委信而國無良宰治道未宏庶屈賢人傳於國政者也〔釋文〕期年音基傳國丈專反悶然而後應。【注】寵辱不足以驚其神。【疏】悶然而後應不覺之容亦是虛淡之貌既無情於利祿豈有意於榮華故同彼世人悶然而應之也〔釋文〕悶然音門李云不覺貌崔云有頃之間也後應醜對之醜氾而若辭。【注】人辭亦辭。【疏】氾若者是無的當不係之貌也雖無驚於寵辱亦乃同塵以遜讓故氾然當人辭亦辭也〔釋文〕氾浮劍反不係也寡人醜

乎，卒授之國。無幾何也，去寡人而行。寡人卹焉，若有亡也，若無與樂是國

也。是何人者也。【疏】愧慙也卒終也幾何俄頃也卹憂也寡人是五等之謙稱也既見哀人氾然虛淡中心愧醜戀慕殷勤終欲與之國政屈爲卿輔俄頃之閒逃遁而去喪失賢宰實懷憂卹情之恍惚若有遺亡雖君嚮邦會無歡樂來喜去憂感動如此何人何術一至於斯〔釋文〕醜乎李云醜慙也崔云愧也　無幾居豈反　與樂音洛仲尼曰：丘也

嘗使於楚矣，適見㹠子食於其死母者。【注】食乳也〔釋文〕嘗使於楚矣使音所吏反本亦作遊本又直云嘗於楚矣　㹠子本又作豚徒門反　食於音飲邑錦反注同舊如字餘文同少焉眴若，皆棄之而走。不見己焉爾，不得類

焉爾。【注】夫生者以才德爲類，死而才德去矣，故生者以失類而走也。故含德之厚者比於赤子，無往而不爲之

赤子也，則天下莫之害，斯得類而明己故也。情苟類焉，則雖形不與同而物無害心；情類苟亡，雖則形同母子而

不足以固其志矣。【疏】哀公陳己心跡以問孔子孔子以豚子爲譬以荅哀公丘會領門徒遊行楚適地見豚子飲其死母之乳眴目之頃少時之閒棄其死母皆散而走不見已類所以爲然故郭注云生者以才德爲類死而才德去矣故生者以失類而走也以況哀公素無才德非是已類棄捨而去駘它才德既全於赤子物之親愛固是其宜矣〔釋文〕眴若本亦作瞬音舜司馬云驚貌崔云目動也謂死母曰動　俞樾曰眴若猶眴然也徐无鬼篇衆狙見之恂然棄而走此云眴若彼云恂然文異義同眴恂並旬之段字說文兮部旬驚辭也從兮旬聲眴恂亦從旬聲故得通用釋文引司馬曰驚貌得之矣眴若皆棄之而走言㹠子皆驚而走也蓋始爲不知其爲死母就之而食少焉覺其死故皆驚走也眴若二字以其子言不以其母言釋文又引崔云目動也謂死母目動然則其母不死與下意不合矣下文不見已焉爾不得類焉爾郭注曰夫生者以才德爲類死而才德去矣故生者以失類而走也若從崔說死母之目眴動是其才德未去何爲以失類而走乎所愛其母者，非愛其形也，愛使其

形者也。【注】使形者才德也。【疏】郭注曰使形者才德也而才德者精神也豚子愛母愛其精神人慕駘它慕其才德者也戰而死者，其人之葬

也不以翣資。【注】翣者武所資也，戰而死者無武也，翣將安施。〔釋文〕翣資所甲反扇也武王所造宋均云武飾也李云資送也崔本作翣枚音坎謂先人壙墓也　盧文弨曰李下舊無云字案當有今增刖者之屨，无爲愛之。【注】所愛屨者爲足故耳。〔釋文〕爲足于僞反皆

无其本矣。注翣屨者以足武爲本。疏翣者武飾之具，武王爲之，或云周公作也。其形似方扇，使車兩邊。軍將行師，陷陣而死，及其葬日，不用翣資。是知翣者武之所資，屨者足之所使，用形者神之所使。無足屨無所用，無武則翣無所資，無神則形無所愛。然翣屨以足武爲本，形貌以才德爲原，二者無本，故並無用也。爲天子之諸御，不爪翦，不穿耳；注全其形也。取妻者止於外，不得復使。注恐傷其形。疏夫帝王宮闈，揀擇御女，穿耳翦爪，恐傷其形；匹夫取妻，停於外務，使役驅馳，慮虧其色。此重舉譬以況全才也。〔釋文〕不得復使扶又反。章末注同。崔本作不得復使矣，云不復入直也。家世父曰：不爪翦，不穿耳，謂不加修飾而後本質見。止於外，不復使，謂不交涉他事而後精神專一。郭象以爲恐傷其形，誤也。形全猶足以爲爾，注揉擇嬪御及燕爾新昏，本以形好爲意者也，故形之全也，猶以降至尊之情，回貞女之操也。〔釋文〕形好呼報反。而況全德之人乎！注德全而物愛之宜矣。疏爾，然也。夫形之全具，尚能降眞人，感貞女，而況德全乎！此合譬也。故郭注云德全而物愛之宜矣哉。今哀駘它未言而信，无功而親，使人授己國，唯恐其不受也，是必才全而德不形者也。疏夫親由績彰，信藉言顯。今駘它未至言說而已遭委信，本無功績而付託實親，遂使魯侯虛襟，授其朝政，卑己遜讓，唯恐不受。知是之人，必當才智全具，而推功於物，故德不形見之也。哀公曰：何謂才全？疏前雖標舉，於義未彰，故發此疑，庶希後荅。仲尼曰：死生存亡，窮達貧富，賢與不肖毀譽，飢渴寒暑，是事之變，命之行也；注其理固當，不可逃也。故人之生也，非誤生也；生之所有，非妄有也。天地雖大，萬物雖多，然吾之所遇適在於是，則雖天地神明，國家聖賢，絕力至知而弗能違也。故凡所不遇，弗能遇也，其所遇，弗能不遇也；所不爲，弗能爲也，其所爲，弗能不爲也；故付之而自當矣。疏夫二儀雖大，萬物雖多，人生所遇，適在於是。故前之八對，並是事物之變化，天命之流行，而留之不停，推之不去，安排任化，所遇所適，自非德充之士，其孰能然！此則仲尼荅哀公才全之義。〔釋文〕毀譽音餘。日夜相代乎前，注夫命行事變，不舍晝夜，推之不去，留之不停，故才全者隨所遇而任之。〔釋文〕不舍音捨。而知不能規乎其始者也。注夫始非知之所規，而故非情之所留。是以知命之必行，事之必變者，豈於終規始，在新戀故哉？雖有至知而弗能規也。逝者之往，吾奈之何哉！疏夫命行事變其速如馳代謝遷流不舍晝夜一前一後反覆循環雖有至知不能測度豈復在新戀故在終規始哉蓋不然也唯當隨變任化則無往而不逍遙也故不足以滑和。注 苟知性命之固當則雖死生窮達千變萬化淡然自若而和理在身矣 疏 滑亂也雖復事變命遷而隨形任化淡然自若不亂於中和之道也〔釋文〕以滑音骨淡然徒暫反不可入於靈府。注 靈府者精神之宅也夫至足者不以憂患經神若皮外而過去 疏 靈府者精神之宅所謂心也經寒涉暑治亂千變萬化與物俱往未嘗槩意豈復關心耶使之和豫通而不失於兌。注 苟使和性不滑靈府閒豫則雖涉乎至變不失其兌然也 疏 兌悅也體窮通達生死終使所遇和樂中心逸豫經涉夷險兌然自得不失其適悅也〔釋文〕於兌徒外反李云悅也閒豫音閑使日夜无郤。注 泯然常任之 疏 郤閒也駘它流轉日夜不停心心相係亦無閒斷也〔釋文〕無郤去逆反李云閒也而與物爲春。注 羣生之所賴也 疏 慈照有生恩霑動植與物仁惠事等青春是接而生時於心者也。注 順四時而俱化 疏 是者指斥以前事也才全之人接濟羣品生長萬物應赴順時無心之心逗機而照者也〔釋文〕是接而生時乎心者也司馬云接至道而和氣在心也李云接萬物而施生順四時而俱作 盧文弨曰今本書乎作於是之謂才全。疏 總結以前是才全之義也何謂德不形。疏 已領才全未悟德不形義更相發問庶聞後旨也曰：平者水停之盛也。注 天下之平莫盛於停水也 疏 停止也而天下均平莫盛於止水故上文云人莫鑒於流水而必鑒於止水此舉爲譬以彰德不形義故也其可以爲法也。注 無情至平故天下取正焉內保之而外不蕩也。注 內保其明外無情僞玄鑒洞照與物無私故能全其平而行其法也 疏 夫水性澄照鑒清於物大匠雖巧非水不平故能保守其明而不波蕩者可以軌儀工人洞鑒妍醜也故下文云水平中準大匠取則焉況至人冥真合道和光和物模楷蒼生動而常寂故云內保之而外不蕩者也〔釋文〕情僞于僞反 慶藩案情僞即情爲也古爲僞二字通用史記小司馬本五帝紀平秩南爲漢書王莽傳作南僞禮月令作爲淫巧鄭注曰今月令作爲作詐僞左定公十二年傳子僞不知釋文僞一作爲荀子性惡篇可學而能可事而成之在人者謂之僞僞即爲也皆其證德者成和之脩也。注 事得以成物得以和謂之德也 疏 夫成於庶事和於萬物者非盛德孰能之哉必也先須修身立行後始可成事和物之德以和而我不喪者方可以謂之德也德不形者物不能離也。注 無事不成無物不和此德之不形也是以天下樂推而不厭 疏 夫明齊日月而歸明於昧功侔造化而歸功於物者也德之不形也是以含德之厚比於赤子天下樂推而不厭斯物不辭之者也〔釋文〕能離力智反　哀公異日以告閔子曰。始也吾以南面而君天下、執民之紀。而憂其死。吾自以爲至通矣。今吾聞至人之言。恐吾無其實。輕用吾身。而亡其國。吾與孔丘。非君臣也。德友而已矣。【注】聞德充之風者雖復哀公猶欲遺形骸忘貴賤也【疏】姓閔名損字子騫宣尼門人在四科之數甚有孝德魯人也異日猶它日也南面君位也初始未悟矜於魯君執持綱紀憂於兆庶養育教誨恐其夭死用斯治術爲至美至通今聞尼父言談且陳才德之義魯侯悟解方覺前非至通憂死之言更成虛幻執紀南面之大都無實錄於是隳肢體黜聰明遺尊卑忘爵位觀魯邦若蝸角視己形如隙影友仲尼以全道德禮司寇以異君臣故知莊老之談其風清遠德充之美一至於斯〔釋文〕閔子孔子弟子閔子騫也　闉跂支離无脤說衛靈公。靈公說之。而視全人。其脰肩肩。【注】偏情一往則醜者更好而好者更醜也【疏】闉曲也謂攣曲企踵而行脤脣也謂支體坼裂傴僂殘病復無脣也㼜盎也脰頸也肩肩細小貌也而支離殘病企踵而行瘤癭之病大如盆甕此二人者窮天地之陋而俱能忘形建德體道談玄遂使齊衛兩君欽風愛悅美其盛德不覺病醜顧視全人之頸翻小而自肩肩者〔釋文〕闉音因郭烏年反　跂音企郭其逆反　支離无脤徐市軫反又音脣司馬云闉曲跂企也闉跂支離言腳常曲行體不正卷縮也無脤名也崔云闉跂傴者也支離傴者也脤脣同簡文云跂行也脤脣也　慶藩案慧琳一切經音義一百肇論卷上引司馬云跂望也釋文闕　說衛始銳反又如字下說齊同　桓說之音悅下說之同　脰音豆頸也　肩肩胡咽反又胡恩反李云羸小貌崔云猶玄玄也簡文云直貌　李楨曰攷工梓人文數目顅脰注云顅長脰貌與肩肩義合知肩是省借本字當作顅竝可據鄭注補釋文一義　甕烏送反郭於籠反　㼜烏葬反郭於兩反李云甕㼜大癭貌崔同　大癭一領反說文云瘤也　故德有所長。而形有所忘。【注】其德長於順物則物忘其醜長於逆物則物忘其好【疏】大癭支離道德長遠遂使齊侯衛主忘其形惡　人不忘其所忘。而忘其所不忘。此謂誠忘。【注】生則愛之死則棄之故德者世之所不忘也形者理之所不存也故夫忘形者非忘也不忘形而忘德者乃誠忘也【疏】誠實也所忘形也不忘德也忘形易而忘德難也故謂形爲所忘德爲不忘也不忘形而忘德者此乃眞實忘斯德不形之義也　故聖人有所遊。【注】遊於自得之場放之而無不至者才德全也【疏】物我雙遣形德兩忘故放任乎變化之場遨遊於至虛之域也　而知爲孽。約爲膠。德爲接。工爲商。【注】此四者自然相生其理已具【疏】夫至人道邁三淸而神遊六合故蘊智以救殃孽約束以檢散心樹德以接蒼生工巧以利羣品此之四事凡類有之大聖慈救同塵順物也〔釋文〕而知音智下同 爲孽魚列反司馬云智慧生妖孽 約爲膠司馬云約束而後有如膠漆崔云約誓所以爲膠固德爲接司馬云散德以接物也 工爲商司馬云工巧而商賈起 聖人不謀惡用知。不斲惡用膠。无喪惡用德。不貨惡用商。【注】自然已具故聖人無所用其己也【疏】惡何也至人不殃孽謀謨何用智惠不散亂彫斲何用膠固本不喪道用德何爲不貨難得之貨無勞商賈祇爲和光和物是故有之者也〔釋文〕惡用音烏下同 不斲陟角反 无喪息浪反 四者天鬻也。天鬻者天食也。【注】言自然而稟之【疏】鬻食也食稟也天自然也以前四事蒼生有之稟自天然各率其性聖人順之故無所用已也〔釋文〕天鬻音育養也 天食音嗣亦如字 既受食於天。又惡用人。【注】既稟之自然其理已足則雖沈思以免難或明戒以避禍物無妄然皆天地之會至理所趣必自思之非我思也必自不思非我不思也或思而免之或思而不免或不思而免之或不思而不免凡此皆非我也又奚爲哉任之而自至也【疏】稟之自然各有定分何須分外添足人情違天任人故至悔者也〔釋文〕受食如字又音嗣 沈思息嗣反亦如字 免難乃旦反 有人之形。【注】視其形貌若人无人之情。【注】掘若槁木之枝【疏】聖人同塵在世有生處之形容體道虛忘無是非之情慮〔釋文〕掘若其勿反 槁木苦老反 有人之形。故羣於人。【注】類聚羣分自然之道【疏】和光混跡羣聚世閒此解有人之形〔釋文〕羣分如字 无人之情。故是非不得於身。【注】無情故付之於物也【疏】譬彼靈眞絕無性識既安物我何有是非此解無人之情故也 眇乎小哉。所以屬於人也。【注】形貌若人【疏】屬係也跡閔囂俗形係人羣與物不殊故稱眇小也此結有人之形耳〔釋文〕眇亡小反簡文云陋也 慶藩案慧琳一切經音義九十八廣宏明集音卷十五引司馬云眇高視也釋文闕 謷乎大哉。獨成其天。【注】無情故浩然無不任無不任者有情之所未能也故無情而獨成天也【疏】謷高大貌也謷然大教萬境都忘智德高傑凝照宏遠故歎美大人獨成自然之至此結無人之情也〔釋文〕謷乎五羔反徐五報反簡文云放也今取遨遊義也 獨成其天如字崔本天字作大云類同於人所以爲小情合於天所以爲大 惠子謂莊子曰。人故无情乎。【疏】前文云有人之形無人之情惠施引此語來質疑莊子所言人者必固無情慮乎然莊惠二賢並遊心方外故常稟而爲論端 莊子曰。然。疏 然如是也許其所問故荅云然 惠子曰。人而无情。何以謂之人。疏 若無情智何名爲人此是惠施進責之辭問於莊子 莊子曰。道與之貌。天與之形。惡得不謂之人。注 人之生也非情之所生也生之所知豈情之所知哉故有情於爲離曠而弗能也然離曠以無情而聰明矣有情於爲賢聖而弗能也然賢聖以無情而賢聖矣豈直賢聖絕遠而離曠難慕哉雖下愚聾瞽及雞鳴狗吠豈有情於爲之亦終不能也不問遠之與近雖去己一分顏孔之際終莫之得也是以關之萬物反取諸身耳目不能以易任成功手足不能以代司致業故嬰兒之始生也不以目求乳不以耳向明不以足操物不以手求行豈百骸無定司形貌無素主而專由情以制之哉疏 惡何也虛通之道爲之相貌自然之理遺其形質形貌具有何得不謂之人且形之將貌蓋亦不殊道與自然互其文耳欲顯明斯義故重言之也〔釋文〕惡得 音烏下惡得同 吠 扶廢反 一分 如字 足操 七刀反 惠子曰。既謂之人。惡得无情。注 未解形貌之非情也。疏 既名爲人理懷情慮若無情識何得謂之人此是惠施未解形貌之非情〔釋文〕未解 音蟹 莊子曰。是非吾所謂情也。注 以是非爲情則無是無非無好無惡者雖有形貌直是人耳情將安寄。疏 吾所言情者是非彼我好惡憎嫌等也若無是無非雖有形貌直是人耳情將安寄 吾所謂无情者。言人之不以好惡內傷其身。注 任當而直前者非情也。疏 莊子所謂無情者非木石其懷也止言不以好惡緣慮分外遂成性而內理其身者也何則蘊虛照之智無情之情也 常因自然而不益生也。注 止於當也。疏 因任自然之理以此爲常止於所稟之涯不知生分 惠子曰。不益生。何以有其身。注 未明生之自生理之自足。疏 若不資益生道何得有此身乎未解生之自生理之自足者也 莊子曰。道與之貌。天與之形。注 生理已自足於形貌之中但任之則身存。疏 道與形貌生理已足但當任之無勞措意也 无以好惡內傷其身。注 夫好惡之情非所以益生祇足以傷身以其生之有分也。疏 還將益以酬後問也〔釋文〕无以好惡 呼報反下烏路反注同 祇足 音支 今子外乎子之神。勞乎子之精。倚樹而吟。據槁梧而瞑。【注】夫神不休於性分之內則外矣精不止於自生之極則勞矣故行則倚樹而吟坐則據梧而睡言有情者之自困也【疏】槁梧夾膝几也惠子未遣筌蹄耽內名理疏外神識勞苦精靈故行則倚樹而吟詠坐則隱几而談說是以形勞心倦疲怠而瞑者也〔釋文〕倚樹於綺反 據槁苦老反 梧音吾 而瞑音眠崔云據琴而睡也 而睡垂僞反 天選子之形。子以堅白鳴。【注】言凡子所爲外神勞精倚樹據梧且吟且睡此世之所謂情也而云天選明夫情者非情之所生而況他哉故雖萬物萬形云爲趣舍皆在無情中來又何用情於其間哉【疏】選授也鳴言說也自然之道授與汝形天壽汝聰其理已定無勞措意分外益生而子稟性聰明辨析明理執持己德炫耀眾人亦何異乎公孫龍作白馬論云白馬非馬堅守斯論以此自多信有其言而無其實能伏眾人之口不能伏眾人之心今子分外誇談即是斯之類也〔釋文〕天選宣轉反舊思綴反

內篇 大宗師第六

【注】雖天地之大萬物之富其所宗而師者無心也〔釋文〕大宗師崔云遺形忘生當大宗此法也

知天之所爲。知人之所爲者。至矣。【注】知天人之所爲者皆自然也則內放其身而外冥於物與眾玄同任之而無不至者也【疏】天者自然之謂至者造極之名天之所爲者謂三景晦明四時生殺風雲舒卷雷用寒溫也人之所爲者謂手捉腳行目視耳聽心知工拙凡所施爲也知天之所爲悉皆自爾非關脩造豈由知力是以內放其身外冥於物浩然大觀與眾玄同窮理盡性故稱爲至也 知天之所爲者。天而生也。【注】天者自然之謂也夫爲爲者不能爲而爲自爲耳爲知者不能知而知自知耳自知耳不知也不知也則知出於不知矣自爲耳不爲也不爲也則爲出於不爲矣爲出於不爲故以不爲爲主知出於不知故以不知爲宗是故真人遺知而知不爲而爲自然而生坐忘而得故知稱絕而爲名去也【疏】雲行雨施川源岳瀆非關人力此乃天生能知所知並自然也此解前知天之所爲〔釋文〕天而生向崔本作失而生 知稱尺證反 知人之所爲者。以其知之所知。以養其知之所不知。終其天年。而不中道夭者。是知之盛也。【注】人之生也形雖七尺而五常必具故雖區區之身乃

舉天地以奉之故天地萬物凡所有者不可一日而相無也一物不具則生者無由得生一理不至則天年無緣得終然身之所有者知或不知也理之所存者爲或不爲也故知之所知者寡而身之所有者衆爲之所爲者少而理之所存者博在上者莫能器之而求其備焉人之所知不必同而所爲不敢異異則僞成矣僞成而眞不喪者未之有也或好知而不倦以困其百體所好不過一枝而舉根俱弊斯以其所知而害所不知也若夫知之盛也知人之所爲者有分故任而不彊也知人之所知者有極故用而不蕩也故所知不以無涯自困則一體之中知與不知闇相與會而俱全矣斯以其所知養所不知者也【疏】人之所爲謂四肢百體各有御用也知之所知者謂目知於色即以色爲所知也知之所不知者謂目能知色不能知聲即以聲爲所不知也既而目爲手足而視腳爲耳鼻而行雖復無心相爲而濟彼之功成矣故眼耳鼻舌四肢百體更相役用各有司存心之明闇亦有限極用其分內終不彊知斯以其知之所知以養其知之所不知也故得盡其天年不橫夭折能知是者可謂知之盛美者也【釋文】「不喪」息浪反下皆同「或好」呼報反下同「不彊」其兩反盧文弨曰今本書作彊 雖然，有患。【注】雖知盛未若遺知任天之無患也【疏】知雖盛美猶有患累不若忘知而任獨也 夫知有所待而後當，【注】夫知者未能無可無不可故必有待也若乃任天而生者則遇物而當也 其所待者特未定也。【注】有待則無定也【疏】夫知必對境非境不當境既生滅不定知亦待奪無常唯當境知兩忘能所雙絕者方能無可無不可然後可患也已 庸詎知吾所謂天之非人乎？所謂人之非天乎？【注】我生有涯天也心欲益之人也然此人之所謂耳物無非天也者自然者也人皆自然則治亂成敗遇與不遇非人爲也皆自然耳【疏】近取諸身遠託諸物知能運用無非自然是知天之與人理歸無二故謂天則人謂人則天凡庸之流詎曉斯旨所言吾者莊生自稱此則混合人天混同物我者也【釋文】「庸詎」徐其庶反「則治」直吏反 且有眞人而後有眞知。【注】有眞人而後天下之知皆得其眞而不可亂也【疏】夫聖人者誠能冥眞合道忘我遺物懷茲聖德然後有此眞知是以混一眞人而無患累眞知之狀列在下文耳 何謂眞人？【疏】假設疑問庶顯其旨 古之眞人，不逆寡，【注】凡寡皆不逆則所順者衆矣【疏】寡少也引古御今崇本抑末虛懷任物大順羣生假令微少曾不逆忤者也 不雄成，

【注】不恃其成而處物先。【疏】爲而不恃，長而不宰，豈雄據成績，欲處物先耶！不謨士。【注】縱心直前而羣士自合，非謀謨以致之者也。【疏】虛夷忘淡，士衆自歸，非關運心謀謨招致故也。【釋文】不謨 莫乎反 若然者，過而弗悔，當而不自得也。【注】直自全當而無過耳，非以得失經心者也。【疏】天時已過，曾無悔吝之心；分命偶當，不以自得爲美也。 俞樾曰：過者謂於事有所過失也，當者謂行之而當也。在衆人之情，於事有所過失則悔矣，行之而當則自以爲得矣。眞人不然，故曰過而弗悔，當而不自得也。正文明言過，郭注謂全當而無過，失之。 若然者，登高不慄，入水不濡，入火不熱。是知之能登假於道者也若此。【注】言夫知之登至於道者若此之遠也。理固自全，非畏死也。故眞人陸行而非避濡也，遠火而非逃熱也，無過而非措當也。故雖不以熱爲熱而未嘗赴火，不以濡爲濡而未嘗蹈水，不以死爲死而未嘗喪生。故夫生者豈生之而生哉，成者豈成之而成哉？故任之而無不至者，眞人也，豈有概意於所遇哉！【疏】慄，懼也；濡，溼也；登，昇也；假，至也。眞人達生死之不二，體安危之爲一，故能入水入火，曾不介懷，登高履危，豈復驚懼！眞知之士有此功能，昇至玄道，故得如是者也。【釋文】不慄 音栗 不濡 而朱反 登假 更百反，至也。 遠火 于萬反 有概 古愛反 古之眞人，其寢不夢，【注】無意想也。其覺無憂，【注】當所遇而安也。【疏】夢者，情意妄想也。而眞人無情慮，絕思想，故雖寢寐寂泊而不夢，以至覺悟，常適而無憂也。【釋文】其覺 古孝反 其食不甘，【注】理當食耳。【疏】混迹人間，同塵而食，不耽滋味，故不知其美。其息深深。眞人之息以踵。【注】乃在根本中來者也。【疏】踵，足根也。眞人心性和緩，智照凝寂，至於氣息，亦復徐遲，腳踵中來，明其深靜也。【釋文】深深 李云：內息之貌。 家世父曰：存息於無息之地而後納之，深泊然，寂然，無出無入，無往無來，鬱怒之所不能結，嗜欲之所不能加，百骸九竅六藏，一不與爲軀殼，而退而寄之於踵，乃以養息於深微，博厚而寓諸無窮。以踵 章勇反。王穆夜云：起息於踵，遍體而深。 衆人之息以喉。屈服者，其嗌言若哇。【注】氣不平暢。【疏】嗌，喉也。哇，礙也。凡俗之人，心靈馳競，言語喘息，唯出咽喉，情躁氣促，不能深靜，屈折起伏，氣不調和，咽喉之中，恒如哇礙也。【釋文】以喉 向云：喘悸之息以喉爲節，言情欲奔競所致。 其嗌 音益。郭音厄，咽喉也。 若哇 獲媧反，徐胡卦反，又音鮭。嗌一音於佳反，結也。言咽喉之氣結礙不通也。簡文云：哇，嘔也。 其耆欲深者，其天機淺。【注】深根寧極，然後反一無欲也。【疏】夫耽耆諸塵而情欲深重者，其天然機神淺鈍故也。若使智照深遠，豈其然乎！【釋文】其耆 市志反 古之眞

人不知說生，不知惡死。【注】與化為體者也。【疏】氣聚而生，生為我時；氣散而死，死為我順。既冥變化，故不以悅惡存懷。〔釋文〕說生音悅。惡死烏路反。其出不訢，其入不距；【注】泰然而任之也。【疏】時應出生，本無情於忻樂；時應入死，豈有意於距諱耶？〔釋文〕不訢音欣，又音祈。不距本又作拒，音巨。李云：欣出則營生，距入則惡死。翛然而往，翛然而來而已矣。【注】寄之至理，故往來而不難也。【疏】翛然，無係皃也。翛然獨化，任理遨遊，雖復死往生來，會無意戀之者也。〔釋文〕翛然音蕭，本又作儵，徐音叔，郭與久反，李音悠。向云：翛然，自然無心而自爾之謂。郭崔云：往來不難之貌。司馬云：儵，疾貌。李同。盧文弨曰：舊久譌冬，今從宋本正。不忘其所始，不求其所終；【注】終始變化，皆忘之矣，豈直逆忘其生，而猶復探求死意也。【疏】始，生也；終，死也。生死都遣，會無繫著，豈直獨忘其生而偏求於死邪！終始均平，所遇斯適也。〔釋文〕猶復扶又反，下非復同。受而喜之，【注】不問所受者何物，遇之而無不適也。【疏】喜所遇也。忘而復之，【注】復之不由於識，乃至也。【疏】反未生也。是之謂不以心捐道，不以人助天。是之謂真人。【注】人生而靜，天之性也；感物而動，性之欲也。物之感人無窮，人之逐欲無節，則天理滅矣。真人知用心則背道，助天則傷生，故不為也。【疏】是謂者，指斥前文，總結其旨也。捐，棄也。言上來智惠忘生，可謂不用取捨之心捐棄虛通之道，亦不用人情分別添助自然之分，能如是者，名曰真人也。〔釋文〕捐徐以全反。郭作揖，一入反。崔云：或作楫，所以行舟也。盧文弨曰：揖舊譌楫。案下方云或作楫，則此當作揖。俞樾曰：揖字誤。釋文云郭作揖，崔云或作楫，所以行舟也，其義彌不可通。疑皆偝字之誤，偝即背字，故郭注曰真人知用心則背道，助天則傷生，是郭所據本正作偝也。則背音佩。若然者，其心志，【注】所居而安為志。【疏】若如以前不捐道等，心是心懷，志力而能致然也。故老經云：強行者有志。家世父曰：郭象注所居而安為志，應作其心志。說文：志，心之所之也。商書若射之有志，孔疏云：如射之有志，志之所主，欲得中也。佛書性相如如，常住不遷，即此所謂其心志也。慶藩案說文無志篆，所引當出字林字書。其容寂，【注】雖行而無傷於靜。〔釋文〕容家本亦作寂，崔本作宋。盧文弨曰：舊本譌家，今改正。說見前。本書作寂。其顙頯。【注】頯，大朴之貌。【疏】顙，額也；頯，大朴貌。夫真人降世，挺氣異凡，非直智照虛明，志力宏贍，亦乃威容閑雅，相貌端嚴，日角月弼，即斯類也。〔釋文〕其顙息黨反。崔云：額也。頯徐去軌反，郭苦對反，李音仇，一音逵。權也。王云：質朴無飾也。向本作魋，云：魋然，大朴貌。廣雅云：魋，大也。五罪反。淒然似秋，【注】殺物非為威也。〔釋文〕淒然七西反。煖然似春，【注】生物非為仁也。〔釋文〕煖然音暄，徐況晚反。喜怒通四時，【注】夫體道合變者與寒暑同其溫嚴而未嘗有心也然有溫嚴之貌生殺之節故寄名於喜怒也【疏】聖人無心有感斯應威恩適務寬猛逗機同素秋之降霜本無心於肅殺似青春之生育寧有意於仁惠是以真人如雷行風動木茂華敷覆載合乎二儀喜怒通乎四序 與物有宜而莫知其極。【注】無心於物故不奪物宜無物不宜故莫知其極【疏】真人應世赴感隨時與物交涉必有宜便而虛心慈愛常善救人量等太虛故莫知其極 故聖人之用兵也，亡國而不失人心。【疏】堯攻叢支禹攻有扈成湯滅夏周武伐殷並上合天時下符人事所以興動干戈弔民問罪雖復殄亡邦國而不失百姓歡心故也 〔釋文〕亡國而不失人心 崔云亡敵國而得其人心 利澤施乎萬世，不爲愛人。【注】因人心之所欲亡而亡之故不失人心也夫白日登天六合俱照非愛人而照之也故聖人之在天下煖焉若春陽之自和故蒙澤者不謝淒乎若秋霜之自降故凋落者不怨也【疏】利物滋澤事等陽春豈直一時乃施乎萬世而芻狗百姓故無偏愛之情 故樂通物，非聖人也。【注】夫聖人無樂也直莫之塞而物自通【疏】夫懸鏡高臺物來斯照不迎不送豈有情哉大聖應機其義亦爾和而不唱非謂樂通故知役意於物非聖人者也 有親，非仁也。【注】至仁無親任理而自存【疏】至仁無親親則非至仁也 天時，非賢也。【注】時天者未若忘時而自合之賢也【疏】占玄象之盈虛候天時之去就此乃小智豈是大賢者也 利害不通，非君子也。【注】不能一是非之塗而就利違害則傷德而累當矣【疏】未能一窮通均利害而擇情榮辱封執是非者身且不能自達焉能君子人物乎 行名失己，非士也。【注】善爲士者遺名而自得故名當其實而福應其身【疏】矯行求名失其己性此乃流俗之人非爲道之士 〔釋文〕行名 下孟反 福應 應對之應 亡身不真，非役人也。【注】自失其性而矯以從物受役多矣安能役人乎【疏】夫矯行喪真求名亡己斯乃受人驅役焉能役人哉 若狐不偕、務光、伯夷、叔齊、箕子、胥餘、紀他、申徒狄，是役人之役，適人之適，而不自適其適者也。【注】斯皆舍己效人徇彼傷我者也【疏】姓狐字不偕古之賢人又云堯時賢人不受堯讓投河而死務光黃帝時人身長七尺又云夏時人餌藥養性好鼓琴湯讓天下不受自負石沉於廬水伯夷叔齊遼西孤竹君之二子神農之裔姓姜氏父死兄弟相讓不肯嗣位聞西伯有道試往觀焉逢文王崩武王伐紂夷齊扣馬而諫武王不從遂隱於河東首陽山不食其粟卒餓而死箕子殷紂賢臣諫紂不從遂遭奴戮胥餘者箕子名也又解是楚大夫伍奢之子名員字子胥吳王夫差之臣忠諫不從抉眼而死屍沈於江紀他者姓紀名他湯時逸人也聞湯讓務光恐及乎已遂將弟子陷於窾水而死申徒狄聞之因以踣河此數子者皆矯情僞行亢志立名分外波蕩遂至於此自餓自沈促齡夭命而芳名令譽傳諸史籍斯乃被他驅使何能役人悅樂衆人之耳目焉能自適其情性耶 〔釋文〕狐不偕 司馬云古賢人也 務光 皇甫謐云黃帝時人耳長七寸 伯夷叔齊 孤竹君之二子 箕子胥餘 司馬云胥餘箕子名也見尸子崔同又云尸子曰箕子胥餘漆身爲厲被髮佯狂或云尸子曰比干也胥餘其名　慶藩案書微子正義僖十五年左傳正義論語十八正義並引司馬云箕子名胥餘與釋文異 紀他 徒何反 申徒狄 殷時人負石自沈於河崔本作司徒狄 皆舍 音捨下同

古之眞人，其狀義而不朋。注與物同宜而非朋黨 疏 狀迹也義宜也降迹同世隨物所宜而虛己均平曾無偏黨也　俞樾曰郭注訓義爲宜朋爲黨望文生訓殊爲失之此言其狀豈言其德乎義當讀爲峨峨與義並從我聲故得通用天道篇而狀義然義然卽峨然也朋讀爲崩易復象辭朋來无咎漢書五行志引作崩來无咎是也其狀峨而不崩者言其狀峨然高大而不崩壞也廣雅釋詁峨高也釋訓峨峨高也高與大義相近故文選西京賦神山峨峨辥綜注曰峨峨高大也天道篇義然卽可以此說之郭不知義爲峨之叚字於此文則訓爲宜於彼文則曰踶跂自持之貌皆就本字爲說失之

若不足而不承。注沖虛無餘如不足也下之而無不上若不足而不承也 疏 韜晦沖虛獨如神智不足率性而動汎然自得故無所稟承者也 〔釋文〕不承 如字李云迎也又音拯 不上 時掌反

與乎其觚而不堅也。注常游於獨而非固守 疏 觚獨也堅固也彷徨放任容與自得遨遊獨化之場而不固執之 〔釋文〕與乎 如字又音豫同云疑貌　盧文弨曰同當是向字之誤 其觚 音孤王云觚特立不羣也崔云觚棱也　俞樾曰郭注曰常遊於獨而非固守是讀觚爲孤然與不堅之義殊不相應釋文引崔云觚棱也亦與不堅之義不應殆皆非也養生主篇技經肯綮之未嘗而況大軱乎釋文引崔云槃結骨疑此觚字卽彼軱字骨之槃結是至堅者也軱而不堅是謂眞人崔不知觚軱之同字故前後異訓耳　李楨曰與乎其觚與張乎其虛對文觚字太不倫據注疏觚訓獨釋文引王云觚特立不倚也並是孤字之義知所據本必皆作孤觚是叚借爾雅釋地觚竹北戶釋文云本又作孤此觚孤互通之證孤特者率方而有棱故其字亦可借觚爲之與乎二字與下與乎止我德也複疑此誤注云常遊於獨就遊字義求之或元是趣字抑或是懸字說文趣安行也懸趣步懸懸也並與遊義合

張乎其虛而不華也。注曠然無懷乃至於實 疏 張廣大貌也靈府寬閑與虛空等量而智德眞實故不浮華

邴邴乎其似喜乎。注至人無喜暢然和適故似喜也 疏 邴邴喜貌也隨變任化所遇斯適實忘喜怒故云似喜者也 〔釋文〕邴邴 徐音丙郭甫杏反向云喜貌簡文云明貌

崔乎其不得已乎。注動靜行止常居必然之極 疏 崔動也已止也眞人凝寂應物無方迫而後動非關先唱故不得已而應之者也 〔釋文〕崔乎 于罪反徐息罪反郭且雷反向云動貌簡文云速貌

滀乎進我色也。注

不以物傷己也。【疏】滀，聚也。進，益也。心同止水，故能滀聚羣生，是以應而無情，惠而不費，適我益我，神色終無減損者也。〔釋文〕滀乎 本又作慉，敕六反。司馬云：色憤起貌。王云：富有德充也。簡文云：聚也。與乎止我德也。【注】無所趨也。【疏】雖復應動隨世，接物逗機，而恒容與無為，作於真德，所謂動而常寂者也。厲乎其似世乎。【注】至人無厲，與世同行，故若厲也。【疏】厲，危也。真人一於安危，冥於禍福，而和光同世，亦似厲乎。孔子之困匡人，文王之拘羑里，雖遭危厄，不廢無為之事也。〔釋文〕厲乎 如字。崔本作廣，云：苞羅者廣也。 俞樾曰：郭注殊不可通。且如注意，當云世乎其似厲，不當反言其似世也。今案世乃泰之叚字。荀子榮辱篇橋泄者人之殃也，劉氏台拱補注曰：橋泄即驕泰之異文，荀子他篇或作汏，或作忲，或作泰，皆同。偏泄之泄，古多與外大害敗為韻，亦讀如泰也。又引賈子簡泄不可以得士為證。然則以世為泰，猶以泄為泰也。猛厲與驕泰，其義相應。釋文曰：厲，崔本作廣。廣大亦與泰義相應，泰亦大也。若以本字讀之，而曰似世，則皆不可通矣。 慶藩案厲當從崔本作廣者是。郭注訓與世同行，則有廣大之義。然既曰無厲，又曰若厲，殊失解義。經傳中厲廣二字往往而混，如禮月令天子乃厲飾，淮南時則篇作廣飾；史記平津侯傳厲賢予祿，徐廣曰，厲亦作廣；儒林傳以廣賢材，漢書廣作厲；漢書地理志齊郡廣，說文水部注廣譌為厲：皆其證。 又案俞氏云世為泰之叚字，是也。古無泰字，其字作大。大世二字古音義同，得通用也。禮曲禮不敢與世子同名，注，世或為大。春秋文三十年大室屋壞，公羊作世室；衛太叔儀，公羊作世叔儀；宋樂大心，公羊樂世心；鄭子大叔，論語作世叔：皆其證。謷乎其未可制也。【注】高放而自得。【疏】聖德廣大，謷然高遠，超於世表，故不可禁制也。〔釋文〕謷乎 五羔反，徐五到反。司馬云：志遠貌。王云：高邁於俗也。連乎其似好閉也。【注】綿邈深遠，莫見其門。【疏】連，長也。聖德遐長，連綿難測，心知路絕，孰見其門？昏默音聲，似如關閉，不聞見人也。〔釋文〕連乎 如字。李云：連綿長貌。崔云：蹇連也。音輦。似好 呼報反，下皆同。悗乎忘其言也。【注】不識不知而天機自發，故悗然也。【疏】悗，無心貌也。放任安排，無為虛淡，得玄珠於赤水，所以忘言。自此以前，歷顯真人自利利他內外德行；從此以下，明真人利物為政之方也。〔釋文〕悗乎 亡本反。字或作免。李云：無匹貌。王云：廢忘也。崔云：婉順也。以刑為體，【注】刑者治之體，非我為。〔釋文〕治之 直吏反。以禮為翼，【注】禮者世之所以自行耳，非我制。【疏】用刑法為治政之體本，以禮樂為御物之羽儀。以知為時，【注】知者時之動，非我唱。以德為循。【注】德者自彼所循，非我作。【疏】循，順也。用智照機，不失時候，以德接物，俯順物情。以前略標，此以下解釋也。〔釋文〕為循 本亦作脩，兩得。俞樾曰：陸氏以為兩得，非。下文與有足者至于丘也，自作循為是。說文，循，順行也。若作脩，則無義矣。 慶藩案作脩是也。（廣雅，循，述也。詩邶風傳，述，循也。）隸書循脩字易混。易繫辭損德之脩也，釋文，馬作循；晉語曚瞍脩聲，王制正義作循聲；史記商君傳湯武不循古而王，索隱，商君書作脩古；曾子九守篇循名而督實，今本譌作脩：皆其例。以刑為體者，綽乎其殺也；【注】任治之自殺，故雖殺而寬。【疏】綽寬也所以用刑法爲治體者以殺止殺殺一儆萬故雖殺而寬簡是以惠者民之讎法者民之父〔釋文〕綽乎昌略反崔本作淖 以禮爲翼者。所以行於世也。【注】順世之所行故無不行【疏】禮雖忠信之薄而爲御世之首故不學禮無以立非禮勿動非禮勿言人而無禮胡不遄死是故禮之於治要哉羽翼人倫所以大行於世者也 以知爲時者。不得已於事也。【注】夫高下相受不可逆之流也小大相羣不得已之勢也曠然無情羣知之府也承百流之會居師人之極者奚爲哉任時世之知委必然之事付之天下而已【疏】隨機感以接物運至知以應時理無可視聽之色聲事有不得已之形勢故爲宗師者曠然無懷付之羣智居必然之會乘之以遊者也 以德爲循者。言其與有足者至於丘也。【注】丘者所以本也以性言之則性之本也夫物各有足足於本也付羣德之自循斯與有足者至於本也本至而理盡矣【疏】丘本也以德接物順物之性性各有分止分而足順其本性故至於丘也　家世父曰孔安國云九州之志謂之九丘莊子則陽篇亦云丘里之言是凡所居曰丘顓頊遺墟謂之帝丘有足而能行終必反其所居循禮者若所居之安有足而必至也 而人眞以爲勤行者也。【注】凡此皆自彼而成成之不在己則雖處萬機之極而常閑暇自適忽然不覺事之經身悗然不識言之在口而人之大迷眞謂至人之爲勤行者也【疏】夫至人者動若行雲止若谷神境智洞忘虛心玄應豈有懷於爲物情係於拯救者乎而凡俗之人觸塗封執見舟航庶品亭毒羣生實謂聖人勤行不怠詎知汾水之上凝澹窅然故文云孰肯以物爲事也〔釋文〕常閒音閑 故其好之也一。其弗好之也一。【注】常無心而順彼故好與不好所善所惡與彼無二也【疏】既忘懷於美惡亦遺蕩於愛憎故好與弗好出自凡情而聖智虛融未嘗不一 其一也一。其不一也一。【注】其一也天徒也其不一也人徒也夫眞人同天人均彼我不以其一異乎不一【疏】其一聖智也其不一凡情也既而凡聖不二故不一皆一之也 其一與天爲徒。【注】無有而不一者天也 其不一與人爲徒。【注】彼彼而我我者人也【疏】同天人齊萬致與玄天而爲類也彼彼而我我將凡庶而爲徒也 天與人不相勝也。是之謂眞人。【注】夫眞人同天人齊萬致萬致不相非天人不相勝故曠然無不一冥然無不在而玄同彼我也【疏】雖復天無彼我人有是非確然論之咸歸空寂若使天勝人劣豈謂齊乎此又混一天人冥同勝負體此趣者可謂眞人者也 死生命也。其有夜旦之常。天也。【注】其有晝夜之常天之道也故知死生者命之極非妄然也若夜旦耳奚所係哉【疏】夫旦明夜闇天之常道死生來去人之分命天不能無晝夜人焉能無死生故任變隨流我將於何係哉〔釋文〕夜旦如字崔本作靼音怛人之有所不得與。皆物之情也。【注】夫真人在晝得晝在夜得夜以死生為晝夜豈有所不得人之有所不得而憂娛在懷皆物情耳非理也【疏】夫死生晝夜人天常道未始非我何所係哉而流俗之徒逆於造化不能安時處順與變俱往而欣生惡死哀樂存懷斯乃凡物之滯情豈是真人之通智也彼特以天為父。而身猶愛之。而況其卓乎。【注】卓者獨化之謂也夫相因之功莫若獨化之至也故人之所因者天也天之所生者獨化也人皆以天為父故晝夜之變寒暑之節猶不敢惡隨天安之況乎卓爾獨化至於玄冥之境又安得而不任之哉既任之則死生變化惟命之從也【疏】卓者獨化之謂也彼之衆人稟氣蒼蒼而獨以天為父身猶愛而重之至於晝夜寒溫不能返逆況乎至道窈冥之鄉獨化自然之境生天生地開闢陰陽適可安而任之何得拒而不順也〔釋文〕其卓中學反慶藩案卓之言超也絕也獨也字同趠廣雅趠絕也一作逴玉篇敕角切蹇也蹇者獨任一足故謂之逴李善西都賦注逴躒猶超絕也匡謬正俗逴者謂超踰不依次第又作踔漢書河間獻王傳踔爾不羣說苑君道篇踔然獨立依說文當作䟾禾部䟾特止徐鍇特止卓止也卓趠逴踔䟾古同聲通用敢惡烏路反之竟音境人特以有君為愈乎己。而身猶死之。而況其真乎。【注】夫真者不假於物而自然也夫自然之不可避豈直君命而已哉【疏】愈猶勝也其真則向之獨化者也人獨以君王為勝己尊貴尚殞身致命不敢有避而況玄道至極自然之理欲不從順其可得乎安排委化固其宜矣泉涸。魚相與處於陸。相呴以濕。相濡以沫。不如相忘於江湖。【注】與其不足而相愛豈若有餘而相忘【疏】此起譬也江湖浩瀚游泳自在各足深水無復往還彼此相忘恩情斷絕洎乎泉源旱涸鱣鮪困苦共處陸地頳尾曝腮於是吐沫相濡呴氣相濕恩愛往來更相親附比之江湖去之遠矣亦猶大道之世物各逍遙雞犬聲聞不相來往淳風既散澆浪漸興從理生教聖迹斯起矜蹩躠以為仁踶跂以為義父子兄弟懷情相欺聖人羞之良有以也故知魚失水所以呴濡人喪道所以親愛之者也〔釋文〕泉涸戶各反郭戶格反爾雅云竭也相呴況于況付二反相濡本又作濡音儒或一音如戍反以沫音末相忘音亡下同與其譽堯而非桀也。不如兩忘而化其道。【注】夫非譽皆生於不足故至足者忘善惡遺死生與變化為一曠然無不適矣又安知堯桀之所在耶【疏】此合喻夫唐堯聖君夏桀庸主故譽堯善而非桀惡祖述堯舜以勗將來仁義之興自茲爲本也豈若無善無惡善惡兩忘不是不非是非雙遣然後出生入死隨變化而遨遊莫往莫來履玄道而自得豈與夫呴濡聖跡同年而語哉〔釋文〕譽堯音餘注同

夫大塊載我以形，勞我以生，佚我以老，息我以死。【注】夫形生老死皆我也故形爲我載生爲我勞老爲我佚死爲我息四者雖變未始非我我奚惜哉【疏】大塊者自然也夫形是構造之物生是誕育之始老是耆艾之年死是氣散之日但運載有形生必勞苦老既無能暫時閒逸死滅還無理歸停憩四者雖變而未始非我而我坦然何所惜耶〔釋文〕大塊苦怪反又苦對反徐胡罪反　慶藩案文選郭景純江賦注引司馬云大塊自然也釋文闕　佚我音逸

故善吾生者，乃所以善吾死也。【注】死與生皆命也無善則死有善則生不獨善也故若以吾生爲善乎則吾死亦善也【疏】夫形生老死皆我也故以善吾生爲善者吾死亦可以爲善矣

夫藏舟於壑，藏山於澤，謂之固矣。【注】方言死生變化之不可逃故先舉無逃之極然後明之以必變之符將任化而無係也〔釋文〕於壑火各反

然而夜半有力者負之而走，昧者不知也。【注】夫無力之力莫大於變化者也故乃揭天地以趨新負山岳以舍故故不暫停忽已涉新則天地萬物無時而不移也世皆新矣而自以爲故舟日易矣而視之若舊山日更矣而視之若前今交一臂而失之皆在冥中去矣故向者之我非復今我也我與今俱往豈常守故哉而世莫之覺橫謂今之所遇可係而在豈不昧哉【疏】夜半闇冥以譬眞理玄邃也有力者造化也夫藏舟船於海壑正合其宜隱山岳於澤中謂之得所然而造化之力擔負而趨變故日新驟如逝水凡惑之徒心靈愚昧眞謂山舟牢固不動豈知冥中貿遷無時暫息昨我今我其義亦然也　俞樾曰山非可藏於澤且亦非有力者所能負之而走其義難通山疑當讀爲汕爾雅釋器罺謂之汕詩南有嘉魚篇毛傳曰汕汕樔也箋云今之撩罟也藏舟藏汕疑皆以漁者言恐爲人所竊故藏之乃世俗常有之事故莊子以爲喻耳　家世父曰壑可以藏舟澤之大可以藏山然而大化之運行無窮舉天地萬物日夜推移以舍故而即新而未稍有止息水負舟而立水移即舟移矣氣負山而行氣運即山運矣夜半者惟行於無象無兆之中而人莫之見也　慶藩案文選江文通雜體詩注引司馬云舟水物山陸居者藏之壑澤非人意所求謂之固有力者或能取之釋文闕〔釋文〕乃揭其列其謁二反

藏小大有宜，猶有所遯。【注】不知與化爲體而思藏之使不化則雖至深至固各得其所宜而無以禁其日變

也故夫藏而有之者不能止其遯也無藏而任化者變不能變也【疏】遁變化也藏舟於壑藏山於澤此藏大也藏人於室藏物於器此藏小也然小大雖異而藏皆得宜猶念念遷流新新移改是知變化之道無處可逃也 若夫藏天下於天下。而不得所遯。是恒物之大情也。【注】無所藏而都任之則與物無不冥與化無不一故無外無內無死無生體天地而合變化索所遯而不得矣此乃常存之大情非一曲之小意【疏】恒常也夫藏天下於天下者豈藏之哉蓋無所藏也故能一死生冥變化放縱寰宇之中乘造物以遨遊者斯藏天下於天下也既變所不能變何所遯之有哉此乃體凝寂之人物達大道之眞情豈流俗之迷徒運人間之小智耶〔釋文〕索所百反 特犯人之形。而猶喜之。若人之形者。萬化而未始有極也。【注】人形乃是萬化之一遇耳未足獨喜也無極之中所遇者皆若人耳豈特人形可喜而餘物無樂耶 慶藩案文選賈長沙鵩鳥賦注引司馬云當復化而爲無釋文闕 〔釋文〕無樂音洛下及注同 其爲樂可勝計邪。【注】本非人而化爲人化爲人失於故矣失故而喜喜所遇也變化無窮何所不遇所遇而樂樂豈有極乎【疏】特獨也犯遇也夫大冶洪鑪陶鑄羣品獨遇人形遂以爲樂如人形者其貌類無窮所遇即喜喜亦何極是以唯形與喜不可勝計 〔釋文〕可勝音升 故聖人將遊於物之所不得遯而皆存。【注】夫聖人遊於變化之塗放於日新之流萬物萬化亦與之萬化化者無極亦與之無極誰得遯之哉夫於生爲亡而於死爲存則何時而非存哉【疏】夫物不得遯者自然也孰能逃於自然之道乎是故聖人遊心變化之塗放任日新之境未始非我何往不存耶 善妖善老。善始善終。人猶效之。【注】此自均於百年之內不善少而否老未能體變化齊死生也然其平粹猶足以師人也〔釋文〕善妖崔本作殀同古卯反本又作夭於表反簡文於橋反云異也盧文弨曰今本作夭 慶藩案妖字正作夭夭妖古通用史記周本紀後宮童妾所棄妖子徐廣曰妖一作夭崔氏作殀非也 善少詩照反 否老音鄙本亦作鄙 平粹雖遂反 又況萬物之所係。而一化之所待乎。【注】此玄同萬物而與化爲體故其爲天下之所宗也不亦宜乎【疏】係屬也夫人之識性明暗不同自有百年之中一生之內從容平淡鮮有欣慼至於壽夭老少都不介懷雖未能忘生死但復無嫌惡猶足以爲物師傅人放效之而況混同萬物冥一變化屬在至人必資聖知爲物宗匠不亦宜乎 夫道。有情有信。无爲无形。【注】有無情之情故無爲也有無常之信故無形也【疏】明鑒洞照有情也趣機若響有信也恬淡寂寞無爲也視之不見無形也可傳而不可受。【注】古今傳而宅之莫能受而有之〔釋文〕可傳直專反注同可得而不可見。【注】咸得自容而莫見其狀【注】寄言詮理可傳也體非量數不可受也方寸獨悟可得也離於形色不可見也自本自根。未有天地。自古以固存。【注】明無不待有而無也【疏】自從也存有也虛通至道無始無終從本以來未有天地五氣未兆大道存焉故老經云有物混成先天地生又云迎之不見其首隨之不見其後者也神鬼神帝。生天生地。【注】無也豈能生神哉不神鬼帝而鬼帝自神斯乃不神之神也不生天地而天地自生斯乃不生之生也故夫神之果不足以神而不神則神矣功何足有事何足恃哉【疏】言大道能神於鬼靈神於天帝開明三景生立二儀至無之力有茲功用斯乃不神而神不生而生非神之而神生之而生者也故老經云天得一以清神得一以靈也在太極之先。而不爲高。在六極之下。而不爲深。先天地生。而不爲久。長於上古。而不爲老。【注】言道之無所不在也故在高爲無高在深爲無深在久爲無久在老爲無老無所不在而所在皆無也且上下無不格者不得以高卑稱也外內無不至者不得以表裏名也與化俱移者不得言久也終始常無者不可謂老也【疏】大極五氣也六極六合也且道在五氣之上不爲高遠在六合之下不爲深邃先天地生不爲長久長於黌古不爲耆艾言非高非深非久非老故道無不在而所在皆無者也〔釋文〕在大極音泰之先一本作之先未崔本同盧文弨曰今本作一本作先之無未字先天悉薦反長於丁丈反稱也尺證反狶韋氏得之。以挈天地。【疏】狶韋氏文字巳前遠古帝王號也得靈通之道故能驅馭羣品提挈二儀又作契字者契合也言能混同萬物符合二儀者也〔釋文〕狶韋氏許豈反郭褚伊反李音豕司馬云上古帝王名以挈徐苦結反郭苦係反司馬云要也得天地要也崔云成也伏戲氏得之。以襲氣母。【疏】伏戲三皇也能伏牛乘馬養伏犧牲故謂之伏犧也襲合也氣母者元氣之母應道也爲得至道故能畫八卦演六爻調陰陽合元氣也〔釋文〕伏戲音羲崔本作伏戲氏以襲氣母司馬云襲入也氣母元氣之母也崔云取元氣之本維斗得之。終古不忒。【疏】維斗北斗也爲衆星綱維故謂之維斗忒差也古始也得於至道故歷於終始維持天地心無差忒〔釋文〕維斗李云北斗所以爲天下綱維盧文弨曰今本天下作天之終古崔云終古久也鄭元注周禮云終古猶言常也不忒它得反差也崔本作代

日月得之。終古不息。【疏】日月光證於一道故得終始照臨竟無休息者也

堪坏得之。以襲崐崘。【疏】崐崘山名也在北海之北堪坏崐崘山神名也襲入也堪坏人面獸身得道入崐崘山爲神也〔釋文〕堪坏　徐扶眉反郭孚杯反崔作邳司馬云堪坏神名人面獸形淮南作欽負　崐崘　崐或作崐同音昆下崘力門反崐崘山名

馮夷得之。以遊大川。【疏】姓馮名夷弘農華陰潼鄉堤首人也服八石得水仙大川黃河也天帝錫馮夷爲河伯故游處盟津大川之中也〔釋文〕馮夷　司馬云清泠傳曰馮夷華陰潼鄉堤首人也服八石得水仙是爲河伯一云以八月庚子浴於河而溺死一云渡河溺死　大川　河也崔本作泰川

肩吾得之。以處大山。【疏】肩吾神名也得道故處東岳爲太山之神〔釋文〕肩吾　司馬云山神不死至孔子時　大山　音泰又如字

黃帝得之。以登雲天。【疏】黃帝軒轅也採首山之銅鑄鼎於荊山之下鼎成有龍垂於鼎以迎帝帝遂將羣臣及後宮七十二人白日乘雲駕龍以登上天仙化而去〔釋文〕黃帝　崔云得道而上天也

顓頊得之。以處玄宮。【疏】顓頊皇帝之孫即帝高陽也亦曰玄帝年十二而冠十五佐少昊二十即位採羽山之銅爲鼎能召四海之神有靈異年九十七崩得道爲北方之帝玄者北方之色故處於玄宮也〔釋文〕顓頊　音專下許玉反　玄宮　李云顓頊帝高陽氏玄宮北方宮也月令曰其帝顓頊其神玄冥

禺強得之。立乎北極。【疏】禺強水神名也亦曰禺京人面鳥身乘龍而行與顓頊並軒轅之胤也雖復得道不居帝位而爲水神水位北方故位號北極也〔釋文〕禺強　音虞郭語龍反司馬云山海經曰北海之渚有神人面鳥身珥兩青蛇踐兩赤蛇名禺強崔云大荒經曰北海之神名曰禺強靈龜爲之使歸藏曰昔穆王子筮卦於禺強案海外經云北方禺強黑身手足乘兩龍郭璞以爲水神人面鳥身簡文云北海神也一名禺京是黃帝之孫也

西王母得之。坐乎少廣。莫知其始。莫知其終。【疏】少廣西極山名也王母太陰之精也豹尾虎齒善笑舜時王母遣使獻玉環漢武帝時獻青桃顏容若十六七女子甚端正常坐西方少廣之山不復生死故莫知始終也〔釋文〕西王母　山海經云狀如人狗尾蓬頭戴勝善嘯居海水之涯漢武內傳云西王母與上元夫人降帝美容貌神仙人也　少廣　司馬云穴名崔云山名或云西方空界之名

彭祖得之。上及有虞。下及五伯。【疏】彭祖帝顓頊之元孫也封於彭城其道可祖故稱彭祖善養性得道者也五伯者昆吾爲夏伯大彭豕韋爲殷伯齊桓晉文爲周伯合爲五伯而彭祖得道所以長年上至有虞下及殷周凡八百年也〔釋文〕彭祖　解見逍遙篇崔云壽七百歲或以爲仙不死　五伯　如字又音霸崔李云夏伯昆吾殷大彭豕韋周齊桓晉文

傅說得之。以相武丁。奄有天下。乘東維。騎箕尾。而比於列星。【注】道無能也此言得之於道乃所以明其自得耳自得耳道不能使之得也我之未得又不能爲得也然則凡得之者外不資於道內

不由於己掘然自得而獨化也夫生之難也猶獨化而自得之矣既得其生又何患於生之不得而爲之哉故夫爲生果不足以全生以其生之不由於己爲也而爲之則傷其真生也【疏】武丁殷王名也號曰高宗高宗夢得傅說使求之天下於陝州河北縣傅巖板築之所而得之相於武丁奄然膺泰傅說星精也而傅說一星在箕尾上然箕尾則是二十八宿之數維持東方故言乘東維騎箕尾而與角亢等星比並行列故言比於列星也〔釋文〕傅說音悅得之以相息亮反武丁奄有天下乘東維騎箕尾而比於列星司馬云傅說殷相也武丁殷王高宗也東維箕斗之閒天漢津之東維也星經曰傅說一星在尾上言其乘東維騎箕尾之閒也崔云傅說死其精神乘東維託龍尾乃列宿今尾上有傅說星崔本此下更有其生無父母死登假三年而形遯此言神之無能名者也凡二十二字　掘然其勿反

南伯子葵問乎女偊曰子之年長矣而色若孺子何也。【疏】葵當爲綦字之誤猶人閒世篇中南郭子綦也女偊古之懷道人也孺子猶稚子也女偊久聞至道故能攝衛養生年雖老猶有童顏之色駐彩之狀既異凡人是故子葵問其何以致此也〔釋文〕南伯子葵李云葵當爲綦聲之誤也　女偊徐音禹李音矩一云是婦人也　年長張丈反盧文弨曰今本作丁丈反與前後同　孺子本亦作孺如喻反李云弱子也盧文弨曰今本作孺是正體

曰吾聞道矣。【注】聞道則任其自生故氣色全也【疏】答云聞道故得全生是以反少還童色如稚子

南伯子葵曰道可得學邪。【疏】覩其容色既異常人心懷景慕故詢其方術也

曰惡惡可。子非其人也。【疏】惡惡可言不可也女偊心神內靜形色外彰子葵見有容貌欣然請學嫌其所問故抑之謂非其人也〔釋文〕惡惡可並音烏下惡乎同

夫卜梁倚有聖人之才而无聖人之道我有聖人之道而无聖人之才。【疏】卜梁婎姓也倚名也虛心凝淡爲道智用明敏爲才言梁有外用之才而無內凝之道女偊有虛淡之道而無明敏之才各滯一邊未爲通美然以才方道才劣道勝也〔釋文〕卜梁倚魚綺反又其綺反李云卜梁姓倚名

吾欲以教之庶幾其果爲聖人乎不然以聖人之道告聖人之才亦易矣。吾猶守而告之。【疏】庶慕也幾近也果決也夫上士聞道猶藉勤行若不勤行道無由致是故雖蒙教誨必須修學慕近玄道決成聖人若其不然告示甚易爲須修守所以成難然女偊久聞至道內心凝寂今欲傳告猶自守之況在初學無容懈怠假令口說耳聞蓋亦無益是以非知之難行之難也〔釋文〕亦易以豉反

參日而後能外天下。【注】外猶遺也【疏】外遺忘也夫爲師不易傳道極難方欲教人故凝神靜慮修而守之凡經三日心既虛寂萬境皆空是以天下地上悉皆非有也〔釋文〕參日音三

已外天下矣。

吾又守之七日，而後能外物。【注】物者朝夕所須，切己難忘。【疏】天下萬境疏遠，所以易忘；資身之物親近，所以難遺。子綦七日然後遺之，故郭注云物者朝夕所須切己難忘者也。已外物矣，吾又守之九日，而後能外生。【注】都遺也。【疏】隳體離形，坐忘我喪，運心既久，遺遺漸深也。已外生矣，而後能朝徹。【注】遺生則不惡死，不惡死故所遇即安，豁然無滯，見機而作，斯朝徹也。【疏】朝，旦也。徹，明也。死生一觀，物我兼忘，惠照豁然，如朝陽初啓，故謂之朝徹也。〔釋文〕能朝 如字。李除遙反，下同。徹 如字。郭、司馬云：朝，旦也。徹，達妙之道。李云：夫能洞照，不崇朝而遠徹也。不惡 烏路反，下同。豁然 喚活反。

朝徹而後能見獨。【注】當所遇而安之，忘先後之所接，斯見獨者也。【疏】夫至道凝然，妙絕言象，非無非有，不古不今，獨往獨來，絕待絕對。覩斯勝境，謂之見獨。故老經云寂寞而不改。見獨而後能无古今。【注】與獨俱往。【疏】任造物之日新，隨變化而俱往，不爲物境所遷，故無古今之異。无古今而後能入於不死不生。【注】夫係生故有死，惡死故有生，是以無係無惡，然後能無死無生。【疏】古今，會也。夫時有古今之異，法有生死之殊者，此蓋迷徒倒置之見也。時既運運新新，無今無古，故法亦不去不來，無死無生者也。會斯理者，其唯女偊之子耶。殺生者不死，生生者不生。【疏】殺，滅也。死亦滅也。謂此死者未曾滅，謂此生者未曾生。既死既生，能入於無死無生，故體於法無生滅也。法既不生不滅，而情亦何欣何惡耶？任之而無不適也。〔釋文〕殺生者不死 李云：殺，猶亡也。亡生者不死也。崔云：除其營生爲殺生。生生者不生 李云：矜生者不生也。崔云：常營其生爲生生。

其爲物，無不將也，無不迎也。【注】任其自將，故無不將。任其自迎，故無不迎。【疏】將，送也。夫道之爲物，拯濟無方，雖復不滅不生，亦而生而滅，是以迎無窮之生，送無量之死也。無不毀也，無不成也。【注】任其自毀，故無不毀。任其自成，故無不成。【疏】不送而送，無不毀滅；不迎而迎，無不生成也。其名爲攖寧。【注】夫與物冥者，物縈亦縈，而未始不寧也。【疏】攖，擾動也。寧，寂靜也。夫聖人慈惠，道濟蒼生，妙本無名，隨物立稱，動而常寂，雖攖而寧者也。〔釋文〕攖 郭音縈，徐於營反，李於盈反。崔云：有所繫著也。家世父曰：趙岐孟子注：攖，迫也。物我生死之見迫於中，將迎成毀之機迫於外，而一無所動其心，乃謂之攖寧。置身紛紜蕃變交爭互觸之地，而心固寧焉，則幾於成矣。故曰攖而後成。攖寧也者，攖而後成者也。【注】物縈而獨不縈，則敗矣。故縈而任之，則莫不曲成也。【疏】既能和光同塵，動而常寂，然後隨物攖擾，善貸生成也。

南伯子葵曰：子獨惡乎聞之？【疏】子葵怪女偊之談，其道高妙，故問子於何處獨得聞之。自斯已下，凡有九重前六約教後三據理並是女偊告示子葵之辭也曰。聞諸副墨之子。【疏】諸之也副副貳也墨翰墨也翰墨文字也理能生教故謂文字爲副貳也夫魚必因筌而得理亦因教而明故聞之翰墨以明先因文字得解故也〔釋文〕副墨　李云可以副貳玄墨也崔云此巳下皆古人姓名或寓之耳無其人副墨之子聞諸洛誦之孫。【疏】臨本謂之副墨背文謂之洛誦初既依文生解所以執持披讀次則漸悟其理是故羅洛誦之且教從理生故稱爲子而誦因教起名之曰孫也〔釋文〕洛誦　李云誦通也苞洛無所不通也洛誦之孫聞之瞻明。【疏】瞻視也亦至也讀誦精熟功勞積久漸見至理靈府分明〔釋文〕瞻明　音占李云神明洞徹也瞻明聞之聶許。【疏】聶登也亦是附耳私語也既誦之稍深因教悟理心生歡悅私自許當附耳竊私語也既聞於道未敢公行亦是漸登勝妙玄情者也〔釋文〕聶許　徐乃攝反李云許與也聶攝而保之無所施與也聶許聞之需役。【疏】需須也役用也行也雖復私心自許智照漸明必須依教遵循勤行勿怠懈而不行道無由致〔釋文〕需役　徐音須李音儒云儒弱爲役也王云需待也役亭毒也需役聞之於謳。【疏】謳謌謠也既因教悟理依解而行遂使盛惠顯彰謳謌滿路也〔釋文〕於　音烏又如字　謳　徐烏侯反李香于反云謳煦也欲化之貌王云謳謌謠也於謳聞之玄冥。【注】玄冥者所以名無而非無也【疏】玄者深遠之名也冥者幽寂之稱既德行內融芳聲外顯故漸階虛極以至於玄冥故也〔釋文〕玄冥　李云彊名曰玄視之冥然向郭云所以名無而非無也玄冥聞之參寥。【注】夫階名以至無者必得無於名表故雖玄冥猶未極而又推寄於參寥亦是玄之又玄也【疏】參三也寥絕也一者絕有二者絕無三者非有非無故謂之三絕也夫玄冥之境雖妙未極故至乎三絕方造重玄也〔釋文〕參　七南反　寥　徐力彫反李云參高也寥高邈寥曠不可名也參寥聞之疑始。【注】夫自然之理有精習而成者蓋階近以至遠研粗以至精故乃七重而後及無之名九重而後疑無是始也【疏】始本也夫道超此四句離彼百非名言道斷心知處滅雖復三絕未窮其妙而三絕之外道之根本而謂重玄之域衆妙之門意亦難得而差言之矣是以不本而本本無所本疑名爲本亦無的可本故謂之疑始也〔釋文〕疑始　李云又疑無是始則始非無名也　研粗　七胡反　七重　直龍反下同

子祀。子輿。子犂。子來。四人相與語曰。孰能以无爲首。以生爲脊。以死爲尻。孰知死生存亡之一體者。吾與之友矣。【疏】子祀四人未詳所據觀其心跡並方外之士情同淡水共結素交敍莫逆於虛玄述忘言於至道夫人起自虛無無則在先故以無爲首從無生有生則居次故以生爲脊既生而死死最居後故以死爲尻亦故然也尻首雖別本是一身而死生乃異源乎一體能達斯趣所遇皆適豈有存亡欣惡於其間哉誰能知是我與爲友也

〔釋文〕子祀崔云淮南作子永行年五十四而病傴僂　慶藩案崔本作子永是也今本淮南精神篇作子求與崔所見本異顧千里曰求當作永抱朴子博喻篇曰子永歎天倫之偉字正作永永求形近經傳中互譌者不可枚舉　子輿本又作與音餘　子犂禮兮反　爲尻苦羔反　四人相視而笑，莫逆於心，遂相與爲友。疏目擊道存，故相見而笑，同順玄理，故莫逆於心也。俄而子輿有病，子祀往問之。疏友人既病，須往問之，任理而行，不乖於方外也。曰：偉哉夫造物者，將以予爲此拘拘也。疏偉，大也。造物，猶造化也。拘拘，攣縮不申之貌也。夫洪鑪大冶，造物無偏，豈獨將我一身故爲拘攣之疾！以此而言，無非命也。子輿達理自歎此辭也。〔釋文〕偉哉　韋鬼反向云美也崔云自此至鑑於井皆子祀自說病狀也　拘拘　郭音駒司馬云體拘攣也王云不申也　曲僂發背，上有五管，頤隱於齊，肩高於頂，句贅指天。陰陽之氣有沴，注沴，陵亂也。疏傴僂曲腰，背骨發露，既其俯而不仰，故藏腑並在上，頭低則頤隱於臍，膊聳則肩高於頂，而咽項句曲，大挺如贅。陰陽二氣，陵亂不調，遂使一身遭斯疾篤。〔釋文〕曲僂　徐力主反　於頂　本亦作項崔本作釭音項盧文弨曰舊作釘音頂今本作釭音項據宋本釘音項疑釘爲釭之譌參酌改正　句　俱樹反徐古侯反　贅　徐之稅反　指天　李云句贅項椎也其形似贅言其上向也　有沴　音麗徐又徒顯反郭奴結反云陵亂也李同崔本作[illegible]云滿也　其心閒而无事，注不以爲患。疏死生猶爲一體，疾患豈復嬰懷，故雖曲僂拘拘，而心神閒逸，都不以爲事。〔釋文〕其心閒　音閑崔以其心屬上句　跰𨇤而鑑於井，曰：嗟乎！夫造物者又將以予爲此拘拘也。注夫任自然之變者，無嗟也，與物嗟耳。疏跰𨇤，曳疾貌，言曳疾力行，照臨于井，見己貌遂使傷發嗟，尋夫大道自然，造物均等，豈偏於我，獨此拘攣！欲顯明物理，故寄茲嗟嘆也。〔釋文〕跰𨇤　步田反下悉田反崔本作邊鮮司馬云病不能行故跰𨇤也　而鑑　古暫反　曰嗟乎　崔云此子輿辭　子祀曰：汝惡之乎？疏淡水素交，契心方外，見其嗟嘆，故有驚疑。〔釋文〕女惡　音汝下同下烏路反　曰：亡，予何惡！疏亡，無也。存亡死生，本自無心，不嗟之嗟，何嫌惡之也！〔釋文〕曰亡　如字絕句　予何惡　烏路反下及注同一音如字讀則連亡字爲句　浸假而化予之左臂以爲雞，予因以求時夜；浸假而化予之右臂以爲彈，予因以求鴞炙；浸假而化予之尻以爲輪，以神爲馬，予因以乘之，豈更駕哉！注浸，漸也。夫體化合變，則無往而不因，無因而不可也。疏假令陰陽二氣漸而化我左右兩臂爲雞爲彈，彈則求於鴞鳥，雞則夜候天時，尻無識而爲輪，神有知而作馬，因漸漬而變化乘輪馬以遨遊苟隨任以安排亦於何而不適者也〔釋文〕浸子鴆反向云漸也　予因以求時夜一本無求字　為彈徒旦反　鴞戶驕反　炙章夜反　且夫得者時也。【注】當所遇之時世謂之得失者順也。【注】時不暫停順往而去世謂之失安時而處順。哀樂不能入也。【疏】得者生也失者死也夫忽然而得時應生也倏然而失順理死也是以安於時則不欣於生處於順則不惡於死既其無欣無惡何憂樂之入乎〔釋文〕哀樂音洛此古之所謂縣解也。而不能自解者。物有結之。【注】一不能自解則眾物共結之矣故能解則無所不解不解則無所而解也【疏】處順忘時蕭然無係古昔至人謂為縣解若夫當生慮死而以憎惡存懷者既內心不能自解故為外物結縛之也〔釋文〕縣音玄解音蟹下及注同向云縣解無所係也　且夫物不勝天久矣。吾又何惡焉。【注】天不能無晝夜我安能無死生而惡之哉【疏】玄天在上猶有晝夜之殊況人居世間焉能無死生之變且物不勝天非唯今日我復何人獨生憎惡　俄而子來有病。喘喘然將死。其妻子環而泣之。【疏】環繞也喘喘氣息急也子輿語訖俄頃之間子來又病氣奔欲死既將屬纊故妻子繞而哭之也〔釋文〕喘喘川轉反又尺軟反崔本作惴惴　環而如字徐音患李云繞也　子犁往問之曰。叱避无怛化。【注】夫死生猶寤寐耳於理當寐不願人驚之將化而死亦宜無為怛之也【疏】叱訶聲也夫方外之士冥一死生而朋友臨終和光往問故叱彼親族令避傍近正欲變化不欲驚怛也〔釋文〕叱避昌失反　无怛丁達反崔本作靼音怛案怛驚也鄭眾注周禮考工記不能驚怛是也　倚其戶與之語。曰偉哉。造化又將奚以汝為。將奚以汝適。以汝為鼠肝乎。以汝為蟲臂乎。【疏】又復也奚何也適往也倚戶觀化與之而語歎彼大造宏普無私偶爾為人忽然返化不知方外適往何道變作何物將汝五藏為鼠之肝或化四支為蟲之臂任化而往所遇皆適也〔釋文〕倚其於綺反　鼠肝向云委棄土壤而已王云取微蔑至賤　蟲臂臂亦作腸崔本同　子來曰。父母於子東西南北。唯命之從。陰陽於人。不翅於父母。【注】自古或有能違父母之命者矣未有能違陰陽之變而距晝夜之節者也【疏】自此已下是子來臨終答子犁之詞也夫孝子侍親尚驅馳唯命況陰陽造化何啻二親乎故知違親之教世或有焉拒於陰陽未之有也〔釋文〕不翅徐詩知反　彼近吾死。而我不聽。我則悍矣。彼何罪焉。【注】死生猶晝夜耳未足為違也時當死亦非所禁而横有不聽之心適足悍逆於理以速其死其死之速由於我悍非死之罪也彼謂死耳在生故以死爲彼【疏】彼造化也而造化之中令我近死我惡其死而不聽從則是我拒陰陽逆於變化斯乃咎在於我彼何罪焉郭注以死爲彼也〔釋文〕彼近如字則悍本亦作猂胡旦反又音旱說文云捍抵也夫大塊載我以形。勞我以生。佚我以老。息我以死。故善吾生者。乃所以善吾死也。【注】理常俱也。【疏】此重引前文證成彼義斯言切當所以再出其解釋文意不異前旨今之大冶鑄金。金踊躍曰。我且必爲鏌鋣。大冶必以爲不祥之金。今一犯人之形。而曰人耳人耳。夫造化者。必以爲不祥之人。【注】人耳人耳唯願爲人也亦猶金之踊躍世皆知金之不祥而不能任其自化夫變化之道靡所不遇今一遇人形豈故爲哉生非故爲時自生耳務而有之不亦妄乎【疏】祥善也犯遇也鏌鋣古之良劍名也昔吳人干將爲吳王造劍妻名鏌鋣因名雄劍曰干將雌劍曰鏌鋣夫洪鑪大冶鎔鑄金鐵隨器大小悉皆爲之而鑪中之金忽然跳躑殷勤致請願爲良劍匠者驚嗟用爲不善亦猶自然大冶彫刻衆形鳥獸魚蟲種種皆作偶爾爲人遂即欣愛鄭重啓請願更爲人而造化之中用爲妖孽也〔釋文〕我且如字徐子餘反鏌音莫鋣似嗟反鏌鋣劍名今一以天地爲大鑪。以造化爲大冶。惡乎往而不可哉。【注】人皆知金之有係爲不祥故明己之無異於金則所係之情可解可解則無不可也【疏】夫用二儀造化一爲鑪冶陶鑄羣物鍾鍛蒼生磅礴無心亭毒均等所遇斯適何惡何欣安排變化無往不可也〔釋文〕大鑪劣奴反惡乎音烏可解如字下同成然寐。蘧然覺。【注】寤寐自若不以死生累心【疏】成然是閑放之貌蘧然是驚喜之貌寐寢也以譬於死也覺是寤也以況於生然寤寐雖殊何嘗不從容逸樂死生乃異亦未始不任命逍遥此總結子來以死生爲寤寐者也〔釋文〕成然如字崔同李云成然縣解之貌本或作戌音恤簡文云當作滅本又作眓呼括反視高貌本亦作俄然蘧然李音渠崔本作據又其據反蘧然有形之貌覺古孝反向崔本此下更有發然汗出一句云無係則律旅偪也崔云樂衛和偪不以化爲懼也子桑戶。孟子反。子琴張。三人相與友曰。孰能相與於无相與。相爲於无相爲。【注】夫體天地冥變化者雖手足異任五藏殊官未嘗相與而百節同和斯相與於無相與也未嘗相爲而表裏俱濟斯相爲於無相爲也若乃役其心志以卹手足運其股肱以營五藏則相營愈篤而外內愈困矣故以天下爲一體者無愛爲於其間也疏此之三人並方外之士冥於變化一於死生志行既同故相與交友仍各率乃誠述其情致云誰能於虛無自然而相與爲朋友乎斯乃無與而與無爲而爲非爲之而爲與之而與者也猶如五藏六根四肢百體各有司存更相御用豈有心於相與情係於親疏哉雖無意於相爲而相濟之功成矣故於無與而相與周旋於無爲而爲交友者其義亦然乎耳〔釋文〕相與 如字崔云猶親也或一音豫 相爲 如字或一音于僞反 愛爲 于僞反

孰能登天遊霧。撓挑无極。注無所不任疏撓挑宛轉也夫登昇上天示清高輕舉遨遊雲霧表不繫其中故能隨變化而無窮將造物事而宛轉者也〔釋文〕撓 徐而少反郭許堯反 挑 徐徒了反郭李徒堯反又作兆李云撓挑猶宛轉也宛轉玄曠之中簡文云循環之名

相忘以生。无所終窮。注忘其生則無不忘矣故能隨變任化俱無所窮竟疏終窮死也相與忘生復忘死死生混一故順化而無窮也

三人相視而笑。莫逆於心。遂相與爲友。注若然者豈友哉蓋寄明至親而無愛念之近情也疏得意忘言故相視而笑智冥於境故莫逆於心方外道同遂相與爲友也

莫然有閒。而子桑戶死。未葬。孔子聞之。使子貢往侍事焉。疏莫無也三人相視寂爾無言俄頃之間子桑戶死仲尼聞之使子貢往而弔仍令供給喪事將迎賓客欲顯方外方內故寄尼父琴張〔釋文〕莫然 如字崔云定也 有閒 如字崔李云頃也本亦作爲閒

慶藩案有釋文作爲爲閒即有閒矣古爲有義通孟子滕文公篇將爲君子焉將爲野人焉趙岐注爲有也雖小國亦有君子野人也又弟子憮然爲閒注爲閒有頃之閒也又盡心篇爲閒不用注爲閒有閒也又梁惠王篇善推其所爲而已矣說苑貴德篇引孟子爲作有燕策故不敢爲辭說新序雜事篇爲作有皆其證

或編曲。或鼓琴。相和而歌。疏曲薄也或編薄織簾或鼓琴歌詠相和歎樂會無感容所謂相忘以生方外之至也〔釋文〕編曲 必連反字林布千反郭父殄反史記甫連反李云曲蠶薄 相和 胡臥反

曰。嗟來桑戶乎。嗟來桑戶乎。而已反其眞。而我猶爲人猗。注人哭亦哭俗內之跡也齊死生忘哀樂臨尸能歌方外之至也疏嗟來歌聲也桑戶乎以下相和之辭也猗相和聲也夫從無出有名之曰生自有還無名之曰死汝今既還空寂便是歸本反眞而我猶寄人間羈旅未還桑梓欲齊一死生而發斯猗歎者也 李楨曰嗟來是歌聲卻是歎辭釋名釋言語嗟佐也言之不足以盡意故發此聲以自佐也來哀也故來入已哀之故其言之低頭以招之也孟子反子琴張歎桑戶之已得反眞故爲此歌也〔釋文〕我猶 崔本作獨 人猗 於宜反崔云辭也 哀樂 音洛

子貢趨而進曰。敢問臨尸而歌。禮乎。疏方內之禮貴在節文鄰里有喪舂猶不相況臨朋友之屍曾無哀哭

琴歌自若豈是禮乎子貢怪其如此故趨走進問也

二人相視而笑曰。是惡知禮意。【注】夫知禮意者必遊外以經內守母以存子稱情而直往也若乃矜乎名聲牽乎形制則孝不任誠慈不任實父子兄弟懷情相欺豈禮之大意哉【疏】夫大禮與天地同節不拘制乎形名直致任眞率情而往況冥同生死豈存哀樂於胸中而子貢方內儒生性猶偏執唯貴蟲跡未契妙本如是之人於何知禮之深乎爲方外所嗤固其宜矣〔釋文〕惡知音烏下皆同稱情尺證反

子貢反。以告孔子曰。彼何人者耶。修行无有。而外其形骸。臨尸而歌。顏色不變。无以命之。彼何人者邪。【疏】命名也子貢使返且告尼父云彼二人情事難識修己德行無有禮儀而忘外形骸混同生死臨喪歌樂神形不變既莫測其道故難以名之〔釋文〕无以命之崔李云命名也

孔子曰。彼遊方之外者也。而丘遊方之內者也。【注】夫理有至極外內相冥未有極遊外之致而不冥於內者也未有能冥於內而不遊於外者也故聖人常遊外以宏內無心以順有故雖終日揮形而神氣無變俯仰萬機而淡然自若夫見形而不及神者天下之常累也是故覩其與羣物並行則莫能謂之遺物而離人矣覩其體化而應務則莫能謂之坐忘而自得矣豈直謂聖人不然哉乃必謂至理之無此是故莊子將明流統之所宗以釋天下之可悟若直就稱仲尼之如此或者將據所見以排之故超聖人之內跡而寄方外於數子宜忘其所寄以尋述作之大意則夫遊外宏內之道坦然自明而莊子之書故是涉俗蓋世之談矣【疏】方區域也彼之二人齊一死生不爲教跡所拘故遊心寰宇之外而仲尼子貢命世大儒行裁非之義服節文之禮銳意哀樂之中遊心區域之內所以爲異也　慶藩案文選謝靈運之郡初發都詩注夏侯孝若東方朔贊注並引司馬云方常也言彼遊心于常教之外也釋文闕〔釋文〕而淡徒暫反而離力智反下同而應應對之應下同數子所主反坦然吐但反

外內不相及。而丘使女往弔之。丘則陋矣。【注】夫弔者方內之近事也施之於方外則陋矣【疏】玄儒理隔內外道殊勝劣而論不相及速用區中之俗禮弔方外之高人芻狗再陳鄙陋之甚也〔釋文〕使女音汝下同

彼方且與造物者爲人。而遊乎天地之一氣。【注】皆冥之故無二也【疏】達陰陽之變化與造物之爲人體萬物之混同遊二儀之一氣

也。王引之曰：應帝王篇予方將與造物者爲人，郭曰任人之自爲；天運篇某不與化爲人，郭曰夫與化爲人者任其自化者也。案郭未曉人字之義。人，偶也；爲人猶爲偶。中庸仁者人也，鄭注讀如相人偶之人，以人意相存偶之言。詩匪風箋人偶能割亨者，人偶能輔周道治民者。聘禮注每門輒揖者，以相人偶爲敬也。公食大夫禮注每曲揖及當碑揖，相人偶。是人與偶同義，故漢有相人偶之語。淮南原道篇與造化者爲人，義與此同（高注爲治也，非是。互見淮南）。齊俗篇曰上與神明爲友，下與造化爲人，是其明證也。慶藩案文選顏延年三月三日曲水詩序注引司馬云：造物者爲道。任彥昇到大司馬記室箋注、宣德皇后令注、陸佐公石闕銘注、沈休文齊故安陸昭王碑文注並引司馬云：造物謂道也。釋文闕。

彼以生爲附贅縣疣，注若疣之自縣，贅之自附，此氣之時聚，非所樂也。〔釋文〕縣音玄。縣注同。疣音尤。

以死爲決𤴯潰癰。注若𤴯之自決，癰之自潰，此氣之自散，非所惜也。疏彼三子體道之人，達於死生，冥於變化，是以氣聚而生，譬疣贅附縣，非所樂也；氣散而死，若𤴯癰決潰，非所惜也。〔釋文〕決徐古穴反。𤴯胡亂反。盧文弨曰：今本正文亦作疣，音義作疣，胡虬反，恐臆改。潰胡對反。慶藩案慧琳一切經音義卷十六大方廣三戒經下引司馬云：浮熱爲疽，不通爲癰。卷三十持人菩薩經二卷、三十七牟提陀羅尼經、九十五正誣經注引竝同。釋文闕。

夫若然者，又惡知死生先後之所在！注死生代謝，未始有極，與之俱往，則無往不可，故不知勝負之所在也。疏先，勝也；後，劣也。夫疣贅癰𤴯四者，皆是疾，而氣有聚散，病無勝負。若以此方於生死，亦安知優劣之所在乎！

假於異物，託於同體；注假，因也。今死生聚散，變化無方，皆異物也。無異而不假，故所假雖異而共成一體也。疏水火金木，異物相假，衆諸寄託，共成一身，是知形體由來虛僞。

忘其肝膽，遺其耳目；注任之於理而冥往也。疏既知形質虛假，無可欣愛，故能內則忘於臟腑，外則忘其根竅故也。

反覆終始，不知端倪；注五藏猶忘，何物足識哉！未始有識，故能放任於變化之塗，玄同於反覆之波，而不知終始之所極也。疏端，緒也。倪，畔也。反覆，猶往來也。終始，猶生死也。既忘其形質，墮體絀聰，故能去來生死，與化俱往，化又無極，故莫知端倪。〔釋文〕反覆芳服反。端倪本或作蜺，同。音崖，徐音詣。

芒然彷徨乎塵垢之外，逍遙乎无爲之業。注所謂無爲之業，非拱默而已；所謂塵垢之外，非伏於山林也。疏芒然，無知之貌也。彷徨逍遙，皆自得逸豫之名也。塵垢，色聲等有爲之物也。前既遺於形骸，此又忘於心智，是以放任於塵累之表，逸豫於清曠之鄉，以此無爲而爲事業也。〔釋文〕芒然莫剛反。李云：無係之貌。彷薄剛反。徨音皇。塵垢如字。崔本作塳埻，云：塳音蓬，埻，垢同，齊人以風塵爲塳埻。盧文弨曰：舊塳作逢，今本作塳，乃塳字之譌，今改正。

彼又惡能憒憒然爲世俗之

禮，以觀衆人之耳目哉。【注】其所以觀示於衆人者，皆其塵垢耳，非方外之冥物也。【疏】憒憒猶煩亂也。彼數子者淸高虛淡，安排去化，率性任眞，何能強事節文，拘世俗之禮，威儀顯示，悅衆人之視聽哉！〔釋文〕憒憒工內反。說文、蒼頡篇並云亂也。以觀古亂反。示也。注同。子貢曰：然則夫子何方之依？【注】子貢不聞性與天道，故見其所依而不見其所以依也。夫所以依者，不依也，世豈覺之哉！【疏】方內方外，淺深不同，未知夫子依從何道？師資起發，故設此疑。孔子曰：丘，天之戮民也。【注】以方內爲桎梏，明所貴在方外也。夫遊外者依內，離人者合俗，故有天下者無以天下爲也。是以遺物而後能入羣，坐忘而後能應務，愈遺之愈得之。苟居斯極，則雖欲釋之而理固自來，斯乃天人之所不赦者也。【疏】夫聖迹禮儀，乃桎梏形性。仲尼既依方內，則是自然之理，刑戮之人也。故德充篇云，天刑之，安可解乎！雖然，吾與汝共之。【注】雖爲世所桎梏，但爲與汝共之耳。明己恆自在外也。【疏】夫孔子聖人，和光接物，揚波同世，貴斯俗禮，雖復降跡方內，與汝共之，而遊心方外，蕭然無著也。子貢曰：敢問其方。【注】問所以遊外而共內之意。【疏】方猶道也。問跡混域中，心遊方外，外內玄合，其道若何？孔子曰：魚相造乎水，人相造乎道。【疏】造，詣也。魚之所詣者，適性莫過深水；人之所至者，得意莫過道術。雖復情智不一，而相與皆然。此略標義端，次下解釋也。〔釋文〕相造七報反。詣也。下同。相造乎水者，穿池而養給；相造乎道者，无事而生定。【注】所造雖異，其於由無事以得事，自方外以共內，然後養給而生定，則莫不皆然也。俱不自知耳，故成無爲也。【疏】此解釋前義也。夫江湖淮海，皆名天池。魚在大水之中，窟穴泥沙，以自資養供給也。亦猶人處大道之中，淸虛養性，無事逍遙，故得性分靜定而安樂也。〔釋文〕穿池本亦作地。崔同。兪樾曰：定疑足字之誤。穿池而養給，無事而生足，兩句一律，給亦足也。足與定字形相似而誤。管子中匡篇功定以得天與失天其人事一也，今本定誤作足，與此正可互證。故曰：魚相忘乎江湖，人相忘乎道術。【注】各自足而相忘者，天下莫不然也。至人常足，故常忘也。【疏】此結釋前義也。夫深水游泳，各足相忘；道術內充，偏愛斯絕。豈與夫呴濡仁義，同年而語哉！臨尸而歌，其義亦爾故也。〔釋文〕相忘音亡。同下。子貢曰：敢問畸人。【注】問向之所謂方外而不耦於俗者，又安在也。【疏】畸者，不耦之名也。修行無有，而疏外形體，乖異人倫，不耦於俗。敢問此人，其道如何？〔釋文〕畸人居宜反。司馬云：不耦也。不耦於人，謂闕於禮教也。李其宜反，云：奇異也。曰：

畸人者，畸於人而侔於天。【注】夫與內冥者遊於外也，獨能遊外以冥內，任萬物之自然，使天性各足而帝王道成，斯乃畸於人而侔於天也。【疏】自此已下，孔子答子貢也。侔者，等也，同也。夫不修仁義，不偶於物，而率其本性者，與自然之理同也。〔釋文〕而侔音謀。司馬云：等也。亦從也。故曰，天之小人，人之君子；人之君子，天之小人也。【注】以自然言之，則人無小大；以人理言之，則侔於天者可謂君子矣。【疏】夫懷仁履義為君子，乖道背德為小人也。是以行蹩躠之仁，用踶跂之義者，人倫謂之君子，而天道謂之小人也。故知子反琴張不偶於俗，乃曰畸人，實天之君子。重言之者，復結其義也。

顏回問仲尼曰：孟孫才，其母死，哭泣无涕，中心不戚，居喪不哀。无是三者，以善處喪。【疏】姓孟孫，名才，魯之賢人。體無為之一道，知生死之不二，故能跡同方內，心遊物表。居母氏之喪，禮數不闕，威儀詳雅，甚有孝容，而淚不滂沱，心不悲戚，聲不哀痛。三者既無，不名孝子，而鄉邦之內，悉皆善之，云其處喪深得禮法也。〔釋文〕孟孫才 李云：三桓後。才，其名也。崔云：才或作牛。李楨曰：以善處喪絕句，文義未完，且嫌於不辭。下蓋魯國三字當屬上為句，不當連下固有云云為句。蓋與應帝王篇功蓋天下義同，言孟孫才以善處喪名蓋魯國。爾雅釋言：弇，蓋也。小爾雅廣詁：蓋，覆也。釋名釋言語：蓋，加也。並有高出其上之意，即此蓋字義也。蓋魯國。固有无其實而得其名者乎？回壹怪之。【注】魯國觀其禮，而顏回察其心。【疏】蓋者，發語之辭也。哭泣縗絰，同域中之俗禮；心無哀戚，契方外之忘懷。魯人覩其外跡，故有善喪之名；顏子察其內心，知無至孝之實。所以一見孟孫才，遂生疑怪也。

仲尼曰：夫孟孫氏盡之矣，進於知矣。【注】盡死生之理，應內外之宜者，動而以天行，非知之匹也。【疏】進，過也。夫孟孫氏窮哀樂之本，所以無樂無哀；盡生死之源，所以忘生忘死。既而本跡難測，故能合內外之宜，應物無心，豈是運知之匹者耶！〔釋文〕應內應對之應。唯簡之而不得，【注】簡擇死生而不得其異，若春秋冬夏四時行耳。【疏】夫生來死去，譬彼四時，故孟孫簡擇，不得其異。夫已有所簡矣。孟孫氏不知所以生，不知所以死，【注】已簡而不得，故無不安，無不安，故不以生死槩意而付之自化也。【疏】雖復有所簡擇，竟不知生死之異，故能安於變化而不以哀樂槩懷也。不知就先，不知就後，【注】所遇而安。若化為物，【注】不違化也。【疏】先，生也；後，死也。若，順也。既一於死生，故無去無就；冥於變化，故順化為物也。以待其所不知之化已乎！【注】死生宛轉，與化為一，猶乃忘其所知於當今，豈待所未知而豫憂者哉【疏】不知之化謂當來未化之事也已止也見在之生猶自忘豈況未來之化豈復逆憂若用心預待不知止而勿爲也且方將化。惡知不化哉。方將不化。惡知已化哉。【注】已化而生焉知未生之時哉未化而死焉知已死之後哉故無所避就而與化俱往也【疏】方今正化爲人安知過去未化之事乎正在生日未化而死又安知死後之事乎俱當推理直前與化俱往無勞在生憂死妄爲欣惡也〔釋文〕惡知音烏下同焉知於虔反下皆同吾特與汝。其夢未始覺者邪。【注】夫死生猶覺夢耳今夢自以爲覺則無以明覺之非夢也苟無以明覺之非夢則亦無以明生之非死矣死生覺夢未知所在當其所遇無不自得何爲在此而憂彼哉【疏】夢是昏睡之時覺是了知之日仲尼顏子猶拘名教爲昏於大夢之中不達死生未嘗暫覺者也〔釋文〕覺者古孝反注下皆同且彼有駭形而无損心。【注】以變化爲形之駭動耳故不以死生損累其心【疏】彼之孟孫冥於變化假見生死爲形之驚動終無哀樂損累心神也〔釋文〕駭形如字崔作咳云有嬰兒之形有旦宅而无情死。【注】以形骸之變爲旦宅之日新耳其情不以爲死【疏】且日新也宅者神之舍也以形之改變爲宅舍之日新耳其性靈凝淡終無死生之累者也〔釋文〕旦宅並知字王云旦暮改易宅是神居也李本作怛咤上丹末反下陟嫁反云驚惋之貌崔本作靼宅靼怛也孟孫氏特覺。人哭亦哭。是自其所以乃。【注】夫常覺者無往而有逆也故人哭亦哭正自是其所宜也【疏】孟孫冥同生死獨居覺悟隨於內外不乖人理人哭亦哭自是順物之宜者也〔釋文〕所以乃崔本乃作惡且也相與吾之耳矣。【注】夫死生變化吾皆吾之既皆是吾吾何失哉未始失吾吾何憂哉無逆故人哭亦哭無憂故哭而不哀【疏】吾生吾死相與皆吾未始非吾吾何所失若以係吾爲意何適非吾庸詎知吾所謂吾之乎。【注】靡所不吾也故玄同外內彌貫古今與化日新豈知吾之所在也【疏】庸常也凡常之人識見淺狹詎知吾之所謂無處非吾假令千變萬化而吾常在新吾故吾何欣何惡也〔釋文〕庸詎其庶反下章同且汝夢爲鳥而厲乎天。夢爲魚而沒於淵。【注】言無往而不自得也不識今之言者。其覺者乎。其夢者乎。【注】夢之時自以爲覺則焉知今者之非夢耶亦焉知其非覺耶覺夢之化無往而不可則死生之變無時而足惜也【疏】厲至也且爲魚爲鳥任性逍遙處死處生居然自得而魚鳥既無優劣死生亦何勝負而係之哉孟孫妙達斯源所以未嘗介意又不知今之所論魚鳥者爲是覺中而辯爲是夢中而說乎夫人夢中自以爲覺今之覺者何妨夢中是知覺夢生死未可定也

造適不及笑。獻笑不及排。注 所造皆適則忘適矣故不及笑也排者推移之謂也夫禮哭必哀獻笑必樂哀樂存懷則不能與適推移矣今孟孫常適故哭而不哀與化俱往也 疏 造至也獻善也排推移也夫所至皆適斯亦適也其常適何及歡笑然後樂哉若從善事感已而後適者此則不能隨變任化與物推移也今孟孫常適故哭而不哀也〔釋文〕造適七報反注同 獻笑向云獻善也王云章也意有適章於笑故曰獻笑 家世父曰造適者以心取適而已言笑皆忘也獻笑者以笑爲歡而已推排皆化也極推排之力而冥然安之窮變化之用而超然去之乃以遊蕩於萬物之表而與天爲一 及排皮皆反 必樂音洛下同

安排而去化。乃入於寥天一。注 安於推移而與化俱去故乃入於寂寥而與天爲一也自此以上至於子祀其致一也所執之喪異故歌哭不同 疏 所在皆適故安任推移未始非吾而與化俱去如此之人乃能入於寥廓之妙門自然之一道也 〔釋文〕寥 本亦作廖力彫反李良救反 天一 崔本作造敵不及笑獻芥不及鑿安排而造化不及眇眇不及雄縹緫雄縹緫不及簟筮簟筮乃入於繆天一 以上 時掌反

意而子見許由。許由曰：堯何以資汝。注 資者給濟之謂也 疏 意而古之賢人資給濟之謂也意而先謁帝堯後見仲武問云帝堯大聖道德甚高汝既謁見有何教授資濟之術幸請陳說耳 〔釋文〕意而子 李云賢士也 資汝 資給也

意而子曰：堯謂我：汝必躬服仁義而明言是非。疏 躬身也仁則恩慈育物義則斷割裁非是則明賞其善非則明懲其惡此之四者人倫所貴汝必須己身服行亦須明言示物此是意而述堯教語之辭也

許由曰：而奚來爲軹。疏 而汝也奚何也軹語助也堯將教迹刑害於汝殘痕已大何爲更來矣 〔釋文〕爲軹 之是反郭之忍反崔云軹辭也李云是也

夫堯既已黥汝以仁義，而劓汝以是非矣。汝將何以遊夫遙蕩恣睢轉徙之塗乎。注 言其將以刑教自虧殘而不能復遊夫自得之場無係之塗也 疏 黥鑿額也劓割鼻也恣睢縱任也轉徙變化也塗道也夫仁義是非損傷眞性其爲殘害譬之刑戮汝既被堯黥劓拘束性情如何復能遨遊自得逍遙放蕩從容自適於變化之道乎言其不復能如是 〔釋文〕黥 其京反 劓 魚器反李云毁道德以爲仁義不似黥乎破玄同以爲是非不似劓乎 遙蕩 王云縱散也 恣 七咨反又如字 睢 郭李云許維反徐許鼻反李王皆云恣睢自得貌 復遊 扶又反下同

意而子曰：雖然。吾願遊於其藩。注 不敢復求涉

中道也且願遊其藩傍而已【疏】我雖遭此劓殘而庶幾之心靡替不復敢當中路願涉道之藩傍也〔釋文〕其藩 甫煩反李音煩司馬向皆云崖也崔云域也　許由曰。不然。夫盲者无以與乎眉目顏色之好。瞽者无以與乎青黃黼黻之觀。【疏】盲者有眼睛而不見物瞽者眼無眹縫如鼓皮也作斧形謂之黼兩已相背謂之黻而盲瞽之人眼睛已敗既不能觀文彩青黃亦不愛好眉目顏色譬意而遭堯黥劓情智已傷豈能愛慕深玄觀覽衆妙邪〔釋文〕盲者 本又作眇崔本作目云目或作刑刑黥劓也　以與 音豫下同　之好 如字又呼報反　黼黻 上音甫下音弗　觀 古亂反　意而子曰。夫无莊之失其美。據梁之失其力。黃帝之亡其知。皆在鑪捶之間耳。【注】言天下之物未必皆自成也自然之理亦有須冶鍛而為器者耳故此之三人亦皆聞道而後忘其所務也此皆寄言以遣云為之累耳【疏】无莊古之美人為聞道故不復莊飾而自忘其美色也據梁古之多力人為聞道守雌故不勇其力也黃帝軒轅也有聖知亦為聞道故能忘遺其知也鑪竈也錘鍛也以上三人皆因聞道然後忘其所務以契其真猶知世間器物假於鑪冶打鍛以成其用者耳今何妨自然之理令夫子敎示於我以成其道耶故知自然造物在鑪冶之間則是有修學冶鍛之義也〔釋文〕无莊據梁 司馬云皆人名李云无莊无莊飾也據梁強梁也　鑪 音盧　捶 本又作錘徐之睡反又之蘂反一音時蘂反李云錘鍛頭頗口句鐵以吹火也崔云鑪謂之釜捶當作甀鑪甀之間言小處也甀音丈僞反　鍛 丁亂反　庸詎知夫造物者之不息我黥而補我劓。使我乘成以隨先生邪。【注】夫率性直往者自然也往而傷性性傷而能改者亦自然也庸詎知我之自然當不息黥補劓而乘可成之道以隨夫子耶而欲棄而勿告恐非造物之至也【疏】造物猶造化也我雖遭仁義是非殘傷情性為知造化之內不補劓息黥令我改過自新乘可成之道隨夫子以請益耶乃欲棄而不敎恐乖造物者也　慶藩案乘猶載也成猶備也與詩儀既成兮義同黥劓則形體不備息之補之復完成矣言造物者使我得遇先生安知不使我載一成體以相隨耶此衆采宣氏說較郭訓為長　許由曰。噫。未可知也。我為汝言其大略。【注】噫嘆聲也至道深玄絕於言象不可以心慮測故嘆云未可知也既請益慇懃亦無容杜默雖復不可言盡為汝梗概陳之〔釋文〕曰噫 徐音醫李云歎聲也崔云亂也本亦作意音同又如字謂呼意而名也　我為 于僞反注同

吾師乎。吾師乎。韲萬物而不為義。澤及萬世而不為仁。【注】皆自爾耳亦無愛為於其

閒也安所寄其仁義【疏】吾師乎者至道也然至道不可心知爲役略言其要即吾師是也整碎也至如素秋霜降碎落萬物豈有情斷割而爲義哉青春和氣生育萬物豈有情恩愛而爲仁哉蓋不然而然也而許由師於至道至道既其如是役何得躬服仁義耶此略爲意而說息黥補劓之方也〔釋文〕整子令反司馬云碎也　盧文弨曰說文作整亦作齏陸每從韲譌今從隸省作整下並同長於上古而不爲老。【注】日新也〔釋文〕長於丁丈反覆載天地刻彫衆形而不爲巧。【注】自然故非巧也【疏】萬象之前先有此道智德具足故義說爲長而實無長也長既無矣老豈有耶欲明不長而長老而不老故長於上古而不爲老也雖復天覆地載而以道爲源衆形彫刻咸資造化同稟自然故巧名斯滅既其無老無巧無是無非役何所明言耶此所遊已。【注】游於不爲而師於無師也【疏】吾師之所遊心止如此說而已此則總結以前吾師之義是也顏回曰。回益矣。【注】以損之爲益也【疏】顏子稟教孔氏服膺問道覺已進益呈解於師損有益空故以損爲益也仲尼曰。何謂也。【疏】既言益矣有何意謂曰。回忘仁義矣。【疏】忘兼愛之仁遣裁非之義所言益者此之謂乎曰。可矣。猶未也。【注】仁者兼愛之迹義者成物之功愛之非仁仁迹行焉成之非義義功見焉存夫仁義不足以知愛利之由無心故忘之可也但忘功迹故猶未玄達也【疏】仁義已忘於理漸可解心徇從所以猶未〔釋文〕功見賢遍反下文同他日復見曰。回益矣。【疏】他日猶異日也空解日新時更復見所言進益列在下文〔釋文〕他日崔本作異日下亦然復見扶又反下同曰。何謂也。【疏】所言益者是何意謂也曰。回忘禮樂矣。【疏】禮者荒亂之首樂者淫蕩之具爲累更重次忘之也曰。可矣。猶未也。【注】禮者形體之用樂者樂生之具忘其具未若忘其所以具也【疏】虛心漸可猶未至極也〔釋文〕樂生音洛又音嶽他日復見曰。回益矣。曰。何謂也。【疏】並不異前解也曰回坐忘矣。【疏】虛心無著故能端坐而忘坐忘之義具列在下文　慶藩案文選賈長沙鵩鳥賦注引司馬云坐而自忘其身釋文闕仲尼蹵然曰。何謂坐忘。【疏】蹵然驚悚貌也忘遺既深故悚然驚歎坐忘之謂厥義云何也〔釋文〕蹵然子六反崔云變色貌顏回曰。墮肢體。黜聰明。【疏】墮毀廢也黜退除也雖聰屬於耳明關於目而聰明之用本乎心靈既悟一身非有萬境皆空故能毀廢四肢百體屏黜聰明心智者也〔釋文〕墮許規反徐又待果反離形去知。同於大通。此謂坐忘。【注】夫坐忘者奚所不忘哉既忘其迹又忘其所以迹者內不覺其一身外不識有天地然後曠然與變化爲體而無不通也【疏】大通猶大道也道能通生萬物故謂道爲大通也外則離析於形體一一虛假此解墮肢體也內則除去心識悗然無知此解黜聰明也既而枯木死灰冥同大道如此之益謂之坐忘也〔釋文〕去起呂反　知音智　坐忘崔云端坐而忘盧文弨曰依文當在蹵然之前

仲尼曰：同則无好也，注無物不同則未嘗不適未嘗不適何好何惡哉〔釋文〕无好呼報反注同　何惡烏路反

化則无常也。注同於化者唯化所適故無常也疏既同於大道則無是非好惡冥於變化故不執滯守常也

而果其賢乎！丘也請從而後也。疏果決也而汝也忘遺如此定是大賢丘雖汝師遂落汝後從而學之是丘所願揖謙退已以進顏回者也

子輿與子桑友，而霖雨十日。子輿曰：「子桑殆病矣！」裹飯而往食之。注此二人相爲於無相爲者也今裹飯而相食者乃任之天理而自爾耳非相爲而後往者也疏雨經三日已上爲霖殆近也子桑家貧屬斯霖雨近於餓病此事不疑於方外之交任理而往雖復裹飯非有相爲之情者也〔釋文〕霖雨本又作淋音林左傳云雨三日以往爲霖　裹音果　食音嗣注同

至子桑之門，則若歌若哭，鼓琴曰：「父邪母邪！天乎人乎！」有不任其聲而趨舉其詩焉。疏任堪也趨卒疾也子桑既遭飢餒故發琴聲問此飢貧從誰而得爲關父母爲是人天此則歌哭之辭也不堪此舉又卒爾詩詠也〔釋文〕有不任音壬　其聲而趨七住反　舉其詩焉崔云不任其聲憊也趨舉其詩無音曲也

子輿入，曰：「子之歌詩，何故若是？」注嫌其有情所以趨出遠理也疏一於死生忘於哀樂於無相與方外之交今子歌詩似有怨望故入門驚怪問其所由也

曰：「吾思夫使我至此極者而弗得也。父母豈欲吾貧哉？天无私覆，地无私載，天地豈私貧我哉？求其爲之者而不得也。然而至此極者，命也夫！」注言物皆自然無爲之者也疏夫父母慈造不欲飢凍天地無私豈獨貧我思量主宰皆是自然尋求來由竟無兆朕而使我至此窮極者皆我之賦命也亦何惜之有哉

內篇

應帝王第七

注夫無心而任乎自化者應爲帝王也〔釋文〕崔云行不言之教使天下自以爲牛馬應爲帝王者也

齧缺問於王倪，四問而四不知。疏四問而四不知則齊物篇中四問也夫帝王之道莫若忘知故以此義而爲篇首老子云不以智治國國之德者也〔釋

文〕齧缺五結反下丘悅反王倪五兮反四問而四不知向云事在齊物論中齧缺因躍而大喜。行以告蒲衣子。

蒲衣子曰。而乃今知之乎。【疏】補衣子堯時賢人年八歲舜師之讓位不受卽被衣子也齧缺得不知之妙旨仍踊躍而喜歡走以告於蒲衣子述王倪之深義蒲衣是方外之大賢達忘言之至道理無知而固久汝今日乃知也〔釋文〕蒲衣子尸子云蒲衣八歲舜讓以天下崔云卽被衣王倪之師也淮南子曰齧缺問道於被衣有虞氏不及

泰氏。【注】夫有虞氏之與泰氏皆世事之迹耳非所以迹者也所以迹者無迹也世孰名之哉未之嘗名何勝負之有耶然無迹者乘羣變履萬世世有夷險故迹有不及也【疏】有虞氏舜也泰氏卽太昊伏羲也三皇之世其俗淳和五帝之時其風澆競澆競則運知而養物淳和則任眞而馭宇不及之義驗此可知也〔釋文〕泰氏司馬云上古帝王也崔云帝王也李云大庭氏又云無名之君也慶藩案路史前紀七引司馬云上古之帝王無名之稱與釋文所引小異有虞

氏其猶藏仁以要人。亦得人矣。而未始出於非人。【注】夫以所好爲是人所惡爲非人者唯以是非爲域者也夫能出於非人之域者必入於無非之人境矣故無得無失無可無不可豈直藏仁而要人也【疏】夫舜包藏仁義要求士庶以得百姓之心未是忘懷自合天下故未出於是非之域亦有作臧字者臧善也善於仁義要求人心者也〔釋文〕藏仁才剛反崔云懷仁心以結人也本亦作臧作剛反善也簡文同以要一遙反注同家世父曰有人之見存而要人之仁行焉無人之見存出入鳥獸之羣而不亂其世人也汎乎相遇泯泯之中而奚以要人爲出於非人忘非我之分矣入於非人人我之分之兩忘者不以心應焉爲馬爲牛非獨忘人也亦忘己也所好呼報反所惡烏路反之竟音境泰氏其臥徐徐。其覺于于。【疏】徐徐寬緩之貌于于自得之貌伏犧之時淳風尙在故臥則安閑而徐緩覺則歡娛而自得也〔釋文〕徐徐如字崔本作祛祛其覺古孝反于于如字司馬云徐徐安穩貌于于無所知貌簡文云徐徐于于寐之狀也慶藩案于于卽盱盱也說文盱張目也于與盱聲近義同淮南俶眞篇萬民睢睢盱盱然魯靈光殿賦鴻荒朴略厥狀睢盱張載曰睢盱質朴之形正與司馬注無所知意相合（淮南覽冥篇臥倨倨興盱盱高注曰盱盱無智巧貌也又淮南盱盱作眄眄王氏讀書雜志據諸書證爲盱盱之僞亦正與質朴無知同義）一以己爲馬。一以己爲牛。【注】夫如是又奚是人非人之有哉斯可謂出於非人之域【疏】忘物我遺是非或馬或牛隨人呼召人獸尙且無主何是非之有哉其知情信。【注】任其自知故情信【疏】率其眞知情無虛矯故實信也其德甚眞。【注】任其自得故無僞【疏】以不德爲德德無所德故不僞者也而未始入於非人。【注】不入乎是非

之域所以絕於有虞之世。【疏】既率其情其德不僞故能超出心知之境不入是非之域者也　肩吾見狂接輿。狂接輿曰：日中始何以語女。【疏】肩吾接輿已具前解日中始賢人姓名即肩吾之師也既是女師有何告示此是接輿發語以問故也　〔釋文〕日人實反　中音仲亦如字　始李云日中始人姓名賢者也崔本無日字云中始賢人也　俞樾曰釋文引李云日中始人姓名賢者也此恐不然中始人名日猶云日者也謂日者中始何以語女也文七年左傳日衛不睦襄二十六年傳日其過此也昭七年傳日君以夫公孫段爲能任其事十六年傳日起請夫環並與此日字同義李以日中始三字爲人姓名失之矣崔本無日字　以語魚據反　女音汝後皆同　肩吾曰：告我君人者以己出經式義度，人孰敢不聽而化諸。【疏】式用也教我爲君之道化物之方必須己出智以經綸用仁義以導俗則四方氓庶誰不聽從遐遠黎元敢不歸化耶　〔釋文〕出經絕句司馬云出行也經常也崔云出典法也　式義度人絕句式法也崔云式用也用仁義以法度人也　王念孫曰釋文曰出經絕句式義度人絕句引諸說皆未協案此當以己出經式義度爲句人孰敢不聽而化諸爲句義讀爲儀義儀古字通（說文義己之威儀也文侯之命父義和鄭注義讀爲儀周官肆師治其禮儀鄭注故書儀爲義鄭司農云義讀爲儀古者書儀但爲義今時所爲義爲誼小雅楚茨篇禮儀卒度韓詩作義周官大行人大客之儀大戴禮朝事篇作義樂記制之禮義漢書禮樂志作儀周語示民軌儀大射儀注引作義）儀法也（見周語注淮南精神篇注楚辭九歎注）經式儀度皆謂法度也解者失之　狂接輿曰：是欺德也。【注】以己制物則物失其真【疏】夫以己制物物喪其眞欺誑之德非實道　〔釋文〕欺德簡文云欺忘也　其於治天下也，猶涉海鑿河而使蚉負山也。【注】夫寄當於萬物則無事而自成以一身制天下則功莫就而任不勝也【疏】夫溟海宏博深廣難窮而穿之爲河必無成理猶大道遐曠玄絕難知而鑿之爲義其功難克又蚉蟲至小山岳極高令其負荷無由勝任以智經綸用仁理物能小謀大其義亦然　〔釋文〕涉海鑿待洛反下同郭粗鶴反　河李云涉海必陷波鑿河無成也　蚉音文本亦作蟁同　不勝音升　夫聖人之治也，治外乎。【注】全其性分之內而已【疏】隨其分內而治之必不分外治物治乎外者言不治之者也　正而後行，【注】各正性命之分也【疏】順其正性而後行化　確乎能其事者而已矣。【注】不爲其所不能【疏】確實也順其實性於事有能者因而任之止於分內不論於外者也　〔釋文〕確乎苦學反李云堅貌崔本作橐音託　慶藩案文選劉孝標辯命論注引司馬云確乎不移易釋文闕　且鳥高飛以避矰弋之害，鼷鼠深穴乎神丘之下，以避熏鑿之患，【注】禽獸猶各有以自存故帝王任之而不爲則自成也【疏】矰網也弋以繩係箭而射之也鼷鼠小鼠也神丘社壇也鳥則高飛而逃網鼠則深穴而避熏斯皆率性自然豈待教而遠害者也鳥鼠既爾在人亦然故知式義出經誣罔之甚矣〔釋文〕矰則能反李云罔也之害崔本作蕃鼷音兮熏香云反而曾二蟲之无知。【注】言汝曾不知此二蟲之各存而不待教乎【疏】而汝也汝不曾知此二蟲不待教令而辭避害全身者乎既深穴高飛豈無知耶況在人倫而欲出經式義欺矯治物不亦妄哉

天根遊於殷陽。至蓼水之上。適遭无名人而問焉。曰。請問為天下。【疏】天根無名並為姓字寓言問答也殷陽殷山之陽蓼水在趙國界內遭遇也天根遨遊於山水之側適遇無名人而問之請問之意在乎天下〔釋文〕天根崔本云人姓名也遊於殷陽李云殷山名陽山之陽崔云殷陽地名司馬云殷衆也言向南遊也或作殷湯蓼水音了李云水名也无名人曰。去。汝鄙人也。何問之不豫也。【注】問為天下則非起於太初止於玄冥也【疏】汝是鄙陋之人宜其速去所問之旨甚不悅豫我心〔釋文〕不豫司馬云嫌不斷豫太倉卒也簡文云豫悅也 盧文弨曰今本作不預 俞樾曰爾雅釋詁豫厭也楚辭惜誦篇行婞直而不豫今王逸注亦曰豫厭也是豫之訓厭乃是古義無名人深怪天根之多問故曰何問之不豫猶云何許予之不憚煩也簡文云豫悅也殊失其義大初音泰予方將與造物者為人。【注】任人之自為【疏】夫造物為人素分各足何勞作法措意治之既同於大逼故任而不助也厭則又乘夫莽眇之鳥。以出六極之外。而遊无何有之鄉。以處壙埌之野。【注】莽眇羣碎之謂耳乘羣碎馳萬物故能出處常通而無狹滯之地【疏】莽眇深遠之謂壙埌宏博之名鳥則取其無迹輕昇六極猶六合也夫聖人馭世恬淡無為大順物情有同造化若其息用歸本厭離世間則乘深遠之大道淩虛空而滅迹超六合以放任遊無有以逍遙凝神智於射山處清虛於曠野如是則何天下之可為哉蓋無為者也〔釋文〕乘夫音符莽莫蕩反崔本作猛眇妙小反莽眇輕虛之狀也崔云猛眇之鳥首也取其行而無迹壙徐古曠反埌徐力黨反李音浪壙埌无塒為名也崔云猶曠蕩也无狹戶夾反汝又何帠以治天下感予之心為。【注】言皆放之自得之場則不治而自治也【疏】夫放而任之則物皆自化有何帠術輒欲治之感動我心何為如此〔釋文〕帠徐音藝又魚例反司馬云法也一本作寱牛世反崔本作為 俞樾曰帠未詳何字以諸說參考之疑帠乃臬字之誤故有魚例反之音而司馬訓法亦即臬之義也然字雖是臬而義則非臬當讀為寱寱本從臬聲古文以聲為主故或止作臬也一本作寱者破段字而為正字耳一切經音義引通俗文曰夢語謂之寱無名人蓋謂天根所問皆夢語也故曰汝又何寱以治天下感予之心為 慶藩案一切經音義四分律卷三十二引三蒼云寱于歲反謊言也謊言即與夢語無異而自治直吏反下文同又復問。【疏】天根未達更請決疑〔釋文〕又復

扶又反

無名人曰：汝遊心於淡，【注】其任性而無所節焉則淡矣〔釋文〕於淡徒暫反徐大敢反合氣於漠，【注】莫然靜於性而止【疏】可遊汝心神於恬淡之域合汝形氣於寂寞之鄉唯形與神二皆虛靜如是則天下不待治而自化者耳〔釋文〕於漠音莫順物自然而無容私焉，而天下治矣。【注】任性自生公也心欲益之私也容私果不足以生生而順公乃全也【疏】隨造化之物情順自然之本性無容私作法術措意治之放而任之則物我全之矣

陽子居見老聃曰：有人於此，嚮疾強梁，物徹疏明，學道不勌。如是者，可比明王乎？【疏】姓陽名朱字子居聞老子明王之道假且有人素性聰達神智捷疾猶如嚮應涉事理務強幹果決鑒物洞徹疏通明敏學道精勤曾無懈倦如是之人可得將明王聖帝比德否乎〔釋文〕陽子居李云居名也嚮許亮反李子男子通稱許兩反疾強梁崔云所在疾強梁之人也李云敏疾如嚮也簡文云如嚮應聲之疾故是強梁之貌物徹疏明司馬云物事也徹通也事能通而開明也崔云無物不達無物不明不勌其眷反老聃曰：是於聖人也，胥易技係，勞形怵心者也。【注】言此功夫容身不得不足以此聖王【疏】若將彼人比聖王無異胥徒勞苦改易形容技術工巧神慮劬勞故形容變改係累故心靈怵惕也〔釋文〕胥如字司馬云疏也簡文云相也易音亦崔以豉反云相輕易也簡文同技徐其綺反簡文云藝也係如字崔本作縶或作毄簡文云音繫盧文弨曰毄舊作繫與上複今定作毄見漢書　慶藩案鄭注周禮胥徒民給徭役者易讀如孟子易其田疇之易胥易謂胥徒供役治事鄭注檀弓易墓謂治草木易猶治也技係若王制凡執技以事上者不貳事不移官爲謂所繫也釋文云司馬云胥疏也簡文云胥相也竝誤怵心勑律反且曰：虎豹之文來田，猨狙之便執斄之狗來藉。如是者，可比明王乎？【注】此皆以其文章技能係累其身非涉虛以御乎無方也【疏】藉繩也猨狙獮猴也虎豹之皮有文章故來田獵獮猴以跳躍便捷恆被繩拘拘以執捉狐狸每遭係頸若以嚮疾之人類於聖帝則此之三物可比明王乎〔釋文〕來田李云虎豹以皮有文章見獵也田獵也猨音袁狙七餘反之便毗肩反舊扶面反斄音來李音狸崔云旄牛也來藉司馬云藉繩也由捷見結縛也崔云藉繫也

陽子居蹵然曰：敢問明王之治。【疏】既其失問故驚悚變容重請明王爲政其義安在〔釋文〕蹵然子六反改容之貌之治直吏反下同

老聃曰：明王之治，功蓋天下而似不自己，【注】天下若無明王則莫能自得令之自得實明王之功也然功在無爲而還任天下天下皆得自任故似非明王之功【疏】夫聖

人爲政功侔造化覆等玄天載周厚地而功成不處故非己爲之也化貸萬物。而民弗恃。注夫明王皆就足物性故人人皆云我自爾而莫知恃賴於明王疏誘化蒼生令其去惡貸借萬物與其福善而玄功潛被日用不知百姓謂我自然不賴君之能〔釋文〕貸吐代反有莫舉名。使物自喜。注雖有蓋天下之功而不舉以爲己名故物皆自以爲得而喜疏莫無也舉顯也推功於物不顯其名使物各自得而懽喜適悅者也立乎不測。注居變化之塗日新而無方者也而遊於无有者也。注與萬物爲體則所遊者虛也不能冥物則迕物不暇何暇遊虛哉疏無有妙本也樹德立功神妙不測而即迹即本故常遊心於至極也

鄭有神巫曰季咸。疏鄭國有神異之巫甚有靈驗從齊而至姓季名咸也〔釋文〕神巫曰季咸李云女曰巫男曰覡季咸名知人之死生存亡。禍福壽夭。期以歲月旬日若神。鄭人見之。皆棄而走。注不憙自聞死日也疏占候吉凶必無差失剋定時日驗若鬼神不喜預聞凶禍是以棄而走避也〔釋文〕不憙許忌反列子見之而心醉。歸以告壺子。疏列子事跡具內篇今不重解壺子鄭之得道人也號壺子名林即列子之師也列子見季咸小術驗若鬼神中心羨仰悦然如醉既而歸反具告其師〔釋文〕心醉向云迷惑於其道也壺子司馬云名林鄭人列子師曰。始吾以夫子之道爲至矣。則又有至焉者矣。注謂季咸之至又過於夫子疏夫子壺子也至極也初始稟學先生之道爲至今見季咸其道又極於夫子此是禦寇心醉之言也

壺子曰。吾與汝既其文。未既其實。而固得道與。疏與授也既盡也吾比授汝始盡文言於其妙理全未造實汝固執文字謂言得道豈知筌蹄異於魚兔耶〔釋文〕既其文李云既盡也得道與音餘衆雌而无雄。而又奚卵焉。注言列子之未懷道也疏夫衆雌无雄無由得卵既文無實亦何道之有哉〔釋文〕衆雌而无雄而又奚卵焉司馬云言汝受訓未熟故未成若衆雌无雄則无卵也而以道與世亢。必信。夫故使人得而相女。注未懷道則有心有心而亢其一方以必信於世故可得而相之疏女用文言之道而與世間亢對既無大智必信彼小巫是故季咸得而相女者也〔釋文〕世亢若浪反必信崔云絕句相女息亮反注下同盧文弨曰今本作汝嘗試與來。以予示之。疏夫至人凝遠神妙難知本迹寂動非凡能測故召令至以我示之也〔釋文〕示之本亦作視崔云視示之也明日。列子與之

見壺子出而謂列子曰。嘻。子之先生死矣。弗活矣。不以旬數矣。吾見怪焉。見濕灰焉。【疏】嘻歎聲也子林示其寂泊之容季咸謂其將死先怪已彰不過十日弗活之兆類彼濕灰也〔釋文〕嘻徐音熙郭許意反 旬數所主反 列子入。泣涕沾襟以告壺子。壺子曰。鄉吾示之以地文。萌乎不震不正。【注】萌然不動亦不自正與枯木同其不華濕灰均於寂魄此乃至人無感之時也夫至人其動也天其靜也地其行也水流其止也淵默淵默之與水流天行之與地止其於不為而自爾一也今季咸見其尸居而坐忘即謂之將死覩其神動而天隨因謂之有生誠應不以心而理自玄符與變化升降而以世為量然後足為物主而順時無極故非相者所測耳此應帝王之大意也【疏】文象也震動也地以無心而寧靜故以不動為地文也萌然寂泊曾不震動無心自正文類傾頹此是大聖無感之時小巫謂之弗活也而壺丘示見義有四重第一示妙本虛凝寂而不動第二示垂迹應感動而不寂第三本迹相即動寂一時第四本迹兩忘動寂雙遣此則第一妙本虛凝寂而不動也〔釋文〕鄉吾許亮反本作嚮亦作向同崔本作康云向也 地文與士同也崔云文猶理也 不震不正並如字崔本作不誫不止云如動不動也 俞樾曰列子黃帝篇作罪乎不誫不止當從之罪讀為崖說文山部作𡾊云山貌是也誫即震之異文不誫不止者不動不止也故以崖乎形容之言與山同也今罪誤作萌正誤作止失其義矣據釋文則崔本作不誫不止與列子同可據以訂正 誠應應對之應後同 是殆見吾杜德機也。【注】德機不發曰杜【疏】殆近也杜塞也機動也至德之機開而不發示其凝淡便為濕灰小巫庸瑣近見於此矣〔釋文〕杜德機崔云塞吾德之機 嘗又與來。【疏】前者伊安言我死今時重命今遣更來也

明日又與之見壺子。出而謂列子曰。幸矣。子之先生遇我也。有瘳矣。全然有生矣。【疏】此即第二垂迹應感動而不寂示以應容神氣微動既殊槁木全似生平而濫以聖功用為己力謬言遇我幸矣有瘳矣〔釋文〕有瘳丑留反 吾見其杜權矣。【注】權機也今乃自覺昨日之所見見其杜權故謂之將死也【疏】權機也前時一覩有類濕灰杜塞機權全無應動今日遇我方得全生小巫寡識有茲叨濫者也 列子入。以告壺子。壺子曰。鄉吾示之以天壤。【注】天壤之中覆載之功見矣比之地文不猶卵乎此應感之容也【疏】壤地也示之以天壤謂示以應動之容也譬彼兩儀覆載萬物至人應感其義亦然〔釋文〕功見賢遍反 慶藩案文選陸

士衡演連珠注引司馬云壞地也釋文闕名實不入。【注】任自然而覆載則天機玄應而名利之飾皆爲棄物矣【疏】雖復降迹同塵和光利物而名譽眞實會不入於靈府也而機發於踵。【注】常在極上起【疏】踵本也雖復物感而動不失時宜而此之神機發乎妙本動而常寂是殆見吾善者機也。【注】機發而善於彼彼乃見之【疏】示其善機應此兩儀季咸見此形容所以謂之爲善全然有生則是見善之謂也嘗又與來。明日又與之見壺子。出而謂列子曰。子之先生不齊。吾无得而相焉。試齊。且復相之。【疏】此是第三示本迹相即動寂一時夫至人德滿智圓虛心凝照本迹無別動靜不殊其道深玄豈小巫能測耶請齊其心迹試相之焉不敢的定吉凶故言且復相者耳〔釋文〕不齊側皆反本又作齋下同且復扶又反列子入以告壺子。壺子曰。吾鄉示之以太沖莫勝。【注】居太沖之極浩然泊心而玄同萬方故勝負莫得厝其間也【疏】沖虛也莫無也夫聖照玄凝與太虛等量本迹相即動寂一時初無優劣有何勝負哉〔釋文〕泊心白博反又音魄得厝七故反字又作措同盧文弨曰今本作措是殆見吾衡氣機也。【注】無往不平混然一之以管闚天者莫見其涯故似不齊【疏】衡平也卽迹卽本無優無劣神氣平等以此應機小巫近見不能遠測心中迷亂所以請齊耳〔釋文〕管闚去規反鯢桓之審爲淵。止水之審爲淵。流水之審爲淵。淵有九名。此處三焉。【注】淵者靜默之謂耳夫水常無心委順外物故雖流之與止鯢桓之與龍躍常淵然自若未始失其靜默也夫至人用之則行捨之則止行止雖異而玄默一焉故略舉三異以明之雖波流九變治亂紛如居其極者常淡然自得泊乎忘爲也【疏】此舉譬也鯢大魚也桓盤也審聚也夫水體無心動止隨物或鯨鯢盤桓或蛟龍騰躍或凝湛止住或波流湍激雖復漣漪清淡多種不同而玄默無心其致一也故鯢桓以方衡氣止水以譬地文流水以喻天壤雖復三異而虛照一焉而言淵有九名者謂鯢桓止水流水汎水濫水沃水雍水文水肥水故謂之九也並出列子彼文具載此略敘有此三焉也〔釋文〕鯢五兮反桓司馬云鯢桓二魚名也簡文云鯢鯨魚也桓盤桓也崔本作鯢拒云魚所處之方穴也又云拒或作桓之審郭如字簡文云處也司馬云審當爲蟠蟠聚也崔本作潘云回流所鍾之域也　俞樾曰審司馬云當爲蟠蟠聚也崔本作潘云回流所鍾之域也今以字義求之則審當爲瀋說文水部瀋大波也從水潘聲作潘者字之省司馬彪讀爲蟠誤也郭本作審則失其字矣又案列子黃帝篇云鯢旋之潘爲淵止水之潘爲淵流水之潘爲淵濫水之潘爲淵沃水之潘爲淵氿水之潘爲淵雍水之潘爲淵汧水之潘爲淵肥水之潘爲淵是爲九淵爲九淵全列然於上下文殊不相屬疑爲它處之錯簡莊子所見已然雖不敢徑去而實非本篇文義所繫故聊舉其三耳　家世父曰釋文引崔本審作潘云回流所鍾之域也列子黃帝篇鯢旋之潘爲淵字當作潘說文淵回水也管子度地篇水出地而不流命曰淵謂水回旋而瀦洿淵有物伏孕其中而成淵者有止而不流者有旋而中渟爲淵者水之渟滀其因自然之勢而或流或止皆積之以成淵焉故曰太沖莫眹侵尋汎濫非人力之所施也淵有九名淮南子云有九旋之淵許慎注云至深也治亂直吏切

嘗又與來。【疏】欲示極玄應須更召

明日又與之見壺子。立未定。自失而走。【疏】季咸前後虞度來相未呈玄遠猶有近見今者第四其道極深本迹兩忘動寂雙遣聖心行虛非凡所測遂使立未安定奔逸而走也〔釋文〕失而走如字徐音逸

壺子曰。追之。【疏】既見奔逃命令捉取

列子追之。不及。反以報壺子曰。已滅矣。已失矣。吾弗及已。【疏】驚迫已甚奔馳亦速滅矣失矣莫知所之也〔釋文〕已滅崔云滅不見也

壺子曰。鄉吾示之以未始出吾宗。【注】雖變化無常而常深根冥極也【疏】夫妙本玄源窈冥恍惚超茲四句離彼百非不可以心慮知安得以形名取既絕言象無的宗塗不測所由故失而走

吾與之虛而委蛇。【注】無心而隨物化〔釋文〕委於危反蛇以支反委蛇至順之貌

不知其誰何。【注】汎然無所係也【疏】委蛇隨順之貌也至人應物虛己忘懷隨順逗機不執宗本既不可名目故不知的是何誰也

因以爲弟靡。因以爲波流。故逃也。【注】變化頹靡世事波流無往而不因也夫至人一耳然應世變而時動故相者無所措其目自失而走此明應帝王者無方也【疏】頹者放任靡者順從夫上德無心有感斯應放任不務順從於物而揚波塵俗隨流世間因任前機曾無執滯千變萬化非相者所知是故季咸宜其逃逸也〔釋文〕爲弟徐音頹文回反靡弟靡不窮之貌崔云猶遜伏也　盧文弨曰正字通弟作弟後來字書亦因之而於古無有也類篇弟字下有徒回反一音云弟靡不窮兒正本此列子黃帝篇作茅靡波流如字崔本作波隨云常隨從之　王念孫曰郭象曰變化頹靡世事波流無往而不因釋文曰波流崔本作波隨云常隨從之寀作波隨者是也蛇何靡隨爲韻蛇古音徒禾反（委蛇之委古音於禾反委蛇疊韻字也召南羔羊篇委蛇委蛇與皮紽爲韻皮古音婆莊子庚桑楚篇與物委蛇與爲波爲韻爲古音譌委蛇或作委佗鄘風君子偕老篇委委佗佗與珈河宜何爲韻宜古音俄）靡古音摩（中孚九二吾與爾靡之與和爲韻莊子知北遊篇安與之相靡與化多爲韻成二年左傳師至于靡笄之下靡一音摩史記蘇秦傳期年以出揣摩鄒誕本作揣靡）隨古亦音徒禾反（波隨疊韻詩序男行而女不隨老子前後相隨管子白心篇天不始不隨呂氏春秋審應篇人先我隨韓子解老篇大姦作則小盜隨淮南泰族篇上動而下隨史記太史公自序主先而臣隨並與和爲韻又呂氏春秋任數篇無先有隨與和多爲韻賈子道術篇有端隨之與和宜爲韻淮南原道篇稱乃相隨與多爲韻說文隨從辵隋聲隋音佗果反史記天官書前列

直斗口三星隨北端兌索隱曰隨音他果反）

然後列子自以爲未始學而歸。【疏】季咸逃逸之後，列子方悟已迷，始覺壺丘道深，神巫術淺，自知未學，請乞其退，歸習尙無爲，伏膺玄業也。三年不出。爲其妻爨。食豕如食人。【注】忘貴賤也。【疏】不出三年，屛於俗務，爲妻爨火，忘於榮辱，食豕如人，淨穢均等。〔釋文〕「爲其」于僞反。「妻爨」七判反。「食豕」音嗣，下同。於事无與親。【注】唯所遇耳。【疏】悟於至理，故均彼我，涉於世事，無親疏也。彫琢復朴。【注】去華取實。【疏】彫琢華飾之務，悉皆棄除，直置任眞，復於朴素之道者也。〔釋文〕「彫琢」竹角反。「去華」羌呂反。塊然獨以其形立。【注】外飾去也。【疏】塊然無情之貌也。外除彫飾，內遣心智，槁木之形，塊然無偶也。〔釋文〕「塊然」徐苦怪反，又苦對反。紛而封哉。【注】雖動而真不散也。【疏】封，守也。雖復涉世紛擾，和光接物，而守於眞本，確爾不移。〔釋文〕「紛而」芳云反。崔云：亂貌。「封哉」崔本作戎，云：封戎，散亂也。李楨曰：紛而封哉，列子黃帝篇作紛然而封戎，按封戎是也。六句並韻語，食豕二句人親爲韻，彫琢二句朴立爲韻，紛而二句戎終爲韻。哉字傳寫之譌。下四亦韻語，惟崔本不誤，與列子同。尙書公無困哉，漢書兩引作公無困我，此以我譌哉，亦是一證。一以是終。【注】使物各自終。【疏】動不乖寂，雖紛擾而封哉，應不離眞，常抱一以終始。

无爲名尸。【注】因物則物各自當其名也。【疏】尸，主也。身尙忘遺，名將安寄，故無復爲名譽之主也。无爲謀府。【注】使物各自謀也。【疏】虛淡無心，忘懷任物，故無復運爲謀慮於靈府耳。无爲事任。【注】付物使各自任。【疏】各率素分，恣物自爲，不復於事任用於己。无爲知主。【注】無心則物各自主其知也。【疏】忘心絕慮，大順羣生，終不運知以主於物。〔釋文〕「知主」音知，注同。體盡无窮，【注】因天下之自爲，故馳萬物而無窮也。【疏】體悟眞源，故能以智境冥會，故曰皆無窮也。而遊无朕。【注】任物故無迹。【疏】朕，迹也。雖遨遊天下，接濟蒼生，而晦迹韜光，故无朕也。〔釋文〕「无朕」直忍反。崔云：兆也。盡其所受乎天，【注】足則止也。【疏】所稟天性，物物不同，各盡其能，未爲不足者也。而无見得，【注】見得則不知止。【疏】夫目視之所見，雖見不見得於分內之得，雖得不得，既不造意於見得，故雖見得而無見得也。亦虛而已。【注】不虛則不能任羣實。【疏】所以盡於分內而無見得者，自直虛心忘淡而已。至人之用心若鏡，【注】鑒物而無情。【疏】夫懸鏡高堂，物來斯照，至人虛應，其義亦然。不將不迎，應而不藏，【注】來即應，去即止。【疏】將，送也。夫物有去來而鏡無迎送，來者即照，必不隱藏。亦猶聖智虛凝，無幽不燭，物感斯應，應不以心，既無將迎，豈有情於隱匿哉！〔釋文〕「應而不藏」如字。本又作藏，亦依字讀。故能勝物而不傷。【注】物來乃鑒，鑒不以心，故雖天下之廣而無勞神之累【疏】夫物有生滅而鏡無隱顯故常能照物而物不能傷亦由聖人德合二儀明齊三景鑒照遐廣覆載無偏用心不勞故無損害爲其勝物是以不傷南海之帝爲儵。北海之帝爲忽。中央之帝爲渾沌。【疏】南海是顯明之方故以儵爲有北是幽闇之域故以忽爲無中央既非北非南故以渾沌爲非無非有者也〔釋文〕儵音叔李云喻有象也忽李云喻無形也渾胡本反沌徒本反崔云渾沌無孔竅也李云清濁未分也此喻自然簡文云儵忽取神速爲名渾沌以合和爲貌神速譬有爲合和譬無爲儵與忽。時相與遇於渾沌之地。渾沌待之甚善。【疏】有無二心會於非無非有之境和二偏之心執爲一中之志故云待之甚善也

儵與忽謀報渾沌之德。曰。人皆有七竅。以視聽食息。此獨无有。嘗試鑿之。【疏】儵忽二人由懷偏滯未能和會尚起學心妄嫌渾沌之無心而謂穿鑿之有益也日鑿一竅。七日而渾沌死。【注】爲者敗之【疏】夫運四肢以滯境鑿七竅以染塵乖渾沌之至淳順有無之取舍是以不終天年中塗夭折勗哉學者幸勉之焉故郭注云爲者敗之也〔釋文〕七竅苦叫反說文云孔也七日而渾沌死崔云言不順自然強開耳目也

外篇 駢拇第八〔釋文〕舉事以名篇

駢拇枝指。出乎性哉。而侈於德。【疏】駢合也大也謂足大拇指與第二指相連合爲一指也枝指者謂手大拇指傍枝生一指成六指也出乎性者謂此駢枝二指並稟自然性命生分中有之侈多也德謂仁義禮智信五德也言曾史稟性有五德蘊之五藏於性中非剩也〔釋文〕駢步田反廣雅云並也李云併也拇音母足大指也司馬云駢拇謂足拇指連第二指也崔云諸指連大指也枝指如字三蒼云枝指手有六指也崔云音歧謂指有歧也　盧文弨曰歧當作岐後人強分之而侈昌是反徐處豉反郭云多貌司馬云溢也崔云過也於德崔云德猶容也附贅縣疣。出乎形哉。而侈於性。【注】夫長者不爲有餘短者不爲不足此則駢贅皆出於形性非假物也然駢與不駢其性各足而此獨駢枝則於衆以爲多故曰侈耳而惑者或云非性因欲割而棄之是道有所不存德有所不載而人有棄才物有棄用也豈是至治之意哉夫物有小大能有少多所大即駢所多即贅駢贅之分物皆有之若莫之任是都棄萬物之性也【疏】附生之贅肉縣係之小疣並稟形以後方有故出乎形哉而侈性者譬離曠稟性聰明列之藏府非關假學故無侈性也〔釋

文〕附贅章銳反廣雅云疣也釋名云橫生一肉屬著體也一云瘤結也縣音玄疣音尤而侈於性司馬云性人之本體也駢拇枝指附贅縣疣此四者各出於形性而非形性之正於衆人爲侈耳於形爲侈於性爲多故在手爲莫用之肉於足爲無施之指也王云性者受生之質德者全生之本駢枝受生而有不可多於德贅疣形後而生不可多於性此四者以況才智德行　俞樾曰性之言生也駢拇枝指生而已然者也故曰出乎性附贅縣疣成形之後而始有者也故曰出乎形德者所以生者也天地篇曰物得以生謂之德是也駢拇枝指出乎性而以德言之則侈矣附贅縣疣出乎形而以性言之則侈矣崔云德猶容也司馬云性人之本體也混性與德與形而一之殊失其旨　家世父曰釋文引王云性者受生之質德者全生之本駢拇枝指與生俱來故曰出於性附贅縣疣形既具而後坿焉故曰出於形　夫音符發句之端放此　至治反直吏

之分符問反後可以意求物皆有之之或作定　多方乎仁義而用之者。列於五藏哉。而非道德之正也。【注】夫與物冥者無多也故多方於仁義者雖列於五藏然自一家之正耳未能與物無方而各正性命故曰非道德之正夫方之少多天下未之有限然少多之差各有定分毫芒之際即不可以相跂故各守其方則少多無不自得而惑者聞多之不足以正少因欲棄多而任少是舉天下而棄之不亦妄乎【疏】方道術也言曾史之德施用之此直一家之知未能大冥萬物夫能與物冥者故當非仁非義而應夫性多仁義羅列藏府而仁義不多不少而應夫多少千變萬化與物無窮無所偏執故是道德之正言〔釋文〕五藏才浪反後皆同黃帝素問云肝心脾肺腎爲五藏

是故駢於足者。連无用之肉也。枝於手者。樹无用之指也。【注】直自性命不得不然非以有用故然也【疏】夫駢合之拇無益於行步故雖有此連綴成無用之肉枝生於手指者既不益操捉故雖樹立此肉綴是無用之指也欲明稟自然天性有之非關助用而生也

多方駢枝於五藏之情者。淫僻於仁義之行。【注】五藏之情直自多方耳而少者橫復尚之以至淫僻而失至當於體中也【疏】夫曾史之徒性多仁義以此情性駢於藏府性少之類矯情慕之務此爲行求於天理既非率性遂成淫僻淫者耽滯僻者不正之貌〔釋文〕淫僻本又作辟匹亦反徐敫亦反注及篇末同　於仁義之行下孟反崔云駢枝贅疣雖非性之正亦出於形不可去也五藏之情雖非道德之正亦列於性不可治也今設仁義之教以治五藏之情猶創駢枝贅疣也既傷自然之理更益其疾也　橫復扶又反徐篇末注皆同　至當丁浪反後皆倣此

而多方於聰明之用也。【注】聰明之用各有本分故多方不爲有餘少方不爲不足然情欲之所蕩未嘗不賤少而貴多也見夫可貴而矯以尚之則自多於本用而困

其自然之性若乃忘其所貴而信其素分則與性無多而異方俱全矣【疏】言離曠素分足於聰明性少之徒矯情爲尚以此爲理不亦謬乎

是故駢於明者。亂五色。淫文章。青黃黼黻之煌煌。非乎。而離朱是已。【疏】斧形謂之黼兩已相背謂之黻五色青黃赤白黑也青與赤爲文赤與白爲章煌煌眩目貌也豈非離朱乎是也已助聲也離朱一名離婁黃帝時明目人百里察毫毛也〔釋文〕黼黻音甫下音弗周禮云白與黑謂之黼黑與青謂之黻煌煌音皇廣雅云光也向崔本作韑向云馬氏音煌毛詩傳云皇皇猶煌煌也煌又音晃盧文弨曰舊作光光也今據本書删一光字非乎向云非乎言是也離朱司馬云黃帝時人百步見秋毫之末一云見千里針鋒孟子作離婁是已向云猶是也

多於聰者。亂五聲。淫六律。金石絲竹黃鐘大呂之聲非乎。而師曠是已。【注】夫有耳目者未嘗以慕聾盲自困也所困常在於希離慕曠則離曠雖性聰明乃是亂耳目之主也【疏】五聲謂宮商角徵羽也六律黃鐘大呂姑洗蕤賓無射夾鐘之徒是也六律陽六呂陰總十二也金石絲竹匏土革木此八音也非乎言猶著此聲音豈非是師曠乎師曠字子野晉平公樂師極知音律言離曠二子素分聰明膚昧之徒橫生希慕既失本性寍不困乎然則離曠聰明乃是亂耳目之主也〔釋文〕五聲本亦作五音師曠司馬云晉賢大夫也善音律能致鬼神史記云冀州南和人生而無目

枝於仁者。擢德塞性。以收名聲。使天下簧鼓以奉不及之法。非乎。而曾史是已。【注】夫曾史性長於仁耳而性不長者橫復慕之慕之而仁仁已僞矣天下未嘗慕桀跖而必慕曾史則曾史之簧鼓天下使失其眞性甚於桀跖也【疏】枝於仁者謂素分枝多仁義由如分生中枝生一指也擢用五德偏滯邪淫既仍塞閉正性用斯接物以收聚名聲遂使蒼生馳動奔競由如笙簧鼓吹能感動於物欣企也然曾史性長於仁義而不長者橫復慕之捨短效長故言奉不及之法也擢拔謂拔擢僞德塞其眞性也曾者姓曾名參字子輿仲尼之弟子史者姓史名鰌字子魚衛靈公臣此二人並稟性仁孝故舉之〔釋文〕擢德音濯司馬云拔也　王念孫曰塞與擢義不相類塞當爲搴擢搴皆謂拔取之也廣雅云搴取也（楚辭離騷注史記及叔孫通傳索隱引許慎並與廣雅同方言作攓云取也南楚曰攓說文作攓云拔取也）拔也（樊光注爾雅及李奇注漢書季布欒布田叔傳贊並與廣雅同）此言世之人皆擢其德搴其性務爲仁義以收名聲非謂塞其性也淮南俶眞篇曰俗世之學擢德攓性內愁五藏外勞耳目乃始招蟯振繾物之毫芒搖消掉捎仁義禮樂暴行越智於天下以招號名聲於世又曰今萬物之來擢拔吾性攓取吾情皆其證也隸書手字或作扌（若舉字作擧拳字作奉之類）故搴字或作𡫸形與塞相似因譌而爲塞矣簧鼓音黃謂笙簧也鼓動也曾史曾參史鰌也曾參行仁史鰌行義跖之石反

駢於辯者。纍瓦結繩。竄句遊心於

堅白同異之閒。而敝跬譽無用之言非乎。而楊墨是已。【注】夫騁其奇辯致其危辭者未嘗容思於檮杌之口而必競辯於楊墨之閒則楊墨乃亂羣言之主也【疏】楊者姓楊名朱字子居宋人也墨者姓墨名翟亦宋人也爲宋大夫以其行墨之道故稱爲墨此二人並墨之徒稟性多辯咸能致高談危險之辭鼓動物性固執是非由如緘結藏匿文句使人難解其遊心學處惟在堅執守白之論是非同異之閒未始出非人之域也蹩躠由自持也亦用力之貌譽光贊也楊墨之徒並矜其小學炫燿衆人誇無用之言惑於羣物然則楊墨豈非亂羣之師乎言即此楊墨而已也〔釋文〕纍劣彼反　瓦危委反向同崔如字一云瓦當作丸　結繩本云言小辯危詞若結繩之纍瓦也崔云聚無用之語如瓦之纍繩之結也　竄七亂反爾雅云竄微也一云藏也　句紀具反司馬云竄句謂邪說微隱穿鑿文句也一音鉤　敝本亦作蹩徐音婢郭父結反李步計反司馬云罷也　跬徐丘婢反郭音屑向崔本作趌向丘氏反云近也司馬同李卻垂反一云敝跬分外用力之貌　譽音餘　家世父曰釋文敝跬分外用力之貌今案跬譽猶云咫言方言半步爲跬司馬法一舉足曰跬跬三尺也跬譽者邀一時之近譽也敝如周禮弓人筋欲敝之敝謂勞敝也敝精羆神於近名而無實用之言故謂之駢於辯　楊墨崔李云楊朱墨翟也　容思息嗣反　檮杌上徒刀反下音兀　故此皆多駢旁枝之道。非天下之至正也。【注】此數子皆師其天性直自多駢旁枝各自是一家之正耳然以一正萬則萬不正矣故至正者不以己正天下使天下各得其正而已【疏】言此數子皆自天然聰明仁辯由如合駢之拇傍生枝指稟之素分豈由人爲故知率性多仁乃是多駢傍枝之道也而愚惑之徒捨己效物求之分外由而不已然搖動物性由此數人以一正萬故非天下至道正理也〔釋文〕此數色主反下文此數音同　彼正正者。不失其性命之情。【注】物各任性乃正正也自此已下觀之至正可見矣【疏】以自然之正理正蒼生之性命故言正正也物各自得故言不失也言自然者即我之自然所言性命者亦我之性命也豈遠哉故言正正者以不正而正正而不正之無言也自此以上明矯性之失自此以下顯率性之得也　俞樾曰上正字乃至字之誤上文云故此皆多駢旁枝之道非天下之至正也此云彼至正者不失其性命之情兩文相承今誤作正正義不可通郭曲爲之說非是　故合者不爲駢。【注】以枝正合乃謂合爲駢而枝者不爲跂。【注】以合正枝乃謂枝爲跂【疏】以枝望合乃謂合爲駢而合實非駢以合望枝乃謂枝爲跂而枝實非跂也〔釋文〕不爲跂其知反崔本作枝音同或渠支反　長者不爲有餘。【注】以短正長乃謂長有餘　短者不爲不足。【注】以長正短乃謂短不足【疏】長者謂曾史離曠楊墨並稟之天性蘊蓄仁義聰明俊辯比之羣小故謂之長率性而動故非有餘短者衆人比曾史等不及故謂之短然亦天機自張故非爲不足　是故鳧脛雖短續之則憂。鶴脛雖長。斷之則悲。【注】各自有正不可以此正彼而損益之【疏】鳧小鴨也鶴鶬鷂之類也脛脚也自然之理亭毒衆形雖復脩短不同而形體各足稱事咸得逍遥而惑者方欲截鶴之長續鳧之短以爲齊深乖造化違失本性所以憂悲 〔釋文〕鳧音符脛形定反釋名云莖也直而長如物莖也本又作踁鶴戶各反斷之丁管反下及注同 故性長非所斷。性短非所續。無所去憂也。【注】知其性分非所斷續而任之則無所去憂而憂自去也【疏】夫稟性受形僉有崖量脩短明暗素分不同此如鳧鶴非所斷續如此即各守分內雖爲無勞去憂憂自去也〔釋文〕去憂起呂反注去憂去也同 意仁義其非人情乎。【注】夫仁義自是人之情性但當任之耳〔釋文〕意如字下同亦作醫 彼仁人何其多憂也。【注】恐仁義非人情而憂之者真可謂多憂也【疏】噫嘻歎之聲也夫仁義之情出自天理率性有之非由倣效彼仁人者則是曾史之徒不體真趣橫生勸獎謂仁義之道可學而成莊生深嗟此迷故發噫歎分外引物故謂多憂也非其人情乎者是人之情性者也 且夫駢於拇者。決之則泣。枝於手者。齕之則啼。二者或有餘於數。或不足於數。其於憂一也。【注】謂之不足故泣而決之以爲有餘故啼而齕之夫如此雖羣品萬殊無釋憂之地矣唯各安其天性不決駢而齕枝則曲成而無傷又何憂哉【疏】齕者齧斷也決者離析也有餘於數謂枝生六指也不足於數謂駢爲四指也夫駢枝二物自出天然但當任置未爲多少而惑者不能忘淡固執是非謂枝爲有餘駢爲不足橫欲決駢齕枝成於五數既傷造化所以泣啼故決齕雖殊其憂一也〔釋文〕齕李音紇恨發反齧斷也 啼音提崔本作諦 決徐胡勿反郭又胡突反 今世之仁人。蒿目而憂世之患。【注】兼愛之迹可尚則天下之目亂矣以可尚之迹蒿令有患而遂憂之此爲陷人於難而後拯之也然今世正謂此爲仁也【疏】蒿目亂也仁兼愛之迹也今世猶末代言曾史之徒行此兼愛遂令惑者捨已效人希幸之路既開耳目之用亂矣耳目亂則患難生於是憂其紛擾還救以仁義不知患難之所與與乎聖迹也〔釋文〕蒿目好羔反司馬云亂也李云蒿目快性之貌 盧文弨曰今本快作決 俞樾曰司馬與郭注共以蒿目二字爲句解爲亂天下之目義殊未安蒿乃睢之叚字玉篇目部睢庚鞠切目明又望也是睢爲望視之貌仁人之憂天下必爲之睢然遠望故曰睢目而憂世之患睢與蒿古音相近故得通用詩靈臺篇白鳥翯翯孟子梁惠王篇作鶴鶴文選景福殿賦作睢睢然則蒿之通作睢猶翯之通作鶴與睢矣周易文言傳確乎其不可拔說文土部曰塙堅不可拔也即本易義是確與塙通亦其例也蒿令力呈反下同 於難乃旦反 後拯拯救之拯 不仁之人。決性命之情。

而饕貴富。【注】夫貴富所以可饕由有蒿之者也若乃無可尚之迹則人安其分將量力受任豈有決己效彼以饕竊非望哉【疏】饕貪財也素分不懷仁義者謂之不仁之人也意在貪求利祿偸貴富故絕己之天性亡失分命眞情而矯性僞情舍我逐物良由聖迹可尚故有斯弊者也是知抱樸還淳必須絕仁棄義〔釋文〕饕吐刀反杜預注左傳云貪財曰饕　故意仁義其非人情乎。【疏】此重結前旨也　慶藩案意讀爲抑抑或作意語詞也論語學而篇抑與之與漢石經作意墨子非命篇意將以爲利天下乎晏子春秋雜篇意者非臣之罪乎漢書敘傳曰其抑者從横之事復起於今乎抑者與意者同竝與此句法一例或言意者或單言意義亦同也　自三代以下者。天下何其囂囂也。【注】夫仁義自是人情也而三代以下橫共囂囂棄情逐迹如將不及不亦多憂乎【疏】自從也三代夏殷周也囂囂猶讙聒也夫仁義者出自性情而三代以下棄情徇迹囂囂競逐何愚之甚是以夏行仁殷行義周行禮即此囂囂之狀也〔釋文〕囂囂許橋反又五羔反字林云聲也崔云憂世之貌　且夫待鉤繩規矩而正者。是削其性者也。【疏】鉤曲繩直規圓矩方也夫物賴鉤繩規矩而後曲直方圓也此非天性也諭人待教迹而後仁義者非眞性也夫眞率性而動非假學也故矯性僞情舍己效物而行仁義者是減削毀損於天性也　待繩約膠漆而固者。是侵其德者也。【疏】約束縛也固牢也侵傷也德眞智也夫待繩索約束膠漆堅固者斯假外物非眞牢者也喩學曾史而行仁者此矯僞非實性也旣乖本性所以侵傷其德也　屈折禮樂。呴俞仁義。以慰天下之心者。此失其常然也。【疏】屈曲也折截也呴俞猶嫗撫也揉直爲曲施節文之禮折長就短行漫澶之樂嫗撫偏愛之仁呴俞執迹之義以此僞眞以慰物心遂使物喪其眞人亡其本旣而棄本逐末故失其眞常自然之性者也此則總結前文之失以生後文之得也〔釋文〕屈崔本作詘　折之熱反謂屈折支體爲禮樂也　呴況於反李況付反本又作傴於禹反　俞音臾李音喩本又作呴音詡謂呴喩顏色爲仁義之貌　天下有常然。常然者。曲者不以鉤。直者不以繩。圓者不以規。方者不以矩。附離不以膠漆。約束不以纆索。【疏】夫天下萬物各有常分至如蓬曲麻直首圓足方也水則冬凝而夏釋魚則春聚而秋散斯出自天然非假諸物豈有鉤繩規矩膠漆纆索之可加乎在形旣然於性亦爾故知禮樂仁義者亂天之經者也又解附離離依也故漢書云哀帝時附離董氏者皆起家至二千石注云離依之也〔釋文〕纆音墨廣雅云索也　索悉各反下同　故天下誘然皆生。而不知其所以生。同焉皆得。而不知其所以得。【注】夫物有常然任而不助則泯然自得而不自覺也【疏】誘然生物稟氣受形或方或圓乍曲乍直亭之毒之各足於性悉莫辨其然皆不知所以生豈措意於緣慮情係於得失者乎是知屈折呴俞失其常也 故古今不二，不可虧也。注同物故與物無二而常全。疏夫見始終以不一者凡情之闇惑也覩古今之不二者聖智之明照也是以不生而生不知所以生不得而得不知所以得雖復時有古今而法無虧損千變萬化唯一也 則仁義又奚連連如膠漆纆索而遊乎道德之間爲哉。注任道而得則抱朴獨往連連假物無爲其間也。疏奚何也連連猶接續也夫道德者非有非無不生不滅不可以聖智求安得以形名取而會史之類性多於仁以己率物掃於名教束縛既似纆纆執固又如膠漆心心相續連連不斷懷挾此行遊道德之鄉者譬猶以圓學方以魚慕鳥徒希企尚之名終無功用之實筌蹄不忘魚兎又喪已陳芻狗貴此何爲也〔釋文〕連連司馬云謂連續仁義遊道德閒也 使天下惑也。注仁義連連祇足以惑物使喪其真。疏仁義之教聰明之迹乖自然之道亂天下之心〔釋文〕祇足音支使喪息浪反下已喪同 夫小惑易方，大惑易性。注夫東西易方於體未虧矜仁尚義失其常然以之死地乃大惑也。疏夫指南爲北其迷尚小迹喪眞爲惑更大 何以知其然邪。疏然如是也此即假設疑問以出後文 自虞氏招仁義以撓天下也，天下莫不奔命於仁義。注 夫與物無傷者非爲仁也而仁迹行焉令萬理皆當者非爲義也而義功見焉故當而無傷者非仁義之招也然而天下奔馳棄我徇彼以失其常然故亂心不由於醜而恆在美色撓世不由於惡而恆由仁義則仁義者撓天下之具也。疏虞氏舜也招取也撓亂也自唐堯以前猶懷質朴虞舜以後淳風漸散故以仁義聖迹招慰蒼生遂使宇宙黎元荒迷奔走喪於性命逐於聖迹〔釋文〕以撓而小反郭呼堯反又許羔反廣雅云亂也又奴爪反 俞樾曰國語周語好盡言以招人過韋注曰招舉也舊音曰招音翹漢書陳勝傳贊招八州而朝同列鄧展曰招舉也蘇林曰招音翹此文招字亦當訓舉而讀爲翹言舉仁義以撓天下也郭注曰故當而無傷者非仁義之招也然而天下奔馳棄我殉彼以失其常然是讀如本字然以仁義招人不得反云招仁義可知其非矣 功見賢遍反 是非以仁義易其性與。注雖虞氏無易之情而天下之性固以易矣。疏由是觀之豈非用仁義聖迹撓亂天下使天下蒼生棄本逐末而改其天性耶〔釋文〕性與音餘此可以意消息後皆倣此 故嘗試論之，自三代以下者，天下莫不以物易其性矣。注自三代以上實有無爲之迹無爲之迹亦有爲者之所尚也尚之則失其自然之素故雖聖人有不得已或以槃夷之事易垂拱之性而况悠悠者哉【疏】五帝以上猶扇無爲之風三代以下漸與有爲之教澆淳異世步驟殊時遂使捨己効人易奪眞性殉物不及不亦悲乎注云或以槃夷之事易垂拱之性者槃夷猶創傷也言夏禹以風櫛雨沐手足胼胝以此辛苦之事易於無爲之業居上既爾下民亦然也〔釋文〕三代　周也以上時掌反　槃夷　並如字謂創傷也依字應作瘢痍

小人則以身殉利。士則以身殉名。大夫則以身殉家。聖人則以身殉天下。【注】夫鶉居而鷇食鳥行而無章者何惜而不殉哉故與世常冥唯變所適其迹則殉世之迹也所遇者或時有槃夷禿脛之變其迹則傷性之迹也然而雖揮斥八極而神氣無變手足槃夷而居形者不擾則奚殉哉無殉也故乃不殉其所殉而迹與世同殉也【疏】殉從也營也求也逐也謂身所以從之也夫小人貪利廉士重名大夫殉爲一家帝王營於四海所殉雖異易性則同然聖人與世常冥其迹則殉故有瘢痍禿脛之變而未始累其神者也〔釋文〕殉　辭俊反徐辭倫反司馬云營也崔云殺身從之曰殉　鶉　音純又音敦　鷇　口豆反　禿　吐木反　揮斥　上音揮下音赤

故此數子者。事業不同。名聲異號。其於傷性以身爲殉。一也。【疏】數子者則前之三世以下四人也事業者謂利名天下不同也名聲者謂小人士大夫聖人異號也言此四人事業雖復不同名聲異號也其於殘生以身逐物未始不均也

臧與穀二人相與牧羊而俱亡其羊。【疏】此仍前舉譬以生後文也孟子云臧善學人穀孺子也揚雄云男壻婢曰臧穀良家子也牧養也亡失也言此二人各耽事業俱失其羊也〔釋文〕臧　作郎反崔云好書曰臧方言云齊之北鄙燕之北郊凡民男而壻婢謂之臧女而婦奴謂之獲張揖云壻婢之子謂之臧婦奴之子謂之獲　與穀　如字爾雅云善也崔本作轂云孺子曰轂　牧羊　牧養之牧

問臧奚事。則挾筴讀書。問穀奚事。則博塞以遊。二人者事業不同。其於亡羊均也。【疏】奚何也冊簡也古人無紙皆以簡冊寫書行五道而投瓊曰博不投瓊曰塞問臧問穀乃有書塞之殊牧羊亡羊實無復異也〔釋文〕挾　音協　筴　字又作策初革反李云竹簡也古以寫書長二尺四寸　博塞　悉代反塞博之類也漢書云吾丘壽王以善格五待詔謂博塞也

伯夷死名於首陽之下。盜跖死利於東陵之上。【疏】此下合譬也伯夷叔齊並孤竹君之子也孤竹神農氏之後也姜姓伯夷名允字公信叔齊名致字公遠夷長而庶齊幼而嫡父常愛齊數稱之於夷及其父薨兄弟相讓不襲先封聞文王有德乃往於周遇武王伐紂扣馬而諫諫不從走入首陽山採薇爲糧不食周粟遂餓死首陽山山在蒲州河東縣蒲州城南三十里見有夷齊廟墓林木森疎盜跖者柳下惠之從弟名跖徒卒九千常爲巨盜故以盜爲名東陵者山名又云即太山也在齊去州界東平十五里跖死

其上也。〔釋文〕首陽山名在河東蒲坂縣死謂餓而死　東陵李云謂泰山也一云陵名今名東平陵屬濟南郡　慶藩案文選任彥昇王文憲集序注引司馬云東陵陵名今屬濟南也釋文闕　二人者所死不同，其於殘生傷性均也。疏伯夷殉名死於首陽之下盜跖貪利殞於東陵之上乃名利所殉不同其於殘傷未能相異也　奚必伯夷之是而盜跖之非乎。注天下之所惜者生也今殉之太甚俱殘其生則所殉是非不足復論疏據俗而言有美有惡以道觀者何是何非故盜跖不必非伯夷豈獨是　慶藩案慧琳一切經音義卷八十九梁高僧傳四引司馬云盜跖兇惡人也釋文闕　天下盡殉也。彼其所殉仁義也，則俗謂之君子；其所殉貨財也，則俗謂之小人。疏此總結前文以成後義但道喪日久並非適當今俗中盡殉豈獨夷跖從於仁義未始離名逐於貨財固當走利唯名與利殘生之本即非天理近出俗情君子小人未可正據也　其殉一也，則有君子焉，有小人焉。若其殘生損性，則盜跖亦伯夷已，又惡取君子小人於其閒哉！注天下皆以不殘為善今均於殘生則雖所殉不同不足復計也夫生奚為殘性奚為易哉皆由乎尙無為之迹也若知迹之由乎無為而成則絕尙去甚而反冥我極矣堯桀將均於自得君子小人奚辯哉疏惡何也其所殉名利則有君子小人之殊若殘生損性曾無盜跖伯夷之異此蓋俗中倒置非關眞極於何而取君子於何而辨小人哉言無別也〔釋文〕又惡音烏　取君子小人於其閒哉崔本無小人於三字　且夫屬其性乎仁義者，雖通如曾史，非吾所謂臧也；注以此係彼為屬屬性於仁殉仁者耳故不善也疏屬係也臧善也吾莊生自稱也夫捨已効人得物喪我者流俗之僞情也故係我天性學彼仁義雖通達聖迹如曾參史魚乖於本性故非論生之所善也　〔釋文〕屬其郭時欲反謂係屬也徐音燭屬著也下皆同　屬其性於五味，雖通如俞兒，非吾所謂臧也；注率性通味乃善疏孟子云俞兒齊之識味人也尸子云俞兒和薑桂為人主上食夫自無天素効物得知假令通似俞兒非其善故也〔釋文〕雖通如楊墨一本無此句　俞兒音榆李式榆反司馬云古之善識味人也崔云尸子曰膾俞兒和之以薑桂為人主上食淮南云俞兒狄牙嘗淄澠之水而別之一云俞兒黃帝時人狄牙則易牙齊桓公時識味人也一云俞兒亦齊人淮南子一本作申兒疑申當為臾　屬其性乎五聲，雖通如師曠，非吾所謂聰也；屬其性乎五色，雖通如離朱，非吾所謂明也。【注】不付之於我而屬之於彼則雖通之如彼而我已喪矣故各任其耳目之用而不係於離曠乃聰明也【疏】夫離朱師曠稟分聰明率性而能非關學致今乃矯性僞情捨己効物雖然通達未足稱善也　吾所謂臧者。非仁義之謂也。臧於其德而已矣。【注】善於自得忘仁而仁【疏】德得也夫達於元道者不易性以殉者也豈復執已陳之芻狗蹲先王之蘧廬者哉故當知其自知得其自得以斯爲善不亦宜乎　吾所謂臧者。非所謂仁義之謂也。任其性命之情而已矣。【注】謂仁義爲善則損身以殉之此於性命。還自不仁也身且不仁其如人何故任其性命乃能及人及人而不累於己彼我同於自得斯可謂善也【疏】夫曾參史魚楊朱墨翟此四子行仁義者蓋率性任情稟之天命譬彼駢枝非由學得而惑者覩曾史之仁義言放效之可成聞離曠之聰明謂庶幾之必致豈知造物而亭毒之乎故王弼注易云不性其情焉能久行其致斯之謂也〔釋文〕不累劣僞反後皆倣此　吾所謂聰者。非謂其聞彼也。自聞而已矣。吾所謂明者。非謂其見彼也。自見而已矣。【注】夫絕離棄曠自任聞見則萬方之聰明莫不皆全也【疏】夫希離慕曠見彼聞他心神馳奔耳目竭喪此乃愚闇豈曰聰明若離耳之所聞視目之所見保分任眞不蕩於外者即物皆聰明也　夫不自見而見彼。不自得而得彼者。是得人之得。而不自得其得者也。適人之適。而不自適其適者也。【注】此舍己効人者也雖効之若人而已已亡矣【疏】夫不能視見之所見而見目以求離朱之明不能知知之所知而役知以慕史魚之義者斯乃僞情學人之得非謂率性自得巳得也既而僞學外顯効彼悅人作僞心勞故不自適其適也〔釋文〕舍己音捨　夫適人之適。而不自適其適。雖盜跖與伯夷。是同爲淫僻也。【注】苟以失性爲淫僻則雖所失之塗異其於失之一也【疏】淫滯也僻邪也夫保分率性正道也尙名好勝邪淫也是以捨己逐物開希幸之路者雖伯夷之善盜跖之惡亦同爲邪僻也重舉適人之適者此疊前生後以起文勢故也　余愧乎道德。是以上不敢爲仁義之操。而下不敢爲淫僻之行也。【注】愧道德之不爲謝冥復之無迹故絕操行忘名利從容吹累遺我忘彼若斯而已矣【疏】夫虛通之道至忘之德絕仁絕義無利無名而莊生妙體環中游心物表志操絕乎仁義心行忘乎是非體自然之無有愧道德之不爲而言上下者顯仁義淫僻之優劣也而云余愧不敢者示謙也郭注云從容吹累者從容猶閑放而吹累動而無心也吹風也累塵猶精風之動微塵輕舉也〔釋文〕愧乎崔本作醜云醜愧同之行下孟反注同冥復音服從容七容反吹如字又昌僞反字亦作炊

外篇 馬蹄第九〔釋文〕舉事以名篇

馬蹄可以踐霜雪，毛可以禦風寒，齕草飲水，翹足而陸，此馬之真性也。【注】駑驥各適於身而足。【疏】齕齧也踐履禦捍翹舉也夫蹄踐霜雪毛禦風寒飢即齕草渴即飲水逸豫適性即舉足而跳躑求稟乎造物故真性豈願羈馽阜棧而爲服養之乎況萬有參差咸資素分安排任性各得逍遙不矜不企即生涯可保〔釋文〕馬釋名云武也王弼注易云在下而行者也蹄音提司馬云馬足甲也禦魚呂反廣雅云斂也崔本作辟齕恨發反又胡切反翹祁饒也足崔本作尾而陸司馬云陸跳也字書作踛踛馬健也　慶藩案釋文崔本作翹尾引司馬云踛跳也字書作驆馬健也今案足作尾是也文選江賦注引莊子正作尾陸作踛云踛音六廣韻踛力竹切翹踛也踛依字當作踛說文踛曲脛也讀若逵是踛即踛之異體逵從辵坴踛從足坴古足辵之字多互用形相似也據文選注所引知陸乃踛之譌駑音奴惡馬也驥音冀千里善馬也

雖有義臺路寢，無所用之。【注】馬之真性，非辭鞍而惡乘，但無羨於榮華。【疏】義養也謂是貴人養衛之臺觀也亦言義臺猶靈臺也路大也正也即正寢之大殿也言馬之爲性欣於原野雖有高臺大殿無所用之況清虛之士淳樸之民樂彼茅茨安茲甕牖假使丹楹刻桷於我何爲〔釋文〕義許宜反又如字徐音儀崔本同一本作義臺崔云義臺猶靈臺也路寢路正也大寢也崔云路寢正室　慶藩案史記魏世家索隱引司馬云義臺臺名釋文闕　俞樾曰義徐音儀當從之周官肆師職鄭注曰故書儀爲義是義即古儀字也義臺猶言容臺淮南子覽冥篇容臺振而掩覆高注曰容臺行禮容之臺儀與容異名同實蓋是行禮儀之臺故曰儀臺也而惡烏路反

及至伯樂，曰：我善治馬。燒之剔之，刻之雒之，連之以羈馽，編之以皁棧，馬之死者十二三矣。【注】有意治之則不治矣治之爲善斯不善也【疏】列子云姓孫名陽字伯樂秦穆公時善治馬人燒鐵炙之也剔謂翦其毛刻謂削其蹄雒謂著籠頭也羈謂連枝絆也馽謂約前兩腳也皁謂槽櫪也棧編木爲椗安馬腳下以去其濕所謂馬牀也夫不能任馬真性而橫見燒剔既乖天理而死者已多況無心徇物性命所以安全有意治之天年於焉夭折〔釋文〕伯樂音洛下同伯樂姓孫名陽善馭馬石氏星經云伯樂天星名主典天馬孫陽善馭故以爲名剔之敕歷反字林云剃也徐詩赤反向崔本作鬄向音剃雒之音洛司馬云燒謂燒鐵以爍之剔謂翦其毛刻謂削其甲雒謂羈雒其頭也王念孫曰司馬彪曰雒謂羈絡其頭也案雒讀爲駱（音落）字或作鉻又通作雒又通作落鉻之言

落也剔去毛鬣爪甲謂之銘說文曰銘𩠫也廣雅曰雒剔也吳子治兵篇說畜馬之法云刻剔毛鬣謹落四下此云燒之剔之刻之雒之語意略相似司馬以銘爲羈絡非也下文連之以羈𩊚乃始言羈絡耳　家世父曰司馬云刻謂削其甲雒謂羈雒其頭也是通雒爲絡疑上四者專就馬身言之下文羈𩊚皁棧始及銜勒之事雒當爲烙所謂火鍼曰烙也杜甫詩細看六印帶官字六印亦作火印刻謂鑿蹄雒謂印烙燒之剔之以理其毛色刻之雒之以存其表識作絡者非也　俞樾曰司馬彪解雒之曰謂羈雒其頭也是以雒爲絡之段字然下文連之以羈𩊚乃始言羈雒之事此恐非也雒疑當爲烙說文火部新附有烙字曰灼也今官馬以火烙其皮毛爲識即其事矣羈居宜反廣雅云勒也𩊚丁邑反徐丁立反絆也李音述本或作𩊚非也𩊚音之樹反司馬向崔本並作須向云馬氏音竦崔云絆前兩足也　盧文弨曰舊本無音字案例當有今增編必然反皁才老反櫪也一云槽也崔云馬閑也棧士板反徐在簡反又士諫反編木作靈似牀曰棧以禦濕也崔云木棚也　盧文弨曰靈即櫺字濕當作溼後人多混用棚疑當作棚　慶藩案文選顏延年赭白馬賦注潘安仁馬汧督誄注引司馬云皁櫪也棧若櫺牀施之溼地也釋文闕不治直吏反

飢之渴之，馳之驟之，整之齊之，前有橛飾之患，而後有鞭筴之威，而馬之死者已過半矣。【注】夫善御者將以盡其能也盡能在於自任而乃走作馳步求其過能之用故有不堪而多死焉若乃任駑驥之力適遲疾之分雖則足迹接乎八荒之表而衆馬之性全矣而惑者聞任馬之性乃謂放而不乘聞無爲之風遂云行不如臥何其往而不返哉斯失乎莊生之旨遠矣【疏】橛銜也謂以寶物飾於鑣也帶皮曰鞭無皮曰筴俱是馬杖也夫馳驟過分飢渴失常整之以銜枙齊之以鑣轡威之以鞭筴而求其以分外之能故駑駘不堪而死已過半聖智治物其損亦然〔釋文〕驟士救反橛向徐其月反司馬云銜也崔云鑣也飾徐音式司馬云排銜也謂加飾於馬鑣也　慶藩案文選潘安仁西征賦注引司馬云橛騑馬口中長銜也與釋文異　又案橛一作橜說文𪗍下曰𪗍馬口中橜也史記索隱引周輿服志云鉤逆上者爲橜橜在銜中以鐵爲之大如雞子漢書司馬相如傳張揖注曰銜馬勒銜也橜騑馬口長銜也韓子姦劫弒臣篇無垂策之威銜橛之備雖造父不能以服馬鹽鐵論刑德篇猶無銜橛而禦捍馬也是銜與橛皆所以制馬者鞭必然反筴初革反杜注左傳云馬檛也檛音竹瓜反

陶者曰：我善治埴，圓者中規，方者中矩。【疏】範土曰陶陶化也亦窯也埴黏也亦土也謂陶者善能調和水土而爲瓦器運用方圓必中規矩也〔釋文〕陶道刀反謂窯也窯音弋消反埴徐時力反崔云土也司馬云埴土可以爲陶器向書傳云土黏曰埴釋名云埴膩也膩音之食反中規丁仲反下皆同

匠人曰：我善治木，曲者中鉤，直者應繩。【疏】鉤曲也繩直也謂匠人機巧善能治木木之曲直必中鉤繩〔釋文〕應繩應對之應後不音者倣此

夫埴木之性，豈欲中規矩鉤繩哉！【疏】土木之性稟之造物不求曲直

豈慕方圓陶者匠人須爲臧否

然且世世稱之曰。伯樂善治馬。而陶匠善治埴木。此亦治天下者之過也。【注】世以任自然而不加巧者爲不善於治也揉曲爲直厲駑習驥能爲規矩以矯拂其性使死而後已乃謂之善治也不亦過乎【疏】此總舉前文以合其譬然世情愚惑以治爲善不治之爲僞僞莫大焉〔釋文〕揉曲汝久反矯居兆反拂房弗反

吾意善治天下者不然。【注】以不治治之乃善治也【疏】然猶如此也莊子云我意謂善治天下不如向來陶匠等也善治之術列在下文

彼民有常性。織而衣。耕而食。是謂同德。【注】夫民之德小異而大同故性之不可去者衣食也事之不可廢者耕織也此天下之所同而爲本者也守斯道者無爲之至也【疏】彼民黎首也言蒼生皆有眞常之性而不假於物也德者得也率其眞常之性物各自足故同德郭象云性之不可去者衣食事之不可廢者耕織此天下之所同而爲本也守斯道也無爲至矣〔釋文〕去者羌呂反

一而不黨。命曰天放。【注】放之而自一耳非黨也故謂之天放【疏】黨偏也命名也天自然也夫虛通一道亭毒羣生長之育之無偏無黨若有心治物則乖彼天然直置放任則物皆自足故名曰天放也〔釋文〕天放如字崔本作牧云養也

故至德之世。其行塡塡。其視顚顚。【注】此自足於內無所求及之貌【疏】塡塡滿足之心顚顚高直之貌夫太上淳和之世遂初至德之時心既遣於是非行亦忘乎物我所以守眞內足塡塡而處無爲自不外求顚顚而游於虛淡〔釋文〕塡塡徐音田又徒偃反質重貌崔云重遲也一云詳徐貌淮南作莫莫顚顚丁田反崔云專一也淮南作瞑瞑

當是時也。山无蹊隧。澤无舟梁。【注】不求非望之利故止於一家而足【疏】蹊徑隧道也舟舩也當是時即至德之世也人知守分物皆淳樸不伐不奪徑道所以可遺莫往莫來舩橋於是乎廢〔釋文〕蹊徐音兮李云徑也隧徐音遂崔云道也

萬物羣生。連屬其鄉。【注】混茫而同得也則與一世而淡漠焉豈國異而家殊哉【疏】夫混茫之世淳和淡漠故無情萬物連接而共里閭有識羣生係屬而同鄉縣豈國異政而家殊俗哉〔釋文〕連屬其鄉王云既無國異家殊故其鄉連屬混胡本反茫莫剛反淡徒暫反漠音莫

禽獸成羣。草木遂長。【注】足性而止無吞夷之欲故物全【疏】飛禽走獸不害所以成羣蔬草果木不伐遂其盛茂〔釋文〕遂長丁丈反又直良反無吞敦恩反又音天

是故禽獸可係羈而遊。鳥鵲之巢可攀援而闚。【注】與物無害故物馴也

【疏】人無害物之心物無畏人之慮故山禽野獸可羈係而遨遊鳥鵲巢窠可攀援而窺望也〔釋文〕攀本又作扳普班反援音袁廣雅云援牽也引也闚去規反物馴似遵反或音純

夫至德之世。同與禽獸居。族與萬物並。惡乎知君子小人哉。【疏】夫殉物邪僻為小人履道方正為君子既而巢居穴處將鳥獸而不分含哺鼓腹混羣物而無異於何而知君子於何而辨小人哉〔釋文〕惡乎音烏

同乎无知。其德不離。【注】知則離道以善也。【疏】既無分別之心故同乎無知之理又不以險德以求行故抱一而不離也〔釋文〕不離力智反注皆同

同乎无欲。是謂素樸。【注】欲則離性以飾也。【疏】同途初之無欲物各清廉異末代之浮華人皆淳樸〔釋文〕素樸普剝反

素樸而民性得矣。【注】無煩乎知欲也。【疏】夫蒼生所以失性者皆由嗜欲故也既而無欲素樸真性不喪故稱得也此一句總結已前至德之義者也

及至聖人。【注】聖人者民得性之迹耳非所以迹也此云及至聖人猶云及至其迹也

蹩躠為仁。踶跂為義。而天下始疑矣。澶漫為樂。摘僻為禮。而天下始分矣。【注】夫聖迹既彰則仁義不真而禮樂離性徒得形表而已矣有聖人即有斯弊吾若是何哉【疏】自此以上明淳素之德自此以下斥聖迹之失及至聖人即五帝已下行聖迹之人也蹩躠用力之貌踶跂矜恃之容澶漫是縱逸之心摘僻是曲拳之行夫淳素道消澆僞斯起踶跂恃裁非之義蹩躠夸僞愛之仁澶漫貴奢淫之樂摘僻尚浮華之禮於是寓內分離蒼生疑惑亂天之經自斯而始矣〔釋文〕蹩步結反向崔本作弊音同躠本又作薛悉結反向崔本作殺音同一音素葛反踶直氏反向同崔音踶跂丘氏反一音呂氏反崔音技李云蹩躠踶跂皆用心為仁義之貌慶藩案踶各本無訓說文踶躗也躗踶躗也（舊本譌作衛今據踶字注及牛部犨字注改正）澶本又作儃徒旦反又吐旦反向崔本作但音燀漫武半反向崔本作曼音同李云澶漫猶縱逸也崔云但曼淫衍也一云澶漫牽引也摘敕歷反又涉革反辟匹壁反向音檗徐敷歷反李父歷反本或作僻音同李云糾擿邪辟而為禮也一音婦赤反法也崔云擿邪多節　盧文弨曰今本作僻　家世父曰釋文引李曰糾擿邪辟而為禮也崔云擿辟多節擿辟當作擿擗王逸注楚辭擗析也擿者擿取之擗者分之謂其煩碎也始分如字下分皆同

故純樸、不殘。孰為犧尊。白玉不毀。孰為珪璋。【疏】純樸全木也不殘未彫也孰誰也犧尊酒器刻為牛首以祭宗廟也上銳下方曰珪半珪曰璋此略舉譬喻以明澆競之治也〔釋文〕犧尊音羲尊或作樽司馬云畫犧牛象以飾樽也王肅云刻為牛頭鄭玄云畫鳳皇羽飾尊婆娑然也音先河反　盧文弨曰今本作樽俗　珪璋音章李云皆器名也銳上方下曰珪半珪曰璋

道德不廢。安取仁義。【疏】此合譬也夫大道之世不辨是非至德之時未論憎愛無愛則人心自息無非則本迹斯忘故老經云大道廢有仁義矣

性情

不離。安用禮樂。【疏】禮以檢迹樂以和心情苟不散安用和心性苟不離何勞檢迹是知和心檢迹由乎道喪也〔釋文〕情性不離如字別離也　盧文弨曰今本情性作性情

五色不亂。孰爲文采。五聲不亂。孰應六律。【注】凡此皆變樸爲華棄本崇末於其天素有殘廢矣世雖貴之非其貴也【疏】夫文采本由相鬭音樂貴在相和若各色各聲不相顯發則宮商黼黻無由成用此重起譬卻證前旨

夫殘樸以爲器。工匠之罪也。毀道德以爲仁義。聖人之過也。【注】工匠則有規矩之制聖人則有可尚之迹【疏】此總結前義夫工匠以犧尊之器殘淳樸之本聖人以仁義之迹毀無爲之道爲弊既一獲罪宜均

夫馬陸居則食草飲水。喜則交頸相靡。怒則分背相踶。馬知已此矣。【注】御其真知乘其自陸則萬里之路可致而羣馬之性不失【疏】靡摩也順也踶蹋也已止也夫物之喜怒稟自天然率性而動非由矯僞故喜則交頸而摩順怒則分背而踶蹋而馬之知解適盡於此食草飲水樂在其中矣〔釋文〕交頸頸領也居郢反又祁盈反　相靡如字李云摩也一云愛也　慶藩案靡古讀若摩故與摩通（見唐韻正）漢書淮南衡山王傳亦其俗薄臣下漸靡使然也漸靡即漸摩荀子性惡篇身日進於仁義而不自知也者靡使然也靡即摩也（禮學記相觀而善之謂摩鄭注摩相切磋也）成二年左傳師至於靡笄之下靡一音摩史記蘇秦傳以出揣摩鄒誕本作揣靡靡讀爲摩元戴侗六書故靡與摩通本書凡交近則相靡以信亦讀靡爲摩　相踶大計反又徒兮反又徒祁反李云踶蹋也廣雅字韻聲類並同通俗文云小蹋謂之踶　馬知李音智下同

夫加之以衡扼。齊之以月題。而馬知介倪闉扼鷙曼詭銜竊轡。【疏】衡轅前橫木也扼叉馬頸木也月題額上當顱形似月者也介獨也倪睥睨也闉曲也鷙抵也曼突也詭詐也竊盜也夫馬之真知唯欣放逸不求服飾豈慕榮華既而加以月題齊以衡扼乖乎天性不任困苦是以譎詐萌出睥睨曲頭擬扼抵突御人竊轡即盜脫籠頭詭銜乃吐出其勒良由乖損真性所以矯僞百端者矣〔釋文〕衡扼於革反衡轅前橫木縛軛者也扼叉馬頸者也　月題徒兮反司馬崔云馬頟上當顱如月形者也　介徐古八反　倪徐五圭反郭五第反李云介倪猶睥睨也崔云介出俾倪也　闉音因　鷙徐救二反郭音贄　曼武半反郭武諫反李云闉曲也鷙抵也曼突也崔云闉扼鷙曼距扼頓遲也司馬云言曲頸於扼以抵突也一云鷙曼旁出也　家世父曰釋文引李云介倪猶睥睨也闉曲也鷙抵也曼突也崔云闉扼鷙曼距扼頓遲也司馬云言曲頸於扼以抵突也一云鷙曼旁出也今案成二年左傳不介馬而馳之杜預注介馬甲也說文俾益也倪俾也言馬知甲之加其身史記晉世家馬鷙不能行說文鷙馬重貌闉扼猶言困扼鷙曼猶言遲重言馬被介而氣塞行滯有決銜絕轡之憂李云睥睨者矣　詭九彼之詭反　衡口中勒也或云詭銜吐出銜也　竊轡齧轡也崔云詭銜竊轡戾銜潛盜鞎轡也　盧文弨曰舊齧譌鞎今改正說文車前革曰鞎

故馬之知。而

態至盜者。伯樂之罪也。〔注〕馬性不同而齊求其用故有力竭而態作者〔疏〕態姦詐也夫馬之眞知適於原野馳驟過分即矯詐心生詭竊之態罪歸伯樂也〔釋文〕態吐代反

夫赫胥氏之時。民居不知所爲。行不知所之。含哺而熙。鼓腹而遊。民能以此矣。〔注〕此民之眞能也〔疏〕之適也赫胥上古帝王也亦言有赫然之德使民胥附故曰赫胥蓋炎帝也夫行道之時無爲之世心絕緣慮安居而無所爲率性而動遊行而無所往既而含哺而熙戲與嬰兒而不殊鼓腹而遨遊將童子而無別此至淳之世民能如此也〔釋文〕赫本或作赤呼白反胥氏司馬云赫胥氏上古帝王也一云有赫然之德使民胥附故曰赫胥蓋炎帝也　俞樾曰釋文引司馬云赫胥氏上古帝王也此爲允當又曰一云有赫然之德使民胥附故曰赫胥蓋炎帝也此望文生訓殊不足據炎帝即神農也胠篋篇既云赫胥氏又云神農氏其非一人明矣赫胥疑即列子書所稱華胥氏華與赫一聲之轉耳廣雅釋器赫赤也而古人名赤者多字華羊舌赤字伯華公西赤字子華是也是華亦赤也赤謂之赫亦謂之華可證赫胥之即華胥矣含哺音步

及至聖人。屈折禮樂。以匡天下之形。縣跂仁義。以慰天下之心。而民乃始踶跂好知。爭歸於利。不可止也。此亦聖人之過也。〔注〕其過皆由乎迹之可尚也〔疏〕夫屈曲折旋行禮樂以正形體高縣仁義令企慕以慰心靈於是始踶跂自矜好知而與矯詐經營利祿爭歸而不知止噫聖迹之過者也〔釋文〕縣企音玄　盧文弨曰今本或作跂　慶藩案文選傅長虞贈何劭王濟詩注引司馬云企望也釋文闕踶直氏反跂丘氏反好知呼報反下音智

外篇　胠篋第十〔釋文〕舉事以名篇

將爲胠篋探囊發匱之盜而爲守備。則必攝緘縢。固扃鐍。此世俗之所謂知也。〔疏〕胠開篋箱囊袋攝收緘結縢繩也扃關鈕也鐍鎖鑰也夫將爲開箱探囊之竊發匱取財之盜此蓋小賊非巨盜者也欲爲守備其法如何必須收攝箱囊緘結繩約堅固扃鐍使不慢藏此世俗之淺知也〔釋文〕胠李起居反史記作擿徐起法反一音虛之反司馬云從旁開爲胠一云發也篋苦協反探吐南反囊乃郎反匱其位反檻也必攝如字李云結也崔云收也緘古減反縢向崔本作縢同徒登反崔云約也案廣雅云緘縢皆繩也扃古熒反崔李云關也鐍古穴反李云紐也崔云環舌也知也如字又音智下同

然而巨盜至。則負匱揭篋擔囊而趨。唯恐緘縢扃鐍之不固也。然則鄉之所謂知者。不乃爲大盜

積者也。【注】知之不足恃也如此【疏】夫攝緘縢固扃鐍者以備小賊然大盜既至負揭而趨更恐繩約關鈕之不牢向之守備翻爲盜資是故俗知不足可恃〔釋文〕揭其謁反又音桀三蒼云舉也擔也負也　擔丁甘反　而趨七須反李云走也　唯恐丘用反　鄉之本又作向亦作嚮同許亮反　爲大盜于僞反下及注而爲同　積者如字李子賜反

故嘗試論之。世俗之所謂知者。有不爲大盜積者乎。所謂聖者。有不爲大盜守者乎。【疏】夫體道大賢言无的當將欲顯忘言之理故曰試論之曰夫世俗之人知識淺近顯迹之聖於理未深既而急在防閑更爲賊之聚積雖欲官世翻爲盜之守備而信有不爲者欲明豈有不爲大盜積守乎言其必爲盜積也

何以知其然邪。【疏】假設疑問發明義旨

昔者齊國鄰邑相望。雞狗之音相聞。罔罟之所布。耒耨之所刺。方二千餘里。【疏】齊即太公之後封於營丘之地遠桓公九合諸侯一匡天下百姓殷實無出三齊是以雞犬鳴吠相聞鄰邑棟宇相望罔罟布以事畋漁耒耨剌以修農業境土寬大二千餘里論其盛美實冠諸侯耒犂也耨鋤也〔釋文〕罔罟音古罔之通名　耒力對反徐力猥反郭呂匱反李云犂也一云耜柄也　耨乃豆反李云鋤也或云以木爲鋤柄　所刺徐七智反

闔四竟之內。所以立宗廟社稷。治邑屋州閭鄉曲者。曷嘗不法聖人哉。【疏】夫人非土不立非穀不食故邑封土祠曰社封稷祠曰稷稷之五穀長也社吐也言能吐生萬物也司馬法六尺爲步步百爲畝畝百爲夫夫三爲屋屋三爲井井四爲邑又云五家爲比五比爲閭五閭爲族五族爲黨五黨爲州五州爲鄉鄭玄云二十五家爲閭二千五百家爲州萬二千五百家爲鄉也闔合也曷何也闔四境之內三齊之中置此宗廟等事者皆放效堯舜以下聖人立邦國之法則也〔釋文〕闔戶臘反　四竟音境下之竟同　治邑直吏反　屋周禮夫三爲屋　州五黨爲州二千五百家也　閭五比爲閭二十五家也　鄉五州爲鄉萬二千五百家也

然而田成子一旦殺齊君而盜其國。【注】法聖人者法其迹耳夫迹者已去之物非應變之具也奚足尚而執之哉執成迹以御乎無方無方至而迹滯矣所以守國而爲人守之也【疏】田成子齊大夫陳恆也是敬仲七世孫初敬仲適齊食菜於田故改爲田氏魯哀公十四年陳恆弒其君君即簡公也割安平至于郎邪自爲封邑至恆曾孫太公和遷齊康公於海上乃自立爲齊侯自敬仲至莊公凡九世知齊政自太公至威王三世爲齊侯通計爲十二世莊子宣王時人今不數宣王故言十二世也〔釋文〕田成子齊大夫陳恆也　一旦宋元嘉中本作一日　殺音試　齊君簡公也春秋哀公十四年陳恆殺之于舒州　而盜其國司馬云謂割安邑以東至郎邪自爲封邑也

所盜者豈獨其國邪。並與其聖知之法而盜之。【注】不盜其聖法

乃無以取其國也。【疏】田恆所盜豈唯齊國先盜聖智故得諸侯是知仁義陳迹適爲盜本也〔釋文〕聖知音智下同故田成子有乎盜賊之名，而身處堯舜之安，【疏】田恆簒竊齊國故有巨盜之聲名而位忝諸侯身處唐虞之安樂小國不敢非，大國不敢誅，十二世有齊國。【疏】子男之邦不敢非毁伯侯之國詎能征伐遂永胄相繫宗廟蕃延世歷十二俱如前解〔釋文〕十二世有齊國自敬仲至莊子九世知齊政自太公和至威王三世爲齊侯故云十二世也　俞樾曰釋文曰自敬仲至莊子九世知齊政自太公和至威王三世爲齊侯故云十二世此說非也本文是說田成子不當追從敬仲數起疑莊子原文本作世世有齊國言自田成子之後世世有齊國也古書遇疊字止於字下作二字以識之應作世二有齊國傳寫者誤倒之則爲二世有齊國於是其文不可通而從田成子追數至敬仲適得十二世遂臆加十字於其上耳則是不乃竊齊國，並與其聖知之法以守其盜賊之身乎？【注】言聖法唯人所用未足以爲全當之具【疏】揭仁義以竊國資聖智以保身此則重舉前文以結其義也〔釋文〕以守如字舊音狩嘗試論之，世俗之所謂至知者，有不爲大盜積者乎？所謂至聖者，有不爲大盜守者乎？【疏】重結前義以發後文也何以知其然邪？【疏】假設疑問以發其旨也昔者龍逢斬，比干剖，萇弘胣，子胥靡，故四子之賢，而身不免乎戮。【注】言暴亂之君亦得據君人之威以戮賢人而莫之敢亢者皆聖法之由也向無聖法則桀紂焉得守斯位而放其毒使天下側目哉【疏】龍逢姓關夏桀之賢臣爲桀所殺比干王子也諫紂紂剖其心而視之萇弘周靈王賢臣說苑云晉叔向之殺萇弘也萇弘數見於周因羣遺書萇弘謂叔向曰子起晉國之兵以攻周以廢劉氏以立單氏劉子謂君曰此萇弘也乃殺之胣裂也亦言胣刳腸靡爛也碎也言子胥遭戮屍於江令靡爛也言此四子共有忠賢之行而不免于戮刑者爲無道之人恃君人之勢賴聖迹之威故得躓頓忠良肆其毒害〔釋文〕比干剖普口反謂割心也崔本作節云支解也萇直良反弘胣本又作䏧絺栃紙反郭詩氏反崔云讀若拖或作施字胣裂也淮南子曰萇弘鈹裂而死司馬云胣剔也萇弘周靈王賢臣也案左傳是周景王敬王之大夫魯哀公三年六月周人殺萇弘一云刳腸曰胣子胥靡縻池反司馬如字云縻也崔云爛之於江中也案子胥伍員也諫夫差夫差不從賜之屬鏤以死投之江也爲得於虔反故跖之徒問於跖曰：盜亦有道乎？【疏】假設跖之徒類以發問之端〔釋文〕故跖之石反跖曰：何適而无有道邪？【疏】此即答前問意道無不在何往非道道之所在具列下文　慶藩案何適而無有道邪當作何適其有道邪適與啻同（秦策疑臣者不適三人適與啻通史記甘茂傳作奚臣者非特三人）後人不知誤以爲適齊適楚適秦之適故改而無二字呂氏春秋當務篇正作奚啻其有道也（淮南道應篇奚適其有道也今本作無道亦後人所妄改） 夫妄意室中之藏，聖也；入先，勇也；出後，義也；知可否，知也；分均，仁也。五者不備而能成大盜者，天下未之有也。【注】五者所以禁盜而反爲盜資也。【疏】室中庫藏以貯財寶賊起妄心酌量商度有無必中其驗若神故言聖也勠力同心不避強禦並爭先入豈非勇也矢石相交不顧性命出競居後豈非義也知可則爲不可則止識其安危審其吉凶往必克捷是其智也輕財重義取少讓多分物均平是其仁也五者則向之聖勇義智仁也夫爲一盜必資五德五德不備盜則不成是知無聖智而成巨盜者天下未之有也〔釋文〕之藏才浪反又如字 慶藩案意度也與億同禮運聖人耐以天下爲一家以中國爲一人者非意之也管子小問篇君子善謀而小人善意以意之也皆訓度之義韓子解老篇前識者無緣而忘意度也（案忘即妄字之隸變）王褒四子講德論君子執分寸而罔意度（案罔即妄字之義）少儀鄭注曰測意度也意本作億論語先進篇億則屢中漢書貨殖傳作意 知可如字本或作知可否盧文弨曰今本有否字 分均符問反又如字 由是觀之，善人不得聖人之道不立，跖不得聖人之道不行。【疏】聖人之道謂五德也以向如是以理觀之爲善之徒不履五德則無由立身行道盜跖之類不資聖智豈得行其盜竊乎 天下之善人少而不善人多，則聖人之利天下也少而害天下也多。【注】信哉斯言斯言雖信而猶不可亡聖者猶天下之知未能都亡故須聖道以鎮之也羣知不亡而獨亡於聖知則天下之害又多於有聖矣然則有聖之害雖多猶愈於亡聖之無治也雖愈於亡聖故未若都亡之無害也甚矣天下莫不求利而不能一亡其知何其迷而失致哉【疏】夫善惡二塗皆由聖智者也伯夷守廉絜著名盜跖恣貪殘取利然盜跖之徒甚衆伯夷之類蓋寡故知聖迹利益天下也少而損害天下也多〔釋文〕無治直吏反下文始治同 故曰，脣竭則齒寒，魯酒薄而邯鄲圍，聖人生而大盜起。【注】夫竭脣非以寒齒而齒寒魯酒薄非以圍邯鄲而邯鄲圍聖人生非以起大盜而大盜起此自然相生必至之勢也夫聖人雖不立尙於物而亦不能使物不尙也故人無貴賤事無眞僞苟效聖法則天下吞聲而闇服之斯乃盜跖之所至賴而以成其大盜者也【疏】春秋左傳云脣亡齒寒虞虢之謂也邯鄲趙城也昔楚宣王朝會諸侯魯恭公後至而酒薄宣王怒將辱之恭公曰我周公之胤行天子禮樂勳在周室今送酒已失禮方責其薄無乃太甚乎遂不辭而還宣王怒興兵伐魯梁惠王恆欲伐趙畏魯救之今楚魯有事梁遂伐趙而邯鄲圍亦由聖人生非欲起大盜而大盜起勢使之然也　俞樾曰此竭字當讀爲竭其尾之竭說文豕象說解曰竭其尾故謂之豕是也蓋竭之本義爲負舉竭其尾即舉其尾也此云脣竭者謂反舉其脣以向上〔釋文〕魯酒薄而邯音寒鄲音丹邯鄲趙國都也圍楚宣王朝諸侯魯恭公後至而酒薄宣王怒欲辱之恭公不受命乃曰我周公之胤長於諸侯行天子禮樂勳在周室我送酒已失禮方責其薄無乃太甚遂不辭而還宣王怒乃發兵與齊攻魯梁惠王常欲擊趙而畏楚救楚以魯爲事故梁得圍邯鄲言事相由也亦是感應宣王名熊良夫悼王之子恭公名奮穆公之子許愼注淮南云楚會諸侯魯趙俱獻酒於楚王魯酒薄而趙酒厚楚之主酒吏求酒於趙趙不與吏怒乃以趙厚酒易魯薄酒奏之楚王以趙酒薄故圍邯鄲也

掊擊聖人。縱舍盜賊。而天下始治矣。【注】夫聖人者天下之所尚也若乃絕其所尚而守其素朴棄其禁令而代以寡欲此所以掊擊聖人而我素朴自全縱舍盜賊而彼姦自息也故古人有言曰閑邪存誠不在善察息淫去華不在嚴刑此之謂也【疏】掊打也聖人猶聖迹也夫聖人者智周萬物道濟天下今言掊擊者亦示貶斥仁義絕聖棄智之意也不貴難得之貨故縱舍盜賊不假嚴刑而天下太平也〔釋文〕掊普口反擊徐古歷反縱舍音捨注同閑邪似嗟反去華起呂反下注去欲去其皆同

夫川竭而谷虛。丘夷而淵實。聖人已死。則大盜不起。【注】竭川非以虛谷而谷虛夷丘非以實淵而淵實絕聖非以止盜而盜止故止盜在去欲不在彰聖知【疏】夫智惠出則姦僞生聖迹亡則大盜息猶如川竭谷虛丘夷淵實豈得措意必至之宜死息也〔釋文〕聖人已死則大盜不起向云事業日新新者爲生故者爲死故曰聖人已死也乘天地之正御日新之變得實而損其名歸眞而忘其塗則大盜息矣

天下平而无故矣。【注】非唯息盜爭尚之迹故都去矣【疏】故事也絕聖棄智天下太平人歌擊壤故無有爲之事〔釋文〕爭尚爭鬭之爭後皆同

聖人不死。大盜不止。

雖重聖人而治天下。則是重利盜跖也。【注】將重聖人以治天下而桀跖之徒亦資其法所資者重故所利不得輕也【疏】若夫淳樸之世恬淡無爲物各歸根人皆復命豈待教迹而後冥乎及至聖智不忘大盜斯起雖復貴聖法治天下無異重利盜跖何者所以夏桀肆其害毒盜跖肆其貪殘者由貴乎聖迹故也向無聖迹夏桀豈得居其九五毒流黎庶盜跖何能擁卒數千橫行天下所資餌重利利不輕以此而推過由聖智也〔釋文〕聖人不死大盜不止向云聖人不死言守故而不日新奉名而不造實也大盜不止不亦宜乎

爲之斗斛以量之。則並與斗斛而竊之。爲之權衡以稱之。

則並與權衡而竊之。爲之符璽以信之。則並與符璽而竊之。爲之仁義以矯之。則並與仁義而竊之。【注】小盜之所困乃大盜之所資而利也【疏】斛者今之函所以量物之多少權稱錘也衡稱梁也所以平物之輕重也符者分爲兩片合而成一卽今之銅魚木契也璽者是王者之玉印握之所以攝召天下也仁恩也義宜也王者恩被蒼生循宜作則所以育養黔黎也此八者天下之利器也不可相無也夫聖人立教以正邦家田成用之以竊齊國豈非害於小賊而利大盜者乎〔釋文〕爲之斗斛以量之向云自此以下皆所以明苟非其人雖法無益　權衡李云權稱錘衡稱衡也錘音直僞反　符璽音徙　矯之居表反

何以知其然邪。彼竊鉤者誅。竊國者爲諸侯。諸侯之門而仁義存焉。則是非竊仁義聖知邪。【疏】鉤者腰帶鉤也夫聖跡之興本懲惡勸善今私竊鉤帶必遭刑戮公劫齊國翻獲諸侯仁義不存無由率衆以此而言豈非竊聖跡而盜國邪何以知其然者假問也彼竊以下假答也〔釋文〕竊鉤鉤謂帶也　王引之曰存焉當爲焉存焉於是也言仁義於是乎存也呂氏春秋季春篇注曰焉猶於此也聘禮記曰及享發氣焉盈容也月令曰天子焉始乘舟（今本焉字在上句乃告舟備具於天子之下此後人不曉文義而妄改之今據呂氏春秋季春篇淮南時則篇訂正）言天子於是始乘舟也晉語曰焉始爲令言於是始爲令也三年問曰故先王焉爲之立中制節言先王於是爲之立中制節也（荀子禮論篇焉作安楊倞曰安語助或作案荀子多用此字焉安案三字同義詳見釋詞）大荒南經曰雲南之山有木名曰欒羣帝焉取藥言羣帝於是取藥也管子揆度篇曰民財足則君賦斂焉不窮言賦斂於是不窮也墨子非攻篇曰天乃命湯於鑣宮用受夏之大命湯焉敢奉率其衆以鄉有夏之境言湯於是敢伐夏也楚辭九章曰焉洋洋而爲客又曰焉舒情而抽信今言於是洋洋而爲客於是舒情而抽信也又僖十五年左傳晉於是乎作爰田晉於是乎作州兵晉語作焉作轅田焉作州兵西周策君何患焉史記周本紀作君何患於是是焉與於是同義莊八年公羊傳吾將以甲午之日然後祠兵於是管子小問篇且臣觀小國諸侯之不服者唯莒於是是於是與焉同義此四句以誅侯爲韻門存爲韻其韻皆在句末史記游俠傳作竊鉤者誅竊國者侯侯之門仁義存是其明證也

故逐於大盜。揭諸侯。竊仁義並斗斛權衡符璽之利者。雖有軒冕之賞弗能勸。斧鉞之威弗能禁。【注】夫軒冕斧鉞賞罰之重者也重賞罰以禁盜然大盜者又逐而竊之則反爲盜用矣所用者重乃所以成其大盜也大盜也者必行以仁義平以權衡信以符璽勸以軒冕威以斧鉞盜此公器然後諸侯可得而揭也是故仁義賞罰者適足以誅竊鉤者也【疏】逐隨也勸勉也禁止也軒車也冕冠也夫聖跡之設本息姦衺而田恆遂用其道而竊齊國權衡符璽悉

共有之誓揭諸侯安煞南面胡可勸之以軒冕威之以斧鉞者哉小曰斧大曰鉞又曰黃金飾斧鉞〔釋文〕揭其揭其列二反斧鉞音越　慶藩案慧琳一切經音義卷九十五正誣論三引司馬云夏執黃戉殷執白戚周左仗黃戉右秉白旄釋文闕　能禁音今又居鴆反下不可禁同　此重利盜跖。而使不可禁者。是乃聖人之過也。注 夫跖之不可禁由所盜之利重也利之所以重由聖人之不輕也故絕盜在賤貨不在重聖也 疏 盜跖所以擁卒九千橫行天下者亦賴於五德故也向無聖智豈得爾乎是知驅馬掠人不可禁制者原乎聖人作法之過也　故曰。魚不可脫於淵。國之利器不可以示人。注 魚失淵則為人禽利器明則為盜資故不可示人 疏 脫失也利器聖迹也示明也魚失水則為物所禽利器明則為人所執故不可也

彼聖人者。天下之利器也。注 夫聖人者誠能絕聖棄知而反冥物極物極各冥則其迹利物之迹也器猶迹耳可執而用曰器也 疏 聖人則堯舜文武等是也　家世父曰假聖人之知而收其利天下皆假而用之則固天下之利器矣天下假聖人以為利器而惟聰人之發其覆也能無有能明之者也　非所以明天下也。注 示利器於天下所以資其盜賊 疏 夫聖人馭世應物隨時揖讓干戈行藏匪一不可執固明示天下若執而行者必致其弊即燕噲白公之類是也　故絕聖棄知。大盜乃止。注 去其所資則未施禁而自止也 疏 棄絕聖知天下之物各守其分則盜自息　擿玉毀珠。小盜不起。注 賤其所寶則不加刑而自息也 疏 藏玉於山藏珠於川不貴珠寶豈有盜濫〔釋文〕擿玉持赤反義與擲字同崔云猶投棄之也郭都革反李云刻也　焚符破璽。而民朴鄙。注 除矯詐之所賴者則無以行其姦巧 疏 符璽者表誠信也矯詐之徒賴而用之故焚燒毀破可以反樸還淳而歸鄙野矣　掊斗折衡。而民不爭。注 夫小平乃大不平之所用也 疏 斗衡者所以量多少稱輕重也既遭斗稱翻為盜資掊擊破壞合於古人之智守故無忿爭　殫殘天下之聖法。而民始可與論議。注 外無所矯則內全我朴而無自失之言也 疏 殫盡也殘毀也聖法謂五德也既殘三王又毀五帝蘧廬咸盡芻狗不陳忘筌忘蹄物我冥極然後始可與論重妙之境議道德之遐也〔釋文〕殫音丹盡也　擢亂六律。鑠絕竽瑟。塞瞽曠之耳。而天下始人含其聰矣。滅文章。散五采。膠離朱之目。而天下始人含其明矣。注 夫聲色離曠有耳目者之所貴也受生有分而以

所貴引之則性命喪矣若乃毀其所貴棄彼任我則聰明各全人含其真也【疏】擢拔也鑠消也竽形與笙相似並布管於匏內施簧於管端瑟長八尺一寸闊一尺八寸二十七絃伏犧造也夫耳淫宮徵慕師曠之聰目滯玄黃希離朱之視所以心神奔馳耳目竭喪既而拔管絕絃鎖經絕緯毀黃華之曲棄白雪之歌滅黼黻之文散紅紫之采故膠離朱之目除矯効之端塞瞽曠之耳去亂羣之帥然後人皆自得物無喪我極耳之所聽而反聽無聲恣目之能視而內視無色天機自張無為之至也豈有明暗優劣於其閒哉是以天下和平萬物同德率己聞見故人含其聰明含懷養也〔釋文〕鑠絕 郭李詩灼反向徐音藥崔云燒斷之也 竽 徐音于 瑟 本亦作笙 塞瞽曠 崔本塞作杜云塞也盧文弨曰今本無瞽字 膠 音交徐古孝反 喪矣 息浪反 毀絕

鉤繩。而棄規矩。攦工倕之指。而天下始人有其巧矣。故曰。大巧若拙。【注】夫以蜘蛛蛣蜣之陋而布網轉丸不求之於工匠則萬物各有能也所能雖不同而所習不敢異則若巧而拙矣故善用人者使能方者為方能圓者為圓各任其所能人安其性不責萬民以工倕之巧故眾技以不相能似拙而天下皆自能則大巧矣夫用其自能則規矩可棄而妙匠之指可攦也【疏】鉤曲繩直規圓矩方工倕是堯工人作規矩之法亦云舜臣也攦折也割也工倕稟性機巧運用鉤繩割刻異端述作規矩遂令天下黔黎謗然放效舍己逐物實此之由若使棄規矩絕鉤繩攦割倕指則人師分內咸有其巧譬猶蜘網蜣丸豈關工匠人事若天機巧也事出老經〔釋文〕攦 郭呂係反又力結反徐所綺反李云拆也崔云撕之也 工倕 音垂堯時巧者也一音睡盧文弨曰舊本音譌名據達生篇改正 蜘 音知 蛛 音誅 蛣 起一反 蜣 音羌

削曾史之行。鉗楊墨之口。攘棄仁義。而天下之德始玄同矣。【注】去其亂羣之率則天下各復其所而同於玄德也【疏】削除也鉗閉也攘卻也玄原也道也曾參至孝史魚忠直楊朱墨翟稟性宏辯彼四子者素分天然遂使天下學人捨己効物由此亂羣失其本性則削除忠信之行鉗閉浮辯之口攘去蹩躠之仁棄擲踶跂之義於是物不喪真人皆自得率性全理故與玄道混同也〔釋文〕之行 下孟反 鉗 李巨炎反又其嚴反 攘 如羊反 之帥 本又作率同所類反盧文弨曰今本作率

彼人含其明。則天下不鑠矣。人含其聰。則天下不累矣。【疏】鑠消散也累憂患也只為自衒聰明故憂患斯集彼蒼生顛仆而銷散也若能含抱聰明於內府而不衒於外者則物皆適樂而無憂患也〔釋文〕不鑠 朱灼反崔云不消壞也向音爍 人含其知。則天下不惑矣。人含其德。則天下不僻矣。【疏】若能知於分內養德而不蕩者固當履環中之正道遊寓內而不惑豈有倒置邪僻於其閒哉〔釋文〕不僻 匹亦反 彼曾

史楊墨師曠工倕離朱。皆外立其德。而以爚亂天下者也。【注】此數人者所稟多方故使天下躍而效之效之則失我我失由彼則彼爲亂主矣夫天下之大患者失我也【疏】以前數子皆稟分過人不能韜光匿耀而揚波激俗標名於外引物從己炫燿羣生天下亡德而不反本失我之原斯之由也〔釋文〕爚徐音藥三蒼云火光銷也司馬崔云散也此數所主反 法之所无用也。【注】若夫法之所用者視不過於所見故衆目無不明聽不過於所聞故衆耳無不聰事不過於所能故衆技無不巧知不過於所知故羣性無不適德不過於所得故羣德無不當安用立所不逮於性分之表使天下奔馳而不能自反哉【疏】夫率性而動動必由性此法之妙也而會史之徒以己引物既無益於當世翻有損於將來雖設此法終無所用也 子獨不知至德之世乎。昔者容成氏。大庭氏。伯皇氏。中央氏。栗陸氏。驪畜氏。軒轅氏。赫胥氏。尊盧氏。祝融氏。伏犧氏。神農氏。當是時也。民結繩而用之。【注】足以紀要而已【疏】已上十二氏並上古帝王也當時既未有史籍亦不知其次第前後刻木爲契結繩表信上下和平人心淳樸故易云上古結繩而治後世聖人易之以書契〔釋文〕容成氏司馬云此十二氏皆古帝王驪徐力池反李音犁畜徐敕六反伏戲音羲 甘其食。美其服。【注】適故常甘當故常美若思失後靡則無時慊矣〔釋文〕慊口簟反 樂其俗。安其居。【疏】止分故甘去華故美混同故樂恬淡故安居也〔釋文〕樂其音洛 鄰國相望。雞狗之音相聞。民至老死而不相往來。【注】無求之至【疏】境邑相比相去不遠雞犬吠聲相聞相接而性各自足無求於世卒於天命不相往來無爲之至〔釋文〕而不相往來一本作不相與往來檢元嘉中郭注本及崔向永和中本並無與字 若此之時。則至治已。【疏】無欲無求懷道抱德如此時也豈非至哉〔釋文〕至治直吏反注同 今遂至使民延頸舉踵曰。某所有賢者。贏糧而趣之。則內棄其親。而外去其主之事。足跡接乎諸侯之境。車軌結乎千里之外。【注】至治之迹猶致斯弊【疏】贏裹也亦是至理之風播而爲教貴此文迹使物擧之尙賢路開尋師訪道引頸擧足遠適他方軌轍交行足跡所接裹糧負戴不憚千里內則棄親而不孝外則去主而不忠至治之迹遂致斯弊也〔釋文〕頸如字李巨盈反贏音盈崔云褢也廣雅云負也糧音良而趣七于反徐七喩反慶藩案軌徹迹也說文軌車徹也從車九聲（案徹者轍也中空而遍也經傳多訓軌爲車轍頭蓋軓字之譌說文軓車轅前也從車凡聲）車軌與足跡對文則軌之爲車迹明矣（攷工記匠人皆容力九軌鄭注軌徹廣也）結交也車跡可並列亦可邪交邪交則相接結軌卽結徹也管子小匡篇車不結徹徹迹也高注結交也車輪之迹往來縱橫彼此交錯故曰結交也史記司馬相如傳結軌還轅東鄉將報索隱引張揖注結屈也軌車跡也本西行折而東之則跡亦曲而東也

則是上好知之過也。【注】上謂好知之君知而好之則有斯過矣【疏】尙至治之迹好治物之智故致斯也〔釋文〕上好呼報反注下皆同

上誠好知而无道，則天下大亂矣。【疏】在上君王不能無爲恬惔淸虛合道而以知能治物物必弊之故大亂也老君云以知治國國之賊也

何以知其然邪。【疏】假設疑問出其所由

夫弓弩畢弋機變之知多，則鳥亂於上矣；鉤餌罔罟罾笱之知多，則魚亂於水矣；削格羅落罝罘之知多，則獸亂於澤矣。【注】攻之愈密避之愈巧則雖禽獸猶不可圖之以知而況人哉故治天下者唯不任知任知無妙也【疏】網小而柄形似畢星故名爲畢以繩繫箭射謂之弋罟罾皆網也笱曲梁也亦筌也削格爲之卽今之鹿角爲槍以繩本羅落而取獸也罝罘兔網也既以智治於物窮無沸騰之患故治國者必不可用智也〔釋文〕弩音怒畢弋機變李云兔網曰畢繳射曰弋弩牙曰機之知音智下及注並下知詐皆同鉤餌如志反罔罟罾音曾盧文弨曰今本罔作網笱音鉤釣鉤也餌魚餌也廣雅云罟謂之罔罾魚網也爾雅云嫠婦之笱謂之罶王念孫曰鉤本作釣釣卽鉤也今本作鉤者後人但知釣爲釣魚之釣而不知其又爲鉤之異名故以意改之耳今案廣雅曰釣鉤也田子方篇曰文王觀於臧見一丈夫釣而其釣莫釣非持其釣有釣者也常釣也（以上六釣字惟其釣與持其釣兩釣字指鉤而言餘四釣字皆讀爲釣魚之釣）鬼谷子摩篇曰如操釣而臨深淵淮南說山篇曰操釣上山揭斧入淵說林篇曰一目之羅不可以得鳥無餌之釣不可以得魚東方朔七諫曰以直鍼而爲釣兮又何魚之能得是古人謂鉤爲釣也又案釋文云餌如志反罾音曾笱音苟此是釋餌罾笱三字之音下又云釣鉤也餌魚餌也廣雅云罟謂之网罾魚网也爾雅云嫠婦之笱謂之罶此是釋釣餌網罟罾笱六字之義後人既改正文釣字爲鉤又改釋文笱音苟釣鉤也六字爲笱音鉤鉤鉤也其失甚矣又外物篇任公子爲大鉤巨緇釋文鉤本亦作釣亦當以作釣者爲是文選七啓注傳咸贈何劭王濟詩注謝靈運七里瀨詩注及太平御覽資產部十四引此並作釣也又列子湯問篇詹何以芒鍼爲釣後人改釣爲鉤不知御覽引此正作釣也又下文投綸沈釣今本釣作鉤亦是後人所改韻府羣玉釣字下引列子投綸沈釣則所見本尙作釣也又齊策君不聞海大魚乎網不能止釣不能牽後人改釣爲鉤不知御覽鱗介部七引此正作釣淮南人閒篇亦作釣也又淮南說山篇人不愛江漢之珠而愛己之釣高注云釣鉤也後人既改正文釣字爲鉤又改注文爲鉤鉤也其謬滋甚蓋後人不知釣爲鉤之異名故以其所知改其所不知古義寖亡矣削七妙反

格古百反李云削格所以施羅網也羅落罝子斜反罘本又作罦音浮爾雅云鳥罟謂之羅兔罟謂之罝罬謂之罦罦覆車也郭璞云今翻車也　家世父曰釋文引李云削格所以施羅網也說文格木長貌徐鍇曰長枝爲格削格謂刮削之鄭注周禮雍氏所謂柞鄂也書傳杜乃擭捕獸機檻左思吳都賦峭格周施峭削義通謂之格者格拒之意削格羅落皆所以遮要禽獸漢書鼂錯傳爲中周虎落師古注謂遮落之削格即所擭之擭也羅落與上畢弋同文玉篇云弋橛也一作杙爾雅釋宮樴謂之杙郭璞注橜也畢弋謂施弋以張畢也人閒世狙猴之杙則用以繫狙猴者說文率捕鳥畢也詩小雅畢之羅之鳥罟亦謂之畢李云兔網曰畢繳射曰弋均失之知詐漸毒頡滑堅白解垢同異之變多。則俗惑於辯矣。注上之所多者下不能安其少也性少而以逐多則迷也疏智數詐偽漸漬毒害於物也頡滑滑稽也亦姦黠也解垢詐偽也夫滑稽堅白之智譎詭同異之談諒有虧於眞理無益於世教故遠觀譬於若訥愚俗惑於小辯〔釋文〕漸毒李云漸漬之毒不覺傑也崔云漸毒猶傑害　慶藩案知與智同謂智故也淮南主術注曰故巧管子心術去知與故荀子非十二子知而險淮南原道偶瞔智故並此知字之義漸詐也荀子議兵是漸之也正論上凶險則下漸詐矣皆欺詐之義（李頤謂爲漸漬之毒失之遠矣）尚書民興胥漸王念孫曰漸詐也言小民方興爲詐欺故下文曰罔中於信以覆詛盟也彼傳訓爲漸化則與下文不屬頡戶結反滑于八反頡滑謂難料理也崔云纏屈也李音骨滑稽也一云頡滑不正之語也解苦懈反垢苦豆反同馬崔云解垢隔角也或云詭曲之辭故天下每每大亂。罪在於好知。疏每每昏昏貌也夫忘懷任物則宇內清夷執迹用智則天下大亂故知上下昏昏由乎好智〔釋文〕每每李云猶昏昏也　慶藩案每每即夢夢也爾雅釋訓夢夢訥訥亂也夢之爲每猶釁之爲甈（方言甈每謂之甈郭注今字作璺）故天下皆知求其所不知。而莫知求其所已知者。注不求所知而求所不知此乃舍己效人而不止其分也疏所以知者分內也所不知者分外也舍內求外非惑如何也〔釋文〕舍己音捨下文同皆知非其所不善。而莫知非其所已善者。注善其所善爭尚之所由生也疏所不善者桀跖也所以善者聖迹也盜跖行不善以據東陵田恆行聖迹以竊齊國故藏穀業異亡羊趣同或夷跖行殊損性均也愚俗之徒安生藏否善與不善誠未足定也是以大亂。故上悖日月之明。下爍山川之精。中墮四時之施。惴耎之蟲。肖翹之物。莫不失其性。甚矣夫好知之亂天下也。注夫吉凶悔吝生於動者也而知之所動誠能搖蕩天地運御羣生故君人者胡可以不忘其知哉疏是以仍上辭也只爲上來用智執迹故天下大亂悖亂也爍銷也墮壞也附地之徒曰惴耎飛空之類曰肖翹皆輕小物也夫執迹用智爲害必甚故能鼓動陰陽搖蕩天地日月爲之薄蝕，山川爲之崩竭，炎涼爲之愆敍，風雨所以不時，飛走水陸失其本性，好知毒物一至於此也。〔釋文〕上悖李郭云必內反，又音佩。司馬云：薄食也。下爍失約反。崔云：消也。司馬云：崩竭也。崔向本作爍，同，徐音藥。中墮許規反。毀也。之施始豉反。惴本亦作蝙，又作喘，川兗反，向音揣。耎耳轉反。崔云：蠉蝡動蟲。一云：惴耎謂無足蟲。肖翹音消，下音祁饒反。崔云：肖翹，植物也。李云：翾飛之屬也。自三代以下者是已，舍夫種種之民，而悅夫役役之佞；釋夫恬淡无爲，而悅夫啍啍之意，啍啍已亂天下矣。注啍啍以己誨人也。疏自，從也。三代，謂夏殷周也。種種，淳樸之人。役役，輕黠之貌。釋，廢也。啍啍，以己誨人也。夫上古至淳之世，素朴之時，像圖天而覆虛，法方地而安靜，並萬物而爲族，同禽獸之無知。逮乎歡兜去淳，離道背德，而五帝聖迹已彰，三代用知更甚，舍淳樸之素士，愛輕黠之佞夫，廢無欲之自安，悅有心之誨物，已亂天下，可不悲乎！〔釋文〕種種向章勇反。李云：謹慤貌。一云：淳厚也。而說音悅，下同。盧文弨曰：今本作悅。役役李云：鬼黠貌。一云：有爲人也。恬徒謙反。淡徒暫反，徐大敢反。啍啍李之閏反，又之純反；郭音惇。以己誨人之貌，下同。司馬云：少智貌。徐許彭反，又許剛反。向本作啍，音亨。崔本上句作啍啍，少知而芒也。一云：啍啍，壯健之貌。盧文弨曰：此與下俱作啍啍，案從享亦可得享音。

外篇 在宥第十一

〔釋文〕以義名篇。慶藩案文選謝靈運九日從宋公戲馬臺集送孔令詩注引司馬云：在，察也。宥，寬也。釋文闕。

聞在宥天下，不聞治天下也。注宥使自在則治，治之則亂也。人之生也直，莫之蕩則性命不過，欲惡不爽。在上者不能無爲，上之所爲而民皆赴之，故有誘慕好欲而民性淫矣。故所貴聖王者，非貴其能治也，貴其無爲而任物之自爲也。疏宥，寬也。在，自在也。治，統馭也。寓言云：聞諸賢聖任物自在，寬宥即天下清謐；若立教以馭蒼生，物失其性，如伯樂治馬也。〔釋文〕聞在宥音又。則寬也。治直吏反，下治亂同。欲惡烏路反。好欲呼報反。在之也者，恐天下之淫其性也；宥之也者，恐天下之遷其德也。疏性者，稟生之理；德者，功行之名。故致在宥之言，以防遷淫之過。若不任性自在，恐物淫僻喪性也；若不宥之，復恐效他，其德遷改也。天下不淫其性，不遷其德，有治天下者哉！注無治乃不遷淫。疏性正德定，何勞布政治之哉！有政不及無政，有爲不及無爲。〔釋文〕有治天下者哉崔本作有治天下者材，失云：强治之，是材之失也。昔堯之治天下也，使天下欣欣焉人樂其性，是不恬也；桀之治天下也，使天下瘁瘁焉人苦其性，是不愉也。注夫堯雖在宥天下，其迹則治也治亂雖殊其於失後世之恬愉使物爭尙畏鄙而不自得則同耳故譽堯而非桀不如兩忘也【疏】恬靜也愉樂也瘁憂也堯以德臨人人歌擊壤乖其靜性也桀以殘害於物物遭憂瘁乖其愉樂也堯桀政代斯異使物失性均也〔釋文〕人樂音洛 恬徒謙反 瘁瘁在季反病也廣雅云憂也崔本作踤 愉音瑜徐音喻 故譽音餘 夫不恬不愉。非德也。非德也而可長久者。天下无之。【注】恬愉自得乃可長久【疏】堯以不恬治人桀以不愉取物不合淳和之性欲得長久天下未之有也 人大喜邪毗於陽。大怒邪毗於陰。陰陽並毗。四時不至。寒暑之和不成。其反傷人之形乎。使人喜怒失位。居處无常。【疏】毗助也喜出於魂怒出於魄人稟陰陽與二儀同氣堯令百姓喜毗陽暄舒桀使人怒助陰慘肅人喜怒過分則天失常感夏不暑隆冬無霜既失和氣加之天災人多疾病豈非反傷形乎不可有爲作法必致殘傷也〔釋文〕毗於 如字司馬云助也一云並也 俞越曰釋文毗如字司馬云助也一云並也然下文云陰陽並毗四時不至寒暑之和不成則訓爲助已不可通若訓並更爲失之矣案此毗字當讀爲毗劉暴樂之毗爾雅釋詁云毗劉暴樂也合言之則曰毗劉分言之則或止曰劉詩桑柔篇捋采其劉是也或止曰毗此言毗於陽毗於陰是也暴樂毛公傳作爆爍鄭氏箋云捋采之則爆爍而疏然則爆爍猶落剝也喜屬陽怒屬陰故大喜則傷陽大怒則傷陰毗陰毗陽言傷陰陽之和也故四時不至寒暑之和不成若從司馬訓毗爲助則下三句不貫矣淮南子原道篇人大怒破陰大喜墜陽正與此同義 思慮不自得。中道不成章。【注】此皆堯桀之流使物喜怒太過以致斯患也人在天地之中最能以靈知喜怒擾亂羣生而振蕩陰陽也故得失之間喜怒集乎百姓之懷則寒暑之和敗四時之節差百度昏亡萬事失落也【疏】爲滯喜怒遂使百姓謀慮失眞既乖憲章之法斯敗也已〔釋文〕思慮息嗣反 大過音泰 於是乎天下始喬詰卓鷙。而後有盜跖曾史之行。故舉天下以賞其善者不足。【注】慕賞乃善故賞不能供〔釋文〕喬向欽消反或去夭反郭音嬌李音驕 詰李去吉反徐起列反崔云喬詰意不平也 卓勑角反郭下角反向音罩 鷙勑二反李豬栗反向豬立反又勑栗反崔云卓鷙行不平也 之行下孟反 舉天下以罰其惡者不給。【注】畏罰乃止故罰不能勝【疏】喬詐僞也詰責問也卓獨也鷙猛也於是喬僞詰責卓爾不羣獨懷鷙猛輕陵於物自堯爲始次後有盜跖之惡曾史之善善惡既著賞罰係焉慕賞行善懼罰止惡舉天下斧鉞不足以罰惡傾宇宙之藏不足以賞善給猶足也〔釋文〕能勝音升 故天下之大。不足以賞罰。【疏】若忘賞罰任眞乃在足也自三代以下者。匈匈焉。終以賞罰爲事。彼何暇安其性命之情哉。【注】忘賞罰而自善性命乃大足耳夫賞罰者聖王之所以當功過非以著勸畏也故理至則遺之然後至一可反也而三代以下遂尋其事迹故匈匈焉與迹競逐終以所寄爲事性命之情何暇而安哉【疏】匈匈讙譁也競逐之謂也人懼斧鉞之誅又慕軒冕之賞心懷百慮事出萬端匈匈競逐而不知止夏殷已來其風彌扇賞罰擾擾終日荒忙有何容暇安其性命【釋文】匈匈 音凶 而且說明邪。是淫於色也。說聰邪。是淫於聲也。【疏】說愛染也淫耽滯也希離慕曠爲滯聲色【釋文】而且 如字徐子餘反 說明 音悅下同 說仁邪。是亂於德也。說義邪。是悖於理也。【疏】德無憎愛偏愛故亂德理無是非裁非故逆理悖逆也【釋文】是悖 必內反徐蒲沒反 說禮邪。是相於技也。說樂邪。是相於淫也。【疏】禮者擎跽曲拳節文隆殺樂者咸池大夏律呂八音說禮乃助浮華技能愛樂更助宮商淫聲【釋文】是相 息亮反助也下及注皆同 於技 其綺反李音歧崔同云不端也 說聖邪。是相於藝也。說知邪。是相於疵也。【注】當理無說說之則致淫悖之患矣相助也【疏】說聖迹助世間之藝術愛智計益是非之疵病也【釋文】說知 音智 於疵 疾斯反 天下將安其性命之情。之八者。存可也。亡可也。【注】存亡無所在任其所受之分則性命安矣【疏】八者聰明仁義禮樂聖智是也言人稟分不同性情各異離曠曾史素分有者存之可也衆人性分本無企慕乖眞亡之可也 天下將不安其性命之情。之八者。乃始臠卷獊囊。而亂天下也。【注】必存此八者則不能縱任自然故爲臠卷獊囊也【疏】臠卷不舒放之容也獊囊忽遽之貌也天下蒼生唯知分外不能安任臠卷自拘夸華人事獊囊忽遽爭馳逐物由八者不忘致斯弊者也【釋文】臠 力轉反崔本作欒 卷 卷勉反徐居阮反司馬云臠卷不申舒之狀也崔同一云相牽引也 獊 音倉崔本作戕 囊 如字崔云戕囊猶搶攘盧文弨曰今本獊作傖 而天下乃始尊之惜之。甚矣天下之惑也。【注】不能遺之已爲誤矣而乃復尊之以爲貴豈不甚惑哉【疏】前八者亂天下之經不能忘遺已是大惑方復尊敬用爲楷模痛惜甚也【釋文】乃復 扶又反 豈直過也而去之邪。乃齊戒以言之。跪坐以進之。鼓歌以儛之。吾若是何哉。【注】非直由寄而過去也乃珍貴之如此【疏】八條之義事同芻狗過去之後不合更收誠禁致齊明言執禮君臣跪坐更相進獻鼓九韶之歌舞大章之曲珍重蘧廬一至於此莊生目擊無奈之何也〔釋文〕而去起慮反　之邪崔本唯此一字作邪餘皆作咫　齊戒本又作齋同側皆反　跪其詭反郭音危

若无爲。无爲也，而後安其性命之情。【注】無爲者非拱默之謂也直各任其自爲則性命安矣　故君子不得已而臨莅天下，莫不得已者非迫於威刑也直抱道懷朴任乎必然之極而天下自賓也【疏】君子聖人也不得已臨莅天下恆自無爲雖復無爲非關拱默動寂無心而性命之情未始不安也〔釋文〕莅音利又音類　家世父曰言貴其身重於所以爲天下愛其身甚於所以爲天下惟貴惟愛故無爲　故貴以身於爲天下，則可以託天下；愛以身於爲天下，則可以寄天下。【注】若夫輕身以赴利棄我而殉物則身且不能安其如天下何【疏】貴身賤利內我外物保愛精神不蕩於世者故可寄坐萬物之上託化於天下也　故君子苟能无解其五藏，无擢其聰明。【注】解擢則傷也【疏】五藏精靈之宅聰明耳目之用若分辨五藏情識顯擢聰明之用則精神奔馳於內耳目竭喪於外矣〔釋文〕无解如字一音蟹散也　尸居而龍見，淵默而雷聲，【注】出處默語常無其心而付之自然【疏】聖人寂同死尸寂泊動類飛龍在天豈有寂動理教之異哉故寂而動尸居而龍見淵默而雷聲欲明寂動動寂理教教理不一異也〔釋文〕龍見賢遍反向崔本作覞向音見崔音覞　神動而天隨，【注】神順物而動天隨理而行【疏】神者妙萬物而爲言也即動即寂德同蒼昊隨順生物也　家世父曰尸居龍見不見而章淵默雷聲不動而變神動天隨無爲而成　從容无爲而萬物炊累焉。【注】若遊塵之自動【疏】累塵也從容自在無爲虛淡若風動細塵類空中浮物陽氣飄颻任運去留而已〔釋文〕從容七容反　炊昌睡反又昌規反本或作吹同　累劣僞反司馬云炊累猶動升也向郭云如埃塵之自動也　吾又何暇治天下哉。【注】任其自然而已【疏】物我齊混俱合自然何勞功暇更爲治法也　崔瞿問於老聃曰：不治天下，安藏人心？老聃曰：女慎無攖人心。【注】攖之則傷其自善也【疏】姓崔名瞿不知何許人也既問在宥不治人心何以爲善答曰宥之放之自合其理作法理物則攖撓人心列下文云〔釋文〕崔瞿向崔本作臞向求朱反崔瞿人姓名也　老聃吐藍反　女慎音汝　攖於營反又於盈反司馬云引也崔云羈落也　人心排下而進上。【注】排之則下進之則上言其易搖蕩也【疏】人心排他居下進己在上皆常情也

〔釋文〕排皮皆反崔本作俳　進上時掌反注及下同　其易以豉反　上下囚殺。【注】無所排進乃安全耳【疏】溺心上下爲境所牽如禁之囚攖煩困苦〔釋文〕囚殺如字徐所例反言囚殺萬物也　家世父曰上下囚殺言詭上詭下使其心拘囚噍殺不自適也淖約者矯揉則剛可使柔廉劌者徑遂寒熱百變水火兼施攖之而遂至於不可還郭象注恐誤淖約柔乎剛彊。【注】言能淖約則剛彊者柔矣【疏】淖約柔弱也矯情行於柔弱欲制服於剛彊〔釋文〕淖昌略反又直角反　廉劌彫琢。其熱焦火。其寒凝冰。【注】夫焦火之熱凝冰之寒皆喜怒並積之所生若乃不彫不琢各全其朴則何冰炭之有哉【疏】廉務名也劌傷也彫琢名行欲在物前若違情起怒寒甚凝冰順心生喜熱踰焦火〔釋文〕廉劌居衛反司馬云傷也廣雅云利也　琢丁角反　其疾俛仰之閒。而再撫四海之外。【注】風俗之所動也【疏】逐境之心一念之頃已遍十方況俛仰之閒不再臨四海哉　其居也淵而靜。其動也縣而天。【注】靜之可使如淵動之則係天而踊躍也【疏】有欲之心去無定準偶爾而靜如流水之遇淵潭觸境而動類高天之縣不息動之則係天踊躍〔釋文〕縣而天音元向本無而字云希高慕遠故曰縣天　僨驕而不可係者。其唯人心乎。【注】人心之變靡所不爲順而放之則靜而自通治而係之則跂而僨驕僨驕者不可禁之勢也【疏】排下進上美惡喜怒僨發驕矜不可禁制者其在人心乎〔釋文〕僨向粉問反廣雅云僵也郭音奔　驕如字又居表反郭云僨驕者不可禁之勢　昔者黃帝始以仁義攖人之心。【注】夫黃帝非爲仁義也直與物則冥仁義之迹自見迹自見則後世之心必自殉之是亦黃帝之迹使物攖也【疏】黃帝因宜作則慈愛養民實異偏尚之仁裁非之義後代之王執其軌轍蒼生名之爲聖攖人之心自此始也弊起後王釁非黃帝〔釋文〕自見賢遍反下同　堯舜於是乎股無胈脛無毛。以養天下之形。愁其五藏。以爲仁義。矜其血氣。以規法度。然猶有不勝也。【疏】胈白肉也堯舜行黃帝之迹心形瘦弊股瘦無白肉脛禿無細毛養天下形容安萬物情性五藏憂愁於內血氣矜莊於外行仁義以爲規矩立法度以爲楷模尚不免流放凶族則有不勝〔釋文〕股音古歷本曰股　胈畔末反向父末反李扶蓋反云白肉也或云字當作紱紱蔽膝也崔云胈㲠也　脛刑定反　慶藩案矜其血氣猶孟子言苦其心志也矜者苦也訓見爾訓釋言篇　堯於是放讙兜於崇山。投三苗於三峗。流共工於幽都。此不勝天下也。【疏】昔帝鴻氏有不才子天下謂之渾沌即讙兜也爲黨共工放南裔也縉雲氏有不才子天下謂之饕餮即三苗也爲堯諸侯封三苗之國國在左洞庭右彭蠡居豫章近南岳三峗山名在西裔即秦州西羌地少昊氏有不才子天下謂之窮奇即共工也爲堯水官幽都在北方即幽州之地尚書有殛鯀此文不備也四人皆包藏凶惡不遵堯化故投諸四裔是堯不勝天下之事故四凶由舜今稱堯者其時舜攝堯位故耳〔釋文〕讙音歡兜下侯反崇山南裔也堯六十年放讙兜於崇山投三苗崔本投作殺尚書作竄三苗者縉雲氏之子即饕餮也三峗音危本亦作危三危西裔之山也今屬天水堯六十六年竄三苗於三危共工音恭共工官名即窮奇也幽都李云即幽州也尚書作幽州北裔也堯六十四年流共工於幽州

夫施及三王而天下大駭矣。注夫堯舜帝王之名皆其迹耳我寄斯迹而迹非我也故駭者自世世彌駭其迹愈粗粗之與妙自途之夷險耳遊者豈常改其足哉故聖人一也而有堯舜湯武之異明斯異者時世之名耳未足以名聖人之實也故夫堯舜者豈直一堯舜而已哉是以雖有矜愁之貌仁義之迹而所以迹者故全也疏施延也自黃帝逮乎堯舜聖迹滯物擾亂延及三王驚駭更甚〔釋文〕施及以智反崔云延也大駭駭驚也愈粗音麤下同

下有桀跖上有曾史。疏桀跖行小人之行爲下曾史行君子之行爲上而儒墨畢起。疏謂儒墨守迹是非因之而起也於是乎喜怒相疑。疏喜是怒非更相疑貳愚知相欺。疏飾智驚愚互爲欺侮〔釋文〕愚知音智下及注同善否相非。疏善與不善彼此相非誕信相譏。疏誕虛信實自相譏誚而天下衰矣。注莫能齊於自得疏相仍糾紛宇宙衰也大德不同。而性命爛漫矣。注立小異而不止於分疏喜怒是非熾然大盛故夭年夭枉性命爛漫爛漫散亂也天下好知。而百姓求竭矣。注知無涯而好之故無以供其求疏聖人窮無涯之知百姓爲不竭哉〔釋文〕好知呼報反注同於是乎釿鋸制焉。繩墨殺焉。椎鑿決焉。注彫琢性命遂至於此疏繩墨正木之曲直禮義示人之隆殺椎鑿穿木之孔竅刑法決人之身首工匠運斤鋸以殘木聖人用禮法以傷道〔釋文〕釿音斤本亦作斤鋸音據制焉釿鋸制謂如肉刑也繩墨殺焉並如字崔云謂彈正殺之椎直追反鑿在洛反決焉古穴反又苦穴反崔云肉刑故用椎鑿天下脊脊大亂。罪在攖人心。故賢者伏處大山嵁巖之下。而萬乘之君憂慄乎廟堂之上。注若夫任自然而居當則賢愚襲情而貴賤履位君臣上下莫匪爾極而天下

無患矣斯迹也遂攖天下之心使奔馳而不可止故中知以下莫不外飾其性以眩惑衆人惡直醜正蕃徒相引是以任眞者失其據而崇僞者竊其柄於是主憂於上民困於下矣【疏】脊脊相踐藉也一云亂字宙大亂罪由聖知君子遁消晦迹林藪人君雖在廟堂心恆憂慄既無艮輔恐國傾危也〔釋文〕脊脊音藉在亦反相踐藉也本亦作脊脊廣雅云脊亂也　大山音泰亦如字　嵁苦巖反一音苦咸反又苦嚴反　巖音巖語銜反一音嵒語咸反　盧文弨曰今本作岩　俞樾曰釋文大山音泰亦如字當以讀如字爲是此泛言山之大者不必東嶽泰山也嵁當爲湛文選封禪文湛恩厖鴻李注曰湛深也湛巖猶深巖因其以山巖言故變從水者而從山耳山言其大巖言其深義正相應學者不達其義而音大爲泰失之矣田子方篇其神經乎大山而無介入乎淵泉而不濡釋文大音泰失與此同文選風賦緣泰山之阿古詩冉冉孤生竹結根泰山阿夫風之所緣竹之所生非必泰山也其原文應並作大山泛言山之大者後人誤讀爲泰並改作泰耳以眩元遍反　惡直烏路反　蕃徒音煩今世殊死者相枕也桁楊者相推也刑戮者相望也。【疏】殊者決定當死也桁楊者械也夾腳及頸皆名桁楊六國之時及衰周之世良由聖迹顯勦五刑遂使桁楊者盈衢殊死者相枕殘滿衢路相推相望明其多也〔釋文〕殊死如字廣雅云殊斷也司馬云決也一云誅也字林云死也說文同又云漢令曰蠻夷長有罪當殊之崔本作殀死　相枕之鴆反　桁戶剛反司馬云腳長械也　楊向音陽崔云械夾頸及脛者皆曰桁楊

而儒墨乃始離跂攘臂乎桎梏之間。意甚矣哉。其無愧而不知恥也甚矣。【注】由腐儒守迹故致斯禍不思捐迹反一而方復攘臂用迹以治迹可謂無愧而不知恥之甚也【疏】離跂用力貌也聖迹爲害物之具而儒墨方復攘臂分外用力於桎梏之間執迹封教救當世之弊何荒亂之能極哉故發噫歎息固陋不已無愧而不知恥也〔釋文〕離力氏反又力智反　跂丘氏反又丘豉反　攘如羊反　桎之實反　梏古毒反　慶藩案離跂即荀子榮辱篇離縱而跂訾之義謂自異於衆也　意如字又音醫　無愧崔本作醜　腐音輔　方復扶又反　吾未知聖知之不爲桁楊椄槢也。仁義之不爲桎梏鑿枘也。【注】桁楊以椄槢爲管而桎梏以鑿枘爲用聖知仁義者遠於罪之迹也迹遠罪則民斯尙之尙之則矯詐生焉矯詐生而御姦之器不具者未之有也故棄所尙則矯詐不作矯詐不作則桁楊桎梏廢矣何鑿枘椄槢之爲哉【疏】椄槢械楔也鑿孔也以物內孔中曰枘械不楔不牢梏無孔無用亦猶憲章非聖迹不立桀跖無仁義不行聖迹是攖擾之原仁義是殘害之本〔釋文〕椄李如字向徐音燮郭慈接反　槢郭李音習向徐徒燮反司馬云椄槢械楔音息節反崔本作膠云讀爲牒或作謵字椄槢桎梏梁也淮南曰大者爲

柱梁小者爲榱槢也　盧藩案文選何平叔景福殿賦注引司馬槢械楔也與釋文異（釋文槢上有椄字楔下無也字）鑿在洛反又在報反枘人銳反向本作內音同三蒼云柱頭枘也鑿頭𥻴木如柱頭枘遠於于萬反下同而禦魚呂反本又作御音同焉知曾史之不爲桀跖嚆矢也。【注】嚆矢矢之猛著言曾史爲桀跖之利用也。【疏】嚆箭鏃有吼猛聲也聖智是竊國之具仁義爲凶暴之資曾史爲桀跖利用猛箭故云然也〔釋文〕焉知於虔反嚆矢許交反本亦作嗃向云嚆矢矢之鳴者郭云矢之猛者字林云嚆大呼也崔本作蒿云蒿蒿可以爲箭或作矯矯桑也崔本此下更有有無之相生也則甚會史與桀跖生有無也又惡得無相轂也凡二十四字故曰。絕聖棄知。而天下大治。【注】去其所以攖也。【疏】絕竊國之具棄凶暴之資即字內清平言大治也〔釋文〕大治直吏反去其起呂反黃帝立爲天子。十九年。令行天下。【疏】德化詔令寓內大行聞廣成子在於空同之上。故往見之。【疏】空同山涼州北界廣成即老子別號也〔釋文〕廣成子或云即老子也空同司馬云當北斗下山也爾雅云北戴斗極爲空同一日在梁國虞城東三十里曰。我聞吾子達於至道。敢問至道之精。吾欲取天地之精。以佐五穀。以養民人。【疏】五穀黍稷菽麻麥也欲取窈冥之理天地陰陽精氣助成五穀以養蒼生也吾又欲官陰陽。以遂羣生。爲之奈何。【疏】遂順也欲象陰陽設官分職順羣生之性問其所以廣成子曰。而所欲問者。物之質也。【注】問至道之精可謂質也。【疏】而汝也欲播植五穀官府二儀所問粗淺不過形質乖深元之致是詆訶也〔釋文〕質也廣雅云質正也而所欲官者。物之殘也。【注】不任其自爾而欲官之故殘也。【疏】苟欲設官分職引物從己既乖造化必致傷殘自而治天下。雲氣不待族而雨。草木不待黃而落。日月之光益以荒矣。【疏】族聚也分百官於陰陽有心治萬物必致凶災雨風不調炎涼失節雲未聚而雨降木尚青而葉落欃槍薄蝕三光昏晦人心遭擾元象荒殆〔釋文〕雲氣不待族而雨司馬云族聚也未聚而雨言澤少草木不待黃而落司馬云言殺氣多也爾雅云落死也益以崔本作蓋以而佞人之心翦翦者。又奚足以語至道。【疏】翦翦狹劣之貌也汝是諂佞之人心甚狹劣何能語至道也〔釋文〕佞人如字郭音甯翦翦如字郭司馬云善辯也一曰佞貌李云淺短貌或云狹小之貌黃帝退。捐天下。築特室。席白茅。閒居三月。復往邀之。【疏】黃帝退歸齊一心舍九五尊位築特室避讙囂藉白茅以絜淨閑居經時重往請道邀遇也〔釋文〕捐悅全反 閒居音閑下同 復往扶又反 邀之古堯反要也 廣成子南首而臥。黃帝順下風。膝行而進。再拜稽首而問曰。聞吾子達於至道。敢問治身奈何。而可以長久。廣成子蹶然而起曰。善哉問乎。注人皆自修而不治天下則天下治矣故善之也疏使人治物物必擾煩各各治身天下淸正故善之蹶然疾起〔釋文〕南首音狩 蹶其月反又音厥驚而起也 慶藩案文選張景陽七命注引司馬云蹶疾起貌釋文闕 天下治直吏反 來。吾語女至道。至道之精。窈窈冥冥。至道之極。昏昏默默。注窈冥昏默皆了無也夫莊老之所以屢稱無者何哉明生物者無物而物自生耳自生耳非爲生也又何有爲於已生乎疏至道精微心靈不測故寄窈冥深遠昏默元絕〔釋文〕吾語魚據反下同 女音汝後倣此 窈窈烏了反 无視无聽。抱神以靜。形將自正。注忘視而自見忘聽而自聞則神不擾而形不邪也疏耳目無外視聽抱守精神境不能亂心與形合自冥正道〔釋文〕不邪似嗟反 必靜必淸。无勞女形。无搖女精。乃可以長生。注任其自動故閑靜而不夭也疏淸神靜慮體無所勞不緣外境精神常寂心閑形逸長生久視 目无所見。耳无所聞。心无所知。女神將守形。形乃長生。注此皆率性而動故長生也疏任視聽而無所見聞根塵既空心亦安靜照無知慮應機常寂神淡守形可長生久視也 愼女內。注全其眞也疏忘心全漠也 閉女外。注守其分也疏絕視聽守分也 多知爲敗。注知無崖故敗疏不愼智慮心神既困耳目竭於外何不敗哉 我爲女遂於大明之上矣。至彼至陽之原也。爲女入於窈冥之門矣。至彼至陰之原也。注夫極陰陽之原乃遂於大明之上入於窈冥之門也疏陽動也陰寂也遂出也至人應動之時智照如日月名大明也至陽之原表從本降迹故言出也無感之時深根寂然凝湛也至陰之原亦攝迹歸本故曰入窈冥之門廣成示黃帝動寂兩義故託陰陽二門也〔釋文〕我爲于僞反下同 天地有官。陰陽有藏。注但當任之 愼守女身。物將自壯。疏天官謂日月星辰能照臨四方綱維萬物故稱官也地官謂金木水火土能維持動植運載羣品亦稱官也陰陽二氣春夏秋冬各有司存如藏府也咸得隨任無不稱適何遑造化更立官府也女但無爲愼守女身一切萬物自然昌盛何勞措心自貽伊慼哉〔釋文〕物將自壯側亮反謂不治天下則衆物皆自任自任而壯也　我守其一。以處其和。故我修身千二百歲矣。吾形未常衰。【注】取於盡性命之極極長生之致耳身不夭乃能及物也【疏】保恬淡一心處中和妙道攝衞修身雖有壽考之年終無衰老之日　黃帝再拜稽首曰。廣成子之謂天矣。【注】天無爲也【疏】歎聖道之淸高可與玄天合德也　廣成子曰。來。余語女。彼其物无窮。而人皆以爲有終。【疏】死生變化物理無窮俗人愚惑謂有終始　彼其物无測。而人皆以爲有極。【注】徒見其一變也【疏】萬物不測千變萬化愚人迷執謂有限極　慶藩案無測言無盡也說文測深所至也深所至謂深之盡極處呂氏春秋論人篇闚大淵深不可測也高注測盡極也淮南原道篇水大不可極深不可測高注測盡也无測有極正對文言之　得吾道者。上爲皇而下爲王。【注】皇王之稱隨世之上下耳其於得通變之道以應無窮一也【疏】得自然之道上逢淳樸之世則作羲農下遇澆季之時應爲湯武皇王迹自夷險道則一也〔釋文〕之稱尺證反　失吾道者。上見光而下爲土。【注】失無窮之道則自信於一變而不能均同上下故俯仰異心【疏】喪無爲之道滯有欲之心生則覩於光明死則便爲土壤迷執生死不能均同上下故有兩名也　今夫百昌。皆生於土而反於土。故余將去女。【注】土無心者也生於無心故當反守無心而獨往也【疏】夫百物昌盛皆生於地及其彫落還歸於土世間萬物從無而生死歸空寂生死不二不滯一方今將去女任適也〔釋文〕百昌司馬云猶百物也　入无窮之門。以遊无極之野。【注】與化俱也【疏】反歸冥寂之本入無窮之門應變天地之閒遊無極之野　吾與日月參光。吾與天地爲常。【注】都任之也【疏】參同也與三景齊明將二儀同久豈千二百歲哉　當我緡乎。遠我昏乎。【注】物之去來皆不覺也【疏】聖人無心若鏡機當感發即應機冥符若前機不感即昏然晦迹也〔釋文〕當我如字緡乎武巾反郭音泯泯合也　家世父曰釋文緡泯合也緡昏字疊韻緡亦昏也當我鄉我而來遠我背我而去任人之鄉背而一以無心應之　遠我于萬反　昏乎如字暗也司馬云緡昏並無心之謂也　人其盡死。而我獨存乎。【注】以死生爲一體則無往而非存【疏】一死生明變化未始非我無去無來我獨存也人執生死故憂患之　雲將東遊。過扶搖之枝。而適遭鴻蒙。鴻蒙方將拊髀雀躍而遊。【疏】雲將雲主將也鴻蒙元氣也扶搖木神生東海也亦云風遭遇也拊拍也爵躍跳躍也寓言也夫氣是生物之元也雲爲雨澤之本也本是春陽之鄉東爲仁惠之方舉此四事示君王御物以德澤爲先也〔釋文〕雲將子匠反下同李云雲主帥也　扶搖扶亦作夫音符李云扶搖神木也生東海一云風也　慶藩案初學記一御覽八引司馬云雲將雲之主帥釋文闕　鴻蒙如字司馬云自然元氣也一云海上氣也　拊孚甫反一音甫　髀本又作髀音陛徐甫婢反又甫娣反　雀本又作爵同將略反　躍司馬云雀躍若雀浴也一云如雀之跳躍也　雲將見之，【疏】怪其容儀殊俗動止異凡故問行李也由庶爲理物之道也　倘然止，贄然立，曰："叟何人邪？叟何爲此？"【疏】倘驚疑貌贄不動也叟長老名也〔釋文〕倘尺掌反一音吐郎反李吐黨反司馬云欲止貌李云自失貌　贄之二反又豬立反又魚列反李云不動貌　叟本又作傁素口反郭蘇走反司馬云長者稱　鴻蒙拊髀雀躍不輟，對雲將曰："遊！"【疏】乘自然變化遨遊也〔釋文〕不輟丁劣反李云止也　雲將曰："朕願有問也。"鴻蒙仰而視雲將曰："吁！"雲將曰："天氣不和，地氣鬱結，【疏】二氣不降不升鬱結也〔釋文〕曰吁況于反亦作呼　慶藩案釋文吁亦作呼呼吁古通用字說文吁驚也文元年左傳呼役夫杜注呼發聲也堯典帝曰吁傳曰吁疑怪之辭驚疑之聲亦發聲也檀弓瞿然曰呼釋文呼作吁月令大雩帝鄭注雩吁嗟求用之祭周官女巫疏引董仲舒曰雩求用之術呼嗟之歌皆其例　鬱結如字崔本作綰音結　六氣不調，【疏】陰陽風雨晦明此六氣也　四時不節。【疏】春夏秋冬節令愆滯其序　今我願合六氣之精以育羣生，爲之柰何？"【疏】我欲合六氣精華以養萬物故問也　鴻蒙拊髀雀躍掉頭曰："吾弗知！吾弗知！"【疏】萬物咸稟自然若措意治之必乖造化故掉頭不答〔釋文〕掉徒弔反　雲將不得問。又三年，東遊，過有宋之野，而適遭鴻蒙。雲將大喜，行趨而進曰："天忘朕邪？天忘朕邪？"再拜稽首，願聞於鴻蒙。【疏】故知上天再言忘朕幸憶往事也〔釋文〕有宋如字國名也本作宗者非　鴻蒙曰："浮遊不知所求，【注】而自得所求也。【疏】浮遊處世無貪取也　猖狂不知所往，【注】而自得所往也。【疏】無心妄行無的當也　遊者鞅掌，以觀无妄。【注】夫內足者舉目皆自正也。【疏】鴻蒙遊心之處寬大涉見之物衆多能觀之智知所觀之境无妄也鞅掌衆多也〔釋文〕鞅掌於丈反毛詩傳云鞅掌失容也今此言自得而正也　朕又何知！"【注】以斯而已矣。【疏】浮遊猖狂虛心在物物各自正我復何知　雲將曰："朕也自以爲猖狂，而民隨予所往。朕也不得已於民。今則民之放也。【注】夫乘物非爲迹而迹自彰猖狂非招民而民自往故爲民所倣效而不得已也【疏】我同鴻蒙無心馭世不得已臨人人則隨我迹便爲物收效也〔釋文〕之放方往反效也注同 願聞一言。【疏】願聞要旨庶決深疑 鴻蒙曰。亂天之經，逆物之情，玄天弗成。【注】若夫順物性而不治則情不逆而經不亂元默成而自然得也【疏】亂天然常道逆物眞性卽譎詐方起自然之化不成也 解獸之羣而鳥皆夜鳴。【注】離其所以靜也【疏】倣效迹彰害物災起獸則驚羣散起鳥則駭飛夜鳴 災及草木，禍及止蟲。【注】皆坐而受害也【疏】草木未霜零落災禍及昆蟲昆明也向陽啓蟄〔釋文〕止蟲如字本亦作昆蟲崔本作正蟲皆坐才臥反 意，治人之過也。【注】夫有治之迹亂之所由生也【疏】天治斯滅治人過也〔釋文〕意音醫本又作噫下皆同 雲將曰。然則吾奈何。【疏】欲請不治之術 鴻蒙曰。意，毒哉！【注】言治人之過深【疏】重傷禍敗屢嘆噫歎聲 僊僊乎歸矣。【注】僊僊坐起之貌嫌不能隤然通放故遣使歸【疏】僊僊輕舉之貌雲將治物爲禍故示輕舉勸令息迹歸本〔釋文〕僊僊音仙 雲將曰。吾遇天難，願聞一言。鴻蒙曰。意！心養。【注】夫心以用傷則養心者其唯不用心乎【疏】養心之術列在下文 汝徒處无爲，而物自化。【疏】徒但也但處心無爲而物自化 墮爾形體，吐爾聰明，倫與物忘，【注】理與物皆不以存懷而闇付自然則無爲而自化矣【疏】倫理也墮形體忘身也吐聰明忘心也身心兩忘物我雙遣是養心也〔釋文〕墮許規反 王引之曰吐當爲咄咄與黜同（徐無鬼篇黜耆欲司馬本作咄）韋昭注周語曰黜廢也黜與墮義相近大宗師篇墮枝體黜聰明卽其證也隸書出字或省作士（若敫省作敖𧷏省作賣歘省作款之類）故咄字或作吐形與吐相似因譌爲吐矣（咄之譌作吐猶吐之譌作咄漢書外戚傳必畏惡吐棄我漢紀吐譌作咄）俞樾曰吐當作杜言杜塞其聰明也 大同乎涬溟。【注】與物無際【疏】溟涬自然之氣也茫蕩身心大同自然合體也〔釋文〕涬戶頂反又音幸溟亡頂反司馬云涬溟自然氣也 解心釋神，莫然无魂。【注】坐忘任獨【疏】魂好知爲也解釋遣蕩也莫然無知滌蕩心靈同死灰枯木無知魂也 萬物云云，各復其根，各復其根而不知。【注】不知而復乃眞復也【疏】云云衆多也衆多往來生滅不離自然歸根明矣豈得用知然後復根矣哉 渾渾沌沌，終身不離。【注】渾沌無知而任其自復，乃能終身不離其本也。【疏】渾沌無知而任獨，千變萬化，不離自然。〔釋文〕「渾渾」戶本反。「沌沌」徒本反。「不離」力智反，下及注皆同。若彼知之，乃是離之。【注】知而復之，與復乖矣。【疏】用知慕至本，乃離自然之性。无問其名，无闚其情，物固自生。【注】闚問則失其自身也。【疏】道離名言，理絕情慮，若以名問道，以情闚理，不亦遠哉！能遺情忘名，任于獨化，物得生理也。

雲將曰：「天降朕以德，示朕以默；躬身求之，乃今也得。」【注】知而不默，常自失也。【疏】降道德之言，示玄默之行，立身以來，方今始悟。再拜稽首，起辭而行。

世俗之人，皆喜人之同乎己而惡人之異於己也。【疏】染習之人，迷執日久，同己喜懽，異己嫌惡也。〔釋文〕「而惡」烏路反。同於己而欲之，異於己而不欲者，以出乎衆為心也。【注】心欲出羣為衆雋也。【疏】夫是我而非彼，喜同而惡異者，必欲顯己功名，超出羣衆。家世父曰：出乎衆者，以才智加人而人皆願之，抑不知己之出乎衆乎，衆之出乎己乎？因衆之所同而同之，因衆之所異而異之，以為衆也，則夫喜人之同而惡人之異，猶之異同乎衆也。喜與怒固不因己而因衆，而一據之以為己，此所以為惑也。夫以出乎衆為心者，曷常出乎衆哉！【注】衆皆以出衆為心，故所以為衆人也。若我亦欲出乎衆，則與衆無異而不能相出矣。夫衆皆以相出為心，而我獨無往而不同，乃大殊於衆而為衆主也。【疏】人以競先出乎衆為心，此是恒物鄙情，何能獨超羣外！同其光塵，方大殊於衆而為衆傑。因衆以寧所聞，不如衆技衆矣。【注】吾一人之所闻不如衆技多，故因衆則寧也。若不因衆，則衆之千萬皆我敵也。【疏】用衆人技能，因衆人聞見，即無忿競，所謂明者為之視，智者為之謀也。〔釋文〕「因衆以寧所聞」因衆人之所聞見，委而任之，則自寧安。「不如衆技」其綺反。「衆矣」若役我之知，遂衆人，衆人之技多於我矣，安得而不自困哉！而欲為人之國者，此攬乎三王之利而不見其患者也。【注】夫欲為人之國者，不因衆之自為而以己為之者，此為徒求三王主物之利而不見己為之患也。然則三王之所以利，豈為之哉？因天下之自為而任耳。【疏】用一己偏執為國者，徒求三王主物之利，不知為喪身之大患也。〔釋文〕「此攬」音覽。本亦作覽。此以人之國僥倖也，幾何僥倖而不喪人之國乎！【疏】僥，要也。以皇王之國利要求非分，為一身之幸會者，未嘗不身遭殞敗萬不存一故云幾何也〔釋文〕僥古堯反徐古了反字或作儌倖音幸一云僥倖求利不止之貌　慶藩案僥要也求也釋文或作儌儌亦求也（見呂覽順民篇高注）幾何居豈反郭巨機反不喪息浪反下及注同　其存人之國也，無萬分之一；而喪人之國也，一不成而萬有餘喪矣。〔注〕已與天下相因而成者也今以一已而專制天下則天下塞矣已豈通哉故一身既不成而萬方有餘喪矣〔疏〕以僥倖之心爲帝王之主論存則固無一成語亡則有餘敗也〔釋文〕萬分如字又扶問反　悲夫，有土者之不知也。〔疏〕此一句傷嘆君王不知僥倖爲弊矣　夫有土者，有大物也。〔疏〕九五尊高四海宏巨是稱大物也　有大物者，不可以物物。〔注〕不能用物而爲物用即是物耳豈能物物哉不能物物則不足以有大物矣〔疏〕苟求三王之國不能任物自爲翻爲物用己自是物爲能物物斷不可也　而不物，故能物物。〔注〕夫用物者不爲物用也不爲物用斯不物物矣不物故物天下之物使各自得也〔疏〕不爲物用而用於物者也不見有物而物皆效命焉夫且不見有物又奚以物之大小爲哉　家世父曰有物在焉而見以爲物而物之終身不離乎物所見之物愈大而身愈小　俞樾曰郭斷不可以物物五字爲句失其讀矣此當讀不可以物爲句物而不物爲句　明乎物物者之非物也，豈獨治天下百姓而已哉！出入六合，遊乎九州。〔注〕用天下之自爲故馳萬物而不窮〔疏〕聖人通自然達造化運百姓心知用羣生耳目是知物物非物也豈獨戴黃屋坐汾陽佩玉璽治天下哉固當排六合陵太清超九州遊姑射矣　獨往獨來，是謂獨有。〔注〕人皆自異而己獨羣遊斯乃獨往獨來者也獨有斯獨可謂獨有矣〔疏〕有注釋也　獨有之人，是謂至貴。〔注〕夫與衆玄同非求貴於衆而衆人不能不貴斯至貴也若乃信其偏見而以獨異爲心則雖同於一致故是俗中之一物耳非獨有者也未能獨有而欲饕竊軒冕冒取非分衆豈歸之哉故非至貴也〔疏〕人皆自異而已獨與羣遊斯乃獨往獨來者也獨有斯獨可謂獨有矣人欲出衆而己獨遊衆無此能故名獨有獨有之人蒼生樂推百姓荷戴以斯爲主可謂至尊至貴也〔釋文〕饕吐刀反冒亡北反又亡報反　大人之教，若形之於影，聲之於響。〔注〕百姓之心形聲也大人之教影響也大人之於天下何心哉猶影響之隨形聲耳〔疏〕大人聖人也無心感應應不以心故百姓之心形聲也大人之教影響也〔釋文〕於響許丈反本又作響注及下同有問而應之盡其所懷。注使物之所懷各得自盡也疏聖人心隨物感感又稱機盡物懷抱爲天下配。注問者爲主應故爲配疏配匹也先感爲主應者爲匹也處乎无響。注寂以待物疏虛寂也無感之時心如枯木寂無影響也行乎无方。注隨物轉化疏行應機也逗機不定方所也挈汝適復之撓撓。注撓撓自動也提挈萬物使復歸自動之性即無爲之至也疏撓撓自動也逗機無方還欲提挈汝等羣品令歸自本性則無爲至也〔釋文〕挈苦結反廣雅云持包撓撓撓撓而小反 俞樾曰郭注未得其解爾雅釋詁適往也然則適復猶往復也撓撓亂也廣雅釋詁撓亂也重言之則爲撓撓矣適復之撓撓此世俗之人所以不能獨往獨來也惟大人則提挈其適復之撓撓者而與之共遊於無端故曰挈汝適復之撓撓以遊無端二句本止一句郭失其解並失其讀矣以遊无端。注與化俱故無端疏遊心與自然俱遊故無朕迹之端崖出入无旁。注玄同無表疏出入塵埃生死之中玄同造物無邊可見與日无始。注與日新俱故無始也疏與日俱新故無終始頌論形軀。合乎大同。注其形容與天地無異疏贊頌論語聖人盛德軀貌與二儀大道合同外不闚乎宇宙內不有其己身也大同而无己。注有己則不能大同也疏合二儀同大道則物我俱忘也無己惡乎得有有。注天下之難無者己也己既無矣則羣有不足復有之疏己既無矣物爲有哉〔釋文〕惡音烏足復扶又反覩有者昔之君子。注能美其名者耳疏行仁義禮君臣者不離有爲君子也覩无者天地之友。注覩無則任其獨生也疏覩無爲之妙理見自然之正性二儀非有萬物盡空翻有入無故稱爲友矣賤而不可不任者。物也。卑而不可不因者。民也。注因其性而任之則治反其性而淩之則亂夫民物之所以卑而賤者不能因任故也是以任賤者貴因卑者尊此必然之符也疏民雖居下各有功能物雖輕賤咸負材用物無棄材人無棄用庶咸亨也〔釋文〕則治直吏反匿而不可不爲者。事也。注夫事藏於彼故匿也彼各自爲故不可不爲但當因任耳疏匿藏也事有隱顯性有工拙或顯於此或隱於彼或工於此或拙於彼但當任之悉事濟也〔釋文〕匿而女力反麤而不可不陳者。法也。注法者妙事之迹也安可以迹麤而不陳妙事哉疏法言教也以教望理理妙法粗取論筌蹄故順陳說故也遠而不可不居者。義也。注當乃居之所以爲遠疏義雖去邇疏遠苟其合理應須取斷親而不可不廣者。仁也。【注】親則苦偏故廣乃仁耳【疏】親雖偏愛狹劣周普廣愛乃大仁也節而不可不積者。禮也。【注】夫禮節者患於係一故物物體之則積而周矣【疏】積厚也節文也夫禮貴尚往來人情乖薄故外示折旋內敦積厚此眞禮也中而不可不高者。德也。【注】事之下者雖中非德【疏】中順也修道之人和光處世卑順於物而志行清高涅而不緇其德也〔釋文〕中而不可不高者德也中者順也順其性而高也一而不可不易者。道也。【注】事之難者雖一非道況不一哉【疏】妙本一氣通生萬物甚自簡易其唯道乎〔釋文〕不易以豉反下注同神而不可不爲者。天也。【注】執意不爲雖神非天況不神哉【疏】神功不測顯晦無方逗機無滯合天然也故聖人觀於天而不助。【注】順其自爲而已【疏】聖人觀自然妙理大順羣物而不助其性分此下釋前文成於德而不累。【注】自然與高會也【疏】能使境智冥會上德既成自無瑕累也出於道而不謀。【注】不謀而一所以爲易【疏】顯出妙一之道豈得待顯謀而後說會於仁而不恃。【注】恃則不廣【疏】老經云爲而不恃仁慈博愛貴在合宜故無恃賴薄於義而不積。【注】率性居遠非積也【疏】先王蘧廬非可寶重已陳芻狗豈積而留應於禮而不諱。【注】自然應禮非由忌諱【疏】妙本湛然迹應於禮豈拘忌諱　俞樾曰諱讀爲違違諱並從韋聲故廣雅釋詁曰諱避也韋昭注周語晉語並曰違避也是二字聲近義通應於禮而不諱卽不違也郭注曰自然應禮非由忌諱則失之迂曲矣接於事而不辭。【注】事以禮接能否自任應動而動無所辭讓【疏】混俗揚波因事接物應機不取亦無辭讓〔釋文〕應動憶升反齊於法而不亂。【注】御粗以妙故不亂也【疏】因於物性以法齊之故不亂也恃於民而不輕。【注】恃其自爲耳不輕用也【疏】民惟邦本本固而邦寧故恃藉不敢輕用也因於物而不去。【注】因而就任之不去其本也【疏】順黔黎之心因庶物之性雖施於法教不令離於性本物者莫足爲也。而不可不爲。【注】夫爲者豈以足爲故爲哉自體此爲故不可得而止也【疏】物稟之性功用萬殊如蜣蜋轉丸蜘蛛結網出自天然非關假學故素無之而不可強爲性中有者不可不爲也〔釋文〕物者莫足爲也分外也而不可不爲也分內也不明於天者。不純於德。【注】不明自然則有爲有爲而德不純也【疏】闇自然之理則澆薄之德不純也不通於道者。無自而可。

【注】不能虛己以待物則事事失會。【疏】滯虛玄道性故觸事面牆諒無從而可也 不明於道者。悲夫。【疏】闇天人之理惑君臣之義所作顛蹶深可悲傷

何謂道。有天道。有人道。无為而尊者。天道也。【注】在上而任萬物之自為也。【疏】無事無為尊高在上者合自然天道也 有為而累者。人道也。【注】以有為為累者不能率其自得也。【疏】司職有為事累繁擾者人倫之道 主者天道也。【注】同乎天之任物則自然居物上。【疏】君在上任物合天道無為也 臣者人道也。【注】各當所任。天道之與人道也。相去遠矣。【注】君位無為而委百官百官有所司而君不與焉二者俱以不為而自得則君道逸臣道勞勞逸之際不可同日而論之也。【疏】君位尊高委之宰牧臣道卑下竭誠奉上故君道逸臣道勞不可同日而語也〔釋文〕不與音豫 不可不察也。【注】不察則君臣之位亂矣。【疏】天道君而無為人道臣而有事尊卑有隔勞逸不同各守其分則君臣咸無為也必不能鑒理即勞逸失宜君臣亂矣夫二儀生育變化無窮形質之中最為廣大而新新變化念念推遷實為等均所謂亭之毒之也

外篇 天地第十二〔釋文〕以事名篇

天地雖大。其化均也。【注】均於不為而自化也。【疏】夫二儀生育覆載無窮形質之中最為廣大而新新變化其狀不殊念念遷謝實惟均等所謂亭之毒之也故云天地與我並生〔釋文〕天地 釋名云天顯也高顯在上也又坦也坦然高遠也地底也其體底下載萬物也禮統云天地者元氣之所生萬物之祖也易說云元氣初分清輕上為天濁重下為地 萬物雖多。其治一也。【注】一以自得為治。【疏】夫四生萬物其類最繁至於率性自得斯理唯一所謂毒之也故又云萬物與我為一〔釋文〕其治 直吏反注同下官治並注亦同 人卒雖眾。其主君也。【注】天下異心無心者主也。【疏】黔首卒隸其數雖多主而君者一人而已無心因任允當斯位〔釋文〕人卒 尊忽反 君原於德而成於天。【注】以德為原無物不得得者自得故得而不謝所以成天也【疏】原本也夫君主人物必須以德為宗物各自得故全成自然之性〔釋文〕君原 原本也 故曰。玄古之君。天下无為也。天德而已矣。【注】任自然之運動。【疏】玄遠也古之君謂三皇已前帝王也言玄古聖君無為而治天下也蓋何為哉此引古證今成天德之義也 以道觀言。而天下之

君正。【注】無爲者自然爲君非邪也。【疏】以虛通之理觀應物之數而無爲因任之君不用邪僻之言者故理當於正道　家世父曰言者名也正其君之名天下自然聽命焉故曰名之必可言也一衷諸道而已矣〔釋文〕非邪也　似嗟反本又作爲　以道觀分而君臣之義明。【注】各當其分則無爲位上有爲位下也。【疏】夫君道無爲而臣道有事尊卑勞逸理固不同譬如首自居上足自居下用道觀察分義分明　以道觀能而天下之官治。【注】官各當其所能則治矣。【疏】夫官有高卑能有優劣能受職則物無私得是故天下之官治也　以道汎觀而萬物之應備。【注】無爲也則天下各以其無爲應之【疏】夫大道生物性情不同率己所以悉皆備足或走或飛咸應其用不知所以豈復措心故以理徧觀則庶物之應備　故通於天地者德也。【注】萬物莫不皆得則天地通。【疏】通同也同兩儀之覆載與天地而俱生者德也　行於萬物者道也。【注】道不塞其所由則萬物自得其行矣。【疏】至理無塞恣物往來同行萬物故曰道也　上治人者事也。【注】使人人自得其事。【疏】雖則治人因其本性物各率能咸自稱適故事事有宜而天下治也　能有所藝者技也。【注】技者萬物之末用也。【疏】率其本性自有藝能非假外爲故眞技術也〔釋文〕技也　其綺反注下同　技兼於事，事兼於義，義兼於德，德兼於道，道兼於天。【注】夫本末之相兼猶手臂之相包故一身和則百節皆適天道順則本末俱暢。【疏】兼帶也濟也歸也夫藝能之技必須帶事不帶於事技術何施也事苟失宜事便無用雖行於義不可乖德雖有此德理須法道虛通故曰虛通終歸自然之術斯乃理事相包用不同耳是故示本能攝末自淺之深之義　故曰，古之畜天下者，无欲而天下足，无爲而萬物化，淵靜而百姓定。【疏】夫兼天所以無爲兼道所以無欲故古之帝王養畜羣庶者何爲哉蓋無欲而蒼生各足無爲而萬物自化也　淵靜而百姓定。【疏】一人垂拱而玄默百姓則比屋而可封故老經云我好靜而民自正　記曰：通於一而萬事畢。【疏】一道也夫事從理生理必包事本能攝末故知一萬事畢語在西升經莊子引以爲證〔釋文〕記曰　書名也云老子所作　无心得而鬼神服。【注】一無爲而羣理都舉。【疏】夫迹混人間之事心證自然之理而窮原徹際妙極重玄者故在於顯則爲人物之所歸處於幽則爲鬼神之所服　夫子曰：夫道，覆載萬物者也，洋洋乎大哉！君子不可以不刳心焉。【注】有心則累其自然故當刳而去之。【疏】夫子者老子也莊子師老君故曰夫子也刳去也洒也虛通之道包羅無外二儀待之以覆載萬物得之以化生何莫由斯最爲物本歎斧斧之美大以冣當世之君王可不法道之無爲洗去有心之累者邪〔釋文〕夫子司馬云莊子也一云老子也此兩夫子曰元嘉本皆爲別章崔本亦爾　覆載芳富反　洋洋音羊又音詳　不刳口奐反又口侯反崔本作軒云寬悅之貌　而去起呂反

无爲爲之之謂天，【注】不爲此爲而此爲自爲乃天道【疏】無爲爲之率性而動也天機自張故謂之天此不爲爲也

无爲言之之謂德，【注】不爲此言而此言自言乃真德【疏】寂然無說而應答無方譬懸鏡高堂物來斯照語默不殊故謂之德也此不言而言者也

愛人利物之謂仁，【注】此任其性命之情也【疏】慈若雲行愛如雨施心無偏執德澤弘普措其性命故謂之仁也

不同同之之謂大，【注】萬物萬形各止其分不引彼以同我乃成大耳【疏】夫刻彫衆形而性情各異率其素分僉合自然任而不割故謂之大也

行不崖異之謂寬，【注】玄同彼我則萬物自容故有餘【疏】夫韜光晦迹而混俗揚波若樹德不異於人立行豈殊於物而心無崖際若萬頃之波林藪蒼生可謂寬容矣

有萬不同之謂富。【注】我無不同故能獨有斯萬【疏】位居九五威跨萬乘任庶物之不同順蒼生之爲異而羣性咸得故能富有天下也

故執德之謂紀，【注】德者人之綱要【疏】能持已前之德行者可謂羣物之綱紀也

德成之謂立，【注】非德而成者不可謂立【疏】德行既成方可立功而濟物也

循於道之謂備，【注】夫道非偏物也【疏】循順也能順於虛通德行方足〔釋文〕循音旬或作脩

不以物挫志之謂完。【注】內自得也【疏】挫屈也一毀譽混榮辱不以世物屈節其德完全〔釋文〕挫作臥反

君子明於此十者，則韜乎其事心之大也，【注】心大故事無不容也【疏】韜包容也君子賢人躰於已前十事則能包容物務心性寬大也〔釋文〕韜吐刀反廣雅云藏也　俞樾曰郭注未得事字之義事心猶立心也言其立心之大也禮記郊特牲篇鄭注曰事猶立也釋名曰事傳也傳立也並其證也如郭注則是心足以容事而非事心矣呂氏春秋論人篇事心乎自然之塗亦以事心連文義與此同足證郭注之誤

沛乎其爲萬物逝也。【注】德澤滂沛任萬物之自往也【疏】逝往也心性寬閑德澤滂沛故爲羣生之所歸往也〔釋文〕沛普貝反字林云流也　物逝崔本逝作啓云開也　滂沛普旁反

若然者，藏金於山，藏珠於淵，【注】不貴難得之物【疏】若如前行便是無爲既不羨於榮華故不貴於寶貨是以珠生於水不索故藏之於淵金出於山不求故韜之於岳也

不利貨財，【注】乃能忘我況貨財乎【疏】雖得珠玉尚不貪以資身常用貨財豈復將爲利也

不近貴富。【注】自來寄耳心常去之遠也【疏】寄去寄來不哀不樂故外疏遠乎軒冕內不近乎富

貴也〔釋文〕不近附近之近

不樂壽。不哀夭。注所謂縣解。疏假令壽年延永不以爲樂性命夭促不以爲哀〔釋文〕不樂音洛縣解上音玄下音蟹

不榮通。不醜窮。注忘壽夭於胸中況窮通之間哉疏富貴榮達不以爲榮華貧賤窒塞不以爲醜辱壽夭嘗不以措意榮辱之情豈容介懷

不拘一世之利。以爲己私分。注皆委之萬物也疏光臨宇宙統御天下四海珍寶總繫一人而行不利貨財委之萬國豈容拘束入己用爲私分也

不以王天下爲己處顯。注忽然不覺榮之在身疏覆育黔黎王領天下而推功於物忘其富貴故不以己大而榮顯也〔釋文〕不以王于況反下王德並同

顯則明。注不顯則默而已疏明彰也雖坐汾陽喪其天下必也顯智豈日韜光也

萬物一府。死生同狀。注蛻然無所在也疏忘於物我故萬物可以爲一府冥於變化故死生同其形狀死生無變於己況窮通夭壽之間乎〔釋文〕蛻然始銳反又音悅

夫子曰。夫道。淵乎其居也。漻乎其清也。疏至理深玄譬猶淵海漻然清絜明燭鬚眉淵則歎其居寂以深澄漻則歎其雖動而恒絜也本亦作君字者〔釋文〕漻李良由反徐力蕭反廣雅下巧反云清貌

金石不得无以鳴。注聲由寂彰疏鳴由寂彰應由眞起也

故金石有聲。不考不鳴。注因以喻體道者物感而後應也疏考擊也夫金石之內素蘊宮商若不考擊終無聲響亦由至人之心實懷聖德物若不感無由顯應前託淵水以明至道此寄金石以顯聖心

萬物孰能定之。注應感無方疏喻彼明鏡方茲虛谷物來斯應應而無心物既脩短無窮應亦方圓無定家世父曰淵穆澄清之中而天機自動焉夫機之動也有所以動之者也而動無常金石無常矣而韶夏濩武由所動而樂生焉所以動之者物莫能定也

夫王德之人。素逝而恥通於事。注任素而往耳非好通於事也疏素眞也逝往也王德不驕不務任眞而往既抱朴以清高故羞通於物務〔釋文〕非好呼報反

立之本原。而知通於神。注本立而知不逆疏神者不測之用也常在理上往而應物也不測之神知通於物此之妙用必資於本欲示本能起用用不乖本義也〔釋文〕而知音智注同

故其德廣。注任素通神而後彌廣疏夫清素無爲任眞而往神知通物而恒立本原用不乖體動不傷寂德行如是豈非大中之道耶

其心之出。有物採之。注物採之而後出耳非先物而唱也疏採求也夫至聖虛懷而物我斯應自非物求聖德無由顯出聖心聖心之出良由物採欲和而不唱不爲物先

故形非道不生。生非德不明。疏形者七尺之身生者百齡之命德者能澄之智道者可通之境也道能通生萬物故非道不生德能鑒照理原故非德不明老經云道生之德畜之也

存形

窮生。立德明道。非王德者邪。【疏】存任也窮盡也任形容之妍醜盡生齡之夭壽立盛德以匡時用至道以通物能如是者其唯王德乎 蕩蕩乎忽然出。勃然動。而萬物從之乎。此謂王德之人。【注】忽勃皆無心而應之貌動出無心故萬物從之斯蕩蕩矣故能存形窮生立德明道而成王德也【疏】蕩蕩寬平之名忽勃無心之貌物感而動逗機而出因循任物物則從之猶具衆矣故爲王德也 視乎冥冥。聽乎无聲。【疏】至道深玄聖心凝寂非色不可以目視絕聲不可以耳聽 冥冥之中。獨見曉焉。无聲之中。獨聞和焉。【注】若夫視聽而不寄之於寂則有闇昧而不和也【疏】雖復冥冥非色而能陶甄萬象乃云寂寂無響故能諧韻八音欲明從體起用功能如是者也 故深之又深。而能物焉。【注】窮其原而後能物物【疏】即有即無即寂即應遣之又遣故深之又深既而窮理盡性故能物衆物也 神之又神。而能精焉。【注】極至順而後能盡妙【疏】神者不測之名應寂相即有無洞遣既而非測非不測亦不非測乃是神之精妙 故其與萬物接也。至无而供其求。【注】我確斯而都任彼則彼求自供【疏】遣之又遣乃曰至無而接物無方隨機稱適千差萬品求者即供若懸鏡高堂物來斯照也〔釋文〕而供音恭本亦作恭 確苦學反 斯音賜又如字 時騁而要其宿。大小。長短。脩遠。【注】皆恣而任之會其所極而已【疏】騁縱也宿會也若夫體故至無所以隨求稱適故能順時因任應物多方要在會歸而不滯一故或大或小乍短乍長乃至脩遠恣其來者隨彼機務悉供其求應病以藥理無不當

黃帝遊乎赤水之北。登乎崑崙之丘。而南望還歸。遺其玄珠。【注】此寄明得真之所由【疏】赤是南方之色心是南方之藏水性流動位在北方譬迷心緣鏡闇無所照故言赤水北也崑丘身也南是顯明之方望是觀見之義玄則疏遠之目珠乃珍貴之寶欲明世間羣品莫不身心迷妄馳騁耽著無所覺知闇似北方動如流水迷真喪道實此之由今欲返本還源祈真訪道是以南望示其照察還歸表其復命故先明失真之處後乃顯得道之方所顯方法列在下文〔釋文〕赤水李云水出崑崙山下 還歸音旋 玄珠司馬云道真也 慶藩案文選劉孝標廣絕交論注引司馬云赤水而假名玄珠喻道也與釋文異 使知索之而不得。【注】言用知不足以得真【疏】索求也故絕慮不可以心求也〔釋文〕使知音智注及下皆同 索之所白反下同 使離朱索之而不得。【疏】非色不可以目取也 使喫詬索之而不得也。【注】聰明喫詬失真愈遠【疏】喫詬言辨也辯言不可以辨索〔釋文〕喫口懈反 詬口豆反司馬云喫詬多力也 家世

父曰廣韻喫同嗷嗷聲也詬怒也怒亦聲也集韻云喫詬力諍者是也知者以神索之離朱索之形影矣喫詬索之聲聞矣是以愈索而愈遠也象罔者若有形若無形故曰眸而得之即形求之不得去形求之亦不得也釋文引司馬云喫詬多力也譏乃使象罔，象罔得之。疏罔象無心之謂離聲色絕思慮故知與離朱自涯而反喫詬言辨用力失真唯罔象無心獨得玄珠也黃帝曰：異哉，象罔乃可以得之乎。注明得真者非用心也象罔然即真也疏離婁迷性特明目而喪道軒轅悟理歎罔象而得珠勗諸學生故可以不離形去智黜聰隳體也

堯之師曰許由，許由之師曰齧缺，齧缺之師曰王倪，王倪之師曰被衣。疏已上四人並是堯時隱士厭穢風塵懷道抱德清廉潔己不同人世堯知其賢欲讓天下莊生示有承稟故具列其師資也〔釋文〕王倪徐五令反被衣音披

堯問於許由曰：齧缺可以配天乎？注謂為天子吾藉王倪以要之。注欲因其師以要而使之疏配合也藉因也堯云齧缺之賢者有合天位之德庶因王倪遙能屈致情事不決故問許由〔釋文〕要之一遙反注同許由曰：殆哉圾乎天下！注圾危也疏殆近也圾危也若要齧缺讓萬乘危亡之徵其則不遠也〔釋文〕圾本又作岌五急反又五合反郭李云危也齧缺之為人也，聰明叡知，給數以敏，其性過人，注聰敏過人則使人跂之屢傷於民也疏叡聖也給捷也敏速也夫聖人治天下也冕旒垂目黈纊塞耳所以杜聰明不欲多聞多見今齧缺乃內懷聖知外眩聰明詞鋒捷辯計數宏遠德行性識所作過人其迹既彰必以為患危亡之狀列在己下〔釋文〕給數音朔而又乃以人受天。注用知以求復其自然疏物之喪真其日已久乃以心智之術令復其初故自然之性失之遠矣彼審乎禁過，而不知過之所由生。注夫過生於聰知而又役知以禁之其過彌甚矣故曰無過在去知不在於強禁疏過之所由生者知也言齧缺但知審禁蒼生之過患而不知患生之由智也〔釋文〕在去起呂反於強其丈反與之配天乎？彼且乘人而無天。注若與之天下彼且遂使後世任知而失真疏若與天位令御羣生必運乎心智伐乎天理則物皆喪己無復自然之性也方且本身而異形。注夫以萬物為本則羣變可一而異形可同斯迹也將遂使後世由己以制物則萬物乖矣疏方將也夫聖人無心因循任物今齧缺以己身為本引物使歸令天下異形從我之化物之失性實此之由後世之患自斯而始也〔釋文〕方且如字凡言方且者言方將有所為也方且尊知而火馳。注

賢者當位於前，則知見尊於後，奔競而火馳也。【疏】夫不能忘智以任物，而尊知以御世，遂將徇迹捨己，効人馳驟，奔逐其速，如火矣。

方且為緒使。【注】將興後世事役之端。【疏】緒，端也。使，役也。不能無為而任知御物，後世勞役，自此為端。

方且為物絯。【注】將遂使後世拘牽而制物。【疏】絯，礙也。不能用道以通人，方復任智以礙物也。〔釋文〕物絯徐戶隔反，廣雅公才反，云束也，與郭義同。今用廣雅音。　家世父曰：釋文引廣雅云：絯，束也。疑絯當為該。廣韻：該，備也，兼也。漢書律歷志：該藏萬物。太元經：萬物該兼。緒使者，其緒餘足役役羣倫；物絯者，其機緘足以包羅萬物。

方且四顧而物應。【注】將遂使後世指麾以動物令應工務。【疏】方將顧盼四方，撫安萬國，令彼之氓黎應我之化法。〔釋文〕令應力呈反。

方且應眾宜。【注】將遂使後世不能忘善而利仁以應宜也。【疏】用一己之知，應眾物之宜，既非無心，未免危殆矣。

方且與物化。【注】將遂使後世與物相逐而不能自得於內。【疏】將我已知施與物眾，令庶物從化，物既失之，我亦未得也。

而未始有恆。【注】此皆盡當時之宜也。然今日受其德而明日承其弊矣，故曰未始有恆。【疏】以智理物，政出多門，前荷其德，後遭其弊，既乖淳古，所以無恆。

夫何足以配天乎。雖然，有族有祖。【注】其事類可得而祖效。【疏】族，藪也。夫齧缺隱居山藪，高尚其志，不能混迹，未足配天，而混俗之中罕其輩類，故志尚清遐，良可效耳。　家世父曰：族者，比類之迹也。祖者，生物之原也。從其比類而合之，則萬物統於一，而主宰夫物者，羣生之歸也。從其生物之原而求之，則萬物託始於無，而生物者，枝流之術也。未究乎生物之原，而竊竊焉比類以求合，而治亂繇以生，君臣之禍繇以起矣。

可以為眾父，而不可以為眾父父。【注】眾父父者，所以迹也。【疏】父，君也。言齧缺高尚無為，不夷乎俗，雖其道可述，適可為眾人之父，而未可為父父也。父父者，堯也。夫堯寄坐萬物之上，而心馳乎姑射之山，往見四子之時，即在汾陽之地，是以即寂而動，即動而寂，無為有為，為無為有，有無一時，動寂相即，故可為君中之君，父中之父，所為窮理盡性，玄之又玄，而為眾父之父，故其宜矣。故郭注云：眾父父者，所以迹也。

治亂之率也。【注】言非但治主，乃為亂率。【疏】率，主也。若用智理物，當時雖治，於後必亂，二塗皆以智為率。〔釋文〕治亂直吏反，注同。之率色類反，注同，又色律反。

北面之禍也。【注】夫桀紂非能殺賢臣，乃賴聖知之迹以禍之。【疏】桀紂賴聖知以殺賢臣，故聖智是北面之禍也。

南面之賊也。【注】田桓非能殺君，乃資仁義以賊之。【疏】田桓資仁義以殺主，故仁義南面之賊。注云田桓非能殺君，乃資仁義以賊之。〔釋文〕殺君音試，本又作弒，音同。

堯觀乎華。華封人曰：嘻，聖人！請祝聖人。【疏】華，地名也，今華州也。封人者，謂華地守封疆之人也。嘻，歎聲也。封人見堯有聖人之德，光臨天下，請祝願壽富多其男子〔釋文〕華胡化反又胡花反司馬云地名也　封人司馬云守封疆人也　曰嘻音熙　請祝之又反又州六反　使聖人壽。堯曰辭。使聖人富。堯曰辭。使聖人多男子。堯曰辭。〔疏〕夫富壽多男子實爲繁擾而能體之者不廢無爲故寄彼二人明茲三患辭讓之旨列在下文　封人曰。壽富多男子。人之所欲也。女獨不欲何邪。〔疏〕前之三事人之大欲存焉女獨致辭有何意謂〔釋文〕女獨音汝後同　堯曰。多男子則多懼。富則多事。壽則多辱。是三者。非所以養德也。故辭。〔疏〕夫子嗣扶疏憂懼斯重財貨殷盛則事業實繁命壽延長則貽困辱三者未足養無爲之德適可以益有爲之累所以並辭　封人曰。始也我以女爲聖人邪。今然君子也。〔疏〕我始言女有無雙照便爲體道聖人今既舍有趣無適是賢人君子也　天生萬民。必授之職。多男子而授之職。則何懼之有。〔注〕物皆得所而志定也。〔疏〕天地造化爲萬物各有才能量才授官有何憂懼　富而使人分之。則何事之有。〔注〕寄之天下故無事也。〔疏〕百姓豐饒四海殷實寄之羣有而不以私焉斯事無爲也　夫聖人鶉居〔注〕無意而期安也。〔釋文〕鶉音淳居鶉居謂無常處也又云如鶉之居猶言野處　而鷇食。〔注〕仰物而足。〔疏〕鶉鵪鶉也野居而無常處鷇者鳥之子食必仰母而足聖人寢處儉薄譬彼鵪鶉供膳裁充方茲鷇鳥既無心於侈靡豈有情於滋味乎〔釋文〕鷇口豆反　食也　爾雅云生哺鷇鷇食者言仰物而足也盧文弨曰舊生譌主今改正　鳥行而无彰。〔注〕率性而動非常迹也。〔疏〕彰文迹也夫聖人灰心滅智而與物俱冥猶如鳥之飛行無蹤跡而可見也　天下有道。則與物皆昌。〔注〕猖狂妄行而自蹈大方也　天下无道。則脩德就閒。〔注〕雖湯武之事苟順天應人未爲不聞也故無爲而無不爲者非不閒也〔疏〕運屬清夷則撫臨億兆物來感我則應時昌盛郭注云猖狂妄行恐乖文旨時逢擾亂則混俗韜光脩德隱迹全我生道嘉遁閒居道遙遁世所謂隱顯自在用捨隨時〔釋文〕就閒音閑注同　千歲厭世。去而上僊。〔注〕夫至人極壽命之長任窮理之變其生也天行其死也物化故云厭世而上僊也〔疏〕夫聖人達生死之不二通變化之爲一故能盡天年之脩短厭囂俗以消升何必鼎湖之舉獨爲上僊安期之壽方稱千歲〔釋文〕上僊音仙　乘彼白雲。至於帝鄉。〔注〕氣之散無不之〔疏〕精靈上升與太一而冥合乘雲御氣屆於天地之鄉　三患莫至。身常无殃。則何辱之有。〔疏〕

三患前富壽多男子也夫禦造物而來往乘變化而遨遊三患本自虛無七尺來從非有殃辱之事曾何足云　封人去之。堯隨之。曰請問。【疏】請言既訖封人於是去之堯方悟其非所以請問　封人曰。退已。【疏】所疑已決宜速退歸　堯治天下。伯成子高。立為諸侯。堯授舜。舜授禹。伯成子高辭為諸侯而耕。【疏】伯成子高不知何許人也蓋有道之士〔釋文〕伯成子高通變經云老子從此天地開闢以來吾身一千二百變後世得道伯成子高是也　禹往見之。則耕在野。禹趨就下風。立而問焉。曰。昔堯治天下、吾子立為諸侯。堯授舜。舜授予。而吾子辭為諸侯而耕。敢問其故何也。【疏】唐虞之世南面稱孤遠乎有夏退耕於野出處頓殊有何意謂　子高曰。昔堯治天下。不賞而民勸。不罰而民畏。【疏】夫賞罰者所以著勸畏也而堯以無為為治物物從其化故百姓不待其褒賞而自勉行無勞刑罰而畏惡不為此顯堯之聖明其德如是　今子賞罰。而民且不仁。德自此衰。刑自此立。後世之亂自此始矣。【疏】盛行賞罰百姓猶不仁至德既衰是以刑書滋起故知將來之亂從此始矣　夫子闔行邪。无落吾事。俋俋乎耕而不顧。【注】夫禹時三聖相承治成德備功美漸去故史籍無所載仲尼不能間是以雖有天下而不與焉斯乃有而無之也故考其時而禹為最優計其人則雖三聖故一堯耳時無聖人故天下之心俄然歸啟夫至公而居當者付天下於百姓取與之非己故失之不求得之不辭忽然而往侗然而來是以受非毀於廉節之士而名列於三王未足怪也莊子因斯以明堯之弊弊起於堯而釁成於禹況後世之無聖乎寄遠跡于子高便棄而不治將以絕聖而反一遺知而寧極耳其實則未聞也夫莊子之言不可以一途詰或以黃帝之跡禿堯舜之脛豈獨貴堯而賤禹哉故當遺其所寄而錄其絕聖棄智之意焉【疏】闔何不也落廢也俋俋耕地之貌伯成謂禹為夫子夫子何不行去耶莫廢我農事於是用力而耕不復顧盼也夫三聖相承蓋無優劣但澆淳異世故其跡不同郭注云弊起於堯而釁成於禹者欲明有聖不如無聖有為不及無為故倚遠跡以明絕聖棄智者耳〔釋文〕闔本亦作盍胡臘反　无落落猶廢也　俋俋徐於執反又直立反李云耕貌一云耕人行貌又音秩又於十反字林云勇壯貌　治成直吏反　能間間廁之間　不與

音讜侗音洞又音同

泰初有无无有无名。注無有故無所名疏泰太初始也元氣始萌謂之太初言其氣廣大能爲萬物之始本故名太初太初之時惟有此無未有於有有既未有名將安寄故無有無名〔釋文〕泰初易說云氣之始也一之所起，有一而未形。注一者有之初至妙者也至妙故未有物理之形耳夫一之所起起於至一非起於無也然莊子之所以屢稱無於初者何哉初者未生而得生得生之難而猶上不資於無下不待於知突然而自得此生矣又何營生於已生以失其自生哉疏一應道也有一之名而無萬物之狀物得以生，謂之德。注夫無不能生物而云物得以生乃所以明物生之自得任其自得斯可謂德也疏德者得也謂得此也夫物得以生者外不資乎物內不由乎我非無非有不自不他不知所以生故謂之德也未形者有分，且然无間，謂之命。疏雖未有形質而受氣以有素分然且此分脩短慇乎更無間隙故謂之命〔釋文〕有分符問反无間如字　家世父曰一陰一陽之謂道繼之者善也成之者性也物得其生所謂繼之者善也未有德之名也至凝而爲命而性含焉所謂成之者性也命立而各有乎形踐形而乃反乎性各有儀則盡性之功也莊生於此葢亦得其恍惚留動而生物，物成生理，謂之形。疏留靜也陽動陰靜氤氳升降分布三才化生萬物物得成就生理具足謂之形也〔釋文〕留動留或作流形體保神，各有儀則，謂之性。注夫德形性命因變立名其於自爾一也疏體質保守也稟受形質保守精神形則有醜有妍神則有愚有智既而宜循軌則各自不同素分一定更無改易故謂之性也性脩反德，德至同於初。注恆以不爲而自得之疏率此所稟之性脩復生初之德故至其德處同於太初同乃虛，虛乃大。注不同於初而中道有爲則其懷中故爲有物也有物而容養之德小矣疏同於太初心乃虛豁心既虛空故能包容廣大合喙鳴。注無心於言而自言者合於喙鳴疏喙鳥口也心既虛空迹復冥物故其說合彼鳥鳴鳥鳴既無心於是非聖言豈有情於憎愛〔釋文〕喙丁豆反又充芮喜穢二反喙鳴合，與天地爲合。注天地亦無心而自動疏言既合於鳥鳴德亦合於天地天地無心於覆載聖人無心於言說故與天地合也其合緍緍，若愚若昏。注坐忘而自合耳非照察以合之疏緍合也聖人內符至理外順羣生唯迹與本罄無不合故曰緍緍是混俗揚波同塵萬物既若愚迷又如昏暗又解既合喙鳴又合天地亦是緍緍〔釋文〕緍緍武巾反是謂玄德，同乎大順。注德玄而所順者大矣疏

總結已前歎其美盛如是之人可謂深玄之德故同乎太初大順天下也

夫子問於老聃曰。有人治道若相放。可不可。然不然。〔注〕若相放效強以不可爲可不然爲然斯矯其性情也〔疏〕師於老聃所以每事請答汎論無的故曰有人布行政化使人效放以己制物物失其性故己之可者物或不可己之然者物或不然物之可然於己亦爾也〔釋文〕夫子 仲尼也 相方 如字又甫往反本亦作放甫往反注同 強以 其兩反 辯者有言曰。離堅白若縣寓。〔注〕言其高顯易見〔疏〕堅白公孫龍守白論也孔穿之徒堅執此論當時獨步天下無敵今辯者云我能離析堅白之論不以爲辯雄辯分明如縣日月於區宇故郭注云言其高顯易見也〔釋文〕縣 音玄 寓 音宇司馬云辯明白若縣室在人前也 易見 以豉反 若是則可謂聖人乎。〔疏〕結前問意如是之人得爲聖否

老聃曰。是胥易技係勞形怵心者也。〔疏〕胥相也言以是非更相易奪用此技藝係縛其身所以疲勞形體怵惕心慮也此答前問意技有本或作枝字者言是非易奪枝分葉派也〔釋文〕技係 其綺反 執留之狗成思。猨狙之便自山林來。〔注〕言此皆失其常然也〔疏〕猨狙獼猴也執捉狐狸之狗多遭係頸而獵既不自在故成愁思猿猴本居山林逶迤放曠爲挑攫便捷故失其常處狸有本作貓者竹鼠也〔釋文〕執留 如字本又作貓音同一本作貍亦如字司馬云貓竹鼠也一云執留之狗謂有能故被留係成愁思也 家世父曰釋文留如字一本作貍司馬云貍竹鼠也疑貍不當爲鼠秋水篇騏驥驊騮一日而馳千里捕鼠不如貍狌非鼠可知如司馬說字當作鼦說文鼦竹鼠也爾雅一名竹鼦郭璞山海經注其音如留牛亦引此文執留之狗爲證則此本作留然山海經自謂留牛此自謂竹鼠亦未宜混而一之司馬一云執留之狗謂有能故被留繫說文留止也謂繫而止之熟玩文義言狗留繫思脫然以去猨狙之在山林號爲便捷矣而可執之以來皆失其性者也於執貍之說無取當從司馬後說 猨 音袁 狙 七徐反 之便 婢面反徐扶面反司馬云言便捷見捕 丘，予告若。而所不能聞與而所不能言。凡有首有趾无心无耳者衆。〔注〕首趾猶始終也無心無耳言其自化〔疏〕若而皆汝也首趾終始也理絕言辯故不能聞言也又不可以心慮知耳根聽故言無心無耳也凡有識無情皆曰終始故言衆也咸不能以言說悉不可以心知汝何多設猿狙之能高張縣寓之辯令物效己豈非過乎 有形者與无形无狀而皆存者盡无。〔注〕言有形者善變不能與無形無狀者並存也故善治道者不以故自持也將順日新之化而已〔疏〕有形者身也無形者心也汝言心與身悉存我以理觀照盡見是空也 其動止也。其死生也。其廢起也。此又非其所以也。〔注〕此言動止死生盛衰廢興未始有恆皆自

然而然，非其所用而然，故放之而自得也。疏時有動靜，物有死生，事有興廢，此六者自然之理，不知所以然也，豈關人情思慮做效能致哉！但任而順之，物之自當也。有治在人。注不在乎主自用。疏人各有率性而動，天機自張，非猶主教。忘乎物，忘乎天，其名爲忘己。注天物皆忘，非獨忘己，復何所有哉！疏豈惟物務是空，抑亦天理非有，唯事與理，二種皆忘，故能造乎非有非無之至也。〔釋文〕復何扶又反。忘己之人，是之謂入於天。注人之所不能忘者己也，己猶忘之，又奚識哉！斯乃不識不知而冥於自然。疏入，會也。凡天下難忘者己也，而己尚能忘，則天下有何物足存哉！是知物我兼忘者，故冥會自然之道也。家世父曰：有首有趾，人物之所同也。無心而不能慮事，若鳥獸是也；無耳而不能聞聲，若蟲魚是也；其動止，其死生，其廢起，一皆天地之化機也。化機之在天地，不窮於物，無形無狀，推移動盪天地之中者，皆化機也，而有治在人，人其多事矣乎！強物以從治，不如忘己而聽諸物之適然也。慶藩案此言唯忘己之人能與天合德也。管子白心篇尹注：天地忘形者也，能效天地者，其唯忘己乎！與此同意。

將閭葂見季徹曰：魯君謂葂也曰：請受教。辭不獲命，既已告矣，未知中否。請嘗薦之。疏薦，獻也。蔣閭及季，姓也；葂、徹，名也。此二賢未知何許人也，未詳所據。魯君，魯侯也，伯禽之後，未知的是何公。魯公見葂，請受治國之術，雖復辭，不得免君之命，遂告魯君爲政之道，當時率爾，恐不折中，敢陳所告，試獻吾賢，必不宜，幸希鍼艾。〔釋文〕將一本作蔣。閭力於反。葂字亦作菟，音免，又音晚，郭音問。將閭葂，人姓名也。一云姓將閭，名菟；或云姓蔣，名閭葂也。季徹人姓名也，蓋季氏之族。魯君或云定公。知中丁仲反。吾謂魯君曰：必服恭儉，拔出公忠之屬而无阿私，民孰敢不輯。疏阿，曲也。孰，誰也。輯，和也。夫爲政之道，先須躬服恭儉，素情約然，後拔擢公平忠節之人，銓衡質直無私之士，獻可替否，共治百姓，則蕃境無虞，域中清謐，民歌擊壤，誰敢不和！〔釋文〕不輯音集。爾雅云：和也。又側立反，郭思魚反。季徹局局然笑曰：若夫子之言，於帝王之德，猶螳蜋之怒臂以當車軼，則必不勝任矣。注必服恭儉，非忘儉而儉也；拔出公忠，非忘忠而忠也；故雖無阿私而不足以勝矯詐之任也。疏局局，俛身而笑也。夫必能恭儉拔出公忠，此皆僞情，非忘淡者也，故以此言爲南面之德，何異乎螳蜋怒臂以敵車轍，用小擬大，故不能任也。〔釋文〕局局其玉反，一云大笑之貌。螳蜋音堂郎。車軼音轍。慶藩案釋文軼音轍是也。轍，車轍也。古轍字皆作軼。戰國策車軼之所至，注：軼音轍。（說文無轍篆，轍即徹也。）史記文帝紀結軼於道，注亦音轍。漢書文帝紀作結轍，是其證。不勝音升，注同。且若是，則其自爲處危，其觀臺注此皆自處高顯若臺觀之可觀也。【疏】夫恭儉公忠，非能忘淡，適自顯耀以炫衆人，既高危必遭隳敗，猶如臺觀峻聳，處置危縣，雖復行李觀見，而崩毀非久。〔釋文〕自爲遽　其據反，本又作處。盧文弨曰：今本作處。觀臺　古亂反，注同。多物將往，【注】將使物不止於本性之分，而矯跂自多以附之。【疏】觀臺高迥，人競觀之，立行自多，物爭歸湊。家世父曰：觀臺多言使民觀象受法，其事繁也。郭象以危其觀臺斷句，恐誤。投迹者衆。【注】亢足投迹，不安其本步也。【疏】顯耀動物，物不安分，故舉足投迹，企踵者多也。將閭葂覤覤然驚曰：葂也汒若於夫子之所言矣。【疏】覤覤，驚貌也。汒，無所見也。作聞高議，率爾驚日，思量不悟，所以汒然矣。〔釋文〕覤覤　許逆反，又生責反，或云驚懼之貌。汒若　本或作芒，武剛反，郭武蕩反。雖然，願先生之言其風也。【疏】風，教也。我前所陳，猥爲乖理，所願一言，庶爲法教。俞樾曰：風當讀爲凡，猶云言其大凡也。風本從凡聲，故得通用。季徹曰：大聖之治天下也，搖蕩民心，使之成教易俗，舉滅其賊心而皆進其獨志，若性之自爲，而民不知其所由然。【注】夫志各有趣，不可相效也。故因其自搖而搖之，則雖搖而非爲也；因其自蕩而蕩之，則雖蕩而非動也。故其賊心自滅，獨志自進，教成俗易，悶然無迹，履性自爲而不知所由，皆云我自然矣。舉，皆也。【疏】夫聖治天下，大順羣生，乘其自搖而作法，因其自蕩而成教，是以教成而迹不顯，俗易而物不知，皆除滅其賊害之心，而進脩獨化之志，不動於物，故若性之自爲，率性而動，故不知其所由然也。舉，皆也。〔釋文〕舉滅　舉，皆也。悶然　音門。若然者，豈兄堯舜之教民，溟涬然弟之哉？【注】溟涬甚貴之謂也。不肯多謝堯舜而推之爲兄也。【疏】溟涬，甚貴之謂也。若前方法以教蒼生，則治合淳古，物皆得性，詎須獨貴堯舜而推之爲兄耶？此意揖讓之風不謝唐虞矣。〔釋文〕豈兄　元嘉本作豈足。溟　亡頂反。涬　戶頂反。欲同乎德而心居矣。【注】居者不逐於外也。心不居則德不同也。【疏】居，安定之謂也。夫心馳分外，則觸物參差；虛夷靜定，則萬境唯一。故境之異同，在心之靜亂耳。是以欲將堯舜同德者，必須定居其心也。

子貢南遊於楚，反於晉，過漢陰，見一丈人方將爲圃畦，鑿隧而入井，抱甕而出灌，搰搰然用力甚多而見功寡。【疏】水南曰陰。種蔬曰圃，埒中曰畦。隧，地道也。搰搰，用力貌也。丈人，長者之稱也。子貢南遊荊楚之地，途經漢水之陰，遂與丈人更相汎答。其抑揚詞調，具在文中。莊子因託二賢以明稱混沌。〔釋文〕圃　布戶反，又音布。園地。李云：菜蔬曰圃。畦　口圭反。李云：埒中曰畦。說文云：五十畝曰

畦隧音遂李云道也甕烏送反字亦作瓮搰搰苦骨反徐李苦滑反郭忽滑反用力貌一音胡沒反　子貢曰。有械於此。一日浸百畦。用
力甚寡而見功多。夫子不欲乎。疏械機器也子貢既見丈人力多而功少是以教其機器庶力少功多輒進愚誠未知欲否〔釋文〕有械戶戒
反字林作械李云器械也浸子鴆反司馬云灌也　爲圃者卬而視之曰。奈何。疏奈何猶如何謂其方法也〔釋文〕卬而音仰本又作仰　曰。
鑿木爲機。後重前輕。挈水若抽。數如泆湯。其名爲槔。疏機關也提挈其水灌若抽引欲論數疾似泆湯之騰沸前
輕後重卽今之所用桔槔也〔釋文〕挈水口節反若抽敕留反李云引也司馬崔本作流數如所角反徐所錄反泆湯音逸本或作溢李云疾速如湯沸溢也司馬本作佚蕩亦
言其往來數疾如佚蕩佚蕩唐佚也槔本又作橰或作皋同音羔徐居橋反司馬李云桔槔也　爲圃者忿然作色而笑曰。吾聞之吾師。
有機械者。必有機事。有機事者。必有機心。機心存於胸中。則純白不備。純
白不備。則神生不定。神生不定者。道之所不載也。吾非不知。羞而不爲也。
注夫用時之所用者乃純備也斯人欲脩純備而抱一守古失其旨也疏夫有機關之器者必有機動之務有機動之務者必有機變之心機變存乎胸
府則純粹素白不圓備矣純粹素白不圓備則精神縣境生滅不定不定者至道不載也是以羞而不爲此未體眞脩故抱一守白者也〔釋文〕吾師謂老子也　子貢瞞然慙。俯
而不對。疏瞞羞怍之貌也既失所言故不知何答也〔釋文〕瞞武版反又亡安反字林云目眥平貌李天典反慙貌一音門又亡干反司馬本作憮音武崔本作撫　有閒。爲
圃者曰。子奚爲者邪。疏有閒俄頃也奚何也問子貢汝是誰門徒作何學業　曰。孔丘之徒也。疏答宣尼之弟子也慶藩案一切經音義
二十五引司馬云徒弟子也釋文闕　爲圃者曰。子非夫博學以擬聖。於于以蓋衆。獨弦哀歌以賣
名聲於天下者乎。疏於于佞媚之謂也言汝博學贍聞擬似聖人諂曲佞媚以蓋羣物獨坐弦歌抑揚哀歎執斯聖迹賣彼名聲歷聘諸國徧行天下〔釋文〕於于並如
字本或作唹吁音同司馬云夸誕貌一云行仁恩之貌以蓋衆司馬本蓋作喜　家世父曰應帝王其臥徐徐其覺于于說文于於也象氣之舒是於于字同於于猶于于也　汝方將忘汝
神氣。墮汝形骸。而庶幾乎。注不忘不墮則無庶幾之道疏幾近也汝忘遺神氣墮壞形骸身心既忘而後庶近於道〔釋文〕墮

許規反

而身之不能治。而何暇治天下乎。子往矣。无乏吾事。【疏】而汝也乏闕也夫物各自治則天下理矣以己理物則大亂矣如子貢之德未足以治身何容應聘天下理宜速往無廢吾業〔釋文〕无乏之 乏廢也

子貢卑陬失色。頊頊然不自得。行三十里而後愈。【疏】卑陬慚怍之貌頊頊自失之貌既被詆訶顏色自失行三十里方得復常〔釋文〕卑陬 走侯反徐側留反李云卑陬愧懼貌一云顏色不自得也頊頊 本又作旭旭許玉反李云自失貌

其弟子曰。向之人。何爲者邪。夫子何故見之變容失色。終日不自反邪。【疏】反復也子貢之門人謂賜爲夫子也向見之人脩何藝業遂使先生一覩容色失常竟日崇朝神氣不復門人怪之所以致問〔釋文〕向之 許亮反本又作鄉音同後倣此

曰。始吾以爲天下一人耳。【注】謂孔丘也 不知復有夫人也。【疏】昔來稟學宇內唯夫子一人今逢丈人道德又更深遠所以卑陬不能自得也既未體乎眞假實謂賢乎仲尼也〔釋文〕復有 扶又反 夫人 音符下夫人同

吾聞之夫子。事求可。功求成。用力少。見功多者。聖人之道。【注】聖人之道即用百姓之心耳【疏】夫事以適時爲可功以能遂爲成故力少而見功多者則是適時能遂之機子貢述昔時所聞以爲聖人之道

今徒不然。執道者德全。德全者形全。形全者神全。神全者。聖人之道也。託生與民並行。而不知其所之。汒乎諄備哉。功利機巧。必忘夫人之心。【注】此乃聖王之道非夫人道也子貢聞其假修之說而服之未知純白者之同乎世也【疏】今丈人問余則不如此言執持道者則德行無虧德全者則形不虧損形全者則精神專一神全者則寄迹人間託生同世雖與羣物並行而不知所往芒昧深遠不可測量故其操行諸和道德圓備不可以此功利機巧語其心也斯乃聖人之道非假修之術子貢未悟妄致斯談〔釋文〕汒乎 莫剛反 之心 心或作道

若夫人者。非其志不之。非其心不爲。雖以天下譽之。得其所謂。謷然不顧。以天下非之。失其所謂。儻然不受。天下之非譽。无益損焉。是謂全德之人哉。我之謂風波之民。【注】此宋榮子之徒未足以爲全德子貢之迷沒於此人即若列子之心醉於季咸也【疏】謷誕慢之容儻是無心之貌丈人志氣淳素不任機巧心懷寡欲不務有爲縱令舉世贊譽稱爲斯德知爲無益會

不顧盼舉世非毀聲名喪失達其無損都不領受既毀譽不動可謂全德之人夫水性雖澄逢風波起我心不定類彼波瀾故謂之風波之民也郭注云此宋榮子之徒未足以爲全德子貢之迷没於此人即若列子之心醉於季咸〔釋文〕譽之音餘下同謷然五糸反司馬本作謷儻然本亦作儻司馬本作傥同勑蕩反郭吐更反 反於魯以告孔子。孔子曰彼假脩渾沌氏之術者也。注以其背今向古羞爲世事故知其非真渾沌也。疏子貢自魯適楚反歸於魯以其情事咨告孔子夫渾沌者無分別之謂也既背今向古所以知其不真渾沌氏之術也〔釋文〕渾胡本反沌徒本反背今音佩 識其一不知其二。注徒識脩古抱灌之朴而不知因時任物之易也。疏識其一謂古而不移也不知其二謂不能順今而適變〔釋文〕之易以豉反 治其內而不治其外。注夫真渾沌都不治也豈以其外內爲異而偏有所治哉。疏抱道守素治內也不能隨時應變不治外也 夫明白入素。无爲復朴。體性抱神。以遊世俗之間者。汝將固驚邪。注此真渾沌也故與世同波而不自失則雖遊於世俗而泯然無迹豈必使汝驚哉。疏夫心智明白會於質素之本無爲虛淡復於淳朴之原悟真性而抱精淳混囂塵而遊世俗者固當江海蒼生林藪萬物鳥獸不駭人豈驚哉而言汝將固驚者明其必不驚也 俞樾曰固讀爲胡胡固皆從古聲故得通用汝將胡驚邪言汝與真渾沌遇則不驚也郭注曰故與世同波而不自失則雖遊於世俗而泯然無迹豈必使汝驚哉正得其意古書胡字或以故字爲之管子侈靡篇公將有行故不送公墨子尙賢中篇故不察尙賢爲政之本也皆以故爲胡之證禮記哀公問篇鄭注曰固猶故也是以固爲胡猶以故爲胡矣 且渾沌氏之術。予與汝何足以識之哉。注在彼爲彼在此爲此渾沌玄同孰識之哉所識者常識其迹耳。疏夫渾沌無心妙絕智慮假令聖賢特達亦何足識哉明恍惚深玄故推之於情意之表者也

諄芒將東之大壑。適遇苑風於東海之濱。疏諄淳也苑小風也亦言是扶搖大風也濱涯大壑海也諄芒苑風皆寓言也莊生寄此二人明於大道故假爲賓主相値海涯〔釋文〕諄郭之倫反又述倫反芒本或作汒武剛反李云望之諄諄察之芒芒故曰諄芒一云姓名也或云霧氣也 大壑火各反李云大壑東海也 苑風本亦作宛徐於阮反李云小貌謂遊世俗也一云苑風人姓名一云扶搖大風也 之濱音賓 慶藩案釋文苑亦作宛苑宛字同也淮南俶真篇形苑而神壯高誘注苑枯病也苑讀南陽宛之苑 苑風曰。子將奚之。疏奚何也之往也借問諄芒有何游往 曰將之大壑。疏欲往東海 曰奚爲焉。疏又問何所求訪 曰夫大壑之爲物也。注焉而不滿。酌焉而不

壑。吾將遊焉。【疏】夫大海泓宏深遠難測百川注之而不溢尾閭泄之而不乾以譬至理而其義亦然故雖寄往滄溟實乃遊心大道也〔釋文〕酌焉　一本作取焉　苑

風曰。夫子无意於橫目之民乎。願聞聖治。【疏】五行之內唯民橫目故謂之橫目之民且諸芒東遊臨於大壑觀其深遠而為治方苑風既察此情因發斯問夫子豈無意於黔首願聞聖化之法也〔釋文〕橫目之民　李云倮蟲之屬欲令其治之也　願聞　本或依司馬本作問下同　聖治　直吏反下皆同　諄芒曰。聖治乎。官施而不失其宜。拔舉而不失其能。【疏】施令設官取得宜便拔擢薦舉不失才能如此則天下太平彝倫攸敘聖治之術在乎茲也〔釋文〕官施　始支反又始智反司馬云施政布教各得其宜　畢見其情事而行其所為。【注】皆因而任之【疏】夫所乘併事業多端是以步驟殊時澆淳異世故治之者莫先任物必須親見其情事而察其所為然後順物而行則無不當也　行言自為而天下化。【注】使物為之則不化也【疏】所有施行之事教令之言咸任物自為而不使物從己如此則宇內蒼生自然從化　手撓顧指。四方之民莫不俱至。此之謂聖治。【注】言其指麾顧眄而民各至其性也任其自為故【疏】撓動也言動手指揮舉目顧眄則四方款附萬國來朝聖治功能其義如是有本作頤字者言用頤指揮四方皆服此中凡有三人一聖二德三神以上聖治以下次列德神二人〔釋文〕手撓　而小反又而了反司馬云動也一云謂指麾四方也　顧指　如字向云顧指者言指麾顧眄而治也或音頤本亦作頤以之反謂舉頤指揮也　慶藩案手撓顧指二義對文注指麾承手撓言顧盼承顧指言故疏以動手舉目分釋四字如向云顧指者言指麾顧盼失其義矣顧指目顧其人而指使之左思吳都賦搴旗若顧指劉逵注謂顧指如意此言顧指與漢書貢禹傳目指氣使同義（師古注曰動目以指物出氣以使人）　願聞德人。【疏】前之聖治已蒙敷釋德人之義深所願聞　曰。德人者。居无思。行无慮。【注】率自然耳【疏】妙契道境得無所得故曰德人德人凝神端拱寂爾無思假令應物行化曾無謀慮　不藏是非美惡。【注】無是非於胷中而任之天下【疏】懷道抱德物我俱忘豈容蘊蓄是非包藏善惡邪〔釋文〕美惡　烏路反　四海之內共利之之謂悅。共給之之為安。【注】無自私之懷也【疏】夫德人惠澤宏博徧覃群品故貨財將四海共同資給與萬民無別是普天慶悅率土安寧　慶藩案謂悅與為安對文謂猶為也古謂為字同義互用　怊乎若嬰兒之失其母也。儻乎若行而失其道也。【疏】夫嬰兒失母心怊悵而無所依行李迷途神儻莽而無所據用斯二事以況德人也〔釋文〕怊乎　音超字林云悵也徐尺遙反郭音條　儻乎　敕黨反司馬本作儻　財用有餘。而不知其所自來。飲食

取足，而不知其所從，此謂德人之容。【注】德者神人迹也，故曰容。【疏】寡欲止分，故財用有餘；不貪滋味，故飲食取足；性命無求，故不知所從來也。都結前義，故云德人之容。〔釋文〕「德人之容」羊凶反。或云依注當作容。願聞神人。【注】願聞所以迹也。【疏】德者神人之迹耳，願聞所以迹也。曰：上神乘光，與形滅亡，【注】乘光者乃無光。【疏】乘，用也。光，智也。上品神人，用智照物，雖復光如日月，即照而亡照，體黜聰，心形俱遣，是故與形滅亡者也。此謂照曠。【注】無我而任物，空虛無所懷者，非闇塞也。【疏】智周萬物，明逾三景，無幽不燭，豈非曠遠。致命盡情，天地樂而萬事銷亡，【注】情盡命至，天地樂矣。事不妨樂，斯無事矣。【疏】窮性命之致，盡生化之情，故寄天地之閒而未嘗不逍遙快樂，既達物我虛幻，是以萬事銷亡。〔釋文〕「天地樂」音洛。注同。「銷亡」徐音消。萬物復情，此之謂混冥。【注】情復而混冥無迹也。【疏】夫忘照而照照與三景高明，忘生而生生將二儀並樂，故能視萬物之還原，觀四生之復命，是以混沌無分而冥同一道也。〔釋文〕「混冥」胡本反。

門無鬼與赤張滿稽觀於武王之師。【疏】門與赤張，姓也。無鬼、滿稽，名也。二千五百人爲師。師，衆也。武王伐紂，兵渡孟津，時則二人共觀。〔釋文〕「門无鬼」司馬本作無畏，云：門，姓；無畏，字也。「赤張滿」本或作猶。「稽」古今反。李云：門、赤張，氏也；無鬼、滿稽，名也。赤張滿稽曰：「不及有虞氏乎！故離此患也。」【疏】離，遭也。虞舜以揖讓御時，武王以干戈濟世，而揖讓干戈，優劣懸隔。以斯商度，至有不及之言。而兵者不祥之器，故遭殘殺之禍也。門无鬼曰：「天下均治而有虞氏治之邪？其亂而後治之與？」【注】言二聖俱以亂故治之，則揖讓之與用師，直是時異耳，未有勝負於其閒也。【疏】均，平也。若天下太平，物皆得理，則何勞虞舜作法治之！良由堯年將滅，其德日衰，故讓重華，令其緝理也。〔釋文〕「均治」直吏反。下及注均治並同。「之與」音餘。本又作邪。「復何」扶又反。下章注同。赤張滿稽曰：「天下均治之爲願，而何計以有虞氏爲！【注】均治則願各足矣，復何爲計有虞氏之德而推以爲君哉！許無鬼之言是也。【疏】宇內清夷，志願各足，則何勞計有虞氏之德而推之爲君！此領悟無鬼之言，許其有理也。有虞氏之藥瘍也，【注】天下皆患創亂，故求虞氏之藥。【疏】瘍，頭瘡也。夫身上患創，故求醫療，亦猶世逢紛擾，須聖人治之。是以不病則無醫，不亂則無聖。〔釋文〕「瘍」音羊。李云：頭創也。言創以喻亂，求虞氏藥治之。司馬云：疕瘍也。　王引之曰：藥，古讀曜（說見唐韻正），聲與療相近。方言：愮、療，治也。江湘郊會謂醫治之曰愮，或曰療。注：愮音曜。與藥古字通。故申鑒俗嫌篇云：藥者，療也。襄三十一年左傳不如吾聞而藥之也家語正論篇同王肅注藥療也詩大雅板篇不可救藥韓詩外傳藥作療藥療字古同義通用患創初良反禿而施髢。病而求醫。【疏】鬒髮如雲不勞施髢幸無疾恙豈假醫人是知天下清平無煩大聖此之二句總結前旨也〔釋文〕禿吐木反髢大細反司馬云髮也又吐帝反郭音毛李云髢髮也孝子操藥以脩慈父。其色燋然。聖人羞之。【注】明治天下者非以爲榮【疏】操執也脩理也燋然憔悴貌夫孝子之治慈父既不伐其功績聖人之救禍亂豈務矜以榮顯事不得已是故羞之〔釋文〕操藥七刀反燋然將遙反又音樵

至德之世。不尚賢。【注】賢當其位非尚之也【疏】夫不肖與賢各當其分非尚之以別賢不使能。【注】能者自爲非使之也【疏】巧拙習性不相夸企非尚而使之上如標枝。【注】出物上而不自高也【疏】君居民上恬淡虛忘猶如高樹之枝無心榮貴也〔釋文〕如標方小反徐方遙反又方妙反言樹杪之枝無心在上也校胡孝反李音較一本作枝盧文弨曰今本校作枝民如野鹿。【注】放而自得也【疏】上既無爲下亦淳樸譬彼野鹿絕君王之禮也端正而不知以爲義。相愛而不知以爲仁。【疏】端直其心不爲邪惡豈識裁非之義率乎天理更相親附寧知偏愛之仁者也實而不知以爲忠。當而不知以爲信。【注】率性自然非由知也【疏】率性成實不知此實爲忠任真當理豈將此當爲信蠢動而相使。不以爲賜。【注】用其自動故動而不謝【疏】賜蒙賴也蠢動之物即是精爽之類更相驅使理固自然譬彼股肱方茲耳目既無心於爲造豈有情於蒙賴無爲理物其義亦然〔釋文〕蠢郭虛允反動也是故行而無迹。【注】王能任其自行故無迹也【疏】君民淳樸上下和平率性而動故無迹之可記事而无傳。【注】各止其分故不傳教於彼也【疏】方之首足各有職司止其分內不相傳習迹既昧矣事亦滅焉〔釋文〕无傳丈專反

孝子不諛其親。忠臣不諂其君。臣子之盛也。【疏】善事父母爲孝諛僞也諂欺也不以正求人謂之諂爲臣爲子事父事君不諂不諛盡忠盡孝此乃臣子之盛德也〔釋文〕不諛羊朱反郭貽附反不諂敕檢反親之所言而然。所行而善。則世俗謂之不肖子。君之所言而然。所行而善。則世俗謂之不肖臣。而未知此其必然邪。【注】此直違俗而從君親故俗謂不肖耳未知至當正在何許【疏】不肖猶不似也君父言行不擇善惡直致隨時曾無諫爭之心故世俗之中實爲不肖未知正理的在何許也〔釋文〕不肖音笑世俗之所謂然而然之。所

謂善而善之。則不謂之道諛之人也。然則俗故嚴於親。而尊於君邪。【注】言俗不爲尊嚴於君親而從俗俗不謂之諂明尊嚴不足以服物則服物者更在於從俗也是以聖人未嘗獨異於世必與時消息故在皇爲皇在王爲王豈有背俗而用我哉【疏】嚴敬也此明違從不定也世俗然善則諫爭是也夫違俗從親謂之道諛而違親從俗豈非諂佞耶且有逆有順故見是見非而違順既空未知正在何處又違親從俗豈謂尊嚴君父〔釋文〕之道音導下同　慶藩案道人即諂人也漁父篇曰希意道言謂之諂道與諂同義荀子不苟篇非諂諛也賈子先醒篇君好諂諛而惡至言韓詩外傳並作道諛諂與道聲之轉　豈有背音偭

謂己道人。則勃然作色。謂己諛人。則怫然作色。【注】世俗遂以多同爲正故謂之道諛則作色不受〔釋文〕則勃步忽反　謂己諛人本又作衆人下同司馬云衆人凡人也　則怫符弗反郭敷謂反

而終身道人也。終身諛人也。【注】亦不問道理期於相善耳【疏】勃怫皆嗔貌也道達也謂其諂佞以媚君親也言世俗之人謂己諂佞即作色而怒不受其名而終身道諛舉世皆爾

合譬飾辭聚衆也。是終始本末不相坐。【注】夫合譬飾辭應受道諛之罪而世復以此得人以此聚衆亦爲從俗者恆不見罪坐也【疏】夫合於譬喻飾於浮詞人皆競趨故以聚衆能保其終始合其本末衆既從之故不相罪坐也譬本有作璧字者言合珪璧也〔釋文〕相坐才臥反注同

垂衣裳。設色采。動容貌。以媚一世。而不自謂道諛。

與夫人之爲徒。通是非。而不自謂衆人。愚之至也。【注】世皆至愚乃更不可不從【疏】黃帝垂衣裳而天下治上衣下裳以象天地紅紫之色間而爲彩用此華飾改動容貌以媚一世浮僞之人不謂道諛翻且從君諂佞此乃與夫流俗之人而徒黨更相彼此通用是非自謂殊於衆人可謂愚癡之至〔釋文〕與夫音符

知其愚者。非大愚也。知其惑者。非大惑也。大惑者。終身不解。大愚者。終身不靈。【注】夫聖人道同而帝王殊迹者誠世俗之惑不可解故隨而任之【疏】解悟也靈知也知其愚惑者聖人也隨而任之故非愚惑也大愚惑者凡俗也心識闇鄙觸境生迷所以竟世終身不覺悟也〔釋文〕不解音蟹又佳買反　不靈本又作無靈司馬云靈曉也

三人行而一人惑。所適者猶可致也。惑者少也。二人惑。則勞而不至。惑者勝也。而今也以天下惑。

予雖有祈嚮。不可得也。不亦悲乎。【注】天下都惑雖我有求嚮至道之情而終不可得故堯舜湯武隨時而已【疏】適往也致至也惑迷也祈求也夫三人同行一人迷路所往之方猶自可至惑少解多故也二人迷則神勞而不至迷勝悟劣故也今宇內皆惑莊子雖求向至道之情無由能致故可悲傷也〔釋文〕祈嚮許亮反司馬云祈求也　俞樾曰祈字無義司馬云祈求也則但云予雖祈嚮足矣郭注云雖我有求嚮至道之情則又增出情字殆皆非也祈疑所字之誤言天下皆惑予雖有所嚮往不可得也祈所字形相似故誤耳下同

大聲不入於里耳。【注】非委巷之所尚也〔釋文〕大聲司馬云謂咸池六英之樂也

折楊皇荂。則嗑然而笑。【注】俗人得嘖曲則同聲動笑也【疏】大聲謂咸池大韶之樂也非下里委巷之所聞折楊皇華蓋古之俗中小曲也玩狎鄙野故嗑然動容同聲大笑也昔魏文侯聽於古樂悅焉而睡聞鄭衛新聲欣然而喜即其事也〔釋文〕折楊之列反皇荂況于反又撫于反本又作華音花司馬本作里華　嗑然許甲反李云折楊皇華皆古歌曲也嗑笑聲也本又作嗌烏邂反司馬本作榼　嘖曲仕責反本又作嗑

是故高言不止於眾人之心。【注】不以存懷【疏】至妙之談超出俗表故謂之高言適可蘊羣聖之靈府豈容止於眾人之智乎大聲不入於里耳高言固不止於眾心

至言不出。俗言勝也。【注】此天下所以未嘗用聖而常自用也【疏】出顯也至道之言淡而無味不入委巷之耳豈止眾人之心而流俗之言飾詞浮僞猶如折楊之曲喜聽者多俗說既其當塗至言於乎隱蔽故齊物云言隱於榮華

以二缶鍾惑。而所適不得矣。【注】各自信據故不知所之【疏】踵足也夫迷方之士指北為南而二惑既生埀腳不行一人亦無由獨進欲達前所其可得乎此復釋前惑者也〔釋文〕以二缶鍾缶應作垂鍾應作踵言垂腳空中必不得有之適也司馬本作二垂鍾云鍾注意也　所適司馬云至也　家世父曰釋文缶應作垂鍾應作踵言垂腳空中必不得有所適也司馬本作二垂鍾今案說文缶瓦器也所以盛酒漿鍾酒器也小爾雅釜二有半謂之藪藪二有半謂之缶缶二謂之鍾缶鍾皆量器也缶受四斛鍾受八斛以二缶鍾惑謂不辨缶鍾二者所受多寡也持以為量茫乎無所適從矣上文一人惑二人惑據人言之此以二缶鍾惑據事言之盡人皆惑而誰與明之據量器而惑不足與定數舉天下之大而皆惑也誰與舉而指之自分兩義　俞樾曰二缶鍾之文未知何義釋文云缶應作垂鍾應作踵言垂腳空中必不得有之適也此於莊子之意不合所適謂所之也郭注曰各自信據故不知所之是也如陸氏說則以適為適意之適當云不得其適不當云所適不得也今案鍾當作踵而二則一字之誤缶則企字之誤企下從止缶字俗作缶其下亦從止兩形相似因致誤耳文選歎逝賦注引字林曰企舉踵也一切經音義十五引通俗文曰舉踵曰企然則企踵猶舉踵也人一企踵不過步武之間耳然以一企踵惑則已不得其所適矣故下云而今也以天下惑子雖有所嚮其庸可得邪以天下惑極言其地之大以一企踵惑極言其地之小也上文二人惑則勞而不至惑者勝也而今也以天下惑子雖有所嚮不可得也以天下對二人言則以人之多寡言此以天下對一

企踵言則以地之廣狹言一企踵誤爲二缶鍾則不得其義矣 而今也以天下惑。予雖有祈嚮。其庸可得邪。【疏】夫二人垂踵所猶倚難況天下皆迷如何得正故雖有求向之心其用固不可得此釋前不亦悲乎傷歎既深所以鄭重 知其不可得也。而強之。又一惑也。故莫若釋之而不推。【注】即而同之【疏】釋放也迷惑既深造次難解而強欲正者又是一惑莫若放而不推則物我安矣〔釋文〕而強其丈反下注同 不推誰其比憂。【注】趣令得當時之適不強推之令解也則相與無憂於一世矣【疏】比與也若任物解惑棄而不推則彼此逍遙憂患誰與也〔釋文〕比憂毗志反司馬本作鼻云始也 趣令力呈反下同 令解音蟹 厲之人。夜半生其子。遽取火而視之。汲汲然。唯恐其似己也。【注】厲惡人也言天下皆不願爲惡及其爲惡或迫於苛役或迷而失性耳然迷者自思復而厲者自思善故我無爲而天下自化【疏】厲醜病人遽速也汲汲匆迫貌言醜人半夜生子速取火而看之情意匆忙恐其似己而厲醜惡之甚尚希改醜以從姸欲明愚惑之徒豈不厭迷以思悟耶釋之不推自無憂患〔釋文〕厲音賴又如字 家世父曰厲之人夜半生其子別出一義以收足上意以已同俗亦喜俗之同乎已不知其非也厲者生子而懼其似已於此顧不求同爲惟自知其厲也然則其同於俗也其強已以同於厲無以異也而懵然不辨其非亦唯其不知焉而已 遽巨據反本或作蘧音同 汲汲音急 苛役音河 百年之木。破爲犧尊。青黃而文之。其斷在溝中。比犧尊於溝中之斷。則美惡有間矣。其於失性一也。【疏】犧刻作犧牛之形以爲祭器名曰犧尊也間別既削刻爲牛又加青黃文飾其一斷棄之溝瀆不被收用若將此兩斷相比則美惡有殊其於失喪木性一也此且起譬也〔釋文〕犧音羲又素河反 慶藩案毛傳曰犧尊有沙飾者（見詩閟宮篇）鄭司農曰犧尊飾以翡翠（見周官司尊彝注）後鄭曰犧讀如沙（見禮明堂位正義）刻畫鳳凰之象於尊其羽形婆娑然王念孫引高注淮南俶眞篇曰犧尊猶疏鏤之尊然則犧尊者刻而畫畫爲衆物之形在六尊之中最爲華美故古人言文飾之盛者獨舉犧尊今案或曰有沙飾者或曰飾以翡翠或曰刻畫鳳凰之象於尊或曰疏鏤之尊說雖不同其於雕鏤之義則一至阮諶禮圖云犧尊飾以牛於尊腹之上畫爲牛之形則因犧從牛望文生義矣 其斷徒亂反下同本或作故 跖與曾史行義有間矣。然其失性均也。【疏】此合譬也桀跖之縱凶殘曾史之行仁義雖復善惡之跡有別而喪眞之處實同 且夫失性有五。【疏】迷情失性抑乃多端要且而言其數有五 一曰五色亂目。使目不明。【疏】五色者青黃赤白黑也流俗耽貪以此亂目不能見理故曰不明也 二曰五聲亂耳。使耳不聰。【疏】五聲謂宮商角徵羽也淫樂俗聲不能聞道故曰不聰　三曰五臭薰鼻。困惾中顙。【疏】五臭謂羶薰香鯹腐惾塞也謂刻賊不通也言鼻耽五臭故壅塞不通而中傷顙額也外書呼香爲臭也故易云其臭如蘭道經謂五香故西升經云香味是冤也〔釋文〕困如字本或作悃音同惾子公反郭音俊又素奉反李云困惾猶刻賊不通也中丁仲反顙桑蕩反　四曰五味濁口。使口厲爽。【疏】五味謂酸辛甘苦鹹也厲病爽失也令人著五味穢濁口根遂使鹹苦成痾舌失其味故言厲爽也〔釋文〕濁口本又作噣音同　慶藩案大雅思齊箋曰厲病也逸周書諡法篇曰爽傷也（廣雅同）使口厲爽病傷滋味也（見淮南精神篇高誘注作爽傷文子九守篇作使口生創皆後人妄改）　五曰趣舍滑心。使性飛揚。【疏】趣取也滑亂也順心則取違情則舍撓亂其心使自然之性馳競不息輕浮躁動故曰飛揚也〔釋文〕滑心李音骨本亦作嗗　此五者。皆生之害也。【疏】總結前之五事皆是伐命之刀害生之斧是生民之巨害也　而楊墨乃始離跂。自以爲得。非吾所謂得也。【疏】離跂用力貌也言楊朱墨翟各擅己能失性害生以此爲得既乖自然之理故非莊生之所得也〔釋文〕離力智反跂丘豉反　夫得者困。可以爲得乎。則鳩鴞之在於籠也。亦可以爲得矣。【疏】夫仁義禮法約束其心者非眞性者也既僞其性則遭困苦若以此困而爲得者則何異乎鳩鴞之鳥在樊籠之中偁其自得者也　且夫趣舍聲色。以柴其內。皮弁鷸冠搢笏紳修。以約其外。【疏】皮弁者以皮爲冠也鷸者鳥名也似鶩紺色出鬱林取其翠羽飾冠故謂之鷸冠此鳥知天文者爲之冠也搢插也笏猶珪謂插笏也紳大帶也修長裙也此皆以飾朝服也夫浮僞之徒以取舍爲業故聲色諸塵柴塞其內府衣冠搢笏約束其外形背無爲之道乖自然之性以此爲得何異鳩鴞也〔釋文〕鷸尹必反徐音述本又作鶐音同鳥名也一名翠似燕紺色出鬱林取其羽毛以飾冠　慶藩案說文鷸知天將雨鳥也案鷸即翠鳥也禮記知天文冠鷸玉篇爾雅釋文漢書五行志鷸並聿述二音匡謬正俗曰案鷸水鳥天將雨即鳴古人以其知天時乃爲象此鳥之形使掌天文者冠之鷸音聿亦有術音故禮之衣服圖及蔡邕獨斷謂爲術氏冠亦音鷸音轉爲術耳此釋文鷸又作鶐案漢書輿服志引記曰知天者冠述說苑修文篇作冠鉥蓋因鷸有述音故或作鶐或作述或作鉥耳　笏音忽　紳音申帶也　內支盈於柴柵。外重纆繳。睆睆然在纆繳之中。而自以爲得。則是罪人交臂歷指。而虎豹在於囊檻。亦可以爲得矣。【疏】支塞也盈滿也柵籠也纆繳繩也睆睆視貌也夫以取舍塞滿於內府故方柴柵搢紳約束於外形取譬纆繩既外內困弊如斯而自以爲得者則何異有罪之人交臂歷指以繩反縛也又類乎虎豹遭陷困於囊檻之中憂危困苦莫斯之甚自以爲得何異此乎〔釋文〕柴柵楚格反郭音策　外重直龍反　纆音墨　繳音灼郭古弔反

睆睆環版反又戶鰥反李云窮視貌一云眂目貌　交臂歷指司馬云交臂反縛也歷指猶歷樓貌檻戶覽反

外篇天道第十三〔釋文〕以義名篇

天道運而无所積。故萬物成。疏運動也轉也積滯也蓄也言天道運轉覆育蒼生照之以日月潤之以雨露鼓動陶鑄會無滯積是以四序回轉萬物生成也〔釋文〕無所積積謂滯積不通　帝道運而无所積。故天下歸。疏王者法天象地運御羣品散而不積施化無方所以六合同歸八方款附　聖道運而无所積。故海內服。注此三者皆恣物之性而無所牽滯也疏聖道者玄聖素王之道也隨應垂迹制法立教舟航有識拯濟無窮道合於天德同於帝出處不一故有帝聖二道也而運智救時亦無滯蓄慈造弘博故海內服也　明於天。通於聖。六通四辟於帝王之德者。其自爲也。昧然无不靜者矣。注任其自爲故雖六通四辟而無傷於靜也疏六通謂四方上下也四辟者謂春秋冬夏也夫唯照天道之無爲洞聖情之絕慮通六合以生化順四序以施爲以此而總萬乘可謂帝王之德也任物自動故曰自爲晦迹韜光其猶昧闇動不傷寂故無不靜也〔釋文〕六通謂六氣陰陽風雨晦明　四辟毗赤反謂四方開也　昧音妹　盧文弨曰今本作昧　聖人之靜也。非曰靜也善。故靜也。注善之乃靜則有時而動也疏夫聖人以所以虛靜者直形同槁木心若死灰亦不知靜之故靜也若以靜爲美而有情於爲靜者斯則有時而動矣　萬物无足以鐃心者。故靜也。注斯乃自得也疏妙體二儀非有萬境皆空是以參變同塵而無喧撓非由飭勵而得靜也〔釋文〕鐃心乃孝反又女交反一音而小反　水靜則明燭鬚眉。平中準。大匠取法焉。疏夫水動則波流止便澄靜懸鑒洞照與物無私故能明燭鬚眉清而中正治諸邪枉可爲準的縱使工倕之巧猶須倣水取平故老經云上善若水此舉喻言之義〔釋文〕中準丁仲反　盧文弨曰今本作準　大匠或云天子也　水靜猶明。而況精神。聖人之心靜乎。天地之鑑也。萬物之鏡也。注夫有其具而任其自爲故所照無不洞明疏夫聖人德合二儀智周萬物豈與夫無情之水同日論邪水靜猶明燭鬚眉況精神聖人之心靜乎是以鑒天地之精微鏡萬物之玄賾者固其宜矣此合譬也　夫虛靜恬淡。寂漠无爲者。天地之平。而道德之至。注凡不平不至者生於有爲疏虛靜恬淡寂漠無爲四者異名同實者也歎無爲之美故具此四名而天地以此爲平道德用茲爲至也〔釋文〕淡徒暫反 慶藩案至與質同至實也禮雜記使某實鄭注實當爲至史記蘇秦傳趙得講於魏至公子延索隱曰至當爲質漢書東方朔傳非至數也師古曰至實也刻意篇正作道德之質 故帝王聖人休焉。【注】未嘗動也。【疏】息慮故平至也 休則虛，虛則實，實者倫矣。【注】倫理也。【疏】既休慮息心乃與虛空合德與虛空合德則會於眞實之道眞實之道則自然之理也 虛則靜，靜則動，動則得矣。【注】不失其所以動。【疏】理虛靜寂寂而能動斯得之矣 靜則无爲。无爲也，則任事者責矣。【注】夫無爲也則羣才萬品各任其事而自當其責矣故曰巍巍乎舜禹之有天下而不與焉此之謂也。【疏】任事臣也言臣下各有任職之事也夫帝王任智安靜無爲則臣下職任各司憂責斯則主上無爲而臣下有事故冕旒垂目而不與焉〔釋文〕巍巍魚歸反 不與音預 无爲則俞俞，俞俞者憂患不能處，年壽長矣。【注】俞俞然從容自得之貌。【疏】俞俞從容和樂之貌也夫有爲滯境塵累所以攖其心無爲自得憂患不能處其慮俞俞和樂故年壽長矣 〔釋文〕俞俞羊朱反廣雅云喜也又音喻 從容七容反 夫虛靜恬淡寂漠无爲者，萬物之本也。【注】尋其本皆在不爲中來。【疏】此四句萬物根源故重舉前言結成其美也 明此以南鄉，堯之爲君也；明此以北面，舜之爲臣也。【疏】夫揖讓之美無出唐虞君臣之盛莫先堯舜故舉二君以明四德雖南面北面而平至一焉 〔釋文〕南鄉許亮反本亦作嚮 以此處上，帝王天子之德也；以此處下，玄聖素王之道也。【注】此皆無爲之至也有其道爲天下所歸而無其爵者所謂素王自貴也。【疏】用此無爲而處物上者天子帝堯之德也用此虛淡而居臣下者玄聖素王之道也夫有其道而無其爵者所謂玄聖素王自貴者也卽老君尼父是也〔釋文〕素王往況反注同 以此退居而閒游江海，山林之士服。【疏】退居謂晦迹隱處也用此道而退居故能游玩山水從容閑樂是以天下隱士無不服從卽巢許之流是也 〔釋文〕而閒音閑 以此進爲而撫世，則功大名顯而天下一也。【注】此又其次也故退則巢許之流進則伊望之倫也夫無爲之體大矣天下何所不無爲哉故主上不爲冢宰之任則伊呂靜而司尹矣冢宰不爲百官之所執則百官靜而御事矣百官不爲萬民之所務則萬民靜而安其業矣萬民不易彼我之所能則天下之彼我靜而自得

矣故自天子以下至於庶人下及昆蟲孰能有爲而成哉是故彌無爲而彌尊也疏進爲謂顯迹出仕也夫妙體無爲而同塵降迹者故能撫
蒼生於仁壽宏至德於聖朝著莫測之功名顯阿衡之政績是以天下大同車書共軌盡善盡美其唯伊望之倫乎　靜而聖，動而王。
疏時行則行時止則止　无
爲也而尊。注自然爲物所尊奉疏其應靜也玄聖素王之尊其應動也九五萬乘之貴無爲也而尊出則天子處則素王是知道之所在孰敢不貴也　樸素而
天下莫能與之爭美。注夫美配天者唯樸素也疏夫淳樸素質無爲虛靜者實萬物之根本也故所尊貴孰能與之爭美也　夫明白
於天地之德者，此之謂大本大宗，與天和者也。注天地以無爲爲德故明其宗本則與
天地無逆也疏夫靈府明靜神照絜白而德合於二儀者固可以宗匠蒼生根本萬有冥合自然之道與天和也　所以均調天下，與人和者也。
注夫順天所以應人也故天和至而人和盡也疏均平也調順也且應感無心方之影響均平萬有大順物情而混迹同塵故與人和也　與人和者，
謂之人樂；與天和者，謂之天樂。注天樂適則人樂足矣疏俯同塵俗且適人世之懽仰合自然方欣天道之樂也〔釋文〕
人樂音洛下同　莊子曰：吾師乎，吾師乎！䪚萬物而不爲戾；注變而相雜故曰䪚自䪚耳非吾師
之暴戾疏䪚碎也戾暴也莊子以自然至道爲師再稱之者歎美其德言我所師大道亭毒生靈假令䪚萬物亦無心暴怒故素秋搖落而彫零者不怨此明雖復斷裁而非義也〔釋文〕䪚子兮反爲
戾力計反暴也　澤及萬世而不爲仁。注仁者兼愛之名耳無愛故無所稱仁疏仁者偏愛之迹也言大道開闢天地造化蒼生慈澤
無窮而不偏愛故不爲仁　長於上古而不爲壽。注壽者期之遠耳無期故無所稱壽疏豈但長於上古抑乃象帝之先既其不滅不生復有
何夭何壽也郭注云壽者期之遠耳〔釋文〕長於丁丈反章末同　覆載天地刻彫衆形而不爲巧。注巧者爲之妙耳皆
自爾故無所稱巧疏乘二儀以覆載取萬物以刻彫而二儀以生化爲巧萬物以自然爲用生化既不假物彫刻豈假他人是以物各任能人皆率性則工拙之名於斯滅矣郭注云巧者爲之妙耳
此之謂天樂。注忘樂而樂足疏所在任適結成天樂〔釋文〕天樂音洛章內同　故曰：知天樂者，其生也天
行，其死也物化。疏既知天樂非哀樂即知生死無生死故其生也同天道之四時其死也混萬物之變化也　靜而與陰同德，動而與陽

同彼。【疏】妙本虛凝將至陰均其寂泊應跡同世與太陽合其波流 故知天樂者。无天怨。无人非。无物累。无鬼責。【疏】德合於天故無天怨行順於世故無人非我冥於物故物不累我我不負幽顯有何鬼責也 故曰。其動也天。其靜也地。【注】動靜雖殊無心一也【疏】天地以結動靜無心之義也 一心定而王天下。其鬼不祟。其魂不疲。【注】常無心故王天下而不疲病【疏】境智冥合謂之爲一物不能撓謂之爲定祇爲定於一心故能王於萬國既無鬼責有何禍祟動而常寂故魂不疲勞【釋文】而王往況反注及下王天同 祟雖遂反徐息類反李云禍也 一心定而萬物服。【疏】一心凝寂者類死灰而靜爲躁君故萬物歸服 言以虛靜。推於天地。通於萬物。此之謂天樂。【注】我心常靜則萬物之心通矣通則服不通則叛【疏】所以一心定而萬物服者祇言用虛靜之智推尋二儀之理遍達萬物之情隨物變轉而未嘗不適故謂之天樂也 天樂者。聖人之心。以畜天下也。【注】聖人之心所以畜天下者奚爲哉天樂而已【疏】夫聖人之所以降跡同凡合天地之至樂者方欲畜養蒼生亭毒羣品也【釋文】畜天許六反注同 夫帝王之德。以天地爲宗。以道德爲主。以无爲爲常。【疏】王者宗本於天地故覆載無心君主於道德故生而不有雖復千變萬化而常自無爲盛德如此堯之爲君也 无爲也。則用天下而有餘。【注】有餘者閑暇之謂也 有爲也。則爲天下用而不足。【注】不足者汲汲然欲爲物用也欲爲物用故可得而臣也及其爲臣亦有餘也【疏】不足者汲汲之辭有餘者閑暇之謂言君上無爲智照寬曠御用區宇而閑暇有餘臣下有爲情慮狹劣各有職司爲君所用匪懈在公猶恐不足是知無爲有事勞逸殊塗 故古之人貴夫无爲也。上无爲也。下亦无爲也。是下與上同德。下與上同德。則不臣。下有爲也。上亦有爲也。是上與下同道。上與下同道。則不主。【注】夫工人無爲於刻木而有爲於用斧主上無爲於親事而有爲於用臣臣能親事主能用臣斧能刻木而工能用斧各當其能則天理自然非有爲也若乃主代臣事則非主矣臣秉主用則非臣矣故各司其任則上下咸得而無爲之理至矣【疏】無爲者君德也有爲者臣道也若上下無爲則臣僭君德上下有爲則君濫臣道君濫臣道則非主矣臣僭君德豈曰臣哉於是上下相混君臣冒

亂既乖天然必招危禍故無爲之言不可不察無爲君也古之人貴夫無爲郭注此文甚有辭理

上必无爲。而用天下。下必有爲。爲天下用。此不易之道也。注無爲之言不可不察也夫用天下者亦有用之爲耳然自得此爲率性而動故謂之無爲也今之爲天下用者亦自得耳但居下者親事故雖舜禹爲臣猶稱有爲故對上下則君靜而臣動比古今則堯舜無爲而湯武有事然各用其性而天機玄發則古今上下無爲誰有爲也疏夫處上爲君則必須無爲任物用天下之才能居下爲臣亦當親事有爲稱所司之職任則天下化矣斯乃百王不易之道

故古之王天下者。知雖落天地。不自慮也。疏謂三皇五帝淳古之君也知照明達籠落二儀而垂拱無爲委之臣下知者爲謀故不自慮也〔釋文〕知雖音智下愚知同 辯雖彫萬物。不自說也。疏宏辯如流彫飾萬物而付之司牧終不自言也〔釋文〕自說音悅 能雖窮海內。不自爲也。注夫在上者患於不能無爲而代人臣之所司使咎繇不得行其明斷后稷不得施其播殖則羣才失其任而主上困於役矣故冕旒垂目而付之天下天下皆得其自爲斯乃無爲而無不爲者也故上下皆無爲矣但上之無爲則用下下之無爲則自用也疏藝術才能冠乎海內任之良佐而不與焉夫何爲焉哉玄默而已故老經云是謂用人之力〔釋文〕咎音羔繇音遙明斷丁亂反

天不產而萬物化。地不長而萬物育。注所謂自爾疏天無情於生產而萬物化生地無心於長成而萬物成育故郭注云所謂自然也 帝王无爲而天下功。注功自彼成疏王者同兩儀之含育順四序以施生任萬物之自爲故天下之功成矣　王念孫曰案如郭解則功下須加成字而其義始明不知功即成也言無爲而天下成也（中庸曰無爲而成）爾雅曰功成也大戴禮盛德篇曰能成德法者爲有功周官稾人乃入功於司弓矢及繕人鄭注曰功成也管子五輔篇曰大夫任官辯事官長任事守職士脩身功材功材謂成材也荀子富國篇曰百姓之力待之而後功謂待之而後成也萬物化萬物育天下功相對爲文是功爲成也

故曰。莫神於天。莫富於地。莫大於帝王。疏夫日月明晦雲雷風雨而蔭翳不測故莫神於天囊括川原包容岳瀆運載無窮故莫富於地位居九五威跨萬乘日月照臨一人總統功德之大莫先王者故老經云域中四大王居其一焉 故曰。帝王之德配天地。注同乎天地之無爲也疏配合也言聖人之德合天地之無爲 此乘天地。馳萬物。而用人羣之道也。疏達羣載之無主是以

乘馭兩儀循變化之往來故能驅馳萬物任黔黎之才用人羣之道也本在於上，末在於下。疏本道德也末仁義也言道德淳樸治之根本行於上古仁義澆薄治之末葉行於下代故云本在於上末在於下也〔釋文〕本在於上末在於下　李云本天道末人道也要在於主，詳在於臣。疏要簡省也詳繁多也主道逸而簡要臣道勞而繁冗繁冗故有爲而奉上簡要故無爲而御下也三軍五兵之運，德之末也。疏五兵者一弓二殳三矛四戈五戟也運動也夫聖明之世則偃武修文澆德下衰則偃文修武偃文修武則五兵動亂偃武修文則四民安業德之本末自此可知也賞罰利害，五刑之辟，教之末也。疏賞者軒冕榮華故利也罰者誅殘戮辱故害也辟法也五刑者一劓二墨三刖四宮五大辟夫道喪德衰澆僞日甚故設刑辟以被黎元既虧理本適爲教末也〔釋文〕之辟毗赤反禮法度數，形名比詳，治之末也。疏禮法者五禮之法也數者計算度丈尺形者容儀名者守諱比者校當詳者定審用此等法以養蒼生治乖淳古故爲治末也〔釋文〕比詳毗志反下同一音如字云比校詳審治之直吏反下治之至注至治之道同鐘鼓之音，羽旄之容，樂之末也。疏樂者和也羽者鳥羽旄者獸毛言采鳥獸之羽毛以飾其器也夫帝王之所以作樂者欲上調陰陽下和時俗也古人聞樂即知國之興亡治世亂世其音各異是知大樂與天地同和非羽毛鐘鼓者也自三代以下澆浪荐興賞鄭衛之淫聲棄雲韶之雅韻遂使羽毛文采盛飾容儀既非咸池之本適是濮水之末哭泣衰經，隆殺之服，哀之末也。疏經者實也衰摧也上曰衰下曰裳在首在腰二俱有經隆殺者言禮有斬衰齊衰大功小功緦麻五等哭泣衣裳各有差降此是教迹外儀非情發於衷故哀之末也〔釋文〕衰音崔經田結反隆殺所界反此五末者，須精神之運，心術之動，然後從之者也。注夫精神心術者五末之本也任自然而運動則五事之末不振而自舉也。疏術能也心之所能謂之心術也精神心術者五末之本也言此之五末必須精神心智率性而動然後從於五事即非矜矯者也末學者，古人有之，而非所以先也。注所以先者本也。疏古之人謂中古人也先本也五末之學中古有之事涉澆僞終非根本也君先而臣從，父先而子從，兄先而弟從，長先而少從，男先而女從，夫先而婦從。疏夫尊卑先後天地之行也〔釋文〕長先而少詩照反夫尊卑先後，天地之行也，故聖人取象焉。注言此先後雖是人事然皆在至理中來非聖人之所作也。疏天地之行者謂春夏先秋冬後四時行也夫天地雖大尚有尊卑況在人倫而無先後是以聖人象二儀之造化觀四序之自然故能篤君臣之大義正父子之要道也天尊地卑。神明之位也。春夏先。秋冬後。四時之序也。【疏】天尊地卑不刊之位也春夏先秋冬後次序懸乎舉此二儀足明萬物 萬物化作。萌區有狀。【疏】夫萬物變化未始暫停或起或伏乍生乍死千族萬種色類不同而萌兆區分各有形狀〔釋文〕萌區曲俱反 盛衰之殺。變化之流也。【疏】夫春夏盛長秋冬衰殺或變生作死或化故成新物理自然非關措意故隨流任物而所造皆適 夫天地至神。而有尊卑先後之序。而況人道乎。【注】明夫尊卑先後之序固有物之所不能無也【疏】二儀生育有不測之功萬物之中最為神化尚有尊卑先後況人倫之道乎 宗廟尚親。朝廷尚尊。鄉黨尚齒。行事尚賢。大道之序也。【注】言非但人倫所尚也【疏】宗廟事重必據昭穆以嫡相承故尚親也朝廷以官爵為尊卑鄉黨以年齒為次第行事擇賢能用之此理之必然故云大道之序〔釋文〕朝廷直遙反 語道而非其序者。非其道也。【疏】議論道理而不知次第者雖有語言終非道語既失其序不堪治物也 語道而非其道者。安取道。【注】所以取道為有序【疏】既不識次第雖語非道於何取道而行理之耶 是故古之明大道者。先明天。而道德次之。【注】天者自然也自然既明則物得其道也【疏】此重開大道次序之義言古之明開大道之人先明自然之理為自然是道德之本故道德次之 道德已明。而仁義次之。【注】物得其道而和理自適也【疏】先德後仁先仁後義故仁義次之 仁義已明。而分守次之。【注】理適而不失其分也【疏】既行兼愛之仁又明裁非之義次令各守其分不相爭奪也 分守已明。而形名次之。【注】得分而物物之名各當其形也【疏】形身也各守其分不相傾奪次勸修身致其名譽也 形名已明。而因任次之。【注】無所復改【疏】雖復勸令修身以致名譽而皆須因其素分任其天然不可矯性僞情以要令聞也 因任已明。而原省次之。【注】物各自任則罪責除也【疏】原者恕免省者除廢雖復因任其本性而不無其愆過故宜布之愷澤宥免其辜也〔釋文〕原省所景反原除省廢也 原省已明。而是非次之。【注】各以得性為是失性為非【疏】雖復赦過宥罪而人心漸薄次須示其是非以為鑒誡也 是非已明。而賞罰次之。【注】賞罰者失得之報也夫至治之道本在於天而末極於斯【疏】是非既明臧否斯見故賞善罰惡以勗黎元也 賞罰已明。而愚知處宜。貴賤履位。【注】官各當其才也。[疏]用此賞罰以次前序而爲治方者智之明暗安處各得其宜才之高下貴賤咸履其位也 仁賢不肖襲情。[注]各自行其所能之情[疏]仁賢智也不肖愚也襲用也主上聖明化導得所雖復賢愚各異而咸用本情終不舍己效人矜夸炫物也 必分其能。[注]無相易業[疏]夫性性不同物物各異藝能固別才用必分使之如器無不調適也〔釋文〕必分方云反 必由其名。[注]各當其實故由名而實不濫也[疏]夫名以召實而由實故名若使實不當名則名過其實今明名實相稱故云必由其名也 以此事上。以此畜下。以此治物。以此修身。[疏]以用也言用以前九法可以爲臣事上爲君畜下外以治物內以脩身也 知謀不用。必歸其天。此之謂大平。治之至也。[疏]至默無爲委之羣下塞聰閉智歸之自然可謂太平之君至治之美也〔釋文〕知謀音智大平音泰 故書曰。有形有名。形名者。古人有之。而非所以先也。[疏]先本也言形名等法蓋聖人之應迹耳不得已而用之非所以迹也書者道家之書既遭秦世焚燒今檢亦無的據 古之語大道者。五變而形名可舉。九變而賞罰可言也。[注]自先明天以下至形名而五至賞罰而九此自然先後之序也[疏]夫爲治之體必隨世汚隆世有澆淳故治亦有寬急是以五變九變可舉可言苟其不失次序則是太平至治也 驟而語形名。不知其本也。[疏]驟數也速也季世之人不知倫序數語形名以爲治術而未體九變以自然爲宗但識其末不知其本也 驟而語賞罰。不知其始也。[疏]速論賞罰以此馭時唯見枝條未知根本始猶本也互其名耳 倒道而言。迕道而說者。人之所治也。安能治人。[注]治人者必順序[疏]迕逆也不識治方不知次序顛倒道理迕逆物情適可爲物所治豈能治物也〔釋文〕迕道音悟司馬云橫也而說徐音悅又如字 驟而語形名賞罰。此有知治之具。非知治之道。[注]治道先明天不爲棄賞罰也但當不失其先後之序耳[疏]夫形名賞罰此乃知治之具度非知治之要道也 可用於天下。不足以用天下。此之謂辯士。一曲之人也。[疏]夫用天下者必大通順序之道[疏]若以形名賞罰可施用於天下者不足以用於天下也斯乃苟飾華辭浮游之士一節曲見偏執之人未可以識通方悟於大道者也 禮法數度。形名比詳。古人有之。此下之所以事上。非上之所以畜下也。[注]寄此事於羣才斯乃畜下也[疏]重疊前語古人有之但寄

寡才而不親預故是臣下之術非主上養民之道總結一章之意以明本末之旨歸也

昔者舜問於堯曰。天王之用心何如。【疏】天王猶天子也舜問於堯爲帝王之法若爲用心以合大道也 堯曰。吾不敖无告。【注】無告者所謂頑民也。【疏】敖侮慢也無告謂頑愚之甚無堪告示也堯答舜云縱有頑愚之民不堪告示我亦殷勤教誨不敖慢棄舍也故老經云不善者吾亦善之敖亦有作教字者今不用也〔釋文〕不敖五報反 不廢窮民。【注】恆加恩也。【疏】百姓之中有貧窮者每加拯恤此心不替也 苦死者。嘉孺子。而哀婦人。【疏】孺子猶稚子也哀憐也民有死者輒悲苦而慰之稚子小兒婦人孤寡並皆矜愍善嘉養恤也 此吾所以用心已。【疏】已止也總結以前用答舜問我之用心止盡於此 舜曰。美則美矣。而未大也。【疏】用心爲治美則美矣其道狹劣未足稱大既領堯答因發此譏 堯曰。然則何如。【疏】堯既被譏因茲請益治道之大其術如何 舜曰。天德而出寧。【注】與天合德則雖出而靜【疏】化育之方與玄天合德跡雖顯著心恆寧靜 日月照而四時行。若晝夜之有經。雲行而雨施矣。【注】此皆不爲而自然也【疏】經常也夫日月盛明六合俱照春秋涼暑四序運行晝夜昏明雲行雨施皆天地之大德自然之常道者也既無心於偏愛豈有情於養育帝王之道其義亦然〔釋文〕雨施始豉反 堯曰。膠膠擾擾乎。【注】自嫌有事【疏】膠膠擾擾皆擾亂之貌也領悟此言自嫌多事更相發起聊此撝謙〔釋文〕膠膠交卯反司馬云和也擾擾而小反司馬云柔也案如注意膠膠擾擾動亂之貌 子天之合也。我人之合也。【疏】堯自謙光推讓於舜故言子之盛德遠合上天我之用心近符人事夫堯舜二君德無優劣故寄此兩聖以顯方治耳 夫天地者。古之所大也。【疏】自此已下莊生之辭也夫天覆地載生育羣品域中四大此當二焉故引古證今歎美其德 而黃帝堯舜之所共美也。【疏】唯天爲大唯堯則之故知軒頊唐虞皆以德合天地爲其美也 故古之王天下者。奚爲哉。天地而已矣。【疏】言古之懷道帝王何爲者哉蓋無心順物德合二儀而已矣〔釋文〕之王往況反

孔子西藏書於周室。子路謀曰。由聞周之徵藏史有老聃者。免而歸居。夫子欲藏書。則試往因焉。【疏】姓仲名由字子路宣尼弟子也宣尼覩周德已衰不可匡輔故將已所修之書欲藏於周之府藏庶爲將來君王治化之術故與門人謀議詳其可否老君姓李名聃爲周徵藏史猶今之秘書官職典墳籍見周室板蕩所以解免其官歸休靜處故子路咨勸孔子何不暫試適往因而問焉〔釋文〕藏書司馬云藏其所著書也 徵藏才浪反司馬云徵藏藏名也一云徵典也 史藏府之史 老聃

吐甘反或云老聃是孔子時老子號也免而歸。言老子見周之末不復可匡所以亂去也

孔子曰：善。往見老聃，而老聃不許。【疏】老子知欲藏之書是先聖之巳陳芻狗不可久留恐亂後人故云不許於是繙十二經以說。【疏】孔子刪詩書定禮樂修春秋贊易道此六經也又加六緯合爲十二經也委曲敷演故繙覆說之〔釋文〕繙敷袁反徐又音盤又音煩司馬煩寃也十二經說者云詩書禮樂易春秋六經又加六緯合爲十二經也一說云易上下經並十翼爲十二又一云春秋十二公經也以說如字又始銳反絕句

老聃中其說，曰：大謾，願聞其要。【疏】中其說者許其有理也大謾者嫌其繁謾太多請簡要之術也〔釋文〕老聃中丁仲反其說如字絕句曰大音泰徐敕佐反謾末旦反郭武諫反

孔子曰：要在仁義。【疏】經有十二乃得繁盈切要而論莫先仁義也

老聃曰：請問仁義人之性邪？【疏】問此仁義率性不乎

孔子曰：然。君子不仁則不成，不義則不生。仁義眞人之性也，又將奚爲矣？【疏】然猶如此言仁義是人之天性也賢人君子若不仁則名行不成不義則生道不立故知仁義是人之眞性又將何爲是疑之也耶

老聃曰：請問何謂仁義？【疏】前言仁義是人之眞性今之重問請解所由也

孔子曰：中心物愷，兼愛无私，此仁義之情也。【注】此常人之所謂仁義者也故寄孔老以正之【疏】愷樂也忠誠之心願物安樂慈愛平等兼濟無私允合人情可爲世教也〔釋文〕中心物本亦作勿愷開待反司馬云樂也

老聃曰：意，幾乎後言！夫兼愛不亦迂乎！【注】夫至仁者無愛而直前也【疏】意不平之聲也幾近也迂曲也後發之言近乎浮僞故興意歎以長不平夫至人推理直前無心思慮而扶存情兼愛不乃私曲乎〔釋文〕曰意於其反司馬云不平聲也下同幾乎音機司馬本作頎云頎長也後言長也盧文弨曰舊本後作復未詳迂乎音于

无私焉，乃私也。【注】世所謂無私者釋己而愛人夫愛人者欲人之愛己此乃甚私非忘公而公也【疏】夫兼愛於人欲人之愛己也此乃甚私何公之有邪

夫子若欲使天下无失其牧乎？【疏】牧養也欲使天下蒼生咸得本性者莫若上下各各守分自全恬養則大治矣牧有本作放字者言君王但放任羣生則天下太平也〔釋文〕牧乎司馬云牧養也

則天地固有常矣，日月固有明矣，星辰固有列矣，【疏】夫天地覆載日月照臨星辰羅列此並自然之理也非關人事豈唯三種萬物悉然但當任之莫不備足

禽獸固有羣矣，樹木固有立矣。【注】皆已自足【疏】有識禽獸無情草木各得生立各有羣分豈資仁義方獲如此何勞措意妄爲矜矯也

夫子亦放德而行。循道而趨。已至矣。【注】不待於兼愛也。【疏】循順也放任己德而逍遙行世順於天道而趨步人間人間至極妙行莫過於此也〔釋文〕放德方往反又何偈偈乎揭仁義。若擊鼓而求亡子焉。【注】無由得之。【疏】偈偈勵力貌也揭擔負也亡子逃人也言孔丘勉勵身心擔負仁義強行於世以教蒼生何異乎打擊大鼓而求覓亡子是以鼓聲愈大而亡者愈離仁義彌彰而去道彌遠故無由得之〔釋文〕偈偈居謁反又巨謁反或云用力之貌 揭仁其謁反又音桀意。夫子亂人之性也。【注】事至而愛當義而止斯忘仁義者也常念之則亂真矣【疏】亡子不獲罪在鳴鼓真性不明過由仁義故發噫歎總結之也

士成綺見老子而問曰。吾聞夫子聖人也。吾固不辭遠道而來願見。百舍重趼而不敢息。【疏】姓士字成綺不知何許人舍逆旅也趼腳生泡漿創也成綺素聞老子有神聖之德故不辭艱苦慕義遠來百經旅舍一不敢息塗路既遙足生重趼〔釋文〕士成綺如字又魚紙反士成綺人姓名也 願見賢遍反下同 百舍司馬云百日止宿也 重直龍反 趼古顯反司馬云胝也胝音陟其反許慎云足指約中斷傷為趼 慶藩案釋文引許說本淮南脩務篇注淮南引莊子作重跰跰即趼字之誤也高注云趼足生胝也趼又讀若繭賈子勸學篇百舍重繭宋策墨子百舍重繭（高注重繭累胝也）皆段繭作趼也今吾觀子非聖人也。鼠壤有餘蔬。【注】言其不惜物也【疏】昔時籍甚謂是至人今日親觀知無聖德見其鼠穴土中有餘殘蔬菜嫌其穢惡故發此譏也〔釋文〕餘蔬所居反又音所司馬云蔬讀曰糈糈粒也鼠壤內有遺餘之粒穢惡過甚也一云如鼠之堆壤餘益蔬外也而棄妹之者。不仁也。【注】無近恩故曰棄【疏】妹猶昧也闇昧之徒應須誘進棄而不教豈曰仁慈也〔釋文〕棄妹一本作妹之老 不仁釋名云妹末也謂末學之徒須慈誘之乃見棄薄不仁之甚也生熟不盡於前。【注】至足故恆有餘【疏】生謂粟帛熟謂飲食充足之外不復縈懷所以飲食資財目前狼籍且大聖寬弘而不拘小節士成庸瑣以此為非細碎之間格量真聖可謂以螺酌海焉測淺深也〔釋文〕生熟司馬云生膾也一云生熟謂好惡也而積斂无崖。【注】萬物歸懷來者受之不小立界畔也【疏】既有聖德為物所歸故供給聚斂略無涯畔浩然無心積散任物也〔釋文〕而積子亦反李子賜反 斂力檢反李狸豔反老子漠然不應。【注】不以其言鄙意【疏】塵垢之言豈曾入耳漠然虛淡何足介懷

士成綺明日復見曰。昔者吾有刺於子。今吾心正卻矣。何故也。【注】自怪刺譏之心所以壞也【疏】卻空也息也昨日初來妄生譏刺今時思省方覺己非所以引過責躬深懷慚悚心之空矣不識何耶〔釋文〕復

見扶又反　有刺于賜反　正卻去逆反或云息也　老子曰：夫巧知神聖之人，吾自以爲脫焉。【注】脫過去也。【疏】夫巧智神聖之人者，蓋是迹，非所以迹也。汝言我欲於聖人乎，我於此久以免脫，汝何爲乃謂我是聖非聖耶！老君欲抑成綺之識心，故示以息迹歸本也。郭注云脫過去也，謂我於聖已得過免而去也。〔釋文〕夫巧苦教反　知音智又如字　爲脫徒活反注同　昔者子呼我牛也而謂之牛，呼我馬也而謂之馬。【注】隨物所名。苟有其實，人與之名而弗受，再受其殃。【注】有實故不以毀譽經心也。〔釋文〕毀譽音餘下同　再受其殃。【注】一毀一譽，若受之於心，則名實俱累，斯所以再受其殃也。【疏】昨日汝喚我作牛，我卽從汝喚作牛；喚我作馬，我亦從汝喚作馬。我終不拒，且有牛馬之實，是一名也。人與之名，諱而不受，是再殃也。識刺之言，未甚牛馬，是尚不諱，而況非乎！吾服也恆服。【注】服者容行之謂也，不以毀譽自殃，故能不變其容。【疏】郭注云服者容行之謂也。老君體道大聖，故能制服身心，行行容受，呼牛呼馬，唯物是從，此乃恆常，非由措意也。〔釋文〕容行如字　吾非以服有服。【注】有爲爲之則不能恆服。【疏】言我率性任真，自然容受，非關有心用意方得而然。必也用心，便成矯性，既其有作，豈曰無爲。士成綺鴈行避影，履行，遂進而問：修身若何？【疏】成綺自知失言，身心慙愧，於是鴈行斜步，側身避影，隨逐老子之後，不敢履躡其迹，仍徐進問，請修身之道如何。老子曰：而容崖然，【注】進趨不安之貌。【疏】而汝也。言汝莊飾容貌，夸駿於人，自爲崖岸，不能舒適。而目衝然，【注】衝出之貌。【疏】心既不安，目亦馳動，故左盼右睇，睢盱充詘也。而顙頯然，【注】高露發美之貌。【疏】顙頯高亢，顯露華飾，持此容儀，矜敖於物。〔釋文〕顙頯上息黨反，下去軌反，本又作顯，如字，司馬本作䫜。而口闞然，【注】虓豁之貌。【疏】郭注云虓豁之貌也，謂志性強梁，言語雄猛，夸張虓豁，使人可畏也。〔釋文〕闞郭許覽反，又火斬反，又火暫反　虓火交反　豁火括反　而狀義然，【注】踶跂自持之貌。【疏】義，宜也。踶跂矜豪，賓乖典禮，而修飾容狀，自然合宜也。〔釋文〕踶直氏反　跂去氏反　慶藩案義讀爲峨，義然，峨然也。說詳俞氏大宗師篇平義。郭訓、成疏兩失之。似繫馬而止也。【注】志在奔馳。【疏】形雖矜莊，而心性躁猶，如逸馬被繫，意存奔走。動而持，【注】不能自舒放也。【疏】馳情逐境，觸物而動，不能任適，每事拘持。發也機，【注】趣捨速也。【疏】機，弩牙也。攀緣之心，遇境而發，其發猛速，有類弩牙。察而審，【注】明是非也。【疏】不能虛遣違順兩志，而明察是非，域心審定。知巧而覩於泰，【注】泰者多於本性之謂也，巧於見泰則拙於抱朴。【疏】泰，多也。不

能忘巧忘知觀無爲之一理而詐知詐巧見有爲之多事

凡以爲不信。【注】凡此、十事以爲不信性命而蕩夫毁譽皆非修身之道也【疏】信實也言此十事皆是虛詐之行非眞實之德也　家世父曰郭象云凡此十事以爲不信性命而蕩夫毁譽於文多一轉折凡以爲不信言凡所爲皆出於矯揉與自然之性不相應故謂之不信容也目也類也口也狀也一有矜持若繫馬而制其奔突不能自信於心也動而發一其機應之而相勝以知巧不能自信於外也微分兩義不得爲十事

邊竟有人焉。其名爲竊。【注】亦如汝所行非正人也【疏】竊賊也邊蕃境域忽有一人不憚憲章但行竊盜內則損傷風化外則阻隔蕃情蠹政害物莫斯之甚成綺之行其猥亦然擧動睢盱猶如此賊也〔釋文〕邊竟音境有人爲其名爲竊邊垂之人不閑知禮樂之正縱有言語偶會墳典皆是竊盜所得其道何足語哉司馬云言遠方當有是人

夫子曰。夫道。於大不終。於小不遺。故萬物備。【疏】莊周師老君故呼爲夫子也終窮也二儀雖大猶在道中不能窮道之量秋毫雖小待之成體此則於小不遺既其能小能大故知備在萬物

廣廣乎其无不容也。淵乎其不可測也。【疏】既大無不包細無不入貫穿萬物囊括二儀故廣廣歎其寬博淵乎美其深遠　慶藩案廣廣猶言曠曠也曠曠者虛無人之貌五行志師出過時茲謂廣李奇曰廣音曠曠與廣古字義通漢書武五子傳橫術（薛瓚曰術道路也）何廣廣兮蘇林曰廣音曠

形德仁義。神之末也。非至人孰能定之。【疏】夫形德仁義者精神之末迹耳非所以迹也救物之弊不得已而用之自非至聖神人誰能定其粗妙耶

夫至人有世。不亦大乎。而不足以爲之累。【注】用世故不患其大也【疏】聖人威跨萬乘王有世界位居九五不亦大乎而姑射汾陽忘物忘己即動即寂何四海之能累乎

天下奮棅。而不與之偕。【注】靜而順之【疏】棅權也偕居也社稷顚覆宇內崩離趨世之人奮動權棅必靜而自守不與並逐也〔釋文〕奮棅音柄司馬云威權也李丑倫反一本作棅　家世父曰釋文引司馬云棅威權也說文柄柯也柄或從棅管子山權數篇此之謂國權此謂君棅操國計之盈虛謂之國權制人事之重輕謂之君棅棅者所藉以制事者也大者制大小者制小相與奮起以有爲於世皆有所借者也說文叚借也無所假則無爲無爲則因以爲弟靡因以爲波流而隨物以還焉無假而不與利還斯之謂無爲而無不爲郭象云任眞而直往非也

審乎無假。而不與利遷。【注】任眞而直往也【疏】忘懷安靜委命任眞榮位既不關情財利豈能遷動也

極物之眞。能守其本。【疏】夫聖人靈鑒洞徹窮理盡性斯極物之眞者也而應感無方動不傷寂能守其本

故外天地。遺萬物。而神未嘗有所困也。【疏】雖復提圓御萬總統羣方而忘外二儀遺棄萬物是以爲既無爲事既無事心閑神王何困弊之有

通乎道。合乎德。【疏】淡泊之心通乎至道虛忘之智合乎上德斯乃境智相會能斯冥符也

退仁義。【注】進

道德也賓禮樂【注】以情性爲主也【疏】退仁義之澆薄進道德之淳和擯禮樂之浮華主無爲之虛淡　兪樾曰賓當讀爲擯謂擯斥禮樂也與上句退仁義一律郭注曰以性情爲主也則以本字讀之其義轉迂達生篇曰賓於鄉里逐於州部此即假賓爲擯之證　慶藩案兪說是也古賓擯音同音同之字往往假借爲義周禮司儀賓拜送幣釋文云賓音擯本書徐無鬼篇賓於寡人司馬本賓作擯即其證至人之心有所定矣。【注】定於無爲也【疏】恬淡無爲而用不乖寂定矣

世之所貴道者書也。【疏】道者言說書者文字世俗之人識見浮淺或託語以通心或因書以表意持許往來以爲貴重不知無足可言也書不過語。語有貴也。語之所貴者意也。【疏】所以致書貴宣於語所以宣語貴表於意也意有所隨。意之所隨者。不可以言傳也。【疏】隨從也意之所出從道而來道既非色非聲故不可以言傳說〔釋文〕言傳文專反後同而世因貴言傳書。世雖貴之。我猶不足貴也。爲其貴非其貴也。【注】其貴恆在意言之表【疏】夫書以載言言以傳意而末世之人心靈暗塞遂貴言重書不能忘言求理故雖貴之我猶不足貴者爲言書糟粕非可貴之物也故郭注云其貴恆在意言之表〔釋文〕爲其于僞反

故視而可見者。形與色也。聽而可聞者。名與聲也。悲夫。世人以形色名聲爲足以得彼之情。夫形色名聲果不足以得彼之情。【注】得彼情唯忘言遺書者耳【疏】夫目之所見莫過形色耳之所聽唯在名聲而世俗之人不達至理謂名言聲色盡道情實豈知玄極視聽莫偕愚惑如此深可悲歎郭注云得彼之情唯忘言遺書者耳則知者不言。言者不知。而世豈識之哉。【注】此絕學去知之意也【疏】知道者忘言貴德者不知而聾俗愚迷豈能識悟唯當達者方體之矣〔釋文〕知者如字下同或並音智去尙起呂反

桓公讀書於堂上。輪扁斲輪於堂下。釋椎鑿而上。問桓公曰。敢問公之所讀者何言邪。【疏】桓公齊桓公也輪車輪也扁匠人名也斲雕斫也釋放也齊君讀書輪扁打車貴賤不同事業各異乃釋放其具方事質疑欲明至道深玄不可傳集故寄桓公匠者略顯忘言之致也〔釋文〕桓公李云齊桓公也名小白輪扁音篇又符殄反司馬云斲輪人也名扁斲陟角反椎直追反而上時掌反公曰。聖人之言也。【疏】所謂憲章文武祖述堯舜是聖人之言曰。聖人在乎。【疏】又問聖人見在以不公曰。已死矣。【疏】答曰聖人雖死厭教尙存焉曰。然則君之所讀者。古人之糟魄已夫。【疏】夫酒滓曰糟漬糟曰粕夫

糟酎比乎道德糟粕方之仁義已陳芻狗曾何足云〔釋文〕糟音遭李云酒滓也　魄普各反司馬云爛食曰魄一云糟爛爲魄本又作粕音同許愼云粕已漉麤糟也或普白反謂魂魄也　已夫音符絕句或如字　慶藩案釋文魄本又作粕即司馬本也文選陸士衡文賦引司馬云爛食曰粕　桓公曰。寡人讀書。輪人安得議乎。有說則可。无說則死。疏貴賤禮隔不可輕言庸委之夫輒敢議論說若有理方可免辜如其無辭必獲死罪　輪扁曰。臣也以臣之事觀之。斲輪徐則甘而不固。疾則苦而不入。不徐不疾。得之於手。而應於心。口不能言。有數存焉於其間。疏甘緩也苦急也數術也夫斲輪失所則牢固苦使得宜則口不能言也況之理教其義亦然〔釋文〕甘如字又音酣司馬云甘者緩也苦者急也　有數李云色注反數術也　盧文弨曰案前後俱作色主反此注字譌　臣不能以喻臣之子。臣之子亦不能受之於臣。是以行年七十而老斲輪。注此言物各有性教學之無益也疏喻曉也輪扁之術不能示其子輪扁之子亦不能稟受其教是以行年至老不免斤斧之勞故知物各有性不可倣效　古之人與其不可傳也。死矣。然則君之所讀者。古人之糟魄已夫。注當古之事已滅於古矣雖或傳之豈能使古在今哉古不在今今事已變故絕學任性與時變化而後至焉疏夫聖人制法利物隨時時既不停法亦隨變是以古人古法淪殘於前今法今人自興於後無容執古聖迹行乎今世故知所讀之書定是糟粕也〔釋文〕人與如字又音餘　可傳直專反注同

外篇天運第十四〔釋文〕以義名篇天運司馬作天員

天其運乎。注不運而自行也疏言天稟陽氣淸浮在上無心運行而自動〔釋文〕其運爾雅云運徙也廣雅云轉也　慶藩案運釋文司馬本作員運員二字古通用也越語廣運百里韋注曰東西爲廣南北爲運西山經作廣員百里墨子非命上篇譬猶運鈞之上而立朝夕者也中篇運作員運古又讀若云云與員通管子戒篇四時云下而萬物化云卽運字說文鴆一名運日劉逵吳都賦注運日作云日云卽員也書泰誓雖則云然漢書韋賢傳注作員然詩出其東門聊樂我員釋文員本作云商頌景員維何鄭箋員古文作云皆其證　地其處乎。注不處而自止也疏地稟陰氣濁沈在下亦無心寧靜而自止　日月其爭於所乎。注不爭所而自代謝也疏晝夜照臨出沒往來自然如自旣無情於代謝豈有心於爭處

孰主張是。疏 孰誰也是者指斥前文也言四時八節雲行雨施覆育蒼生亭毒羣品誰爲主宰而施張乎此一句解天運也 孰維綱是。注 皆自爾 疏 山岳産育川源流注包容萬物運載無窮春生夏長必無差忒是誰維持綱紀故得如斯此一句解地處也 孰居无事推而行是。注 無則無所能推有則各自有事然則無事而推行是者誰乎哉各自行耳 疏 夫日月代謝星辰明耀各有度數咸由自然誰安居無事推算而行之乎此一句解日月爭所已前三者並假設疑問顯發幽微故此皆自爾耳無物使之然也 〔釋文〕推而 如字一音吐回反司馬本作誰 意者其有機緘而不得已邪。疏 機關也緘閉也玄冬肅殺夜霽暗昧以意億度謂有主司關閉事不得已致令如此以理推者皆自爾也方地不動其義亦然也 〔釋文〕緘 古咸反徐古陷反司馬本作咸云引也 意者其運轉而不能自止邪。注 自爾故不可知也 疏 至如青春氣發萬物皆生晝夜開明六合俱照氣序運轉致茲生育尋其理趣無物使然圓天運行其義亦爾也 雲者爲雨乎。雨者爲雲乎。注 二者俱不能相爲各自爾也 疏 夫氣騰而上所以爲雲雲散而下流潤成雨然推尋始末皆無攸繫故知二者不能相爲 〔釋文〕爲雨 于僞反下及注同 孰隆施是。疏 隆興也施廢也言誰與雲雨而供注滂沱誰廢甘澤而致茲亢旱也 〔釋文〕隆施 音弛式氏反兪樾曰此承上雲雨而言隆當作降謂降施此雲雨也書大傳隆谷鄭注曰隆讀如厖降之降蓋隆從降聲古音本同荀子天論篇隆禮尊賢而王韓詩外傳隆作降齊策歲八月降雨下風俗通義祀典篇降作隆是古字通用之證 孰居无事淫樂而勸是。疏 誰安居無事自勵勸彼作此淫雨而快樂邪司馬本作倦字 〔釋文〕淫樂 音洛又音嶽 而勸 司馬本勸作倦云讀曰隨言誰無所作在隨天往來運轉無已也 風起北方。一西一東。有上彷徨。孰噓吸是。孰居无事而披拂是。疏 彷徨迴轉之貌也噓吸猶吐納也披拂猶扇動也北方陰氣起風之所故云北方夫風吹無心東西任適或彷徨而居空宴或噓吸而在山中拂披升降略無定準孰居無事而爲此乎蓋自然也 〔釋文〕有上 時掌反 彷 薄皇反 徨 音皇司馬本作旁皇云旁皇飆風也 噓 音虛 吸 許急反 披 芳皮反 拂 芳弗反郭扶弗反披拂風貌司馬本作翇 敢問何故。注 設問所以自爾之故 疏 此句總問以前有何意故也 巫咸祒曰。來。吾語女。天有六極五常。注 夫物事之近或知其故然尋其原以至乎極則無故而自爾也自爾則無所稍問其故也但當順之 疏 巫咸神巫也爲殷中宗相祒名也六極謂六合四方上下也五常謂五行金木水火土人倫之常性也言自然之理有此六極五常至於日月風雲例皆如此但當任之自然具足何爲措意於其間哉 〔釋文〕巫咸祒 赤遙反郭音條又音紹李云巫咸殷相也祒寄名也 吾語 魚據反

女音汝後皆同　六極司馬云四方上下也　俞樾曰六極五常疑卽洪範之五福六極也常與祥古字通儀禮士虞禮記薦此常事鄭注曰古文常爲祥是其證也說文示部祥福也然則五常卽五福也下文曰九洛之事治成德備其卽謂禹所受之洛書九類乎

帝王順之則治。逆之則凶。注夫假學可變而天性不可逆也疏夫帝王者上符天道下順蒼生垂拱無爲因循任物則天下治矣而逆萬國之歡心乖二儀之和氣所作凶勃則禍亂生也

九洛之事。治成德備。監照下土。疏九洛之事者九州聚落之事也言王者應天順物馭用無心故致天下太平人歌擊壤九州聚落之地治定功成八荒夷狄之邦道圓德備既合二儀覆載萬物又齊三景照臨下土　家世父曰此言天之運自然而已帝王順其自然以道應之天地亦受裁成焉而風雨調四時序九洛之事卽禹所受之九疇也莊子言道有不詭於聖人者此類是也

天下戴之。此謂上皇。注順其自爾故也疏道合自然德均造化故衆生樂推而不厭百姓荷戴而不辭可謂返樸還淳上皇之治也

商太宰蕩問仁於莊子。疏宋承殷後故商卽宋國也大宰官號名盈字蕩方欲決己所疑故問仁於莊子〔釋文〕商大音泰下文大息同　宰蕩司馬云商宋也大宰官也蕩字也

莊子曰。虎狼仁也。疏仁者親愛之迹夫虎狼猛獸猶解相親足明萬類皆有仁性也

曰。何謂也。疏大宰未達深情重問有何意謂

莊子曰。父子相親。何爲不仁。疏父子親愛出自天然此乃眞仁何勞再問

曰。請問至仁。疏虎狼親愛厥義未弘故請至仁庶聞深旨

莊子曰。至仁無親。注無親者非薄德之謂也夫人之一體非有親也而首自在上足自處下府藏居內皮毛在外外內上下尊卑貴賤於其體中各任其極而未有親愛於其間也然至仁足矣故五親六族賢愚遠近不失分於天下者理自然也又奚取於有親哉疏夫至仁者忘懷絕慮與大虛而同體混萬物而爲一何親疏之可論乎泊然無心而順天下之親疏也〔釋文〕府藏才浪反

大宰曰。蕩聞之。無親則不愛。不愛則不孝。謂至仁不孝可乎。疏夫無愛無親便是不孝謂至仁不孝於理可乎商蕩不悟深旨遂生此惑莊生爲其顯析義列下文〔釋文〕蕩闕之一本蕩作盈崔本同或云盈大宰字

莊子曰。不然。夫至仁尚矣。孝固不足以言之。注必言之於忘仁忘孝之地然後至耳疏至仁者忘義忘仁可貴可尙豈得將愛敬近迹以語其心哉固不足以言也

此非過孝之言也。不及孝之言也。注凡名生於不及者故過仁孝之名而涉乎無名之境然後至焉疏商蕩之問近滯域中莊生之荅遠超方外故知親愛之旨非過孝之談封執名

致不及孝之言也　夫南行者至於郢。北面而不見冥山。是何也。則去之遠也。【注】冥山在乎北極而南行以觀之至仁在乎無親而仁愛以言之故郢雖見而愈遠冥山仁孝雖彰而愈非至理也【疏】郢地居南冥山在北故郢注云冥山在乎北極南行以觀之至仁在乎無親而仁愛以言之故郢雖見而愈遠冥山仁孝雖彰而愈非至道此注甚明不勞更解〔釋文〕郢以井反又以政反楚都也在江陵北冥山司馬云北海山名　慶藩案史記蘇秦列傳索隱引司馬云冥山在朔州北與釋文異　愈遠千萬反　故曰。以敬孝易。以愛孝難。【疏】夫敬在形迹愛率本心心由天性故難迹關人情故易也〔釋文〕孝易以豉反下皆同　以愛孝易。以忘親難。【疏】夫愛孝雖難猶滯域中未若忘親澹然無係忘既勝愛有優有劣以此格量難易明之矣　忘親易。使親忘我難。【疏】夫騰蝯斷腸老牛舐犢恩慈下流物之恒性故子忘親易親忘子難自非達道孰能行之　使親忘我易。兼忘天下難。兼忘天下易。使天下兼忘我難。【注】夫至仁者百節皆適則終日不自識也聖人在上非有為也恣之使各自得而已耳自得其為則衆務自適羣生自足天下安得不各自忘我哉各自忘矣主其安在乎斯所謂兼忘也【疏】夫兼忘天下者棄萬乘如脫屣也使天下兼忘我者謂百姓日用而不知也夫垂拱汾陽而遊心姑射揖讓之美貴在虛忘此兼忘天下者也方前則難比後便易未若忘懷至道息智自然將造化而同功與天地而合德者故能恣萬物之性分順百姓之所為大小咸得飛沈不喪利澤潛被物皆自然上如標枝民如野鹿當是時也主其安在乎此使天下兼忘我者也可謂軒頊之前搖古之君耳其德不見故天下忘之斯則從劣向優自粗入妙遣之又遣玄之又玄也　夫德遺堯舜而不為也。【注】遺堯舜然後堯舜之德全耳若係之在心則非自得也【疏】遺忘棄也言堯舜二君盛德傑遠而又忘其德任物不為斯解兼忘天下難　利澤施於萬世。天下莫知也。【注】泯然常適【疏】有利益恩澤惠潤羣生萬世之後其德不替而至德潛被日用不知斯解使天下兼忘我難也　豈直太息而言仁孝乎哉。【注】失於江湖乃思濡沫【疏】大息猶嗟歎也夫盛德同於堯舜尚能遺忘而不自顯豈復太息言於仁孝嗟歎於陳迹乎〔釋文〕濡沫音末　夫孝悌仁義。忠信貞廉。此皆自勉以役其德者也。不足多也。【疏】悌順也德者真性也以此上八事皆矯性偽情勉強勵力捨已效人勞役其性故不足多也〔釋文〕孝弟音悌　盧文弨曰舊本作孝悌音弟此因今本作悌而妄改也若作悌字則更無兩讀又何用音此如他卷道音導亦有倒作導音道者皆出後人所竄亂今正之　故曰。至貴國爵并焉。【注】并除棄之謂也夫貴在於身身猶忘之況國爵乎斯貴之至也【疏】并者除棄之謂也夫貴爵祿者本爲身也身猶忘之況爵祿乎斯至貴者也〔釋文〕并焉必領反棄除也注同　至富國財并焉。【注】至富者自足而已故除天下之財者也【疏】至富者知足者也知足之人以不貪爲寶縱令傾國貲財亦棄而不用故老經云知足者富斯之謂也　至願名譽并焉。【注】所至願者適也得適而仁孝之名都去矣【疏】夫至願者莫過適性也既一毀譽混榮辱忘物我泯是非故令聞聲名視之如銻唾也　是以道不渝。【注】去華取實故也【疏】渝變也持也既忘富貴又遺名譽是以道德淳厚不隨物變也〔釋文〕去華起呂反　北門成問於黃帝曰：帝張咸池之樂於洞庭之野。【疏】姓北門名成黃帝臣也欲明至樂之道故寄此二人更相發起也咸池樂名張旆也咸和也洞庭之野天地之閒非太湖之洞庭也〔釋文〕北門成人姓名也洞庭徒送反　吾始聞之懼。復聞之怠。卒聞之而惑。【疏】怠退息也卒終也復重也惑闇也不悟至樂初聞之時懼然驚悚再聞其聲稍悟音旨故懼心退息最後聞之知至樂與二儀合德視之不見聽之不聞故心無分別有同暗惑者也〔釋文〕之懼如字或音句下同一本作戄音況縛反案說文懼是正字戄是古文　盧文弨曰說文愳古文懼字有戄字與聳同非懼字重文並無戄字不知陸氏所據　復聞扶又反下注同　蕩蕩默默。乃不自得。【注】不自得坐忘之謂也【疏】蕩蕩平易之容默默無知之貌第三聞之體悟玄理故蕩蕩而無偏默默而無知芒然坐忘物我俱喪乃不自得

帝曰。汝殆其然哉。吾奏之以人。徵之以天。行之以禮義。建之以太清。【注】由此觀之知夫至樂者非音聲之謂也必先順乎天應乎人得於心而適於性然後發之以聲奏之以曲耳故咸池之樂必待黃帝之化而後成焉【疏】殆近也奏應也徵順也禮義五德也太清天道也黃帝既允北門成第三聞樂體悟玄道忘知息慮是以許其所解故云汝近於自然也〔釋文〕徵之如字古本多作徵　大清音泰　夫至樂者。先應之以人事。順之以天理。行之以五德。應之以自然。然後調理四時。太和萬物。【疏】雖復行於禮義之迹而忘自然之本者也此是第一奏也　四時迭起。萬物循生。一盛一衰。文武倫經。【疏】循順倫理經常也言春夏秋冬更迭而起一切物類順序而生夏盛冬衰春文秋武生殺之理天道之常但常任之斯至樂矣〔釋文〕迭起大節反一本作遞大計反　循生似倫反　一清一濁。陰陽調和。流光其聲。【注】

自然律呂以滿天地之閒但當順而不奪則至樂全【疏】清天也濁地也陰升陽降二氣調和故施生萬物和氣流布三光照燭此謂至樂無聲之聲 家世父曰樂記禮減而進以進爲文樂盈而反以反爲文故樂闋而後作衰者闋之餘聲也始奏以文復亂以武以文武紀其盛衰倫經猶言經綸比和分合所謂經綸也 蟄蟲始作，吾驚之以雷霆。【注】因其自作而用其所以動。【疏】仲春之月蟄蟲始啓自然之理驚之雷霆所謂動靜順時因物或作至樂具合斯道也〔釋文〕蟄蟲沈執反郭音執爾雅云靜也 霆音廷又音挺徒佞反電也 家世父曰雷霆之起莫知其所自起莫知其所自竟其所自起首也生之端也其所自竟尾也死之歸也死生者萬物之大常與天爲無窮而忽一至焉則亦物之所不能待也以喻樂之變化動於自然 其卒无尾，其始无首。【注】運轉無極。【疏】尋求自然之理無始無終討論至樂之聲無首無尾故老經云迎之不見其首隨之不見其後也 一死一生，一僨一起，所常无窮。【注】以變化爲常則所常者無窮也。【疏】僨仆也夫盛衰生死虛盈起僨變化之道理之常數若以變化爲常則所謂常者無窮也〔釋文〕一僨方問反司馬云仆也 而一不可待。汝故懼也。【注】初聞無窮之變不能待之以一故懼然悚聽也。【疏】至一之理絕視絕聽不可待之以聲色故初聞懼然也 俞樾曰一不可待者皆不可待也大戴記衛將軍文子篇則一諸侯之相也盧注曰一皆也荀子勸學篇一可以爲法則君子篇一皆善也謂之聖楊注曰一皆也是一有皆義郭注曰不能待之以一與語意未合 吾又奏之以陰陽之和，燭之以日月之明。【注】所謂用天之道。【疏】言至樂之聲將陰陽合其序所道生物與日月齊其明此第二奏也 其聲能短能長，能柔能剛；變化齊一，不主故常。【注】齊一於變化故不主故常。【疏】順羣生之修短任萬物之柔剛齊變化之一理豈守故而執常 在谷滿谷，在阬滿阬。【注】至樂之道無不周也。【疏】至樂之道無所不徧乃谷乃阬悉皆盈滿所謂道無不在所在皆無也〔釋文〕在阬苦庚反爾雅云虛也 塗郤守神。【注】塞其兌也。【疏】塗塞也郤孔也閉心知之孔郤守凝寂之精神郭注云塞其兌也〔釋文〕塗郤去逆反與隙義同 其兌徒外反 以物爲量。【注】大制不割。【疏】量音亮大小修短隨物器量終不制割而從已也〔釋文〕爲量音亮 其聲揮綽，【注】所謂闡諧。【疏】揮動也綽寬也同雷霆之震動其聲寬也 其名高明。【注】名當其實則高明也。【疏】高如上天明如日月聲既廣大名亦高明 是故鬼神守其幽，【注】不離其所。【疏】人物居其顯明鬼神守其幽昧各得其所而不相撓故老經云以道莅天下其鬼不神也〔釋文〕不離力智反 日月星辰行其紀。【注】不失其度。【疏】三光朗耀依分而行綱紀上玄必無差忒也

吾止之於有窮。【注】常在極止住也【疏】止住也窮極也雖復千變萬化而常居玄極不離妙本動而常寂也　流之於无止【注】隨變而
往也【疏】流動也應感無方隨時適變未嘗執守故寂而動也　予欲慮之而不能知也，望之而不能見也，逐之而
不能及也。【注】故闇然恣使化去【疏】夫至樂者眞道也欲明道非心識故謀慮而不能知道非聲色故瞻望而不能見道非形質故追逐而不能逮也　儻然立
於四虛之道。【注】宏敞無偏之謂【疏】儻然無心貌也四虛謂四方空大道也言聖人無心與至樂同體立志弘敞接物無偏包容萬有與虛空而合德〔釋文〕儻敕黨
反一音敞　倚於槁梧而吟。【注】無所復爲也【疏】宏敞虛容忘知絕慮故形同槁木心若死灰逍遙無爲且吟且詠也〔釋文〕倚於綺反　槁古老反
目知窮乎所欲見，力屈乎所欲逐，吾既不及已夫。【注】言物之知力各有所齊限【疏】夫目知所
見蓋有涯限所以稱窮力馳逐亦有分齊所以稱屈至樂非心色等法不可以限窮故吾知盡其不及故止而不逐也心既有限故知愛無名此覆前予欲慮之等文也〔釋文〕目知音智　齊限才細反
形充空虛，乃至委蛇。汝委蛇，故怠。【注】夫形充空虛無身也無身故能委蛇委蛇任性而悚懼之
情怠也【疏】夫形充虛空則與虛空而等量委蛇任性故順萬境而無心所謂隳體黜聰離形去智者也只爲委蛇任性故悚懼之情怠息此解第二聞樂也〔釋文〕委於危反蛇以支反徐如字又作施
徐音絁　吾又奏之以无怠之聲，【注】意既怠矣乃復無怠此其至也【疏】再聞至樂任性逶迤悚懼之心於焉怠息雖復賢於初聞猶自
不及後聞故奏無怠之聲斯則以無遣怠故郭注云意既怠矣乃復無怠此其至者也此是第三奏也　調之以自然之命。【注】命之所有者非爲也皆自
然耳【疏】調和也凡百蒼生皆以自然其爲性命所以奏此咸池之樂者方欲調造化之心靈和自然之性命也已　故若混逐叢生。【注】混然無係隨叢而生【疏】
混同也生出也同風物之動吹隨叢林之出聲也〔釋文〕叢生才公反　林樂而无形。【注】至樂者適而已適在體中故無別形【疏】夫叢林地
籟之聲無心而成至樂適於性命而已豈復有形也〔釋文〕林樂音洛亦如字　布揮而不曳。【注】自布耳【疏】揮動四時布散萬物各得其所非由牽曳〔釋文〕
布揮音輝廣雅云振也　幽昏而无聲。【注】所謂至樂【疏】言至樂寂寥超於視聽故幽冥昏暗而无聲響矣　家世父曰說文叢木曰林林樂者相與羣樂之五音繁會不辨
聲之所從出故曰無形揮者振而揚之若布之曳而愈長而亦無有曳之者林樂而無形其聲聚也布揮而不曳其聲悠也幽昏而無聲其聲淡也　動於无方。【注】夫動者豈有方而

後動哉〔疏〕夫至樂之本雖復無聲而應動隨時實無方所斯寂而動之也 居於窈冥。〔注〕所謂窮極〔疏〕雖復應物隨機千變萬化而深根寧極恆處窈冥斯動而寂也〔釋文〕於窈 烏了反 或謂之死。或謂之生。或謂之實。或謂之榮。行流散徙。不主常聲。〔注〕隨物變化〔疏〕夫春生冬死秋實夏榮雲行雨散水流風從自然之理日新其變至樂之道豈常主聲也 世疑之。稽於聖人。〔注〕明聖人應世非唱也〔疏〕稽留也夫聖人者譬幽谷之響明鏡之象對之不知其所以來絕之不知其所以往物來斯應應而忘懷豈預前作法而留心應世故行留散徙不主常聲而世俗之人妄生疑惑也〔釋文〕稽於 古兮反 聖也者。達於情而遂於命也。〔注〕故有情有命者莫不資焉〔疏〕所言聖者更無他義也直有物之情順自然之命故謂之聖 天機不張。而五官皆備。此之謂天樂。〔注〕忘樂而樂足非張而後備〔疏〕天機自然之樞機五官五藏也言五藏各有主司故謂之官夫目視耳聽手把脚行布網轉丸飛空走地非由倣效稟之造物豈措意而後能爲故五藏職司素分備足天樂之美其在茲也 无言而心說。〔注〕心說在適不在言也〔疏〕體此天和非由措意故心靈適悅而妙絕名言也〔釋文〕心說 音悅 注同 故有焱氏爲之頌曰。聽之不聞其聲。視之不見其形。充滿天地。苞裹六極。汝欲聽之而无接焉。而故惑也。〔注〕此乃無樂之樂樂之至也〔疏〕焱氏神農也美此至樂爲之章頌大音希聲故聽之不聞大象無形視之不見道無不在故充滿天地二儀大無不包故囊括六極六極六合也假欲留意聽之亦不可以耳根承接是故體茲至樂理趣幽微心無分別事同愚惑也〔釋文〕焱氏 必遙反 本亦作炎 苞裹 音包 本或作包 樂也者。始於懼。懼故祟。〔注〕懼然悚聽故是祟耳未大和也〔疏〕以下重釋三奏三聽之意結成至樂之道初聞至樂未悟大和心生悚懼不能放釋是故禍祟之也〔釋文〕祟 雖遂反 吾又次之以怠。怠故遁。〔注〕迹稍滅也〔疏〕再聞之後情意稍悟故懼心怠退其迹遁滅也 卒之於惑。惑故愚。愚故道。道可載而與之俱也。〔注〕以無知爲愚愚乃至也〔疏〕最後聞樂靈府淳和心無分別有同闇惑蕩蕩默默類彼愚迷不怠不懼雅符真道既而運載無心與物俱至也 孔子西遊於衛。顏淵問師金曰。以夫子之行爲奚如。〔疏〕衛本昆吾之邑又是康叔之封自魯適衛故曰西遊師金魯太師名金也奚何也言夫子行仁義之道以化衛侯未知此術行用可否耶〔釋文〕師金 李云師魯太師也金其名也 之行 下孟反 師金曰。惜乎。而夫子其窮哉。

疏 言仲尼叡哲明敏才智可惜守先王之聖迹執堯舜之古道所以頻遭辛苦屢致困窮

顏淵曰。何也。疏 問窮之所以也 師金曰。夫芻狗之未陳也。盛以篋衍。巾以文繡。尸祝齊戒以將之。疏 此下譬喻凡有六條第一芻狗第二舟車第三桔槔第四樝棃第五蝯狙第六妍醜芻狗草也謂結草爲狗以解除也衍笥也尸祝巫師也將送也言芻狗未陳盛以篋笥之器覆以文繡之巾致齊絜以表誠展如在之將送庶其福祉貴之如是〔釋文〕芻狗李云結芻爲狗巫祝用之盛音成下同篋苦牒反本或作篋衍延善反郭怡面反李云笥也盛狗之物也司馬云合也慶藩案巾字疑飾字之誤太平御覽引淮南絹以綺繡作飾以綺繡 齊戒側皆反本亦作齋 及其已陳也。行者踐其首脊。蘇者取而爨之而已。將復取而盛以篋衍。巾以文繡。遊居寢臥其下。彼不得夢。必且數眯焉。注 廢棄之物於時無用則更致他妖也。疏 踐履也首頭也脊背也取草曰蘇爨炊也眯魘也言芻狗未陳致斯肅敬既祭之後棄之路中故行人履踐其頭脊蘇者取供其炊爨方將復取而貴之盛於篋衍之中覆於文繡之下遨遊居處寢臥其旁假令不致惡夢必當數數遭魘故郭注云廢棄之物於時無用則更致他妖也〔釋文〕蘇者李云蘇草也取草者得以炊也案方言云江淮南楚之間謂之蘇史記云樵蘇後爨注云蘇取草也爨七丸反將復扶又反必且如字徐子餘反數音朔眯李音米又音美字林云物入眼爲病也司馬云厭也音一琰反 今而夫子。亦取先王已陳芻狗。聚弟子遊居寢臥其下。故伐樹於宋。削迹於衞。窮於商周。是非其夢邪。疏 此合芻狗之譬並合孔子窮義也先王謂堯舜禹湯先代之帝王也憲章文武祖述堯舜而爲教迹故集聚弟子遨遊於仁義之域臥寢於禮信之鄉古法不可執留事同已陳芻狗伐樹於宋者孔子曾遊於宋與門人講說於大樹之下司馬桓魋欲殺夫子夫子去後桓魋惡其坐處因伐樹焉削剗也夫子嘗遊於衞衞人疾之故剗削其迹不見用也商是殷地周是東周孔子歷聘曾困於此良由執於聖迹故致斯弊狼狽如是豈非惡夢耶 俞樾曰上取字如字下取字當讀爲聚周易萃象傳聚以正也釋文曰聚荀作取漢書五行志內取茲師古曰取讀如禮記聚麀之聚是聚取古通用 圍於陳蔡之間。七日不火食。死生相與鄰。是非其眯邪。注 此皆絕聖棄知之意耳無所稍嫌也夫先王典禮所以適時用也時過而不棄即爲民妖所以興矯效之端也疏 當時楚昭王聘夫子夫子領徒宿於陳蔡之地蔡人見徒衆極多謂之爲賊故興兵圍繞經乎七日糧食罄盡無復炊爨從者餓病莫之能興憂悲困苦鄰乎死地豈非遭於已陳芻狗而魘耶 夫水行莫如用舟。而陸行莫如用車。以舟之可行於水也。而求推之於陸。則沒世不行尋常。【疏】夫舟行於水車行於陸至於千里未足爲難若推舟於陸求其運載終歿一世不可數尺〔釋文〕推之 郭吐回反又如字下同

古今非水陸與。周魯非舟車與。今蘄行周於魯。是猶推舟於陸也。【疏】此合論也蘄求也亦今古代殊豈異乎水陸周魯地異何異乎舟車〔釋文〕陸與 音餘下同 今蘄 音祈求也

勞而无功。身必有殃。彼未知夫无方之傳。應物而不窮者也。【注】時移世異禮亦宜變故因物而無所係焉斯不勞而有功也【疏】方猶常也傳轉也言夫子執先王之迹行衰周之世徒勞心力卒不成功故削迹伐樹身遭殃禍也夫聖人之智接濟無方千轉萬變隨機應物未知此道故嬰斯禍也〔釋文〕无方之傳 直專反下注同司馬云方常也 慶藩案傳讀若轉言無方之轉動也呂氏春秋必已篇若夫萬物之情人倫之傳高注傳猶轉也漢書劉向傳禍與咎辭傳相汲引猶轉相汲引也淮南主術篇生無乏用死無轉尸逸周書大聚篇作傳尸襄二十五年左傳注傳寫失之釋文傳一本作轉

且子獨不見夫桔槔者乎。引之則俯。舍之則仰。彼人之所引。非引人也。故俯仰而不得罪於人。【疏】桔槔挈水木也人牽引之則俯下捨放之則仰上俯仰上下引捨以人委順無心故無罪夫人能虛己其義亦然也〔釋文〕桔 音結 槔 音臯 慶藩案文穎說烽火云櫓上有桔槔以薪置其中有寇則然之字從木通俗文機汲謂之擏槔字從手然則從木者櫓上之物從手者汲水之物也據莊子文義當從通俗文爲正

故夫三皇五帝之禮義法度。不矜於同。而矜於治。【注】期於合時宜應治體而已【疏】矜美也夫三皇五帝步驟殊時禮樂威儀不相沿襲美在逗機不治以定不貴率今以同古〔釋文〕於治 直吏反注同

故譬三皇五帝之禮義法度。其猶柤梨橘柚邪。其味相反。而皆可於口。【疏】夫柤梨橘柚甘苦味殊至於噉嚼而皆可於口譬三皇五帝澆湻異世至於爲政咸適機宜也〔釋文〕柤 側加反 柚 由救反

故禮義法度者。應時而變者也。【注】彼以爲美而此或以爲惡故當應時而變然後皆適也【疏】帝王之迹蓋無常準隨時而變不可執留豈得膠柱刻舩居今行古也

今取猨狙而衣以周公之服。彼必齕齧挽裂。盡去而後慊。觀古今之異。猶猨狙之異乎周公也。【疏】慊足也周公聖人譬湻古之世狙猨狡獸喻澆競之時是以禮服雖華猨狙不以爲美聖迹乃貴末代不以爲尊故毀禮服猨狙始慊其心棄聖迹蒼生方適其性〔釋文〕猨狙 上音袁下七餘反 而衣 於既反 齕 音紇 挽 音晚 盡去 起呂反

慊苦簟反李云足也慊本亦作嗛音同 故西施病心而矉其里。其里之醜人見而美之。歸亦捧心而矉其里。其里之富人見之。堅閉門而不出。貧人見之。挈妻子而去之走。【疏】西施越之美女也貌極妍麗既病心痛嚬眉苦之而端正之人體多宜便因其嚬蹙更益其美是以閭里見之彌加愛重鄰里醜人見而學之不病強嚬倍增其陋故富者惡之而不出貧人棄之而遠走捨己效物其義例然創迹伐樹皆學嚬之過也【釋文】而矉徐扶眞反又扶人反通俗文云蹙額曰矉其里絕句捧心敷勇反郭音奉挈苦結反 彼知矉美。而不知矉之所以美。【注】況夫禮義當其時而用之則西施也時過而不棄則醜人也【疏】所以猶所由也嚬之所以美者出乎西施之好也彼之醜人但美嚬之麗雅而不知由西施之姝好也 惜乎。而夫子其窮哉。【疏】總會後文結成其旨窮之事迹章中具載矣

孔子行年五十有一。而不聞道。乃南之沛。見老聃。【疏】仲尼雖領徒三千號素王而感行五德未聞大道故從魯之沛自北徂南而見老君以詢玄極故也【釋文】之沛音貝司馬云老子陳國相人相今屬苦縣與沛相近 老聃曰。子來乎。吾聞子北方之賢者也。子亦得道乎。孔子曰。未得也。【疏】聞仲尼有當世賢能未知頗得至道不荅言未得自楚望魯故曰北也 老子曰。子惡乎求之哉。【疏】問於何處尋求至道【釋文】惡乎音烏下同 曰。吾求之於度數。五年而未得也。【疏】數算術也三年一閏天道小成五年再閏天道大成故言五年也道非術數故未得之也

老子曰。子又惡乎求之哉。【疏】更問求道用何方法 曰。吾求之於陰陽。十有二年而未得。【注】此皆寄孔老以明絕學之義也【疏】十二年陰陽之一周也而未得者明以陰陽取道而道非陰陽故下文云中國有人非陰非陽 老子曰。然。使道而可獻。則人莫不獻之於其君。使道而可進。則人莫不進之於其親。使道而可以告人。則人莫不告其兄弟。使道而可以與人。則人莫不與其子孫。然而不可者。无佗也。【疏】夫至道深玄妙絕言象非無非有不自不佗是以不進獻於君親豈得告於子弟所以然者無佗由也故託孔老二聖以明玄中之玄也 中无主而不止。【注】心中無受道之質則雖聞道而過去也【疏】若使中心無受道之主假令聞於聖說亦不能止住於胸懷故知無佗也 外无正而

不行。【注】中無主則外物亦無正己者也故未嘗通也【疏】中既無受道之心故外亦無能正於己者故不可行也　俞樾曰正乃匹字之誤禮記緇衣篇唯君子能好其正鄭注曰正當爲匹字之誤也是其例矣此云中無主而不止外無匹而不行與宣三年公羊傳自內出者無匹不行自外至者無主不止文義相似自外至者無主不止也自內出者無匹不行故此言外無匹而不行也因匹誤爲正郭注遂以正己爲說殊非其義則陽篇自外入者有主而不執由中出者有正而不距正亦當爲匹誤與此同　由中出者。不受於外。聖人不出。【注】由中出者聖人之道也外有能受之者乃出耳【疏】由從也從內出者聖人垂迹顯教也良由物能感聖故聖人顯應若使外物不能稟受聖人亦終不出教　由外入者。無主於中。聖人不隱。【注】由外入者假學以成性者也雖性可學成然要當內有其質若無主於中則無以藏聖道也【疏】隱藏也由外入者習學而成性也由其外稟聖教宜在心中若使素無受教之心則無藏於聖道　家世父曰由中出者師其成心者也由外入者學一先生之言暖暖姝姝而私自說者也師其成心則外有所不能受聖人不能出而強之使受也學一先生之言而私自說則中莫得所主聖人不能隱於其心而爲之主也　名。公器也。【注】夫名者天下之所共用【疏】名鳴也公平也器用也名有二種一是命物二是毀譽今之所言是毀譽名也〔釋文〕名公器也　釋名云名鳴也公平也器用也尹文子云名有三科一曰命物之名方圓是也二曰毀譽之名善惡是也三曰況謂之名愛憎是也今此是毀譽之名也　不可多取。【注】矯飾過實多取者也多取而天下亂也【疏】夫令譽善名天下共用必其多取則矯飾過實而爭競斯起也　仁義。先王之蘧廬也。【注】猶傳舍也〔釋文〕蘧　音渠司馬郭云蘧廬猶傳舍也　止可以一宿。而不可久處。覯而多責。【注】夫仁義者人之性也人性有變古今不同也故游寄而過去則冥若滯而係於一方則見見則僞生僞生而責多矣【疏】蘧廬逆旅傳舍也覯見也亦久也夫蘧廬客舍不可久停仁義禮智用訖宜廢客停久疵釁生聖迹留過責起〔釋文〕覯古豆反見也遇也　古之至人。假道於仁。託宿於義。【注】隨時而變無常迹也　以遊逍遙之虛。【疏】古之眞人和光降迹逗機而行博愛應物而用人羣何異乎假借塗路寄託宿止暫時遊寓蓋非眞實而動不傷寂應不離眞故恒逍遙乎自得之場彷徨乎無爲之境〔釋文〕之虛　音墟本亦作墟　食於苟簡之田。立於不貸之圃。【疏】苟且也簡略也貸施與也知止知足食於苟簡之田不損己物立於不貸之圃而言田圃者明是聖人養生之地〔釋文〕苟簡　王云苟且也簡略也司馬本簡作閒云分別也　慶藩案簡司馬本作閒案閒與簡同也淮南要略篇故節財薄葬閑服生焉（服閑簡服也閑服謂三月之服也）文選夏侯常侍誄注及路史後紀引淮南並作簡服不貸（敕代反，司馬云：施與也。）之圃（音補）。逍遙，无爲也；【注】有爲則非仁義。苟簡，易養也；【注】且從其簡，故易養也。不貸，无出也。【注】不貸者，不損己以爲物也。【疏】只爲逍遙累盡，故能無爲恬淡；苟簡，苟且簡素，自足而已，故易養也。〔釋文〕易養（以豉反。注同。）【疏】不損我以益彼，故無所出。此三句覆釋前義也。〔釋文〕以爲物（于僞反。）古者謂是采眞之遊。【注】遊而任之，斯眞采也。眞采則色不僞矣。【疏】古者聖人行苟簡等法，謂是神采眞實而無假僞，逍遙任適而隨化遨遊也。以富爲是者，不能讓祿；以顯爲是者，不能讓名；親權者，不能與人柄。【注】天下未有以所非自累者，而各沒命於所是。所是而以沒其命者，非立乎不貸之圃也。【疏】夫是富非貧，貪於貨賄者，豈能讓人財祿！是顯非隱，滯於榮位者，何能與人名譽！親愛權勢，矜夸於物者，何能與人之柄！柄，權也。唯厭穢風塵，鄙蹀榮利者，故能棄之如遺。操之則慄，舍之則悲，【注】舍之悲者，操之不能不慄也。【疏】操執權柄，恐失所以戰慄；舍去威力，哀去所以憂悲。〔釋文〕操之（七刀反。）舍之（音捨，注同。）而一無所鑒，以闚其所不休者，是天之戮民也。【注】言其知進而不知止，則性命喪矣，所以爲戮。【疏】是富好權之人，心靈愚暗，唯滯名利，一無鑒識，豈能窺見玄理而休心息智者乎！如是之人，雖復楚戮未加，而情性以困，故是自然刑戮之民。〔釋文〕喪（息浪反。）怨恩取與諫教生殺八者，正之器也，【疏】夫怨敵必殺，恩惠須償，分內自取，分外與佗，臣子諫上，君父教下，應青春以生長，順素秋以殺罰，此八者治正之器，不得不用之也。唯循大變无所湮者爲能用之。故曰，正者，正也。其心以爲不然者，天門弗開矣。【注】守故不變，則失正矣。【疏】循，順也。湮，塞也。唯當順於人理，隨於變化，達於物情而無滯塞者，故能用八事治之正。變合於天理，故曰正者正也。其心之不能如是者，天機之門擁而弗開。天門，心也。〔釋文〕湮者（音因。李云：塞也，亦滯也。郭音煙，又烏節反。司馬本作歅，疑也。簡文作甄，云：隔也。）天門（一云：謂心也。一云：大道也。）孔子見老聃而語仁義。老聃曰：夫播穅眯目，則天地四方易位矣；蚊虻噆膚，則通昔不寐矣。【注】外物加之雖小，而傷性已大也。【疏】仲尼滯於聖迹，故發辭則語仁義。夫播穅眯目，目暗故不能辯東西；蚊虻噆膚，膚痛則徹宵不睡。是以外物雖微，爲害必巨，況夫仁非天理，擾不率性，捨己効佗，喪其本性，其爲害也，豈眯目噆膚而已哉！噆，齧也。〔釋文〕播（甫佐反，又彼我反。）穅（音康，字亦作康。）蚊（音文，字亦作蟁。）虻（音盲，字亦作蝱。）噆（子盍反，郭子合反，司馬云：齧也。）通昔（昔，夜。）

也 慶藩案昔猶夕通昔猶通宵也呂氏春秋任地篇曰孟夏之昔殺三葉而穫大麥（淮南天文篇以至於仲春之夕乃收其藏而閉其塞正作夕）書大傳曰月之朝月之中月之夕鄭注曰上旬爲朝中旬爲中下旬爲夕字亦作昔

夫仁義憯然。乃憤吾心。亂莫大焉。【注】尙之以加其性故亂【疏】仁義憯毒甚於蚊虻憤憤吾心令人煩悶擾亂物性莫大於此本亦作憒字者不審〔釋文〕憯然七感反 乃憤扶粉反本又作憒古內反 慶藩案憤釋文本又作憒當從之賁貴形相近故從賁從貴之字常相混潛夫論浮侈篇懷憂憒憒後漢書王符傳作憒憒即其證也

吾子使天下无失其朴。【注】質全而仁義著

吾子亦放風而動。總德而立矣。【注】風自動而依之德自立而秉之斯易持易行之道也【疏】放縱任也欲使蒼生喪其淳樸之性者莫若絕仁棄義則反冥我極也仲尼亦宜放無爲之風教隨機務而應物總虛妄之至德立不測之神功亦有作放方往反放依也〔釋文〕亦放方往反 風而動司馬云放依也依無爲之風而動也 易持易行並以豉反

又奚傑然。若負建鼓而求亡子者邪。【注】言夫揭仁義以趨道德之鄉其猶擊鼓而求逃者無由得也【疏】建擊傑然用力貌夫揭仁義以趨道德之鄉何異乎打大鼓以求逃亡之子故鼓聲大而亡子遠仁義彰而道德廢也〔釋文〕傑然郭居竭反又居謁反巨竭反 夫揭其列其謁二反

夫鵠不日浴而白。烏不日黔而黑。【注】自然各已足〔釋文〕鵠本又作鶴同胡洛反 日黔巨淹反徐其金反司馬云黑也

黑白之朴。不足以爲辯。【注】俱自然耳無所偏尙【疏】浴灑也染緇曰黔黔黑也辯者別其勝負也夫鵠白烏黑禀之自然豈須日日浴染方得如是以言物性其義例然黑白素樸各足於分所遇斯適故不足於分所以論勝負亦言辯變也黑白分定不可變白爲黑也

名譽之觀。不足以爲廣。【注】夫至足者忘名譽忘名譽乃廣耳【疏】修名立譽招物觀視此挾劣何足自多唯忘遺名譽方可稱大耳〔釋文〕之觀古亂反司馬本作讙

泉涸。魚相與處於陸。相呴以溼。相濡以沫。【注】言仁義之譽皆生於不足〔釋文〕泉涸胡洛反 相呴況付反又況于反 相濡如主反又如瑜反 以沫音末

不若相忘於江湖。【注】斯乃忘仁而仁者也【疏】此總結前文斥仁義之弊夫泉源枯竭魚傳沫以相濡樸散淳離行仁義以濟物及其江湖浩蕩各足所以相忘道德深玄得性所以虛淡既江湖比於道德濡沫方於仁義以此格量故不同日而語矣〔釋文〕相忘並如字

孔子見老聃歸。三日不談。【疏】老子方外大聖變化無常不可測量故無所談說也〔釋文〕不談本亦作不言

弟子問曰。夫子見老聃。亦將何規哉。【疏】不的姓名直云弟子當是升堂之類

共發此疑既見老子應有規誨何所聞而三日不談說　孔子曰。吾乃今於是乎見龍。龍合而成體。散而成章。【注】言其因謂老聃能變化【疏】夫龍之德變化不恒以況至人隱顯無定故本合而成妙體妙體窈冥迹散而起文章文章煥爛　乘雲氣而養乎陰陽。【注】言其御無方自然已足【疏】言至人乘雲氣而無心順陰陽而養物也　予口張而不能嗋。予又何規老聃哉。【疏】嗋合也心懼不定口開不合復何容暇聞規訓之言乎〔釋文〕嗋許劫反合也　子貢曰。然則人固有尸居而龍見。雷聲而淵默。發動如天地者乎。【疏】言至人其處也若死尸之安居其出也似龍神之變見其語也如雷霆之振響其默也類玄理之無聲是以奮發機動同二儀之生物者也既而或處或出或語或默豈有出處語默之異而異之哉然則至人必有出處默語不言之能故仲尼見之口開而不能合〔釋文〕龍見賢遍反　賜亦可得而觀乎。遂以孔子聲見老聃。【疏】賜子貢名也子貢欲至觀至人龍德之相遂以孔子聲教而往見之〔釋文〕賜亦本亦作賜也　老聃方將倨堂而應微曰。予年運而往矣。子將何以戒我乎。【疏】倨踞也運時也老子自得從容故踞堂敖誕物感斯應微發其言予年衰邁何以教戒我乎〔釋文〕倨堂居慮反踞也　子貢曰。夫三王五帝之治天下不同。其係聲名一也。而先生獨以爲非聖人。如何哉。【疏】澆淳漸異步驟有殊用力用兵逆順斯異故云不同聲名令聞相係一也先生乃排三王爲非聖有何意旨可得聞乎〔釋文〕夫三王本或作三皇依注作王是也餘皆作三皇　老聃曰。小子少進。子何以謂不同。【疏】汝少進前說不同所由　對曰。堯授舜。舜授禹。禹用力而湯用兵。文王順紂而不敢逆。武王逆紂而不肯順。故曰不同。【疏】堯舜二人既是五帝之數自夏禹以降便是三王堯讓舜舜讓禹禹治水而用力湯伐桀而用兵文王拘羑里而順商辛武王渡孟津而逆殷紂不同之狀可略言焉　老聃曰。小子少進。余語汝三皇五帝之治天下。【疏】三皇者伏羲神農黃帝也五帝少昊顓頊高辛唐虞也治天下之治列在下文〔釋文〕余語魚據反下同　黃帝之治天下。使民心一。民有其親死不哭而民不非也。【注】若非之則強哭【疏】三皇行道人心淳一不獨親其親不獨子其子故親死不哭而世俗不非也非之則強哭者衆〔釋文〕則強其丈反　堯之治天下。使民心親。

民有爲其親殺其殺，而民不非也。【注】殺降也言親疏者降殺【疏】五帝行德不及三皇使父子兄弟更相親愛爲降殺之服以別親疏既順人心亦不非毀〔釋文〕爲其于僞反　殺其殺並所戒反降也注同　家世父曰殺其殺者意主於相親定省之儀拜跪之節凡出於儀文之末者皆可以從殺也郭象云親疏有降殺誤舜之治天下，使民心競。民孕婦十月生子，子生五月而能言。【注】教之速也【疏】舜是五帝之末其俗漸澆樸散淳離民心浮競遂使懷孕之婦十月生子五月能言古者懷孕之婦十四月而誕育生子兩歲方始能言澆淳既革故與古之乖異也〔釋文〕孕以證反不至乎孩而始誰，【注】誰者別人之意也未孩已擇人言其競教速成也【疏】未解孩笑已識是非分別之心自此而始矣〔釋文〕孩亥才反說文云笑也別人彼列反下同則人始有夭矣。【注】不能同彼我則心競於親疏故不終其天年也【疏】分別既甚不終天年夭折之始起自虞舜禹之治天下，使民心變，人有心而兵有順，【注】此言兵有順則天下已有不順故也【疏】去道既遠澆僞日興遂使蠢爾之民好爲禍變廢無爲之迹與有爲之心賞善罰惡以此爲化而禹懷慈愛猶解泣辜兵刃所加必順天道也殺盗非殺，【注】盗自應死殺之順也故非殺【疏】盗賊有罪理合其誅順乎素秋雖殺非殺此則兵有順義也人自爲種而天下耳。【注】不能大齊萬物而人人自別斯人自爲種也承百代之流而會乎當今之變其弊至於斯者非禹也故曰天下耳言聖知之迹非亂天下而天下必有斯亂【疏】夫澆浪既興分別日甚人人自爲種見不能大齊萬物此則解人有心也聖智之迹使其如是非禹之過也故曰天下耳矣〔釋文〕爲種章勇反注同　家世父曰人自爲種類以成乎天下於是乎有善惡之分是非之辨兵者逆人之性而制其死生者也既有善惡之分是非之辨而兵之用繁矣於是據之以爲順而殺盗者謂之當然因乎人心之變而兵以施焉而人之心乃日變而不可窮矣是以天下大駭，儒墨皆起。【注】此乃百代之弊【疏】此總論三皇五帝之迹蕩天下蒼生致使儒崇堯舜以飾非墨遵禹道而自是既而百家競起九流爭鶩後代之弊實此之由也〔釋文〕大駭胡楷反其作始有倫，而今乎婦女，【注】今之以女爲婦而上下悖逆者非作始之無理但至理之弊遂至於此【疏】倫理也當莊子之世六國競興淫風大行以女爲婦乖禮悖德莫甚於茲故知聖迹始與故有倫理及其末也例同斯弊也　家世父曰荀子樂論亂世之徵其服組其容婦楊倞注婦好貌此今而今乎婦女言諸子之與其言皆有倫要而終相與爲諧好以悅人也何言哉！【注】弊生於理故無所復言【疏】從理生教遂至於此世澆俗薄何可稍言論主發憤而傷歎也〔釋文〕復言扶又反　余語汝三皇五帝之治天下。名曰治之。而亂莫甚焉。【注】必弊故也【疏】夫三皇之治實自無為無為之迹迹生於弊故百代之後亂莫甚焉弊亂之狀列在下文　三皇之知。上悖日月之明。下睽山川之精。中墮四時之施。【疏】悖逆也睽乖離也墮廢壞也施澤也運無為之智以立治方後世執迹遂成其弊致星辰悖彗日月為之不明山川乖離岳瀆為之崩竭廢壞四時寒暑為之愆敘〔釋文〕之知音智下同　上悖補對反　下睽苦圭反又音圭乖也　中墮許規反　之施式豉反　其知憯於蠣蠆之尾。鮮規之獸。莫得安其性命之情者。而猶自以為聖人。不可恥乎。其无恥也。【疏】憯毒也蠣蠆尾端有毒也鮮規小貌言三皇之智損害蒼生其為毒也甚於蠣蠆是故細小蟲獸皆遭擾動況乎黔首如何得安以斯為聖於理未可毒害既多深可羞媿也〔釋文〕憯於七感反　蠣敕邁反又音例本亦作厲郭音賴又敕介反　蠆許謁反或敕邁反或云依字上當作蠆下當作蠍通俗文云長尾為蠆短尾為蠍　王引之曰釋文云蠣敕邁反又音例本亦作厲郭音賴又敕介反蠆許謁反或敕邁反或云依字上當作蠆下當作蠍案陸讀蠣為蠆讀蠆為蠍皆非也蠣音賴又音例陸云本亦作厲即其證也蠆音敕邁反蠍音許謁反蠣蠆皆蠍之異名也廣雅曰蠆蠤蠍也（今本廣雅脫蠤字一切經音義卷五引廣雅蠤蠆蠍也集韻引廣雅蠤蠆也今據補）蠤音盧達反蠆蠤皆毒螫傷人之名蠆之言蛆（蛆音哲一切經音義卷十引字林曰蛆螫也僖二十二年左傳正義引通俗文曰蠍毒傷人曰蛆）蠤之言瘌也（瘌音盧達反郭璞注方言曰瘌辛螫也字或作剌左思魏都賦曰蔡莽螫剌昆蟲毒噬也是）廣雅釋詁云毒蛆瘌痛也是其義矣蠤與蠣古同聲莊子作蠣廣雅作蠤其實一字也（史記秦本紀厲共公始皇紀作剌龔公剌之通作厲猶蠤之通作蠣矣）　鮮規之獸李云鮮規明貌一云小蟲也一云小獸也　子貢蹵蹵然。立不安。【注】子貢本謂老子獨絕三王故欲同三王於五帝耳今又見老子通毀五帝上及三皇則失其所以為談矣【疏】蹵蹵驚悚貌也子貢欲救三王同五帝今見老子訶謫高邈排擯五帝指斥三皇心形驚悚失其所謂故蹵然形容雖立心神不安〔釋文〕蹵蹵子六反　孔子謂老聃曰。丘治詩書禮樂易春秋六經。自以為久矣。孰知其故矣。以奸者七十二君。論先王之道。而明周召之迹。一君无所鉤用。甚矣夫人之難說也。道之難明邪。老子曰。幸矣。子之不遇治世之君也。夫六經。先王之陳迹也。豈其所以迹哉。【注】所以迹者真性也夫任物之真性者其迹則大經也〔釋文〕奸音干三蒼云犯也　鉤鉤取用也　甚矣夫音符篇末同　難說始銳反　治世直吏反　今子之所言猶迹也。夫迹履之所出。而迹豈履哉。注況今之人事則以自然爲履六經爲迹　夫白鶂之相視。眸子不運而風化。蟲雄鳴於上風。雌應於下風。而風化。注鶂以眸子相視蟲以鳴聲相應俱不待合而便生子故曰風化〔釋文〕白鶂五歷反三蒼云鷁鶂也司馬云鳥子也　之相視眸茂侯反　子不運而風化司馬云相待風氣而化生也又云相視而成陰陽　蟲雄鳴於上風雌應於下風而化一本作而風化司馬云雄者鼉類雌者鼈類　類自爲雌雄。故風化。注夫同類之雌雄各自有以相感相感之異不可勝極苟得其類其化不難故乃有遙感而風化也〔釋文〕類自爲雌雄故風化　或說云方之物類猶如草木異種而同類也山海經云亶爰之山有獸焉其狀如貍而有髮其名曰師類帶山有鳥其狀如鳳五采文其名曰奇類皆自牝牡也　可勝音升　性不可易。命不可變。時不可止。道不可壅。注故至人皆順而通之〔釋文〕可壅於勇反　苟得於道。无自而不可。注雖化者無方而皆可也　失焉者无自而可。注所在皆不可也　孔子不出。三月。復見曰。丘得之矣。烏鵲孺。魚傅沫。細要者化。注言物之自然各有性也疏鵲居巢內交尾而表陰陽魚在水中傅沫而爲牝牡蜂取桑蟲祝爲己子是知物性不同稟之大道物之自然各有性也〔釋文〕復見扶又反下賢遍反又如字　烏鵲孺如喻反李云孚乳而生也　魚傅音附又音付本亦作傳直專反　沫音末司馬云傅沫者以沫相育也一云傳口中沫相與而生子也　細要一遙反　者化蜂之屬也司馬云取桑蟲祝使似己也案即詩所謂螟蛉有子果蠃負之是　慶藩案列子釋文上引司馬云稺蜂細要者取桑蟲祝之使似己之子也視釋文所引爲詳　有弟而兄啼。注言人之性舍長而視幼故啼也疏有弟而兄失愛舍長憐幼故啼是知陳迹不可執留但當順之物我無累言人性舍長視幼故略也〔釋文〕舍音捨　長張丈反　久矣夫。丘不與化爲人。不與化爲人。安能化人。注夫與化爲人者任其自化者也若播六經以說則疏也老子曰。可。丘得之矣。

外篇刻意第十五以義名篇

刻意尚行，離世異俗，高論怨誹，爲亢而已矣，此山谷之士，非世之人，枯槁赴淵者之所好也。【疏】刻，削也。意，志也。亢，窮也。言偏滯之人，未能會理，刻勵身心，高尚其行，離世異俗，卓爾不羣，清談五帝之風，高論三皇之教，怨有才而不遇，誹無道而荒淫，亢志林籟之中，削迹岩崖之下，斯乃隱處山谷之士，非毀時世之人，枯槁則鮑焦介推之流，赴淵則申狄卞隨之類，蓋是一曲之士，何足以語至道哉！已，止也，其術止於此矣。〔釋文〕刻意司馬云：刻，削也，峻其意也。案謂削意令峻也。廣雅云：意，志也。尚行下孟反。離世力智反。高論力困反。怨誹非謂反，徐音非。李云：非世無道，怨己不遇也。爲亢苦浪反。李云：窮高曰亢。枯槁苦老反。赴淵司馬云：枯槁若鮑焦介推，赴淵若申徒狄。語仁義忠信，恭儉推讓，爲修而已矣，此平世之士，教誨之人，遊居學者之所好也。【疏】發辭吐氣，則語及仁義，用茲等法爲修身之本。此乃平時治世之士，施教誨物之人，斯乃子夏之在西河，宣尼之居洙泗，或遊行而議論，或安居而講說，蓋是學人之所好，良非道士之所先。〔釋文〕所好呼報反，下及注皆同。語大功，立大名，禮君臣，正上下，爲治而已矣，此朝廷之士，尊主強國之人，致功并兼者之所好也。【疏】建海內之功績，立今古之鴻名，致君臣之盛禮，主上下之大義，甯安社稷，緝熙常道，既而尊君主而服遐荒，強本邦而兼并敵國，豈非朝廷之士，廊廟之臣乎！即皋陶伊尹呂望之徒是也。〔釋文〕爲治直吏反，下同。此朝直遙反。就藪澤，處閒曠，釣魚閒處，无爲而已矣，此江海之士，避世之人，閒暇者之所好也。【疏】棲隱山藪，放曠皋澤，閒居而事綸釣，避世而處無爲，天子不得臣，諸侯不得友，斯乃從容閒暇之人，即巢父許由公閱休之類。〔釋文〕藪素口反。處閒音閑，下同。釣魚本亦作鈞，同彫叫反。盧文弨曰：今本鈞作釣。吹呴呼吸，吐故納新，熊經鳥申，爲壽而已矣，此道引之士，養形之人，彭祖壽考者之所好也。【注】此數子者所好不同，恣其所好，各之其方，亦所以爲逍遙也。然此僅各自得，焉能靡所不樹哉！若夫使萬物各得其分而不自失者，故當付之無所執爲也。【疏】吹冷呼而吐故，呴暖吸而納新，如熊攀樹而自經，類鳥飛空而伸腳，斯皆導引神氣，以養形魂，延年之道，駐形之術。故彭祖八百歲，白石三千年，壽考之人，即此之類。以前數子，志尚不同，各滯一方，未爲通美。自不刻意而下，方會玄玄之妙致也。〔釋文〕吹呴況于反，字亦作煦。呼吸許及反吐故納新李云吐故氣納新新氣也熊經如字李古定反司馬云若熊之攀樹而引氣也鳥申如字郭音信司馬云若鳥之嚬呻也道引音導下同李云導氣令和引體令柔此數所主反儘其斷反爲能如虞反　若夫不刻意而高。无仁義而修。无功名而治。无江海而閒。不道引而壽。[注]所謂自然无不忘也。无不有也。[注]忘故能有若有之則不能救其忘矣故有者非有之而有也忘而有之也[疏]夫玄通合變之士冥眞契理之人不刻意而其道彌高無仁義而恒自修習忘功名而天下大治去江海而淡爾清閑不導引而壽命無極者故能唯物與我無不盡忘而萬物歸之故無不有也斯乃忘而有之非有之而有也　家世父曰仁義者人與人相接而見爲者也愛爲之謂仁因乎人而愛之是固有人之見存也宜爲之謂義因乎人而宜之是仍有己之見存也無人己之見存則仁義之名可以不立而所修者乃眞修也　慶藩案忘乃亡之借字亡猶己也管子乘馬篇今日爲明日忘貨史記孟嘗君傳所期勿忘其中並與亡同漢書武五子傳臣聞子胥於忠而忘其號師古注忘亡也淮南修務篇南榮疇恥聖道之獨亡於己賈子勸學篇亡作忘皆其例澹然无極而衆美從之。[注]若厲己以爲之則不能無極而衆惡生[疏]心不滯於一方迹冥符於五行是以澹然虛曠而其道無窮萬德之美皆從於己也〔釋文〕澹大暫反徐音談然一本作澹而　此天地之道。聖人之德也。[注]不爲萬物而萬物自生者天地也不爲百行而百行自成者聖人也[疏]天地無心於亭毒而萬物生聖人無心於化育而百行成是以天地以無生生而爲道聖人以無爲爲而成德故老經云天地不仁聖人不仁〔釋文〕百行下孟反下及篇末百行同　故曰。夫恬惔寂漠。虛无无爲。此天地之平而道德之質也。[注]非夫寂漠無爲也則危其平而喪其質也[疏]恬惔寂漠是凝湛之心虛無無爲是寂用之智天地以此法爲平均之源道德以此法爲質實之本也〔釋文〕恬惔大暫反徐音談下皆同質也實正也而喪息浪反下同　故曰。聖人休休焉。則平易矣。[注]休乎恬惔寂漠息乎虛無無爲則雖歷乎阻險之變常平夷而無難[疏]休心於恬惔之鄉息智於虛無之境則履艱難而簡易涉危險而平夷也〔釋文〕人休虛求反息也下及注同平易以豉反下及注皆同　俞樾曰休焉二字傳寫誤倒此本作故曰聖人休焉休則平易矣天道篇故帝王聖人休焉休則虛與此文法相似可據訂正无難乃旦反下同　平易則恬惔矣。[注]患難生於有爲有爲亦生於患難故平易恬惔交相成也[疏]豈唯休心恬惔故平易抑乃平易而恬淡矣是知平易恬惔交相成也　平易恬惔。則憂患不能入。邪氣不能襲。[注]泯然與正理俱往[疏]心既恬惔迹又平易唯心與迹一種無爲故愍憂患累不能入其靈臺邪氣妖氛不能襲其藏府襲猶入也互其文也〔釋文〕邪氣似嗟反下同故其德全而神不虧。【注】夫不平不惔者豈唯傷其形哉神德並喪於內也【疏】夫恬惔無爲者豈唯外形無毀亦乃內德圓全形德既安則精神無損虧矣故曰。聖人之生也天行。【注】任自然而運動其死也物化。【注】蛻然無所係【疏】聖人體勞息之不二達去來之爲一故其生也如天道之運行其死也類萬物之變化任鑪冶之陶鑄無纖介於胸中也〔釋文〕蛻然音帨又始銳反靜而與陰同德。動而與陽同波。【注】動靜無心而付之陰陽也【疏】凝神靜慮與大陰同其盛德應感而動與陽氣同其波瀾動靜順時無心者也不爲福先。不爲禍始。感而後應。【注】無所唱也【疏】夫善爲福先惡爲禍始既善惡雙遣亦禍福兩忘感而後應豈爲先始者也迫而後動。【注】會至乃動【疏】迫至也逼也動應也和而不唱赴機而應不得已而後起。【注】任理而起吾不得已也【疏】已止也機感逼至事不得止而後起應非預謀去知與故。循天之理。【注】天理自然知故無爲乎其閒【疏】循順也內去心知外忘事故如混沌之無爲順自然之妙理也〔釋文〕去知起呂反 慶藩案故詐也晉語多爲之故以變其志韋注曰謂多作計術以變易其志呂覽論人篇去巧故高注巧故僞詐也淮南主術篇上多故則下多詐高注故巧也皆其例管子心術篇去智與故尹知章注故事也失之故无天災。【注】災生於違天【疏】合天故無災也无物累。【注】累生於逆物【疏】順物故無累也无人非。【注】與人同者衆必是焉【疏】同人故無非也无鬼責。【注】同於自得故無責。其生若浮。其死若休。【注】汎然無所惜也【疏】夫聖人動靜無心死生一貫故其生也如浮漚之蹔起變化俄然其死也若疲勞休息曾無繫戀也不思慮。【注】付之天理【疏】心若死灰絕於緣念不豫謀。【注】理至而應【疏】譬懸鏡高堂物來斯照終不預前謀度而待機務者也光矣而不燿。【注】用天下之自光非吾燿也【疏】智照之光明逾日月而韜光晦迹故不炫燿於物也信矣而不期。【注】用天下之自信非吾期也【疏】逗機赴感如影隨形信若四時必無差忒機來方應不預期也其寢不夢。其覺无憂。【疏】契眞故凝寂而不夢累盡故常適而無憂也〔釋文〕其覺古孝反其神純粹。【注】一無所欲【疏】純粹者不雜也既無夢無憂契眞合道故其心神純粹而無閒雜也〔釋文〕粹雖遂反其魂不罷。【注】有欲乃疲【疏】恬惔無爲心神閑逸故其精魂應用終不疲勞〔釋文〕不罷音皮虛无恬惔。乃合天德。【注】乃與天地合其恬惔之德也【疏】歎此虛無與天地合其德故曰悲樂者德之邪。【疏】違心則悲順意則樂不達違從是德之邪安〔釋文〕「悲樂」音洛下同喜怒者道之過。【疏】稱心則喜乖情則怒喜怒不忘是道之罪過好惡者德之失。【疏】無好爲好無惡爲惡此之忘心是德之愆咎也〔釋文〕「好惡」烏路反故心不憂樂。德之至也。【注】至德常適故情無所槩【疏】不喜不怒無憂無樂恬惔虛夷至德之人也一而不變。靜之至也。【注】靜而一者不可變也【疏】抱眞一之玄道混囂塵而不變自非至靜孰能如斯无所於忤。虛之至也。【注】其心豁然確盡乃無纖介之違【疏】忤逆也大順羣生無所乖逆自非虛豁之極其孰能然也〔釋文〕「於忤」五故反「確」苦角反「纖介」音界不與物交。惔之至也。【注】物自來耳至惔者無交物之情【疏】守分情高不交於物無所須待恬惔之至也无所於逆。粹之至也。【注】若雜乎濁欲則有所不順【疏】智照精明至純無雜故能混同萬物大順蒼生至論忤之與逆厥理不殊顯虛粹兩義故再言耳故曰。形勞而不休則弊。精用而不已則勞。勞則竭。【注】物皆有當不可失也【疏】夫形體精神稟之有限而役用無涯必之死地故分外勞形不知休息則困弊斯生精神逐物而不知止必當勞損損則精氣枯竭矣水之性不雜則清。莫動則平。鬱閉而不流。亦不能清。天德之象也。【注】象天德者無心而偕會也【疏】象者法効也言水性清平善鑑於物若混而雜之擁鬱而閉塞之則乖於常性既不能漣漪流注亦不能鑒照於物也唯當不動不閑則清而且平洞照無私爲物準的者天德之象也以況聖人心靈皎絜鑑照無私法象自然與玄天合德故老經云上善若水也故曰。純粹而不雜。【注】無非至當之事也【疏】雖復和光同塵而精神凝湛此釋前其神純粹也靜一而不變。【注】常在當上住【疏】縱使千變萬化而心恒靜一此重釋一而不變惔而无爲。【注】與會俱而已矣【疏】假令混俗揚波而無妨虛惔與物交接亦不廢無爲此釋前恬惔之至也動而以天行。【注】若夫逐欲而動人行也【疏】感物而動應而無心同於天道之運行無心而生萬物此養神之道也。【疏】總結以前天行等法是治身之術養神之道也夫有干越之劍者。柙而藏之。不敢用也。寶之至也。【注】況敢輕用其神乎【疏】干溪名也越山名也干溪越山俱出良劍也又云干吳也言吳越二國並出名劍因以爲名也夫有此干越之寶劍柙中而藏之自非敵國大事不敢輕用寶而重之遂至於此而況寶愛精神者乎〔釋文〕「干越之劍」司馬云干吳也吳越出善劍也李云干溪越山出名劍案吳有溪名干溪越有山名若耶並出善鐵鑄爲名劍也慶藩案王念孫曰：干越猶言吳越。漢書貨殖傳：辟猶戎翟之與于越不相入矣。于亦干之誤。干越皆國名，故言戎翟之與干越。顏師古以爲春秋之於越，又因于而誤。於當從司馬說爲是。（淮南原道篇干越生葛絺，高注曰：干，吳也。劉本改干爲于，云于越一作於越，非。）柙而戶甲反。

精神四達並流。无所不極。上際於天。下蟠於地。【注】夫體天地之極，應萬物之數以爲精神者，故若是矣。若是而有落天地之功者，任天行耳，非輕用也。【疏】流，通也。夫發精神者，故能通達四方，並流無滯，既而下蟠薄於厚地，上際逮於玄天，四維上下，無所不極，動而常寂，非輕用之者也。〔釋文〕下蟠音盤，郭音煩。化育萬物。不可爲象。【注】所育無方。【疏】化導蒼生，含育萬物，隨機俯應，不守一方，故不可以形象而域之也。其名爲同帝。【注】同天帝之不爲。【疏】帝，審也。總結以前，名爲審實之道也，亦言同天帝之不爲也已。

純素之道。唯神是守。守而勿失。與神爲一。【注】常以純素守乎至寂而不蕩於外，則冥也。【疏】純精素質之道，唯在守神；守神而不喪，則精神凝靜，既而形同枯木，心若死灰，物我兩忘，身神爲一也。一之精通。合於天倫。【注】精者，物之真也。【疏】倫，理也。既與神爲一，則精智無礙，故冥乎自然之理。野語有之曰。衆人重利。廉士重名。賢人尚志。聖人貴精。【注】與神爲一，非守神也；不遠其精，非貴精也；然其迹則貴守之也。【疏】莊生欲格量人物，志尚不同，故汎舉大綱，略爲四品，仍寄野逸之人以明言無的當。且世俗衆多之人，咸重財利，則盜跖之徒是也；貞廉純素之士，皆重聲名，則伯夷介推是也；賢人君子，高尚志節，不屈於世，則許由子州支伯是也；唯體道聖人，無所偏滯，故能寶貴精神，不蕩於物，雖復應變隨時，而不喪其純素也。故素也者。謂其无所與雜也。純也者。謂其不虧其神也。【注】苟以不虧爲純，則雖百行同舉，萬變參備，乃至純也；苟以不雜爲素，則雖龍章鳳姿，倩乎有非常之觀，乃至素也；若不能保其自然之質而雜乎外飾，則雖犬羊之鞹，庸得謂之純素哉！【疏】夫混迹世物之中而與物無雜者，至素者也；參變囂塵之內而其神不虧者，至純者也。豈復獨立於高山之頂，拱手於林籟之間，而稱純素哉？蓋不然乎！此結釋前純素之道義也。〔釋文〕倩乎七練反。之觀古喚反。鞹苦郭反。能體純素。謂之眞人。【疏】體，悟解也。妙契純素之理，則所在皆眞道也，故可謂之得眞道之人也。

外篇

繕性第十六〔釋文〕以義名篇

繕性於俗。俗學以求復其初。【注】已治性於俗矣而欲以俗學復性命之本所以求者愈非其道也【疏】繕治也性生也俗習也初本也言人稟性自然各守生分率而行之自合於理今乃習於僞法治於眞性矜而矯之已困弊矣方更行仁義禮智儒俗之學以求歸復本初之性故俗彌得而性彌失學愈近而道愈遠也〔釋文〕繕善戰反崔云治也或云善也　性性本也

滑欲於俗。思以求致其明。【注】已亂其心於欲而方復役思以求明思之愈精失之愈遠【疏】滑亂也致得也欲謂名利聲色等可貪之物也言人所以心靈暗亂者爲貪欲於塵俗故也今還役用分別之心思量求學望得獲其明照之道者必不可也唯當以無學學可以歸其本矣以無思思可以得其明矣本亦有作滑欲於俗者也〔釋文〕滑音骨亂也崔云治也　俞樾曰釋文滑音骨亂也崔云治也此當從崔說爲長上文繕性於俗學以求復其初崔注繕亦訓治蓋二句一義繕也滑也皆治也故曰求復其初求致其明若訓滑爲亂則與求字之義不貫矣滑得訓治者滑猶汩也說文水部汩治水也是其義也玉篇手部曰扣亦搰字然則滑之與汩猶搰之與扣矣　思以李息吏反注役思同

方復扶又反下無復雖復同　謂之蔽蒙之民。【注】若夫發蒙者必離俗去欲而後幾焉【疏】蔽塞也蒙暗也此則結前以俗學歸本以思慮求明如斯之類可謂蔽塞蒙暗之人〔釋文〕必離力智反下文同　去欲起呂反

古之治道者。以恬養知。【注】恬靜而後知不蕩而性不失也【疏】恬靜也古者聖人以道治身治國者必以恬靜之法養眞實之知使不蕩於外也〔釋文〕治道如字又直吏反　養知音智下以意求之

知生而无以知爲也。謂之以知養恬。【注】夫無以知爲而任其自知則雖知周萬物而恬然自得也【疏】率性而照知生者也無心而知無以知爲也任知而往無用造爲斯則無知而知知而無知非知之而知者也故終日知而未嘗知亦未嘗不知終日爲而未嘗爲亦未嘗不爲仍以此眞知養於恬靜若不如是何以恬乎

知與恬交相養。而和理出其性。【注】知而非爲則無害於恬恬而自爲則無傷於知斯可謂交相養矣二者交相養則和理之分豈出佗哉【疏】夫不能恬靜則何以生彼眞知不有眞知何能致茲恬靜是故恬由於知所以能靜知資於靜所以獲眞知故知之與恬交相養也斯則中和之道存乎寸心自然之理出乎天性在我而已豈關他哉

夫德和也。道理也。【注】和故無不得道故無不理【疏】德被於人故以中和爲義理通於物故以大道爲名也

德无不容。仁也。【注】無不容者非爲仁也而仁迹行焉【疏】玄德深遠無不包容慈愛宏博仁迹斯見

道无不理。義也。【注】無不理者非爲義也而義功著焉【疏】夫道能通物物各當理理既宜矣義功著焉

義明而物親。忠也。【注】若夫義明而不由忠

則物愈疏。【疏】義理明顯，情率於中，既不矜矯，故物來親附也。中純實而反乎情，樂也；【注】仁義發中而還任本懷，則志得矣，志得矣其迹則樂也。【疏】既仁義由中，故志性純實，雖復涉於物境，而恆歸于真情，所造和適，故謂之樂。〔釋文〕樂也 音洛，注同。信行容體而順乎文，禮也。【注】信行容體而順乎自然之節文者，其迹則禮也。【疏】夫信行顯著，容儀軌物，而不乖於節文者，其迹則禮也。〔釋文〕信行 下孟反，注同。下以行、小行、注行者、行立皆放此。禮樂偏行，則天下亂矣。【注】以一體之所履，一志之所樂，行之天下，則一方得而萬方失也。【疏】夫不能虛心以應物，而執迹以馭世者，則必滯於華藻之禮，而溺於荒淫之樂也，是以芻狗再陳而天下亂矣。〔釋文〕偏 音遍。　俞樾曰：郭注曰以一體之所履，一志之所樂，行之天下，則一方得而萬方失也，是偏爲一偏之偏，故郭以一體一志說之。釋文作徧而音遍，非是。彼正而蒙己德，德則不冒，冒則物必失其性也。【注】各正性命而自蒙己德，則不以此冒彼也。若以此冒彼，安得不失其性哉！【疏】蒙，暗也。冒，亂也。彼，謂履正道之聖人也。言人必己冒亂，則物我失其性矣。　家世父曰：德足以正物矣，而抑翳物之自然而蒙吾德焉，未嘗以德強天下而冒之也。強天下而冒之，則正者我也，非物之自正也，而物之失其性多矣。〔釋文〕不冒 莫報反。崔云：覆也。古之人在混芒之中，與一世而得澹漠焉。【疏】謂三皇之前，玄古無名號之君也。其時淳風未散，故處在混沌芒昧之中，而與時世爲一，冥然無迹，君臣上下不相往來，俱得恬澹寂漠無爲之道也。〔釋文〕在混 胡本反。芒 莫剛反。崔云：混混芒芒，未分時也。澹 徒暫反。當是時也，陰陽和靜，鬼神不擾，四時得節，萬物不傷，羣生不夭，人雖有知，无所用之，【注】任其自然而已。【疏】當是混沌之時，淳樸之世，舉世恬惔，體合無爲，遂使陰昇陽降，二氣和而靜泰，鬼幽人顯，各守分而不擾，炎涼順序，四時得節，既無災眚，萬物不傷，羣生各盡天年，終無夭折，人雖有心知之術，無爲故無用之也。〔釋文〕不擾 而小反。此之謂至一。當是時也，莫之爲而常自然。【注】物皆自然，故至一也。【疏】均彼此於無爲，混是非於恬惔，物我不二，故謂之至一也。莫，無也。莫之爲而自爲，無爲也；不知所以然而然，自然也。故當是時也，人懷無爲之德，物含自然之道焉。　慶藩案：自然，謂自成也。廣雅：然，成也。大戴禮武王踐阼篇毋曰胡殘其禍將然，謂禍將成也。楚辭遠遊無滑而魂兮，彼將自然，言彼將自成也。郭云物皆自然，語未晰。逮德下衰，【注】夫德之所以下衰者，由聖人不繼世，則在上者不能無爲而羨無爲之迹，故致斯弊也。及燧人伏羲始爲天下，是故順而不一。【注】世已失一，惑不可解故釋而不推順之而已【疏】逮及也古者茹毛飲血與麋鹿同羣及至燧人始變生爲熟伏羲則服牛乘馬剏立庖廚畫八卦以制文字放蜘蛛而造密網既而智詐萌矣嗜欲漸焉澆淳樸之心散無爲之道德衰而始爲天下此之謂乎是順黎庶之心而不能混同至一也〔釋文〕燧人音遂 德又下衰。及神農黃帝。始爲天下。是故安而不順。【注】安之於其所安而已【疏】夫德化更衰爲弊增甚故神農有共工之伐黃帝致蚩尤之戰袄氣不息兵革屢興是以誅暴去殘弔民問罪苟且欲安於天下未能大順於羣生者也 德又下衰。及唐虞。始爲天下。興治化之流。澆淳散朴。【注】聖人無心任世之自成成之淳薄皆非聖也聖能任世之自得耳豈能使世得聖哉故皇王之迹與世俱遷而聖人之道未始不全也【疏】夫唐堯虞舜居五帝之末而興治行化冠三王之始是以設五典而綱紀五行置百官而平章百姓百姓因此而澆訛五行自斯而荒殆枝流分派迄至於茲豈非毀淳素以作澆訛散樸實以爲華僞〔釋文〕興治直吏反 澆古堯反本亦作澆 醇本亦作淳音純 離道以善。【注】善者過於適之稱故有善而道不全【疏】夫虛通之道善惡兩忘今乃捨己効人矜名企善既乖於理所以稱離也〔釋文〕之稱尺證反 險德以行。【注】行者違性而行之故行立而德不夷【疏】險危凶也不能率性任眞聽其蹤迹乃矯情立行以取聲名實由外行聲名浮僞故令內德危險何淸夷之有哉 慶藩案離道以善險德以行郭注訓爲有善而道不全行立而德不夷望文生義於理未順善字疑是爲字之誤言所爲非大道所行非大德也淮南俶眞篇離道以僞（離當爲離字之誤僞古爲字爲亦行也）儉德以行（儉險古字通曾子本孝篇不與儉行以徼幸漢愼令劉脩碑動乎儉中儉並當作險荀子富國篇俗儉而百姓不一楊倞注儉當爲險）即本於此 然後去性而從於心。【注】以心自役則性去也【疏】離虛通之道捨淳和之德然後去自然之性從分別之心 心與心識【注】彼我之心競爲先識無復任性也【疏】彼我之心更相謀慮是非臧否競爲前識者也〔釋文〕心與心識 如字衆本悉同向本作職云彼我之心競爲先職矣 郭注既與向同則亦當作職也 知。而不足以定天下。【注】忘知任性斯乃定也【疏】夫心攀緣於有境知分別於無崖大合爲之煙塵八荒爲之騰沸四時所以愆序三光所以昏悖斯乃禍亂之源何足以定天下也 家世父曰郭象云彼我之心競爲先識無復任性也諸本皆以心與心識爲句向秀本作職云彼我之心競爲先職矣疑心與心非彼我之有異心也心自異也本然者一心然引之而動者又一心引之而動一念之覺而有識焉冬則識寒夏則識暖是也因覺生意而有知焉食則知求甘衣則知求溫是也佛家以意識分兩境知者意之發也故曰不識不知順帝之則識者內心之烱知者外心之徧也知識並生而亂始繁矣烏足以定天下哉 俞樾曰識知二字連文詩曰不識不知是識知同義故連言之曰識知也心與心識知而不足以定天下明必不識不知而後可言定也諸家皆斷識字爲句非是向本作職尤非然後附之以文，益之以博。文滅質，博溺心。【注】文博者心質之飾也。【疏】前後使心塞知不足以定天下故後依附文書以匡時代增博學而濟世不知質是文之本文華則隱滅於素質博是心之末博學則沒溺於心靈唯當絕學而去文方會無爲之美也〔釋文〕博溺乃歷反郭奴學反然後民始惑亂，无以反其性情而復其初。【注】初謂性命之本。【疏】文華既滅於素質博學又沒溺於心靈於是蠢民成亂始矣欲反其恬惔之情性復其自然之初本其可得乎噫心知文博之過

由是觀之，世喪道矣，道喪世矣，世與道交相喪也。【注】夫道以不貴故能存世然世存則貴之貴之道斯喪矣道不能使世不貴而世亦不能不貴於道故交相喪也【疏】喪廢也由是事迹而觀察之故知時世澆淳廢棄無爲之道亦由無爲之道廢變淳和之世是知世之與道交相喪之也〔釋文〕世喪息浪反下及注皆同　慶藩案文選江文通雜體詩注引司馬云世皆異端喪道道不好世故曰喪耳釋文闕道之人何由興乎世，世亦何由興乎道哉！【注】若不貴乃交相與也【疏】故懷道聖人高蹈塵俗未肯興弘以馭世而澆僞之世亦何能興感於聖道也道无以興乎世，世无以興乎道，雖聖人不在山林之中，其德隱矣。【注】今所以不隱由其有情以興也何由而興由無貴也【疏】澆季之時不能用道無爲之道不復行世假使體道聖人降迹塵俗混同羣生無人知者韜藏聖德莫能見用雖居朝市何異山林矣

隱故不自隱。【注】若夫自隱而用物則道世交相與矣何隱之有哉【疏】時逢昏亂故聖道不行豈是韜光自隱其德邪古之所謂隱士者，非伏其身而弗見也，非閉其言而不出也，非藏其知而不發也，時命大謬也。【注】莫知反一以息迹而逐迹以求一愈得迹愈失一斯大謬矣雖復起身以明之開言以出之顯知以發之何由而交興哉祇所以交喪也【疏】謬僞妄也非伏匿其身而不見雖見而不亂羣非閉其言而不出雖出而不忤物非藏其知而不發雖發而不眩曜但時逢謬妄命遇迍邅故隨世污隆全身遠害也〔釋文〕弗見賢遍反　祇所音支

當時命而大行乎天下，【注】此澹漠之時也則反一无迹；【注】反任物性而物性自一故無迹【疏】時逢有道命屬清夷則播德弘化大行天下既而人人反一物物歸根彼我冥符故無朕迹不當時命而大窮乎天下，【注】此不能澹漠之時也則深根寧極而待；【注】雖

有事之世而聖人未始不澹漠也故深根寧極而待其自爲耳斯道之所以不喪也【疏】時遭無道命值荒淫德化不行則大窮天下既而深固自然之本保寧至極之性安排而隨變化處常而待終年豈有窮通休戚於其間哉　此存身之道也。【注】未有身存而世不與者也【疏】在窮塞而常樂處危險而安寧任時世之行藏可謂存身之道也　古之行身者不以辯飾知。【注】任其真知而已【疏】古人輕辯重訥賤言貴行是以古人之行任其身者必不用浮華之言辯飾分別之小智也　不以知窮天下。【注】此淡泊之情也【疏】窮者困累之謂也不縱知害以困苦蒼生也〔釋文〕淡大暫反泊音薄　不以知窮德。【注】守其自德而已【疏】知止其分不以無涯而累其自得也　危然處其所而反其性。已又何爲哉。【注】危然獨正之貌【疏】危猶獨也言獨居亂世之中處危而所在安樂動不傷寂恒反自然之性率性而動復何爲之哉言其無爲也〔釋文〕危然如字郭云獨正貌司馬本作佹云獨立貌崔本作垝音如累垝之垝垝然自持安固貌　道固不小行。【注】遊於坦途【疏】大道廣蕩無不範圍小成隱道固不小行矣〔釋文〕於坦敕但反　德固不小識。【注】塊然大通【疏】上德之人智周萬物豈留意是非而爲識鑒也〔釋文〕塊然苦對反　小識傷德。小行傷道。【疏】小識小知虧損深玄之盛德小學小行傷毀虛通之大道也　故曰正己而已矣。樂全之謂得志。【注】自得其志獨夷其心而無哀樂之情斯樂之全者也【疏】夫己身履於正道則所作皆虛通也既而無順無逆忘哀忘樂所造皆適斯樂全之者也至樂全矣然後志性得焉〔釋文〕樂全音洛注下皆同　古之所謂得志者。非軒冕之謂也。謂其无以益其樂而已矣。【注】全其內而足【疏】益加也軒車也冕冠也古人淳朴體道無爲得志在乎恬夷取樂非關軒冕樂已足矣豈待加之也　今之所謂得志者。軒冕之謂也。【疏】今世之人饒浮者衆貪羡榮位待此適心是以戴冕乘軒用爲得志也　軒冕在身。非性命也。物之儻來。寄者也。【疏】儻者意外忽來者耳軒冕榮華身外之物物之儻來非我性命暫寄而已豈可久長也〔釋文〕儻來吐黨反崔本作黨云衆也　慶藩案崔本儻作黨黨古儻字黨者或然之詞也史記淮陰侯傳恐其黨不敵漢書伍被傳黨可以徼幸並與儻同淮南臣道篇怪星之黨見楊注訓黨爲頻王念孫謂於古無據惠定宇九經古義曰黨見猶所見也又訓黨爲所則據公羊注義也亦似未協崔云黨衆也尤非　寄之。其來不可圉。其去不可止。【注】在外物耳得失之非我也【疏】時屬儻來忻然而取軒冕命遭寄去澹爾而捨榮華既無心於抃樂豈有情於留恡也〔釋文〕可圉魚呂反本又作禦　故不爲軒冕肆志。注澹然自若不覺寄之在身〔釋文〕不爲于僞反下同 不爲窮約趨俗。注曠然自得不覺窮之在身疏肆申也趨競也古人體窮通之有命達榮枯之非己假使軒冕當塗亦未足申其志氣或儉約以窮窘豈趨競於囂俗 其樂彼與此同。注彼此謂軒冕與窮約疏彼軒冕也此窮約也夫軒冕窮約俱是儻來既樂彼軒冕亦須喜茲窮約二俱是寄所以相同也 故无憂而已矣。注亦無欣歡之喜也疏軒冕不樂窮約不苦安排去化所以無憂者也 今寄去則不樂。由之觀之。雖樂未嘗不荒也。注夫寄去則不樂者寄來則荒矣斯以外易內也疏今世之人識見浮淺是以物之寄也欣然而喜及去也悒然不樂豈知彼此事出儻來而寄去寄來常憂常喜故知雖樂而心未始不荒亂也 故曰。喪己於物。失性於俗者。謂之倒置之民。注營外虧內甚倒置也疏夫寄去寄來且憂且喜以己徇物非喪如何軒冕窮約事歸塵俗若習俗之常失於本性違眞背道實此之由其所安置足爲顛倒也 〔釋文〕倒置之民崔云逆其性命而不順也向云以外易內可謂倒置

外篇 秋水第十七〔釋文〕借物名篇

秋水時至。百川灌河。涇流之大。兩涘渚崖之間。不辯牛馬。注言其廣也疏河孟津也涇通也涘岸也涯際也渚洲也水中之可居曰洲也大水生於春而旺於秋素秋陰猛威多致霖雨故秋時而水至也既而凡百川谷皆灌注黃河通流盈滿其水甚大涯岸曠闊洲渚迢遙遂使隔水遠看不辨牛之與馬也〔釋文〕秋水李云水生於春壯於秋白虎通云水準也 灌河古亂反 涇流音經司馬云涇通也崔本作徑云直度曰徑又云字或作涇 兩涘音俟涯也 渚司馬云水中可居曰渚釋名云渚遮也體高能遮水使從旁回也 崖字又作涯亦作厓並同 不辯牛馬辯別也言廣大故望不分別也 於是焉河伯欣然自喜。以天下之美爲盡在己。疏河伯河神也姓馮名夷華陰潼堤鄉人得水仙之道河既曠大故欣然懽喜謂天下榮華盛美盡在己身〔釋文〕河伯姓馮名夷一名冰夷一名馮遲已見大宗師篇一云姓呂名公子馮夷是公子之妻 慶藩案枚乘七發注引許愼曰馮遲河伯也釋文云河伯姓馮名夷一名馮遲遲夷二字古通用也淮南齊俗訓馮夷得道以潛大川許注馮夷河伯也華陰潼鄉隄首里人服八石得水仙詩小雅四牡篇周道倭遲韓詩作委夷顏籀匡俗正謬云古遲夷通此其證高注淮南原道篇馮夷或曰馮遲古之得道能御陰陽者也 爲盡津忍反 順流而東行。至於北海。東面而視。不見水端。於是焉河伯始旋其面目。望洋向若而歎曰。

野語有之曰。聞道百·以為莫己若者·我之謂也·【疏】北海今萊州是望洋不分明也水日相映故望洋也若海神也河伯沿流東行至於大海聊復顧眄不見水之端涯方始迴旋面目高視海若仍慨然發歎託之野語而百是萬之一誠未足以自多遂為無如己者即河伯之謂也此乃鄙俚之談未為通論耳〔釋文〕北海李云東海之北是也面目盳莫剛反又音旁又音望本一作望盧文弨曰今本盳作望洋音羊司馬崔云盳洋猶望羊仰視貌向若向徐音嚮許亮反司馬云若海神慶藩案釋文引司馬崔本作盳洋云盳洋猶望羊仰視貌今案洋羊皆叚借字其正字當作陽論衡骨相篇武王望陽言望視太陽也太陽在天宜仰而觀故訓為仰視聞道百李云萬分之一也家世父曰李軌云聞道百萬分之一也今案聞字對下聽字為言聞道雖多而不知其無窮也以意度其然而自信其有進焉者及昧其無窮乃始爽然自失也百者多詞也李注非是慶藩案百古讀若搏與若韻漢書鄒陽傳鷙鳥絫百與鶚韻蔡邕獨斷蠟祝辭歲取千百與宅壑作韻且夫我嘗聞少仲尼之聞。而輕伯夷之義者。始吾弗信。今我睹子之難窮也。吾非至於子之門。則殆矣。吾長見笑於大方之家。【注】知其小而不能自大則理分有素跂尚之情無為乎其間【疏】方猶道也世人皆以仲尼刪定大經為多聞博識伯夷讓國清廉其義可重復有通人達士議論高談以伯夷之義為輕仲尼之聞為寡即河伯嘗聞竊未之信今見大海之宏博浩汗難窮方覺昔之所聞諒不虛矣河伯向不至海若之門於事大成危殆既而所見狹劣則長被嗤笑於大道之家〔釋文〕今我睹舊音覩案說文睹今字覩古字睹見也崔本作今睹我云睹示也大方之家司馬云大道也理分扶問反後同

北海若曰。井鼃不可以語於海者。拘於虛也。夏蟲不可以語於冰者。篤於時也。曲士不可以語於道者。束於教也。【注】夫物之所生而安者趣各有極【疏】海若知河伯之狹劣舉三物以譬之夫坎井之鼃聞大海無風而洪波百尺必不肯信者為拘於虛域也夏生之蟲至秋便死聞玄冬之時水結為冰雨凝成霰必不肯信者心厚於夏時也曲見之士偏執之人聞說虛通至道絕聖棄智大毫末而小泰山壽殤子而夭彭祖而必不信者為束縛於名教故也而河伯不至洪川未逢海若自矜為大其義亦然〔釋文〕以語如字下同王引之曰鼃本作魚後人改之也太平御覽時序部七鱗介部七蟲豸部一引此並云井魚不可以語於海則舊本作魚可知且釋文於此句不出鼃字直至下文埳井之鼃始云鼃本又作蛙戶蝸反引司馬注云鼃水蟲形似蝦蟆則此句作魚不作鼃明矣若作鼃則戶蝸之音水蟲之注當先見於此不應至下文始見也再以二證明之鴻烈原道篇夫井魚不可與語大拘於隘也梁張綰文井魚之不識巨海夏蟲之不見冬冰（水經贛水注云聊記奇聞以廣井魚之聽）皆用莊子之文則莊子之作井魚益明矣井九三井谷射鮒鄭注曰所生魚無大魚但多鮒魚耳（見劉逵吳都賦注）困學紀聞（卷十）引御覽所載莊子曰用意如井魚者吾為鉤繳以投之呂氏春秋諭大篇曰井中之無

大魚也此皆井魚之譬後人以此篇有埳井鼃之語而荀子亦云坎井之鼃不可與語東海之樂（見正論篇）遂改井魚爲井鼃不知井自有魚無煩改作鼃也自有此改世遂動稱井鼃夏蟲不復知有井魚之喻矣　於虛音墟本亦作墟風俗通云墟虛也崔云拘於井中之空也　王念孫曰崔注拘於虛曰拘於井中之空也案崔訓虛爲空非也虛與墟同故釋文云虛本亦作墟廣雅曰墟尻也（尻古居字）文選西征賦注引聲類曰墟故所居也凡經傳言邱墟者皆謂故所居之地言井魚拘於所居故不知海之大也魚居於井猶河伯居於涯涘之間故下文曰今爾出於崖涘觀於大海乃知爾醜也　夏蟲戶嫁反　慶藩案文選孫與公天台山賦注引司馬云厚信其所見之時也釋文闕　又案司馬訓篤爲厚成疏心厚於夏時即用司馬義其說迂曲難通爾雅釋詁篤固也論語泰伯篇篤信好學謂信之固也禮儒行篤行而不倦謂行之固也後漢延篤字叔堅堅亦固也凡鄙陋不達謂之固夏蟲爲時所蔽而不可語冰故曰篤於時篤字正與上下文拘束同義　曲士司馬云鄉曲之士也　今爾出於崖涘。觀於大海。乃知爾醜。爾將可與語大理矣。【注】以其知分故可與言理也【疏】河伯駕水乘流超於崖涘之表適逢海若仍於瀚海之中詳觀大壑之無窮方鄙小河之陋劣既悟所居之有限故可語大理之虛通也　天下之水。莫大於海。萬川歸之。不知何時止而不盈。尾閭泄之。不知何時已而不虛。春秋不變。水旱不知。此其過江河之流。不可爲量數。【疏】尾閭者泄海水之所也在碧海之東其處有石闊四萬里厚四萬里居百川之下尾而爲閭族故曰尾閭海水沃著即焦亦名沃焦也山海經云羿射九日落爲沃焦此言迂誕今不詳載春雨少而秋用多堯遭水而湯遭旱故海之爲物也萬川歸之而不盈沃焦瀉之而不虛春秋不變其多少水旱不知其增減論其大也遠遍江海之流優劣懸殊豈可語其量數也〔釋文〕尾閭崔云海東川名司馬云泄海水出外者也　泄之息列反又與世反　慶藩案文選嵇叔夜養生論注引司馬云尾閭水之從海外出者也一名沃焦在東大海之中尾者在百川之下故稱尾閭者聚也水聚族之處故稱閭也在扶桑之東有一石方圓四萬里厚四萬里海水注者無不燋盡故曰沃燋較釋文所引加詳　量數音亮注及下同　而吾未嘗以此自多者。自以比形於天地。而受氣於陰陽。吾在天地之閒。猶小石小木之在大山也。方存乎見少。又奚以自多。【注】窮百川之量而縣於河河縣於海海縣於天地則各有量也此發辭氣者有似乎觀大可以明小尋其意則不然夫世之所患者不夷也故體大者快然謂小者爲無餘質小者塊然謂大者爲至足是以上下夸跂俯仰自失此乃生民之所惑也惑者求正正之者莫若先極其差而因其所謂所謂大者至足也故秋毫無以累乎天地矣所謂小者無餘也故天地無以過乎秋毫矣然後惑者有由而反各知其極物安其分逍遙者用其本步而遊乎自得之場矣此莊子之所以發德音也若如惑者之說轉以小大相傾則相傾者無窮矣若夫觀大而不安其小視少而自以爲多將奔馳於勝負之竟而助天民之矜夸豈達乎莊生之旨哉【疏】存在也奚何也夫覆載萬物莫大於天地布氣生化莫大於陰陽也是以海若比形於天地則無等級以寄言受氣於陰陽則是陰陽象之一物也故託諸物以爲譬猶小木小石之在大山乎而海若於天理在乎寡少物各有量亦何足以自多〔釋文〕而縣音玄下同快然於亮反又於良反之竟音境

計四海之在天地之間也。不似礨空之在大澤乎。計中國之在海內。不似稊米之在大倉乎。【疏】礨空蟻穴也稊草似稗而米甚細少也中國九州也夫四海在天地之間九州居四海之內豈不似蟻孔之居大澤稊米之在大倉乎言其大小優劣有如此之懸也〔釋文〕礨力罪反向同崔音壘李力對反空音孔礨孔小穴也李云小封也一云蟻冢也　家世父曰釋文引崔云礨空小穴也李軌云小封也一云蟻塚今案礨空自具兩義言高下之勢也礨者突然而高空者窪然而下大澤之中或墳起或洿深高下起伏自然之勢常相因也故謂之礨空司馬相如上林賦丘墟掘礨亦同此義言丘墟之勢或掘而成穴或壘而成堙也稊米徒兮反司馬云稊米小米也李云稊草也案郭注尒疋稊似稗稗音蒲賣反大倉音泰

號物之數謂之萬。人處一焉。人卒九州。穀食之所生。舟車之所通。人處一焉。此其比萬物也。不似豪末之在於馬體乎。【注】小大之辨各有階級不可相跂【疏】號名號也卒衆也夫物之數不止於萬而世間語便多稱萬物人是萬數之一物也中國九州人衆聚集百穀所生舟車來往在其萬數亦處一焉然以人比之萬物九州方之宇宙亦無異乎一豪之在馬體曾何足以介懷也〔釋文〕人卒尊忽反司馬云衆也崔子恤反云盡也　家世父曰釋文引司馬云卒衆也崔云盡也案人卒九州言極九州之人數卒者盡詞也九州之大人數之繁其在天之中要亦萬物之一而已崔說是　俞樾曰人卒二字未詳何義司馬訓卒爲衆崔訓卒爲盡皆不可通且下云人處一焉則此不當以人言人卒疑大䘚二字之誤人間世篇䘚然拊之釋文曰䘚或作卒是䘚卒形似易誤之證䘚誤爲卒因改大爲人以合之據至樂篇人卒聞之盜跖篇人卒未有不與名就利者是人卒之文本書所有然施之於此不可通矣大䘚者總計之辭上云計四海之在天地之間也又云計中國之在海內計與大䘚其義正同

五帝之所連。三王之所爭。仁人之所憂。任士之所勞。盡此矣。【注】不出乎一域【疏】五帝連接而揖讓三王興師而爭奪仁人殷憂於社稷任士劬勞於職務四者雖事業不同俱理盡於毫末也〔釋文〕五

常之所連司馬云謂連續仁義也崔云連續也本亦作五帝　盧文弨曰今本作五帝　家世父曰江南古莊本連作運似從運爲妥　所爭側耕反　任士之所勞李云任能也勞服也伯夷辭之以爲名。仲尼語之以爲博。此其自多也。不似爾向之自多於水乎。【注】物有定域雖至知不能出焉故起大小之差將以申明至理之無辯也【疏】伯夷讓五等以成名仲尼論六經以爲博用斯輕物持此自多亦何異乎向之河伯自多於水此通合前喻並釋前事少仲尼聞輕伯夷之義也河伯曰。然則吾大天地而小毫末。可乎。【疏】夫形之大者無過天地質之小者莫先毫末故舉大舉小以明稟分有差河伯呈已所知詢於海若又解若以自足爲大吾可大於兩儀若以無餘爲小吾可小於毫末河伯既其領悟故物我均齊所以已述解心詢其可不也北海若曰。否。夫物量无窮。【注】物物各有量。【疏】既領所疑答曰不可夫物之器量稟分不同隨其所受各得稱適而千差萬別品類無窮稱適之處無大無小豈得率其所知抑以爲定時无止。【注】死與生皆時行。【疏】新新不住分无常。【注】得與失皆分。【疏】所稟分命隨時變易終始无故。【注】日新也。【疏】雖復終而復始而未嘗不新是故大知觀於遠近。故小而不寡。【注】各自足也。【疏】此下釋量無窮也以大聖之知視於遠理察於近事故毫末雖小當體自足無所寡少也大而不多。【注】亦無餘也。【疏】天地雖大當體無餘故未足以自多也不多則無夸不寡則息企也知量无窮。【注】攬而觀之知遠近大小之物各有量。【疏】以大人之知知於物之器量大小雖異各稱其情升降不同故無窮也此結前物量無窮也證曏今故。【注】曏明也今故猶古今。【疏】此下釋時無止義也曏明也既知小大非小大則證明古今無古今也〔釋文〕證曏許亮反崔云往也向郭云明也又虛丈反故遙而不悶。【注】遙長也掇而不跂。【注】掇猶短也。【疏】遙長也掇短也既知古今無古今則知壽夭無壽夭是故年命延長終不厭生而悒悶稟齡夭促亦不欣企於遐壽隨變任化未始非吾〔釋文〕掇專劣反郭云短也而不跂如字一本作企下注亦然　家世父曰郭象注遙長也掇猶短也說文掇拾取也易疏患至掇也若手拾掇物然言近而可掇取也悶如老子其政悶悶謂不詳明跂者所以行也淮南子原道訓跂行喙息馬蹄篇蹩躠爲仁踶跂爲義謂煩勞也知時無止順行之而已故者非遙無冥視也今者非近無強致也郭象注未愜知時无止。【注】證明古今知變化之不止於死生也故不以長而悒悶短故爲跂也【疏】此結前時無止義也察乎盈虛故得而不喜失而不憂。【疏】此下釋分無常義也夫天道既有盈虛人事寧無得喪是以視乎盈虛之變達乎得喪之理故儻然而得時也不足爲欣偶爾而失命也不足爲戚也知分之无常也。【注】察其一盈一虛則知分之不常於得也故能忘其憂喜 疏 此結前分無常義也 明乎坦塗。注 死生者日新之正道也 疏 此下釋終始無故義也坦平也塗道也不以死爲死不以生爲生死生無隔故明乎坦然平等之大道者知此〔釋文〕坦吐但反 故生而不說，死而不禍。疏 夫明乎坦然之道者生也不足以爲欣悅其死也不足以爲禍敗達死生之不二何憂樂之可論乎〔釋文〕不說音悅 知終始之不可故也。注 明終始之日新也則知故之不可執而留矣是以涉新而不愕舍故而不驚死生之化若一 疏 此結前終始無故義〔釋文〕不愕五各反 舍故音捨

計人之所知，不若其所不知。注 所知各有限也 疏 強知者乖眞不知者會道以此計之當故不如也 其生之時，不若未生之時。注 生時各有年也 疏 未生之時無喜所以無憂既生之後有愛所以有憎 以其至小求窮其至大之域，是故迷亂而不能自得也。注 莫若安於所受之分而已 疏 至小智也至大境也夫以有限之小智求無窮之大境而無窮之境未周有限之智已喪是故終身迷亂返本無由喪已企物而不自得也 由此觀之，又何以知毫末之足以定至細之倪。又何以知天地之足以窮至大之域。注 以小求大理終不得各安其分則大小俱足矣若毫末不求天地之功則周身之餘皆爲棄物天地不見大於秋毫則顧其形象裁自足耳將何以知細之定細大之定大也 疏 夫物之稟分各自不同大小雖殊而咸得稱適若以小企大則迷亂失性各安其分則逍遙一也故毫末雖小性足可以稱大二儀雖大無餘可以稱小由此視之至小之倪何必定在於毫末至大之域豈獨理窮於天地〔釋文〕之倪五厓反徐音詣郭五米反下同

河伯曰。世之議者皆曰。至精无形。至大不可圍。是信情乎。疏 信實也世俗議論未辯是非僉言至精細者無復形質至廣大者不可圍繞未知此理情智虛實河伯未達故有此疑也

北海若曰。夫自細視大者不盡。自大視細者不明。注 目之所見有常極不能無窮也故於大則有所不盡於細則有所不明直是目之所不逮耳精與大皆非無也庸詎知無形而不可圍者哉 疏 夫以細小之形視於曠大之物者必不盡其宏遠故謂之不可圍又以曠大之物觀於細小之形者必不曉了分明故謂之無形質此並未出於有境豈是至無之義哉 夫精。小之微也。垺。大之殷也。故異便。注 大小異故所便

不得同【疏】精微小也垺，殷大也欲明小中之小大中之大衆氣雖異並不離有中天機自張各有便宜也〔釋文〕垺李普回反徐音孚謂盛也郭芳尤反崔音裒之殷殷衆也慶藩案殷大也故疏云大中之大不當訓衆異便婢面反徐扶面反注皆同此勢之有也。【注】若無形而不可圍則無此異便之勢也【疏】大小既異宜便亦殊故知此勢未超於有之也夫精粗者。期於有形者也。【注】有精粗矣故不得無形【疏】夫言及精粗者必期限於形名之域而未能超於言象之表也〔釋文〕精粗七胡反下同无形者。數之所不能分也。不可圍者。數之所不能窮也。【疏】無形不可圍者道也至道深玄絕於心色故不可以名數分別亦不可以數量窮盡〔釋文〕能分如字可以言論者。物之粗也。可以意致者。物之精也。言之所不能論。意之所不能察致者。不期精粗焉。【注】唯無而已何精粗之有哉夫言意者有也而所言所意者無也故求之於言意之表而入乎無言無意之域而後至焉【疏】夫可以言辯論說者有物之粗法也可以心意致得者有物之精細也而神口所不能言聖心不能察者妙理也必求之於言意之表豈期必於精粗之閒哉〔釋文〕不能論本或作論是故大人之行。不出乎害人。【注】大人者無意而任天行也舉足而投諸吉地豈出害人之塗哉【疏】夫大人應物譬彼天行運而無心故投諸吉地出言利物終不害人也不多仁恩。【注】無害而不自多其恩【疏】慈澤類乎春陽而不多偏行恩惠也動不爲利。【注】應理而動而理自無害【疏】應機而動不域心以利物〔釋文〕爲利于僞反不賤門隸。【注】任其所能而位當於斯耳非由賤之故措之斯職【疏】混榮辱一窮通故守門僕隸不以爲賤也〔釋文〕故措七故反貨財弗爭。【注】各使分定【疏】寡欲知足守分不貪故於彼貨財會無爭競也不多辭讓。【注】適中而已【疏】率性謙和用捨隨物終不矯情飾辭多讓事焉不借人。【注】各使自任【疏】愚智率性工拙襲情終不假借於人分外求務不多食乎力。【注】足而已【疏】食於分內足充而已不多貪求疲勞心力不賤貪污。【注】理自無欲【疏】體達玄道故無情欲非關苟貴清廉賤於貪污行殊乎俗。【注】已獨無可無不可所以與俗殊【疏】和光同塵無可不可而在染不染故行殊乎俗也〔釋文〕行殊下孟反下竟禁之行同不多辟異。【注】任理而自殊也【疏】居正體道故不多邪辟而大順羣生故會無乖異也〔釋文〕辟異匹亦反爲在從衆。【注】從衆之所爲也【疏】至人無心未會專己故凡厭施爲務在從衆也不賤佞諂。【注】自然正直【疏】素性忠貞不履左道非鄙賤佞諂而後正直也　家世父曰大人之行凡五事本不害人非爲仁也無貴賤貨利之在其心何有辭讓也不尊人以爲利何有貪汚也行自殊俗非爲異也順從乎衆非爲諂也事焉不借人如許行之云並耕而治饔飧而食不多食乎力如老子之云我無事而民自富我無顧而民自樸彼貪汚者自止而無事乎賤之矣郭象注未能分明

世之爵祿不足以爲勸，戮恥不足以爲辱。【注】外事不接於心【疏】夫高官重祿世以爲榮刑戮黜落世以爲恥既而體榮枯之非我達通塞之有時寄來不足以勸勵寄去不足以羞辱也　家世父曰世之爵祿不足以爲勸戮恥不足以爲辱承上言無爲而民自化仁讓無所施貪諂無所庸又何以爵祿戮恥爲也郭象云外事不棲於心謀

知是非之不可爲分。細大之不可爲倪。【注】故玄同也【疏】各執是非故是非不可爲定分互爲大小故細大何得有倪限卽天地毫末之謂乎

聞曰。道人不聞。【注】任物而物性自通則功名歸物矣故不聞【疏】夫體道聖人和光韜晦推功於物無功名之可聞寓諸他人故稱聞曰

至德不得。【注】得者生於失也物各無失則得名去也【疏】得者不喪之名也而造極之人均於得喪既無所喪亦無所得故老經云上德不德

大小无巳。【注】任物而巳【疏】大聖之人有感斯應方圓任物故無巳也〔釋文〕无巳音紀

約分之至也。【注】約之以至其分故冥也夫唯極乎無形而不可圍者爲然【疏】約依也分限也夫大人利物抑乃多塗要切而言莫先依分若視目所見聽耳所聞知止所知而限於分內者斯德之至者也

河伯曰。若物之外。若物之內。惡至而倪貴賤。惡至而倪小大。【疏】若物之外若物之內謂物性分之內外也惡何也言貴賤之分小大之倪爲在物性之中爲在性分之外至何處所而有此耶河伯未達其源故致斯請也〔釋文〕惡至音烏下同

北海若曰。以道觀之。物无貴賤。【注】各自足也【疏】道者虛通之妙理物者質礙之麤事而以麤視妙故有大小以妙觀麤故無貴賤

以物觀之。自貴而相賤。【注】此區區者乃道之所錯綜而齊之也【疏】夫物情倒置迷惑是非皆欲貴己而賤他他亦自貴而賤彼彼此懷惑故言相也

以俗觀之。貴賤不在己。【注】斯所謂倒置也【疏】夫榮華戮恥事出儻來而流俗之徒安生欣戚是以寄來爲貴得之所以爲寵寄去爲賤失之所以爲辱斯乃寵辱由乎外物豈貴賤在乎己哉

以差觀之。因其所大而大之。則萬物莫不大。因其所小而小之。則萬物莫不小。知天地之爲稊米也。知毫末之爲丘山也。則差數覩矣。【注】所大者足也所小者無餘也故因其

性足以名大則毫末丘山不得異其名因其無餘以稱小則天地稊米無所殊其稱若夫觀差而不由斯道則差數相加幾微相傾不可勝察也【疏】差別也夫以自足爲大則毫末之與丘山均其大矣以無餘爲小則天地之與稊米均其小矣是以因毫末爲大則萬物莫不大矣因天地以爲小則萬物莫不小矣故雖千差萬際數量不同而以此觀之則理可見 家世父曰道者通乎人我者也物者心有所據以衡人者也俗者徇俗爲貴賤者也差者萬物之等差也功者人我兩須之事功也趣者一心之旨趣也繁然殽亂而持之皆有道故言之皆有本貴賤大小辨爭反復而天下紛然多故也〔釋文〕其稱尺證反 可勝音升 以功觀之因其所有而有之則萬物莫不有。因其所无而无之則萬物莫不无。知東西之相反而不可以相无。則功分定矣。【注】天下莫不相與爲彼我而彼我皆欲自爲斯東西之相反也然彼我相與爲脣齒脣齒者未嘗相爲而脣亡則齒寒故彼之自爲濟我之功宏矣斯相反而不可以相無者也故因其自爲而無其功則天下之功莫不皆無矣因其不可相無而有其功則天下之功莫不皆有矣若乃忘其自爲之功而思夫相爲之惠惠之愈勤而僞薄滋甚天下失業而情性瀾漫矣故其功分無時可定也【疏】夫東西異方其義相反也而非東無以立西斯不可以相無者也若近取諸身者眼見耳聽手捉腳行五臟六腑四肢百體各有功能咸稟定分豈眼爲耳視而腳爲手行哉相爲之功於斯滅矣此是因其所無而無之則萬物莫不無也然足不行則四肢爲之委頓目不視則百體爲之否塞而所司各用無心相爲濟彼之功自然成矣斯因其所有而有之則萬物莫不有也以此觀之則功用有矣分各定矣若乃忘其自爲之功而思夫相爲之惠則彼我失性而是非殽亂也豈莊生之意哉〔釋文〕自爲于僞反注內自爲相爲皆同餘如字 以趣觀之因其所然而然之則萬物莫不然。因其所非而非之則萬物莫不非。知堯桀之自然而相非。則趣操覩矣。【注】物皆自然故無不然物皆相非故無不非無不非則無然矣無不然則無非矣無然無非者堯也有然有非者桀也然此二君各受天素不能相爲故因堯桀以觀天下之趣操其不能相爲也可見矣【疏】然猶是也夫物皆自是故無不是物皆相非故無不非無不非則天下無是矣無不是則天下無非矣故以物情趣而觀之因其自是則萬物莫不是因其相非則萬物莫不非矣夫天下之極相反者堯桀也故舉堯桀之二君以明是非之兩義故堯以無爲爲是有欲爲非桀以無爲爲非有欲爲是故曰知堯桀之自然相非因此而言則天下萬物情趣志操可以見之矣　昔者堯舜讓而帝。之噲讓而絕。【疏】夫帝王異代爭讓異時既而堯知天命有歸故禪於舜舜知歷祚將改又讓於禹唐虞是五帝之數故曰讓而帝也子之燕相子之也噲燕王名也子之即蘇秦之女壻也秦弟蘇代從齊使燕以堯讓許由故事說燕王噲令讓位與子之子之遂受國人恨其受讓皆不服子之三年國亂齊宣王用蘇代計與兵伐燕於是殺燕王噲於郊斬子之於朝以絕燕國豈非効堯舜之陳跡而禍至於此乎〔釋文〕之噲音快又古邁反又古會反之者燕相子之也噲燕王名也司馬云燕王噲拙於謀用蘇代之說效堯舜讓位與子之三年而國亂　湯武爭而王。白公爭而滅。【注】夫順天應人而受天下者其跡則爭讓之跡也尋其跡者失其所以跡矣故絕滅也【疏】殷湯伐桀周武克紂此之二君皆受天命故致六合清泰萬國來朝是以時纔三王故云爭而王也而時須干戈應以湯武時須揖讓應以堯舜故千變萬化接物隨時讓爭之跡不可執留也白公名勝楚平王之孫太子建之子也平王用費無忌之言納秦女而疏太子太子奔鄭娶鄭女而生勝大傅伍奢被殺子胥奔吳勝從奔吳與胥耕於野楚令尹子西迎勝歸國封於白邑僭號稱公勝以鄭人殺父請兵報讎頻請不允遂起兵反楚遣葉公子高伐而滅之故曰白公爭而滅〔釋文〕而王往況反　白公名勝楚平王之孫白縣尹僭稱公作亂而死事見左傳哀公十六年　由此觀之。爭讓之禮。堯桀之行。貴賤有時。未可以爲常也。【疏】爭讓文武也堯桀是非也若經緯天地則賤武而貴文若克定禍亂則賤文而貴武是以文武之道貴賤有時而是非之行亦用舍何定故爭讓之禮於堯舜湯武之時則貴於之噲白公之時則賤不可常也　梁麗可以衝城。而不可以窒穴。言殊器也。【疏】梁屋梁也麗屋棟也衝擊也窒塞也言梁棟大可用作攻擊城隍不可用塞於鼠穴言其器用大小不同也〔釋文〕梁麗　司馬李音禮一音如字司馬云梁麗小船也崔云屋棟也　慶藩案初學記二十五引司馬云麗小船也與釋文小異　兪樾曰司馬云梁麗小船也崔云屋棟也然小船與屋棟皆非所以衝城詩皇矣篇與爾臨衝毛傳曰臨臨車也衝衝車也正義曰兵書有作臨車衝車之法墨子有備衝之篇知臨衝俱是車也然則此云可以衝城其爲是車明矣徐無鬼篇君亦必無陳鶴列於麗譙之閒郭注曰麗譙高樓也司馬曰麗譙樓觀名也此所云梁麗疑是車之有樓者若左傳所稱樓車矣文選辨亡論衝棚息於朔野李善注曰子略作轒樓也可爲衝車有樓之證　慶藩案司馬訓梁麗爲小船非也兪氏以爲樓車亦近附會攷列子湯問篇雍門鬻歌餘音繞梁欐三日不絕梁欐即此所云梁麗也力命篇居則連欐文選司馬長卿上林賦連捲欐佹注欐佹支柱也欐者附著佹者交午欐與麗同廣韻麗著也玉篇麗偶也柱偶曰麗梁棟相附著亦曰麗正謂椽柱之屬當從崔說爲勝爲梁麗必材之大者故可用以衝城不當泥視　窒珍悉反爾雅云塞也崔李同說文都節反　騏驥驊騮。一日而馳千里。捕鼠不如狸狌。言殊技也。【疏】騏驥驊騮並古之良馬也捕捉也狸狌野貓也夫良馬駿足日馳千里而捕捉小鼠不及狸狌是技藝不同不可一槩而取者也〔釋文〕騏音其　驥音冀　驊戶花反　騮音留　李云

騏驥驊騮皆駿馬也　捕音步本又作搏徐音付　狸力之反　狌音姓向同又音生崔本作鼬由又反　殊技其綺反　鴟鵂夜撮蚤。察毫末。晝出瞋目而不見丘山。言殊性也。【注】就其殊而任之，則萬物莫不當也。【疏】鴟鵂，鵂鶹也，亦名隻狐，是土梟之類也。晝則眼暗，夜則目明，故夜能撮捉蚤蝨，密視秋毫之末，晝出瞋張其目，不見丘山之形。是知物性不同，豈直鴟鵂而已，故隨其性而安之，則物無不當也。〔釋文〕鴟尺夷反崔云鴟鵂鶹與委梟同　夜撮七括反崔本作最音同　蚤音早。說文跳蟲齧人者也。淮南子鴟夜聚蚤，察分毫末，許慎云鴟夜聚食蚤蝨不失也。司馬本作蚤音文，云鴟鵂鶹夜取蚤食。今郭本亦有作蚤者。崔本作爪，云鵂鶹夜聚人爪於巢中也。　王引之曰：鵂字涉釋文內鴟鵂鶹而衍。（埤雅引此已誤）案釋文曰鴟尺夷反，崔云鴟鵂鶹，而不爲鵂字作音，則正文內本無鵂字明矣。淮南主術篇亦云鴟夜撮蚤。　慶藩案爪蚤通用，故崔本作爪。蚤蚤字形相近，故司馬本作蚤。淮南主術篇高注：鴟，鵂也，謂之老菟，夜鳴人屋上也，夜則目明，合聚人爪以著其巢中，故曰察分秋毫，晝則無所見，故曰形性詭也。許注曰：鴟夜聚食蚤蝨不失也。撮蚤之說，許高異義，王引之云撥之事理，當以許注爲雅馴。　瞋尺夷反向處辰反司馬云張也崔音眩又師愼反本或作瞑　慶藩案釋文瞋或作瞑，疑作瞑者是也。說文：瞋，怒目也；瞑，合目也。瞑目則無所見矣。隸書眞或作真，冥或作冥，形相似而誤。管子小問篇桓公瞋目而視祝梟已疵，韓子守道篇瞋目切齒傾耳，淮南道應篇瞋目蹴然擭臂拔劍，今本瞋並誤瞑，皆其例。

故曰。蓋師是而无非。師治而无亂乎。是未明天地之理。萬物之情者也。【注】夫天地之理，萬物之情，以得我爲是，失我爲非，適性爲治，失和爲亂。然物無定極，我無常適，殊性異便，是非無主。若以我之所是，則彼不得非，此知我而不見彼者耳。故以道觀者，於是非無當也，付之天均，恣之兩行，則殊方異類，同爲皆得也。【疏】蓋，不盡之辭也。師，猶師心也。夫物各師其域，心妄爲偏執，將己爲是，不知他以爲非，將我爲治，不知物以爲亂，故師心爲是，不見己上有非，師心爲治，謂言我身無亂，豈知治亂同源，是非無主。故治亂同源者，天地之理也；是非無主者，萬物之情也。暗於斯趣，故言未明也。〔釋文〕師是或云師順也　師治直吏反注皆同

是猶師天而无地。師陰而无陽。其不可行明矣。【疏】夫天地陰陽，相對而有，若使有天無地，則萬物不成，有陰無陽，則蒼生不立，是知師是而無非，師治而無亂者，必不可行明矣。然且語而不舍。非愚則誣也。【注】天地陰陽，對生也；是非治亂，互有也；將奚去哉！【疏】若夫師是而無非，師天而無地，語及於此而不捨於口者，若非至愚之人，則是故爲誣罔。〔釋文〕不舍音捨下同　帝王殊禪。三代殊繼。差其時。逆其俗者。謂之篡夫。【疏】帝，五帝也。王，三王。三代，夏殷周。禪，授也。繼，續也。或宗族相承，或讓與他姓，故言殊禪也。或父子相繼，或興兵篡弒，故言殊繼也。或遲速差

互不合天時或𢘽俗未歸從於人事是以之噲慕堯舜以絕嗣白公効湯武以滅身如此之流謂之篡奪也〔釋文〕篡夫 初患反取也下如字 當其時。順其俗者。謂之義徒。疏 夫干戈揖讓事跡不同用捨有時不可常執至如湯武興兵唐虞揖讓上符天道下合人心如此之徒謂之爲義也 默默乎河伯。女惡知貴賤之門。小大之家。注 俗之所貴有時而賤物之所大世或小之故順物之跡不得不殊斯五帝三王之所以不同也。疏 河伯未能會理故海若訶使忘言默默莫聲幸勿辭費也夫小大無主貴賤無門物情顛倒妄爲臧否故女於何推逐而知貴賤大小之家門乎言其不知也 〔釋文〕女惡 音汝後放此下音烏 河伯曰。然則我何爲乎。何不爲乎。吾辭受趣舍。吾終奈何。疏 奈何猶如何也河伯雖領高義而未達旨歸故更請決疑遲聞解釋我欲處涉人世攝衞修道於何事而可爲乎於何事而不可爲乎及辭讓受納進趣退舍衆諸物務其事云何願垂告誨終身奉遵 北海若曰。以道觀之。何貴何賤。是謂反衍。注 貴賤之道反覆相尋。疏 反衍猶反覆也夫貴賤者生乎妄執也今以虛通之理照之則貴者反賤而賤者復貴故謂之反衍也〔釋文〕反衍 如字又以戰反崔云無所貴賤乃反爲美也本亦作畔衍李云猶漫衍合爲一家 慶藩案文選左太沖蜀都賦注引司馬作叛衍云叛衍猶漫衍也釋文闕 反覆 芳服反 无拘而志。與道大蹇。注 自拘執則不夷於道。疏 而汝也夫修道之人應須放任而汝乃拘執心志矜而持之故與虛通之理蹇而不夷也 〔釋文〕與道大蹇 向紀輦反徐紀偃反本或作與天道蹇崔本蹇作䟘云猶拾也 何少何多。是謂謝施。注 隨其分故所施無常。疏 謝代也施用也夫物或聚少以成多或散多以爲少故施用代謝無常定也 〔釋文〕謝施 如字司馬云謝代也施用也崔云不代其德是謂謝施 无一而行。與道參差。注 不能隨變則不齊於道。疏 夫代謝施用多少適時隨機變化故能齊物若執一爲行則與理不冥者也 〔釋文〕參 初林反 差 初宜反 嚴乎若國之有君。其无私德。注 公當而已。疏 體道之士望之儼然端拱萬乘楷模於物羣彼萬國宗仰一君亭毒黎元必無私德也 〔釋文〕嚴乎 魚檢反又如字 繇繇乎若祭之有社。其无私福。注 天下之所同求。疏 繇繇賒長之貌也若衆人之祭社稷而社稷無私福於人也 〔釋文〕繇繇 音由 泛泛乎其若四方之无窮。其无所畛域。注 泛泛然無所在。疏 泛泛普徧之貌也夫至人立志周普無偏接濟羣生泛愛平等譬東西南北曠遠無窮量若虛空豈有畛界限域也〔釋文〕泛泛 孚劍反字又作汎 畛 之忍反 域 于逼反舊于目反 兼懷萬物。其孰承翼。注 掩御羣生反之分內而平往者也豈扶疏而承翼哉【疏】懷藏也孰誰也言大聖慈悲兼懷庶品平往而已然無偏愛誰復有心拯救而接承扶翼者也是謂无方。【注】無方故能以萬物爲方【疏】譬彼明鏡方茲幽谷逗機百變無定一方也萬物一齊。孰短孰長。【注】莫不皆足【疏】萬物參差亭毒唯一鳧鶴長短分足齊性道无終始。物有死生。【注】死生者無窮之變耳非終始也【疏】虛通之道無終無始執滯之物妄計死生故老經云迎不見其首隨不見其後不恃其成。【注】成無常處【疏】應物無方超然獨化豈假待對而後生成也一虛一滿。不位乎其形。【注】不以形爲位而守之不變【疏】譬彼陰陽春生秋殺盈虛變化榮落順時豈執守形骸而拘持名位邪年不可舉。【注】欲舉之令去而不能〔釋文〕令去力呈反時不可止。【注】欲止之使停又不可【疏】夫年之夭壽時之賒促出乎天理蓋不由人故其來也不可舉而令去其去也不可止而令住俱當任之未始非我也消息盈虛。終則有始。【注】變化日新未嘗守故【疏】夫陰消陽息夏盈冬虛氣序循環終而復始混成之道變化日新循理直前無勞措意也是所以語大義之方。論萬物之理也。【疏】前來所辨海若之談正是語大道之義方論萬物之玄理者也物之生也。若驟若馳。【注】但當就用耳【疏】夫生滅流謝運運不停其爲迅速如馳如驟是尤百年倏忽何足介懷也无動而不變。无時而不移。【注】故不可執而守【疏】夫流動變化時代遷移迅若交臂驟如過隙故未有語動而不變化言時而不遷移也何爲乎。何不爲乎。夫固將自化。【注】若有爲不爲於其閒則敗其自化矣【疏】萬物紛亂同稟天然安而任之必自變化何勞措意爲與不爲河伯曰。然則何貴於道邪。【注】以其自化【疏】若使不爲混一則凡聖之理均齊既任變化之自然又何貴於至道河伯更起斯問還以所疑北海若曰。知道者。必達於理。達於理者。必明於權。明於權者。不以物害己。【注】知道者知其無能也無能也則何能生我我自然而生耳而四支百體五藏精神已不爲而自成矣又何有意乎生成之後哉達乎斯理者必能遣過分之知遺益生之情而乘變應權故不以外傷內不以物害己而常全也【疏】夫能知虛通之道者必達深玄之實理達深玄之實理者必明於應物之權智既明權實之無方故能安排而去化死生無變於己何外物之能害哉以答河伯之所疑次明至道之可貴〔釋文〕五藏才浪反至德者。火弗能熱。水弗能溺。寒暑弗能害。

禽獸弗能賊。【注】夫心之所安則危不能危意無不適故苦不能苦也【疏】至德者謂得至道之人也雖復和光混世處俗同塵而不爲四序所侵不爲三災所害既得之於內故外不能賊此明解道之可貴也　非謂其薄之也。【注】雖心所安亦不使犯之【疏】薄輕也所以水火不侵禽獸不害者惟心所安則傷不能傷也既不違避亦不輕犯之也〔釋文〕其薄如字崔云謂以體著之　言察乎安危。【注】知其不可逃也【疏】所以傷不能傷者正言審察乎安危順之而不可逃處之而常適也　寧於禍福。【注】安乎命之所遇【疏】寧安也禍窮塞也福通達也至德之人唯變所適體窮通之有命達禍福之無門故所樂非窮通而所遇常安也　謹於去就。【注】審去就之非已【疏】謹去就之無定審取舍之有時雖復順物遷移而恆居至當者　莫之能害也。【注】不以害爲害故莫之能害【疏】一於安危冥於禍福與化俱往故物莫能傷此總結以前無害之義　故曰。天在內。人在外。【注】天然在內而天然之所順者在外故大宗師云知天人之所爲者至矣明內外之分皆非爲也【疏】天然之性韞之內心人事所順涉乎外跡皆非爲也任之自然故物莫之害矣　德在乎天。【注】恣人任知則流蕩失素也【疏】至德之美在乎天然若恣人任知則流蕩天性　知天人之行。本乎天。位乎得。【注】此天然之知自行而不出乎分者也故雖行於外而常本乎天而位乎得矣【疏】此眞知也位居處也運眞知而行於世雖涉於物千變萬化而恆以自然爲本居於虛極而不喪其性動而寂者也〔釋文〕之行如字　蹢躅而屈伸。【注】與機會相應者有斯變也【疏】蹢躅進退不定之貌也至人應世隨物汙隆或屈或伸會無定執趣人冥會以逗機宜〔釋文〕蹢丈益反又持革反　躅丈錄反又音濁　屈伸音申　反要而語極。【注】知雖落天地事雖接萬物而常不失其要極故天人之道全也【疏】雖復混跡人閒而心恆凝靜常居樞要而反本還源所有語言皆發乎虛極動不乖寂語不乖默也〔釋文〕反要於妙反

曰。何謂天。何謂人。【疏】河伯未達玄妙更起此疑問天人之道庶希後答　北海若曰。牛馬四足。是謂天。落馬首。穿牛鼻。是謂人。【注】人之生也可不服牛乘馬乎服牛乘馬可不穿落之乎牛馬不辭穿落者天命之固當也苟當乎天命則雖寄之人事而本在乎天也【疏】夫牛馬稟於天自然有四腳非關人事故謂之天羈勒馬頭貫穿牛鼻出自人意故謂之人然牛鼻可穿馬首可絡不知其爾莫辨所由事雖寄乎人情理終歸乎造物欲顯天人之一道故託牛馬之二獸也　故曰。无以人滅天。【注】穿落之可也若乃走作過分驅步失節則

天理滅矣。【疏】夫因自然而加人事則羈絡之可也若乃穿馬絡牛乖於造化可謂逐人情之矯僞滅天理之自然　无以故滅命。【注】不因其自爲而故爲之者命其安在乎【疏】夫率性乃動動不過分則千里可致而天命全矣若乃以驚厲驥而驅馳失節斯則以人情事故毀滅天理危亡旦夕命其安在乎豈唯馬牛萬物皆爾　无以得殉名。【注】所得有常分殉名則過也【疏】夫名之可殉者無涯性之所得者有限若以有限之得殉無涯之名則天理滅而性命喪矣　謹守而勿失。是謂反其眞。【注】眞在性分之內【疏】夫愚智夭壽窮通榮辱稟之自然各有其分唯當謹固守持不逐於物得於分內而不喪於道者謂反本還源復於眞性者也此一句總結前玄妙之理也

夔憐蚿。蚿憐蛇。蛇憐風。風憐目。目憐心。【疏】憐是愛尚之名夔是一足之獸其形如鼓足似人腳而迴踵向前也山海經云東海之內有流波之山其山有獸狀如牛蒼色無角一足而行聲音如雷名之曰夔昔黃帝伐蚩尤以夔皮冒鼓聲聞五百里也蚿百足蟲也夔則以少企多故憐蚿蚿則以有羨無故憐蛇蛇則以小企大故憐風風則以暗慕明故憐目目則以外慕內故憐心欲明天地萬物皆稟自然明暗有無無勞企羨放而任之自合玄道倒置之徒妄心希慕故舉夔等之麤事以明天機之妙理又解憐哀愍也夔以一足而跳躑憐蚿衆足之煩勞蚿以有足而安行哀蛇無足而辛苦蛇有形而適樂愍風無質而冥昧風以飄颻而自在憐目域形而滯著目以在外而明顯憐心處內而暗塞欲明物情顛倒妄起哀憐故託夔蚿以救其病者也〔釋文〕夔求龜反一足獸也李云黃帝在位諸侯於東海流山得奇獸其狀如牛蒼色無角一足能走出入水即風雨目光如日月其音如雷名曰夔黃帝殺之取皮以冒鼓聲聞五百里　憐音蓮　蚿音賢又音玄司馬云馬蚿蟲也廣雅云蛆渠馬蚿　蚿憐蛇蛇憐風風憐目目憐心　司馬云夔一足蚿多足蛇無足風無形目形綴於此明流於彼心則質幽爲神遊外

夔謂蚿曰。吾以一足。趻踔而行。予无如矣。今子之使萬足。獨奈何。【疏】趻踔跳躑也我以一足跳躑快樂而行天下簡易無如我者今子驅馳萬足豈不劬勞如何受生獨異於物發此疑問庶顯天機也〔釋文〕趻勑甚反郭菟減反一音初稟反　卓本亦作踔同勑角反李云趻卓行貌　盧文弨曰今本卓作踔　慶藩案卓獨立也與踔𨁝聲義同漢書河間獻王傳卓爾不羣說苑君道篇踔然獨立（踔敕角切）說文𨁝（竹角切）特止也徐鍇繫傳特止卓立也通作趠逴廣雅趠絕也李善西都賦注逴（敕角切）踔猶超絕也義並同

蚿曰。不然。子不見夫唾者乎。噴則大者如珠。小者如霧。雜而下者。不可勝數也。今予動吾天機。而不知其所以然。【疏】夫唾而噴者實無心於大小而大小之質自分故大者如珠璣小者如霧霧散雜而下其數難舉今蚿之衆足乃是天然機關運動而行未知所以無心自張有同噴唾夔以人情起問蚿以天機直答必然之理於此自明也〔釋文〕唾吐臥反　噴普悶反又芳奔反又孚悶反　如霧音務郭武貢反　可勝音升　慶藩案文選陸士衡文賦注引司馬云天機自然也釋文闕

蚿謂蛇曰：吾以衆足行，而不及子之無足，何也。疏 蚿以衆足而遲蛇以無足而速然遲速有無稟之造化欲明斯理故發此疑問

蛇曰：夫天機之所動，何可易邪。吾安用足哉。注 物之生也非知生而生也則生之行也豈知行而行哉故足不知所以行目不知所以見心不知所以知俛然而自得矣遲速之節聰明之鑒或能或否皆非我也而惑者因欲有其身而矜其能所以逆其天機而傷其神器也至人知天機之不可易也故捐聰明棄知慮魄然忘其所為而任其自動故萬物無動而不逍遙也疏 天然機關有此動用遲速有無不可改易無心任運何用足哉〔釋文〕俛然亡本反

蛇謂風曰：予動吾脊脅而行，則有似也。今子蓬蓬然起於北海，蓬蓬然入於南海，而似无有，何也。疏 脅肋也蓬蓬風聲也亦塵動貌也蛇既無足故行必動於脊脅也似像也蛇雖無足而有形像風無形像而鼓動無方自北徂南鼓揚溟海無形有力竊有所疑故陳此問庶聞後荅也〔釋文〕蓬蓬步東反徐扶公反李云風貌　家世父曰玉篇似肖也所以行者足也動吾脊脅而行無足而猶肖夫足也有形則有肖無形則亦無所肖也

風曰：然。予蓬蓬然起於北海而入於南海也，然而指我則勝我，鰌我亦勝我。雖然，夫折大木，蜚大屋者，唯我能也，故以衆小不勝為大勝也。為大勝者，唯聖人能之。注 恣其天機無所與爭斯小不勝者也然乘萬物御羣材之所為使羣材各自得萬物各自為則天下莫不逍遙矣此乃聖人所以為大勝也疏 風雖自北徂南鼓揚溟海然人以手指撝於風風即不能折指以腳蹋蹈於風風亦不能折腳此小不勝也然而飄風卒起羊角作勝則大廈為之飛揚櫟社以之摧折此大勝也譬達觀之士穢迹揚波混愚智於羣小之閒泯是非於囂塵之內此衆小不勝也而亭毒蒼生造化區宇同二儀之覆載等三光之照燭此大勝也非下凡之所解唯聖人獨能之蹭亦有作鰌字者鰌藉蓋也今不用此解也〔釋文〕鰌音秋李云藉也藉則蹴也本又作蹭子六反又七六反迫也　家世父曰李軌云鰌藉也藉則蹴也本文作蹭指者手鰌之鰌者足蹴之荀子彊國篇巨楚縣吾前大燕鰌吾後勁魏鉤吾右楊倞注鰌蹴也言蹴踏於後也　折大之舌反　蜚大音飛又扶貴反

孔子遊於匡，宋人圍之數帀，而絃歌不惙。疏 惙止也宋當為衛字之誤也匡衛邑也孔子自魯適衛路經匡邑而陽虎曾侵暴匡人孔子貌似陽虎又孔子弟子顏剋與陽虎同暴匡邑剋時復與孔子為御匡人既見孔子貌似陽虎復見顏

剋爲御，謂孔子是陽虎重來，所以興兵圍繞。孔子達窮通之命，故絃歌不止也。〔釋文〕孔子遊於匡宋人圍之數色主反帀子合反。司馬云：宋當作衛。匡，衛邑也。衛人誤圍孔子，以爲陽虎。虎嘗暴於匡人，又孔子弟子顏剋時與虎俱，後剋爲孔子御，至匡，匡人共識剋；又孔子容貌與虎相似，故匡人共圍之。不惙本又作輟，同丁劣反。子路入見，曰：「何夫子之娛也。」【疏】娛，樂也。匡人既圍，理須憂懼，而絃歌不止，何故如斯？不達聖情，故起此問。本亦有作虞字者，虞，憂也，怪夫子憂虞而絃歌不止。〔釋文〕入見賢遍反。孔子曰：「來，吾語女。我諱窮久矣，而不免，命也；求通久矣，而不得，時也。【注】將明時命之固當，故寄之求諱。【疏】諱，忌也，拒也。窮，否塞也。通，泰達也。夫子命仲由來，語其至理，云：我忌於窮困而不獲免者，豈非天命也！求通亦久而不能得者，不遇明時也。夫時命者，其來不可拒，其去不可留，故安而任之，無往不適也。夫子欲顯明斯理，故寄之窮諱，而實無窮諱也。〔釋文〕吾語魚據反。當堯舜而天下无窮人，非知得也；當桀紂而天下无通人，非知失也；時勢適然。【注】無爲勞心於窮通之閒。【疏】夫生當堯舜之時，而天下太平，使人如器，慈其分內，故無窮塞；當桀紂之時，而天下暴亂，物皆失性，故無通人。但時屬夷險，勢使之然，非關運知有斯得失也。夫水行不避蛟龍者，漁父之勇也；陸行不避兕虎者，獵夫之勇也；白刃交於前，視死若生者，烈士之勇也；【注】情各有所安。【疏】情有所安而忘其怖懼，此起譬也。〔釋文〕蛟音交。漁父音甫。兕徐履反。知窮之有命，知通之有時，臨大難而不懼者，聖人之勇也。【注】聖人則無所不安。【疏】聖人知時命，達窮通，故勇敢於危險之中而未始不安也。此合喻也。〔釋文〕大難乃旦反。由處矣！吾命有所制矣。」【注】命非己制，故無所用其心也。夫安於命者，無往而非逍遙矣，故雖匡陳羑里，無異於紫極閒堂也。【疏】處，安息也。制，分限也。告勑子路，令其安心，我稟天命，自有涯分，豈由人事所能制哉！〔釋文〕閒堂音閑。无幾何，將甲者進，辭曰：「以爲陽虎也，故圍之；今非也，請辭而退。」【疏】無幾何，俄頃之時也。既知是宣尼，非關陽虎，故將帥甲士前進拜辭，遜謝錯誤，解圍而退也。〔釋文〕无幾居起反。將甲如字。本亦作持甲。

公孫龍問於魏牟曰：「龍少學先王之道，長而明仁義之行；合同異，離堅白；然不然，可不可；困百家之知，窮衆口之辯；吾自以爲至達已。【疏】姓公孫名龍趙人也魏牟魏之公子懷道抱德厭穢風塵先王堯舜禹湯之迹也仁義五德之行也孫龍稟性聰明率才宏辯著守白之論以博辯知名故能合異爲同離同爲異可爲不可然爲不然難百氏之書皆困衆口之辯咸屈生於衰周一時獨步弟子孔穿之徒祖而師之擅名當世莫與爭者故曰矜此學問達於至妙忽逢莊子猶若井蛙也〔釋文〕公孫龍問於魏牟司馬云龍趙人牟魏之公子少學詩照反長而張丈反之行下孟反之知音智

今吾聞莊子之言。汒焉異之。不知論之不及與。知之弗若與。今吾无所開吾喙。敢問其方。【疏】喙口也方道也孫龍雖善於言辯而未體虛玄是故聞莊子之言汒焉怪其奇異方覺己之學淺始悟莊子語深豈直議論不如抑亦智力不逮所以自緘其口更請益於魏牟〔釋文〕汒焉莫剛反郭音莽論之力困反及與音余下助句放此所開如字本亦作闢兩通本或作闓吾喙許穢反又昌銳反

公子牟隱机大息。仰天而笑曰。子獨不聞夫埳井之鼃乎。謂東海之鱉曰。吾樂與。出跳梁乎井幹之上。入休乎缺甃之崖。赴水則接腋持頤。蹶泥則沒足滅跗。還虷蟹與科斗。莫吾能若也。【疏】公子體道清高超然物外識孫龍之淺辯鑒莊子之深言故仰天歎息而嗤笑舉蛙鼈之兩譬明二子之勝負埳井猶淺井也蛙蝦蟆也幹井欄也甃井中累塼也跗腳趺也還顧視也虷井中赤蟲也亦言是到結蟲也蟹小螃蟹也科斗蝦蟆子也腋臂下也頤口下也東海之鼈其形宏巨隨波遊戲暫居平陸而蝦蟆小蟲處於淺井形容既劣居處不寬謂自得於井中見巨鼈而不懼云我出則跳躑井欄之上入則休息乎破塼之涯遊泳則接腋持頤蹶泥則滅趺沒足顧瞻蝦蟹之類俯視科斗之徒逍遙快樂無如我者也〔釋文〕隱机於靳反大息音泰埳井音坎郭音陷之鼃本又作蛙戶蝸反司馬云埳井壞井也鼃水蟲形似蝦蟆慶藩案荀子正論篇注引司馬云鼃蝦蟆類也與釋文小異之鱉必滅反字亦作鼈吾樂音洛下之樂大樂同跳音條井幹古且反司馬云井闌也褚詮之音西京賦作韓音慶藩案文選班孟堅西都賦注引司馬云井幹井闌也積木有若欄也謝元暉同謝諮議銅雀臺詩注引司馬云幹井欄然井幹臺之通稱也互有異同並視釋文所引爲詳又案幹當從木作榦說文正篆作韓井垣也漢書枚乘傳單極之統斷幹晉灼曰幹井上四交之幹甃側救反李云如闌以塼爲之著井底闌也字林壯繆反云井壁也赴水如字司馬本作踣云赴也盧文弨曰赴疑是仆字蹶其月反又音厥泥則沒足滅跗方于反郭音附司馬云滅沒也跗足跗也李云言躍躍於坐中還音旋司馬云顧視也虷音寒井中赤蟲也一名蜎爾雅云蜎蠉郭注云井中小蛣蟨赤蟲也蜎音求兖反蠉音況兖反蛣蟨音吉厥蟹戶買反科斗苦禾反科斗蝦蟆子也

且夫擅一壑之水。而跨跱埳井之樂。此亦至矣。夫子奚不時來入觀乎。

【注】此猶小鳥之自足於蓬蒿。【疏】擅，專也；跱，安也。蛙呼鼈爲夫子，言我獨專一壑之水，而安埳井之樂，天下至足，莫甚於斯。處所雖陋，可以游涉，夫子何不暫時降步，入觀下邑乎？以此自多，矜夸於鼈也。〔釋文〕夫擅市戰反。專也。一壑火各反。

東海之鼈。左足未入。而右膝已縶矣。【注】明大之不遊於小非樂然。【疏】縶，拘也。埳井狹小，海鼈巨大，以小懷大，理不可容，故右膝纔下而已遭拘束也。〔釋文〕已縶豬立反。司馬云：拘也。三蒼云：絆也。非樂音岳，又五敎反。

於是逡巡而卻。告之海曰。夫千里之遠。不足以舉其大。千仞之高。不足以極其深。【疏】逡巡，從容也。七尺曰仞。鼈既左足未入，右膝以拘，於是逡巡卻退，告蛙大海之狀。夫世人以千里爲遠者，此未足以語海之寬大；以千仞爲高者，亦不足極海之至深。言海之深大，非人所測度，以埳井爲至，無乃劣乎！〔釋文〕逡七旬反。

禹之時。十年九潦。而水弗爲加益。湯之時。八年七旱。而崖不爲加損。夫不爲頃久推移。不以多少進退者。此亦東海之大樂也。【疏】頃，少時也；久，多時也；推移，變改也。堯遭洪水，命禹治之，有功，故稱禹時也。而堯十年之中九年遭潦，殷湯八歲之間七歲遭旱，而旱崖不加損，潦亦水不加益，是明滄波浩汗，溟渤深宏，不爲頃久推移，豈由多少進退，東海之樂其在茲乎！〔釋文〕九潦音老。弗爲于僞反，下同。頃久司馬云：猶早晚也。

於是埳井之鼃聞之。適適然驚。規規然自失也。【注】以小羨大，故自失。【疏】適適，驚怖之容；規規，自失之貌。蛙擅埳井之美，自言天下無過，忽聞海鼈之談，茫然喪其所謂，是以適適規規，驚而自失也。而公孫龍學先王之道，篤仁義之行，困百家之知，窮衆口之辯，忽聞莊子之言，亦猶井蛙之逢海鼈也。〔釋文〕適適始赤反，又丈革反，郭菟狄反。規規如字，又虛役反，李徐紀睡反。適適規規，皆驚視自失貌。

且夫知不知是非之竟。而猶欲觀於莊子之言。是猶使蚊負山。商蚷馳河也。必不勝任矣。【注】物各有分，不可強相希効。【疏】商蚷，馬蚿也，亦名商距，亦名且渠。孫龍雖復聰明性識，但是俗知，非眞知也，故知未能窮於是非之境，而欲觀察莊子至理之言者，亦何異乎使蚊子負於邱山，商蚷馳於河海，而力微負重，智小謀大，故必不勝任也。〔釋文〕之竟音境，後同。蚊音文。商蚷音渠，郭音巨。司馬云：商蚷，蟲名，北燕謂之馬蚿。一本作蜄，徐市軫反。不勝音升。可強其丈反。

且夫知不知論極妙之言。而自適一時之利者。是非埳井之鼃與。【疏】孫龍所學，心知狹淺，何能議論莊子窮微極妙之言耶！祇可辯析是非，適一時之名利耳。以斯爲道，豈非埳井之鼃乎？此結譬也。

且彼方跐黃泉。而登大皇。无南无北。奭然四解。淪於不測。无東无西。始於玄冥。反於大通。【注】言其無不至也。【疏】跐蹈也亦極也大皇天也玄冥妙本也大通應跡也夫莊子之言窮理性妙能仰登旻蒼之上俯極黃泉之下四方八極奭然無礙此智隱没不可測量始於玄極而其道杳冥反於域中而大通於物也〔釋文〕方跐音此郭時紫反又側買反廣雅云蹋也蹈也履也司馬云測也大皇音泰奭然音釋四解戶買反　慶藩案無東無西失其韻矣今本乃後人妄改之也王念孫曰無東無西當作無西無東與通爲韻（案大雅皇矣篇同爾弟兄與王方爲韻而今作同爾兄弟逸周書周祝篇惡姑柔剛與明陽長爲韻而今作剛柔管子內業篇能無卜筮而知凶吉乎與一爲韻而今作吉凶文選鵩鳥賦或趨西東與同爲韻而今作東西答客難外有廩倉與享爲韻而今作倉廩皆後人不達古音任意而妄改之者也）

子乃規規然而求之以察。索之以辯。【注】夫遊無窮者非察辯所得〔釋文〕索之所白反

是直用管闚天。用錐指地也。不亦小乎。子往矣。【注】非其任者去之可也【疏】規規經營之貌也夫以觀察求道言辯率眞雖復規規用心而去之遠矣譬猶以管闚天詎知天之闊狹用錐指地寧測地之淺深莊子道合二儀孫龍德同錐管智力優劣如此之懸既其不如宜其速去矣

且子獨不聞夫壽陵餘子之學行於邯鄲與。未得國能。又失其故行矣。直匍匐而歸耳。【注】以此効彼兩失之【疏】壽陵燕之邑邯鄲趙之都弱齡未壯謂之餘子趙都之地其俗能行故燕國少年遠來學步既乖本性未得趙國之能捨己効人更失壽陵之故是以用手據地匍匐而還也〔釋文〕壽陵餘子司馬云壽陵邑名未應丁夫爲餘子邯音寒鄲音丹邯鄲趙國都也　慶藩案餘子民之子弟周禮小司徒凡國之大事致民大故致餘子鄭司農云餘子謂羨也以其羨卒也蓋國之大事則致正卒大故則幷羨卒而致之也逸周書糴匡篇成年餘子務藝年儉餘子務穡年儉餘倅務運漢書食貨志餘子亦在於序室蘇林曰未任役爲餘子即司馬未應丁夫是也匍音蒲又音扶匐蒲北反又音服

今子不去。將忘子之故。失子之業。【疏】莊子道冠重玄獨超方外孫龍雖言辯宏博而不離域中故以孫學莊談終無得理若使心生企尚躊躇不歸必當失子之學業忘子之故步此合喻也

公孫龍口呿而不合。舌舉而不下。乃逸而走。【疏】呿開也逸奔也前聞莊子之談以遠視聽之表復見魏牟之說更超言象之外內殊外隔非孫龍所知故口開而不能合舌舉而不能下是以心神恍惚形體奔馳也〔釋文〕口呿起據反司馬云開也李音祛又巨劫反

莊子釣於濮水。楚王使大夫二人往先焉。曰。願以境內累矣。【疏】濮水名也屬東郡今濮州濮陽縣是也楚王楚威王也莊生心虛無爲而寄跡綸釣楚王知莊生賢達屈爲卿輔是以齎持玉帛爰發使命詣於濮水先述其意願以國境之內委託賢人王事殷繁不無憂累之也〔釋文〕濮水音卜陳地水也楚王司馬云威王也

先焉。先謂宣其言也。莊子持竿不顧，曰：吾聞楚有神龜，死已三千歲矣，王巾笥而藏之廟堂之上。此龜者，寧其死爲留骨而貴乎，寧其生而曳尾於塗中乎？【疏】龜有神異，故刳之而卜可以決吉凶也。盛之以笥，覆之以巾，藏之廟堂，用占國事，珍貴之也。問此龜者，寧全生遠害，曳尾於泥塗之中，豈欲刳骨留名，取貴廟堂之上邪？是以莊生深達斯情，故敖然而不顧之矣。〔釋文〕巾笥息嗣反，或音司。而藏之李云：藏之以笥，覆之以巾。二大夫曰：寧生而曳尾塗中。【疏】大夫率性以答，莊生適可生而曳尾，不能死而留骨也。莊子曰：往矣！吾將曳尾於塗中。【注】性各有所安也。【疏】莊子保高尚之遐志，貴山海之逸心，類澤雉之養性，同泥龜之曳尾，是以令使命之速往，庶全我之無爲也。

惠子相梁，莊子往見之。【疏】姓惠，名施，宋人，爲梁惠王之相。惠施博識贍聞，辯名析理，既是莊生之友，故往訪之。〔釋文〕惠子相息亮反，下同。梁相梁惠王。或謂惠子曰：莊子來，欲代子相。【疏】梁國之人，或有來者，知莊子才高德大，王必禮之，國相之位，恐有爭奪，故謂惠子欲代之言也。於是惠子恐，搜於國中三日三夜。【注】揚兵整旅。【疏】惠施聞國人之言，將爲實錄，心靈恐怖，慮有阽危，故揚兵整旅，三日三夜，搜索國中，尋訪莊子。〔釋文〕子恐丘勇反。摉字又作搜，或作廋，所求反。李悉溝反，云：索也。說文云：求也。盧文弨曰：今本作搜。莊子往見之，曰：南方有鳥，其名爲鵷鶵，子知之乎？夫鵷鶵發於南海而飛於北海，非梧桐不止，非練實不食，非醴泉不飲。於是鴟得腐鼠，鵷鶵過之，仰而視之曰：嚇！【疏】鵷鶵，鸞鳳之屬，亦言鳳子也。練實，竹食也。醴泉，泉甘味如醴也。嚇，怒而拒物聲也。惠施恐莊子奪己，故整旅揚兵。莊子因往見之，爲其設譬。夫鳳是南方之鳥，來儀應瑞之物，非梧桐不止，非溟海不停，非竹實不食，非醴泉不飲。而凡猥之鳶，偶得臭鼠，自美其味，仰嚇鳳凰。譬惠施滯溺榮華，心貪國相，豈知莊子清高無情爭奪。〔釋文〕鵷於袁反。鶵仕俱反。李云：鵷鶵乃鸞鳳之屬也。醴泉音禮。李云：泉甘如醴。嚇本亦作呼，同許嫁反，又許伯反。司馬云：嚇，怒其聲，恐其奪己也。詩箋云：以口拒人曰嚇。今子欲以子之梁國而嚇我邪？【注】言物嗜好不同，願各有極。【疏】鴟以腐鼠爲美，仰嚇鵷鶵；惠以國相爲榮，猜疑莊子。總合前譬也。〔釋文〕嗜時志反。好呼報反。

莊子與惠子遊於濠梁之上。【疏】濠是水名，在淮南鍾離郡，今見有莊子之墓，亦有莊惠遊之所。石絕水爲梁，亦言是濠水之橋梁，莊惠清談在其上也。〔釋文〕豪梁本亦作濠，音同。司馬云：濠，水名也。石絕水曰梁。盧文弨曰：今本豪作濠。莊子曰：儵魚出遊從容。是魚之樂也。【疏】儵魚白儵也從容放逸之貌也夫魚遊於水鳥棲於陸各率其性物皆逍遙而莊子善達物情所以故知魚樂也〔釋文〕儵魚徐音條說文直留反李音由白魚也爾雅云鮂黑鰦郭注即白儵也一音篠謂白儵魚也　盧文弨曰儵當作鯈注同此書內多混用又鮂黑鰦也舊鮂為鮋今據爾雅改正從容七容反魚樂音洛注下皆同惠子曰。子非魚。安知魚之樂。【疏】惠施不體物性妄起質疑莊子非魚焉知魚樂　莊子曰。子非我。安知我不知魚之樂。【注】欲以起明相非而不可以相知之義耳子非我尚可以知我之非魚則我非魚亦可以知魚之樂也【疏】若以我非魚不得知魚子既非我何得知我若子非我尚得知我我雖非魚何妨知魚反而質之令其無難也　惠子曰。我非子。固不知子矣。子固非魚也。子之不知魚之樂全矣。【注】舍其本言而給辯以難也【疏】惠非莊子故不知莊子莊必非魚何得知魚之樂不樂不知之義於此無虧捨其本宗給辯以難〔釋文〕以難乃旦反　莊子曰。請循其本。【疏】循猶尋也惠施給辯有言無理棄初逐末失其論宗請尋其源自當無難循本之義列在下文　子曰汝安知魚樂云者。既已知吾知之而問我。我知之濠上也。【注】尋惠子之本言云非魚則無緣相知耳今子非我也而云汝安知魚樂者是知我之非魚也苟知我之非魚則凡相知者果可以此知彼不待是魚然後知魚也故循子安知之云已知吾之所知矣而方復問我我正知之於濠上耳豈待入水哉夫物之所生而安者天地不能易其處陰陽不能回其業故以陸生之所安知水生之所樂未足稱妙耳【疏】子曰者莊子卻稱惠之辭也惠子云子非魚安知魚樂者足明惠子非莊子而知莊子之不知魚也且子既非我而知我知我而問我亦何妨我非魚而知魚知魚而歎魚夫物性不同水陸殊致而達其理者體其情足以濠上彷徨知魚之適樂鑒照羣品豈入水哉故寄莊惠之二賢以標議論之大體也〔釋文〕方復扶又反　其處昌慮反

外篇　至樂第十八〔釋文〕以義名篇　樂音洛

天下有至樂无有哉。有可以活身者无有哉。【注】忘歡而後樂足樂足而後身存將以為有樂耶而至樂無歡將以為無樂耶而身以存而無憂【疏】此假問之辭也至極也樂歡也言寰宇之中頗有至極歡樂可以養活身命者無有哉〔釋文〕至樂

音洛篇內不出者皆同至極也樂歡也今奚爲奚據。奚避奚處。奚就奚去。奚樂奚惡。【注】擇此八者莫足以活身唯無擇而任其所遇乃全耳【疏】奚何也今欲行至樂之道以活身者當何所爲造何所依據何所避諱何所安處何所從就何所捨去何所歡樂何所嫌惡而合至樂之道乎此假設疑問下自曠顯〔釋文〕奚惡烏路反　夫天下之所尊者。富貴壽善也。所樂者。身安厚味美服好色音聲也。【疏】天下所尊重者無過富足財寶貴盛榮華壽命遐長善名令譽所歡樂者滋味爽口麗服榮身玄黃悅目宮商娛耳若得之者則爲據處就樂　所下者。貧賤夭惡也。【疏】貧窮卑賤夭折惡名世閒以爲下也所苦者。身不得安逸。口不得厚味。形不得美服。目不得好色。耳不得音聲。若不得者。則大憂以懼。其爲形也亦愚哉。【注】凡此失之無傷於形而得之有損於性今反以不得爲憂故愚【疏】凡此上事無益於人而流俗以不得爲苦既不適情遂憂愁懼慮如此修爲形體豈不甚愚癡　夫富者。苦身疾作。多積財而不得盡用。其爲形也亦外矣。【注】內其形者知足而已【疏】夫富豪之家勞神苦思劬勞身力多聚錢財積而不散用何能盡內其形者豈其如斯也　夫貴者。夜以繼日。思慮善否。其爲形也亦疏矣。【注】故親其形者自得於身中而已【疏】夫位高處遠祿重憂深是以晝夜思量歡可替否勞形怵心無時暫息其爲形也不亦疏乎　人之生也。與憂俱生。壽者惛惛。久憂不死。何苦也。其爲形也亦遠矣。【注】夫遺生然後能忘憂忘憂而後生可樂生可樂而後形是我有富是我物貴是我榮也【疏】夫稟氣頑癡生而憂戚雖復壽考而精神惛闇久憂不死翻成苦哉如此爲形豈非疏遠其於至樂不亦謬乎〔釋文〕惛惛音昏又音門　烈士爲天下見善矣。未足以活身。吾未知善之誠善邪。誠不善邪。若以爲善矣。不足活身。以爲不善矣。足以活人。【注】善則適當故不周濟【疏】誠實也夫忠烈之士忘身徇節名傳今古見善世閒然未知此善是有虛實善若實也不足以活身命善必虛也不應飡活蒼生賴諫諍而太平此足以活人也爲忠烈而被戮此不足以活身也　故曰。忠諫不聽。蹲循勿爭。【注】唯中庸之德爲然【疏】蹲循猶順從也夫爲臣之法君若無道宜以忠誠之心臣諫君若不聽即須蹲循休止若逆鱗強諍必遭刑戮也〔釋文〕蹲七旬反郭音循音旬又存又趣允反循音脣勿爭爭鬬之爭下同　家世父曰外物篇踆於窾水釋文引字林云踆古蹲字史記貨殖傳下有踆鴟徐廣云蹲古作踆玉篇足部踆退也辵部逡退也踆逡字同漢書巡行郡國作循行蹲循猶逡巡也　慶藩案蹲循卽逡巡廣雅逡巡卻退也管子戒篇作逡遁（漢鄭固碑同）小問篇作逡循（荀子同）晏子問篇作逡遁又作逡循漢書平當傳贊作逡遁萬章傳作逡循二禮注作逡遁字異而義實同　故夫子胥爭之。以殘其形。不爭。名亦不成。誠有善无有哉。【注】故當緣督以爲經也【疏】吳王夫差荒淫無道子胥忠諫以遭殘戮若不諫諍忠名不成故諫與不諫善與不善誠未可定矣　今俗之所爲。與其所樂。吾又未知樂之果樂邪。果不樂邪。【疏】果未定也流俗以貪染爲心以色聲爲樂未知此樂決定樂耶而倒置之心未可謂信也　吾觀夫俗之所樂舉羣趣者。誙誙然如將不得已。【注】舉羣趣其所樂乃不避死也【疏】誙誙趣死貌也已止也舉世之人羣聚趣競所歡樂者無過五塵貪求至死未能止息之也〔釋文〕誙誙戶耕反徐苦耕反又胡挺反李云趣死貌崔云以是爲非以非爲是誙誙本又作脛脛　而皆曰樂者。吾未之樂也。亦未之不樂也。【注】無懷而恣物耳【疏】而世俗之人皆用色聲爲上樂而莊生體道忘淡故不見其樂亦不見其不樂也　果有樂。无有哉。吾以无爲誠樂矣。【注】夫無爲之樂無憂而已【疏】以色聲爲樂者未知決定有此樂不若以莊生言之用虛淡無爲爲至實之樂　又俗之所大苦也。故曰。至樂无樂。至譽无譽。【注】俗以鏗鎗爲樂美善爲譽【疏】俗以富貴榮華鏗金鎗玉爲上樂用美言佞善爲令譽以無爲恬淡寂寞虛夷爲憂苦故知至樂以无樂爲樂至譽以无譽爲譽也〔釋文〕鏗苦耕反鎗七羊反　天下是非。果未可定也。雖然。无爲可以定是非。【注】我無爲而任天下之是非是非者各自任則定矣【疏】夫有爲執滯執是競非而是非無生故不可定矣無爲虛淡忘是忘非既無是非而是非定者也　至樂活身。唯无爲幾存。【注】百姓足則吾身近乎存也【疏】幾近也存在也夫至樂無樂常適無憂可以養活身心終其天命唯彼無爲近在其中者矣〔釋文〕近乎附近之近　請嘗試言之。天无爲以之清。地无爲以之寧。【注】皆自清寧耳非爲之所得　故兩无爲相合。萬物皆化。【注】不爲而自合故皆化若有意乎爲之則有時而滯也【疏】天無心爲清而自然清虛地無心爲寧而自然寧靜故天地無爲兩儀相合升降災福而萬物化生若有心爲之卽不能已　芒乎芴乎。而无從出乎。

【注】皆自出耳未有爲而出之也〔釋文〕芒乎李音荒又呼晃反下同　芴乎音忽下同　芴乎芒乎，而无有象乎。【注】無有爲之象【疏】夫二儀造化生物無心恍惚芒昧參差難測尋其從出莫知所由視其形容竟無象貌覆論芒芴互其文耳　〔慶藩案〕芴芒即忽荒也（爾雅太歲在己曰大荒落史書曆書荒作芒三代世表帝芒索隱芒一作荒）淮南原道篇游微霧騖忽怳高注忽怳無形之象文選七發李注引淮南正作忽荒人閒篇曰翱翔乎忽荒之上賈誼鵩賦寥廓忽荒兮與道翱翔是其證　萬物職職，皆從无爲殖。【注】皆自殖耳【疏】職職繁多貌也夫春生夏長庶物繁多孰使其然皆自生耳尋其源流從無爲種植既無爲種植豈有爲耶　〔釋文〕萬萬職職司馬云職職猶稙稙也李云繁植貌案爾雅職主也謂各有主而區別　盧文弨曰舊殖譌植今改正　故曰，天地无爲也而无不爲也。【注】若有爲則有不濟也人也孰能得无爲哉。【注】得無爲則無樂而樂至矣【疏】孰誰也夫天地淸寧無爲虛廓而升降生化而無不爲也凡俗之人心靈暗昧耽滯有欲誰能得此無爲哉言能之者乃至務也若得之者便是德合二儀冥符至樂也

莊子妻死，惠子弔之，【疏】莊惠二子爲淡水素交既有死亡理須往弔　莊子則方箕踞鼓盆而歌。【疏】箕踞者垂兩腳如簸箕形也盆瓦缶也莊子知生死之不二達哀樂之爲一是以妻亡不哭鼓盆而歌垂腳箕踞敖然自樂　〔釋文〕箕踞音據　盆謂瓦缶也　惠子曰：「與人居，長子，老，身死，不哭，亦足矣，又鼓盆而歌，不亦甚乎！」【疏】共妻居處長養子孫妻老死亡竟不哀哭乖於人理足是無情加之鼓歌一何太甚也　〔釋文〕長子丁丈反　莊子曰：「不然。是其始死也，我獨何能无概然！【疏】然猶如是也世人皆欣生惡死哀死樂生故我初聞死之時何能獨無概然驚歎也〔釋文〕无概古代反司馬云感也又音骨哀亂貌　察其始而本无生，非徒无生也，而本无形，非徒无形也，而本无氣。【疏】莊子聖人妙達根本故覩察初始本自無生未生之前亦無形質無形質之前亦復無氣從無生有假合而成是知此身不足惜也　雜乎芒芴之閒，變而有氣，氣變而有形，形變而有生，今又變而之死，是相與爲春秋冬夏四時行也。【疏】大道在恍惚之內造化芒昧之中和雜淸濁變成陰陽二氣二氣凝結變而有形形既成就變而生育且從無出有變而爲生自有還無變而爲死而生來死往變化循環亦猶春秋冬夏四時代序是以達人觀察何哀樂之有哉　人且偃然寢於巨室，而我噭噭然隨而哭之，自以爲不通乎命，故止也。【注】未明而概已達而止斯所以誨有情

者將令推至理以遣累也。疏偃然安息猶也巨室謂天地之間也且夫息我以死臥於天地之間譬彼炎涼何得隨而哀慟自覺不通天命故止哭而鼓盆也〔釋文〕巨室巨大也司馬云以天地爲室也噭噭古弔反又古堯反將令力呈反支離叔與滑介叔。觀於冥伯之丘。崑崙之虛。黃帝之所休。疏支離謂支體離析以明忘形也滑介猶骨稽也謂骨稽挺特以遣忘智也欲顯叔世澆訛故號爲叔也冥闇也伯長也崑崙人身也言神智杳冥堪爲物長崑崙玄遠近在人身丘墟不平俯同世俗而黃帝聖君光臨區宇休心息智寄在凡庸是知至道幽玄其則非遠故託二叔以彰其義也〔釋文〕支離叔與滑音骨崔本作濄介音界叔李云支離忘形滑介忘智言二子乃識化也冥伯之丘李云丘名喻杳冥也崑崙力門反之虛音墟所休休息也俄而柳生其左肘。其意蹶蹶然惡之。疏蹶蹶驚動貌柳生者易生之木木者棺槨之象此是將死之徵也二叔遊於崑崙觀於變化俄頃之間左臂生柳蹶然驚動似欲惡之也〔釋文〕左肘竹九反司馬本作胕音趺云胕足上也家世父曰說文瘤腫也玉篇瘤瘜肉廣韻瘤肉起疾說文亦以瘜爲寄肉瘤之生於身假借者也人之有生亦假借也皆塵垢之附物者也柳瘤字一聲之轉蹶蹶紀衞反動也惡之烏路反後皆同支離叔曰。子惡之乎。疏相與觀化貴在虛忘蹶然驚動似有嫌惡也滑介叔曰。亡。予何惡。疏亡無也觀化之理理在忘懷我本無身何惡之有也生者假借也。假之而生生者塵垢也。疏夫以二氣五行四支百體假合結聚借而成身是知生者塵垢穢累非眞物者也〔釋文〕垢也音苟死生爲晝夜。疏以生爲晝以死爲夜故天不能無晝夜人焉能無死生且吾與子觀化而化及我。我又何惡焉。注斯皆先示有情然後尋至理以遣之若云我本無情故能無憂則夫有情者遂自絕於遠曠之域而迷困於憂樂之竟矣疏我與子同遊觀於變化化而及我斯乃是當待終有何嫌惡既冥死生之變故合至樂也〔釋文〕之竟音境莊子之楚。見空髑髏。髐然有形。撽以馬捶。因而問之。疏之適也髐然無潤澤也撽打擊也馬捶猶馬杖也莊子適楚遇見髑髏空骨無肉朽骸無潤遂以馬杖打擊因而問之欲明死生之理均齊故寄髑髏寓言答問也〔釋文〕髑音獨髏音樓髐苦堯反徐又許堯反李呼交反司馬李云白骨貌有枯形也撽苦弔反又古的反說文作㲉云旁擊也馬捶拙蘂反又之睡反馬杖也曰。夫子貪生失理。而爲此乎。疏夫子貪欲貪生失於道理致使夭折性命而骸骨爲此乎將子有亡國之事。斧鉞之誅。而爲此乎。疏爲當有亡國征戰之事行陳斧鉞之誅而爲此乎將子有不善之行。愧遺父母妻子之醜。而爲此乎。【疏】或行姦盜不善之行世間共惡人倫所恥遺愧父母羞見妻孥慚醜而死於此乎〔釋文〕愧遺唯季反將子有凍餒之患而為此乎。【疏】餒餓也或遊學他鄉衣糧乏盡患於飢凍死於此乎〔釋文〕凍丁貢反餒奴罪反將子之春秋故及此乎。【疏】春秋猶年紀也將子有黃髮之年耆艾之壽終於天命卒於此乎於是語卒。援髑髏枕而臥。【疏】卒終也援引也初逢枯骨援馬杖而擊之問語既終引髑髏而高枕也〔釋文〕援音袁枕而針鴆反夜半。髑髏見夢曰。子之談者似辯士。視子所言。皆生人之累也。死則无此矣。子欲聞死之說乎。【疏】髑髏於此子所言皆是生人之累患欲論死道則無此憂虞子是生人頗欲聞死人之說乎莊子睡中感於此夢也〔釋文〕見夢賢遍反莊子曰。然。【疏】然許髑髏欲其死說髑髏曰。死无君於上。无臣於下。亦无四時之事。從然以天地為春秋。雖南面王。樂不能過也。【疏】夫死者魂氣升於天骨肉歸乎土既無四時炎涼之事寧有君臣上下之累乎從容不復死生故與二儀同其年壽雖南面稱孤王侯之樂亦不能過也〔釋文〕從然七容反從容也李徐子用反縱逸也莊子不信。曰。吾使司命復生子形。為子骨肉肌膚。反子父母妻子閭里知識。子欲之乎。【疏】莊子不信髑髏之言更說生人之事欲使司命之鬼復骨肉反妻子歸閭里頗欲之乎〔釋文〕復生音服又扶又反髑髏深矉蹙頞曰。吾安能棄南面王樂。而復為人閒之勞乎。【注】舊說云莊子樂死惡生斯說謬矣若然何謂齊乎所謂齊者生時安生死時安死生死之情既齊則無為當生而憂死耳此莊子之旨也【疏】深矉蹙頞憂愁之貌也既聞司命復形反於鄉里於是矉愁矉蹙不用此言誰能復為生人之勞而棄南面王之樂耶〔釋文〕深矉音頻蹙本又作顣又作蹴同子六反頞於葛反李云矉顣者愁貌而復扶又反

顏淵東之齊。孔子有憂色。子貢下席而問曰。小子敢問。回東之齊。夫子有憂色。何邪。【疏】顏回自西之東從魯往於齊國欲將三皇五帝之道以教齊侯尼父恐不逕機故有憂色於是子貢避席自稱小子敢問夫子憂色所由孔子曰。善哉汝問。昔者管子有言。丘甚善之。曰。褚小者不可以懷大。綆短者不可以汲深。【疏】褚容受也懷包藏也綆汲索也夫容小之器不可以藏大物短促之繩不可以引深井此

言出管子之書孔丘善之故引以爲譬也〔釋文〕褚小豬許反　慶藩案玉篇褚裝衣也字或作䘵一切經音義引通俗文曰裝衣曰䘵說文繫傳褚衣之橐也集韻囊也字或作䘵說文䘵蟷也所以盛米又曰蟷載米䘵也繫傳曰䘵囊也左成三年傳鄭賈人有將寘於褚中以出蓋褚可以囊物亦可以囊人者也　綆格猛反一汲索也　汲居及反　夫若是者，以爲命有所成而形有所適也。夫不可損益。【注】故當任之而已。【疏】夫人稟於天命愚智各有所成受形造化情好咸著所適方之鳧鶴不可益損故當任之而無不當也〔釋文〕所適適或作通　吾恐回與齊侯言堯舜黃帝之道，而重以燧人神農之言。彼將內求於己而不得，不得則惑，人惑則死。【注】內求不得將求於外舍內求外非惑如何【疏】黃帝堯舜五帝也燧人神農三皇也恐顏回將三皇五帝之道以說齊侯既而步驟殊時澆淳異世執持聖迹不逗機緣齊侯聞此大言未能領悟求於己身不能得解脫不得解則心生疑惑於是忿其勝己必殺顏回〔釋文〕皇帝謂三皇五帝也司馬本作黃帝　盧文弨曰今本作黃帝案皇黃古通用陸氏謂三皇五帝非　而重直用反　舍內音捨　且女獨不聞邪？昔者郭外曰郊海鳥止於魯郊，魯侯御而觴之于廟，奏九韶以爲樂，具太牢以爲膳。【疏】御迎也九韶舜樂名也太牢牛羊豕也昔有海鳥名曰爰居形容極大頭高八尺避風而至止魯東郊實是凡鳥而妄以爲瑞臧文仲祀之故有不智之名也於是奏韶樂設太牢迎於太廟之中而觴宴之也此臧文仲用爲神鳥非關魯侯但欽鳥於魯廟之中故言魯侯觴之也〔釋文〕且女音汝後同海鳥司馬云國語曰爰居也止魯東門之外三日臧文仲使國人祭之不云魯侯也爰居一名雜縣舉頭高八尺樊光注爾雅云形似鳳凰　慶藩案文選江文通雜體詩注引司馬云海鳥爰居也（太平御覽九百二十五引鳥下有即字爰居作鶢鶋）不若釋文之詳　御而音訝　觴音傷　司馬云飲之于廟於廟中也　九韶常遙反舜樂名　鳥乃眩視憂悲，不敢食一臠，不敢飲一杯，三日而死。【疏】夫韶樂太牢乃美乃善而施之爰居非所餐聽故目眩心悲數日而死亦猶三皇五帝其道高遠施之齊侯非所聞之也〔釋文〕眩玄徧反司馬本作玄音眩　臠如字徐市至反　臠里轉反　此以己養養鳥也，非以鳥養養鳥也。【疏】韶樂牢觴是養人之具非養鳥之物也亦猶顏回以己之學術以教於齊侯非所樂也　夫以鳥養養鳥者，宜栖之深林，遊之壇陸，浮之江湖，食之鰌鰷，隨行列而止，委虵而處。【疏】壇陸湖渚也鰌泥鰌也鰷白魚子也委虵寬舒自得也夫養鳥之法宜栖茂林放洲渚食魚子浮江湖逐羣飛自閑放此以鳥養之法養鳥者也亦猶齊侯率己所行逍遙自得無所企羨也〔釋文〕壇大丹反司馬本作澶音但云水沙澶也　食之音嗣

鰷音條又音攸李徒由反一音由盧文弨曰今本作又音條　隨行戶剛反　委於危反　虵以支反又如字　彼唯人言之惡聞。奚以夫譊譊

為乎。咸池九韶之樂。張之洞庭之野。鳥聞之而飛。獸聞之而走。魚聞之而

下入。人卒聞之。相與還而觀之。【疏】奚何也譊喧聒也咸池堯樂也洞庭之野謂天地之閒也還繞也咸池九韶惟人愛好魚鳥諸物惡聞其聲愛好則繞而觀之惡聞則高飛深入既有欣有惡八音何用為乎〔釋文〕譊譊乃交反　咸池堯樂名　之樂如字　人卒寸忽反司馬音子忽反云衆也　還而音患又旋面反　魚處水

而生。人處水而死。彼必相與異。其好惡故異也。【疏】魚好水而惡陸人好陸而惡水彼之人魚稟性各別好惡不同故死生斯異豈唯二種萬物皆然也〔釋文〕其好呼報反　故先聖不一其能。不同其事。【注】各隨其情【疏】先古聖人因循物性使人如器不一其能各稱其情不同其事也是知將三皇之道以說齊侯者深不可也　名止於實。義設於適。是之謂條達而福持。【注】實而適故

條達性常得故福持【疏】夫因實立名而名以召實故名止於實不用實外求名而義者宜也隨宜施設適性而已不用捨己効人如是之道可謂條理通達而福德扶持者矣　列子行

食於道。從見百歲髑髏。攓蓬而指之曰。唯予與汝知而未嘗死。未嘗生也。

【注】各以所遇為樂【疏】攓拔也從傍也禦寇困於行李食於道傍仍見枯朽髑髏形色似久言百歲者舉其大數髑髏隱在蓬草之下遂拔卻蓬草因而指麾與言然髑髏以生為死以死為生列子則以生為生以死為死生死各執一方未足為定故未嘗死未嘗生也〔釋文〕道從如字司馬云從道旁也本或作徒　盧文弨曰殷敬順列子天瑞篇釋文云莊子從作徒司馬云徒道旁也本或作從與此本異　慶藩案道從當為道徒之誤從徒形相似故徒誤為從列子天瑞篇正作食於道徒　攓居輦反徐紀偃反又起虔反司馬云拔也或音厥　蓬步東反徐扶公反　慶藩案攓正字作搴說文搴拔取也攓為搴之借字故司馬訓為拔也亦通作攐離騷朝搴阰之木蘭（說文引此正作攐）爾雅芼搴也樊光曰搴猶拔也釋文搴九輦反漢書季布傳搴旗者數矣李奇注亦曰搴猶拔也　若果養乎。予果歡

乎。【注】迎養之實未有定在【疏】汝欣冥冥冥冥果有怡養乎我悅人倫人倫決可歡乎適情所遇未可定之者也〔釋文〕若果一本作汝果元嘉本作汝過　養司馬本作慕云死也　予果元嘉本作子過　歡乎司馬本作嚾云呼聲謂生也　俞樾曰養讀為恙爾雅釋詁恙憂也若果恙乎予果歡乎恙與歡對猶憂與樂對也言若之死非憂子之生非樂也恙與養古字通詩二子乘舟篇中心養養傳訓養為憂即本雅詁矣司馬本養作慕乃字之誤　種有幾。【注】變化種數不可勝計【疏】陰陽造物轉變無窮論其種類不可深計之也〔釋文〕種章勇反注同　有

幾居豈反可勝音升得水則爲㡭。【疏】潤氣生物從無生有故更相繼續也〔釋文〕得水則爲㡭此古絕字徐音絕今讀音繼司馬本作繼云萬物雖有兆朕得水土氣乃相繼而生也本或作斷又作續斷　盧文弨曰古絕字當作㡭此㡭乃繼字　家世父曰釋文引司馬本作繼言萬物雖有兆朕得水土乃相繼而生也本或作斷又作續斷疑作續斷者是也說文藚水舃也爾雅藚牛脣郭注引毛詩傳水蕮也如藚斷寸寸有節藚續字即本草之云續斷也　得水土之際。則爲鼃蠙之衣。【疏】鼃蠙之衣青苔也在水中若張綿俗謂之蝦蟆衣也〔釋文〕得水土之際則爲鼃戶蝸反蠙步田反徐扶賢反郭父因反又音賓李婢軫反之衣司馬云言物根在水土際布在水中就水上視不見按之可得如張綿在水中楚人謂之鼃蠙之衣　生於陵屯。則爲陵舄。【疏】屯阜也陵舄車前草也既生於陵阜高陸即變爲車前也〔釋文〕生於陵屯司馬音徒門反云阜也郭音純則爲陵舄音昔司馬云言物因水成而陸產生於陵屯化作車前改名陵舄也一名澤舄隨燥溼變也然不知其祖言物化無常形也人之死也亦或化爲草木草木之精或化爲人也　陵舄得鬱棲。【疏】鬱棲糞壤也陵舄既老變爲糞土也則爲烏足。【疏】糞壤復化生烏足之草根也〔釋文〕陵舄得鬱棲則爲烏足司馬云鬱棲蟲名烏足草名生水邊也言鬱棲在陵舄之中則化爲烏足也李云鬱棲糞壤也言陵舄在糞化爲烏足也　家世父曰爾雅芣苢馬舃郭注今車前草江東呼爲蝦蟆衣爾雅蕍蕮郭注今澤蕮一曰水舃一曰馬舃一曰澤舃三者同類而所生不同陸璣詩疏藚澤舃葉如車前圖經亦云澤舃生淺水中則陵舄生於陵屯當別一物釋文引司馬云物因水成而陸產生於陵屯化爲車前改名陵舄車前生道邊亦云不生陵屯也　烏足之根爲蠐螬。其葉爲胡蝶。胡蝶胥也。【疏】蠐螬蠍蟲也胥胡蝶名也變化無恆故根爲蠐螬而葉爲胡蝶也〔釋文〕烏足之根爲蠐音齊螬音曹司馬本作蠐螬云蝎也　慶藩案太平御覽九百四十八引司馬云烏足草名生水邊蠐螬蟲也與釋文異　其葉爲胡蝶音牒司馬云胡蝶蛺蝶也草蟲化爲草未始有極胡蝶胥也一名胥　俞樾曰釋文曰胡蝶胥也一名胥此失其義當屬下句讀之本云胡蝶胥也化而爲蟲與下文鴝掇千日爲鳥兩文相對千日爲鳥言其久也胥也化而爲蟲言其速也列子天瑞篇釋文曰胥少也謂少時也得其義矣　家世父曰釋文引司馬云胡蝶一名胥也疑胥也不當爲胡蝶之名爾雅蚅烏蠋郭注大蟲如指似蠶毛詩傳蠋桑蟲說文蠋蜀葵中蠶也廣志藿蠋有五色者槐蠋有采有角爾雅所云桑繭樗繭棘繭欒繭蕭繭皆蠋類也老而成蛹則爲胡蝶胡蝶生卵就火取溫又成蠋生於竈下者就溫也埤雅云繭生蛾蛾生卵郭注爾雅蠶羅即蠶蛾疏謂蠶蛹所變是也胡蝶與蠶蠋之屬互相化胥也云者謂互相化也博雅原蠶其蛹螳蚼此云鴝蓋蚼之叚借字　化而爲蟲。生於竈下。其狀若脫。其名爲鴝掇。【疏】鴝掇蟲名也胥得熱氣故作此蟲狀如新脫皮毛形容雅淨也〔釋文〕化而爲蟲生於竈下司馬云得熱氣而生也　其狀若脫它括反司馬音悅云新出皮悅好也　慶藩案集韻十七薛引司馬云蟲新出皮悅好貌與釋文小異　其名爲鴝其俱反掇丁括反鴝掇千日爲鳥。其名爲乾餘骨。乾餘骨之沫爲斯彌。【疏】乾餘骨鳥口中之沫化爲斯彌之蟲〔釋文〕鴝掇千日爲鳥其名爲乾餘骨乾音干乾餘骨之沫音末李云口中汁也爲斯彌李云蟲也斯彌爲食醯。【疏】酢甕中蠛蠓亦爲醯雞也〔釋文〕斯彌爲食如字司馬本作蝕醯許兮反李音海司馬云蝕醯若酒上蠛蠓也蠛音眠結反蠓音無孔反　家世父曰列子天瑞篇斯彌爲食醯頤輅生乎食醯黃軦生乎九猷九猷生乎瞀芮瞀芮生乎腐蠸是頤輅黃軦皆食醯之類也方言蠀螬自關以東謂之蝤蠀梁益之閒謂之蛒輅當爲蛒猷當爲蝤漢書王褒傳蜉蝣出乎陰皆羣飛小蟲也郭注爾雅蠛蠓云小蟲似蚋喜亂飛瞀芮當爲蜹荀子醯酸而蜹聚焉亦食醯之類也此段言小蟲自相化頤輅生乎食醯。黃軦生乎九猷。【疏】軦亦蟲名〔釋文〕頤以之反輅生乎食醯輅音路一音洛黃軦音況徐李休往反司馬云頤輅黃軦皆蟲名生乎九猷音由李云九宜爲久久老也猷蟲名也　盧文弨曰案列子作斯彌爲食醯頤輅食醯頤輅生乎食醯黃軦食醯黃軦生乎九猷九猷生乎瞀芮瞀芮生乎腐蠸。【疏】瞀芮蟲名腐蠸螢火蟲也亦言是粉鼠蟲〔釋文〕瞀莫豆反又莫住反又亡角反芮如銳反徐如悅反生乎腐音輔蠸音權郭音歡司馬云亦蟲名也爾雅云一名守爪一云蚡鼠也羊奚比乎不箰久竹。【疏】並草名也〔釋文〕羊奚比毗志反乎不箰息尹反司馬云羊奚草名根似蕪菁與久竹比合而爲物皆生於非類也生青甯。【疏】羊奚比合於久竹而生青甯之蟲也〔釋文〕久竹生青寧司馬云蟲名　盧文弨曰殷敬順云莊子從羊奚至青甯連爲一句司馬之說固如是郭本乃分之列子箰作筍青甯生程。【疏】亦蟲名也〔釋文〕青寧生程李云未聞程生馬。馬生人。【疏】未詳所據〔釋文〕程生馬馬生人俗本多誤故具錄之人又反入於機。萬物皆出於機。皆入於機。【注】此言一氣而萬形有變化而無死生也。【疏】機者發動所謂造化也造化者無物也人既從無生有又反入歸無也豈唯在人萬物皆爾或無識變成有識有識變爲無識或無識變爲無識或有識變爲有識千萬變化未始有極也而出入機變謂之死生既知變化無窮寧復欣生惡死體斯趣旨謂之至樂也　俞樾曰又當作久字之誤也久者老也上文黃軦生乎九猷釋文引李注曰九宜爲久久老也是其義也人久反入於機者言人老復入於機也列子天瑞篇正作人久入於機

外篇 達生第十九〔釋文〕以義名篇

達生之情者。不務生之所无以爲。【注】生之所無以爲者分外物也〔釋文〕達生達暢也通也廣雅云生出也

達命之情者。不務知之所无奈何。【注】知之所無奈何者命表事也【疏】夫人之生也各有素分形之妍醜命之脩短及貧富貴賤愚智窮通一豪已上無非命也故達生於性命之士性靈明照終不貪於分外爲已事務也一生命之所鍾者皆智慮之所無奈之何也 養形必先之以物。物有餘而形不養者有之矣。【注】知止其分物稱其生生斯足矣有餘則傷【疏】物者謂資貨衣食旦夕所須夫頤養身形先須用物而物有分限不可無涯故凡鄙之徒積聚有餘而養衛不足者世有之矣〔釋文〕物稱 尺證反 有生必先无離形。形不離而生亡者有之矣。【注】守形太甚故生亡也【疏】既有此浮生而不能離形遺智愛形太甚亡失全生之道也如此之類世有之矣〔釋文〕无離 力智反下同 大甚 音泰 生之來不能卻。其去不能止。【注】非我所制則無爲有懷於其間【疏】生死去來委之造物妙達斯原故無所惡 悲夫。世之人以爲養形足以存生。【注】故彌養之而彌失之【疏】夫壽夭去來非己所制而世俗之人不悟斯理貪多資貨厚養其身妄謂足以存生深可悲歎 而養形果不足以存生。【注】養之彌厚則死地彌至【疏】厚養其形彌速其死故決定不足以存生 則世奚足爲哉。【注】莫若放而任之【疏】夫馳逐物境本爲資生生既非養所存故知世間物務何足爲也 雖不足爲而不可不爲者。其爲不免矣。【注】性分各自爲者皆在至理中來故不可免也是以善養生者從而任之【疏】分外之事不足爲也分內之事不可不爲也夫目見耳聽足行心知者稟之性理雖爲無爲故不務免也 夫欲免爲形者。莫如棄世。棄世則无累。无累則正平。正平則與彼更生。更生則幾矣。【注】更生者日新之謂也付之日新則性命盡矣【疏】幾盡也更生日新也夫欲有爲養形者無過棄卻世間分外之事棄世則無憂累無憂累則合於正眞平等之道平正則冥於日新之變故能盡道之元妙〔釋文〕則幾 徐其依反 事奚足棄而生奚足遺。棄事則形不勞。遺生則精不虧。【注】所以遺棄之【疏】人世虛無何足捐棄生涯空幻何足遺忘故棄世事則形逸而不勞遺生涯則神凝而不損也 夫形全精復。與天爲一。【注】俱不爲也【疏】夫形全不擾故能保完天命精固不虧所以復本還原形神全固故與元天之德爲一 天地者。萬物之父母也。【注】無所偏爲故能子萬物【疏】夫二儀無心而生化萬物故與天地合德者羣生之父母 合則成體。散則成始。【注】

所在皆成無常處。【疏】夫陰陽混合則成體質，氣息離散則反於未生之始。　家世父曰：合者息之機也，消之斷也；散則復反而歸其本，而必又於是息焉，故曰成始。終則有始，天行也，所以能移；不主故常，以成其大常也。〔釋文〕「常處」昌慮反。形精不虧，是謂能移；【注】與化俱也。【疏】移者遷轉之謂也。夫不勞於形，不虧其精者，故能隨變任化而與物俱遷也。精而又精，反以相天。【注】還輔其自然也。【疏】相，助也。夫遣之又遣，乃曰精之又精，是以反本還元，輔於自然之道也。〔釋文〕「相天」息亮反。

子列子問關尹曰：「至人潛行不窒，【注】其心虛，故能御羣實。【疏】古人稱師曰子，亦是有德之嘉名。具斯二義，故曰子列子，即列禦寇也。姓尹，名喜，字公度，為函谷關令，故曰關令尹。眞人是老子弟子，懷道抱德，故禦寇詢之也。窒，塞也。夫至極聖人，和光匿耀，潛伏行世，混迹同塵，不為物境障礙，故等虛空而無窒塞。本亦作空字。〔釋文〕「關尹」李云：關令尹喜也。「不窒」珍悉反。蹈火不熱，行乎萬物之上而不慄。【注】至適故無不可耳，非物往可之。【疏】冥於寒暑，故火不能災；一於高卑，故心不恐懼。〔釋文〕「蹈火」徒報反。請問何以至於此？」【疏】總結前問意也。關尹曰：「是純氣之守也，非知巧果敢之列。【疏】夫不為外物侵傷者，乃是保守純和之氣，養於恬惔之心，而致之也；非關運役心智，分別巧詐，勇決果敢而得之。〔釋文〕「非知」音智。「之列」音例，本或作例。居，予語女。【疏】命禦寇令復坐，我告女至言也。〔釋文〕「予語」魚據反。「女」音汝，後同。凡有貌象聲色者，皆物也，物與物何以相遠？【注】唯無心者獨遠耳。〔釋文〕「相遠」于萬反。夫奚足以至乎先？是色而已。【注】同是形色之物耳，未足以相先也。【疏】夫形貌聲色，可見聞者，皆為物也。二彼俱物，何足以遠，亦何足以先至乎？俱是聲色故也。唯當非色非聲，絕視絕聽者，故能超貌象之外，在萬物之先也。則物之造乎不形而止乎无所化，【注】常遊於極。【疏】夫不色不形，故能造形色者也；無變無化，故能變化於萬物者也。是以羣有從造化而受形，任變化之妙本。夫得是而窮之者，物焉得而止焉！【注】夫至極者，非物所制。【疏】夫得造化之深根，自然之妙本，而窮理盡性者，世間萬物何得止而控馭焉！故當獨往獨來，出沒自在，乘正御辯，於何待焉！〔釋文〕「焉得」於虔反。彼將處乎不淫之度，【注】止於所受之分。【疏】彼之得道聖人，方將處心虛淡，其度量宏博，終不滯於世間。而藏乎无端之紀，【注】冥然與變化日新。【疏】大道無端無緒，不始不終，即用此混沌而為紀綱，故聖人藏心晦迹於恍惚之鄉也。遊乎萬物之所終始。【注】終始者，物之極。【疏】夫物所始終，謂造化也。言生死始終，皆是造化，物固以終始為造化也。而聖人放任乎自然之境遊乎造化之場　壹其性。【注】飾則二矣【疏】率性而動故不二也　養其氣。【注】不以心使之【疏】吐納虛夷故愛養元氣　合其德。【注】不以物離性【疏】抱一不離故常與元德冥合也　以通乎物之所造。【注】萬物皆造於自爾【疏】物之所造自然也既一性合德與物相應故能達至道之原通自然之本　夫若是者。其天守全。其神无郤。物奚自入焉。【疏】是者指斥以前聖人也自從也若是者其保守自然之道全而不虧其心神凝照會無間郤故世俗事物何從而入於靈府哉〔釋文〕「无郤」去逆反　夫醉者之墜車。雖疾不死。骨節與人同。而犯害與人異。其神全也。乘亦不知也。墜亦不知也。死生驚懼不入乎其胷中。是故遻物而不慴。【疏】自此已下凡有三譬以況聖人任獨無心一者醉人二者利劍三者飄瓦此則是初夫醉人乘車忽然顛墜雖復困疾必當不死其謂心無緣慮神照凝全既而乘墜不知死生不入是故遻於外物而情無慴懼〔釋文〕之墜字或作隊同直類反後皆同　家世父曰始守乎氣而終養乎神道家所謂鍊氣歸神也「乘亦」音繩又繩證反「遻」音悟郭音愕爾雅云遻忤也郭注云謂干觸盧文弨曰今本作遌「不慴」之涉反懼也李郭音習　彼得全於酒而猶若是。【注】醉故失其所知耳非自然無心者也　而況得全於天乎。【疏】彼之醉人因於困酒猶得暫時凝淡不為物傷而況德全聖人冥於自然之道者乎物莫之傷故其宜矣　聖人藏於天。故莫之能傷也。【注】不闚性分之外故曰藏【疏】夫聖人照等三光智周萬物藏光塞智於自然之境故物莫之傷矣　復讎者不折鏌干。【注】夫干將鏌鋣雖與讎為用然報讎者不事折之以其無心【疏】此第二譬也干將鏌鋣並古之良劍雖用劍殺害因以結讎而報讎之人終不瞋怒此劍而折之也其為無心故物莫之害也〔釋文〕「鏌」音莫本亦作莫「干」李云鏌耶干將皆古之利劍名吳越春秋云吳王闔閭使干將造劍劍有二狀一曰干將二曰鏌耶鏌耶干將妻名也　雖有忮心者不怨飄瓦。【注】飄落之瓦雖復中人人莫之怨者由其無情【疏】飄落之瓦偶爾傷人雖忮逆褊心之夫終不怨恨為瓦是無心之物此第三譬也〔釋文〕「忮心」之豉反郭李音支害也字書云很也「飄瓦」匹遙反郭李云落也「雖復」扶又反下章同「中人」丁仲反　是以天下平均。【注】凡不平者由有情故无攻戰之亂。无殺戮之刑者。由此道也。【注】無情之道大矣【疏】夫海內清平遐荒靜息野無攻戰之亂朝無殺戮之刑者蓋由此無為之道無心聖人故致之也是知無心之義大矣　不開人之天。而開天之天。【注】不慮而知開天也知而後感開人也然則開天者性之動也開人者知之用也【疏】郭注云不慮而知開天者也知而後慮開人者也然則開天者性之動開人者知之用郭得之矣無勞更釋　開天者德生。【注】性動者遇物而當足則忘餘斯德生也　開人者賊生。【注】知用者從感而求勸而不已斯賊生也【疏】夫率性而動動而常寂故德生也運智御世爲害極深故賊生也老經云以智治國國之賊不以智治國國之德也　不厭其天，不忽於人。【注】任其天性而動則人理亦自全矣【疏】常用自然之性不厭天者也任智自照於物斯不忽人者也〔釋文〕不厭　李於豔反徐於贍反　民幾乎以其真。【注】民之所患僞之所生常在於知用不在於性動也【疏】幾盡也因天任人性動智用既而人天無別知用不殊是以率土盡真蒼生無僞者也〔釋文〕幾乎　音機或音祈

仲尼適楚。出於林中。見痀僂者承蜩。猶掇之也。【疏】痀僂老人曲腰之貌承蜩取蟬也掇拾也孔子聘楚行出林籟之中遇老公以竿承蟬如俛拾地芥一無遺也〔釋文〕痀　郭於禹反李徐居具反又其禹反　僂　郭音縷李徐良付反　承　一本作美　慶藩案承讀爲拯（說文作抍）拯謂引取之也艮六二不拯其隨虞翻曰拯取也釋文拯作承（通志堂改承爲拯）云音拯救之拯復初六用拯馬壯吉釋文子夏拯作抍抍取也列子黃帝篇使弟子並流而承之釋文承音拯引方言出溺爲承（今方言作拯）宣十二年左傳曰目於眢井而拯之釋文拯作承云音拯皆引取之義也　蜩　音條蜩蟬也　猶掇　丁活反拾也　仲尼曰。子巧乎。有道邪。曰。我有道也。【疏】怪其巧妙一至於斯故問其方答云有道也　五六月。累丸二而不墜。則失者錙銖。【注】累二丸於竿頭是用手之停審也故其承蜩所失者不過錙銖之間也【疏】錙銖稱兩之微數也初學承蜩時經半歲運手停審故所失不多〔釋文〕五六月　司馬云黏蟬時也　累丸　劣彼反下同司馬云謂累之於竿頭也　慶藩案列子釋文引司馬云纍蜩謂累丸於竿頭也與釋文小異　者錙　側其反　銖　音殊　累三而不墜。則失者十一。【注】所失愈多【疏】時節猶久累丸徵多所承之蜩十失其一也　累五而不墜。猶掇之也。【注】停審之至故乃無所復失【疏】累五丸於竿頭一無墜落停審之意遂到於斯是以承蜩猶如俛拾　吾處身也。若厥株拘。吾執臂也。若槁木之枝。【注】不動之至【疏】拘謂斫殘枯樹枝也執用也我安處身心猶如枯樹用臂執竿若槁木之枝凝寂停審不動之至斯言有道此之謂也〔釋文〕若厥　本或作橛同其月反　株　音誅　拘　其俱反郭音俱李云厥厥豎也豎若株拘也　盧文弨曰也字宋刻依宋本補　家世父曰列子黃帝篇作若橛株駒注云株駒斷木也山海經海內經建木有九欘下有九枸郭璞注欘枝回曲也枸根盤錯也說文株木根也徐鍇曰在土曰根在土上曰株株枸者近根盤錯處厥者斷木爲杙也

身若斷株臂若槁木之枝皆堅實不動之意　若槁苦老反　雖天地之大，萬物之多，而唯蜩翼之知。疏二儀極大萬物甚多而運智用心唯在蜩翼蜩翼之外無他緣慮也　吾不反不側，不以萬物易蜩之翼，何為而不得！注遺彼故得此疏反側猶變動也外息攀緣內心凝靜萬物雖衆不奪蜩翼之知是以事同拾芥何為不得也　孔子顧謂弟子曰：用志不分，乃凝於神，其痀僂丈人之謂乎！疏夫運心用志凝靜不離故累丸乘蜩妙凝神鬼而尼父勉勵門人故云痀僂丈人之謂也〔釋文〕不分如字　俞樾曰凝當作疑下文梓慶削木為鐻鐻成見者驚猶鬼神即此所謂乃疑於神也列子黃帝篇正作疑張湛注曰意專則與神相似者也可據以訂正

顏淵問仲尼曰：吾嘗濟乎觴深之淵，津人操舟若神。疏觴深淵名也其狀似桮因以為名在宋國也津人謂津濟之人也操捉也顏回嘗經行李濟渡斯淵而津人操舟甚有方便其便辟機巧妙若神鬼顏回怪之故問夫子〔釋文〕操舟七曹反下章同　吾問焉，曰：『操舟可學邪？』曰：『可。善游者數能。注言物雖有性亦須數習而後能耳疏顏回問可學否答曰好游涉者數習則能夫物雖稟之自然亦有習以成性者〔釋文〕數能音朔注下同　若乃夫沒人，則未嘗見舟而便操之也。』注沒人謂能鶩沒於水底疏注云謂鶩沒水底鶩鴨子也謂津人便水沒入水下猶如鴨鳥沒水因而捉舟〔釋文〕鶩音木鴨也　吾問焉而不吾告，敢問何謂也？」仲尼曰：「善游者數能，忘水也。注習以成性遂若自然疏好游於水數習故能心無忌憚忘水者也　若乃夫沒人之未嘗見舟而便操之也，彼視淵若陵，視舟之覆猶其車卻也。注視淵若陵故視舟之覆於淵猶車之卻退於坂也疏好水數游習以成性遂使顧視淵潭猶如陵陸假令舟之顛覆亦如車之卻退於坂〔釋文〕之覆芳服反注下同　猶其車卻也元嘉本無車字　覆卻萬方陳乎前而不得入其舍，注覆卻雖多而猶不以經懷，以其性便故也。疏舍猶心中也隨舟進退方便萬端陳在目前不關懷抱既不忘水豈復勞心　俞樾曰萬下脫物字此本以覆卻萬物為句方陳乎前而不得入其舍為句方者竝也方之本義為兩舟相竝故方有竝義荀子致仕篇莫不明通方起以尚盡矣楊倞曰方起竝起漢書揚雄傳雖方征僑與偓佺兮師古注曰方謂竝行也皆其證也方陳乎前謂萬物竝陳乎前也今上句脫物字而以方字屬上讀則所謂陳前者果何指歟郭注曰覆卻雖多而猶不以輕懷是其所據本有物字蓋正文是萬物故以多言若如今本作萬方當以廣大言不當以多言也列子黃帝篇正作覆卻萬物方陳乎前

而不得入其舍可據以訂正

惡往而不暇。【注】所遇皆閑暇也。【疏】率性操舟任眞游水心無矜係何往不閒豈唯操舟學道亦爾但能忘遺即是達生〔釋文〕惡往音烏　閒暇音閑

以瓦注者巧，以鉤注者憚，以黃金注者殙。【注】所要愈重則其心愈矜也。【疏】注射也用瓦器賤物而戲賭射者既心無矜惜故巧而中也以鉤帶賭者以其物稍貴恐不中垛故心生怖懼而不著也用黃金賭者既是極貴之物矜而惜之故心智昏亂而不中也是以津人以忘遺故若神射者以矜物故昏亂是以矜之則拙忘之則巧勗諸學者幸志之焉〔釋文〕瓦注之樹反李云擊也　憚徒丹反又音丹又丈旦反忌惡也一曰難也　殙武典反又音昏又音門本亦作㱪說文云殙瞀也元嘉本作昏　盧文弨曰今本殙作㱪舊瞀也作矜也訛今據本書改正　慶藩案殙疑也又呂覽去尤篇以黃金投者殆殆疑也（見襄四年公羊傳注）亦迷惑之意黃金投者之投不別見呂覽高注亦云無考列子黃帝篇以瓦摳者殙淮南說林訓以金鉒者跂並襲莊子而不作投字　所要一遙反

其巧一也，而有所矜，則重外也。凡外重者內拙。【注】夫欲養生全內者其唯無所矜重也。【疏】夫射者之心巧拙無二爲重於外物故心有所矜只爲貴重黃金故內心昏拙豈唯在射萬事亦然

田開之見周威公。威公曰：吾聞祝腎學生。【注】學生者務中適。〔釋文〕田開之李云開之其名也　周威公崔本作周威公竈　俞樾曰史記周本紀孝王封其弟於河南是爲桓公桓公卒子威公代立此周威公殆即其人乎索隱按系本西周桓公名揭威公名班而威公之名不傳崔本可補史闕　祝腎上之六反下市軫反字又作緊音同本或作賢　學生司馬云學養生之道也　務中丁仲反下章注而中適同

吾子與祝腎游，亦何聞焉？【疏】姓田名開之學道之人姓祝名腎懷道者也周公之胄莫顯其名食采於周謚曰威也素聞祝腎學養生之道開之既從游學未知何所聞乎有此咨疑庶稟其術〔釋文〕吾子與祝腎游司馬本以吾子屬上句更云子與祝腎游

田開之曰：開之操拔篲以侍門庭，亦何聞於夫子。【疏】開之謂祝腎爲夫子拔篲掃帚也言我操提掃帚參侍門戶灑埽庭前而已亦何敢輒問先生之道乎古人事師皆擁篲以充役也〔釋文〕操七曹反　拔蒲末反徐甫末反李云把也　篲似歲反徐以醉反郭尋稅反李尋恚反信醉反或蘇忽反帚也　盧文弨曰信醉上脫又字　亦何聞於夫子絶句

威公曰：田子无讓，寡人願聞之。【疏】讓猶謙也養生之道寡人願聞幸請指陳不勞謙遜

開之曰：聞之夫子曰：善養生者，若牧羊然，視其後者而鞭之。【疏】我承祝腎之說養生譬之牧羊鞭其後者令其折中〔釋文〕而鞭如字崔本作趣云匿也視其羸瘦在後者匿著牢中養之也　家世父曰崔說非也鞭其後則前者于于然行矣注視其後而前者不勞也蘊持其終者也郭象注鞭其後者去其不及也亦誤

威公曰：何謂

也。【疏】未悟田開之言故更發疑問　田開之曰。魯有單豹者。巖居而水飲。不與民共利。行年七十而猶有嬰兒之色。不幸遇餓虎。餓虎殺而食之。【疏】姓單名豹魯之隱者也巖居飲水不爭名利雖復年齒長老而形色不衰久處山林忽遭餓虎所食〔釋文〕單豹音善李云單豹隱人姓名也　而水飲元嘉本作飲水　有張毅者。高門縣薄。无不走也。行年四十。而有內熱之病以死。【疏】姓張名毅亦魯人也高門富貴之家也縣薄垂簾也言張毅是流俗之人追奔世利高門甲第朱戶垂簾莫不馳驟參謁趨走慶弔形勞神弱困而不休於是內熱發背而死〔釋文〕縣音玄薄司馬云簾也　无不走也司馬云走至也言無不至門奉富貴也李云走往也俞樾曰無不走也語意未明司馬云走至也言無不至門奉富貴也亦疾往曲走乃趨之誤字文選幽通賦李注引此文曰有張毅者高門縣薄無不趨義也字正作趨但衍義字耳呂覽必己篇曰張毅好恭門閭帷薄聚居衆無不趨高注曰過之必趨淮南人閒篇曰張毅好恭過宮室廊廟必趨見門閭聚衆必下廝徒馬圉皆與伉禮然不終其壽內熱而死其義更明莊子文不備故學者莫得其解　豹養其內。而虎食其外。毅養其外。而病攻其內。此二子者。皆不鞭其後者也。【注】夫守一方之事至於過理者不及於會通之適也鞭其後者去其不及也【疏】單豹寡欲清虛養其內德而虎食其外張毅交游世貴養其形骸而病攻其內以死此二子各滯一邊未爲折中故並不鞭其後也〔釋文〕去其起呂反　仲尼曰。无入而藏。【注】藏既內矣而又入之此過於入也【疏】注云入既入矣而又藏之偏滯於處此單豹也　无出而陽。【注】陽既外矣而又出之是過於出也【疏】陽顯也出既出矣而又顯之偏滯於出此張毅也　柴立其中央。【注】若槁木之無心而中適是立也【疏】柴木也不滯於出不滯於處出處雙遣如槁木之無情妙捨二邊而獨立於一中之道　三者若得。其名必極。【注】名極而實當也【疏】夫因名詮理從理生名若得已前三句語意者則理窮而名極者也亦言得此三者名爲證至極之人也　夫畏塗者。十殺一人。則父子兄弟相戒也。必盛卒徒。而後敢出焉。不亦知乎。【疏】塗道路也夫路有劫賊險難可畏十人同行一人被殺則親情相戒不敢輕行彊盛卒伍多結徒伴斟量平安然後敢去豈不知全身遠害乎〔釋文〕畏塗司馬云謂險道可畏懼者也　卒徒子忽反　亦知音智　人之所取畏者。衽席之上。飲食之間。而不知爲之戒者。過也。【注】十殺一耳便大畏之至於色欲之害動皆之死地而莫不冒之斯過之甚也【疏】衽衣服也夫塗路患難十殺其一猶相戒愼不敢輕行況飲食之間不能將節衽席之上恣其淫蕩動之死地萬無一全舉世皆然深爲罪過〔釋文〕衽而甚反徐而鴆反李云臥衣也鄭注禮記云臥席也動皆之死地一本無地字不冒音墨

祝宗人元端以臨牢筴。說彘【疏】祝祝史也如今太宰六祝官也元端衣冠筴圈也彘豬也夫饗祭宗廟必有祝史具於元端冠服執版而祭鬼神未祭之間臨圈說彘說彘之文在於下也〔釋文〕牢筴初革反李云牢豕室也筴木欄也說如字又始銳反彘直例反本亦作豕曰。汝奚惡死。吾將三月豢汝。十日戒。三日齊。藉白茅。加汝肩尻乎彫俎之上。則汝爲之乎。【疏】豢養也俎盛肉器也謂彫飾之俎也說彘曰汝何須好生而惡死乎我將養汝以好食齊戒以潔清藉神坐以白茅置汝身於俎上如此相待豈不欲爲之乎〔釋文〕奚惡烏路反豢音患司馬云養也本亦作犧日齊側皆反後章同藉在夜反又在亦反尻苦羔反彫俎莊呂反畫飾之俎也爲彘謀曰。不如食以糠糟。而錯之牢筴之中。自爲謀。則苟生有軒冕之尊。死得於腞楯之上。聚僂之中。則爲之。爲彘謀則去之。自爲謀則取之。所異彘者何也。【注】欲贍則身亡理常俱耳不問人獸也【疏】措置也腞畫飾也楯筴車也謂畫輴車也聚僂棺槨也爲彘謀者不如置之圈內食之糟糠不用白茅無勞彫俎自爲謀則苟且生時有乘軒戴冕之尊死則置於棺中載於楯車之上則欲得爲之爲彘謀則去白茅彫俎自爲謀則取於軒冕楯車而異彘者何也此蓋顛倒愚癡非達生之性也〔釋文〕爲彘于僞反下自爲爲彘同食以音嗣糠音康糟音遭錯之七故反置也又如字本又作措腞音直轉反又敕轉反楯食準反徐敕荀反李敕準反司馬云腞猶篆也楯猶案也聚僂力主反司馬云聚僂器名也今家壙中注爲之一云聚僂棺槨也一云聚當作菆才官反僂當作蔞力久反謂殯於菆塗蔞翣之中　王念孫曰釋文引司馬云腞猶篆也楯猶案也聚僂器名也今塚壙中注爲之一云娶僂棺槨也一云娶當作菆僂當作蔞謂殯於菆塗蔞翣之中案腞讀爲輇謂載柩車也雜記載以輲車鄭注曰輲讀爲輇（釋文輇市專反又市轉反）士喪禮記注曰載柩車周禮謂之蜃車雜記謂之團或作輇或作槫聲讀皆相附耳其車之轝狀如牀中央有轅前後出設前後輅轝上有四周下則前後有軸以輇爲輪許叔重說有輻曰輪無輻曰輇輇輲槫團並字異而義同此作腞義亦同也楯讀爲輴亦謂載柩車也檀弓曰天子之殯也菆塗龍輴以椁又曰天子龍輴而椁幬諸侯輴而設幬喪大記曰君殯用輴鄭注曰天子之殯居棺以龍輴諸侯輴不畫龍大夫廢輴士喪禮下篇注曰軹狀如長牀穿桯前後著金而關軸焉大夫諸侯以上有四周謂之輴（此謂朝廟時所用）輴與楯古字通雜記注曰載柩以楯是其證也聚僂謂柩車飾也衆飾所聚故曰娶僂亦以其形中高而四下故言僂也雜記注曰將葬載柩之車飾曰柳周官縫人衣翣柳之材注曰柳之言聚謂飾之所聚劉熙釋名曰輿棺之車其蓋曰柳柳聚也衆飾所聚亦其形僂也檀弓曰設蔞翣荀子禮論篇曰無帾絲歶縷翣其頸以象菲帷幬尉也柳蔞縷僂並字異而義同呂氏春秋節喪篇僂蔞以督之其字亦作僂釋文所引或說以僂爲蔞蔞字是也餘說皆失之　家世父曰釋文引司馬云縢猶篆也楯猶寨也聚僂器名也今塚壙中注爲之疑楯與輴同縢楯即畫輴也喪大記所謂葬用輴者是也聚僂曲簿也荀子謂之簿器喪大記所謂熬居八筐大夫六筐士四筐是也輴者所以載柩故曰縢楯之上筐簪納之椁內棺外故曰聚僂之中皆大夫以上飾葬之具也

桓公田於澤。管仲御。見鬼焉。公撫管仲之手曰。仲父何見。對曰。臣无所見。【疏】公即桓公小白也畋獵於野澤之下而使管夷吾御車公因見鬼心有所怖懼執管之手問之答曰臣無所見此章明凡百病患多因妄係而成

公反。誒詒爲病。數日不出。【疏】誒詒是懈怠之容亦是歎悶之貌既見鬼憂惶而歸遂成病患所以不出〔釋文〕去反一本作公反　盧文弨曰今本作公反　誒於代反郭音熙說文云可惡之辭也李呼該反一音哀　詒吐代反郭音怡李音臺司馬云懈倦貌李云誒詒失魂魄也　數日所主反司馬本作數月

齊士有皇子告敖者曰。公則自傷。鬼惡能傷公。【疏】姓皇子字告敖齊之賢人也既聞公有病來問之云公妄係在心自遺傷病鬼有何力而能傷公欲以正理遣其邪病也〔釋文〕皇子告敖如字司馬云皇姓告敖字齊之賢士也　俞樾曰廣韻六止子字注複姓十一莊子有皇子告敖則以皇子爲複姓列子湯問篇末載錕鋙劍火浣布事云皇子以爲無此物殆即其人也　鬼惡音烏

夫忿滀之氣。散而不反。則爲不足。【疏】夫人忿怒則滀聚邪氣於是精魂離散不歸於身則心虛弊犯神道不足也〔釋文〕忿拂粉反李房粉反　滀敕六反　之氣散而不反則爲不足　李云忿滿也滀結聚也精神有逆則陰陽結於內魂魄散於外故曰不足

上而不下。則使人善怒。下而不上。則使人善忘。不上不下。中身當心。則爲病。【疏】夫邪氣上而不下則上攻於頭令人心中怖懼鬱而好怒下而不上陽伏陰散精神恍惚故好忘也夫心者五藏之主神靈之宅故悉當身心則爲病〔釋文〕上時掌反下同　而不下則使人善怒下而不上則使人善忘亡向反李云陽散陰凝故怒陰發陽伏故忘也　不上不下中丁仲反　身當心則爲病　李云上下不和則陰陽爭而攻心心精神主故病也

桓公曰。然則有鬼乎。曰。有。【疏】公問所由答言有鬼

沈有履。竈有髻。【疏】沈者水下汚泥之中有鬼曰履竈神其狀如美女著赤衣名髻也〔釋文〕沈有履　司馬本作沈有漏云沈水汙泥也漏神名　俞樾曰司馬云沈水汙泥也則當與水有罔象等句相次不當與竈有髻相次也沈當爲煁煁從甚聲沈從冘聲兩音相近詩蕩篇其命匪諶說文心部引作天命匪忱常棣篇和樂且湛禮記中庸篇引作和樂且耽並其證也煁之通作沈猶諶之通作忱湛之通作耽矣白華篇卬烘於煁毛傳曰煁烓竈也是煁竈同類故以煁有履竈有髻並言之耳鄭裨諶字竈諶即煁之叚字漢書古今人表作裨湛湛亦煁之叚字李善注文選鄒陽上吳王書曰湛今沈字又注答賓戲曰湛古沈字然則

以沈爲煁即以煁爲煁也竈有髻音結徐胡節反郭音詰李音吉司馬云髻竈神著赤衣狀如美女慶藩案史記孝武本紀索隱引司馬髻作浩云浩竈神也如美女衣赤戶內之煩壤。

雷霆處之。【疏】門戶內糞壤之中其間有鬼名曰雷霆〔釋文〕霆音庭又音挺又徒佞反東北方之下者。倍阿鮭蠪躍之。

【疏】人宅中東北牆下有鬼名倍阿鮭蠪躍狀如小兒長一尺四寸黑衣赤幘帶劍持戟〔釋文〕倍音裴徐扶來反阿鮭本亦作蛙戶媧反徐胡佳反蠪音龍又音聾躍之司馬云倍阿神名也鮭蠪狀如小兒長一尺四寸黑衣赤幘大冠帶劍持戟西北方之下者。則泆陽處之。【疏】豹頭馬尾名曰泆陽〔釋文〕泆陽音逸司馬云泆陽豹頭馬尾一作狗頭一云神名也水有罔象。【疏】注云狀如小兒黑色赤衣大耳長臂名曰罔象〔釋文〕罔象如字司馬本作無傷云狀如小兒赤黑色赤爪大耳長臂一云水神名丘有

峷。【疏】其狀如狗有角身有文彩〔釋文〕峷本又作莘所巾反又音臻司馬云狀如狗有角文身五采山有夔。【疏】大如牛狀如鼓一足行也〔釋文〕夔求龜反司馬云狀如鼓而一足野有彷徨。【疏】其狀如蛇兩頭五采〔釋文〕方音傍本亦作彷同皇本亦作徨同司馬云方皇狀如蛇兩頭五采文盧文弨曰今本作彷徨澤有委蛇。公

曰。請問委蛇之狀何如。【疏】桓公見鬼本在澤中既聞委蛇故問其狀〔釋文〕委於危反又如字皇子曰。委蛇其大如

轂。其長如轅。紫衣而朱冠。其爲物也。惡聞雷車之聲。則捧其首而立。見之

者殆乎霸。桓公辴然而笑曰。此寡人之所見者也。【疏】辴喜笑貌也殆近也若見委蛇近爲霸主桓公聞說大笑歎之我所見正是此也〔釋文〕朱冠司馬本作俞冠云俞國之冠也其制似螺惡聞雷烏路反捧芳勇反其首司馬本同一本作手辴敕引反徐敕一反又敕私反司馬云笑貌李云大笑貌

於是正衣冠與之坐。不終日。而不知病之去也。【注】此章言憂來而累生者不明也患去

而性得者達理也【疏】聞說委蛇情中暢適於是整衣冠共語論不終日而情抱豁然不知疾病從何而去也紀渻子爲王養鬬雞。【疏】姓紀名渻子亦作消字隨字讀之爲齊王養雞擬鬭也此章明不必稟生知自然之理亦有積習以成性者〔釋文〕紀渻所景反徐所幸反人姓名也一本作消爲于僞反王司馬云齊王也俞樾曰列子黃帝篇亦載此事云紀渻子爲周宣王養鬬雞則非齊王也十日而問。雞已乎。曰未也。方虛憍而恃氣。【疏】養經十日堪鬭乎答曰始性驕矜自恃意氣故未堪也〔釋文〕虛憍居喬反又巨消反李云高也司馬云高仰頭也十日又問。曰未也。猶應嚮景。【疏】見聞他雞猶相應和若形聲影響也

〔釋文〕猶應應對之應下同嚮許丈反本亦作響景於領反又如字李云應響鳴顧景行十日又問。曰未也。猶疾視而盛氣。疏顧視速疾意氣強盛心神尙動故未堪也十日又問。曰幾矣。雞雖有鳴者。已无變矣。疏幾盡也都不驕矜心神安定雞雖有鳴已無變慴養雞之妙理盡於斯望之似木雞矣。其德全矣。異雞无敢應者。反走矣。注此章言養之以至於全者猶無敵於外況自全乎疏神識安閑形容審定遙望之者其猶木雞不動不驚其德全具他人之雞見之反走天下無敵誰敢應乎孔子觀於呂梁。縣水三十仞。流沫四十里。黿鼉魚鼈之所不能游也。疏呂梁水名解者不同或言是西河離石有黃河縣絕之處名呂梁也或言蒲州二百里有龍門河水所經瀑布而下亦名呂梁或言宋國彭城縣之呂梁八尺曰仞計高二十四丈而縣下也今者此水縣注名高蓋是寓言談過其實耳黿者似鼈而形大鼉者類魚而有腳此水瀑布既高流波峻駛遂使激湍騰沫四十里至於水族尙不能游況在陸生如何可涉〔釋文〕呂梁司馬云河水有石絕處也今西河離石西有此縣絕世謂之黃梁淮南子曰古者龍門未鑿河出孟門之上也　慶藩案太平御覽一百八十三引郡國志轉引司馬云呂梁卽龍門也不若釋文之詳　縣水音玄　三十仞音刃七尺曰仞　流沫音末　黿音元　鼉徒多反或音檀　鼈字又作鱉必滅反見一丈夫游之。以爲有苦而欲死也。使弟子並流而拯之。疏激湍沸涌非人所能游忽見丈夫謂之遭溺而困苦故命弟子隨流而拯拯之〔釋文〕有苦如字司馬云病也　拯之拯救之拯數百步而出。被髮行歌。而游於塘下。疏塘岸也既安於水故散髮而行歌自得逍遙遨遊岸下〔釋文〕數百所主反　被髮皮寄反　行歌司馬本作行道道當行之道也孔子從而問焉。曰。吾以子爲鬼。察子則人也。請問蹈水有道乎。疏丈夫既不憚流波行歌自若尼父怪其如此從而問之我謂汝爲鬼神審觀察乃人也汝能履涉水頗有道術不乎曰亡。吾无道。疏答云我更無道術直是久游則巧習以性成耳吾始乎故。長乎性。成乎命。疏我初始生於陵陸遂與陵爲故舊也長大游於水中習而成性也既習水成性心無懼憚恣情放任遂同自然天命也〔釋文〕長乎丁丈反下同與齊俱入。與汨偕出。注磨翁而旋入者齊也回伏而涌出者汨也。疏湍沸旋入如磑心之轉者齊也回復騰漫而反出者汨也既與水相宜事符天命故出入齊汨曾不介懷郭注云磨翁而入者關東人喚磑爲磨磨翁而入是磑釭轉也〔釋文〕與齊司馬云齊向水如磨齊也郭云磨翁而旋入者齊也　慶藩案齊物之中央也呂刑天齊於民馬注齊中也管子正世篇治莫貴於得齊謂得中也（王念孫曰人臍居腹之中故謂之臍臍者齊也）漢書郊祀志齊所以爲齊以天齊也蘇林注當天中央齊也與司馬訓爲回水如磨之義正同與汩胡忽反司馬云汩涌波也郭云回伏而涌出者汩也從水之道而不爲私焉。注任水而不任己。疏隨順於水委質從流不使私情輒懷違拒從水尙爾何況唯道是從乎此吾所以蹈之也。疏更無道術理盡於斯孔子曰。何謂始乎故。長乎性。成乎命。疏未聞斯旨請重釋之曰。吾生於陵而安於陵。故也。長於水而安於水。性也。不知吾所以然而然。命也。注此章言人有偏能得其所能而任之則天下無難矣用夫無難以涉乎生生之道何往而不通也疏此之三義並釋於前無勞重解也

梓慶削木爲鐻。鐻成。見者驚猶鬼神。注不似人所作也疏姓梓名慶魯大匠也亦云梓者官號鐻者樂器似夾鍾亦言鐻似虎形刻木爲之彫削巧妙不類人工見者驚疑謂鬼神所作也〔釋文〕梓音子慶李云魯大匠也梓官名慶其名也俞樾曰春秋襄四年左傳匠慶謂季文子杜注匠慶魯大匠卽此梓慶鐻音據司馬云樂器也似夾鍾魯侯見而問焉。曰。子何術以爲焉。疏魯侯見其神妙怪而問之汝何道術爲此鐻焉對曰。臣工人。何術之有。雖然有一焉。臣將爲鐻。未嘗敢以耗氣也。必齊以靜心。疏梓答云臣是工巧材人有何藝術雖復如是亦有一法焉臣欲爲鐻之時未嘗輒有攀緣損耗神氣必齊戒淸潔以靜心靈也〔釋文〕耗呼報反司馬云損也盧文弨曰今本作耗非氣李云氣耗則心動心動則神不專也齊三日。而不敢懷慶賞爵祿。疏心跡既齊凡經三日至於慶弔賞罰官爵利祿如斯之事並不入於情田齊五日。不敢懷非譽巧拙。疏齊日既多心靈漸靜故能非譽雙遣巧拙兩忘〔釋文〕非譽音餘齊七日。輒然忘吾有四枝形體也。當是時也。无公朝。注視公朝若無則跂慕之心絕矣疏輒然不敢動貌也齊潔既久情義淸虛於是百體四肢一時忘遣輒然不動均於枯木既無意於公私豈有懷於朝廷哉〔釋文〕輒然丁協反輒然不動貌无公朝直遙反注同其巧專而外骨消。注性外之事去也疏滑亂也專精內巧之心消除外亂之事〔釋文〕骨消如字本亦作滑消然後入山林。觀天性。形軀至矣。然後成見鐻。然後加手焉。不然則已。注必取材中者也疏外事既除內心虛靜於是入山林觀看天性好木形容軀貌至精妙而成事堪爲鐻者然後就手加工焉若其不然則止而不爲〔釋文〕成見賢遍反材中丁仲反則以天

合天。【注】不離其自然也。【疏】機變雖加人工木性常因自然故以合天也器之所以疑神者。其是與。【注】盡因物之妙故乃疑是鬼神所作也【疏】所以鐻之微妙疑似鬼神者只是因於天性順其自然故得如此此章明順理則巧若神鬼性乖則心勞而自拙也〔釋文〕是與音餘東野稷。以御見莊公。進退中繩。左右旋中規。莊公以為文弗過也。【疏】姓東野名稷古之善御人也以御事魯莊公左右旋轉合規之圓進退抑揚中繩之直莊公以為組繡織文不能過此之妙也〔釋文〕東野稷李云東野姓稷名也司馬云孫鋤作東野畢以御見賢遍反下同莊公李云魯莊公也或云內篇曰顏闔將傅衛靈公太子問於蘧伯玉則不與魯莊同時當是衛莊公俞樾曰荀子哀公篇載此事莊公作定公顏闔作顏淵則為魯定公矣中繩丁仲反下同文弗過也司馬云謂過織組之文也使之鉤百而反。【疏】任馬旋回如鉤之曲百度反之皆復其跡〔釋文〕使之鉤百而反司馬云稷自矜其能圓而驅之如鉤復迹百反而不知止顏闔遇之。入見曰。稷之馬將敗。公密而不應。【疏】姓顏名闔魯之賢人也入見莊公初不信故密不應焉〔釋文〕顏闔戶臘反元嘉本作盍崔同少焉果敗而反。公曰。子何以知之。【疏】少時之頃馬困而敗公問顏生何以知此曰。其馬力竭矣。而猶求焉。故曰敗。【注】斯明至當之不可過也。【疏】荅馬力竭盡而求其過分之能故知必敗也非唯車馬萬物皆然工倕旋而蓋規矩。指與物化而不以心稽。【疏】旋規也規圓也稽留也倕是堯時工人稟性極巧蓋用規矩手隨物化因物施巧不稽留也〔釋文〕工倕音垂又音睡旋而蓋矩指與物化而不以心稽音雞司馬本矩作瞿云工倕堯工巧人也旋圓也瞿句也倕工巧任規以見為圓覆蓋其句指不以施度也是與物化之不以心稽留也故其靈臺一而不桎。【注】雖工倕之巧猶任規矩此言因物之易也。【疏】任物因循忘懷虛淡故其靈臺凝一而不桎梏也〔釋文〕不桎之實反司馬云閡也之易以豉反忘足。屨之適也。忘要。帶之適也。【注】百體皆適則都忘其身也〔釋文〕足屨九住反要帶一遙反知忘是非。心之適也。【注】是非生於不適耳【疏】夫有屨有帶本為足為要今既忘足要屨帶理當閑適亦猶心懷憂戚為有是非今則知忘是非故心常適樂也不內變。不外從。事會之適也。【注】所遇而安故無所變從也【疏】外智凝寂內心不移物境虛空外不從事乃契會真道所在常適始乎適而未嘗不適者。忘適之適也。【注】識適者猶未適也【疏】始本也夫體道虛忘本性常適非由感物

而後歡娛則有時不適本性常適故無往不歡也斯乃忘適之適非有心適

有孫休者。【疏】姓孫名休魯人也 踵門而詫子扁慶子曰。休居鄉不見謂不脩。臨難不見謂不勇。然而田原不遇歲。事君不遇世。賓於鄉里。逐於州部。則胡罪乎天哉。休惡遇此命也。【疏】踵頻也詫告也歎也不能述道而怨迍邅頻來至門而歎也姓扁名子慶魯之賢人孫休之師也孫休俗人不達天命頻詣門而言之我居鄉里不見道我不修飾臨於危難不見道我無勇武而營田於平原逢歲不熟禾稼不收處朝廷以事君不遇聖明不蒙好爵遭州部而放逐被鄉閭而賓棄有何罪於上天苟遇斯之運命 〔釋文〕踵門章勇反司馬云至也 而詫敕駕反又呼駕反郭都駕反司馬云告也李本作託云屬也 子扁慶子音篇又符殄反李云扁姓慶子字也 臨難乃旦反 賓於必刃反 惡遇音烏下同

扁子曰。子獨不聞夫至人之自行邪。忘其肝膽。遺其耳目。【注】闇付自然也【疏】夫至人立行虛遠清高故能內忘五藏之肝膽外遺六根之耳目蕩然空靜無纖介於胸臆 芒然彷徨乎塵垢之外。【注】凡非真性皆塵垢也〔釋文〕芒然武剛反 彷徨元嘉本作房皇音同 逍遙乎无事之業。【注】凡自為者皆無事之業也【疏】芒然無心之貌也彷徨是縱放之名逍遙是任適之稱而處染不染縱放於囂塵之表涉事無事任適於物務之中也 是謂為而不恃。【注】率性自為耳非恃而為之 長而不宰。【注】任其自長耳非宰而長之【疏】接物施化不恃藉於我我勞長養黎元豈斷割而從己事出老經 〔釋文〕長而丁丈反注同 今汝飾知以驚愚。脩身以明汙。昭昭乎若揭日月而行也。【疏】汝光飾心智驚動愚俗修營身形顯他汙穢昭昭明白自炫其能猶如擔揭日月而行於世也豈是韜光匿耀以蒙養恬哉 〔釋文〕飾知音智 明汙音烏 若揭其列反又其謁反 汝得全而形軀。具而九竅。无中道夭於聾盲跛蹇。而比於人數。亦幸矣。又何暇乎天之怨哉。子往矣。【疏】而汝也得軀貌完全九竅具足復免中塗夭於聾盲跛蹇又得預於人倫偕於人數慶幸矣莫甚於斯有何容暇怨於天道子宜速往無勞辭費 〔釋文〕九竅苦弔反 跛波我反 盧文弨曰舊作彼我反訛今改正 蹇紀輦反又紀偃反徐其偃反 而比如字又毗志反 孫子出。扁子入。坐有閒。仰天而歎。【疏】孫休聞道而出扁子言訖而歸俄頃之間子慶嗟嘆也 弟子問曰。先生何為歎乎。【疏】扁子門人問其嗟嘆所以 扁子曰。向者休來。吾告之以

至人之德。吾恐其驚而遂至於惑也。疏 孫休頻來踵門而詫述己居世坎軻不平吾遂告以至人淳元之德而器小言大慮有偏機恐其驚迫更增其惑是以吁嘆也 弟子曰。不然。孫子之所言是邪。先生之所言非邪。非固不能惑是。孫子所言非邪。先生所言是邪。彼固惑而來矣。又奚罪焉。疏 若孫子言是扁子言非非理之言必不惑是若扁子言是孫子言非彼必以非故來詣斯求是進退尋責何罪有乎先生之嘆終成虛假 扁子曰。不然。昔者有鳥止於魯郊。魯君說之。爲具太牢以饗之。奏九韶以樂之。鳥乃始憂悲眩視。不敢飲食。此之謂以己養養鳥也。若夫以鳥養養鳥者。宜棲之深林。浮之江湖。食之以委蛇。則平陸而已矣。注 各有所便也。疏 此爰居之鳥非應瑞之物魯侯濫賞饗以太牢事顯前篇無勞重解〔釋文〕說之音悅 爲具于僞反 奏九韶元嘉本作奏韶武 以樂音洛下同 食之音嗣 委於危反 蛇如字李云大鳥吞蛇司馬云委蛇泥鰌 兪樾曰委蛇未詳何物李云大鳥食蛇然宋聞養鳥者必食之以蛇也司馬云委蛇泥鰌此亦臆說今案至樂篇云夫以鳥養養鳥者宜棲之深林遊之壇陸浮之江湖食之鰌鰷隨行列而止委蛇而處然則此文宜亦當云食之以鰌鰷委蛇而處傳寫有闕文耳且云委蛇而處方與下句則平陸而已矣文氣相屬若無而處二字下句便不貫矣 今休。款啓寡聞之民也。吾告以至人之德。譬之若載鼷以車馬。樂鴳以鐘鼓也。彼又惡能无驚乎哉。注 此章言善養生者各任性分之適而至矣。疏 鼷小鼠也鷃雀也孫休是寡識少聞之人應須款曲啓發其事今乃告以至人之德大道元妙之言何異乎載小鼠以大車娛鷃雀以韶樂既御小而用大亦何能無驚懼者也〔釋文〕款啓李云款空也啓開也如空之開所見小也鼷音奚鴳字又作鷃音晏 盧文弨曰今本作鷃

外篇山木第二十〔釋文〕舉事以名篇

莊子行於山中。見大木枝葉盛茂。伐木者止其旁而不取也。問其故。曰。无所可用。莊子曰。此木以不材得終其天年。疏 既同曲轅之樹又類商丘之木不材無用故終其天年也〔釋文〕山中釋名

云山產也產生物也說文云山宣也謂能宣散氣生萬物也　大木釋名云木冒也冒地而生也字林云木衆樹之總名白虎通云木觸也　夫子出於山。舍於故人之家。【疏】舍息也〔釋文〕夫出如字夫者夫子謂莊子也本或即作夫子　盧文弨曰今本作夫子出　故人喜。命豎子殺雁而烹之。【疏】門人呼莊子爲夫子也豎子童僕也〔釋文〕豎市主反　烹普彭反煮也　王念孫曰悉案此亨讀爲享享之謂享莊子故人喜莊子之來故殺雁而享之享與饗通呂氏春秋必己篇作令豎子爲殺雁饗之是其證也古書享字作亨烹字亦作亨故釋文誤讀爲烹而今本遂改亨爲烹矣（原文作亨故釋文音普彭反若作烹則無須音釋）　慶藩案雁鵞也說文鵞雁也雁鵞也爾雅舒雁鵞注今江東呼鵝方言雁自關而東謂之鴚鵝南楚之外謂之鵝廣雅鴚鵝雁也即此所謂雁　豎子請曰。其一能鳴。其一不能鳴。請奚殺。主人曰。殺不能鳴者。明日。弟子問於莊子曰。昨日山中之木。以不材得終其天年。今主人之雁。以不材死。先生將何處。莊子笑曰。周將處乎材與不材之間。材與不材之間。似之而非也。故未免乎累。【注】設將處此耳以此未免於累竟不處【疏】言材者有爲也不材者無爲也之間中道也雖復離彼二偏處茲中一既未遣中亦猶人不能理於人雁不能同於雁故似道而非眞道猶有斯患累也　若夫乘道德而浮遊。則不然。【疏】夫乘元道至德而浮遊於世者則不如此也既遣二偏又忘中一則能虛通而浮遊於代爾　无譽无訾。一龍一蛇。【疏】訾毀也龍出也蛇處也言道無材與不材故毀譽之稱都失也〔釋文〕无譽音餘　无訾音紫毀也徐音疵　與時俱化。【疏】此遣中也既遣二偏又忘中一遣之又遣元之又元　而无肯專爲。【疏】言既妙遣中一遠超四句豈復詺情毁譽咸意龍蛇故當世浮沈與時俱化何肯偏滯而專爲一物也　一上一下。以和爲量。【疏】言至人能隨時上下以和同爲度量〔釋文〕一上如字又時掌反　爲量音亮　俞樾曰此本作一下一上以和爲量上與量爲韻今作一上一下失其韻矣古書往往倒文以協韻後人不知而誤改者甚多秋水篇無東無西始於元冥反於大通亦後人所改莊子原文本作無西無東與通爲韻也　浮遊乎萬物之祖。【疏】以大和而等量遊造物之祖宗　物物而不物於物。則胡可得而累邪。【疏】物不相物則無憂患　此神農黃帝之法則也。【注】故莊子亦處焉【疏】郭注云故莊子亦處焉　若夫萬物之情。人倫之傳。則不然。【疏】倫理也共俗物傳習則不如前也〔釋文〕人倫之傳直專反司馬云事類可傳行也　合則離。成則毀。廉則挫。

尊則議，【疏】合則離之，成者必毁，清廉則被剉傷，尊貴者又遭議疑，世情險陂，何可必固！又廉則傷物，物不堪化，則反挫也；自尊財物，物不堪辱，反有議疑也。〔釋文〕則剉子臥反。本亦作挫，同。

盧文弨曰：今本作挫。　慶藩案：挫當爲剉，今本作挫，後人誤改也。說文：剉，折傷也。呂覽必已篇高注：剉，缺傷也。淮南修務篇頓兵挫銳高注：剉，折辱。（亦後人所改）剉非挫辱之義，此作挫非。　俞樾曰：議當讀爲俄。詩賓之初筵篇側弁之俄，鄭箋云：俄，傾貌。尊則俄，謂崇高必傾側也。古書俄字或以義爲之，說見王氏經義述聞。尚書立政篇亦或以議爲之，管子法禁篇法制不議則民不相私，議亦俄也，謂法制不傾衺也。又或以儀爲之，荀子成相篇君法儀禁不爲，儀亦俄也，謂君法傾衺則當禁使不爲也。

有爲則虧，賢則謀，【疏】虧，損也。有爲則損也，賢以志高，爲人所謀。不肖則欺，胡可得而必乎哉。【疏】言已上賢與不肖等事，何必爲也。必則偏執名中，所以有成虧也。　家世父曰：乘道德而浮遊，出世者也。萬物之情，人倫之傳，則方以身入世。合則離，成則毁，巧相待也。廉則挫，尊則議，有爲則虧，互相因也。賢則謀，不肖則欺，各相炫也。不可必者，莫知禍福生死之所自來也。廉則挫，嶢嶢者易缺；尊則議，位極者高危；有爲則虧，非俊疑傑，固庸態也。舊注失之。悲夫，弟子志之，【疏】悲夫，歎聲也。志，記也。其唯道德之鄉乎。【注】不可必，故待之不可以一方也，唯與時俱化者，爲能涉變而常通耳。【疏】言能用中平之理，其爲道德之鄉也。〔釋文〕之鄉如字，一音許亮反。

市南宜僚見魯侯，【疏】姓熊，名宜僚，隱於市南也。〔釋文〕市南宜僚了蕭反，徐力遙反。司馬云：熊宜僚也，居市南，因爲號也。李云：姓熊，名宜僚。案左傳云市南有熊宜僚，楚人也。　俞樾曰：高注淮南主術篇云：宜遼，姓也；名熊。疑名姓字互誤。魯侯有憂色。市南子曰：「君有憂色，何也？」魯侯曰：「吾學先王之道，脩先君之業；吾敬鬼尊賢，【疏】先王謂王季文王，先君謂周公伯禽也。親而行之，无須臾離居；【疏】離，散也。居，安居也。〔釋文〕无須臾離力智反，絕句。崔本無離字。　俞樾曰：崔譔本無離字而以居字連上句讀，當從之。呂覽慎人篇辭賦不居，高誘訓居爲止。無須臾居者，無須臾止也，正與上句行字相對成義。學者不達居字之旨，而習於中庸不可須臾離之文，遂妄加離字，而居字屬下讀，失之矣。下文居得行而不名處，亦以居與行對言。郭注曰居然自得此行，非是。然不免於患，吾是以憂。」市南子曰：「君之除患之術淺矣！【注】有其身而矜其國，故雖憂懷萬端，尊賢尚行，而患慮愈深矣。【疏】言敬鬼尊賢之法，其法未除也。〔釋文〕居然崔讀以居字連上句。尚行下孟反。夫豐狐文豹，【疏】豐，大也。以文章豐美，毛衣悅澤，故爲人利也。〔釋文〕豐狐司馬云：豐，大也。棲於山林，伏於巖穴，靜也；夜行晝居，戒也；雖飢渴隱約，猶且胥疏於江湖之上而求食焉，【疏】戒，慎也。隱約，猶斟酌也。旦，明也。胥，皆也言雖飢渴猶斟酌明且無人之時相命於江湖之上扶疎草木而求食也 〔釋文〕胥疏如字司馬云胥須也疏菜也李云胥相也謂相望疏草也家世父曰釋文引司馬云胥食也疏菜也李云胥相也謂相望疏草也今塞江湖之上舟車之所轉也廛閈之所都也豐狐文豹未嘗求食江湖之上故曰定胥疏疏也言足跡之所未經也舊注似皆失之　慶藩案胥疏二字古通用胥卽疏也宣十四年左傳車及於蒲胥之市呂氏春秋行論篇作蒲疏史記蘇秦傳東有淮潁煑棗無胥魏策作無疏是其證定也。然且不免於罔羅機辟之患。是何罪之有哉。其皮為之災也。疏 機辟罝罘也言斟酌定計如此猶不免罝罘之患者更無餘罪直是皮色之患也 〔釋文〕機辟婢亦反 今魯國獨非君之皮邪。吾願君刳形去皮。洒心去欲。而遊於无人之野。注 欲令無其身忘其國而任其自化也。疏 刳形忘身也去皮忘國也洒心忘智也去欲息貪也無人之野謂道德之鄉也郭注云欲令無其身忘其國而任其自化 〔釋文〕刳形音枯廣雅云屠也 去皮起呂反下去欲去君同 洒心先典反本亦作洗音同 去欲如字徐音慾 欲令力呈反章末同 南越有邑焉。名為建德之國。注 寄之南越取其去魯之遠也。疏 言去魯既遙名建立無為之道德也 其民愚而朴。少私而寡欲。知作而不知藏。疏 作謂耕作也藏謂藏貯也君既變道民亦還淳 與而不求其報。不知義之所適。不知禮之所將。疏 義宜也將行也 猖狂妄行。疏 猖狂無心也妄行混跡也 乃蹈乎大方。注 各恣其本步而人人自蹈其方則萬方得矣不亦大乎 疏 道方也猖狂恣任混跡妄行乃能蹈大方之道 其生可樂。其死可葬。注 言可終始處之 疏 郭注云言可以終始處之也 〔釋文〕可樂音洛 吾願君去國捐俗。與道相輔而行。注 所謂去國捐俗謂蕩除其胷中也 疏 捐棄也言棄俗與無為至道相輔導而行也 君曰。彼其道遠而險。又有江山。我无舟車。奈何。注 真謂欲使之南越 疏 迷悟睽殊故致魯越之隔也 市南子曰。君无形倨。注 形倨躓礙之謂 疏 勿恃高尊形容倨傲 〔釋文〕无形倨音據司馬云無倨傲其形 躓之實反又知吏反 礙五代反 无留居。注 留居滯守之謂 疏 隨物任運無滯榮觀 〔釋文〕无留居司馬云無留安其居 以為君車。注 形與物夷心與物化斯寄物以自載也 君曰。彼其道幽遠而无人。吾誰與為鄰。吾无糧。我无食。安得而至焉。疏未體獨化不能忘物也〔釋文〕我无食一本我作蝕　市南子曰。少君之費。寡君之欲。雖无糧而乃足。【注】所謂知足則無所不足也。【疏】言道不資物成而但恬淡耳　君其涉於江而浮於海。【疏】江謂智也海謂道也涉上審之江遊大道之海　望之而不見其崖。愈往而不知其所窮。【注】絕情欲之遠也。【疏】寧知窮極哉　送君者皆自崖而反。【注】君欲絕則民各反守其分【疏】送君行至於道德之鄉民反歸自守素分崖分也　君自此遠矣。【注】超然獨立於萬物之上也【疏】自從也君從此情高道德元遠也　故有人者累。【注】有人者有之以爲己私也。【疏】君臨魯邦富贍人物爲我已有深成病累也　見有於人者憂。【注】見有於人者爲人所役用也【疏】言未能忘魯見有於人是以徵鬼尊賢矜人恤衆爲民驅役寧非憂患　故堯非有人。非見有於人也。【注】雖有天下皆寄之百官委之萬物而不與焉斯非有人也因民任物而不役己斯非見有於人也【疏】郭注云雖有天下皆寄之百官委之萬物而不與焉斯非有人也因民任物而不役己斯非見有於人也〔釋文〕不與音預　吾願去君之累。除君之憂。而獨與道遊於大莫之國。【注】欲令蕩然無有國之懷【疏】大莫猶大無也言天下無能雜之〔釋文〕大莫莫無也　方舟而濟於河。【疏】兩舟相並曰方舟〔釋文〕方舟司馬云方並也　有虛船來觸舟。雖有惼心之人不怒。【疏】褊狹急也不怒者緣舟虛故也〔釋文〕惼心必善反爾雅云急也　有一人在其上。則呼張歙之。一呼而不聞。再呼而不聞。於是三呼邪。則必以惡聲隨之。【疏】惡聲罵辱也〔釋文〕則呼火故反下同　張歙許及反徐許鞠反郭疎獵反張開也歙斂也　向也不怒而今也怒。向也虛而今也實。人能虛己以遊世。其孰能害之。【注】世雖變其於虛己以免害一也【疏】虛己無心也　北宮奢【疏】姓北宮名奢居北宮因以爲姓衛之大夫也〔釋文〕北宮奢李云衛大夫居北宮因以爲號奢其名也　爲衛靈公賦斂以爲鐘。爲壇乎郭門之外。【疏】鐘樂器名也言爲鐘先須設祭所以爲壇也〔釋文〕爲衛于僞反　賦斂力豔反　爲壇但丹反李云祭禱之故爲壇也　三月而成上下之縣。【疏】上下調八音備故曰縣〔釋文〕上下之縣音玄司馬云八音備爲縣而聲高下王子慶忌見而問焉。曰。子何術之設。疏慶忌周王之子周之大夫言見鐘壇極妙怪而問焉〔釋文〕王子慶忌李云王族也慶忌周大夫也怪其簡速故問之 俞樾曰論語皇疏王孫賈周靈王之孫名賈是時仕衞爲大夫然則此王子慶忌疑亦周之王子而仕衞者齊亦有王子成父見文十一年左傳

奢曰。一之間。无敢設也。注泊然抱一耳非敢假設以益事也疏郭注云泊然抱一耳非敢假設以益事也〔釋文〕泊然步各反奢聞之。既彫既琢。復歸於朴。注還用其本性也疏郭注云還用本性 侗乎其无識。注任其純朴而已疏侗乎無情之貌任其湻朴而已〔釋文〕侗乎吐功敕動二反無知貌字林云大貌一音慟 儻乎其怠疑。注無所趣也疏儻無慮也怠退也言狐疑思慮之事並已去矣〔釋文〕儻敕蕩反 萃乎芒乎。其送往而迎來。注無所忻說疏萃聚也言物之萃聚芒然不知物之去來亦不迎送此下各任物也又芒昧恍惚心無的當隨其迎送任物往來〔釋文〕萃乎在醉反芒乎莫郎反忻說音悅 來者勿禁。往者勿止。注任彼也疏百姓懷來者未防禁而去者亦無情留止也 從其強梁。注順乎梁也〔釋文〕強梁多力也 隨其曲傅。注無所係也疏傳張戀反剛強難賦者從而任之人情曲傅者隨而順之〔釋文〕曲傅音附司馬云謂曲附已者隨之也本或作傳張戀反 因其自窮。注用其不得不爾疏因任百姓各窮於其所情也

家世父曰賦斂以爲鐘猶左傳昭公二十九年遂賦晉國一鼓鐵以鑄刑鼎名爲賦斂而聽民之自致故曰因其自窮說文窮極也言殫竭所有以輸納之也惟不敢設術以求而純任自然民亦以自然應之今之賦斂任術多矣而固無如民巧避於術何也故曰既彫既琢復歸於朴 故朝夕賦斂而毫毛不挫。注當故無損疏雖設賦斂而未嘗抑度各率其性是故略無挫損者也〔釋文〕不挫子臥反 而況有大塗者乎。注泰然無執用天下之自爲斯大通之塗也故曰經之營之不日成之疏塗道也直致任物已無挫損況資大道神化無爲三月而成何怪之有 孔子圍於陳蔡之閒。七日不火食。疏楚昭王召孔子孔子自魯聘楚塗經陳蔡二國之閒尼父徒衆既多陳蔡之人謂孔子是陽虎所以起兵圍之門人飢餓七日不起火食窘迫困苦也 大公任往弔之。曰。子幾死乎。曰然。子惡死乎。曰然。注自同於好惡耳聖人無好惡也疏太公老者稱也任名也幾近也然猶如是也尼父既遭圍繞太公弔而問之曰子近死乎荅云如是曰子惡死乎荅云如是也〔釋文〕大音泰公任如字李云大公大夫稱任其名 俞樾曰廣韻一東公字注世本有太公穎叔然則大公迺複姓非大夫之稱 子幾音祈又音機 子惡

烏路反，注及下同。於好呼報反，章內同。任曰：「予嘗言不死之道。東海有鳥焉，其名曰意怠。其爲鳥也，翂翂翐翐，而似无能；引援而飛，迫脅而棲；【注】既宏大舒緩，又心無常係。【疏】試言長生之道，擧海鳥而譬之。翂翂翐翐，是舒遲不能高飛之貌也。飛必援引徒侶，不敢先起；棲必戢其脅翼，迫引於羣。〔釋文〕翂翂音紛，字或作翁。翐翐音秩，徐音族，字或作濺。司馬云：翂翂翐翐，舒遲貌。一云：飛不高貌。李云：羽翼聲。迫脅而棲 李云：不敢獨棲，迫脅在衆鳥中，纔足容身而宿，辟害之至也。進不敢爲前，退不敢爲後；【注】常從容處中。〔釋文〕從容 七容反。食不敢先嘗，必取其緒。【注】其於隨物而已。【疏】夫進退處中，遠害之至；飲啄隨行，必依次敍。〔釋文〕其緒 緒，次緒也。王念孫曰：釋文曰：緒，次緒也。案陸說非也。緒者，餘也，言食不敢先嘗而但取其餘也。讓王篇其緒餘以爲國家，司馬彪曰：緒者，殘也，謂殘餘也。楚辭九章欸秋冬之緒風，王注曰：緒，餘也。管子弟子職篇奉椀以爲緒，尹知章曰：緒然燭燼也。燼亦餘也。（見方言、廣雅）是故其行列不斥，【注】與羣俱也。〔釋文〕行列 戶剛反，下亂行同。不斥 音尺。而外人卒不得害，是以免於患。【注】患害生於役知以奔競。【疏】爲其謙柔不與物競，故衆鳥行列不獨斥棄也，而外人造次不得害之，是以免於人間之禍患。〔釋文〕卒 子恤反，終也。又七忽反。直木先伐，甘井先竭。【注】才之害也。【疏】直木有材，先遭斫伐；甘井來飲，其流先竭。人衒才智，其義亦然。子其意者，飾知以驚愚，脩身以明汙，昭昭乎如揭日月而行，故不免也。【注】夫察焉小異，則與衆爲迕矣；混然大同，則無獨異於世矣。故夫昭昭者，乃冥冥之迹也。將寄言以遺跡，故因陳蔡以託意。【疏】謂仲尼意在裝飾才智，驚異愚俗，修瑩身心，顯他汙染，昭昭明察，炫燿己能，猶如揭日月而行，故不免於禍患也。〔釋文〕飾知 音智。明汙 音烏。揭 其列、其謁二反。慶藩案：文選沈休文齊安陸昭王碑注引司馬云：揭，擔也。釋文闕。爲迕 五故反。昔吾聞之大成之人曰：『自伐者无功，功成者墮，名成者虧。』【注】恃功名以爲己成者，未之嘗全。【疏】大成之人，即老子也。言聖德宏博，生成庶品，故謂之大成。伐，取也。墮，敗也。夫自取其能者，無功績；而功成不退者，必墮敗；名聲彰顯者，不韜光，必毀辱。〔釋文〕者墮 許規反。孰能去功與名而還與衆人！【注】功自衆成，故還之。【疏】夫能立大功，建鴻名，而功成弗居，推功於物者，誰能如是？其唯聖人乎！〔釋文〕去功 起居反。道流而不明居，【注】昧然而自行耳。【疏】道德流行，徧滿天下，而韜光匿耀，故云不明。居。得行而不名處。【注】彼皆居然自得此行耳非由名而後處之【疏】身有道德盛行於世而藏名晦迹故不處其名〔釋文〕居得行如字又下孟反注同家世父曰得猶德也集韻德行之得也言其道周流乎天下而不顯然以居之其德之行亦不藉之爲名而以自處郭象居然自得此行非由名而後處之以居得行斷句恐誤 純純常常。乃比於狂。【注】無心而動故也【疏】純純者材素常常者混物既不矜飾更類於狂人也 削迹捐勢。不爲功名。【注】功自彼成故勢不在我而名迹皆去【疏】削除聖迹捐棄權勢豈存情於功績以留意於名譽 是故无責於人。人亦无責焉。【注】恣情任彼故彼各自當其責也【疏】爲是義故無名譽我既不譴於人故人亦無責於我 至人不聞。子何喜哉。【注】寂泊無懷乃至人也【疏】夫至德之人不顯於世子既聖哲何爲喜好聲名者耶〔釋文〕泊步各反 孔子曰。善哉。辭其交遊。去其弟子。逃於大澤。衣裘褐。食杼栗。【注】取於棄人間之好也【疏】孔子既承教戒善其所言於是辭退交游捨去弟子離析徒衆獨逃山澤之中損縫掖而服絺裘棄甘肥而食杼栗〔釋文〕衣裘於既反褐戶割反杼食汝反又音序 入獸不亂羣。入鳥不亂行。【注】若草木之無心故爲鳥獸所不畏鳥獸不惡。而況人乎。【注】蓋寄言以極推至誠之信任乎物而無受害之地也【疏】同死灰之寂泊類草木之無情羣鳥獸而不驚況人倫而有惡耶 孔子問子桑雽曰。吾再逐於魯。伐樹於宋。削迹於衞。窮於商周。圍於陳蔡之閒。吾犯此數患。親交益疏。徒友益散。何與。【疏】姓桑名雽隱者也孔子爲魯司寇齊人間之遂遣女樂文馬而遺魯君間構魯君因而被逐宋是殷後孔子在宋及周途不被用故稱窮也遇此憂患親戚交情益甚疏遠門徒朋友益甚離散何爲如此耶〔釋文〕子桑雽音戶本又作雩音于李云桑姓雽其名隱人也或云姓桑雽名隱 俞樾曰疑即大宗師之子桑戶雽音戶則固與子桑戶同矣其或作雩即雩字說文雩或作䨁以爲古今人表之采桑羽即子桑戶說在大宗師篇羽或䨁之壞字乎 伐樹於衞一本作伐樹於宋削迹於衞盧文弨曰今本衞作宋陸氏與下句宋衞當互易 此數所主反 何與音餘下放此 子桑雽曰。子獨不聞假人之亡與。林回棄千金之璧。負赤子而趨。或曰。爲其布與。赤子之布寡矣。【注】布謂財帛也〔釋文〕假古雅反李云國名 慶藩案文選王仲寶褚淵碑文注引司馬云假國名也釋文闕 林回司馬云殷之逃民之姓名 慶藩案文選劉孝標廣絕交論注引司馬云林回人姓名也與釋文小異 俞樾曰上文假人之亡李注假國名然則林回當是假之逃民蓋假亡而其民逃故林回負赤子而趨也殷乃假字之誤　爲其如字下同又皆于僞反　布與布謂貨財也　爲其累與。赤子之累多矣。棄千金之璧。負赤子而趨。何也。疏假國名晉下邑也姓林名回假之賢人也布財貨也假遭晉滅百姓逃亡林回棄擲寶璧負子而走或人問之謂爲財布然亦以爲財則少財以爲累重則多累輕少負多不知何也　林回曰。彼以利合。此以天屬也。夫以利合者。迫窮禍患害相棄也。以天屬者。迫窮禍患害相收也。夫相收之與相棄亦遠矣。疏寶璧利合也赤子親屬也親屬急迫猶相收利合窮禍則相棄棄收之情相去遠耳　慶藩案文選王仲寶褚淵碑文注引司馬云屬連也釋文闕　且君子之交淡若水。小人之交甘若醴。君子淡以親。注無利故淡道合故親〔釋文〕淡如字又徒暫反　小人甘以絕。注飾利故甘利不可常故有時而絕也疏無利故淡道合故親有利故甘利盡故絕　彼无故以合者。則无故以離。注大無故而自合者天屬也合不由故則故不足以離之也然則有故而合必有故而離矣疏不由事故而合者謂父子天屬也故無由而離之孔子說先王陳迹親於朋友非天屬也皆爲求名利而來此則是有故而合也見削迹伐樹而去是則有故而離也非是天屬無故自親無故自離　孔子曰。敬聞命矣。徐行翔佯而歸。絕學捐書。弟子无挹於前。其愛益加進。注去飾任素故也疏的聞高命徐步而歸翱翔閑放逍遙自得絕有爲之學棄聖迹之書不行華藻之教故無揖讓之禮徒有敬愛日加進益焉〔釋文〕无挹音揖李云無所執持也　去飾起呂反　異日。桑雽又曰。舜之將死。眞泠禹曰。汝戒之哉。形莫若緣。情莫若率。注因形率情不矯之以利也疏緣順也形必順物情必率中昔虞舜將終用此眞教命大禹令其戒愼依語遵行故桑雽引來以告孔子亦有作泠字者泠曉也舜將眞言曉示大禹也〔釋文〕眞司馬本作直　泠音零　禹司馬云泠曉也謂以眞道曉語禹也泠或爲命又作令命猶敎也　王引之曰釋文曰眞司馬本作直泠音零司馬云泠曉也謂以直道曉語禹也泠或爲命又作令命猶敎也案直當爲卤卤籀文乃字隸書作迺卤形似直（釋山碑乃今皇帝乃字作卤形似直字）故訛作直又訛作眞命與令古字通（周官司儀則令爲壇三成觀禮注引此令作命僖九年左傳令不及魯令本又作命莊子田子方篇先君之令令本或作命周官大卜注以命龜也命亦作令）作命作令者是也卤令禹者乃命禹也　緣則不離。率則不勞。注形不假故常全情不矯故常逸疏形順則常合於物性率則用而無弊　不離不勞。

則不求文以待形。【注】任朴而直前也。【疏】率性而動任朴直前豈復求假文迹而待用飾其形性哉 不求文以待形，固不待物。【注】朴素而足。【疏】既不求文籍以飾形故知當分各足不待於外物也 莊子衣大布而補之，正緳係履而過魏王。魏王曰：何先生之憊邪。【疏】大布猶粗布也莊子家貧以粗布爲服而補之緳履帶也亦言腰帶也履穿故以繩係之魏王魏惠王也憊病也衣粗布而著破履正腰帶見魏王王見其顦顇故問言先生何貧病如此邪〔釋文〕莊子衣　於既反　大布　司馬云麤布也　正緳　賢節反又苦結反司馬云帶也　係履　李云履穿故係　家世父曰釋文引司馬云緳帶也帶之名緳別無證據正帶係履亦不得爲憊也說文絜麻一耑也與緳字通言整齊麻之一端以納束其履而係之履無絇係之以麻故曰憊　而過　古禾反　魏王　司馬云惠王也　憊　皮拜反又蒲計反司馬本作病 莊子曰：貧也，非憊也。士有道德不能行，憊也；衣弊履穿，貧也，非憊也。此所謂非遭時也。王獨不見夫騰猿乎？其得柟梓豫章也，攬蔓其枝而王長其間，雖羿、逢蒙不能眄睨也。【注】遭時得地則申其長技故雖古之善射莫之能害【疏】柟梓豫章皆端直好木也攬蔓猶把捉也長王猶自得也羿古之善射人逢蒙羿之弟子也睥睨猶斜視字亦有作眄字者隨字讀之言善士賢人遭時得地猶如猨得直木則跳躑自在雖有善射之人不敢舉目側視何況彎弓乎〔釋文〕螣　音騰本亦作騰　盧文弨曰今本作騰　柟　音南木名　攬　舊歷敵反　蔓　音萬郭武半反　而王　往況反司馬本作往　長　丁亮反本又作張音同司馬直長反云兩枝相去長遠也　俞樾曰郭注曰遭時得地則申其長技是讀長爲長短之長然於本文之義殊爲未合司馬云兩枝相去長遠也則就樹木言義更非矣此當就猨而言謂猨得相梓豫章則率其屬居其上而自爲君長也故曰王長其間釋文王往況反長丁亮反頗得其讀　羿　音詣或戶係反　逢蒙　符恭反徐扶公反司馬云羿古之善射者逢蒙羿之弟子　眄　莫練反舊莫顯反本或作睥普計反　睨　音詣郭五米反李云邪視反　長技　其綺反 及其得柘棘枳枸之間也，危行側視，振動悼慄，此筋骨非有加急而不柔也，處勢不便，未足以逞其能也。【疏】柘棘枳枸並有刺之惡木也夫猨得有刺之木不能逞其捷巧是以心中悲悼而戰慄形貌危行而側視非謂筋骨有異於前而勢不便也士逢亂世亦須如然〔釋文〕柘棘　章夜反　枳　吉氏反又音紙　枸　音矩　悼　如字又直弔反　慶藩案說文悼懼也陳楚謂懼曰悼呂覽論威篇敵人悼懼憚恐即此振動悼慄之意　不便　婢面反注同　王念孫曰古者謂所居之地曰處勢史記蔡澤傳翠鶴犀象其處勢非不遠死也或曰勢居逸周書周視篇曰勢居小者不能爲大賈子過秦篇至於秦王二十餘君常爲諸侯雄其勢居然也淮南原道篇形性不可易勢居不可移也或言處勢或言勢居其義皆同漢書陳湯傳曰故陵因天性據眞土處執高敞今處昏上亂相之閒，而欲无憊，奚可得邪。此比干之見剖心徵也夫。注勢不便而強爲之則受戮矣疏此合論也當時周室微弱六國與盛於是主昏於上臣亂於下莊生懷道抱德莫能見用晦迹遠害故發此言昔殷紂無道比干忠諫剖心而死豈非徵驗引古證今異日明鏡〔釋文〕亂相息亮反　見心賢遍反　盧文弨曰今本作見剖心　強爲其丈反

孔子窮於陳蔡之閒，七日不火食，左據槁木，右擊槁枝，而歌猋氏之風，有其具而无其數，有其聲而无宮角，木聲與人聲，犁然有當於人之心。疏猋氏神農也孔子聖人安於窮通雖遭陳蔡之困不廢無爲故左手擊槁木右手凭枯枝恬然自得歌猋氏之淳風木乃八音雖擊而無曲無聲帷打木寧有於宮商然歌聲木聲犁然淸淡而樂正心故有應當於人心者也〔釋文〕槁木苦老反　猋氏必遙反古之無爲帝王也　犁然力兮反又力之反司馬云犁然猶栗然　有當丁浪反下同

顏回端拱還目而窺之。仲尼恐其廣己而造大也，愛己而造哀也。疏顏生既見仲尼擊木而歌於是正身回目而視仲尼恐其未悟妄生虞度謂言仲尼廣己道德而規造大位之心愛惜己身遭窮而造哀歎之曲慮其如是故召而誨之〔釋文〕還目音旋　而窺徐起規反　造大司馬云造適也

曰：「回，无受天損易。注唯安之故易〔釋文〕損易以豉反注下同无受人益難。注物之儻來不可禁禦疏夫自然之理有窮塞之損達於時命安之則易人倫之道有祿之益儻來而寄推之即難此明仲尼雖擊木而歌無心哀怨无始而非卒也。注於今爲始者於昨爲卒則所謂始者即是卒矣言變化之無窮疏卒終也於今爲始者於昨爲終也欲明無始無終無生無死既無死無生何窮塞之有哀乎人與天一也。注皆自然疏所謂天損人益者猶是教迹之言也若至凝理處皆是自然故不二也夫今之歌者其誰乎！」注任其自爾則歌者非我也疏夫大聖虛忘物我兼喪我既非我歌是誰歌我乃無身歌將安寄也

回曰：「敢問无受天損易。」仲尼曰：「飢渴寒暑，窮桎不行，天地之行也，運物之泄也，注不可逃也疏前略標名此下解義桎塞也夫命終窮塞道德不行此猶天地虛盈四時轉變運動萬物發泄氣候也〔釋文〕窮桎之實反　家世父曰窮桎不行言飢渴寒暑足以梏桎人而使不自適然而飢渴以驅之寒暑以運之不能抗而不受也與之俱逝而已矣　運物司馬云運動也　之泄息列反司馬云發也徐以世反言與之偕逝之謂也。注所

謂不識不知而順帝之則也【疏】偕俱也逝往也既體運動之無常故與變化而俱往而無欣惡於其間也〔釋文〕「言與之」言我也　爲人臣者。不敢去之。執臣之道猶若是。而況乎所以待天乎。【注】所在皆安不以損爲損斯待天而不受其損也【疏】夫爲人臣者不敢逃去君命執持臣道由自如斯而況爲變化窮通必待自然之理豈可違距者哉　何謂无受人益難。仲尼曰。始用四達。【注】感應旁通爲四達　爵祿並至而不窮。【注】旁通故可以御高大也　物之所利。乃非己也。【注】非己求而取之【疏】始本也乃宜也妙本虛寂迹用赴機傍通四方爰照九表既靡好爵財德无窮萬物利求是其宜也　吾命其在外者也。【注】人之生必外有接物之命非如瓦石止於形質而已【疏】孔子聖人挺於天命運茲外德故彼蒼生非瓦石形質也　君子不爲盜。賢人不爲竊。吾若取之。何哉。【注】盜竊者私取之謂也今賢人君子之致爵祿非私取也受之而已【疏】夫賢人君子尚不爲盜竊況孔丘大聖寧肯違天乖理而私取於爵祿乎儻來而寄受之而已矣蓋無心也　故曰。鳥莫知於鷾鴯。目之所不宜處。不給視。雖落其實。棄之而走。【注】避禍之速【疏】鷾鴯燕也實食也智能遠害全身鳥中無過燕子飛入人舍欲作窠巢目略處所不是宜便不待周給看詠即遠飛出假令銜食落地急棄而走必不復收避禍之速也〔釋文〕「莫知」音智「鷾」音意「鴯」音而或云鷾鴯燕也「目之所不宜處」昌呂反言不可止處目已羅絡知之故棄之　其畏人也。而襲諸人間。【注】未有自疏外於人而人存之者也畏人而入於人舍此鳥之所以稱知也【疏】襲入也燕子畏懼於人而依附人住入人舍宅寄作窠巢是故人愛而狎之故得免害亦由聖人和光在世混迹人間戒愼災危不罹塵境蒼生樂推而不厭故得久視長全　社稷存焉爾。【注】況之至人則玄同天下故天下樂推而不厭相與社而稷之斯無受人益之所以爲難也【疏】聖德遐被羣品樂推社稷之存故其宜矣所謂人益此之謂乎

家世父曰有土而因有社有田而因有稷社者所以居也稷者所以養也鳥亦有其居鳥亦有其養鷾鴯之襲諸人間不假人以居而因自爲居不假人以養而因自爲養也　何謂无始而非卒。仲尼曰。化其萬物而不知其禪之者。【注】莫覺其變【疏】禪代也夫道通生萬物變化羣方遷轉不停新新變易日用不知故莫覺其代謝者也既無日新而變何始卒之有耶〔釋文〕「其禪」市戰反司馬云授予也　焉知其所終。焉知其所始。正而待之

而已耳。注日夜相代未始有極故正而待之無所爲懷也疏夫終則是始始則是終故何能定終始既其無終與始則無死與生是以隨變任化所遇皆適抱守正眞待於造物而已矣〔釋文〕爲知於僞反下同何謂人與天一邪。仲尼曰。有人天也。有天亦天也。注凡所謂天皆明不爲而自然疏夫人倫萬物莫不自然愛及自然也是以人天不二萬物混同人之不能有天。性也。注言自然則自然矣人安能故有此自然哉自然耳故曰性疏夫自然者不知所以然而然自然耳不爲也豈是能有之哉若謂所有則非自然也故知自然者性也非人有之矣此解前有天之義也聖人晏然體逝而終矣。注晏然無矜而體與變俱也疏晏然安也逝往也夫聖人通始終之不二達死生之爲一故能安然解體隨化而往氾乎無始任變而終　家世父曰孟子口之於味也目之於色也耳之於聲也鼻之於臭也四肢之於安佚也性也有命焉莊子之云人之不能有天即孟子所謂性焉有命者也莊子以其有物有欲者爲人而自然爲天於是斷聲色去臭味薾天與人而二之其曰人與天一猶之去人以就天也聖人盡性以知天其功不越日用飲食性也有命而固不謂之性命也有性而固不謂之命是之謂天與人一莊周遊於雕陵之樊。覩一異鵲。自南方來者。翼廣七尺。目大運寸。感周之顙。而集於栗林。疏雕陵栗園名也樊蘭也謂遊於栗園藩籬之內也運員也感觸也顙額也異常之鵲從南方來翅長七尺眼圓一寸突著莊生之額仍栖栗林之中〔釋文〕雕徐音彫本亦作彫陵之樊音煩司馬云雕陵陵名樊藩也謂遊栗園藩籬之內也樊或作埜埜古野字翼廣光浪反運寸司馬云可回一寸也　王念孫曰司馬彪曰運寸可回一寸也案司馬以運爲轉運之運非也運寸與廣七尺相對爲文廣爲橫則運爲從也目大運寸猶言目大徑寸耳越語句踐之地廣運百里韋注曰東西爲廣南北爲運是運爲從也西山經曰是山也廣員百里員與運同周官大司徒周知九州之地域廣輪之數士喪禮記廣尺輪二尺鄭注並曰輪從也輪與運聲近而義同廣輪即廣運也感周之顙息蕩反李云感觸也莊周曰。此何鳥哉。翼殷不逝。目大不覩。蹇裳躩步。執彈而留之。疏殷大也逝往也躩步猶疾行也留伺候也翅大不能遠飛目大不能遠視莊生怪其如此仍即起意規求既而舉步疾行把彈弓而伺候〔釋文〕翼殷不逝目大不覩司馬云殷大也曲折曰逝李云翼大逝難目大視希故不見人蹇起虔反躩李驅碧反徐九縛反司馬云疾行也案即論語云足躩如也執彈徒旦反留之力救反司馬云宿留伺其便也覩一蟬。方得美蔭而忘其身。螳蜋執翳而搏之。見得而忘其形。注執木葉以自翳於蟬而忘其形之見乎異鵲也〔釋文〕螳音堂蜋音郎執翳於計反司馬云執草以自翳也搏之郭音博徐音付之見

平賢遍反 異鵲從而利之。見利而忘其眞。注 目能覩，翼能逝，此鳥之眞性也。今見利，故忘之。疏 搏捕也。眞性命也。莊生執彈未放，中間忽見一蟬隱於樹葉，美茲蔭庇，不覺有身；有螳蜋執木葉以自翳，意在捕蟬，不覺形見；異鵲從螳蜋之後，利其捕蟬之便，意在取利，不覺性命之危：所謂忘眞矣。〔釋文〕其眞 司馬云：眞，身也。

莊周怵然曰。噫。物固相累。注 相爲利者，恆相爲累。疏 既覩蟬鵲徇利忘身，於是怵然驚惕，仍言噫歎之聲，故知物相利者必有累憂。〔釋文〕怵然 勑律反 二類相召也。注 夫有欲於物者，物亦有欲之。疏 夫有欲於物者，物亦欲之也。是以蟬鵲俱世物之徒，利害相召，必其然也。

捐彈而反走。虞人逐而誶之。注 誶問之也。疏 捐，棄也。虞人，掌栗園之虞候也。誶，問也。既覺利害相隨，棄彈弓而反走，虞人謂其盜栗，故逐而問之也。〔釋文〕誶之 本又作訊，音信，問也。司馬云：以周爲盜栗也。

莊周反入。三月不庭。藺且從而問之。夫子何爲頃間甚不庭乎。疏 莊周見鵲忘身，被疑盜栗，歸家愧恥，不出門庭。姓藺，名且，莊子弟子，怪師頃來閉戶，所以從而問之。〔釋文〕三月不庭 一本作三日。司馬云：不出坐庭中三月。

王念孫曰：釋文曰，三月不庭，一本作三日，司馬云，不出坐庭中三月。案如司馬說，則庭上須加出字而其義始明，下文云夫子何爲頃間甚不庭乎，若以甚不庭爲甚不出庭，則尤不成語。今案庭當讀爲逞，不逞，不快也。甚不逞，甚不快也。忘吾身，忘吾眞，而爲虞人所辱，是以不快也。方言曰，逞，曉，快也。自關而東或曰曉，或曰逞；江淮陳楚之閒曰逞。桓六年左傳，今民餒而君逞欲；周語，虢公動匱百姓以逞其違；韋杜注並曰，逞，快也。逞字古讀若呈，聲與庭相近，故通作庭（張衡思元賦，怨素意之不逞，與情名聲營平嫇嗚榮寧爲韻。說文，逞從辵，呈聲。僖二十三年左傳侳刑以逞，釋文逞作呈。方言，逞，解也，廣雅作呈）。三月不庭，一本作三日，是也。下文言夫子頃間甚不庭，若三月之久，不得言頃間矣。藺 力信反，一本作簡。且 子餘反。司馬云：藺且，莊子弟子。慶藩案文選郭景純江賦注引司馬云：頃，久也。謝靈運入華子洞是麻源第三谷詩注引司馬云：頃，常久也。釋文闕。

莊周曰。吾守形而忘身。注 夫身在人間世，有夷險，若推夷易之形於此世而不度此世之所宜，斯守形而忘身者也。〔釋文〕夷易 以豉反 不度 直落反 觀於濁水而迷於淸淵。注 見彼而不明，卽因彼以自見，幾忘反鑒之道也。疏 我見利徇物，愛守其形，而利害相召，忘身者也。既覩鵲蟬，歸家不出門庭，疑亦自責。所謂因觀濁水，所以迷於淸泉，雖非本情合眞，猶存反照之道。〔釋文〕自見 賢遍反

且吾聞諸夫子曰。入其俗。從其俗。注 不違其禁令也。疏 莊周師老聃，故稱老子爲夫子也。夫達者同塵入俗，俗有禁令，從而行之。今既遊彼雕陵，被疑盜栗，輕犯憲綱，悔責之辭。今吾遊於雕陵而忘吾身。異鵲感吾顙。遊於栗林而忘眞。栗

林虞人。以吾爲戮。吾所以不庭也。【注】以見問爲戮夫莊子推平於天下故每寄言以出意乃毁仲尼賤老聃上掊擊乎三皇下痛病其一身也【疏】意在異鵲遂忘栗林之禁令斯忘身也字亦作眞字者隨字讀之虞人謂我偸栗是成身恥之辱如此是故不庭夫莊子大人隱身卑位遨遊末國養性溗園豈迷目於情欲留意於利害者耶蓋欲評品羣性毁殘其身耳〔釋文〕上掊普口反　陽子之宋。宿於逆旅。逆旅人有妾二人。其一人美。其一人惡。惡者貴而美者賤。陽子問其故。逆旅小子對曰。其美者自美。吾不知其美也。其惡者自惡。吾不知其惡也。【疏】姓陽名朱字子居秦人也逆旅店也往於宋國宿於中地逆旅美者恃其美故人忘其美而不知也惡者謙下自惡故人忘其惡而不知也〔釋文〕陽子司馬云陽朱也　陽子曰。弟子記之。行賢而去自賢之行。安往而不愛哉。【注】言自賢之道無時而可【疏】夫種德立行而去自賢輕物之心者何往而不得愛重哉故命門人記之云耳〔釋文〕而去起呂反　之行下孟反

外篇 田子方第二十一〔釋文〕以人名篇

田子方侍坐於魏文侯。數稱谿工。【疏】姓田名無擇字子方魏之賢人也文侯師也文侯是畢萬七世孫武侯之父也姓谿名工亦魏之賢人　〔釋文〕田子方李云魏文侯師也名無擇　慶藩案釋文引李云田子方名無擇無擇當作無斁斁擇皆從睪古通用字詩大雅思齊古之人無斁鄭箋作無擇說文斁厭也一曰終也無厭則有常故字曰子方〈禮檀弓鄭注云方常也〉　數稱雙角反又所主反下同　谿音溪又音兮司馬本作雞　工李云谿工賢人也　文侯曰。谿工子之師邪。子方曰。非也。无擇之里人也。稱道數當。故无擇稱之。【疏】谿工是子方鄉里人也稱說言道頻當於理故無擇稱之不是師　文侯曰。然則子无師邪。子方曰。有。曰。子之師誰邪。子方曰。東郭順子。文侯曰。然則夫子何故未嘗稱之。【疏】居在郭東因以爲氏名順子子方之師也既是先生之師何故不稱說之　子方曰。其爲人也眞。【注】無假也【疏】所謂眞道人也　人貌而天。【注】雖貌與人同而獨任自然【疏】雖復貌同人理而心契自然也　虛。緣而葆眞。【注】虛而順物故

真不失。【疏】緣順也虛心順物而恆守真宗動而常寂〔釋文〕葆真音保本亦作保清而容物。【注】夫清者患於大絜今清而容物與天同也。【疏】郭注云清者患於大絜今清而容物與天同也〔釋文〕大絜音泰　俞樾曰郭注以人貌而天四字爲句殆失其讀也此當以人貌而天虛爲句人貌天虛相對成義緣而保真爲句與清而容物相對成義虛者孔竅也淮南子氾論篇若循虛而出入高注曰虛孔竅也訓孔竅故亦訓心俶真篇虛室生白注曰虛心也大元斷初一曰斷心滅斧失初一曰刺虛滅刃滅刃與滅斧同刺虛與斷心同故毅初一曰懷威滿虛猶言滿心也說詳太元經此云人貌而天虛即人貌而天心言其貌則人其心則天也學者不達虛字之義誤屬下讀則人貌而天句文義不完下兩句本相儷者亦參差不齊矣養生主篇緣督以爲經釋文引李云緣順也緣而葆真者順而葆真也上緣虛字亦爲無義物无道。正容以悟之。使人之意也消。【注】曠然清虛正己而已而物邪自消。【疏】世間無道之物斜僻之人東郭自正容儀令其曉悟使惑亂之意自然消除也〔釋文〕物邪似嗟反无擇何足以稱之。【疏】師之盛德深玄若是無擇庸鄙何足稱揚也

子方出。文侯儻然。終日不言。召前立臣而語之曰。遠矣。全德之君子。【疏】儻然自失之貌聞談順子之德儻然靡據自然失所謂故終日不言於是召前立侍之臣與之語話歎東郭子之道深遠難知諒全德之人可以君子萬物也〔釋文〕儻然敕蕩反司馬云失志貌而語魚據反始吾以聖知之言。仁義之行。爲至矣。吾聞子方之師。吾形解而不欲動。口鉗而不欲言。【注】自覺其近〔釋文〕聖知音智之行下孟反形解戶買反口鉗其炎反餘其嚴反吾所學者。直土梗耳。【注】非真物也。【疏】我初昔修學用先王聖智之言周孔仁義之行爲窮理至極今聞說子方之師其道宏博遂使吾形解散不能動止口舌鉗困無可言語自覺所學土人而已逢雨則壞並非真物土梗者土人也〔釋文〕直知字本亦作真下句同元嘉本此作真下句作直　盧文弨曰今本作真土梗更猛反司馬云土梗土人也遭雨則壞　慶藩案文選劉孝標廣絕交論注引司馬云梗土之棲梗也一切經音義二十引司馬云土梗土之木梗亦木人也土木相偶謂以物像人形皆曰偶耳與釋文異夫魏真爲我累耳。【注】知至貴者以人爵爲累也。【疏】既聞真道寥體坐忘故知爵位壇土適爲憂累耳

溫伯雪子適齊。舍於魯。魯人有請見之者。溫伯雪子曰。不可。吾聞中國之君子。明乎禮義。而陋於知人心。吾不欲見也。【疏】姓溫名伯字雪子楚之懷道人也中國魯國也陋拙也自楚往齊途經於魯止於主人之舍魯人是孔子門人聞溫伯雪賢人請欲相見溫伯不許云我聞中國之人明於禮義聖跡而拙於知人心是故不欲見也〔釋文〕溫伯雪子李云

南國賢人也至於齊。反舍於魯。是人也又請見。【疏】溫伯至齊反還舍魯是前之人復欲請見溫伯雪子曰。往也蘄見我。今也又蘄見我。是必有以振我也。【疏】蘄求也振動也昔我往齊求見於我我今還魯復來求見必當別有所以故欲感動我來〔釋文〕蘄音祈出而見客。入而歎。明日見客。又入而歎。其僕曰。每見之客也。必入而歎。何耶。【疏】前後見客頻自嗟嘆溫伯僕隸怪而問之曰。吾固告子矣。中國之民。明乎禮義。而陋乎知人心。昔之見我者。進退一成規。一成矩。從容一若龍。一若虎。【注】槃辟其步逶蛇其迹【疏】擎跪揖讓前卻方圓逶迤若龍槃辟如虎〔釋文〕從容七容反槃辟婢亦反遺如字本又作逶於危反盧文弨曰今本遺作逶蛇以支反其諫我也似子。其道我也似父。【注】禮義之弊有斯飾也〔釋文〕其道音導是以歎也。【疏】匡諫我也如子之事父訓導我也似父之教子夫遠近尊卑自有情義既非天性何事殷勤是知聖迹之弊遂有斯矯是以歎之也仲尼見之而不言。【注】已知其心矣子路曰。吾子欲見溫伯雪子久矣。見之而不言。何邪。【疏】二人得意所以忘言仲由怪之是故起問仲尼曰。若夫人者。目擊而道存矣。亦不可以容聲矣。【注】目裁往意已達無所容其德音也【疏】擊動也夫體悟之人忘言得理目裁運動而元道存焉無勞更事辭費容其聲說也〔釋文〕夫人音符目擊而道存矣司馬云見其目動而神實已著也擊動也郭云目裁往意已達顏淵問於仲尼曰。夫子步亦步。夫子趨亦趨。夫子馳亦馳。夫子奔逸絕塵。而回瞠若乎後矣。夫子曰。回。何謂邪。曰。夫子步亦步也。夫子言亦言也。夫子趨亦趨也。夫子辯亦辯也。夫子馳亦馳也。夫子言道。回亦言道也。及奔逸絕塵。而回瞠若乎後者。夫子不言而信。不比而周。无器而民滔乎前。而不知所以然而已矣。【疏】奔逸絕塵急走也瞠直目貌也絕塵迅速不可追趁故直視而在後也器爵位也夫子不言而爲人所信未曾親比而與物周旋實無人君之位而民足蹈乎前而衆聚也不知所以然而然直置而已矣所謂奔逸絕塵也〔釋文〕奔逸司馬又本作徽瞠敕庚反又尹郎反字林云直視貌一音杜哽反又敕孟反　慶藩案後漢書逸民傳注文選范蔚宗逸民傳論注並引司馬云言不可及也釋文闕　不比而周比毗志反　滔乎前吐刀反謂無人君之器滔聚其前也又杜高反

仲尼曰。惡。可不察與。夫哀莫大於心死。而人死亦次之。【注】夫心以死為死乃更速其死其死之速由哀以自喪也無哀則已有哀則心死者乃哀之大也【疏】夫不比而周不言而信蓋由虛心順物豈徒然哉何可不忘懷鑒照爽心審察耶夫情之累者莫過心之變易變易生滅深可哀傷而以生死哀之次也〔釋文〕惡可音烏　察與音餘下哀與同　自喪息浪反下章同

日出東方。而入於西極。萬物莫不比方。【注】皆可見也。【疏】夫夜暗晝明東出西入亦由人入幽出顯死去生來故知人之死生譬天之晝夜以斯寓比亦何惜哉　家世父曰日之出也乘之以動焉其入也人斯息焉惟其明也物之待明而動者莫能外也待明而動待氣而生順之而已矣不能御氣而為生則亦不能強致其明而為動昔日之明猶今日之明也而固不能執今日之明一一以規合夫昔執今之明以規合夫昔是交臂而失之也彼有彼之步趨此有此之步趨肯者步趨也所以肯者非步趨也兩相忘於步趨之中而後與道大適惟能忘也而後所以不忘者於是乎存於人之步趨無所待焉是乘日之明而不知動者也謂之人死於人之步趨強致以求活焉是忘今日之明而求之昔也是之謂心死死者爨焉而不化執焉而不移者也莊子語妙惟當以神悟之

有目有趾者。待是而後成功。【注】目成見功足成行功也。【疏】趾足也夫人百體稟自陰陽目見足行資乎造化若不待此何以成功故知死生非關人也

是出則存。是入則亡。【注】直以不見為亡耳竟不亡。【疏】見日出謂之存覩日入謂之亡此蓋凡情之浪執非通聖人之達觀

萬物亦然。有待也而死。有待也而生。【注】待隱謂之死待顯謂之生竟無死生也。【疏】夫物之隱顯皆待造化隱謂之死顯謂之生日出入既無存亡物隱顯豈有生死耶

吾一受其成形。而不化以待盡。【注】夫有不得變而為無故一受成形則化盡無期也【疏】夫我之形性稟之造化明闇妍醜崖分已成一定已後更無變化唯當端然待盡以此終年妍醜既不自由生死理亦當任也

效物而動。【注】自無心也【疏】夫至聖虛凝感來斯應物動而動自無心者也

日夜无隙。【注】恆化新也【疏】變化日新泯然而無間隙

而不知其所終。【注】不以死為死也【疏】隨之不見其後

薰然其成形。【注】薰然自成又奚為哉【疏】薰然自動之貌薰然稟氣成形無物使之然也〔釋文〕薰然許云反

知命不能規乎其前。丘以是日徂。【注】不係於前與變俱往故日徂【疏】徂往也達於時變不能預作規模體於日新是故與化俱往也〔釋文〕日徂如字司馬本作

疽云病也吾終身與汝交一臂而失之。可不哀與。【注】夫變化不可執而留也故雖執臂相守而不能令停若哀死者則此亦可哀也今人未嘗以此爲哀奚獨哀死耶【疏】孔丘顏子賢聖二人共修一身各如交臂而變化日新遷流迅速牢執固守不能暫停把臂之間欻然已謝新既行矣故以失焉若以失故而悲此深可哀也〔釋文〕能令力呈反下章注同女殆著乎吾所以著也。彼已盡矣。而女求之以爲有。是求馬於唐肆也。【注】唐肆非停馬處也言求向者之有不可復得也人之生若馬之過肆耳恆無駐須臾新故之相續不舍晝夜也著見也言汝殆見吾所以見者耳吾所以見者日新也故已盡矣汝安得有之【疏】殆近也著見也唐道肆市也吾所見者變故日新者也顏回孔子對面清談向者之言其則非遠故言殆著也彼之故事於今已滅汝仍求向時之有謂在於今者耳謂求馬於唐肆也唐肆非停馬之處也向者見馬市道而行今時覆尋馬已過去亦猶向者之迹已滅於前求之於今物已變矣故知新新不住運運遷移耳〔釋文〕女音汝殆著乎吾所以著也郭著音張慮反注同又一音張略反司馬云吾所以著者外化也汝殆庶於此耳吾一不化者則非汝所及也是求馬於唐肆也郭云唐肆非停馬處也李同又云唐亭也司馬本作廣肆云廣庭也求馬於市肆廣庭非其所也馬處昌慮反可復扶又反不舍音捨吾服女也甚忘。【注】服者思存之謂也甚忘謂過去之速也言汝去忽然思之恆欲不及【疏】復者尋思之謂也向者之汝於今已謝吾復思之亦竟忘失女服吾也亦甚忘。【注】俱爾耳不問賢之與聖未有得停者【疏】變化日新不簡賢聖豈唯於汝抑亦在吾汝之思吾故事亦滅雖然。女奚患焉。雖忘乎故吾。吾有不忘者存。【注】不忘者存謂繼之以日新也雖忘故吾而新吾已至未始非吾吾何患焉故能離俗絕塵而與物無不冥也【疏】夫變化之道無時暫停雖失故吾而新吾尚在斯有不忘者存也故未始非吾汝何患也〔釋文〕離俗力智反下章文同

孔子見老聃。老聃新沐。方將被髮而乾。慹然似非人。【注】寂泊之至〔釋文〕被髮皮寄反而干本或作乾盧文昭曰今本作乾慹乃牒反又丁立反司馬云不動貌說文云怖也泊步各反孔子便而待之。【疏】既新沐髮曝之令乾凝神寂泊慹然不動摇若槁木故似非人孔子見之不敢往觸遂便徙所消息待之〔釋文〕便而待待或作侍少焉見曰。丘也眩與。其信然與。向者先生形體掘若槁木。似遺物離人。

而立於獨也。【注】無其心身而後外物去也【疏】俄頃之間入見老子云丘見先生眼爲眩耀忘遺形智信是聖人既而離異於人遺棄萬物亡於不測而冥於獨化也〔釋文〕見日（賢遍反）眩（玄遍反）與（音餘下同）掘若（徐音屈）槁木（苦老反） 老聃曰。吾遊心於物之初。【注】初未有而欻有故遊於物初然後明有物之不爲而自有也【疏】初本也夫道通生萬物故名道爲物之初也遊心物初則是凝神妙本所以形同槁木心若死灰也〔釋文〕而欻（訓弗反） 孔子曰。何謂邪。【疏】雖聞聖言未識意謂 曰。心困焉而不能知。口辟焉而不能言。【注】欲令仲尼必求於言意之表也【疏】辟者口開不合也夫聖心非不能知爲其無法可知口非不能辯爲其無法可辯辯之則乖其體知之則喪其真是知至道深元超言意之表故困焉辟焉〔釋文〕口辟（必亦反司馬云辟卷不開也又婢亦反徐敷赤反） 嘗爲汝議乎其將。【注】試議陰陽以擬向之無形耳未之敢必【疏】夫至理元妙非言意能辯試爲汝議論陰陽將擬議大道雖即仿象未即是真矣〔釋文〕嘗爲（于僞反） 至陰肅肅。至陽赫赫。肅肅出乎天。赫赫發乎地。【注】言其交也【疏】肅肅陰氣寒也赫赫陽氣熱也近陰中之陽陽中之陰言其交泰也 兩者交通成和。而物生焉。或爲之紀。而莫見其形。【注】莫見爲紀之形明其自爾【疏】陽氣下降陰氣上昇二氣交通遂成和合因此和氣而物生焉雖復四序炎涼紀綱庶物而各自化故莫見綱紀之形 消息滿虛。一晦一明。日改月化。日有所爲。【注】未嘗守故【疏】陰消陽息夏滿冬虛夜晦晝明日遷月徙新新不住故曰有所爲也 而莫見其功。【注】自爾故無功【疏】元功冥被故莫見爲之者也 生有所乎萌。【注】萌於未聚也【疏】萌於無物 死有所乎歸。【注】歸於散也【疏】歸於未生 始終相反乎无端。而莫知乎其所窮。【注】所謂迎之不見其首隨之不見其後【疏】死生終始反覆往來既無端緒誰知窮極故至人體達任其變也 非是也。且孰爲之宗。【疏】若非是虛通生化之道誰爲萬物之宗本乎夫物云云必資於道也〔釋文〕且孰（如字舊子餘反） 孔子曰。請問遊是。【疏】請問遊心是道其術如何必得遊是復有何功力也 老聃曰。夫得是。至美至樂也。得至美而遊乎至樂。謂之至人。【注】至美無美至樂無樂故也【疏】夫證於玄道美而歡暢既得無美之美而遊心無樂之樂者可謂至極之人也〔釋文〕至樂（音洛下及注同） 孔子曰。願聞其方。【疏】方猶道也請說至美至樂之道 曰。草食之獸。不疾易藪。水生之蟲。不疾易水。行小變而不失其大常也。【注】死生亦小變也【疏】疾患也易移也夫食草之獸不患移易藪澤水生之蟲不患改易池沼但有草有水則不失大常從東從西蓋小變耳亦猶人處於大道之中隨變任化未始非我此則不失大常生死之變蓋亦小耳〔釋文〕行小下孟反又如字喜怒哀樂不入於胷次。【注】知其小變而不失大常故【疏】喜順怒逆樂生哀死夫四者生崖之事也而死生無變於己喜怒豈入於懷中也〔釋文〕胷次李云次中也夫天下也者。萬物之所一也。得其所一而同焉。則四支百體。將爲塵垢。而死生終始。將爲晝夜。而莫之能滑。而況得喪禍福之所介乎。【注】愈不足患【疏】夫天地萬物其體不二達斯趣者故能混同是以物我皆空百體將爲塵垢死生虛幻終始均乎晝夜死生不能滑亂而況得喪禍福生崖之事乎愈不足以介懷也〔釋文〕能滑古沒反所介音界棄隸者若棄泥塗。知身貴於隸也。【注】知身之貴於隸故棄之若遺土耳苟知死生之變所在皆我則貴者常在也貴在於我。而不失於變。【注】所貴者我也而我與變俱故無失也【疏】夫舍棄僕隸事等泥塗故知貴在於我不在外物我將變俱故無所喪也且萬化而未始有極也。夫孰足以患心。已爲道者解乎此。【注】所謂縣解【疏】夫世物遷流未嘗有極而隨變任化誰復累心唯當修道達人方能解此〔釋文〕解乎戶買反注同孔子曰。夫子德配天地。而猶假至言以修心。古之君子。孰能脫焉。【疏】配合也脫免也老子德合二儀明齊三景故應忘言歸理聖智自然今乃盛談至言以修心術然則古之君子誰能遣於言說而免於修爲者乎老聃曰。不然。夫水之於汋也。无爲而才自然矣。至人之於德也。不修而物不能離焉。若天之自高。地之自厚。日月之自明。夫何脩焉。【注】不脩不爲而自得也【疏】汋水也澄湛也言水之澄湛其性自然汲取利潤非由修學至人元德其義亦然端拱巖廊而物不能離譬彼羣品日用不知若天高地厚日月照明夫何修爲自然而已矣〔釋文〕汋音灼又上若反李以略反李云取也家世父曰說水汋激水聲也井一有水一無水謂之灪汋所引爾雅釋水文郭璞注爾雅引山海經天井夏有水冬無水即此類汋者水自然涌出非若泉之有源而溪澗之交纔以流行也說文激水礙衺疾波也謂有所礙而衺出疾行故有聲水之涌出亦若激而有聲無爲而才自然言無有疏導之者釋文引李云汋取

誤也

孔子出以告顏回曰。丘之於道也。其猶醯雞與。【注】醯雞者甕中之蠛蠓〔釋文〕醯雞許西反郭云醯雞甕中之蠛蠓也司馬云若酒上蠛蠓也慶藩案太平御覽三百九十五引司馬云醯雞酒上飛蚋與釋文小異甕中烏弄反蠛士結反蠓無孔反微夫子之發吾覆也。吾不知天地之大全也。【注】比吾全於老聃猶甕中之與天地矣【疏】醯雞醋甕中之蠛蠓每遭物蓋甕頭故不見二儀也亦猶仲尼遭聖迹蔽覆不見事理若無老子爲發覆蓋則終身不知天地之大全虛通之妙道也

莊子見魯哀公。哀公曰。魯多儒士。少爲先生方者。【疏】方術也莊子是六國時人與魏惠王齊威王同時去魯哀公一百二十年如此言見魯哀公者蓋寓言耳然魯則是周公之後應是衣冠之國又孔子生於魯盛行五德之教是以門徒三千服膺儒服長裾廣袖魯地必多無爲之學其人鮮矣〔釋文〕莊子見賢遍反亦如字魯哀公司馬云莊子與魏惠王齊威王同時在哀公後百二十年莊子曰。魯少儒。【疏】夫服以象德不易其人莊子體知故譏儒少哀公曰。舉魯國而儒服。何謂少乎。【疏】哀公庸暗不察其道直據衣冠謬稱多儒莊子曰。周聞之。儒者冠圜冠者。知天時。履句屨者。知地形。緩佩玦者。事至而斷。君子有其道者。未必爲其服也。爲其服者。未必知其道也。【疏】句方也緩者五色條繩穿玉玦以飾佩也玦決也本亦有作綬字者夫天員地方服以象德故戴圜冠以象天者則知三象之吉凶履方屨以法地者則知九州之水陸曳緩佩玦者事到而決斷是以懷道之人不必爲服爲服之者不必懷道彼己之子今古有之是故莊生寓言辯說也〔釋文〕冠古亂反圜冠音圓履句音矩徐其俱反李云方也屨徐居具反緩戶管反司馬本作綬佩玦古穴反慶藩案說文緩鞼二字互訓緩者寬綽之意晉書緩帶輕裘緩帶猶博帶也緩佩玦言所佩者玦而繫之帶間寬綽有餘也釋文引司馬本作綬誤而斷丁亂反公固以爲不然。何不號於國中曰。无此道而爲此服者。其罪死。於是哀公號之五日。而魯國无敢儒服者。【疏】有服無道罪合極刑法令既嚴不敢犯者號經五日無復一儒也〔釋文〕號於國號號令也獨有一丈夫。儒服而立乎公門。公卽召而問以國事。千轉萬變而不窮。莊子曰。以魯國而儒者一人耳。可謂多乎。【注】德充於內者不脩飾於外。【疏】一人謂孔子孔子聖人觀機吐智若鏡之照轉變無窮舉國一人未足多也

百里奚爵祿不入於心故

飯牛而牛肥，使秦穆公忘其賤，與之政也。【疏】姓孟字百里奚，秦之賢人也。本是虞人，虞被秦亡，遂入秦國。初未遭用，貧賤飯牛，安於飯牛，身甚肥悅，忘於富貴，故爵祿不入於心。後穆公知其賢，委以國事，都不猜疑，故云忘其賤矣。【釋文】故飯　煩晚反。忘其賤與之政也　謂忘其飯牛之賤也。有虞氏死生不入於心，故足以動人。【注】內自得者外事全也。【疏】有虞，舜也，姓嬀氏，字重華。遭後母之難，頻被躓頓，而不以死生經心，至孝有聞，感動天地，於是堯妻以二女，委以萬乘，故足以動人也。

宋元君將畫圖，衆史皆至，受揖而立；舐筆和墨，在外者半。【疏】宋國之君欲畫國中山川地土圖樣，而畫師並至，受君令命，拜揖而立，調朱和墨，爭競功能，除其受揖在外者半，言其趍競者多。【釋文】受揖而立　司馬云：受命揖而立也。舐　本或作䑛，食紙反。有一史後至者，儃儃然不趨，受揖不立，因之舍。公使人視之，則解衣般礴，臝。君曰：「可矣，是眞畫者也。」【注】內足者神閑而意定。【疏】儃儃，寬閑之貌也。內既自得，故外不矜持，徐行不趨，受命不立，直入就舍，解衣箕坐，倮露赤身，曾無懼憚。元君見其神彩，可謂眞畫者也。【釋文】儃儃　吐袒反，徐音但。李云：舒閑之貌。般　字又作槃。礴　傍各反，徐敷各反。司馬云：般礴，謂箕坐也。臝　本又作裸，同力果反。司馬云：將畫，故解衣見形。神閑　音閑。

文王觀於臧，見一丈夫釣，而其釣莫釣。【注】聊以卒歲。【疏】臧者，近渭水地名也。丈夫者，寓言於太公也。呂望未遭文王之前，綸釣於臧地，無心施餌，聊自寄此逍遙。【釋文】文王觀於臧　李云：臧，地名也。司馬本作文王微服而觀於臧。丈夫　本或作丈人。非持其釣有釣者也，【注】竟無所求。常釣也。【注】不以得失經意，其於假釣而已。【疏】非執持其釣，有意羨魚，常遊渭濱，卒歲而已。文王欲舉而授之政，而恐大臣父兄之弗安也；欲終而釋之，而不忍百姓之无天也。【疏】文王既見賢人，欲委之國政，復恐皇親宰輔猜而忌之；既欲捨而釋之，不忍蒼生失於覆蔭，故言無天也。於是旦而屬之大夫曰：「昔者寡人夢見良人，黑色而髯，乘駁馬而偏朱蹄，號曰：『寓而政於臧丈人，庶幾乎民有瘳乎！』」【疏】既欲任賢，故託諸夢想，乃屬語臣佐云：我昨夜夢見賢良之人，黑色而有髯，乘駁馬而蹄偏赤，號令我云：寄汝國政於臧丈人，庶賢進隱，則民之荒亂病必瘳差矣。駁，亦有作駮字者，隨字讀之也。【釋文】旦而屬　音燭。之夫夫　皆方于反。司馬云：夫夫，大夫也。一云夫夫，古讀為大夫。　慶藩案昔者，夜者也。古謂夜為昔，或為昔者（晏子春秋雜下篇有梟昔者鳴，說苑辨物篇亦作昔者）。王念孫云：古謂夜篇昔）或爲夜者（晏子春秋外篇寡人夜者聞西方有男子哭夜曰夜者故晝亦曰晝者晏子春秋雜上篇晝者進膳是也）或曰夕者（晏子春秋下篇夕者晝與二日鬭）皆其證 髯而占反郭李而兼反又而銜反 駁馬邦角反 偏朱蹄李云一蹄偏赤也 瘳乎敕留反 諸大夫蹵然曰。先君王也。【疏】文王之父季歷生存之日黑色多髯好乘駁馬駁馬蹄偏赤王之所夢乃是先君教令於王是以蹵然驚懼也〔釋文〕蹵然子六反本或作愀在久七小二反 先君王也 司馬云言先君王靈神之所致 俞樾曰先君下疑奪命字此本作先君命王也故下文曰先君之命王其無他 文王曰。然則卜之。諸大夫曰。先君之命王。其无它。又何卜焉。【疏】此是先君令命決定無疑卜以決疑不疑何卜也〔釋文〕之令本或作命盧文弨曰令本作命 王其無它司馬云無違令 遂迎臧丈人而授之政。典法无更。偏令无出。【疏】君臣契協遂迎丈人拜爲卿輔授其國政於是與憲刑法一施無改偏曲敕令無復出行也 三年。文王觀於國。則列士壞植散羣。長官者不成德。斔斛不敢入於四竟。【疏】植行列也亦言境界列舍以受諫書也亦言是諫士之館也庾六斗四升也爲政三年移風易俗君臣履道無可箴規散卻列士之爵打破諫書之館上下咸亨長官不顯其德遐邇同軌度量不入四境〔釋文〕列士壞音怪下同 植音直 散羣司馬云植行列也散羣言不養徒衆也一云植者疆界頭造屋以待諫者也 俞樾曰司馬兩說並未得植字之義宣二年左傳華元爲植杜注曰植將主也列士必先有主而後得有徒衆故欲散其羣必先壞其植也 長丁丈反下同 官者不成德司馬云不利功名也 斔斛音庾李云六斛四斗曰斔司馬本作斔斞云斔讀曰鍾斞讀曰臾 四竟音境下同 列士壞植散羣。則尚同也。【注】所謂和其光同其塵 長官者不成德。則同務也。【注】絜然自成則與衆務異也 斔斛不敢入於四竟。則諸侯无二心也。【注】天下相信故能同律度量衡也【疏】天下大同不競忠諫事無隔異則德不彰五等守分則四方寧謐也 文王於是焉以爲大師。北面而問曰。政可以及天下乎。臧丈人昧然而不應。泛然而辭。朝令而夜遁。終身无聞。【注】爲功者非己故功成而身不得不退事遂而名不得不去名去身退乃可以及天下也【疏】俄頃之間拜爲師傅北面事之問其政術無心榮寵故泛然而辭其意消聲故昧然不應由名成身退推功於物不欲及於天下故逃遁無聞然呂佐周室受封於齊檢於史傳竟無逃迹而云夜遁者蓋莊生之寓言也〔釋文〕大師音泰 昧然音妹 泛然徐敷劒反 夜遁徐困反 顏淵問於仲尼曰。

文王其猶未邪。又何以夢為乎。【疏】顏子疑於文王未極至人之德，真人不夢，何以夢乎。仲尼曰。默。汝无言。夫文王盡之也。【注】任諸大夫而不自任，斯盡之也。而又何論刺焉。彼直以循斯須也。【注】斯須者百姓之情，當悟未悟之頃，故文王循而發之，以合其大情也。【疏】斯須，由須臾也。循，順也。夫文王聖人，盡於妙理，汝宜寢默，不勞譏刺。彼直隨任物性，順蒼生之望，欲悟未悟之頃，進退須臾之間，故託夢以發其性耳，未足怪也。〔釋文〕刺焉 七賜反

列御寇為伯昏无人射。引之盈貫。【注】盈貫謂溢鏑也。〔釋文〕為伯昏 于偽反 盈貫 古亂反，司馬云：鏑也。鏑 丁歷反 措杯水其肘上。【注】左手如拒石，右手如附枝，右手放發而左手不知，故可措之杯水也。【疏】禦寇無人，內篇具釋。盈貫，滿鏃也。措，置也。禦寇風仙，魯之善射，右手引弦如附枝，而滿鏑左手如拒石，置杯水於肘上，言其停審敏捷之至也。〔釋文〕措 七故反 其肘 竹九反 如拒 音矩，本亦作矩字。發之。適矢復沓。【注】矢去也，箭適去，復歃沓也。〔釋文〕適矢 丁歷反 復沓 扶又反，注及下同。歃 色洽反，又初洽反。方矢復寓。【注】箭方去未至的也，復寄杯於肘上，言其敏捷之妙也。【疏】適，往也。沓，重也。寓，寄也。弦發矢往，復重沓前箭，所謂擘括而入者。箭方適垛，未至於的，復寄杯水，言其敏捷。寓字亦作隅者，言圓鏑重沓，破括方全，插孔復於隅角也。當是時。猶象人也。【注】不動之至。【疏】象人，木偶土梗人也。言御寇當射之時，掘然不動，猶土木之人也。家世父曰：適矢復沓，狀矢之發；方矢復寓，狀矢之彀。說文：多言沓沓，如水之流。言一矢適發，一矢復涌出也。寓，寄也。言一矢方釋，一矢復在彀也。象人，猶鄭康成之云相人偶。伯昏无人曰。是射之射。非不射之射也。【疏】言汝雖巧，仍是有心之射，非忘懷無心不射之射也。嘗與汝登高山。履危石。臨百仞之淵。若能射乎。【疏】七尺曰仞，深七百尺也。若，汝也。此是不射之射也。於是无人遂登高山。履危石。臨百仞之淵。背逡巡。足二分垂在外。揖御寇而進之。御寇伏地。汗流至踵。【疏】前略陳射意，此直欲彎弓。逡巡，猶卻行也。進，讓也。登峻聳高山，履危懸之石，臨極險之淵，仍背淵卻行，足垂二分在外，空裏控弦，自若揖禦寇而讓之。禦寇怖懼，不能舉頭，於是冥目伏地，汗流至腳也。〔釋文〕逡巡 七旬反 汗流 戶旦反 伯昏无人曰。夫至人者。上闚青天。下潛黃泉。揮斥八極。神氣不變。【注】揮斥，猶縱放也。夫德充於內，則神滿於外，無遠近幽深，所在皆明，故審安

危之機而恂然自得也〔慶藩案潛與闚對文潛測也與闚之意相近古訓潛為測見爾雅〕〔釋文〕揮音輝斥音尺李音託郭云揮斥猶放縱今汝怵然有恂目之志。爾於中也殆矣夫。〔注〕不能明至分故有懼有懼而所喪多矣豈唯射乎〔疏〕揮斥猶縱放也恂懼也夫至德之人與大空等量故能上闚青天下隱黃泉譬彼神龍升沈無定縱放八方精神不改臨彼萬仞何足介懷今我觀汝有怵惕之心眼目眩惑懷恂懼之志汝於射之危殆矣夫〔釋文〕怵然敕律反有恂李又作眴音荀爾雅云恂慄也目之志恂謂眩也欲以眩悅人之目故怵也於中丁仲反又如字中精神也所喪息浪反後章同肩吾問於孫叔敖曰。子三爲令尹。而不榮華。三去之。而无憂色。吾始也疑子。今視子之鼻間栩栩然。子之用心獨奈何。〔疏〕肩吾隱者也叔敖楚之賢人也栩栩歡暢之貌也夫達者毀譽不動寵辱莫驚故孫敖三仕而不榮華三黜而無憂色肩吾始聞其言猶懷疑惑復察其貌栩栩自懽若爲用心獨得如此也〔釋文〕栩栩況甫反孫叔敖曰。吾何以過人哉。吾以其來不可卻也。其去不可止也。吾以爲得失之非我也。而无憂色而已矣。我何以過人哉。〔疏〕夫軒冕榮華物來儻寄耳故其來不可遣卻其去不可禁止窮通得喪豈由我哉達此去來故無憂色何有藝術能過人耶且不知其在彼乎。其在我乎。其在彼邪。亡乎我。在我邪。亡乎彼。〔注〕曠然無係玄同彼我則在彼非獨亡在我非獨存也〔疏〕亡失也且不知榮華定在彼人定在我己若在彼邪則於我爲失若在我邪則於彼爲失而彼我旣其玄同得喪於乎自泯也慶藩案彼我皆亡言不在我不在彼也淮南詮言篇亡乎萬物之中高注曰不在萬物之中也即此義方將躊躇。方將四顧。何暇至乎人貴人賤哉。〔注〕躊躇四顧謂無可無不可〔疏〕躊躇是逸豫自得四顧是高視八方方將旁礴萬物揮斥宇宙有何容暇至於人世留心貴賤之間乎故去之而無憂色也〔釋文〕躊直留反躇直於反仲尼聞之曰。古之眞人。知者不得說。美人不得濫。盜人不得劫。伏戲黃帝不得友。〔注〕伏戲黃帝者功號耳非所以功者也故況功號於所以功相去遠矣故其名不足以友其人也〔疏〕仲尼聞孫叔敖之言而美其德故引遠古以證斯人古之眞人窮微極妙縱有智言之人不得辯說美色之姿不得淫濫盜賊之徒何能劫剝三皇五帝未足交友也〔釋文〕得劫居業反元嘉本作卻伏戲音羲死生亦大矣。而无變乎己。

況爵祿乎。【疏】人雖日新死生大變而不變於己況於爵祿豈復栖心　若然者。其神經乎大山而无介。入乎淵泉而不濡。處卑細而不憊。充滿天地。既以與人。己愈有。【注】割肌膚以爲天下者彼我俱失也使人人自得而已者與人而不損於己也其神明充滿天地故所在皆可所在皆可故不損己爲物而放於自得之地也【疏】介礙也既盡也夫眞人入火不熱入水不濡經乎太山而神無障礙屈處卑賤其道不虧德合二儀故充滿天地不損己爲物故愈有也〔釋文〕大山音泰无介音界不憊皮拜反以爲于僞反下同　楚王與凡君坐少焉。楚王左右曰。凡亡者三。【注】言有三亡徵也【疏】楚文王共凡僖侯同坐論合從會盟之事凡是國名周公之後國在汲郡界今有凡城是也三者爲不敬鬼尊賢養民也而楚大凡小楚有吞夷之意故使從者以言感也　俞樾曰楚王左右言凡亡者三人也郭注曰言有三亡徵也非是〔釋文〕凡君如字司馬云凡國名在汲郡共縣案左傳凡周公之後也隱七年天王使凡伯來聘俗本此後有孔子窮於陳蔡及孔子謂顏回二章與讓王篇同衆家并於讓王篇音之檢此二章無郭注似如重出古本皆無謂無者是也　凡君曰。凡之亡也。不足以喪吾存。【注】遺凡故也【疏】自得造化怡然不懼可謂周公之後世不乏賢也　夫凡之亡。不足以喪吾存。則楚之存。不足以存存。【注】夫遺之者不以亡爲亡則存亦不足以爲存矣曠然無矜乃常存也由是觀之。則凡未始亡。而楚未始存也。【注】存亡更在於心之所惜耳天下竟無存亡【疏】夫存亡者有心之得喪也既冥於得喪故亡者未必亡而亡者更存存者不獨存而存者更亡也

外篇　知北遊第二十二〔釋文〕以義名篇

知北遊於元水之上。登隱弅之丘。而適遭无爲謂焉。【疏】此章並假立姓名寓言明理北是幽冥之域水又幽昧之方隱則深遠難知弅則鬱然可見欲明至道元絕顯晦無常故寄此言以彰其義也〔釋文〕知北遊音智又如字　於元水之上李云元水名司馬崔本上作北盧文弨曰今本作元水水名以下白水例之重者是　隱弅符云反又音紛又符紛反李云隱出弅起丘貌　知謂无爲謂曰。予欲有問乎若。【疏】若汝也此明運知極心問道假設賓主謂之無爲謂　何思何慮則知道。何處何服則安道。何從何道則得道。【疏】此假設言方運知問道若爲尋思何所念

處則知至道？若爲服勤，於何處所則安心契道？何所依從，何所道說，則得其道也。

三問而无爲謂不答也，非不答，不知答也。【疏】知分別也。設此三問，竟無一答，非無爲謂惜情不答，直是理無分別，故不知所以答也。

知不得問，反於白水之南，登狐闋之上，而睹狂屈焉。知以之言也問乎狂屈。【疏】白是潔素之色，南是顯明之方，狐者疑似夷猶，闋者空靜無物。問不得決，反照於白水之南，捨有反無，狐疑未能窮理，既而猖狂妄行，掘若槁木，欲表斯義，故曰狂屈焉。〔釋文〕《白水》水名。《狐闋》苦穴反。司馬、李云：狐闋，丘名。《而睹》丁古反。《狂屈》求勿反，徐又其述反。司馬、向、崔本作詘。李云：狂屈，佯張，似人而非也。慶藩案釋文引李云狂屈佯張似人而非也，文選甘泉賦捎夔魖抶獝狂，狂屈卽獝狂也，司馬與崔作詘，失之。《以之言》司馬云：之，是也。

狂屈曰：唉！予知之，將語若。中欲言而忘其所欲言。【疏】唉，應聲也。初欲言語，中途忘之，斯忘之術，反照之道。〔釋文〕《唉》哀在反，徐烏來反，李音熙，云：應聲。《語若》魚據反。

知不得問，反於帝宮，見黃帝而問焉。黃帝曰：无思无慮始知道，无處无服始安道，无從无道始得道。【疏】軒轅體道，妙達玄言，故以一無無於三問。

知問黃帝曰：我與若知之，彼與彼不知也，其孰是邪？黃帝曰：彼无爲謂眞是也，狂屈似之；我與汝終不近也。夫知者不言，言者不知，故聖人行不言之教。【注】任其自行，斯不言之教也。【疏】眞者不知也，似者中忘也，不近者以其知之也。行不言之教，引老子經爲證也。〔釋文〕《不近》附近之近。

道不可致，【注】道在自然，非可言致者也。【疏】致，得也。夫玄道不可以言得，言得非道也。德不可至，【注】不失德故稱德，稱德而不至也。【疏】夫上德不德，若爲德者，非至德也。仁可爲也，【疏】夫至仁無親，而今行偏愛之仁者，適可有爲而已矣。義可虧也，【疏】夫裁非斷割，適可虧殘，非大全也。大全者，生之而已矣。禮相僞也。【疏】夫禮尚往來，更相浮僞，華藻亂德，非眞實也。故曰，失道而後德，失德而後仁，失仁而後義，失義而後禮。禮者，道之華而亂之首也。【注】禮有常則，故矯效之所由生也。【疏】棄本逐末，散樸爲澆，道喪淳漓，遽於行禮，故引老經證成其義也。

故曰，爲道者日損，【注】損華僞也。損之又損之，以至於无爲。无爲而无不爲也。【注】華去而朴全，則雖爲而非爲也。【疏】夫修道之夫，日損華僞既而前損有後損無有無變澹以至於非有非無之無爲也寂而不動無爲故無不爲也此引老經重明其旨　今已爲物也。注物失其所故有爲物　欲復歸根。不亦難乎。其易也。其唯大人乎。注其歸根之易者唯大人耳大人體合變化故化物不難疏倒置之類浮僞居心徇末忘本以道爲物纔欲歸根復命其可得乎今量反本不難唯在大聖人耳　家世父曰人所受以生者氣也既得之以爲生則氣日流行大化之中而吾塊然受其成形無由反氣而合諸虛道之華爲禮與氣之流行而爲人皆非其所固然者也通死生爲徒一聽其氣之聚散而吾無與焉則無爲矣道至於無爲而仁義理之名可以不立是之謂歸根　〔釋文〕其易以豉反注同　生也死之徒。注知變化之道者不以爲異　死也生之始。孰知其紀。注更相爲始則未知孰死孰生也疏氣聚而生猶是死之徒類氣散而死猶是生之本始生死終始誰知紀綱乎聚散往來變化無定　〔釋文〕更相音庚　人之生。氣之聚也。聚則爲生。散則爲死。注俱是聚也俱是散也　若死生爲徒。吾又何患。注患生於異疏夫氣聚爲生氣散爲死聚散雖異爲氣則同今斯則死生聚散可爲徒伴既無其別有何憂色　故萬物一也。疏生死既其不二萬物理當歸一　是其所美者爲神奇。其所惡者爲臭腐。臭腐復化爲神奇。神奇復化爲臭腐。故曰通天下一氣耳。注各以所美爲神奇所惡爲臭腐耳然彼之所美我之所惡也我之所美彼或惡之故通共神奇通共臭腐耳死生彼我豈殊哉疏夫物無美惡而情有向背故情之所美者則謂爲神妙奇特情之所惡者則謂爲腥臭腐敗而顛倒本末一至於斯然物性不同所好各異彼之所美此則惡之此之所惡彼又爲美故毛嬙麗姬人之所美魚見深入鳥見高飛斯則臭腐神奇神奇臭腐而是非美惡何有定焉是知天下萬物同一和氣耳　〔釋文〕所惡烏路反注同　復化扶又反下同　聖人故貴一。疏夫體道聖人智周萬化故貴此眞一而冥同萬境　知謂黃帝曰。吾問无爲謂。无爲謂不應我。非不我應。不知應我也。吾問狂屈。狂屈中欲告我。而不我告。非不我告。中欲告而忘之也。今予問乎若。若知之。奚故不近。黃帝曰。彼其眞是也。以其不知也。此其似之也。以其忘之也。予與若終不近也。以其知之也。狂屈聞之。以黃帝爲知言。注明夫自然者非言知之所得故當昧乎無言之地是以先舉不言之標而後寄明於黃帝則夫自然之冥物概乎可得而見也【疏】彼無爲謂妙體無知故眞是道也此狂屈反照遣言中忘其告似道非眞也知與黃帝二人運智以詮理故不近眞道也狂屈聰悟聞此格量謂黃帝雖未近眞適可知元言而已矣〔釋文〕之標必遙反

天地有大美而不言。四時有明法而不議。萬物有成理而不說。【注】此孔子之所以云予欲無言【疏】夫二儀覆載其功最美四時代敘各有明法萬物生成咸資道理竟不言說會無議論也〔釋文〕大美謂覆載之美也

聖人者。原天地之美。而達萬物之理。是故至人无爲。【注】任其自爲而已【疏】夫聖人者合兩儀之覆載同萬物之生成是故口無所言心無所作大聖不作。【注】唯因任也觀於天地之謂也。【注】觀其形容象其物宜與天地不異【疏】夫大聖至人無爲無作觀天地之覆載法至道之生成無爲無言斯之謂也

今彼神明至精。與彼百化。【注】百化自化而神明不奪【疏】彼神聖明靈至精極妙與物和混變化隨流或聚或散會無欣感今言百千萬者並舉其大綱數爾物已死生方圓。莫知其根也。【注】夫死者已自死而生者已自生圓者已自圓而方者已自方未有爲其根者故莫知【疏】夫物或生或死乍方乍圓變化自然莫知根緒

扁然而萬物自古以固存。【注】豈待爲之而後存哉【疏】扁然徧生之貌也言萬物翩然隨時生育從古以來必固自有豈由措意而後有之〔釋文〕扁音篇又音幡

六合爲巨。未離其內。【注】計六合在無極之中則陋矣〔釋文〕未離力智反其內謂不能出自化也

秋豪爲小。待之成體。【注】秋豪雖小非無亦無以容其質【疏】六合天地四方也獸逢秋景毛端生豪豪極微細謂秋豪也巨大也六合雖大猶居至道之中豪毛雖小資道以成體質也

天下莫不沈浮。終身不故。【注】日新也【疏】世間庶物莫不浮沈升降生死往來不住運之不停新新相續未嘗守故也

陰陽四時運行各得其序。【注】不待爲之【疏】夫二氣氤氳四時運轉春秋寒暑次敘天然豈待爲之而後行之

惛然若亡而存。【注】照然若存則亡矣【疏】惛然如昧似無而有〔釋文〕惛然音昏又音泯

油然不形而神。【注】絜然有形則不神【疏】神者妙萬物而爲言也油然無係不見形象而神用無方〔釋文〕油然音由謂無所給惜也

萬物畜而不知。此之謂本根。【注】畜之而不得其本性之根故不知其所以

畜也。疏亭毒羣生畜養萬物而元功潛被日用不知此之眞力是至道一根本也〔釋文〕物畜本亦作慉同敕六反注同可以觀於天矣。注與天同觀疏觀見也天自然也夫能達理通元識根知本者可謂觀自然之至道也齧缺問道乎被衣。被衣曰。若正汝形。一汝視。天和將至。疏齧缺王倪弟子被衣王倪之師也汝形容端雅勿爲邪僻視聽純一勿多取境自然和理歸至汝身〔釋文〕被衣音披本亦作披攝汝知。一汝度。神將來舍。疏收攝私心令其平等專一志度令無放逸汝之精神自來舍止　俞樾曰一汝度當作正汝度蓋此四句變文以成辭其實一義也攝汝知即一汝視之意所視者專一故所知者收攝矣正汝度即正汝形之意度猶形也淮南子道應篇文子道原篇並作正汝度可據以訂正德將爲汝美。道將爲汝居。疏深元上德盛美於汝無極大道居汝心中汝瞳焉。如新生之犢。而无求其故。疏瞳焉無知直視之貌故事也心既虛夷視亦平直故如新生之犢於事無求也〔釋文〕瞳敕紅反郭菟絳反李云未有知貌言未卒。齧缺睡寐。被衣大說。行歌而去之。疏談元未終斯人已悟坐忘契道事等睡瞑於是被衣喜躍贊其敏速行於大道歌而去之〔釋文〕齧缺睡寐體向所說畏其視聽以寐耳受道速故被衣喜也大說音悅曰。形若槁骸。心若死灰。眞其實知不以故自持。注與變俱也疏形同槁木之骸心類死灰之土無情直任純實之眞知不自矜持於事故也〔釋文〕若槁若老反媒媒晦晦。无心而不可與謀。彼何人哉。注獨化者也疏媒媒晦晦息照遣明忘心忘知不可謀議非凡所識故云彼何人哉自形若槁骸以下並被衣歌辭也〔釋文〕媒媒音妹又武朋反晦晦音誨李云媒媒晦貌舜問乎丞曰。道可得而有乎。疏丞古之得道人舜師也而至道虛通生成動植未知己身之內得有此道不乎既逢師傳故有咨請〔釋文〕丞如字李云舜師也一云古有四輔前疑後丞蓋官名曰。汝身非汝有也。汝何得有夫道。注夫身者非汝所能有也塊然而自有耳身非汝所有而況無哉疏道者四句所不能得百非所不能詮汝身尚不能自有何得有於道耶〔釋文〕有夫音符塊然苦對反舜曰。吾身非吾有也。孰有之哉。疏未悟生因自然形由造物故云身非我有孰有之哉曰。是天地之委形也。生非汝有。是天地之委和也。性命非汝有。是天地之委順也。注若身是汝有者則美惡死生當制之由汝今氣聚而生汝不能禁也氣散而死汝不能止也明其委結而自成耳非汝有也。疏委結聚也。夫天地陰陽結聚剛柔和順之氣成汝身形性命者也。故聚則爲生，散則爲死。死生聚散既不由汝，是知汝身豈汝有邪！〔釋文〕委形司馬云：委，積也。俞樾曰：司馬云委積也，於義未合。國策齊策顧委之於子，高注曰：委，付也。成二年左傳王使委於三吏，杜注曰：委，屬也。天地之委形，謂天地所付屬之形也。下三委字並同。孫子非汝有，是天地之委蛻也。注氣自委結而蟬蛻也。疏陰陽結聚，故有子孫，獨化而成，猶如蟬蛻也。〔釋文〕委蛻吐臥反，又音悅，又敕外反，又始銳反，又始劣反。故行不知所往，處不知所持，食不知所味。注皆在自爾中來，故不知也。疏夫行住食味，皆率自然，推尋根由，莫知其所。故行者誰行，住者誰住，食者誰食，味者誰味乎？皆不知所由而悉自爾也。家世父曰：日見其有行而終不知所往，日見其有處而終莫能自持，日見其有食而終莫知所爲味。然則其往也，非我能自主也；其相持數十年之久也，非我能自留也；其食而知味也，非我能自辨也；天地陰陽之氣運掉之使然也，皆不得而有也。天地之強陽氣也，又胡可得而有邪。注強陽猶運動耳。明斯道也，庶可以遺身而忘生也。疏強陽，運動也。胡，何也。夫形性子孫者，並是天地陰陽運動之氣聚結而成者也，復何得自有此身也！〔釋文〕天地之強陽氣也郭云：強陽猶運動耳。案：言天地尙運動，況氣聚之生，何可得執而留也。孔子問於老聃曰：今日晏閒，敢問至道。疏晏，安也。孔子師於老子，故承安居閒暇而詢問元道也。〔釋文〕晏於諫反，徐於顯反，又於見反。閒音閑。老聃曰：汝齊戒，疏瀹而心，澡雪而精神，掊擊而知。夫道窅然難言哉！將爲汝言其崖略。疏疏瀹，猶洒濯也。澡雪，猶精潔也。而，汝也。掊擊，打破也。崖，分也。汝欲問道，先須齋汝心迹，戒愼專誠，洒濯身心，清淨神識，打破聖智，滌蕩虛夷。然元道窅冥，難可言辯，將爲汝舉其崖分，粗略言之。〔釋文〕齊戒側皆反。瀹音藥，或云漬也。掊普口反，徐方垢反。而知音智。窅然烏了反。將爲于僞反。夫昭昭生於冥冥，有倫生於无形，精神生於道，注皆所以明其獨生而無所資借。〔釋文〕无形謂太初也。形本生於精，注皆由精以至粗。疏倫，理也。夫昭明顯著之物，生於窅冥之中；人倫有爲之事，生於無形之內；精智神識之心，生於重元之道；有形質氣之類，根本生於精微。〔釋文〕形本生於精謂常道也。而萬物以形相生，故九竅者胎生，八竅者卵生。注言萬物雖以形相生，亦皆自然耳，故胎卵不能易種而生，明神氣之不可爲也。疏夫無形之道能生有形之物，有形之物則以形質氣類而相生也。故人獸九竅而胎生，禽魚八竅而卵生，稟之自然，不可相易。〔釋文〕九竅苦弔反。卵生力管反。易種章勇反。其來无迹，其往无崖。无門无房，四達之皇皇也。【注】夫率自然之性遊無迹之塗者放形骸於天地之間寄精神於八方之表是以無門無房四達皇皇逍遙六合與化偕行也【疏】皇大也夫以不來為來者雖來而無蹤跡不往為往者雖往亦無崖際是以出入無門戶來往無邊傍故能宏達四方大通萬物也邀於此者。四肢彊。思慮恂達。耳目聰明。其用心不勞。其應物无方。【注】人生而遇此道則天性全而精神定【疏】邀遇也恂通也遇於道而會於眞理者則百體安康四肢強健思慮通達視聽聰明無心之心用而不勞不應之應應無方所也【釋文】邀古堯反　俞樾曰說文無邀字彳部徼循也即今邀字也又曰循行順也然則邀亦順也邀於此者猶言順於此者郭注曰人生而遇此道是以遇訓邀義既迂曲且於古訓無徵殆失之矣思慮息嗣反恂達音荀天不得不高。地不得不廣。日月不得不行。萬物不得不昌。此其道與。【注】言此皆不得不然而自然耳非道能使然也【疏】二儀賴虛通而高廣三光資玄道以運行庶物得之以昌盛斯大道之功用也故老經云天得一以清地得一以寧萬物得一以生是之謂也【釋文】天不得不高謂不得一道不能為高也道與音餘下皆同且夫博之不必知。辯之不必慧。聖人以斷之矣。【注】斷棄知慧而付之自然也【疏】夫博讀經典不必知眞宏辯飾詞不必慧照故老經云善者不辯辯者不善知者不博博者不知斯則聖人斷棄之矣【釋文】博之不必知觀異書為博　以斷端管反注同若夫益之而不加益。損之而不加損者。聖人之所保也。【注】使各保其正分而已故無用知慧為也【疏】博知辯慧不益其明沈默面牆不加其損所謂不增不減無損無益聖人妙體故保而愛之也淵淵乎其若海。【注】容姿無量【疏】尾閭泄之而不耗百川注之而不增淵澄深大故譬玄道巍巍乎其終則復始也。【注】與化俱者乃積無窮之紀可謂魏魏【疏】巍巍高大貌也夫道遠超太一近邁兩儀囊括無窮故以歎巍巍也終則復始此明無終無始變化日新隨迎不得【釋文】魏魏魚威反　則復扶又反運量萬物而不匱。【注】用物而不役己故不匱也【釋文】運量音亮　萬物而不匱求位反謂任物自動運物物各足量也則君子之道。彼其外與。【注】各取於身而足【疏】夫運載萬物器量羣生潛被無窮而不匱乏之者聖人君子之道此而非遠近在內心既不藉稟豈其外也萬物皆往資焉而不匱。此其道與。【注】還用物故我不匱此明道之贍物在於不贍不贍而物自得故曰此其道與言至道之無功無功乃足稱道也【疏】有識無情皆稟此元之道而元功冥被終不匱乏然道物不一不異而離道無物故曰此其道與〔釋文〕之贍步豔反下同中國有人焉。非陰非陽。【注】無所偏名處於天地之間。直且為人。【注】敖然自放所遇而安了無功名【疏】中國九州也言人所稟之道非陰非陽非柔非剛非短非長故絕四句離百非也處在天地之間直置為人而無偏執本亦作值字者言處乎宇內遇值為人會無所係也〔釋文〕直且如字舊子餘反將反於宗。【注】不逐末也【疏】既無偏執任置為人故能反本還原歸於宗極自本觀之。生者喑醷物也。【注】直聚氣也【疏】本道也喑噫氣聚也從道理而觀之故知生者聚氣之物也奚足以惜之哉〔釋文〕喑音蔭郭音闇李音飲一音於感反醷於界反郭於感反李音意一音他感反李郭皆云喑醷聚氣貌雖有壽夭。相去幾何。須臾之說也。奚足以為堯桀之是非。【注】死生猶未足殊況壽夭之間哉【疏】一生之內百年之中假令壽夭賒促詎幾俄頃之間須臾之說耳何足以是堯非桀而分別於其間哉〔釋文〕幾何居豈反果蓏有理。【注】物無不理但當順之〔釋文〕果蓏徐力果反人倫雖難。所以相齒。【注】人倫有智慧之變故難也然其智慧自相齒耳但當從而任之【疏】在樹曰果在地曰蓏桃李之屬瓜瓠之徒木生藤生皆有其理人之處世險阻艱難而貴賤尊卑更相齒次但當任之自合夫道譬彼果蓏有理存焉聖人遭之而不違。【注】順所遇也過之而不守。【注】宜過而過【疏】遭遇軒冕從而不違既以過焉亦不留舍調而應之。德也。偶而應之。道也。【注】調偶和合之謂也【疏】調和庶物順而應之上德也偶對前境逗機應物聖道也帝之所興。王之所起也。【注】如斯而已【疏】夫帝王興起俯應羣生莫過調偶隨時逗機接物人生天地之間。若白駒之過郤。忽然而已。【注】乃不足惜【疏】白駒駿馬也亦言日也隙孔也夫人處世俄頃之間其為迫促如馳駿駒之過孔隙欻忽而已何曾足云也〔釋文〕白駒或云日也過郤去逆反本亦作隙隙孔也注然勃然。莫不出焉。油然漻然。莫不入焉。【注】出入者變化之謂耳言天下未有不變也【疏】注勃是生出之容油漻是入死之狀言世間萬物相與無恒莫不從變而生順化而死〔釋文〕勃然步忽反油然音由漻然音流李音礫已化而生。又化而死。【注】俱是化也生物哀之。【注】死物不哀人類悲之。【注】死類不悲【疏】夫生死往來皆變化耳委之造物何足係哉故其死也生物人類共悲哀之務非類非生故不悲不哀也　家世父曰生物哀之所以知哀惟其生也而不知生之同歸於盡也人類悲之所以知悲惟人之有知也而不知人之知之亦同歸於盡也　解其天弢。墮其天袠。【注】獨脫也。【疏】弢囊藏也袠束囊也言人執是競非欣生惡死故爲生死束縛也今既一於是非忘於生死故墮解天然之弢袠也〔釋文〕天弢敕刀反字林云弓衣也墮其許規反天袠陳筆反　紛乎宛乎。【注】變化烟熅〔釋文〕宛乎於阮反絪音因本亦作烟音因縕於云反本亦作熅音同盧文弨曰今本作烟熅　魂魄將往。乃身從之。乃大歸乎。【注】無爲用心於其間也【疏】紛綸宛轉並適散之貌也魂魄往天骨肉歸土神氣離散紛宛任從自有還無乃大歸也　不形之形。形之不形。【注】不形形乃成若形之形則敗其形矣【疏】夫人之未生也本不有其形故從無形氣聚而有其形氣散而歸於無形也〔釋文〕則敗補邁反　是人之所同知也。【注】雖知之然不能任其自形而反形之所以多敗　非將至之所務也。【注】務則不至【疏】夫從無形生形從有形復無形質是人之所同知也斯乃人閒近事非詣理至人之達務也　此衆人之所同論也。【注】雖論之然故不能不務所以不至也【疏】形質有無生死來往衆人凡類同共乎論　彼至則不論。【注】悗然不覺乃至〔釋文〕悗然亡本反　論則不至。【疏】彼至聖之人忘言得理故無所論說若論說之則不至於道　明見无值。【注】闇至乃值【疏】值會遇也夫能閉智塞聰冥契元理若顯明聞見則不會眞也　辯不若默。道不可聞。聞不若塞。此之謂大得。【注】默而塞之則無所奔逐故大得【疏】夫大辯飾詞去眞遠矣忘言靜默元道近焉故道不可以多聞求多聞求不如於闇塞若能妙知於此意可謂深得於大理矣　家世父曰道無形也見之而以爲道遂若巧相值焉而固無值也說文值措也不能舉而措之則此所見一道彼所見又一道而有不勝其辯者矣固曰辯不若默　東郭子問於莊子曰。所謂道。惡乎在。【疏】居在東郭故號東郭子則無擇之師東郭順子也問莊子曰所謂虛通至道於何處在乎〔釋文〕東郭子李云居東郭也惡乎音烏　莊子曰。无所不在。【疏】道無不徧在處有之　東郭子曰。期而後可。【注】欲令莊子指名所在【疏】郭注云欲令莊子指名所在也〔釋文〕欲令力呈反　莊子曰。在螻蟻。曰。何其下邪。曰。在稊稗。曰。何其愈下邪。曰。在瓦甓。曰。何其愈甚邪。曰。在屎溺。東郭子不應。【疏】大道無不在而所在皆無故處處有之不簡穢賤東郭未達斯趣謂道卓爾清高在瓦甓已嫌卑甚又聞屎溺故瞋而不應也〔釋文〕螻力侯反蟻

魚錡反 在荑大西反本又作梯 薜步計反本又作稗蒲賣反李云荑薜二草名 盧文弨曰今本作稊稗 瓦甓本又作甓步歷反 屎尸旨反舊詩旨反本或作矢 溺乃弔反 莊子曰。夫子之問也。固不及質。注舉其標質言無所不在而方復怪此斯不及質也 疏 質實也言道無不在豈唯稊稗固答子之問猶未逮眞也 正獲之問於監市履狶也。每下愈況。注狶大豕也夫監市之履豕以知其肥瘦者愈履其難肥之處愈知豕肥之要今問道之所在而每況之於下賤則明道之不逃於物也必矣 疏 正官號也則今之市令也獲名也監市之魁也則今屠卒也狶猪也凡今問於屠人買猪之法云履踐豕之股脚之間難肥之處愈知豕之肥瘦之意況也何者近下難肥之處有肉足知易肥之處足脂亦猶屎溺卑下之處有道則明清虛之地皆徧也〔釋文〕正獲之問於監古銜反 市履狶虛豈反 每下愈況李云正亭卒也獲其名也監市市魁也狶大豕也履踐也夫市魁履豕履其股脚狶難肥處故知豕肥耳問道亦況下賤則知道也 瘦色救反 之處昌慮反 汝唯莫必。无乎逃物。注若必謂無之逃物則道不周矣道而不周則未足以爲道 疏 無者無爲道也夫大道曠蕩無不制圍汝唯莫言至道逃棄於物也必其逃物何爲周徧乎 至道若是。大言亦然。注明道不逃物 疏 至道理也大言教也理既不逃於物教亦普徧無偏也 周徧咸三者。異名同實。其指一也。疏 周悉普徧咸皆有道此重明至道不逃於物雖有三名之異其實理旨歸則同一也〔釋文〕周徧音遍 嘗相與游乎无何有之宮。同合而論。无所終窮乎。注若游有則不能周徧咸也故同合而論之然後知道之無不在知道之無不在然後能曠然無懷而遊彼無窮也 疏 無何有之宮謂元道處所也無一物可有故曰無何有也而周徧咸三者相與遨遊乎至道之鄉實旨既一同合而論冥符元理故無終始窮極耳 嘗相與无爲乎。澹而靜乎。漠而淸乎。調而閒乎。注此皆無爲故也 疏 此總歎周徧咸三功能盛德也既游至道之鄉又處無爲之域故能恬淡安靜寂寞淸虛柔順調和寬閒逸豫〔釋文〕澹而徒暫反 慶藩案漠而淸漠亦淸也古人自有複語耳爾雅漠察淸也樊注漠然淸貌漠亦通作莫昭二十八年左傳德正應和曰莫杜注莫然淸靜也 而閒音閑 寥已吾志。注寥然空虛 疏 得道元聖契理冥眞性志虛夷寂寥而已〔釋文〕寥音遼 无往焉。而不知其所至。注志苟寥然則無所往矣無往焉故往而不知其所至有往焉則理未動而志已至矣〔釋文〕已鶩如字本亦作騖音務 慶藩案郭注有往焉則理未動而志已鶩矣鶩字頗費解義當從釋文作騖是也騖與馳同義注言未動而志已先馳也志不得云騖騖鶩字形相近因誤（淮南馳騁若騖鶩又訛爲鶩）去而來。而不知其所止。注斯順之也疏語既寂寥故與無還往假令不往而往不來而來竟無至所亦無止住吾已往來焉。而不知其所終。注但往來不由於知耳不爲不往來也往來者自然之常理也其有終乎疏假令往還造物來去死生隨變任化亦不知終始也彷徨乎馮閎。大知入焉。而不知其所窮。注馮閎者虛廓之謂也大知由乎寥廓恣變化之所如故不知也疏彷徨是放任之名馮閎是虛曠之貌謂入契會也言大聖知之人能會於寂寥虛曠之理是以逍遙自得放任無窮〔釋文〕彷音旁本亦作徬　徨音皇　馮皮冰反又普耕反又步耕反　閎音宏李云馮宏皆大也郭云虛廓之謂也物物者。與物无際。注明物物者無物而物自物耳物自物耳故冥也疏際崖畔也夫能物於物者聖人也聖人冥同萬境故與物無彼我之際畔而物有際者。所謂物際者也。注物有際故每相與不能冥然真所謂際者也疏物情分別取舍萬端故有物我之交際也不際之際。際之不際者也。注不際者雖有物物之名直明物之自物耳物物者竟無物也際其安在乎疏際之不際者聖人之達觀也不際之際者凡鄙之滯情也謂盈虛衰殺。彼爲盈虛非盈虛。彼爲衰殺非衰殺。彼爲本末非本末。彼爲積散非積散也。注既明物物者無物又明物之不能自物則爲之者誰乎哉皆忽然而自爾也疏富貴爲盈貧賤爲虛老病爲衰殺終始爲本末生來爲積死去爲散夫物物者非物而生物誰乎此明能物所物皆非物也物既非物何盈虛衰殺之可語耶是知所謂盈虛皆非盈虛故西昇經云君能明之所是反非也〔釋文〕衰殺色界反徐所例反下同妸荷甘與神農同學於老龍吉。疏姓妸字荷甘神農者非三皇之神農也則後之人物耳二人同學於老龍吉老龍吉亦是號也〔釋文〕妸於河反　荷甘音河本或作苛　老龍吉李云懷道人也神農隱几。闔戶晝瞑。妸荷甘日中奓戶而入。曰。老龍死矣。疏隱憑也闔合也奓開也亦排也學道之人心神凝靜閉門隱几守默而瞑荷甘既聞師亡所以排戶而告〔釋文〕隱机於靳反下同盧文弨曰今本作几　闔戶臘反　晝瞑音眠　奓郭處野反又音奢徐都嫁反又處夜反司馬云開也神農隱几。擁杖而起。嚗然放杖而笑。注起而悟夫死之不足驚故還放杖而笑也疏嚗然放杖聲也神農聞吉死是以擁杖而驚覆思死不足

哀故還放杖而笑　俞樾曰既言擁杖而起不當言隱几疑隱几字涉上文神農隱几闔戶晝瞑而衍〔釋文〕曝然音剝又孚邈反又孚貌反李云放杖聲也投杖本亦作放杖　盧文弨曰今本作放杖

曰。天知予僻陋慢訑。故棄予而死。已矣。夫子无所發予之狂言而死矣夫。注 自肩吾已下皆以至言爲狂而不信也故非老龍連叔之徒莫足與言也 疏 夫子老龍吉也言其有自然之德故呼之曰天也狂言猶至言也非世人之所解故名至言爲狂也而師知我偏僻鄙陋慢訑不專故棄背吾徒止息而死哲人云亡至言斯絕無復談元垂訓開發我心〔釋文〕僻陋匹亦反慢武半反徐無見反郭如字訑徒旦反徐徒見反郭音但

已矣夫音符 弇堈弔聞之。曰。夫體道者。天下之君子所繫焉。注 言體道者人之宗主也〔釋文〕弇音奄堈音剛弔李云弇剛體道人弔其名繫焉謂爲物所歸投也

今於道。秋豪之端。萬分未得處一焉。注 秋豪之端細矣又未得其萬分之一而猶知藏其狂言而死。又況夫體道者乎。注 明夫至道非言之所得也唯在乎自得耳 疏 姓弇名堈隱者也繫屬也聞龍吉之亡傍爲議論云體道之人世間共重賢人君子繫屬歸依今老龍之於元道猶豪端萬分之末一尚知藏其狂簡處順而亡況乎妙悟之人曾肯露其言說是知體道深元忘言契理者之至稀也

視之无形。聽之无聲。於人之論者。謂之冥冥。所以論道而非道也。注 冥冥而猶復非道明道之無名也 疏 夫元道虛漠妙體希夷非色非聲絕視絕聽故於學人論者論曰冥冥而謂之冥冥猶非眞道也〔釋文〕猶復扶又反

於是泰清問乎无窮曰。子知道乎。无窮曰。吾不知。疏 泰大也夫至道宏曠恬淡清虛囊括無窮故以泰清無窮爲名也既而泰清以知問道無窮荅以不知欲明道離形聲亦不可以言知求也

又問乎无爲。无爲曰。吾知道。曰。子之知道。亦有數乎。曰。有。曰。其數若何。疏 子既知道頗有名數不乎其數如何請爲略述

无爲曰。吾知道之可以貴。可以賤。可以約。可以散。此吾所以知道之數也。疏 貴爲帝王賤爲僕隸約聚爲生分散爲死數乃無極此略言之欲明非名而名非數而數也

泰清以之言也問乎无始曰。若是。則无窮之弗知與无爲之知。孰是而孰非乎。疏 至道元絕寂寞無爲隨迎不測無終無始故寄無窮無始爲其名焉無窮無爲弗知與知誰是誰非請定臧否〔釋文〕與无爲之知字並如字

无始曰。不知深矣。知之淺矣。弗知內矣。知之外矣。【疏】不知合理故深元而處內知之乖道故粗淺而疏外 於是泰清中而歎曰。弗知乃知乎。知乃不知乎。孰知不知之知。【注】凡得之不由於知乃冥也【疏】泰清得中道而嗟歎悟不知乃眞知誰知不知之知明眞知之至希也 〔釋文〕中而歎崔本中而歎作卬

无始曰。道不可聞。聞而非也。道不可見。見而非也。道不可言。言而非也。【注】故默成乎不聞不見之域而後至焉【疏】道無聲不可以耳聞耳聞非道也道無色不可以眼見眼見非道也道無名不可以言說言說非道也 知形形之不形乎。【注】形自形耳形形者竟無物也【疏】夫能形色萬物者固非形色也乃曰形形不形也 道不當名。【注】有道名而竟無物故名之不能當也【疏】名無得道之功道無當名之實所以名道而非

无始曰。有問道而應之者。不知道也。雖問道者。亦未聞道。【注】不知故問問之而應則非道也不應則非問者所得故雖問之亦終不聞也【疏】夫道絕名言不可問答故問道應道悉皆不知 道无問。問无應。【注】絕學去教而歸於自然之意也【疏】體道離言有何問應凡言此者覆釋前文 〔釋文〕去教起呂反 无問問之。是問窮也。【注】所謂責空【疏】窮空也理無可問而強問之是責空也 无應應之。是无內也。【注】實無而假有以應者外矣【疏】理無可應而強應之乃成殊外 家世父曰道無問意揣夫道而問之是先自窮也故曰問窮道無應之是徇外也故曰無內 以无內待問窮。若是者。外不觀乎宇宙。內不知乎大初。【疏】天地四方曰宇往古來今曰宙大初道本也若以理外之心待空內之智者可謂外不識乎六合宇宙內不知乎己身妙本者也 〔釋文〕大初音泰 是以不過乎崐崘。不遊乎太虛。【注】若夫婪落天地遊虛涉遠以入乎冥冥者不應而已矣【疏】崐崘是高遠之山太虛是深元之理苟其滯著名言猶存問應者是知未能經過高遠遊涉深元者矣 〔釋文〕婪落力含反

光曜問乎无有曰。夫子有乎。其无有乎。【疏】光曜者是能視之智也無有者所觀之境也智能照察故假名光曜境體空寂故假名無有也而智有明暗境無深淺故以智問境有乎無乎 光曜不得問。而孰視其狀貌。窅然空然。終日視之而不見。聽之而不聞。搏之而不得也。【疏】夫妙境希夷視聽斷絕故

審狀貌唯寂唯空也　俞樾曰淮南子道應篇光曜不得問上有無有弗應也五字當從之惟無有弗應故光曜不得問也此脫五字則義不備〔釋文〕窅然烏了反　摶之音摶　光曜曰：「至矣！其孰能至此乎！予能有无矣，而未能无无也；及爲无有矣，何從至此哉！」【注】此皆絕學之意也於道絕之則夫學者乃在根本中來矣故學之善者其唯不學乎【疏】光明照曜其智尚淺唯能得無喪有未能雙遣有無故歎無有至深誰能如此元妙而言無有者非直無有亦乃無無四句百非悉皆無有以無之一字無所不無言約理廣故稱無也而言何從至此者但無有之境窮理盡性自非元德上士孰能體之是以淺學小智無從而至也

大馬之捶鉤者，年八十矣，而不失豪芒。【注】拈捶鉤之輕重而無豪芒之差也【疏】大馬官號楚之大司馬也捶打鍛也鉤腰帶也大司馬家有工人少而善鍛鉤行年八十而捶鉤彌巧專性凝慮故無豪芒之差失也鉤稱鉤權也謂能拈捶鉤權知斤兩之輕重無豪芒之差失也〔釋文〕大馬之捶鉤者年八十矣而不失豪芒　捶郭音丁果反徐之累反李之睡反大馬司馬也司馬郭云捶者玷捶鉤之輕重而不失豪芒也或說云江東三魏之間人皆謂鍛爲捶音字亦同郭失之今不從此說也　盧文弨曰玷捶鉤舊本作玷捶鐵今依宋本改正別本同　玷丁恬反　捶丁果反　大馬曰：「子巧與？有道與？」【疏】司馬怪其年老而捶鍛愈精謂其工巧別有道術也〔釋文〕巧與音餘下同　曰：「臣有守也。臣之年二十而好捶鉤，於物无視也，非鉤无察也。【疏】更無別術有所守持少年已來專精好此捶鉤之外無所觀察習以成性遂至於斯也　王念孫曰守即道字達生篇仲尼曰子巧乎有道耶曰我有道也是其證道字古讀若守故與守韻（九經中用韻之文道字皆讀若守楚辭及老莊諸子並同秦會稽刻石文追道高明史紀秦始皇紀道作首首與守同音說文道從辵首聲今本無聲字者二徐不曉古音而刪也）〔釋文〕而好呼報反　是用之者，假不用者也，以長得其用，而況乎无不用者乎！物孰不資焉！」【注】都無懷則物來皆應【疏】所以至老而長得其捶鉤之用者假賴於不用心視察他物故也夫假不用爲用尚得終年況乎體道聖人無用無不用故能成大用萬物資稟不亦宜乎〔釋文〕以長丁丈反

冉求問於仲尼曰：「未有天地可知邪？」仲尼曰：「可。古猶今也。」【注】言天地常存乃無未有之時【疏】姓冉名求仲尼弟子師資發起詢問兩儀未有之時可知已否夫變化日新則無今無古古猶今也故答云可知也　冉求失問而退，明日復見，曰：「昔者吾問『未有天地可知乎？』夫子曰：『可。古猶今也。』【疏】失其問意遂退而歸既遂應問還用應答〔釋文〕明日復

扶又反見賢遍反昔日吾昭然。今日吾昧然。敢問何謂也。【疏】昔日初咨心中昭然明察今時後問情慮昧然暗晦敢問前明後暗意謂如何仲尼曰。昔之昭然也。神者先受之。【注】虛心以待命斯神受也今之昧然也且又爲不神者求邪。【注】思求更致不了【疏】先來未悟銳彼精神用心求受故昭然明白也後時領解不復運用精神直置任眞無所求請故昧然闇塞也求耶者言不求也〔釋文〕又爲于僞反无古无今。无始无終。【注】非唯無不得化而爲有也有亦不得化而爲無矣是以無有之爲物雖千變萬化而不得一爲無也不得一爲無故自古無未有之時而常存也【疏】日新而變故無始無終無今無古故知無未有天地之時者也未有子孫而有子孫。可乎。【注】言世世無極【疏】言子孫相生世世無極天地人物悉皆無原無有之時也可乎言不可也〔釋文〕未有子孫而有孫子言其要有由不得無故而有傳世故有子孫不得無子而有孫也如是天地不得先無而今有也　盧文弨曰今本孫子亦作子孫　家世父曰天地運行而不息子孫代嬗而不窮侵假而有子孫矣求之未有子孫之前是先自惑也天地大化之運行無始無終未有天地於何求之故曰古猶今也相與爲無窮之詞也冉求未對。仲尼曰。已矣。未應矣。不以生生死。【注】夫死者獨化而死耳非夫生者生此死也不以死死生。【注】生者亦獨化而生耳【疏】已止也未無也夫聚散死生皆獨化日新未嘗假賴豈相因待故不用生生此死不用死死此生冉求未對之間仲尼止令無應理盡於此更何所言也死生有待邪。【注】獨化而足皆有所一體。【注】死與生各自成體【疏】死獨化也豈更成一物哉死既不待於生故知生亦不待於死死生聚散各自成一體耳故無所因待也有先天地生者物邪。物物者非物。物出不得先物也。猶其有物也。猶其有物也。无已。【注】誰得先物者乎哉吾以陰陽爲先物而陰陽者卽所謂物耳誰又先陰陽者乎吾以自然爲先之而自然卽物之自爾耳吾以至道爲先之矣而至道者乃至無也既以無矣又奚爲先然則先物者誰乎哉而猶有物無己明物之自然非有使然也【疏】夫能物於物者非物也故非物則無先後物出則是物復不得有先於此物者何以知其然耶謂其猶是物故也以此推量竟無先物者也然則先物者誰乎哉明物之自然耳自然則無窮已之時也是知天地萬物自古以固存無未有之時也〔釋文〕有先悉薦反下及注同　家世父曰先天地者道也既謂之生矣是道亦物也既謂之物矣是其先物者又何自而生耶物與物相蘊而不已而推求物之始以得其先物而生者是物豈有己耶有己則或闕而先之無己孰開而先之是以謂之物出不得先物也 聖人之愛人也。終无已者。亦乃取於是者也。注 取於自爾故恩流百代而不廢也 疏 夫得道聖人慈愛覆育恩流百代而無窮止者良由德合天地妙體自然故能虛己於彼忘懷亭毒不仁萬物芻狗蒼生蓋取斯義而然也 顏淵問乎仲尼曰。回嘗聞諸夫子曰。无有所將。无有所迎。回敢問其遊。疏 請夫子言將送也夫聖人如鏡不送不迎顏回聞之日未曉其理故詢諸尼父問其所由 仲尼曰。古之人外化而內不化。注 以心順形而形自化 疏 古人純樸合道者多故能外形隨物內心凝靜 今之人。內化而外不化。注 以心使形 疏 內以緣逼變化無明外形乖謬不能順物　家世父曰外化者物與同內化者心與適心與適則物俱化而莫得其所化與物俱化相靡而已矣莫得其所化而與爲將迎有多於物者矣狶韋之囿黃帝之圃有虞氏之宮湯武之室其中愈深其外愈閎說文苑囿有垣也種菜曰圃釋名宮穹也屋見垣上穹隆然也說文室實也踵而爲之飾事將迎日紛是非日淆於是儒墨並與各以其是非相和也而相與學一先生之言奉之爲師取其所謂是非者將而非之迎而拒之是以謂之內化而外不化也 與物化者。一不化者也。注 常無心故一不化一不化乃能與物化耳 安化安不化。注 化與不化皆任彼耳斯無心也 疏 安任也夫聖人無心隨物流轉故化與不化斯安任之既無分別曾不概意也 安與之相靡。注 直無心而恣其自化耳非將迎而靡順之 疏 靡順也所以化與不化悉安任者爲不忤蒼生更相靡順 必與之莫多。注 不將不迎則足而止 疏 雖復與物相順而亦不多仁恩各止於分彼我無損 狶韋氏之囿。黃帝之圃。有虞氏之宮。湯武之室。注 言夫無心而任化乃羣聖之所遊處 疏 狶韋軒轅虞舜殷湯周武並是聖明王也言無心順物之道乃是狶韋彷徨之苑囿軒轅遨遊之園圃虞舜養德之宮闈湯武怡神之虛室斯乃羣聖之所遊而處之也〔釋文〕之囿音又 之圃布五反又音布 君子之人。若儒墨者師。故以是非相𩐁也。而況今之人乎。注 𩐁和也夫儒墨之師天下之難和者而無心者猶故和之而況其凡乎 疏 𩐁和也夫儒墨之師更相是非天下之難和者也而聖人君子猶能順而和之況乎今世之人非儒墨之師者也隨而化之不亦宜乎〔釋文〕相𩐁子令反和也 聖人處物不傷物。注 至順也 疏 處俗和光利而不害故不傷之也 不傷物者。物亦不能傷也。注 在我而已 疏 虛舟飄瓦大順羣生羣生樂推故處不害 唯无所傷者。

爲能與人相將迎。【注】無心故至順至順故能無所將迎而義冠於將迎也【疏】夫唯安任羣品彼我無傷者故能與物交際而明不迎而迎者也〔釋文〕義冠古亂反山林與。皋壤與。使我欣欣然而樂與。【注】山林皋壤未善於我而我便樂之此爲無故而樂也〔釋文〕山林與音餘下同而樂音洛注下皆同樂未畢也。哀又繼之。【注】夫無故而樂亦無故而哀也則凡所樂不足樂凡所哀不足哀也【疏】凡情滯執安生欣惡忽覩高山茂林神皋奧壤則欣然欽慕以爲快樂而樂情未幾哀又繼之情隨事遷哀樂斯變此乃無故而樂無故而哀是知世之哀樂不足計也哀樂之來。吾不能禦。其去，弗能止。悲夫。世人直爲物逆旅耳。【注】不能坐忘自得而爲哀樂所寄也【疏】逆旅客舍也窮達之來不能禦扞哀樂之去不能禁止而凡俗之人不閑斯趣譬彼客舍爲物所停以妄爲眞深可悲歎也〔釋文〕能禦魚呂反夫知遇而不知所不遇。【注】知之所遇者即知之知之所不遇者即不知也知能能而不能所不能。【注】所不能者不能强能也由此觀之知與不知能與不能制不出我也當付之自然耳【疏】夫智有明闇能有工拙各稟素分不可强爲故分之所遇知則知之不遇者不能知也分之所能能則能之性之不能不可能也譬鳥飛魚泳蛛網蜣丸率之自然寧非性也　家世父曰各有所知各有所能無相强也各有所不知各有所不能無相勝也强其所知以逼其所不知强其所能以逼其所不能而據之以爲知據之以爲能强天下而齊之是非相乘哀樂滋繁是故忘其所知而知乃自適也忘其所能而能乃自適也至言去言至爲去爲己且忘之奚暇齊天下焉齊知之所知者據所知以强逼之天下者也〔釋文〕强其丈反无知无能者。固人之所不免也。【注】受生各有分也【疏】既非聖人未能智周萬物故知與不知能與不能稟生不同機關各異而流俗之人必固其所不免也夫務免乎人之所不免者。豈不亦悲哉。【疏】人之所不免者分外智能之事也而凡鄙之流不能安分故銳意惑淸務在獨免愚惑之甚深可悲傷至言去言。至爲去爲。【注】皆自得也【疏】至理之言無言可言故去言也至理之爲無爲可爲故去爲也齊知之所知。則淺矣。【注】夫由知而後得者假學者耳故淺也【疏】見賢思齊捨己效物假學求理運知訪道此乃淺近豈曰深知矣〔釋文〕齊知之才細反又如字

雜篇　庚桑楚第二十三

〔釋文〕以人名篇本或作庚桑楚　盧文弨曰今書有楚字

老聃之役有庚桑楚者，偏得老聃之道，【疏】姓庚桑，名楚，老君之弟子，蓋隱者也。役，門人之稱。古人事師，共其驅使，不憚艱危，故稱役也。而老君大聖，弟子極多，門人之中，庚桑楚最勝，故稱偏得也。〔釋文〕老聃之役 司馬云：役，學徒弟子也。廣雅云：役，使也。 庚桑楚 司馬云：楚名，庚桑姓也。太史公書作亢桑。 慶藩案史記老莊列傳索隱引司馬云：庚桑，楚人姓名。與釋文小異。 俞樾曰：列子仲尼篇老聃之弟子有亢倉子者，張湛注音庚桑。賈逵姓氏英覽云：吳郡有庚桑姓，稱為七族。然則庚桑子吳人歟？ 偏得 向音篇。以北居畏壘之山，其臣之畫然知者去之，其妾之挈然仁者遠之；【注】畫然飾知，挈然矜仁。【疏】畏壘，山名，在魯國。臣，僕隸；妾，接也。言人以仁智為臣妾，庚桑子悉棄仁智以接事君子也。楚既幽人，寄居山藪，情敦素樸，心鄙浮華，山旁士女，競為臣妾，故畫然飾智自明炫者，斥而去之，絜然矜仁苟異於物者，令其疏遠。〔釋文〕畏 本或作㟪，又作猥，同，烏罪反，向於鬼反。 壘 崔本作纍，同，力罪反，向良裴反。李云：畏壘，山名也。或云在魯，又云在梁州。 畫然 音獲。 知者 音智。注同。 挈然 本又作契，同，苦計反，向云：知也。又苦結反。廣雅云：提也。 遠之 于萬反。司馬云：言人以仁智為臣妾，庚桑悉棄仁智也。擁腫之與居，【注】擁腫，朴也。〔釋文〕擁 於勇反。 腫 章勇反。本亦作踵。鞅掌之為使。【注】鞅掌，自得。【疏】擁腫鞅掌，皆淳朴自得之貌也。斥棄仁智，淡然歸實，故淳素之士與其同居，率性之人供其驅使。〔釋文〕鞅掌 於丈反。郭云：擁腫，朴也；鞅掌，自得也。崔云：擁腫，無知貌；鞅掌，不仁意。向云：二句朴纍之謂。司馬云：皆醜貌也。居三年，畏壘大壤。〔釋文〕大壤 而掌反。本亦作穰，崔本同。又如羊反。廣雅云：豐也。 盧文弨曰：案列子天瑞篇亦以壤同穰。畏壘之民相與言曰：庚桑子之始來，吾洒然異之。【注】異其棄知而任愚。〔釋文〕洒然 素殄反，又悉禮反。崔、李云：驚貌。向蘇俱反。今吾日計之而不足，歲計之而有餘。【注】夫與四時俱者無近功。【疏】大穰，豐也。洒，微驚貌也。居住三年，山中大熟，畏壘百姓僉共私道云：庚桑子初來，我微驚異，今我日計利益不足稱，以歲計全功其有餘。蓋賢聖之人與四時合度，無近功，故日計不足；有遠德，故歲計有餘。三歲一閏，天道小成，故居三年而畏壘大穰。〔釋文〕日計之而不足 向云：無旦夕小利也。 歲計之而有餘 向云：順時而大穰也。庶幾其聖人乎！子胡不相與尸而祝之，社而稷之乎？【疏】庶，慕也。幾，近也。尸，主也。庚桑大賢之士，慕近聖人之德，何不相與尊而為君，主南面之事，為立社稷，建其宗廟，祝祭依禮，豈不善耶？庚桑子聞之，南面而不釋然。弟子異之。【疏】忽聞畏壘之人立為南面之主，既乖無為之道，故釋然不悅。門人未明斯趣，是以怪而異之也。庚桑子曰：弟子何異於予？夫春氣發而百草生，正得秋而萬寶成。夫春與秋，豈无得而然哉。天道已行矣。【注】夫春秋生氣皆得自然之道故不爲也。【疏】夫春生秋實陰陽之恆夏長冬藏物之常事故春秋豈有心施於萬實而天然之道巳自行焉故忘其生有之德也實亦有作寶字者言二儀以萬物爲寶故逢秋而成就也〔釋文〕正得秋而萬寶成天地以萬物爲寶至秋而成也元嘉本作萬實俞樾曰得字疑衍原文蓋作正秋而萬寶成易說卦兌正秋也萬物之所說也疏正秋而萬物皆說成也卽本此文是其證得字蓋涉下句夫春與秋豈無得而然哉因而誤衍春氣發而百草生正秋而萬寶成文義已足不必加得字與上句相儷偶大道已行矣本或作天道

吾聞至人尸居環堵之室而百姓猖狂。不知所如往。【注】直自往耳非由知也。【疏】四面環各一堵謂之環堵也所謂方丈室也如死尸之寂泊故言尸居〔釋文〕環如字廣雅云圓也堵丁魯反司馬云一丈曰堵環堵者面各一丈言小也今以畏壘之細民而竊竊焉欲俎豆予于賢人之閒。我其杓之人邪。【注】不欲爲物標杓。【疏】竊竊平章偶語也俎切肉之几豆盛脯之具皆禮器也夫羣龍無首先聖格言蒙德養恬後賢軌轍今細碎百姓偶語平章方欲禮我爲賢尊我爲主便是物之標杓豈曰棲隱者乎〔釋文〕俎豆側呂反崔云俎豆食我於衆人閒杓郭音的又匹么反又音弔廣雅云樹末也郭云爲物之標杓也王云斯由己爲人準的也向云馬氏作的音的標必遙反一音必小反

吾是以不釋於老聃之言。【注】聃云功成事遂而百姓皆謂我自爾今畏壘反此故不釋然。【疏】老君云功成弗居長而不宰楚旣虔稟師訓畏壘反此故不釋然

弟子曰。不然。夫尋常之溝。巨魚无所還其體。而鯢鰌爲之制。步仞之丘陵。巨獸无所隱其軀。而孽狐爲之祥。【注】弟子謂大人必有豐祿也。【疏】八尺曰尋倍尋曰常六尺曰步七尺曰仞鯢小魚而有腳此非鯤大魚也制擅也夫尋常小瀆豈鯤鯨之所周旋而鯢鰌小魚反以爲美步仞丘陵非大獸之所藏隱而妖孽之狐用之爲吉祥故知巨獸必隱深山大人應須厚祿也〔釋文〕尋常之溝八尺曰尋倍尋曰常尋常之溝則周禮洫澮之廣深也洫廣深八尺澮廣二尋深二仞也所還音旋回也崔本作逮鯢五今反鰌音秋爲之制廣雅云制折也謂小魚得曲折也王云制謂擅之也鯢鰌專制於小溝也　慶藩案釋文云制折也小魚得曲折也折與制本古通用字書呂刑制以刑墨子引作折則刑論語顏淵篇片言可以折獄者魯論語作制獄卽其證也步仞之陵丘大尺爲步七尺曰仞廣一步高一仞也孔安國云八尺曰仞小爾雅云四尺曰仞　家世父曰水者魚之所歸也丘陵者獸之所歸也尋常之溝步仞之丘陵亦必有歸之者爲有所庇賴也德愈大則歸之者愈衆郭象引巨魚巨獸爲喻而云大人必有豐祿誤孽魚竭反狐爲之祥李云祥怪也狐狸憙爲妖孽言各有宜宜不失則大人有豐祿也王云野狐依之作妖祥也崔云蠱狐以小丘爲害也祥害也

且夫

尊賢授能。先善與利。自古堯舜以然。而況畏壘之民乎。夫子亦聽矣。疏尊貴賢人擢授能者有善先用與其利祿堯舜聖人尚且如是況畏壘百姓敢異前修夫子遍人幸聽從也 庚桑子曰。小子來。夫函車之獸。介而離山。則不免於罔罟之患。吞舟之魚。碭而失水。則蟻能苦之。故鳥獸不厭高。魚鼈不厭深。注去利遠害乃全疏其獸極大口能含車孤介離山則不免網羅爲其患害吞舟之魚其質不小波蕩失水蟻能害之故鳥獸高山魚鼈深水豈好異哉蓋全身遠害魚鳥尚爾而況人乎〔釋文〕函音含 車之獸李云獸大如車也一云大容車 介而音戒廣雅云獨也又古黠反一本作分謂分張也元嘉本同 俞樾曰方言獸無偶曰介一本作分非 慶藩案介釋文作分分與爾相屬爲義則作分者是也古書介本作分俗作个二形相似故傳寫多譌穀梁莊三十年傳燕周子个子釋文个本或作介周禮大宗伯注雉取其首介而死釋文介或作个春秋繁露立元神篇介障險阻介譌作个淮南謬稱篇稱之生也个个王念孫以爲介介則介又誤爲个皆其證也 離山力智反下注同 吞舟敕恩反又音天 碭而失水徒浪反謂碭溢而失水也崔本作去水陸居也 則蟻魚綺反 苦之如字向云馬氏作最又作窮 夫全其形生之人。藏其身也。不厭深眇而已矣。注若學身於利祿則粗而淺。疏眇遠也夫棲遁之人全形養生者故當遠跡塵俗深就山泉若嬰於利祿則粗而淺也〔釋文〕深眇彌小反 則粗七奴反後皆同 且夫二子者。又何足以稱揚哉。注二子謂堯舜疏二子謂堯舜也唐虞聖跡亂人之本故何足稱邪〔釋文〕二子者向崔郭皆云堯舜也 是其於辯也。將妄鑿垣牆。而殖蓬蒿也。注將令後世妄行穿鑿而殖穢亂也疏將令後世妄行穿鑿而殖穢亂辯別也物性之外別立堯舜之風以教迹令人倣倣者猶如鑿破好垣牆種殖蓬蒿之草以爲蕃屛者也〔釋文〕蓬蒲空反 將令力呈反 簡髮而櫛。數米而炊。注理錐刀之末也。疏譬如擇簡毛髮梳以爲髻格量米數炊以供餐利益蓋微爲損更甚〔釋文〕而扻莊筆反又作櫛亦作榔皆同郭音節徐側冀反 盧文弨曰今書作櫛 王引之曰釋文扻莊筆反又作櫛亦作榔皆同郭音節徐側冀反按玉篇扻苦敢切打扻也不得音莊筆反又音節扻當爲㩙即玉篇㩙字隸書轉寫手旁於左耳玉篇㩙七咨切㩙也此借爲櫛髮之櫛故音莊筆反又音節凡從次聲之字可讀爲即又可讀爲節說文垐以土增大道上從土次聲古文垐從土即聲引虞書朕堲讒說殄行玉篇音才資才即二切說文楶欂櫨也從木咨聲（咨從口次聲）即是山節藻棁之節康誥勿庸以次女封荀子致士篇引此次作即皆其例也㩙爲櫛髮之櫛當讀入聲而其字以次爲聲則亦可讀去聲故徐邈音側冀反 數米色主反 而炊昌垂反向云理於小利也 竊竊乎又何足以濟世哉。

【注】混然一之無所治爲乃濟【疏】祖述堯舜私議竊竊此蓋小道何足救世〔釋文〕竊竊如字司馬云細語也一云竊竊計校之貌崔本作察察舉賢則民相軋。【注】將戾拂其性以待其所尙〔釋文〕軋烏點反向音乙戾拂符弗反任知則民相盜。【注】眞不足而以知繼之則僞矣僞以求生非盜如何【疏】軋傷也夫舉賢授能任知先善則爭爲欺侮盜詐百端趨競路開故更相害也〔釋文〕任知音智注同之數物者。不足以厚民。民之於利甚勤。子有殺父。臣有殺君。正晝爲盜。日中穴阫。【注】無所復顧【疏】數物者謂舉賢任知等也此教淳薄不足令百姓淳厚也而蒼生貪利之心甚自殷勤私情怨忿遂生簒弑謀危社稷正晝爲盜攻城穿壁日中穴阫也〔釋文〕有殺音試本又作弑下同穴阫普回反向音裴云阫牆也言無所畏忌　慶藩案阫與培同淮南子齊俗篇鑿培而遁之高誘注曰培屋後牆也（齊俗篇則必有穿窬拊楗抽箕踰備之女備亦與培同故高注曰備後垣也）呂氏春秋聽言篇亦作培漢書揚雄傳作坏音稍異而義同　吾語女。大亂之本。必生於堯舜之閒。其末存乎千世之後。千世之後。其必有人與人相食者也。【注】堯舜遺其迹飾僞播其後以致斯弊【疏】唐虞揖讓之風會成簒逆之亂亂之根本起自堯舜千載之後其弊不絕黃巾赤眉則是相食也〔釋文〕吾語魚據反女音汝後皆放此　南榮趎蹵然正坐曰。若趎之年者已長矣。將惡乎託業以及此言邪。【疏】姓南榮名趎庚桑弟子也蹵然驚悚貌南榮既聞斯義心生慕仰於是驚懼正容勤誠請益云趎年老精神暗昧憑託何學方逮斯言〔釋文〕南榮趎昌于反向音疇一音紹俱反徐直俱反又敕俱反又處由反李云庚桑弟子也漢書古今人表作南榮疇或作儔又作壽淮南作南榮疇云敕蹻趹步百舍不休亦作疇　盧文弨曰案今淮南脩務訓作疇舊敕蹻譌敕蹻今據本書改正高誘注敕猶箸蹻履趹趨也敕所角切蹻其略切趹音決箸即著直略切趨猶趨今淮南或無步字脫也蹵然子六反已長丁丈反將惡音烏　庚桑子曰。全汝形。【注】守其分也〔釋文〕其分扶問反後以意求之　抱汝生。【注】無攬乎其生之外也　俞樾曰釋名釋姿容曰抱保也相親保也是抱與保義通抱汝生即保汝生郭注曰無攬乎其生之外也猶泥抱字爲說未達叚借之旨　無使汝思慮營營。若此三年。則可以及此言矣。【疏】不逐物境全形者也守其分內抱生者也既正分全生神凝形逸故不復役知思慮營營狗生也三年虛靜方可及乎斯言此庚桑教南榮之詞也〔釋文〕思慮息吏反下同

南榮趎曰。目之與形。吾不知其異也。而盲者不能自見。耳之與形。吾不知

其異也。而聾者不能自聞。心之與形。吾不知其異也。而狂者不能自得。【注】目與目，耳與耳，心與心，其形相似而所能不同，苟有不同，則不可強相法效也。【疏】夫盲聾之士與凡常之人耳目無異，而盲者不見色，聾者不聞聲，風狂之人與不狂之者形貌相似，而狂人失性不能自得。南榮舉此三論以況一身不解至道之言，與彼盲聾何別！故內篇云，非唯形骸有聾盲，夫智亦有之也。〔釋文〕可強　其丈反。下章可強同。

形之與形亦辟矣。【注】未有閉之。〔釋文〕亦辟　婢亦反，開也。崔云：相著也。音必亦反。　家世父曰：郭象注形之與形亦辟矣，未有閉之，釋文辟，婢亦反，開也，是假辟為闢。鄭康成禮記大學注，辟猶喻也。說文言部，譬，喻也。坊記辟則防與，中庸辟如行遠，辟如登高，辟皆相通。辟，譬喻也。言形之與形亦易喻也。郭象注誤。漢書鮑永傳言之者足戒，聞之者未譬，章懷太子注，譬猶曉也。曉然於形與形之同，曉亦喻也。

而物或閒之邪。欲相求而不能相得。【注】兩形雖開而不能相得，將有閒也。【疏】闔，開也。閒，別也。夫盲與不盲二形，孔竅俱開，見與不見，於物遂有閒別，而盲聾求於聞見，終不可得也。亦猶南榮求於解悟，無由致之。〔釋文〕或閒　閒厠之閒。注同。

今謂趎曰。全汝形。抱汝生。勿使汝思慮營營。趎勉聞道達耳矣。【注】早聞形隔，故難化也。【疏】全形抱生，已如前釋。重述所聞，以彰聞旨。〔釋文〕勉聞道　崔向云：勉強也。本或作俛。達耳矣　崔向云：僅達於耳，未徹入於心也。

庚桑子曰。辭盡矣。曰。奔蜂不能化藿蠋。越雞不能伏鵠卵。魯雞固能矣。【疏】奔蜂，細腰土蜂也。藿，豆也。蠋者，豆中大青蟲。越雞，荊雞也。魯雞，今之蜀雞也。奔蜂細腰，能化桑蟲為己子，而不能化藿蠋。越雞小，不能伏鵠卵；蜀雞大，必能之也。言我才劣，未能化大，所說辭情理盡於此也。〔釋文〕奔蜂　孚恭反。司馬云：奔蜂，小蜂也。一云土蜂。藿蠋　音蜀。司馬云：豆藿中大青蟲也。越雞　司馬向云：小雞也。或云荊雞也。能伏　扶又反。鵠　本亦作鶴，同。戶各反。一音戶沃反。卵　力管反。魯雞　向云：大雞也，今蜀雞也。　慶藩案太平御覽九百十八引司馬云：越雞，小雞也。魯雞，大雞，今蜀雞也。視釋文所引微異。

雞之與雞。其德非不同也。有能與不能者。其才固有巨小也。今吾才小。不足以化子。子胡不南見老子。【疏】夫雞有五德：頭戴冠，禮也；足有距，義也；得食相呼，仁也；知時，智也；見敵能距，勇也。而魯越雞異，五德則同，所以有能與不能者，才有大小也。我類越雞，才小不能化子，子何不南行往師以謁老君。

南榮趎贏糧。七日七夜。至老子之所。【疏】贏，裹也，擔也。慕聖情殷，晝夜不息，終乎七日方見老君也。〔釋文〕贏糧　音盈。案方言：贏，儋也。齊楚陳宋之閒謂之贏。一音果。　盧文弨曰：音果，字或有作臝者。

老子曰。子自楚之所來乎。南

榮趎曰。唯。【疏】自從也問云汝從桑楚處來南榮趎曰唯直敬應之辭也答云如是〔釋文〕曰唯惟癸反　老子曰。子何與人偕來之衆也。【注】挾三言而來故【疏】偕俱也老子聖人照機如鏡未忘仁義故剌以偕來理挾三言故譏之言衆也〔釋文〕挾三音協　南榮趎懼然顧其後。【疏】懼然驚貌也未達老子之言忽聞衆來之說顧眄其後恐有多人也〔釋文〕懼然向紀俱反本又作懼音同又況縛反　慶藩案懼然即瞿然也蓋驚貌其正字作䀠說文䀠（九遇切）舉目驚䀠然也䀠正字瞿懼皆借字禮檀弓懼然失席作瞿史記孟子傳王公大人初見其術懼然顧化漢書惠紀贊聞叔孫通之諫則懼然皆其證　老子曰。子不知吾所謂乎。【疏】謂者言意也我言偕來譏汝挾三言而來汝視其後是不知吾謂也　南榮趎俯而慙仰而歎曰。今者吾忘吾答。因失吾問。【疏】俯低頭也自知暗昧不達聖言於是俯首羞慚仰天歎息神魂恍忽情彩章惶豈直喪其形容亦乃失其咨問〔釋文〕因失吾問元嘉本問作聞　慶藩案問猶聞也問聞古通用論語公冶長篇聞一知十闕本或作問荀子堯問篇不聞卽物少至楊倞曰聞或作問　老子曰。何謂也。【疏】問其所言有何意謂　南榮趎曰。不知乎。人謂我朱愚。知乎。反愁我軀。【疏】朱愚猶專愚無知之貌也若使混沌塵俗則有愚癡之名若也運智人閒更致危身之禍禍敗在己故云愁軀也　家世父曰左傳襄公四年朱儒杜預注短小曰朱儒朱愚者智術短小之謂　不仁則害人。仁則反愁我身。不義則傷彼。義則反愁我己。我安逃此而可。此三言者。趎之所患也。願因楚而問之。【疏】仁者兼愛之迹義者成物之功並是先聖蘧廬非所以全身遠害者也故不仁不義則傷物害人行義行仁則乖眞背道未知若爲處心免茲患害寄此三言因桑楚以爲媒顧留聽於下問　老子曰。向吾見若眉睫之閒。吾因以得汝矣。今汝又言而信之。【疏】吾昔覩汝形貌已得汝心今子所陳畢挾三術以子之言於是信驗〔釋文〕向吾本又作嚮同　眉睫音接釋名云目毛也　若規規然若喪父母。揭竿而求諸海也。女亡人哉。惘惘乎。【疏】規規細碎之謂也汝用心細碎懷茲三術猶如童稚小兒喪失父母也似儋揭竿木尋求大海欲測深底其可得乎汝是亡眞失道之人亦是溺喪逃亡之子芒昧何所歸依也·〔釋文〕規規李云失神貌一云細小貌　若喪息浪反注同　揭其列其謁二反　竿音干　而求諸海也向云言以短小之物欲測深大之域也　女亡人哉崔云喪亡性情之人也　汝欲反汝情性而无由入。可憐哉。【疏】榮趎賤於聖迹溺於仁義縱欲還原反本復歸於寶生眞情瘡疣已成無由可入大聖運慈深可哀愍也　南榮趎請入就舍。召其所好●去其所惡。十日自愁。復見老子。【疏】既失所問情識芒然於是退就家中思惟旬日微求所好之道德除遣所惡之仁義未能契道是以悲愁庶其請益仍見老子〔釋文〕所好呼報反 去其起居反 所惡烏路反注同 復見扶又反 老子曰。汝自洒濯。熟哉鬱鬱乎。然而其中津津乎猶有惡也。【疏】歸家一旬遣除五德滌盪穢累精熟以吾觀汝氣鬱鬱乎平雖復加功律律尚漏以此而驗惡猶未盡也〔釋文〕洒濯大角反 鬱鬱崔云執洒貌 津津如字崔本作律律云惡貌 猶有惡也李云惡計未盡也 夫外韄者不可繁而捉。將內揵。內韄者不可繆而捉。將外揵。【注】揵關揵也耳目外也心術內也夫全形抱生莫若忘其心術遺其耳目若乃聲色韄於外則心術塞於內欲惡韄於內則耳目喪於外固必無得無失而後爲通也【疏】韄者繫縛之名揵者關閉之目繫者急也繆者殷勤也言人外用耳目而爲聲色也所韄者則心神閉塞於內也若內用心智而爲欲惡所牽者則耳目閉塞於外也此內外相感必然之符假令用心禁制急手捉持殷勤綢繆亦無由得也夫唯精神定於內耳目靜於外者方合全生之道〔釋文〕外韄向音霍崔云恢廓也又如字本亦作韄音獲又乙虢反又烏邈反又音鑊李云縛也三蒼云佩刀靶韋也　盧文弨曰今書作韄 而捉徐側角反崔作促云迫促也 內揵郭其輦反徐其偃反關也向云閉也又音蹇下同 繆莫侯反又音稠結也崔向云綢繆也　俞樾曰郭於此無注而注下文曰雖繫手以執之綢繆以持之弗能止也則訓繫爲繫手殆不可通矣繁疑繳字之誤繳俗作繳漢書司馬相如傳名家苛察繳繞如淳曰繳繞猶纏繞也此以繳而捉繆而捉並言繳謂繳繞繆謂綢繆廣雅釋詁繳與綢繆並訓纏是其義一也繳繁形似因而致誤耳　家世父曰說文韄佩刀絲也徐鍇曰絲其繫系也三蒼云佩刀靶韋是韄者縛繫之意外韄者制其耳目耳目之司紛紜繁變不可捉搤則內揵其心以息耳目之機內韄者制其心而心繆繞百出亦不可捉搤也則外揵其耳目以絕心之緣內外俱韄冥冥焉相與兩忘無有倚著道德不能入而爲主又何律律有惡之存哉郭象云聲韄於外則心術塞於內欲惡韄於內則耳目喪於外偏韄且不可況內外俱韄乎似非莊子本意 外內韄者。道德不能持。而況放道而行者乎。【注】偏韄由不可況外內俱韄乎將耳目眩惑於外而心術流蕩於內雖繫手以執之綢繆以持之弗能止也【疏】偏執滯邊已乖生分況內外韄溺爲惑更深縱有懷道抱德之士尚不能扶持況放散元道而專行此惑欲希禁止可得乎〔釋文〕放道如字向方往反云依也 南榮趎曰。里人有病。里人問之。病者能言其病。然其病病者猶未病也。【疏】閭里有病鄰里問之病人能自說其病狀者此人雖病猶未困重而可療也亦猶南榮雖愚能自陳過狀庶可救也 若趎之聞大道。譬猶飲藥以加病也。疏夫藥以療疾疾愈而藥消教以機悟機悟而教息苟其本不病藥復不消教資不忘機又不悟不謂飲藥以加其病〔釋文〕加病如字元嘉本作如病崔本作篤云加也趎願聞衞生之經而已矣。疏經常也已止也夫聖教多端學門匪一今所謂衞請全生心之所存止在於此如蒙指誨輒奉爲常〔釋文〕衞生李云防衞其生令合道也老子曰。衞生之經。能抱一乎。注不離其性疏守眞不二也能勿失乎。注還自得也疏自得其性也能无卜筮而知吉凶乎。注當則吉過則凶無所卜也疏履道則吉徇物則凶斯理必然豈用卜筮　王念孫曰吉凶當爲凶吉一失吉爲韻止巳己爲韻管子心術篇能專乎能一乎能无卜筮而知凶吉乎是其證（內業篇凶吉亦誤爲吉凶唯心術篇不誤）〔釋文〕當則丁浪反後放此能止乎。注止於分也疏不逐分外能巳乎。注無追故迹疏巳過不追能舍諸人而求諸己乎。注全我而不效彼疏諸於也捨棄效彼之心追求己身之道〔釋文〕能舍音捨下同能翛然乎。注無停迹也疏往來無係止〔釋文〕翛音蕭徐始六反又音育崔本作隨云順也能侗然乎。注無節礙也疏順物無心也〔釋文〕侗本又作侗大董反又音慟向敕動反云直而無累之謂三蒼云殺直貌崔同字林云大也　盧文弨曰今書作侗礙也五代反能兒子乎。疏同於赤子也兒子終日嗥而嗌不嗄。和之至也。注任聲之自出不由於喜怒疏嗌喉塞也嗄聲破任氣出聲心無喜怒故終日嘷號不破不塞淳和之守遂至於斯〔釋文〕嗥戶羔反本又作號音同而嗌音益崔云喉也司馬云咽也李音厄謂噎也一本作而不嗌案如李音有不字不嗄於邁反本又作嚘徐音憂司馬云楚人謂啼極無聲爲嗄崔本作喝云啞也　俞樾曰釋文嗄本作嚘徐音憂當從之老子終日號而不嗄傳奕本作歠即嚘之異文也揚子太元經夷次三日柔嬰兒於號三日不嚘二宋陸王本皆如是蓋以嚘與柔爲韻可知揚子所見老莊皆作嚘也終日握而手不掜。共其德也。注任手之自握非獨得也疏掜拘寄勞倦者爲其淳和與玄道至德同也〔釋文〕終日握李云捲手曰握不掜五禮反向音藝崔云寄也廣雅云捉也　俞樾曰說文無掜字角部觬角傾曲也觬卽此掜字以角言則從角以手言則從手變觬爲掜字之所以孳乳寖多也終日握而手不掜謂手不拳曲也崔云掜寄也殊非其義　家世父曰釋文引崔云掜寄也廣雅云掜捉也今案揚雄太元元掜云元之贊詞或以氣或以類或以事之骫卒掜擬也雄意假掜爲擬說文擬度也言無有準擬揣度說文共同也授之物握之奪之物亦握之不待準量以爲握也其德同也共其如字崔云壹也終日視而目不瞚。偏不在外也。注任目之自見非係於色也疏瞚動也任眼之視視不動目不偏滯於外塵也〔釋文〕不瞚字又作瞬同音舜動也本或作瞚莫經反偏不徐音篇行不知所之。注任足之自行無所趣疏之往也泛若不繫之舟故雖行而無所的詣也 居不知所爲。注縱體而自任也疏恬惔無爲寂寞之至與物委蛇。注斯順之也疏接物無心委曲隨順〔釋文〕委於危反蛇以支反 而同其波。注物波亦波疏和光混迹同其波流 是衞生之經已。疏總指已前結成義也 南榮趎曰。然則是至人之德已乎。注若能自致而用此言便欲自謂至人之德疏如前所說衞生之經依而行之合於元道至人之德止此可乎 曰。非也。是乃所謂冰解凍釋者能乎。注能乎明非自爾疏南榮拘束仁義其日固久今聞聖教方解衞生譬彼冬冰逢兹春日執滯之心於斯釋散此因學致悟非率自然能乎明非眞也此則老子答趎之辭也〔釋文〕冰解音蟹

夫至人者。相與交食乎地。而交樂乎天。注自無其心皆與物共疏夫至人無情隨物興感故能同蒼生之食地共羣品而樂天交共也〔釋文〕交食崔云交俱也李云共也 交樂音洛 俞樾曰郭注曰自其無心皆與物共釋文引崔云交俱也李云共也是皆未解交字之義徐无鬼篇曰吾與之邀樂於天吾與之邀食於地與此文異義同交即邀也古字只作徼文二年左傳寡君願徼福於周公魯公此云邀食乎地邀樂乎天語意正相似作邀者後出字作交者叚借字詩桑扈篇彼交匪儌漢書五行志作匪儌匪傲即其例矣 不以人物利害相攖。不相與爲怪。不相與爲謀。不相與爲事。疏攖擾亂也夫至人虛心順世與物同波故能息怪異於羣生絕謀謨於黎首既不以事爲事何利害之能攖乎〔釋文〕相攖於營反徐又音嬰廣雅云亂也崔云猶貫也 翛然而往。侗然而來。是謂衞生之經已。疏重舉前文結成其義 曰。然則是至乎。注謂已便可得此言而至耶疏謂聞此言可以造極南榮不徹重問老君 曰。未也。吾固告汝曰。能兒子乎。注非以此言爲不至也但能聞而學者非自至耳苟不自至則雖聞至言適可以爲經胡可得至哉故學者不至至者不學也疏夫云能者獎勸之辭也此言雖至猶是筌蹄既曰告汝則因稟學然學者不至至者不學在筌異魚故曰未也此是老子重答南榮 兒子動不知所爲。行不知所之。身若槁木之枝。而心若死灰。疏虛冲凝淡寂寞無情同槁木而不榮類死灰而忘照身心既其雙遣何行動之可知乎衞生之要也〔釋文〕若槁苦老反 若是者。禍亦不至。福亦不來。禍福无有。惡有人災也。注禍福生於失得人災由於愛惡今槁木死灰無情之至則愛惡失得無自而

來【疏】夫禍福生乎得喪人災起乎美惡今既形同槁木心若死灰得喪兩忘美惡雙遣尙無冥昧之責何人災之有乎〔釋文〕惡有音烏　愛惡烏路反下同　宇泰定者。發乎天光。【注】夫德宇泰然而定則其所發者天光耳非人耀【疏】夫身者神之舍故以至人爲道德之器宇也且德宇安泰而靜定者其發心照物由乎自然之智光〔釋文〕宇泰定　王云宇器宇也謂器宇閒泰則靜定也　家世父曰虛室生白吉祥止止人心自兆其端倪而天光發焉自然而不可掩也脩其自然而機應之人各自脩也各自見也故曰大見其人　發乎天光者。人見其人。【注】天光自發則人見其人物見其物物各自見而不見彼所以泰然而定也【疏】凡庸之人不能測聖但見羣於衆庶不知天光遐照也　人有脩者。乃今有恆。【注】人而脩人則自得矣所以常泰【疏】恆常也理雖絕學道亦資求故有眞脩之人能會凝常之道也　有恆者。人舍之。天助之。【注】常泰故能反居我宅而自然獲助也【疏】體常之人動以吉會爲蒼生之所舍止皇天之所福助不亦宜乎　人之所舍。謂之天民。天之所助。謂之天子。【注】出則天子處則天民此二者俱以泰然而自得之非爲而得之也【疏】出則君后處則逸人皆以臨道體常故致斯功者也　學者。學其所不能學也。行者。行其所不能行也。辯者。辯其所不能辯也。【注】凡所能者雖行非爲雖習非學雖言非辯【疏】夫爲於分內者雖爲也不爲故雖學不學雖行不行雖辯不辯豈復爲於分外學所不能耶〔釋文〕學者學其所不能學也　言人皆欲學其所不能知凡所能者故是能於所能夫能於所能者則雖習非習也　知止乎其所不能知。至矣。【注】所不能知不可彊知故止斯至【疏】率其所能止於分內所不能者不彊知之此臨學之至妙　若有不卽是者。天鈞敗之。【注】意雖欲爲爲者必敗理終不能【疏】若有心分外卽不以分內爲是者斯敗自然之性者也〔釋文〕敗之　補邁反或作則元嘉本作則　備物以將形。【注】因其自備而順其成形【疏】將順也夫造化洪鑪物皆備足但順成形於理問學〔釋文〕備物以將形　備具也將順也　藏不虞以生心。【注】心自生耳非虞而出之虞者億度之謂【疏】夫至人無情物感斯應包藏聖智遇物生心終不預謀所爲虞度者也〔釋文〕億度　待洛反　敬中以達彼。【注】理自達彼耳非慢中而敬外【疏】中內智也彼外境也敬重神智不敢輕染智既凝寂境自虛通　若是。而萬惡至者。皆天也。而非人也。【注】天理自有窮通【注】有爲而致惡者乃是人【疏】

若文王之拘羑里孔子之困匡人智非不明也人非不聖也而遭斯萬惡窮否者蓋由天時運命耳豈人之所爲哉不足以滑成。注安之若命故其成不滑疏滑亂也體道會眞安時達命縱遭萬惡不足以亂於大成之心〔釋文〕以滑音骨不可內於靈臺。注靈臺者心也清暢故憂患不能入疏內入也靈臺心也妙體空靜故世物不能入其靈臺也〔釋文〕靈臺郭云心也案謂心有靈智能住持也許愼云人心以上氣所往來也　俞樾曰不可上當有萬惡二字上文若是而萬惡至者皆天也而非人也不足以滑成其文已足萬惡不可內於靈臺則又起下意下文云靈臺者有持而不知其所持而不可持者也皆承此言之讀者不詳文義誤謂不可內於靈臺與不足以滑成兩句相屬故刪萬惡二字耳文選廣絕交論李善注引此文正作萬惡不可內於靈臺靈臺者。有持注有持者謂不動於物耳其實非持疏惟貴能持之心竟不知所以也而不知其所持。注若知其所持則持之而不可持者也。注持則失也疏若有心執持則失之遠矣故不可也不見其誠己而發。注此妄發作〔釋文〕不見其誠己而發謂不自照其內而外馳也每發而不當。注發而不由己誠何由而當疏以前顯得道之士智照光明此下明喪眞之人妄心乖理誠實也未會反照實智而輒妄發迷心心既不眞故每乖實當也〔釋文〕每發而不當丁浪反爾雅云每雖也謂雖有發動不中當業入而不舍。注事不居其分內疏業事也世事攖擾每入心中不達違從故不能舍止每更爲失。注發由己誠乃爲得也疏每妄發心緣逐前境自謂爲得雖更喪眞爲不善乎顯明之中者。人得而誅之。爲不善乎幽閒之中者。鬼得而誅之。疏夫人鬼幽顯乃曰殊塗至於推誠履信道理無隔若彼乖分失眞必招報應讎怨相感所以遭誅則杜伯彭生之類是也〔釋文〕幽閒音閑明乎人。明乎鬼者。然後能獨行。注幽顯無愧於心則獨行而不懼疏幽顯二塗分明無譴不犯於物故獨行不懼也劵內者行乎无名。注劵分也夫遊於分內者行不由於名疏劵分也無名道也履道而爲於分內者雖行而無名迹也〔釋文〕劵內字又作卷徐音勸劵分符問反下同崔云劵分明也則宜方云反劵外者志乎期費。注有益無益期欲損己以爲物也疏期卒也立志矜矯遊心分外終無成益卒有費損也〔釋文〕期費芳貴反下同廣雅云期卒也費耗也言若存分外而不止者卒有所費耗也　俞樾曰案郭象注既言志又言期於義複矣釋文於義亦不可通今案荀子書每用綦字爲窮極之義王霸篇目欲綦色耳欲綦聲楊注曰綦極也亦或作期議兵篇曰已朞三年然後民可信也宥坐篇曰綦三年而百姓往矣是期與綦通期費者極費也費謂財用也呂覽安死篇非愛其費也高曰費財也期費之義與綦色綦聲相近彼謂窮極其聲色此謂窮極其財用也故下文曰志乎期費者惟賈人也以爲于僞反　行乎无名者。唯庸有光。【注】本有斯光因而用之【疏】庸用也遊心無名之道者其所用智日有光明也　志乎期費者。唯賈人也。【注】雖已所無猶借彼而販賣也【疏】志求之分外要期聲名而貪損神智者意唯名利猶高價販賣之人〔釋文〕賈人音古　人見其跂。猶之魁然。【注】夫期費者人已見其跂矣而猶自以爲安【疏】企危也魁安也銳情貪取分外企求他人見其危乎猶自以爲安穩愚之至也〔釋文〕人見其跂猶之魁苦回反安也一云主也　然謂衆人已見其跂求分外而猶自安可羞愧之甚也　家世父曰說文务勞也人务則倦务內者反觀务外者徇外徇外則測量之意多而營度之用廣測量營度賈人之術也說文期會也費散財用也玉篇費用也期費者約會施用之意魁然自大人見其踶跂以行而不自知釋文魁安也一曰主也似未悟郭象注且謂务外而跂者窮者誠已而發者也苟且則苟且相與而已志乎期會之謂且行乎無名斯能窮盡其意也　與物窮者。物入焉。【注】窮謂終始【疏】舍止之謂也物我冥符而窮理盡性者故爲外物之所歸依之也　與物且者。其身之不能容。焉能容人。【注】且謂务外而跂者跂者不立焉能自容不能自容焉能容人人不獲容則去也【疏】聊與人涉苟且於浮華貪利求名身尚矜企心靈躁競不能自容何能容物耶〔釋文〕物且且始也　俞樾曰且即苟且之且詩東門之枌篇穀且于差韓詩且作且云苟且也是重言爲苟且單言爲且也上文與物窮者郭注窮謂終始是窮爲窮極之義苟且與窮極義正相反也釋文曰且始也非是焉於虔反注同　不能容人者无親。无親者盡人。【注】身且不能容則雖己非己況能有親乎故盡是他人【疏】褊狹不容則無親愛既無親愛則盡是他人逆忤既多讎敵非少欲求安泰其可得乎　兵莫憯於志。鏌鋣爲下。【注】夫志之所攖燋火凝水故其爲兵甚於劍戟也【疏】兵戈鋒刃之徒鏌鋣良劍也夫憯毒傷害莫甚乎心心志所緣不疾而速故其爲損害甚於鏌鋣以此校量劍戟爲下〔釋文〕莫憯七坎反廣雅云痛也元嘉本作懵　慶藩案憯與慘同說文慘毒也字或作憯方言慘殺也與訓毒義相近　鏌音莫　鋣也嗟反鏌鋣良劍名　寇莫大於陰陽。无所逃於天地之閒。【疏】寇敵也域心得喪喜怒戰於胸中其寒凝冰其熱燋火此陰陽之寇也夫勍敵巨寇猶可逃之而兵起內心如何避邪　非陰陽賊之。心則使之也。【注】心使氣則陰陽徵結於五藏而所在皆陰陽也故不可逃【疏】此非陰陽能賊害於人但由心有躁競故使之然也〔釋文〕五藏才浪反後皆放此　道通其分也。其成也。毀也。【注】成毀無常分而道皆通【疏】夫物之受氣各有崖限妍醜善惡稟分毀成而此謂之成彼謂之毀道以通之無不備足〔釋文〕其分符問反注及下皆同一音方云反　所惡乎分者。其分也以備。【注】不守其分而求備焉所以惡分也【疏】夫榮辱壽天稟自天然素分之中反己備足分外馳者而求備焉遊心是非之境惡其所受之分也〔釋文〕所惡烏路反下及注皆同　所以惡乎備者。其有以備。【注】本分不備而有以求備所以惡備也若其本分素備豈惡之哉【疏】造物已備而嫌惡之豈知自然先已備矣　故出而不反。見其鬼。【注】不反守其分內則其死不久【疏】夫出愚惑妄逐是非之境而不能反本還原者動之死地故見爲鬼也〔釋文〕故出而不反謂情識外馳而不反觀於內也見其鬼王云永淪危殆資死之術已行及之故曰見鬼也　出而得。是謂得死。【注】不出而無得乃得生【疏】其出心逐物遂其欲情而有所獲者此可謂得死滅之本〔釋文〕出而得是謂得死若情識外馳以爲得者是曰得死耳非理也　滅而有實。鬼之一也。【注】已滅其性矣雖有斯生何異於鬼【疏】逐滅本性雖有身實有生死不殊故與鬼爲一也〔釋文〕滅而有實鬼之一也廣雅云滅殄也盡也實塞也既殄塞純朴之道而外馳澆薄之境雖復行尸於世與鬼何別故云鬼一也　以有形者象无形者而定矣。【注】雖有斯形苟能曠然無懷則生全而形定也【疏】象似也雖有斯形似如無者即形非有故也曠然忘我故心靈和光而止定也　出无本。【注】欻然自生非有本　入无竅。【注】欻然自死非有根【疏】出生也入死也從無出有有無根原自有還無無乃無竅穴也〔釋文〕出无本入无竅苦弔反出生也入死也本始也竅孔也所以知有形累於無形者以其出入無本竅故也　家世父曰郭象以出入爲生死出入非生死也以象乎生死者也形者實也無所處乎其形故有出無形之形所以長也而更無始終本末之可言故有入出入無竅也而固有實天地六合曰宇宇以言乎其廣也古往今來曰宙宙以言乎其長也出入宇宙之中而無見其形斯之謂定　欻然訓忽反　有實而无乎處。有長而无乎本剽。【疏】剽末也亦原也本亦作摽字今隨字讀之言從無出有實有此身推索因由意無處所自古至今甚爲長遠尋求今古竟無本末〔釋文〕乎處昌據反下注同　有長丁丈反增也又如字下注同　本剽本亦作摽同甫小反崔云末也李怖遙反徐又敷遙反下同　盧文弨曰摽當作標

有所出而无竅者有實。【注】言出者自有實耳其所出无根竅以出之【疏】有所出而無竅穴者以凡觀之謂其有實其實不有也〔釋文〕有所出夫生必有所出也　而无此明所出是無也既是無矣何能有所出耶　竅者有實既言有竅竅必有實求實不得竅亦無也　有實而无乎處者。宇也。【注】宇者有四方上下而四方上下未有窮處【疏】宇者四方上下也方物之生謂其有實尋責宇中竟無來處宇既非矣處豈有邪〔釋文〕有

實而无乎處者宇也三蒼云四方上下爲宇宇雖有實而無定處可求也 有長而无本剽者宙也。注宙者有古今之長而古今之長無極疏宙者往古來今也時節賒長謂之今古推求代敍竟無本末宙既無矣本豈有耶〔釋文〕有長而无本剽者宙也三蒼云往古來今曰宙說文曰舟輿所極覆爲宙長猶增也本始也宙雖有增長亦不知其始末所至者也 有乎生。有乎死。有乎出。有乎入。入出而无見其形。注死生出入皆欻然自爾无所由故無所見其形疏出入由生死也謂其出入之名推窮性理竟無出入處所之形而可見也 是謂天門。注天門者萬物之都名也謂之天門猶云衆妙之門也疏天者自然之謂也自然者以無所由爲義言萬有皆無所從莫測所以自然爲造物之門戶也 天門者。无有也。萬物出乎无有。注死生出入皆欻然自爾未有爲之者也然有聚散隱顯故有出入之名徒有名耳竟無出入門其安在乎故以無爲門以無爲門則無門也疏夫天然之理造化之門徒有其名竟無其實而一切萬物從此門生故郭注云以無爲門以無爲門則无門矣 有不能以有爲有。注夫有之未生以何爲生乎故必自有耳豈有之所能有乎疏有既有矣爲能有有有之未生誰生其有推求斯有竟無有也 必出乎无有。注此所以明有之不能爲有而自有耳非謂無能爲有也若無能爲有何謂無乎疏夫已生未生二俱無有此有之出乎無有非謂此無能生有無若生有何謂無乎 而无有一无有。注一無有則遂無矣無者遂無則有自欻生明矣疏不問百非四句一切皆无故謂一無有 聖人藏乎是。注任其自生而不生生疏元德聖人冥眞契理藏神隱智其在茲乎

古之人其知有所至矣。疏元古聖人得道之士知與境合故稱爲至 惡乎至。疏問至所由有何爲至〔釋文〕惡乎音烏 有以爲未始有物者。至矣。盡矣。弗可以加矣。疏此顯至之體狀也知既造極觀中皆空故能用諸有法未會有一物者也可謂精微至極窮理盡性虛妙之甚不復可加矣 其次以爲有物矣。疏其次以下未達眞空而諸萬境用爲有物也 將以生爲喪也。注喪其散而之乎聚也〔釋文〕爲喪息浪反注同 以死爲反也。注還融液也疏喪失也流俗之人以生爲得以死爲喪今欲反於迷情故以生爲喪以其無也以死爲反反於空寂雖未盡於至妙猶齊於死生〔釋文〕融液音亦 是以分已。注雖欲均之然已分也疏雖齊死生猶見死生之異故從非有而起分別也〔釋文〕以分方云

反注同其次曰。始无有。既而有生，生俄而死。以无有爲首。以生爲體。以死爲尻。孰知有无死生之一守者。吾與之爲友。【疏】其次以下心知稍闇而始本無有從無有生俄頃之閒此生彼滅故用無爲其頭以生爲其形體以死爲其尻誰能知有無生死之不二而以此脩守者莊生狎而友朋斯人猶難得也〔釋文〕爲尻苦羔反

是三者雖異。公族也。【注】或有而無之或有而一之或分而齊之故謂三也此三者雖有盡與不盡然俱能無是非於胷中故謂之公族【疏】三者謂以无爲首以生爲體以死爲尻是也於一體之中而起此三異猶如楚家於一姓之上分爲三族

昭景也。著戴也。甲氏也。著封也。非一也。【注】此四者雖公族然已非一則向之三者已復差之【疏】昭屈景楚之公族三姓昔屈原爲三閭大夫掌三族三姓即斯是也此中文略故直言昭景王孫公子長大加冠故著衣而戴冠也各有品秩咸莅職官因官賜姓故甲第氏族也功績既著封之茅土枝派分流故非一也猶如一道之中分爲有無生死種類不同名實各有異故引其族以譬也〔釋文〕昭景也著丁略反又張慮反戴本亦作載也甲氏也著張慮反又丁略反久也封也非一也一說云昭景甲三者皆楚同宗也著戴者謂著冠世世處楚朝爲衆人所戴仰也著封者謂世世處封邑而光著久也昭景甲三姓雖異論本則同也崔云昭景二姓楚之所顯戴皆甲姓顯封雖非一姓同出公族喻死生同也此兩說與注不同聊出之耳家世父曰郭注四者公族似謂昭景甲氏皆族釋文一說云昭景甲三者皆楚同宗又引崔云昭景二姓楚之所顯戴皆甲姓顯封疑崔說是也王逸楚辭注三閭掌王族三姓曰昭屈景無以甲爲氏者說文首戴也爾雅釋地途出其前戴邱著戴者昭景相承爲氏也甲者日之始也言始得氏以受封而後相承爲氏也同爲公族而所從來固非一矣已復扶又反

有生黬也。【注】直聚氣也【疏】黬疵也無有此形質而謂之生者直是聚氣成疵黬非所貴者也〔釋文〕有生黬徐於減反司馬云烏簟反云黬有疵也有疵者欲披除之李烏感反字林云釜底黑也

披然曰移是。【注】既披然而有分則各是其所是矣是無常在故曰移【疏】披散也夫道無彼我而物有是非是非不定故分散移徙而不常也其移是之狀列在下文〔釋文〕披普皮反然曰移是或云黬然聚而生披然散而死也

嘗言移是。非所言也。【注】所是之移已著於言前矣【疏】理形是非故試言耳然是非之移非所言也

雖然。不可知者也。【注】不言其移則其移不可知故試言也【疏】雖復是非不由於言而非言無以知是非故試言是非一遣於是非名不寄言則不知是非之無是非也

臘者之有膍胲。可散而不可散也。【注】物各有用【疏】臘者大祭也膍牛百葉也胲備也亦言是牛蹄也臘祭之時牲牢甚備至於四肢五藏並皆陳設祭事既訖方復散之則以散爲是若其祭未了則不合

散則以散爲不是是知是與不是移是无常〔釋文〕臘力闔反者之有膍音毗司馬云牛百葉也膍本或作䏶音毘揮也胲古來反足大指也崔云備也案臘者大祭備物而肴有膍胲此雖從散禮應具不可散棄也觀室者周於寢廟。又適其偃焉。注偃謂屏廁疏偃屏廁也祭事既竟齋宮與飲施設餘胙於屋室之中觀看周旋於寢廟之內飲食既久應須便僻故往圊圂而便尿也飲食則以寢廟爲是便尿則以圊圂爲是是非無常竟何定乎臘者明聚散無恆觀室顯處所不定俱無是非也〔釋文〕其偃於晚反司馬郭皆云屏廁也又於建反　慶藩案郭與司馬云偃屏廁也桂馥云屏當爲庰偃當爲晏急就篇庰廁淸圂糞土壤顏注庰僻偃之名也今案桂氏謂屏當爲庰是矣偃當爲晏頗無所據愚謂偃當爲匽周禮宮人爲其井（井疑庰之誤字）匽鄭司農云匽路廁也燕策宋王鑄諸侯之象使侍屏（屏亦庰之譌也）匽庰匽者庰廁也開元占經引甘氏云天溷七星在外屏淮南注天溷廁也屏所以障天溷也　屏廁步定反又必領反下同爲是舉移是。注寢廟則以饗燕屏廁則以偃溲當其偃溲則寢廟之是移於屏廁矣故是非之移一彼一此誰能常之故至人因而乘之則均耳〔釋文〕爲是于僞反　家世父曰有生塵也膍者塵之積而留焉者也則將以死易生披然曰移是乎雖然既有生矣知膍胲之相附散之則死而固不可散也有生者有死知寢廟之有偃相須而成者也而是曰移是是以生爲攖以死爲歸自見爲累者也齊生死者更無是非名實之可言也以生爲累固必有己之見存而乘之以爲是非名實而知愚榮辱之爭紛然起矣移是者總有不能移者也有生之所以爲驗也　溲所留反請常言移是。是以生爲本。注物之變化無時非生生則所在皆本也疏夫能忘生死者則無是無非者也甚爲彌生所以執是也必能遣生是將安寄故知移是以生爲本以知爲師。注所知雖異而各師其知因以乘是非。注乘是非者無是非也疏因其師知之心心乘是非之用豈知師知者顛倒是非者無是非乎果有名實。注物之名實果各自有疏夫物云云悉皆虛幻芻狗萬像名實何施倒置之徒謂決定有此名實也因以己爲質。注質主也物各謂己是足以爲是非之主疏質主也安執名實遂用己爲名實之主而競是非也使人以爲己節。注人皆謂己是故莫適疏節者至操也既迷名實又滯是非遂使無識之人堅執虛名以爲節操也因以死償節。注當其所守非眞脫也疏守是非以成志操確乎不拔期死執之也〔釋文〕因以死償節常亮反廣雅云償報也復也案謂殺身以成名節成而身死故曰以死償節也若然者，以用爲知，以不用爲愚，以徹爲名，以窮爲辱。注不能隨所遇而安之疏以炫燿爲智晦迹爲愚通徹爲榮名窮塞爲恥辱若然者豈能一窮通榮辱乎〔釋文〕爲知音智移是。今之人也。注元古之人無是無非何移之有疏夫固執名實移徧是非撓季浮僞今世之人也豈上古淳和質樸之士乎是蜩與學鳩同於同也。【注】同共是其所同【疏】蜩鷽二蟲以蓬蒿爲是二蟲同是未爲通見移是之人斯以類也蜩同於鳩鳩同於蜩故曰同於同也〔釋文〕蜩音條　學鳩本或作鷽音同蹍市人之足，則辭以放驁，【注】稱己脫誤以謝之【疏】蹍蹋也履也履蹋市廛之人不相識者之節腳則謝云已傲慢放縱錯雜誤而然非故爲也者〔釋文〕蹍女展反司馬李云蹈也廣雅云履也慶藩案文選馬季長長笛賦注引司馬云蹍女展切釋文闕鷔五報反廣雅云妄也兄則以嫗，【注】言嫗詡之無所辭謝【疏】蹋著兄弟之足則嫗詡而憐之不以言愧〔釋文〕嫗於禹反注同　詡況甫反大親則已矣。【注】明恕素足【疏】若父蹋子足則敏然而已不復辭費故知言辭往來者僞不實故曰，至禮有不人，【注】不人者視人若己視人若己則不相辭謝斯乃禮之至也【疏】自彼兩忘視人若己不允人者己外何辭謝之有乎斯至禮也至義不物，【注】各得其宜則物皆我也【疏】物我雙遣妙得其宜不卻我外有物信裁非之有斯至義至知不謀，【注】謀而後知非自然知【疏】率性而照非謀謨而智斯至智也至仁无親，【注】譬之五藏未曾相親而仁已至矣【疏】方之手足更相御用無心相爲而相濟之功成矣豈有親愛於其間哉〔釋文〕未曾才能反至信辟金。【注】金玉者小信之質耳至信則除矣【疏】辟除也金玉者信之質耳至信則棄除之矣〔釋文〕辟金必領反除也又婢亦反徹志之勃，解心之謬，去德之累，達道之塞。【疏】徹毀也勃亂也謬繫縛也此略標名下具顯釋也〔釋文〕之勃本又作悖同必妹反　之謬如字一本作繆亡侯反亦音謬　去德起呂反貴富顯嚴名利六者，勃志也。【疏】榮貴富贍高顯尊嚴聲名利祿六者亂情志之具也容動色理氣意六者，謬心也。【疏】容貌變動顏色辭理氣調情意六者綢繆繫縛心靈者也本亦有作謬字者解心之謬妄也惡欲喜怒哀樂六者，累德也。【疏】憎惡愛欲欣喜恚怒悲哀歡樂六者德家之患累也〔釋文〕惡欲烏路反　哀樂音洛　累德劣僞反後注同去就取與知能六者，塞道也。【疏】去捨從就貪取施與知慮伎能六者蔽眞道也〔釋文〕知能音智此四六者不盪胷中則正，正則靜，靜則明，明則虛，虛則无爲而无不爲也。【注】盪動也【疏】四六之病不動盪於胷中則心神平正正則安靜靜則照明明則虛通虛則恬淡無爲應物而無窮也〔釋文〕不盪本亦作蕩徒黨反郭云動也又徒浪反又吐浪反道者，德之欽也；【疏】道是所脩之法德是臨人之法重人輕法故欽仰於道俞樾曰說文广部𠪾陳輿服於庭也小爾雅廣詁𠪾陳也此欽字卽𠪾之叚字蓋所以生者爲德而陳列之卽爲道故曰德之𠪾也漢書哀帝紀注引李斐曰陳道也是其義矣生者，德之光也。【疏】天地之大德曰生故生化萬物者盛德之光華也〔釋文〕德之光一本光字作先性者，生之質也。【疏】質本也自然之性者是稟生之本也性之動，謂之爲。【注】以性自動故稱爲耳此乃真爲非有爲也【疏】率性而動分內而爲爲而無爲非有爲也爲之僞謂之失。【疏】感物而動性之欲僞情分外有爲謂之喪道也知者，接也。知者，謨也。【疏】夫交接前物謀謨情事故謂之知也知者之所不知，猶睨也。【注】夫目之能視非知視而視也不知視而視不知知而知耳所以爲自然若知而後爲則知僞也【疏】睨視也夫目之張視也不知所以視而視視有明暗心之能知不知所以知而知有深淺而目不能視而不可強視心不能知而不可強知若有分限猶如睨也〔釋文〕睨也魚計反又五禮反視也動以不得已之謂德。【注】若得已而動則爲強動者所以失也【疏】夫迫而後動和而不唱不得已而用之可謂盛德也　家世父曰與物相接而知生焉因而爲之謀謨而知名焉其所不知猶將睨視而揣得之知之所由成也道之所由毁也動於不得已而一任我之自然奚以知爲哉動无非我之謂治。【注】動而效彼則亂【疏】率性而動不捨我效物合於正理故不亂〔釋文〕謂治直吏反名相反而實相順也。【注】有彼我之名故反各得其實則順【疏】有彼我是非之名故名相反無彼我是非之實故實相順也羿工乎中微而拙乎使人无己譽。【注】善中則善取譽矣理常俱【疏】羿古之善射人工巧也羿彎弓放矢工中前物盡射家之微妙既有斯伎則擅斯名使己無令譽不可得也〔釋文〕羿五計反徐又戶計反中微丁仲反注同已譽音餘後章同聖人工乎天而拙乎人。【注】任其自然天也有心爲之人也【疏】前起譬此合論也聖人妙契自然功侔造化使羣品日用不知不顯其迹此誠難也故上文云使天下兼忘我難夫工乎天而俍乎人者，唯全人能之。【注】工於天卽俍於人矣謂之全人全人則聖人也【疏】俍善也全人神人也夫巧合天然善能晦迹澤及萬世而日用不知者其神人之謂乎神人無功故能之耳〔釋文〕而俍音良崔云良工也又音浪唯蟲能蟲。唯蟲能天。【注】能還守蟲卽是能天【疏】鳥飛獸走能蟲也蛛網蜣丸能天也皆稟之造物豈仿傚之所致哉〔釋文〕唯蟲一本唯作雖下句亦爾言蟲自能爲蟲者天也　家世父曰能天者不知所謂天若知有天則非天矣令人惡知天惡知人之天天也吾心自適之趣全人初未嘗辨而知之豈吾心所能自喻乎惡當爲汪胡切與烏同釋文烏路反者誤　慶藩案兩唯字當從釋文作雖唯古或借作雖詩大雅抑篇女雖湛樂從言女唯湛樂之從也（書無逸惟耽樂之從）管子君臣篇雖有明君能決之又能塞之言唯有明君能之也 全人惡天。惡人之天。【疏】夫全德之人神功不測豈嫌己之素分而惡人之所冀哉蓋不然率順其天然而已矣 〔釋文〕惡天烏路反下同 而況吾天乎人乎。【注】都不知而任之斯而謂工乎天【疏】天乎人乎不見人天之異都任之也前自遣天人美惡猶有天人此句混一天人不見天人之異也吾者論主假自稱也 一雀適羿。羿必得之。威也。【注】威以取物物必逃之【疏】假有一雀羿善射射必得之此以威猛猛非由德慧故所獲者少所逃者多以威御世其義亦爾 〔釋文〕威也崔本作或也 以天下爲之籠。則雀无所逃。【注】天下之物各有所好所好各得則逃將安在【疏】大道曠蕩無不制圍故以天地爲籠則雀無逃處是知以威取物深乖大道 〔釋文〕之籠力東反 所好呼報反下及注文同 是故湯以胞人籠伊尹。秦穆公以五羊之皮籠百里奚。【疏】伊尹有莘氏之媵臣能調鼎負玉鼎以干湯湯知其賢也又順其性故以庖廚而籠之百里奚沒狄狄人愛羊皮秦穆公以五色羊皮而贖之又云百里奚好著五色羊皮裘號曰五羖大夫而湯聖穆賢俱能好士故得此二人用爲臣佑皆順其本性所以籠之 〔釋文〕湯以胞本又作庖白交反盧文弨曰案胞與庖通禮記祭統煇胞翟閽注胞者肉吏之賤者也 人籠伊尹伊尹好廚故湯用爲庖人也 秦穆公以五羊之皮籠百里奚百里奚好秦而拘於宛故秦穆公以五羊皮贖之於楚也或云百里好五色皮裘故因其所好也 是故非以其所好籠之而可得者。无有也。【疏】順其所好則天下無難從其本性而牢籠得者未之有也 介者拸畫。外非譽也。【注】畫所以飾容貌也刖者之貌既以虧殘則不復以好醜在懷故拸而棄之【疏】介刖也拸去也畫裝也裝嚴服飾本爲容儀殘刖之人形貌殘損至於非譽榮辱無復在懷故拸而棄之 〔釋文〕介音界郭云刖也又古黠反廣雅云獨也崔本作兀 拸畫敕紙反又音他又與紙反本亦作移司馬云畫飾容之具無足故不復愛之一云移離也崔云移畫不拘法度也 俞樾曰郭注曰畫所以飾容貌也刖者之貌既以虧殘則不復以好醜在懷故拸而棄之然云外非譽似不當以容貌言崔云拸畫不拘法度也當從之漢書司馬相如傳𨓏以陸離師古注曰𨓏自放縱也即此拸字之義桓六年穀梁傳以其畫我公羊傳作化我何休注曰行過無禮謂之化即此畫字之義蓋人既刖則足不自顧惜非譽皆所不計故不拘法度也 不復扶又反 胥靡登高而不懼。遺死生也。【注】無賴於生故不畏死【疏】胥靡徒役之人也千金之子固貴其身僕隸之人不重其命既不矜惜故登危而不怖懼也 〔釋文〕胥靡司馬云刑徒人也一云癡人也崔云腐刑也 夫復謵不餽而忘人。【注】不識人之所惜【疏】餽本亦有作愧字者隨字讀之夫復於本性胥以成之既不舍己效人遂棄忘於人倫之道也譬之手足方諸服用更相御用豈謝賴於其閒哉〔釋文〕夫復音服徐扶又反諳音習不餽其愧反廣雅云遺也一音愧元嘉本作愧而忘人復者溫復之謂也諳翫也夫人翫習者雖復小事皆所至惜今溫復人之所習既得之矣而不還歸以餽遺之此至愚不獲人之所習者也無復相爲之情故曰忘人　家世父曰非譽猶作毀譽言此言毀其陋也外非譽遺死生忘己者也復讋不餽忘人者也說文讋失氣言讋言讋謵也復謵謂人語言慴伏以下我而我報之鄭康成士虞禮注饋猶歸也以物與神及人皆言饋以物與人曰餽以言語餉人亦曰餽復謵不餽忘貴賤也忘人忘已則同乎天和矣釋文謂音習翫也誤

忘人因以爲天人矣。【注】無人之情則自然爲天人【疏】率其天道之性忘於人道之情因合於自然之理也　故敬之而不喜。侮之而不怒者。唯同乎天和者爲然。【注】彼形殘胥靡而猶同乎天和况天和之自然乎【疏】同乎天和忘於逆順故恭敬之而不喜侮慢之而不怒也〔釋文〕侮之亡甫反　出怒不怒。則怒出於不怒矣。出爲无爲。則爲出於无爲矣。【注】此故是無不能生有有不能爲生之意也【疏】夫能出怒出爲者不爲不怒者也是以從不怒不爲出故知爲本無爲怒本不怒能體斯趣故侮之而不怒也　欲靜則平氣。欲神則順心。有爲也欲當。則緣於不得已。不得已之類。聖人之道。【注】平氣則靜理足順心則神功至緣於不得已則所爲皆當故聖人以斯爲道豈求無爲於恍惚之外哉【疏】緣順也夫欲靜攀援必須調乎志氣神功變化莫先委順心靈和混有爲之中而欲當於理者又須順於不得止不得止者感而後應分內之事也如斯之例聖人所以用爲正道也

雜篇　徐无鬼第二十四〔釋文〕以人名篇

徐无鬼因女商見魏武侯。【疏】姓徐字无鬼隱者也姓女名商魏之宰臣武侯文侯之子畢萬十世孫也無鬼欲箴規武侯故假宰臣以見之〔釋文〕徐无鬼緡山人魏之隱士也司馬本作緡山人徐无鬼　女商人名也李云无鬼女商並魏幸臣　魏武侯名擊文侯之子治安邑　武侯勞之曰。先生病矣。苦於山林之勞。故乃肯見於寡人。【疏】久處山林勤苦貧病忽能降志混迹俗中中心欣悅有慰勞也〔釋文〕武侯勞之力報反唯山林之勞一字如字餘幷下章並力報反　徐无鬼曰。我則勞於君。君有何勞於我。君將盈耆欲。長好惡。則性命之情病矣。君將黜耆欲。掔好惡。則耳目病矣。【注】嗜欲好惡內外無可【疏】黜廢退也掔引卻也

君若嗜欲盈滿好惡長進則性命精靈困病也君屛黜耆欲掔去好惡既不稱適故耳目病矣是故我將慰勞於君君有何暇能勞於我也〔釋文〕盈耆時志反下注同長丁丈反好呼報反下注下章同惡烏路反下注下章同黜敕律反退也本又作出音同司馬本作掔掔苦田反又口閑反爾雅云固也崔云引去也司馬云牽也我將勞君，君有何勞於我！〔疏〕此重結前義武侯超然不對。〔注〕不說其言。〔疏〕超悵也既不稱情故悵然不答〔釋文〕超然司馬云猶悵然也不說音悅下文大說同少焉，徐无鬼曰：嘗語君，吾相狗也。〔疏〕既覺武侯悵然不悅試語狗馬庶愜其心〔釋文〕語君魚據反吾相息亮反下皆同下之質，執飽而止，是狸德也。〔疏〕執守情志唯貪飽食此之形質德比狐狸下品之狗〔釋文〕下之質一本無質字執飽而止司馬以執字絕句云放下之能執禽也是狸德也謂貪如狐狸也俞樾曰廣雅釋獸狸貓也貓之捕鼠飽而止矣故曰是狸德也秋水篇曰騏驥驊騮一日而馳千里捕鼠不如狸狌此本書以狸爲貓之證御覽引尸子曰使牛捕鼠不如貓狌之捷莊子言狸狌尸子言貓狌一也釋文曰狸德謂貪如狐狸也未得其義中之質，若視日。〔疏〕意氣高遠望如視日體質如斯中品狗也〔釋文〕示日音視司馬本作視云視日瞻遠也盧文弨曰今書作視日舊音視仍譌作示今改正上之質，若亡其一。〔疏〕一身也神氣定審若喪其身上品之狗也〔釋文〕若亡其一一身也謂精神不動若無其身也吾相狗，又不若吾相馬也。〔疏〕狗有三品馬有數階而相狗之能不若相馬武侯庸鄙故以此逗機冀其歡悅庶幾歸正吾相馬，直者中繩，〔疏〕謂馬前齒〔釋文〕直者中繩丁仲反下皆同司馬云直謂馬齒曲謂背上方謂頭圓謂目曲者中鉤，〔疏〕謂馬項也方者中矩，〔疏〕謂馬頭也圓者中規，〔疏〕謂馬眼也是國馬也，〔疏〕合上之相是謂諸侯之國上品馬也而未若天下馬也。天下馬有成材，〔疏〕材德素成不待於習斯乃宇內上馬天王所馭也〔釋文〕成材字亦作才言自然已足不須教習也若卹若失，若喪其一，〔疏〕眼自顧視既似憂虞蹄足緩疏又如奔佚觀其神彩若忘己身如此之材天子馬也〔釋文〕若卹音恤若失音逸司馬本作佚李云卹失皆驚悚若飛也若喪息浪反下章注同其一言喪其耦也若是者，超軼絕塵，不知其所。〔疏〕軼過也馳走迅速超過羣馬疾若迅風塵埃遠隔既非教習故不知所由也〔釋文〕超軼李音逸徐徒列反崔云徹也廣雅云過也武侯大悅而笑。〔注〕夫真人之言何遜哉，唯物所好之可也。〔疏〕語當其機故笑而歡悅徐无鬼出。女商曰：先生獨何以說吾君乎？〔疏〕議事已了辭而出女商怪君歡笑是以咨問無鬼也〔釋文〕以說如字又始銳反下皆同司馬作悅吾所以說吾君者，橫說之則以詩書禮樂，從說之則以金板六弢。【疏】詩書禮樂六經金版六弢周書篇名也或言祕讖也本有作韜字者隨字讀之云是太公兵法謂文武虎豹龍犬六弢也橫遠也從近也武侯好武而惡文故以兵法爲從六經爲橫也〔釋文〕從說子容反　金版本又作板薄版反又如字　盧文弨曰今書作板　六弢吐刀反司馬崔云金版六弢皆周書篇名或曰祕讖也本又作六韜謂太公六韜文武虎豹龍犬也　奉事而大有功者。不可爲數。而吾君未嘗啓齒。【注】是直樂鷃以鐘鼓耳故愁慶藩案文選郭景純遊仙詩注引司馬云啓齒笑也釋文闕〔釋文〕樂音洛章末同　鷃一諫反　今先生何以說吾君。使吾君說若此乎。【疏】奉事武侯盡於忠節或獻替可否功績克彰如此之徒不可稱數而我君未嘗開口而微笑今子有何術遂使吾君歡說如此耶〔釋文〕吾君說音悅　徐无鬼曰。吾直告之吾相狗馬耳。【疏】夫藥無貴賤瘉疾則良故直告犬馬更無佗說　女商曰。若是乎。【疏】直置如是告狗馬乎怪其術淺故有斯問　曰。子不聞夫越之流人乎。去國數日。見其所知而喜。【注】各思其本性之所好【疏】去國迢遞有被流放之人或犯憲網或遭苛政辭鄉甫爾始經數日忽逢知識喜慰何疑此起譬也〔釋文〕越之流人越遠也司馬云流人有罪見流徙者也　數日所主反　去國旬月。見所嘗見於國中者喜。【疏】日月稍久思鄉漸深雖非相識而國中會見故人見之而歡也　及期年也。見似人者而喜矣。不亦去人滋久。思人滋深乎。【注】各得其所好則無思無思則忘其所以喜也【疏】去國周年所適漸遠故見似鄉里人而歡喜矣豈非離家漸遠而思戀滋深乎以況武侯雖好犬馬久不聞政事等離鄉之人忽聞談笑〔釋文〕及期音基　夫逃虛空者。藜藋柱乎鼪鼬之逕。踉位其空。聞人足音跫然而喜矣。又況乎昆弟親戚之謦欬其側者乎。【注】得所至樂則大悅也【疏】柱塞也踉良人也跫行聲也夫時遭暴亂運屬飢荒逃避波流於虛國宅唯有藜藋野草柱塞門庭狙蝯鼪鼬蹊徑斯在若於堂宇人位虛曠闃然當爾之際思鄉滋甚忽聞佗人行聲猶自欣悅況乎兄弟親眷謦欬言笑者乎此重起譬也〔釋文〕夫逃司馬本作巡也　虛空者司馬云故壞冢處爲空虛也　藜力西反　藋徒弔反本或作藋同　柱誅矩反司馬云塞也　乎鼪音生又音姓　鼬由救反　之逕本亦作徑司馬云徑道也本又作跡元嘉本作迭徐音逸崔云迭跡　慶藩案藜藋也藋卽今所謂灰藋也爾雅拜商藋郭注商藋似藜案藜藋皆生於不治之地其高過人必排之而後得進故史記仲尼弟子傳曰排藜藋此言柱乎鼪鼬之逕亦極謂其高

也

㝗位其空司馬云㝗㝗人謂巡虛者也位其空謂處虛空之閒也㝗或作踉音同　盧文弨曰今書㝗作踉家世父曰釋文㝗位其空司馬云㝗人謂巡虛者也㝗或作踉據秋水篇跳梁乎井幹之上一本作跳踉潘安仁射雉賦已踉蹡而徐來玉篇踉蹡疾行此云藜藋鼪鼬之逕有空隙焉踰踉處乎其中說文踰動貌趻之言曰踰踉急之言曰踉釋文誤　跫然郭巨恭反李曲恭反又曲勇反悚也徐苦江反又袪扃反司馬云喜貌崔云行人之聲　而喜矣李云喻武侯之無人君之德而處在防衛之閒雖臨朝矯厲愈非其意及得其所思猶逃竄之聞人音安能不跫然改貌釋然而喜也　謦苦頂反又音罄　欬苦愛反一音器　李云謦欬喻言笑也但呼聞所好猶大悅況骨肉之情歡之至也

久矣夫。莫以眞人之言。謦欬吾君之側乎。注所以未嘗啓齒也夫眞人之言所以得吾君性也始得之而喜久得之則忘疏武侯思聞犬馬其日固久譬彼流人方茲逃客羈斃既淹賓懷鄉眷今乃以眞人六經之說太公兵法之談謦欬其側非所宜也此合前論也〔釋文〕久矣夫音扶後放此

徐无鬼見武侯。武侯曰。先生居山林。食芧栗。厭葱韭。以賓寡人。久矣夫。今老邪。其欲干酒肉之味邪。其寡人亦有社稷之福邪。疏干求也久處山林飡食蔬果年事衰老勞苦厭倦豈不欲求於滋味以養頹齡乎庶稟德以謀固宗廟〔釋文〕食芧音序又食汝反本亦作芧栗　慶藩案說文橡栩實又曰栩柔也（柔與芧同）其實草（今借用早字俗作皁）一曰橡又曰草斗櫟實一曰橡斗高注呂氏春秋橡皁斗也（特君篇）其狀如栗漢書司馬相如傳應劭注曰櫟采木也合觀諸說櫟一名栩一名芧一名采其實謂之皁亦謂之橡是橡者采實也司馬此注柔橡子也則采亦謂之橡矣說文橡字今書傳皆作橡（案山木篇杼栗徐无鬼篇作芧栗是芧柔杼三字皆通淮南本經篇杼紾抱高注杼采實也王引之曰杼水草也杼讀爲芧字亦作芋漢書司馬相如傳上林賦蔣芧青薠張揖曰芧三稜也文選芧作芋作芋者或字作杼者借之也）　韭音久或卄下作者非也　盧文弨曰韭卽草字頭卄下作乃俗韭字舊卄作卄譌今改正　以賓必刃反本或作擯司馬云擯棄也又必人反李云賓客也　欲干李云干求也　社稷之福邪李云謂善言嘉謀可以利社稷也

徐无鬼曰。无鬼生於貧賤。未嘗敢飲食君之酒肉。將來勞君也。疏生涯貧賤安於山藪豈欲貪於飲食以自養哉蓋不然乎將勞君也　君曰。何哉奚勞寡人。疏奚何也問其所以也　曰。勞君之神與形。疏食欲無厭形勞神倦故慰之耳　武侯曰。何謂邪。疏問其所言有何意謂　徐无鬼曰。天地之養也一。注不以爲君而恣之無極疏夫天地兩儀亭毒羣品物於資養周普無偏不以爲君恣其奢侈此並是無鬼勞君之辭　登高不可以爲長。居下不可以爲短。君獨爲萬乘之主。以苦一國之民。

以養耳目鼻口。注如此違天地之平也疏登高位爲君子不可榮之以爲長居卑下爲百姓不可苦之以爲短而獨誇萬乘之威苦此一國黎庶貪色聲香味以恣耳目鼻口既違天地之意竊爲公不取焉〔釋文〕萬乘繩證反夫神者不自許也。注物與之耳疏許與也夫聖主神人物我平等必不多貪滋味而自與焉〔釋文〕不自許司馬云許與也夫神者。好和而惡姦。注與物共者和也私自許者姦也疏夫神貪之人好與物和同而惡姦私者夫姦病也。故勞之。唯君所病之何也。疏夫姦者私逼於理爲病君獨有斯病其因如何〔釋文〕夫姦病王云姦者以正從邪也謂病也所病之何也李云服而無對也或云養違天地之平獨恣其欲自許不損於神而以姦爲病故不知所以以此爲病何爲乎武侯曰。欲見先生久矣。吾欲愛民而爲義偃兵。其可乎。疏欲行愛養之仁而爲裁非之義脩於文教偃息兵戈如斯治國未知可不也〔釋文〕偃兵偃息也徐无鬼曰。不可。愛民。害民之始也。注愛民之迹爲民所尙尙之爲愛愛已僞也爲義偃兵。造兵之本也。注爲義則名彰名彰則競興競興則喪其眞矣父子君臣懷情相欺雖欲偃兵其可得乎疏夫偏愛之仁裁非之義偃武之功脩文之事迹既彰矣物斯徇焉害民造兵自此始也君自此爲之。則殆不成。注從無爲爲之乃成耳疏自從也殆近也從此以爲必殆隳敗無爲之本故近不成也凡成美。惡器也。注美成於前則僞生於後故成美者乃惡器也疏夫善善之事成之於前美迹既彰物則趨競故爲惡之器具也君雖爲仁義。幾且僞哉。注民將以僞繼之耳未肯爲眞也疏幾近也仁義迹顯物皆喪眞故近僞本也形固造形。注仁義有形固僞形必作疏仁義二塗並有形迹故前迹既依後形必造成固有伐。注成則顯也疏夫功名成者必招爭競故有征伐變固外戰。注失其常然疏夫造作刑法而變更易常者物必害之故致外敵事多爭戰〔釋文〕成固有伐變固外戰王云成功在己亦衆所不與欲無有伐其可得乎夫僞生形造又伐爲非本所圖勢之變也既有僞伐得無戰乎家世父曰假仁義爲名將日懸仁義之形於胸中而凡依於仁義之形皆可意造之成乎仁義之名則自多小爾雅伐美也謂自多其功美仁意可以意造之而固非安之必有中變者矣變則耳目手足皆失其常喜怒哀樂亦違其節是外戰也凡有意爲之者皆殆也君亦必无盛鶴列於麗譙之閒。注鶴列陳兵也麗譙高樓也〔釋文〕鶴列李云謂兵如鶴之列行司馬云鶴列鍾鼓也麗如字又力智反力支反譙本亦作嶕在遙反司馬郭李皆云麗譙樓觀名

也案讀華麗而嵯峨

无徒驥於錙壇之宮。注步兵曰徒但不當爲義愛民耳亦無爲盛兵走馬疏鶴列陳兵也言陳說兵馬如鶴之行列也麗譙高樓也言其華麗嵯峨也錙壇宮名也君但勿起心偃兵爲義亦無勞威陳兵卒於高樓之下徒驥馬宮苑之間〔釋文〕无徒司馬云徒步也錙壇徐側其反錙壇壇名家世父曰史記陳涉世家戰譙門中顏師古注門上爲高樓以望遠樓一名譙說文封土曰壇錙壇之宮謂軍壘也麗譙城樓威鶴列者守兵徒驥猶徒御也謂行兵

无藏逆於得。注得中有逆則失耳疏莫包藏逆心而苟於得〔釋文〕无藏一本作臧司馬本同逆於得司馬本作德李云凡非理而貪貪得而居之此臧逆於德內者也孰有貪得而可以德不失哉固宜無藏而捨之又云謂有貪則逆道也

无以巧勝人。注守其朴而朴各有所能則平疏大巧若拙各敦朴素莫以機心爭勝於人

无以謀勝人。注率其眞知而知各有所長則均疏忘心遣慮率其眞知勿以謀謨勝捷於物

无以戰勝人。注以道應物物服而無勝名疏先爲清淡以道服人勿以兵戰取勝於物

夫殺人之士民。兼人之土地。以養吾私與吾神者。其戰不知孰善。勝之惡乎在。注不知以何爲善則雖克非己勝疏夫應天順人而或滅凶殄逆者雖亡國殺人而不失百姓之歡心也若使誅殺人民兼土并地而意在貪取私養其身及悅其心者雖復戰克前敵善勝於人不知此勝於何處在善且在誰邊也〔釋文〕惡乎音烏下同

君若勿已矣。脩胷中之誠。以應天地之情而勿攖。注若未能已則莫若脩己之誠疏誠實也攖擾也事不得止應須治國若脩心中之實應二儀之生殺無勞作法擾攖黎民〔釋文〕勿攖一營反又一盈反

夫民死已脫矣。君將惡乎用夫偃兵哉。注甲兵無所陳非偃也疏夫順天地施化無心民以勝殘免脫傷死何勞措意作法偃兵耶〔釋文〕已脫音奪

黃帝將見大隗乎具茨之山。疏黃帝軒轅也大隗大道廣大而隗然空寂也亦言大隗古之至人也具茨山名也在滎陽密縣界亦名泰隗山黃帝聖人久冥至理方欲寄尋玄道故託迹具茨〔釋文〕大隗五罪反司馬崔本作泰隗或云大隗神名也一云大道也具茨一本作次同祀咨反又音資司馬本作次山名也司馬云在滎陽密縣東今名泰隗山

方明爲御。昌寓驂乘。張若謵朋前馬。昆閽滑稽後車。疏方明滑稽等皆是人名在右爲驂在左爲御前馬馬前爲導也後車車後爲從也〔釋文〕昌寓音禹驂乘繩證反驂乘車右也謵音習元嘉本作謵崔同廋舒氏反崔本作廋本亦作朋蒲登反徐扶恆反　盧文弨曰今書作謵朋　慶藩案廋崔本作朋蓋多朋字常相混古文多字作㣊形與朋相似而誤史記五帝紀鬼神山川封禪與爲多爲徐廣曰多亦作朋漢書霍去病傳校尉僕多有功師古曰

功臣侯表作僕朋皆傳寫之誤也（周策公仲侈韓子十過篇漢書古今人表皆作公仲朋亦其誤）前馬司馬云二人先馬導也昆閽音昏滑音骨稽音雞後車司馬云二人從車後至
於襄城之野。七聖皆迷。无所問塗。【注】聖者名也名生而物迷矣雖欲之乎大隗其可得乎【疏】塗道
也今汝州有襄城縣在泰隗山南即黃帝訪道之所也自黃帝已上至於滑稽總有七聖也注云聖者名也名生而物迷矣雖欲之乎大隗其可得乎此注得之今不重釋也〔釋文〕襄城之野李云地名七
聖黃帝一方明二昌寓三張若四謵朋五昆閽六滑稽七也適遇牧馬童子。問塗焉。【疏】牧馬童子得道人也牧馬曰牧適爾而值牧童因問道之所在曰。若
知具茨之山乎。曰然。【疏】若汝也然猶是也問山之所在答云我知若知大隗之所存乎。曰然。【疏】存在也又問道之所在答
云知處黃帝曰。異哉。小童。非徒知具茨之山。又知大隗之所存。請問爲天下。【疏】
帝驚異牧童知道所在因問緝理區宇其法如何小童曰。夫爲天下者。亦若此而已矣。又奚事焉。【注】各自若則
無事矣無事乃可以爲天下也【疏】奚何也若如也夫欲脩爲天下亦如治理其身身既無爲物有何事故老經云我無爲而民自化予少而自遊於六
合之內。予適有瞀病。有長者教予曰。若乘日之車。而遊於襄城之野。【注】日出
而遊日入而息【疏】六合之內謂囂塵之裏也瞀病謂風眩冒亂也言我少遊至道之境棲心塵垢之外而有眩病未能體眞幸聖人教我脩道晝作夜息乘日遨遊以此安居而逍遙處世本有作專字者謂乘
日新以變化〔釋文〕予少詩召反瞀莫豆反郭音務李云風眩貌司馬云瞀讀曰瞀謂眩瞀也長者丁丈反乘日之車司馬云以日爲車也元嘉本車作居今予
病少痊。予又且復遊於六合之外。夫爲天下亦若此而已。予又奚事焉。【注】夫
爲天下莫過自放任自放任矣物亦奚攖焉故我無爲而民自化【疏】痊除也虛妄之病久已痊除任染而游心物外治身治國豈有異乎物我混同故無事也
〔釋文〕少痊七全反李云除也　慶藩案文選潘安仁閒居賦注引司馬云痊除也釋文闕且復扶又反黃帝曰。夫爲天下者。則誠非吾
子之事。【注】事由民作雖然。請問爲天下。【注】令民自得必有道也【疏】夫牧養蒼生實非聖人務理雖如此猶請示以要言小
童辭。【疏】無所說也黃帝又問。【疏】殷勤請小童也小童曰。夫爲天下者。亦奚以異乎牧馬者哉。

亦去其害馬者而已矣。【注】馬以過分爲害【疏】害馬者謂分外之事也夫治身莫先守分故牧馬之術可以養民問既殷勤聊爲此答〔釋文〕去其起呂反下注同黃帝再拜稽首。稱天師而退。【注】師夫天然而去其過分則大隗至也【疏】頓悟聖言故身心愛敬退其分外至乎大隗合乎天然之道其在吾師乎

知士无思慮之變則不樂。【疏】世屬艱危時逢禍變知謀之士思而慮之如其不然則不樂也〔釋文〕知士音智不樂音洛下不樂及注同辯士无談說之序則不樂。【疏】辯類懸河辭同炙輠無談說端緒則不歡樂察士无淩誶之事則不樂。【疏】機警之士明察之人若不容主客問訊辭鋒淩轢則不樂也〔釋文〕察士李云察識也　俞樾曰禮記鄉飲酒篇愁以時察鄭注曰察猶察察嚴殺之貌也老子俗人察察河上公注曰察察急且疾也然則察有嚴急之意故以淩誶爲樂李云察識也則與上文知士複矣　淩李云謂相淩轢　誶音信廣雅云問也又音崇又音峻一本作說皆囿於物者也。【注】不能自得於內而樂物於外故可囿也故各以所樂囿之則萬物不召而自來非強之也【疏】此數人者各有偏滯未達大方並囿域於物也〔釋文〕皆囿音又　非強其丈反

招世之士興朝。【疏】推薦忠良招致人物之士可以興於朝廷也〔釋文〕興朝直遙反中民之士榮官。【疏】治理四民甚能折中斯人精幹局分可以榮官〔釋文〕中民李云善治民也筋力之士矜難。【疏】英髦壯士有力如虎時逢屯難務於濟世也〔釋文〕矜難乃旦反勇敢之士奮患。【疏】武勇之士果決之人奮發雄豪滌除禍患兵革之士樂戰。【疏】情好干戈志存鋒刃如此之士樂於征戰枯槁之士宿名。【疏】食杼衣褐形容顦顇留心寢宿唯在聲名也〔釋文〕枯槁苦老反後章同　宿名宿積久也王云枯槁一生以爲娛其所寢宿唯名而已　俞樾曰宿讀爲縮國語楚語縮於財用則匱戰國秦策縮劍將自誅韋昭高誘注竝曰縮取也枯槁之士縮名猶言取名也釋文曰宿積久也于義未安又引王云其所寢宿唯名而已更爲迂曲由不知宿爲縮之叚字耳法律之士廣治。【疏】刑法之士留情格條懲惡勸善其治方也〔釋文〕廣治直吏反禮教之士敬容。【疏】節文之禮矜敬容貌仁義之士貴際。【注】士之不同若此故當之者不可易其方【疏】世有迍邅時逢際會則施行仁義以著名勳際會也〔釋文〕貴際謂盟會事　家世父曰貴際謂相與交際仁義之用行乎交際之閒者也鄭康成禮記中庸注人也讀如相人偶之人以人意相存問之言故人與人比而仁見焉仁義之士所以貴際也釋文貴際謂盟會事誤

農夫无草萊之事則不比。商賈无市井之事則不比。【注】能同則事同所以比【疏】比和樂古者因井爲市故謂之市井也若乖本務情

必不和也〔釋文〕不比毗志反下同　俞樾曰比當作庀周官遂師疏云周禮之內云比者先鄭皆爲庀是也國語魯語子將庀季氏之政焉又曰夜庀其家事韋注竝曰庀治也農夫惟治草萊之事故無草萊之事則不庀商賈惟治市井之事故無市井之事則不庀也郭注曰能同則事同所以比是以本字讀之非是　商賈音古

庶人有旦暮之業則勸。【注】業得其志故勸【疏】衆庶之人各有事旦暮稱情故自勉勵

百工有器械之巧則壯。【注】事非其巧則惰【疏】壯盛也百工功巧各有器械能順其情事斯盛矣〔釋文〕則壯李云壯猶疾也　則惰徒臥反

錢財不積。則貪者憂。【注】物得所耆而樂也〔釋文〕所耆時志反　而樂音洛

權勢不尤。則夸者悲。【疏】尤甚也夫貪競之人必聚財以適性矜夸之士假權勢以娛心事苟乖情則憂悲斯生矣　慶藩案文選賈長沙鵩鳥賦注阮嗣宗詠懷詩注並引司馬云夸虛名也釋文闕

勢物之徒樂變。【注】權勢生於事變【疏】夫禍起則權勢尤故以勢陵物之徒樂禍變也

遭時有所用。不能无爲也。【注】凡此諸士用各有時時用則不能自已也苟不遭時則雖欲自用其可得乎故貴賤無常也【疏】以前諸士遭遇時命情隨事遷故不能無爲也

此皆順比於歲。不物於易者也。【注】士之所能各有其極若四時之不可易耳故當其時物順其倫次則各有用矣是以順歲則時序易性則不物物而不物非毀如何【疏】此次第也夫士之所行能有長短用捨隨時成有次第方之歲序炎涼不易於物不物猶不易於物者也

馳其形性。潛之萬物。終身不反。悲夫。【注】不守一家之能而之夫萬方以要時利故有匍匐而歸者所以悲也【疏】馳騖身心潛伏前境至乎歿命不知反歸頑愚若此深可悲歎也已矣　家世父曰囿於物者致用之器也發之自內者也時有所用待用之資也應之自外者也性有所倚才有所偏內外相須以成能形性交馳而不反矣〔釋文〕以要一遙反　匍音扶又音蒲　匐音服又蒲北反

莊子曰。射者非前期而中。謂之善射。天下皆羿也可乎。【注】不期而中謂誤中者也非善射也若謂謬中爲善射是則天下皆可謂之羿可乎言不可也【疏】期謂準的也夫射無期準而誤中一物即謂之善射者若以此爲善射可乎〔釋文〕而中丁仲反注同

惠子曰。可。【疏】謂宇內皆羿也

莊子曰。天下非有公是也。而各是其所是。天下皆堯也可乎。【注】若謂謬中者羿也則私自是者亦可謂堯矣莊子以此明妄中者非羿而自是者非堯【疏】各私其是故無公是也而

唐堯聖人對桀爲是若各是其所是則皆聖人可乎言不可 惠子曰。可。疏言各是其是天下盡堯有斯理而惠施滯辨有言無實 莊子曰。然則儒墨楊秉四。與夫子爲五。果孰是邪。注若皆堯也則五子何爲復相非乎疏儒姓鄭名緩墨名翟也楊名朱秉者公孫龍字也此四子者並聽名過物蓋世雄辨添惠施爲五各相是非未知抉定用誰爲是若天下皆堯何爲五復相非乎〔釋文〕復相 扶又反 或者若魯遽者邪。其弟子曰。我得夫子之道矣。吾能冬爨鼎而夏造冰矣。疏姓魯名遽周初人云冬取千年燥灰以擁火須臾出火可以爨鼎盛夏以瓦瓶盛水湯中煮之縣瓶井中須臾成冰也而迷惑之俗自是非他與魯無異也〔釋文〕魯遽 音渠又其據反李云魯遽人姓名也一云周初時人 爨 七亂反又七端反 魯遽曰。是直以陽召陽。以陰召陰。非吾所謂道也。疏千年灰陽也火又陽也此是以陽召陽井中陰也水又陰也此是以陰召陰魯遽此言非其弟子也 吾示子乎吾道。於是爲之調瑟。廢一於堂。廢一於室。鼓宮宮動。鼓角角動。音律同矣。注俱亦以陽召陽而橫自以爲是疏廢置也置一瑟於堂中置一瑟於室內鼓堂中宮角室內弦應而動斯乃五音六律聲同故也猶是以陽召陽也〔釋文〕爲之 于僞反 廢一 廢置也 夫或改調一弦。於五音无當也。注隨調而改疏堂中改調一弦則室內音無復應動當爲律不同故也〔釋文〕改調 徒弔反注皆同 无當 丁浪反合也 鼓之。二十五弦皆動。注無聲則無以相動有聲則非同不應今改此一弦而二十五弦皆改其以急緩爲調也疏應唯宮角而已密二十五弦俱動聲律同者悉應動也 未始異於聲。而音之君已。注魯遽以此夸其弟子然亦以同應同耳未爲獨能其事也疏聲律之外會更有異術雖復應動不同總以五音爲其君主而已既無佗術何足以自夸 且若是者邪。注五子各私所見而是其所是然亦無異於魯遽之夸其弟子未能相出也疏惠子之言各私其是務夸陵物不異魯遽故云若是 惠子曰。今夫儒墨楊秉。且方與我以辯。相拂以辭。相鎮以聲。而未始吾非也。則奚若矣。注未始吾非者各自是也惠子便欲以此爲至〔釋文〕相拂 扶弗反 莊子曰。齊人蹢子於宋者。其命閽也不以完。注投之異國使門者守之出便與手不保其全。此齊人之不慈也，然亦自以爲是，故爲之。【疏】閽守門人也。齊之人棄蹢其子於宋，仍命以此不亦我是。〔釋文〕蹢呈亦反，投也。司馬云：齊人憎其子，蹢之於宋，使門者守之，令形不全，自以爲是。其求鈃鍾也以束縛。【注】乃反以愛鍾器爲是束縛，恐其破傷。〔釋文〕鈃鍾音刑。徐戶挺反。又字林云：鈃似小鍾而長頸。又云似壺而大。以束縛郭云恐其破傷也。案此言賤子貴鈃，自以爲是也。其求唐子也而未始出域，有遺類矣！【注】唐，失也。失亡其子而不能遠索，遺其氣類而亦未始自非，人之自是，有斯謬矣。【疏】鈃，小鍾也。唐，亡失也。求覓亡子不出境域，束縛鈃鍾，恐其損壞，賤子貴器，爲不慈，遺其氣類，亦言我是。　俞樾曰：有遺類矣，當連下夫字爲句。有遺類矣夫，與襄二十四年左傳有令德也夫、有令名也夫句法相似。類謂種類也。詩裳裳者華序棄賢者之類，正義曰：類謂種類是也。求亡子而不出域，則其亡子不可得，必無遺類矣，故日有遺類矣夫，反言以明之也。郭注失其讀，所說未得。〔釋文〕唐子謂失亡子也。遺類遺，亡也。亡其種類故也。惠施畔道而好辯，猶齊人遠子而愛鍾也。遠索所百反。夫楚人寄而蹢閽者；【注】俱寄止而不能自投於高地也。夜半於无人之時而與舟人鬭，未始離於岑而足以造於怨也。【注】岑，岸也。夜半獨上人船，未離岸已共人鬭，言齊楚二人所行若此，而未嘗自以爲非，今五子自是，豈異斯哉！【疏】楚郢之人，因子客寄，近於江瀆之側，投蹢守門之家，夜半無人之時，輒入他人舟上，而船未離岑，已共舟人鬭打，不懷恩德，更造怨辭，愚佷如斯，亦云我是。惠子之徒，此之類也。岑，岸也。　俞樾曰：案夫楚人寄而蹢閽者句，夫字當屬上有遺類矣爲句。蹢當讀謫。揚雄方言：謫，怒也。張益廣雅釋詁：謫，責也。楚人寄而謫閽者，謂寄居人家而怒責其閽者也。與下文夜半於無人之時而與舟人鬭，均此楚人之事，皆喻其自以爲是也。郭注曰俱寄止而不能自投於高地，於義殊不可通。〔釋文〕而與舟人鬭司馬云：夜上人船，人必擠己於水也。擠，排也。　家世父曰：說文：蹢，住足也。易羸豕孚蹢躅，戴記三年問蹢躅焉，釋蹢躅，不行也。閽者守門，蹢躅不良於行，故可以命閽。鈃鍾當爲趼踵。天道篇百舍重趼而不敢息。說文：踵，追也。一曰往來貌。束縛，謂行縢也。言命閽則足不必完，趼踵急行則於足也又加之束縛。爾雅釋宮：廟中路謂之唐，堂途謂之陳。毛詩陳風傳：唐，堂途也。田子方篇猶求馬於唐肆也，司馬亦云唐肆，廣庭也。唐子猶周禮門子，謂給使令者。未始出域而有遺類，言其多也。閽者稱其材，走者極其量，堂途給事人皆能之，各據爲是而自足，豈必殊尤卓絕哉！其相非也，又各不察其情而以意求勝。寄而蹢閽，所司閽耳。說文：閽，常以昏閉門隸也。何由夜半於無人之境而與舟人鬭？意以爲夜半無人之境，則竟無人矣；意以爲與舟人鬭，則竟鬭矣。造怨者無窮，而身固未離於岑也。齊人之於宋，楚人之寄，本非族類，不相習也，無因而造怨，則亦可夜半與舟人鬭矣。是者之是，莫得其所以是；非者之非，莫知其所以非。舊注失之太遠。未始離力智反，注同。於岑七金反，徐在林反，又語審反，謂崖岸也。獨上時掌反。莊子送葬，過惠子之墓，顧謂從者曰。郢人堊慢其鼻端。若蠅翼。使匠石斲之。匠石運斤成風。聽而斲之。【注】瞑目恣手【疏】郢楚都也漢書揚雄傳作獿乃回反郢人謂泥畫之人也堊者白善土也漫汙也莊生送親知之葬過惠子之墓緬懷疇昔仍起斯譬瞑目恣手聽聲而斲運斤之妙遂成風聲若蠅翼者言其神妙也（釋文）從者才用反郢人以井反楚都也漢書音義作獿人服虔云獿人古之善塗塈者施廣領大袖以仰塗而領袖不汚有小飛泥誤著其鼻因令匠石揮斤而斲之獿音鐃韋昭乃回反 盧文弨曰獿人舊僞作獿人案漢書揚雄解嘲云獿人亡則匠石輟斤今據改正下同又音鐃舊僞音混別本音猱亦譌俱改正堊烏路反慢本亦作漫郭莫干反徐莫但反李云猶塗也 慶藩案慢當作獿說文獿墀地（說文墀涂地也涂與塗同）㠯巾撋之從巾夒聲（夒猱文婚字今本夒譌爲夔）讀若水溫䨴（䨴字注安䨴溫也玉篇奴旦切）徐鉉依唐韻乃昆切玉篇奴回奴昆二切廣韻切回乃案二切廣雅曰墀塈獿塗也（今本亦僞作獶）獿字曹憲音奴回鹽鐵論散不足篇富者堊獿（今本譌作憂）壁飾案獿人古之善塗塈者也施廣領大袖以仰塗而領袖不汚有小飛泥誤著鼻因令匠石而斲知石之善斲故敢使斲之也（見漢書揚雄傳服虔注）

盡堊而鼻不傷。郢人立不失容。宋元君聞之。召匠石曰。嘗試爲寡人爲之。【疏】去堊慢而鼻無傷損郢人立傍容貌不失元君聞其神妙嘗試召而爲之〔釋文〕爲寡人于僞反 匠石曰。臣則嘗能斲之。雖然。臣之質死久矣。自夫子之死也。吾无以爲質矣。吾无與言之矣。【注】非夫不動之質忘言之對則雖至言妙斲而無所用之【疏】質對也匠石雖巧必須不動之質莊子雖賢猶藉忘言之對蓋知惠子之亡莊子喪偶故匠人輟成風之妙響莊子息𣿬上之微言 管仲有病。桓公問之曰。仲父之病病矣。可不謂云。至於大病。則寡人惡乎屬國而可。【疏】管仲姓管名仲字夷吾齊相也言鮑叔牙之友人桓公尊之號曰仲父桓公卽小白也一匡天下九合諸侯而爲霸主者管仲之力也病病者言是病極重也大病者至死也既將屬纊故臨問之仲父死後屬付國政與誰爲可也〔釋文〕大病謂死也惡乎音烏屬國音燭 管仲曰。公誰欲與。公曰。鮑叔牙。【疏】問國政欲與誰答曰與鮑叔也〔釋文〕欲與如字又音餘 曰。不可。其爲人絜廉善士也。其於不己若者不比之。又一聞人之過。終身不忘。使之治國。上且鉤乎君。下且逆乎民。其得罪於君也。將弗久矣。【疏】姓鮑字叔牙貞廉清絜善人也而庸猥之人不如己者不比數之一聞人之過至死不忘率性廉直不堪宰輔上以忠直鉤束於君下以清明逆忤百姓不能和混故君必罪之管仲實人猶鑑於物恐危社稷慮害叔牙故不舉之也〔釋文〕且鉤反也亦作拘音同又音俱　公曰。然則孰可。對曰。勿已。則隰朋可。其爲人也。上忘而下畔。注高而不亢。疏姓隰名朋齊賢人也畔猶望也混高卑一榮辱故已爲卿輔能遺富貴之尊下撫黎元須忘卑隸之賤事不得止用之可也〔釋文〕上忘而下畔言在上不自高於下無背者也　愧不若黃帝。而哀不己若者。注故無棄人。疏不及己者但懷哀悲輔弼齊侯期於淳樸心之所愧不逮軒轅也　以德分人謂之聖。以財分人謂之賢。疏聖人以道德拯物賢人以財貨濟人也　以賢臨人。未有得人者也。以賢下人。未有不得人者也。其於國有不聞也。其於家有不見也。勿已。則隰朋可。注若皆聞見則事鍾於己而羣下無所措手足故遺之可也未能盡遺故僅可也。疏運智明察臨於百姓逆忤物情叔牙治國則不問物之小瑕治家則不見人之過勿已則隰朋可總結以前義〔釋文〕下人遐嫁反　所措七故反　故僅其靳反　吳王浮於江。登乎狙之山。衆狙見之。恂然棄而走。逃於深蓁。有一狙焉。委蛇攫搔。見巧乎王。王射之。敏給注敏疾也給續括也疏狙獼猴也山多獼猴故謂之狙山也恂怖懼也蓁棘叢也委蛇從容也攫搔騰擲也敏給捷速也吳王浮江遨遊眺望衆狙恂懼走避深棘獨一老狙特便敖王王既怪怒急速射之〔釋文〕狙七徐反　恂然音舜徐音荀又思俊反司馬云遽也　深蓁徐仕巾反一音側巾反　委於危反蛇餘支反　攫俱縛反徐居碧反三蒼云搏也郭又七段反司馬本作攫盧文弨曰攫不應與上同或是玃字之誤　搔本又作搔素報反徐本作搔七活反司馬本作慅　見賢遍反　巧如字或苦孝反崔本作攻　王射食亦反下同　搏捷矢。注捷速也矢往雖速而狙猶搏之疏搏接也捷速也矢箭也箭往雖速狙皆接之其敏捷也如此〔釋文〕搏音博　俞樾曰郭於敏給下出注曰敏疾也給續括也是以敏給屬王言殆非也敏給二字同義後漢書酈炎傳言論給捷李賢注曰給敏也是其證也故國語晉語曰知羊舌職之聰敏肅給也使佐之荀子性惡篇曰齊給便敏而無類並以敏給對言然則郭以給爲續括非古義矣敏給當以狙言謂狙性敏給能搏捷矢也捷讀爲接爾雅釋詁接捷也是捷與接聲近義通莊十二年左氏經文宋萬弒其君捷僖三十二年鄭伯捷卒文十六年晉人納捷菑於邾公羊捷並作接人閒世篇必將乘人而鬬其捷釋文曰捷本作接此捷接通用見於本書者搏捷矢即搏接矢謂以手搏而接其矢也郭注曰捷速也夫矢自無不速又何必言捷乎　王命相者趨射之。狙執死。疏命召也相助也謂王之左右也王既自射不中乃召左右亂趨射之於是狙抱樹而死〔釋文〕相者息亮反司馬云佐王獵者也　趨射音促急也執死司馬云見執而死也王顧謂其友顏不疑曰。之狙也。伐其巧。恃其便。以敖予。以至此殛也。戒之哉。嗟乎。无以汝色驕人哉。疏姓顏字不疑王之友也殛死也予我也狙矜伐勁巧特賴方便傲慢於王遂遭死殛嗟此狡獸可以戒人勿淫聲色驕豪於世〔釋文〕之狙也之猶是也本或作是其便婢面反以敖司馬本作悖云佷也顏不疑歸。而師董梧。以助其色。去樂辭顯。三年。而國人稱之。注稱其忘巧遺色而任夫素朴疏姓董名梧吳之賢人也鋤除去也既奉王教於是退歸悔過自新師於有道除其美色去其聲樂重素朴辭榮華脩德三年國人稱其賢善〔釋文〕董梧有道者也師其德以鋤色以助士居反本亦作鋤去樂起呂反南伯子綦隱几而坐。仰天而噓。疏猶是齊物中南郭子綦也其隱几等義並具解內篇　慶藩案南伯子綦齊物論作南郭子綦伯郭古聲相近故字亦通用唐韻正伯古讀若博周禮司几筵其柏席用萑亦借柏爲椁（鄭注以柏爲椁字磨滅之餘非也說見經義述聞）〔釋文〕隱於靳反噓音虛顏成子入見曰。夫子物之尤也。形固可使若槁骸。心固可使若死灰乎。疏顏成子綦門人也尤甚也每仰歎先生志物之甚必固形同槁骸心若死灰慕德殷勤有此嗟詠也〔釋文〕入見賢遍反夫物之尤也音符一本作夫子則如字盧文弨曰今書夫下有子字曰。吾嘗居山穴之中矣。當是時也。田禾一覩我。而齊國之衆三賀之。注以得見子綦爲榮疏山穴齊南山也田禾齊王姓名子綦隱居山穴德音遐振齊王暫覩以見爲榮所以一國之人三度慶賀也〔釋文〕山穴之中司馬本同李云齊南山穴也一本作之口田禾齊君也尊德故國人慶之盧文弨曰即齊太公和我必先之。彼故知之。我必賣之。彼故鬻之。疏我聲名在先故使物知我我便是賣於名聲故田禾見而販之〔釋文〕鬻之羊六反若我而不有之。彼惡得而知之。若我而不賣之。彼惡得而鬻之。疏若我韜光晦迹不有聲名彼之世人何得知我我若名價不貴彼何得見而販之只爲不能滅迹匿端故爲物之所賣鬻也〔釋文〕彼惡音烏下同嗟乎。我悲人之自喪者。疏喪猶亡失也子綦悲歎世人捨己慕佗喪失其道〔釋文〕自喪息浪反吾又悲夫悲人者。疏夫道無得喪而物有悲樂故悲人之自喪者亦可悲也吾又悲夫悲人之悲者。其後而日遠矣。注子綦知夫爲之不足以救彼而適足以傷我故以不悲悲之則其悲稍去而泊然無心枯槁其形所以爲日遠矣。疏夫玄道冲虛無喪無樂是以悲人自喪及悲者雖復前後悲殊稱異咸未偕道故亦可悲悲而又悲遣之又遣教既彰矣元元之理斯著與衆妙相符故日加深遠矣〔釋文〕而泊步各反 仲尼之楚。楚王觴之。孫叔敖執爵而立。市南宜僚受酒而祭。曰。古之人乎。於此言已。注古之言者必於會同。疏觴酒器之總名謂以酒燕之也爵亦酒器受一升大人欲飲必先祭其宜僚歷酒祭故祝聖人願與孔子於此言論也〔釋文〕觴之音商李云酒器之總名也孫叔敖執爵案左傳孫叔敖是楚莊王相孔子未生哀公十六年仲尼卒後白公爲亂宜僚未嘗仕楚又宜十二年傳楚有熊相宜僚則與叔敖同時去孔子甚遠蓋寄言也 曰。丘也聞不言之言矣。未之嘗言。注聖人無言其所言者百姓之言耳故曰不言之言苟以言爲不言則雖言出於口故爲未之嘗言 於此乎言之。注今將於此言於無言。疏夫理而教不言矣教而理未之嘗言也是以聖人妙體斯趣故終日言而未嘗言也孔子應宜僚之請故於此亦言於無言矣 市南宜僚弄丸。而兩家之難解。孫叔敖甘寢秉羽。而郢人投兵。注此二子息訟以默澹泊自若而兵難自解疏姓熊字宜僚楚之賢人亦是勇士沈毅者也居於市南因號曰市南子焉楚白公勝欲因作亂將殺令尹子西司馬子綦言熊宜勇士也若得敵五百人遂遣使屈之宜僚正上下弄丸而戲不與使者言使因以劍乘之宜僚曾不驚懼既不從命亦不言佗白公不得宜僚反事不成故曰兩家難解姓孫字叔敖楚之令尹甚有賢德者也郢楚都也投息也叔敖蘊藉寬知高枕而逍遙會理忘言執羽扇而自得遂使敵國不侵折衝千里之外楚人無事脩文德息其武略彰二子有此功能故可與仲尼晤言贊揚玄道也　慶藩案太平御覽二百七十九引司馬云宜僚善弄丸白公脅之弄丸如故視釋文較略〔釋文〕兩家之難乃旦反注同解音蟹注同司馬云宜僚楚之勇士也善弄丸楚白公勝將作亂殺令尹子西子期石乞曰市南有熊宜僚者若得之可以當五百人乃往告之不許也承之以劍不動弄丸如故曰吾亦不泄子白公遂殺子西子期歎息兩家而已宜僚不預其患 甘寢秉羽如字又音翿司馬本作翿云讀曰翿或作翢翣舞者之所執崔本作翼 郢人投兵司馬云言叔敖願安寢恬臥以養德於廟堂之上折衝於十里之外敵國不敢犯郢人投兵無所攻伐也郢楚都也　慶藩案太平御覽二百七十九引司馬云孫叔敖秉羽之舞郢人無所攻故投兵視釋文較略　藩又案孫叔敖甘寢秉羽而郢人投兵淮南主術篇所謂昔孫叔敖恬臥而郢人無所害其鋒同意投兵謂無所用也高注曰但恬臥養德折衝千里之外敵國不敢犯即司馬注所本（王念孫曰害其鋒三字義不相屬害當爲用之誤謂無所用其鋒也隸書害作害其上半與用相似案淮南多本莊子此云投兵亦謂無所用之也王氏正害字義頗精） 丘願有喙三尺。注苟所言非已則雖終身言故爲未嘗言耳是以有喙三尺未足稱長凡人閉口未是不言【疏】喙口也苟其言當即此無言假余喙長三尺與閉口何異故願有之也〔釋文〕喙許穢反又丁豆反或昌銳反三尺【疏】三尺言長也司馬云喙息也宜僚弄丸而弭難叔敖除備以折衝丘亦願有歎息其三尺三尺匕首劍彼之謂不道之道。【注】彼謂二子【疏】彼謂所詮之理不道而道言非道非不道也此之謂不言之辯。【注】此謂仲尼【疏】此謂能詮之教不言而言非言非不言也子元乃云此謂仲尼斯注粗淺失之遠矣夫不道不言斯乃探微索隱窮理盡性豈二子之所能耶若以甘寢弄丸而稱息訟以默者此則默語懸隔丘何得有喙三尺乎故不可也又此一章盛談玄極觀其文勢不關孫熊明矣〔釋文〕彼之謂此之謂郭云彼謂二子此謂仲尼也司馬云彼謂甘寢此謂弄丸故德總乎道之所一。【注】道之所容者雖無方然總其大歸莫過於自得故一也〔釋文〕總音揔而言休乎知之所不知，至矣。【注】言止其分非至如何【疏】夫至道之境重元之域聖心所不能知神口所不能辯若以言知索眞失之遠矣故德之所總言之所默息者在於至妙之一道也道之所一者，德不能同也。【注】各自得耳非相同也而道一也【疏】夫一道虛元會無涯量而德有上下誰不能周備也本有作同字者言德有優劣未能同道也此解前道之所一也〔釋文〕不能同一本作相同知之所不能知者，辯不能舉也。【注】非其分故不能舉【疏】夫知者元道所謂妙絕名言故非辯說所能勝舉也此解前知之所不知也名若儒墨而凶矣。【注】夫儒墨欲同所不能同舉所不能舉故凶【疏】夫執是競非而名同儒墨者凶禍斯及矣家世父曰儒墨之所以凶以有儒墨之名也懸儒墨之名以召爭德不能同者強道以一之辯不能舉者強知以遍之各是其是而道與知之所及亦小矣生無爵死無謚實且不以自居名何有哉故海不辭東流，大之至也。【注】明受之無所辭所以成大【疏】百川競注東流不息而巨海容納會不辭憚此據東海為言亦宏博之至也已聖人并包天地，澤及天下，而不知其誰氏。【注】汎然都任【疏】前舉海為諭此下合譬也聖人德合二儀故并包天地仁覃無外故澤及天下成而不處故不知誰為推功於人故莫識其氏族矣是故生无爵，【注】有而無之死无謚，【注】謚所以名功功不在己故謚而非己有【疏】夫人處世生有名位死定謚號所以表其實也聖人生既以功推物故死亦無可謚也實不聚，【注】令萬物各知足【疏】縱有財德悉分散於人也名不立。【注】功非己為故名歸於物【疏】夫名以召實實既不聚故名將安寄也此之謂大人。【注】若為而有之則小矣【疏】總結以前忘於名謚之士可謂大德之人狗不以善吠為良，人不以善言為賢。【注】賢出於性非言所爲。疏善喜好也夫犬不必吠賢人豈復多言〔釋文〕善吠伐廢反司馬云不別客主而吠不止善言司馬云失本逐末而言不止也而况爲大乎。注夫大愈不可爲而得疏夫好言爲賢猶自不可況惑心取捨於大乎夫爲大不足以爲大。而況爲德乎。注唯自然乃德耳疏愛心宏博謂之大冥符元道謂之德夫有心求大於理尙乖況有情爲德固不可也夫大備矣莫若天地。然奚求焉而大備矣。注天地大備非求之也疏備具足也夫二儀覆載亭毒無心四敍周行生成庶品蓋何術焉而萬物必備知大備者无求。无失无棄。不以物易己也。注知其自備者不舍己而求物故無求無失無棄也疏夫體宏自然之理而萬物素備者故能於物我之際淡然忘懷是以無取無捨無失無喪無證無得而不以物境易奪己心也〔釋文〕不舍音捨反己而不窮。注反守我理我理自通疏只爲宏備故契於至理既而反本還原會己身之妙極而無窮竟者也循古而不摩。注順常性而自至耳非摩拭疏循順也順於物性無心改作豈復摩飾而矜之〔釋文〕循古而不摩一本作磨郭云摩拭也王云摩消滅也雖常通物而不失及己雖理於今常循於古之道焉自古及今其名不摩滅也摩拭音式大人之誠。注不爲而自得故曰誠疏誠實也夫反本還原因循萬物者斯乃大聖之人自實之德也子綦有八子。陳諸前。召九方歅曰。爲我相吾子。孰爲祥。疏子綦楚司馬子綦也陳行列也諸於也方姓也歅名也孰誰也祥善也九方歅善相者也陳列諸子於庭前命方歅令相之八子之中誰爲吉善〔釋文〕九方歅音因李烏雞反又音煙善相馬人淮南子作九方皐爲我于僞反相吾子息亮反九方歅曰。梱也爲祥。疏梱子名也言八子之中梱最祥善也〔釋文〕梱音困又口本反子綦子名子綦瞿然喜曰。奚若。疏瞿然驚喜貌聞子吉祥故容貌驚喜問其祥善貌相如何〔釋文〕瞿然紀具反司馬云喜貌本亦作戄吁縛反字林云大視貌李云驚視貌　慶藩案此瞿然與庚桑楚篇懼然皆驚駭之貌瞿說文作𡗜云舉目驚𡗜然也漢書吳王濞傳膠西王瞿然駭師古注瞿然無守之貌又鄒陽傳長君懼然曰將爲柰何師古注懼讀爲瞿瞿瞿然無守之貌東方朔傳於是吳王懼然易容師古注懼然失守之貌案師古訓瞿懼爲失守貌爲無守貌者本齊風東方未明篇狂夫瞿瞿毛傳也不知傳以下不能辰夜二語故以瞿瞿爲無守與瞿然不同瞿然當從李頤此訓爲正曰。梱也。將與國君同食。以終其身。子綦索然出涕曰。吾子何爲以至於是極也。疏索然涕出貌方歅識見淺近以食肉爲祥子綦鑒深元妙知其非吉故惻其凶極悲而出涕〔釋文〕索然悉各反又色白反司馬云涕下貌九方歅曰。夫與國君同食。澤及三族。而況父母乎。今夫子聞之而泣。是禦福也。子則祥矣。父則不祥。【疏】三族謂父母族也妻族也禦拒扞也夫共國君食尊榮富貴恩被三族何但二親子言吉祥父翻涕泣斯乃禦福德也 〔釋文〕禦福 魚呂反距也逆也 子綦曰。歎。汝何足以識之。而梱祥邪。盡於酒肉。入於鼻口矣。而何足以知其所自來。【疏】自從也方歎小巫識鑒不遠相梱祥者不過酒肉味入於鼻口方歎道術理盡於斯詎知酒肉由來從何而至 吾未嘗爲牧。而牂生於奧。未嘗好田。而鶉生於宎。若勿怪何邪。【注】夫所以怪出於不意故也【疏】牂羊也奧西南隅未地羊位也宎東南隅辰地也辰爲鶉位故言牂鶉生也夫羊須牧養鶉因田獵若祿籍功著然復可致富貴今梱而功行未聞而與國君同食何異乎無牧而忽有羊也不田而獲鶉也非牧非田怪如何也〔釋文〕未嘗 如字本或作曾才能反 而牂 子郎反爾雅云牝羊也 於奧 烏報反西南隅未地也一曰豕牢也 好田 呼報反 於宎 字又作穾烏弔反徐烏了反司馬云東北隅也一云東南隅鶉火地生鶉也一云窔也郭徒忽反字則穴下犬 盧文弨曰案爾雅釋宮東南隅謂之窔其東北隅乃宧也又案說文宧戶樞聲室之東南隅窔但訓深 家世父曰牂所從出牧也鶉所從來田也不牧而牂生不田而鶉生儻然而來儵然而至謂之不祥祥者怪徵也乘天地之誠而有世俗之償是亦怪徵也 吾所與吾子遊者。遊於天地。【注】不有所爲〔釋文〕遊於天地 司馬本地作汨云亂也崔本同 吾與之邀樂於天。吾與之邀食於地。【注】隨所遇於天地耳邀遇也【疏】邀遇也天地無心也子綦體道虛忘順物自足於性分之內敖遊乎天地之閒所造皆適不待歡娛所遇斯食登資厚味耶 〔釋文〕邀 古堯反遇也 樂 音洛 吾不與之爲事。不與之爲謀。不與之爲怪。【注】怪異也循常任性脫然自爾【疏】忘物故不爲事忘智故不爲謀循常故不爲怪 吾與之乘天地之誠。而不以物與之相攖。【注】斯不爲也【疏】誠實也乘二儀之實道順萬物以逍遙故不與物更相攖擾 吾與之一委蛇。而不與之爲事所宜。【注】斯順耳無擇也【疏】委蛇猶縱任也心境不二從容任物事既非事何宜便之可爲乎 今也然有世俗之償焉。【注】夫有功於物物乃報之吾不爲功而償之何也【疏】夫報功賞德者世俗務也苟體道任物不立功名何須功之償哉 〔釋文〕之償 時亮反又音賞 凡有怪徵者。必有怪行。殆乎非我與吾子之罪。幾天與之也。【注】今無怪行而有怪徵故知其天命也【疏】殆危也幾

近也夫有怪異之行者必怪異之徵祥也今吾子未有怪行而有怪徵必遭殆者斯乃近是天降之災非吾子之罪〔釋文〕怪行下孟反注同

吾是以泣也。注夫爲而然者勿爲則已矣不爲而自至則不可柰何也故泣之疏罪若由人庶其脩改既關天命是以泣也

无幾何。而使梱之於燕。盜得之於道。全而鬻之則難。不若刖之則易。注全恐其逃故不如刖之易售也疏無幾何謂俄頃閒也楚使梱聘燕途道之上爲賊所得略梱爲奴而全形賣之恐其逃竄故難防禦則刖足不慮其逃故易售〔釋文〕无幾居豈反　於燕音煙　全而鬻之音育絕句一本作鬻之難　刖音月又五刮反　易以豉反注同　售也受又反

於是乎刖而鬻之於齊。適當渠公之街。然身食肉而終。疏渠公齊之富人爲街正梱之既遭刖足賣與齊國富商之家代主當街終身肉食也字又作術者云渠公屠人也賣梱在屠家共主行宰殺之術終身食肉也〔釋文〕渠公或云渠公齊之富室爲街正買梱自代終身食肉至死一云渠公屠者與梱君臣同食肉也　之街音佳一本作術　然身食肉終本或作身肉食者譌盧文弨曰今書終上有而字

齧缺遇許由曰。子將奚之。疏齧缺逢遇許由仍問欲何之適　曰。將逃堯。疏答曰將欲逃避帝堯　曰。奚謂邪。疏問其何意　曰。夫堯畜畜然仁。吾恐其爲天下笑。後世其人與人相食與。注仁者爭尚之原故也疏畜畜盛行貌也盛行偏愛之仁乖於淳和之德恐宇內喪道之士猶甚澆季將來逐迹百姓飢荒倉廩既虛民必相食是以逃也〔釋文〕畜畜許六反郭他六反李云行仁貌王云卹愛勤勞之貌　其人與如字　人相食與音餘言將馳走於仁義不復營農飢則相食

夫民不難聚也。愛之則親。利之則至。譽之則勸。致其所惡則散。疏夫民撫愛則親利益則至來譽讚則相勸勉與所惡則衆離散故黔首聚散蓋不難也〔釋文〕譽之音餘　所惡烏路反

愛利出乎仁義。捐仁義者寡。利仁義者衆。夫仁義之行。唯且无誠。注仁義既行將僞以爲之疏夫利益著生愛育羣品立功聚衆莫先仁義而履仁蹈義捐率於中者少託於聖迹以規名利者多是故行仁義者矯性僞情無誠實者也〔釋文〕之行下孟反

且假乎禽貪者器。注仁義可見則夫貪者將假斯器以獲其志疏器聖迹也且貪於名利險於禽獸者必假夫仁義爲其器者也〔釋文〕且假夫禽貪者器司馬云禽之貪者殺害無極仁義貪者傷害無窮

是以一人之斷制利天下。注若夫仁義各出其情則其斷制不止乎一人疏榮利之徒負於仁義恣其矯毒

斷制天下向無聖迹豈得然乎譬之猶一覕也。注覕割也萬物萬形而以一劑割之則有傷也疏覕割也若以一人制服天下譬猶一刀割於萬物其於損傷彼此多矣〔釋文〕覕郭薄結反云割也向芳舌反司馬云暫見貌又甫莅反又曾結反又初栗反劑子隨反夫堯知賢人之利天下也。而不知其賊天下也。夫唯外乎賢者知之矣。注外賢則賢不僞疏夫賢聖之迹爲利一時萬代之後必生賊害唯能忘外賢聖者知之也有暖姝者。有濡需者。有卷婁者。疏此略標下解釋〔釋文〕暖吁爰反又吁晚反柔貌姝昌朱反妖貌濡音儒又音如安也需音須濡需謂偷安須臾之頃卷音權婁音縷卷婁猶拘攣也所謂暖姝者。學一先生之言。則暖暖姝姝。而私自說也。自以爲足矣。而未知未始有物也。注意盡形教豈知我之獨化於玄冥之竟哉疏暖姝自許之貌也小見之人學問寡薄自悅足謂窮微極妙豈知所學未有一物可稱也是以謂暖姝者此言結前也〔釋文〕自說音悅之竟音境是以謂暖姝者也。濡需者。豕蝨是也。擇疏鬣自以爲廣宮大囿。奎蹏曲隈。乳閒股腳。自以爲安室利處。不知屠者之一旦鼓臂布草。操煙火。而已與豕俱焦也。疏濡需矜誇之貌也豕猪也言蝨寄猪體上擇疏長之毛鬣將爲廣大宮室苑囿蹄腳奎隈之所股腳乳旁之閒蹄用爲溫暖利便豈知屠人忽操湯火攘臂布草而殺之乎即巳與豕俱焦爛者也諭流俗寡識之人耽好情欲與豕蝨濡需喜歡無異也〔釋文〕蝨音瑟奎苦圭反本亦作睽曲隈烏回反向云股閒也 慶藩案曲隈胯內也凡言隈者皆在內之名淮南覽冥篇漁者不爭隈高注隈曲深處魚所聚也列子黃帝篇何曲之淫隈殷敬順曰隈水曲也僖二十五年左傳秦人過析隈杜注隈隱蔽之處故知言隈者皆在內曲深之謂向秀曰隈股閒也疑誤暖室奴緩反又虛袁反一本作安室 盧文弨曰今書作安室操七曹反此以域進。此以域退。疏域境界也蝨則逐豕而有亡人則隨境而榮樂故謂之域進退也此其所謂濡需者也。注非夫通變邈世之才而偷安乎一時之利者皆豕蝨者也疏此結也 家世父曰以域進以域退言逐衆人之好惡而與之爲進退暖姝者囿於知識者也濡需者滯於形迹者也卷婁者羈於因應者也三者同蔽莊生所以逃而去之卷婁者。舜也。羊肉不慕蟻。蟻慕羊肉。羊肉羶也。舜有羶行。百姓悅之。疏卷婁者謂背項俛曲向前攣卷而傴僂也夫羊肉羶腥無心慕蟻蟻聞而歸之舜有仁行不慕百姓百姓悅之故羊肉比舜蟻況百姓〔釋文〕羊肉不慕蟻魚綺反李云年長心勞無憂樂之志是猶羊肉不慕蟻也羶也設然反羶行下孟反故三徙成都。至鄧之虛而十有萬家。【疏】舜避丹朱又不顧衆聚故三度逃走移徙避之百姓慕德從者十萬所居之處自成都邑至鄧虛地名也〔釋文〕至鄧向云邑名之虛音墟本又作墟堯聞舜之賢。舉之童土之地。曰冀得其來之澤。【疏】地無草木曰童土堯聞舜有賢聖之德妻以娥皇女英舉以自代讓其天下居不毛土歷試艱難望鄰境承儀蒼生蒙澤〔釋文〕童土如字又音杜向云童土地無草木也舜舉乎童土之地。年齒長矣。聰明衰矣。而不得休歸。所謂卷婁者也。【注】聖人之形不異凡人故耳目之用衰也至於精神則始終常全耳若少則未成及長而衰則聖人之聖會不崇朝可平【疏】既登九五感跨萬乘慾念蒼生憂憐凡庶於是年齒長老耳目衰竭無由休息豈得歸寧傴僂攣卷形勞神倦所謂卷婁者也〔釋文〕齒長丁丈反注同慶藩案華嚴經音義引司馬云齒數也釋文闕若少詩召反是以神人惡衆至。【注】衆自至耳非好而致也【疏】三徙遠之以惡也〔釋文〕惡衆烏路反非好呼報反衆至則不比。不比則不利也。【注】明舜之所以有天下蓋於不得已耳豈比而利之【疏】比和也夫衆聚則不和不和則不利於我也〔釋文〕不比毗志反下注同故无所甚親。无所甚疏。抱德煬和。以順天下。此謂眞人。【疏】煬溫也夫不惻神人親疏一觀拖守溫和可謂眞聖〔釋文〕煬郭音羊徐餘亮反和李云煬炙也爲和氣所炙於蟻棄知。於魚得計。於羊棄意。【注】於民則蒙澤於舜則形勞【疏】不慕羊肉之仁故於蟻棄智也不爲羶行敎物故於羊棄意也既遣仁義合乎至道不傷濡沫相忘於江湖故於魚得計此斥虞舜羶行故及斯言也〔釋文〕於蟻棄知音智於魚得計於羊棄意司馬云蟻得水則死魚得水則生羊得水則病一說云眞人無羶故不致蟻是蟻棄知也共處相忘之大道無沾濡之德是魚得計也羊無羶行而不致蟻是羊棄意也家世父曰所惡乎衆至者惡其比也所以比者歆其利也神人衆至不比正惟不以利歆之蟻之附羶也有利而趨之也卽其知也羊之羶也與以可歆之利也卽其意也蟻無知而有知羊無意而有意惟羶之惟利也魚相忘於江湖人相忘於道術何羶之可慕哉故曰於魚得計以目視目。以耳聽耳。以心復心。【注】此三者未能無其耳目心意也【疏】夫視目之所見聽耳之所聞復心之所知不逐物於分外而知止其分內者其眞人之道也若然者。其平也繩。【注】未能去繩而自平【疏】繩無心而正物聖忘懷而平等〔釋文〕能去起呂反其變也循。【注】未能絕迹而元會【疏】循順也處世和光千

變萬化大順蒼生會不逆寡

古之眞人。以天待之。【注】居無事以待事事斯得【疏】如上所解即是元古眞人用自然之道虛其心以待物不以人入天。【注】以有事求無事事愈荒【疏】不用人事取捨亂於天然之智古之眞人。得之也生。失之也死。得之也死。失之也生。【注】死生得失各隨其所居耳於生爲得於死或復爲失未始有常也【疏】夫處生而言即以生爲得若據死而語便以生爲喪死生旣其無定得失的在誰邊噫未可知也是以混死生一得喪故謂之眞人矣　家世父曰形氣之相須也得之生失之死有比而合之者也自然之待化也得之死失之生有委而聽之者也得之生故有爲而無爲得之死故無爲而無不爲〔釋文〕或復扶又反

藥也。其實堇也。桔梗也。雞廱也。豕零也。是時爲帝者也。何可勝言。【注】當其所須則無賤非其時則無貴貴賤有時誰能常也【疏】堇烏頭也治風痺桔梗治心腹血雞廱即雞頭草也服延年豕零豬苓根也似豬卵治渴病此竝賤藥也帝君主也夫藥無貴賤瘉病則良藥病相當故便爲君主乃至目視耳聽手捉心知用有行藏時有興廢故時之所賢者爲君才不應世者爲臣此事必然故何可言盡也〔釋文〕堇音謹郭音覲徐音斬司馬云烏頭也治風冷痹　桔音結本亦作結　梗古猛反司馬云桔梗治心腹血瘀瘕痹　雞廱徐於容反本或作壅音同司馬云即雞頭也一名芡與藕子合爲散服之延年　豕零司馬本作豕囊云一名豬苓根似豬卵可以治渴案四者皆藥草名　是時爲帝者也司馬云藥草有時迭相爲帝謂其王相休廢各得所用也　慶藩案時者更也帝者主也言堇桔梗雞廱豕零更相爲主也方言曰蒔更也（蒔郭音侍古無蒔字借時字爲之）爾雅曰帝君也淮南正論篇時舉而代御齊俗篇此代爲帝者也（帝今本誤作當）太平御覽引馮衍鄧禹牋此更爲適者也（適讀若嫡廣雅嫡君也）或言時或言代或言更其義一也（方言更代也說文代更也）　勝言音升

句踐也。以甲楯三千。棲於會稽。【疏】句踐越王也會稽山名也越爲吳軍所殘窘迫退走棲息於會稽山上也〔釋文〕句踐音鉤　甲楯純尹反徐音尹　棲於音西李云登山曰棲　會古外反　稽音雞

唯種也。能知亡之所以存。唯種也。不知其身之所以愁。【疏】種越大夫名其時句踐大敗兵唯三千走上會稽山亡滅非遠而種密謀深智亡時可在當時矯與吳和後二十二年而滅吳矣夫狡兔死良狗烹敵國滅忠臣亡數其然也乎吳之後范蠡去越而遊乎江海變名易姓韜光晦迹即陶朱公是也大夫種不去爲句踐所誅但知國亡而可以存不知愁身之必死也字亦有作種者隨字讀之〔釋文〕種章勇反越大夫名也吳越春秋云姓文字少禽　所以存本又作可以存言知越雖亡可以存也

故曰。鴟目有所適。鶴脛有所節。解之也悲。【注】各適一時之用不能靡所不可則有時而失有時而失故有時而悲矣解去也【疏】鴟目

晝闇而夜開則適夜不適晝鶴脛稟分而長則能長不能短枝節如此故解去則悲亦猶種闇於謀身長於存國也〔釋文〕鴟尺夷反　脛刑定反　解之佳買反司馬云解之去也一音懈　故曰。

風之過河也有損焉。日之過河也有損焉。【注】有形者自然相與爲累唯外乎形者磨之而不磷【疏】風日是氣河有形質凡有形氣者未能無累也而風吹日曝必有損傷恃源而往所以不覺亦猶吳得越之後謀臣必恃謂其功勳以無後慮遭戮是知物相利者必相爲害也〔釋文〕有損有形自然相累世能累物物能累人故大夫種所以不免也　不磷鄰刃反　請只風與日相與守河。而河以爲未始其攖也。【注】實已損矣而不自覺　恃源而往者也。【注】所以不覺非不損也恃源往也【疏】恃賴也攖損也風之與日相與守河於河攖損而不知覺恃其源流〔釋文〕恃本亦作持源而往者也水由源往雖遇風日不能損也道成其性雖在於世不能移也　故水之守土也審。影之守人也審。物之守物也審。【注】無意則止於分所以爲審【疏】審安定也夫水非土則不安影無人則不見物無造物則不立故三者相守而自以爲固而新故不住存亡不停昨日之物於今已化山舟朁遁昧者不知斯之義也　故目之於明也殆。耳之於聰也殆。心之於殉也殆。【注】有意則無崖故殆【疏】殉逐也夫視目所見聽耳所聞任心所逐若目求離朱之明耳索師曠之聰心逐無崖之知欲不危殆其可得乎　家世父曰水之守土二物也相比而相須也影之守人一物而爲二物也自生而自化也物之守物發而自證也抱一者也所以謂之審者無外馳也目馳而明生焉耳馳而聰出焉心馳而所殉見焉凡能於其府者皆外馳也及其所自持而緣之以爲功致果以求之積久而不知所歸役耳目心思之用以與萬物爲攖故可悲也　凡能其於府也殆。殆之成也不給改。【注】所以貴其無能而任其天然【疏】夫運分別之智出於藏府而自伐能者必致危亡也故雖有成功不還周給而改悔矣　禍之長也茲萃。【注】萃聚也苟不能忘知則禍之長也多端矣【疏】滋多也萃聚也役於藏府自顯其能故凶災禍患增長而多聚之也〔釋文〕之長丁丈反注同　茲萃所帀反郭云聚也李云多也本又作萃　其反也緣功。【注】反守其性則其功不作而成【疏】自伐己能而反招禍敗者緣於功成不退故也　其果也待久。【注】欲速則不果【疏】夫誠意成功決定矜伐有待之心其日固久　而人以爲己寶。不亦悲乎。【注】己寶謂有其知能【疏】流徙之人心處愚暗寶貴己能成功而處執滯如是甚可悲傷　故有亡國戮民无已。【注】皆有其身之禍【疏】貪土地爲己有大寶取之無道國破家亡殘害黎元無數無窮已也　不知問是也。【注】不知問禍之所由由乎有心而修心以救禍也【疏】世有明人是爲龜鏡不知閒禍敗所由唯恶貪賤愚之至也 故足之於地也踐。雖踐。恃其所不蹍。而後善博也。【疏】踐蹍俱履蹈也夫足之能行必履於地仍賴不踐之土而後得行若無餘地則無由安善而致博遠也此舉譬也【釋文】恃其所不蹍女展反李云一足常不往故能行廣遠也　俞樾曰兩踐字並當作淺或字之誤或古通用也足之於地止取容足而已故曰足之於地也淺然容足之外雖皆無用之地而不可廢也故曰雖淺恃其所不蹍而後善博也外物篇曰夫地非不廣且大也人之所用容足耳然則廁足而墊之致黃泉人尚有用乎即此義也下文曰人之知也少雖少恃其所不知而後知天之所謂也少與淺文義相近若作踐則不可通矣 人之於知也少。雖少。恃其所不知。而後知天之所謂也。【注】夫忘天地遺萬物然後蜩翼可得而知也況欲知天之所謂而可以不無其心哉【疏】知有明暗能有少多各止其分則物逍遙是以地藉不踐而得行心賴不知而能照所以處寂養恬天然之理故老經云有之以爲利無之以爲用此合論也 知大一。知大陰。知大目。知大均。知大方。知大信。知大定。至矣。【疏】此略標能知七大之名可謂造極自此以下歷解義 大一通之。【注】道也【疏】一是陽數大一天也能通生萬物故曰通 大陰解之。【注】用其分內則萬事無滯也【疏】大陰地也無心運載而無分解物形之也【釋文】解之音蟹下同又佳買反 大目視之。【注】用萬物之自見亦大目也【疏】各視其所見謂大目 大均緣之。【注】因其本性令各自得則大均也【疏】緣順也大順則物物各性足均平【釋文】令各力呈反下同 大方體之。【注】體之使各得其分則萬方俱得所以爲大方也【疏】萬物之形各有方術蜘蛛結網之類斯體達之 大信稽之。【注】命之所期無令越逸斯大信也【疏】信實也稽至也循而任之各至其實斯大信也 大定持之。【注】真不撓則自定故持之以大定斯不持也【疏】物各信空持而用之其理空矣【釋文】不撓乃孝反 盡有天。【注】夫物未有無自然者也【疏】上來七大未有不由其自然者也 循有照。【注】循之則明無所作也【疏】循順也但順其天然智自明照 冥有樞。【注】至理有極但當冥之則得其樞要也【疏】窈冥之理自有樞機而用之無勞措意也【釋文】樞尺朱反 始有彼。【注】始有之者彼也故我述而不作【疏】郭注云始有之者彼也故我述而不作也 則其解之也似不解之者。【注】夫解任彼則彼自解解之無功故似不解【疏】體從彼學而解也戒小成性故不似解 其知之也似不知之也。

【注】明彼知也【疏】能忘其知故似不知也不知而後知之。【注】我不知則彼知自用彼知自用則天下莫不皆知也【疏】不知而知知而不知知非知而知故不知而後知此是眞知其問之也。不可以有崖。【注】應物宜而無方而不可以无崖。【注】各以其分頡滑有實。【注】萬物雖頡滑不同而物物各自有實也【疏】頡滑不同也萬物紛擾頡滑不同統而治之咸資實道〔釋文〕頡徐下結反滑乎八反向云頡滑謂錯亂也古今不代。【注】各自有故不可相代【疏】古自在古不從古以來今今自存今亦不從今以生古物各有性新故不相代換也而不可以虧。【注】宜各盡其分也【疏】時不往來法無遷貿豈賴古以爲今耶則可不謂有大揚搉乎。【注】搉而揚之有大限也【疏】如上所問其道廣大豈不謂顯揚妙理而搉實論之乎〔釋文〕揚搉音角又苦學反三蒼云搉敲也許愼云揚搉粗略法度王云搉略而揚顯之　慶藩案釋文引三蒼云搉敲也敲當作毃說文搉敲擊也漢書五行志搉其眼師古注云搉謂敲擊去其精也敲毃二文以形近而誤闔不亦問是已。奚惑然爲。【注】若問其大搉則物有至分故忘己任物之理可得而知也奚爲而惑若此也【疏】闔何不也奚何無識之類若夜游何不詢問聖人及其弱喪而迷惑困苦如是何爲也以不惑解惑。復於不惑。是尚大不惑。【注】夫惑不可解故尚大不惑惑之至也是以聖人從而任之所以皇王殊迹隨世爲名也【疏】不惑聖智惑於凡情也以聖智之言辨於凡惑忘得反本復乎眞根而不能得意忘言而執乎聖迹貴重明言以不惑爲大此乃欽尚不惑豈能除惑哉斯又遣於不惑也〔釋文〕惑解佳買反注同復於音服又扶又反

雜篇　則陽第二十五

則陽游於楚。【疏】姓彭名陽字則陽魯人游事諸侯後入楚欲事楚文王〔釋文〕則陽司馬云名則陽字彭陽也一云姓彭名則陽周初人也夷節言之於王。王未之見。夷節歸。【疏】夷姓名節楚臣也則陽欲事於楚故因夷節稱言於王王既貴重故猶未之見也夷節所進未遂故罷朝而歸家〔釋文〕夷節楚臣彭陽見王果曰。夫子何不譚我於王。【疏】王果楚之賢大夫也譚猶稱說也本亦有作言談字者前因夷節未得見王後說王果冀其談薦也〔釋文〕王果司馬云楚賢人譚音談本亦作談李云說也郭徒堪反徐徒暗反王果曰。我不若公閱休。【疏】若如也公閱休隱者之號也王果賢人嫌彭陽貪榮情速

故感稱隱者以抑其進趨之心也〔釋文〕公閱休隱士也閱音悅彭陽曰。公閱休奚爲者邪。疏奚何也既稱公閱休言已不如故問何爲庶聞所以曰。冬則擉鼈於江。夏則休乎山樊。有過而問者。曰。此予宅也。注言此者以抑彭陽之進趨疏擉刺也樊傍也亦茂林也隆冬刺鼈於江渚以逍遙盛夏歸休偃茂林而取適既無環廡故指山傍而爲舍此略陳閱休之事迹也〔釋文〕擉初角反又敕角反司馬云刺也郭音鐲徐丁綠反一音捉　盧文弨曰舊捉作促譌今改正　慶藩案廣韻引司馬云擉鼈刺鼈也與釋文小異　樊音煩李云傍也司馬云陰也廣雅云邊也　予宅司馬云以隱居山陰自顯也夫夷節已不能。而況我乎。吾又不若夷節。夫夷節之爲人也。无德而有知。不自許。以之神其交。固顛冥乎富貴之地。注言己不若夷節之好富貴能交結意盡形名任知以干上也疏顛冥猶迷没也言夷節交游堅固意在榮華顛倒迷惑情貪富貴實無眞德而有俗知不能虛淡以從神而好任知以干上數數如此猶自不能況我守愚若爲堪薦此是王果謙遜之辭也〔釋文〕有知音智注同顛冥音眠司馬云顛冥猶迷惑也言其交結人主情馳富貴非相助以德。相助消也。注苟進故德薄而名消疏消毀損也言則陽德我談己於王者此適可敗壞名行必不益於盛德也夫凍者假衣於春。暍者反冬乎冷風。注言己順四時之施不能赴彭陽之急疏夫遭凍之人得衣則煖被暍之者遇水便活乃待陽和以解凍須寒風以救暍雖乖人事實順天時履道達人體無近惠不進彭陽其義亦爾〔釋文〕暍音謁字林云傷暑也　之施始豉反下同夫楚王之爲人也。形尊而嚴。其於罪也。无赦如虎。非夫佞人正德。其孰能橈焉。疏儀形有南面之尊威嚴擬千乘之貴赫怒行毒猶如暴虎戮辱蒼生必無赦宥自非大佞之人不堪任使若履正懷德之士誰能屈橈心志而事之乎〔釋文〕能橈乃孝反又呼毛反王云惟正德以至道服之佞人以才辯奪之故能況橈之也故聖人。其窮也。使家人忘其貧。注淡然無欲樂足於所遇不以侈靡爲貴而以道德爲榮故其家人不識貧之可苦疏御寇居鄭老萊在楚妻孥窮窶而樂在其內賢士尚然況乎眞聖斯忘貧也〔釋文〕淡然徒暫反其達也。使王公忘爵祿而化卑。注輕爵祿而重道德超然坐忘不覺榮之在身故使王公失其所以爲高疏韜光爲窮顯迹爲達哀公德友於尼父軒轅膝步於廣成斯皆遺任則尊不拘品命故能使萬乘之王五等之君化其高貴之心而爲卑下之行也〔釋文〕而化卑居高而以卑爲本也本或作而化卑於人也其於物也。與之爲娛矣。注不以爲物自苦疏同塵涉事與物無私所造皆適故未嘗不樂也其於人也。樂物之通。而保己焉。注通彼人不喪我疏混迹人間而無滯塞雖復通物而不喪我動不傷寂而常守於其真〔釋文〕不喪息浪反故或不言。而飲人以和。注人各自得斯飲和矣豈待言哉疏陰芘羣生冥同蒼昊中和之道各得其心滿腹而歸豈勞言教〔釋文〕而飲於鴆反與人並立。而使人化。注望其風而靡之疏和光同塵斯並立也各反其真斯人化也父子之宜。彼其乎歸居。注使彼父父子子各歸其所疏雖復混同貴賤而倫敍無虧故父子君臣各居其位無相參冒不亦宜乎而一閒其所施。注其所施同天地之德故閒靜而不二疏所有施惠與四時合敍未嘗不閑暇從容動靜不二〔釋文〕一閒音閑其於人心者。若是其遠也。疏聖人之用心其如上說是以知其清高深遠也　家世父曰父子之宜承上家人忘其貧子養父者也父待養於子者也所謂宜也歸居即據上文冬擉鼈夏休乎山樊言之釋文閒閑也謂別異其所施以求自足也以使家人忘其貧自忘而已矣此其遠於人心者也故曰。待公閱休。注欲其釋楚王而從閱休將以靜泰之風鎮其動心也疏此總結也聖人達綢繆。注所謂元通疏綢繆結縛也夫達道聖人超然縣解體知物境空幻豈爲塵網所羈閱休雖未極乎道故但託而說之也〔釋文〕綢直周反繆亡侯反綢繆猶纏綿也又云深奧也周盡一體矣。注無外內而皆同照疏夫智周萬物窮理盡性物我不二故混同一體也〔釋文〕周盡一體所鑒綢繆精麤洞盡故言周盡一體一體天也而不知其然性也。注不知其然而自然者非性如何疏能所相應境智冥合不知所以莫辨其然故與真性符會復命搖作。而以天爲師。注搖者自搖作者自作莫不復命而師其天然也疏反乎真根復於本命雖復搖動順物而作動靜無心合於天地故師於二儀也〔釋文〕復命搖作搖動也萬物動作生長各有天然則是復其命也人則從而命之也。注此非赴名而高其迹師性而動其迹自高故人不能下其名也疏命名也合道聖人本無名字爲有清塵可慕故人從後而名之〔釋文〕命之也命名也憂乎知。而所行恒无幾時。其有止也。若之何。注任知而行則憂患相繼疏任知爲物憂患斯生心靈易奪所行無幾攀緣念慮寧有住時假令神禹無奈之何〔釋文〕憂乎知音智而所行恒无幾居豈反時其有止也若之何王云憂乎智謂有爲者以形智不至爲憂也不知用智必喪喪而更以不智爲憂及其智之所行有

彝無濟故其憂患相接無須臾停息故曰恆無幾時其有止也不能遺智去憂非可憂如何

生而美者。人與之鑑。不告。則不知其美於人也。注鑑鏡也鑑物無私故人美之今夫鑑者豈知鑑而鑑耶生而可鑑則人謂之鑑耳若人不相告則莫知其美於人譬之聖人人與之名疏鑑鏡也告語也夫生明照照物無私人愛慕之故名為鏡若人不相告語明鏡本亦無名此起譬也〔釋文〕則不知其美於人生便有見物之美而為無心人與作名言鏡耳故人美之若不相告即莫知其美於人

若知之。若不知之。若聞之。若不聞之。其可喜也終无已。注夫鑑之可喜由其無情不問知與不知聞與不聞來即鑑之故終無已若鑑由聞知則有時而廢也疏已止也夫鏡之照物義在無情不問怨親照恆平等若不聞而不知鏡亦不照既有聞知鏡能照之斯則事涉閒奪有時休廢矣焉能久照乎只為凝照無窮故為人之所喜好也　慶藩案王氏念孫曰終無已者終竟也竟無已時也

人之好之亦无已。性也。注若性所不好豈能久照疏鏡之能照出自天然人之喜好率乎造物既非矯性所以無窮〔釋文〕好之呼報反注同

聖人之愛人也。人與之名。不告。則不知其愛人也。注聖人無愛若鏡耳然而事濟於物故人與之名若人不相告則莫知其愛人也疏聖人澤被蒼生恩流萬代物荷其德人與之名更相告語嘉號斯起不若然者豈有聖名乎

若知之。若不知之。若聞之。若不聞之。其愛人也終无已。注蕩然以百姓為芻狗而道合於愛人故能無已若愛之由乎聞知則有時而衰也疏夫聖德遐曠接物無私亭毒羣生芻狗百姓豈待知聞而後愛之哉只為慈救無偏故德無窮已此合譬也

人之安之亦无已。性也。注性之所安故能久疏安定也夫靜而與陰同德動而與陽同波故無心於動靜也故能疾雷破山而恆定大風振海而不驚斯率其真性者也若矯性偽情則有時而動矣故王弼云不性其情焉能久行其企

舊國舊都。望之暢然。注得舊猶暢然況得性乎疏國都諭其真性也夫少失本邦流離他邑歸望桑梓暢然喜歡況喪道日淹逐末來久今既還原反本故曰暢然〔釋文〕暢然喜悅貌

雖使丘陵草木之緡。注緡合也〔釋文〕之緡民忍反徐音昏郭云合也司馬云盛也

入之者十九。猶之暢然。況見見聞聞者也。注見所嘗見聞所嘗聞而猶暢然況體其體用其性也疏緡合也舊國舊都荒廢日久丘陵險陋草木叢生入中相訪十人識九見所曾見聞所曾聞懷生之情暢然歡樂況喪道日久流浪

生死忽然反本會彼眞原歸其重元之鄉見其至道之境其爲樂也豈易言乎〔釋文〕十九謂見十識九也見見聞聞見所見聞所聞　俞樾曰緡字釋文引司馬云盛也郭注云合也於義俱通入之者十九釋文曰謂見十識九也此未得其義入者謂入於丘陵草木所掩蔽之中也入之者十九則其出於外而可望見者止十之一耳而猶覺暢然喜悅故繼之曰況見見聞聞者也郭注曰見所嘗見聞所嘗聞而猶暢然則於況見見聞聞句不復可通遂增益之曰況體其體用其性也於莊子本義不合矣

以十仞之臺縣眾閒者也。【注】眾之所習雖危猶閒況聖人之無危【疏】七尺曰仞臺高七丈可謂危縣人眾數登遂不怖懼習以性成倘自寬閑而況得眞何往不安者也〔釋文〕臺縣音玄眾閒音閑注同元嘉本作閑　俞樾曰此承見見聞聞而言以十仞之臺而縣於眾人耳目之閒此人所共見共聞者非猶夫丘陵草木之緡入之者十九也其爲暢然可知矣郭注曰眾之所習雖危猶閒此誤讀閒爲閑於義殊不可通蓋由不解上文故於此亦失其旨　家世父曰說文閒隙也周禮匠人井閒成閒同閒凡空處謂之閒屋空處亦曰閒十仞之臺縣之眾閒傑然獨出見見聞聞不能揜也得其環中以隨成不以之見於外而自得之於中乃可以應無窮

冉相氏得其環中以隨成。【注】冉相氏古之聖王也居空以隨物物自成【疏】冉相氏三皇以前無爲皇帝也環中之空也言古之聖王得眞空之道體環中之妙故道順羣生混成庶品〔釋文〕冉相息亮反注同郭云冉相氏古聖王　俞樾曰路史循蜚紀有冉相氏

與物无終无始。无幾无時。【注】忽然與之俱往【疏】無始無過去無終無未來也無幾無時無見在也體化合變與物俱往故無三時也

日與物化者。一不化者也。【注】日與物化故常無我常無我故常不化也【疏】順於日新與物俱化者動而常寂故凝寂一道嶷然不化

闔嘗舍之。【注】言夫爲者何不試舍其所爲之乎【疏】闔何也言體空之人冥於造物千變萬化而與化俱往曷嘗蹔相舍離也〔釋文〕嘗舍音捨注同

夫師天而不得師天。【注】唯無所師乃得師天【疏】師者倣傚之名天者自然之謂夫大塊造物率性而動若有心師學則乖於自然故不得也

與物皆殉。其以爲事也。若之何。【注】雖師天猶未免於殉奚足事哉師天猶不足稱事況又不師耶【疏】殉者逐也求也夫有心倣傚造化而與物俱往者此不率其本性也奚足以爲脩其事業乎倘有所求故是殉也夫師猶有稱殉況捨己逐物其如之何〔釋文〕皆殉辭俊反　家世父曰其有止也逼乎命者也其以爲事應乎物者也其舍之也盡性復命渾人己而化之也云若之何者如是之爲道也

夫聖人未始有天。未始有人。未始有始。未始有物。【疏】夫得中聖人達於至理故能入天變遺物我兩忘既曰無終何嘗有始率性合道不復師天

與世偕行而不替。所行之備而不洫。其合之也。若之何。【注】都無乃冥合【疏】替廢也洫塞也

混同人事與世並行接物隨時會無廢闕然人閑否泰備經之矣而未嘗壅塞所遇斯過無心師學自然合道如何倣倣方欲契眞固不可也〔釋文〕所行之備而不洫音溢郭許的反李虛域反溢也王云壞敗也無心偕行何往而不至故曰皆殉也所行行備而物我無傷故無壞敗也

湯得其司御門尹登恒。爲之傅之。【注】委之百官而不與焉【疏】姓門名尹且言門尹官號也姓登名恒殷湯聖人忘懷順物故得良臣御事既爲師傅元默端拱而不爲也〔釋文〕門尹登恆向云門尹官名登恆人名爲之于僞反下同傅之音付下同不與音預

從師而不囿。【注】任其自聚非囿之也縱其自散非解之也【疏】從任也囿聚也虛淡無爲委任師傅終不積聚而爲己功

得其隨成。爲之司其名【注】司御之屬亦能隨物之自然也而湯得之所以名寄於物而功不在己【疏】良臣受委隨物而成推功司御名不在己

之名。贏法得其兩見。【注】名法者已過之迹耳非適足也故曰贏然無心者寄治於羣司則其名迹並見於彼【疏】贏然無心也見顯也成物之名聖迹之法並是師傅而不與焉故名法二事俱顯於彼贏然閑放功成弗居也〔釋文〕之名贏音盈法得其兩見賢遍反注同得其隨成之道以司其名名實法立故得兩見猶人鑑之相得也家世父曰隨成者得成者也兩見者對待者也說文傅相也即輔相之義隨成可以爲相矣仲尼之盡慮亦輔相也是亦對待也司者察也名之贏法之總也爾雅釋詁法常也老子名可名非常名察其名迹之所至而可知其成故曰兩見寄治直吏反

仲尼之盡慮。爲之傅之。【注】仲尼曰天下何思何慮慮已盡矣若有纖芥之慮豈得寂然不動應感無窮以輔萬物之自然也【疏】傅輔也盡絕也孔丘聖人忘懷絕慮故能開化羣品輔稟自然若蘊纖芥有心豈能坐忘應感

容成氏曰。除日无歲。【注】今所以有歲而存日者爲有死生故也若無死無生則歲日之計除【疏】容成古之聖王也歲日者時敍之名耳爲計於時日故有生死生死無矣故歲日除焉〔釋文〕容成老子師也俞樾曰漢書藝文志陰陽家有容成子十四篇房中家又有容成陰道二十六卷此即老子之師也列子湯問篇黃帝與容成子居空峒之上同齋三月當是別一人淮南本經篇昔容成氏之時道路雁行列處託嬰兒於巢上置餘糧於畝首虎豹可尾虺蛇可蹍而不知其所由然此則當爲上古之君即莊子胠篋之容成氏與大庭伯皇中央栗陸諸氏並稱者也而高誘注乃云容成氏黃帝時造厤日者則以爲黃帝之臣矣此以說列子湯問篇與黃帝同居空峒之容成氏乃爲得之非此容成也合諸說觀之容成氏有三黃帝之君一也黃帝之臣二也老子之師三也然老子生年究不可考其師或即黃帝之臣未可知也

无內无外。【注】無彼我則無內外也【疏】內我也外物也爲計死生故有內外歲日既遺物我何施

魏瑩與田侯牟約。田侯牟背之。魏瑩怒。將使人刺之。【疏】瑩魏惠王

名也田侯卽齊威王也名牟桓公之子出恒之後故曰田侯齊魏二國約誓立盟不相征伐盟後未幾威王背之故魏侯瞋怒將使人刺而殺之其盟在齊威二十六年魏惠八年〔釋文〕魏瑩郭本作罃音瑩磨之瑩今本多作瑩乙耕反司馬云魏惠王也　盧文弨曰舊作罃與作瑩互易文頗不順且今書實多作瑩字今改正史表梁惠王之名作罃　與田侯一本作田侯牟司馬云田侯齊威王也名牟桓公子案史記威王名因不名牟　盧文弨曰案今書有牟字史記威王名因齊戰國策亦同　俞樾曰史記威王名因齊田齊諸君無名牟者惟桓公名午與牟字相似牟或午之譌然齊桓公午與梁惠王又不相值也　背之音佩　刺之七賜反

犀首聞而恥之。曰。君爲萬乘之君也。而以匹夫從讎。【疏】犀首官號也如今虎賁之類公家之孫名衍爲此官也諸侯之國革車萬乘故謂之君也匹夫者謂無官職夫妻相匹偶也從讎猶報讎也夫君人者一怒則伏尸流血今乃令匹夫行刺單使報讎非萬乘之事故可羞〔釋文〕犀首魏官名也司馬云若今虎牙將軍公孫衍爲此官元嘉本作齒首　慶藩案戰國策三鮑注引司馬云犀首魏若今虎牙將軍視釋文較略　萬乘繩證反

衍請受甲二十萬。爲君攻之。虜其人民。係其牛馬。【疏】將軍孫衍請專命受鉞率領甲卒二十萬人攻其齊城必當獲勝於是擄掠百姓羈係牛馬緒勳酬賞分布軍人也〔釋文〕爲君于僞反下請爲君同

使其君內熱發於背。然後拔其國。忌也出走。然後抶其背。折其脊。【疏】姓田名忌齊將也抶折擊也國破人亡而懷恚怒故熱氣蘊於心癰疽發於背也國既傾拔獲其主將於是擊抶其背打折腰脊旋師獻凱不亦快乎〔釋文〕忌也出走忌畏而走或言圍之也元嘉本忌作亡　抶敕一反三蒼云擊也郭云秩又豬栗反　盧文弨曰舊秩仍作抶譌今書內所載音義作秩姑從之或疑是秩亦不訓擊　折其之舌反

季子聞而恥之。曰。築十仞之城。城者既十仞矣。則又壞之。此胥靡之所苦也。【疏】季姓也子者德之稱魏之賢臣也胥靡徒役人也季子懷道不用征伐聞犀首請兵盆而進諫夫七丈之城用功非少城就成矣無事壞之此乃徒役之人濫遭辛苦此起譬也〔釋文〕季子魏臣　俞樾曰下十字疑七字之誤城者既七仞則雖未十仞而去十仞不遠矣故壞之爲可惜若既十仞則直謂之已成可耳不當言既十仞也下文曰今兵不起七年矣此王之基也明是以七仞喻七年其爲字誤無疑　又壞音怪

今兵不起七年矣。此王之基也。衍亂人。不可聽也。【疏】干戈靜息已經七年偃武修文王者洪基犀首方爲禍亂不可聽從

華子聞而醜之。曰。善言伐齊者。亂人也。善言勿伐者。亦亂人也。謂伐之與不伐亂人也者。又亂人也。【疏】華姓子有德爵亦魏之賢臣也善巧言伐齊者謂興動干戈故是禍亂之人此公孫衍也善言勿伐者意在王之洪基勝於敵國有所解望故是亂人斯季子也謂伐與不伐亂人者未能忘言行道猶以是非爲

心故亦未免爲亂人此華子自道之辭也〔釋文〕華子亦魏臣也君曰。然則若何。疏華子遣蕩既探王不測其所以故問言旨意趣如何曰。君求其道

而已矣。疏夫道淸虛淡漠物我兼忘故勸求之庶其寡欲必能履道爭奪自消惠子聞之。而見戴晉人。疏戴晉人梁之賢者也姓戴字晉人惠施聞華子

之淸言猶恐魏王之未悟故引戴晉庶解所疑〔釋文〕惠子惠施也而見賢遍反下同戴晉人梁國賢人惠施薦之於魏王戴晉人曰。有所謂蝸

者。君知之乎。曰。然。注蝸至微而有兩角疏蝸者蟲名有類小螺也俗謂之黃犢亦謂之蝸牛有四角君知之不曰然魏王答云我識之矣〔釋文〕蝸音瓜

郭音戈李云蝸蟲有兩角俗謂之蝸牛三蒼云小牛螺也一云俗名黃犢有國於蝸之左角者。曰觸氏。有國於蝸之右角者。

曰蠻氏。時相與爭地而戰。伏尸數萬。逐北。旬有五日而後反。注誠知所爭者若此

之細也則天下無爭矣疏蝸之兩角二國存焉蠻氏頻相戰爭殺傷既其不少進退亦復淹時此起譬也〔釋文〕數萬色主反逐北如字又音佩軍走曰北君曰。

噫。其虛言與。疏所言奇論不近人情故發噫嘆疑其不實也〔釋文〕曰噫於其反言與音餘曰。臣請爲君實之。疏必謂虛言請陳

實錄君以意在四方上下有窮乎。疏君以意測四方上下有極不因斯理物又質魏侯君曰。无窮。疏魏侯答云上下四方竟無窮已

曰。知遊心於无窮。而反在通達之國。注人迹所及爲通達謂今四海之內也若存若亡

乎。疏人迹所接爲通達也存有也亡無也遊心無極之中又比九州之內語其大小可謂如有如無也君曰。然。注今自以四海爲大然計在無窮之中若

有若無也。疏然猶如此也謂所陳之語不虛也曰。通達之中有魏。注謂魏國在四海之中於魏中有梁。疏昔在河東國號爲魏魏爲強秦

所逼徙都於梁梁從魏而有故曰魏中有梁也於梁中有王。王與蠻氏有辯乎。疏辯別也王之一國處於六合欲論大小如有如無與彼蠻氏有何差異此

合譬也君曰。无辯。注王與蠻氏俱有限之物耳有限則不問大小俱不得與無窮者計也雖復天地共在無

窮之中皆蔑如也況魏中之梁梁中之王而足爭哉疏自悟己之所爭與蝸角無別也〔釋文〕雖復扶又反客出。而君惝

然若有亡也。注自悼所爭者細疏惝然悵恨貌也晉人言畢辭出而行君覺己非惝然悵恨心之悼矣恍然如失〔釋文〕惝音敞字林云惝也又吐蕩反客

出。惠子見君曰。客大人也。聖人不足以當之。【疏】聖人謂堯舜也晉人所談其理宏博堯舜之行不足以當 惠子曰。夫吹筦也。猶有嗃也。吹劍首者。吷而已矣。堯舜人之所譽也。道堯舜於戴晉人之前。譬猶一吷也。【注】曾不足聞。【疏】嗃大聲吷小聲也夫吹竹管聲猶高大吹劍環聲則微小唐堯俗中所譽若於晉人之前盛談斯道者亦何異乎吹劍首聲會無足可聞也〔釋文〕筦音管本亦作管 嗃許交反管聲也玉篇呼洛反又呼教反廣雅云鳴也 劍首司馬云謂劍環頭小孔也 吷音血又呼悅反司馬云吷然如風過 所譽音餘 孔子之楚。舍於蟻丘之漿。【疏】蟻丘丘名也漿賣漿水之家也仲尼適楚而爲聘使路旁舍息於賣漿水之家其家住在丘下故以丘爲名也〔釋文〕蟻丘魚綺反李云蟻丘山名 之漿李云賣漿家司馬云謂逆旅舍以菰蔣草覆之也 其鄰有夫妻臣妾登極者。子路曰。是稯稯何爲者邪。【疏】極高也稯稯衆聚也孔丘應聘門徒甚多車馬威儀驚異常俗故漿家鄰舍男女羣聚共登賣漿觀視仲尼子路不識是以怪問〔釋文〕登極 司馬云極屋棟也升之以觀也一云極平頭屋也 稯稯音總字亦作總李云聚貌本又作稯一本作稯初力反 盧文弨曰兩稯字疑有一誤 仲尼曰。是聖人僕也。【疏】古者淑人君子均號聖人故孔子名宜僚爲聖人也言臣妾登極衆聚多者是市南宜僚之僕隸也〔釋文〕聖人僕謂懷聖德而隱僕隸也司馬本僕作樸謂聖人坏樸也 是自埋於民。【注】與民同 自藏於畔。【注】進不榮華退不枯槁【疏】混迹泥滓同塵俗不顯其德故自埋於民也進不榮華退不枯槁隱顯出處之際故自藏於畔也〔釋文〕藏於畔王云脩田農之業是隱藏於壠畔 其聲銷。【注】捐其名也〔釋文〕銷音消司馬云小也 捐其本亦作損 盧文弨曰今書捐作損 其志无窮。【注】規是生也【疏】聲名也消滅也一榮辱故毀滅其名冥至道故其心无極 其口雖言。其心未嘗言。【注】所言者皆世言【疏】口應人閑心恆凝寂故不言而言言未嘗言 方且與世違。而心不屑與之俱。【注】心與世異【疏】道與俗反固違於世虛心无累不與物同此心迹俱異也〔釋文〕不屑 屑絜也不絜世也本或作肖 是陸沈者也。【注】人中隱者譬無水而沈也【疏】寂寥虛淡譬無水而沈謂陸沈也〔釋文〕陸沈司馬云當顯而反隱如無水而沈也 是其市南宜僚邪。【疏】姓熊字宜僚居於市南故謂之市南宜僚也 子路請往召之。【疏】由聞宜僚陸沈賢士請往就舍召之 孔子曰。已矣。【疏】已止也彼必不來幸止勿喚 彼知丘之著於己也。【注】著明也 知丘之適楚也。以丘爲必使楚王之召己也。彼且以丘爲佞人也。【疏】彼宜僚也著明也知丘明識宜僚是陸沈賢士又知適楚必向楚王薦召之如是則用丘爲諂佞之人也 夫若然者。其於佞人也羞聞其言。而況親見其身乎。【疏】陸沈之人率性誠直其於邪佞恥聞其言況自視其形良非所願 而何以爲存。【注】不如舍之以從其志【疏】而汝也存在也匿影銷聲久當逃避汝何爲請召謂其猶在 子路往視之。其室虛矣。【注】果逃去也【疏】仲由無鑑不用師言遂往其家庶觀盛德而辭聘情切宜僚已逃其屋虛矣

長梧封人問子牢曰。君爲政焉勿鹵莽。治民焉勿滅裂。【注】鹵莽滅裂輕脫末略不盡其分【疏】長梧地名其地有長樹之梧因以名焉封人也即此地守疆之人子牢孔子弟子姓琴宋鄉也爲政行化也治民宰割也鹵莽不用心也滅裂輕薄也夫民爲邦本本固則邦寧唯當用意養人亦不可輕爾搔擾封人有道故戒子牢〔釋文〕長梧封人長梧地名封人守封疆之人 子牢司馬云即琴牢孔子弟子 慶藩案琴張孔子弟子經傳中無作琴牢子牢者惟孔子家語弟子有琴張一名牢字子開亦字張衞人也是琴始見於家語其書乃王子雍所僞撰不足爲據賈逵鄭衆注左傳以琴張爲顓孫師服虔駁之云子張少孔子四十餘歲孔子是時四十知未有子張趙岐注孟子亦以琴張爲子張云子張善鼓琴號曰琴張（蓋又據禮記子張既除喪斅語而附會者也）尤爲不經琴張子牢本非一人也司馬此說非漢書古今人表作琴牢亦淺學者據家語改之也如漢書有琴牢則賈鄭服各注早據之以釋牢曰琴張矣論語鄭注孟子趙岐注及左傳同 鹵音魯 莽莫古反又如字 滅裂猶短草也李云謂不熟也郭云鹵莽滅裂輕脫末略不盡其分也司馬云鹵莽猶麤粗也謂淺耕稀種也滅裂斷其草也 盧文弨曰案麤千奴反粗才古反二字古多連用如春秋繁露俞予篇云始於麤粗終於精微論衡正說篇云略正題目麤粗之說以照篇中微妙之文其他以麤觕通用者亦多猶麤粗也有欲改爲粗疏者故正之 昔予爲禾。耕而鹵莽之。則其實亦鹵莽而報予。芸而滅裂之。其實亦滅裂而報予。【疏】爲禾猶種禾也芸拔草也耕地不深鉏治不熟至秋收時嘉實不多皆由疏略故致斯報也〔釋文〕芸音云除草也 予來年變齊。深其耕而熟耰之。【注】功盡其分無爲之至〔釋文〕變齊才細反司馬如字云變更也謂變更所法也齊同也 耰音憂司馬云鋤也廣雅云推也字林云摩田器也 其禾蘩以滋。予終年厭飧。【疏】變改也耕治也耰芸也去歲爲田亟遭飢餒今年藝植故改法深耕耕墾既深鉏耰又熟於是禾苗蘩茂子實滋榮寬歲足飧故其宜矣〔釋文〕厭飧音孫本又作飱 莊子聞之曰。今人之治其形。理其心。多有似封人之所謂。【疏】今世之人隳浮輕薄馳情欲境倦而不休至於治理心形例如封人所謂莊周聞此因而論之 遁其天。離其性。滅其情。亡

其神。以衆爲。【注】夫遁離滅亡以衆爲之所致也若各至其極則何患也【疏】逃自然之理散澹和之性滅眞實之情失養神之道者皆以徇逐分外多端有爲故也〔釋文〕離其力智反下同以衆爲如字王云凡事所可爲者也遁離滅亡皆由衆爲衆爲所謂鹵莽也司馬本作爲僞 故鹵莽其性者。欲惡之孽。爲性萑葦。【注】萑葦害黍稷欲惡傷正性【疏】萑葦蘆也夫欲惡之心多爲妖孽萑葦害黍稷欲惡傷眞性皆由鹵莽浮僞故致其然也〔釋文〕欲惡烏路反注並同之孽魚列反萑音丸萑葦類葦于鬼反蘆也 蒹葭。始萌以扶吾形。【注】形扶疏則神氣傷【疏】蒹葭亦蘆也夫穢草初萌尙易除翦及扶疏盛茂必害黍稷亦猶欲心初萌尙易止息及其昏溺戒之在微故老子云其未兆易謀也〔釋文〕蒹古恬反薕也葭音加亦蘆也 俞樾曰爲性萑葦蒹葭六字爲句郭於萑葦下出注云萑葦害禾稷欲惡傷正性此失其讀也始萌以扶吾形尋擢吾性尋與始相對爲義尋之言寖尋也漢書郊祀志寖尋於泰山矣晉灼曰尋遂往之意也始萌以扶吾形言其始若足以扶助吾形也尋擢吾性言寖尋既久則拔擢吾性也郭解扶吾形曰形扶疏則神氣傷亦爲失之 尋擢吾性。【注】以欲惡引性不止於當【疏】尋引也擢拔也以欲惡之事誘引其心遂使拔擢眞性不止於當也 並潰漏發。不擇所出。漂疽疥癰。內熱溲膏是也。【注】此鹵莽之報也故治性者安可以不齊其至分【疏】潰漏人冷瘡也漂疽熱毒腫也癰亦疽之類也溲膏溺精也耽滯物境沒溺聲色故致精神昏亂形氣虛羸衆病發動不擇處所也〔釋文〕並潰回內反漏發李云謂精氣散泄上潰下漏不擇所出也漂本亦作瘭徐敷妙反又匹招反一音必招反疽七餘反瘭疽謂病瘡膿出也疥音界溲所求反本或作廋膏司馬云謂虛勞人尿上生肥白沫也皆爲利欲感動失其正氣不如深耕熟耰之不齊才細反又如字 柏矩學於老聃。曰。請之天下遊。【疏】柏姓矩名懷道之士老子門人也請遊行宇內觀風化察物情也〔釋文〕柏矩有道之人 老聃曰。已矣。天下猶是也。【疏】老子止之不許其往言天下物情與此處無別也 又請之。老聃曰。汝將何始。【疏】鄭重殷勤所請不已方問行李欲先往何邦 曰。始於齊。【疏】柏矩魯人與齊相近齊人無道欲先行也 至齊。見辜人焉。推而強之。解朝服而幕之。【疏】游行至齊以觀風化忽見罪人刑戮而死於是推而強之令其正臥解取朝服幕而覆之〔釋文〕辜辜罪也李云謂應死人也元嘉本作幸人 盧文弨曰幸或是辜之誤　俞樾曰釋文辜罪也李云謂應死人也此失其義辜謂辜磔也周官掌戮殺王之親者辜之鄭注辜之言枯也謂磔之是其義漢景帝紀改磔曰棄市顏注磔謂張其尸也是古之辜磔人者必張其尸於市故柏矩推而強之解朝服而幕之也 強之其良反字亦作彊 朝服直遙反 幕音莫司馬云覆也 號天而哭之曰。子乎子乎。天下有大菑子獨先離之曰莫爲盜莫爲殺人【注】殺人大菑謂自此以下事大菑既有則雖戒以莫爲其可得已乎【疏】離羅也菑禍也號叫上天哀而大哭愍其枉濫故重曰子乎爲盜殺人世間大禍子獨何罪先此遭羅大菑之條具列於下又解所謂辜人則朝士是也言其強相推讓以被朝服重爲羅網以繼黎元故告天哭之明菑由斯起預張之網列在下文　俞樾曰子乎子乎乃歎辭也詩綢繆子兮子兮毛傳子兮者嗟茲也管子小稱篇嗟茲乎聖人之言長乎哉說苑貴德篇曰嗟茲乎我窮必矣並以嗟茲爲歎辭說詳經義述聞此云子乎子乎正與子兮子兮同義子當讀爲嗞釋文子字不作音蓋失其義久矣〔釋文〕號天戶刀反　大菑音哉　離之離著也　榮辱立然後覩所病【注】各自得則無榮辱得失紛紜故榮辱立榮辱立則夸其所謂辱而跂其所謂榮矣奔馳乎夸跂之間非病如何【疏】軒冕爲榮戮恥爲辱奔馳取舍非病如何　貨財聚然後覩所爭【注】若以知足爲富將何爭乎【疏】珍寶彌積馳競斯起　今立人之所病聚人之所爭窮困人之身使无休時欲无至此得乎【注】上有所好則下不能安其本分【疏】賞之以軒冕玩之以珠璣遂使羣品奔馳困而不止欲令各安本分其可得乎〔釋文〕所好呼報反　古之君人者以得爲在民以失爲在己【注】君莫之失則民自得矣【疏】推功於物故以得在民受國不祥故以失在己　以正爲在民以枉爲在己【注】君莫之枉則民自正【疏】無爲任物正在民也引過責躬枉在己也　故一形有失其形者退而自責【注】夫物之形性何爲而失哉皆由人君撓之以至斯患耳故自責【疏】夫人受氣不同稟分斯異令各任其能則物皆自得若有一物失所虧其形性者則引過歸己退而責躬昔殷湯自翦千里來霖是也　今則不然【疏】步驟殊時澆淳異世故今之馭物者則不復如此也　匿爲物而愚不識【注】反其性匿也用其性顯也故爲物所顯則皆識【疏】所作憲章皆反物性藏匿罪名愚妄不識故罪名者衆也〔釋文〕匿女力反　爲物而愚一本作遇　俞樾曰下文大爲難而罪不敢重爲任而罰不勝遠其塗而誅不至曰罪曰罰曰誅皆謂加之以刑也此曰愚則與下文不一律矣釋文曰愚一本作遇遇疑過字之誤廣雅釋詁曰過責也因其不識而責之是謂過不識呂覽適威篇曰煩爲教而過不識數爲令而非不從巨爲危而罪不敢重爲任而罰不勝與此文義相似而正作過不識高誘注訓過爲責可據以訂此文之誤過誤爲遇又臆改爲愚耳　慶藩案愚與遇古通晏子春秋外篇威爲聲樂以淫愚民墨子非儒篇愚作遇韓子南面篇愚贛窳惰之民宋乾道本愚作遇秦策愚惑與罪人同心姚本愚作遇曩謂當從釋文作遇之義爲長今案俞氏以爲過字之誤其說更精過遇二字古多互譌本書漁父篇今者丘得過也釋文過或作遇

讓王篇君過而遺先生食釋文遺本亦作遇是二字形似互誤之證不識反物性而強令識之大爲難而罪不敢。【注】爲物所易則皆敢【疏】法既難定行之不易故決定違者斯罪之也〔釋文〕大爲難而罪不敢王云凡所施爲者皆用物之所能則莫不易而敢矣而故大爲艱難令出不能物有不敢者則因罪之所易以豉反重爲任而罰不勝。【注】輕其所任則皆勝〔釋文〕不勝音升注同遠其塗而誅不至。【注】適其足力則皆至【疏】力微事重而責其不勝路遠期促而罰其後至皆不可也民知力竭。則以僞繼之。【注】將以避誅罰也【疏】智力竭盡不免誅罰懼罰情急故繼之以僞〔釋文〕民知音智下同日出多僞。士民安取不僞。【注】主日興僞士民何以得其真乎【疏】譎僞之風日日而出僞衆如草於何得眞夫力不足則僞。知不足則欺。財不足則盜。盜竊之行。於誰責而可乎。【注】當責上也【疏】夫知力窮竭譎僞必生賦斂益急貪盜斯起皆由主上無德法令滋彰夫能忘愛釋私不貴珍寶當責在上豈罪下民乎蘧伯玉行年六十。而六十化。【注】亦能順世而不係於彼我故也【疏】姓蘧名瑗字伯玉衞之賢大夫也盛德高明照達空理故能與日俱新隨年變化〔釋文〕蘧其居反未嘗不始於是之。而卒詘之以非也。【注】順物而暢物情之變然也【疏】初履之年謂之爲是年既終謝謂之爲非一歲之中而是非常出故始時之是終詘爲非也〔釋文〕詘起勿反廣雅云曲也郭音黜未知今之所謂是之非五十九非也。【注】物情之變未始有極【疏】故變爲新以新爲是故已謝矣以故爲非然則去年之非於今成是今年之是來歲爲非是知執是執非滯新執故者倒置之流也故容成氏曰除日無歲蘧瑗達之故隨物化也萬物有乎生。而莫見其根。有乎出。而莫見其門。【注】無根無門忽爾自然故莫見也唯無其生亡其出者爲能覩其門而測其根也【疏】隨變而生生無根原任化而出出無門戶既曰無根無門故知無生無出生出無門理其知此何年歲之可像乎人皆尊其知之所知。而莫知恃其知之所不知而後知。可不謂大疑乎。【注】我所不知物有知之者矣故用物之知則無所不知獨任我知知甚寡矣今不恃物以知而自尊知則物不告我非大疑如何【疏】所知者俗知也所不知者眞知也疏俗之人皆尊重分別之知銳情取捨而莫能賴其分別之知以照眞原可謂大疑惑之人也已乎已乎。且无所逃。【注】不能用彼則寄身無地【疏】已止也夫銳情取捨不如休止必遭禍患無處逃形此所謂然與然乎。【注】自謂然者天下未之然也【疏】各然其所然各可其所可彼我相對執是執非乎〔釋文〕然與音餘又如字 然乎言未然

仲尼問於大史大弢伯常騫狶韋【疏】太史官號也下三人皆史官之姓名也所問之事次列下文〔釋文〕大史音太 大弢吐刀反人名 伯常騫起虔反人名 狶本亦作豨同虛豈反又音希郭音豨李音熙 韋李云狶韋者太史官名 曰。夫衛靈公飲酒湛樂。不聽國家之政。田獵畢弋。不應諸侯之際。其所以爲靈公者何邪。【疏】畢大網也弋繩繫箭而射也靡猥之君耽聲嗜酒捕獵禽獸不聽國政會盟交際不赴諸侯㝷等史官應須定謚無道如此何爲謚靈〔釋文〕湛丁南反樂之久也李常淫反 樂音洛 不應應對之應 諸侯之際司馬云盟會之事 大弢曰。是因是也。【注】靈即是無道之謚也【疏】依周公謚法亂而不損曰靈靈即無道之謚也此是因其無道謚之曰靈故曰是因是也

伯常騫曰。夫靈公有妻三人同濫而浴。【注】男女同浴此無禮也〔釋文〕同濫徐胡暫反或力暫反浴器也 史鰌奉御而進所。搏幣而扶翼。【注】以鰌爲賢而奉御之勞故搏幣而扶翼之使其不得終禮此其所以爲肅賢也幣者奉御之物【疏】濫浴器也姓史字魚衞之賢大夫也幣帛也又謚法德之精明曰靈男女同浴使賢人進御公見史魚良臣傑慇愧悚假遣人搏捉幣帛令扶將羽翼慰而送之使不終其禮敬賢如此便是明君故謚爲靈靈則有道之謚〔釋文〕史鰌音秋司馬云史魚也 所搏音搏 幣郭作幣帛也徐扶世反司馬音蔽云引衣裳自蔽盧文弨曰今書作幣 而扶翼司馬云謂公及浴女相扶翼自隱也此殊郭義 其慢若彼之甚也。見賢人若此其肅也。是其所以爲靈公也。【注】欲以肅賢補其私慢靈有二義不可謂善故仲尼問焉【疏】男女同浴嫚慢之甚忽見賢人頓變肅敬用爲有道故謚靈也

狶韋曰。夫靈公也。死卜葬於故墓。不吉。卜葬於沙丘而吉。掘之數仞。得石槨焉。洗而視之。有銘焉。曰。不馮其子。靈公奪而里之。夫靈公之爲靈也久矣。【注】子謂蒯聵也言不馮其子靈公將奪女處也夫物皆先有其命故來事可知也是以凡所爲者不得不爲凡所不爲者不可得爲而愚者以爲之在己不亦妄乎〔釋文〕故墓一本作大墓 沙丘地名 掘之其月反又

其勿反　數仞所主反　洗而西禮反　不馮音憑　其子靈公郭讀絕句司馬以其子字絕句云言子孫不足可憑故使公得此處爲冢也　家世父曰郭象注子謂蒯瞶非也石槨有銘古之葬者謂子孫無能憑依以保其墓靈公得而奪之釋文一本作奪而埋之是也　奪而里而汝也里居處也一本作奪而埋之　蒯起怪反　瞶五怪反蒯瞶衛莊公名　女處音汝下昌慮反

之二人何足以識之。【注】徒識已然之見事耳未知已然之出於自然也【疏】沙丘地名也在盟津河北子蒯瞶也欲明人之名謚皆定於未兆非關物情而有升降故沙丘石槨先有其銘登馮蒯瞶方能奪葬史與常騫詎能識邪〔釋文〕之見賢遍反

少知問於大公調【疏】智照狹劣謂之少知太大也公正也道德廣大公正無私復能調順羣物故謂之太公調假設二人以論道理〔釋文〕大公音泰下同

曰何謂丘里之言。【疏】古者十家爲丘二十家爲里鄉閭丘里風俗不同故假問答以辯之也〔釋文〕丘里之言李云四井爲邑四邑爲丘五家爲鄰五鄰爲里古者鄰里井邑土風不同猶今鄉曲各自有方俗而物不齊同　盧文弨曰舊土作士今書內音義作土字從之

大公調曰。丘里者。合十姓百名。而以爲風俗也。【疏】采其十姓取其百名合而論之以爲風俗也〔釋文〕十姓百名一姓爲十人十姓爲百名則有異有同故合散以定之

合異以爲同。散同以爲異。今指馬之百體而不得馬。而馬係於前者。立其百體。而謂之馬也。【疏】如采丘里之言以爲風俗斯合異以爲同也一人設教隨方順物斯散同以爲異也亦猶指馬百體頭尾腰脊無復是馬此散同以爲異也而係於前見有馬此合異以爲同也

是故丘山積卑而爲高。江河合水而爲大。大人合并而爲公。【注】無私於天下則天下之風一也【疏】積土石以成丘山聚細流以成江海亦猶聖人無心隨物施教故能并合八方均一天下華夷共履遐邇無私〔釋文〕積卑如字又音婢　合水一本作合流　俞樾曰水乃小字之誤卑高小大相對爲文　合并而爲公合羣小之稱以爲至公之一也

是以自外入者。有主而不執。【疏】自從也謂聖人之教從外以入從中而出隨順物情故居主竟無所執也

由中出者。有正而不距。【注】自外入者大人之化也由中出者民物之性也性各得正故民無違心化必至公故主無所執所以能合丘里而并天下一萬物而夷羣異也【疏】由亦從也謂萬物黔黎各有正性率心而出稟受皇風既合物情故順而不距

四時殊氣。天不賜。故歲成。【注】殊氣自有故能常有若本無之而由天賜則有時而廢【疏】賜與也夫春暄夏暑秋涼冬寒稟之自然故歲敍成立若由天與之則有時而廢矣〔釋文〕天不賜賜與也

五官

殊職。君不私故國治。【注】殊職自有其才故任之耳非私而與之【疏】五官謂古者法五行置官也春官秋官各有司職君王玄默委任無私故致宇內清夷國家寧泰也〔釋文〕國治直吏反 文武。大人不賜故德備。【注】文者自文武者自武非大人所賜也若由賜而能則有時而闕矣豈唯文武凡性皆然【疏】文相武將量才授職各任其能非聖與也無私於物故道德圓備 萬物殊理。道不私故无名。【疏】夫羣物不同率性差異或巢居穴處走地飛空而亭之毒之咸能自濟物各得理故無功也 无名故无爲。无爲而无不爲。【注】名止於實故無爲實各自爲故無不爲【疏】功歸於物故爲無爲不執此無而無不爲 時有終始。世有變化。【注】故無心者斯順【疏】時謂四敘遞代循環世謂人事遷貿不定 禍福湻湻。【注】流行反覆【疏】湻湻流行貌夫天時寒暑流謝不常人情禍福何能久定故老經云禍兮福所倚福兮禍所伏也〔釋文〕湻湻如字王云流動流貌盧文弨曰兩流字疑衍其一 反覆芳服反 至有所拂者而有所宜。【注】於此爲戾於彼或以爲宜【疏】拂戾也夫物情向背蓋無定準故於此乖戾者或於彼爲宜是以達道之人不執逆順也〔釋文〕所拂扶弗反戾也又音弗又音弼 自殉殊面。【注】各自信其所是不能離也【疏】殉逐也面向也夫彼此是非紛然固執故各逐已見而所向不同也〔釋文〕自殉殊面廣雅云面向也謂心各不同而自殉爲殊向自殉是非天隔故有所正者亦有所差 離也力智反 有所正者有所差。【注】正於此者或差於彼【疏】於此爲正定者或於彼差耶此明物情顛倒殊向而然也 家世父曰禍福湻湻任之以無心雖有拂於人而自得所宜自殉殊面強之以異趣名爲正之而實已兩差矣 比於太澤。百材皆度。【注】無棄材也【疏】比譬也度量也夫廣大皐澤林藪極多隨材量用必無棄擇大人取物其義亦然〔釋文〕比于大澤本亦作宅 盧文弨曰今書于作於 百材皆度 度居也雖別區異所大澤爲居雖木石異端同以大山爲壇此可以當丘里之言也 觀於大山。木石同壇。【注】合異以爲同也【疏】壇基也石有巨小木有粗細共聚大山而爲基本此合異以爲同也 此之謂丘里之言。【注】言於丘里則天下可知【疏】總結前義也 少知曰。然則謂之道足乎。【疏】以道爲名名道於理謂不足乎欲明至道無名故發斯問 太公調曰。不然。今計物之數。不止於萬。而期曰萬物者。以數之多者號而讀之也。【注】夫有數之物猶不止於萬況無數之數謂道而足耶【疏】期限也號語也夫有形之物物乃無窮今世人語之限曰萬物者此舉其大經爲言也亦猶虛道妙理本自無名據其功用強名爲道名於理未足也〔釋文〕而讀李云讀猶語也是故天地者。形之大者也。陰陽者。氣之大者也。道者爲之公。【注】物得以通通物無私而強字之曰道【疏】天覆地載陰陽生育故形氣之中最大者也天道能通萬物亭毒蒼生施化無私故謂之公也〔釋文〕強字巨丈反因其大以號而讀之。則可也。【注】所謂道可道也【疏】大道有物生化羣品語其始本實曰無名因其功號讀亦可也已有之矣。乃將得比哉。【注】名已有矣故乃將無可得而比耶【疏】因其功用已有道名不得將此有名比於無名之理以斯比擬去之迢遞則若以斯辯。譬猶狗馬。其不及遠矣。【注】今名之辯無不及遠矣故謂道猶未足也必在乎無名無言之域而後至焉雖有名故莫之比也【疏】夫獨以狗馬二獸語而相比者非直大小有殊亦乃貴賤斯別也今以有名之道比無名之理者非直粗妙不同亦深淺斯異故不及遠也少知曰。四方之內。六合之裏。萬物之所生惡起。【注】問此者或謂道能生之【疏】六合之內天地之閒萬物動植從何生起少知發問欲辯其原〔釋文〕惡起音烏太公調曰。陰陽相照。相蓋相治。四時相代。相生相殺。【注】言此皆其自爾非無所生【疏】夫三光相照二儀相蓋風雨相治炎涼相代春夏相生秋冬相殺豈關情慮物理自然也　俞樾曰蓋當讀爲害爾雅釋言蓋割裂也釋文曰蓋舍人本作害是蓋害古字通陰陽或相害或相治猶下句云四時相代相生相殺也欲惡去就。於是橋起。雌雄片合。於是庸有。【注】凡此事故云爲趍舍近起於陰陽之相照四時之相代也【疏】橋起貌也庸常也順則就而欲逆則惡而去言物在陰陽造化之中蘊斯情慮開杜交合以此爲常也〔釋文〕欲惡烏路反　橋起居表反下同又音紀王云高勁言所起之勁疾也　片合音判又如字安危相易。禍福相生。緩急相摩。聚散以成。【疏】夫逢泰則安遇否則危危則爲禍安則爲福緩者爲壽急者爲夭散則爲死聚則爲生凡此數事出乎造物相摩而成其猶四敍變易還質豈關情慮哉此名實之可紀。精微之可志也。【注】過此已往至於自然自然之故誰知所以也【疏】誌記也夫陰陽之內天地之閒爲實有名故可綱可紀假令精微猶可言記至於重元妙理超絕形名故不可以言像求也隨序之相理。橋運之相使。窮則反。終則始。此物之所有。【注】皆物之所有自然而然耳非無能有之也【疏】夫四序循環更相治理五行運動遞相驅役物極則反終而復始物之所有理盡於斯〔釋文〕隨序謂變化相隨有次序也序或作原一本作享　橋運之相使橋運謂相橋代頓至次序以相過理橋運以相制使也　言之所盡，知之所至，極物而已。注物表無所復有，故言知不過極物也。疏夫眞理玄妙，絕於言知，若以言詮辯，運知思慮，適可極於有物而已，固未能造於玄玄之境。〔釋文〕所復扶又反

睹道之人，不隨其所廢，不原其所起，注廢起皆自爾，無所原隨也。此議之所止。注極於自爾，故無所議。疏睹，見也。隨，逐也。夫見道之人，玄悟之士，凝神物表，寂照環中，體萬境皆玄，四生非有，豈復留情物物而推逐廢起之所由乎！所謂之言語道斷，議論休止者也。少知曰：「季眞之莫爲，接子之或使，二家之議，孰正於其情，孰偏於其理？」注季眞曰道莫爲也，接子曰道或使，或使者有使物之功也。疏季眞、接子，並齊之賢人，俱遊稷下，故託二賢明於理。莫，無也。使，爲也。季眞以無爲爲道，接子謂道有爲使物之功，各執一家，未爲遍論。今少知問此，以定臧否於素情妙理，誰正誰偏者也。〔釋文〕季真接子　李云：二賢人。　俞樾曰：尚書微子篇殷其勿或亂正四方，多士篇時予乃或言，枚傳並曰或有也。禮記祭義篇庶或饗之，孟子公孫丑篇夫既或治之，鄭趙注並曰或有也。此云季眞之莫爲，接子之或使，或與莫爲對文，莫，無也；或，有也。周易益上九莫益之，或擊之，亦以莫或相對。　慶藩案接子，漢書古今人表作捷子。接捷字異而義同。爾雅接，捷也。郭璞曰：捷謂相接續也。（公羊春秋莊十二年宋萬弒其君接，僖三十年鄭伯接卒，左穀皆作捷。）又案史記孟子荀卿列傳索隱云接子古箸書者之名號。　孰偏音遍，徐音篇。　太公調曰：「雞鳴狗吠，是人之所知；雖有大知，不能以言讀其所自化，又不能以意其所將爲。注物有自然，非爲之所能也。由斯而觀，季眞之言當也。疏夫目見耳聞，雞鳴狗吠，出乎造化，愚智同知。故雖大聖至知，不能用意測其所爲，不能用言道其所以，自然鳴吠，豈道使之然！是知接子之言於理未當。〔釋文〕吠符廢反　大知音智　斯而析之，精至於无倫，大至於不可圍。注皆不爲而自爾。疏假令精微之物，無有倫緒，粗大之物，不可圍量，用此道理推而析之，未有一法非自然獨化者也。或之使，莫之爲，未免於物，而終以爲過。注物有相使，亦皆自爾，故莫之爲者，未爲非物也。凡物云云，皆由莫爲而過去。疏不合於道，故未免於物，各滯一邊，故卒爲過患也。或使則實，注實自使之。疏滯有爲也。莫爲則虛。注無使之也。疏溺無故也。有名有實，是物之居；注指名實之所在。无名无實，在物之虛。注物之所在，其實至虛。疏夫情苟滯於有，則所在皆物也；情苟尙無，則所

在皆虛也是知有無在心不在乎境　可言可意。言而愈疏。注故求之於言意之表而後至焉疏夫可以言詮可以意察者去道彌疏遠也故當求之於言意之表而後至焉　未生不可忌。注突然自生制不由我我不能禁已死不可徂。注忽然自死吾不能違疏忌禁也阻礙也突然而生不可禁忌忽然而死有何礙阻唯當隨變任化所在而安字亦有作徂者怨也處順而死故不怨喪也〔釋文〕不可徂一本作阻　死生非遠也。理不可覩。注近在身中猶莫見其自爾而欲憂之疏勞息聚散近在一身其理窈冥愚人不見　或之使。莫之為。疑之所假。注此二者世所至疑也疏有無二執非達者之心疑惑之人情偏乃為議論之也　吾觀之本。其往无窮。吾求之末。其來无止。无窮无止。言之无也。與物同理。注物理無窮故知言無窮然後與物同理也疏本過去也末未來也過去已往生化無窮莫測根原為可意致假令感談無有既其偏滯未免於物故與物同於一理也　或使莫為。言之本也。與物終始。注恆不為而自使然也疏本猶始各執一邊以為根本者猶未免於本末也故與有物同於始斯離於物也　道不可有。有不可无。注道故不能使有而有者常自然也疏夫至道不絕非有非無故執有執無二俱不可也　道之為名。所假而行。注物所由而行故假名之曰道疏道大無名強名曰道假此名教動而行之也　或使莫為。在物一曲。夫胡為於大方。注舉一隅便可知疏胡何也方道也或使莫為未階虛妙斯乃俗中一物偏曲之人何足以造重元語乎大道　言而足。則終日言而盡道。注求道於言意之表則足言而不足。則終日言而盡物。注不能忘言而存意則不足疏足圓偏也不足偏滯也苟能忘言會理故曰言未嘗言盡合元道也如其執言不能契理既乖虛通之道故盡是滯礙之物也　道物之極。言默不足以載。注夫道物之極常莫為而自爾不在言與不言疏道物極處非道非物故言默不能盡載之　非言非默。議有所極。注極於自爾非言默而議之也疏默非默議非議唯當索之於四句之外而後造於眾妙之門也

雜篇外物第二十六〔釋文〕以義名篇

外物不可必。【疏】域心執固謂必然也夫人閑事物參差萬緒惟安大順則所在虛通若其從物執情必遭禍害〔釋文〕外物王云夫忘懷於我者固無對於天下然後外物無所用必爲若乃有所執爲者誅亦無時而妙矣　盧文弨曰宋本必作心　慶藩案文選嵇叔夜養生論注引司馬云物事也忠孝內也外事感不信受也釋文闕　故龍逢誅，比干戮，箕子狂。惡來死，桀紂亡。【注】善惡之所致俱不可必也【疏】龍逢比干外篇已解箕子殷紂之庶叔也忠諫不從懼紂之害所以佯狂亦終不免殺戮惡來紂之佞臣畢志從紂所以俱亡　人主莫不欲其臣之忠，而忠未必信，故伍員流于江，萇宏死於蜀，藏其血三年而化爲碧。【注】精誠之至【疏】碧玉也子胥萇宏外篇已釋而言流江者忠諫夫差夫差殺之取馬皮作袋爲鴟鳥之形盛伍員屍浮之江水故云流於江萇宏遭譖被放歸蜀自恨忠而遭譖遂刳腸而死蜀人感之以匱盛其血三年而化爲碧玉乃精誠之至也〔釋文〕而化爲碧　呂氏春秋藏其血三年化爲碧玉　慶藩案太平御覽八百九引司馬云萇宏忠而流故其血不朽而化爲碧釋文闕　人親莫不欲其子之孝，而孝未必愛，故孝己憂而曾參悲。【注】是以至人無心而應物唯變所適【疏】孝己殷高宗之子也遭後母之難憂苦而死而曾參至孝而父母憎之常遭父母打鄰乎死地故悲泣也夫父子天性君臣義重而至忠至孝尚有不愛不知況乎世事萬塗而可必固者唯當忘懷物我適可全身遠害〔釋文〕孝己李云殷高宗之太子　曾參李云曾參至孝爲父所憎嘗見絕糧而後蘇　木與木相摩則然，金與火相守則流。【疏】夫木生火火剋金五行之氣自然之理故木摩木則火生火守金則金爍是以誠心執固而必於外物者爍滅之敗　俞樾曰淮南子原道篇亦云兩木相摩而然然兩木相摩未見其然下句云金與火相守則流疑此句亦當作木與火下文云水中有火乃焚大槐又云利害相摩生火甚多衆人焚和月固不勝火是此章多言火益知此文之當爲木與火矣蓋木金二物皆畏火故舉以爲言見火之爲害大也　陰陽錯行，則天地大絯，於是乎有雷有霆，水中有火，乃焚大槐。【注】所謂錯行【疏】水中有火電也乃焚大槐霹靂也陰陽錯亂不順五行故雷霆擊怒驚駭萬物人乖和氣敗損亦然〔釋文〕大絯音駭又音諧又胡待反　水中有火乃焚大槐司馬云水中有火謂電也焚謂霹靂時燒大樹也　家世父曰天地之大用水火而已矣水陽也而用陰火陰也而用陽人生陰陽之用喜怒憂樂愛惡生死相爭相靡猶水火也兩陷者水火之橫溢者也蟨當作螴爾雅釋天螮蝀虹也螴蜳猶言虹蜺淮南說山訓天二氣則成虹二氣者陰陽之相薄者也相薄而兩相爭勝則虹蜺亦不得成人心水火之爭陽常舒而徐進陰常慘而暴施凡不平於心皆陰氣之發也故曰生火甚多坎爲月月者水氣之積也體陽而用陰也火生而水不能勝之所以兩陷而無所逃也　有甚憂兩陷而无所逃。【注】苟不能忘形則隨形所遁而陷於憂樂，左右無宜也。【疏】不能虛志而忘形域，心執固是以馳情於榮辱二境，陷溺於憂樂二邊，無處逃形。〔釋文〕兩陷司馬云：兩謂心與膽也。陷，破也。畏罍甚，憂心膽破陷也。憂樂音洛。螴蜳不得成，【注】矜之愈重，則所在為難，莫知所守，故不得成。【疏】螴蜳，猶怵惕也。不能忘情忘懷，矜惜，故雖勞形怵慮而卒無所成。〔釋文〕螴郭音陳，又褚允反，徐敕盡反。蜳郭音惇，又柱允反，徐敕轉反，李餘準反。司馬云：螴蜳讀曰忡融，言怖畏之氣，忡融兩溢，不安定也。心若縣於天地之閒，【注】所希跂者高而闊也。【疏】心徇有為，高而且遠，馳情逐物，遍乎宇宙。〔釋文〕若縣音玄。慰暋沈屯，【注】非清夷平暢也。【疏】逢心則慰喜，乖意則昏悶，遇境則沈溺，觸物則屯邅，既非清夷，豈是平暢。〔釋文〕慰暋武巾反，李音昏，又音泯。慰，鬱也。暋，悶也。沈屯張倫反。司馬云：沈，深也。屯，難也。利害相摩，生火甚多，【注】內熱故也。【疏】夫利者必有害，蟬聯是也。纓纏於利害之閒，內心恆熱，故生火多矣。眾人焚和，【注】眾人而遺利則和，若利害存懷則其和焚也。【疏】焚，燒也。眾人猶俗人也。不能守分無為，而每馳心利害，內熱如火，故燒焰中和之性。月固不勝火，【注】大而闇則多累，小而明則知分。【疏】月雖大而光圓，火雖小而明照，諭忘大而多貪，不如小心守分。於是乎有僓然而道盡。【注】唯僓然無矜，遺形自得，道乃盡也。【疏】僓然，放任不矜之貌。忘情利害，淡爾不矜，虛元道理，乃盡於此也。〔釋文〕僓音頹，又呼瓌反。郭云：順也。

莊周家貧，故往貸粟於監河侯。【疏】監河侯，魏文侯也。莊子高素，不事有為家業，既貧，故來貸粟。〔釋文〕貸粟音特，或一音他得反。監河侯古銜反。說苑作魏文侯。監河侯曰：「諾。我將得邑金，將貸子三百金，可乎？」【疏】諾，許也。銅鐵之類皆名為金，此非黃金也。待我歲終得百姓租賦封邑之物，乃貸子。〔釋文〕將貸他代反。莊周忿然作色曰：「周昨來，有中道而呼者。周顧視車轍中，有鮒魚焉。周問之曰：『鮒魚來！子何為者邪？』對曰：『我，東海之波臣也。君豈有斗升之水而活我哉？』【疏】波浪小臣，困於車轍，君頗有水以相救乎。〔釋文〕而呼火故反。鮒音附。廣雅云：鰿也。鰿音迹。波臣司馬云：謂波蕩之臣。周曰：『諾。我且南遊吳越之王，激西江之水而迎子，可乎？』【疏】西江，蜀江也。江水至多，北流者衆，惟蜀江從西來，故謂之西江是也。〔釋文〕激西古狄反。鮒魚忿然作色曰：『吾失我常與，我无所處。吾得斗升之水然活耳，君乃言此，曾不如早索我於枯魚之肆。【注】此言當理無小，苟其不當，雖大何益。【疏】索，求；肆，市。常行海水，鮒魚波浪失於常處，升斗之水可以全生，乃激西江，非所宜也。既其不救斯須，不如求我於乾魚之肆。此言事無大小，時有機宜，苟不逕機，雖大無益也。〔釋文〕早索所白反。枯魚李云：猶乾魚也。

任公子為大鉤巨緇，五十犗以為餌，【疏】任，國名。任國之公子。巨，大也。緇，黑繩也。犗，犍牛也。餌，鉤頭肉。既為巨鉤，故用大繩，懸五十頭牛以為餌。〔釋文〕任公子如字，下同。李云：任，國名。大鉤本亦作鈎。盧文弨曰：鈎舊譌約，宋本同，今改正。巨緇司馬云：大黑綸也。犗郭古邁反，云：犍牛也。徐音界。說文云：騬牛也。司馬云：犍牛也。騬音繩。犍紀言反。盧文弨曰：舊無牛字，據說文增。為餌音二。蹲乎會稽，投竿東海，【疏】蹲，踞也。踞，坐也。踞其山號為巨鉤，朞年不得魚。〔釋文〕蹲音存。會古外反。稽古兮反。會稽，山名，今為郡也。旦旦而釣，期年不得魚。已而大魚食之，牽巨鉤錎沒而下，騖揚而奮鬐，白波若山，海水震蕩，聲侔鬼神，憚赫千里。【疏】朞年之外，有大魚吞鉤，於是牽鉤陷沒，馳騖而下，揚其頭尾，奮其鱗鬐，遂使白浪如山，洪波際日。〔釋文〕期年本亦作朞，同，音基，言必久其事，後乃能感也。錎沒音陷。字林：猶陷字也。騖揚徐音務，一本作鶩。鬐徐來夷反，李音須。憚丹末反。慶藩案：憚，古皆訓為畏難（見論語學而篇朱注、秦策高注）。此言憚赫，憚者威嚴之名也。賈子解縣篇「陛下威憚大信」（信與伸同），亦此憚字之義。威嚴為憚，威怒亦為憚，大雅桑柔篇「逢天僤怒」是也。僤與憚同（見王氏讀書雜志）。赫火百反。千里言千里皆懼。

任公子得若魚，離而腊之，自制河以東，蒼梧已北，莫不厭若魚者。【疏】若魚，海神也。淛，浙江也。蒼梧，山名，在嶺南，舜葬之所。海神肉多，分為腊腊，自五嶺已北，三湘已東，皆厭之。〔釋文〕若魚司馬云：大魚名。若，海神也。或云：若魚，猶言此魚。而腊音昔。制河諸設反。依字應作淛。漢書音義音逝。河亦江也。北人名水皆曰河。淛江今在餘杭郡，後漢以為吳會分界。司馬云：淛江今在會稽錢塘。慶藩案：制河之制，釋文諸設反，字當作淛，謂淛水以東也。古制聲與淛同。論語顏淵篇「片言可以折獄者」，鄭注曰：魯讀折為制。書呂刑「制以刑」，墨子向同篇制作折。已而後世輇才諷說之徒，皆驚而相告也。【疏】末代季葉，才智輕浮，諷誦詞說，不敦元道，聞得大魚，驚而相語。輕字有作輇字者，輇，量也。〔釋文〕輇七全反，又視專反，又音權。李云：輇，量人也。本或作軨。軨，小也。本又或作輕。諷說方鳳反。夫揭竿累，趣灌瀆，守鯢鮒，其於得大魚難矣，【疏】累，細繩也。鯢鮒，小魚也。擔揭細小之竿繩，趨走溉灌之溝瀆，適得鯢鮒，難獲大魚也。〔釋文〕揭其列、其謁二反。竿累劣彼反，謂次足不得並足也。本亦作纍。司馬云：力追反，云：綸也。趣本又作趨，同，七須反。灌瀆司馬云：溉灌之瀆。守鯢五兮反。鮒音附，又音蒲。本亦作蒱。李云：鯢鮒皆小魚也。飾小說以干縣令其於大達亦遠矣。【疏】干求也縣高也夫修飾小行矜持言說以求高名令問者必不能大通於至道字作縣字古懸字多不著心　是以未嘗聞任氏之風俗。其不可與經於世亦遠矣。【注】此言志趣不同故經世之宜小大各有所適也【疏】人間世道夷險不常自非懷豁虛通未可以治亂若矜名飾行去之遠矣

儒以詩禮發冢。大儒臚傳曰。東方作矣。事之何若。【疏】大儒碩儒謂大博士從上傳語告下曰臚臚傳也東方作謂天曙日光起儒弟子發冢爲盜恐天時曙故催告之問其如何將事〔釋文〕臚力於反一音盧蘇林注漢書云上傳語告下曰臚臚猶行也　傳治戀反又丈專反向云從上語下日臚傳一音張戀反遽也　東方作矣司馬云謂日出也　小儒曰。未解裙襦。口中有珠。【疏】小儒弟子也死人裙衣猶未解脫裙其口中知其有寶珠〔釋文〕襦而朱反　詩固有之曰。青青之麥。生於陵陂。生不布施。死何含珠爲。【疏】此是逸詩久遺删削凡貴人葬者口多含珠故誦青青之詩刺之〔釋文〕青青之麥司馬云此逸詩刺死人也　陵陂彼宜反　布施始豉反　接其鬢。壓其顪。儒以金椎控其頤。徐別其頰。无傷口中珠。【注】詩禮者先王之陳迹也苟非其人道不虛行故夫儒者乃有用之爲姦則迹不足恃也【疏】接撮也壓按也顪口也控打也撮其鬢按其口鐵椎打仍恐損珠故安徐分別之是以田恆資仁義以竊齊儒生誦詩禮以發冢由是觀之聖迹不足賴〔釋文〕壓本亦作擪同乃協反郭於琰反又敕穢反字林云擪一指按也　其顪本亦作嚵許穢反司馬云頤下毛也　金椎直追反　王念孫曰儒以金椎控其頤藝文類聚寶玉部引此儒作而是也而汝也自未解裙襦以下皆小儒若大儒之詞言汝以金椎控其頤徐別其頰無傷其口中之珠也而儒聲相近上文又多儒字故而誤作儒　控苦江反　徐別彼列反

老萊子之弟子出薪。遇仲尼。反以告【疏】老萊子楚之賢人隱者也常隱蒙山楚王知其賢遣使召爲相其妻采樵歸見門前有車馬迹妻問其故老萊曰楚王召我爲相妻曰受人有者必爲人所制而之不能爲人制也妻遂捨而去老萊隨之夫負妻戴逃於江南莫知所之出取薪者采樵也既見孔子歸告其師〔釋文〕老萊子楚人也　出薪出採薪也

曰。有人於彼。脩上而趨下。【注】長上而促下也〔釋文〕趨下音促李云下短也　末僂而後耳。【注】耳卻近後耳上僂〔釋文〕末僂李云末上謂頭前也又謂背脊也　後耳司馬云耳卻後卻近附近之近　視若營四海。【注】視之儡然似營他人事者〔釋文〕視若營四海夫勞形役智以應世務失其自然者也故堯有亢龍之喻舜有卷僂之談周公類之走狼仲尼比之逸狗豈不或信哉　儡律悲反舊魚鬼反又魚威反　不知

其誰氏之子。【疏】脩長也趨短未肩背也所見之士下短上長肩背傴僂耳卻近後瞻視高遠所作恖恖觀其儀容似營天下未知子之族姓是誰怪其異常故發斯問　老萊子曰。是丘也。召而來。【疏】魯人孔丘汝宜喚取　仲尼至。曰。丘。去汝躬矜。與汝容知。斯為君子矣。【注】謂仲尼能遺形去知故以為君子【疏】躬身也孔丘既至老萊未語宜遣汝身之躬飾忘爾容貌心知如此之時可為君子〔釋文〕去　起呂反注同　而　本又作女　盧文弨曰今書而作汝　躬矜　躬矜為身矜脩善行　容知　音智容智謂飾智為容好　仲尼揖而退。【注】受其言也【疏】敬受其言揖讓而退　蹙然改容而問曰。業可得進乎。【注】設問之令老萊明其不可進【疏】蹙然驚恐貌謂仲尼所學聖迹業行可得脩進為世用可不〔釋文〕蹙然　子六反　業可得進乎　問可行仁義於世乎　令老　力成反　老萊子曰。夫不忍一世之傷。而驁萬世之患。【注】一世為之則其迹萬世為患故不可輕也【疏】夫聖智仁義救一時之傷後執為姦成萬世之禍特聖迹而驕驁則陳恆之徒是也亦有作驁音者云使萬代驅驁不息亦是奔馳之義也〔釋文〕而驁　本亦作敖同五報反下同下或作驁　抑固窶邪。【疏】固執聖迹抑揚從己失於本性故窮窶〔釋文〕窶　其矩反　亡其略弗及邪。【注】直任之則民性不窶而皆自有略無弗及之事也【疏】亡失本性忽略生崖故不及於眞道　家世父曰不忍一世之傷而貽萬世之患自以為能經營天下也而不知其心無所著備也夫無所著備之謂窶矣其智略又弗及也郭象云直任之則民性不窶而皆自有略無弗及之事似失莊子本意　慶藩案亡讀如無亡其轉語也史記范睢蔡澤列傳亡其言臣者賤不可用乎（索隱亡猶輕蔑也義不可通）呂氏春秋愛類篇亡其不得宋且不義猶攻之乎韓策又亡其行子之術而廢子之嚮乎是凡言亡其皆轉語詞也　惠以歡為驁。終身之醜。【注】惠之而歡者無惠則醜矣然惠不可長故一惠終身醜也【疏】夫以施惠為歡者惠不可偏故謷慢者多矣是以用惠取人適為怨府故終身醜辱　中民之行進焉耳。【注】言其易進則不可妄惠之〔釋文〕之行　下孟反　其易　以豉反　相引以名。相結以隱。【注】隱括進之謂也【疏】夫上智下愚其性難改中庸之人易為進退故聞堯之美相引慕以利名聞桀之惡則結之以隱匿〔釋文〕相結以隱　郭云隱括也李云隱病患也雖相引以名聲是相結以病患　俞樾曰李云隱病患也然病患非所以相結郭注曰隱括進之謂也然隱括所以正曲木亦非所以相結也隱當訓為私呂氏春秋圜道篇分定則下不相隱高注曰隱私也文選赭白馬賦恩隱周渥李善引國語注曰隱私也相結以隱謂相結以恩私舊說皆非　與其譽堯而非桀。不如兩忘而閉其所譽。【注】閉者閉塞【疏】夫譽堯之善道非毀桀之惡迹以此奔馳失性多矣故不如善惡兩忘閉塞毀譽則物性全矣〔釋文〕譽堯音餘而閉一本文注並作門反无非傷也。動无非邪也。注順之則全靜之則正疏夫反於物性無不傷損擾動心靈皆非正法〔釋文〕反无非傷也反逆於理動无非邪也似嗟反動秋於是也聖人躊躇以與事。以每成功。注事不遠本故其功每成疏蹢躅從容聖人無心應機而動與起事業恒自從容不逆物情故其功每就〔釋文〕聖人躊音疇躇直居反以與事以每成功每者每有成功也蹢躅者從容也從容與事雖有成功聖人不存猶致弊迹流毒百世況動矜善行而載之不已哉不遠于萬反柰何哉其載焉終矜爾。注矜不可載故遺而弗有也疏柰何猶如何也如何執仁義之迹擾撓物心運載矜莊終身不替此是老萊詆訶夫子之詞也家世父曰反猶擾亂世而反之正有所反則必有傷有所動則必爲邪其反也矜心之挾以爭也其動也矜心之載以出也聽其自化則無傷矣無爲而無不爲則非邪矣宋元君夜半而夢人被髮闚阿門。疏宋國君謚曰元卽宋元君也阿曲也謂阿旁曲室之門〔釋文〕宋元君李云元公也案元公名佐平公之子阿門司馬云阿屋曲簷也曰予自宰路之淵。予爲清江使河伯之所。漁者余且得予。疏自從也宰路江畔淵名姓余名且捕魚之人也〔釋文〕宰路李云淵名龜所居予爲如字又于僞反使河所吏反漁者音魚余音預且子餘反姓余名且也兪樾曰史記龜策傳作豫且慶藩案豫預字同元君覺使人占之。曰。此神龜也。君曰。漁者有余且乎。左右曰。有。君曰。令余且會朝。疏命召也召令赴朝問其所得〔釋文〕覺古孝反令力成反會朝直遙反下同明日。余且朝。君曰。漁何得。對曰。且之網得白龜焉。其圓五尺。君曰。獻若之龜。龜至。君再欲殺之。再欲活之。心疑。卜之。曰。殺龜以卜吉。疏心疑猶預殺活再三乃殺吉途刳龜也卜之乃刳龜。七十二鑽而无遺筴。疏筭計前後鑽之凡經七十二筭許吉凶會不失中〔釋文〕刳口孤反鑽左端反又左亂反慶藩案文選郭景純江賦注引司馬云鑽命卜以所卜事而灼之遺筴初革反仲尼曰。神龜能見夢於元君。而不能避余且之網。知能七十二鑽而无遺筴。不能避刳腸之患。如是。則知有所困。神有所不及也。注神知之不足恃也如是夫唯靜然居其所能而不營於外者爲全【疏】夫神智不足恃也是故至人之處世忘形神智慮與枯木同其不華將死灰均其寂魄任物冥於造化是以孔丘大聖因而譏之〔釋文〕見夢賢遍反知能音智下及注同知有所困一本作知有所不同雖有至知。萬人謀之。【注】不用其知而用衆謀〔釋文〕至知音智下注皆同魚不畏網。而畏鵜鶘。【注】網無情故得魚【疏】網無情而得魚諭聖人無心故天下歸之〔釋文〕鵜徒兮反鶘鵜鶘水鳥也一名淘河去小知而大知明。【注】小知自私大知任物【疏】小知取捨於心大知無分別遺閒奪之情故無分別則大知光明也〔釋文〕去小起呂反下注同去善而自善矣。【注】去善則善無所慕善無所慕則善者不矯而自善也【疏】遣矜尚之小心合自然之大善故前文云離道以善險德以行又老經云天下皆知善之爲善斯不善已〔釋文〕不矯居表反嬰兒生无石師而能言。與能言者處也。【注】汎然無習而自能者非跂而學彼也【疏】夫嬰兒之性其不假師匠年漸長大而自然能言者非有心學之與父母同處率其本性自然能言是知世間萬物非由運知學而成之也〔釋文〕石師石者匠名也謂無人爲師匠教之者也一本作所師又作碩師惠子謂莊子曰。子言无用。【疏】莊子遍人也空有並照其言宏博不契俗心是以惠施譏爲無用莊子曰。知无用。而始可與言用矣。【疏】夫有用則同於夭折無用則全其崖故知無用始可語其用天地非不廣且大也。人之所用容足耳。然則廁足而墊之。致黃泉。人尚有用乎。惠子曰。无用。【疏】墊掘也夫六合之內廣大無最於地人之所用不過容足若使側足之外掘至黃泉人則戰慄不得行動是知有用之物假無用成功〔釋文〕廁足音側又音側墊丁念反司馬崔云下也本又作塹七念反掘也致黃泉致至也本亦作至莊子曰。然則无用之爲用也亦明矣。【注】聖應其內當事而發已言其外以暢事情情暢則事通外明則內用相須之理然也【疏】直置容足不可得行必借餘地方能運用脚足無用之理分明故取老子云有之以爲利無之以爲用莊子曰。人有能遊。且得不遊乎。人而不能遊。且得遊乎。【注】性之所能不得不爲也性所不能不得強爲故聖人唯莫之制則同爲皆得而不知所以得也【疏】夫人稟性不同所用各異自有聞言如影響自有智昏菽麥故性之能者不得不由性性之無者不可強涉各守其分則物皆不殘〔釋文〕得強其丈反夫流遁之志。決絕之行。噫。其非至知厚德之任與。【注】非至厚則莫能任其志行而信其殊能也。【疏】流蕩逐物逃遯不反果決絕滅因而不移此之志行極愚極鄙豈是至妙眞知深厚道德之所任用莊子之意謂其如此〔釋文〕之行下孟反注同任與音餘覆墜而不反，火馳而不顧。【注】人之所好不避是非死生以之。【疏】愚迷之類執志懸然雖復家被覆没身遭顛墜亦不知悔反馳逐物情急如煙火而不知回顧流遁決絕遂至於斯耳〔釋文〕覆墜直類反所好呼報反雖相與爲君臣，時也，易世而无以相賤。【注】所以爲大齊同。【疏】夫時所賢者爲君才不應世者爲臣知舜禹應時相代爲君臣也故世遭革易不可以爲臣爲君而相賤輕流遁之徒不知此事故曰，至人不留行焉。【注】唯所遇而因之故能與化俱。【疏】夫世有興廢隨而行之是故達人曾無留滯夫尊古而卑今，學者之流也。【注】古無所尊今無所卑而學者尊古而卑今失其原矣。【疏】夫步驟殊時澆淳異世古今情事變化不同而乃貴古賤今深乖遠鑒適滋爲學小見豈曰淸通且以狶韋氏之流觀今之世，夫孰能不波。【注】隨時因物乃平泯也。【疏】狶韋三皇已前帝號也以玄古之風御於今代澆淳既章誰能不波蕩而不失其性乎斯由尊古卑今之弊也〔釋文〕狶虛豈反不波波高下貌唯至人乃能遊於世而不僻，【注】當時應務所在爲正。〔釋文〕不僻匹亦反順人而不失己。【注】本無我我何失焉彼教不學，【注】教因彼性故非學也。承意不彼。【注】彼意自然故承而用之則夫萬物各全其我【疏】獨有至德之人順時而化彼非學心而本性具足不由學致也承意不彼者稟承教意以導性而眞道素圓不彼教也目徹爲明，耳徹爲聰，鼻徹爲顫，口徹爲甘，心徹爲知，知徹爲德。【疏】徹通也顫者辛臭之事也夫六根無壅故徹聰明不蕩於外故爲德也〔釋文〕顫舒延反凡道不欲壅，壅則哽，哽而不止則跈，【注】當通而塞則理有不泄而相騰踐也。〔釋文〕哽庚猛反塞也跈女展反郭云踐也廣雅云履也止也本或作𨂇同王念孫曰郭注當通而塞則理有不泄而相騰踐也釋文跈女展反廣雅云履也止也本或作𨂇同案踐履與壅塞二義不相比附郭云理有不泄而相騰踐所謂曲說者也本或作𨂇亦非也今案跈讀爲抮抮戾也言哽塞而不止則相乖戾相乖戾則衆害生也廣雅曰抮盭也（盭與戾同）方言曰軫戾也郭璞曰相了戾也孟子告子篇紾兄之臂而奪之食趙岐曰紾戾也此云哽而不止則跈義並與抮同跈則衆害生。【注】生起也。物之有知者恃息，【注】凡根生者無知亦不恃息也。【疏】天生六根廢一不可耳聞眼見鼻臭心知爲於分內雖用無咎若乃目滯桒中之色耳窒僕上之聲鼻滋蘭麝之香心用無窮之境則天理滅矣豈謂徹哉故六根窮徹則氣息通而生理全其不殷。非天之罪。注殷當也夫息不由知由知然後失當失當而後不通故知恃息息不恃知也然知欲之用制之由人非不得已之符也疏殷當也或縱恣六根馳逐前境或竅穴哽塞以害生崖通雝二徒皆不當理斯並人情之罪也非天然之辜〔釋文〕不殷如字一音於靳反天之穿之。日夜无降。注通理有常運疏降止也自然之理穿通萬物自晝及夜未嘗止息　家世父曰物之有知恃息息者氣也而氣有厚薄純雜天不能強而同之爾雅釋言殷齊中也齊一則中矣其不能齊天之無如何者也而天既授之以百骸九竅而使之自運焉授之以心思而使之自化焉務開通而已說文穿通也恢恢乎有餘地以自存則通矣玉篇降伏也言積氣之運無停伏也郭象注殷當也誤　俞樾曰降當作𤺺卽癃之籀文素問宣明五氣篇膀胱不利爲癃又五常政大論篇其病癃閟日夜無𤺺謂不癃閟也人則顧塞其竇。注無情任天竇乃開疏竇孔也流俗之人反於天理壅塞根竅滯溺不通〔釋文〕其竇音豆胞有重閬。注閬空曠也疏閬空也言人腹內空虛故容藏胃藏胃空虛故通氣液〔釋文〕胞普交反腹中胎有重直龍反閬音浪郭云空曠也心有天遊。注遊不係也疏虛空故自然之道遊其中室无空虛。則婦姑勃谿。注爭處也疏勃谿爭鬬也屋室不空則不容受故婦姑爭處無復尊卑〔釋文〕勃谿音奚勃爭也谿空也司馬云勃谿反戾也無虛空以容其私則反戾共鬭爭也心无天遊。則六鑿相攘。注攘逆疏鑿孔也攘則逆也自然之道不遊其心則六根逆不順於理〔釋文〕六鑿在報反相攘如羊反郭云逆也司馬云謂六情攘奪　慶藩案荀子哀公篇注引司馬云六情相攘奪較釋文多一相字大林丘山之善於人也。亦神者不勝。注自然之理有寄物而通也疏自然之理有寄物而通者也　家世父曰大林丘山之善於人言所以樂乎大林丘山者也徐鍇曰申卽引也神者不勝言發生萬物不可勝窮也爲廣大容萬物之生也說文神天神引出萬物德溢乎名。注夫名高則利深故脩德者過其當疏溢深也仁義五德所以行之過多者爲尙名好勝故也名溢乎暴。注夫禁暴則名美於德疏暴殘害也夫名者爭之器名既過者必更相賊害內篇云名者相軋者也　家世父曰說文暴晞也孟子暴之於民而民受之荀子富國篇聲名足以暴炙之皆表暴之意德溢乎名言德所以弁溢名爲之也名溢乎暴言名所以弁溢表暴以成之也五句並同一意郭象云禁暴則名美於德恐誤謀稽乎誸。注誸急也急而後考其謀疏稽考也誸急也急難之事然後校謀計〔釋文〕誸音賢郭音元急也向云堅正也知出乎爭。注平往則無用知疏夫運心知以出境則爭鬬斯至柴生乎守。注柴塞也疏柴塞也守執也域情執固而所造不通〔釋文〕柴柴積也郭云塞也官事果乎衆宜。【注】衆之所宜者不一，故官事立也。【疏】夫置官府設事條者，須順於衆人之宜，便若求逆之則禍亂生。　俞樾曰：論語子路篇行必果，皇侃義疏曰：果，成也。衆有所宜而後官事以成，故曰官事果乎衆宜。春雨日時，草木怒生，銚鎒於是乎始脩，【注】夫事物之生皆有由。【疏】銚，耜之類也。鎒，鋤也。青春時節，時雨之日，凡百草木萌動而生，於是農具方始脩理。此明順時而動，不逆物情也。〔釋文〕銚七遙反，削也，能有所穿削也。又他堯反。　鎒乃豆反，似鋤，田具也。草木之到植者過半，而不知其然。【注】夫事由理發，故不覺。【疏】植，生也。銚鎒既脩，芸除萑葦，幸逢春日，鋤罷到生，良由時節使然，不可以人情均度，是知制法立教，必須順時。〔釋文〕到植　時力反，又音值，立也。本亦作置。司馬云：鋤拔反之更生者曰到植。　盧文弨曰：到，古倒字。靜然可以補病，【注】非不病也。【疏】適有煩躁之病者，簡靜可以療之。眥𡟅可以休老，【注】非不老也。【疏】鬚齊髮鬢𡟅狀貌也，衰老之容，以此而休浴。〔釋文〕眥　子斯反，徐子智反，亦作揃，子淺反。三蒼云：揃猶翦也。玉篇云：搣也。　慶藩案蕭該漢書音義引司馬云：眥，視也。釋文闕。𡟅本亦作搣，音滅，又武齊反。字林云：批也。批音千米反。　盧文弨曰：舊米作未，今從宋本。　家世父曰：釋文眥𡟅可以休老，𡟅本亦作搣。廣韻：搣，搴也，摩也。似謂以兩手搴摩目眥，然與上下二句文義不類。眥當讀左右眥不能流盼，可以閉目養神，故曰休老。又按𡟅與搣通，眥，目厓也。眥𡟅猶云目陷。寧可以止遽。【注】非不遽也。【疏】遽，疾速也。夫心性怱迫者，安靜可以止之。雖然，若是，勞者之務也，非佚者之所未嘗過而問焉。【注】若是猶有勞，故佚者超然不顧。【疏】夫止遽以寧，療躁以靜者，以對治之術，斯乃小學之人勞役神智之事務也，豈是體道之士閒逸之人不勞不病之心乎！風采清高，故未嘗暫過而顧問焉。〔釋文〕非佚　音逸。聖人之所以駴天下，神人未嘗過而問焉；【注】神人即聖人也，聖言其外，神言其內。【疏】駴，驚也。神者不測之號，聖者顯迹之名，爲其垂教動人，故不過問。〔釋文〕以駴　戶楷反。王云：謂改百姓之視聽也。徐音戒，謂上不問下也。賢人所以駴世，聖人未嘗過而問焉。【疏】體空爲賢，並照爲聖，從深望淺，故不問之。君子所以駴國，賢人未嘗過而問焉。【疏】何以人物，君子故駴動諸侯之國，賢人捨有，故不問。小人所以合時，君子未嘗過而問焉。【注】趨步各有分，高下各有等。【疏】夫趨世小人，苟合一時，如田恒之徒，無足可貴，故淑人君子鄙而不顧也。演門有親死者，以善毀爵爲官師，其黨人毀而死者半。【注】慕賞而孝，去真遠矣，斯尚賢之過也。【疏】東門也，亦有作寅者，隨字讀之。東門之孝，出自內心，形容外毀，惟宋君嘉其至孝，遂加爵而命爲卿；鄉黨

之人聞其因孝而貴於是强哭詐毀矯性僞情因而死者其數半矣〔釋文〕演門以善反宋城門名

堯與許由天下。許由逃之。湯與務光。務光怒之。疏 堯知由賢禪以九五洒耳辭退逃避箕山湯與務光務光不受詞罵瞋怒遠之林籟斯皆率其本性腥臊榮祿非關矯僞以慕聲名

紀他聞之。帥弟子而踆於窾水。諸侯弔之。三年。申徒狄因以踣河。注 其波蕩傷性遂至於此 疏 姓申徒名狄姓紀名他並隱者聞湯讓務光恐其及己與弟子蹲踞水旁諸侯聞之重其廉素時往弔慰恐其沈沒狄聞斯事慕其高名遂赴長河自溺而死波蕩失性遂至於斯矣〔釋文〕紀他徒何反 而踆音存字林云古蹲字徐七旬反又音尊 窾水音款又音科司馬云水名 弔之司馬云恐其自沈故弔之 踣徐芳附反普豆反字林云僵也李云頓也郭蒲杯反盧文弨曰二音之閒當有又字下似此者不盡出

荃者所以在魚。得魚而忘荃。蹄者所以在兔。得兔而忘蹄。疏 筌魚笱也以竹爲之故字從竹亦有從草者意蓀荃也香草也可以餌魚置香於柴木蘆葦之中以取魚也蹄兔罝也亦兔彊也以繫係兔腳故謂之蹄此二事譬也〔釋文〕荃七全反崔音孫香草也可以餌魚或云積柴水中使魚依而食焉一云魚笱也盧文弨曰案如或所云是罶也見詩周頌 蹄大兮反兔罥也又云兔弶也係其腳故曰蹄也罥音古縣反弶音巨亮反 言者所以在意。得意而忘言。疏 此合諭也意妙理也夫得魚兔本因筌蹄而筌蹄實異魚兔亦由元理假於言說言說實非元理魚兔得而筌蹄忘元理明而名言絕 吾安得夫忘言之人而與之言哉。注 至於兩聖無意乃都無所言也 疏 夫忘言得理目擊道存其人實稀故有斯難也〔釋文〕得夫音符

雜篇 寓言第二十七〔釋文〕以義名篇

寓言十九。注 寄之他人則十言而九見信 疏 寓寄也世人愚迷妄爲猜忌聞道己說則起嫌疑寄之他人則十言而信九矣故鴻蒙雲將肩吾連叔之類皆寓言耳〔釋文〕寓言十九寓寄也以人不信己故託之他人十言而九見信也 重言十七。注 世之所重則十言而七見信 疏 重言長老鄉閭尊重者也老人之言猶十信其七也〔釋文〕重言謂爲人所重者之言也家世父曰重當爲直容切廣韻重複也莊生之文注焉而不窮引焉而不竭者是也郭云世之所重作拄用切者誤 巵言日出。和以天倪。注 夫巵滿則傾空則仰非持故也況之於言因物隨變唯彼之從故曰日出日出謂日新也日新則盡其自然之分自然之分盡則和也 疏 巵酒器也日出猶日新也天倪自然之分也和合也夫巵滿則傾巵空則仰空滿任物傾仰隨人無心之言卽巵言也是以不言言而無係傾仰乃

合於自然之分也又解卮支也支離其言言無的當故謂之卮言耳〔釋文〕卮言字又作卮音支字略云卮圓酒器也李起宜反王云夫卮器滿卽傾空則仰隨物而變非執一守故者也施之於言而隨人從變已無常主者也司馬云謂支離無首尾言也　盧文弨曰卮舊作卮案說文作卮下從卩今多省作卮若作卮則不必云又作矣　天倪音宜徐音詣

寓言十九，藉外論之。注言出於己俗多不受故借外耳肩吾連叔之類皆所借者也疏藉假也所以寄之也人十言九信者爲假託外人論說之也〔釋文〕藉郭云藉借也李云因也

親父不爲其子媒。親父譽之，不若非其父者也。注父之譽子誠多不信然時有信者輒以常嫌見疑故借外論也疏媒媾合也父談其子人多不信別人譽之信者多矣〔釋文〕譽之音餘注同

非吾罪也，人之罪也。注己雖信而懷常疑者猶不受寄之彼人則信之人之聽有斯累也疏吾父也非父談子不實而聽者妄起嫌疑致不信之過也

與己同則應，不與己同則反。注互相非也疏夫俗人顛倒妄爲臧否與己同見則應而爲是與己不同則反而非之

同於己爲是之，異於己爲非之。注三異同處而二異訟其所取是必於不訟者俱異耳而獨信其所是非借外如何疏夫迷執同異妄見是非同異既空是非滅矣

重言十七，所以已言也，是爲耆艾。注以其耆艾故俗共重之雖使言不借外猶十信其七疏耆艾壽考者之稱也已自言之不藉於外爲是長老故重而信之流俗之人有斯迷妄也〔釋文〕耆艾五蓋反

年先矣，而无經緯本末以期年耆者，是非先也。注年在物先耳其餘本末無以待人則非所以先也期待也疏期待也上下爲經傍通曰緯言此人直置以年老居先亦無本末之智故待以耆宿之禮非關道德可先也　家世父曰已言者已前言之而復言也爾雅釋詁耆艾長也艾歷也郭璞注長者多更歷釋名六十曰耆耆指也指事使人也是耆艾而先人之義經緯本末所以先人人亦以是期之重言之不倦提撕警惕人道如是乎存

人而无以先人，无人道也；人而无人道，是之謂陳人。注直是陳久之人耳而俗便共信之此俗之所以爲安故而習常也疏無禮義以先人無人倫之道也直是陳久之人故重之耳世俗無識一至於斯

卮言日出，和以天倪，因以曼衍，所以窮年。注夫自然有分而是非無主無主則曼衍矣誰能定之哉故曠然無懷因而任之所以各終其天年疏曼衍無心也隨日新之變轉合天然之倪分故能因循萬有接物無心所以窮造化

之天年極生涯之遐壽也〔釋文〕曼衍以戰反不言則齊。【疏】夫理處無言言則乖當故直置不言而物自均等也　家世父曰不言則齊謂與爲卮言曼衍以窮年猶之不言也卮言之言隨乎言而言之隨乎不言而言之有言而固無言無言而固非無言是之謂天倪齊與言不齊。【疏】齊不言也不言與言既其不一故不齊也言與齊不齊也。【注】付之於物而就用其言則彼此是非居然自齊若不能因彼而立言以齊之則我與萬物復不齊耳〔釋文〕復不扶又反下同故曰无言。【注】言彼所言故雖有言而我竟不言也【疏】夫以言遣言言則無盡縱加百非亦未偕妙唯當凝照聖人智冥動寂出處默語其致一焉故能無言則言言則無言也豈有言與不言之則齊與不齊之異乎故曰言無言也言无言。終身言。未嘗不言。【注】雖出吾口皆彼言耳終身不言。未嘗不言。【注】據出我口【疏】此復解前言無言義有自也而可。有自也而不可。有自也而然。有自也而不然。【疏】夫各執自見故有可有然自他既空然可斯泯惡乎然。然於然。惡乎不然。不然於不然。惡乎可。可於可。惡乎不可。不可於不可。【注】自由也由彼我之情偏故有可不可【疏】惡乎猶於何也自他並空物我俱幻於何處而有可不可於何處有然不然以此推窮然可自息斯復解前有自而然可義也〔釋文〕惡乎音烏下同物固有所然。物固有所可。【注】各自然各自可无物不然。无物不可。【注】統而言之則無可無不可無可無不可而至也【疏】夫俗中之物倒置之徒於無然而固然於不可而執可也非卮言日出。和以天倪。孰得其久。【注】夫唯言隨物制而任其天然之分者能無夭落【疏】自非隨日新之變達天然之理者誰能證長生久視之道乎言得之者之至也萬物皆種也。以不同形相禪。【注】雖變化相代原其氣則一【疏】禪代也夫物云云稟之造化受氣一種而形質不同運運遷流而更相代謝〔釋文〕皆種章勇反始卒若環。【注】於今爲始者於昨已復爲卒也【疏】物之遷貿譬彼循環死去生來終而復始此出禪代之狀也莫得其倫。【注】理自爾故莫得【疏】倫理也尋索變化之道竟無理之可致也是謂天均。天均者天倪也。【注】夫均齊者豈妄哉皆天然之分【疏】均齊也此總結以前一章之是謂天然齊等之道即以齊均之道亦名自然之分也　家世父曰言相生猶萬物之相禪也萬物有種生發至於無窮而不能執一形以相禪言有種而推衍至於無窮不能執一言以爲始始卒無有端倪是之爲天均莊子謂惠子曰。孔子行年六十而六十化。【注】與時俱也。【疏】夫遲運不停新新流謝是以行年六十而與年俱變者也然莊惠相逢好談元道故遠稱尼父以顯變化之方 始時所是。卒而非之。【注】時變則俗情亦變乘物以遊心者豈異於俗哉 未知今之所謂是之非五十九非也。【注】變者不停是不可常【疏】夫人之壽命依年而數年既不定數豈有耶是以去年之是於今非矣故知今年之是還是去歲之非今歲之非即是來年之是故容成氏曰除日無歲也 惠子曰。孔子勤志服知也。【注】謂孔子勤志服膺而後知非能任其自化也此明惠子不及聖人之韻遠矣【疏】服用也惠施未達抑度孔子謂其勵志勤行用心學道故至斯智非自然任化者也 莊子曰。孔子謝之矣。而其未之嘗言。【注】謝變化之自爾非知力之所為故隨時任物而不造言也【疏】謝代也而汝也未無也言尼父於勤服之心久已代謝汝宜復靈無復須言也 孔子云。夫受才乎大本。復靈以生。【注】若役其才知而不復其本靈則生亡矣【疏】夫人稟受才智於大道妙本復於靈命以盡生涯豈得勤志役心乖於造物此是莊子述孔丘之語詶抵惠施也 〔釋文〕才知音智 鳴而當律。言而當法。【注】鳴者律之所生言者法之所出而法律者眾之所為聖人就用之耳故無不當而未之嘗言未之嘗為也【疏】鳴聲也當中也尼父聖人與陰陽合德故風韻中於鍾律言教考於模範也哉 利義陳乎前。而好惡是非。直服人之口而已矣。【注】服用也我無言也我之所言直用人之口耳好惡是非利義之陳未始出吾口也【疏】仁義利害好惡是非逗彼前機應時陳說雖復言出於口而隨前人即是用眾人之口矣 〔釋文〕而好呼報反注同 惡烏路反注同 使人乃以心服。而不敢蘁立定天下之定。【注】口所以宣心既用眾人之口則眾人之心用矣我順眾心則眾心信矣誰敢逆立哉吾因天下之自定而定之又何為乎【疏】隨眾所宜用其心智教既隨物物以順之如草從風不敢逆立因其本靜隨性定之故定天下之定也 〔釋文〕蘁音悟又五各反逆也 已乎已乎。吾且不得及彼乎。【注】因而乘之故無不及【疏】已止也彼孔子也重勗惠子止而勿言吾徒庸淺不能逮及此是莊子歎美宣尼之言 曾子再仕而心再化。【疏】姓曾名參孔子弟子再仕之義列在下文 曰。吾及親仕三釜而心樂。後仕三千鍾而不洎。吾心悲。【注】洎及也。【疏】六斗四升曰釜六斛四斗曰鍾洎及也會參至孝求祿養親故前仕親在祿雖少而歡樂後仕親歿祿雖多而悲悼所謂再化以悲樂易心爲不及養親故也〔釋文〕三釜小爾雅云六斗四升曰釜　心樂音洛下注同　不洎其器反　弟子問於仲尼曰。若參者可謂无所縣其罪乎。【注】縣係也謂參仕以爲親無係祿之罪也。【疏】縣係也門人之中無的姓諱嘗是四科十哲之流也曾參仁孝爲親求祿雖復悲樂應無係罪門人疑此咨問仲尼也〔釋文〕參所金反　无所縣音玄下同　其罪乎縣係也心再化於祿所存者親也雖係祿而無係於罪也　以爲于僞反　曰。既已縣矣。【注】係於祿以養也。〔釋文〕以養羊尙反下同　夫无所縣者。可以有哀乎。【注】夫養親以適不問其具若能無係則不以貴賤經懷而平和怡暢盡色養之宜矣。【疏】夫孝子事親務在於適無論祿之厚薄盡於色養而已故有庸賃而稱孝子三仕猶爲不孝參既心存哀樂得無係祿之罪乎夫唯無係者故當無哀樂也　彼視三釜三千鍾。如觀雀蚊虻相過乎前也。【注】彼謂無係也夫無係者視榮祿若蚊虻鳥雀之在前而過去耳豈有哀樂於其間哉。【疏】彼謂無係之人也鳥雀大以諭千鍾蚊虻小以比三釜達道之人無心係祿千鍾三釜不覺少多貞如鳥雀蚊虻相與飛過於前矣決然而已豈係之哉〔釋文〕如鸛本亦作觀同古亂反盧文弨曰今書作觀　蚊音文　虻孟庚反司馬云觀雀飛疾與蚊相過忽然不覺也王云鸛蚊取大小相縣以喻三釜三千鍾之多少元嘉本作如鸛蚊無虻字　俞樾曰雀字衍文也釋文云元嘉本作如鸛蚊無虻字則陸氏所據本尙未衍雀字故元嘉本作鸛蚊陸氏但言其無虻字不言其無雀字也惟鸛與蚊虻一鳥一蟲取喻不倫王云謂取大小相縣以喻三釜三千鍾之多少此不然也夫至人之視物一吷而已豈屑屑於三釜三千鍾之多寡而必分別其爲鸛爲蚊乎今案釋文云鸛本作觀疑是古本如此其文蓋曰彼視三釜三千鍾如觀蚊虻相過乎前也淮南子俶眞篇毀譽之於已猶蚊虻之一過也義與此同因觀誤作鸛則鸛蚊虻三字不倫乃有刪一虻字使蚊與鸛兩文相稱者元嘉本是也又有增一雀字使鸛雀與蚊虻兩文相稱者今本是也皆非莊子之舊矣　顏成子游謂東郭子綦曰。自吾聞子之言。一年而野。【注】外權利也。【疏】居在郭東號曰東郭猶是齊物篇中南郭子綦也子游子綦弟子也野質樸也聞道一年學心未熟稍能樸素去浮華耳〔釋文〕子綦音其　二年而從。【注】不自專也。【疏】順於俗也　三年而通。【注】通彼我也。【疏】不滯境也　四年而物。【注】與物同也。【疏】與物同也　五年而來。【注】自得也。【疏】爲衆歸也　六年而鬼入。【注】外形骸也。【疏】神會理物　七年而天成。【注】無所復爲。【疏】合自然成〔釋文〕所復扶又反　八年而不知死。不知生。【注】所遇皆適而安。【疏】

智冥造物神合自然故不覺死生聚散之異也九年而大妙。注妙善也善惡同故無往而不冥此言久聞道知天籟之自然將忽然自忘則穢累日去以至於盡耳疏妙精微也聞道日久學心漸著故能超四句絕百非義極重玄理窮衆妙知照宏博故稱大也〔釋文〕天籟力帶反生有爲死也。注生而有爲則喪其生疏處生人道沈溺有爲適歸死滅也〔釋文〕則喪息浪反勸公。以其死也有自也。注自由也由有爲故死由私其生故有爲今所以勸公者以其死之由私耳疏公平也自由也所以人生也動之死地者猶私愛其生不能公正故勸導也而生陽也。无自也。注夫生之陽遂以其絕迹無爲而忽然獨爾非有由也疏感於陽氣而有此生既無所由從故不足私也而果然乎。疏果決定也陽氣生物決定如此惡乎其所適。惡乎其所不適。注然而果然故無適無不適而後皆適皆適而至也疏夫氣聚爲生生不足樂氣散爲死死不足哀生死既齊哀樂斯泯故於何處而可適於何處而不可適乎所在皆適耳〔釋文〕惡乎音烏下同天有歷數。地有人據。吾惡乎求之。注皆已自足疏夫星歷度數元象麗天九州四極人物依據造化之中悉皆具足吾於何處分外求之也〔釋文〕天有歷一本作天有歷數莫知其所終。若之何其无命也。注理必自終不由於知非命如何疏夫天地晝夜人物死生尋其根由莫知終始時來運去非命如何其無命者言有命也莫知其所始。若之何其有命也。注不知其所以然而然謂之命似若有意也故又遣命之名以明其自爾而後命理全也疏夫死去生來猶春秋冬夏既無終始豈其命乎其有命者言無命也此又遣其命也有以相應也。若之何其无鬼邪。注理必有應若有神靈以致之也疏鬼神識也夫耳眼應於聲色心智應於物境義同影響豈無靈乎其無鬼者言其有之也无以相應也。若之何其有鬼邪。注理自相應相應不由於故也則雖相應而無靈也疏夫人睡中則不知外物雖有眼耳則不應色聲若其有靈如何不應其有鬼者言其無也此又遣其有也衆罔兩問於景曰。若向也俯而今也仰。向也括而今也被髮。向也坐而今也起。向也行而今也止。何也。疏罔兩影外微陰也斯寓言者也若汝也俯低頭也撮束髮也汝坐起行止唯形是從以此覘量必因形乃有言不待厥理未詳設此問答以彰獨化耳〔釋文〕景音影又如字本或作影盧文弨曰影字係陶宏景所撰非古字也括古活反司馬云謂括髮也被髮皮寄反　景曰。搜搜也。奚稍問也。注運動自爾無所稍問疏叟叟無心運動之貌也奚何也景答云我運動無心蕭條自得無所可待獨化而生汝無所知何勞見問也〔釋文〕搜搜本又作叟同素口反又素刀反又音蕭向云動貌　予有而不知其所以。注自爾故不知所以疏予我也我所有行止率乎造物皆不知所以悉莫辯其然爾豈有待哉　予蜩甲也。蛇蛻也。似之而非也。注影似形而非形疏蜩甲蟬殼也蛇蛻皮也夫蜣蜋變化而爲蟬蛇從皮內而蛻出者皆不自覺知也而蜣蜋滅於前蟬自生於後非因蜣蜋而有蟬蟬亦不待蜣蜋而生也蛇皮之義亦復知之是知一切萬有無相因待悉皆獨化僉曰自然故影云我之因待同蛇蛻蜩甲似形有而實非待形者也〔釋文〕蜩甲音條司馬云蜩甲蟬蛻皮也　蛇蛻音悅又吐臥反又始銳反　火與日。吾屯也。陰與夜。吾代也。疏屯聚也代謝也有火有日影即屯聚逢夜逢陰影便代謝若其同形有影故當不待火日陰夜有形而無影將知影必不待形而獨化之理彰也〔釋文〕吾屯徒門反聚也　慶藩案文選謝靈運遊南亭詩注引司馬云屯聚也火日明而影見故曰吾聚也陰闇則影不見故曰吾代也夜代謂使得休息也釋文闕　彼吾所以有待邪。疏吾所以有待者火日也必其不形火日亦不能生影也故影亦不待於火日也　而況乎以有待者乎。注推而極之則今之所謂有待者率至於無待而獨化之理彰矣疏況乎有待者形也必無火日形亦不能生影不待形也夫形之生也不用火日影之生也豈待形乎故以火日況之則知影不待形明矣形影尙不相待而況他物乎是知一切萬法悉皆獨化也　家世父曰火日出而景生焉陰夜而景藏焉屯向草木之始生也代者更也替也有相替者而吾固休也景之與形相待也又待火日而動待陰夜而休彼吾所以相待又有待也有待故不爲物先待焉而即應故亦與物忤景之隨形各肖其人之情態虛而與之委蛇此莊生應世之大旨也　彼來則我與之來。彼往則我與之往。彼強陽則我與之強陽。強陽者又何以有問乎。注直自強陽運動相隨往來耳無意不可問也疏彼者形也強陽運動之貌也夫往來運動形影共時既無因待咸資獨化獨化之理妙絕名言名言問答其具之矣　陽子居南之沛。老聃西遊於秦。邀於郊。至於梁而遇老子。疏姓楊名朱字子居之往也沛彭城今徐州是也邀遇也梁國今汴州也楊朱南遇老子西遊邂逅逢於梁宋之地適於郊野而與之言〔釋文〕陽子居姓楊名朱字子居　之沛音貝　邀古堯反要也遇也玉篇云求也抄也遮也　老子中道仰天而歎曰。始以汝爲可教。今不可也。疏昔逢楊子謂有道心今見矜夸知其難教嫌其異俗是以傷嗟也　陽子居不答。疏自覺己非默然慚愧　至舍。進盥漱巾櫛。脱屨戶外。膝行而前疏盥洒也櫛梳也屆逆旅之舍至止息之所於是進水漱洒執持巾櫛肘行膝步盡禮虔恭殷勤請益庶蒙鍼艾也〔釋文〕盥音管小爾雅云澡也洒也漱所又反巾櫛莊乙反曰。向者弟子欲請夫子。夫子行不閒。是以不敢。今閒矣。請問其過。疏向被詆訶欲請其過正逢行李未有閒庸今至主人情閒無事庶聞責旨以助將來也〔釋文〕不閒音閑下同一音如字老子曰。而睢睢盱盱。而誰與居。注睢睢盱盱跋扈之貌人將畏難而疏遠疏睢盱躁急威權之貌也而汝也跋扈威勢矜莊矯物物皆哀悼誰將汝居處乎〔釋文〕睢睢郭呼維反徐許圭反盱盱香于反又許吳反又音虛廣雅云睢睢盱盱元氣也而汝也言汝與元氣合德去其矜驕誰復能同此心解異郭義跋步末反畏難乃旦反疏遠于萬反大白若辱。盛德若不足。疏夫人廉潔貞清者猶如汙辱也盛德圓滿者猶如不足也此是老子引道德經以戒子居也陽子居蹵然變容曰。敬聞命矣。疏蹵然慚悚也既承教旨驚懼更深稽首虔恭敬奉尊命也〔釋文〕蹵子六反其往也。舍者迎將其家。公執席。妻執巾櫛。舍者避席。煬者避竈。注尊形自異故憚而避之也疏將送也家公主人公也煬然火也煬朱往沛正尊威容舍息逆旅主人迎送夫執氈席妻捉梳巾先坐之人避席而走然火之者不敢當竈威勢動物一至於斯矣〔釋文〕家公李云主人公也一讀舍者迎將其家爲句煬羊尚反又音羊向反炊也其反也。舍者與之爭席矣。注去其夸矜故也疏從沛反歸已蒙教戒除其容飾遣其矜夸混迹同塵和光順俗於是舍息之人與爭席而坐矣〔釋文〕去其起呂反

雜篇 讓王第二十八〔釋文〕以事名篇

堯以天下讓許由。許由不受。又讓於子州支父。子州支父曰。以我爲天子。猶之可也。雖然。我適有幽憂之病。方且治之。未暇治天下也。疏堯許事迹具載內篇姓子名州字支父懷道之人隱者也堯知其賢讓以帝位以我爲帝亦當能以爲事故言猶之可也幽深也憂勞也言我滯竟幽深固心憂勞且欲脩身庶令合道未有閑暇緝理萬機也〔釋文〕子州支父音甫李云支父字也即支伯也幽憂之病王云謂其病深固也夫天下至重也。而不以害其生。又況他物乎。疏夫位登九五威跨萬乘人

倫尊重莫甚於此尙不以斯榮貴損害生涯況乎他外事物何能介意也唯无以天下爲者。可以託天下也。疏夫忘天下者無以天下爲也唯此之人可以委託於天下也　舜讓天下於子州支伯。子州支伯曰。予適有幽憂之病。方且治之。未暇治天下也。疏舜之事迹具在內篇支伯猶支父也　俞樾曰漢書古今人表有子州支父無支伯則支父支伯是一人也　故天下大器也。而不以易生。此有道者之所以異乎俗者也。疏夫帝王之位重大之器也而不以此貴易奪其生自非有道孰能如是故異於流俗之行也

舜以天下讓善卷。善卷曰。余立於宇宙之中。冬日衣皮毛。夏日衣葛絺。春耕種。形足以勞動。秋收斂。身足以休食。日出而作。日入而息。逍遙於天地之閒。而心意自得。吾何以天下爲哉。疏姓善名卷隱者也處於六合順於四時自得天地之閒逍遙塵垢之外道在其中故不用天下〔釋文〕善卷卷勉反居阮反又音眷李云姓善名卷　俞樾曰呂覽下賢篇作善綣　衣皮於旣反下同　悲夫。子之不知余也。遂不受。於是去而入深山。莫知其處。疏古人淳樸媿帝爲子恨舜不識野情所以悲歎〔釋文〕其處昌慮反

舜以天下讓其友石戶之農。石戶之農曰。捲捲乎后之爲人。葆力之士也。疏戶字亦有作后者隨字讀之石戶地名也農人也今江南喚人作農此則舜之友人也葆牢固也言舜心志堅固力勤苦腰背捲捲不得歸休以此勤勞翻來見讓故不受也〔釋文〕石戶本亦作后　之農李云石戶地名農農人也　捲捲音權郭音眷用力貌　葆力音保字亦作保　以舜之德爲未至也。於是夫負妻戴。攜子以入於海。終身不反也。疏古人荷物多用頭戴如今高麗猶有此風以舜德化未爲至極故攜妻子不職其土入於大海洲島之中往而不返也〔釋文〕以入於海司馬云凡言入者皆居其洲島之上與其曲限中也

大王亶父居邠。狄人攻之。疏亶父王季之父文王之祖也邠地名狄人獫狁也國鄰戎虜故爲狄人攻伐〔釋文〕大王音太下同　亶丁但反　父音甫下同　邠筆貧反徐甫巾反　事之以皮帛而不受。事之以犬馬而不受。事之以珠玉而不受。狄人之所求者土地也。大王亶父曰。與人之兄居而殺其弟。與人之父居而

殺其子。吾不忍也。子皆勉居矣。爲吾臣與爲狄人臣。奚以異。【疏】事，奉也。勉，勵也。奚，何也。狄人貪殘，意在土地，我不忍傷殺，汝勉力居之。且吾聞之。不以所用養害所養。因杖筴而去之。民相連而從之。遂成國於岐山之下。【疏】用養，土地也。所養，百姓也。本用地以養人，今殺人以存地，故不可也。因拄杖而去，民相連續，遂有國於岐陽。【釋文】不以所用養害所養　地所以養人也，今爭以殺人，是以地害人也。人爲地養，故不以地故害人也。因杖直亮反。筴初革反。相連力展反。司馬云：連讀曰輦。岐山其宜反，或祁支反。夫大王亶父。可謂能尊生矣。能尊生者。雖貴富不以養傷身。雖貧賤不以利累形。今世之人。居高官尊爵者。皆重失之。見利輕亡其身。豈不惑哉。【疏】夫亂世澆僞，人心浮淺，徇於軒冕以喪其身，逐於財利以殞其命，不知輕重，深成迷惑也。【釋文】不以養傷身不以利累形　王云：富貴有養而不以味養傷身，貧賤無利而不以求利累形也。越人三世弒其君。王子搜患之。逃乎丹穴。而越國无君。求王子搜不得。從之丹穴。王子搜不肯出。越人薰之以艾。乘以王輿。【疏】搜，王子名也。丹穴，南山洞也。玉輿，君之車輦也。亦有作王字者，隨字讀之，所謂玉輅也。越國之人頻殺君主，王子怖懼，逃之洞穴，呼召不出，以艾薰之，既請爲君，故乘以玉輅。【釋文】弒其音試。王子搜素羔反，又悉遘反，又數遘反。李云：王子名。淮南子作翳。　俞樾曰：釋文云搜淮南子作翳。然翳之前無三世弒君之事。史記越世家索隱以搜爲翳之子無顓，據竹書紀年，翳爲其子所弒，越人殺其子，立無余，又見弒而立無顓，是無顓以前三君皆不善終，則王子搜是無顓之異名無疑矣。淮南子蓋傳聞之誤，當據索隱訂正。丹穴爾雅云：南戴日爲丹穴。以艾五蓋反。王輿一本作玉輿。王子搜援綏登車。仰天而呼曰。君乎君乎。獨不可以舍我乎。王子搜非惡爲君也。惡爲君之患也。若王子搜者。可謂不以國傷生矣。此固越人之所欲得爲君也。【疏】援，引也。綏，車上繩也。辭不獲免，長歎登車，非惡爲君，恐爲禍患，以其重生輕位，故可屈而爲君也。【釋文】援音爰。而呼火故反，本或作歎。以舍音捨。非惡烏路反，下及下章眞惡同。韓魏相與爭侵地。子華子見昭僖侯。昭僖侯有憂色。【疏】僖侯，韓國之君也。華子，魏之賢人也。韓魏相鄰，爭侵境土，干戈既動，勝負未知，怵惕居懷，故有憂色。【釋文】子華子司馬云：魏人也。　俞樾曰：呂覽貴生篇引子華子曰全生爲上虧生次之死次之迫生爲下又誣徒篇引子華子曰王者樂其所以王亡者樂其所以亡高注並云子華子古體道人知度審爲兩篇注同　昭僖侯司馬云韓侯俞樾曰韓有昭侯有僖王無昭僖侯

子華子曰。今使天下書銘於君之前。書之言曰。左手攫之則右手廢。右手攫之則左手廢。然而攫之者必有天下。君能攫之乎。【疏】銘書記也攫捉取也廢斬去之也假且嘗一銘記投之於前左手取銘則斬去右手右手取銘則斬去左手然取銘者必得天下君取之不以取譬諭借問韓侯也〔釋文〕攫俱碧俱縛二反又史虢反李云取也盧文弨曰舊作俱碧反俱縛反或又史虢反譌今皆從宋本改正　廢李云棄也司馬云病也一云攫者援書銘廢者斬右手　昭僖侯曰。寡人不攫也。【疏】答云不能斬兩臂而取六合也　子華子曰。甚善。【疏】歎君之言甚當於理　自是觀之。兩臂重於天下也。身亦重於兩臂。韓之輕於天下。亦遠矣。【疏】自從也於此言而觀察之則一身重於兩臂兩臂重於天下天下又重於韓韓之與天下輕重之遠矣　今之所爭者。其輕於韓又遠。君固愁身傷生。以憂戚不得也。【疏】所爭者疆畔之閒故於韓輕重遠矣而必固憂愁傷形損性恐其不得豈不惑哉〔釋文〕其輕於韓又遠絕句　僖侯曰。善哉。教寡人者衆矣。未嘗得聞此言也。子華子可謂知輕重矣。【疏】頓悟其言歎之奇妙也

魯君聞顏闔得道之人也。使人以幣先焉。【疏】魯侯魯哀公或云魯定公也姓顏名闔魯人隱者也幣帛也聞顏闔得清廉之道欲召之爲相故遣使人齎持幣帛先通其意〔釋文〕魯君一本作魯侯李云哀公也　顏闔守陋閭。苴布之衣而自飯牛。【疏】苴布子麻布也飯飼也居疏陋之閭巷著粗惡之布衣身自飯牛足明貧儉〔釋文〕苴音麤徐七餘反李云有子麻也本或作麤非也　飯牛符晚反　魯君之使者至。顏闔自對之。使者曰。此顏闔之家與。顏闔對曰。此闔之家也。使者致幣。顏闔對曰。恐聽者謬而遺使者罪。不若審之。【疏】遺與也不欲授幣致此矯詞以欺使者俞樾曰上者字衍文恐聽謬而遺使者罪恐其以謬聽得罪也聽即使者聽之非聽者一人使者一人也呂氏春秋貴生篇正作恐聽繆而遺使者罪〔釋文〕之使所吏反下及下章同　家與音餘　而遺唯季反下皆同　使者還反審之。復來求之。則不得已。故若顏闔者。眞惡富貴也。故曰。道之眞以治

身。其緒餘以爲國家。其土苴以治天下。由此觀之。帝王之功。聖人之餘事也。非所以完身養生也。【疏】緒殘也土糞也苴草也夫用眞道以持身者必以國家爲殘餘之事將天下同於草土者也〔釋文〕復來音服或音扶又反下章皆同緒餘並如字徐上音奢下以嗟反司馬李云緒者殘也謂殘餘也　慶藩案文選司馬子長報任少卿書注引司馬云緒餘也視釋文較略　土敕雅反又片賈行賈二反又音如字苴側雅反又知雅反司馬云土苴如糞草也李云土苴糟魄也皆不眞物也一云土苴無心之貌　今世俗之君子。多危身棄生以殉物。豈不悲哉。凡聖人之動作也。必察其所以之。與其所以爲。【疏】殉逐也察世人之所適往觀黎庶之所云爲然後動作而隨之也〔釋文〕必察其所以之　王云聖人眞以持身餘以爲國故其動作必察之焉所以之者謂德所加之方也所爲者謂所以待物也動作如此不必察也　今且有人於此。以隨侯之珠。彈千仞之雀。世必笑之。是何也。則其所用者重。而所要者輕也。夫生者。豈特隨侯之重哉。【疏】隨國近濮水濮水出寶珠即是靈蛇所銜以報恩隨侯所得者故謂之隨侯之珠也夫雀高千仞以珠彈之所求者輕所用者重傷生殉物其義亦然也〔釋文〕所要一遙反　俞樾曰隨侯下當有珠字若無珠字文義不足呂氏春秋貴生篇作夫生豈特隨侯珠之重也哉當據補　子列子窮。容貌有飢色。客有言之於鄭子陽者。曰。列御寇蓋有道之士也。居君之國而窮。君无乃爲不好士乎。【疏】子陽鄭相也御寇鄭人也有道而窮子陽不好賢士遠游之客譏刺子陽〔釋文〕子陽鄭相不好呼報反　鄭子陽即令官遺之粟。子列子見使者。再拜而辭。【疏】命召主倉之官令與之粟御寇清高辭謝不受也〔釋文〕即令力呈反　使者去。子列子入。其妻望之而拊心曰。妾聞爲有道者之妻子。皆得佚樂。今有飢色。君過而遺先生食。先生不受。豈不命邪。【疏】與粟不受天命貧窮嗟惋拊心責夫罪過故知御寇之妻不及老萊之婦遠矣〔釋文〕拊心徐音撫得佚音逸樂音洛君過古臥反本亦作遇　子列子笑謂之曰。君非自知我也。以人之言而遺我粟。至其罪我也。又且以人之言。此吾所以不受也。其卒民果作難。

而殺子陽。【疏】子陽嚴酷人多怨之左右有誤折子陽弓者恐必得罪因國人逐猘狗遂殺子陽也〔釋文〕作難乃旦反下章同 殺子陽子陽嚴酷罪者無赦舍人折弓畏子陽怒責因國人逐猘狗而殺子陽 俞樾曰子陽事見呂覽適威篇淮南氾論訓至史記鄭世家則云繻公二十五年鄭公殺其相子陽二十七年子陽之黨共弑繻公駘乂與諸書不同

楚昭王失國。屠羊說走。而從於昭王。【疏】昭王名軫平王之子也伍奢伍尚遭平王誅戮子胥奔吳而耕於野後至吳王闔閭之世請兵伐楚遂破楚入郢以雪父之讎其時昭王窘急棄走奔隨又奔於鄭有屠羊賤人名說從王奔走奔走之由置在下文〔釋文〕楚昭王名軫平王子 屠羊說音悅或如字 昭王反國。將賞從者。及屠羊說。屠羊說曰。大王失國。說失屠羊。大王反國。說亦反屠羊。臣之爵祿已復矣。又何賞之有。王曰。強之。屠羊說曰。大王失國。非臣之罪。故不敢伏其誅。大王反國。非臣之功。故不敢當其賞。王曰。見之。屠羊說曰。楚國之法。必有重賞大功而後得見。今臣之知不足以存國。而勇不足以死寇。吳軍入郢。說畏難而避寇。非故隨大王也。今大王欲廢法毀約而見說。此非臣之所以聞於天下也。王謂司馬子綦曰。屠羊說居處卑賤。而陳義甚高。子綦爲我延之以三旌之位。【疏】三旌三公也亦有作珪字者謂三卿皆執珪故謂三卿爲珪也 俞樾曰子綦爲我延之以三旌之位句此昭王自與司馬子綦言當稱子不當稱子綦綦字衍文〔釋文〕從者才用反 強之其丈反 見之賢遍反下同 之知音智 入郢以井反 毀約如字徐於妙反 而見如字亦賢遍反 爲我于僞反 三旌三公位也司馬本作三珪云謂諸侯之三卿皆執珪也 慶藩案白帖御覽二百二十八並引司馬本三旌作三珪云諸侯三卿皆執三珪與釋文小異 屠羊說曰。夫三旌之位。吾知其貴於屠羊之肆也。萬鍾之祿。吾知其富於屠羊之利也。然豈可以貪爵祿而使吾君有妄施之名乎。說不敢當。願復反吾屠羊之肆。遂不受也。

原憲居魯。環堵之室。茨以生草。蓬戶不完。桑以爲樞而甕牖。二室。褐

以爲塞。上漏下溼，匡坐而弦。【疏】原憲孔子弟子姓原名思字憲也周環各一堵謂之環堵猶方丈之室也以草蓋屋謂之茨也褐粗衣也匡正也原憲家貧室唯環堵仍以草覆舍桑條爲樞蓬作門扉破甕爲牖夫妻二人各居一室逢雨溼而弦歌自娛知命安貧所以然也〔釋文〕妄施如字又始豉反茨徐茨私反李云蓋屋也生草新序節士篇作生蒿　慶藩案蒿亦草也生者謂新生未乾之草卽牽蘿補屋之意也蓬戶織蓬爲戶桑以爲樞尺朱反司馬云屈桑條爲戶樞也甕牖音酉司馬云破甕爲牖二室司馬云夫妻各一室褐下葛反郭音葛字或作裼爲塞悉代反司馬云以褐衣塞牖也匡坐而弦司馬云匡正也案弦謂弦歌　子貢乘大馬，中紺而表素，軒車不容巷，往見原憲。【疏】子貢孔子弟子名賜能言語好榮華其軒蓋是白素裹爲紺色車馬高大故巷道不容也〔釋文〕中紺古暗反李云紺爲中衣加素爲表　原憲華冠縰履，杖藜而應門。【疏】縰躡也以華皮爲冠用藜藋爲杖貧無僕使故自應門也〔釋文〕華冠胡化反以華木皮爲冠　慶藩案華樺也說文樺木也以其皮裹松脂讀若華或作樺玉篇樺槾並胡霸胡郭二切字通作華司馬相如上林賦華楓枰櫨皮張揖曰華皮可以爲索縰履所倚反或所買反本或作縰弁下曳縰同三蒼解詁作躧云躡也聲類或作屣韋昭蘇寄反通俗文云履不著跟曰屣司馬本作躧李云縰履謂履無跟也王云躧之能躡舉而曳之也履或作屨杖藜以藜爲杖也司馬本作扶杖也應門自對門也　子貢曰：「嘻！先生何病？」原憲應之曰：「憲聞之，无財謂之貧，學而不能行謂之病。今憲貧也，非病也。」子貢逡巡而有愧色。【疏】嘻笑聲也逡巡卻退貌也以儉鄙奢故懷慚愧之色〔釋文〕嘻許其反逡巡七旬反　原憲笑曰：「夫希世而行，比周而友，學以爲人，教以爲己，仁義之慝，輿馬之飾，憲不忍爲也。」【疏】慝姦惡也飾莊嚴也夫趨世候時希望富貴周旋親比以結朋黨自求名譽學以爲人多覓束脩教以爲己託仁義以爲姦慝飾車馬以衒矜夸君子恥之不忍爲之也〔釋文〕希世而行司馬云希望也所行常顧世譽而動故曰希世而行比周毗志反爲人于僞反下爲己同教以爲己學當爲己教當爲人今反不然也仁義之慝吐得反惡也司馬云謂依託仁義爲姦惡　曾子居衞，縕袍无表，顏色腫噲，手足胼胝。【疏】以麻縕袍絮復無表裏也腫噲猶剝錯也每自力作故生胼胝〔釋文〕縕袍紆紛反司馬云謂麻縕爲絮論語云衣敝縕袍是也種本亦作腫章勇反盧文弨曰今書作腫噲古外反徐古活反司馬云種噲剝錯也王云盈虛不常之貌　慶藩案釋文引司馬云種噲剝錯也王云盈虛不常之貌據說文噲咽也一曰嚵噲也疑字當爲癐病甚也通作殨腫決曰殨說文瘣病也一曰腫旁出噲殨瘣竝一聲之轉胼蒲田反胝竹尼反　三日不舉火，十年不製衣，正冠而纓絕，捉衿而肘見。納屨而踵決。【疏】守分清虛家業窮窶三日不營熟食十年不製新衣緼爛正冠而纓斷袖破捉衿而肘見履敗納之而根後決也〔釋文〕肘竹久反　見賢遍反　曳縰而歌商頌。聲滿天地。若出金石。天子不得臣。諸侯不得友。【疏】歌商頌響韻叶宮商察其詞理雅符天地聲氣清虛又諧金石風調高素超絕人倫故不與天子爲臣不與諸侯爲友也　故養志者忘形。養形者忘利。致道者忘心矣。【疏】夫君子賢人不以形挫志攝衛之士不以利傷生得道之人忘心知之術也

孔子謂顏回曰。回來。家貧居卑。胡不仕乎。顏回對曰。不願仕。回有郭外之田五十畝。足以給飦粥。郭內之田十畝。足以爲絲麻。鼓琴足以自娛。所學夫子之道者。足以自樂也。回不願仕。孔子愀然變容曰。善哉。回之意。丘聞之。知足者不以利自累也。審自得者。失之而不懼。行修於內者。无位而不怍。丘誦之久矣。今於回而後見之。是丘之得也。【疏】飦糜也怍羞也夫自得之士不以得喪驚心內修之人豈復羞慙無位孔子誦之其來已久今覩回仕豈非失言因回反照故言丘得之矣〔釋文〕飦之然反字或作饘廣雅云糜也一云紀言反家語云厚粥一音干謂干餅　盧文弨曰餅舊譌餠今改正　粥之六反又音育　自樂音洛　愀七小反徐在九反又七了子了二反又資酉反李音秋又七遙反一本作欣　盧文弨曰舊作七了反子了反今改正下七遙反舊脫七字亦補正　行修下孟反　不怍在洛反爾雅云慙也又音昨

中山公子牟謂瞻子曰。身在江海之上。心居乎魏闕之下。奈何。【疏】瞻子魏之賢人也魏公子名牟封中山故曰中山公子牟也公子有嘉遁之情而無高蹈之德故身在江海上而隱遁心思魏闕下之榮華既見賢人借問其術也〔釋文〕公子牟司馬云魏之公子封中山名牟　瞻子賢人也淮南作詹　魏闕淮南作巍司馬本同云巍讀曰魏象魏觀闕人君門也言心存榮貴許愼云天子兩觀也　盧文弨曰案今淮南亦作魏　瞻子曰。重生。重生則利輕。【疏】重於生道則輕於榮利榮利既輕則不思魏闕〔釋文〕重生李云重存生之道者則名利輕輕則易絕矣此人身居江海心貪榮利故以此戒之　中山公子牟曰。雖知之。未能自勝也。【疏】雖知重於生道未能勝於情欲〔釋文〕能勝音升下同　瞻子曰。不能自勝則從。神无惡乎。【疏】若不勝於情欲則宜從順心神亦不勞妄生嫌惡也〔釋文〕不能自勝則從

絕句一讀至神字絕句　俞樾曰釋文曰不能自勝則從絕句此讀是也又曰一讀至神字絕句則失之呂氏春秋審爲篇亦載此事作不能自勝則從之神無惡乎文子下德篇淮南子道應篇幷疊從之二字作從之從之則從神之不當連讀明矣又案從呂氏春秋作縱則當讀子用反而釋文無音亦失之无惡如字又烏路反乎絕句一讀連下不能自勝爲句不能自勝而強不從者。此之謂重傷。重傷之人无壽類矣。疏情既不勝強生抑挫情欲已損抑又乖心故名重傷也如此之人自然夭折故不得與壽考者爲儔類也〔釋文〕重傷　直用反下同　俞樾曰重傷猶再傷也不能自勝則已傷矣又強制之而不使縱是列傷也故曰此之謂重傷呂氏春秋審爲篇高誘注曰重讀復重之重是也釋文音直用反非是

魏牟。萬乘之公子也。其隱巖穴也。難爲於布衣之士。雖未至乎道。可謂有其意矣。疏夫大國王孫生而榮貴遂能巖棲谷隱身履艱辛雖未階乎元道而有清高之志足以激貪勵俗也〔釋文〕萬乘　繩證反

孔子窮於陳蔡之閒。七日不火食。藜羹不糝。顏色甚憊。而弦歌於室。疏陳蔡之事外篇已解既遭飢餧營無火食藜菜之羹不加米糝顏色衰憊而歌樂自娛達道聖人不以爲事也〔釋文〕不火食　元嘉本無火字　不糝　素感反　甚憊　皮拜反　顏回擇菜。子路子貢相與言曰。夫子再逐於魯。削迹於衞。伐樹於宋。窮於商周。圍於陳蔡。殺夫子者无罪。藉夫子者无禁。弦歌鼓琴。未嘗絕音。君子之无恥也若此乎。疏仕於魯而被放游於衞而削迹講於宋樹下而司馬桓魋欲殺夫子憎其坐處遂伐其樹故欲殺夫子當無罪谷陵藉之者應無禁忌由賜未達故發斯言〔釋文〕伐樹於宋孔子之宋與弟子習禮大樹下宋司馬桓魋欲殺孔子伐其樹孔子遂行　藉　藉毀也又云陵藉也一云鑿也或云係也　顏回无以應。入告孔子。孔子推琴。喟然而歎曰。由與賜細人也。召而來。吾語之。子路子貢入。子路曰。如此者可謂窮矣。疏喟然嗟歎貌由與賜細碎之人也命召將來告之窮道如斯困苦豈不窮乎〔釋文〕喟　去愧反又苦怪反　語之　魚據反　孔子曰。是何言也。君子通於道之謂通。窮於道之謂窮。今丘抱仁義之道。以遭亂世之患。其何窮之爲。故內省而不窮於道。臨難而不失其德。天寒既至。霜雪既降。吾是以知松柏之茂也。

陳蔡之隘，於丘其幸乎。疏夫歲寒別木，處窮知士，因難顯德，可謂幸矣。 慶藩案：何窮之爲爲，猶謂也，古謂爲二字義通。呂氏春秋慎人篇作何窮之謂。呂氏春秋精諭篇胡爲不可，淮南原道道應篇作胡謂不可；漢書高帝紀酈食其爲里監門，史記爲作謂，皆其證。（案左傳一之謂甚，韓詩外傳王欲用何謂辭之，新序雜事篇何謂至於此也，謂字並與爲同義。）〔釋文〕臨難乃旦反。 俞樾曰：天乃大字之誤。國語魯語大寒降，韋昭注曰：謂季冬建丑之月，大寒之後也。若作天寒既至，失其義矣。呂氏春秋慎人篇亦載此事，正作大寒。 之隘音厄，又於懈反。孔子削然反琴而弦歌，子路扢然執干而舞。疏削然，取琴聲也。扢然，奮勇貌也。既師資領悟，彼此歡娛也。〔釋文〕削然如字。李云：反琴聲。亦作㨰，音滑。 盧文弨曰：宋本㨰作㨰。 扢許訖反，又巨乙反，魚乙反。李云：奮舞貌。司馬云：喜貌。 執干干，楯也。子貢曰：吾不知天之高也，地之下也。古之得道者，窮亦樂，通亦樂。所樂非窮通也，道德於此，則窮通爲寒暑風雨之序矣。疏夫陰陽天地有四序寒溫，人處其中，何能無窮通否泰耶！故得道之人，處窮通而常樂，譬之風雨，何足介懷乎！〔釋文〕亦樂音洛，下同。 俞樾曰：德當作得，呂覽慎人篇作道得於此，則窮達一也，爲寒暑風雨之序矣，疑此文窮通下亦當有一也二字，而今奪之。故許由娛於潁陽而共伯得乎共首。疏共伯名和，周王之孫也。懷道抱德，食封於共。厲王之難，天子曠絕，諸侯知共伯賢，請立爲王。共伯不聽，辭不獲免，遂即王位。一十四年，天下大旱，舍屋生火，卜曰：厲王爲祟。遂廢共伯而立宣王。共伯退歸，還食本邑，立之不喜，廢之不怨，逍遙於丘首之山。丘首山今在河內。潁陽地名，在襄陽，未爲定地名也。故許由娛樂於潁水，共伯得志於首山也。〔釋文〕虞於潁陽廣雅云：虞，安也。安於潁陽。一本作娛，娛，樂也。 共伯音恭，下同。 得乎共首司馬云：共伯名和，脩其行，好賢人，諸侯皆以爲賢。周厲王之難，天子曠絕，諸侯皆請以爲天子，共伯不聽，即干王位。十四年，大旱屋焚，卜于太陽，兆曰：厲王爲祟。召公乃立宣王，共伯復歸於宗，逍遙得意共山之首。共丘山今在河內共縣西。魯連子云：共伯後歸於國，得意共山之首。紀年云：共伯和即干王位。孟康注漢書古今人表以爲入爲三公。本或作丘首。 盧文弨曰：案今蜀書作攝行天子事。 慶藩案：路史發揮二注引司馬云：共伯和脩行而好賢，厲王之難，天子曠絕，諸侯知共伯賢，立爲天子，共伯不聽，弗獲免，遂即王位。一十四年，天下大旱，舍屋焚，卜於太陽，兆曰：厲王爲祟。召公乃立宣王，共伯還歸於宗，逍遙得意於共丘山之首。與釋文小異。 藩又案：釋文引司馬云共伯逍遙得意於共山之首，而不辭共山屬某所。疑共首即共頭也。荀子儒效篇至共頭而山隧，楊倞注：共，河內縣名，共頭，蓋共縣之山名。盧云：共頭即莊子之共首。呂氏春秋誠廉篇亦作共頭，此首字亦當爲頭之誤（頭從頁，頁即首字也，古頭首字通用）。舜以天下讓其友北人无擇，北人无擇曰：異哉后之爲人也，居於畎畝之中，而遊堯之門。不若是而已，又欲以其辱行漫我。吾羞見之。

因自投清泠之淵。注孔子曰士志於仁者有殺身以成仁無求生以害仁夫志尚清遐高風邈世與夫貪利沒命者故有天地之降也。疏北方之人名曰無擇舜之友人也后君也壟上曰畝下曰畎清泠淵在南陽西崿縣界舜耕於歷山長於壟畝遊堯門闕受堯禪讓其事迹豈不如是乎又欲將恥辱之行汙漫於我以此之羞慙遂投清泠也　俞樾曰廣韻二十五德北字注古有北人無擇則北人是複姓漢書古今人表作北人亡擇〔釋文〕畎古犬反　畝司馬云壟上曰畝壟中曰畎　盧文弨曰畝字俗說文作晦亦作畝爲正　辱行下孟反下章同　漫我武諫反徐武畔反下章同　清泠音零之淵山海經云在江南一云在南陽郡西崿山下

湯將伐桀。因卞隨而謀。卞隨曰。非吾事也。湯曰。孰可。曰。吾不知也。湯又因瞀光而謀。瞀光曰。非吾事也。湯曰。孰可。曰。吾不知也。湯曰。伊尹何如。曰。強力忍垢。吾不知其他也。疏姓卞名隨姓務名光並懷道之人隱者也湯知其賢因之謀議既非隱者之務故答以不知姓伊名尹字贄佐世之賢人也忍耐也垢恥辱也既欲阻兵應須強力之士方將弒主亦藉耐羞之人他外之能吾不知也〔釋文〕瞀光音務又莫豆反本或作務　強力李云阻兵須力　盧文弨曰舊阻譌徂今改正　忍垢司馬云垢辱也李云弒君須忍垢也

湯遂與伊尹謀伐桀。剋之。以讓卞隨。卞隨辭曰。后之伐桀也。謀乎我。必以我爲賊也。勝桀而讓我。必以我爲貪也。吾生乎亂世。而无道之人再來漫我。以其辱行。吾不忍數聞也。乃自投稠水而死。疏漫汙也稠水在潁川郡界字又作桐〔釋文〕數聞音朔　稠水直留反本又作桐水徐音同又徒董反又音封本又作稠司馬本作洞云洞水在潁川一云在范陽郡界

湯又讓瞀光曰。知者謀之。武者遂之。仁者居之。古之道也。吾子胡不立乎。瞀光辭曰。廢上。非義也。殺民。非仁也。人犯其難。我享其利。非廉也。疏享受也廢上謂放桀也殺民謂征戰也犯其難謂遭誅戮也我享其利謂受祿也〔釋文〕知者音智　其難乃旦反

吾聞之曰。非其義者。不受其祿。无道之世。不踐其土。況尊我乎。吾不忍久見也。乃負石而自沈於廬水。注舊說曰如卞隨務光者其視天下也若六合之外人所不能察也斯則謬矣夫輕天下者不

得有所重也苟無所重則無死地矣以天下爲六合之外故當付之堯舜湯武耳淡然無係故汎然從衆得失無槩於懷何自投之爲哉若二子者可以爲殉名慕高矣未可謂外天下也【疏】盧水在遼西北平郡界也〔釋文〕盧水音閭司馬本作盧水在遼東西界一云在北平郡界淡然徒暫反无槩古代反

昔周之興。有士二人。處於孤竹。曰伯夷叔齊。二人相謂曰。吾聞西方有人。似有道者。試往觀焉。【疏】孤竹國名在遼西伯夷叔齊兄弟讓位聞文王有道故往觀之夷齊事迹外篇已解矣〔釋文〕孤竹司馬云孤竹國在遼東令支縣界伯夷叔齊其君之二子也令音郎定反支音巨移反

至於岐陽。武王聞之。使叔旦往見之。與盟曰。加富二等。就官一列。血牲而埋之。【疏】岐陽是岐山之陽文王所都之地今扶風是也周公名旦是武王之弟故曰叔旦也其時文王已崩武王登極將欲伐紂招慰賢良故令周公與其盟誓如祿二級授官一列仍牲血釁其盟書埋之壇下也〔釋文〕血牲一本作殺牲司馬本作血之以牲

二人相視而笑曰。嘻。異哉。此非吾所謂道也。昔者神農之有天下也。時祀盡敬而不祈喜。其於人也。忠信盡治而无求焉。【疏】祈求也喜福也神農之世淳朴未殘四時祭祀盡於恭敬其百姓忠誠信實緝理而已無所求焉〔釋文〕嘻許其反一音於其反祈喜如字徐許記反俞樾曰喜當作禧爾雅釋詁禧福也不祈禧者不祈福也呂氏春秋誠廉篇作時祀盡敬而不祈福也與此字異義同盡治直吏反

樂與政爲政。樂與治爲治。不以人之壞自成也。不以人之卑自高也。不以遭時自利也。【疏】爲政順事百姓緝理從於物情終不幸人之災以爲己福顧人之險以爲己利也

今周見殷之亂。而遽爲政。上謀而下行貨。阻兵而保威。割牲而盟以爲信。揚行以說衆。殺伐以要利。是推亂以易暴也。【疏】遽速也速爲治政彰紂之虐謀謨行貨以保兵威顯物行誠以化黎庶可謂推周之亂以易殷之暴也王念孫曰上謀而下行貨下字後人所加也上與尚同上謀而行貨阻兵而保威句法正相對後人誤讀上爲上下之上故加下字耳呂氏春秋誠廉篇正作上謀而行貨阻兵而保威〔釋文〕揚行下孟反下行戾行同以說音悅以要一遙反

吾聞古之士。遭治世不避其任。遇亂世不爲苟存。今天下闇。周德衰。其並乎周以塗吾身

也。不如避之以絜吾行。二子北至於首陽之山。遂餓而死焉。若伯夷叔齊者。其於富貴也。苟可得已。則必不賴。高節戾行。獨樂其志。不事於世。此二士之節也。【注】論語曰伯夷叔齊餓于首陽之下不言其死也而此云死焉亦欲明其守餓以終未必餓死也此篇大意以起高讓遠退之風故被其風者雖貪冒之人乘天衢入紫庭猶時慨然中路而歎況其凡乎故夷許之徒足以當稷契對伊呂矣夫居山谷而宏天下者雖不俱爲聖佐不猶高於蒙埃塵者乎其事雖難爲然其風少弊故可遺也曰夷許之弊安在曰許由之弊使人飾讓以求進遂至乎之噲也伯夷之風使暴虐之君得肆其毒而莫之敢亢也伊呂之弊使天下貪冒之雄敢行篡逆唯聖人無迹故無弊也若以伊呂爲聖人之迹則伯夷叔齊亦聖人之迹也若以伯夷叔齊非聖人之迹邪則伊呂之事亦非聖矣夫聖人因物之自行故無迹然則所謂聖者我本無迹故物得其迹迹得而強名聖則聖者乃無迹之名也【疏】塗汙也若與周並存恐汙吾行不如逃避餓死於首山首山在蒲州城南近河是也〔釋文〕故被皮義反　貪冒亡北反或亡報反下同　稷契息列反　之噲音快　篡初患反唐云或曰讓王之篇其章多重生而務光二三子自投於水何也答曰莊書之與存乎反本反本之由先於去榮是以明讓王之一篇標傲世之逸志旨在不降以厲俗無厚身以全生所以時有重生之辭者亦歸棄榮之意耳深於塵務之爲弊也其次者雖復被褐啜粥保身而已其全道尚高而超俗自逸寧投身於淸泠終不屈於世累也此舊集音有聊復錄之於義無當也

雜篇　盜跖第二十九〔釋文〕以人名篇

孔子與柳下季爲友。柳下季之弟。名曰盜跖。盜跖從卒九千人。橫行天下。侵暴諸侯。穴室樞戶。驅人牛馬。取人婦女。貪得忘親。不顧父母兄弟。不祭先祖。所過之邑。大國守城。小國入保。萬民苦之。【疏】姓展名禽字季食采柳下故謂之柳下季亦言居柳樹之下故以爲號展

禽是魯莊公時孔子相去百餘歲而言友者蓋寓言也跖者禽之弟名也常爲巨盜故名盜跖穿穴屋室解脫門樞而取人牛馬也亦有作空字驅字者保小城也爲害既巨故百姓因之〔釋文〕孔子與柳下季爲友柳下惠姓展名獲字季禽一云字子禽居柳下而施德惠一云惠謚也一云柳下邑名案左傳云展禽是魯僖公時人至孔子生八十餘年若至子路之死百五六十歲不得爲友是寄言也　盜跖之石反李奇注漢書云跖秦之大盜也　俞樾曰史記伯夷傳正義又云蹠者黃帝時大盜之名是跖之爲何時人竟無定說孔子與柳下惠不同時柳下惠與盜跖亦不同時讀者勿以寓言爲實也　從才用反　卒尊忽反下同　樞戶尺朱反徐苦溝反司馬云破人戶樞而取物也　入保鄭注禮記曰小城曰保

孔子謂柳下季曰。夫爲人父者。必能詔其子。爲人兄者。必能教其弟。若父不能詔其子。兄不能教其弟。則无貴父子兄弟之親矣。今先生世之才士也。弟爲盜跖。爲天下害。而弗能教也。丘竊爲先生羞之。丘請爲先生往說之。柳下季曰。先生言。爲人父者。必能詔其子。爲人兄者。必能教其弟。若子不聽父之詔。弟不受兄之教。雖今先生之辯。將奈之何哉。且跖之爲人也。心如涌泉。意如飄風。強足以距敵。辯足以飾非。順其心則喜。逆其心則怒。易辱人以言。先生必无往。孔子不聽。顏回爲馭。子貢爲右。往見盜跖。盜跖乃方休卒徒大山之陽。膾人肝而餔之。【疏】餔食也子貢驂乘在車之右也〔釋文〕能詔如字教也　竊爲于僞反下請爲爲我竊爲使爲皆同　說之始銳反　飄風婢遙反徐扶遙反　易辱以豉反　大山音太　膾古外反　餔布吳反徐甫吳反字林云日申時食也

孔子下車而前。見謁者曰。魯人孔丘。聞將軍高義。敬再拜謁者。謁者入通。盜跖聞之大怒。目如明星。髮上指冠。曰。此夫魯國之巧僞人孔丘非邪。爲我告之。爾作言造語。妄稱文武。【疏】言孔子憲章文武祖述堯舜刊定禮樂遺迹將來也〔釋文〕髮上時掌反　此夫音符又如字　冠枝木之冠。帶死牛之脅。【疏】脅肋也言尼父所戴冕浮華雕飾華藻繁茂有類樹枝又將牛皮用爲革帶既闊且堅又如牛

脇〔釋文〕冠古亂反 枝木之冠 如字司馬云冠多華飾如木之枝繁 帶死牛之脅 許劫反司馬云取牛皮爲大革帶 多辭繆說。不耕而食。不織而衣。搖脣鼓舌。擅生是非。以迷天下之主。使天下學士不反其本。妄作孝弟而儌倖於封侯富貴者也。【疏】儌倖冀望也夫作孝弟序人倫意在乎富貴封侯者也故歷聘不已接輿有鳳兮之譏棄本滯迹師金致芻狗之誚也〔釋文〕繆說 音謬 孝弟 音悌本亦作悌 而儌 古堯反 子之罪大極重。疾走歸。不然。我將以子肝益晝餔之膳。孔子復通曰。丘得幸於季。願望履幕下。【疏】言丘幸其得與賢兄朋友不敢正覲儀容願履綦幕之下亦有作綦字者綦履迹也願履綦迹猶看足下 俞樾曰極當作殛爾雅釋言殛誅也言罪大而誅重也極殛古字通書洪範篇鯀則殛死多士篇大罰殛之僖二十八年左傳明神殛之昭七年傳昔堯殛鯀於羽山釋文並曰殛本作極〔釋文〕復通 扶又反下同 願望履幕下 司馬本幕作綦云言視不敢望跖面望履結而還也 謁者復通。盜跖曰。使來前。孔子趨而進。避席反走。再拜盜跖。盜跖大怒。兩展其足。案劍瞋目。聲如乳虎。曰。丘來前。若所言順吾意則生。逆吾心則死。【疏】趨疾行也反走卻退兩展其足伸兩腳也〔釋文〕反走 小卻行也 慶藩案文選謝靈運斤行㵎越嶺溪行注引司馬云展申也釋文闕 瞋 赤真反徐赤夷反廣雅云張也 如乳 如樹反 孔子曰。丘聞之。凡天下有三德。生而長大。美好无雙。少長貴賤見而皆說之。此上德也。知維天地。能辯諸物。此中德也。勇悍果敢。聚衆率兵。此下德也。凡人有此一德者。足以南面稱孤矣。今將軍兼此三者。身長八尺二寸。面目有光。脣如激丹。齒如齊貝。音中黃鐘。而名曰盜跖。丘竊爲將軍恥不取焉。【疏】激明也貝珠也黃鐘六律聲也〔釋文〕少長 詩召反下丁丈反 皆說 音悅 知維 音智下同 勇悍 戶旦反 激丹 古歷反司馬云明也 齊貝 一本作含貝 音中 丁仲反 將軍有意聽臣。臣請南使吳越。北使齊魯。東使宋衛。西使晉楚。使爲將軍造大城數百里。立數十萬戶之邑。尊將軍爲諸侯。與天下更始。罷兵休卒。收養昆弟。共祭先祖。此聖人才士之行。而天下之願也。盜跖大怒曰。丘來前。夫可規以利。而可諫以言者。皆愚陋恆民之謂耳。今長大美好。人見而悅之者。此吾父母之遺德也。丘雖不吾譽。吾獨不自知邪。且吾聞之。好面譽人者。亦好背而毀之。今丘告我以大城衆民。是欲規我以利。而恆民畜我也。安可久長也。【疏】言大城衆民不可長久也〔釋文〕南使所吏反下三字同　數百所主反下同　罷兵如字徐扶彼反　共祭音恭　之行下孟反下同　恆民一本作順民後亦爾　吾譽音餘下同　好面呼報反下同　背音佩下同城之大者。莫大乎天下矣。堯舜有天下。子孫无置錐之地。【疏】堯讓舜不授丹朱舜讓禹而商均不嗣故無置錐之地也　湯武立爲天子。而後世絕滅。非以其利大故邪。【疏】殷湯周武總統萬機後世子孫咸遭篡弒豈非四海利重所以致之　且吾聞之。古者禽獸多而人少。於是民皆巢居以避之。晝拾橡栗。暮栖木上。故命之曰。有巢氏之民。古者民不知衣服。夏多積薪。冬則煬之。故命之曰。知生之民。神農之世。臥則居居。起則于于。【疏】居居安靜之容于于自得之貌〔釋文〕橡音象　煬羊亮反　廬落寀于于廣大之意也方言于大也禮文王世子于其身以善其君鄭注曰于讀爲迂迂猶廣也大也檀弓于則于正義亦訓于爲廣大于于重言也　民知其母。不知其父。與麋鹿共處。耕而食。織而衣。无有相害之心。此至德之隆也。然而黃帝不能致德。與蚩尤戰於涿鹿之野。流血百里。【疏】至致也蚩尤諸侯也涿鹿地名今幽州涿郡是也蚩尤造五兵與黃帝戰故流血百里也〔釋文〕蚩尤神農時諸侯始造兵者也神農之後第八帝曰榆罔世蚩尤氏強與榆罔爭王逐榆罔與黃帝合謀擊殺蚩尤漢書音義云蚩尤古之天子一日庶人貪者　涿鹿音卓本又作濁司馬云涿鹿地名故城今在上谷郡西南八十里　堯舜作。立羣臣。【疏】置百官也　湯放其主。【疏】放桀於南巢也　武王殺紂。【疏】朝歌之戰〔釋文〕武王殺音試下同自是之後。以強陵弱。以衆暴寡。湯武以來。皆亂人之徒也。【疏】征伐篡弒湯武最甚今子脩文武之道。掌天下之辯。以教後世。【疏】孔子憲章文武辯說仁義爲後世之教也縫衣淺帶。矯言僞行。以迷惑天下之主。而欲求富貴焉。盜莫大於子。天下何故不謂子爲盜丘。而乃謂我爲盜跖。【疏】制縫掖之衣淺薄之帶矯飾言行誑惑諸侯其爲賊害甚於盜跖〔釋文〕摓衣本又作縫扶恭反徐扶公反又音馮盧文弨曰今書作縫衣　慶藩案摓衣淺帶向秀注曰儒服寬而長大（見列子黃帝篇注）釋文摓又作縫縫衣大衣也或作逢書洪範子孫其逢吉馬注曰逢大也禮儒行逢掖之衣注逢猶大也荀子非十二子篇其衣逢儒效篇逢衣淺帶楊注並曰逢大也亦省作綘墨子公孟篇綘衣博袍綘博皆大也（集韻縫或省作綘漢丹陽太守郭旻碑彌綘袞口綘即縫字）淺帶縫帶使淺狹矯言紀表反子以甘辭說子路而使從之。使子路去其危冠。解其長劍。而受教於子。天下皆曰。孔丘能止暴禁非。【疏】高危之冠長大之劍勇者之服也既伏膺孔氏故解去之〔釋文〕說子路始銳反又如字去其起呂反危冠李云危高也子路好勇冠似雄雞形背負豭牛用表已強也　盧文弨曰今書音義作豭斗案史記作佩豭豚其卒之也。子路欲殺衞君而事不成。身菹於衞東門之上。是子教之不至也。【疏】仲由疾惡情深殺衞君蒯聵事既不遂身遭菹醢盜跖故以此相譏也〔釋文〕其卒子恤反身菹莊居反子自謂才士聖人邪。則再逐於魯。削跡於衞。窮於齊。圍於陳蔡。不容身於天下。子教子路菹此患。上无以爲身。下无以爲人。子之道豈足貴邪。世之所高。莫若黃帝。黃帝尚不能全德。而戰涿鹿之野。流血百里。堯不慈。【疏】謂不與丹朱天下〔釋文〕以爲于僞反同下堯不慈不授子也舜不孝。【疏】爲父所疾也禹偏枯。【疏】治水勤勞風櫛雨沐致偏枯之疾半身不遂也湯放其主。武王伐紂。文王拘羑里。【疏】羑里殷獄名文王遭紂之難戹於囹圄凡經七年方得免脫〔釋文〕文王拘羑里紂之二十年囚文王此六子者。世之所高也。孰論之。皆以利惑其眞。而強反其情性。其行乃甚可羞也。【疏】六子者，謂黄帝堯舜禹湯文王也，皆以利於萬乘，是以迷於眞道而不反於自然，故可恥也。〔釋文〕而強其丈反 可羞如字，本又作惡，烏路反 世之所謂賢士，伯夷叔齊。伯夷叔齊辭孤竹之君，而餓死於首陽之山，骨肉不葬。鮑焦飾行非世，抱木而死。【疏】二人窮死首山，復無子胤收葬也。姓鮑名焦，周時隱者也，飾行非世，廉潔自守，荷擔採樵，拾橡充食，故無子胤，不臣天子，不友諸侯。子貢遇之，謂之曰：吾聞非其政者不履其地，汙其君者不受其利，今子履其地，食其利，其可乎？鮑焦曰：吾聞廉士重進而輕退，賢人易愧而輕死。遂抱木立枯焉。申徒狄諫而不聽，負石自投於河，爲魚鼈所食。【疏】申徒自沈，前篇已釋。諫而不聽，未詳所據。崔嘉雖解，無的諫辭。〔釋文〕負石自投於河申徒狄將投於河，崔嘉止之曰：吾聞聖人仁士民父母，若濡足故不救溺人，可乎？申徒狄曰：不然。昔桀殺龍逢，紂殺比干而亡天下，吳殺子胥，陳殺泄治而滅其國，非聖人不仁，不用故也。遂沈河而死。介子推至忠也，自割其股以食文公。文公後背之，子推怒而去，抱木而燔死。【疏】晉文公重耳也，遭驪姬之難，出奔他國，在路困乏，推割股肉以飴之。公後還三日，封於從者，遂忘子推。子推作龍蛇之歌，書其營門，怒而逃。公後慙謝，追子推於介山。子推隱避，公因放火燒山，庶其走出，火至，子推遂抱樹而焚死焉。〔釋文〕以食音嗣 燔死音煩，燒也。　慶藩案：左傳介之推不言祿，祿亦弗及，又曰晉侯求之不得，以綿上爲之田，曰：以志吾過，且旌善人。呂覽曰：介推負釜蓋簦，終身不見。史記曰：使人召之，則亡，聞其入綿上山中，於是環綿上之山中而封之，以爲介推田，號曰介山。徧查經傳，并無介推燔死之事。自屈子爲立枯之說（楚辭九章惜往日：介子推而立枯兮），莊生有燔死之文（容齋三筆云始自新序，非也），而東方朔七諫、漢書丙吉傳皆承其譌，今當以左傳呂覽正之。尾生與女子期於梁下，女子不來，水至不去，抱梁柱而死。此六子者，无異於磔犬流豕、操瓢而乞者，皆離名輕死，不念本養壽命者也。【疏】六子者，謂伯夷、叔齊、鮑焦、申徒、介推、尾生。言此六人不合元道，矯情飾行，苟異俗中，用此聲名傳之後世，亦何異乎張磔死狗，流在水中，貧病之人操瓢乞告！此閑人物，不許見聞六子之行，事同於此，皆爲重名輕死，不念歸本養生壽盡天命者也。豕字有作死字者，乞字有作走字者，隨字讀之。豕，豬也。〔釋文〕尾生一本作微生，戰國策作尾生高，高誘以爲魯人。磔竹客反。廣雅云：張也。操七曹反 瓢婢遙反 而乞者李云：言上四人不得其死，猶豬狗乞兒流轉溝中者也。乞或作走。離名力智反 念本本或作卒 世之所謂忠臣者，莫若王子比干、伍子胥。子胥沈江，比干剖心，此二子者，世謂忠臣也，然卒爲天下笑。【疏】爲達道者之所嗤也。〔釋文〕剖心（曾口反）自上觀之，至于子胥比干，皆不足貴也。丘之所以說我者，若告我以鬼事，則我不能知也；若告我以人事者，不過此矣，皆吾所聞知也。今吾告子以人之情，目欲視色，耳欲聽聲，口欲察味，志氣欲盈。【疏】夫目視耳聽，口察志盈，率性而動，稟之造物，豈矯情而爲之哉！分內爲之，道在其中矣。〔釋文〕以說（如字，又始銳反）人上壽百歲，中壽八十，下壽六十，除病瘦死喪憂患，其中開口而笑者，一月之中不過四五日而已矣。天與地无窮，人死者有時，操有時之具而託於无窮之間，忽然无異騏驥之馳過隙也。【疏】夫天長地久，窮境稽賒，人之死生，時限迫促，以有限之身，寄無窮之境，何異乎騏驥馳走過隙穴也。〔釋文〕上壽（音受，又如字，下同）瘦（色又反）　王念孫曰：釋文瘦色又反。案瘦當爲瘐字之誤也。瘐亦病也。病瘐爲一類，死喪爲一類，憂患爲一類。瘐字本作瘉。爾雅曰：瘉，病也。小雅正月篇胡俾我瘉，毛傳與爾雅同。漢書宣帝紀今繫者或以掠辜若飢寒瘐死獄中，蘇林曰：瘐，病也。囚徒病律名爲瘐。師古曰：瘐音庾，字或作瘉。王子侯表曰富侯龍下獄瘐死。不能說其志意，養其壽命者，皆非通道者也。丘之所言，皆吾之所棄也。亟去走歸，无復言之！子之道，狂狂汲汲，詐巧虛僞事也，非可以全真也，奚足論哉！【疏】亟，急也。狂狂，失性也。汲汲，不足也。夫聖迹之道，仁義之行，譬彼蘧廬，方茲芻狗，執而不遣，惟增其弊。狂狂失真，汲汲不足，虛僞之事，何足論哉！〔釋文〕能說（音悅）亟去（紀力反，急也。本或作極）无復（扶又反）狂狂（如字，又九況反）汲汲（本亦作伋，音急，又音及）詐巧（苦孝反，又如字）孔子再拜趨走，出門上車，執轡三失，目芒然无見，色若死灰，據軾低頭，不能出氣。【疏】軾，車前橫木，凭之而坐者也。盜跖英雄盛談物理，孔子慴懼，遂至於斯。〔釋文〕上車（時掌反）三失（息暫反，又如字）芒然（莫剛反）歸到魯東門外，適遇柳下季。柳下季曰：今者闕然數日不見，車馬有行色，得微往見跖邪？孔子仰天而歎曰：然。【疏】微，無也。然，如此也。〔釋文〕有行（如字）柳下季曰：跖得无逆汝意若前乎？孔子曰：然。【疏】若前乎者，則是篇首柳下云逆其心則怒，無乃逆汝意如我前言乎孔子答云賓如所言也丘所謂无病而自灸也。疾走料虎頭。編虎須。幾不免虎口哉。【注】此篇寄明因衆之所欲亡而亡之雖王紂可去也不因衆而獨用己雖盜跖不可御也【疏】幾近也夫料觸虎頭而編虎須者近遭於虎食之也今仲尼往說盜跖履其危險不異於斯也而言此章大意排擯聖迹嗤鄙名利是以排聖迹則訶責堯舜鄙名利則輕忽夷齊故寄孔跖以摸之意也即郭注意失之遠矣〔釋文〕自灸久又反疾走料音聊扁虎音鞭又蒲顯反徐扶顯反本或作編音同頭一本作料頭編虎須盧文弨曰今書作鬚虎須舊亦作須今從宋本作頭幾不音祈可去起呂反

子張問於滿苟得曰。盍不爲行。【疏】子張孔子弟子也姓顓孫名師字子張行聖迹之人也姓滿名苟得假託爲姓名曰苟且貪得以滿其心求利之人也盍何不也何不爲仁義之行乎勸其捨求名利也〔釋文〕滿苟得人姓名盍胡臘反爲行下孟反下注同盍何不也勸何不爲德行无行則不信。不信則不任。不任則不利。故觀之名。計之利。而義眞是也。【疏】若不行仁義之行則不被信用不被信用則無職任無職任則無利祿故有行則有名有名則有利觀察計當仁義眞是好事宜行之也若棄名利。反之於心。則夫士之爲行。不可一日不爲乎。【疏】反乖逆也若棄名利則乖逆我心故士之立身不可一日不行仁義

滿苟得曰。无恥者富。多信者顯。夫名利之大者。幾在無恥而信。故觀之名。計之利。而信眞是也。【疏】多信猶多言也夫識廉知讓則貧無恥貪殘則富謙柔靜退則沈多言夸伐則顯故觀名計利而莫先於多言多言則是名利之本也若棄名利。反之於心。則夫士之爲行。抱其天乎。【疏】抱守也天自然也夫脩道之士立身爲行棄擲名利乃乖俗心抱守天眞翻合虛元之道也

子張曰。昔者桀紂貴爲天子。富有天下。今謂臧聚曰。汝行如桀紂。則有怍色。有不服之心者。小人所賤也。仲尼墨翟。窮爲匹夫。今謂宰相曰。子行如仲尼墨翟。則變容易色。稱不足者。士誠貴也。【疏】桀紂孔墨並釋於前臧謂臧獲也聚謂竊聚即盜賊小人也以臧獲比夫子則慚怍而不服以宰相比匹夫則變容而歎慰故知所貴在行不在乎位〔釋文〕臧聚司馬云謂臧獲盜濫竊聚之人有怍音昨宰相息亮反下相而同故勢爲天子。未必貴也。窮爲匹夫。未必賤也。貴賤之分。在行之美惡。【疏】此復

釋前義也滿苟得曰。小盜者拘。大盜者爲諸侯。諸侯之門。義士存焉。昔者桓公小白殺兄入嫂。而管仲爲臣。田成子常殺君竊國。而孔子受幣。論則賤之。行則下之。則是言行之情悖戰於胷中也。不亦拂乎。疏悖逆也拂戾也齊桓公名小白殺其兄子糾納其嫂焉管仲賢人臣而輔之卒能九合諸侯一匡天下田成子常殺齊簡公孔子沐浴而朝受其幣帛夫殺兄入嫂弑君竊國人倫之惡莫甚於斯而夷吾爲臣尼父受幣言議則以爲鄙賤情行則下而事之財非戰爭於心胷言行相反戾耶〔釋文〕入嫂先早反司馬云以嫂爲室家　爲臣臣或作相　殺君申志反　論則力頓反　悖戰布內反　亦拂扶弗反　故書曰。孰惡孰美。成者爲首。不成者爲尾。疏成者爲首君而事之不成者爲尾非而毀之以此而言只論成與不成豈關行以無行故不知美惡的在誰也所引之書並遭燒滅今並無本也

子張曰。子不爲行。即將疏戚无倫。貴賤无義。長幼无序。五紀六位。將何以爲別乎。疏戚親也倫理也五紀祖父也身子孫也亦言金木水火土五行也仁義禮智信五德也六位君臣父子夫婦也亦言父母兄弟夫妻子張云若不行仁義之行則親疏無理貴賤無義長幼無次敍五紀六位無可分別也〔釋文〕長幼丁丈反　五紀司馬云歲日月星辰歷數　六位君臣父子夫婦　俞樾曰五紀司馬云歲日月星辰歷數然與疏戚貴賤長幼之義不相應殆非也今案五紀即五倫也六位即六紀也白虎通三綱六紀篇曰六紀者謂諸父兄弟族人諸舅師長朋友也此皆所以爲疏戚貴賤長幼之別不曰五倫而曰五紀不曰六紀而曰六位古人之語異耳家語入官篇羣僕之倫也王肅注曰倫紀也然則倫紀得通稱矣　爲別彼列反下同　滿苟得曰。堯殺長子。舜流母弟。疏戚有倫乎。疏堯廢長子丹朱不與天位又言殺也舜封同母弟象於有庳之國令天下吏治其國收納貢稅故言流放也廢子流弟何有親疏之理乎〔釋文〕堯殺長子崔云堯殺長子考監明　舜流母弟弟謂象也流放也孟子云舜封象於有庳不得有爲於其國天子使吏治其國而封納貢稅焉故謂之放也　湯放桀。武王殺紂。貴賤有義乎。疏殷湯放夏桀於南巢周武殺殷紂於汲郡君臣貴賤其義安在王季爲適。周公殺兄。長幼有序乎。疏王季周大王之庶子季歷即文王之父也太伯仲雍讓位不立故以小兒季歷爲適管蔡周公之兄位而誅之故云殺之廢適立庶弟殺其兄尊卑長幼有次序乎〔釋文〕爲適丁歷反　儒者僞辭。墨者兼愛。五紀六位。將有別乎。疏夫儒者多言强爲名位墨者兼愛周普無私五紀六位有何分別　且子正爲名。我正爲利。名利之實。不順於理。不監

於道。【疏】監明也見也子張心之所爲正在於名苟得心之所爲正在於利且名利二途皆非眞實旣乖至理豈明見於元道〔釋文〕且子正爲名假設之辭也爲音于僞反下爲利同不監本亦作鑑同

吾日與子訟於无約。曰。小人殉財。君子殉名。其所以變其情。易其性。則異矣。乃至於棄其所爲。而殉其所不爲。則一也。【疏】訟謂論說也約謂要誓也棄其所爲捨己殉其所不爲逐物也夫殉利謂之小人殉名謂之君子名利不同所殉一也子張苟得皆共談元言於無爲之理敎於莫從之契也〔釋文〕吾日人實反无約如字徐於妙反

故曰。无爲小人。反殉而天。无爲君子。從天之理。【疏】而爾也旣不逐利又不殉名故能率性歸根合於自然之道也

若枉若直。相而天極。面觀四方。與時消息。【疏】相助也無問枉直順自然之道觀照四方隨四時而消息

若是若非。執而圓機。獨成而意。與道徘徊。【疏】徘徊猶轉變意也圓機猶環中也執於環中之道以應是非用於獨化之心以成其意故能冥其虛通之理轉變無窮者也

无轉而行。无成而義。將失而所爲。【疏】所爲眞性也無轉汝志爲聖跡之行無成爾心學仁義之道捨己效他將喪爾眞性也　王念孫曰無轉而行轉讀爲專山木篇云一龍一蛇與時俱化而無肯專爲卽此所謂無專而行也此承上文與時消息與道徘徊而言言當隨時順道而不可專行仁義若專而行成而義則將失其所爲矣故下文云正其言必其行故服其殃離其患也必其行卽此所謂專而行也秋水篇無一而行與道參差一亦專也無專而行猶言無一而行也專與轉古字通又通作摶史記吳王濞傳燕王摶胡衆入蕭關索隱曰摶音專謂專統領胡兵也漢書摶作轉

无赴而富。无殉而成。將棄而天。【疏】莫奔赴於富貴無殉逐於成功必赴必殉則背於天然之性也

比干剖心。子胥抉眼。忠之禍也。【疏】比干忠諫於紂紂云聞聖人之心有九竅遂剖其心而視之子胥忠諫夫差夫差殺之子胥曰吾死後抉眼縣於吳門東以觀越之滅吳也斯皆至忠而遭其禍也〔釋文〕抉眼烏穴反

直躬證父。尾生溺死。信之患也。【疏】躬父盜羊而子證之尾生以女子爲期抱梁而死此皆守信而致其患也

鮑子立乾。申子不自理。廉之害也。【疏】鮑焦廉貞遭子貢譏之抱樹立乾而死申子晉獻公太子申生也遭麗姬之難枉被讒謗不自申理自縊而死矣〔釋文〕鮑子立乾司馬云鮑子名焦周末人汙時君不仕採蔬而食子貢見之謂曰何爲不仕食祿答曰無可仕者子貢曰汙時君不食其祿惡其政不踐其土今子惡其君處其土食其蔬何志行之相違乎鮑焦遂棄其蔬而餓死韓詩外傳同又云槁洛水之上也勝子自埋一本理作俚本又作申子自埋或云謂申徒狄抱甕之河也一本作申子不自理謂自生也

孔子不見母。匡子不見父。義之失也。【疏】孔子滯耽聖迹歷國

應聘其母臨終孔子不見匡姓名章齊人也諫諍其父其父不從被父憎嫌遂辭他邑亦恥仁義學讀忘歸其父臨終而章不見此皆矜矯仁義有斯過矣〔釋文〕孔子不見母李云未聞 匡子不見父。司馬云匡子名章齊人諫其父為父所逐終身不見父案此事見孟子　盧文弨曰疑父母二字當互易 此上世之所傳。下世之所語。以為士者。正其言。必其行。故服其殃。離其患也。注此章言尚行則行矯貴士則士僞故蔑行賤士以全其內然後行高而士貴耳疏自比干已下匡子已上皆為忠信廉貞而遭其禍斯皆古昔相傳下世語之也是以忠誠之士廉信之人正其言以諫君必其行以事主莫不遭罹其患服從其殃為道之人深宜戒慎也〔釋文〕所傳丈專反 无足問於知和曰。人卒未有不興名就利者。彼富則人歸之。歸則下之。下則貴之。夫見下貴者。所以長生安體樂意之道也。今子獨无意焉。知不足邪。意知而力不能行邪。故推正不忘邪。疏無足謂貪婪之人不止足者也知和謂體知中和之道守分清廉之人也假設二人以明貪廉之禍福也無足云世人卒竟未有不興起名譽而從就利祿者若財富則人歸湊之歸湊則謙下而尊貴之夫得人謙下尊貴者則說其情適其性體質安而長壽矣子獨無貪富貴之意乎為運知足不求邪為心意能知力不能行故推於正理志念不忘以遣貪求之心而不取耶〔釋文〕无足一本作無知　則下遐嫁反下同　樂意音洛下同　知不音智下知謀同　慶藩案意語詞也讀若抑抑意古字通論語學而篇抑與之與漢石經反作意墨子明鬼篇豈女為之與意鮑為之與皆其證 故推正不忘邪。疏忘或作妄言君臣但推尋正道不忘故不用富貴耶為智力不足故不用耶 知和曰。今夫此人以為與己同時而生。同鄉而處者。以為夫絕俗過世之士焉。是專无主正。所以覽古今之時。是非之分也。與俗化疏此人謂富貴之人也俗人謂無知貪利情切與賢人同時而生共富人同鄉而住者猶將己為超絕流俗過越世人況已之自享於富貴乎斯乃專愚之人內心無主不履正道不覺古今之時代不察是非之涯分而與塵俗紛競隨末而遷化者也豈能道禍福之歸趣者哉〔釋文〕過世之士焉　言人心易動但人與賢人俱生便自謂過於世人況親自為富貴者乎 世。去至重。棄至尊。以為其所為也。此其所以論長生安體樂意之道。不亦遠乎。疏至重生也至尊道也流俗之人捐生背道其所為每事如斯其於長生之道去之遠矣 慘怛之疾。恬愉之安。不監於體。怵惕之恐。欣懽之喜。不監於心。【疏】慘怛悲也恬愉樂也夫悲樂喜懼者並身外之事也故不能監明於聖賢照入於心靈而愚者妄爲之也〔釋文〕慘七感反　怛丹曷反　之恐丘勇反　知爲爲而不知所以爲。是以貴爲天子。富有天下。而不免於患也。【疏】爲爲者有爲也所以爲者無爲也但知爲於有爲不知爲之所以出自無爲也知斯之人雖貴總萬機富贍四海而不免於怵惕等患也　无足曰。夫富之於人。无所不利。窮美究埶。至人之所不得逮。賢人之所不能及。【疏】窮盡也夫能窮天下善美盡人間威勢者其惟富貴乎故至德之人賢哲之士亦不能遠及也〔釋文〕窮美　窮猶盡也　究埶　音勢本亦作勢一音藝究竟也　俠人之勇力。而以爲威強。秉人之知謀。以爲明察。因人之德。以爲賢良。非享國而嚴若君父。【疏】夫富貴之人人多依附故勇者爲之捍智者爲之謀德者爲之助雖不臨享邦國而威嚴有同君父爲斯皆財利致其然矣〔釋文〕俠人　音協　且夫聲色滋味權勢之於人。心不待學而樂之。體不待象而安之。【疏】夫耳悅於聲眼愛於色口嗛於味威權形勢以適其情者不待教學而心悅樂豈服法象而身安乎蓋性之然耳　夫欲惡避就。固不待師。此人之性也。天下雖非我。孰能辭之。【疏】夫欲之則就惡之則避斯乃人物之常情不待師教而後爲之哉故天下雖非無足誰獨辯辭於此事者也〔釋文〕欲惡　烏路反　知和曰。知者之爲。故動以百姓。不違其度。是以足而不爭。无以爲。故不求。【疏】夫知慧之人虛懷應物故能施爲舉動以百姓心爲心百姓順之亦不違其法度也內心至之所以不爭無用無爲故不求不覺也　不足故求之。爭四處而不自以爲貪。有餘故辭之。棄天下而不自以爲廉。【疏】四處猶四方也夫凡聖區分貪廉斯隔是以爭貪四方馳騁八極不自覺其貪棼棄捨萬乘辭於九五而不自覺其廉儉　廉貪之實。非以迫外也。反監之度。【疏】監照也夫廉貪實性非過迫於外物也而反照於內心各稟度量不同也　勢爲天子。而不以貴驕人。富有天下。而不以財戲人。計其患。慮其反。以爲害於性。故辭而不受也。非以要名譽也。【疏】夫不以高貴爲驕矜不以錢財爲娛玩者計其災患憂慮傷害於真性故也是以辭大寶而不受非謂要求名譽者也〔釋文〕要名　一遙反　堯舜爲帝而雍。非仁天下也。不以美害生也。善卷許由得帝而不受，非虛辭讓也，不以事害己。此皆就其利，辭其害，而天下稱賢焉，則可以有之，彼非以與名譽也。【疏】雍和也夫唐虞之化宇內和平者顧有情於仁惠不以美譽害生也善卷許由被禪而不受非是矯情於辭讓不以世事害己也斯皆就其長生之利辭其篡弒之害故天下稱其賢能則可謂有此避害之心實無彼與名之意　无足曰：必持其名。苦體絕甘，約養以持生，則亦久病長阨而不死者也。【疏】必固將欲脩進名譽苦其形體絕其甘美窮約攝養矜持其生者亦何異乎久病固疾長阨不死雖生之日猶死之年此無足之辭以難知和也〔釋文〕長阨音厄又烏賣反　知和曰：平為福，有餘為害者，物莫不然，而財其甚者也。【疏】夫平等被其福善有餘招其禍害者天理自然也物皆如是而財最甚也　今富人，耳營鐘鼓筦籥之聲，口嗛於芻豢醪醴之味，以感其意，遺忘其業，可謂亂矣。【疏】嗛稱適也管籥簫笛之流也夫富室之人恣情淫勃口爽醪醴耳聒宮商取捨滑心觸類感動性之昏爽事業忘焉無所覺知豈非亂也〔釋文〕筦音管本亦作管籥音藥一本筦籥作墻篪口嗛苦簟反　慶藩案嗛快也說文嗛口有所快與趙策膳啗之嗛於魏齊桓公夜半不嗛易牙高注並曰嗛快也荀子榮辱篇彼臭之而無嗛於鼻楊倞讀嗛為慊云厭也失之　醪力刀反　侅溺於馮氣，若負重行而上也，可謂苦矣。【疏】馮氣猶憤懣也夫貪欲既多勞役困弊心中侅塞沈溺憤懣猶如負重上阪而行此之委頓豈非苦困也哉〔釋文〕侅溺徐音礙五代反又戶該反飲食至咽為侅一云偏也　家世父曰釋文飲食至咽為侅未免強以意通之說文奇侅非常也揚子方言非常曰侅事侈溺猶言沈溺之深也　於馮氣馮音憤懣也下同言憤畜不通之氣也　王念孫曰釋文曰馮氣馮音憤懣也言憤畜不通之氣也案馮氣盛氣也昭五年左傳今君奮焉震電馮怒杜注曰馮盛也楚辭離騷馮不厭乎求索王注曰馮滿也楚人名滿曰馮是馮為盛滿之義無煩改讀為憤也　而上時掌反　貪財而取慰，貪權而取竭，靜居則溺，體澤則馮，可謂疾矣。【疏】貪取財寶以慰其心誘諂威權以竭情慮安靜閑居則其體沈溺體氣悅澤則憤懣斯生動靜困苦豈非疾也〔釋文〕取慰慰亦作畏　慶藩案慰當與蔚通淮南俶真篇五藏無蔚氣高注曰蔚病也繆稱篇侏儒瞽師人之困慰者也高注曰慰病也是蔚慰二字古訓通用　為欲富就利，故滿若堵耳而不知避，且馮而不舍，可謂辱矣。【疏】堵牆也夫欲富就利情同壑壁譬彼堵牆脹滿盈心中憤懣貪婪不舍不知避害豈非恥辱耶〔釋文〕不舍音捨下同　財積而无用，服膺而不舍，滿心戚醜，求益而不止，可謂憂矣。【疏】感，煩惱也。夫積而不散，滿而不舍，貪求無足，煩惱盈懷，戀而論之，豈非憂患。慶藩案服膺而不舍，即上文滿而不舍之義。服膺即憑也。文選漢高祖功臣頌有滿膺而尚缺（文選膺誤作應，李善注誤以為憑依瑞應，失之。古應與膺同聲通用。康誥膺保殷民，周語膺保民德，詩閟宮篇戎狄是膺，史記建元以來侯者年表膺作應，孟子滕文公篇戎狄是膺，音義曰丁本膺作應）。服膺之為滿膺，猶伏軾之為憑軾（史記酈生傳伏軾下齊七十餘城，漢書作憑軾），伏琴為憑琴（史記魏世家中期憑琴，索隱曰春秋後語作伏琴），茵伏為茵憑也（史記酷吏傳未嘗敢均茵伏，漢書作茵憑）。戚醮 在遙反，李云：顦顇也。又音子妙反。

內則疑刦請之賊，外則畏寇盜之害，內周樓疏，外不敢獨行，可謂畏矣。【疏】疑，恐也。請，求也。匹夫無罪，懷璧其罪，故在家則恐求財盜賊之災，外行則畏寇盜濫竊之害。是以舍院周回，起疏窗樓敝，出內外來往怖懼，不敢獨行，如此艱辛，豈非畏也。【釋文】疑刦 許業反。又曲業反。 內周樓疏 李云：重樓內市，疏軒外扇，謂設備守具。

此六者，天下之至害也，皆遺忘而不知察，及其患至，求盡性竭財，單以反一日之无故而不可得也。【疏】六者，謂亂、苦、疾、辱、憂、畏也。殫，盡也。天下至害，遺忘不察，及其巨盜忽至，性命懷然，平生貪求，一朝頓盡，所有財寶，當時並罄欲反，一日貧素，其可得之乎！【釋文】財單 音丹。本或作斷，音祁。 家世父曰：釋文單本作斷，音祁。今案釋文非也。單當作為亶。史記歷書單閼，崔駰注單閼一作亶安。單亶字通。漢書但字多作亶。賈誼傳非亶倒懸而已，揚雄傳亶費精神於此。說文但，裼也。是但自為袒，而亶為但。單以反一日之無故，猶言但以反一日之無故。玉篇單，一也。一猶單獨也，與但字義亦近。故觀之名則不見，求之利則不得，繚意體而爭此，不亦惑乎！【疏】此章言知足者常足。繚，纏繞也。巨盜既至，身非己有，當爾之際，豈見有名利耶！而流俗之夫，倒置之甚，情纏繞於名利，心決絕於爭求，以此而言，豈非大惑之甚也！【釋文】繚 音了，又僉弔反，理也。

雜篇 說劍第三十【釋文】以事名篇。

昔趙文王喜劍，劍士夾門而客三千餘人，日夜相擊於前，死傷者歲百餘人，好之不厭。如是三年，國衰，諸侯謀之。【疏】趙惠王名何，趙武靈王之子也。好擊劍之士，養客三千，好無厭足，其國衰敝，故諸侯知其無道，共相謀議，欲將伐之也。【釋文】趙文王 司馬云：惠文王也，名何，武靈王子，後莊子三百五十年。洞紀云：周赧王十七年，趙惠文王之元年。一云案長歷推惠文王與莊子相值，恐彪之言誤。 喜劍 許紀反，下同。 夾門 郭李音協，又古洽反。 好之 呼報反。 无厭 於鹽反，又於豔反。盧文弨曰：今書作不厭。 太子悝患之，募左右曰：孰能說王

之意止劍士者。賜之千金。左右曰。莊子當能。【疏】悝趙太子名也厭患其父喜好干戈故欲千金以募說士莊子大賢當能止劍也

〔釋文〕悝 苦回反太子名 兪樾曰惠文王之後爲孝成王丹則此太子蓋不立 募 音慕又音務 說王 如字解也又音悅

莊子。莊子弗受。與使者俱往。見太子曰。太子何以教周。賜周千金。太子曰。

聞夫子明聖。謹奉千金以幣從者。夫子弗受。悝尚何敢言。【疏】欲教我何事乃賜千金既見金多故問太子曰聞莊子子賢哲聖明故所以贈千金以充從車之幣帛也〔釋文〕與使 所吏反 以幣從 才用反一本作以幣從者 盧文弨曰舊者訛軍今改正今書有者字 莊子曰。聞

太子所欲用周者。欲絕王之喜好也。使臣上說大王而逆王意。下不當太

子。則身刑而死。周尚安所事金乎。使臣上說大王。下當太子。趙國何求而

不得也。太子曰。然。吾王所見。唯劍士也。莊子曰。諾。周善爲劍。太子曰。然。吾

王所見劍士。皆蓬頭突鬢垂冠。曼胡之纓。短後之衣。瞋目而語難。王乃說

之。今夫子必儒服而見王。事必大逆。【疏】髮亂如蓬鬢毛突出鐵爲冠垂下露面曼胡之纓謂屯項抹額也短後之衣便於武事瞋目怒眼勇者之容憤然實習故語聲難澀斯劍士之形服也〔釋文〕上說 如字又始銳反下同 蓬頭 步公反本或作鬔同蓬頭謂著兜鉾也有毛故如蓬 突鬢 必刃反司馬本作賓云賓讀爲鬢 垂冠 將欲闘故冠低傾也 曼胡 莫干反司馬云曼胡之纓謂麤纓無文理也 短後之衣 爲便於事也 瞋目 赤夷赤真二反 語難 如字艱難也勇士憤氣積於心胸言不流利也又乃旦反既怒而語爲人所畏難司馬云說相擊也 乃說 音悅下大說同 莊子曰。請治劍服。治劍服三日。乃見太子。太子乃與見王。王

脫白刃待之。莊子入殿門不趨。見王不拜。【疏】夫自得者內無懼心故不趨走也〔釋文〕與見 賢遍反下劍見同又如字

王脫 一本作說同土活反 王曰。子欲何以教寡人。使太子先。【疏】悛欲用何術以教誨於我而使太子先言於我乎 曰。臣聞大

王喜劍。故以劍見王。王曰。子之劍何能禁制。曰。臣之劍。十步一人。千里不

留行。王大悅之。曰。天下无敵矣。【疏】其劍十步殺一人一去千里行不留住銳快如是寧有敵乎〔釋文〕千里不留行 司馬云十步與一人相擊輒殺之故千里不留於行也 俞樾曰十步之內輒殺一人則歷千里之遠所殺多矣而劍鋒不缺所當無撓者是謂十步一人千里不留行極言其劍之利也行以劍言非以人言下文所謂行以秋冬是也司馬云十步與一人相擊輒殺之故千里不留於行也未得其義 莊子曰。夫爲劍者。示之以虛。開之以利。後之以發。先之以至。願得試之。【疏】夫爲劍者道也是以忘己虛心開通利物感而後應機照物先莊子之用劍也 王曰。夫子休就舍。待命令設戲請夫子。【疏】詞旨清遠感動王心故令休息屈就館舍待設劍戲然後邀延也 王乃校劍士七日。死傷者六十餘人。得五六人。使奉劍於殿下。乃召莊子。王曰。今日試使士敦劍。【疏】敦斷也試練劍士使考校敦斷以定勝劣〔釋文〕乃校司馬云考校取其勝者也校本或作較 士敦 如字司馬云敦斷也試使用劍相擊斷截也一音丁回反 家世父曰釋文引司馬云敦斷也試使用劍相擊截斷也邶風詩箋王事敦我敦猶投擲也魯頌詩箋敦商之旅敦治也敦劍即治劍之意說文敦怒也一曰誰何也誰何猶言莫我何亦即兩相比較之意兩相比較故怒也 莊子曰。望之久矣。【疏】企望日久請早試之 王曰。夫子所御杖長短何如。曰。臣之所奉皆可。【疏】御用也謂莊實可擊劍故問之〔釋文〕御杖 直亮反 所奉 司馬本作所奏 然臣有三劍。唯王所用。請先言而後試。王曰。願聞三劍。曰。有天子劍。有諸侯劍。有庶人劍。王曰。天子之劍何如。曰。天子之劍。以燕谿石城爲鋒。齊岱爲鍔。【疏】鋒劍端也鍔刃也燕谿在燕國石城塞外山此地居北以爲劍鋒齊國岱岳在東爲劍刃也〔釋文〕燕音煙 谿 燕谿地名在燕國 石城 在塞外 鍔 五各反司馬云劍刃也一云劍稜也 晉魏爲脊。周宋爲鐔。【疏】鐔環也晉魏二國近乎趙地故以爲脊也周宋二國近南故以爲環也〔釋文〕鐔 音淫三蒼云徒感反劍口也徐徒南反又徒各反謂劍鐶也司馬云劍珥也 韓魏爲夾。【疏】鋏把也韓魏二國在趙之西故以爲把也〔釋文〕爲夾 古協反司馬云把也一本作鋏同一云鐔從稜向背鋏從稜向刃也 包以四夷。裹以四時。【疏】懷四夷以道德順四時以生化〔釋文〕裹以 音果 繞以渤海。帶以常山。【疏】渤海滄洲也常山北岳也造化之中以山海鎮其地也 制以五行。論以刑德。【疏】五行金木水火土刑刑罰德德化也以此五行匡制寰宇論其刑德以御羣生 開以陰陽。

持以春夏，行以秋冬。【疏】夫陰陽開闔，春夏維持，秋冬肅殺，自然之道也。〔釋文〕行以秋冬　隨天道以行止也　此劍，直之无前，舉之无上，案之无下，運之无旁，上決浮雲，下絕地紀。此劍一用，匡諸侯，天下服矣。【疏】夫以道爲劍，則無所不包，故上下旁通，莫能礙者，浮雲地紀，豈足言哉，旣以造化爲功，故無不服也。此天子之劍也。文王芒然自失。【疏】夫才小聞大，不相承領，故芒然若涉海，失其所謂，類魏惠王之聞鄂樂也。〔釋文〕芒然　莫剛反　曰：諸侯之劍何如？曰：諸侯之劍，以知勇士爲鋒，以清廉士爲鍔，以賢良士爲脊，以忠聖士爲鐔，以豪桀士爲夾。此劍，直之亦无前，舉之亦无上，案之亦无下，運之亦无旁；上法圓天，以順三光；下法方地，以順四時；中和民意，以安四鄉。【疏】四鄉，猶四方也。夫能法象天地而知萬物之情，謂諸侯所以爲異也。但能依用此劍而御于邦國，亦宇內無敵。此劍一用，如雷霆之震也，四封之內，無不賓服而聽從君命者矣。此諸侯之劍也。【疏】易以震卦爲諸侯，故雷霆爲諸侯之劍也。王曰：庶人之劍何如？曰：庶人之劍，蓬頭突鬢垂冠，曼胡之纓，短後之衣，瞋目而語難，相擊於前，上斬頸領，下決肝肺。此庶人之劍，无異於鬭雞，一旦命已絕矣，无所用於國事。今大王有天子之位而好庶人之劍，臣竊爲大王薄之。【疏】莊子雄辯，冠絕古今，故能說化趙王，去其所好，而結會旨歸在於此矣。〔釋文〕肝肺　芳廢反　竊爲　于僞反　王乃牽而上殿。宰人上食，王三環之。【疏】環，繞也。王覺己非，深懷慚恧，命莊子上殿，以展愧情，繞食三周，不能安坐。氣急心驚，豈復能飡乎。〔釋文〕而上　時掌反，下同。三環　如字，又音患。繞也。聞義而愧，繞饌三周，不能坐食。莊子曰：大王安坐定氣，劍事已畢奏矣。於是文王不出宮三月，劍士皆服斃其處也。【疏】不復受賞，故恨而致死也。〔釋文〕服斃　婢世反。司馬云：忿不見禮，皆自殺也。

漁父第三十一〔釋文〕以人名篇

孔子遊乎緇帷之林，休坐乎杏壇之上。弟子讀書，孔子絃歌鼓琴。奏曲未半。【疏】緇黑也尼父遊行天下讀講詩書時於江濱休息林籟其林鬱茂蔽日陰沈布葉垂條又如帷幕故謂之緇帷之林也壇澤中之高處也其處多杏謂之杏壇也琴者和也可以和心養性故奏之〔釋文〕緇帷司馬云黑林名也本或作帷　杏壇司馬云澤中高處也李云壇名有漁父者下船而來，須眉交白，被髮揄袂，行原以上，距陸而止，左手據膝，右手持頤以聽。曲終【疏】漁父越相范蠡也輔佐越王句踐平吳事訖乃乘扁舟游三江五湖變易姓名號曰漁父即屈原所逢者也既而汎海至齊號曰鴟夷子至魯號曰白珪先生至陶號曰朱公晦迹韜光隨時變化仍遺大夫種書云揄揮也袂袖也原高平也距至也鬚眉交白壽者之容散髮無冠野人之貌於是遙望平原以手揮袂至於高陸維舟而止拯頤拘膝以聽琴歌也〔釋文〕有漁父者音甫取魚父也一云是范蠡元嘉本作有漁者父則如字　須眉本亦作鬚眉　交白如字李云俱也一本作技　揄音遙又音俞又褕由反謂垂手衣內而行也李音投投揮也又士由反　袂面世反李音芮　以上時掌反　距陸李云距至也而招子貢、子路，二人俱對。

客指孔子曰：「彼何爲者也？」【疏】訪問仲尼是何爵命之人子路對曰：「魯之君子也。」【疏】答云是魯國賢人君子也客問其族。子路對曰：「族孔氏。」【疏】問其氏族答云姓孔客曰：「孔氏者何治也？」【疏】又問孔氏以何法術脩理其身子路未應，子貢對曰：「孔氏者，性服忠信，身行仁義，飾禮樂，選人倫，上以忠於世主，下以化於齊民，將以利天下。此孔氏之所治也。」【疏】率性謙和服行聖迹修飾禮樂簡選人倫忠誠事君化物齊等將欲利澤品此孔氏之心乎〔釋文〕飾禮如字本又作飭音敕　下以化齊民李云齊等也許慎云齊等之民也如淳云齊民猶平民元嘉本作化於齊民後句如無於字又問曰：「有土之君與？」子貢曰：「非也。」「侯王之佐與？」子貢曰：「非也。」【疏】爲是有茅土五等之君爲是王侯輔佐卿相乎皆答云非也〔釋文〕君與音餘下同客乃笑而還行，言曰：「仁則仁矣，恐不免其身；苦心勞形以危其真。嗚呼，遠哉其分於道也！」【疏】夫勞苦心形危忘眞性偏行仁愛著去本迢遞而分離於元道也是以嗤笑徘徊嗚呼歎之也〔釋文〕以危危或作僞其分如字本又作介音界司馬云辨也　慶藩案分釋文作介音界是也隸書介作分俗書分作兮二形相似往往溷亂莊三十年穀梁傳周之分本也釋文分本作介漢書杜周傳孰進退之分師古注分或作介是其證
藩又案界與介古字通漢書揚雄傳界涇陽抵穰侯而代之文選界作介史記晉世家號曰介山續漢書郡國志作界山春秋繁露立元神碑介障險阻淮南覽冥篇介作界　子貢還報孔
子。孔子推琴而起曰。其聖人與。乃下求之。至於澤畔。方將杖拏而引其船。
顧見孔子。還鄉而立。孔子反走。再拜而進。【疏】拏橈也反走前進是虔敬之容也〔釋文〕杖直亮反拏女居反司馬云
橈也音餘鄉而香亮反或作嚮同　客曰。子將何求。孔子曰。曩者先生有緒言而去。丘不肖。未知
所謂。竊待於下風。幸聞咳唾之音。以卒相丘也。【疏】曩向也緒言餘論也卒終也相助也向者先生有緒言餘論丘之鈍未識
所由之故竊聽下風庶承聲欬卒用此言助丘不逮〔釋文〕緒言猶先言也　俞樾曰楚辭九章款秋冬之緒風王注曰緒餘也讓王篇曰其緒餘以爲國家是緒與餘同義緒言者餘言也先生之言未畢而去是
有不盡之言故曰緒言釋文曰猶先言也非是　竊待待或作侍咳苦代反唾吐臥反相丘息亮反　客曰。譆。甚矣子之好學也。孔子再
拜而起曰。丘少而脩學。以至於今。六十九歲矣。无所得聞至教。敢不虛心。
【疏】譆笑聲也丘少年已來脩學仁義逮乎耆艾未聞至道所以恭謹虔恪虛心矣〔釋文〕曰譆香其反之好呼報反下同丘少詩召反下同　客曰。同類相從。
同聲相應。固天之理也。吾請釋吾之所有而經子之所以。【疏】夫虎嘯風馳龍興雲布自然之理也固其
然乎是以漁父大賢宣尼至聖賢聖相感斯同聲相應也故釋吾之所有方外之道經營子之所以方內之業也〔釋文〕而經子之所以經經營也司馬云經理也　子之所以
者。人事也。天子諸侯大夫庶人。此四者自正。治之美也。四者離位而亂莫
大焉。官治其職。人憂其事。乃无所陵。【疏】陵亦亂也夫人倫之事抑乃多端切要而言無過此四者若四者守位乃教治盛美若上下相冒則亂莫
大焉是以百官各司其職庶人自憂其務不相陵亂斯不易之道者也〔釋文〕正治直吏反下官治事不治同　故田荒室露。衣食不足。徵賦不
屬。妻妾不和。長少无序。庶人之憂也。【疏】田畝荒蕪屋室漏露進徵賦稅不相係屬妻妾既失尊卑長幼曾無次序庶人之憂患也　慶藩案荒露

謂荒蕪敗露方言曰露敗也古本或作路路露古通用淮南臣道篇路亶者也王念孫曰路亶猶羸憊也亦通作路秦策士民路病高注云路羸也皆與敗義相近孟子滕文公篇是率天下而路也趙注云是導率天下之人以羸路也不屬音燭長少丁丈反後遇長同能不勝任。官事不治。行不清白。羣下荒怠。功美不有。爵祿不持。大夫之憂也。疏職任不勝物務不理百姓荒亂四民不勤大夫之憂也〔釋文〕不勝音升行不下孟反廷无忠臣。國家昏亂。工技不巧。貢職不美。春秋後倫。不順天子。諸侯之憂也。疏陪臣不忠菁茅不貢春秋盟會落朋倫之後五等之憂也〔釋文〕工技其綺反盧文弨曰今書作國技貢職職或作賦春秋後倫朝覲不及等比也陰陽不和。寒暑不時。以傷庶物。諸侯暴亂。擅相攘伐。以殘民人。禮樂不節。財用窮匱。人倫不飭。百姓淫亂。天子有司之憂也。疏攘除也陰陽不調日時愆度兵戈荐起萬物夭傷三公九卿之憂也〔釋文〕不飭音敕今子既上无君侯有司之勢。而下无大臣職事之官。而擅飾禮樂。選人倫。以化齊民。不泰多事乎。疏上非天子諸侯下非宰輔卿相而擅修飾禮樂選擇人倫教化蒼生正齊羣物乃是多事之人〔釋文〕不泰本又作大音同徐敕佐反後同且人有八疵。事有四患。不可不察也。非其事而事之。謂之摠。疏摠濫也非是己事而強知之謂之明濫也〔釋文〕八疵祀知反之摠李云謂監也莫之顧而進之。謂之佞。疏強進忠言人不采顧謂之佞也希意道言。謂之諂。疏希望前人意氣而導達其言斯諂也〔釋文〕道言音導不擇是非而言。謂之諛。疏苟且順物不簡是非謂之諛也好言人之惡。謂之讒。疏聞人之過好揚敗之析交離親。謂之賊。疏人有親情交故輒欲離而析之斯賊害也稱譽詐偽以敗惡人。謂之慝。疏與己親者雖惡而舉與己疏者雖善而毀以斯詐偽好敗傷人可謂姦慝之人也〔釋文〕稱譽音餘以敗補邁反惡人烏路反下同之慝他得反不擇善否。兩容頰適。偷拔其所欲。謂之險。疏否惡也善惡二邊兩皆容納和顏悅色偷拔其意之所欲隨而佞之斯險詖之人也〔釋文〕善否悲美反惡也又方九反兩容頰適頰謂善惡皆容顏貌調適也頰或作頰此八疵者。外以亂人。內以傷身。君子不友。明君不臣。【疏】外則惑亂於百姓內則傷敗於一身是以君子不與爲友朋明君不將爲臣佐也所謂四患者。好經大事。變更易常。以挂功名。謂之叨。【疏】伺候安危經營大事變改之際建立功名謂叨濫之人也〔釋文〕以挂音卦別也又音圭之叨吐刀反專知擅事。侵人自用。謂之貪。【疏】專己獨擅自用陵人謂之貪也見過不更。聞諫愈甚。謂之很。【疏】有過不改聞諫彌增很戾之人〔釋文〕很胡懇反慶藩案說文很言不聽從也逸周書謚法篇愎很遂過者曰剌荀子成相篇愎很遂過不肯悔人同於己則可。不同於己。雖善不善。謂之矜。【疏】物同乎己雖惡而善物異乎己雖善而惡謂之矜夸之人此四患也。能去八疵。无行四患。而始可教已。孔子愀然而歎。再拜而起曰。丘再逐於魯。削迹於衞。伐樹於宋。圍於陳蔡。丘不知所失。而離此四謗者何也。【疏】愀然慚悚貌也罹遭也丘無罪失而遭罹四謗未悟前旨故發此疑〔釋文〕能去起呂反愀然在九反又七小反客悽然變容曰。甚矣子之難悟也。人有畏影惡迹而去之走者。舉足愈數而迹愈多。走愈疾而影不離身。自以爲尚遲。疾走不休。絕力而死。不知處陰以休影。處靜以息迹。愚亦甚矣。子審仁義之閒。察同異之際。觀動靜之變。適受與之度。理好惡之情。和喜怒之節。而幾於不免矣。【疏】留停仁義之閒以招門徒伺察同異之際以候機宜觀動靜之變晞其饒倖適受與之度望著功名理好惡之情而是非堅執和喜怒之節用爲違道以己誨人矜矯天性近於不免也〔釋文〕難語魚據反下同本或作悟盧文弨曰今書作難悟愈數音朔不離力智反謹修而身。愼守其眞。還以物與人。則无所累矣。【疏】謹愼形體修守眞性所有功名還歸人物則物我俱全故無患累也今不修之身而求之人。不亦外乎。【疏】不能修其身而求之他人者豈非疏外乎孔子愀然【疏】自悚也曰。請問何謂眞。客曰。眞者。精誠之至也。不精不誠。不能動人。【疏】夫眞者不僞精者不雜誠者不矯也故矯情僞性者不能動於人也故強哭者雖悲不哀。強怒者雖嚴不威。強親者雖笑不和。

眞悲无聲而哀。眞怒未發而威。眞親未笑而和。眞在內者。神動於外。是所以貴眞也。其用於人理也。事親則慈孝。事君則忠貞。飲酒則歡樂。處喪則悲哀。【疏】夫道無不在所在皆適故施於人倫有此四事之義以列下文〔釋文〕故強其丈反下同　歡樂音洛下同　忠貞以功爲主。飲酒以樂爲主。處喪以哀爲主。事親以適爲主。功成之美。无一其迹矣。【疏】貞者事之幹也故以功績爲主飲酒陶蕩性情故以樂爲主是以功在其美故不可一其事迹也　事親以適。不論所以矣。飲酒以樂。不選其具矣。處喪以哀。无問其禮矣。【疏】此覆釋前四義者也　禮者。世俗之所爲也。眞者。所以受於天也。自然不可易也。【疏】節文之禮世俗爲之眞實之性稟乎大素自然而然故不可改易也　故聖人法天貴眞。不拘於俗。【疏】法效自然寶貴眞道故不拘束於俗禮也　愚者反此。不能法天而恤於人。不知貴眞。祿祿而受變於俗。故不足。【疏】恤憂也祿祿貴貌也愚迷之人反於聖行不能法自然而造適貴道德而遺遣翻復溺人事而憂慮嬰塵而遷貿徇物無厭故心恒不足也〔釋文〕祿祿如字又音錄謂形見爲禮也司馬云錄領錄也　慶藩案祿司馬本作錄文選劉公幹雜詩注引司馬云領祿也領上無祿字與釋文異　惜哉。子之蚤湛於人僞而晚聞大道也。【疏】惜孔子之雄才久迷情於聖迹耽人間之浮僞不早聞於元道〔釋文〕蚤音早字亦作早　湛丁南反下同　孔子又再拜而起曰。今者丘得遇也。若天幸然。先生不羞而比之服役。而身教之。敢問舍所在。請因受業而卒學大道。【疏】尼父喜歡自嗟慶幸得逢漁父欣若登天必其不恥訓誨尋當服勤驅役庶爲門人身稟教授問舍所在終學大道〔釋文〕丘得過也謂得遇失也過或作遇　慶藩案釋文過或作遇者是也遇過形似致易互訛說見前　而比如字謂親見比數也又毗志反　客曰。吾聞之。可與往者與之。至於妙道。不可與往者。不知其道。愼勿與之。身乃无咎。【疏】從迷適悟爲往也妙道眞本也知分別也若逢上智之士可與言於妙本若遇下根之人不可語其元極觀機吐照方乃無疵　子勉之。吾去子矣。吾去子矣。乃刺船而去。延緣葦閒。【疏】戒勗孔子令其勉勵延綠止蘆葦之閒重言去子殷勤訓勖也〔釋文〕乃剌七亦反 顏淵還車，子路授綏，孔子不顧，待水波定，不聞拏音而後敢乘。疏仲尼既見異人告以至道故仰之彌甚喜懼交懷門人授綏猶不顧盼船遠波定不聞橈響方敢乘車〔釋文〕波定李云謂戰如波也案謂船行故水波去遠則波定

子路旁車而問曰：由得爲役久矣，未嘗見夫子遇人如此其威也。萬乘之主，千乘之君，見夫子未嘗不分庭伉禮，夫子猶有倨敖之容。今漁父杖拏逆立，而夫子曲要磬折，言拜而應，得无太甚乎？門人皆怪夫子矣，漁人何以得此乎？疏天子萬乘諸侯千乘伉對也分處庭中相對設禮位望相似無階降也仲尼遇天子諸侯命優倨傲一逢漁父盡禮曲腰弁受言詞必拜而應漁父威嚴遂至於此孔丘重方外之道子路是方內之人故致驚疑旁車而問也〔釋文〕旁車步浪反 萬乘繩證反下同 倨音據 敖五報反 曲要一遙反 磬折之設反

孔子伏軾而歎曰：甚矣，由之難化也！湛於禮義有閒矣，而樸鄙之心至今未去。疏湛著禮義時閒固久嗟其鄙拙故凭軾歎之也〔釋文〕湛於湛或作其 進，吾語汝。夫遇長不敬，失禮也；見賢不尊，不仁也。彼非至人，不能下人；下人不精，不得其真，故長傷身。惜哉！不仁之於人也，禍莫大焉，而由獨擅之。疏召由令前示其進趨夫遇長老不敬則失於禮儀見可貴不尊則心無仁愛若非至德之人則不能使人謙下謙下或不精誠則不進於玄極不仁不愛乃禍敗之基惜哉仲由專擅於此也〔釋文〕下人遐嫁反下及注同

且道者，萬物之所由也，庶物失之者死，得之者生。爲事逆之則敗，順之則成。故道之所在，聖人尊之。今漁父之於道，可謂有矣，吾敢不敬乎！注此篇言無江海而閒者，能下江海之士也。夫孔子之所放任，豈直漁父而已哉？將周流六虛，旁通無外，蠉動之類，咸得盡其所懷，而窮理致命，因所以爲至人之道也。疏由從也庶衆也夫道生萬物則謂之道故知衆庶從道而生是以順而得者則生而成逆而失者則死而放物無貴賤道在則尊漁父既其懷道孔子何能不敬耶〔釋文〕而閒音閑 蠉如兗反

雜篇 列禦寇第三十二〔釋文〕以人名篇或無列字

列禦寇之齊，中道而反，遇伯昏瞀人。【疏】伯昏楚之賢士號曰伯昏瞀人隱者之徒也禦寇既師壺子又事伯昏方欲適齊行於化道自驚行淺中路而還適逢瞀人問其所以〔釋文〕瞀人音茂又音務伯昏瞀人曰：奚方而反？【疏】方道也奚何也汝行何道欲往何方問其所由中塗反意也〔釋文〕奚方李云方道也曰：吾驚焉。【疏】自覺己非驚懼而反此略答前問意〔釋文〕吾驚焉李云見人感己即遠驚也盧文弨曰舊感作惑訛今書音義作見人感己即違道故驚也此似有脫誤曰：惡乎驚？【疏】重問禦寇於何事迹而起驚心〔釋文〕惡乎音烏曰：吾嘗食於十饗，【注】賣漿之家。〔釋文〕十饗子徉反本亦作漿司馬云饗讀曰漿十家並賣漿也而五饗先饋。【注】言其敬己。【疏】饋遺也十漿謂有十家賣漿飲也列子因行渴於逆旅十家賣飲而五家先遺觀其容貌競起驚心未能冥混是以驚懼也〔釋文〕五饗先饋饋遺也謂十家中五家先見遺王云皆先饋進於己伯昏瞀人曰：若是，則汝何為驚已？【疏】更問驚由庶陳己失曰：夫內誠不解，【注】外自矜飾。【疏】自覺內心實智未能懸解為物所敬是以驚而歸〔釋文〕不解音蟹司馬音懈形諜成光，【注】舉動便辟而成光儀也。〔釋文〕形諜徒協反郭云便辟也說文云閑也成光司馬云形諜於衷成光華也便辟婢亦反以外鎮人心，【注】其內實不足以服物。【疏】諜便辟貌也鎮服也儀容便辟動成光華用此外形鎮服人物使人輕乎貴老，【注】若鎮物由乎內實則使人貴老之情篤也。〔釋文〕貴老謂重禦寇過於老人而齍其所患。【注】言以美形動物則所患亂生也。【疏】齍亂也未能混俗同塵而為物摽杓使人敬貴於己而輕老人長恐禍患方亂生矣〔釋文〕而齍子令反亂也盧文弨曰舊作齍訛今改正卷內同夫饗人特為食羹之貨，多餘之贏，其為利也薄，其為權也輕，而猶若是，【注】權輕利薄可無求於人。〔釋文〕為食音嗣贏音盈而況於萬乘之主乎！【疏】特獨也贏利也夫賣漿之人獨有羹食為貨所盈之物蓋亦不多為利既薄權亦非重尚能敬己競走獻漿況在君王權高利厚奔馳尊貴不亦宜乎〔釋文〕萬乘繩證反身勞於國而知盡於事，彼將任我以事而效我以功，吾是以驚。【疏】夫君人者位總萬機威跨四海故躬疲倦於邦國心盡慮於世事則思賢若渴以代己勞必將任我以物務而驗我以功績術外喪內遂鶩忘真驚之所由具陳如是也〔釋文〕而效如字本又作校古孝反伯昏瞀人曰。善哉觀乎。【疏】汝能觀察己身，審知得喪，嘉其自覺，故歎善哉。女處己。人將保女矣。【注】苟不遺形則所在見保，保者聚守之謂也。【疏】保，守也。汝安處己身，不能忘我，猶顯形德，爲物所歸，門人請益，聚守之矣。〔釋文〕保女 司馬云：保，附也。无幾何而往。則戶外之屨滿矣。【疏】無幾，何謂無多時也。俄頃之閒，伯昏往禦寇之所，適見脫屨戶外，跣足升堂，請益者多矣。〔釋文〕无幾 居豈反 伯昏瞀人北面而立。敦杖蹙之乎頤。立有閒。不言而出。【疏】敦，豎也。以杖拄頤，聽其言說，倚立閒久，忘言而歸也。〔釋文〕敦杖 音頓。司馬云：豎也。蹙之 子六反 賓者以告列子。列子提屨。跣而走。暨乎門。曰。先生既來。曾不發藥乎。【疏】賓者，謂通賓客人也。禦寇聞師久立不言而歸，於是竦息悚惕，不暇納屨，跣足馳走，至門而反。高人既來，庶蒙箴艾，不曾開發藥石，遺棄而還，誠心欽渴，有此固請也。〔釋文〕賓者 本亦作儐，同，必刃反，謂通客之人。跣而 先典反 暨乎 其器反 發藥 如字。司馬本作廢，云：置也。慶藩案發，司馬作廢，發廢古同聲通用字。爾雅：廢，稅，舍也。方言：發，稅，舍車也。是發與廢同。漢書貨殖傳子贛發貯鬻財曹魯之閒，史記作廢著（徐廣曰：著讀音如貯）。荀子禮論篇大昏之未發齊也，史記禮書發作廢。史記扁鵲傳色廢脈亂，徐廣曰：一作發。皆其例。曰。已矣。吾固告汝曰。人將保汝。果保汝矣。【疏】已，止也。我已於先固告汝，汝不能韜光晦迹，必爲物所歸依，今果見汝門人滿室。吾昔語汝，諒非虛言，宜止所請，無勞辭費。慶藩案保汝，謂依汝也。僖二年左傳保於逆旅，杜注：保，依也。史記周本紀百姓懷之，多從而保歸焉，保歸謂依歸也。司馬訓保爲附，附亦依也。王逸注七諫曰：依，保也。非汝能使人保汝。而汝不能使人无保汝也。【注】任平而化，則無感無求，無感無求，乃不相保。【疏】顯迹於外，故爲人保之，未能忘德，故不能無守也。而焉用之。感豫出異也。【注】先物施惠，惠不因彼，豫出則異也。【疏】而，汝也。焉，何也。夫物我兩忘，亦何須物來感己？必有機來感而後應，不勞預出異端，先物施惠。〔釋文〕而焉 於虔反 必且有感。搖而本才。又无謂也。【注】必將有感，則與本性動也。【疏】搖，動也。必固有感，迫而後起，率其本性，搖而應之，誠迹匿端，有何稱謂也。〔釋文〕搖而本才 一本才作性。家世父曰：釋文一本才作性，郭象注必將有感，則與本性動也。感者人心所感之，又出於感人心之心。爾雅釋詁：搖，作也。搖而本才，謂舍其本心之自然而作而致之。又无謂也 動搖本才以致求者，又非道德之謂也。與汝遊者。又莫汝告也。彼所小言。盡人毒也。【注】細巧入人爲小言。【疏】共汝同遊，行解相類，唯事浮辯細巧之言，佞媚於人，盡爲鴆毒，詎能用道以告汝也。〔釋文〕小言 言不入道，故曰小言。人毒以其多患故曰人毒莫覺莫悟。何相孰也。【疏】孰誰也彼此迷塗無能覺無能悟何誰獨曉以相告乎〔釋文〕莫覺莫悟何相孰也彼不敢告汝汝又不自覺何期相孰哉王云小言爲毒會無告語也孰誰也謂誰相親愛者既無告語此不相親愛之至也家世父曰釋文引王云孰誰也謂誰相親愛也疑莊子本旨在鑄親愛之意說文孰食餘也孰食曰孰假借爲詳審之義漢書本紀其孰計之賈誼傳日夜念此至孰也鄒陽傳願大王孰察之顏師古注孰審也言莫之覺悟而終不自審也

巧者勞而知者憂。无能者无所求。飽食而敖遊。汎若不繫之舟。虛而敖遊者也。【注】夫無其能者唯聖人耳過此以下至於昆蟲未有自忘其能而任衆人者也。【疏】夫物未嘗爲無用憂勞而必以智巧困弊唯聖人汎然無係泊爾忘心譬彼虛舟任運逍遙〔釋文〕而知音智　食而一本作飽食而　敖遊本又作遨五刀反下同　汎若芳劍反

鄭人緩也。呻吟裘氏之地。【注】呻吟吟詠之謂〔釋文〕緩也司馬云緩名也　呻音申謂吟詠學問之聲也崔云呻誦也本或作呻吟　裘氏地名崔云裘儒服也　之地崔本作之地蛇云地蛇者山田菜種也　盧文弨曰宋本菜字空

祇三年。而緩爲儒。【注】祇適也【疏】呻吟詠讀也裘氏地名也祇適也鄭人名緩於裘地學問適經三年而成儒道〔釋文〕祇音支郭李云適也言適三年而成也司馬云巨移反謂神祇祐之也

河潤九里。澤及三族。使其弟墨。【疏】三族謂父母妻族也能使弟成於墨教也〔釋文〕河潤九里何從乾位來乾陽數九也　使其弟墨謂使緩弟翟成墨也

儒墨相與辯。其父助翟。【注】翟緩弟名【疏】翟緩弟名也儒則憲章文武祖述堯舜甚固吝好多言墨乃遵於禹道勤儉好施儒墨塗別志尚不同各執是非互相爭辯父黨小兒遂助於翟矣

十年。而緩自殺。其父夢之曰。使而子爲墨者予也。闔胡嘗視其良。既爲秋柏之實矣。【注】緩怨其父之助弟故感激自殺死而見夢謂己既能自化爲儒又化弟令墨弟由己化而不能順己己以良師而便怨死精誠之至故爲秋柏之實【疏】闔何不也秋柏勁木也父既助翟而緩恨之經由十年感激自殺仍見夢於父以申怨言云使汝子爲墨者我之功力也何不看視我爲賢良之師而更朋助弟我怨恨之甚化爲異物秋柏子實生於墓上亦有作埌字者埌冢也云汝何不看我冢上已化爲秋柏之木而生實也〔釋文〕闔胡嘗視其良闔語助也胡何也良者良人斥緩也言何不試視緩墓上已化爲秋柏之實良或作埌音浪冢也俞樾曰釋文曰良者良人謂緩也此與下句之義不屬又云良或作埌冢也此說近之埌猶壙也壙埌本疊韻字應帝王篇以處壙埌之野是也故壙亦得謂之埌管子度地篇郭外爲之土閬閬與埌同外物篇胞有重閬郭注曰閬空曠也其義亦相近　而見賢遍反　令墨力呈反

夫造物

者之報人也。不報其人而報其人之天。【注】自此以下莊子辭也夫積習之功爲報報其性不報其爲也然則學習之功成性而已豈爲之哉【疏】造物者自然之洪鑪也而造物者無物也能造化萬物故謂之造物也夫物之智能稟乎造化非由從師而學成也故假於學習輔道自然報其天性不報人功也是知翟有墨性不從緩得緩言我教不亦繆乎彼故使彼。【注】彼有彼性故使習彼【疏】彼翟先者有墨性故成墨若率性素無學終不成也豈唯墨翟庶物皆然夫人以己爲有以異於人以賤其親。【注】言緩自美其儒謂己能有積學之功不知其性之自然也夫有功以賤物者不避其親也無其身以平往者貴賤不失其倫也【疏】言緩自恃於己有學植之功異於常人故輕賤其親而儕於父也人之迷謬而至於斯乎齊人之井。飲者相捽也。故曰。今之世皆緩也。【注】夫穿井所以通泉吟詠所以通性無泉則無所穿無性則無所詠而世皆忘其泉性之自然徒識穿詠之末功因欲矜而有之不亦妄乎【疏】夫土下有泉人各有性天也穿之成井學以成術者人也嗟乎世人迷妄之甚徒知穿學之末事不悟泉性之自然而矜之以爲己功者故世皆緩之流也齊人穿鑿得井行李汲而飲之井主護水捽頭而休莊生開之故引爲諭〔釋文〕相捽才骨反言穿井之人爲已有造泉之功而捽飲者不知泉之天然也喻緩不知翟天然之墨而忿之捽一音子晦反自是有德者以不知也。而況有道者乎。【注】觀緩之謬以爲學父故能任其自爾而知故無爲其閒也【疏】觀緩之迷以爲己誠有德之人從是之後忘知任物不復自矜況體道之人豈視其功耶〔釋文〕不知音智注同　家世父曰彼故使彼彼者儒墨也有儒墨矣因而有儒墨之辯立夫儒墨之名所以使之辯也既成乎儒墨之辯則貴其同己者而賤其異已者因其親也亦賤之執其所辯之異而忘其受於天性之同也知儒墨之爲德以自是其德謂之不知德所謂德者可而可之然而然之所謂道者無物不可無物不然　兪樾曰自是二字絕句若緩之自美其儒是自是也有德者已不知有此有道者更無論矣故曰有德者以不知也而況有道者乎以讀爲已郭注所說殊未明了　學父本或作久古者謂之遁天之刑。【注】仍自然之能以爲己功者逃天者也故形戮及之【疏】不知物性自爾矜爲己功者逃遁天然之理也既乖造化故刑戮及之〔釋文〕仍自而證反本又作認同聖人安其所安。不安其所不安。【注】夫聖人無安無不安順百姓之心也【疏】安任也任羣生之性不引物從己性之無者不強安之故所以爲聖人也衆人安其所不安。不安其所安。【注】所安相與異故所以爲衆人也【疏】學己所不能安其所不安也不安其素分不安

其所安也

莊子曰。知道易。勿言難。【疏】元道窅冥，言像斯絕，運知則易，忘言實難。〔釋文〕道易 以豉反 知而不言。所以之天也。知而言之。所以之人也。【疏】妙悟元道，無法可言，故詣於自然之境；雖知至極，而猶存言辯，斯未離於人倫矣。古之人天而不人。【注】知雖落天地，未嘗開言以引物也，應其至分而已。【疏】復古真人，知道之士，天然淳素，無復人情。〔釋文〕知雖 音智 應其 如字當也

朱泙漫學屠龍於支離益。單千金之家。三年技成。而无所用其巧。【注】事在於適無貴於遠功。【疏】姓朱名泙漫，姓支離名益。殫，盡也。齎千金之產，學殺龍之術，伏膺三歲，其道方成，技雖巧妙，卒爲無用。屠龍之事，於世稍稀，欲明處涉人間，貴在適中，苟不當機，雖大無益也。〔釋文〕朱泙 李音平，郭敷音反，徐敷耕反。慶藩案文選張景陽七命注引司馬云：泙，普彭反。釋文闕。漫 末旦反，又末干反。司馬云：朱泙漫、支離益，皆人姓名。慶藩案文選張景陽七命注引司馬云：朱，姓也；泙漫，名也；益，人名也。與釋文小異。俞樾曰：支離複姓，說在人間世篇。朱泙亦複姓，廣韻十虞朱字注：莊子有朱泙漫，郭注：朱泙，姓也。今象注無此文。屠 音徒 單 音丹盡也 千金之家 如字，本亦作賈，又作價，皆音嫁。三 絕句。崔云：用千金者三也。一本作三年，則上句至家絕。盧文弨曰：今書作三年。技成 其綺反

聖人以必不必。故无兵。【注】理雖必然，猶不必之，斯至順矣，兵其安有！【疏】達道之士，隨逐物情，理雖必然，猶不固執，故無交爭也。衆人以不必必之。故多兵。【注】理雖未必，抑而必之，各必其所見，則乖逆生也。【疏】庸庶之類，妄爲封執，理不必爾，而固必之，既忤物情，則多乖矣。順於兵。故行有求。【注】物各順性則足，足則無求。【疏】心有貪求，故任於執固之情也。〔釋文〕慎於兵 慎或作順。盧文弨曰：今書慎作順。兵恃之則亡。【注】不得已而用之，以恬惔爲上者，未之亡也。【疏】不能大順羣命而好乖逆物情者，則幾亡吾寶矣。〔釋文〕恬 徒謙反 惔 徒暫反，本亦作淡

小夫之知。不離苞苴竿牘。【注】苞苴以遺，竿牘以問，遺問之具，小知所殉。【疏】小夫猶匹夫也。苞苴，香草也。竿牘，竹簡也。夫搴芳草以相贈，折簡牘以相問者，斯蓋俗中細務，固非丈夫之所忍爲。〔釋文〕之知 音智，注及下爲知同。不離 力智反 苞苴 子餘反。司馬云：苞苴有苞裹也。竿 音干 牘 音獨。司馬云：謂竹簡爲書以相問遺，脩意氣也。以遺 唯季反，下同 敝精神乎蹇淺。【注】昏於小務，所得者淺。【疏】好爲遺問，徇於小務，可謂勞精神於跛蹇淺薄之事，不能遊虛涉遠矣。〔釋文〕敝精神 郭婢世反，一音必世反 而欲兼濟道物。太一形虛。若是者。迷惑於宇宙形累。不知太初。【注】小夫之知而欲兼濟導物經虛涉

遠志大神敝形為之累則迷惑而失致也【疏】以蹇淺之知而欲兼濟群物導達群生望得虛空其形合太一之元道者終不可也此人迷於古今形累於六合何能照知太初之妙理耶〔釋文〕道物音導注同　盧文弨曰今書作導物彼至人者，歸精神乎无始而甘冥乎无何有之鄉。【疏】無始妙本也無何有之鄉道境也至德之人動而常寂雖復兼濟道物而神凝无始故能和光混俗而恆寢道鄉也〔釋文〕甘冥如字本亦作瞑又音眠　俞樾曰釋文冥如字又云本亦作瞑又音眠當從之瞑眠古今字文選養生論注且不瞑李善注曰瞑古眠字是也甘瞑即甘眠徐无鬼篇孫叔敖甘寢秉羽而郢人投兵司馬云言叔敖願安寢恬臥以養德於廟堂之上折衝於千里之外此云甘瞑彼云甘寢其義一也並謂安寢恬臥也釋文讀冥如字失之淮南子俶真篇曰甘瞑於溷澖之域即本之此水流乎无形，發泄乎太清。【注】泊然無為而任其天行也【疏】無以順物如水流行隨時適變不守形迹迹不滯本故雖應動恆發泄於大清之極也〔釋文〕發泄息列反徐以世反　泊然步各反悲哉乎！汝為知在毫毛，【注】為知所得者細〔釋文〕悲哉乎一本作悲哉悲哉　為于僞反而不知大甯。【注】任性大甯而至【疏】苞苴竿牘何異毫毛如斯運智傑可悲歎精神殘薄詎知乎至寂之道耶

宋人有曹商者，為宋王使秦。其往也，得車數乘。王說之，益車百乘。【疏】姓曹名商宋人也為宋偃王使秦應對得所秦王愛之錫車百乘乘駟馬也〔釋文〕宋王司馬云偃王也　使秦所吏反　數所主反　乘繩證反下同　王說音悅反反於宋，見莊子曰：「夫處窮閭阨巷，困窘織屨，槁項黃馘者，商之所短也；一悟萬乘之主而從車百乘者，商之所長也。」【疏】窘急也言貧窮困急織屨以自供頸項枯槁而顑頷頭面黃瘦而馘屬當爾之際是商之所短也一使強秦遂使秦王驚悟遺車百乘者是商之智數長也以此自多矜夸莊子也〔釋文〕阨於懈反　慶藩案廣雅閻居也古謂里中道為巷亦謂所居之宅為巷廣雅街凥也（凥今通作居）街巷古字通閻巷皆居也故窮閻或曰窮巷　窘輿隕反又巨隕反　槁苦老反又祛嬌反本亦作槁居表反　項李云槁項羸瘦貌司馬云項槁立也　黃馘古獲反徐況璧反爾雅云馘獲也司馬云馘面黃熟也　俞樾曰馘者俘馘也非所施於此馘疑馘之叚字說文疒部馘頭痛也黃馘謂頭痛而色黃　莊子曰：「秦王有病召醫，破癰潰痤者得車一乘，舐痔者得車五乘，所治愈下，得車愈多。子豈治其痔邪，何得車之多也？子行矣！」【注】夫事下然後功高功高然後祿重故高遠恬淡者遺榮也【疏】癰瘁熱毒腫也痔下漏病也莊生風神俊悟志尚清遠既而鄙此志辯以挫曹商故郭注云夫事下

然後功高功高然後祿重高遠恬淡者遺榮也〔釋文〕秦王司馬云惠王也痤徂禾反舐食紙反字又作䑛痔治紀反愈下本亦作愈同

魯哀公問乎顏闔曰。吾以仲尼爲貞幹。國其有瘳乎。疏言仲尼有忠貞幹濟之德欲命爲卿相魯邦亂病庶瘳差矣〔釋文〕瘳敕由反

曰。殆哉圾乎。仲尼注圾危也夫至人以民靜爲安今一爲貞幹則遺高迹於萬世令飾競於仁義而彫畫其毛彩百姓既危殆人亦無以爲安也疏殆近也圾危也以貞幹迹率物物既失性仲尼何以安也〔釋文〕圾魚及反又五臘反危也令飾力呈反下同

方且飾羽而畫。注凡言方且皆謂後世將然飾畫非任眞也疏方將貞幹輔相魯廷萬代奔逐修飾羽儀喪其眞性也

從事華辭。以支爲旨。注將令後世之從事者無實而意趣橫出也疏聖迹既彰令從政任事情僞辭華析派分流爲意旨也

忍性以視民。而不知不信。注後世人君將慕仲尼之遐軌而遂忍性自矯僞以臨民上下相習遂不自知也疏後代人君慕仲尼遐軌安忍情性用之臨人上下相習矯僞黔黎而不知已無信實也以華僞之迹教示蒼生稟承心靈宰割眞性用此居人之上何足稱哉〔釋文〕以視音示下同

受乎心。宰乎神。夫何足以上民。注今以上民則後世百姓非直外形從之而已乃以心神受而用之不能復自得於體中也疏後代百姓非直外形從之乃以心神受而用之不能復自得之性以此居民上何足可安哉〔釋文〕能復扶又反

彼宜女與。注彼百姓也女哀公也彼與女各自有所宜相效則失眞此即今之見驗疏彼百姓也女哀公也百姓與汝各有所宜若將汝所宜與百姓不可也〔釋文〕女與音餘又如字下頤與同之見賢遍反

予頤與。注效彼非所以養己也疏予我也頤養也我與百姓怡養不同譬如魚鳥升沈各異若以汝所養衛物物我俱失也

誤而可矣。注正不可也疏以貞幹之迹錯謬行之正不可也　家世父曰彼宜汝與言仲尼之道果有宜於汝者乎予頤與言將待我以養者乎周易序卦曰頤者養也以爲宜與而待養之若謂國可以有瘳則謬矣意以哀公之所云可者謬也

今使民離實學僞。非所以視民也。爲後世慮。不若休之。注明不謂當時也疏離實性學僞法不可教示黎民慮後世荒亂不如休止也〔釋文〕離實力智反

難治也。注治不則僞故聖人不治也疏捨己效物聖人不治也

施于人而不忘。非天布也。注布而識之非芻狗萬物也疏二儀布生萬物豈責恩也〔釋文〕施於始豉反下注同

而識如字又申志反商賈不齒。注況士君子乎　疏夫能施求報商客尚不齒理況君子士人乎　〔釋文〕商賈音古雖以事齒之，神者弗齒。注要能施惠故於事不得不齒以其不忘故心神忽之此百姓之大情也　疏施而不忘未合天道能施恩惠於物事不得不齒爲責求報心神輕忽不錄百姓之情也事之者性情也爲外刑者，金與木也。注金謂刀鋸斧鉞木謂捶楚桎梏　〔釋文〕鋸音據　戉音越　盧文弨曰今書作鉞　捶之蘂反　桎之實反　梏古毒反為內刑者，動與過也。注靜而當則外內無刑宵人之離外刑者，金木訊之。注不由明坦之塗者謂之宵人　疏宵闇夜也離罹也訊問也闇惑之人罹於憲網身遭枷杻斧鉞之刑也　〔釋文〕宵人王云非明正之徒謂之宵夜之人也　俞樾曰郭注曰不由明坦之塗者謂之宵人釋文引王注云非明正之徒謂之宵夜之人也皆望文生義未爲塙詁宵人猶小人也禮記學記篇宵雅肄三鄭注曰宵之言小也習小雅之三謂鹿鳴四牡皇皇者華也然則宵人爲小人猶宵雅爲小雅矣字亦作肖方言曰肖小也史記太史公自序申呂肖矣徐廣曰肖音痟痟猶衰微義亦相近文選江文通雜體詩宵人重恩光李善注引春秋演孔圖曰宵人之世多飢寒宋均曰宵猶小也此說得之　訊之本又作訙音信問也　盧文弨曰說文有訊無訙訙俗字離內刑者，陰陽食之。注動而過分則性氣傷於內金木訊於外也　疏若不止分則內結寒暑陰陽殘食之也夫免乎外內之刑者，唯真人能之。注自非真人未有能止其分者故必外內受刑但不問大小耳　疏心若死灰內不滑靈府也形同槁木外不挂桎梏唯真人哉

孔子曰：凡人心險於山川，難於知天。天猶有春秋冬夏旦暮之期，人者厚貌深情。疏人心難知甚於山川過於蒼旻厚深之狀列在下文故有貌愿而益，有長若不肖。疏愿慤真也不肖不似也人有形如慤真而心益虛浮也有心實長者形如不肖也　〔釋文〕愿音願廣雅云謹慤也　俞樾曰益當作溢溢之言驕溢也荀子不苟篇以驕溢人是也謹愿與驕溢義正相反　有長丁丈反　若不肖外如長者內不似也有順懁而達。疏懁急也形順躁急而心達理也　〔釋文〕有順王作慎　懁音環又許沿反徐音絹三蒼云急腹也王云研辨也外慎研辨常務實訥　盧文弨曰今書音義作音儇兩研字俱作堅有堅而縵。有緩而釬。注言人情貌之反有如此者　疏縵緩也釬急也自有形如堅固而實散縵亦有外形寬緩心內躁急也　〔釋文〕縵武半反又武諫反李云內實堅外如縵也　釬胡旦反又音干急也一云情貌相反　俞樾曰縵者慢之叚字釬者悍之叚字堅強而又情慢緩而又桀悍故爲情貌相反也故其就義若渴者，其去義若

熱。注但爲難知耳未爲殊無迹 疏人有就仁義如渴思水捨仁義若熱逃火雖復難知未爲無迹驗具列下文也 故君子遠使之而觀其忠。近使之而觀其敬。疏遠使忠佞斯彰咫步敬慢立明者也 煩使之而觀其能。疏煩極任使察其彼能 卒然問焉而觀其知。疏卒問近對觀其愿智〔釋文〕卒然寸忽反 其知音智 急與之期而觀其信。疏忽卒與期觀信契也 委之以財而觀其仁。疏仁者不貪 告之以危而觀其節。疏告危亡驗節操 醉之以酒而觀其側。雜之以處而觀其色。疏至人酒不能昏法則男女參居貞操不易〔釋文〕其側 側不正也一云謂醉者喜傾側冠也王云側謂凡爲不正也側或作則 俞樾曰釋文曰側不正也一云謂醉者喜傾側冠也王云側謂凡爲不正也然上文觀其忠觀其敬云云所觀者皆舉美德言之此獨觀其不正則不倫矣諸說皆非也其云側或作則當從之則者法則也國語周書曰威儀有則既醉之後威儀反反威儀怭怭是無則矣故曰醉之以酒而觀其則周書官人篇作醉之酒以觀其恭與此意語意相近大戴禮文王官人篇作醉之以觀其不失也不失卽謂不失法則也 家世父曰釋文側不正也一云謂醉者喜傾側冠也是舊序皆作醉之以酒以觀其側側當爲則詩曰飲酒孔嘉維其令儀所謂則也 九徵至，不肖人得矣。注君子易觀不肖難明然視其所以觀其所由察其所安搜之有塗亦可知也 疏九事徵驗小人君子厚貌深情必無所避〔釋文〕易觀以豉反 搜之所求反 正考父一命而傴，再命而僂，三命而俯，循牆而走，孰敢不軌！注言人不敢以不軌之事侮之 疏考成也父大也有考成大德而履正道故號正考父則孔子十代祖宋大夫也士一命大夫二命卿三命也傴曲循牆並敬容極恭卑退若此誰敢將不軌之事而侮之也〔釋文〕正考父音甫宋湣公之玄孫弗父何之曾孫 而傴紆矩反 而僂力矩反 三命公士一命大夫再命卿三命 如而夫者，一命而呂鉅，再命而於車上儛，三命而名諸父，孰協唐許！注而夫謂凡夫也唐謂堯也許謂許由也言而夫與考父者誰同於唐許之事也 疏而夫鄙夫也諸父伯叔也凡夫篤競軒冕一命則呂鉅夸華再命則援綏作舞三命箸識自高下呼伯叔之名然考父謙夸各異格量勝劣誰同唐堯許由無爲禪讓之風哉〔釋文〕而夫郭云凡夫也 呂鉅矯貌 家世父曰釋文呂鉅矯貌疑此不當爲矯方言㑊呂長也東齊曰㑊宋魯曰呂說文鉅大剛也亦通作巨大也呂鉅謂自高大當爲矜張之意云矯非也 孰協唐許協同也唐唐堯許許由皆崇讓者也言考父與而夫誰同於唐許也 盧文弨曰舊作協同也今從宋本 家世父曰郭象注唐謂堯許謂許由言而夫與考父誰同於唐許之事今按孰協唐許與孰敢不軌對文言如而夫者誰知比同於唐許哉郭注

誤

賊莫大乎德有心。【注】有心於爲德非真德也夫真德者忽然自得而不知所以德也【疏】役智勞慮有心爲德此賊害之甚也

而心有睫。【注】率心爲德猶之可耳役心於眉睫之閒則僞已甚矣〔釋文〕睫音接　俞樾曰郭注曰役心於眉睫之閒則僞已甚矣然正文言心有睫非役心於眉睫之謂郭注非也心有睫謂以心爲睫也人於目之所不接而以意度之謂其如是是心有睫也聖人不逆詐不意不信豈如是乎故曰賊莫大乎德有心而心有睫下文曰及其有睫也而內視內視而敗矣然則心有睫正內視之謂內視者非謂收視返聽也謂不以目視而以心視也後世儒者執一理以斷天下事近乎心有睫矣

及其有睫也而內視。內視而敗矣。【注】乃欲探射幽隱以深爲事則心與事俱敗矣【疏】率心爲役用心神於眼睫緣慮逐境不知休止致危敗甚矣〔釋文〕探射食亦反

凶德有五。中德爲首。【疏】謂心耳眼舌鼻也日此五根禍因此德謂凶德也五根禍主中德爲無心也

何謂中德。中德也者。有以自好也而吡其所不爲者也。【注】吡訾也夫自是而非彼則攻之者非一故爲凶首也若中無自好之情則恣萬物之所是所是各不自失則天下皆思奉之矣【疏】吡訾也用心中所好者自以爲是不同己爲者訾而非之以心中自是爲得故曰中德〔釋文〕自好呼報反注同　吡匹爾反又芳爾反郭云訾也　訾也子爾反　皆思奉之矣本或作皆畢事也

窮有八極。達有三必。形有六府。【疏】八極三必窮達猶人身有六府也列下文矣

美髯長大。壯麗勇敢。八者俱過人也。因以是窮。【注】窮於受役也然天下未嘗窮於所短而恆以所長自困【疏】美姿媚也髯髭鬚也長高也大粗大也壯多力麗姸華勇猛敢果決也蘊此八事超過常人愛役既多因以窮困也〔釋文〕美髯人鹽反　未嘗才能反

緣循。偃佒。困畏。不若人。三者俱通達。【注】緣循杖物而行者也偃佒不能俯執者也困畏怯弱者也此三者既不以事見任乃將接佐之故必達也【疏】循順也緣物順他不能自立也偃佒仰首不能俯執也困畏困苦懼也有此三事不如恆人所在通達也〔釋文〕偃佒於丈反本亦作央同偃佒守分歸一也　家世父曰郭注偃佒不能俯執者釋文偃佒守分歸一也疑偃佒當爲偃仰猶言俯仰從人也大雅顒顒卬卬韓詩外傳作顒顒盎盎央卬亦一聲之轉　慶藩案緣循偃佒緣緣飾也（見晏子春秋內篇問下）循因循也偃矢志也佒當作詇詇早知也（見說文詇字注）　杖物直亮反

知慧外通。【注】通外則以無崖傷其內也【疏】自持智慧照物外通塵境也〔釋文〕知慧音智

勇動多怨。【注】怯而靜乃厚其身耳【疏】雄健

躁擾必招讎隙〔釋文〕乃厚其身耳元嘉本厚作後一本作乃後恆無怨也仁義多責。注天下皆望其愛然愛之則有不周矣故多責疏仁義則不周必有多責也達生之情者傀。注傀然大恬解之貌也〔釋文〕傀郭餘呼瓌反字林公回反云偉也恬解音蟹達於知者肖。注肖釋散也疏注云肖釋散也傀恬解也達悟之崖眞性虛照傀然縣解無係戀也〔釋文〕於知音智者肖音消郭云釋散也　王念孫曰郭象曰傀然大恬解之貌肖釋散也案郭以傀為大是也以肖為釋散則非方言曰肖小也（廣雅同）肖與傀正相反言任天則大任智則小也肖猶宵也學記宵雅肄三鄭注曰宵之言小也宵肖古同聲故漢書刑法志肖字通作宵史記太史公自序申呂肖矣徐廣曰肖音痟痟猶衰微義亦相近也　慶藩案肖司馬作胥文選謝靈運初發郡詩注引司馬云傀讀曰瑰瑰大也情在故曰大也胥多智也謝靈運齋中讀書詩注江文通雜體詩注並引云傀大也情在無故曰大釋文闕達大命者隨。注泯然與化俱也疏大命大年假如彭祖壽考隨而順之亦不厭其長久以為勞苦也達小命者遭。注每在節上住乃悟也疏小命小年也遭遇也如殤子促齡所遇斯適曾不介懷耳

人有見宋王者。錫車十乘。以其十乘驕穉莊子。疏錫與也穉後也宋襄王時有庸瑣之人游宋妄說宋王錫車十乘用此驕炫排莊周於己後自矜物先也〔釋文〕十乘繩證反下同　驕穉直吏反又丈夷反李云自驕而穉莊子也　盧文弨曰今書作稺　慶藩案稺亦驕也（集韻稺陳尼切自驕矜貌）管子軍令篇工以雕文刻鏤相稺尹知章注稺驕也王引之經義述聞云詩載馳篇衆稺且狂謂旣驕且狂也

莊子曰。河上有家貧恃緯蕭而食者。其子沒於淵。得千金之珠。其父謂其子曰。取石來鍛之。夫千金之珠。必在九重之淵。而驪龍頷下。子能得珠者。必遭其睡也。使驪龍而寤。子尚奚微之有哉。疏葦蘆也蕭蒿也家貧織蘆蒿為薄賣以供食鍛椎也驪黑龍也頷下有千金之珠也譬纖得車之人也〔釋文〕緯蕭如字緯織也蕭荻蒿也織蕭以為畚而賣之本或作葦音同　慶藩案文選顏延年陶徵士誄注引司馬云蕭蒿也織蒿為薄北堂書鈔簾部太平御覽七百弁引云蕭蒿也織緯（御覽作緯）蒿為薄簾也御覽九百九十七又引云蕭蒿也緯織也織蒿為箔釋文闕　鍛之丁亂反謂椎破之　盧文弨曰鍛舊從段訛今改正　九重直龍反　驪龍力馳反驪龍黑龍也　頷下戶感反今宋國之深。非直九重之淵也。宋王之猛。非直驪龍也。子能得車者。必遭其睡也。使宋王而寤。子為韲粉夫。注夫取富貴必順乎民望也若挾奇說乘天衢以嬰人主之心者明主之所

不受也故如有所譽必有所試於斯民不違僉曰舉之以合萬夫之望者此三代所以直道而行之也【疏】懷忠貞以感人主者必非常之賞而用左道使其說佞媚君王僥倖於富貴者故有驕穉之容亦何異遭驪龍睡得珠耶餘詳注意〔釋文〕齏子兮反　粉夫音符　若挾戶牒反　僉曰七潛反　或聘於莊子。【疏】寓言不明聘人姓氏族故言或也　莊子應其使曰。子見夫犧牛乎。【疏】犧養也君王預前三月養牛祭宗廟曰犧也〔釋文〕其使所吏反　衣以文繡。食以芻叔。及其牽而入於大廟。雖欲為孤犢。其可得乎。【注】樂生者畏犧而辭聘髑髏闇生而矉顣此死生之情異而各自當也【疏】芻草也菽豆也犧養豐贍臨祭日求為孤犢不可得也況祿食之人例多夭折嘉遁之士方足全生莊子清高笑彼名利〔釋文〕衣以於既反　食以音嗣　芻叔初俱反芻草也叔大豆也　大廟音太　髑音獨　髏音樓　矉音賓毗人反　顣子六反

莊子將死。弟子欲厚葬之。莊子曰。吾以天地為棺槨。以日月為連璧。星辰為珠璣。萬物為齎送。吾葬具豈不備邪。何以加此。【疏】莊子妙達元道逆旅形骸故棺槨天地鑪冶兩儀珠璣星辰變化三景資送備矣門人厚葬深乖造物也〔釋文〕珠璣音祈又音機一音其既反　齎音資本或作濟子詣反　弟子曰。吾恐烏鳶之食夫子也。莊子曰。在上為烏鳶食。在下為螻蟻食。奪彼與此。何其偏也。【疏】鳶鴟也門人荷師主深恩也將欲厚葬避其烏鳶豈知厚葬還遭螻蟻情好所奪偏私之也〔釋文〕鳶以全反　螻音樓　蟻魚綺反　以不平平。其平也不平。【注】以一家之平平萬物未若任萬物之自平也【疏】無情與奪委任均平此眞平也若運情慮均平萬物若欲起心已不平矣　以不徵徵。其徵也不徵。【注】徵應也不因萬物之自應而欲以其所見應之則必有不合矣【疏】聖人無心有感則應此眞應也若有心應物不能應也徵應也　明者唯為之使。【注】夫執其所見受使多矣安能使物哉【疏】自衒其明情應於務為物驅使何能役人也　神者徵之。【注】唯任神然後能至順故無往不應也【疏】神者無心寂然不動能無不應也　夫明之不勝神也久矣。【注】明之所及不過於形骸也至順則無遠近幽深皆各自得【疏】明則有心應務為物驅役神乃無心應感無方有心不及無心存應不及忘應格量可知也　而愚者恃其所見。入於人。其功外

也不亦悲乎。【注】夫至順則用發於彼而以藏於物若恃其所見執其自是雖欲入人其功外矣【疏】夫忘懷隨物者爲而不恃功成不居愚惑之徒自執其用叨人功績歸入己身雖欲矜伐其功外矣迷忘如此深可悲哉

雜篇天下第三十三〔釋文〕以義名篇

天下之治方術者多矣。皆以其有爲不可加矣。【注】爲其所有爲則眞爲也爲其眞爲則無爲矣又何加焉【疏】方道也自軒頊已下迄于堯舜治道藝術方法甚多皆隨有物之情順其所爲之性任羣品之動植曾不加之於分表是以雖教不教雖爲不爲矣　古之所謂道術者。果惡乎在。【疏】上古三皇所行道術隨物任化淳朴無爲此之方法定在何處假設疑問發明深理也〔釋文〕惡乎音烏　曰。无乎不在。【疏】答曰無爲元道所在有之自古及今無處不徧　曰。神何由降。明何由出。【注】神明由事感而後降出【疏】神者妙物之名明者智周爲義若使虛通聖道今古有之亦何勞彼神人顯茲明智制禮作樂以導物乎　聖有所生。王有所成。【疏】夫虛凝元道物感所以誕生聖帝明王功成所以降跡豈徒然哉　皆原於一。【注】使物各復其根抱一而已無飾於外斯聖王所以生成也【疏】原本也一道也雖復降靈接物混跡和光應物不離眞常抱一而歸本者也　不離於宗。謂之天人。不離於精。謂之神人。不離於眞。謂之至人。以天爲宗。以德爲本。以道爲門。兆於變化。謂之聖人。【注】凡此四名一人耳所自言之異【疏】冥宗契本謂之自然淳粹不雜謂之神妙嶷然不假謂之至極以自然爲宗上德爲本元道爲門觀於機兆隨物變化者謂之聖人已上四人只是一耳隨其功用故有四名也〔釋文〕不離力智反下注不離離性下章離於同兆於本或作逃　以仁爲恩。以義爲理。以禮爲行。以樂爲和。薰然慈仁。謂之君子。【注】此四者之粗迹而賢人君子之所服膺也【疏】布仁惠爲恩澤施義理以裁非運節文爲行首動樂音以和性慈照光乎九有仁風扇乎八方譬蘭蕙芳馨香氣薰於遐邇可謂賢矣〔釋文〕爲行下孟反章內同薰然許云反溫和貌崔云以慈仁爲馨聞也之粗七奴反卷內皆同　以法爲分。以名爲表。以參爲驗。以稽爲決。其數一二三四是也。【疏】稽考也操執也法定其分名表其實操驗其行考決其能一二三四即名法等是也〔釋文〕以參本又作操同七曹反宜也以稽

音雞考也百官以此相齒。以事為常。【疏】自堯舜已下置立百官用此四法更相齒次君臣物務遂以為常所謂彝倫也 以衣食為主。蕃息畜藏。【疏】夫事之不可廢者耕織也聖人之不可廢者衣食也故國以民為本民以食為天是以蕃滋生息畜積藏儲者皆養民之法〔釋文〕蕃息 音煩 畜 敕六反又許六反 藏 如字又才浪反 老弱孤寡為意。皆有以養民之理也。【注】民理既然故聖賢不逆 古之人其備乎。【注】古之人即向之四名也【疏】養老哀弱矜孤恤寡五帝已下備有之焉 配神明。醇天地。育萬物。和天下。【疏】配合也夫聖帝無心因循品物故能合神明之妙理同天地之精醇育宇內之黎元和域中之羣有〔釋文〕醇 順倫反 澤及百姓。明於本數。係於末度。【注】本數明故末不離【疏】本數仁義也末度名法也夫聖心慈育恩覃黎庶故能明仁義以崇本係法名以救末 家世父曰天人神人至人聖人君子所從悟入不同而稽之名法度數以求養民之理則固不能離棄萬物以不與民生為緣故曰明乎本數係於末度莊子自著書之旨而微發其意如此 六通四辟。小大精粗。其運无乎不在。【注】所以為備【疏】闢法也大則兩儀小則羣物精則神智粗則形像通六合以遨遊法四時而變化隨機運動無所不在也〔釋文〕四辟 婢亦反本又作闢 其明而在數度者。舊法世傳之史尚多有之。【注】其在數度而可明者雖多有之已疏外也【疏】史者春秋尚書皆古史也數度者仁義法名等也古舊相傳顯明在世者史傳書籍尚多有之 其在於詩書禮樂者。鄒魯之士搢紳先生多能明之。【注】能明其迹耳豈所以迹哉【疏】鄒邑名也魯國號也搢笏也亦插也紳大帶也先生儒士也言仁義名法布在六經者鄒魯之地儒服之人能明之也〔釋文〕鄒 莊由反孔子父所封邑 詩以道志。書以道事。禮以道行。樂以道和。易以道陰陽。春秋以道名分。【疏】道達也通也夫詩道情志書道世事禮道心行樂道和適易明卦兆通達陰陽春秋褒貶定其名分〔釋文〕道志 音導下以道皆同 名分 扶問反 其數散於天下而設於中國者。百家之學時或稱而道之。【注】皆道古人之陳迹耳尚復不能常稱【疏】六經之迹散在區中風教所覃不過華壤百家諸子依稀五德時復稱說不能大同也〔釋文〕尚復 扶又反下章不復同 天下大亂。【注】用其迹而無統故也【疏】教守陳迹故不升平 賢聖不明。【注】能明其迹又未易也【疏】韜光晦迹〔釋文〕未易 以豉反 道德不一。【注】百家穿鑿【疏】法教多端 天下多得一。注各信其偏見而不能都舉。疏字內學人各滯所執偏得一術豈能宏通〔釋文〕得一偏得一術察焉以自好。注夫聖人統百姓之大情而因爲之制故百姓寄情於所統而自忘其好惡故與一世而得淡漠焉亂則反之人恣其近好家用典法故國異政家殊俗疏不能恬淡虛忘而每運心思察隨其情好而爲教方〔釋文〕自好呼報反注及下同　王念孫曰郭象斷天下多得一爲句釋文曰得一偏得一術案天下多得一察焉以自好當作一句讀下文云天下之人各爲其所欲焉以自爲方句法正與此同一察謂察其一端而不知其全體下文云譬如耳目鼻口皆有所明不能相通卽所謂一察也若以一字上屬爲句察字下屬爲句則文不成義矣　俞樾曰郭注斷天下多得一爲句釋文曰得一偏得一術王氏念孫謂天下多得一察焉以自好當作一句讀一察謂察其一端而不知其全體今案郭讀文不成義當從王讀惟以一察爲察其一端義亦未安察當讀爲際一際猶一邊也廣雅釋詁際邊並訓方是際與邊同義得其一際卽得其一邊正不知全體之謂察際並從祭聲古音相同故得通用耳下文云不該不徧一曲之士也一際與一曲其義相近　家世父曰一察謂察見其一端據之以爲道而因而好之舊注以天下多得一爲句誤　好惡烏路反　淡本又作澹徒暫反　漠音莫

譬如耳目鼻口。皆有所明。不能相通。疏夫目能視色不能聽聲鼻能聞香不能辨味各有所主故不能相通也

猶百家衆技也。皆有所長。時有所用。注所長不同不得常用疏夫六經五德百家諸書其於救世各有所長既未中道故時有所廢猶如鼻口有所不通也〔釋文〕衆技其綺反

雖然。不該不徧。一曲之士也。注故未足備任也疏雖復各有所長而未能該通周徧斯乃偏僻之士滯一之人非圓通合變者也〔釋文〕不偏音遍

判天地之美。析萬物之理。注各用其一曲故析判疏一曲之人各執偏僻雖著方術不能會道故分散兩儀淳和之美離析萬物虛通之理也

察古人之全。寡能備於天地之美。稱神明之容。注況一曲者乎疏觀察古昔全德之人猶解能備兩儀之亭毒稱神明之容貌況一曲之人乎〔釋文〕稱神尺證反下章同

是故內聖外王之道。闇而不明。鬱而不發。注全人難遇故也疏玄聖素王內也飛龍九五外也既而百家競起各私所見是非殽亂彼我紛紜遂使出處之道闇塞而不明鬱閉而不泄也

天下之人。各爲其所欲焉。以自爲方。悲夫。百家往而不反。必不合矣。疏心之所欲執而爲之卽此欲心而爲方術一往逐物會不反本欲求合理其可得也既乖物情深可悲歎

後世之學者。不幸不見天地之純。古人之大體。注大體各歸根抱一則天地之純也疏幸遇也天

地之純無爲也古人大體朴素也言後世之人屬斯澆季不見無爲之道不遇淳朴之世道術將爲天下裂。【注】裂分離也道術流弊遂各奮其方或以主物則物離性以從其上而性命喪矣【疏】裂分離也儒墨名法百家馳騖各私所見咸率己情道術紛紜更相倍譎遂使蒼生措心無所分離物性實此之由也　慶藩案裂依字當作列說文列分解也易艮九三列其夤管子五輔篇曾子天圓篇瘞大祑列古分解字皆作列說文裂繒餘也義各不同今分列字皆作裂而列但爲行列字矣〔釋文〕喪矣如字本或作喪息浪反　盧文弨曰今書作喪矣

不侈於後世。不靡於萬物。不暉於數度。【注】勤儉則瘁故不暉也【疏】侈奢也靡麗也暉明也教於後世不許奢華物我窮儉未嘗綺麗既乖物性教法不行故於先王典禮不得顯明於世也〔釋文〕不侈尺紙反又尺氏反不暉如字崔本作煇則瘁在醉反以繩墨自矯。【注】矯厲也【疏】矯厲也用仁義爲繩墨以勉厲其志行也〔釋文〕自矯居表反而備世之急。【注】勤而儉則財有餘故急有備【疏】世急者謂陽九百六水火之災也勤儉節用儲積財物以備世之凶災急難也古之道術有在於是者。墨翟禽滑釐聞其風而說之。

爲之大過。已之大循。【注】不復度衆所能也【疏】循順也古之道術禹治洪水勤儉枯槁其迹尚在故言有在於是者姓禽字滑釐墨翟弟子也墨翟循釐性好勤儉聞禹風教深悅愛之務爲此道勤苦過甚適周己身自順未堪教被於人矣〔釋文〕墨翟宋大夫尚儉素禽滑音骨又戶八反釐力之反又音熙禽滑釐墨翟弟子也不順五帝三王之樂嫌其奢而說音悅下注同後聞風而說皆同大過音太舊敕佐反後大過大多大少倣此大順或作循　慶藩案循或作順說文循順行也鄭注尚書中候曰循順書大傳三正若循連環白虎通義引此循作順順與循古同聲而通用也度衆徒各反作爲非樂。命之曰節用。生不歌。死无服。【疏】非樂節用是墨子二篇書名也生不歌故非樂死無服故節用謂無衣衾棺槨等資葬之服言其窮儉惜費也〔釋文〕非樂節用墨子二篇名墨子氾愛兼利而非鬭。【注】夫物不足則以鬭爲是今墨子令百姓皆勤儉各有餘故以鬭爲非也【疏】普氾兼愛利益羣生使各自足故無鬭爭以鬭爭爲之非也〔釋文〕氾芳劍反愛兼利化同己儉爲氾愛兼利令百力呈反下同其道不怒。【注】但自刻也【疏】克己勤儉故不怨怒於物也又好學而博不異。【注】既自以爲是則欲令萬物皆同乎己也【疏】墨子又好學博通墳典己既勤儉欲物同之也不與先王同。【注】先王則恣其羣異然後同焉皆得而不知所以得也毁古之禮樂。【注】嫌其侈靡【疏】禮則節文隆殺樂則鐘鼓羽毛嫌其侈靡奢華所以毀棄不用黃帝有咸池。堯

有大章。舜有大韶。禹有大夏。湯有大濩。文王有辟雍之樂。武王周公作武。【疏】已上是五帝三王樂名也〔釋文〕有夏戶雅反　盧文弨曰今書作有大夏下有濩亦作有大濩　有濩音護　有辟音壁　作武武樂名　古之喪禮。貴賤有儀。上下有等。天子棺槨七重。諸侯五重。大夫三重。士再重。【疏】自天王已下至于士庶皆有儀法悉有等級斯古之禮也〔釋文〕七重直龍反下同　今墨子獨生不歌。死不服。桐棺三寸而无槨。以爲法式。以此教人。恐不愛人。以此自行。固不愛己。【注】物皆以任力稱情爲愛今以勤儉爲法而爲之大過雖欲饒天下更非所以爲愛也　【疏】師於禹迹勤儉過分上則乖於三王下則逆於萬民故生死勤窮不能養於外物形容枯槁未可愛於己身也　未敗墨子道。【注】但非道德【疏】未無也翟性尹老之意也〔釋文〕未敗敗或作毀墨子是一家之正故不可以爲敗也翟云未壞其道　雖然。歌而非歌。哭而非哭。樂而非樂。是果類乎。【注】雖獨成墨而不類萬物之情【疏】夫生歌死哭人倫之常理凶哀吉樂世物之大情今乃反此故非徒類矣〔釋文〕非歌生應歌而墨以歌爲非也　樂而音洛下及注同　家世父曰墨子之意主於節用其非樂篇言厚措斂乎萬民以爲大鍾鳴鼓琴瑟竽笙言今王公大人爲樂虧奪民衣食之時虧奪民衣食之財其三篇言其樂逾繁其治逾寡莊子亦辯其非樂薄葬而歸本於節用言墨子之道所以未敗今之歌固非歌今之哭固非哭今之樂固非樂其與墨子之言果類乎果非類乎故以下但著其勤苦之實以明墨子之本旨　其生也勤。其死也薄。其道大觳。【注】觳無潤也【疏】觳無潤也生則勤苦身心死則資葬儉薄其爲道乾觳無潤也〔釋文〕觳郭苦角反徐戶角反郭李皆云無潤也　家世父曰爾雅釋詁觳盡也管子地員篇淖而不朋剛而不觳其下士三十物又次曰五觳觳者薄也史記始皇本紀雖監門之養不觳於此矣言不薄於此也墨子之道自處以薄郭象注觳無潤也解似迂曲　使人憂。使人悲。其行難爲也。恐其不可以爲聖人之道。【注】夫聖人之道悅以使民民得性之所樂則悅悅則天下無難矣【疏】夫聖人之道得百姓之歡心今乃使物憂悲行之難久又無潤澤故不可以教世也〔釋文〕其行下孟反下注以成其行同　反天下之心。天下不堪。墨子雖獨能任。奈天下何。離於天下。其去王也遠矣。【注】王者必合天下之懽心而與物俱往也【疏】夫王天下者必須虛心忘己大順羣生今乃毀皇王之法反黔首之性其於主物不亦遠乎〔釋文〕能任音任墨子稱道曰。昔禹之湮洪水。決江河。而通四夷九州也。名山三百。支川三千。小者无數。【疏】湮塞也昔堯遭洪水命禹治水寘塞隄防通決川瀆救百六之災以播種九穀也〔釋文〕湮洪水音因又音煙塞也没也掘地而注之海使水由地下也引禹之儉同己之道　盧文弨曰舊儉譌險今改正　俞樾曰名山當作名川字之誤也名川支川猶言大水小水下文曰禹親自操橐耜而九雜天下之川可見此文專以川言不當言山也若但言支川而不言名川則是舉流而遺其原於文爲不備矣襄十一年左傳曰名山名川是山川並得言名學者多見名山鮮見名川故誤改之耳呂氏春秋始覽篇淮南子墬形篇並曰名川六百　慶藩案名川大川也禮禮器因名山升中於天鄭注名猶大也高注淮南地形篇亦曰名山大山也王制言名山大川月令言大山名源其義一也魯語取名魚韋注名魚大魚也秦策賂之一名都高注名大也（魏策大都數百名都數十也）此皆訓名爲大之證　支川本或作支流禹親自操橐耜而九雜天下之川。【疏】橐盛土器也耜掘土具也禹捉耜掘地操橐負土躬自辛苦以導川原於是舟檝往來九州雜易又解古者字少以滌爲盪川爲原凡經九度言九雜也又本作鳩者言鳩雜川谷以導江河也〔釋文〕自操七曹反　橐舊古考反崔郭音託字則應作橐崔云囊也司馬云盛土器也　耜音似釋名耜似也似齒斷物三蒼云耒頭鐵也崔云梩也司馬云盛水器也　而九音鳩本亦作鳩聚也　雜本或作杂音同崔云所治非一故曰雜也　家世父曰釋文九亦作鳩聚也雜本或作杂崔云所治非一故曰雜也玉篇雜同也廣韻雜集也書序決九州言雜匯諸川之水使同會於大川故曰九雜天下之川腓无胈。脛无毛。沐甚雨。櫛疾風。置萬國。禹大聖也。而形勞天下也如此。【注】墨子徒見禹之形勞耳未觀其性之適也【疏】通導百川安置萬國閭啓之故無暇暫看三過其門不得看子賴驟雨而洒髮假疾風而梳頭勤苦執勞形容毀悴遂使腓股無肉膝脛無毛禹之大聖尚自艱辛況我凡庸而不勤苦〔釋文〕腓音肥又符畏反　无胈步葛反又甫物反又符蓋反　脛刑定反　甚雨如字崔本甚作湛音淫　盧文弨曰今書作沐甚風櫛疾雨此以甚雨在櫛字上當本是沐甚雨櫛疾風文義較順淮南修務訓云禹沐浴霪雨櫛扶風可以爲證淮南浴字乃衍文李善注文選和王著作八公山詩引淮南作沐淫雨櫛疾風　慶藩案崔本甚作湛是也湛與淫同論衡明雩篇久雨爲湛湛即淫也太史公自序帝辛湛湎揚雄光祿勳箴桀紂淫湎淫湛義同字亦相通考工記慌氏淫之以蜃杜子春云淫當爲湛淮南脩務篇正作淫沐淫雨（禮檀弓門人後雨甚古書中少言甚雨者）淮南覽冥篇東風而酒湛溢湛溢即淫溢謂酒得東風加長也春秋繁露同類相動篇水得夜長數分東風而酒湛溢皆其證　櫛側筆反使後世之墨者。多以裘褐爲衣。以跂蹻爲服。日夜不休。以自苦爲極。【注】謂自苦爲盡理之法【疏】裘褐粗衣也木曰跂草曰蹻也後世墨者翟之弟子也裘褐跂蹻儉也日夜不休力也用此自苦爲理之妙極也〔釋文〕裘褐戶葛反　跂其逆反　蹻紀略反李云麻曰屩木曰屐屐與跂同屩與蹻同一云鞋類也一音居玉反以藉鞋下也曰。不能如此。非禹之道也。不足謂墨。【注】非其時而守其道所以為墨也【疏】墨者禹之陳迹也故不能苦勤乖於禹道者不可謂之墨也

相里勤之弟子。五侯之徒。南方之墨者。苦獲、已齒、鄧陵子之屬。俱誦墨經。而倍譎不同。相謂別墨。【注】必其各守所見則所在無通故於墨之中又相與別也【疏】姓相里名勤南方之墨師也苦獲五侯之屬並是學墨人也譎異也俱誦墨經而更相𠌯異相呼為別墨〔釋文〕相息亮反 里勤司馬云墨師也姓相里名勤 俞樾曰韓非子顯學篇有相里氏之墨有相夫氏之墨有鄧陵氏之墨 苦獲已齒李云二人姓字也 而倍郭音佩又裴罪反 譎古穴反崔云決也 慶藩案倍譎諸書多作倍僪或作背譎（呂氏春秋明理篇曰有倍僪高注日旁之危氣也在兩旁反出為倍在上反出為僪淮南覽冥篇臣心乖則背譎見於天）皆背譎之借字漢書天文志暈適背穴孟康曰背形如北字也（案吳語韋昭注北古之背字說文北乖也從二人相背則日兩旁氣外向者為背形與北相似故孟康云背如北）穴讀作鐍其形如半鐍也如淳曰凡氣在上日為冠為戴在旁直對為珥在旁如半環向日為抱向外為背有氣刺日為鐍鐍抉傷也今案背鐍皆外向之名莊子蓋喻各泥一見二人相背耳以氣刺日為鐍失之

以堅白同異之辯相訾。以觭偶不仵之辭相應。以巨子為聖人。【注】巨子最能辨其所是以成其行【疏】訾毀也巨大也獨唱曰觭音奇對辯曰偶仵偶也言鄧陵之徒然蹈墨術堅執堅白各炫己能合異為同析同為異或獨唱而寡和或賓主而往來以有無是非之辯相毀用無倫次之辭相應勤儉甚者號為聖人〔釋文〕相訾音紫 以觭紀宜反又音寄 不仵音誤徐音五仵同也 巨子向崔本作鉅向云墨家號其道理成者為鉅子若儒家之碩儒皆願為之尸。【注】尸者主也冀得為其後世。至今不決。【注】為欲係巨子之業也【疏】咸願為師主庶傳業將來對爭勝負不能決定也

墨翟禽滑釐之意則是。【注】意在不後靡而備世之急斯所以為是其行則非也。【注】為之太過故也【疏】意在救物所以是也勤儉太過所以非也將使後世之墨者必自苦。以腓无胈。脛无毛。相進而已矣。【疏】進過也後世學徒執墨陳迹精苦自勵意在過人也亂之上也。【注】亂莫大於逆物而傷性也治之下也。【注】任衆適性為上今墨反之故為下【疏】墨子之道逆物傷性故是治化之下術荒亂之上首也〔釋文〕治之直吏反

雖然。墨子真天下之好也。【注】為其真好重聖賢不逆也但不可以教人〔釋文〕之好呼報反注同 俞樾曰真天下之好謂其真好天下

也卽所謂墨子兼愛也下文曰將求之不得也雖枯槁不舍也此求字卽心誠求之之求求之不得雖枯槁不舍卽所謂摩頂放踵利天下爲之也郭注未得爲其于僞反將求之不得也。【注】無輩雖枯槁不舍也。【注】所以爲眞好也。【疏】宇內好儉一人而已求其輩類竟不能得顦顇如此終不休廢率性眞好非矯爲也〔釋文〕枯槁苦老反不舍也音捨下章同才士也夫。【注】非有德也。【疏】夫歎也逆物傷性誠非聖賢亦勤儉救世才能之士耳不累於俗。不飾於物。不苟於人。不忮於衆。【注】忮逆也。【疏】於俗無患累於物無矯飾於人無苟且於衆無逆忮立於名行以養蒼生也〔釋文〕忮之豉反逆也司馬崔云害也字書云很也又音支韋昭音泊願天下之安寧。以活民命。人我之養畢足而止。【注】不敢望有餘也。以此白心。古之道術有在於是者。【疏】每願宇內淸夷濟活黔首物我儉素止分知足以此教迹淸白其心古術有在相傳不替矣〔釋文〕白心崔云明白其心也白或作任宋鈃尹文聞其風而悅之。【疏】姓宋名鈃姓尹名文並齊宣王時人同遊稷下宋著書一篇尹著書二篇咸師於黔而爲之名也鈃與尹合故聞風悅愛〔釋文〕宋鈃音形徐胡冷反郭音堅尹文崔云齊宣王時人著書一篇　兪樾曰列子周穆王篇老成子學幻於尹文先生未知卽其人否漢書藝文志尹文子一篇在名家師古曰劉向云與宋鈃俱遊稷下作爲華山之冠以自表。【注】華山上下均平。【疏】華山其形如削上下均平而宋尹立志淸高故爲冠以表德之異〔釋文〕華山之冠華山上下均平作冠象之表己心均平也接萬物以別宥爲始。【注】不欲令相犯錯。【疏】宥區域也始本也置立名教應接人間而區別萬有用斯爲本也〔釋文〕以別彼列反又如字宥爲始始首也崔云以別善惡宥不及也語心之容。命之曰心之行。【疏】命名也發語吐辭每令心容萬物卽名此容受而爲心行以聏合驩。以調海內。【注】強以其道聏令合調令和也〔釋文〕聏崔本作聏音而郭音餌司馬云色厚貌崔郭王云和也聏和萬物物合則歡矣一云調也合驩以道化物和而調之合意則歡　家世父曰以聏合驩諸本或作聏莊子闕誤引作聏說文肉部聏爛也方言聏孰也以聏合驩卽軟孰之意大元經爽其中爽其膝爽其哇司馬光集注爽字與軟同亦正此意闕誤作聏字者是也強以其丈反下皆同令合力呈反下同請欲置之以爲主。【注】二子請得若此者立以爲物主也。【疏】聏和也用斯名教和調四海庶令同合以得驩心置立此人以爲物主也見侮不辱。【注】其於以活民爲急也。救民之鬭。禁攻寢兵。救世之戰。【注】所謂聏調。【疏】寢息也防禁攻伐止息干戈意在調和不許戰鬭假令欺侮不以爲辱意在救世所以然也以此周行天下。

上說下教。雖天下不取，強聒而不舍者也。【注】聏調之理然也。【疏】用斯教迹行化九州，上說君王，下教百姓，雖復物不取用，而強勸喧聒，不自廢舍也。〔釋文〕上說音悅，又如字。下教 上謂國主也，悅上之教下也。一云說猶教也，上教教下也。聒古活反，謂強聒其耳而語之也。故曰上下見厭而強見也。【注】所謂不辱。【疏】雖復物皆厭賤，猶自強見勸他，所謂被人輕侮而不恥辱也。〔釋文〕見厭於豔反，徐於贍反。雖然，其為人太多，其自為太少。【注】不因其自化而強以慰之，則其功太重也。【疏】夫達道聖賢，感而後應，先存諸己，後存諸人。今乃勤強勸人，被厭不已，當身枯槁，豈非自為太少乎？〔釋文〕為人于偽反，下自為同。曰：請欲固置五升之飯足矣。【注】斯明自為之太少也。先生恐不得飽，弟子雖飢，不忘天下。【注】宋鈃尹文稱天下為先生，自稱為弟子也。【疏】宋尹稱黔首為先生，自謂為弟子，先物後己故也。坦然之迹，意在勤儉，置五升之飯為一日之食，唯恐百姓之飢，不慮己身之餓，不忘天下，以此為心，勤儉故養蒼生也。用斯作法，晝夜不息矣。日夜不休，曰：我必得活哉。【注】謂民亦當報己也。圖傲乎救世之士哉。【注】揮斥高大之貌。【疏】圖傲，高大之貌也。言其強力忍垢，接濟黎元，雖未合道，可謂救世之人也。〔釋文〕圖傲五報反。曰：君子不為苛察。【注】務寬恕也。【疏】夫賢人君子，恕己寬容，終不用取捨之心，苛且伺察於物也。〔釋文〕苛察音河。一本作苟。慶藩案苛一本作苟，非也。古書從句從可之字，往往因隸變而譌，苛作苟，亦形似之誤也。漢巴郡太守張納碑犴無拘紲之人，拘作㧙；胸忍蠻夷，胸作朐；冀州從事郭君碑凋柯霜榮，柯字作枸；說文柯字解引酒誥曰盡執柯，今本柯作拘；攷工記妢胡之笴注，故書笴為笱，杜子春云笱當作笴；管子五輔篇上彌殘苛而無解舍，苛今本譌作苟：皆其明證。不以身假物。【注】必自出其力也。【疏】立身求己，不必假物以成名也。以為无益於天下者，明之不如已也。【注】所以為救世之士也。【疏】已，止也。苦心勞形，乖道逆物，既無益於宇內，明不如止而勿行。以禁攻寢兵為外。【疏】為利他外行也。以情欲寡淺為內。【疏】為自利內行也。其小大精粗，其行適至是而止。【注】未能經虛涉曠。【疏】自利利他，內外兩行，雖復大小有異，精粗稍殊，而立趨維綱，不過適是而已矣。〔釋文〕其行下孟反，又如字。公而不當，易而无私，決然无主。【注】各自任也。【疏】公正而不阿黨，平易而無偏私，依理斷決，無的主宰，所謂法者，其在於斯。〔釋文〕不當丁浪反。崔本作黨，云至公無黨也。盧文弨曰：作不黨是。易而以豉反。趣物而不兩。【注】物得所趣，故一。【疏】意在理趣而於物無二也。不顧於慮。不謀於知。於物无擇。與之俱往。【疏】依理用法，不顧前後，斷決正直，無所懼慮，亦不運知法外謀謨，守法而往，臨而無擇。〔釋文〕於知音智，下棄知同。

古之道術有在於是者。【疏】自五帝已來，有以法爲政術者，故有可尙之迹，而猶在乎世。彭蒙田駢愼到聞其風而悅之。【疏】姓彭名蒙，姓田名駢，姓愼名到，並齊之隱士，俱遊稷下，各著書數篇，性與法合，故聞風悅愛也。　兪樾曰：據下文，彭蒙當是田駢之師。意林引尹文子有彭蒙曰：雉兎在野，衆皆逐之，分未定也；雞豕滿市，莫有志者，分定故也。〔釋文〕田駢薄田反。齊人也，遊稷下，著書十五篇。愼子云名廣。　兪樾曰：漢書藝文志道家田子二十五篇，名駢，齊人，遊稷下，號天日。呂覽不二篇陳駢貴齊，卽田駢也。淮南人閒篇唐子短陳駢子於齊威王云云，卽田駢之事，實亦可見貴齊之一端矣。

齊萬物以爲首。曰。天能覆之而不能載之。地能載之而不能覆之。大道能包之而不能辯之。知萬物皆有所可。有所不可。故曰。選則不徧。【注】都用乃周。【疏】夫天覆地載，各有所能，大道包容，未嘗辯說，故知萬物有可不可，隨其性分，但當任之，若欲揀選，必不周徧也。〔釋文〕不徧音遍。教則不至。【注】性其性乃至。〔釋文〕不至一本作不王。道則无遺者矣。【疏】異物不同，稟性各異，以此教彼，良非至極，若率至元道，則物皆自得而無遺失矣。〔釋文〕无遺如字，本又作貴。

是故愼到棄知去己。而緣不得已。泠汰於物。以爲道理。【注】泠汰猶聽放也。【疏】泠汰猶揀鍊也。息慮棄知，忘身去己，機不得已，感而後應，揀鍊是非，據法斷決，愼到守此用爲道理。　兪樾曰：史記孟荀列傳愼到趙人，著十二論。漢書藝文志法家有愼子四十二篇，名到，先申韓，申韓稱之。〔釋文〕去己起呂反，章內注同。泠音零。汰音泰，徐徒蓋反。郭云：泠汰猶聽放也。一云：泠汰猶沙汰也，謂沙汰使之泠然也，皆泠汰之歸於一，以此爲道理也。或音裔，又音替。

曰。知不知。將薄知而後鄰傷之者也。【注】謂知力淺不知任其自然，故薄之而後鄰傷也。【疏】鄰，近也。夫知則有所不知，故薄淺其知，雖復薄知而未能都忘，故猶近傷於理。

謑髁无任。而笑天下之尙賢也。【注】不肯當其任而任夫衆人，衆人各自能，則無爲橫復尙賢也。【疏】謑髁，不定貌也。隨物順情，無的任用，物各自得，不尙賢能，故笑之也。〔釋文〕謑胡啓反，又音奚，又苦迷反。說文云：恥也。五米反。髁戶寡反，郭勘禍反。謑髁，訛倪不正貌。王云：謂讙刻也。　家世父曰：說文：謑詬，恥也。謑一作謨。賈誼治安策：謨詬無節。髁，髀骨也。髁通作跨。廣韻：跨同踝。釋名：踝，居足旁，磽确亦因其形踝踝然也。謑髁，謂堅确能忍恥辱。釋文謑髁訛倪不正貌，王云讙刻也，均未免望文生義。无任無所施任也。王云：雖讙刻於法而猶能不自任，以事事不與衆共之，則無爲尙賢，所以笑也。橫復扶又反。縱脫无行。而

非天下之大聖疏欲壞其迹使物不殉疏縱恣脫略不爲仁義之德行忘遺陳迹故非宇內之聖人也〔釋文〕无行下孟反下人之行同椎
拍輐斷。與物宛轉。注法家雖妙猶有椎拍故未泯合疏椎拍笞撻也輐斷行刑也宛轉變化也復能打拍刑戮而隨順時代故能與物變化而不固執
之者也〔釋文〕椎直追反拍普百反輐五管反又胡亂反又五亂反徐胡管反圓也斷丁管反又丁亂反方也王云椎拍輐斷皆刑截者所用家世父曰釋文輐圓也王云椎拍輐斷皆刑截者所
用疑王說非也輐斷即下文魭斷郭象云魭斷無圭角也說文椎擊也拍拊也言擊拊之而已不用攻刺魭斷之而已不用鋒稜所以處制事物而與爲宛轉也舍是與非。苟可以
免。疏不固執是非苟且免於當世之爲也不師知慮。不知前後。注不能知是之與非前之與後瞑目恣性苟免當時之
患也疏不師其成心不運用知慮亦不瞻前顧後任性爲情直舉宏綱順物而已〔釋文〕不師知音智魏然而已矣。注任性獨立疏魏然不動之貌也雖復處
俗同塵而魏然獨立也〔釋文〕魏然魚威反李五回反推而後行。曳而後往。注所謂緣於不得已疏推而曳之緣不得已感而後應非先
唱也若飄風之還。若羽之旋。若磨石之隧。全而无非。動靜无過。未嘗有罪。疏磨磑
也隧轉也加飄風之迴如落羽之旋若磑石之轉三者無心故能全者是以無是無非無罪無過無情任物故致然也〔釋文〕若飄婢遙反一音必遙反爾雅云回風爲飄之還音旋一音環若磨
末佐反又如字石之隧音遂同也徐絕句一讀至全字絕句全而无非磨石所剴麄細全在人言德全無見非貴時言其無心也是何故。疏假設疑問以顯其能夫无知
之物。无建己之患。无用知之累。動靜不離於理。是以終身无譽。注患生於譽譽
生於有建疏夫物莫不耽滯身己建立功名運用心知役溺前境今磨磑等行藏任物動靜無心恆居妙理患累斯絕是以終於天命無咎無譽也〔釋文〕不離力智反故曰。至
於若无知之物而已。无用賢聖。注唯聖人然後能去知與故循天之理故愚知處宜貴賤當位
賢不肖襲情而云無用聖賢所以爲不知道也夫塊不失道。注欲令去知如土塊也亦爲凡物云云皆無
緣得道道非偏物也疏貴尚無知情同瓦石無用賢聖闇若夜遊途知土塊名爲得理慎到之惑其例如斯〔釋文〕夫塊苦對反或苦猥反欲令力呈反豪桀相
與笑之曰。慎到之道。非生人之行。而至死人之理。注夫去知任性然後神明洞照所以

爲賢聖也而云土塊乃不失道人若土塊非死如何豪桀所以笑也【疏】夫得道賢聖照物無心德合二儀明齊三景今乃以土塊爲道與死何殊既無神用非生人之行也是以英儒豪傑知其乖理故嗤笑之適得怪焉。【注】未合至道故爲詭怪【疏】不合至道者適爲其怪也田駢亦然。學於彭蒙。得不教焉。【注】得自任之道也【疏】田駢愼到稟業彭蒙縱任放誕無所教也彭蒙之師曰。古之道人。至於莫之是莫之非而已矣。【注】所謂齊萬物以爲首其風窢然。惡可而言。【注】逆風所動之聲【疏】窢然迅速貌也古者道人虛懷忘我指爲天地無復是非風教窢然隨時過去何可留其聖迹執而言之也〔釋文〕窢字亦作罭又作闃況逼反又火麥反向郭云逆風聲惡可音烏常反人。不見觀。【注】不順民望【疏】未能大順羣品而每逆忤人心亦不能致蒼生之稱其瞻望也〔釋文〕不見觀一本作不聚觀而不免於魭斷。【注】雖立法而魭斷無圭角也【疏】魭斷無圭角貌也雖復立法施化而未能大齊萬物故不免於魭斷也〔釋文〕於魭五管反又五亂反斷丁管反郭云魭斷無圭角也一本無斷字其所謂道非道。而所言之韙。不免於非。【注】韙是也【疏】韙是也愼到所謂爲道者非正道也所言爲是者不是也故不免於非也〔釋文〕韙于鬼反是也彭蒙田駢愼到不知道。【注】道無所不在而云土塊乃不失道所以爲不知【疏】雖復習尙虛忘以無心爲道而未得圓照故不知也雖然。概乎皆嘗有聞者也。【注】但不至也【疏】彭蒙之類雖未體眞而志尙知略有梗概更相師祖皆有稟承非獨臆斷故嘗有聞之也〔釋文〕概乎古愛反以本爲精。以物爲粗。【疏】本無也物有也用無爲妙道爲精用有爲事物爲粗以有積爲不足。【注】寄之天下乃有餘也澹然獨與神明居。古之道術有在於是者。【疏】貪而儲積心常不足知足止分故淸廉虛淡絕待獨立而精神道無不在自古有之也〔釋文〕澹然徒暫反關尹老聃。聞其風而悅之。【疏】姓尹名熹字公度周平王時函谷關令故爲之關尹也姓李名耳字伯陽外字老聃即尹熹之師老子也師資唱和與理相應故聞無爲之風而悅愛之也〔釋文〕關尹關令尹喜也或云尹喜字公度老聃他甘反即老子也爲喜著書十九篇兪樾曰漢書藝文志道家有關尹子九篇注云名喜爲關吏或以尹喜爲姓名失之又按釋文云老子爲喜著書十九篇考老子一書漢志有鄰氏經傳四篇傅氏經說三十七篇徐氏經說六篇未聞有十九篇之說呂覽不二篇關尹貴淸高注關尹關正也名喜作道書九篇能相風角知將有神人而老子到喜說之請著上至經五千言上至經之名他書所未見也建之以常無有。【注】夫無有何所能建建之以常無有則明有物之自建也主之以太一。【注】自天地以及羣物皆各自得而已不兼他飾斯非主之以太一耶【疏】太者廣大之名一以不二爲稱言大道曠蕩無不制圍括囊萬有通而爲一故謂之太一也建立言教每以凝常無物爲宗悟其指歸以虛通太一爲主斯蓋好儉以勞形貿未可以教他人亦無勞敗其道術也 以濡弱謙下爲表。以空虛不毁萬物爲實。【疏】表外也以柔弱謙和爲權智外行以空惠圓明爲實智內德也〔釋文〕以濡如兗反一音儒謙下遐嫁反 關尹曰。在己无居。【注】物來則應應而不藏故功隨物去【疏】成功弗居推功於物用此在己而修其身也 形物自著。【注】不自是而委萬物故物形各自彰著【疏】委任萬物不伐其功故彼之形性各自彰著也 其動若水。其靜若鏡。其應若響。【注】常無情也【疏】動若水流靜如懸鏡其逗機也似響應聲動靜無心神用故速〔釋文〕若響許丈反 芴乎若亡。寂乎若清。同焉者和。得焉者失。【注】常全者不知所得也【疏】芴忽也亡無也夫道非有非無不清不濁故闇忽似無體非無也靜寂如清也是已同靡清濁和蒼生之淺見也遂以此清虛無爲而爲德者斯喪道矣〔釋文〕芴音忽 未嘗先人。而常隨人。【疏】和而不唱也 老聃曰。知其雄。守其雌。爲天下谿。知其白。守其辱。爲天下谷。【注】物各自守其分則靜默而已無雄白也夫雄白者非尚勝自顯者耶尚勝自顯豈非逐知過分以殆其生耶故古人不隨無崖之知守其分內而已故其性全其性全然後能及天下能及天下然後歸之如谿谷也【疏】夫英雄俊傑進躁所以夭年雌柔謙下退靜所以長久是以去彼顯白之榮華取此韜光之屈辱斯乃學道之樞機故爲宇內之谿谷也而谿谷俱是川壑但谿小而谷大故重言耳〔釋文〕谿苦兮反 人皆取先。己獨取後。【注】不與萬物爭鋒然後天下樂推而不厭故後其身【疏】俗人皆尚勝趨先大聖獨謙卑處後故道經云後其身而身先故也 曰。受天下之垢。【注】雌辱後下之類皆物之所謂垢【疏】退身居後推物在先斯受垢辱之者〔釋文〕之垢音苟 人皆取實。【注】唯知有之以爲利未知無之以爲用【疏】貪資貨也 己獨取虛。【注】守沖泊以待羣實【疏】守沖寂也〔釋文〕沖泊步各反 无藏也故有餘。【注】付萬物使各自守故不患其少【疏】藏積也知足守分散而不積故有餘 巋然而有餘。【注】獨立自足之謂【疏】巋然獨立之謂也言清廉潔己在物至稀獨有聖人無心而已〔釋文〕嵬去軌反又去類反本或作魏其行身也。徐而不費。【注】因民所利而行之隨四時而成之常與道理俱故無疾無費也【疏】費損也夫達道之人無近恩惠食苟簡之田立不貸之圃從容閑雅終不損己爲於物耳以此爲行而養其身也〔釋文〕不費芳味反无爲也而笑巧。【注】巧者有爲以傷神器之自成故無爲者因其自生任其自成萬物各得自爲蜘蛛猶能結網則人人自有所能矣無貴於工倕也【疏】率性而動淳朴無爲嗤彼俗人機心巧僞也〔釋文〕蜘音知蛛音誅工倕音垂人皆求福。己獨曲全。【注】委順至理則常全故無所求福福已足曰。苟免於咎。【注】隨物故物不得咎也【疏】咎禍也俗人愚迷所爲封執但知求福不能慮禍唯大聖虛懷委曲隨物保全生道且免災殃以深爲根。【注】理根於太初之極不可謂之淺也〔釋文〕大初音泰以約爲紀。【注】去甚泰也【疏】以深元爲德之本根以儉約爲行之綱紀〔釋文〕去甚起呂反曰堅則毀矣。【注】夫至順則雖金石無堅也迕逆則雖水氣無軟也至順則全迕逆則毀斯正理也〔釋文〕迕逆五故反无軟如兗反本或作濡音同盧文弨曰今書作无耎銳則挫矣。【注】進躁無崖爲銳【疏】毀損堅剛之行挫止貪銳之心故道經云挫其銳〔釋文〕挫作臥反常寬容於物。【注】各守其分則自容有餘不削於人。【注】全其性也【疏】退己謙和故寬容於物知足守分故不侵削於人也可謂至極。關尹老聃乎。古之博大真人哉。【疏】關尹老子古之大聖窮微極妙冥真合道教則浩蕩而宏博理則廣大而深元莊子庶幾故有斯嘆也芴漠无形。變化无常。【注】隨物也【疏】妙本無形故寂漠也迹隨物化故無常也〔釋文〕芴元嘉本作寂漠音莫死與生與。天地並與。神明往與。【注】任化也【疏】以死生爲晝夜故將二儀並也隨造化而轉變故共神明往矣〔釋文〕死與音餘下同芒乎何之。忽乎何適。【注】無意趣也【疏】委自然而變化隨芒忽而遨遊既無情於去取亦任命而之適〔釋文〕芒乎莫剛反下同萬物畢羅。莫足以歸。【注】故都任置【疏】包羅庶物囊括宇內未嘗離道何處歸根古之道術有在於是者。莊周聞其風而悅之。以謬悠之說。荒唐之言。无端崖之辭。時恣縱而不儻。不以觭見之也。【注】不急欲使物見其意【疏】謬虛也悠遠也荒唐廣大也恣縱猶放任也觭不偶也而莊子應世挺生冥契元道，故能致虛遠深宏之說，無涯無緒之談，隨時放任而不偏黨，和氣混俗，未嘗觭介也。〔釋文〕謬悠謂若忘於情實者也。荒唐謂廣大無域畔者也。慶藩案無端崖猶無垠鄂也。淮南原道篇無垠鄂之門，許注垠鄂（案引注鄂誤鍔）云端崖也（見文選張衡西京賦注），高注無形狀也。說文土部垠地垠也，楚辭王注垠岸崖也，文選甘泉賦李善注郭垠堮也。而儻丁蕩反，徐敕蕩反。盧文弨曰：今書時恣縱而不儻，有不字。觭音羈，徐起宜反。以天下爲沈濁，不可與莊語。【注】累於形名，以莊語爲狂而不信，故不與也。【疏】莊語猶大言也。宇內黜黎，沈滯闇濁，咸溺於小辯，未可與說大言也。〔釋文〕莊語並如字。郭云：莊，莊周也。一云：莊，正也。一本作壯，側亮反，端大也。慶藩案莊壯古音義通用。逸周書謚法篇兵甲亟作曰莊，叡圉克服曰莊，勝敵志強曰莊，死於原野曰莊，屢征殺伐曰莊。莊之言壯也。楚辭遠遊精粹而始壯，與行鄉陽爲韻。詩鄘風君子偕老箋顏色之莊，釋文莊本又作壯。禮檀弓衛有太史曰柳莊，漢書古今人表作柳壯。天下不可與莊語，釋文莊一本作壯，皆其明證。以巵言爲曼衍，以重言爲眞，以寓言爲廣。【疏】巵言，不定也。曼衍，無心也。重，尊老也。寓，寄也。夫巵滿則傾，巵空則仰，故以巵器以況至言。而耆艾之談，體多眞實；寄之他人，其理深廣，則鴻蒙、雲將、海若之徒是也。〔釋文〕以巵音支。獨與天地精神往來，而不敖倪於萬物。【注】其言通至理，正當萬物之性命。【疏】敖倪，猶驕矜也。抱眞精之智，運不測之神，寄迹域中，生來死往，謙和順物，固不驕矜。〔釋文〕不敖五報反。倪音詣。不譴是非，【注】己無是非，故恣物兩行。〔釋文〕不譴遣戰反。以與世俗處。【注】形羣於物。【疏】譴，責也。是非無主，不可窮責，故能混世揚波，處於塵俗也。其書雖瓌瑋，而連犿无傷也。【注】還與物合，故無傷也。【疏】瓌瑋，宏壯也。連犿，和混也。莊子之書，其旨高遠，言猶涉俗，故合物而無傷。〔釋文〕瓌古回反。瑋瓌瑋，奇特也。連犿本亦作抃，同，芳袁反，又音獾，又敷晚反。李云：皆宛轉貌。一云：相從之貌。謂與物相從不違，故無傷也。其辭雖參差，而諔詭可觀。【注】不唯應當時之務，故參差。【疏】參差者，或虛或實，不一其言也。諔詭，猶滑稽也。雖寓言託事，時代參差，而諔詭滑稽，甚可觀閱也。〔釋文〕參初林反，注同。差初宜反。諔尺叔反。彼其充實，不可以已。【注】多所有也。【疏】已，止也。彼所著書，辭清理遠，括囊無實，富贍無窮，故不止極也。上與造物者遊，而下與外死生无終始者爲友。【疏】乘變化而遨遊，交自然而爲友，故能混同生死，冥一始終，本妙迹粗，故言上下。其於本也，宏大而辟，深閎而肆；其於宗也，可謂稠適而上遂矣。【疏】闢，開也。宏，大也。閎，亦大也。肆，申也。遂，達也。言至本深大，申暢開通，眞宗調適，上達元道也。〔釋文〕而辟婢亦反。深閎音宏。稠適稠音調，本亦作調。雖然，其應於化而解於物也。【疏】言此莊書雖復諔詭而應機變化解釋物情莫之先也 其理不竭。其來不蛻。【疏】蛻脫捨也妙理虛元應無窮竭而機來感己終不蛻而捨之也〔釋文〕不蛻音悅徐始銳反又敕外反 芒乎昧乎。未之盡者。【注】莊子通以平意說己與說他人無異也案其辭明爲汪汪然禹亦昌言亦何嫌乎此也【疏】芒昧猶窈冥也言莊子之書窈窕深遠芒昧恍忽視聽無辯若以言象徵求未窮其趣也〔釋文〕汪汪烏黃反 惠施多方。其書五車。其道舛駁。其言也不中。【疏】舛差殊也駁雜揉也既多方術馬有五車道理殊雜而不純言辭雖辯而無當也〔釋文〕惠施施惠子名 五車尺蛇反又音居 舛川兖反徐尺允反 駁邦角反 慶藩案司馬作踳駁文選左太沖魏都賦注引司馬云踳讀曰舛舛乖也駁色雜不同也釋文闕 藩又案舛駁當作踳駁又引司馬此注作踳馳淮南俶眞篇二者代謝舛馳說山篇分流舛馳（玉篇引作僢馳）氾論篇見聞舛馳於外法言敍曰諸子各以其知舛馳是其證（舛踳僢字異而義同） 不中丁仲反 厤物之意。【疏】心遊萬物厤覽辯之〔釋文〕厤古歷字本亦作歷 物之意分別歷說之 曰。至大无外。謂之大一。至小无內。謂之小一。【疏】囊括無外謂之大也入於無閒謂之小也雖復大小異名理歸無二故曰一也〔釋文〕至大无外謂之大一至小无內謂之小一司馬云無外不可一無內不可分故謂之一也天下所謂大小皆非形所謂一二非至名也至形無形至名無名 无厚不可積也。其大千里。【疏】理既精微搏之不得妙絕形色何厚之有故不可積而累之也非但不有亦乃不無有無相生故大千里也〔釋文〕无厚不可積也其大千里司馬云物言形爲有形之外爲無無形與有相爲表裏故形物之厚盡於無厚無厚與有同一體也其有厚大者其無厚亦大高因廣立有因無積則其可積因不可積者苟其可積何但千里乎 天與地卑。山與澤平。【疏】夫物情見者則天高而地卑山崇而澤下今以道觀之則山澤均平天地一致矣齊物云莫大於秋豪而泰山爲小即其義也〔釋文〕天與地卑如字又音婢 山與澤平李云以地比天則地卑於天若宇宙之高則天地皆卑天地皆卑則山與澤平矣 日方中方睨。物方生方死。【疏】睨側視也居西者呼爲中處東者呼爲側則無中側也猶生死也生者以死爲死死者以生爲死日既中側不殊物亦死生無異也〔釋文〕日方中方睨音詣 物方生方死李云睨側視也謂日方中而景已復昃謂景方昃而光已復沒謂光方沒而明已復升凡中昃之與升沒若轉樞循環自相與爲前後始終無別則存亡死生與之何殊也 大同而與小同異。此之謂小同異。【疏】物情分別見有同異此小同異也 萬物畢同畢異。此之謂大同異。【疏】死生交謝寒暑遞遷形性不同體理無異此大同異也〔釋文〕大同而與小同異此之謂小同異萬物畢同畢異此之謂大同異同體異分故曰小同異死生禍福寒暑晝夜動靜變化衆辯莫同異之至也衆異同於一物同之至也則萬物之同異一矣若堅白無不合無不離也若火含陰水含陽火中之陰異於水水中之陽異於火然則水異於水火異於火至異異所同至同同所異故曰大同異

南方无窮而有窮。疏知四方無窮會有物也形不盡形色不盡色形與色相盡也知不窮知物不窮物窮與物相盡也只爲無厚故不可積也獨言南方舉一隅三可知也〔釋文〕南方无窮而有窮司馬云四方無窮也李云四方無窮故無四方上下皆不能處其窮會有窮耳一云知四方之無窮是以無無窮無窮也形不盡形色不盡色形與色相盡也知不窮知物不窮物知與物相盡也獨言南方舉一隅也

今日適越而昔來。疏夫以今望昔所以有今以昔望今所以有昔而今自非今何能有昔昔自非昔豈有今哉既其無昔無今故曰今日適越而昔來可也〔釋文〕今日適越而昔來智之適物物之適智形有所止智有所行智有所守形有所從故形智往來相爲逆旅也鑒以鑒影而鑒亦有影兩鑒相鑒則重影無窮萬物入於一智而智無間萬物入於一物而物無眹天在心中則身在天外心在天內則天在心外也遠而思親者往也病而思親者來也智在物爲物物在智爲智司馬云彼日猶此日則見此猶見彼也彼猶此見則吳與越人交相見矣　盧文弨曰今書朕作眹案眹與瞬同眹訓目精義皆不合似當作朕兆之朕

連環可解也。疏夫環之相貫貫於空處不貫於環也是以兩環貫空不相涉入各自通轉故可解者也〔釋文〕連環可解也司馬云夫物盡於形形盡之外則非物也連環所貫貫於無環非貫於環也若兩環不相貫則雖連環故可解也

我知天下之中央。燕之北。越之南。是也。疏夫燕越二邦相去迢遞人情封執各是其方故燕北越南可爲天中者也〔釋文〕我知天之中央燕之北越之南是也司馬云燕之去越有數而南北之遠無窮由無窮觀有數則燕越之間未始有分也天下無方故所在爲中循環無端故所在爲始也

氾愛萬物。天地一體也。疏萬物與我爲一故氾愛之二儀與我並生故同體也〔釋文〕氾芳劍反　愛萬物天地一體也李云日月可觀而目不可見愛出於身而所愛在物天地爲首足萬物爲五藏故肝膽之別合於一人一人之別合於一體也

惠施以此。爲大觀於天下。而曉辯者。疏惠施用斯道理自以爲最觀照天下曉示辯人也〔釋文〕爲大觀古亂反　於天下所謂自以爲最也　曉辯字林云辯慧也

天下之辯者。相與樂之。疏愛好既同情性相感故域中辯士樂而學之也〔釋文〕樂之音洛

卵有毛。疏有無二名咸歸虛寂俗情執見謂卵無毛名謂既空有毛可也〔釋文〕卵有毛司馬云胎卵之生必有毛羽雞伏鵠卵卵不爲雞則生類於鵠也毛氣成毛羽氣成羽雖胎卵未生而毛羽之性已著矣故鳶肩蜂目寄感之分也龍顏虎喙感盛之氣也神以引明氣以成質質之所剋如戶牖明暗之懸以晝夜性相近習相遠則性之明遠有習於生　盧文弨曰遠舊作逮今書作遠從之　慶藩案荀子不苟篇楊注引司馬云胎卵之生必有毛羽雞伏鵠卵卵不爲雞則生類於鵠也毛氣成毛羽氣成羽雖胎卵未生而毛羽之性已著矣故曰卵有毛也視釋文爲略

雞

三足。【疏】數之所起自虛從無從無適有三名斯立是知二三竟無實體故雞之二足可名爲三雞足既然在物可見者也〔釋文〕雞三足司馬云雞兩足所以行而非動也故行由足發動由神御今雞雖兩足須神而行故曰三足也 郢有天下。【疏】郢楚都也在江陵北七十里夫物之所居皆有四方是以燕北越南可謂天中故楚都於郢地方千里何妨即天下者耶〔釋文〕郢有天下 郢楚都也在江陵北七十里李云九州之內於宇宙之中未萬中之一分也故舉天下者以喻盡而名大夫非大若各指其所有而言其未足雖郢方千里亦可有天下也 犬可以爲羊。【疏】名無得物之功物無應名之實名實不定可呼犬爲羊鄭人謂玉未理者爲璞周人謂鼠未腊者亦曰璞故形在於物名在於人也〔釋文〕犬可以爲羊 司馬云名以名物而非物也犬羊之名非犬羊也非羊可以名爲羊則犬可以名羊鄭人謂玉未理者曰璞周人謂鼠腊者亦曰璞故形在於物名在於人 馬有卵。【疏】夫胎卵濕化人情分別以道觀者未始不同鳥卵既有毛獸胎何妨名卵也〔釋文〕馬有卵 李云形之所託名之所寄皆假耳非眞也故犬羊無定名胎卵無定形故鳥可以有胎馬可以有卵也一云小異者大同犬羊之與胎卵無分於鳥馬也 丁子有尾。【疏】楚人呼蝦蟆爲丁子也夫蝦蟆無尾天下共知此蓋物情非關至理以道觀之者無體非無非無尚得稱無何妨非有可名尾也〔釋文〕丁子有尾 李云夫萬物無定形形無定稱在上爲首在下爲尾世人爲右行曲波爲尾今丁子二字雖左行曲波亦是尾也 火不熱。【疏】火熱水冷起自物情據理觀之非冷非熱何者南方有食火之獸聖人則入水不濡以此而言固非冷熱也又譬杖加於體而痛發於人人痛杖不痛亦猶火加體而熱發於人人熱火不熱也〔釋文〕火不熱司馬云木生於水火生於木木以水潤火以木光金寒於水而熱於火而寒熱相兼無窮水火之性有盡謂火熱水寒是偏舉也偏舉則水熱火寒可也一云猶金木加於人有楚痛楚痛發於人而金木非楚痛也如處火之鳥火生之蟲則火不熱也 盧文弨曰舊處火作處水譌今改正 山出口。【疏】山本無名山名出自人口在山既爾萬法皆然也〔釋文〕山出口 司馬云形聲氣色合而成物律呂以聲兼形元黃以色兼實呼於一山一山皆應一山之聲入於耳形與聲並行是山猶有口也 輪不蹍地。【疏】夫車之運動輪轉不停前迹已過後塗未至除卻前後更無蹍時是以輪雖運行竟不蹍於地也猶肇論云旋風偃嶽而常靜江河競注而不流野馬飄鼓而不動日月歷天而不周復何怪哉復何怪哉〔釋文〕輪不蹍本又作跈女展反 地 司馬云地平輪圓則輪之所行者跡也 目不見。【疏】夫目之見物必待於緣緣既體空故知目不能見之者也〔釋文〕目不見司馬云水中視魚必先見水光中視物必先見光魚之濡鱗非曝鱗異於曝鱗則視濡也光之曬形異於不曬則視見於曬形非見形也目不夜見非暗晝見非明有假也所以見者明也目不假光而後明無以見光故目之於物未嘗有見也 指不至至不絕。【疏】夫以指指物而非指故指不至也而自指得物故至不絕者也〔釋文〕指不至至不絕 司馬云夫指之取物不能自至要假物故至也然假物由指不絕也一云指之取火以鉗刺鼠以錐故假於物指是不至也 龜長於蛇。【疏】夫長短相形則無長無短謂蛇長龜短乃是物之滯情今欲遣此昏迷故云龜長於蛇也〔釋文〕龜長於蛇司馬云蛇形雖長而命不久龜形雖短而命甚長

俞樾曰此即莫大於秋豪之末而大山爲小之意司馬云蛇形雖長而命不久龜形雖短而命甚長則不以形言而以壽言眞爲龜長蛇短矣殊非其旨

矩不方規不可以爲圓。【疏】夫規圓矩方其來久矣而名謂不定方圓無實故不可也〔釋文〕矩不方規不可以爲圓　司馬云矩雖爲方而非方規雖爲圓而非圓譬繩爲直而非直也

鑿不圍枘。【疏】鑿者孔也枘者內孔中之木也然枘入鑿中本穿空處不關涉故不能圍此猶連環可解義也〔釋文〕鑿曹報反　不圍枘如銳反司馬云鑿枘異質合爲一形鑿積於枘則鑿枘異圍鑿枘異圍是不相圍也

飛鳥之景未嘗動也。【疏】過去已滅未來未至過未之外更無飛時唯鳥與影嶷然不動是知世間即體皆寂故論云然則四象風馳璇璣電卷得意豪微雖遷不轉所謂物不遷者也〔釋文〕飛鳥之景音影未嘗動也司馬云鳥之蔽光猶魚之蔽水魚動蔽水而水不動鳥動影生影生光亡亡非往生非來墨子曰影不徙也

鏃矢之疾。而有不行不止之時。【疏】鏃矢端也夫機發雖速不離三時無異輪行何殊鳥影既不蹔不動鏃矢豈有止有行亦如利刀割三條絲其中亦有過去未來見在之者也〔釋文〕鏃子木反郭音族徐朱角反三蒼云矢鏑也　慶藩案鏃郭音族非也鏃爲鍭字之誤侯隸書作矦字形相似故鍭矢之字多誤爲鏃（亦多誤爲錐隹字隸書作隹亦因形似而誤見淮南兵略篇疾如錐矢齊策亦誤作錐矢高注以錐矢爲小矢非）爾雅金鏃翦羽謂之鍭鍭文同方言曰箭江淮之間謂之鍭大雅四鍭既均周官司弓矢曰殺矢鍭矢攷工記矢人曰鍭矢三分（鍭字亦作鏃士喪禮曰鏃矢一乘）故知鏃爲鍭之誤也（鶡冠子世兵篇發如鏃矢鏃本或作鍭亦當以從鍭爲是）　矢之疾而有不行不止之時　司馬云形分止勢分行形分明者行遲勢分明者行疾目明無形分無所止則其疾無間矢疾而有閒者中有止也質薄而可離中有無及者也

狗非犬。【疏】狗之與犬一物兩名名字既空故狗非犬也狗犬同實異名名實合則彼謂狗此謂犬也名實離則彼謂狗異於犬也墨子曰狗犬也然狗非犬也〔釋文〕狗非犬司馬云狗犬同實異名名實合則彼所謂狗此所謂犬也名實離則彼所謂狗異於犬也

黃馬驪牛三。【疏】夫形非色色乃非形故一馬一牛以之爲二添馬之色而可成三曰黃馬曰驪牛曰黃驪形爲三也亦猶一與言爲二二與一爲三者也〔釋文〕黃馬驪力智反又音梨　牛三司馬云牛馬以二爲三曰牛曰馬曰牛馬形之三也曰黃曰驪曰黃驪色之三也曰黃馬曰驪牛曰黃馬驪牛形與色爲三也故曰一與言爲二二與一爲三也　慶藩案文選劉孝標廣絕交論注引司馬云牛馬以二爲三兼與別也曰馬曰牛形之三也曰黃曰驪色之三也曰黃馬曰驪牛形與色之三也與釋文小異

白狗黑。【疏】夫名謂不實形色皆空欲反執情故指白爲黑也〔釋文〕白狗黑　司馬云狗之目眇謂之眇狗狗之目大不曰大狗此乃一是一非然則白狗黑目亦可爲黑狗

孤駒未嘗有母。一尺之捶。日取其半。萬世不竭。【疏】捶杖也取折也問曰一尺之杖今朝折半遠乎後夕五寸存焉兩日之閒捶當窮盡此事顯著豈不竭之義乎答曰夫名以應體體以應名故以名求物物不能隱也是以執名責實名曰尺捶每於尺取何有窮時若於五寸折之便虧名理乃曰半尺豈是一尺之義耶〔釋文〕孤駒未嘗有母李云駒生

有母言孤則無母孤稱立則母名去也母嘗為駒之母故孤駒未嘗有母也本亦無此句一尺〔一本無之字〕之捶〔章蘂反〕日取其半萬世不竭司馬云捶杖也若其可析則常有兩若其不可析其一常存故曰萬世不竭

辯者以此與惠施相應終身无窮。桓團公孫龍辯者之徒。疏姓桓名團姓公孫名龍並趙人皆辯士也客游平原君之家而公孫龍著守白論見行於世用此上來尺捶言更相應和以斯卒歲無復窮已〔釋文〕桓團李云人姓名徐徒丸反

飾人之心易人之意。疏縱茲元辯彫飾人心用此雅辭改易人意

能勝人之口。不能服人之心。辯者之囿也。疏辯過於物故能勝人之口言未當理故不服人之心而辯者之徒用為苑囿又解囿域也惠施之言未冥於理所詮限域莫出於斯者也〔釋文〕之囿音又

惠施日以其知。與人之辯。特與天下之辯者為怪。此其柢也。疏特獨也字亦有作將者怪異也柢體也惠子口用分別之知共人評之獨將一己與天地殊異雖復蠢狡萬端而本體莫過於此　俞樾曰與人之辯義不可通蓋涉下句天下氐辯者而衍之字柢與氐通史記秦始皇紀大氐盡畔秦吏正義曰氐猶略也此其柢也猶云此其略也上文卵有毛雞三足以下皆是〔釋文〕其柢丁計反

然惠施之口談。自以為最賢。疏然猶如此也言惠施解理亞乎莊生加之口談最賢於衆豈似諸人直辯而已

曰天地其壯乎。施存雄而无術。疏壯大也術道也言天地與我並生不足稱大意在雄俊超世過人既不謙柔故無真道而言其壯者猶獨壯也〔釋文〕天地其壯乎司馬云惠施唯以天地為壯於己也　施存雄而无術　司馬云意在勝人而無道理之術

南方有倚人焉。曰黃繚。問天地所以不墜不陷。風雨雷霆之故。疏住在南方姓黃名繚不偶於俗羈異於人游方之外賢士者也聞惠施聰辯故來致問問二儀長久風雨雷霆動靜所發起何端緒〔釋文〕倚人　本或作畸同紀宜反李云異也　慶藩案倚當為奇倚人異人也王逸注九章云奇異也倚從奇聲故古字倚與奇通也易說卦傳參天兩地而倚數蜀才本倚作奇春官大祝奇拜杜子春曰奇讀為倚僖三十三年穀梁傳匹馬倚輪無反者釋文倚居宜反卽奇輪也字或作畸荀子天論篇墨子有見於齊無見於畸楊注畸謂不齊也不齊卽異之義也（大宗師篇敢問畸人李頤曰畸奇異也）黃繚音了李而小反云賢人　不墜直類反　雷霆音廷又音挺

惠施不辭而應。不慮而對。疏論氣雄俊言辯縱橫是以未辭謝而應機不思慮而對者答也

徧為萬物說。說而不休。多而无已。猶以為寡。益之以怪。疏徧為陳說萬物根由並辯二儀雷霆之故不知休止猶嫌簡約故加奇怪以騁其能者也〔釋文〕徧為音遍下于僞反

以反人為實。而欲以勝人為名。是以與衆不適也。疏以反人情

曰爲實道每欲超勝羣物出衆爲心意在聲名故不能和適於世者也弱於德，強於物，其塗隩矣。疏塗道也德術甚弱化物極強自言道理異常深隩也〔釋文〕隩烏報反李云深也謂其道深由天地之道，觀惠施之能，其猶一蚉一虻之勞者也。其於物也何庸！疏由從也庸用也從二儀生成之道觀惠施化物之能無異乎蚊虻飛空鼓翅喧擾徒自勞倦曾何足云益物之言便成無用者也〔釋文〕一蚉音文一虻孟庚反

夫充一尚可，曰愈貴道，幾矣！疏幾近也夫惠施之辯詮理不弘於萬物之中尚可充一數而已而欲銳情貴道飾意近眞憖而論之良未可也〔釋文〕愈貴羊主反李云自謂所慕愈貴近於道也惠施不能以此自寧，散於萬物而不厭，卒以善辯爲名。疏卒終也不能用此元道以自安寧而乃散亂精神高談萬物竟無道存目擊卒有辯者之名耳惜乎！惠施之才，駘蕩而不得，逐萬物而不反，是窮響以聲，形與影競走也。悲夫！注昔吾未覽莊子嘗聞論者爭夫尺棰連環之意而皆云莊生之言遂以莊生爲辯者之流案此篇較評諸子至於此章則曰其道舛駁其言不中乃知道聽塗說之傷實也吾意亦謂無經國體致眞所謂無用之談也然膏粱之子均之戲豫或倦於典言而能辯名析理以宣其氣以係其思流於後世使性不邪淫不猶賢於博奕者乎故存而不論以貽好事也疏駘放也痛惜惠施有才無道放蕩辭辯不得眞原馳逐萬物之末不能反歸於妙本夫得理莫若忘知反本無過息辯今惠子役心術求道緣河瀉以索眞亦何異乎欲逃響以振聲將避影而疾走者也此深可悲傷也〔釋文〕駘李音殆蕩駘者放也放蕩不得也慶藩案文選謝元暉直中書省詩注引司馬云駘蕩猶放散也釋文闕悲夫音符論者力困反較音角評音病不中丁仲反或倦本亦作勸同其思息嗣反不邪似嗟反好事呼報反子玄之注論其大體眞可謂得莊生之旨矣郭生前歎膏粱之塗說余亦晚覩貴遊之妄談斯所謂異代同風何可復言也或曰莊惠標濠梁之契發郢匠之模而云其書五車其言不中何也豈契若郢匠褒同寢斤而相非之言如此之甚者也答曰夫不失欲極有敎之肆神明其言者豈得不箸其辭而盡其喻乎莊生振徽音於七篇列斯文於後世重言盡涉玄之路從事發有辭之敍雖談無貴辯而敎無虛唱然其文易覽其趣難窺造懷而未達者有過理之嫌袪斯之弊故大舉惠子之云辯也盧文弨曰案不失二字疑衍文神宋本作伸又下列斯文於後世書脫後字今補又從事發有辭之敍今書發作展

列　　子　　注

張　湛注

列子目錄

右新書定著八章護左都水使者光祿大夫臣向言所校中書列子五篇臣向謹與長社尉臣參校讎太常書三篇太史書四篇臣向書六篇臣參書二篇內外書凡二十篇以校除復（扶又反）重十二篇定著八篇中書多外書少章亂布在諸篇中或字誤以盡（津上聲誤也下同）爲進以賢爲形如此者衆及在新書有棧（音翦）校讎從中書已定皆以殺

青（謂汗簡刮去青皮也）書可繕寫列子者鄭人也與鄭繆（音穆）公同時蓋有道者也其學本於黃帝老子號曰道家道家者秉要執本清虛無爲及其治身接物務崇不競合於六經而穆王湯問二篇迂誕恢詭非君子之言也至於力命篇一推分（符問反）命楊子之篇唯貴放逸二義乖背（音佩）不似一家之書然各有所明亦有可觀者孝景皇帝時貴黃老術此書頗行於世及後遺落散在民間未有傳者且多寓言與莊周相類故太史公司馬遷不爲列傳謹第錄臣向昧死上（時掌反）護左都水使者光祿大夫臣向所校列子書錄永始三年八月壬寅上

列子序

張湛字處度

湛聞之（張湛字處度東晉光祿勳注此眞經）先父曰吾先君與劉正輿傅穎根皆王氏之甥也竝少（詩照反）游外家舅始周（姓王張湛祖之舅）始周從（疾用反）兄正宗輔嗣皆好（呼報反）集文籍先幷（卑政反）得仲宣家書幾將萬卷傅氏亦世爲學門三君總角競錄奇書及長（丁丈反）遭永嘉之亂與穎根同避難（乃旦反）南行車重各稱（尺證反）力竝有所載而寇虜彌盛前途尙遠張謂傅曰今將不能盡（子忍反）全所載且共料（音聊）簡世所希有者各各保錄令無遺棄穎根於是唯賫（音濟）其祖玄父咸子集先君所錄書中有列子八篇及至江南僅（音覲少也）有存者列子唯餘楊朱說符目錄三卷比（必利反）亂正輿爲揚州刺史先來過江復（扶又反）在其家得四卷尋從輔嗣女壻趙季子家得六卷參校有無始得全備其書大略明羣有以至虛爲宗萬品以終滅爲驗神惠以凝寂常全想念以著（直略反）物自喪（息浪反）生覺（音教）與化夢等情巨細不限一域窮達無假智力治身貴於肆任（而鴆反）順性則所之皆適水火可蹈忘懷則無幽不照此其旨也然所明往往與佛經相參大歸同於老莊屬（音燭）辭引類特與莊子相似莊子愼到韓非尸子淮南子玄示旨歸多稱其言遂注之云爾

列子卷一

晉張湛處度注

天瑞第一 夫巨細舛錯脩短殊性雖天地之大羣品之衆涉於有生之分關於動用之域者存亡變化自然之符夫唯寂然至虛凝一而不變者非陰陽之所終始四時之所遷革

子列子 載子於姓上者首章或是弟子之所記故也 居鄭圃。音布鄭有圃田 四十年人無識者。非形不與物接言不與物交不知其德之至則同於不識者矣 國君卿大夫眎之猶衆庶也。非自隔於物直言無是非行無軌跡則物莫能知也 國不足。年饑 將嫁於衛。自家而出謂之嫁 弟子曰。先生往無反期。弟子敢有所謁。先生將何以教。先生不聞壺丘子林之言乎。壺丘子林列子之師 子列子笑曰。壺子何言哉。四時行百物生豈假於言哉 雖然夫子嘗語伯昏瞀人。莫侯反 吾側聞之試以告女。伯昏列子之友同學於壺子不言自受教於壺子者列子之謙者也 其言曰。有生 今塊然之形也 不生。生物而不自生者也 有化 今存亡變改也 不化。化物而不自化者也 不生者能生生。不生者固生物之宗 不化者能化化。不化者固化物之主 生者不能不生。化者不能不化。生者非能生而生化者非能化而化也直自不得不生不得不化者也 故常生常化。涉於有動之分者不得暫無也 常生常化者。無時不生。無時不化。生化相因存亡復往理無間也 陰陽爾。四時爾。陰陽四時節變化之物而復屬於有生之域者皆隨此陶運四時改而不停萬物化而不息者也 不生者疑獨。不生之主豈可實而驗哉疑其冥一而無始終也 不化者往復。音服後不 其際不可終。代謝無間形氣轉續其道不終 疑獨其道不可窮。亦何以知其窮與不窮哉直自疑其獨立而不改周行而不殆也 黃帝書曰。谷神不死。古有此書今已不存夫谷虛而宅有亦如莊子之稱環中至虛無物故謂谷神本自無主故曰不死 是謂玄牝。毗忍反 老子有此一章王弼注曰無形無影無逆無違處卑不動守靜不衰谷以之成而不見其形此至物也處卑而不可得名故謂之玄牝 玄牝之門。是謂天地之根。綿綿若存。用之不勤。王弼曰門玄牝之所由也本其所由與太極同體故謂天地之根也欲言存邪不見其形欲言亡邪萬物以生故曰綿綿若存無物不成而不勞也故曰不勤 故生物者不生。化物者不化。莊子亦有此言向秀注曰吾之生也非吾之所生則生自生耳生生者豈有物哉故不生也吾之化也非物之所化則化自化耳化化者豈有物哉無物也故不化焉若使生物者亦生化物者亦化則與物俱化亦奚異於物明夫不生不化者然後能爲生化之本也自生自化。自形自色。自智自力。自消自息。皆自爾耳豈有尸而爲之者哉謂之生化形色智力消息者。非也。若有心於生化形色則豈能官天地而府萬物贍羣生而不匱乎

子列子曰。昔者聖人因陰陽以統天地。天地者舉形而言陰陽者明其度數統理夫有形者生於無形。謂之生者則不死無者則不生故有無之不相生理既然矣則有何由而生忽爾而自生忽爾而自生而不知其所以生不知所以生生則本同於無本同於無而非無也此明有形之自形無形以相形者也則天地安從生。天地無所從生而自然生故曰。有太易。有太初。有太始。有太素。此明物之自微至著變化之相因襲也太易者。未見賢遍反注同氣也。易者不窮滯之稱凝寂於太虛之域將何所見耶如易繫之太極老氏之渾成也太初者。氣之始也。陰陽未判即下句所謂渾淪也太始者。形之始也。陰陽既判則品物流形也太素者。質之始也。質性也既爲物矣則方員剛柔靜躁沈浮各有其性氣形質具而未相離。此直論氣形質不復說太易太易爲三者宗本於後句別自明之也故曰渾音魂淪。音論下同渾淪者。言萬物相渾淪而未相離力智反去也也。雖渾然一氣不相離散而三才之道實潛兆乎其中淪語之助也視之不見。聽之不聞。循之不得。故曰易也。易無形埒。不知此下一字老子曰視之不見名曰希而此曰易易亦希簡之別稱也太易之義如此而已故能爲萬化宗主冥一而不變者也易變而爲一。所謂易者窈冥惚恍不可變也一氣恃之而化故寄名變耳一變而爲七。七變而爲九。九變者。究也。究窮也一變而爲七九不以次數者全舉陽數領其都會乃復變而爲一。一者。形變之始也。既涉於有形之域理數相推自一之九九數既終乃復反而爲一反而爲一歸於形變之始此蓋明變化往復無窮極清輕者上爲天。濁重者下爲地。天地何邪直虛實淸濁之自分判者耳此一章全是周易乾鑿度也沖和氣者爲人。故天地含精。萬物化生。推此言之則陰陽氣徧交會而氣和氣和而爲人生人生則有所倚而立也

子列子曰。天地無全功。聖人無全能。萬物無全用。全猶備也故天職生覆。地職形載。聖職教

化。物職所宜。 職主也生各有性性各有所宜者也 然則天有所短、地有所長。聖有所否。物有所通。 夫體適於一方者造餘塗則閡矣王弼曰形必有所分聲必有所屬若溫也則不能涼若宮也則不能商 何則。生覆者不能形載。形載者不能教化。教化者不能違所宜。 順之則通也 宜定者不出所位。 皆有素分不可逆也 故天地之道。非陰則陽。聖人之教。非仁則義。萬物之宜。非柔則剛。此皆隨所宜而不能出所位者也。 方圓靜躁理不得兼然尋形即事則名分不可相干任理之通方圓未必相乖故二儀之德聖人之道蠢育羣生澤周萬物盡其清寧貞粹而已則殊塗融通動靜澄一蓋由聖人不逆萬物之性萬物不犯聖人之化凡滯於一方者形分之所閡耳道之所運常冥通而無待 故有生者。有生生者。有形者。有形形者。有聲者。有聲聲者。有色者。有色色者。有味者。有味味者。 形聲色味皆忽爾而生不能自生者也夫不能自生則無爲之本無爲之本則無留於一象無係於一味故能爲形氣之主動必由之者也 生之所生者死矣。而生生者未嘗終。形之所形者實矣。而形形者未嘗有。聲之所聲者聞矣。而聲聲者未嘗發。色之所色者彰矣。而色色者未嘗顯。味之所味者嘗矣。而味味者未嘗呈。 夫盡於一形者皆隨代謝而遷革矣故生者必終而生生物者無變化也 皆無爲之職也。 至無者故能爲萬變之宗主也 能陰能陽。能柔能剛。能短能長。能圓能方。能生能死。能暑能涼。能浮能沈。能宮能商。能出能没。能玄能黃。能甘能苦。能羶能香。無知也。無能也。而無不知也。而無不能也。 知盡則無知能極則無能故無所不知無所不能何晏道論曰有之爲有待無以生事而爲事由無以成夫道之而無語名之而無名視之而無形聽之而無聲則道之全焉故能昭音響而出氣物包形神而章光影玄以之黑素以之白矩以之方規以之圓圓方得形而此無形白黑得名而此無名也 子列子適衛。食於道。從者見百歲髑髏。攓蓬而指。 攓音蹇拔也 顧謂弟子百豐曰。唯予與彼知而未嘗生未嘗死也。 俱涉變化之塗則予生而彼死推之至極之域則理既無生亦又無死也 此過 古臥反養乎。此過歡乎。遭形則不能不養遇生則不能不歡此過謬之徒非理之實當也種章勇反有幾。居豈反○先問變化種數凡有幾條然後明之於下若鼃爲鶉。事見墨子得水爲繼。音計司馬彪云謂水土之氣相繼而生也得水土之際，則爲鼃蠙步田反司馬彪云物根在水土際布在水中就水土視之不見鈔之可得如張縣在水中矣楚人謂之鼃蠙之衣之衣。衣猶覆蓋生於陵屯。音豚阜也○陵屯高潔處也則爲陵舄。此隨所生之處而變者也陵舄得鬱棲，則爲烏足。此合而相生也烏足之根爲蠐螬，其葉爲胡蝶。根本也葉散也言烏足爲蠐螬之本其末散化爲胡蝶也胡蝶胥也。胥皆也言物皆化也化而爲蟲，生竈下，其狀若脫。郭注爾雅云脫謂剝皮也其名曰鴝音衢掇。丁括反鴝掇蟲名○此一形之內變異者也鴝掇千日千日而死化而爲鳥，其名曰乾餘骨。乾餘骨之沫爲斯彌。沫猶精華生起斯彌爲食醯許兮反若酒上蠛蠓也下同頤輅。上怡下路食醯頤輅生乎食醯黃軦。音呪頤輅黃軦皆蟲名食醯黃軦生乎九猷。李云九當作久久老也猷蟲名也九猷生乎瞀茂謀二音芮。音蜹小蟲也瞀芮生乎腐音斳蠸。音權一音歡謂瓜中黃甲蟲也○此皆死而更生之一形者也羊肝化爲地皋，馬血之爲轉鄰也，說文作粦又作燐皆鬼火也淮南子云血爲燐也音吝人血之爲野火也。此皆一形之內自變化也鷂之爲鸇，鸇之爲布穀，布穀久復爲鷂也。燕之爲蛤也，田鼠之爲鶉也，朽瓜之爲魚也，老韭之爲莧也，老羭音俞之爲猨也。羭牝羊也魚卵之爲蟲。此皆無所因感自然而變者也亶爰上蟬下袁之獸，自孕而生，曰類。亶音蟬山海經云亶爰之山有獸其狀如貍而有髮其名曰類自爲牝牡相生也河澤之鳥視而生，曰鶂。五歷反○此相視而生者也莊子曰白鶂相視眸子不運而風化之也純雌其名大腰，純雄其名稺古稚字蜂。司馬彪云稚蜂細腰者取桑蟲祝之使似己子也○腰蠭蠭之類也稺小也此無雌雄而自化上言蟲獸之理既然下明人道亦有如此者也思士不妻而感，思女不夫而孕。大荒經曰有思幽之國思士不妻思女不夫精氣潛感不假交接而生子也此亦白鶂之類也后稷生乎巨跡，傳記云高辛氏之妃名姜原見大人跡好而履之如有人理感已者遂孕因生后稷長而賢乃爲堯佐卽周祖也伊尹生乎空桑。傳記曰伊尹母居伊水之上既孕夢有神告之曰臼水出而東走無顧明日視臼出水告其鄰東走十里而顧其邑盡爲水身因化爲空桑有莘氏女子採桑得嬰兒于空桑之中故命之曰伊尹而獻其君令庖人養之長而賢爲殷湯相厥昭生乎溼。此因蒸潤而生醯雞生乎酒。此因酸氣而生羊奚比音毗乎不筍。此異類而相親比也久竹生青寧。因於林藪而生青寧生程。自從鼃至於程皆生生之物蚍鳥蟲獸之屬言其變化無常或以形而變或死而更生終始相因無窮已也程生馬。馬生人。人久入於機。萬物皆出於機。皆入於機。夫生死變化胡可測哉生於此者或死於彼死於彼者或生於此而形生之主未嘗暫無是以聖人知生不常存死不永滅一氣之變所適萬形萬形萬化而不化者存歸於不化故謂之機機者羣有之始動之所宗故出無入有散有反無靡不由之也黃帝書曰。形動不生形而生影。聲動不生聲而生響。夫有形必有影有聲必有響此自然而並生俱出而俱沒豈有相資前後之差哉郭象注莊子論之詳矣而世之談者以形動而影隨聲出而響應聖人則之以爲喻明物動則失本靜則歸根不復曲通影響之義也無動不生無而生有。有之爲有恃無以生言生必由無而無不生有此運通之功必賴於無故生動之稱因事而立耳形必終者也。天地終乎。與我偕終。料巨細計脩短則與我殊矣會歸於終理固無差也終進乎不知也。進當爲盡此書盡字例多作進也聚則成形散則爲終此世之所謂終始也然則聚者以形實爲始以離散爲終散者以虛漠爲始以形實爲終故迭相與爲終始而理實無終無始者也道終乎本無始。進乎本不久。久當爲有無始故不終無有故不盡有生則復於不生。有形則復於無形。生者反終形者反虛自然之數也不生者。此不生者先有其生然後之於死滅非本不生者也。本不生者初自無生無滅無形者。此無形亦先有其形然後之於離散非本無形者也。本無形者初自無聚無散者也夫生生物者不生形形物者無形故能生形萬物於我體無變今謂既生既形而復反於無生無形者此故存亡之往復爾非始終之不變者也生者。理之必終者也。終者不得不終。亦如生者之不得不生。生者不生而自生故雖生而不知所以生不知所以生則生不可絕不知所以死則死不可禦也而欲恆其生。畫其終。惑於數也。畫亡也精神者。天之分。骨骸者。地之分。屬天清而散。屬地濁而聚。精神離形。各歸其眞。天分歸天地分歸地各反其本故謂之鬼。鬼。歸也。歸其眞宅。眞宅太虛之域黃帝曰。精神入其門。骨骸反其根。我尚何存。何生之無

形何形之無氣何氣之無靈然則心智形骸陰陽之一體偏積之一氣及其離形歸根則反其真宅而我無物焉

人自生至終大化有四。其間遷易無時暫停四者蓋舉大較而言者也嬰孩也少壯也老耄也死亡也其在嬰孩氣專志一。和之至也物不傷焉德莫加焉。老子曰含德之厚比於赤子其在少壯則血氣飄溢欲慮充起物所攻焉德故衰焉。處力競之地物所不與也其在老耄則欲慮柔焉體將休焉物莫先焉。休息也已無競心則物不與爭雖未及嬰孩之全方於少壯間矣其在死亡也則之於息焉反其極矣孔子遊於太山見榮啓期行乎郕音成魯邑名之野鹿裘帶索。先各反鼓琴而歌孔子問曰先生所以樂。音洛下同何也對曰吾樂甚多天生萬物唯人爲貴而吾得爲人是一樂也。推此而言明人之神氣與衆生不殊所適者異故形貌不一是以榮啓期深測倚伏之緣洞識幽顯之驗故忻遇人形兼得男貴豈孟浪而言男女之別。彼列反男尊女卑故以男爲貴吾既得爲男矣是二樂也。人之將生男女亦無定分故復喜得男身人生有不見日月不免襁褓者吾既已行年九十矣是三樂也貧者士之常也死者人之終也處常得終當何憂哉孔子曰善乎能自寬者也。不能都忘憂樂善其能推理自寬慰者耳林類年且百歲。書傳無聞蓋古之隱者也底春被裘拾遺穗於故畦。收刈後田中棄穀拾之也並歌並進孔子適衛望之於野顧謂弟子曰彼叟可與言者試往訊之子貢請行逆之壠端面之而歎曰先生曾不悔乎而行歌拾穗林類行不留歌不輟子貢叩之不已乃仰而應。於證反曰吾何悔邪子貢曰先生少不勤行下孟反下同長不競時老無妻子死期將至亦有何樂而拾穗行歌乎林類笑曰吾之所以爲樂人皆有之而反以爲憂。我所以爲樂者人人皆同但未能觸事而夷故無憂歎 少不勤行。長不競時。故能壽若此。不勤行則遺名譽不競時則無利欲二者不存於胷中則百年之壽不祈而自獲也 老無妻子。死期將至。故樂若此。所謂樂天知命故無憂也 子貢曰。壽者人之情。死者人之惡。子以死爲樂。何也。林類曰。死之與生。一往一反。故死於是者。安知不生於彼。故吾知其不相若矣。吾又安知營營而求生非惑乎。亦又安知吾今之死不愈昔之生乎。尋此旨則存亡往復無窮已也 子貢聞之。不喻其意。還以告夫子。夫子曰。吾知其可與言。果然。然彼得之而不盡者也。卒然聞林類之言盛以爲已造極矣而夫子方謂未盡夫盡者無所不盡亦無所盡然後盡理都全耳今方對無於有去彼取此則不得不覺內外之異然所不盡者亦少許處耳若夫萬變玄一彼我兩忘即理自夷而實無所遺夫冥內遊外同於人羣者豈有盡與不盡者乎 子貢倦於學。告仲尼曰。願有所息。學者所以求復其初乃至於厭倦則自然之理虧矣 仲尼曰。生無所息。勞知慮役支體此生者之事莊子曰生爲徭役 子貢曰。然則賜息無所乎。仲尼曰。有焉耳。望其壙。音曠 睪音皋如也。宰如也。墳如也。鬲音歷形如鼎又音隔如也。則知所息矣。見其壙壙鬲異則知息之有所莊子曰死爲休息也 子貢曰。大哉死乎。君子息焉。小人伏焉。樂天知命泰然以待終君子之所以息去離憂苦昧然而死小人之所以伏也 仲尼曰。賜。汝知之矣。人胥知生之樂。未知生之苦。知老之憊。未知老之佚。知死之惡。未知死之息也。莊子曰大塊載我以形勞我以生佚我以老息我以死耳 晏子曰。善哉。古之有死也。生死古今所同而獨善古之死者明古人不樂生而惡死也 仁者息焉。不仁者伏焉。脩身愼行恆懷兢懼此仁者之所憂貪欲縱肆常無厭足此不仁者之所苦唯死而後休息寢伏之 死也者。德之徼音叫也。德者得也徼者歸也言名得其所歸也 古者謂死人爲歸人。夫言死人爲歸人。則生人爲行人矣。行而不知歸。失家者也。一人失家。一世非之。天下失家。莫知非焉。此衆寡相傾者也晏子儒墨爲家重形生者不辨有此言假託所稱耳 有人去鄉土。離六親。廢家業。遊於四方而不歸者。何人哉。世必謂之爲狂蕩之人矣。又有人鍾賢世。鍾賢世宜言重形生 矜巧能。脩名譽。誇張於世。而不知已者。亦何人哉。世必以爲智謀之士。此二者胥失者也。此二者雖行事小異而並不免於溺喪也 而世與一不與一。唯聖人知所與。知所去。丘呂反注同○以生死爲寤寐者與之溺喪忘歸者去之 或謂子列子曰。子奚貴虛。列子曰。虛者無貴也。凡貴名之所以生必謂去彼而取此是我而非物今有無兩忘萬異冥一故謂之虛虛既虛矣貴賤之名將何所生 子列子曰。非其名也。事有實著非假名而後得也 莫如靜。莫如虛。靜也虛也。得其居矣。取也與也。失其所矣。夫虛靜之理非心慮之表形骸之外求而得之即我之性內安諸己則自然真全矣故物以全者皆由虛靜故得其所安所以敗者皆由動求故失其所處 事之破䃣。音毀 而後有舞仁義者。弗能復也。當爲之於未有治之於未亂乃至虧喪凋殘方欲鼓舞仁義以求反性命之極者未之得也 粥音育 熊 周文王師封於楚著子書二十二篇 曰。運轉亡已。天地密移。疇覺之哉。此則莊子舟壑之義孔子曰日夜無隙丘以是徂夫萬物與化爲體體隨化而遷化不暫停物豈守故故向之形生非今形生俯仰之間已涉萬變氣散形朽非一旦頓至而昧者操必化之器託不停之運自謂變化可逃不亦悲乎 故物損於彼者盈於此。成於此者虧於彼。所謂川竭谷虛丘夷淵實也 損盈成虧。隨世隨死。此世亦宜言生 往來相接。閒不可省。疇覺之哉。成者方自謂成而已虧矣生者方自謂生潛已死矣 凡一氣不頓進。一形不頓虧。亦不覺其成。不覺其虧。皆在冥中而潛化固非耳目所瞻察 亦如人自世音生至老。貌色智態。亡日不異。皮膚爪髮。隨世音生下同 隨落。非嬰孩時有停而不易也。形色髮膚有精麤者新故相換猶不可識況妙於此者乎 閒不可覺。俟至後知。杞國有人。憂天地崩墜。身亡所寄。廢寢食者。又有憂彼之所憂者。因往曉之。彼之所憂者惑矣而復以不惑憂彼之所惑不憂彼之所憂喻積惑彌深何能相喻也 曰。天積氣耳。亡處亡氣。若屈伸呼吸。終日在天中行止。奈何憂崩墜乎。（夫天之蒼蒼非堅然之質則所謂天者豈但遠而無所極邪自地而上則皆天矣故俯仰喘息未始離天也）其人曰。天果積氣。日月星宿（音秀下同）不當墜邪。曉之者曰。日月星宿。亦積氣中之有光耀者。（氣亦何所不勝雖天地之大猶自安於太虛之域況乃氣氣相舉者也）只使墜亦不能有所中（丁仲反）傷。其人曰。奈地壞何。曉者曰。地積塊耳。充塞四虛。亡處亡塊。若躇步跐（音此）蹈。（徒到反四字皆踐踏之貌）終日在地上行止。奈何憂其壞。其人舍（音釋下同）然大喜。（舍宜作釋此書釋字作舍）曉之者亦舍然大喜。（此二人一以必敗爲憂一以必全爲喜此未知所以爲憂喜也而互相慰喻使自解釋固未免於大惑也）長盧子聞而笑之曰。虹蜺也。雲霧也。風雨也。四時也。此積氣之成乎天者也。山岳也。河海也。金石也。火木也。此積形之成乎地者也。知積氣也。知積塊也。奚謂不壞。（夫混然未判則天地一氣萬物一形分而爲天地散而爲萬物此蓋離合之殊異形氣之虛實）夫天地空中之一細物。有中之最巨者。難終難窮。此固然矣。難測難識。此固然矣。憂其壞者。誠爲大（音泰）遠。言其不壞者。亦爲未是。天地不得不壞。則會歸於壞。遇其壞時。奚爲不憂哉。（此知有始之必終有形之必敗而不識休戚與陰陽升降器質與天地顯沒也）子列子聞而笑曰。言天地壞者亦謬。言天地不壞者亦謬。壞與不壞。吾所不能知也。雖然。彼一也。此一也。（彼一謂不壞者也此一謂壞者也若其不壞則與人偕全若其壞也則與人偕亡何爲欣戚於其間哉）故生不知死。死不知生。來不知去。去不知來。壞與不壞。吾何容心哉。（生之不知死猶死之不知生故當其成也莫知其毀及其毀也亦何知其成此去來之見驗成敗之明徵而我皆即之情無彼此何處容其心乎）舜問乎烝曰。道可得而有乎。（舜欲明羣有皆同於無故舉道以爲發問之端）曰。汝身非汝有也。汝何得有夫道。（郭象曰夫身者非汝所能有也）

（塊然而自有耳有非所有而況無哉）舜曰。吾身非吾有。孰有之哉。（據有此身故重發問）曰。是天地之委形也。（是一氣之偏積者也）生非汝有。是天地之委和也。（積和故成生耳）性命非汝有。是天地之委順也。（積順故有存亡耳郭象曰若身是汝有則美惡死生當制之由汝今氣聚而生汝不能禁也氣散而死汝不能止也明其委結而自成非汝之有也）孫子非汝有。是天地之委蛻（音稅）也。（氣自委結而蟬蛻耳若是汝有則男女多少亦當由汝也）故行不知所往。處不知所持。食不知所以。（皆在自爾中來非知而爲之也）天地。彊陽氣也。又胡可得而有邪。（天地即復委結中之最大者也今行處食息皆彊陽氣之所運動豈識其所以然彊陽猶剛實也非剛實理之至反之虛和之極則無形無生不死不終則性命何所委順子孫何所委蛻行處何所止泊飲食何所因假也）

齊之國氏大富。宋之向氏大貧。自宋之齊請其術。國氏告之曰。吾善爲盜。始吾爲盜也。一年而給。二年而足。三年大壤。（如掌反又作攘）自此以往。施（以智反延也）及州閭。向氏大喜。喻其爲盜之言。而不喻其爲盜之道。遂踰垣鑿室。手目所及。亡（音無下同）不探也。未及時。以贓獲罪。沒其先居之財。向氏以國氏之謬已也。往而怨之。國氏曰。若爲盜若何。向氏言其狀。國氏曰。嘻。（音熙哀痛之聲）若失爲盜之道至此乎。今將告若矣。吾聞天有時。地有利。（謂春秋冬夏方土出有也）吾盜天地之時利。雲雨之滂（普浪反）潤。山澤之産育。以生吾禾。殖吾稼。築吾垣。建吾舍。陸盜禽獸。水盜魚鼈。亡非盜也。（天亡其施我公其心何往而有怨哉）夫禾稼土木禽獸魚鼈。皆天之所生。豈吾之所有。（天尙不能自生豈能生物人尙不能自有豈能有物此乃明其自生自有也）然吾盜天而亡殃。夫金玉珍寶穀帛財貨。人之所聚。豈天之所與。（天尙不能與豈人所能聚此亦明其自能自聚）若盜之而獲罪。孰怨哉。（人有其財我犯其私所以致咎）向氏大惑。以爲國氏之重罔已也。過東郭先生問焉。東郭先生曰。若一身庸非盜乎。盜陰陽之和。以成若生。載若形。況外物而非盜哉。若其有盜邪則我身即天地之一物不得私而有之若其無盜邪則外內不得異也誠然。天地萬物不相離力智反也。認音刃而有之。皆惑也。夫天地萬物之都稱萬物天地之別名雖復各私其身理不相離認而有之心之惑也因此而言夫天地委形非我有也飭愛色貌矜伐智能已爲惑矣至於甚者橫認外物以爲已有乃標名氏以自異倚親族以自固整章服以耀物藉名位以動衆封殖財貨樹立權黨終身欣玩莫由自悟故老子曰吾所以有大患爲吾身莊子曰百骸六藏吾誰與爲親領斯旨也則方寸與太虛齊空形骸與萬物俱有也國氏之盜。公道也。故亡殃。若之盜。私心也。故得罪。公者對私之名無私則公名滅矣今以犯天者爲公犯人者爲私於理未至有公私者。亦盜也。直所犯之異耳未爲非盜亡公私者。亦盜也。一身不得不有財物不得不聚復欲遣之非能即而無心者也公公私私。天地之德。生即天地之一理身即天地之一物今所愛吝復是愛吝天地之間生身耳事無公私理無愛吝者也知天地之德者。孰爲盜邪。孰爲不盜邪。天地之德何邪自然而已自然而已何所歷其公私之名公私之名既廢盜與不盜理無差也

列子卷二

黃帝第二（稟生之質謂之性得性之極謂之和故應理處順則所適常通任情背道則遇物斯滯）

黃帝卽位十有五年。喜天下戴己。（隨世而喜耳）養正命。（正當爲性）娛耳目。供鼻口。燋（音焦）然肌（本又作顏色）色皯（古旱反）黣。（音每諸書無此字）昏然五情爽惑。（役心智未足以養性命祇足以焦形也）又十有五年。憂天下之不治。（隨世而憂耳）竭聰明。進（音盡）智力。營百姓。焦然肌色皯黣。昏然五情爽惑。（用德明未足以致治祇足以亂神也）黃帝乃喟然讚曰。（讚當作歎）朕之過淫矣。（淫當作深）養一己其患如此。治萬物其患如此。（惟任而不養縱而不治則性命自全天下自安也）於是放萬機。舍（音捨）宮寢。去直侍。徹鐘懸。減廚膳。退而閒（音閑）居大庭之館。齋心服形。（心無欲則形自服矣）三月不親政事。晝寢而夢。（將明至理不可以情求故寄之於夢聖人無夢也）遊於華胥氏之國。華胥氏之國在弇（音奄）州之西。台州之北。（不必便有此國也明至理之必如此耳淮南云正西曰弇州西北曰台州）不知斯齊國幾（居豈反）千萬里。（斯離也齊中也）蓋非舟車足力之所及。神游而已。（舟車足力形之所養者耳神道恍惚不行而至者也）其國無帥（所類反）長。（丁丈反帥長首主也）自然而已。其民無嗜欲。自然而已。（自然者不資於外也）不知樂生。不知惡死。故無夭殤。不知親己。不知疏物。故無愛憎。不知背（音佩）逆。不知向順。故無利害。（理無生死故無所樂惡理無愛憎故無所親疏理無逆順故無所利害也）都無所愛惜。都無所畏忌。入水不溺。入火不熱。斫撻（音酌撻打也）無傷痛。指擿（音倜搔也）無痟癢。（餘兩反痟癢謂疼癢也周禮春時有痟首疾夏時有癢疥疾鄭玄云痟酸削也說文云痟疼痛也○至和者無物能傷熱溺痛癢實由矜懼義例詳於下章痟癢酸痟也義見周官）乘

空如履實。寢虛若處牀。雲霧不硋五蓋反其視。雷霆不亂其聽。美惡不滑音骨其
心。山谷不躓音致其步。神行而已。至順者無物能逆也黃帝既寤。亦寄之眠寤耳聖人無眠覺也怡然自得。召天
老力牧太山稽音鷄漢書云太山稽黃帝師也〇三人黃帝相也告之曰。朕閒居三月。齋心服形。思有以
養身治物之道。弗獲其術。身不可養物不可治而精思求之未可得疲而睡。所夢若此。今知至道不可
以情求矣。朕知之矣。朕得之矣。而不能以告若矣。不可以情求則不能以情告矣又二十有八
年。天下大治。幾若華胥氏之國。而帝登假。假當爲遐百姓號戶刀反之。二百餘年不
輟。列姑射射音夜山在海河洲中。見山海經山上有神人焉。凝寂故稱神人吸風飲露。不食五
穀。既不食穀矣豈復須吸風飲露哉蓋吐納之貌不異於物耳心如淵泉。上字讀爲深形如處女。盡柔虛之極者其天姿自粹非養而不衰也不偎烏恢
反愛也不愛。不偎不愛謂或隱或見山海經曰北海之隅其人水居偎愛隱偎也字林云偎仿佛見不審也〇偎亦愛也芻狗萬物恩無所偏偎音隱偎仙聖爲之臣。仙壽考之跡聖
治世之名不畏不怒。愿愨爲之使。畏威也若此豈有君臣役使之哉尊卑長短各當其分因此而寄稱耳不施不惠。而物自足。
不聚不斂。而已無愆。愆本又作𡩋去言反〇愆𡩋之也陰陽常調。日月常明。四時常若。若順也風雨
常均。字育常時。年穀常豐。而土無札傷。人無夭惡。物無疵厲。鬼無靈響焉。
天人合德陰陽順序昏明有度災害不生故道合二儀契均四時老子曰以道莅天下者其鬼不神
乘風而歸。莊子云列子御風而行泠然善旬五日而後反蓋神人禦寇稱之也尹生聞之。從列子居。數月不省息井反舍。因
閒閒音閑請蘄其術者。十反而十不告。尹生懟音墜怨也而請辭。列子又不命。尹生
退數月。意不已。又往從之。列子曰。汝何去來之頻。尹生曰。曩章戴章戴字戴則一本作章戴

有請於子。(章戴尹生名)子不我告。固有憾於子。今復脫然。是以又來。列子曰。曩吾以汝爲達。(曩昔也)今汝之鄙至此乎。姬(音居)將告汝(姬居也)所學於夫子者矣。自吾之事夫子友若人也。(夫子謂老商若人謂伯高)三年之後。心不敢念是非。口不敢言利害。始得夫子一眄而已。(實懷利害而不敢言此匿怨藏情者也故眄之而已)五年之後。心庚念是非。口庚言利害。(庚當作更)夫子始一解顏而笑。(是非利害世間之常理任心之所念任口之所言而無矜吝於胷懷內外如一不猶踰於已而不顯哉欣其一致聊寄笑焉)七年之後。從(音縱下同)心之所念。庚無是非。從口之所言。庚無利害。夫子始一引吾並席而坐。(夫心者何寂然而無意想也口者何默然而自吐納也若順心之極則無是非任口之理則無利害道契師友同位比肩故其宜耳)九年之後。橫(去聲下同縱放也)心之所念。橫口之所言。亦不知我之是非利害歟。亦不知彼之是非利害歟。亦不知夫子之爲我師。若人之爲我友。內外進矣。(心既無念口既無違故能恣其所念縱其所言體道窮宗爲世津梁終日念而非我念終日言而非我言若以無念爲念無言爲言未造於極也所謂無爲而無不爲者如斯則彼此之異於何而求師資之義將何所施故曰內外盡矣)而後眼如耳。耳如鼻。鼻如口。無不同也。心凝形釋。骨肉都融。不覺形之所倚。足之所履。隨風東西。猶木葉幹(音乾)殼。竟不知風乘我邪。我乘風乎。(夫眼耳鼻口各有攸司令神凝形廢無待於外則視聽不資眼耳臭味不賴鼻口故六藏七孔四肢百節塊然尸居同爲一物則形奚所倚足奚所履我之乘風風之乘我孰能辨也)今女居先生之門。曾未浹時。而懟憾者再三。女之片體將氣所不受。汝之一節將地所不載。(用其情有其身則肌骨不能相容一體將無所寄豈二儀之所能覆載)履虛乘風。其可幾(音冀)乎。尹生甚怍。屏息良久。不敢復言。列子問關尹(關令尹喜字公度著書九篇)曰。至人潛行不空。(一本作窒塞也○不空者實有也至人動止不以實有爲閡者也郭象曰其心虛故能御羣實也)蹈火不熱。行乎萬物之上而不慄。向秀曰天下樂推而不猒非吾之自高故不慄者也 請問何以至於此。關尹曰。是純氣之守也。非智巧果敢之列。列音例○至純至眞即我之性分非求之於外愼而不失則物所不能害豈智計勇敢而得冒涉艱危也 姬。姬音居 魚語 魚當作吾語魚據反 女。音汝 凡有貌像聲色者。皆物也。上至聖人下及昆蟲皆形聲之物以形聲相觀則無殊絕者也 物與物何以相遠 于萬反 也。向秀曰唯無心者獨遠耳 夫奚足以至乎先。是色而已。向秀曰同是形色之物耳未足以相先也以相先者唯自然也 則物之造音作臧作反注同 乎不形。而止乎無所化。有既無始則所造者無形矣形既無終則所止者無化矣造音作 夫得是而窮之者焉。於虔反 得爲正焉。尋形聲欲窮其終始者亦焉得至極之所乎 彼將處乎不深之度。即形色而不求其終始者不失自然之正矣深當作淫 而藏乎無端之紀。至理豈有隱藏哉任而不執故冥然無迹端崖不見 游乎萬物之所終始。乘理而無心者則常與萬物並遊豈得無終始之迹者乎 壹其性。養其氣。一本作眞其氣 含其德。以通乎物之所造。造至也○氣壹德純者豈但自通而已哉物之所至皆使無閡然後通濟羣生爲造音操 夫若是者。其天守全。其神無郤。郤音隙閒也 物奚自入焉。自然之分不虧則形神全一憂患奚由而入也 夫醉者之墜於車也。雖疾不死。骨節與人同。而犯害與人異。其神全也。乘食陵反 亦弗知也。墜亦弗知也。此借醉以明至理之必然也 死生驚懼。不入乎其胷。是故遻 音悟遇也一本作遌心不欲見而見曰遻於義頗迂莊子亦作遌 物而不慴。慴之涉反○向秀曰遇而不恐也 彼得全於酒。而猶若是。向秀曰醉故失其所知耳非自然無心也 而況得全於天乎。向秀曰得全於天者自然無心委順至理也 聖人藏於天。故物莫之能傷也。郭象曰不闚性分之外故曰藏也 列禦寇爲丁僞反 伯昏瞀 莫侯反下並同 人射。引之盈貫。盡弦窮鏑 措杯 必回反 水其肘上。手停審故杯水不傾 發之。鏑矢復沓。郭象曰矢去也箭鏑去復往沓 方矢復寓。郭象曰箭方去未至的以復寄杯於肘言敏捷之妙也 當是時也。猶象木偶人形曰象人 人也。伯昏瞀人曰。是射之射。雖盡射之理而不能不以矜物也 非不射之射也。忘其能否雖不射而

同乎射也當與汝登高山。履危石。臨百仞之淵。若能射乎。內有所畏懼則失其射矣於是瞀人遂
登高山。履危石。臨百仞之淵。背逡巡。足二分。垂謂足二分懸垂在外在外。揖禦寇而進
之。禦寇伏地。汗流至踵。伯昏瞀人曰。夫至人者。上闚青天。下潛黃泉。揮斥
郭象云揮斥猶放縱也又曰揮斥奮迅也八極。神氣不變。夫德充於內則神滿於外無遠近幽深所在皆明故審安危之機而泊然自得也今汝怵丑律反然有
恂何承天纂云吳人呼瞬目為恂目目之志。爾於中丁仲反也殆矣夫。郭象曰不能明至分故有懼而所喪者多矣豈唯射乎范氏有
子曰子華。善養私名。遊俠之徒也舉國服之。有寵於晉君。不仕而居三卿之右。目
所偏視。晉國爵之。口所偏肥。音皮美反按說文字林竝作啚又作圮皆毀也字從其省音鄙圮薄也晉國黜之。游其庭者
侔於朝。子華使其俠客。以智鄙相攻。彊弱相凌。雖傷破於前。不用介意。介界副
稱也終日夜以此為戲樂。國殆成俗。禾生子伯。范氏之上客。出行經坰外。坰郊野之
外也宿於田更商丘開之舍。更當作叟中夜禾生子伯二人相與言子華之名勢能
使存者亡。亡者存。富者貧。貧者富。商丘開先悉薦反窘奇隕反困也於飢寒。潛於牖北
聽之。因假糧荷胡可反畚音本蕢籠也之子華之門。子華之門徒。皆世族也。縞衣乘軒。
緩步闊苦括反遠也廣也視。顧見商丘開年老力弱。面目黎黑。衣冠不檢。莫不眲之。
眲奴革反方言云揚越之間凡人相輕侮以為無知謂之眲眲耳目不相信也既而狎侮欺詒。音代方言相欺亦曰詒攩攩胡廣反方言今江東人亦名推為攩又音晃搥打也
㧙㧙蒲結反方言凡相推搏曰㧙又扶畢反推擊也挨烏駭反推也抌。抌丁感反方言擊背也一本作抗違拒也○攩音晃㧙音扶閉挨音烏待抌音都感切亡亡音無所不為。
商丘開常無慍容。而諸客之技單。單音丹盡也憊蒲介反疲也於戲笑。遂與商丘開俱乘

高臺。於衆中漫莫肝反散也言曰。有能自投下者。賞百金。衆皆競應。商丘開以爲信然。遂先投下。形若飛鳥。一本作飛鳧揚餘亮反猶颺物從風也於地。骪音凱骨無䃣。音毀范氏之黨以爲偶然。未詎怪也。因復扶又反指河曲之淫音深隈烏恢反水曲也一本作隅曰。彼中有寶珠。泳音詠潛行水中也可得也。商丘開復從而泳之。水底潛行曰泳既出。果得珠焉。衆昉昉分兩反或云昉始也同疑。子華昉令豫肉食衣帛之次。俄而范氏之藏大火。子華曰。若能入火取錦者。從所得多少賞若。商丘開往無難色。入火往還。埃不漫。身不焦。范氏之黨以爲有道。乃共謝之曰。吾不知子之有道而誕子。誕欺也吾不知子之神人而辱子。子其愚我也。子其聾我也。子其盲我也。敢問其道。商丘開曰。吾亡亡音無道。雖吾之心。亦不知所以。雖然。有一於此。試與子言之。曩子二客之宿吾舍也。聞譽范氏之勢。能使存者亡。亡者存。富者貧。貧者富。吾誠之無二心。故不遠而來。及來。以子黨之言皆實也。唯恐誠之之不至。行之之不及。不知形體之所措。利害之所存也。心一而已。物亡迕者。如斯而已。今昉知子黨之誕我。我內藏猜慮。外矜觀聽。追幸昔日之不焦溺也。怛然內熱。惕然震悸矣。水火豈復可近哉。自此之後。范氏門徒路遇乞兒馬醫。弗敢辱也。必下車而揖之。宰我聞之。以告仲尼。仲尼曰。汝弗知乎。夫至信之人。可以感物也。動天地。感鬼神。橫六合而無逆者。豈但履危險入水火而已哉。商丘開信僞物猶不逆。況彼我皆誠哉。小子識之。周宣王之牧正(養禽獸之長也)有役人梁鴦者。能養野禽獸。委(於僞反)食(音飼下食虎同)於園庭之內。雖虎狼鵰鶚之類。無不柔馴者。雄雌在前。孳(音茲又音字乳化曰孳交接曰尾)尾(孳尾牡牝相生也)成羣。異類雜居。不相搏噬(音搏逝)也。王慮其術終於其身。令毛丘圓(一本作圉魚呂反姓毛名丘圓)傳之。梁鴦曰。鴦賤役也。何術以告爾。懼王之謂隱於爾也。且一言我養虎之法。凡順之則喜。逆之則怒。此有血氣者之性也。然喜怒豈妄發哉。皆逆之所犯也。夫食虎者不敢以生物與之。爲(于僞反)其殺之之怒也。(恐因殺以致怒)不敢以全物與之。爲其碎(一本作決之)之之怒也。(恐因其用力致怒)時其飢飽。達其怒心。(向秀曰達其心之所以怒而順之也)虎之與人異類。而媚養己者。順也。(殊性而愛媚我順之故也)故其殺之。逆也。(所以害物逆其心故)然則吾豈敢逆之使怒哉。亦不順之使喜也。夫喜之復也必怒。怒之復也常喜。皆不中也。(不處中和勢極則反必然之數)今吾心無逆順者也。則鳥獸之視吾。猶其儕也。故游吾園者。不思高林曠澤。寢吾庭者。不願深山幽谷。理使然也。(聖人所以陶運羣生使各得其性亦猶役人之能將養禽獸使不相殘害也)顏回問乎仲尼曰。吾嘗濟乎觴深之淵矣。津人操(七刀反下同)舟若神。吾問焉。曰。操舟可學邪。曰。可。能游(浮水曰游)者可教也。善游者數(色據反術也注同)能。(向秀曰其數自能也言其道數必能不懼舟也)乃若夫沒人。則未嘗見舟而謖(所六反莊子作便)操之者也。(謖起也向秀曰能鶩沒之人也)吾問焉而不告。敢問何謂也。仲尼曰。譆。(譆音衣與噫同歎聲也)吾與若玩(五貫反習也)其文也久矣。而未達其實。而固

且道與。音余〇見操舟之可學則是玩其文未悟沒者之自能則是未至其實今且爲汝說之也能遊者可教也。輕水也。善游者之數
能也。忘水也。亡水則無矜畏之心乃若夫沒人之未嘗見舟也而謖操之也。彼視淵若
陵。視舟之覆猶其車卻也。覆卻萬物方陳乎前。而不得入其舍。神明所居故謂之舍惡音烏
往而不暇。所遇皆閑暇也以瓦摳摳探也以手藏物探而取之亦曰藏彄風土記云臘日飲祭之後叟嫗兒童爲藏彄之戲辛氏三秦記云漢鉤弋夫人手拳時人傚之因名爲藏鉤也彄
日侯反莊子作摳者巧。以鉤銀鋼爲之摳者憚。待旰反以黃金摳者惛。惛音昏方言迷瞀也〇互有所投者摳郭象曰所要愈重則其心愈矜也
巧一也。而有所矜則重外也。凡重外者拱本作拙內。唯忘內外遺輕重則無巧拙矣孔子觀於呂梁。
在今彭城郡爾雅曰石絕水曰梁懸水三十仞。流沫三十里。黿鼉魚鼈之所不能游也。見一丈
夫游之。以爲有苦而欲死者也。使弟子竝流而承音拯方言出溺爲承諸家直作拯又作撜之。數百步
而出。被髮行歌。而游於棠行。棠當作塘行當作下孔子從而問之曰。呂梁懸水三十仞。
流沫三十里。黿鼉魚鼈所不能游。向吾見子道之。道當爲蹈以爲有苦而欲死者。
使弟子竝流將承音拯子。子出而被髮行歌。吾以子爲鬼也。察子則人也。請
問蹈水有道乎。曰。亡。音無本無此亡字吾無道。吾始乎故。長乎性。成乎命。與齎俱入。
與汩古忽反涌波也郭象云洄伏而涌出者汩也偕出。齎汩者水廻入涌出之貌從水之道而不爲私焉。此吾所以道之
也。孔子曰。何謂始乎故。長乎性。成乎命也。曰。吾生於陵。安於陵。故也。故猶素也任其
眞素則所遇而安也長於水。而安於水。性也。順性之理則物莫之逆也不知吾所以然而然。命也。自然之理不可以智知知
其不可知謂之命也仲尼適楚。出於林中。見痀於禹反僂音縷痀僂背曲疾也者承蜩。音條一本作蜩蟬也猶掇都括反拾也

之也。仲尼曰。子巧乎。有道邪。曰。我有道也。五六月累（占累反）垸（音丸司馬云謂累丸於竿頭也）二而不墜。則失者錙銖。（音緇殊○向秀曰累二丸而不墜是用手之停審也故承蜩所失者不過錙銖之間耳）累三而不墜。則失者十一。累五而不墜。猶掇之也。（用手轉審則無所失者也）吾處也若橜株駒。（橜本或作撅同其月反說文作身木也李頤云橜豎也株駒亦枯樹本也駒音俱○崔譔曰橜株駒斷樹也）吾執臂若槁（空好反）木之枝。雖天地之大。萬物之多。而唯蜩翼之知。吾不反不側。不以萬物易蜩之翼。何爲而不得。（郭象曰遺彼故得此也）孔子顧謂弟子曰。用志不分。乃凝於神。（分猶散意專則與神相似者也）其痀僂丈人之謂乎。丈人曰。汝逢衣（禮記儒行篇曰丘少居魯衣逢掖之衣長居宋冠章甫之冠鄭玄注云逢猶大也謂大掖之衣向秀曰儒服寬而長大）徒也。亦何知問是乎。脩汝所以而後載言其上。（脩治也言治汝所用仁義之術反於自然之道然後可載此言於身上也）

海上之人有好（呼報反）漚（音鷗）鳥者。每旦之海上。從漚鳥游。漚鳥之至者百住（音數）而不止。（心和而形順者物所不惡住當作數）其父曰。吾聞漚鳥皆從汝游。汝取來。吾玩之。明日之海上。漚鳥舞而不下也。（心動於內形變於外禽鳥猶覺人理豈可詐哉）故曰。至言去（丘呂反）言。至爲無爲。齊（在詣反）智之所知。則淺矣。（言爲都忘然後物無疑心限於智之所知則失之遠矣或有疑丈人假僞形以獲蟬海童任和心而鷗游二情相背而同不忤物夫立言之本各有攸趣似若乖互會歸不異者蓋丈人明夫心慮專一猶能外不駭物況自然冥至形同於水石者乎至於海童誠心充於內坦蕩形於外雖未能利害兩忘猜忌兼消然輕羣異類亦無所多迕此二喻者蓋假近以徵遠借末以明本耳）

趙襄子率（所律反）徒十萬。狩於中山。（火畋曰狩）藉（在夜反）芿（芿而證反在下曰藉草不翦曰芿）燔（燔音煩燒也）林。扇赫百里。有一人從石壁中出。隨煙燼（疾刃反）上（時掌反）下。衆謂鬼物。火過。徐行而出。若無所經涉者。襄子怪而留（力救反謂宿留而視之）之。徐而察之。形色七竅。人也。氣息音聲。人也。問奚道而處石。奚道而入火。

其人曰。奚物而謂石。奚物而謂火。 此則都不覺有石火何物而能闋之 襄子曰。而嚮之所出者。石也。而嚮之所涉者。火也。其人曰。不知也。 不知之極故得如此 魏文侯聞之。問子夏曰。彼何人哉。子夏曰。以商所聞夫子之言。和者大同於物。物無得傷閡者。游金石。蹈水火。皆可也。文侯曰。吾子奚不為之。子夏曰。刳 刳音枯 心去智。商未之能。雖然。試語之有暇矣。 夫因心以刳心借智以去智心智之累誠盡然所遣心智之跡猶存明夫至理非用心之所體忘言之則有餘暇矣 文侯曰。夫子奚不為之。子夏曰。夫子能之而能不為者也。文侯大說。 說音悅天下有能之而能不為者有能之而不能不為者有不能而彊欲為之者有不為而自能者至於聖人亦何所為亦何所不為亦何所能亦何所不能俛仰同俗升降隨物奇功異迹未嘗覽顯體中之絕妙處萬不視一爲此卷自始篇至此章明順性命之道而不係著五情專氣致柔誠心無二者則處水火而不燋溺涉木石而不挂閡觸鋒刃而無傷殘履危險而無顛墜萬物靡逆其心入獸不亂羣神能獨游身能輕舉耳可洞聽目可徹照斯言不輕實驗當心故試論之夫陰陽遞化五才偏育金土以母子相生水火以燥濕相乘人性以靜躁殊途升降以所能異情故有雲飛之翰淵潛之鱗火遊之鼠木藏之蟲何者剛柔炎涼各有攸宜安於一域則困於餘方至於聖人心與元氣玄合體與陰陽冥諧方圓不當於一象溫涼不值於一器神定氣和所乘皆順則五物不能逆寒暑不能傷謂含德之厚和之至也故常無死地豈用心去就而復全哉蹈水火乘雲霧履高危入甲兵未足怪也 有神巫 男曰覡女曰巫顏師古曰巫覡亦通稱 自齊來處於鄭。命曰季咸。知人死生存亡禍福壽夭。期以歲月旬日如神。鄭人見之。皆避 一本作棄 而走。 向秀曰不喜自聞死日也 列子見之而心醉。 向秀曰迷惑其道也 而歸以告壺丘子。 列子師也 曰。始吾以夫子之道為至矣。則又有至焉者矣。 郭象曰謂季咸之至又過於夫子也 壺子曰。吾與汝無其文。未既其實。而固得道與。 與音余 衆雌而無雄。而又奚卵焉。 向秀曰夫實由文顯道以事彰有道而無事猶有雌無雄耳今吾與汝雖深淺不同然俱在實位則無文相發矣故未盡我道之實也此言至人之唱必有感而後和者也 而以道與世抗。 抗口浪反或作亢音同 必信矣夫。故使人得而相 悉亮反 汝。 向秀曰无其一方以必信於世故可得而相也 嘗試與來以亍示之明日。列子與之見壺子。出而謂列子曰。譆。（譆音熙）子之先生死矣。弗活矣。不可以旬數矣。吾見怪焉。見溼灰焉。（司馬云氣如溼灰）焉。列子入。涕泣沾衾以告壺子。壺子曰。向吾示之以地文。（向秀曰塊然若土也）罪（本作萌）乎不誫（音震）不止。（罪或作萌向秀曰萌然不動亦不自止與枯木同其不華死灰均其寂魄此至人無感之時也夫至人其動也天其靜也地其行也水流其湛也淵嘿淵嘿之與水流天行之與地止其於不為而自然一也今季咸見其尸居而坐忘即謂之將死見其神動而天隨便為之有生苟無心而應感則與變升降以世為量然後足為物主而順時無極耳豈相者之所覺哉）是殆見吾杜德幾也。（向秀曰德幾不發故曰杜也）嘗又與來。明日。又與之見壺子。出而謂列子曰。幸矣。子之先生遇我也。有瘳矣。灰然（灰或作全）有生矣。吾見杜權矣。（有用而無利故謂之杜權）列子入告壺子。壺子曰。向吾示之以天壤。（向秀曰天壤之中覆載之功見矣比地之文不猶外乎）名實不入。（向秀曰任自然而覆載則名利之飾皆為棄物）而機發於踵。（許慎注淮南子云機發不旋踵○郭象曰常在極上起）此為杜權。是殆見吾善者幾也。（向秀曰有善於彼彼乃見之明季咸之所見者淺矣）嘗又與來。明日。又與之見壺子。出而謂列子曰。子之先生坐不齋。（齋側皆反下同○或無坐字向秀曰無往不平混然一之以管窺天者莫見其崖故以不齋也）吾無得而相焉。試齋。將且復相之。列子入告壺子。壺子曰。向吾示之以太沖莫眹。（向秀曰居太沖之極皓然泊心玄同萬方莫見其迹）是殆見吾衡氣幾也。（衡平也）鯢（鯢音倪）旋（旋音桓一云盤桓也一本作旋謂盤旋也）之潘（音盤本作蟠水之蟠同之盤今作潘恐寫之誤）為淵。止水之潘為淵。（鯢大魚也桓盤桓也蟠洄流也此言大魚盤桓其水蟠洄而成深泉南華眞經作審梁簡文云蟠聚也）流水之潘為淵。濫（咸上聲爾雅云水涌出也）水之潘為淵。沃（沃烏僕反水泉從上溜下也）水之潘為淵。氿（音軌水泉從旁出也）水之潘為淵。雍（音擁河水決出還復入也）水之潘為淵。汧（音牽水之流行也）水之潘為淵。肥（水所出異為肥也）水之潘為淵。是為九淵焉。（此九水名義見爾雅夫水一也而隨高下夷險有洄激流止之異似至人之心因外物難易有動寂進退之容向秀日夫水流之與止鯢旋之與龍躍常淵然自若未始失其靜默也郭象日夫至人用之則行舍之則止雖波流九變治亂紛紜若居其極者常澹然自得泊乎無爲也 嘗又與來。明日。又與之見壺子。立未定。自失而走。壺子曰。追之。列子追之而不及。反以報壺子曰。已滅矣。已失矣。吾不及也。壺子曰。向吾示之以未始出吾宗。向秀曰雖進退同羣而常深根寧極也 吾與之虛而猗於危反 移。委移至順之貌○向秀曰無心以隨變也 不知其誰何。向秀曰汎然無所係 因以爲茅音頹靡。崔譔云遜伏也 因以爲波流。故逃也。茅靡當爲頹靡向秀曰變化頹靡世事波流無往不因則爲之非我我雖不爲而與羣俯仰夫至人一也然應世變而時動故相者無所用其心自失而走者也 然後列子自以爲未始學而歸。三年不出。向秀曰棄人事之近務也 爲于僞反 其妻爨。爨七玩反○向秀曰遺恥辱 食食音飼下同 豨虛豈反楚人呼豬作豨 如食人。向秀曰忘貴賤也 於事無親。向秀曰無適無莫也 雕瑑持兗反一本作琢 復朴。塊然獨以其形立。向秀曰雕瑑之文復其眞朴則外事去矣 份音紛 然而封戎。向秀曰眞不散也戎或作哉 壹以是終。向秀曰遂得道也 子列子之齊。中道而反。驚人之推敬於已故不敢遂進 遇伯昏瞀人。伯昏瞀人曰。奚方而反。曰。吾驚焉。惡音烏乎驚。吾食於十漿。客舍賣漿之家 而五漿先饋。饋求位反餉也○人皆敬下之也 伯昏瞀人曰。若是則汝何爲驚已。曰。夫內誠不解。郭象曰外自矜飾內不釋然也 形諜音牒 成光。郭象曰舉動便辟成光儀 以外鎮人心。外以矜嚴服物內實不足 使人輕乎貴老。使人輕而尊長之者由其形諜成光故也 而虀子西反 其所患。郭象曰以美形動物則所患亂至也 夫漿人特爲食食音飼 羹之貨。無多餘之贏。贏音盈一本無無字○所貨者羹食所利者盈餘而已 其爲利也薄。其爲權也輕。而猶若是。郭象曰權輕利薄可無求於人而皆敬已是高下大小無所失者 而況萬乘之主。身勞於國。而智盡於事。所以不敢之齊 彼將任我以事。而效我以功。吾是以驚。推此類也則貨輕者望利薄任重者責功多 伯昏瞀人曰。善哉觀乎。汝知驚此者是善觀察者也 汝處已。人將保汝矣。汝若默然不自顯曜適齊之與處此皆無所懼苟違此義所在見保矣無幾何而往。則戶外之屨屨九遇反關西呼履謂之屨滿矣。歸之果衆伯昏瞀人北面而立。敦敦音頓豎也杖蹙之乎頤。立有閒。不言而出。賓本作儐導也必忍反者以告列子。列子提履徒跣而走。暨乎門。問曰。先生既來。曾不廢藥乎。廢置也會無善言以當藥石也曰。已矣。吾固告汝曰。人將保汝。果保汝矣。非汝能使人保汝。順乎理以接物則物不保之今背理而感物求物不保不可得而汝不能使人無汝保也。郭象曰任乎而化則無感無求無感無求乃不相保而焉用之感也。汝用何術乃感物如此乎感豫出異。郭象曰先物施惠惠不因彼豫出而異者且必有感也。搖而本身。又無謂也。必恆使物感己則彼我之性動易之與汝遊者。莫汝告也。皆搖本之徒不皆相啓悟也彼所小言。盡人毒也。小言細巧易以感人故爲人毒害也莫覺莫悟。何相孰也。不能相成濟也楊朱南之沛。老聃西遊於秦。邀於郊。至梁而遇老子。莊子云楊子居子居或楊朱之字又不與老子同時此皆寓言也老子中道仰天而歎曰。始以汝爲可教。今不可教也。與至人遊而未能去其矜夸故曰不可教者也楊朱不答。至舍。進涫涫音管莊子作盥漱漱音瘦巾櫛。櫛壯乙反脫履本作屨戶外。膝行而前曰。向者夫子仰天而歎曰。始以汝爲可教。今不可教。弟子欲請。夫子辭行不閒。閒音閑下同是以不敢。今夫子閒矣。請問其過。老子曰。而睢睢。許唯反而盱盱。音吁說文云盱仰目也蒼頡篇云盱張目貌高誘注淮南子云睢盱視聽貌而誰與居。汝云何自居處而夸張若此使物故歎之乎大白若辱。盛德若不足。不與物競則常處卑而守約也楊朱蹴然變容曰。敬聞命矣。其往也。舍者迎將家。客舍家也公執席。妻執巾櫛。舍者避席。煬音楊司馬云對火曰煬淮南子云富人水纂錦貧人煬竈口者避竈。厚自藏異則物憚之也其反也。舍者與之爭席矣。自同於物物所不惡也楊朱過音戈宋東之於逆旅。逆旅人有妾二人。其一人美，其一人惡，惡者貴而美者賤。楊子問其故，逆旅小子對曰：「其美者自美，吾不知其美也；其惡者自惡，吾不知其惡也。」楊子曰：「弟子記之！行賢而去自賢之行，安往而不愛哉！」（夫驕盈矜伐，鬼神人道之所不與；虛己以循理，天下之所樂推。以此而往，孰能距之？）

天下有常勝之道，有不常勝之道。常勝之道曰柔，常不勝之道曰彊。二者亦知，（亦當作易）而人未之知。故上古之言：彊，先不已若者；（所勝在己下者耳）柔，先出於己者。（不與物競，則物不能加也）先不已若者，至於若己，則殆矣。（遇敵必危之也）先出於己者，亡（音無）所殆矣。（理常安也）以此勝一身若徒，以此任天下若徒，謂不勝而自勝，不任而自任也。（夫體柔虛之道，處不競之地，雖一身之貴，天下之大，無心而御之，同於徒矣。徒，空獸之謂也。郭象曰：聽耳之所聞，視目之所見，知止其所不知，能止其所不能，用其自用，爲其自爲，順往而不競於物，皆此至柔之道也。故舉其自舉，持其自持，既無分銖之重，而我無力焉。）

粥（余六反）子曰：「欲剛，必以柔守之；欲彊，必以弱保之。（守柔不以求剛而自剛，保弱不以求彊而自彊，故剛彊者非欲之所能致也）積於柔必剛，積於弱必彊。觀其所積，以知禍福之鄉。（禍福生於所積也）彊勝不若己，至於若己者剛；（必有折也）柔勝出於己者，其力不可量。」老聃曰：「兵彊則滅，（王弼曰：物之所惡，故必不得終焉）木彊則折。（彊極則毀矣）柔弱者生之徒，堅彊者死之徒。」

狀不必童，（童當作同）而智童；智不必童而狀童。聖人取童智而遺童狀，衆人近童狀而疏童智。狀與我童者，近而愛之；狀與我異者，疏而畏之。有七尺之骸，手足之異，戴髮含齒，倚而趣者，謂之人；而人未必無獸心。雖有獸心，以狀而見親矣。傅（音附）翼戴角，分牙布爪，仰飛伏走，謂之禽獸；而禽獸未必無人心。雖有人心，以狀而見疏矣。庖犧氏女媧媧音瓜庖犧女媧皆古天子氏神農氏夏后氏。蛇身人面。牛首虎鼻。此有非人之狀。而有大聖之德。人形貌自有偶與禽獸相似者古諸聖人多有奇表所謂蛇身人面非被鱗臆行無有四支牛首虎鼻非戴角垂胡曼頰解領亦如相書龜背鵠步鳶肩鷹喙耳夏桀殷紂魯桓楚穆。狀貌七竅。皆同於人。而有禽獸之心。而衆人守一狀以求至智。未可幾音冀也。黃帝與炎帝戰於阪蒲板反泉之野。帥音率熊羆狼豹貙虎爲前驅。鵰鶡鶡一本作鷃鷹鳶爲旗幟。幟音熾自熊羆皆猛獸勇鬬者也此以力使禽獸者也。堯使夔典樂。擊石拊石。百獸率舞。簫韶九成。鳳皇來儀。此以聲致禽獸者也。然則禽獸之心奚爲異人。形音與人異。而不知接之之道焉。聖人無所不知。無所不通。故得引而使之焉。禽獸之智有自然與人童者。其齊欲攝生。亦不假智於人也。牝牡相偶。母子相親。避平依險。違寒就溫。居則有羣。行戶剛反則有列。小者居內。壯者居外。飲則相攜。食則鳴羣。太古之時。則與人同處。與人並行。德純者禽獸不忌也帝王之時。始驚駭散亂矣。逮於末世。隱伏逃竄。以避患害。人有害物之心物亦知避之也今東方介氏之國。其國人數數音朔解六畜朽又反之語者。蓋偏知之所得。夫龜龍甲鱗之宗麟鳳毛羽之長爰逮蜎飛蠕動皆鳴呼相聞各有意趣共相制御豈異於人但人不能解因謂禽獸之聲無有音章是以窮理備智則所通萬塗因事偏達偶識一條春秋左氏傳曰介葛盧聞牛鳴曰是生四子盡爲犧矣太古神聖之人。備知萬物情態。悉解異類音聲。會而聚之。訓而受之。同於人民。故先會鬼神魑魅。禹朝羣神於會稽是也次達八方人民。末聚禽獸蟲蛾。爾雅云有足曰虫無足曰蛾一本作虫蟻○百獸率舞是也言血氣之類。心智不殊遠也。神聖知其如此。故其所教訓者無所遺逸焉。宋有狙公者。（好養猿猴者因謂之狙公也）愛狙。養之成羣。能解狙之意。狙亦得公之心。損其家口。充狙之欲。俄而匱焉。將限其食。恐衆狙之不馴於己也。（馴音昏）先誑之曰。與若芧（音序芧栗也）朝三而暮四。足乎。衆狙皆起而怒。俄而曰。與若芧朝四而暮三。足乎。衆狙皆伏而喜。物之以能鄙相籠。皆猶此也。聖人以智籠羣愚。亦猶狙公之以智籠衆狙也。名實不虧。使其喜怒哉。紀渻（姓紀名渻或作消）子爲（于僞反）周宣王養鬭雞。十日而問。雞可鬭已乎。曰。未也。方虛驕而恃氣。（無實而自矜者）十日又問。曰。未也。猶應影響。（李頤云應響鳴顧影行○接悟之速）十日又問。曰。未也。猶疾視而盛氣。（常求敵而必己之勝）十日又問。曰。幾矣。雞雖有鳴者。已無變矣。（彼命敵而我不應忘勝負矣）望之似木雞矣。其德全矣。（至全者更不似血氣之類）異雞無敢應者。反走耳。（德全者非但已無心乃使外物不生心郭象曰養之以至於全者猶無敵於外況自全乎）惠盎（阿浪反○惠盎惠施之族）見（賢遍反）宋康王。康王蹀足謦欬疾言曰。寡人之所說者。勇有力也。不說爲仁義者也。客將何以教寡人。惠盎對曰。臣有道於此。使人雖勇。刺（七亦反）之不入。雖有力。擊之弗中。（丁仲反下同）大王獨無意邪。宋王曰。善。此寡人之所欲聞也。惠盎曰。夫刺之不入。擊之不中。此猶辱也。臣有道於此。使人雖有勇弗敢刺。雖有力弗敢擊。夫弗敢。非無其志也。臣有道於此。使人本無其志也。夫無其志也。未有愛利之心也。臣有道於此。使天下丈夫女子。莫不驩然皆欲愛利之。此其賢於勇有力也。

四累之上也。大王獨無意邪。處卿大夫士民之上故言四累也宋王曰。此寡人之所欲得也。惠盎對曰。孔墨是已。孔丘墨翟。無地而爲君。無官而爲長。天下丈夫女子。莫不延頸舉踵而願安利之。今大王。萬乘之主也。誠有其志則四竟之內。皆得其利矣。其賢於孔墨也遠矣。宋王無以應。惠盎趨而出。宋王謂左右曰。辯矣。客之以說服寡人也。

列子卷三

周穆王第三

夫稟生受有謂之形俛仰變異謂之化神之所交謂之夢形之所接謂之覺原其極也同歸虛僞何者生質根滯百年乃終化情枝淺視瞬而滅神道恍惚若存若亡形理顯著若誠若實故洞鑒知生滅之理均覺夢之塗一雖萬變交陳未關神慮愚惑者以顯昧爲成驗遲速而致疑故竊然而自私以形骸爲眞宅孰識生化之本歸之於無物哉

周穆王名滿昭王子也時。西極之國。有化人來。化幻人也入水火。貫金石。反山川。移城邑。乘虛不墜。觸實不硋。硋音礙千變萬化。不可窮極。既已變物之形。又且易人之慮。能使人暫忘其宿所知識穆王敬之若神。事之若君。推路寢以居之。引三牲以進之。選女樂以娛之。化人以爲王之宮室卑陋而不可處。王之廚饌腥螻而不可饗。螻蛄臭也王之嬪御膻惡而不可親。穆王乃爲之改築。土木之功。赭赭音者赤色堊音惡白土也之色。無遺巧焉。五府周禮太府掌九貢九職之貨賄玉府掌金玉玩好內府主良貨賄外府主泉藏膳府主四時食物者也爲虛。而臺始成。其高千仞。臨終南山名在京兆之上。號曰中天之臺。簡鄭衛之處子娥媌媌音茅靡曼者。娥媌妖好也靡曼柔弱也施芳澤。正蛾眉。設笄珥。珥音餌瑱也冕上垂玉以塞耳〇笄首飾珥瑱也衣於既反阿錫。阿細縠錫細布曳曳音裔齊紈。齊名紈所出也粉白黛黑。佩玉環。雜芷若芷若香草以滿之。充滿臺館奏承雲六瑩九韶晨露以樂之。承雲黃帝樂六瑩帝嚳樂九韶舜樂晨露湯樂日月獻玉衣。旦旦薦玉食。言其珍異化人猶不舍然。不得已而臨之。居亡幾何。謁王同游。王執化人之祛。音墟〇祛衣袖也騰而上者中天迺止。暨及化人之宮。化人之宮。構以金銀。絡以珠玉。出雲雨之上而不知下之據。望之若屯雲焉。耳目所觀聽。鼻口所納嘗。皆非人閒之有。王實以爲清都紫微。鈞天廣樂。帝之所居。清都紫微天帝之所居也傳記云秦穆公疾不知人既寤曰我之帝所甚樂與百神游鈞天廣樂九奏萬舞不類三代之樂其聲動心一說云趙簡子亦然也王俯而視之。其宮榭若累塊積蘇樵也焉。王自以居數十年不思其國也。所謂易人之慮也化人復謁王同游。所及之處。仰不見日月。俯不見河海。光影所照。王目眩不能得視。音響所來。王耳亂不能得聽。百骸六藏。悸而不凝。意迷精喪。請化人求還。太虛恍惚之域固非俗人之所涉心目亂惑自然之數也化人移之。移猶推也王若磌虛焉。磌墜也既寤。所坐猶嚮者之處。侍御猶嚮者之人。視其前。則酒未清。肴未晞。扶費反王問所從來。左右曰。王默存耳。由此穆王自失者三月而復。更問化人。問其形不移之意化人曰。吾與王神游也。形奚動哉。所謂神者不疾而速不行而至以近事喻之假寐一昔所夢或百年之事所見或絕域之物其在覺也俛仰之須臾再撫六合之外邪想淫念猶得如此況神心獨運不假形器圓通玄照寂然凝虛者乎且曩之所居。奚異王之宮。曩之所游。奚異王之圃。王閒閒音閑恒謂習其常存也一本無有字疑蹔亡。彼之與此俱非眞物習其常存疑其蹔亡者心之惑也變化之極。徐疾之閒。可盡模哉。變化不可窮極徐疾理亦無閒欲以智尋象模未可測王大悅。不恤國事。不樂臣妾。感至言故遺世事之治亂忘君臣之尊卑也肆意遠游。命駕八駿之乘。右服⿱艹嗣古驊字騮而左綠耳。右驂赤驥而左白𣿬。史記曰造父爲穆王得驊騮赤驥白犧之馬御以遊巡往見西王母樂而忘歸與穆天子傳略同郭璞注云皆毛色以爲名也後有渠黃踰輪盜驪山子爲八駿○𣿬古犧字主車則造父爲御。⿱穴齊音泰篆作⿱倉儿⿱齊合⿱齊合音丙石經作死字林云隱作西○上齊下合此古字未審爲右。淮南子云鉗且泰丙之御也除轡銜棄鞭策高誘云皆古之得道善御也鉗其炎反且子余反次車之乘。右服渠黃而左踰輪。左驂盜驪驪力移反盜驪卽荀子之纖離者也而右山子。柏夭。郭璞云柏夭人姓名主車。參百爲御。奔戎爲右。馳驅千里。至于巨蒐搜西戎國名氏之國。巨蒐氏乃獻白鵠之血以飲王。具牛馬之湩竹用反以洗王之足。湩乳也以巳所珍貴獻之至尊及二乘實證反之人。已飲而行。遂宿于崑崙崑崙音昆侖之阿。赤水之陽。山海經曰流沙之濱赤水之後黑水之前有大山名崑崙之丘有人穴處名曰西王母○山海經云崑崙山有五色水也別日升崑崙之丘以觀黃帝之宮。陸賈新語云黃帝巡遊四海登崑崙山起宮望於其上。而封之以詒後世。遂賓于西王母。河圖玉版云西王母居崑崙山紀年云穆王十七年西征見西王母賓于昭宮觴于瑤池之上。西王母人類也虎齒蓬髮戴勝善嘯也出山海經西王母爲王謠。徒歌曰謠詩名白雲王和之。和答也詩名東歸其辭哀焉。迺觀日之所入。穆天子傳云西登弇山一日行萬里。王乃歎曰。於乎。於乎音嗚呼又作乎予一人不盈于德而諧於樂。諧辨後世其追數色句反責也吾過乎。自此已上至命駕八駿之乘事見穆天子傳穆王幾幾音豈神人哉。言非神也能窮當身之樂。猶百年乃徂。知世事無常故肆其心也世以爲登假假音遐焉。假字當作遐世以爲登遐明其實死也

老成子學幻於尹文先生。三年不告。老成子請其過而求退。尹文先生揖而進之於室。屏必郢反左右而與之言曰。昔老聃之徂西也。顧而告予曰。有生之氣。有形之狀。盡幻也。造化之所始。陰陽之所變者。謂之生。謂之死。窮數達變。因形移易者。謂之化。謂之幻。窮二儀之數握陰陽之紀者陶運萬形不覺其難也造物者其巧妙。其功深。固難窮難終。造物者豈有心哉自然似妙耳夫氣質憒薄結而成形隨化而往故未即消滅也因形者其巧顯。其功淺。故隨起隨滅。假物而爲變革者與成形而推移故暫生暫沒功顯事著故物皆駭知幻化之不異生死也。始可與學幻矣。注篇目已詳其義吾與汝亦幻也。奚須學哉。身則是幻而復欲學幻則是幻幻相學也老成子歸。用尹文先生

之言。深思三月。遂能存亡自在。憣校（音絞顧野王讀作翻交四時）四時。冬起雷。夏造冰。飛者走。走者飛。（深思一時猶得其道況不思而自得者乎夫生必由理形必由生未有有生而無理有形而無生生之與形形之與理雖精麤不同而迭爲賓主往復流遷未始暫停是以變動不居或聚或散撫之有倫則功潛而事著脩之失度則跡顯而變彰今四時之令或乖則三辰錯序雷冰反用器物蒸鍊則飛鍊雲沙以成冰頃得之於常衆所不疑推此類也盡陰陽之妙數極萬物之情者則陶鑄羣有與造化同功矣若夫偏達數術以氣質相引俛仰則一出一沒顧眄則飛走易形蓋術之末者也）終身不著其術。故世莫傳焉。（日用而百姓不知聖人之道也顯奇以駭一世常人之事耳）

子列子曰。善爲化者。其道密庸。其功同人。（取濟世安物而已故其功潛著而人莫知焉）五帝之德。三王之功。未必盡智勇之力。或由化而成。孰測之哉。（帝王之功德世爲之名非所以爲帝王也揖讓干戈果是所假之塗亦奚爲而不假幻化哉但駭世之迹聖人密用而不顯焉）覺（覺音教）有八徵。夢有六候。（徵驗也候占也六夢之占義見周官）奚謂八徵。一曰故。（故事）二曰爲。（爲作也）三曰得。四曰喪。五曰哀。六曰樂。七曰生。八曰死。此者八徵。形所接也。奚謂六候。一曰正夢。（平居自夢）二曰蘁（蘁音愕）夢。（周官注云蘁當爲驚愕之愕謂驚愕而夢）三曰思夢。（因思念而夢）四曰寤夢。（覺時道之而夢）五曰喜夢。（因喜悅而夢）六曰懼夢。（因恐怖而夢）此六者。神所交也。（此一章大旨亦明覺夢不異者也）不識感變之所起者。事至則惑其所由然。識感變之所起者。事至則知其所由然。知其所由然則無所怛。（怛下達反夫變化云爲皆有因而然事以未來而不尋其本者莫不致惑言成所由雖譎怪萬端而心無所駭也）一體之盈虛消息。皆通於天地。應於物類。（人與陰陽通氣身與天地並形吉凶往復不得不相關通也）故陰氣壯。則夢涉大水而恐懼。（失其中和則濡溺恐懼也）陽氣壯。則夢涉大火而燔焫。（焫如悅反火性猛烈遇則燔焫也）陰陽俱壯。則夢生殺。（陰陽以和爲用者也抗則自相利害故或生或殺也）甚飽則夢與。甚飢則夢取。（有餘故欲施不足故欲取此亦與覺相類也）是以以浮虛爲疾者。則夢揚。以沈實爲疾者。則夢溺。藉帶而寢則夢蛇。飛鳥銜髮則夢飛。（此以物類致感）將陰夢火。將疾夢食。飲酒者憂。歌儛者哭。（此皆明夢或因事致感或造極相反即周禮六夢六義理無妄然）子列子曰。神遇爲夢。形接爲事。（莊子曰其寐也神交其覺也形開）故晝想夜夢。神形所遇。（此想謂覺時有情慮之事非如世間常語晝日想有此事而後隨而夢也）故神凝者想夢自消。（晝無情念夜無夢寐）信覺不語。信夢不達。物化之往來者也。（夢爲鳥而厲於天夢爲魚而潛於淵此情化往復也）古之眞人。其覺自忘。其寢不夢。幾（幾音豈）虛語哉。（眞人無往不忘乃當不眠何夢之有此亦寓言以明怪也）西極之南隅有國焉。不知境界之所接。名古莽之國。陰陽之氣所不交。故寒暑亡（亡音無下同）辨。日月之光所不照。故晝夜亡辨。其民不食不衣而多眠。五旬一覺。以夢中所爲者實。覺之所見者妄。四海之齊。謂中央之國。（即今四海之內）跨河南北。越岱東西。萬有餘里。其陰陽之審度。故一寒一暑。昏明之分察。故一晝一夜。其民有智有愚。萬物滋殖。才藝多方。有君臣相臨。禮法相持。其所云爲。不可稱計。一覺一寐。以爲覺之所爲者實。夢之所見者妄。東極之北隅有國。曰阜（阜音婦）落之國。其土氣常燠。（燠音郁）日月餘光之照。其土不生嘉苗。其民食草根木實。不知火食。性剛悍。彊弱相藉。（藉音陵）貴勝而不尚義。多馳步。少休息。常覺而不眠。（方俗之異猶覺夢反用動寢殊性各適一方未足相非者也）周之尹氏大治（治音持）產。其下趣（趣音走下同）役者。侵晨昏而弗息。有老役夫。筋力竭矣。而使之彌勤。晝則呻呼（呻呼音申吟下同）而卽事。夜則昏憊而熟寐。精神荒散。昔昔（昔昔夜夜也）夢爲國君。居人民之上。總一國之事。遊燕宮觀。恣意所欲。其樂無比。覺則復役。人有慰喻其懃者。役夫曰。人生百年。晝夜各分。（分半也）吾晝爲僕虜。苦則苦矣。夜爲人君。其樂無比。何所怨哉。尹氏心營世事。慮鍾家業。心形俱疲。夜亦昏憊而寐。昔昔夢爲人僕。趨走作役。無不爲也。數罵杖撻。無不至也。眠中啽（吾南反）囈（藝音詣啽囈呻吟並寐語也）呻呼。徹旦息焉。尹氏病之。以訪其友。友曰。若位足榮身。資財有餘。勝人遠矣。夜夢爲僕。苦逸之復。數之常也。（夫盛衰相襲樂極哀生故覺之所美夢或惡焉）若欲覺夢兼之。豈可得邪。尹氏聞其友言。寬其役夫之程。減己思慮之事。疾並少閒。（病差也○此章亦明覺夢不異苦樂各適一方則役夫懃於晝而逸於夜尹氏樂於晝而辱於夜理苟不兼未足相跨也）

鄭人有薪於野者。遇駭鹿。御（御音訝迎也）而擊之。斃之。恐人見之也。遽而藏諸隍（無水池也）中。覆之以蕉。（與樵同）不勝其喜。俄而遺其所藏之處。遂以爲夢焉。順塗而詠其事。傍人有聞者。用其言而取之。既歸。告其室人曰。向薪者夢得鹿而不知其處。吾今得之。彼直眞夢者矣。室人曰。若將是夢見薪者之得鹿邪。詎有薪者邪。今眞得鹿。是若之夢眞邪。夫曰。吾據得鹿。何用知彼夢我夢邪。薪者之歸。不厭（厭音懨又於豔反）失鹿。其夜眞夢藏之之處。又夢得之之主。爽旦案所夢而尋得之。遂訟而爭之。歸之士師。（掌五禁之法者）士師曰。若初眞得鹿。妄謂之夢。眞夢得鹿。妄謂之實。彼眞取若鹿。而與若爭鹿。室人又謂夢認人鹿。無人得鹿。今據有此鹿。請二分之。以聞鄭君。鄭君曰。嘻。士師將復夢分人鹿乎。

訪之國相。國相曰。夢與不夢。臣所不能辨也。欲辨覺夢。唯黃帝孔丘。聖人之辨覺夢何邪直知其不異耳今亡亡音無黃帝孔丘。孰辨之哉。且恂士師之言可也。恂信也音荀因喜怒而迷惑猶不復辨覺夢之虛實況本無覺夢也宋陽里華胡化反子中年病忘。忘音望朝取而夕忘。夕與而朝忘。在塗則忘行。在室則忘坐。今不識先。後不識今。闔室毒之。謁史而卜之。弗占。謁巫而禱之。弗禁。謁醫而攻之。弗已。魯有儒生。自媒能治之。華子之妻子。以居產之半。請其方。儒生曰。此固非封兆之所占。夫機理萌於彼蓍龜感於此故吉凶可因卦兆而推情匿可假象數而尋今忘者之心泊爾鈞於死灰廓焉同乎府宅聖人將無所容其鑒豈卦兆之所占非祈請之所禱。夫信順之可以祈福慶正誠之可以消邪僞自然之勢也故負愧於神明致怨於人理者莫不因茲以自極至於情無專惑行無狂僻則非祈請之所禱也非藥石之所攻。疢病結於府藏疾病散於肌體者必假脈診以察其盈虛投藥石以攻其所苦若心非嗜慾所亂病非寒暑所傷則醫師之用宜其廢也吾試化其心。變其慮。庶幾其瘳乎。大忘者都無心慮將何所化此義自云易令有心反令有慮蓋亂有左右耳於是試露之而求衣。飢之而求食。幽之而求明。先奪其攻已之物以試之儒生欣然告其子曰。疾可已也。然吾之方密傳世。不以告人。試屏左右。獨與居室七日。從之。莫知其所施爲也。儒者之多方固非一塗所驗也而積年之疾。一朝都除。上句云使巫醫術之所絕思而儒生獨能已其所病者先引華子之忘同於自然以明無心之極非數術而得復推儒生之功有過史巫者明理不冥足則可以多方相誘又欲令忘者之悟知曩之忘懷實幾乎至理也華子既悟。迺大怒。黜妻罰子。操戈逐儒生。宋人執而問其以。華子曰。曩吾忘也。蕩蕩然不覺天地之有無。今頓識。既往數十年來。存亡得失。哀樂好惡。擾擾萬緒起矣。吾恐將來之存亡得失哀樂好惡之亂吾心如此也。須臾之忘。可復得乎。疾病與至理相似者猶能若斯況體極乎子貢聞而怪之。以告孔子。孔子曰。此非汝所及乎。顧謂顏回紀之。（此理亦當是賜之所逮，所以抑之者欲寄妙賞於大賢耳）秦人逢（逢音龐）氏有子。少而惠。及壯而有迷罔之疾。（惠非迷也，而用惠之弊必之於迷焉）聞歌以爲哭。視白以爲黑。饗香以爲朽。（月令曰其臭朽）嘗甘以爲苦。行非以爲是。意之所之。天地四方。水火寒暑。無不倒錯者焉。楊氏告其父曰。魯之君子多術藝。將能已乎。汝奚不訪焉。其父之魯。過陳。遇老聃。因告其子之證。老聃曰。汝庸知汝子之迷乎。今天下之人。皆惑於是非。昏於利害。同疾者多。固莫有覺者。且一身之迷。不足傾一家。一家之迷。不足傾一鄉。一鄉之迷。不足傾一國。一國之迷。不足傾天下。天下盡迷。孰傾之哉。向使天下之人。其心盡如汝子。汝則反迷矣。哀樂聲色臭味是非。孰能正之。且吾之言未必非迷。而況魯之君子迷之郵者。（魯之君子盛稱仁義明言是非，故曰迷之郵者也）焉能解人之迷哉。榮汝之糧。不若遄歸也。（榮棄也。此章明是非之理未可全定，皆衆寡相傾以成辯爭也）

燕人生於燕。長（張丈反）於楚。及老而還本國。過晉國。同行者誑之。指城曰。此燕國之城。其人愀（七小反）然變容。指社曰。此若里之社。乃喟然而歎。指舍曰。此若先人之廬。乃涓（涓音泫，胡犬胡絹二反）然而泣。指壠曰。此若先人之冢。其人哭不自禁。（禁音金）同行者啞（烏陌反）然大笑曰。予昔紿（紿音待欺）若。此晉國耳。其人大慙。及至燕。眞見燕國之城社。眞見先人之廬冢。悲心更微。（少也。作徹者誤。○此章明情有一至，哀樂既過，則向之所感皆無欣感者也）

列子卷四

仲尼第四智者不知而自知者也忘智故無所知用智則無所能知體神而獨運忘情而任理則寂然玄照者也

仲尼閒閑音閑居。子貢入侍。而有憂色。子貢不敢問。子貢雖不及性與天道至於夫子文章究聞之矣聖人之無憂常流所不及況於賜哉所以不敢問者將發明至理推起余於大賢然後微言乃宣耳出告顏回。顏回援琴而歌。孔子聞之。果召回入。問曰。若奚獨樂。回曰。夫子奚獨憂。同不言欲宣問故絃歌以激發夫子之言也孔子曰。先言爾志。曰。吾昔聞之夫子曰。樂天知命故不憂。回所以樂也。天者自然之分命者窮達之數也孔子愀七小反然有閒愀然變色少時曰。有是言哉。將明此言之不至故示有疑閒之色汝之意失矣。此吾昔日之言爾。請以今言為正也。昔日之言因事而與今之所明盡其極也汝徒知樂天知命之無憂。未知樂天知命有憂之大也。無所不知無所不樂無所不憂故曰大也今告若其實。脩一身。任窮達。知去來之非我。亡變亂於心慮。爾之所謂樂天知命之無憂也。此直能定內外之分辨榮辱之境如斯而已豈能無可無不可歟曩吾脩詩書。正禮樂。將以治天下。遺唯季反來世。詩書禮樂治世之具聖人因而用之以救一時之弊用失其道則無益於理也非但脩一身治魯國而已。夫聖人智周萬物道濟天下若安一身救一國非所以為聖也而魯之君臣日失其序。仁義益衰。情性益薄。治世之術實須仁義世既治矣則所用之術宜廢若會盡事終執而不舍則情之者寡而利之者衆衰薄之始誠由於此以一國而觀天下當今而觀來世致弊豈異唯圓通無閡者能惟變所適不滯一方此道不行一國與當年。其如天下與來世矣。吾始知詩書禮樂無救於治亂。而未知所以革之之方。此樂天知命者之所憂。唯棄禮樂之失不棄禮樂之用禮樂故不可棄故曰未知所以革之之方而引此以爲憂者將爲下義張本故先有此言耳雖然。吾得之矣。夫樂而知者。非古人之謂所樂知也。莊子曰樂窮通物非聖人故古人不以無樂爲樂亦不以無知爲知任其所樂則理自無樂任其所知則理自無知無樂無知。是眞樂眞知。都無所樂都無所知則能樂天下之樂知天下之知而我無心者也故無所不樂。無所不知。無所不憂。無所不爲。居宗體備故能無爲而無不爲也詩書禮樂。何棄之有。革之何爲。若欲捐詩書易治術者豈救弊之道卽而不去爲而不恃物自全矣顏回北面拜手曰。回亦得之矣。所謂不違如愚者也出告子貢。子貢茫然自失。未能盡符至言故遂至自失也歸家淫思七日。不寢不食。以至骨立。發憤思道忘眠食也顏回重往喻之。乃反丘門。絃歌誦書。終身不輟。既悟至理則亡餘事陳大夫聘魯。私見叔孫氏。叔孫曰。吾國有聖人。曰。非孔丘邪。曰。是也。何以知其聖乎。至哉此問夫聖人之道絕於羣智之表萬物所不闚擬見其會通之迹因謂之聖耳豈識所以聖也叔孫氏曰。吾常聞之顏回。至哉此答自非體二備形者何能言其旁驕瞻其先後乎以顏子之量猶不能爲其稱謂況下斯者乎曰。孔丘能廢心而用形。此顏回之辭夫聖人既無所廢亦無所用廢用之稱亦因事而生耳故俯仰萬機對接世務皆形迹之事耳冥絕而灰寂者固泊然而不動矣陳大夫曰。吾國亦有聖人。子弗知乎。曰。聖人孰謂。曰。老聃之弟子。有亢倉子音庚桑名楚史記作亢倉子賈逵姓氏英覽云吳郡有庚桑姓稱爲七族者。得聃之道。老聃猶不言自得其道亢倉於何得之蓋寄得名以明至理之不絕於物理者耳能以耳視而目聽。夫形質者心智之室宇耳目者視聽之戶牖神苟徹焉則視聽不因戶牖照察不閡牆壁耳魯侯聞之大驚。不怪仲尼之用形不怪耳目之易任迹同於物故物無駭心使上卿厚禮而致之。亢倉子應聘而至。汎然無心者無東西之非己魯侯卑辭請問之。亢倉子曰。傳之者妄。我能視聽不用耳目。不能易耳目之用。夫易耳目之用者未是都無所用都無所用者則所假之器廢也魯侯曰。此增異矣。其道奈何。寡人終願聞之。亢倉子曰。我體合於心。此形智不相違者也心合於氣。此又遠其形智之用任其泊然之氣也氣合於神。

此寂然不動都忘其智智而都忘則神理獨運感無不通矣 神合於無。同無則神矣同神則無矣二者豈有形乎直有其智者不得不親無以自通忘其心者則與無而爲一也 其有介然之有。唯唯癸反然之音。雖遠在八荒之外。近在眉睫之內。來干我者。我必知之。唯豁然之無不干聖慮耳涉於有分神明所照不以遠近爲差也 乃不知是我七孔四支之所覺。心腹六藏之所知。其自知而已矣。所適都忘豈復覺知之至邪 魯侯大悅。他日以告仲尼。仲尼笑而不答。亢倉言之盡矣仲尼將何所云今以不荅爲荅故寄之一笑也

商太宰商宋國也宋都商丘故二名焉太宰官名 見孔子曰。丘聖者歟。孔子曰。聖則丘何敢。世之所謂聖者據其跡耳豈知所以聖所以不聖者哉 然則丘博學多識者也。示現博學多識耳實無所學實無所識也 商太宰曰。三王聖者歟。孔子曰。三王善任智勇者。聖則丘不知。曰。五帝聖者歟。孔子曰。五帝善任仁義者。聖則丘弗知。曰。三皇聖者歟。孔子曰。三皇善任因時者。聖則丘弗知。孔丘之博學湯武之干戈堯舜之揖讓羲農之簡朴此皆聖人因世應務之麤迹非所以爲聖者所以爲聖者固非言迹之所逮者也 商太宰大駭。世之所謂聖者孔子皆云非聖商太宰所以大駭也 曰。然則孰者爲聖。孔子動容有閒。曰。西方之人。聖豈有定所哉趣舉絕遠而言之也 有聖者焉。不治而不亂。不以治治之故不可亂也 不言而自信。言者不信 不化而自行。爲者則不能化此能盡無爲之極也 蕩蕩乎民無能名焉。何晏無名論曰爲民所譽則有名者也無譽無名者也若夫聖人名無名譽無譽謂無名爲道無譽爲大則夫無名者可以言有名矣無譽者可以言有譽矣然與夫可譽可名者豈同用哉此比於無所有故皆有所有矣而於有所有之中當與無所有相從而與夫有所有者不同同類無遠而相應異類無近而不相違譬如陰中之陽陽中之陰各以物類自相求從夏日爲陽而夕夜遠與冬日共爲陰冬日爲陰而朝晝遠與夏日同爲陽皆異於近而同於遠也詳此異同而後無名之論可知矣凡所以至於此者何哉夫道者惟無所有者也自天地已來皆有所有矣然猶謂之道者以其能復用無所有也故雖處有名之域而沒其無名之象由以在陽之遠體而忘其自有陰之遠類也夏侯玄曰天地以自然運聖人以自然用自然者道也道本無名故老氏曰彊爲之名仲尼稱堯蕩蕩無能名焉下云巍巍成功則彊爲之名取世所知而稱耳豈有名而更當云無能名焉者邪夫唯無名故可得徧以天下之名名之然豈其名也哉惟此是喻而終莫悟是觀泰山崇崛而謂元氣不浩芒者也 丘疑其

爲聖。弗知眞爲聖歟。眞不聖歟。聖理冥絕故不可擬言唯疑之者也商太宰嘿然心計曰。孔丘欺我哉。此非常識所及故以爲歎問也子夏問孔子曰。顏回之爲人奚若。子曰。回之仁賢於丘也。曰。子貢之爲人奚若。子曰。賜之辨賢於丘也。曰。子路之爲人奚若。子曰。由之勇賢於丘也。曰。子張之爲人奚若。子曰。師之莊賢於丘也。猶矜莊子夏避席而問曰。然則四子者何爲事夫子。曰。居。吾語汝。夫回能仁而不能反。反變也夫守一而不變無權智以應物則所適必閡矣賜能辨而不能訥。由能勇而不能怯。師能莊而不能同。辨而不能訥必虧忠信之實勇而不能怯必傷仁恕之道莊而不能同有違和光之義此皆滯於一方也兼四子之有以易吾。吾弗許也。四子各是一行之極設使兼而有之求變易吾之道非所許此其所以事吾而不貳貳疑也也。會同要當寄之於聖人故欲罷而不能也子列子既師壺丘子林。日損之師友伯昏瞀莫候反人。乃居南郭。從之處者日數色主反而不及。來者相尋雖復日日料簡猶不及盡也雖然。子列子亦微焉。列子亦自不知其數也朝朝相與辨。無不聞。師徒相與講肄聞於遠近而與南郭子連牆二十年。不相謁請。其道玄合故至老不相往來也相遇於道。目若不相見者。道存則視廢也門之徒役。以爲子列子與南郭子有敵不疑。敵讎有自楚來者。問子列子曰。先生與南郭子奚敵。子列子曰。南郭子貌充心虛。耳無聞。目無見。口無言。心無知。形無惕。往將奚爲。充猶全也心虛則形全矣故耳不惑聲目不滯色口不擇言心不用知內外冥一則形無震動也雖然。試與汝偕往。閱。閱音悅弟子四十人同行。此行也豈復簡優劣計長短數有四十故直而記之也見南郭子。果若欺魄焉。魄片各反字書作欺頼頼人面醜也頼片各反而不可與接。欺魄土人也一說云欺頼神疑形喪外物不能得闚之顧視子列子。形神不相偶。而不可與羣。神役形者也心無思慮則貌無動用故似不相攝御豈物所得羣也 南郭子俄而指子列子之弟子末行戶郎反者與言。偶在末行非有貴賤之位遇感而應非有心於物也 衎衎然若專直而在一本作存雄者。夫理至者無言及其有言則彼我之辨生矣聖人對接俯仰自同於物故觀其形者似求是而尙勝也 子列子之徒駭之。見其尸居則自同土木見其接物則若有是非所以驚 反舍咸有疑色。欲發列子之言

子列子曰。得意者無言。進進音盡知者亦無言。窮理體極故言意兼忘 用無言爲言亦言。無知爲知亦知。方欲以無言廢言無知遣知希言傍宗之徒固未免於言知也 無言與不言。無知與不知。亦言亦知。比方亦復欲全自然處無言無知之域此卽復是遣無所遣知無所知遣無所遣者未能離遣知無所知者曷嘗忘知固非自然而忘言知也 亦無所不言。亦無所不知。亦無所言。亦無所知。夫無言者有言之宗也無知者有知之主也至人之心豁然洞虛應物而言而非我言卽物而知而非我知故終日不言而無玄默之稱終日用知而無役慮之名故得無所不言無所不知也 如斯而已。汝奚妄駭哉。不悟至妙之所會者更麤至高之所適者反下而便怪其應寂之異容動止之殊貌非妄驚如何 子列子學也。上章云列子學乘風之道 三年之後。心不敢念是非。口不敢言利害。始得老商一眄而已。五年之後。心更念是非。口更言利害。老商始一解顏而笑。七年之後。從從音縱心之所念。更無是非。從口之所言。更無利害。夫子始一引吾並席而坐。眄笑並坐似若有褒貶昇降之情夫聖人之心應事而感以外物少多爲度豈定於一方哉 九年之後。橫心之所念。橫口之所言。亦不知我之是非利害歟。亦不知彼之是非利害歟。外內進進音盡矣。而後眼如耳。耳如鼻。鼻如口。口無不同。心凝形釋。骨肉都融。不覺形之所倚。足之所履。心之所念。言之所藏。如斯而已。則理無所隱矣。黃帝篇已有此章釋之詳矣所以重出者先明得性之極則乘變化而無窮後明順心之理則無幽而不照二章雙出各有攸趣可不察哉 初子列子好游。壺丘子曰。禦寇好游。游何所好。列子

曰。游之樂所玩無故。（言所適常新也）人之游也。觀其所見。我之游也。觀之所變。（人謂凡人小人也惟觀榮悴殊觀以爲休戚未覺與化俱往勢不暫停）游乎游乎。未有能辨其游者。（人與列子游則同所以游則異故曰游乎游乎明二觀之不同也未有辨之者言知之者鮮）壺丘子曰。禦寇之遊固與人同歟。而曰固與人異歟。凡所見亦恒見其變。（苟無暫停之處則今之所見常非向之所見則觀所以見觀所以變無以爲異者也）玩彼物之無故。不知我亦無故。（彼之與我與化俱往）務外游不知務內觀。外游者求備於物。內觀者取足於身。取足於身。游之至也。求備於物。游之不至也。（人雖七尺之形而天地之理備矣故首圓足方取象二儀鼻隆口窊比象山谷肌肉連於土壤血脈屬於川瀆溫蒸同乎炎火氣息不異風雲內觀諸色靡有一物不備豈須仰觀俯察履涉朝野然後備所見）於是列子終身不出。自以爲不知游。（既聞至言則廢其游觀不出者非自匿於門庭者也）壺丘子曰。游其至乎。（向者難列子之言游也未論游之以至故重敍也）至游者不知所適。至觀者不知所眂。（眂音視內足於已故不知所適反觀於身固不知所眂）物物皆游矣。物物皆觀矣。（忘游故能遇物而游忘觀故能游物而觀）是我之所謂游。是我之所謂觀也。故曰游其至矣乎。游其至矣乎。（我之所是蓋是無所是耳所適常通而無所凝滯則我之所謂游觀）龍叔謂文摯曰。（摯音至文摯六國時人嘗醫齊威王或云春秋時宋國良醫也曾治齊文王使文王怒而病愈）子之術微矣。吾有疾。子能已乎。文摯曰。唯命所聽。（聽平聲）然先言子所病之證。龍叔曰。吾鄉譽不以爲榮。國毁不以爲辱。得而不喜。失而弗憂。視生如死。視富如貧。視人如家。（無往不齊則視萬物皆無好惡貴賤）視吾如人。（忘彼我也）處吾之家。如逆旅之舍。（不有其家）觀吾之鄉。如戎蠻之國。（天下爲一）凡此衆疾。爵賞不能勸。刑罰不能威。盛衰利害不能易。哀樂不能移。固不可事國君。交親友。御妻子。制僕隸。（夫人所以受制於物者以心有美惡體有利害苟能以萬殊爲一貫其視萬物豈覺有無之異故天子所不能得臣諸侯不能得友妻子不能得親僕隸不能得狎也此奚疾哉。奚方能已之乎。文摯乃命龍叔背背音佩明而立。文摯自後向明而望之。既而曰。嘻。吾見子之心矣。方寸之地虛矣。幾聖人也。子心六孔流通。一孔不達。舊說聖人心有七孔也今以聖智爲疾者。或由此乎。非吾淺術所能已也。無所由而常生者道也。忘懷任遇通亦通窮亦通其無死地此聖人之道者也由生而生。故雖終而不亡。常也。老子曰死而不亡者壽通攝生之理不失元吉之會雖至於死所以爲生之道常存此賢人之分非能忘懷闇得自然而全者也由生而亡。不幸也。役智求全貴身賤物違害就利務內役外雖之於死蓋由於不幸也有所由而常死者。亦道也。行必死之理而之必死之地此事實相應由死而死。故雖未終而自亡者。亦常。常之於死雖未至於終而生理已盡亦是理之常也由死而生。幸也。犯理違順應死而未及於此此誤生者也故無用而生謂之道。用道得終謂之常。用聖人之道存亡得理也有所用而死者亦謂之道。用道而得死者亦謂之常。乘內危之理以害其身亦道之常也季梁之死。楊朱望其門而歌。盡生順之道以至於亡故無所哀也隨梧之死。楊朱撫其尸而哭。生不幸而死故可哀也隸人之生。隸人之死。衆人且歌。衆人且哭。隸猶羣輩也亦不知所以生亦不知所以死故哀樂失其中或歌或哭也目將眇者先睹睹音覩秋毫。耳將聾者先聞蚋而銳反飛。口將爽者先辨淄淄音緇澠。澠音乘淄水出魯郡萊蕪縣澠水西自北海郡千乘縣界流至壽光縣二水相合說符篇曰淄澠之合易牙嘗之○爽差也淄澠水異味既合則難別鼻將窒者先覺焦朽。焦朽有節之氣亦微而難別也體將僵僵音姜者先亟去吏反犇佚。佚音奔逸僵仆也知顏淵知東野之御馬將奔也與人理亦然心將迷者先識是非。目耳口鼻身心此六者常得中和之道則不可渝變居亢極之勢莫不頓盡故物之弊必先始於盈滿然後之於虧損矣窮上反下極盛必衰自然之數是以聖人居中履和視目之所見聽耳之所聞任體之所能順心之所識故智周萬物終身全具者也故物不至者則不反。要造極而後還故聰明強識皆爲闇昧衰迷之所資鄭之圃澤圃田也在中牟縣多賢。有道德而隱默者也東里多才。（有治能而參國政者）圃澤之役有伯豐子者。（役猶弟子）行過（過音戈）東里。遇鄧析。（析音錫鄧析鄭國辨智之士執兩可之說而時無抗者作竹書子產用之也）鄧析顧其徒而笑曰。爲（于僞反）若舞彼來者奚若。（世或謂相嘲調爲舞弄也）其徒曰。所願知也。（知猶聞也）鄧析謂伯豐子曰。汝知養養（養養上音余亮下音余賞）之義乎。受人養而不能自養者。犬豕之類也。養物而物爲我用者。人之力也。使汝之徒。食而飽。衣而息。執政之功也。（喻彼爲犬豕自以爲執政者也）長幼羣聚。而爲牢藉（藉本作籍側戟反牢謂牲牢也同也籍謂以竹木圍繞又刺也周禮鼈人以時籍魚鼈蜄也又國語云羅籍魚也莊子云以臨牢柵李頤云牢豕室也柵木欄也文字雖異其意同也籍音柵）庖廚之物。奚異犬豕之類乎。伯豐子不應。（非不能應機而不應）伯豐子之從者越次而進曰。大夫不聞齊魯之多機乎。（機巧也多巧能之人）有善治土木者。有善治金革者。有善治聲樂者。有善治書數者。有善治軍旅者。有善治宗廟者。羣才備也。而無相位者。無能相使者。（事立則有所不周藝成則有所不兼巧偏而智敵者則不能相君御者也）而位之者無知。使之者無能。而知之與能爲之使焉。（不能知衆人之所知不能爲衆人之所能羣才並爲之用者不居知能之地而無惡無好無彼無此則以無爲心者也故明者爲視聰者爲聽智者爲謀勇者爲戰而我無事焉苟粲謂傅嘏夏侯玄曰子等在世榮問功名勝我識減我耳嘏玄曰夫能成功名者識也天下孰有本不足而有餘於末者邪荅曰成功名者志也局之所弊也然則志局自一物也固非識之所獨濟我以能使子等爲貴而未必能濟子之所爲也）執政者迺吾之所使。子奚矜焉。鄧析無以應。目其徒而退。公儀伯以力聞諸侯。堂谿公（公儀堂谿氏也皆周賢士）言之於周宣王。王備禮以聘之。公儀伯至。觀形。懦夫也。（懦弱也音奴亂反）宣王心惑而疑曰。女之力何如。公儀伯曰。臣之力能折（之舌反）春螽（螽音終一曰蝗也）之股。堪秋蟬之翼。（堪猶勝也）王作色曰。吾之力者能裂犀兕之革。曳九牛之尾。猶憾其弱。女折春螽之股。堪秋蟬之翼。而力聞天下。何也。公儀伯長息退席曰。善哉王之問也。臣敢以實對。臣之師有商丘子者。力無敵於天下。而六親不知。以未嘗用其力故也。以至柔之道御物物無與對故其功不顯臣以死事之。乃告臣曰。人欲見其所不見。視人所不窺。欲得其所不得。修人所不爲。人每攻其所難我獨爲其所易故學眎者先見輿薪。學聽者先聞撞鐘。夫有易於內者。無難於外。古人有言曰善力擧秋毫善聽聞雷霆亦此之謂也於外無難。故名不出其一家。道至功玄故其名不彰也今臣之名聞於諸侯。是臣違師之教。顯臣之能者也。未能令名迹不顯也然則臣之名不以負其力者也。猶免於矜故能致稱以能用其力者也。善用其力者不用其力也不猶愈於負其力者乎。矜能顯用中山公子牟者。魏國之賢公子也。公子牟文侯子作書四篇號曰道家魏伐得中山以邑子牟因曰中山公子牟也好與賢人游。不恤國事。而悅趙人公孫龍。公子牟公孫龍似在列子後而今稱之恐後人所增益以廣書義苟於統例無所乖錯而足有所明亦奚傷乎諸如此皆存而不除樂正子輿之徒笑之。公子牟曰。子何笑牟之悅公孫龍也。子輿曰。公孫龍之爲人也。行無師。學無友。不祖宗聖賢也佞給而不中。丁仲反雖才辨而不合理也漫衍而無家。儒墨刑名亂行而無定家好怪而妄言。愛奇異而虛誕其辭欲惑人之心。屈人之口。與韓檀木安反等肄之。韓檀人姓名共習其業莊子云桓國公孫龍能勝人之口不能服人之心辯者之囿公子牟變容曰。何子狀公孫龍之過歟。請聞其實。不平其言故形於色罪狀龍太過故責其實驗也子輿曰。吾笑龍之詒詒音待欺也下同孔穿。孔穿孔子之孫世記云爲龍弟子詒欺也言善射者。能令後鏃中前括。發發相及。矢矢相屬。前矢造準而無絕落。後矢之括猶銜弦。視之若一焉。箭相連屬無絕落處前箭著堋後鏃中前括。鈞後於前。（同發發於前發則無不中也近世有人擲五木者擲百盧者人以爲有道以告王夷甫王夷甫曰此無奇直後擲如前擲耳庾子嵩聞之曰王公之言闇得理皆此類也）矢注眸子而眶不睫。盡矢之勢也。（夫能量弓矢之勢遠近之分則入物之與不入在心手之所銓不患所差跌今設令至拙者闇射箭之所至要當其極當其極也則豪分不復進闕其極則隨遠近而制其深淺矣劉道眞語張叔奇云當與樂彥輔論此云不必是中賢之所能孔顏射者則必知此湛以爲形用之事理之麤者偏得其道則能盡之若庖丁之投刃匠石之運斤是偏達於一事不待聖賢而後能爲之也）子何疑焉。樂正子輿曰。子龍之徒。焉得不飾其闕。吾又言其尤者。龍誑魏王曰。有意不心。（夫心寂然無想者也若橫生意慮則失心之本矣）有指不至。（夫以指求至者則必因我以正物因我以正物則未造其極唯忘其所因則彼此玄得矣惠子曰指不至也）有物不盡。（在於麤有之域則常有有在於物盡之際則其一常在其一常在而不可分雖欲損之理不可盡唯因而不損即而不違則泰山之崇崛元氣之浩芒泯然爲一矣惠子曰一尺之神日取其半萬世不竭也）有影不移。（夫影因光而生光苟不移則影更生也夫萬物潛變莫不如此而惑者未悟故借喻於影惠子曰飛鳥之影未嘗動也）髮引千鈞。（夫物之所以斷絕者必有不均之處處皆均則不可斷故髮雖細而得秤重物者勢至均故也）白馬非馬。（此論見存多有辨之者辨之者皆不弘通故闕而不論也）孤犢未嘗有母。（不詳此義）其負類反倫。（負猶背也類同也言如此之比皆不可備載也）不可勝言也。公子牟曰。子不諭至言而以爲尤也。尤其在子矣。（尤失反在子輿）夫無意則心同。（同於無也）無指則皆至。（忘指故無所不至也）盡物者常有。（常有盡物之心物既不盡而心更瞻有也）影不移者。說在改也。（影改而更生非向之影墨子曰影不移說在改爲也）髮引千鈞。勢至等也。（以其至等之故故不絕絕則由於不等故墨子亦有此說也）白馬非馬。形名離也。（離猶分也白馬論曰馬者所以命形也白者所以命色也命色者非命形也尋此等語如何可解而猶不歷然孤犢未嘗有母。非孤犢也。此語近於鄙不可解樂正子輿曰。子以公孫龍平原君之客字子秉或云趙人之鳴一本作公孫龍於馬弁往無異於鳴亦作無異於馬云馬者曰馬論之義也云鳴者但鳴而無理趣取爲義則長矣皆條也。言龍之言無異於鳴而皆謂有條貫也設令發於餘竅。子亦將承之。既疾龍之辨又忿牟之辭故遂吐鄙之慢言也公子牟默然良久告退曰。請待餘日。更謁子論。既忿氣方盛而不可理論故遜辭告退也

堯治天下天下欲治故堯治之五十年。不知天下治歟。不治歟。不知億兆之願戴己歟。不願戴己歟。夫道治於物者則治名滅矣治名既滅則堯不覺在物上物不覺在堯下顧問左右。左右不知。問外朝。外朝不知。問在野。在野不知。若有知者則治道未至也堯乃微服游於康衢。聞兒童謠曰。立我蒸民。莫匪爾極。不識不知。順帝之則。蒸衆也夫能使萬物咸得其極者不犯其自然之性也若以識知制物之性豈順天之道哉堯喜問曰。誰教爾爲此言。童兒曰。我聞之大夫。問大夫。大夫曰。古詩也。當今而言古詩則今同於古也堯還宮。召舜。因禪以天下。功成身退舜不辭而受之。會至而應

關尹喜曰。在己無居。汎然無係豈有執守之所形物其著。形物猶事理也事理自明非我之功也其動若水。順水而動故若水也其靜若鏡。應而不藏故若鏡也其應若響。應而不唱故若響也故其道若物者也。物自違道。道不違物。同於道者道亦得之善若道者。亦不用耳。亦不用目。亦不用力。亦不用心。唯忘所用乃合道耳欲若道而用視聽形智以求之。弗當矣。瞻之在前。忽焉在後。用之彌滿六虛。廢之莫知其所。道豈有前後多少哉隨所求而應之亦非有心者所能得遠。亦非無心者所能得近。以有心無心而求道則遠近其於非當若兩忘有無先後其於無二心矣唯默而得之而性成之者得之。自然無假者則無所失矣知而忘情。能而不爲。眞知眞能也。知極則同於無情能盡則歸於不爲發無知。何能

情。發不能。何能爲。聚塊也。積塵也。此則府宅雖無爲而非理也。

列子卷五

湯問第五（夫智之所限知莫若其所不知而世齊所見以限物是以大聖發問窮理者對也）

殷湯（殷湯姓子名履字天乙）問於夏革（夏棘字子棘爲湯大夫○革莊子音棘）曰。古初有物乎。（凝直混茫而已）夏革曰。古初無物。今惡得物。（今所以有物由古有物故）後之人將謂今之無物可乎。（後世必復以今世爲古世則古今如循環矣設令後人謂今亦無物則不可矣）殷湯曰。然則物無先後乎。夏革曰。物之終始。初無極已。始或爲終。終或爲始。惡知其紀。（今之所謂終者或爲物始所謂始者或是物終終始相循竟不可分也）然自物之外。自事之先。朕所不知也。（謂物外事先廓然都無故無所指言也）殷湯曰。然則上下八方有極盡乎。（湯革雖相答然後視聽猶未歷然故重發此問令盡然都了）革曰。不知也。（非不知也不可以智知也）湯固問。革曰。無則無極。有則有盡。朕何以知之。（欲窮無而限有不知而推類也）然無極之外。復無無極。無盡之中。復無無盡。（既謂之無何得有外既謂之盡何得有中所謂無無極無無盡乃眞極眞盡矣）無極復無無極。無盡復無無盡。（或者將謂無極之外更有無極無盡之中復有無盡故重明無極復無無極無盡復無無盡也）朕以是知其無極無盡也。而不知其有極有盡也。（知其無則無所不知不知其有則乃是眞知也）湯又問曰。四海之外奚有。革曰。猶齊州也。（爾雅云距齊以南戴日爲丹穴北戴斗極爲空桐距去也齊中也）湯曰。汝奚以實之。革曰。朕東行至營。（今之柳城古之營州東行至海是也）人民猶是也。（如是聞也）問營之東。復猶營也。西行至豳。人民猶是也。問豳之西。復猶豳也。朕以是知四海四荒四極（爾雅云九夷八狄七戎六蠻謂之四海觚竹北戶西王母日下謂之四荒東泰遠西邠國南濮鉛北祝栗謂之四極）之不異是也。（四海四荒四極義見爾雅知其不異是聞則是是矣）故大小相含。無窮極也。含萬物者亦如含天地。夫含萬物者天地容天地者太虛也 含萬物也故不窮。乾坤含化陰陽受氣庶物流形代謝相因不止於一生不盡於一形故不窮也 含天地也故無極。天地籠罩三光包羅四海大則大矣然形器之物會有限極窮其限極非虛如何計天地在太虛之中則如有如無耳故凡在有方之域皆巨細相形多少相懸推之至無之極豈窮於一天極於一地則天地之與萬物互相包裹迭爲國邑豈能知其盈虛測其頭數者哉 朕亦焉知天地之表不有大天地者乎。夫太虛也無窮天地也有限以無窮而容有限則天地未必形之大者然則鄒子之所言蓋其嘗握耳 亦吾所不知也。夫萬事可以理推不可以器徵故信其心智所知及而不知所知之有極者膚識也誠其耳目所聞見而不知視聽之有限者俗士也至於達人融心智之所滯玄悟智外之妙理豁視聽之所閡遠得物外之奇形若夫封情慮於有方之境循局步於六合之閒者將謂寫載盡於三墳五典歸藏窮於四海九州焉知太虛之遼廓巨細之無垠天地爲一宅萬物爲游塵皆拘短見於當年昧然而俱終故列子闡無內之至言以坦心智之所滯恢無外之宏唱以開視聽之所閡使希風者不覺矜伐之自釋束教者不知桎梏之自解故劖斫儒墨指斥大方豈直好奇尙異而徒爲夸大哉悲夫聃周既獲譏於世論吾子亦獨以何免之乎 然則天地亦物也。物有不足。故昔者女媧媧音瓜古天子風姓氏練五色石以補其闕。陰陽失度三辰盈縮是使天地之闕不必形體虧殘也女媧神人故能練五常之精以調和陰陽使晷度順序不必以器質相補也 斷鼇之足鼇巨龜也 以立四極。其後共工氏與顓頊爭爲帝。怒而觸不周之山。共工氏與霸於伏羲神農之閒其後苗裔恃其彊與顓頊爭爲帝顓頊黃帝孫不周山在西北之極 折天柱。絕地維。故天傾西北。日月星辰就焉。地不滿東南。故百川水潦音老歸焉。湯又問。物有巨細乎。有修短乎。有同異乎。革曰。渤海今樂安郡之東。不知幾億萬里。有大壑山海經云東海之外有大壑焉。實惟無底之谷。事見大荒經詩含神霧云東注無底之谷 其下無底。稱其無底者蓋舉深之極耳上句云無無極限有不可盡實使無底亦無所閡 名曰歸墟。或作歸塘〇莊子云尾閭 八紘九野之水。天漢之流。莫不注之。而無增無減焉。八紘八極也九野天之八方中央也世傳天河與海通 其中有五山焉。一曰岱輿。二曰員嶠。三曰方壺。一曰方丈 四曰瀛洲。五曰蓬萊。史記曰方丈瀛洲蓬萊此三神山在渤海中蓋常有至者諸仙人及不死之藥皆在焉未至望之如雲欲到卽引而去終莫能至 其山高下周旋三萬里，其頂平處九千里。山之中閒相去七萬里，以爲鄰居焉。其上臺觀皆金玉，其上禽獸皆純縞。珠玕之樹皆叢生，華實皆有滋味，食之皆不老不死。所居之人皆仙聖之種，一日一夕飛相往來者，不可數（色主反，注同）焉。（兩山閒相去十萬里，五山之閒凡二十八萬里，而日夜往來者乃可得數，風雲之揮霍不足逾其速。）而五山之根無所連著。（直略反。若此之山猶浮於海上，以此推之，則凡有形之域寄於太虛之中，故無所根蔕。）常隨潮波上下往還，不得蹔峙焉。仙聖毒（毒，病也）之，訴之於帝。帝恐流於西極，失羣聖之居，乃命禺彊（與隅同。神仙傳曰：北方之神名禺彊，號曰玄冥子。山海經曰：大荒之中有神，人面鳥身，名曰禺彊。簡文云：北海神也。○大荒經曰：北極之神名禺彊，靈龜爲之使也）使巨鼇（列仙傳云：巨鼇戴蓬萊山而抃滄海之中。玄中記云：卽巨龜也）十五舉首而戴之。（離騷曰：巨鼇戴山，其何以安也？）迭爲三番，（音翻，更代也）六萬歲一交焉。五山始峙。而龍伯之國有大人，舉足不盈數（色主反）步而暨五山之所，一釣而連六鼇，合負而趣歸其國，灼其骨以數（所據反，算計也）焉。（以高下周圍三萬里山，而一鼇頭之所戴，而此六鼇復爲一鉤之所引，龍伯之人能并而負之，又鑽其骨以小計，此人之形當百餘萬里，鯤鵬方之，猶蚊蚋蚤蝨耳，則太虛之所受，亦奚所不容哉？）於是岱輿、員嶠二山流於北極，沈於大海，仙聖之播遷者巨億計。帝憑怒，（憑，大也）侵（子禁反）減龍伯之國使阨，侵小龍伯之民使短。至伏羲神農時，其國人猶數十丈。（山海經云：東海之外，大荒之中，有大人之國。河圖玉版云：從崑崙以北九萬里，得龍伯之國，人長四十丈，生萬八千歲始死。）從中州以東四十萬里得僬僥國，（僬音譙，僥音堯。短人國名也。史記云：僬僥氏三尺，短之至也。韋昭曰：僬僥，西南蠻之別名也。按括地志在大秦國北也。）人長一尺五寸。（事見詩含神霧）東北極有人名曰諍，（山海經曰：東海之外有小人，名曰諍人。）人長九尺。（見山海經、詩含神霧云：東北極有此人。既言其大，因明其小耳。）荆之南有冥靈（木名也，生江南，以葉生爲春，落葉爲秋）者，以五百歲爲春，五百歲爲秋。上古有大椿（木名也，一名橓）者，以八千歲爲春。八千歲爲秋。朽壤之上有菌芝者。菌其隕反崔譔云糞土之芝也朝生暮死簡文云欻生之芝生於朝。死於晦。春夏之月有蠓蚋者。謂蠛蠓蚊蚋也二者小飛蟲也因雨而生。見陽而死。終髮北之北莊子云窮髮有溟海十洲記云水黑色謂溟海者。天池也。有魚焉。其廣數千里。其長稱焉。其名爲鯤。鯨魚也有鳥焉。其名爲鵬。翼若垂天之雲。其體稱焉。莊子云鯤化爲鵬世豈知有此物哉。翫其所常見習其所常聞雖語之猶將不信焉大禹行而見之。伯益知而名彌正反與銘同之。夷堅聞而志之。記之也○夫奇見異聞衆之所疑禹益堅豈直空言譎怪以駭一世蓋明必有此物以遣執守者之固陋除視聽者之盲聾耳夷堅未聞亦古博物者也江浦之閒生麽蟲。麽細也亡果反字書云麽小也其名曰焦螟。羣飛而集於蚊睫。弗相觸也。栖宿去來。蚊弗覺也。離朱子羽。方晝拭眥在詣反目際也揚眉而望之。弗見其形。離朱黃帝時明目人能百步望秋毫之末子羽未聞䚦除倚反俞古之聽耳人師曠方夜擿音惕耳俛首而聽之。弗聞其聲。䚦俞未聞也師曠晉平公時人夏革無緣得稱之此後著書記事者潤益其辭耳夫用心智賴耳目以視聽者未能見至微之物也唯黃帝與容成子居空峒之上。史記云黃帝至于河登空峒之山今在醴泉郡同齋三月。心死形廢。所謂心同死灰形若枯木徐以神視。神者寂然玄照而已不假於目塊然見之若嵩山之阿。以有形涉於神明之境嵩山未足喻其巨徐以氣聽。氣者任其自然而不資外用也砰普耕反然聞之若雷霆之聲。以有聲涉於空寂之域雷霆之音未足以喻其大也吳楚之國。有大木焉。其名爲櫾。山海經曰荆山多橘柚櫾似橘而大皮厚味酸櫾音柚碧樹而冬生。實丹而味酸。食其皮汁。已憤厥之疾。氣疾也齊州珍之。渡淮而北。而化爲枳焉。周禮曰橘渡淮北而化爲枳鸜鵒不踰濟。貉音鶴似狐善睡獸也踰汶武巾反則死矣。酈元水經曰濟水出王屋山爲沇音兗水東經溫爲濟水下入黃河十餘里南渡河爲滎澤又經濟陰等九郡而入海周禮云鸜鵒不踰濟貉踰汶則死此地氣使然也鄭玄云汶水在魯城北先儒相因以爲魯之汶水皆大誤也案史記汶與崏同武巾反謂汶江也非皆閒之汶案山海經大江出汶山郭云東南逕蜀郡東北逕巴東江夏至廣陵入海韓詩外傳云昔者江出於汶山其始也足以濫觴是也又楚辭云隱汶山之清江固可聞矣且列子與周禮猶言水土性異則遷移有傷故舉四瀆以言之案今魯之汶水闊不踰數十里源不過二百里揭厲皆渡斯須往還豈
狐貉蹔游生死頓隔矣說文云貉狐類也皆生長丘陵旱地今江邊人云狐不渡江是明踰越大水則傷本性遂致死也 地氣然也。此事義見周官 雖然形氣異也。性
鈞已。無相易已。生皆全已。分皆足已。吾何以識其巨細。何以識其修短。何
以識其同異哉。萬品萬形萬性萬情各安所適任而不執則鈞於全足不顧相易也豈智所能辨哉 太形王屋二山。形當作行太行在河內野王縣王屋在河
東京垣縣 方七百里。高萬仞。本在冀州之南。河陽之北。北山愚公者。俗謂之愚者未必非智也 年
且九十。面山而居。懲山韓詩外傳云懲苦也 北之塞。出入之迂也。聚室而謀曰。吾與汝
畢力平險。指通豫南。達于漢陰。可乎。雜然相許。雜猶僉也 其妻獻疑曰。獻疑猶致難也 以君
之力。曾不能損魁父淮南子作魁阜謂小山如堆阜 之丘。如太行王屋何。魁父小山也在陳留界 且焉置土石。
雜曰。投諸渤海之尾。隱土之北。淮南云東北得州曰隱土 遂率子孫荷胡可反 擔者三夫。叩石
墾壤。箕畚音本籠也 運於渤海之尾。鄰人京城氏之孀妻。孀寡也 有遺男。始齔。初刃反韓詩外傳云
男女七歲或毀齒謂之齔 跳音調躍也或作跳誤也 往助之。寒暑易節。始一反焉。河曲智叟笑而止之。俗謂之智
者未必非愚也 曰。甚矣汝之不惠。以殘年餘力。曾不能毀山之一毛。其如土石何。北
山愚公長息曰。汝心之固。固不可徹。曾不若孀妻弱子。雖我之死。有子存
焉。子又生孫。孫又生子。子又有子。子又有孫。子子孫孫。無窮匱也。而山不
加增。何苦而不平。河曲智叟亡以應。屈其理而服其志也 操蛇之神聞之。大荒經云山海神皆執蛇 懼其
不已也。必其不已則山會平矣世咸知積小可以高大而不悟損多可以至少夫九層起於累土高岸遂爲谿谷苟功無廢舍不期朝夕則無微而不積無大而不虧矣今砥礪之與刀劍相磨不已則知其將

盡二物如此則丘壑消盈無所致疑若以大小遲速爲惑者未能推類也告之於帝。帝感其誠。感愚公之至心也命夸蛾氏夸口花反二子夸蛾氏傳記所未聞蓋神力者也負二山。一厝音昔朔東。一厝雍南。自此冀之南。漢之陰。無隴斷焉。夫期功於旦夕者聞歲暮而致歎取美於當年者在身後而長悲此故俗士之近心一世之常情也至於大人以天地爲一朝億代爲曠息忘懷以造事無心而爲功在我之與在彼在身之與在人弗覺其殊別莫知其先後故北山之愚與嫠妻之孤足以哂河曲之智嗤一世之惑悠悠之徒可不察歟

夸父大荒經云有人珥兩黃蛇踐兩黃蛇名曰夸父不量力。欲追日影。逐之於隅谷之際。隅谷虞淵也日所入渴欲得飲。赴飲河渭。河渭不足。將走北飲大澤。未至道。渴而死。棄其杖。尸膏肉所浸。生鄧林。鄧林彌廣數千里焉。山海經云夸父死棄其杖而爲鄧林

大禹曰。六合之閒。四海之內。照之以日月。經之以星辰。紀之以四時。要之以太歲。神靈所生。其物異形。或夭或壽。唯聖人能通其道。聖人順天地之道因萬物之性任其所適通其逆順使羣異各得其方壽夭咸盡其分也夏革曰。然則亦有不待神靈而生。不待陰陽而形。不待日月而明。夫生者自生形者自形明者自明忽然自爾固無所因假也不待殺戮而夭。不待將迎而壽。自夭者不由禍害自壽者不由接養不待五穀而食。不待繒纊而衣。不待舟車而行。其道自然。自然者都無所假也非聖人之所通也。聖人不違自然而萬物自運豈樂通物哉自此章已上皆夏革所告殷湯也

禹之治水土也。迷而失塗。謬之一國。游絕垠之外者非用心之所逮故寄言迷謬也濱北海之北。不知距齊州幾千萬里。距去也其國名曰終北。不知際畔之所齊子細反限。無風雨霜露。不生鳥獸蟲魚草木之類。四方悉平。周以喬陟。爾雅云喬高曲也又云三山襲陟郭璞云重隴也○山之重壟也當國之中有山。山名壺領。狀若甔擔甀。直爲反甔甀謂瓦餅也頂有口。狀若員環。名曰滋穴。有水湧出。名曰神瀵。甫問反郭璞云今河東汾陰有水中如車輪許大濆沸湧出其深無底名

曰㶊○山頂之泉曰㶊臭過蘭椒。味過醪醴。一源分爲四埒。注於山下。山上水流曰埒經營一國。亡亡音無下同不悉徧。土氣和。亡札厲。札厲疫死也人性婉而從物。不競不爭。柔心而弱骨。不驕不忌。長幼儕士皆反居。不君不臣。男女雜游。不媒不聘。緣水而居。不耕不稼。土氣溫適。不織不衣。百年而死。不夭不病。其民孳息也阜盛也亡數。有喜樂。亡衰老哀苦。其俗好聲。相攜而迭謠。終日不輟音。飢惓則飲神瀵。力志和平。過則醉。經旬乃醒。沐浴神瀵。膚色脂澤。香氣經旬乃歇。周穆王北游。過其國。三年忘歸。既反周室。慕其國。㦖昌兩反然自失。不進酒肉。不召嬪御者數月。乃復。管仲勉齊桓公因游遼口。俱之其國。幾剋舉。隰朋諫曰。君舍齊國之廣。人民之衆。山川之觀。殖物之阜。禮義之盛。章服之美。妖靡盈庭。忠良滿朝。肆咤則徒卒百萬。肆疑作叱視撝則諸侯從命。視疑作指亦奚羨於彼而棄齊國之社稷。從戎夷之國乎。此仲父之耄。柰何從之。桓公乃止。以隰朋之言告管仲。仲曰。此固非朋之所及也。朋之知極於齊國豈知彼國之巨偉故管仲駮之也臣恐彼國之不可知之也。齊國之富奚戀。隰朋之言奚顧。此國自不可得往耳豈以朋之言故止也南國之人祝祝之六反孔安國注尚書云祝者斷截其髮也漢書云越人斷髮文身以避蛟龍之害一本作被恐誤髮而裸。謂不以衣蔽之也力果反北國之人鞨。鞨音末方言俗人帕頭是也帕頭幧頭也帕又作鞨又作帓帕七八反幧七消反巾而裘。中國之人冠冕而裳。九土所資。或農或商。或田或漁。如冬裘夏葛。水舟陸車。默而得之。性而成之。夫方土所資自然而能故吳越之用舟燕朔之乘馬得之於水陸之宜不假學於賢智慎到曰治水者茨防決塞雖在夷貊相似加一學之於水不學之於己也越之東有輒木又康之國。其長子生。則鮮杜預注左傳云人不以壽死曰鮮謂少也而食之。
謂之宜弟。其大父死。負其大母而棄之。曰。鬼妻不可以同居處。楚之南有
炎去聲本作談人之國。其親戚死。㱙音朽其肉而棄。然後埋其骨。迺成爲孝子。秦之
西有儀渠又康之國者。其親戚死。聚柴積而焚之。燻則煙上。謂之登遐。然後
成爲孝子。此上以爲政。下以爲俗。而未足爲異也。此事亦見墨子孔子東游。見兩小
兒辯鬭。都豆反問其故。一兒曰。我以日始出時去人近。而日中時遠也。一兒以
日初出遠。而日中時近也。一兒曰。日初出大如車蓋。及日中則如盤盂。此
不爲遠者小而近者大乎。一兒曰。日初出滄滄初涼涼又本作滄周書曰天地之閒有滄熱善用道者終無竭孔鼂注云滄寒
也桓譚新論亦述此事作愴涼鼂音潮涼涼。字林云涼微寒及其日中。如探湯。此不爲近者熱而遠者涼乎。孔
子不能決也。兩小兒笑曰。孰爲汝多知乎。所謂六合之外聖人存而不論二童子致笑未必不達此旨或玄相起子也均。天
下之至理也。物物事事皆平皆均則理無不至也連於形物亦然。連屬也屬於器物者亦須平焉均髮均縣。輕重而髮
絕。髮不均也。髮甚微脆而至不絕者至均故也今所以絕者猶輕重相傾有不均處也均也。其絕也。若其均也寧有絕理莫絕。言不絕也人以爲
不然。凡人不達理也自有知其然者也。會自有知此理爲然者墨子亦有此說詹何。詹何楚人以善釣聞於國以獨繭絲爲綸。
芒鍼音七韱爲鉤。荆蓧本作篠爲竿。剖粒爲餌。引盈車之魚。家語曰鯤魚其大盈車於百仞之
淵。汨流之中。綸不絕。鉤不伸。竿不橈。夫飾芳餌挂微鉤下沈青泥上乘驚波因水勢而施舍頓頓委縱與之沈浮及其弛絕故生而獲也楚
王聞而異之。召問其故。詹何曰。臣聞先大夫之言。蒲且子余反子之弋也。蒲且子古

善弋射者弱弓纖繳。音灼乘風振之。連雙鶬於青雲之際。用心專。動手均也。臣因其事。放分兩反而學釣。五年始盡其道。當臣之臨河持竿。心無雜慮。唯魚之念。投綸沈鉤。手無輕重。物莫能亂。魚見臣之鉤餌。猶沈埃聚沫。吞之不疑。所以能以弱制彊。以輕致重也。大王治國誠能若此。則天下可運於一握。將亦奚事哉。楚王曰。善。善其此論者以諷其用治國矣

魯公扈趙齊嬰二人有疾。同請扁鵲史記曰扁鵲勃海郡人姓秦氏善醫能視病盡見五藏之疾求治。扁鵲治之。既同愈。謂公扈齊嬰曰。汝曩之所疾。自外而干府藏者。固藥石之所已。今有偕生之疾。與體偕長。今為汝攻之何如。二人曰。願先聞其驗。扁鵲謂公扈曰。汝志彊而氣弱。故足於謀而寡於斷。志謂心智氣謂質性智多故多慮性弱故少決也齊嬰志弱而氣彊。故少於慮而傷於專。智少而任性則果而自用若換汝之心。則均於善矣。扁鵲遂飲二人毒酒。迷死三日。剖胷探心。易而置之。投以神藥。既悟。如初。二人辭歸。於是公扈反齊嬰之室。而有其妻子。妻子弗識。齊嬰亦反公扈之室。有其妻子。妻子亦弗識。二子易心乘其本識故各反其家各非故形故妻子不識也二室因相與訟。求辨於扁鵲。扁鵲辨其所由。訟乃已。此言恢誕乃書記少有然魏世華佗能刳腸易胃湔洗五藏天下理自有不可思議者信亦不可以臆斷故宜存而不論也

瓠巴鼓琴。而鳥舞魚躍。瓠巴古善鼓琴人也鄭師文聞之。師文鄭國樂師棄家從師襄游。師襄亦古之善琴人也從其游學柱指鉤弦。三年不成章。按指調弦三年不能成曲師襄曰。子可以歸矣。嫌其難教文舍其琴歎曰。文非弦之不能鉤。非章之不能成。文所存者不在弦。所志

者不在聲。遺弦聲然後能盡聲弦之用也內不得於心。外不應於器。故不敢發手而動弦。心手器三者玄應不相違失而後和音發矣且小假之以觀其後。無幾何。復見師襄。師襄曰。子之琴何如。師文曰。得之矣。請嘗試之。於是當春而叩商弦以召南呂。商金音屬秋南呂八月律涼風忽至。草木成實。得秋氣故成熟及秋而叩角弦以激夾鍾。角木音屬春夾鍾二月律溫風徐迴。草木發榮。得春氣故榮華當夏而叩羽弦以召黃鍾。羽水音屬冬黃鍾十一月律霜雪交下。川池暴沍。得冬氣故凝陰水凍及冬而叩徵弦以激蕤賓。徵火音屬夏蕤賓五月律陽光熾烈。堅冰立散。得夏氣故消釋此一時彈琴無緣頓變四時蓋舉一時之驗則三時可知且欲弁言其所感之妙耳將終。命宮而總四弦。則景風翔。慶雲浮。甘露降。澧泉涌。至和之所致也師襄乃撫心高蹈曰。微矣子之彈也。雖師曠之清角。師曠爲晉平公奏清角一奏之有白雲從西北起再奏之大風至而雨隨之三奏之裂帷幕破俎豆飛廊瓦左右皆奔走平公恐伏晉國大旱赤地三年平公得聲者或吉或凶也鄒衍之吹律。齊人爲燕昭王師居稷下號談天衍著書四十九篇又有終始五十六篇北方有地美而寒不生五穀鄒子吹律暖之而禾黍滋也亡以加之。亡音無彼將挾琴執管而從子之後耳。

薛譚學謳於秦青。二人竝秦國之善歌者未窮青之技。渠綺反自謂盡之。遂辭歸。秦青弗止。餞於郊衢。撫節悲歌。聲振林木。響遏行雲。薛譚乃謝求反。終身不敢言歸。秦青顧謂其友曰。昔韓娥韓國善歌者也東之齊。匱糧。過音戈雍音邕地名杜預曰齊城門門。鬻歌假食。既去而餘音繞梁欐。三日不絕。左右以其人弗去。過逆旅。逆旅人辱之。韓娥因曼聲哀哭。曼聲猶長引也一里一本作十里老幼悲愁。垂涕相對。三日不食。遽而追之。娥還復爲曼聲長歌。一里老幼喜躍抃舞。弗能自禁。音金忘向之悲也。乃厚賂發之。

發猶遣也故雍門之人至今善歌哭。放娥之遺聲。六國時有雍門子名周善琴又善哭以哭干孟嘗君伯牙善鼓琴。鍾子期善聽。伯牙鼓琴。志在登高山。鍾子期曰。善哉。峩峩兮若泰山。志在流水。鍾子期曰。善哉。洋洋兮若江河。伯牙所念。鍾子期必得之。伯牙游於泰山之陰。卒逢暴雨。止於巖下。心悲。乃援琴而鼓之。初爲霖雨之操。更造崩山之音。曲每奏。鍾子期輒窮其趣。伯牙乃舍琴而歎曰。善哉善哉。子之聽夫志想象猶吾心也。言心闇合與己無異吾於何逃聲哉。發音鍾子期已得其心則無處藏其聲也周穆王西巡狩。越崑崙。不至弇音奄山。日入之所反還。未及中國。道有獻工人名偃師。中道有國獻此工巧之人也穆王薦之。薦當作進問曰。若有何能。偃師曰。臣唯命所試。然臣已有所造。願王先觀之。穆王曰。日以俱來。日謂別日吾與若俱觀之。翌日偃師謁見王。王薦之曰。若與偕來者何人邪。對曰。臣之所造能倡者。倡俳優也穆王驚視之。趨音趍步俯仰。信人也。巧夫顉。駈音反曲頤也又五感反顉猶搖頭也其頤。則歌合律。捧其手。則舞應節。千變萬化。惟意所適。王以爲實人也。與盛姬內御並觀之。穆天子傳云盛姬穆王之美人技將終。倡者瞬音舜其目而招王之左右侍妾。王大怒。立欲誅偃師。偃師大懾。立剖散倡者以示王。皆傅會革木膠漆白黑丹青之所爲。王諦料之。內則肝膽心肺脾腎腸胃。外則筋骨支節皮毛齒髮。皆假物也。而無不畢具者。合會復如初見。如向者之始見王也王試廢其心。則口不能言。廢其肝。則目不能視。廢其腎。則足不能步。（此皆以機關相使去其機關之主則不能相制御亦如人五藏有病皆外應七孔與四支也）穆王始悅而歎曰。人之巧乃可與造化者同功乎。詔貳車載之以歸。（近世人有言人靈因機關而生何者造化之功至妙故萬品咸育運動無方人藝麤拙但寫載成形塊然而已至於巧極則幾乎造化似或依此言而生此說而此書既自不爾所以明此義者直以巧極思之無方不可以常理限故每舉物極以祛近惑豈謂物無神主也斯失之遠矣）夫班輸之雲梯。墨翟之飛鳶。自謂能之極也。（班輸作雲梯可以淩虛仰攻墨子作木鳶飛三日不集）弟子東門賈禽滑釐。（滑音骨狸墨翟弟子也）聞偃師之巧。以告二子。二子終身不敢語藝。而時執規矩。（時執規矩言其不敢數之也）甘蠅。古之善射者。彀弓而獸伏鳥下。（箭無虛發而獸鳥不敢逸戰國策云更嬴虛發而鳥下也）弟子名飛衛。學射於甘蠅。而巧過其師。紀昌者。又學射於飛衛。飛衛曰。爾先學不瞬。而後可言射矣。紀昌歸。偃臥其妻之機下。以目承牽挺。（牽挺機躡）二年之後。雖錐末倒（都道反）眥而不瞬也。以告飛衛。飛衛曰。未也。亞（烏嫁反次也本作必學）學視而後可。視小如大。視微如著。而後告我。昌以氂（音毛）懸虱於牖。南面而望之。旬日之閒。浸大也。三年之後。如車輪焉。以覩餘物。皆丘山也。（視虱如輪則餘物稱此而大焉）乃以燕角之弧。朔蓬之簳。射（食亦反）之。貫虱之心。而懸不絕。（以彊弓勁矢貫虱之心言其用手之妙也）以告飛衛。飛衛高蹈拊膺曰。汝得之矣。紀昌既盡衛之術。計天下之敵己者一人而已。乃謀殺飛衛。相遇於野。二人交射。中路端鋒相觸。而墜於地。而塵不揚。飛衛之矢先窮。（窮盡也）紀昌遺一矢。既發。飛衛以棘刺之矢扞之。而無差焉。於是二子泣而投弓。相拜於塗。請為父子。剋臂（淮南子曰中國歃血越人契臂其一也許慎云剋臂出血也歃所甲反）以誓。不得告術於人。（祕其道也此一章義例已詳於仲尼篇也）造父之師曰泰豆氏。（泰豆氏見諸雜書記）造父之始從習御也，執禮甚卑，泰豆三年不告。造父執禮愈謹，乃告之曰：「古詩言：『良弓之子，必先為箕；良冶之子，必先為裘。』（箕裘皆須柔屈補接而後成器；為弓冶者調筋角和金鐵亦然；故學者必先攻其所易，然後能成其所難，所以為論也）汝先觀吾趣。（趣，行也）趣如吾，然後六轡可持，六馬可御。」造父曰：「唯命所從。」泰豆乃立木為塗，僅可容足，（纔得安腳）計步而置，（疏密如其步數）履之而行。趣走往還，無跌失也。造父學之，三日盡其巧。泰豆歎曰：「子何其敏也？得之捷乎！（敏，疾也；捷，速也）凡所御者，亦如此也。曩汝之行，得之於足，應之於心；推於御也，齊輯乎（輯音集。說文云：輯，車輿也）轡銜之際，（此言造父善御，得車輿之齊整在於轡銜之際，喻人君得民心則國安矣）而急緩乎脣吻之和，正度乎胸臆之中，而執節乎掌握之間。內得於中心，而外合於馬志，是故能進退履繩而旋曲中規矩，取道致遠而氣力有餘，誠得其術也。得之於銜，應之於轡；得之於轡，應之於手；得之於手，應之於心。則不以目視，不以策驅；心閑體正，六轡不亂，而二十四蹏所投無差；迴旋進退，莫不中節。（與和鸞之聲相應也）然後輿輪之外可使無餘轍，馬蹏之外可使無餘地；未嘗覺山谷之險，原隰之夷，視之一也。吾術窮矣。汝其識之！」（夫行之所踐，容足而已；足外無餘而人不敢踐者，此心不夷，體不閑故也。心夷體閑，即進止有常數，遲疾有常度，苟盡其妙，非但施之於身，乃可行之於物，雖六轡之煩，馬足之衆，調之有道，不患其亂，故輪外不恃無用之轍，蹏外不賴無用之地，可不謂然也）

魏黑卵以暱嫌殺丘邴章。（暱嫌，私恨）丘邴章之子來丹謀報父之讎。丹氣甚猛，形甚露，計粒而食，順風而趨。雖怒，不能稱兵以報之。（有膽氣而體羸虛不能舉兵器也恥假力於人。誓手劍以屠黑卵。黑卵悍志絕衆，力抗百夫。筋骨皮肉，非人類也。延頸承刃，披胸受矢。鉪鍔上音世下音諤摧屈。而體無痕撻。負其材力，視來丹猶雛鷇也。鷇音寇生而須哺曰鷇自食曰雛來丹之友申他音陁或音拖一本作拖曰子怨黑卵至矣。黑卵之易子過矣。將奚謀焉。來丹垂涕曰。願子爲我謀。申他曰。吾聞衞孔周。其祖得殷帝之寶劍。一童子服之。卻三軍之衆。奚不請焉。來丹遂適衞。見孔周。執僕御之禮。請先納妻子。後言所欲。孔周曰。吾有三劍。唯子所擇。皆不能殺人。且先言其狀。一曰含光。視之不可見。運之不知有。其所觸也。泯然無際。經物而物不覺。二曰承影。將旦昧爽之交。日夕昏明之際。北面而察之。淡淡焉淡音覽若有物存。莫識其狀。其所觸也。竊竊然有聲。經物而物不疾也。三曰宵練。方晝則見影而不見光。與日月同色也方夜見光而不見形。言其照也其觸物也。騞然而過。騞呼麥反破聲又竹璧反隨過隨合。覺疾而不血刃焉。此三寶者。傳之十三世矣。而無施於事。不能害物匣而藏之。未嘗啓封。來丹曰。雖然。吾必請其下者。孔周乃歸其妻子。與音預齋七日。晏陰之間。晏晚暮也跪而授其下劍。來丹再拜受之以歸。以其可執可見故受其下者來丹遂執劍從黑卵。時黑卵之醉偃於牖下。自頸至腰三斬之。黑卵不覺。來丹以黑卵之死。趣而退。遇黑卵之子於門。擊之三下。如投虛。黑卵之子方笑曰。汝何蚩而三招一本作拈奴兼反指取物也又音黏子。來丹知劍之不能殺人也。歎而歸。黑卵既醒。怒其妻曰。醉而露我。使我嗌（音益喉上也）疾而腰急。其子曰。疇昔來丹之來。遇我於門。三招我。亦使我體疾而支彊。彼其厭（於染反本又作厭烏狎反）我哉。周穆王大征西戎。西戎獻錕鋙之劍。（昆吾龍劍也河圖曰瀛州多積石名昆吾可爲劍尸子云昆吾之劍可切玉）火浣（音緩）之布。（異物志云新調國有火州有火及鼠取其皮毛爲布名曰火浣）其劍長尺有咫。（音止八寸曰咫）練鋼赤刃。用之切玉如切泥焉。火浣之布。浣之必投於火。布則火色。垢則布色。出火而振之。皓然疑乎雪。（此周書所云）皇子以爲無此物。傳之者妄。蕭叔曰。皇子果於自信。果於誣理哉。（此一章斷後而說切玉刀火浣布者明上之所載皆事實之言因此二物無虛妄者）

列子卷六

力命第六命者必然之期素定之分也雖此事未驗而此理已然若以壽夭存於御養窮達係於智力此惑於天理也

力謂命曰。若之功奚若我哉。命曰。汝奚功於物而欲比朕。力曰。壽夭窮達貴賤貧富。我力之所能也。命曰。彭祖之智。不出堯舜之上。而壽八百。顏淵之才。不出衆人之下。而壽四八。仲尼之德。不出諸侯之下。而困於陳蔡。殷紂之行。不出三仁之上。而居君位。季札吳太伯之後賢而讓位棄其室而耕後封於延陵故號曰延陵季子無爵於吳。田恒專有齊國。夷齊餓於首陽。季氏富於展禽。若是汝力之所能。奈何壽彼而夭此。窮聖而達逆。賤賢而貴愚。貧善而富惡邪。力曰。若如若言。我固無功於物。而物若此邪。此則若之所制邪。命曰。既謂之命。奈何有制之者邪。朕直而推之。曲而任之。自壽自夭。自窮自達。自貴自賤。自富自貧。不知所以然而然者命也豈可以制也朕豈能識之哉。朕豈能識之哉。此篇明萬物皆有命則智力無施楊朱篇言人皆肆情則制不由命義例不一以相違反然治亂推移愛惡相攻情僞萬端故要時競其弊孰知所以是以聖人兩情而不辨將以大扶名教而致弊之由不可都塞或有恃詐力以干時命者則楚子問鼎於周無知亂適於齊或有矯天眞以殖名者則夷齊守餓西山仲由被醢於衞故列子叩其二端使萬物自求其中苟得其中則智動者不以權力亂其素分矜名者不以矯抑虧其形生發言之旨其在於斯嗚呼覽者可不察哉

北宮子謂西門子曰。朕與子竝世也。而人子達。竝族也。而人子敬。竝貌也。而人子愛。竝言也。而人子庸。竝行也。而人子誠。竝仕也。而人子貴。竝農也。而人子富。竝商也。而

人子利。朕衣則裋（音豎）褐。（音曷。方言裋褐襜襦也。許慎注淮南子云楚人謂袍爲裋。說文云麤衣也。又敝布襦也。又云襜褕短者曰裋褕。有短褐者誤。荀子作豎褐。揚倞注云僮豎之褐。亦於義通）食則粢（即夷反）糲。（令達反。粢稻餅也。味類糗米不碎。史記曰陳平食糠覈。孟康云麥糧中不破者是也。蓋謂之麤舂粟麥爲粢餅食之）居則蓬室。出則徒行。子衣則文錦。食則粱肉。居則連欐。（音麗。屋棟）出則結駟。在家熙然（音怡。字林云歡笑也）有棄朕之心。在朝諤然有敖朕之色。請謁不相及。遨遊不同行。固有年矣。子自以德過朕邪。西門子曰。予無以知其實。汝造事而窮。予造事而達。此厚薄之驗歟。（謂德有厚薄也）而皆謂與予並。汝之顏厚矣。北宮子無以應。自失而歸。中塗遇東郭先生。先生曰。汝奚往而反。偊偊（丘羽反。本或作踽。字林云疏行貌）而步。有深愧之色邪。北宮子言其狀。東郭先生曰。吾將舍汝之愧。與汝更之西門氏而問之。曰。汝奚辱北宮子之深乎。固且言之。西門子曰。北宮子言世族年貌言行與予並。而賤貴貧富與予異。予語之曰。予無以知其實。汝造事而窮。予造事而達。此將厚薄之驗歟。而皆謂與予並。汝之顏厚矣。東郭先生曰。汝之言厚薄。不過言才德之差。吾之言厚薄異於是矣。夫北宮子厚於德。薄於命。汝厚於命。薄於德。汝之達。非智得也。北宮子之窮。非愚失也。皆天也。非人也。（此自然而然。非由人事巧拙也）而汝以命厚自矜。北公子以德厚自愧。皆不識夫固然之理矣。西門子曰。先生止矣。予不敢復言。（聞理而服）北宮子既歸。衣其裋褐。有狐貉之溫。進其茙菽。（茙音戎。菽音叔。爾雅云茙菽謂之荏菽。即胡豆也。管子云齊桓公北伐山戎。得冬蔥及茙菽。布之天下。鄭玄云即大豆也）有稻粱之味。庇其蓬室若廣廈之蔭。乘其蓽輅（音路左傳云柴車也）若文軒之飾。終身逌然。（自得貌後楊朱篇音同）不知榮辱之在彼也在我也。（一達於理則外物多少不足以槪意也）東郭先生聞之曰。北宮子之寐久矣。一言而能寤。易怛也哉。（當割反或作悟者非）管夷吾鮑叔牙（並潁上人也）二人相友甚戚。同處於齊。管夷吾事公子糾。鮑叔牙事公子小白。齊公族多寵。嫡庶並行。（齊僖公母弟夷仲年生公孫無知僖公愛之令禮秩同於太子也）國人懼亂。管仲與召（本作邵）忽奉公子糾奔魯。（糾襄公之次子）鮑叔奉公子小白奔莒。（音舉小白糾之次弟）既而公孫無知作亂。（襄公立絀無知秩服遂殺襄公而自立國人尋殺之）齊無君。二公子爭入。管夷吾與小白戰於莒道。射（食亦反）中小白帶鉤。小白既立。（小白即桓公也）脅魯殺子糾。召忽死之。管夷吾被囚。（齊告魯曰子糾兄弟弗忍加誅請殺之召忽管仲讎也請得而甘心臨之不然將滅魯魯患之遂殺子糾召忽自殺管仲請囚也）

鮑叔牙謂桓公曰。管夷吾能可以治國。桓公曰。我讎也。願殺之。鮑叔牙曰。吾聞賢君無私怨。且人能爲其主。亦必能爲人君。如欲霸王（于況反）非夷吾其弗可。君必舍（音釋）之。遂召管仲。魯歸之齊。鮑叔牙郊迎。釋其囚。桓公禮之。（鮑叔親迎管仲於堂阜而脫其桎梏於齊郊而見桓公也）而位於高國之上。鮑叔牙以身下之。（高國齊之世族）任以國政。號曰仲父。桓公遂霸。管仲嘗歎曰。吾少窮困時。嘗與鮑叔賈。（音古）分財多自與。鮑叔不以我爲貪。知我貧也。吾嘗爲鮑叔謀事而大窮困。鮑叔不以我爲愚。知時有利不利也。吾嘗三仕三見逐於君。鮑叔不以我爲不肖。知我不遭時也。吾嘗三戰三北。鮑叔不以我爲怯。知我有老母也。公子糾敗。召忽死之。吾幽囚受辱。鮑叔不以我爲無恥。知我不羞小節。而恥名不顯於天下也。生我者父母。知我者鮑叔也。此世稱管鮑善交者。小白善用能者。然實無善交。實無用能也。實無善交。實無用能者。非更有善交。更有善用能也。此明理無善交用能非但管鮑桓公而已召忽非能死。不得不死。鮑叔非能舉賢。不得不舉。小白非能用讎。不得不用。此皆冥中自相驅使非人理所制也及管夷吾有病。小白問之曰。仲父之病疾矣。可不諱云言病之甚不可復諱而不言也至於大病。則寡人惡乎屬國而可。夷吾曰。公誰欲歟。小白曰。鮑叔牙可。曰。不可。其爲人潔廉善士也。清己而已其於不已若者。不比之人。欲以己善齊物也一聞人之過。終身不忘。不能棄瑕錄善使之理國。上且鉤乎君。下且逆乎民。必引君令其道不弘道苟不弘則逆民而不能納矣其得罪於君也。將弗久矣。小白曰。然則孰可。對曰。勿已。則隰朋可。非君然而可也其爲人也。上忘而下不叛。居高而自忘則不憂下之離散愧其不若黃帝。而哀不已若者。愍其道之不及聖矜其民之不逮己故能無棄人也以德分人。謂之聖人。化之使合道而不宰割也以財分人。謂之賢人。既以與人己愈有也以賢臨人。未有得人者也。求備於人則物所不與也以賢下人者。未有不得人者也。與物升降者物必歸其於國有不聞也。其於家有不見也。道行則不煩聞見故曰不瞽不聾不能成功勿已。則隰朋可。郭象曰若有聞見則事鍾於己而羣下無所措其手足故遺之可也未能盡其道故僅之可也然則管夷吾非薄鮑叔也。不得不薄。非厚隰朋也。不得不厚。厚之於始。或薄之於終。薄之於終。或厚之於始。厚薄之去來。弗由我也。皆天理也鄧析析音錫鄧析著書二篇鄭人也與子產並時列子及孫卿並云子產殺鄧析據左傳昭公二十年子產卒定公

（九年駟顓殺鄧析而用其竹刑則非子產所殺也）操（七刀反）兩可之說。設無窮之辭。當子產執政。作竹刑。（竹刑簡法）鄭國用之。數難子產之治。子產屈之。子產執而戮之。俄而誅之。（此傳云子產誅鄧析左傳云駟顓殺鄧析而用其竹刑子產卒後二十年而鄧析死也）然則子產非能用竹刑。不得不用。鄧析非能屈子產。不得不屈。子產非能誅鄧析。不得不誅也。（此義例與上章同也）可以生而生。（或積德履仁或遇時而遇得當年之歡騁於一已之志似由報應若出智力）天福也。（自然生耳自然泰耳未必由仁德與智力然交履信順之行得騁一已之志終年而無憂虞非天福如之何也）可以死而死。（或積惡行暴或饑寒窮困故不顧刑戮不賴生存而感之而死似由身招若應事而至也）天福也。（自然死耳自然窮耳未必由凶虐與愚弱然肆凶虐之心居不賴生之地而感之於死是之死得死者故亦曰天福者也）可以生而不生。（居榮泰之地顧戀長年而早終）天罰也。（顧生而不得生故曰天罰也）可以死而不死。（居困辱之地不顧生而更不死也）天罰也。（輕死而不之死復是天罰）可以生。可以死。得生得死。有矣。（此之生而得生此之死而得死）不可以生。不可以死。或死或生。有矣。（此義之生而更死之死而更生者也此二句上義已該之而重出疑書誤）然而生生死死。非物非我。皆命也。智之所無柰何。（生死之理既不可測則死不由物生不在我豈智之所必）故曰。窈然無際。天道自會。漠然無分。天道自運。（無際無分是自然之極自會自運豈有役之哉）天地不能犯。（天地雖大不能違自然也）聖智不能干。（聖神雖妙不能逆時運也）鬼魅不能欺。（鬼魅雖妖不能詐其正也）自然者。默之成之。（默無也）平之寧之。（平寧無所施爲）將之迎之。（功無遺喪似若將迎）楊朱之友曰季梁。季梁得疾。七日大漸。（漸劇也）其子環而泣之。請醫。季梁謂楊朱曰。吾子不肖如此之甚。汝奚不爲我歌以曉之。楊朱歌曰。天其弗識。人胡能覺。匪祐自天。弗孽由人。我乎汝乎。其弗知乎。醫乎巫乎。其知之乎。（言唯我與汝識死生有命耳非醫巫所知也）其子弗曉。終謁三醫。（不解楊朱歌皆謂與已同也）一曰矯氏。二曰俞氏。三曰盧氏。診其所疾。矯氏謂季梁曰。汝寒溫不節。虛實失度。病由飢飽色欲。精慮煩散。非天非鬼。雖漸可攻也。季梁曰。衆醫也。亟（音棘）屏（上聲除也）之。俞氏曰。女始則胎氣不足。乳湩（竹用反乳汁也）有餘。病非一朝一夕之故。其所由來漸矣。弗可已也。季梁曰。良醫也。且食（音嗣）之。盧氏曰。汝疾不由天。亦不由人。亦不由鬼。稟生受形。既有制之者矣。亦有知之者矣。（夫死生之分修短之期咸定於無爲天理之所制矣但愚昧者之所惑玄達者之所悟也）藥石其如汝何。季梁曰。神醫也。重貺遣之。俄而季梁之疾自瘳。生非貴之所能存。身非愛之所能厚。生亦非賤之所能夭。身亦非輕之所能薄。故貴之或不生。賤之或不死。愛之亦不厚。輕之或不薄。此似反也。非反也。此自生自死。自厚自薄。或貴之而生。或賤之而死。或愛之而厚。或輕之而薄。此似順也。非順也。此亦自生自死。自厚自薄。鬻熊語文王（鬻熊文王師也）曰。自長非所增。自短非所損。算之所亡（音無）若何。（算猶智也）老聃語關尹曰。天之所惡。孰知其故。（王弼曰孰誰也言誰能知天意邪其唯聖人也）言迎天意。揣利害。不如其已。（夫順天理而無心者則鬼神不能犯人事不能干若迎天意料倚伏處順以去逆就利而違害此方與逆害爲巨對用智之精巧者耳未能使吉凶不生禍福兼盡也）楊布（楊朱弟也）問曰。有人於此。年兄弟也。言兄弟也。才兄弟也。貌兄弟也。而壽夭父子也。貴賤父子也。名譽父子也。愛憎父子也。吾惑之。楊子曰。古之人有言。吾嘗識（音志）之。將以告若。不知所以然而然。命也。（自然之理故不可以智知）今昏昏昧昧。紛紛若若。隨所爲。隨所不爲。日去日來。孰能知其故。

皆命也。夫信命者亡音無下同壽夭。有壽夭則非命信理者亡是非。有是非則非理信心者亡逆順。有逆順則非心信性者亡安危。有安危則非性則謂之都亡所信。都亡所不信。理亦無信與不信也眞矣。慤矣。去矣。就矣。哀矣。樂矣。爲矣。不爲。理苟無心則無所不爲亦無所爲也黃帝之書云。至人居若死。動若械。此舉無心之極亦不知所以居。亦不知所以不居。亦不知所以動。亦不知所以不動。亦不以衆人之觀易其情貌。亦不謂衆人之不觀不易其情貌。不爲外物視聽改其度也獨往獨來。獨出獨入。孰能礙之。物往亦往物來亦來任物出入故莫有礙墨杘音眉方言墨杘江淮之閒謂之無賴廣雅云墨音目杘作欺自此二十人智巧才行兩兩相背而能相與和同終年者各任其眞性故也○杘勑夷反單音戰至。音咥嘽齒然反咺鄭玄注禮記云咺寬綽貌說文云咺寬閑心腹貌咺許爰反憋妨滅反懯。音敷此皆默詐輕發迂緩急速之貌四人相與游於世。胥如如隨也謂各從其志志也。窮年不相知情。自以智之深也。巧佞愚直。婩魚略反斫音酌婩斫容止峭巇也字林云婩齊也斫齒略反便房連反辟。婢亦反便辟恭敬大過也○婩斫不解悟之貌四人相與游於世。胥如志也。窮年而不相語魚據反術。自以巧之微也。𢘙苦交反犽口家反阮孝緒云惡犽伏態貌○惡口交反反情露。無所隱藏𧬐音蹇極音棘字林云𧬐吃也方言𧬐吃也極急也謂語急而吃又云疾也急性相背也或作極歷皆非也凌誶。凌誶謂好陵辱責罵人也說文云誶責讓也字林音聚律反誶音碎比皆反誶訥澀辯給之貌四人相與游於世。胥如志也。窮年不相曉悟。自以爲才之得也。眠莫典反娗音珍方言眠娗欺慢之語也郭璞云謂以言相輕蚩弄也諈止累反諉。如僞反○鈍辯也爾雅云諈諉累去也郭璞云謂以事相屬累以諈諉也勇敢怯疑。四人相與游於世。胥如志也。窮年不相謫發。謫謂責其過也發謂攻其惡也自以行無戾也。多偶謂多與人相和諧也廣雅云偶諧也自專。謂自專擅不與衆同也乘權謂乘用權勢也隻立。孤獨自立四人相與游於世。胥如志也。窮年不相顧眄。自以時之適也。此衆態也。其貌不一。而咸之於道。命所歸也。佹佹姑危反幾欲之貌成者。俏音肖俏似也成也。初非成也。佹佹敗也。俏敗者也。初非敗也。世有幾得幾失之言而理實無幾也故迷生於俏。惑其以成敗而不能辯迷之所由也俏之際昧然。於俏而不昧然。際猶會也言冥昧難分耳則不駭外禍。不喜內福。禍福豈有內外皆理之玄定者也見其卒起因謂外至見其漸著因謂內成也隨時動。隨時止。智不能知也。動止非我則非智所識也信命者。於彼我無二心。無喜懼之情也於彼我而有二心者。不若揜目塞耳。背阪面隍。亦不墜仆也。此明用智計之不如任自然也

故曰。死生自命也。若其非命則仁智者必壽凶愚者必夭而未必然也貧窮自時也。若其非時則勤儉者必富而奢惰者必貧亦未必然怨夭折者。不知命者也。怨貧窮者。不知時者也。此皆不識自然之理當死不懼。在窮不戚。知命安時也。其使多智之人量利害。料虛實。度人情。得亦中。亡亦中。陟仲反半也下同或陟仲反非也其少智之人。不量利害。不料虛實。不度人情。得亦中。亡亦中。量與不量。料與不料。度與不度。奚以異。唯亡所量。不役智也亡所不量。在智之所知也則全而亡喪。音無亦非知音智下知喪同全。亦非知喪。自全也。自亡也。自喪也。自全者非用心之所能自敗者非行失之所致也

齊景公游於牛山。今北海郡臨淄縣北臨其國城而流涕曰。美哉國乎。鬱鬱芊芊。音千廣雅云芊芊茂盛之貌若何滴滴或作滂滂並皆步郡反流蕩貌去此國而死乎。使古無死者。寡人將去斯而之何。史孔梁丘據皆從而泣曰。臣賴君之賜。疏食音嗣韓詩外傳全有此章云疏食惡肉可得食疏食菜食也惡肉。可得而食。駑馬稜當作棧晏子春秋及諸書皆作棧車謂編木爲之棧士限反車。可得而乘也。且猶不欲死。而況吾君乎。晏子獨笑於旁。公雪涕而顧晏子曰。寡人今日之游悲。孔與據皆從

寡人而泣。子之獨笑何也。晏子對曰。使賢者常守之。則太公桓公將常守之矣。使有勇者而常守之。則莊公靈公將常守之矣。數君者將守之。吾君方將被蓑笠而立乎畎畝之中。唯事之恤。行假念死乎。行假當作何暇則吾君又安得此位而立焉。以其迭處之迭去之。至於君也。而獨爲之流涕。是不仁也。見不仁之君。見諂諛之臣。臣見此二者。臣之所爲獨竊笑也。景公慚焉。舉觴自罰。罰二臣者各二觴焉。魏人有東門吳者。其子死而不憂。其相室曰。公之愛子。天下無有。今子死不憂。何也。東門吳曰。吾常無子。無子之時不憂。今子死。乃與嚮無子同。臣奚憂焉。農赴時。商趣利。工追術。仕逐勢。勢使然也。然農有水旱。商有得失。工有成敗。仕有遇否。命使然也。自然冥運也

列子卷七

楊朱第七

（夫生者一氣之蹔聚一物之蹔靈蹔聚者終散蹔靈者歸虛而好逸惡勞物之常性故當生之所樂者厚味美服好色音聲而已耳而復不能肆性情之所安耳目之所娛以仁義爲關鍵用禮教爲衿帶自枯槁於當年求餘名於後世者是不達乎生生之極也）

楊朱（或云字子居戰國時人後於墨子楊朱與禽滑釐辯論其說在愛己不拔一毛以利天下與墨子相反）游於魯。舍於孟氏。孟氏問曰。人而已矣。奚以名爲。曰。以名者爲富。既富矣。奚不已焉。曰。爲貴。既貴矣。奚不已焉。曰。爲死。既死矣。奚爲焉。曰。爲子孫。（夫事爲無已故情無厭足）名奚益於子孫。曰。名乃苦其身。燋其心。（夫名者因僞以求眞假虛以招實矯性而行之有爲而爲之者豈得無勤憂之弊邪）乘其名者。澤及宗族。利兼鄉黨。況子孫乎。凡爲名者必廉。廉斯貧。爲名者必讓。讓斯賤。（此難家之辭也今有廉讓之名而不免貧賤者此爲善而不求利也）曰。管仲之相齊也。君淫亦淫。君奢亦奢。（言不重美惡於已）志合言從。道行國霸。死之後。管氏而已。田氏之相齊也。君盈則已降。君斂（收聚也）則已施。（始終反此推惡於君也）民皆歸之。因有齊國。子孫享之。至今不絕。若實名貧。僞名富。（爲善不以爲名名自生者實名也爲名以招利而世莫知者僞名也爲名則得利者也）曰。實無名。名無實。名者。僞而已矣。（不僞則不足以招利）昔者堯舜僞以天下讓許由善卷。而不失天下。享祚百年。（僞實之迹因事而生致僞者由堯舜之迹而聖人無僞也）伯夷叔齊實以孤竹君讓。而終亡其國。餓死於首陽之山。實僞之辯。如此其省也。（省猶察也）楊朱曰。百年。壽之大齊。（去聲限也）得百年者。千無一焉。設有一者。孩抱以逮昏老。幾居其半矣。夜眠之所弭。晝覺（音敎）之所遺。又幾居其半矣。痛疾哀苦。亡失憂懼。又幾居其半矣。量十數年之中。逌然而自得亡（亡音無）介焉之慮者。亦亡一時之中爾。則人之生也奚爲哉。奚樂哉。爲美厚爾。爲聲色爾。而美厚復不可常猒（一本猒作饜音同）足。聲色不可常翫聞。乃復爲刑賞之所禁勸。名法之所進退。遑遑爾競一時之虛譽。規死後之餘榮。偊偊爾愼（一本作順耳）耳目之觀聽。惜身意之是非。徒失當年之至樂。不能自肆於一時。重囚纍梏。（手械也）何以异哉。（异異也古字）

太古之人。知生之暫來。知死之暫往。（生實暫來死實長往是世俗長談而云死復暫往卒然覽之有似字誤然此書大旨自以爲存亡往復形氣轉續生死變化未始絕滅也注天瑞篇中已具詳其義矣）故從心而動。不違自然所好。當身之娛非所去也。故不爲名所勸。（一本作觀〇爲善不近名者）從性而游。不逆萬物所好。死後之名。非所取也。故不爲刑所及。（爲惡不近刑者）名譽先後。年命多少。非所量也。楊朱曰。萬物所異者生也。所同者死也。生則有賢愚貴賤。是所異也。死則有臭腐消滅。是所同也。雖然。賢愚貴賤非所能也。臭腐消滅亦非所能也。故生非所生。死非所死。賢非所賢。愚非所愚。貴非所貴。賤非所賤。（皆自然爾非能之所爲也）然而萬物齊生齊死。齊賢齊愚。齊貴齊賤。（皆同歸於自然）十年亦死。百年亦死。仁聖亦死。凶愚亦死。生則堯舜。死則腐骨。生則桀紂。死則腐骨。腐骨一矣。孰知其異。且趣當生。奚遑死後。（此譏計後者之惑也夫不謀其前不慮其後無戀當今者德之至也）楊朱曰。伯夷非亡（音無）欲。矜清之郵。（音尤）以放餓死。（守餓至死）

展季非亡情。矜貞之郵。以放寡宗。（少宗系）清貞之誤善之若此。（此誣賢負實之言，然欲有所抑揚，不得不寄責於高勝者耳）楊朱曰。原憲窶於魯。子貢殖於衛。（窶，貧也。殖，貨殖）原憲之窶損生。子貢之殖累身。然則窶亦不可。殖亦不可。其可焉在。曰。可在樂生。可在逸身。故善樂生者不窶。（足已之所資，不至乏匱也）善逸身者不殖。（不勞心以營貨財也）楊朱曰。古語有之。生相憐。死相捐。此語至矣。相憐之道。非唯情也。勤能使逸。飢能使飽。寒能使溫。窮能使達也。相捐之道。非不相哀也。不含（音撼）珠玉。不服文錦。不陳犧牲。不設明器也。

晏平仲問養生於管夷吾。管夷吾曰。肆之而已。勿壅勿閼。晏平仲曰。其目柰何。夷吾曰。恣耳之所欲聽。恣目之所欲視。恣鼻之所欲向。恣口之所欲言。恣體之所欲安。恣意之所欲行。（管仲功名人耳，相齊致霸，動因威謀，任運之道既非所宜，且於事勢不容此言，又上篇復能勸桓公適終北之國，恐此皆寓言也）夫耳之所欲聞者音聲。而不得聽。謂之閼聰。（閼，塞）目之所欲見者美色。而不得視。謂之閼明。鼻之所欲向者椒蘭。而不得嗅。謂之閼顫。（與羶字同，須延反。鼻通曰顫。顫音舒延反）口之所欲道者是非。而不得言。謂之閼智。體之所欲安者美厚。而不得從。謂之閼適。意之所欲為者放逸。而不得行。謂之閼往。凡此諸閼。廢虐之主。（廢，大也）去廢虐之主。熙熙（縱情欲也）然以俟死。一日一月。一年十年。吾所謂養。（任情極性，窮歡盡娛，雖近期促年，且得盡當生之樂也）拘此廢虐之主。錄而不舍。戚戚然以至久生。百年千年萬年。非吾所謂養。（惜名拘禮，內懷於矜懼憂苦，以至死者，長年遐期，非所貴也）管夷吾曰。吾既告子養生矣。送死柰何。

晏平仲曰。送死略矣。將何以告焉。管夷吾曰。吾固欲聞之。平仲曰。既死。豈在我哉。焚之亦可。沈之亦可。瘞之亦可。露之亦可。衣薪而棄諸溝壑亦可。衮衣繡裳而納諸石椁亦可。唯所遇焉。（晏嬰墨者也自以儉省治身動遵法度非達生死之分所以舉此二賢以明治身者唯取其奢儉之異也）管夷吾顧謂鮑叔黃子曰。生死之道。吾二人進之矣。（當其有知則制不由物及其無知則非我所聞也）

子產（鄭大夫公孫僑也鑄刑法於鼎事在昭六年）相鄭。專國之政三年。善者服其化。惡者畏其禁。鄭國以治。諸侯憚之。而有兄曰公孫朝。有弟曰公孫穆。朝好酒。穆好色。朝之室也。聚酒千鐘。積麴成封。望門百步。糟漿之氣逆於人鼻。方其荒於酒也。不知世道之安危。人理之悔吝。室內之有亡。（亡音無）九族之親疏。存亡之哀樂也。雖水火兵刃交於前。弗知也。穆之後庭。比（頻密反）房數十。皆擇稚齒婑媠者。（婑音烏果切媠音奴坐反）以盈之。方其耽於色也。屏（屏上聲）親昵。絕交遊。逃於後庭。以晝足夜。（即其反益也）三月一出。意猶未愜。鄉有處子之娥姣（廣雅云好也）者。必賄而招之。媒而挑（蒼頡篇云挑謂招呼也說文作誂相誘也誂大了反）之。弗獲而後已。子產日夜以為戚。密造（本作造七到反）鄧析而謀之曰。僑聞治身以及家。治家以及國。此言自於近至於遠也。僑為國則治矣。而家則亂矣。其道逆邪。將奚方以救二子。子其詔之。鄧析曰。吾怪之久矣。未敢先言。子奚不時其治也。喻以性命之重。誘以禮義之尊乎。子產用鄧析之言。因間（音閑）以謁其兄弟而告之曰。人之所以貴於禽獸者智慮。智慮之所將者禮義。禮義成則名位至矣。若觸情而動。耽於嗜慾。則性命危矣。子納僑之言。則朝自悔而夕食祿矣。朝穆曰。吾知之久矣。擇之亦久矣。（覺事行多端選所好而爲之耳）豈待若言而後識之哉。凡生之難遇。而死之易及。以難遇之生。俟易及之死。可孰念哉。而欲尊禮義以夸人。矯情性以招名。吾以此爲弗若死矣。（達哉此言若夫刻意從俗違性順物失當身之暫樂懷長愁於一世雖支體且存實鄰於死者）爲欲盡一生之歡。窮當年之樂。唯患腹溢而不得恣口之飲。力憊而不得肆情於色。不遑憂名聲之醜。性命之危也。且若以治國之能夸物。欲以說（一本作爲辭）辭亂我之心。榮祿喜我之意。不亦鄙而可憐哉。我又欲與若別之。（別之猶辨也）夫善治外者。物未必治而身交苦。善治內者。物未必亂而性交逸。以若之治外。其法可暫行於一國。未合於人心。以我之治內。可推之於天下。君臣之道息矣。吾常欲以此術而喻之。若反以彼術而教我哉。子產忙然無以應之。他日以告鄧析。鄧析曰。子與眞人居而不知也。孰謂子智者乎。鄭國之治偶耳。非子之功也。（不知眞人則不能治國治國者偶爾此一篇辭義大逕挺抑抗不似君子之音氣然其旨欲去自拘束者之累故有過逸之言者耳）衛端木叔者。子貢之世也。藉其先貲。家累萬金。不治世故。放意所好。其生民之所欲爲。人意之所欲玩者。無不爲也。無不玩也。牆屋臺榭。園囿池沼。飲食車服。聲樂嬪御。擬齊楚之君焉。至其情所欲好。耳所欲聽。目所欲視。口所欲嘗。雖殊方偏（偏邊）國。非齊土之所產育者無不必致之猶藩牆之物也及其游也雖山川阻險塗逕修遠無不必之猶人之行咫步也賓客在庭者日百住（色主反一本作往）庖廚之下不絕煙火堂廡之上不絕聲樂奉養之餘先散之宗族宗族之餘次散之邑里邑里之餘乃散之一國行年六十氣幹將衰棄其家事都散其庫藏珍寶車服妾媵一年之中盡焉不爲子孫留財及其病也無藥石之儲及其死也無瘞埋之資（達於理者知萬物之無常財貨之暫聚聚之非我之功也且盡奉養之宜散之非我之施也且明物不常聚若斯人者豈名譽所勸禮法所拘哉）一國之人受其施者相與賦而藏之反其子孫之財焉禽骨釐（墨子弟子也）聞之曰端木叔狂人也辱其祖矣段干生聞之曰端木叔達人也德過其祖矣其所行也其所爲也衆意所驚而誠理所取衞之君子多以禮教自持固未足以得此人之心也孟孫陽問楊子曰有人於此貴生愛身以蘄不死可乎曰理無不死以蘄久生可乎曰理無久生生非貴之所能存身非愛之所能厚且久生奚爲（設令久生亦非所願）五情好惡古猶今也四體安危古猶今也世事苦樂古猶今也變易治亂古猶今也既聞之矣既見之矣既更之矣百年猶厭其多況久生之苦也乎（夫一生之經歷如此而已或好或惡或安或危如循環之無窮若以爲樂邪則重來之物無所復欣若以爲苦邪則切己之患不可再經故生彌久而憂彌積也）孟孫陽曰若然速亡愈於久生則踐鋒（音烽踐一本作蹈）刃入湯火得所志矣楊子曰不然既生則廢而任之究其所欲以俟於死（但當肆其情以待終耳）將死則廢而任之

究其所之。以放於盡。（制不在我則無所顧戀也）無不廢。無不任。何遽遲速於其閒乎。楊朱曰。伯成子高不以一毫利物。舍（舍音捨）國而隱耕。大禹不以一身自利。一體偏枯。古之人損一毫利天下。不與也。悉天下奉一身。不取也。人人不損一毫。人人不利天下。天下治矣。禽子問楊朱曰。去子體之一毛。以濟一世。汝爲之乎。（疑楊子貴身太過故發此問也）楊子曰。世固非一毛之所濟。禽子曰。假濟。爲之乎。楊子弗應。禽子出。語（魚據切）孟孫陽。孟孫陽曰。子不達夫子之心。吾請言之。有侵若肌膚獲萬金者。若爲之乎。曰。爲之。孟孫陽曰。有斷（音短）若一節得一國。子爲之乎。禽子默然有閒。孟孫陽曰。一毛微於肌膚。肌膚微於一節。省矣。（省察）然則積一毛以成肌膚。積肌膚以成一節。一毛固一體萬分中之一物。柰何輕之乎。禽子曰。吾不能所以荅子。然則以子之言問老聃關尹。則子言當矣。（聃尹之教貴身而賤物也）以吾言問大禹墨翟。則吾言當矣。（禹翟之教忘己而濟物也）孟孫陽因顧與其徒說他事。楊朱曰。天下之美歸之舜禹周孔。天下之惡歸之桀紂。然而舜耕於河陽。陶於雷澤。四體不得蹔安。口腹不得美厚。父母之所不愛。弟妹之所不親。行年三十。不告（古沃反告上曰告發下曰誥）而娶。及受堯之禪。年已長。智已衰。商鈞不才。禪位於禹。戚戚然以至於死。此天人之窮毒者也。鯀（古本反禹父名本又作鮌）治水土。績用不就。殛諸羽山。禹纂業事讎。惟荒土功。子產不字。過（音戈）門不入。身體偏枯。手足胼胝。及受舜禪。卑宮室。美紱冕。戚戚然以至於死。此天人之憂苦者也。武王既終。成王幼弱。周公攝天子之政。邵公不悅。四國流言。居東三年。誅兄放弟。僅免其身。戚戚然以至於死。此天人之危懼者也。孔子明帝王之道。應時君之聘。伐樹於宋。削迹於衞。窮於商周。圍於陳蔡。受屈於季氏。見辱於陽虎。戚戚然以至於死。此天民之遑遽者也。凡彼四聖者。生無一日之歡。死有萬世之名。名者。固非實之所取也。雖稱之弗知。雖賞之不知。與株塊無以異矣。觀形即事憂危之迹著矣求諸方寸未有不嬰拂其心者將明至理之言必舉美惡之極以相對偶者也 桀藉累世之資。居南面之尊。智足以距羣下。威足以震海內。恣耳目之所娛。窮意慮之所爲。熙熙然以至於死。此天民之逸蕩者也。紂亦藉累世之資。居南面之尊。威無不行。志無不從。肆情於傾宮。縱欲於長夜。不以禮義自苦。熙熙然以至於誅。此天民之放縱者也。彼二凶也。生有從欲之歡。死被愚暴之名。實者固非名之所與也。雖毀之不知。雖稱之弗知。此與株塊奚以異矣。盡驕奢之極恣無厭之性雖養以四海未始愜其心此乃憂苦窮年也 彼四聖雖美之所歸。苦以至終。亦同歸於死矣。彼二凶雖惡之所歸。樂以至終。亦同歸於死矣。楊朱見梁王。言治天下如運諸掌。梁王曰。先生有一妻一妾。而不能治。三畝之園。而不能芸。而言治天下如運諸掌。何也。對曰。君見其牧羊者乎。百羊而羣。使五尺童子。荷箠而隨之。欲東而東。欲西而西。使堯牽一羊。舜荷箠而隨之。則不能前矣。且臣聞之。吞舟之魚。不游枝流。鴻鵠高飛。不集污池。何則。其極遠也。黃鍾大呂。不可從煩奏之舞。何則。其音疏也。將治大者不治細。成大功者不成小。此之謂矣。楊朱曰。太古之事滅矣。孰誌之哉。三皇之事。若存若亡。五帝之事。若覺音教若夢。三王之事。或隱或顯。億不識知字又音誌下同一。當身之事。或聞或見。萬不識一。目前之事。或存或廢。千不識一。太古至于今日。年數固不可勝紀。但伏羲已來。三十餘萬歲。賢愚好醜。成敗是非。無不消滅。但遲速之閒耳。以遲速而致惑奔競而不已豈不鄙哉矜一時之毀譽。以焦苦其神形。要一遙反死後數百年中餘名。豈足潤枯骨。何生之樂哉。楊朱曰。人肖天地之類。懷五常之性。肖似也類同陰陽性稟五行也有生之最靈者人也。人者爪牙不足以供守衞。肌膚不足以自捍禦。趨走不足以逃利害。無毛羽以禦寒暑。必將資物以爲養。性任智而不恃力。故智之所貴。存我爲貴。力之所賤。侵物爲賤。然身非我有也。既生不得不全之物非我有也。既有不得不去之。身固生之主。物亦養之主。雖全生身。不可有其身。雖不去物。不可有其物。有其物有其身。是橫私天下之身。橫私天下之物。其唯聖人乎。知身不可私物不可有者唯聖人可也公天下之身。公天下之物。其唯至人矣。此之謂至至者也。天下之身同之我身天下之物同之我物非至人如何既覺私之爲非又知公之爲是故曰至至也楊朱曰。生民之不得休息爲四事故。一爲壽。不敢恣其嗜慾 二爲名。不敢恣其所行 三爲位。出意求遑 四爲貨。專利惜費 有此四者。畏鬼畏人。畏威畏刑。此謂之遁人也。違其自然者也 可殺可活。制命在外。全則不係於己 不逆命。何羨壽。不矜貴。何羨名。不要勢。何羨位。不貪富。何羨貨。此之謂順民也。得其生理 天下無對。制命在內。外物所不能制 故語有之曰。人不婚宦。情欲失半。人不衣食。君臣道息。周諺曰。田父可坐殺。晨出夜入。自以性之恆。啜菽茹藿。自以味之極。肌肉麤厚。筋節𦟛急。筋節急也或作臡𦟛上音權下區位反㬥醜筋急貌曰𦟛音區位切 一朝處以柔毛綈幕。薦以粱肉蘭橘。心㾓一錯反 體煩。內熱生病矣。商魯之君。與田父侔地。則亦不盈一時而憊矣。言有所安習者皆不可卒改易況自然乎 故野人之所安。野人之所美。謂天下無過者。昔者宋國有田夫。常衣縕黂。房未反縕黂謂分弊麻絮衣也韓詩外傳云異色之衣也又音汾○黂亂麻 僅以過冬。暨春東作。自曝於日。不知天下之有廣廈隩室。緜纊狐狢。音鶴 顧謂其妻曰。負日之暄。人莫知者。以獻吾君。將有重賞。里之富室告之曰。昔人有美戎菽甘枲莖。枲胡枲也蒼頡篇云𦻐耳也一名蒼耳枲俗音此𦻐思上聲 芹萍。爾雅云萍𦲷也又苹蘋蕭也郭注今藾蒿也初生亦可食也 子者。對鄉豪稱之。鄉豪里之貴者 鄉豪取而嘗之。蜇蜇音哲 於口。慘於腹。慘蜇痛也 衆哂而怨之。其人大慙。子此類也。楊朱曰。豐屋美服。厚味姣音絞 色。有此四者。何求於外。有此而求外者。無猒之性。無猒之性。陰陽之蠹也。非但累正身乃侵損正氣 忠不足以安君。適足以危身。義不足以利物。適足以害生。安上不由於忠。而忠名滅焉。利物不由於義。而義名絕焉。君臣皆安。物我兼利。古之道也。鬻子曰。去名者無憂。老子曰。名者實之賓。而悠悠者趨名不已。名固不可去。名固不可賓邪。今有名則尊榮。亡名則卑辱。尊榮則逸樂。卑辱則憂苦。憂苦。犯性者也。逸樂。順性者也。斯實之所係矣。名胡可去。名胡可賓。但惡夫守名而累實。守名而累實。將恤危亡之不救。豈徒逸樂憂苦之閒哉。

列子卷八

說符第八夫事故無方倚伏相推言而驗之者攝乎變通之會

子列子學於壺丘子林。壺丘子林曰：子知持後，則可言持身矣。老子曰後其身而身先列子曰：願聞持後。曰：顧若影，則知之。列子顧而觀影：形枉則影曲，形直則影正。然則枉直隨形而不在影，屈伸任物而不在我，此之謂持後而處先。物莫能與爭故常處先此語以壺子荅而不答顧列子一得持後之義因而自釋之壺子即以爲解故不復荅列子也

關尹謂子列子曰：言美則響美，言惡則響惡；身長則影長，身短則影短。名也者，響也；身也者，影也。夫美惡報應譬之影響理無差焉故曰：慎爾言，將有和之；慎爾行，下孟反將有隨之。所謂出其言善千里應之行乎邇見乎遠是故聖人見出以知入，觀往以知來，此其所以先知之理也。見言出則響入形往則影來明報應之理不異於此也而物所未悟故曰先知之耳度在身，稽在人。人愛我，我必愛之；人惡我，我必惡之。禮度在身考驗由人愛惡從之物不負己湯武愛天下，故王；于況反桀紂惡天下，故亡，此則成驗此所稽也。稽度皆明而不道也，譬之出不由門，行不從徑也。稽度之理既明而復道不行者則出可不由戶行不從徑也以是求利，不亦難乎。違理而得利未之有嘗觀之神農有炎之德，稽之虞夏商周之書，度徒洛反量也諸法士賢人之言，所以存亡廢興而非由此道者，未之有也。自古迄今無不符驗

嚴恢曰：所爲問道者爲于僞反富。問猶學也今得珠亦富矣，安用道。道富之本也珠富之末有本故末存存末則失本也子列子曰：桀紂唯重利

而輕道。是以亡。非不富失本則亡身 幸哉余未汝語也。人而無義。唯食而已。義者宜也得理之宜者物不能奪也 是雞狗也。彊食靡角。韓詩外傳云靡共也呂氏春秋云角試力也此言人重利而輕道唯食而已亦猶禽獸飽食而相共角力以求勝也 勝者爲制。是禽獸也。以力求勝非人道也 爲雞狗禽獸矣。而欲人之尊已。不可得也。豈欲人之尊已道在則自尊耳 人不尊已。則危辱及之矣。樂推而不猒尊已之謂苟違斯義亡將至 列子學射中矣。丁仲反下同率爾自中非能期中者也 請於關尹子。尹子曰。子知子之所以中者乎。對曰。弗知也。關尹子曰。未可。雖中而未知所以中故曰未可也 退而習之三年。又以報關尹子。尹子曰。子知子之所以中乎。列子曰。知之矣。關尹子曰。可矣。守而勿失也。心平體正內求諸己得所以中之道則前期命矣發無遺矣 非獨射也。爲國與身。亦皆如之。故聖人不察存亡。而察其所以然。射雖中而不知所以中則非中之道身雖存不知所以存則非存之理故夫射者能拙俱中而知所以中者異賢愚俱存而知所以存者殊也 列子曰。色盛者驕。力盛者奮。未可以語道也。色力是常人所矜也 故不班白語道。失而況行之乎。色力既衰方欲言道悟之已晚言之猶未能得而況行之乎 故自奮則人莫之告。人莫之告。則孤而無輔矣。驕奮者雖告而不受則有忌物之心耳目自塞誰其相之 賢者任人。故年老而不衰。智盡而不亂。不專已知則物願爲已用矣 故治國之難在於知賢而不在自賢。自賢者即上所謂孤而無輔知賢則智者爲之謀能者爲之使物無棄才則國易治也 宋人有爲于僞反 其君以玉爲楮葉者。三年而成。鋒殺所拜反 莖柯。毫芒音亡 繁澤。亂之楮葉中。而不可別也。彼列反 此人遂以巧食宋國。子列子聞之曰。使天地之生物。三年而成一葉。則物之有葉者寡矣。故聖人恃道化而不恃智巧。此明用巧能不足以贍物因道而化則無不周 子列子窮。容貌有飢色。客有言之鄭子陽者。

曰。列禦寇蓋有道之士也。居君之國而窮。君無乃爲不好（呼報反）士乎。鄭子陽卽令官遺之粟。子列子出。見使者。再拜而辭。使者去。子列子入。其妻望之而拊心曰。妾聞爲有道者之妻子。皆得佚樂。今有飢色。君過（一本作遇或作適）而遺先生食。先生不受。豈不命也哉。子列子笑謂之曰。君非自知我也。以人之言而遺我粟。至其罪我也。又且以人之言。此吾所以不受也。其卒。民果作難（一作亂）而殺子陽。魯施氏有二子。其一好學。其一好兵。好學者以術干齊侯。齊侯納之。爲諸公子之傅。好兵者之楚。以法干楚王。王悅之。以爲軍正。祿富其家。爵榮其親。施氏之鄰人孟氏。同有二子。所業亦同。而窘於貧。羨施氏之有（有猶富也）。因從請進趨之方。二子以實告孟氏。孟氏之一子之秦。以術干秦王。秦王曰。當今諸侯力爭。所務兵食而已。若用仁義治吾國。是滅亡之道。遂宮而放之。其一子之衞。以法干衞侯。衞侯曰。吾弱國也。而攝乎大國之閒。大國吾事之。小國吾撫之。是求安之道。若賴兵權。滅亡可待矣。若全而歸之。適於他國。爲吾之患不輕矣。遂刖之而還諸魯。旣反。孟氏之父子叩胷而讓施氏。施氏曰。凡得時者昌。失時者亡。子道與吾同。而功與吾異。失時者也。非行之謬也。且天下理無常是。事無常非。（應機則是失會則非）先日所用。今或棄之。今之所棄。後或用之。此用與不用。無定是非也。投隙抵時。應事無方。屬音燭乎智。雖有仁義禮法之術而智不適時則動而失會者矣智苟不足。一本無不字使君博如孔丘。術如呂尙。焉往而不窮哉。二子之所以窮不以其博與術以其不得隨時之宜孟氏父子舍音捨然無慍容。曰。吾知之矣。子勿重言。晉文公出會。欲伐衞。公子鋤仰天而笑。公問何笑。曰。臣笑鄰之人有送其妻適私家者。道見桑婦。悅而與言。然顧視其妻。亦有招之者矣。臣竊笑此也。公寤其言。乃止。引師而還。未至而有伐其北鄙者矣。夫我之所行人亦行之而欲騁己之志謂物不生心惑於彼此之情也

晉國苦盜。有郄雍者。能視盜之貌。察其眉睫之間。而得其情。晉侯使視盜。千百無遺一焉。晉侯大喜。告趙文子曰。吾得一人。而一國盜爲盡矣。奚用多爲。文子曰。吾君恃伺察而得盜。盜不盡矣。且郄雍必不得其死焉。俄而羣盜謀曰。吾所窮者郄雍也。遂共盜而殘之。殘賊殺之晉侯聞而大駭。立召文子而告之曰。果如子言。郄雍死矣。然取盜何方。文子曰。周諺有言。察見淵魚者不祥。智料隱匿者有殃。此荅所以致死且君欲無盜。莫若舉賢而任之。使教明於上。化行於下。民有恥心。則何盜之爲。此荅所以止盜之方於是用隨會知政。而羣盜奔秦焉。用聰明以察是非者羣詐之所逃用先識以擿奸伏者衆惡之所疾智之爲患豈虛言哉

孔子自衞反魯。息駕乎河梁而觀焉。有懸水三十仞。圜與圓同流九十里。魚鼈弗能游。黿鼉弗能居。有一丈夫方將厲之。涉水也孔子使人竝蒲浪反涯音崖止之曰。此懸水三十仞。圜流九十里。魚鼈弗能游。黿鼉弗能居也。意者難可以濟乎。丈夫不以錯七故反意。遂度

而出。孔子問之曰。巧乎。有道術乎。所以能入而出者何也。丈夫對曰。始吾之入也。先以忠信。及吾之出也。又從以忠信。忠信錯吾軀於波流。而吾不敢用私。所以能入而復出者。以此也。孔子謂弟子曰。二三子識（音志）之。水且猶可以忠信誠身親之。而況人乎。（黃帝篇中已有此章而小不同所明亦無以異故不復釋其義也）

白公問孔子曰。人可與微言乎。孔子不應。（白公楚平王之孫太子建之子也其父爲費無極所譖出奔鄭鄭人殺之勝欲令尹子西馬子期伐鄭許而未行晉伐鄭子西子期將救鄭勝怒曰鄭人在此讎不遠矣欲殺子西子期故問孔子孔子知之故不應微言猶密謀也）白公問曰。若以石投水何如。孔子曰。吳之善沒者能取之。（石之投水則沒喻其微言不可覺故孔子荅以善沒者能得之明物不可隱者也）曰。若以水投水何如。孔子曰。淄澠（音乘）之合。易牙嘗而知之。（復爲善味者所別也）白公曰。人故不可與微言乎。孔子曰。何爲不可。唯知言之謂者乎。（謂者所以發言之旨趣發言之旨趣則是言之微者形之於事則無所隱）夫知言之謂者。不以言言也。（言言則無微隱）爭魚者濡。逐獸者趨。非樂之也。（自然之勢自應濡走）故至言去言。（理自明化自行）至爲無爲。（理自成物自從）夫淺知（音智）之所爭者。末矣。（失本存末事著而後爭解鮮不及也）白公不得已。遂死於浴室。（不知言之所謂遂便作亂故及於難）

趙襄子使新穉穆子攻翟。（音狄穆子襄子家臣新穉狗也翟鮮虞也）勝之。取左人中人。（左人中人鮮虞二邑名）使遽人謁之。（遽傳也謁告也）襄子方食而有憂色。左右曰。一朝而兩城下。此人之所喜也。今君有憂色。何也。襄子曰。夫江河之大也。不過三日。（謂潮水有大小）飄風暴雨不終朝。日中不須臾。（勢盛者必退也）今趙氏之德行。無所施於積。（無積德而有重功不可不戒懼也）一朝而兩城下。亡其及我哉。（不忘亡則不亡之也）孔子聞之曰。趙氏其昌乎。夫憂者所以爲昌也。戒之深也喜者所以爲亡也。將致矜伐勝非其難者也。持之其難者也。賢主以此持勝。故其福及後世。齊楚吳越皆嘗勝矣。然卒取亡焉。不達乎持勝也。唯有道之主爲能持勝。勝敵者皆比國而有以不能持勝故危亡及之孔子之勁。能拓一本作招淮南子作杓許愼云杓引也古者縣門下從上杓引之皆難也國門之關。而不肎以力聞。勁力也拓舉也孔力能舉門關而力名不聞者不用其力也墨子爲守攻。公輸般音班服。而不肎以兵知。公輸般善爲攻器墨子設守能卻之爲般所服而不稱知兵者不有其能也故善持勝者。以強爲弱。得爲攻之母也

宋人有好行仁義者。三世不懈。古賣反家無故黑牛生白犢。以問孔子。孔子曰。此吉祥也。以薦上帝。居一年。其父無故而盲。其牛又復生白犢。其父又復令其子問孔子。其子曰。前問之而失明。又何問乎。父曰。聖人之言。先迕後合。其事未究。姑復問之。其子又復問孔子。孔子曰。吉祥也。復教以祭。其子歸致命。其父曰。行孔子之言也。居一年。其子又無故而盲。其後楚攻宋。圍其城。民易子而食之。析音錫骸而炊之。丁壯者皆乘城而戰。死者大半。此人以父子有疾。皆免。及圍解而疾俱復。此所謂禍福相倚也

宋有蘭子者。史記云無淳搏出入爲蘭應劭曰蘭妄也此所謂蘭子者以技妄游者也疑蘭與闌同凡人物不知生出者謂之蘭也以技干宋元。宋元召而使見其技。以雙枝長倍其身。屬音燭其脛。音脛並趨並馳。弄七劍。迭而躍之。五劍常在空中。元君大驚。立賜金帛。又有蘭子又能燕戲者。如今之絕倒投俠者聞之。復以干元君。元君大怒曰。昔有異技干寡人者。謂先僑人技無庸。適值寡人有歡心。故賜金帛。彼必聞此

而進。復望吾賞。拘而擬戮之。經月乃放。（此技同而時異則功賞不可預要也）秦穆公謂伯樂曰。子之年長（張丈反）矣。（伯樂善相馬者）子姓有可使求馬者乎。（問伯樂之種姓有能相馬繼樂者不）伯樂對曰。良馬可形容筋骨相也。（馬之良者可以形骨取也）天下之馬者。若滅若沒。若亡若失。（天下之絕倫者不於形骨毛色中求故髣髴恍惚若存若亡難得知也）若此者絕塵弭（亡爾反）轍。（迹也一本作徹言迅速之極）臣之子皆下才也。可告以良馬。不可告以天下之馬也。臣有所與共（同也一本作供）擔纆薪菜者。（負索薪菜蓋賤役者）有九方皋。此（一本作比）其於馬。非臣之下也。請見之。（非臣之下言有過於己）穆公見之。使行求馬。三月而反。報曰。已得之矣。在沙丘。（地名）穆公曰。何馬也。對曰。牝而黃。使人往取之。牡而驪。（力移反）穆公不說。召伯樂而謂之曰。敗矣。子所使求馬者。（謂九方皋）色物牝牡尚弗能知。又何馬之能知也。伯樂喟然太息曰。一至於此乎。是乃其所以千萬臣而無數者也。（言其相馬之妙乃如此也是以勝臣千萬而不可量）若皋之所觀。天機也。（天機形骨之表所以使驥足者得之於心不顯其見）得其精而忘其麤。（與麁同）在其內而忘其外。（精內謂天機麤外謂牝牡毛色）見其所見。（所見者唯天機也）不見其所不見。（所不見毛色牝牡也）視其所視。（視所宜視者不忘其所視）而遺其所不視。（所不應視者不以經意也）若皋之相馬。乃有貴乎馬者也。（言皋之此術豈止於相馬而已神明所得必有貴於相馬者言其妙也）馬至。果天下之馬也。

楚莊王問詹何曰。治國奈何。（詹何蓋隱者也）詹何對曰。臣明於治身而不明於治國也。楚莊王曰。寡人得奉宗廟社稷。願學所以守之。詹何對曰。臣未嘗聞身治而國亂者也。又未嘗聞身亂而國治者也。故本在身。不敢對以末。楚王曰。善。

狐丘丈人謂孫叔敖 五勞反楚大夫也 曰。人有三怨。子知之乎。狐丘邑名丈人長老者 孫叔敖曰。何謂也。對曰。爵高者人妒之。官大者主惡之。惡烏路反 祿厚者怨逮之。孫叔敖曰。吾爵益高。吾志益下。吾官益大。吾心益小。吾祿益厚。吾施益博。以是免於三怨。可乎。孫叔敖疾將死。戒其子曰。王亟 紀力反急也 封我矣。吾不受也。爲我死。王則封汝。汝必無受利地。楚越之間。有寢丘者。此地不利。而名甚惡。楚人鬼而越人禨。音機祥也又音饑信鬼神與機祥 可長有者唯此也。孫叔敖死。王果以美地封其子。子辭而不受。請寢丘。在固始史記云孫叔敖善優孟後優孟言於莊王王召其子封之寢丘 與之。至今不失。漢蕭何亦云子孫無令勢家所奪即此類也

牛缺者。上地之大儒也。下之邯鄲。遇盜於耦沙之中。盡取其衣裝車。牛步而去。視之。歡然無憂恡之色。盜追而問其故。曰。君子不以所養害其所養。盜曰。嘻。賢矣夫。既而相謂曰。以彼之賢。往見趙君。使以我爲。必困我。不如殺之。乃相與追而殺之。燕人聞之。聚族相戒曰。遇盜莫如上地之牛缺也。皆受教。俄而其弟適秦。至關下。果遇盜。憶其兄之戒。因與盜力爭。既而不如。又追而以卑辭請物。盜怒曰。吾活汝弘矣。而追吾不已。迹將著焉。既爲盜矣。仁將焉在。遂殺之。又傍害其黨四五人焉。牛缺以無恡招患燕人假有惜受禍安危之不可預圖皆此類

虞氏者。梁之富人也。家充殷盛。錢帛無量。財貨無訾。音髭言不可度量也賈逵注國語云訾量也 登高樓。臨大路。設樂陳酒。擊博樓上。擊打也如今雙陸碁也韋昭博弈論云設木而擊之是也古博經曰博法二人相對坐向局局分爲十二道兩頭當中名爲水用碁十二

故法六白六黑，又用魚二枚置於水中。其擲采以瓊爲之。瓊畟方寸三分，長寸五分，銳其頭，鑽刻瓊四面爲眼，亦名爲齒。二人互擲采行棊，棊行到處卽豎之，名爲驍棊，卽入水食魚，亦名牽魚。每牽一魚獲二籌，翻一魚獲三籌。若已牽兩魚而不勝者，名曰被翻雙魚，彼家獲六籌，爲大勝也。畟音則 俠客相隨而行。樓上博者射。爲句食亦反 明瓊張中。丁仲反 反音翻兩㩲他臘反 魚而笑。凡戲爭能取中皆曰射，亦曰投。裴駰曰：報采獲魚也。㩲字寨眞經本或作魚寨，大博經作鰈，比目魚也。此言報采獲中，翻得兩魚，大勝而笑也。鰈也獵反。今本云㩲魚者，是多一字也。據義用鰈不用魚，用魚不用鰈字。〇明瓊，齒五白也。射五白得之，反兩魚獲勝，故大笑。 飛鳶適音隻墜音隊其腐鼠而中之。俠客相與言曰：虞氏富樂之日久矣，而常有輕易人之志。吾不侵犯之，而乃辱我以腐鼠。此而不報，無以立慬於天下。慬勇 請與若等戮力一志，率徒屬必滅其家爲等倫。皆許諾。至期日之夜，聚衆積兵以攻虞氏，大滅其家。驕奢之致禍，敗不以一塗。虞氏無心於陵物而家破者，亦由謙退之行不素著故也。

東方有人焉，曰爰旌目，將有適也，而餓於道。狐父父音甫下同之盜曰丘，見而下壺餐音孫水澆飯也以餔音哺之。爰旌目三餔而後能視，曰：子何爲者也？曰：我狐父之人丘也。爰旌目曰：譆。音熙汝非盜邪？胡爲而食我？音飼吾義不食子之食也。兩手據地而歐一口反之，不出，喀喀音客然，遂伏而死。狐父之人則盜矣，而食非盜也。以人之盜，因謂食爲盜而不敢食，是失名實者也。

柱厲叔事莒敖公，自爲不知己者，居海上。夏日則食菱芰，一本作茭冬日則食橡音象㮚。莒敖公有難，柱厲叔辭其友而往死之。其友曰：子自以爲不知己，故去。今往死之，是知與不知無辨也。柱厲叔曰：不然。自以爲不知，故去。今死，是果不知我也。吾將死之，以醜後世之人主不知其臣者也。凡知則死之，不知則弗死。此直道而行者也。柱厲叔可謂懟以忘其身者也。楊朱曰。利出者實及。怨往者害來。利不獨往怨不偏行自然之勢發於此而應於外者唯請。請當作情情所感無遠近幽深是故賢者愼所出。善著則吉應惡積則禍臻

楊子之鄰人亡羊。既率其黨。又請楊子之豎追之。楊子曰。嘻。亡一羊何追者之衆。鄰人曰。多歧路。既反。問獲羊乎。曰。亡之矣。曰。奚亡之。曰。歧路之中又有歧焉。吾不知所之。所以反也。楊子戚子六反然變容。不言者移時。不笑者竟日。門人怪之。請曰。羊賤畜。丑救反又非夫子之有。而損言笑者何哉。楊子不答。門人不獲所命。弟子孟孫陽出。以告心都子。心都子他日與孟孫陽偕入而問曰。昔有昆弟三人。游齊魯之閒。同師而學。進仁義之道而歸。其父曰。仁義之道若何。伯曰。仁義使我愛身而後名。身體髮膚不敢毀傷也仲曰。仁義使我殺身以成名。無求生以害仁有殺身以成仁也叔曰。仁義使我身名竝全。既明且哲以保其身彼三術相反。而同出於儒。孰是孰非邪。楊子曰。人有濱河而居者。習於水。勇於泅。操舟鬻渡。利供百口。裹糧就學者成徒。而溺死者幾音祈半。本學泅。不學溺。而利害如此。若以爲孰是孰非。心都子嘿然而出。孟孫陽讓之曰。何吾子問之迂。夫子荅之僻。吾惑愈甚。心都子曰。大道以多歧亡羊。學者以多方喪生。學非本不同。非本不一。而末異若是。唯歸同反一。爲亡得喪。子長先生之門。習先生之道。而不達先生之況也。哀哉。楊朱之弟曰布。衣

素衣（衣素之衣去聲）而出。天雨。解素衣。衣緇衣而反。其狗不知。迎而吠之。楊布怒將扑之。楊朱曰。子無扑矣。子亦猶是也。嚮（音向）者使汝狗白而往黑而來。豈能無怪哉。（此篇明已身變異則外物所不達故有是非之義不內求諸己而厚責於人亦猶楊布服異而怪狗之吠也）

楊朱曰。行善不以爲名而名從之。名不與利期而利歸之。利不與爭期而爭及之。故君子必慎爲善。（在智則人與之訟在力則人與之爭此自然之勢也未有處名利之衝患難不至者也語有之曰爲善無近名豈不信哉）

昔人言有知不死之道者。燕君使人受之不捷。而言者死。燕君甚怒其使者。將加誅焉。幸臣諫曰。人所憂者莫急乎死。已所重者莫過乎生。彼自喪其生。安能令君不死也。乃不誅。有齊子亦欲學其道。聞言者之死。乃撫膺而恨。富子聞而笑之曰。夫所欲學不死。其人已死。而猶恨之。是不知所以爲學。胡子曰。富子之言非也。凡人有術不能行者有矣。能行而無其術者亦有矣。衞人有善數者。臨死以訣喻其子。其子志其言而不能行也。他人問之。以其父所言告之。問者用其言而行其術。與其父無差焉。若然。死者奚爲不能言生術哉。（物有能言而不能行能行而不能言才性之殊也）

邯鄲之民以正月之旦獻鳩於簡子。簡子大悅。厚賞之。客問其故。簡子曰。正旦放生。示有恩也。客曰。民知君之欲放之。競而捕之。死者衆矣。君如欲生之。不若禁民勿捕。捕而放之。恩過不相補矣。簡子曰。然。齊田氏祖於庭。食客千人。中坐有獻魚鴈者。田氏視之。乃歎曰。天之於民厚矣。殖五穀。

生魚鳥。以爲之用。衆客和之如響。鮑氏之子年十二。預於次。進曰。不如君言。天地萬物。與我竝生類也。類無貴賤。（同生是類但自貴而自賤）徒以小大智力而相制。迭相食。非相爲而生之。人取可食者而食之。豈天本爲人生之。且蚊蚋噆（子臘反）膚。虎狼食肉。非天本爲蚊蚋生人。虎狼生肉者哉。齊有貧者。常乞於城市。城市患其亟也。（亟去吏反數也）衆莫之與。遂適田氏之廐。從馬醫作役。而假食郭中。人戲之曰。從馬醫而食。不以辱乎。乞兒曰。天下之辱莫過於乞。乞猶不辱。豈辱馬醫哉。（不以從馬醫爲恥辱也此章言物一處極地分旣以定則無復廉恥況自然能夷得失者乎）宋人有游於道。（一本作宋有游於道）得人遺契者。（遺棄）歸而藏之。密數其齒。（刻處似齒）告鄰人曰。吾富可待矣。（假空名以求實者亦如執遺契以求富也）人有枯梧樹者。其鄰父言枯梧之樹不祥。其鄰人遽而伐之。（言之雖公而失厝言之所也）鄰人父因請以爲薪。（又踐可疑之塗）其人乃不悅曰。鄰人之父徒欲爲薪。而教吾伐之也。（在可疑之地物所不信也）與我鄰若此。其險豈可哉。人有亡鈇者。（鈇鉞也）意其鄰之子。視其行步。竊鈇也。顏色。竊鈇也。言語。竊鈇也。作動態度。無爲而不竊鈇也。俄而抇（胡沒反古掘字又其月反一本作相非也）其谷而得其鈇。他日復見其鄰人之子。動作態度。無似竊鈇者。（意所偏惑則隨念想而轉易及其甚者則白黑等色方圓共形豈外物之變故語有之曰萬物紛錯皆從意生）白公勝慮亂。（慮猶度也謀度作辭）罷朝而立。倒杖策。錣（一音張劣反許愼注淮南子云馬策端有利鋒所以刺不前也）上貫頤。（錣杖末鋒）血流至地而弗知也。鄭人聞之曰。頤之忘。將何不忘哉。意之所屬（音燭）著。（直略反）其行足躓（音致礙也）株埳。（埳音坎）頭抵（丁禮反）植木。而不自知也。昔齊人有欲金者。清旦衣冠（竝去聲）而之市。適鬻金者之所。因攫其金而去。吏捕得之。問曰。人皆在焉。子攫人之金何。對曰。取金之時。不見人。徒見金。（嗜慾之亂人心如此之甚也故古人有言察秋毫之末者不見泰山之形調五音之和者不聞雷霆之聲夫意萬物所係迷著外物者雖形聲之大而有遺矣況心乘於理檢情攝念泊然凝定者豈萬物動之所能亂者乎）